Wörterbuch

Deutsch–Amharisch–Englisch

DAWIT BERHANU

Wörterbuch
Deutsch–Amharisch–Englisch

HELMUT BUSKE VERLAG
HAMBURG

Inhaltsverzeichnis

Die Deutsche Bibliothek – CIP-Einheitsaufnahme

Berhānu, Dāwit:
Wörterbuch Deutsch–Amharisch–Englisch /
Dawit Berhanu. – Hamburg : Buske, 2000
ISBN 3-87548-213-1

 – Druck und Verarbeitung: Druckhaus „Thomas Müntzer“, Bad Langensalza. Werkdruckpapier: alterungsbeständig nach ANSI-Norm resp. DIN-ISO 9706, hergestellt aus 100 % chlorfrei gebleichtem Zellstoff. Printed in Germany.

Vorwort

Mit rund 45.000 deutschen Stichwörtern erschließt das „Wörterbuch Deutsch–Amharisch–Englisch“ [ሕብረ ሰዋስው ጀርመን - ዐማርኛ - እንግሊዘኛ ድክሽነሪ] den Wortschatz der Alltagssprache und darüber hinaus fachsprachliche Grundbegriffe, besonders aus dem Computerbereich. Damit ist es das derzeit umfassendste und modernste seiner Art.

Das Wörterbuch ist in erster Linie als Hilfsmittel für meine hier in Deutschland lebenden Landsleute gedacht, richtet sich aber selbstverständlich auch an alle an der amharischen Sprache Interessierten. Daher habe ich versucht, die Methoden der klassischen Schule der Äthiopisch-Orthodoxen Kirche mit der moderner deutschen Lexikographie zu verbinden.

Ohne die Hilfe meines Bruders, Muluken Berhanu, dem ich dieses Wörterbuch widme, wäre diese Arbeit kaum zu schaffen gewesen. Muluken hat mir Mut und Kraft für diese Aufgabe gegeben.

Deshalb ist ihm für alle positiven Aspekte dieser Arbeit zu danken, während ich für alle Fehler, die ich so weit als möglich zu vermeiden versucht habe, ausschließlich allein verantwortlich bin.

Bei allen Menschen, denen ich mit meiner unaufhörlichen Bitte, mein Manuskript zu lesen und zu korrigieren, ihre Ruhe raubte, vor allem denjenigen, die mir bei den Genusbestimmungen der deutschen Substantive behilflich waren, möchte ich mich hier bedanken.

Von Herzen danke ich auch Herrn Prof. Dr. Jochen Rehbein vom Germanischen Seminar / Arbeitsbereich Deutsch als Fremdsprache der Universität Hamburg, der mich bei vielen Problemen unterstützte, sowie dem Helmut Buske Verlag.

Dieses Wörterbuch ergänzt meine in Äthiopien erschienenen Grammatiken *Hibre Sewasiw Latein-Amharisch, Griechisch-Amharisch, Syrisch-Amharisch, Hebräisch-Amharisch, Arabisch-Amharisch, Geez-Amharisch und Amharisch.*

Hamburg, im Herbst 1999 | Dawit Berhanu

መቅድም

ይህን መዝገበ ቃል በማዘጋጅበት ወቅት እልህና ጥንካሬ በመስጠት ከፍጻሜው አደርሰው ዘንድ ሁለት ነገሮች አግዘዉኛል::
አንደኛው፥ የኢትዮጵያ ጥናት ፈላስፎች ነን ባዮች በሀገሬ ላይ ያላቸዉ የከረረ ጥላቻና በተለይም ባህሏንና ታሪኳን ጨርሶ ለመደምሰስ የሚያካሂዱት ረቂቅና በሚገባ የተቀነባበረ ዘመቻ ሲሆን፣ ሁለትኛው ደግሞ የኮምፒዩተር ሳይንስ በመማር ላይ የሚገኘው ታናሽ ወንድሜ ሙሉቀን ብርሃኑ ሌት-ተቀን ያደረገልኝ ያልተቆጠበ ምክር፣ እርዳታና እንክብካቤ ናቸዉ:: ያለሙሉቀን ብርሃኑ እርዳታ ይህን አስቸጋሪ ሥራ ከፍጻሜ ማድረስ ቀርቶ መጀመር አልችልም ነበር::

ዓላማዬ ላገሬ ልጆች የትምህርትንና ዕውቀትን መንገድ ማሳየት፣ ለእነሱ በሥራ ምሳሌ መሆንና የተረዳኝን ሁሉ ለማሳረዳትና ለመስጠት መሞከር ነው:: በእርግጥ የዚህ ድክሽነሪ ዋናው ዕቅድ በዚህ መንገድ ቀጥሎ የአፍሪካዉያን ቋንቋዎች ድክሽነሪ -ለምሳሌ ዐማርኛ-እስዋሂሊ፣ ዐማርኛ-ኃውዛ፣ ወዘተ.- ለማዘጋጀት ነው:: ድክሽነሪ ለማዘጋጀት ብዙ ኃ ይልንና ትግሥትን ይጠይቃል:: የተሟላ ባይሆንም ብዙዎቹ አፍሪካዉያን ቋንቋዎች አብዛኛውን ጊዜ በምሽነሪዎች የተዘጋጁና በላቲንኛ ፊደል የታተሙ መዝገበ ቃላት ስላላቸዉ፣ ይህን አጋጣሚ ለመጠቀ ምም በማሰብ ነው፣ ይህን ቅጽና ዘዴ ለመጠቀም የተገደድኩት:: በዚህም ሁኔታ የአፍሪካ ቋንቋዎች መ ዝገበ ቃላት በቅርብ ጊዜ ውስጥ ዕውን እንደሚሆን ሙሉ ተስፋና እምነት አለኝ::

ትክክለኛ ትምህርት የዕውቀት መሠረት፣ ዕውቀትም የማሰብ ምንጭ፣ ማሰብ ደግሞ የችግሮች መፍትሔ-መድኃኒት መሆኑን በትምህርት ጉዞዬ ላይ ለመረዳት ችያለሁ:: ለዚህ ሂደት ያግዛሉ ብዬ ያመንኩባቸዉን የትምህርት ቁልፎች በማዘጋጀትም ላገሬ ልጆች አቅርቤአለሁ::

እነሱም ሕብረ-ሰዋስው ግሪክኛ-ዐማርኛ፣ ላቲንኛ-ዐማርኛ፣ ሲርያኛ-ዐማርኛ፣ እብራይስጥ-ዐማርኛ፣ ዓረብኛ-ዐማርኛ፣ ግዕዝ-ዐማርኛ እና ዐማርኛ-ዐማርኛ ሲሆኑ፣ አሁን ደግሞ ሕብረ-ሰዋስው ጀርመን-ዐማርኛ-እንግሊዝኛ ድክሽነሪ ተጨምሮላቸዋል::

እነዚን ታሪካዊ ሰነዶች በማተኮር በቅርብ ጊዜ ውስጥ ኢትዮጵያውያን ወንድሞቼና እኅቶቼ፥ ወገንን ከባዕድ፣ ምሁርን ከሰነፍ፡ ወዳጅን ከጠላት፡ ረዳትን ከምቀኛ፡ ቁጣዊ ምክርን ከድለላ-ስድብ/ከንቱ-ውዳሴ አብጠርጥረዉ በመለየት በራሳቸዉ ግንዛቤ እየተመሩ ችግራቸዉን የሚያቃልሉበት ጊዜ ባስቸኳይ መምጣት አለበት የሚል ጥልቅ ፍላጎትና እምነትም ጭምር አለኝ:: በመጨረሻ መናገር የምፈልገው፥ ማወቅ፣ መማርና መሥራት የምትፈልጉ ሁሉ፣ እምኑኝ! በፈቃደኝነትና በቆራጥነት ብቻ ሞክሩት፥ ይሳካላችኋል::

ዳዊት ብርሃኑ

Einleitung

Beim Aufbau des Wörterverzeichnisses wurde versucht, die Regeln des klassisch-äthiopischen „Giss-Systems“ (= Ge`ez Lexikon) zu berücksichtigen, wobei es wegen des unterschiedlichen Aufbaus der deutschen und der amharischen Sprache nicht gelingen konnte, die sinnverwandten Wörter [ወገናዊ ቃላት] und die Wortfamilien [ዘመዳዊ ቃላት] zusammenzubringen, wie es nach der klassischen grammatischen Methode der Äthiopisch-Orthodoxen Kirche üblich wäre. (Siehe „Deutsche Grammatik“, Seite 514).

Sprachen sind im Kommunikationssystem als neutrale Reflexionen des menschlichen Verständnisses auf die realen Objekte und irrealen Phänomene seiner Umgebung zu betrachten, und sie stellen Wege dar, auf denen sich Menschen seelisch, geistig und physisch begegnen, in privaten oder öffentlichen Bereichen, historisch, kulturell und traditionell kennenlernen, dabei aber auch versuchen, sich zu verständigen.

Der äthiopischen Ausbildung zufolge bestehen Sprachen prinzipiell aus den folgenden kommunikativen Grundelementen: Pronomen/Substantiven (mit Nominativ-, Genitiv-, Dativ- und Akkusativformen) – Verben (in Vergangenheit, Gegenwart und Zukunft) – Adverbien (Wie), Raum- (Wo) und Zeitangaben (Wann). Aus dieser Einsicht heraus ist der Abschnitt zur deutschen Grammatik entstanden.

Die *Stichwörter* sind einzeln alphabetisch angeordnet. Um die Benutzung zu erleichtern, wurde bewußt darauf verzichtet, Anwendungsbeispiele oder Redewendungen aufzunehmen und einem Stichwort unterzuordnen.

Substantive sind im Nominativ Singular und, soweit gebräuchlich, auch im Nominativ Plural aufgeführt. Zur Singularform wird jeweils das Genus angegeben. Kommt ein Substantiv nur im Plural vor, wird es pl. gekennzeichnet. Die amharischen Pluralformen werden nicht extra erwähnt, sondern durch zwei Doppelpunkte (::) angezeigt, da die Pluralformen im Amharischen immer durch die Hinzufügung des gleichen Suffixes gebildet werden (siehe „Amharische Grammatik“, 2. Kapitel).

Bei den *Verben* wird neben der Infinitivform auch das 1. und 2. Partizip als eigenes Stichwort aufgeführt.

Diese Vorgehensweise mag auf einen deutschen Muttersprachler befremdlich wirken. Es ist jedoch der Versuch, von den Sprachvorstellungen des amharischen Muttersprachlers ausgehend, einen Zugang zur deutsche Sprache zu eröffnen und sich dabei auf die Grundelemente (siehe oben) zu beschränken.

Abkürzungen und Zeichen mit besonderer Bedeutung

Akk.	Akkusativ	ቀጥተኛ ተሳቢ
Dat.	Dativ	ኢቀጥተኛ ተሳቢ
F/f	Femininum	የሴት ፆታ
Gen.	Genitiv	ዘርፍ/ተናባቢ
Inf.	Infinitiv	ማሰሪያ ግሥ
M/m	Maskulinum	የወንድ ፆታ
N/n	Neutrum	የነገር ስም
Nom.	Nominativ	ባለቤት/ስም
Pl./pl.	Plural	ብዙ
z. B.	zum Beispiel	ለምሳሌ
/	oder	ወይም
( )	Präposition	አግባብ
[ ]	Ergänzende Ausdrücke	ዘዬ
{ }	Genus	ፆታ መለያ
::/:~:	Sprachgrenze	ቋንቋ መለያያ

አማረኛ ምኅፃረ ቃላት

አ.	አድራጊ
ተ.	ተደራጊ
ቅ.	ቅጥል
ስ.	ስም
ግ.	ግሥ

Literaturverzeichnis

Berhanu, Dawit: Hibre-Sewasiw Geez-Amharic and Amharic. Unpublished. Copies in the Library of Addis Ababa University 1998.
Berhanu, Dawit: Hibre-Sewasiw Greec-Amharic und Latin-Amharic, Addis Ababa 1990 E.C.
Kifle, Kidane-Wold: Mestihahe-Sewasiw Wogiss Womezigebe-Qalat Haddis, Addis Ababa 1948 E.C.
Leslau, Wolf: English-Amharic Context Dictionary, Wiesbaden 1973.
Messinger, Heinz: Langenscheidts Großwörterbuch der englischen und deutschen Sprache, Deutsch–Englisch, München 1982.
Scholz-Stubenrecht, Werner / Sykes, John: Duden Oxford Großwörterbuch Englisch, Englisch–Deutsch und Deutsch–Englisch, Mannheim 1990.
Tesemma, Kesate-Berhan: Yamarigna Mezgebe-Qalat, Addis Ababa 1951 E.C.
Wahrig, Gerhard: Deutsches Wörterbuch, Wien 1985.

A

Aal {m}: የዓሣ አይነት: eel
Aale {pl}:: eels
Aas {n}: የእንስሳ ዓይነት: carrion
Aasfresser {m, pl}: ጥምብ አንሳ: scavenger, scavengers
ab jetzt: ካሁንወዲያ፣ ካሁን ጀምሮ: henceforth
ab- und aufspulen: ነፋ፣ ነዛ: wind
ab und zu: በመጠኑ፣ አንዳንዴ፣ አልፎ አልፎ: every now and then, now and then, on and off
ab: ከ...አንስቶ/ ጀምሮ: ex, off
abändern: ቀየረ: to alter
abändernd: ቀያሪ/ ቀይሮ: altering
Abänderung {f}, Änderung, Veränderung: ቅያሬ: alteration
Abänderungen {pl}:: modifications
Abarbeiten {n}: ክንዋኔ: attention handling
abarbeiten: አከናወነ: work out, handle
abarbeitend: አከናዋኝ/ አከናውኖ: working out
Abarbeitungszeit {f}: የክንውን ጊዜ: processing time
Abart {f}: ቅይጥ: variety
Abarten {pl}, Verschiedenheiten: ቅይጥ: varieties
abartig: ልዩ፣ኢልሙድ: abnormal
Abartigkeit {f}: ዓይነት: kinkiness
Abbau {m}: ቅናሴ/ ሳ: dismantling
Abbau einer Warteschlange: የወረፋ ቅነሳ: dequeuing
abbauen, demontieren: አፈረሰ: dismantle, reduce, retrench, come off line
abbauend: አፍራሽ/ አፍርሶ: retrenching, reducing
abbeissen: ነከሰ: bite off
abbeissen: ነከሰ: bite off
abbeissend: ነካሽ/ ነክሶ: biting off
abberufbar: ተጠሪ፣ ግዴታ አልባ: recallable
abberufen: ይግባኝ ጠየቀ፣ ደግሞ ጠራ: to recall
abberufend: ጠሪ፣ጠርቶ: recalling
Abberufung {f}: ጥሪ: recalls
Abberufungen {pl}:: recalls
abbestellen, widerrufen: መለሰ፣ ካደ፣ ተቃረነ: to countermand
abbestellend, widerrufend: ካጅ/ ክዶ: countermanding
abbestellt: ተመላሽ፣ ተመልሶ: countermanded
abbetteln: ተረጠበ፣ ተመፀወተ: wheedle
abbettelnd: ተረጣቢ/ ተረጥቦ፣ ለማኝ/ ለምኖ: wheedling, wheedling out
abbezahlen: ከፈለ: to pay off
abbiegen: ዞረ፣ ታጠፈ፣ ተጠመዘዘ: bend off, to turn off
abbiegend: ታጣፊ/ ታጥፎ: bending off
Abbild {n}: ምስል፣ ኮፒ: copy, image
abbilden: ኮፒ አደረገ፣ ቀዳ፣ ካርታ ሠራ: map, image
abbildend: ሳኣሊ/ ስሎ: picturing
Abbildung {f}: ካርታ፣ማስታወቂያ: illustration, map, mapping
Abbildungen {pl}:: maps, mappings
Abbildungsfehler {m/pl}: የስህተት፣ ጭንጋፍ: aberration, image defect
abbinden : አጠናከረ፣ ጠቀለለ፣ አጠፋ: undo, harden, cancele
abblasen: አጠፋ: blow off, cancele
abblättern: ጎነጠለ፣ ገለባበጠ: peel off
abblätternd: ጎነጣይ/ ጎንጥሎ: flaking, peeling off
abblenden: ጨፈነ፣ሸፈነ፣ ጋረደ: dim out, dim, screen off
abblendend: ጋራጅ/ ጋርዶ: screening off
Abblendlicht {n}: የምሽት ጮራ: dimmed headlight
Abblendlicht {n}: ፍሬቻ: dim light
Abblendschalter {m, pl}: መብራት ማጥፊያ: dip switch
abblitzen: ፎቶ አነሳ፣ አፈለቀ: meet with a rebuff, rebuff
abblitzend: አንሺ/ አንስቶ: meeting with a rebuff, rebuffing
abbrausen: ረጨ: buzz off
abbrausend: አጠጭ/ ረጭቶ: buzzing off
abbrechen, unterbrechen:አስወገደ፣ አገበ፣ አስታወከ፣ ሰረዘ፣ አቋረጠ፣ በጠሰ፣ ቀደደ፣ አስወረደ: abort, break, sever, abbort, abort, break away, cancel, discontinue, dismantle, to break off, to cut short, to tear down, truncate
abbrechend: አቋራጭ/ አቋርጦ: aborting, breaking off, dismantling
abbrechend: ጨንጋፊ/ ጨንግፎ: aborting
abbremsen: አዘገየ፣ አዳዳ: slow down
abbremsend: ጎታች/ ጎትቶ: slowing, slowing down
Abbremsung {f}: አፍርሳታ፣ ጉተታ: retardation, abruption, braking ratio
abbrennen: አቃጠለ፣ አጋየ: burn down
abbrennend: አቃጣይ/ አቃጥሎ: burning down
abbringen: አቀረበ፣ አታለለ: dissuade, wring
abbringend, wringend: አታላይ/ አታሎ: wringing, dissuading
abbröckeln: ጨፈለቀ: cramble
Abbruch {m}: አዳጋ ድቀት ማቋረጥ ብተና: demolition, break off, dropout, severance
Abbruchcode {m}: የማቆሚያ ምልክት: abort code
Abbruchmakro {n}: የማቆም ማክሮ: abort macro
abbrühen: አፈላ: to boil hard
abbuchen: ቀነሰ: write off
abbuchend: ቀናሽ/ ቀንሶ: writing off
abbürsten: አጠበ፣ አፀዳ: brush off
abbürstend: አፅጅ/ አፅድቶ: brushing off
abdämmen: አስተፃመረ፣ደፈነ: dam up
abdanken: አቆመ፣ሥልጣን ለቀቀ: abdicate

Abdanker {m, pl}: ግሉል፣ ከሥልጣን ውግድ: abdicator
Abdankung {f}: ግለላ: abdication
Abdankungen {pl} :: resignations
abdecken, enthüllen: ገፈፈ፣ ገለጠ: uncover, mask, unroof
abdeckend, enthüllend: ገፋፊ/ ገፎ: uncovering
Abdeckung {f}: ክዳን: access cover
abdichten: ለደፈ፣ ለጠፈ፣ ተቀኘ፣ ጨመረ: seal, caulk, seal up
abdichtend: ለጣፊ/ ለጥፎ: caulking, sealing up
Abdichter {m, pl}: ለጣፊ፣ ልጣፍ፣ሰም: caulker, caulkers
Abdichtung {f}: ግጥም፣ ልጣፍ: sealing
Abdichtungen {pl} :: sealings
abdrehen: አጠረ፣ ጠመዘዘ: to switch off, to turn off
abdrehend: አጧሪ/ አጡሮ: turning off
abdreschen: ጨፈለቀ: hackney
abdrosseln, drosseln: ጨፈለቀ: throttle
abdrosselnd, drosselnd: ጨፍላቂ/ ጨፍልቆ: throttling
Abdruck {m}: ሕትመት: imprint
Abdrücke {pl} :: imprints
abdrucken : አተመ : imprint
abdruckend : አታሚ/አትሞ: imprinting
Abdunkelung {f}: ጨለማ፣ጭጋግ: dimout
Abdunkelungsvorrichtung {f}, Verdunkelungsschalter {m}: ማጥፊያ: dimmer
Abend {m}: ማታ: evening
abends: ምሽት: evenings
Abendandacht {f}: መዝሙር፣ የማታ ጸሎት: evensong
Abenddämmerung {f}, Zwielicht: ጉም፣ምሽት: twilight
Abenddämmerungen {pl} :: dusks, twilights
Abende {pl} :: evenings
Abendessen {n, pl}: ዳቦ፣ ምሳ፣ ራት: supper, dinner, suppers
Abendgarderobe {f}, Abendkleid {n}: ማታ ልብስ: evening dress
Abendglocke {f}: የምሽት ደወል: curfew
Abendglocken {pl} :: curfews
Abendkleid {n}: ቱታ: gown
Abendkleider {pl} :: evening dresses
Abendkurs {m}: ማታ ትምህርት: evening class
Abendkurse {pl} :: evening classes
Abendland {n}: ምዕራብ: occident
abendländisch: ምዕራባዊ: occidental, occidentally
Abendrot {n}, Sonnenuntergang {m}: ዕርበት: sunset
Abendröte {f}: ወገጋን: afterglows
Abendsonne {f}: የምሽት ፀሐይ: setting sun
Abendstern {m}: ማታ ኮከብ: evening star
Abendvorstellung {f}: ምሽት ዝግጅት፣ ሙዚቃ: evening performance
Abendzeitung {f}: የማታ ጋዜጣ: evening paper
Abendzeitungen {pl}: : evening papers

Abenteuerleben {n}: ልዩ ሕይወት: adventurous life
abenteuerlich: እፁብ ድንቅ: adventuresomely, adventurous, adventurously
Abenteuerlichkeit {f}: ገናናነት: adventurousness
Abenteuerlust {f}: ጉጉት: spirit of adventure
abenteuerlustig: ጉጉተኛ: adventuresomely
Abenteuer {n}: ቡራ፣ ፊስታ: adventure, adventures
Abenteurer {m, pl}: እፁብ-ድንቅኛ፣ ወረተኛ: adventurer
Abenteuergeschichte {f}: ልዩ ታሪክ: adventure story
Abenteuergeschichten {pl}: : adventure stories
aber ja: ይሁን እንጅ: why, yes
aber nein: ግን አይሆንም: why, no
aber selbstverständlich!: በእርግጥ: why certainly!
aber, jedoch, indes, sondern, ohne daß, dennoch, doch: ግን፣ ሆኖም: ቢሆንም: ይሁን እንጅ: however, but, but for all that
Aberglaube {m}: ጥንቆላ፣ሟርት: superstition, superstitiousness
abergläubisch: ሟርተኛ:: superstitious, superstitiously
aberkennen: ካደ: deny
aberkennend: ካጅ/ ክዶ: denying
Aberkennung {f}: ክህደት: denial
abermalig, wiederholt: በድጋሚ: repeated
abermals, nochmals: እንደገና: again
abernten: አመረተ: harvest
aberntend: አምራች/ አምርቶ: harvesting
abfahren, abreisen: ሄደ፣ ተጓዘ: leave, to depart
abfahrend: ሃጅ/ ሂዶ: departing
Abfahrt {f}: መነሻ: departure
Abfahrten {pl} :: departures
Abfall {m}: ቅሬት: ዝቃጭ: አተላ: ቆሻሻ: ጥምብ: rubbish, waste, apostasy, declension, garbage, litter, offal, trash
Abfalleimer {m}, Mülltonne: ቆሻሻ መሰብሰቢያ፣ ቆሻሻ መጣያ: dustbin, dust bin, trash can
Abfalleimer {pl}, Mülltonnen: ቆሻሻ ማጠራቀሚያ: dustbins
abfallen: አደነዘዘ: apostatize ዘረፈ: fall off
abfallend: አደንዛዥ/ አደንዝዞ: apostatizing
abfällig: ውድቅ: snide, snidely
abfällige Bemerkung: የመጣያ ምልክት: aspersion
Abfälligkeit {f}: ድቀት: snideness
Abfallpapier {n}: ቆሻሻ ወረቀት: wastepaper
Abfallprodukt {n}: እሰር፣አሸቅ: by-product
Abfallprodukte {pl} :: waste products
Abfallzeit {f}: መውደቂያ እለት: የጊዜ ገደብ: connection timeout, fall time
abfangen: አጠመደ: intercept
abfangend: አጥማጅ/ አጥምዶ: intercepting
abfassen: ሰበሰበ: ጨበጠ: compose, indite

abfassend: ሰብሳቢ/ ሰብስቦ: composing, inditing
Abfassung {f}: ማጠቃለያ፡ መደምደሚያ: composition
Abfassungen {pl}:: compositions
abfaulen: አበላሸ፡በከለ: rot off
abfaulend: በካይ/ በክሎ: rotting off
abfeilen: ጠረዘ: file off
abfeilend: ጠራዥ/ ጠርዞ: filing off
abfertigen: አዘጋጀ: dispatch
abfertigend: አዘጋጅ/ አዘጋጅቶ: dispatching
Abfertigung {f}: ማዘጋጃ: dispatch
Abfertigungen {pl} :: dispatches
Abfertigungsstelle {f}: የጉምሩክ ቢሮ: dispatch office
abfeuern: ከሥራ አሰናበተ: fire off
abfeuernd: አባራሪ/ አባሮ: firing off
Abfindung {f}, Entschädigung: ካሳ፡ ጉቦ: ውሌታ: compensation, gratuity, forisfamiliation
Abfindungen {pl} :: gratuities, forisfamiliations
Abfindungsvertrag {m}: የጉቦ ውል: termination agreement
abflachen: አለሰለሰ: flatten
Abflachung {f}: ልስላሴ: flat portion, flattening
Abflachungen {pl} :: flattenings
abflauen, schwinden: አጠፋ፡ አወናበደ: wane
abflauend, schwindend: አወናባጅ/ አወናብዶ: waning
abfliegen: በረረ: taking off
abfliegend: በራሪ/ በሮ: taking off
abfliessen: ፈሰሰ: ተደፋ: drain off, to flow off
abfliessend: አፍሳሽ/ አፍሶ: draining off
Abflug {m}: ጉዞ: takeoff
Abflüge {pl}: ጉዞ: takeoffs
Abflußrohr {n}: ዓ ንዓ : spout, waste pipe, downpipe, drain pipe
abfordern, verlangen: አስጠነቀቀ: demand
abfordernd, verlangend: አስጠንቃቂ/ አስጠንቅቆ: demanding
abforsten: ደን አጠፋ: deforest
abforstend: ቆራጭ/ ቆርጦ: deforesting
Abforstung {f}: ድን ምንጠራ: deforestation
Abforstungen {pl} :: deforestations
Abfrage {f}: ጠያቂ : ተማፅኖ: inquiry, interrogation, recitation, oral test
Abfrageeinrichtung {f}: የጥያቄ መንስኤ: interrogator
Abfragekriterien {pl}:: qualifiers
Abfragekriterium {n}: የጥያቄ ቅድመ ሁኔታ: qualifier
Abfragen {pl}:: inquiries, interrogations, oral tests
abfragen: ፈለገ: prompt
abfragen: ጠየቀ: ሞከረ: request, sample, scan, inquire, interrogate
abfragend: ጠያቂ/ ጠይቆ: quizzes
Abfragestation {f}:ኬላ፡ ጣቢያ: query station, retrieval terminal
Abfragestationen {pl}:: retrieval terminals, query stations
abfühlen, empfinden: ተገነዘበ፡ዳሰሰ: sense
Abfühlstift {m}: ብዕር: pecker
Abfuhr {f}, Behebung, Beseitigung, Entfernung: ቆሻሻ: removal
abführen: አሳሳተ: ሰደደ: discharge, lead away
abführen: አሳሳተ: lead away
abführend: መሪ/ መርቶ: purgative, evacuative, laxative, laxatively
Abführmittel {n, pl}: መመሪያ: laxative
abfüllen, füllen: ሞላ: fill
abfüllend: ሞይ/ ሞልቶ: filling
Abfüllfirma {f}: አሻጊ ፋብሪካ: bottler
Abfüllfirmen {pl} :: bottlers
abfüttern : ቀለበ፡ አደለ: feed
abfütternd : ቀላቢ/ቀልቦ: feeding
Abgabe {f}, Steuer: ግብር፡ ታክስ: ቀረጥ: tax, tribute
Abgaben {pl}, Steuern:: taxes, tributes
Abgangsflughafen {m}: አውሮፕላንጣቢያ: airport of depature
Abgangskontrolle {f}: ኬላ፡ጣቢያ: physical exit control, removal control
Abgangszeugnis {n}: የመውጫ ፈቃድ: leaving certificate
Abgas {n}: የተቃጠለ ዓየር: flue gas
Abgase {pl}:: flue gases
Abgaskühler {m}: የተቃጠለ ዓይር ማቀዝቀዣ: exhaust gas cooler
Abgasverlust {m}: የተበከለ ዓየር: exhaust gas losses
abgearbeitet: ተከናዋኝ/ ተከናውኖ: worn out, processed
abgeändert: ቅይር/ተለውጦ: altered, revised
abgebaut, demontiert: ተማራኪ/ ተማርኮ: dismantled
abgeben, liefern: አስረከበ: to deliver
abgebend, liefernd: አስረካቢ/ አስረክቦ: delivering
abgebettelt: ተመፅዋች/ ተምፅውቶ: wheedled out
abgebildet: ተቀጅ/ ተቀድቶ: mapped
abgebissen: ተነካሽ/ ተነክሶ: bitten off
abgeblasen: ተሰራዥ/ ተሰርዞ: cancelled
abgeblättert: ተጎንጣይ/ ተጎንጥሎ: peeled off
abgeblendet: ተደምሳሽ/ ተደምሶ: screened off
abgeblitzt: ተንፀባራቂ/ ተንፀባርቆ: met with a rebuff
abgebogen: ተመዛኝ/ ተመዝኖ: bent off
abgebrannt: ነዳጅ/ ነዶ: ፈሳሽ/ ፈሶ: burnt down, buzzed off
abgebremst: ተጎታች/ ተጎትቶ: slowed down
abgebrochen: ጭንጉፍ/ ተጨንግፎ: ተሰባሪ/ ተሰብሮ: aborted, broken off, dismantled
abgebrochen: አላቂ/ ቆሞ: abrupt
abgebröckelt: ተጭፍላቂ/ ተጭፍልቆ: crumbled
abgebrüht: ፈሊታ/ ፈልቶ: hard boiled

abgebucht: ተቀናሽ/ ተቀንሶ፤ተከፋይ/ ተከፍሎ: written off
abgebunden: ተጠቅላይ/ ተጠቅሎ: undone
abgebürstet: ታጣቢ/ ታጥቦ: brushed off
abgedankt: ከሥልጣን ተወጋጅ/ ተወግዶ: resigned, abdicated
abgedeckt, enthüllt: ተገላጭ/ ተገልጦ: uncovered
abgedichtet: ተለጣፊ/ ተለጥፎ: sealed up
abgedient: ተገልጋይ/ ተግልግሎ: served
abgedreht: ዟሪ/ ዙሮ: turned off
abgedroschen: ተጨፍላቂ/ ተጭፍልቆ: hackneyed
abgedrosselt: ተጨፍላቂ"ተጨፍልቆ: throttled
abgedruckt: ታታሚ/ ታትሞ: ተጨማቂ/ ተጨምቆ: imprinted, squeezed off
abgeerntet: ተመራች/ ተመርቶ: harvested
abgefallen: ወዳቂ/ ወድቆ: fallen off
abgefangen: ተቀባይ/ ተቀብሎ: intercepted
abgefärbt: ተቀብቢ/ ተቀብቶ: faded
abgefaßt: ተጨባጭ/ ተጨበጦ: indited
abgefault: ርኩስ/ ረክሶ: rotted off
abgefeilt: ተጠቅላይ/ ተጠቅሎ: filed off
abgefertigt: ፍጹም/ ተፈጽሞ: dispatched
abgefeuert: ተባራሪ/ ተባርሮ: fired off
abgeflaut, (schwand): ተቀናሽ/ ተቀንሶ: waned
abgeflogen: ብትን/ በኖ: taken off
abgeflossen: ፈሳሽ/ ፈሶ: drained off
abgeflossen: ተረጭ/ ተረጭቶ: drained
abgefordert: ተጠያቂ/ ተጠይቆ: demanded
abgefragt: ተፈላጊ/ ተፈልጎ: prompted
abgeführt: ስሁት፤ተሳሳች/ ተሳስቶ: ምሉዕ/ ሞልቶ: led away
abgefüllt : ምሉዕ/ ተመልቶ: filled
abgefüttert: ቅልብ/ ተቀልቦ: fed
abgegeben, (lieferte): ተላላፊ/ ተሰጥቶ: delivered
abgeglitten: ተንሸራታች/ ተንሸራቶ: slid
abgegossen: ፈሳሽ/ ተረጭቶ: ተሞይ/ ተሞልቶ: decanted, poured off
abgegraben: ተቀባሪ/ ተቀብሮ: dug off
abgegrast: ታጋጅ/ ታግዶ: grazed
abgegrenzt: ልዩ/ ተለይቶ: ተከላይ ተክልሎ: marked-off, zoned
abgehackt: ቁራጭ: ብጣሽ: choppily, choppy
abgehackt: ተቀንጣሽ/ ተቀንጥሶ: chopped
abgehalten: ታሳሪ/ ታስሮ: ታጋች/ ታግቶ: detained, kept from
abgehängt: ተሰቃይ/ ተሰቅሎ: taken down
abgehärtet: ክቡር/ ተከብሮ: hardened
abgeheilt, verheilte: ድሁን/ ድኖ: healed
abgehend: ባብዛኛው: out-bound
abgehetzt: ብስጩ/ ተበሳጭቶ: exhausted
abgehoben: ተነሽ/ ተነስቶ: ተዛዋሪ/ ተዛውሮ: lifted, withdrawn
abgeholt: ተወሳጅ/ ተወስዶ: fetched
abgehört: ተሰላይ/ ተሰልሎ: listened in to
abgeirrt: ስሁት/ ተሳስቶ: strayed
abgejagt: ታዳኝ/ ታድኖ: recovered a from
abgekauft: ተሻጭ/ ተሸጦ: bought from
abgekehrt: ምላሽ/ ተመልሶ: turned away
abgeklärt: ታዋቂ/ ተጣርቶ፤ ተብራርቶ: clarified
abgeklemmt: ተዛቢ/ ተዛብቶ: pinched off
abgeklopft: ተንኳኪ/ ተንኳኩቶ: knocked off
abgeklungen: ጫጊ/ ተቃጭሎ: faded away
abgeknabbert: ቍርጥራጭ/ ተቆራርጦ: nibbled off
abgeknallt: ተጋጪ/ ተጋጭቶ: bumped off
abgeknickt: ታዛቢ/ ተዛብቶ: snapped off
abgekocht: ቅቅል/ ፈልቶ: boiled
abgekoppelt: ንጥል/ ተለይቶ: uncoupled
abgekratzt: ተፏሪ/ ተፍቆ: scraped off
abgekriegt: ግኙ/ ተግኝቶ: got
abgekühlt: ቅዝቅዝ/ ቀዝቅዞ: cooled off
abgekürzt, verkürzt: ድውይ/ አጥሮ፤ ድንክ: shortened, abbreviated
abgekürztes Tastaturkommando: አጭር ትእዛዝ: abbreviated keyboard command
abgekürztes, verkürztes: ምህፃር: abbreviated
abgeküßt: ተሳሚ/ ተስሞ: smothered with kisses
abgeladen: ስራዥ/ ተትቶ: unloaded
abgelassen: ጉድፈቻ/ ተጥሎ: let off
abgelaufen: ኮብላይ/ አምልጦ: expired
abgeleckt: ተላሽ/ ተልሶ: licked off
abgelegen: ዝርግ/ ተዘርግቶ: remote
abgelegt, ausrangiert: ተቀማጭ/ ተኑሮ: discarded
abgelegt: ተንቆ: discarded
abgelehnt: ውድቅ/ ተንቆ: declined
abgelehnt: ተቀባይነትን አጥቶ: disowned
abgeleistet, (erfüllt): ተደራጊ/ ተደርጎ: fulfilled
abgeleitet: ወጭ/ ወጥቶ: derivated, derivational
abgeleitet: ተሰጭ/ ተላልፎ: deduced
abgelenkt: ተቀላሽ/ ተቀልሶ: deflected
abgeleugnet: ክሁድ/ ተክዶ: abnegated
abgelüftet : ተናፋሽ/ተናፍሶ: aired up
abgelöscht: ጥፉዕ/ ተደምሶ: extinguished
abgelöst, losgelöst: ልቅ/ ተለቆ: detached
abgemacht!: ቃል ኪዳን ነው!: it's a bargain! It's a bargain!, It's a deal!
abgemacht: ውስን/ ተወስኖ: done, settled
abgemagert: ስልብ/ ከስቶ: emaciated
abgemildert: ቅንስ/ ተቀንሶ: moderated
abgemüht: ተጣጣሪ/ ተጣጥሮ: struggled with
abgemustert: ክፋይ/ ተከፍሎ: paid off
abgeneigt: ተሰቦ: ተማርኮ: ጉጉታ: በፍላጎት: disinclined, indisposed, antipathetical, aversely
abgeneigt: ተመሳጭ/ አዘንብሎ: ምሱጥ/ ተመስጦ: antipathetic, averse
Abgeneigtheit {f}: ዝንባሌ: averseness
abgenommen: ተቀናሽ/ ተቀንሶ: waned
abgenötigt: ብጣሽ/ ተነጥሎ: wrung from
abgenutzt: ተበዝባዥ/ ተበዝብዞ: outworn
abgeordnet, delegiert: ተመራጭ/ ተመርጦ: delegated

Abgeordnete {m, f}: አባል: ተወካይ: ተመራጭ፣አባል: assemblyman, representative, delegate, deputy
abgepaßt, verstellt: ተሰናድቶ: adjusted
abgepflückt: ተነጣቂ/ ተነጥቆ: picked
abgeplagt: መከረ፡/ ተሰቃይቶ: worked oneself to death
abgequält, besorgt: ተገራፊ/ ተገርፎ: worried
abgeraten: ተሸዋጅ/ ተሸውዶ: ተታሎ: dissuaded, dissuaded from
abgeräumt: ጽዱዕ/ ተጸድቶ: cleared
abgerechnet: ተቀናሽ/ ተቀንሶ: deducted
abgereist: ተጓዥ/ ተጉዞ: departed
abgerichtet: ሰልጡን/ ሰልጥኖ: trained
abgeriegelt, verriegelt: ከሉል/ ተከልሎ: bolted
abgerissen: ፍራሽ/ ፈርሶ: torn off
abgerollt: ተንከባላይ/ ተንከባሎ: unrolled
abgerückt: ወግዶ: moved away
abgerüstet, entwaffnet: ተማራኪ/ ትጥቅ ፈቶ: disarmed
abgerutscht: ወጻቂ/ ወድቆ: slipped off
abgesackt, gesunken: ስጣሚ/ ሰጥሞ: sunk
abgesägt: ቀሪ/ ተሰርዞ: sawed off
abgesandt: ልዑክ/ ተልኮ: mailed, delegate
Abgesandte {m}: መልክተኛ: delegate
abgesaugt: ተመጣጭ/ ተመጦ: sucked off
abgeschafft: ተነሺ/ ተነስቶ: ተሰርዞ/ ተወግዶ: abolished, abolished
abgeschaltet, ausgeschaltet: ጥፉዕ/ ጠፍቶ: shorted, switched off
abgeschätzt: ተገማች/ ተገምቶ: estimated
abgeschieden, isoliert: ተለዪ/ ተለይቶ: ተፋች/ ተፋቶ: isolated, cloistered
Abgeschiedenheit {f}: ግዞት: seclusion
abgeschirmt: ሽፍን/ ተከቦ: screened, shielded
abgeschlachtet: ርድ/ ታርዶ: slaughtered
abgeschleppt: ተወጋጅ/ ተወግዶ: towed off
abgeschliffen, poliert: ልስልስ/ ተለስልሶ: polished
Abgeschlossenheit {f}: ግዞት: seclusion
Abgeschlossenheit {f}: አንድነት: insularity
Abgeschlossenheiten {pl}: (ብዙ): seclusiveness
abgeschmolzen: ሟሚ/ ሟምቶ: melted off
abgeschnitten: ተቆራጭ/ ተቆርጦ: cut
abgeschoben: ተጋዥ/ ተግዞ: deported, pushed off
abgeschöpft: ድኩም/ ደክሞ: skimmed
abgeschossen: ተገዳይ/ ተገድሎ: killed, downed, launched
abgeschraubt: ልጥፍ/ ተለጥፎ: screwed off
abgeschreckt: ድንጉጥ/ ደንግጦ: deterred
abgeschrieben, kopiert: ተገልባጭ/ ተገልብጦ: copied
abgeschritten: ተላላፊ/ ጥሶ፣ተላልፎ: paced off
abgeschuftet: ተገዢ/ ተገዝቶ: slaved
abgeschüttelt: ተማሳይ/ ተማስሎ: shaken off
abgeschwächt: ድኩም/ ተዳክሞ: weakened
abgeschwächtes: ድኩም: weakenen
abgeschworen: ከሃዲ/ ምሎ: ተዋውሎ: abjured, forsworn
abgesegelt: ተቀዛፊ/ ተቀዝፎ: sailed
abgesehen (von), außer: ከ....በስተቀር: except (for)
abgesehen von: ከ...ተለይቶ: apart from
abgesehen, ausgenommen: ልዩ/ ተለዪቶ: apart from
abgeseilt: ተወዛውዞ: roped down
abgeseilt: ተንጨላይ/ ተንጨዋሎ: roped
abgesessen: ውዝፍ/ ተወዝፎ: dismounted
abgesetzt: ግሉል/ ተገልሎ: degraded, discharged
abgesetzt: ተቀማጭ/ ተኑሮ: degraded
abgesichert: ትኩል/ ተሰክቶ: fused, provided security for
abgesondert, getrennt: ብጥር/ ተለይቶ: separate, separated
abgesondert: ንጥል: ንጥል/ ተደብቆ: apart, isolated/ secreted
abgespalten: ንጥል/ ተነጥሎ: split off
abgesperrt: ቁልፍ/ ተቆልፎ: locked
abgespiegelt: ተንጸባራቂ/ ተንጸባርቆ: reflected
abgesplittert: ፍንጥር/ ተፈናጥሮ: splintered
abgesprochen, vereinbart: ስምሙዕ/ ተስማምቶ፣ በስምምነት: agreed
abgespült: ጽዱዕ/ ተጸድቶ: washed up
abgestammt: ተላላፊ፣ወራሺ/ ተላልፎ: descended
abgestanden: እሙን/ ታምኖ: stale
abgestaubt: ብናኝ/ ተበኖ: dusted
abgestellt: ተቁራጭ/ ተቁርጦ: put down
abgestempelt: ተፈራሚ/ ተፈርሞ: stamped, postmarked
abgestimmt: ተመራጩ/ ተመርጦ: ተዋውሎ: voted, attuned, coordinated
abgestochen: ሟች/ ሞቶ፣ ተወጊ/ ተወግቶ: contrasted with, dead
abgestoßen: ተወጋጂ/ ተወግዶ: disgusted
abgestrichen: ተቀቢ/ ተቀብቶ: wiped off
abgestuft: ተመዳቢ/ ተመድቦ: graded, graduated
abgestürzt: ተገልባጭ/ ተገልብጦ፣ወድቆ: crashed, fallen, supported
abgesucht: ተፈላጊ/ ተፈልጎ: searched
abgetastet: ተደሳሺ/ ተዳሶ: felt
abgeteilt: ተከፋይ/ ተከፍሎ: divided
abgetippt: ተጻፊ/ ተጽፎ: typewritten
abgetragen: ተላላፊ/ ተላልፎ: shabby
abgetrieben: ውራጅ/ ተጨንግፎ: procured abortion
abgetrocknet: ተደርቆ: dried
abgetropft: ተንጠብጣቢ/ ተንጠባጥቦ: dripped off
abgeurteilt, verdammt: ተወጋዥ/ ተውግዞ: condemned
abgewählt: በምርጫ ውዱቅ/ ተጥሎ: deselected
abgewandelt: ታዳሽ/ ታድሶ: modified
abgewandert: ተሰዳጅ/ ተሰዶ: ተጠባቂ/ ተጠብቆ: migrated, waited for

abgewechselt: ተቀያሪ/ ተቀይሮ: alternated
abgewertet: ተናቂ/ ተንቆ፤ወድቆ: devaluated
abgewickelt: ተዛዋሪ/ ተዛውሮ: transacted
abgewickelt: ተሰራኙ/ ተሰርዞ: liquidated, transacted
abgewiesen: ተናቂ/ ተንቆ: ተደመሳሽ/ ተደምሶ: refused, repulsed
abgewinnen: አሸነፈ፤ተጎናጸፈ: take pleasure in
abgewirtschaftet: ብልሹ/ ተበላሽቶ: ruined
abgewischt: ታማቢ/ ታጥቦ: wiped
abgewogen: ተመዛኝ/ ተመዝኖ: weighed
abgewöhnen: ተለማማጅ/ ተለማምዶ: give up
abgewöhnend: አለማማጅ/ አለማምዶ: giving up
abgewöhnt: ፈጽሞ: given up
abgewonnen: ተጎናጻፊ/ ተጎናጽፎ: taken pleasure in
abgeworfen: ተወርዋሪ/ ተወርውሮ: dropped
abgezählt: ተከፋይ/ ተከፍሎ: counted
abgezielt : ተተኳሪ/ ተተኩሮ: ታላሚ/ ታልሞ: aimed at, tended, intended
abgezogen: ተዛዋሪ/ ተዛውሮ: ተጨማቂ/ ተጨምቆ: removed, deducted
abgezweigt: ተዘንጣፊ/ ተዘንጥፎ: branched off
abgießen: አፈሰሰ፤ረጨ: decant, pour off
abgießend: አፍሳሽ/ አፍሶ: ረጪ/ ረጭቶ: decanting, pouring off
abgleichen: አስተካከለ፤አመሳሰለ: gang
abgleiten: ሳበ: slide
abgleitend: ሳቢ/ ስቦ: sliding
Abgott {m}: ጣኦት: idol
Abgötter {pl}: ጣኦታት: idols
Abgötterei {f}: ባዕድአምልኮ: ሟርት: idolatrousness, idolization
abgöttisch: ሟርተኛ: idolatrous, idolatrously
abgraben: ቆፈረ፤ቀበረ: dig off
abgrabend: ቆፋሪ/ ቆፍሮ: digging off
abgrasen: አጨደ፤ መነጠረ: graze
abgrasend: መንጣሪ/ አጭዶ: grazing
abgreifen: አጠቃ: thamb
abgreifend: አጥቂ/ አጥቅቶ: thumbing
abgrenzen: ከለለ፤ ገደበ: አጠረ: አመለከተ: delimit, mark-off, to mark out
abgrenzend: አጋጅ/ አግዶ: አጣሪ/ አጥሮ: delimiting, marking-off
Abgrenzer {m}: ገደብ፤ከልል: delimiter
Abgrenzung {f}: እገዳ: ከልል: delimitation, demarcation
Abgrenzungen {pl} :: delimitations, demarcations
Abgrund {m}: ጥልቀት: ስሜት: ምራል፤ መንስኤ: abysm, abyss, fovea, precipice
Abgründe {pl}: ጥልቀቶች፤ ስተቶች: abysms, abysses foveae, precipices
abgrundtief: ውስጣዊ: ስሜታዊ: abysmal, abysmally
Abguß {m}: ጠብታ: casting
Abgüsse {pl}: ጠብቶች: castings
abhacken: ከመከመ: ቀነጠፈ፤ቆረጠ: አስተካከለ: chop, chopp
abhackend: አስተካካይ/ ከፍክፎ: chopping
abhaken: ቀጠፈ: to check off
abhalten: ገደበ፤ ከለከለ: detain
abhaltend: አጋጅ/ አግዶ: ከልካይ/ ከልክሎ: detainig
Abhaltung {f}: ገደብ/ ወሰን: disincentive
abhanden: አገኘ: get lost
Abhandlung {f}: ተግሣፅ፤ ሥራ፤ ዓውድ: disquisition, treatise
Abhandlungen {pl}: ሥራዎች: treatises
Abhang {m}: መጋረጃ: ልባስ: slope, declivity, slope
Abhänge {pl}: ተቀጽላ: declivities
abhängen (von), sich verlassen (auf): ተማመነ፤ ተጠጋ፤ ጥገኛ ሆነ: to depend (on)
abhängen (von): ጥገኛ ሆነ: ተማጸነ: ተለጠፈ: depend, to depend on
abhängend: ተጠጊ/ ተጠግቶ: ተሰቃይ/ ተሰቅሎ: ተወሳጅ/ ተወስዶ depending, hinging, taking down
abhängig (von): ጥገኛ፤ ተቀጣሪ: depend: dependent, tributary, dependent
Abhängige {m, f}: ጥገኝነት: dependent
Abhängige {pl} :: dependents
Abhängigkeit {f}: ጥገኛነት: subjection
abhängigsein von: ሱሰኛ ሆነ: depending
abhärten: አጠነከረ: harden
Abhärtung {f}: ልምምድ፤ ብርታት: inurement
abhauen: ደወለ፤ መታ: ጠፋ: scram, scoot
abhauend, hebend: ደዋይ/ ደውሎ: አጥፊ/ አጥፍቶ: አንሻ/ አንስቶ: bunking, scooting, scramming, lifting
abheben: አስወገደ፤ አዛወረ: lift, get off, withdrow
Abhebung {f}: የዓቀባ መነሳት: withdrawal
abheilen: አዳነ፤ አገገመ: heal
abheilend: አዳኝ/ አድኖ: healing
abhelfen: አስማማ፤ አሻለ: remedial, remedy
abhelfend: አስማሚ/ አስማምቶ: ሸምጋይ/ ሸምግሎ፤ አሻሽሎ: remedial, remedying, remedially
abhetzen: አጋለ: rush about
Abhilfe {f}, Heilmittel: ርዳታ፤መድኃኒት: remedy
Abhilfen {pl} :: correctives
abholen: ወሰደ፤ ጠራ: call for
abholend: አናዳጅ/ አናዶ: fetching
Abhören {n}: ማዳመጫ፤ስልክ መስመር: wiretapping
abhören: አቋረጠ፤ አበቃ: አዳመጠ: intercept, listen in to
abhörend: ጆሮ ጠቢ/ ጠብቶ: listening in to
abirren: ተሳሳተ፤ ተደናገረ: stray
abirrend: ተሳሳች/ ተሳስቶ: straying
Abirrung {f}: ስህተት: aberrance
abisolieren: ለየ: skinning
Abisolierzange {f}: ማበጠሪያ፤ ወንፊት: stripper
Abitur {n}: 12ኛ ክፍል መልቀቂያ ፈተና: school leaving examination
abjagen: አገገመ: recover from

abjagend: አገጋሚ/ አገግሞ: recovering from
abkaufen: ገዛ: buy from
abkaufend: ገዥ/ ገዝቶ: buying from
Abkehr {f}: መልስ: turning away
abkehren: መለሰ፤ አዞረ፤ ጠረገ/አጸዳ: turn away
abklären: ገለፀ፤ አረጋገጠ: clarify
abklärend: ገላጭ/ ገልጦ: clarifying
Abklärung {f}: መግለጫ፤ደረሰኝ: clarification
abklemmen: ጪፈለቀ፤በየደ: pinch off
abklemmend: በያጅ/ በይዶ: pinching off
abklingen: ደወለ፤ድምጽ አሰማ: fade away
abklingend: ደዋይ/ ደውሎ: fading away
abklopfen: አንኳኳ: knock off
abknabbern: ቀጨቀጨ፤ ነከሰ: nibble off
abknabbernd: ነካሽ/ ነክሶ: nibbling off
abknallen: ፈነዳ: bump off
abknallend: ፈነዷ/ ፈንድቶ: bumping off
abknicken: አጠፈ፤አጧነነ: snap off
abknickend: አጣፊ/ አጥፎ: snapping off
abkochen: ቀቀለ: to boil
abkommandieren: አዘዘ: assign
abkommandierend: አዛዥ/ አዝዞ: assigning
Abkommen {n}: ስምምነት: agreement
abkoppeln, loslösen: ነጠለ፤ ለየ: uncoupling
abkoppelnd: ተነጣይ/ ተነጥሎ: uncoupling
abkratzen: ሰነበጠ፤ ፋቀ: scrape off
abkratzend: ሰንባጭ/ ሰንብጦ: scraping off
abkriegen: አገኘ: get
abkühlen: አቀዘቀዘ: cool off
abkühlend: አቀዝቃዥ/ አቀዝቅዞ: cooling off
Abkühlung {f}: ማቀዝቀዣ: cooling
abkürzen, verkürzen: አሳጠረ: ምህፃር አበጀ: አሳጠረ፤ ቆራረጠ: shorten, abbreviate, to cut short
abkürzend: ቆራጭ/ ቆርጦ: abbreviatory
Abkürzer {m}: ምህፃረር: abbreviator
Abkürzung {f}: ምህፃር: እጥረት/ አጭር: abbreviation, shortcut
Abkürzungen {pl}: ምህፃሮች: ቁርጥራጮች: abbreviations, shortcuts
Abkürzungszeichen {n}, Abkürzung: ምህፃረ ምልክት: abbreviation
abküssen : ሳመ: smother with kisses
abküssend : ሳሚ/ ስሞ: smothering with kisses
abladen, entladen: አወረደ: unload
Abladeplatz {m}: ማውረጃ ቦታ: unloading point
Abladeplätze {pl}: ማውረጃ ቦታዎች: unloading points
Ablader {m, pl}: ማውረጃ: unloader, unloaders
Ablage {f}: መጋዘን: መዝገብ: መጠባበቂያ: ቅማጭ: ሙላት: ኪስ/ ቦርሳ: ሙከራ: stacking, files, clipboard, deposit, deposition, filing, pocket, tray
Ablagefach {n}: ሻንጣ: pocket
Ablagefächer {pl}:: pockets
Ablagekasten {m}: መዝገብ: tray
Ablagemagazin {n}: መዝገብ ቤት: stacker
Ablagen {pl}:: depositions
ablagern, deponieren: አኖረ፤አስቀመጠ: deposit
ablagernd: አኗሪ/ አስቀምጦ: depositing
Ablagerung {f}: መጠባበቂያ፤ ድልብ: አሸዋ: deposit, sediment
Ablagerungen {pl}: ጭንጮች: sediments
Ablagesystem {n}: የመሙያ ቦታ: filing system
Ablagetisch {m}: ማኖሪያ ሞሰብ: deposit tables
Ablagetische {pl}:: deposit tables
ablassen: አፈሰሰ: አበቃ: drain, surcease
ablassen: ተወ: desist
ablassend: አፍሳሽ/ አፍሶ: desisting, letting off
Ablaßhahn {m}: ግድብ፤ ገንዳ: drain cock
Ablauf {m}, Folge, Reihenfolge, Sequenz: ድግግም: sequence
Ablauf {m} : ፈሰሰ: drain
Ablauf {m}: የጊዜ መቀየሪያ: cycle
Ablaufanweisung {f}: መርህ ግብር: run chart
Abläufe {pl}: ፍሳሽ/ ወራጅ: drains
ablaufen (Zeit): ጊዜ አጠፋ: elapse
ablaufen, auslaufen: ፈሰሰ: አለፈ: rundown, pass
ablaufend: ጊዜ ያለፈበት/ የተቃጠለ: expiring
ablauffähig, ladbar: ተጫኝ: loadable
Ablaufglied {n}: ቅድመ ነገር: step logic element
Ablaufkette {f}: መሽከርከሪያ ጥርስ: sequence cascade
Ablaufrechner {m}: ስሌት ኮምፒዩተር: object computer
Ablaufrohr {n}: ቧ ንቧ : drain pipe
Ablaufschaltwerk {n}: ሞተር: sequence processor
Ablaufsteuerung {f}: የሞተር መቆጣጠሪያ: sequential control, sequentiel control
Ablaufverfolger {m}: ተሳቢ: tracer
Ablaufverfolgung {f}: ተሳቢ፤ ሂደት: backtrace, tracing
Ablaufzeit {f}: የጊዜ ገደብ: elapse time
Ablaut {m}: አናባቢ: vowel gradation
Ablaute {pl} :: vowel gradations
ablecken: ላሰ: lick off
ableckend: ላሽ/ ልሶ: licking off
ablegen: መዘገበ: discarding
ablegend: መዝጋቢ/ መዝግቦ: discarding
ablegend: አኗሪ/ አኑሮ: depositing
Ableger {m}: ቅርንጫፍ: scion, scions
ablehnen, abweisen: ከዳ፤ ካደ: አሸነፈ: እምቢ አለ: refuse, defeat, decline, deprecate, depreciate, disclaim, disown, reject, repudiate, spurn
ablehnend: አጎንባሽ/ አጎንብሶ: ካጅ/ ክዶ: declining, negative, refusing, deprecating, deprecatory, depreciating, disclaiming, disliking, disowning, refusing, renunciative, repudiatin spurning
Ablehnung {f}, Absage: ክደት: እምቢታ: refusal, disaffirmation, refusal
Ablehnungen {pl} :: disaffirmations, refusals
ableisten: አሟላ: fulfill

ableistend: አሟይ/ አሟልቶ: fulfilling
ableitbar: ወጭ/ ወጥቶ: derivable
ableiten (Spannung): መራ፤ አስተላለፈ: bleed off
ableiten: አወጣ: አስገኘ: derivate, derive, dissipate, derive from
ableiten: አወጣ፤አስገኘ: derive
ableitend: አውጭ/ አውጥቶ: deriving
Ableiter {m}: አስተላላፊ: deflector
Ableitung {f}: ተግባር፤ ማስተላለፍ/ ትልልፍ፤ መውጫ፤ መገኛ፤ ምንጭ: derivative, derivation, deduction, derivation
Ableitungen {pl} :: derivations, derivatives
Ableitungskanal {m}: ቆሻሻ መሄጃ: drainage
ablenkbar: ተሳቢ: deflectable
ablenken: አጠበ፤ ጠመዘዘ: distract, refract
ablenkend: አጣፊ/ አጥፎ: deflecting, distracting, distractive, diverting
Ablenkung {f}: ጥፋት፤ ነጸብራቅ: distraction, deflection, distaction
Ablenkungen {pl} :: deflections, distractions
ablesen: አነበበ: read off
ablesend: አንባቢ/ አንብቦ: reading off
Ablesung {f}, Lesung, /lesen/: ምንባብ: reading
ableugnen: ዋሸ፤ ካደ: abnegate, disavow
ableugnend: ካጂ/ ክዶ: abnegating, disavowing
Ablichtung {f}: ኮፒ፤ ፎቶ: photographs
Ablichtungen {pl}: ኮፒ፤ ፎቶ: photographs
abliefern: አስተላለፈ: to deliver
Ablieferung {f}: ባሕል:አቅራቦት:delivery
Ablieferungen {pl}:: deliveries
abliegen: አረጋገጠ: be far off
abliegend: አረጋጋጭ/ አረጋግጦ: being far off
ablösbar: ተለዪ/ ልዩ: detachable
ablöschen: አጠፋ/ ደመሰሰ: extinguishing
ablöschend: አጥፊ/ ደምስሶ: extinguishing
ablösen: ተተካ፤ ቀየረ: unsolder
ablösend: ተተኪ/ ተተክቶ: detaching
Abluft {f}: የተቃጠለ ዓየር: extracted air
abmachen: ተስማማ፤ ተቀመጠ: settle
Abmachung {f}, Vereinbarung: ስምምነት: settlement, arrangement
abmagern: ከሳ: lose weight
abmagernd: ከሲታ/ ከስቶ: losing weight, peaking
Abmagerung {f}, Abzehrung: ክሳት፤ምንማኔ: emaciation
abmähen: አስወገደ: scythe
abmähend: ለዪ/ ለይቶ: scything
Abmahnung {f}: ማስጠንቀቂያ: dissuasiveness
Abmarsch {m}: ጉዞ፤ ዘመቻ: decampment
abmarschieren: ተመመ፤ ተጓዘ: march-off, decamp
abmarschierend: ዘማች/ ዘምቶ: decamping, marching-off
abmarschiert: ታዛዥ/ ታዝዞ: marched-off
abmelden: ተሰረዘ: to give notice of depature

abmeldend: ለቃቂ/ ለቆ: to giving notice of depature
Abmeldung {f}: መልቀቂያ ወረቀት: notice of departure
abmessen: ለካ: to measure off
Abmessung {f}: ልክ: dimension
abmildern: አሻሻለ፤ ቀነሰ: moderating
abmildernd, mildernd: አሻሻይ/ አሻሽሎ: moderating
abmontieren: በተነ: unrig
abmühen: ተጣጣረ: struggle with
abmühend: ሞካሪ/ ሞክሮ: struggling with
abmustern: ምሳሌ አቀረበ: paying off
abmusternd: ምሳሌ አቅራቢ/ አቅርቦ: paying off
abnagen: በጠሰ፤ለየ: gnaw, gnaw off
Abnahme {f}: ቅነሳ/ ቅናሴ፤ ሙከራ፤ ማረጋገጫ: acceptance sampling plan, certification, inspection
Abnahmebedingung/en {f/pl}:የመቀበያ ቅድመሁኔቶች: acceptability standards, acceptance terms
Abnahmebereich {m}: መቀበያ ዞን: acceptance region
Abnahmebescheinigung {f}, Abnahmeprotokoll: መቀበያ ካርድ: acceptance certificate
Abnahmekonfiguration {f}: የመቀበያ ጥምረት: acceptance configuration
Abnahmekontrolle {f}: የመቀበያ መቆጣጠሪያ: acceptance inspection, acceptance sampling
Abnahmelinie {f}: መቀበያ መስመር: acceptance line
Abnahmeprotokoll {n}: የሙከራ ማቢያ: test certificate
Abnahmeprüfung {f}:የሙከራ ማቢያ፤ ማረጋገጫ፤የማረጋገጫ ትኬት: acceptance test, proof test, specification test
Abnahmequittung {f}: መቀበያ ደረሰኝ: acceptor handshake
Abnahmetest {m}: የመቀበያ ሙከራ: acceptance trial
Abnahmevorschrift {f}: መረከቢያ ትእዛዝ: acceptance test procedure
Abnahmevorschriften {pl}:: acceptance standards
Abnahmezahl {f}: መቀበያ ቁጥር: acceptance number
abnehmbar: ተወጋጂ፤ ተቀናሽ፤ ጠፊ: diminishable, removable
abnehmbar: ተለጣፊ: detachable
abnehmbar: ተቀባዪ: removable
abnehmen, an Gewicht verlieren: ቀነሰ፤ቀጠነ: to lose weight, to take off, to lose weight
abnehmend: ቀናሽ/ ቀንሶ: decreasingly
Abnehmer {m}, Kunde: ተቀባይ፤ ደምበኛ: taker, accepter, account debtor
abneigen: ተሳበ፤ ተማረከ: averse, indispons, disincline

Abneigung {f}: **ቲፎዞ**: **ዝንባሌ**: aversion, antipathy, aversion, disinclination, dislike, indisposition, reluctance, repugnance
Abneigungen {pl} :: antipathies, aversenesses, aversions, disinclinations, indispositions, repugnances
abnormal: **ብልሹ**: abnormally, bastardly
Abnormität {f}: **ግብረ ሰዶም**: anomalousness
Abnormitäten {pl} :: anomalousnesses
abnötigen: **ተጠቀመ**: wring from
abnutzen: **ተጠቀመ፤ አቆሸሸ** : scuff, to wear away, to wear off, to wear out
abnutzend: **ተጠቃሚ/ ተጠቅሞ**: outwearing
abnützen: **ለበሰ**: wear, wear out
abnützend: **ተጠቃሚ/ ተጠቅሞ**: wearing, wearing out
Abnützung {f}: **መልበስ፤ አጠቃቀም**: wear abrasion
Abnutzung {f}: **ጥቅም፤ ልባስ**: wastage, wearout, fading
Abonnement {n}: **ምዝገባ**: subscription
Abonnements {pl} :: subscriptions
Abonnementvorstellung {f}: **የምዝገባ ቅጽ**: subscription performance
Abonnementvorstellungen {pl} :: subscription performances
abonnieren: **መዘገበ**: subscribe
abonnierend: **መዝጋቢ/ መዝግቦ**: subscribing
abonniert:**ተመዝጋቢ/ ተመዝግቦ**: subscribed
abordnen, delegieren:**አስተካከለ**: delegating
abordnend, delegierend:**አስተካካይ/ አስተካክሎ**: delegating
Abordnung {f}:**መልክት፤ መልክተኛ**: delegation, delegacy
Abordnungen {pl}:: delegations
Abort {m}, Toilette: **ሽንት ቤት**: toilet
Aborte {pl}, Toiletten:: toilets
abpassen: **አስማማ**: adjusting
abpassend: **አስማሚ/ አስማምቶ**: adjusting
abplagen: **አማረረ**: work onself to death
abplagend: **አማራሪ/ አማሮ**: working onself to death
Abprall {m}: **ግጭት**: rebound
abprallen: **ተጋጨ**: recoil
abprallend: **ተጋጭ/ ተጋጭቶ**: rebounding, recoiling, ricocheting
abprotzen: **ቃታ አወለቀ**: unlimber
abprotzend: **ቃታ አውላቂ/ አውልቆ**: unlimbering
abputzen: **አጸዳ**: clean
abputzend: **አጽጂ/ አጽድቶ**: cleaning
abquälen: **ገረፈ፤አሰቃየ**: worry
abquälend: **ገራፊ፤አሰቃዪ/ አሰቃይቶ**: worrying
abquetschen, quetschen: **ለፈለፈ**: squeez
abquetschend: **ለፍላፊ/ ለፍልፎ**: squeezing
abrackern: **ታከተ**: fag
abrackern: **ለፋ፤ ደከመ**: drudge
abrackernd: **ታካች/ ታክቶ**: drudging, fagging
Abraten {n}: **ማስጠንቀቂያ**: dissuasion
abraten: **አስጠነቀቀ፤ አስገነዘበ**: dissuade, dissuade from
abratend: **አስጠንቃቂ/ አስጠንቅቆ**: dissuading, dissuasively
abräumen: **አጸዳ**: clear
Abrechnung {f}, Abzug, Buchhaltung, Buchführung: **የክፍያ ደረሰኝ፤ክፍያ፤ መቆጣጠሪያ፤ መመሪያ**: deduction, statement, accounting, payoff
Abrechnungen {pl}, Abzüge, Buchhaltungen, Buchführungen:: deductions, statements, accountings
Abrechnungscomputer {m}: **የደረሰኝ መቆጣጠሪያ ኮምፒዩተር**: accounting computer
Abrechnungsdatei {f}: **የስሌት መዝገብ**: accounting file
Abrechnungsdateien {pl}:: accounting files
Abrechnungsperiode {f}: **የስሌት ጊዜ**: account period
Abreiben {n}: **ፍትጊያ**: abrasiveness
abreiben: **ፈገፈገ**: rub off
abreiben: **አለሰለሰ፤ ወለወለ**: abrade
abreibend: **ወልዋይ/ ወልውሎ**: abrading, abrasively, rubbing off, towelling
Abreibung {f}: **ውልወላ**: attrition, rubdown
Abreise {f}: **መነሻ፤ ጉዞ**: departure
Abreisen {n}: **ጉዞ፤ መነሻ**: depart
abreisen: **ተነሳ፤ ሄደ**: depart
abreisend: **ተነሽ/ ተነስቶ**: departing
abreißen: **ሸነተረ፤ ቀደደ፤ ገፈተረ**: snap out, tear off
abreißend: **ቀጻጅ/ ቀዶ**: tearing off
abrichten: **አሠለጠነ**: train
Abriß {m}: **ቁራጭ፤ብጣሽ**: stub, talon
Abrisse {pl}:: stubs, talons
abrollen: **አንከባለለ፤ አሽከረከረ**: unroll
abrollend: **አንከባላይ/ አሽከርክሮ**: unrolling
abrücken: **አፈገፈገ፤ ሸሸ**: move away
abrückend: **አፈግፋጊ/ ሸሽቶ**: moving away
Abruf {m}: **ጥሪ፤ ጠያቂ** : fetch, call, attantion, solicit
abrufen: **ጠራ**: fetch, blanket, solicit
abrunden: **አጠፈ፤ ዞረ**: roundoff, to round off
Abrundung {f}: **ዙሪያ**: rounding
abrüsten: **ትጥቅ አስፈታ**: disarm
abrüstend: **ማራኪ/ ማርኮ**: disarming
Abrüstung {f}: **መሣሪያ ቅነሳ**: disarmament
Abrüstungskonferenz {f}: **የመሣሪያ ቅነሳ ስብሰባ**: disarmament conference
abrutschen: **ተፍገመገመ**: slip off
abrutschend: **ተፍገምጋሚ/ ተፍገምግሞ**: slipping off
Absage {f}: **እምቢታ**: cancellation
absagen: **ካደ**: renege, to call off
absagend: **ካጂ/ ክዶ**: reneging
absägen: **መገዘ፤ ቆረጠ**: saw off
absägend: **መጋዥ/ መግዞ፤ ቆርጦ**: sawing off
Absatz {m}: **ምዕራፍ፤ ድርድር**: heel, paragraph

Absatzförderung {f}: ከጥቅም ላይ ውለት: sales promotion
Absatzförderungen {pl}:: sales promotions
Absatzgebiet {n}: መጣያ ቦታ: trading area
Absatzgebiete {pl}: ገብያዎች: markets
Absatzkrise {f}: የዋጋ ክሳራ: sales crisis
Absatzkrisen {pl} :: sales crises
Absatzlage {f}: የሽያጭ ሁኔታ: sales situation
Absatzmöglichkeit {f}: የሽያጭ እድል: sales potential
Absatzwesen {n}: ገብያ: marketing
absaugen: መጠጠ: suck off
absaugend: መጣጭ/ መጥጦ: sucking off, vacuuming
abschaffbar: ተወጋጅ: abolishable
abschaffen: አነሳ፤ አስወገደ፤ አንዘቃዘቀ: abolish, disestablish
Abschaffung {f}: እገዳ፤ ውገዳ: abolishment, abolition
Abschaffungen {pl} :: abolitions
Abschaltautomatik {f}: አውቶማቲክ ማጥፊያ: automatic switchoff
abschalten, ausschalten: አጠፋ: switch off, turn off, extinguish, deactivate, passivate, shut down, deenergize, disable, log-off, shut off
abschaltend: አጥፊ/ አጥፍቶ: switching off
Abschaltung {f}: ማጥፊያ: passivation, abandonment of service, cutout, shutoff, cutoff, deactivation
Abschaltverzögerung {f}: የማጥፊያ ምልክት: turn-off delay
Abschaltzeit {f}: የማጥፊያ ጊዜ: disconnecting time
abschätzbar: ተገማች: asessable
abschätzen, schätzen: ገመተ: to estimate
abschätzend: ገማች/ ገምቶ: estimating
Abschätzung {f}: ግምት: estimation, appraisal
Abschaum {m}: የብረት አር: scum, dregs
Abscheu {f}: ፍርሃት፤ ዓይን አፋር: abhorrence, abomination, detestation, horror
abscheulich, schrecklich: መጥፎ: አስቀያሚ አስጠዪ: አሰጠያፊ: አሰቃቂ: መጥፎ፡ horrible, detestable, abhorrent, abominable, abominably, damnably, execrable, execrably, execrative, flagrant, flagrantly, heinous, heinously, hideous, outrageous, outrageously, abominable, detestably, hideously
Abscheulichkeit {f}: መጥፎነት: abomination, detestableness, heinousness, hellishness, hideousness
Abscheulichkeiten {pl} :: hideousnesses
abschicken : ላከ: mail
abschickend: ላኪ/ ልኮ: mailing
abschieben: መለሰ፤አባረረ: deport, push off
abschiebend: አባራሪ/ አባሮ: deporting, pushing off
Abschied {m}: መለየት: parting, valediction
Abschied nehmen: ተለያየ: to take leave
Abschiede {pl}: ሽ'ታ: valedictions
Abschiedsbrief {m}: የመለያያ፤ስንብት ደብዳቤ: farewell letter
Abschiedsfeier {f}: መሻኛ ድግስ: farewell party
Abschiedsfeiern {pl} :: farewell parties
Abschiedsgesuch {n}: የስንብት ጥያቄ : resignation
Abschiedskuß {m}: ይስንብት ስመት: parting kiss
Abschiedsrede {f}: የመሸኛ: ንግግር: farewell speech, valedictory
Abschiedsreden {pl} :: farewell speeches, valedictories
Abschiedsredner {m}: የመሸኛ ምራቂ: valedictorian
Abschiedsredner {pl} :: valedictorians
Abschiedsschmerz {m}: የመለየት ጭንቀት: wrench
abschießen: በጥይት መታ: launch
abschirmen: ከለከለ: shield
Abschirmung {f}: ግርዶሽ: screening
abschlachten: ገደለ፤ አረደ: slaughter
abschlachtend: አራጅ/ አርዶ: slaughtering
Abschlag {m}, Rabatt: ውሎ አበል: discount
Abschlag {m}: ውሎ አበል: anticipated payment
abschlagen, verweigern, sich weigern: አመፀ: to refuse
abschlagen: እምቢ አለ: to refuse
abschlagend: አማፂ/ አምፆ: knocking off, teeing
Abschlagzahlung {f}, Teilzahlung: ከደመወዝ ብድር: installment
abschleifen: ወለወለ: polish
abschleifend: ወልዋይ/ ወልውሎ: polishing
Abschleppdienst {m}: ወሳጅ/ ተልእኮ አገልግሎት: wrecking service
Abschleppdienste {pl} :: wrecking services
abschleppen, schleppen: አስወገደ፤ አነሳ፤ ወሰደ: tow, haul off, tow, tow off
abschleppend: አንሺ/ አንስቶ: towing off
Abschleppseil {n}: የማንሻ ገመድ: tow rope, towrope
Abschleppseile {pl} :: tow ropes
Abschleppwagen {m}: ቆሻሻ አንሽ/ ለቃሚ መኪና: breakdown lorry, breakdown van
abschließen, verschliessen: ዘጋ፤ ቆለፈ: to lock
abschließend: ዘጊ/ ዘግቶ: locking
abschließend: ጨራሽ/ ጨርሶ: finishing, concluding
abschließend: በመጨረሻ: final, secluding
Abschluß {m}: ድምዳሜ: termination
Abschlußbuchung {f}: መጨረሻ ዶክሜንት: annual closing entry
Abschlußbuchungen {pl}:: annual closing entries
Abschlüsse {pl}:: terminations
Abschlußgebühr {f}: ማውጫ ግብር: acquisition fee
Abschlußprogramm {n}: መጨረሻ ዕቅድ: terminator

Abschlußprovision {f}: ፈጻሚ ኮሚሽን: acquisition commission
Abschlußprüfer {m}: ዓመታዊ ቁጥጥር: annual auditor, auditor of , annual accounts
Abschlußprüfung {f}: መጨረሻ ፈተና: audit of annual accounts, final examination
Abschlußprüfungen {pl}:: final examinations
Abschlußzyklus {m}: መጨረሻ ዙር: termination cycle
Abschmelzdauer {f}, Schmelzzeit {f}: የትነት ጊዜ: fusing time
abschminken: ኩሉን ፋቀ: remove the make up
abschminkend: አጸዳ/ ፍቆ: removing the make up
Abschminkwatte {f}: የኩል ማስለቀቂያ: make-up remover pad
abschnallen: ወገቡን አሰረ/ ታጠቀ: unstrap
abschnallend: ታጣቂ/ ታጥቆ: unstrapping
Abschneiden {n}, Abbruch (Programm): ከበባ፤ እገዳ: truncation
abschneiden: ቆረጠ፤ቀነጠሰ፤ ለየ: truncate, chopp, strip, shear, clipping, cut off, truncate
abschneidend: ቆራጭ/ ቆርጦ: cutting, segmenting
Abschnitt {m}, Kreisabschnitt: ክፍል፤ ቁራጭ: segment
Abschnitt {m}: አንቀጽ፤ ክፍል፤ምዕራፍ: chapter, episode, paragraph, section
Abschnitte {pl} :: sections, segments
abschnüren: አንኳረፈ: strangulate
abschnürend: አመንኳራፊ/ አንኳርፎ: strangulating
Abschnürung {f}: እንኩርፊያ: pinch-off
abschöpfen: ታከተ: skim
abschöpfend: ታካች/ ታክቶ: skimming
Abschrägen {n}: መለጠጥ: chamfering
abschrägen: ለጠጠ: slant
abschrauben: በየደ፤ ስረሰረ: unscrew, screw off, screw off
abschraubend: በያጅ፤በይዶ: screwing off
abschrecken: አስደነገጠ: to deter, discourage, deterrent
abschreckend: አስደንጋጭ/ አስደንግጦ: deterring
abschreckend: በድንጋጤ: deterrently
Abschreckung {f}: ድንጋጤ፤ ማስደንገጥ: determent, deterrence
Abschreckungen {pl} :: determents
Abschreckungsmittel {n}: ማስደንገጫ ዘዴ: deterrant
Abschreckwirkung {f}: የድንጋጤ ስሜት፤ ማስፈራሪያ: chilling effect
abschreiben: አስወገደ፤ቀዳ፤ ገለበጠ: depreciate, charge off, copy, write off
abschreibend: ገልባጭ/ ገልብጦ: copying, transcribing
Abschreiber {m}: ጸሐፊ፤ገልባጭ: copyist, cribber
Abschreibung {f}: ግልባጭ፤ኮፒ: write off
Abschreibungen {pl} :: write offs
Abschreibungsart {f}: የግልበጣ ዓይነት: amortization type
Abschreibungsbetrag {m}: የኮፒው ዋጋ ብዛት/ መጠን: amortization amount, amount of depreciation
Abschreibungsfeld {n}: የግልበጣው ቦታ: amortization field
Abschreibungskorrektur {f}: የኮፒው እርማት: amortization adjustment
Abschreibungskosten {pl}: የኮፒው ዋጋ: amortization costs
Abschreibungsliste {f}: የኮፒ ዝርዝር: amortization list
Abschreibungsmethode {f}: የኮፒው ዘዴ: amortization method
Abschreibungsmode {f}: የኮፒው ዓይነት: amortization mode
Abschreibungsparameter {m}: የኮፒው መጠን: amortization parameter
Abschreibungsperiode {f}, Abschreibungsdauer: የቅጂ ጊዜ: amortization period
Abschreibungsprognose {f}: የኮፒው ግምት: amortization forecast
Abschreibungsrechnung {f}: የኮፒው ሒሳብ: amortization calculation
Abschreibungsregel {f}: የኮፒው ሕግ: amortization rule
Abschreibungswert {m}: የቅጂ ዋጋ/መጠን: amortization value
abschreiten: አለፈ፤ ተሳለፈ: pace off
abschreitend: ጣሽ/ ጥሶ: pacing off
Abschrift {f}: ኮፒ፤ ቅጅ: transcript, transcription, copy
Abschriften {pl}:: transcriptions, transcripts
Abschuß {m}: ተኩስ: firing
Abschüsse {pl}:: firings
abschüssig: ፍንጥር: steep, precipitous, scarped, precipitously
abschütteln: ነቀነቀ፤ ወዘወዘ: shake off
abschüttelnd: ነቅናቂ/ ነቅንቆ: shaking off
abschwächen: አደከመ፤ አናናቀ፤አንኳሰሰ: attenuate, extenuate, understate
abschwächend: አኳሳሽ/ አንኳሶ: extenuating
Abschwächer {m}: አንኳሳሽ: reducer
Abschwächung {f}: ድካም: attenuation
abschweifen: አናናቀ: digress
abschweifend: ፈዛኝ: digressive, discursive, excursive, excursively, digressively, discursively
abschweifend: አቂያይ/ አቂሎ: digressing
Abschweifung {f}: ንቀት digression
Abschweifungen {pl} :: digressions
abschwören : ማለ፤ ተማማለ: abjure, forswear
abschwörend: ካሃዲ/ ክዶ: abjuring, forswearing
absegeln: ቀዘፈ: sail
absegelnd: ቀዛፊ/ ቀዝፎ: sailing

absehbar: መሆን የሚችል: conceivable, foreseeable
absehen: ገመተ፣ ተነበየ: foresee
absehend: ገማች/ ተንብዮ: foreseeing
abseilen: ድር ሠራ: rope down
abseilend: አዳሪ/ ድር ሠርቶ: roping
Abseits {n}: ድጎረ ዓለም: aside
abseits: ከ...ኋላ/ ወዲያ: apart [from]
abseits: ኋላ፣ ድጎረ ዓለም፣ወዲያ: apart, offside, offsidely
Abseitsstellung {f}: የድጎረ ዓለም ሁኔታ: offside
Abseitsstellungen {pl}: የድጎረ ዓለም ሁኔታ: offsides
absenden: ላከ: send off
Absender {m}: ላኪ፣ አመንጭ: originator, consignor, despatcher, forwarder, sender
Absender {pl} :: forwarders
Absenderkennung {f}: የመልክት መለዮ: source identifier
absetzbar: የሚተካ: saleable
absetzen: ተካ፣ ጣለ: degradeher
absetzend: ተኪ/ ተክቶ: discharging, unseating
Absetzung {f}: ግልበጣ: degradation
Absetzungen {pl} :: degradations, discharges
absichern: ታመነ፣ ደገፈ፣ ድጋፍ ሰጠ: provide, security for
absichernd: ታመነ: providing security for
absichernd: ተአማኒ/ ተያዥ ሁኖ: providing security for
Absicherung {f}: መጠባበቂያ፣ መተማመኛ: safeguarding
Absicht {f}, Neigung, Tendenz : ምክንያት፣ ፍላጎት: tendency, purpose, intent, intention, mind
Absichten {pl} :: intentions, intents
absichtlich, bewußt: ሆን ተብሎ፣ አውቆ: intentional, intentionally, on purpose, on purpose, puposely
absichtlich, bewußt: በጉጉት፣ በፍላጎት: deliberate
absichtslos: ስሜት አልባ: undesigned
absinken: ሰጠመ፣ጠለቀ: fall
absitzen: ተቀመጠ: dismount
absitzend: ተቀማጭ/ ተቀምጦ: dismounting
absolut sicher sein: አረጋገጠ: to be as safe as houses
absolut, uneingeschränkt: ፍጹም: absolute, starkly, utterly
Absolutadreßbereich {m}: እርግጠኛው አካባቢ: absolute address area
Absolutaktenzeichen {n}: እርግጠ፡ው መዝገብ: absolute file reference
Absolutauswahl {f}: ዋና ምርጫ: absolute selction
Absolutdatei {f}: ዋና መዝገብ: absolute file
absolute Inflation: ፍጹማዊ ድቀት/ ከሳራ: absolute inflation
absolutes Recht, uneingeschränktes Recht: ሙሉ ነፃነት: absolute right
Absolutismus {m}: ፍጹማዊነት: absolutism
Absolutname {m}: ዋና ስም: absolute name
Absolutsteuerblock {m}: ዋና መቆጣጠሪያ: absolute control block
Absoluttext {m}: ዋና ምንባብ: absolute text
absondern: ለየ፣ አወገዘ: exclude, excude, exude, seclude, secrete, segregate, sequester
absondernd: ለዪ/ ለዪቶ: separating, isolating, secluding, secreting, segregating, sequestering
Absonderung {f}: ምስጢር፣ ግዝት: secretion, dissociation, isolation, reject, emission
Absonderungen {pl} :: dissociations
Absorber {m}: መጣጭ: absorber
absorbieren: አንኮላሸ: absorb
Absorption {f}: ምጣጭ: absorption
Absorptionsfähigkeit {f}: የመምጠጥ ኃይል: absorbability
abspalten: ለያየ: split off
abspaltend: ከፋይ/ ሰንጥቆ: splitting off
abspannen: ዘረጋ፣ አዝናና: relax
absparen: ቆጠበ: stinting
absparend: ቆጣቢ/ ቆጥቦ: stinting
Abspeicherung {f}: ተቀማጭ: saving
Abspeicherungen {pl}:: savings
abspeisen: በላ፣ዋጠ: fob
abspenstig gemacht: ተፈዘበት: alienated
abspenstig: ከሃዲ: unfaithful
absperren: አገደ: to shut off
absperrend: አጋጅ/ አግዶ: cordoning
Absperrung {f}, Barriere, Sperre: እግድ፣ኬላ: barrier
Absperrungen {pl}:: barriers
Absperrvorrichtung {f}: አጠር: faucet
Absperrvorrichtungen {pl} :: cutoffs
abspiegeln: አንፀባረቀ: reflect
abspiegelnd: አነፀባራቂ/ አነፀባርቆ: reflecting
abspieler: ዘጋቢ: recorder
absprechen: አማከረ: to arrange
abspringen: ዘለለ: to jump off
abspringend: ዘሎ: jumping off
Absprung {m}: ዝላይ: jumps
Absprünge {pl}:: jumps
abspulen: ወሰደ፣አጣጠበ: take up, take off, uncoil
abspülen: አለቃለቀ: wash up
abspulend: አከሳይ/ አከስሎ: unreeling
abspülend: አጣቢ/ አለቅልቆ: washing up
abstammen: ተዛመደ፣ወረደ: descend
abstammend: ተዛማጅ/ ተዛምዶ: descending
Abstammung {f}: ዘርያ፣ ዘመድ፣ዘር: ancestory, ancestry, lineage, parentage
Abstammungen {pl} :: ancestries, lineages
Abstammungslehre {f}: የዝምድና ትምህርት: theory of evolution
Abstammungslehren {pl} :: theories of evolution

Abstand {m}: ርቀት: ልዩነት: distance, desistance, displacement, distance, pitch, spacing
Abstand genommen: ራቂ/ ርቆ: abstained
Abstände {pl}: ርቀት: distances
Abstandprüfung {f}: የልዩነት/ ርቀት ፈተና: bias test
Abstandsstück {n}, Leertaste: የልዩነት መጠን: spacer
abstauben: አቦነነ: to dust
abstechen: አነፃፀረ: contrast with
Abstecher {m, pl}: መሃረም: trip, trips
abstecken: ገለፀ፤ወሰደ፤አስወገደ: define, stake off, stake out, stick out
absteigbar: ውግድ: descendible
Absteigen {n}: ርደት: downswing
absteigen: ወረደ: downswing
absteigend: ወራጅ/ ወርዶ: downward, descending
absteigende Reihenfolge: ተከታታይነት: descending order
abstellbar: ታጋጅ: suppressible
abstellen :: to turn off
abstellen: አቆመ፤ አቋረጠ፤ ጨቆነ: suppress, park, cut off, to switch off
abstellend: አቋሚ/ አቁሞ: putting down
Abstellgleis {n}: መሣፈሪያ: siding
Abstellgleise {pl} :: sidings
abstempeln: አተመ: postmark
abstempelnd: ማሕተም አድራጊ/ አድርጎ፤ ፈራሚ/ ፈርሞ: postmarking
absteppen: አቀረበ: stitch
absterben: ሞተ: die off
absterbend: ሟች/ ሞቶ: dying off
Abstieg {m}: ርደት: descend, descent
Abstiege {pl} :: descents
abstimmbar: አመካካሪ፤አዋያይ: tuneable
Abstimmen {n}: መምረጥ: voting
abstimmen: ተመሳሰለ፤ መረጠ፤ አደረገ: modulate, attune, vote, syntonize
abstimmend: መራጭ/ መርጦ: coordinating
Abstimmung {f}: ምርጫ: ballot, poll, tuning, vote
Abstimmungen {pl} :: votes
abstinent, enthaltsam: ተዓቅቦ፤ ንፅሕና: teetotal, abstinent
Abstinenz {f}, Enthaltung: ድንግልና: abstinence, teetotalism
Abstinenzler {m}: መነከስ: teetotaler, teetotaller
Abstinenzler {pl} :: teetotalers, teetotallers
Abstoß {m}: ግለላ፤መገለል: disgust, repellency
abstoßen: አገለለ: repulsive, forbid
abstoßend: ግሉል፤ ወግድ: repugnant, repugnantly, repulsive, repulsiveliy, repulsively
abstoßend: አግላይ/ አግሎ: repulsive, forbidding
Abstoßung {f}: ግልለት፤ ፍንጻታ: repulsion

abstrahieren, abstrahiere: ቀነሰ: abstract
abstrahierend: ቀናሽ/ ቀንሶ: abstracting
abstrahiert: ተቀናሽ/ ተቀንሶ: abstracted
Abstrahlung {f}: ምች: irradiation
abstrakt: ኢተጨባጭ: abstract, abstractedly, abstractly
abstrakter Begriff: ኢተጨባጭ ሐሳብ: abstract term
Abstraktion {f}: ምህናብ: abstraction
abstreichen: ፋቀ፤ አጠበ: round down
abstreifen: አሰሰ፤ ደፋ: wipe
Abstreifer {m}: አጽጂ: wiper
abstufen: ደረጀ፤ በደረጃ አኖረ: gradate, graduate
abstufend: ደረጃ ሠሪ/ ሠርቶ: grading
Abstufung {f}: ምድብ: graduation, gradation, nuance
Abstufungen {pl}:: gradations, nuances
abstumpfen: አዶዶመ: deaden
Absturz {m}: ድቀት: washout
Abstürze {pl}: ግጭት: crashes, falls, washouts
abstürzen: ወደቀ: crash
abstürzend: ወዳቂ/ ወድቆ: falling
absuchen: መረጠ: searching
absuchend: መራጭ/ መርጦ: searching
absurd: ጸያፍ: absurd
Absurdität {f}: ጸያፍነት: absurdity
Absurditäten {pl} :: absurdities
Abszeß {m}: ቋሚ ምሰሶ: abscess
Abszisse {f}, x-Koordinate, x-Achse: ቋሚ ምሰሶ: axis of, abscissas, abscissa, x-coordinate
Abszissenachse {f} :: x-axis
Abszissenwert {m} :: x-coordinate
Abt {m}: አበምኔት: abbot
abtastbar: ተገልባጭ: scannable
abtasten: ነካ፤ ገመተ: sense
Abtasten {n}: ግምት፤ መላምት: sampling
abtastend: ገማች/ ገምቶ: palpating
Abtaster {m}: እስካን: scanner
Abtastung {f}: እስካን: scanning
Abtastung {f}: ድሳሴ: sensing
Abtei {f}: አበምኔትነት: abbey
Abteil {n}: ክፍል: compartment
abteilen, teilen: ለየ: dividing
abteilend: ከፋይ/ ከፍሎ: dividing
Abteilung {f}: ክፍል: ክፍፍል: department, departmental, detachment, division, fraction, section
Abteilungen {pl} :: compartments, departments
Abteilungs- :: departmentally
Abteilungserfolgsrechnung {f}: የሥራ ክፋይ: activity accounting
Abteilungsleiter {m, pl}: መሪ: floorwalker, floorwalkers, heads of the department
abtippen: ጻፈ: typewrite
abtippend: ጻፊ/ ጽፎ: typing
abtöten: ገደለ: deaden

abtötend: ገዳይ/ ገድሎ: deadening
abtragen: ተሸከመ: carry off
abtragend: ተሸካሚ/ ተሸክሞ: removing
abträglich: ጎጂ: harmful, derogatorily
abtreiben: አባረረ፣አስወረደ: procure abortion
abtreibend: አባራሪ/ አባሮ: abortional
Abtreiber {m}: አንቀሳቃሽ: abortionist
Abtreibung {f}; ውርጃ: abortion
Abtreibungen {pl} :: abortions
abtrennen: ለየ፣ነጠለ: detach
Abtrennung {f}: ልየታ: separation
abtreten: ረገጠ: cede
abtretend: ረጋጭ/ ረግጦ: ceding
Abtretende {m, f}: አዛዥ: assignor
Abtretung {f}: ውገዳ፣ምርኮ: cession, surrender
Abtretungen {pl}: ማዘገዎች፣ መመሪያዎች: assignments, cessions, surrenders
Abtretungsformular {n}: መመሪያ ቅጽ: assignment form
Abtrieb {m}: ውጤት: output
Abtritt {m}: ሽንት ቤት: toilet, leeway
abtrocknen: አደረቀ: አስወገደ: dry, to wipe
abtrocknend: አድራቂ/ አድርቆ: drying
abtropfen: አንጠባጠበ: drip off
Abtropfgefäß {n}: የጠብታ ጋን: drainer
abtrünnig: ንጥል፣ ተገንጣይ: apostates
Abtrünnige {m, f}: ተገንጣይ: apostate, defector, renegade, secessionist, turncoat
Abtrünnige {pl}: ተገንጣዮች: renegades, secessionists, turncoats
Abtrünnigkeit {f}: ግንጠላ: aposta
aburteilen, verdammen: አወገዘ: condemn
aburteilend: አውጋዥ/ አውግዞ: condemning
abverlangen: ጠየቀ፣ተማጠነ: demand from
abverlangend: ጠያቂ/ ጠይቆ: demanding from
abverlangt: ተጠያቂ/ ተጠይቆ: demanded from
abwägen: መዘነ: weigh
abwählen: ተወ: deselect
abwandelbar: ተቀያሪ: conjugable
abwandeln, modifizieren: አደሰ፣ቀየረ: modify, vary, variegate
abwandelnd: አዳሽ/ አድሶ: modifying, migrating
abwandern: ተሰደደ: migrate
Abwärme {f}: ሙቀት: waste heat
abwarten: ጠበቀ፣ ጸና: await, bide, temporize, to wait and see
abwartend: ጠባቂ/ ጠብቆ: observant, temporizing
abwärts: ወደ...ታች: down, downwards
abwaschbar: ጸጂ፣ ታጣቢ: washable
abwaschen: አጸዳ፣ አጠበ: wipe, wash
Abwaschlappen {m}: ፎጣ: dishrag, washcloth
Abwaschtuch {n}: ፎጣ: dishcloth
Abwasser {n}: ቆሻሻ ፈሰስ: sewage
Abwässer {pl}: ፈሰስ: sewages
abwechseln: ቀየረ: to take turns
abwechselnd: ግልጽ፣ እውቅ: rotational, alternately, interchangeably, rotatory, variantly
abwechselnd: አማራጭ/ አማርጦ: alternative
Abwechslung {f}: አማራጭ: changes
Abwechslungen {pl}: አማራጮች: changes
abwechslungsreich: ባለብዙ አማራጭ: diversified
Abweg {m}: ጻዋ: wrong way
Abwege {pl} :: wrong ways
abwegig: አሳሳች: devious, deviously, deviously
Abwegigkeit {f}: አሳሳችነት: deviousness
Abwehr {f}: መከላከል: defense
abwehren: ተከላከለ: fend, parry, stave off
abwehrend: ተከላካይ/ ተከላክሎ: repulsing, fending, parrying
Abwehrstoff {m}: መከላከያ: antibody, antigen
Abwehrstoffe {pl} :: antibodies
abweichen, sich unterscheiden: ለየ፣አረሳሳ፣አጽናና: deviate, differ from, drift
abweichend: ለዪ/ ለይቶ: variant, differing, dissonant, dissonantly, divergent, divergently, variant, variational
Abweichung {f}: ልዩነት: aberration, abnormality, deviant, deviation, discrepancy, divergence, excursion
Abweichungen {pl}: ልዩነቶች: abnormalities, deviants, deviations, divergences
abweisen: አሳሳተ፣ አጠፋ: repel, repulse, cool
abweisend: ከሃዲ/ ክዶ: denying, repelling, repulsing
abwenden: ተጠጋ፣ ተከላከለ: avert
Abwendung {f}: ጥግ፣ መከላከያ: prevention
Abwendung des Konkurses {f}: ኪሣራ መከላከያ: avoidance of bankruptcy
abwerfen: ወረወረ: drop
abwerfend: ወርዋሪ/ ወርውሮ: dropping
abwerten, entwerten: ዋጋ ቀነሰ: devaluate
abwerten: ቀነሰ: devalue
abwertend: ቀናሽ/ ቀንሶ: devaluating, deprecatingly, deprecative, devaluing
Abwertung {f}: ክሳራ: devaluation
Abwertungen {pl} :: devaluations
abwesend, fernbleiben: ቀሪ: absent, absent, absently
Abwesende {m, f}: ቀሪ: absentee
Abwesende {pl}:: absentees
Abwesenheit {f}: ቀሪነት፣ እጥረት: absence
Abwesenheiten {pl} :: absences
Abwesenheitszeit {f}: የቅሬት ሰዓት: absence of time
Abwickeln {n}: መሰረዝ: phaseout
abwickeln: ሰረዘ: liquidate, transact, unwind
abwickelnd: ሰራዥ/ ሰርዞ: transacting, uncoiling, unwinding
Abwickelspule {f}: ማጽጃ: take-off reel
Abwicklung {f}: ማጥፊያ: liquidation
Abwicklungen {pl} :: executions
abwirtschaften: አጠፋ: ruining

abwirtschaftend: አውዳሚ/ አጥፍቶ: ruining
abwischen: አጠበ: to wipe
Abwurf {m}: ውርወራ: profit
Abwürfe {pl}:: profits
abzahlbar: ተሠራኸ: redeemable
abzählen, zählen: ቆጠረ: count
abzahlen: ከፈለ: to pay off
Abzahlungsgeschäft {n}: የመክፈያ ሱቅ: hire purchase business
Abzahlungskauf {m}: የመክፈያ ዘዴ: purchase on account
Abzeichen {n}:ምልክት: badge, insignia
Abziehbild {n}: ምልክት፣ስእል: decal, transfer picture
Abziehbilder {pl} :: decals, transfer pictures
abziehen: ቀነሰ: subtract, deduct, strop, subtract
abziehend: ቀናሽ/ ቀንሶ: subtracting, deducting, stripping, stropping, subtracting, subtractive
Abziehstein {m}: ባልጩት: sharpening stone
abzielen: አለመ: tend
abzielend: አላሚ/ አልሞ: aiming at, tending
Abzug {m}, Subtraktion: ቅናሴ: subtraction, discount, subtraction
Abzüge {pl}: ቅነሳ: subtractions, deductions, discounts
abzüglich 5 Prozent: አምስት በመቶ ቅናሽ: less 5 per cent
abzugsfähig: ተቀናሽ: deductible
Abzugsrohr {n}: ቱቦ : drainpipe
Abzweig {m}: መሣቢያ ሽቦ: branch circuit
Abzweigdose {f}: ማካፈያ ሳጥን: distribution box
abzweigen: መነታ፣ ዘነጠፈ: branch off, offset
abzweigend: መንታ አውጭ/ አውጥቶ: branching off
Abzweigung {f}: ቅርንጫፍ: divergency
Abzweigungen {pl}:: divergencies
achromatisch: ቅመማማ/ ም: achromatic
Achsabstand {m}: ማእከል: centre distance
Achse {f}, Mittellinie: ምሰሶ: center line
Achsel {f}: ትከሻ: shoulder
Achseln {pl}:: shoulders
Achselzucken {n}: ድንዛዜ: shrug of the shoulders
achselzucken: ጠመመ፣ ደነዘዘ: shrug
acht: ስምንት: eight
achtbar: ክቡር: creditable, creditably, reputable, reputably, reputably
Achtbarkeit {f}: ክብረት፣ ጥንቃቄ : respectability
achte: ስምንትቶሽ: eighthes
achte: ስምንትኛ: eighth
Achteck {n}: ስምንት ጎን: octagon
achten: አከበረ፣ አተኮረ: to respect, to pay attention
achtend: አክባሮ/ አተኩሮ: respecting, esteeming
achtenswert: ባለዋጋ: estimable
Achterbahn {f}: ባለስምንት ምኋር: switchback
Achterbahnen {pl} :: switchbacks
achtfach: ስምንት እጥፍ: eight fold
achtgeben: አከበረ: to look out
achtgegeben: ክቡር/ ተከብሮ: paid attention
achtlos, nachlässig, fahrlässig: ባለጌ፣ በጣም ባለጌ: careless, heedlessly
Achtlosigkeit {f}, Nachlässigkeit: ብልግና: carelessness
achtmal: ስምንት ጊዜ: eight times
achtsam, aufmerksam: ጥንቁቅ፣ንቁ: attentive, heedful, observant, observantly, regardful achtsame :: regardfully
Achtsamkeit {f}: ንቃት፣ ጥንቃቄ : attentiveness, regardfulness
Achtspurlochstreifen {m}: ባለስምንት መስመር መንገድ: eight-channel tape
Achtstundentag {m}: ስምንት ሰዓት ሥራ: eight hour day
achttägig: ስምንት ቀን: eight day
Achtung {f}: ጥንቃቄ ፣ ክብረት: attention, respect
Achtung!: ተጠንቀቅ! ጥንቃቄ !: look out
achtungsvoll: ባክብሮት: respectful
achtzehn: አሥራ ስምንት: eighteen
achtzehnt: 18ኛ: eighteenthly
achtzehnte: 18ኛው: eighteenth
Achtzehntel {n}: 18ኞሽ: eighteenths
achtzig: ሰማንያ: eighty
Achtzigstel {n}, achtzigste: 80ኛ: eightieth
achtzigsteln: 80ኞሽ: eightieths
Acker {m}: እርሻ: acre
Ackerbau {m}, Landwirtschaft: ግብርና: agriculture, husbandry, tillage, tilth
ackerbautreibend, landwirtschaftlich: ግብርናዊ: agricultural
Ackergaul {m}: የርሻ ከብት: farm horse
Ackerland {n}: እርሻ መሬት: arable farm Land
Adapter {m, pl}: አዳፐተር: adapter, adapters
addier: ድምር: adding
addierbar, aggregierbar: ተደማሪ: summable
addieren: ደመረ: to sum up
addierend, zufügend: ደማሪ/ ደምሮ: adding
Addierer {m}: ደማሪ: adder
Addiergeschwindigkeit {f}: የመደመር ፍጥነት: accumulation speed
Addiermaschine {f}: የመደመሪያ መሳሪያ: adding machine
Addierschaltung {f}: መቀነሻ: adding circuit
addiert, (fügt hinzu): ተደማሪ/ ተደምሮ: adds
Addition {f}: ድማሬ: addition
Additionen {pl}: ጭማሮች: additions
Additionsbefehl {m}: የመደመር ትእዛዝ: add instruction
Adel {m}, Aristokratie: ባላባት: aristocracy, nobility, nobleness
adeln: ሾመ: ennoble
adelnd: ሿሚ/ ሾሞ: ennobling
Adelsstand {m}: ባላባትነት: nobility
Adelsstände {pl} :: nobilities

Äderung {f}: ቅያሬ: veining

Äderungen {pl}:: veinings

Adjektiv {n}, (Eigenschaftswort): ቅጥል: adjective

Adler {m, pl}: ጋንጋት: eagle, eagles

adlig, großzügig: ክቡር፣ባላባታዊ ፣ ለጋስ: aristocratical, noble

Adlige {m, f}: ባላባት: noblemen, nobleman

Adlige {pl} :: aristocracies

Administrationsbefehl {m}: ያስተዳደር ትእዛዝ: administration command

Administrationsprogramm {n}: ያስተዳደር ዕቅድ: administrative program

Admiral {m}: አድሚራል: admiral

adoptieren: ጠት አጠባ: adopt

adoptierend: አሳዳጊ/ አሳድጎ: adopting

Adoptierende {m, f}: ጉድፈቻ አሳዳጊ: adopter

Adoption {f}: ጉድፈቻ: adoption

Adreßaufbau {m}: አድራሻ: address structure

Adreßbereich {m}: መኖሪያ አካባቢ: address space

Adreßbuch {n}: ያድራሻ መዝገብ: address book, table of addresses

Adreßdatei {f}: ያድራሻ መዝገብ: address file

Adreßdaten {pl} :: address data

Adresse {f}, Anschrift: አድራሻ፣ መልክት/ ንግግር: address

Adressen {pl} :: addresses

Adressenänderung {f}: አድራሻ ቅያሬ: address modification

Adressenkarte {f}: ያድራሻ ካርድ: address card

Adreßfehler {f}: ያድራሻ ስህተት: address error

adressieren (an): አደረሰ: to address (to)

adreßlos: አድራሻአልባ: addressless

adrett: ሸጋ፣ ቆንጆ: dapper, dapperly

Advent {m}: ሆሣዕና: advent

Adventszeit {f}: ሰሙነ ሕማማት: advent season

Adverb {n}: ተውሳከ ግስ: adverb

Adverben {pl} :: adverbs

adverbial: ትውሳክ ግሳዊ: adverbial

Advokat {m}: መራቂ፣ተጠሪ: lawyer

Affäre {f}, Angelegenheit: ስተት፣ ብልሽት: affair

Affe {m}: ዝንጀሮ: ape, monkey

Affekthandlung {f}: ግንፍልተኛነት: emotional act

Affektiertheit {f}: ነውጥ: affectation, artificialness, preciosity

affektieren: አናወጸ: affect, finick

affektierend: አናወጸ: finicking

affektiert: ነውጥ/ተናውጠ: affected

affektiv: ነውጥ: affective, affectively

affenartig: ዝንጀሯዊ: apish, baboonish

Affenliebe {f}: እውር ፍቅር: doting love

Affenschande {f}: ጉዳት: crying shame

Affentheater {n}: ቀልድ: crazy business

Afrika: አፍሪካ: africa

After {m}: ፊንጢጣ: anally, anus

Agent {m}, Vertreter: ተወካይ፣አጀንት: agent

Agentur {f}: ማከፋፍያ: agency

Agenturen {pl}, Vermittlungen:: agencies

Agenturgeschäft {n}: ተወካይ ሱቅ: agency business

Agenturvergütung {f}: ምትክ ሱቅ: agency commission

Agenturvertreter {m}: ተወካይ: agency representative

Aggression {f}, Angriff, Überfall: ወረራ: aggression

aggressiv: ወራሪ: pushily

agieren: መለሰ: act

agierend: መላሽ/ መልሶ: acting

agitatorisch: ቡረኛ: fomenting

Agrarindustrie {f}: የርሻ ምርት: agribusiness

Agrar-: እርሻዊ-: agrarian

Agrarerzeugnis {n}: የርሻ ውጤት: agricultural product

Agrarerzeugnisse {pl}: የርሻ ውጤት: agricultural products

Agrarexport {m}: የርሻ ምርት ላኪ: agri export, agricultural export

Agrarexporte {pl}:: agri exports, agricultural exports

Agrarimport {m}: የርሻ ምርት አስመጭ: agricultural import

Agrarimporte {pl}:: agricultural imports

Agrarkredit {m}: የርሻ ብድር: agricultural credit

Agrarland {n}: የርሻ መሬት: agrarian country

Agrarpolitik {f}: የግብርና ፖሊሲ: agricultural policy

Agrarpreis {m}: የርሻ ምርት ዋጋ: agricultural price

Agrarpreise {pl}:: agricultural prices

Agrarproduktion {f}: የግብርና ውጤት: agricultural production

Agrarreform {f}: የግብርና ሽግሽግ: agrarian reform

Agrarstaat {m}: የግብርና ሀገር: agrarian state

Agrarstatistik {f}: የርሻ ድርሻ: agricultural statistics

Agrarstruktur {f}: የርሻ ይዘት: agrarian structure

Agrarsubvention {f}: የግብርና ድጎማ: agricultural aid

Agrarsubventionen {pl}: ይግብርና ድጎማ: agricultural aids

Agrarüberschuß {m}: የርሻ ምርት ትርፍ: agricultural surplus

Agrarüberschüsse {pl}:: agricultural surplus

Agrarverordnung {f}: የርሻ ምርት ቁጥጥር: agricultural regulation

Agrarwissenschaft {f}: የርሻ ትምህርት: agronomy

Agrarwissenschaft {f}: የግብርና ሳይንስ: agricultural economics

Agrarzoll {m}: የግብርና ቀረጥ: agricultural duty

Agrarzölle {pl}:: agricultural duties

Ägypten: ግብፅ: Egypt

Ahn {m}: ምንጅላት: forefather

Ahndung {f}: በቀል: revenge

Ahnen {pl}, Voreltern: ቅድመ አያቶች: forefathers

ahnen: ተጠራጠረ፣ አንቃቃ: forebode, presage

ahnend, vermutend: ገማች/ ገምቶ: guessing, foreboding, forebodingly, presaging

Ahnenforschung {f}: የዘር ምርምር: genealogical research

Ahnentafel {f}, Stammbaum: የትውልድ አመጣጥ: pedigree

Ahnfrau {f}: ቅማት: ancestress, beldam

Ahnfrauen {pl}: ቅማቶች: ancestresses, beldams

ähnlich, verwandt: ዘመድ፣ተመሳሳይ: likely, likewise, related, similar, similarly

Ähnlichkeit {f}: ዝምድና: likeness, resemblance, similarity, similitude

Ähnlichkeiten {pl}: ዝምድናዎች: resemblances, similarities, similitudes

Ahnung {f}: ግምት: intuitiveness

Ahnungen {pl}, Ideen: ሐሳቦች: ideas, intuitivenesses

ahnungslos: እብን፣ ደንቆሮ: unsuspecting, unsuspectingly

ahnungsvoll: ብልጥ: ominous

Akademie {f}: አካዳሚ: academy

Akademien {pl} :: academies

Akademiker {m, pl}: ምሁር: academics, university graduate, university graduates

akademisch: ምሁር/ መሁራዊ: academical, academically, collegiate, scholastic, scholastical

Akklimatisierung {f}: ያየር ማጣሪያ: acclimatization

Akkord {m}: የመጫዋቻ መሳሪያ: chord

Akkordarbeit {f}: ተግባር: job-work, piece work, piecework

Akkordarbeiter {m}: ሠራተኞች: pieceworker

akkreditieren, akkreditiere: ተቀበለ: accredit

akkreditierend: ተቀባይ/ ተቀብሎ: accrediting

Akkumulator {m}: ሰብሳቢ: accumulator

Akkusativ {m}: ተሳቢ (ቀጥተኛ): accusative

Akkusativobjekt {n}: ቀጥተኛ ተሳቢ: direct object

Akne {f}: የግር በሽታ (የሚያሸት): acne

Akontozahlung {f}: የቼ ክ ክፍያ: payment on account

Akrobat {m}: አክሮባት: acrobat, equilibrist

Akrobaten {pl} :: acrobats

akrobatisch: አክሮባታዊ: acrobatic

Akropolis {f}: የቦታ ስም: acropolis

Akt {m}, Tat: ተግባር: act

Akt der Gerechtigkeit: ፍርድ: act of justice

Akten {pl}, Urkunden: ዶክሜንት: documents

Aktendeckel {m}: መዝገብ: folder, folders

Aktenschrank {m}: ሳጥን: filing cabinet

Aktentasche {f}: ቦርሳ: brief case, briefcase

Aktenzeichen {n}: ምልክት: የመዝገብ ቁጥር: record token, reference number

Aktien {pl}: ድርሻ፣ አክሲዮን: stock

Aktiengesellschaft {f}: ያክሲዮን ማኅበር: stock corporation

Aktiengesellschaft {f}: ያክሲዮን ካምፓኒ: incorporated company

Aktieninhaber {m}, Hauptaktionär: የቼ ክ ይዞታ: shareholder

Aktienkapital {n}: የጋራ ይዞታ: capital stock

Aktienkapital {n}: የጋራ ገንዘብ: share capital

Aktion {f}, Handlung, Wirkung: ተግባር: action

Aktionär {m}: ያክሲዮን ነጋዴ: shareholder

Aktionäre {pl}: (ብዙ): shareholders, stockholders

aktiv: ቀልጣፋ: actively

Aktivierung {f}, Anschaltung, Einschaltung, Start: መዘወር፣ እርምጃ/ ተግባር: activation

Aktivierungskennzeichen {n}: የመዘወር ምልክት: activation marker

Aktivismus {m}: ቅልጥፍና: activism

Aktivist {m}: ተባባሪ: activist

Aktivität {f}, Wirksamkeit: ድርጊት: activity

Aktivitäten {pl} :: activities

aktualisieren: ቀሰቀሰ: update

aktualisiert: ተቀስቃሽ/ ተቀስቅሶ: updated

Aktualisierung {f}: እንቅስቃሴ: updating

Aktualität {f}: አወንታ: actuality

aktuell: እርግጥ፣ ዋና፣ ወቅታዊ: actually, current, newsworthy, topical, up to date, actual

Akustik {f}: ልዩ: acoustic

akustisch: ኢልሙድ: acoustical, acoustically

akustisches Signal: አላርም: alarm message

Akzent {m}: ይዘት/ ምልክት: accent

akzentuieren: አነበበ፣አመለከተ: accentuate

akzentuierend: ግልጽ: accentual

akzentuierend: አመልካች/ አመልክቶ: accenting

Akzentverschiebung {f}: ያነጋገር ስልት: shift of stress

Akzentverschiebungen {pl} :: shifts of stress

Akzeptanz {f}: ተቀባይነት: acceptance

Akzeptmarkt {m}: መሸጫ: acceptance market

Alarmanzeige {f}: ማስጠንቀቂያ ምልክት: alarm display

Alarmeinrichtung {f}: ያላርም መሣሪያ: alarm equipment

Alarmglocke {f}: ማስጠንቀቂያ ደውል: alarm bell

alarmieren: አስጠነቀቀ: alarming

alarmierend: አስጠንቃቂ/ አስጠንቅቆ: alarming

Alarmklingel {f}: ደወል: warning bell, alarm signal, danger signal

albern: መጥፎ፣ ብልሹ: absurd, fatuous, fatuously, inanely, ludicrous, silly

Albernheit {f}: ፉዞነት: absurdity, ineptitude, silliness

Album {n}: አልበም: album

Algebra {f}: አልጀብራ: algebra
algebraisch: አልጀብራዊ: algebraic
Algen {pl}: ዝገት፣ አልጌ: algae, algas
Algorithmus {m}, Algorithmen {pl}: የሒሳብ ሕግ: algorithm
Aliasname {m}: ረዳት ስም: surrogate name
Alkohol {m}, Schnaps: አረቂ፣አልኮል: booze, alcohol
alkoholfrei: አልኮልአልባ: nonalcoholic
alkoholfreies Getränk {n}: ለስላሳ: soft drink
Alkoholgehalt {m}: ያልኮል መጠን: alcoholic content
Alkoholiker {m}: ያልኮል ሱሰ:: alcoholic
alkoholisch: አልኮላዊ: alcoholic, spirituous, spirituously, alcoholically
alkoholisches Getränk: ያልኮል መጠጥ: liquor
Alkoholschmuggler {m}: ኮንትሮባንድ: moonshiner
Alkoholvergiftung {f}: ያልኮል መረዝ: alcoholic poisoning
all, ganz, jeder: ሁሉ: all
allabendlich: ሁሌ: every evening
allbekannt: በጠቅላላ: universally
Allbekanntheit {f}: ልሙድ: notoriety
alle Völker der Erde: ያለምሕዝብ: all the peoples of the world
alle zwei Jahre: በየሁለት ዓመት: every two years
alle, sämtliche, ganz: ሁሉ: all
Allee {f}, Strasse: መንገድ፣ጎዳና: avenue
Alleen {pl} :: avenues
Allegorie {f}: አሌጎሪ: allegory
allein lassen: ለብቻ ተወ: to leave alone
allein, einsam: ብቸኛ: alone
allein: ብቻ: alone, reclusive
Alleinbesitz {m}: ግላዊ ባለቤት: exclusive possession
alleine: ለብቻ: alone, reclusively
Alleinerbe {m}: ወራሽ: sole heir
Alleinerben {pl} :: sole heirs
alleingehend: ላጤ: soloing
Alleinherrschaft {f}: ዲክታተር: autarchy
Alleinherrschaften {pl} :: sole reigns
Alleinherrscher {m}, Autokrat: ዲክታተር: autocrat
Alleinherrscher {pl}, Autokraten:: autocrats
alleinlebend: ወንደ / ሴተ ላጤ: solitarily
alleinsein : በተወሪ፣ ብቸኛ ሆነ: unescorted
Alleinsein {n}: ባይትዋርነት፣ ብቸኛ: aloneness, soleness, privateness
Alleinverkauf {m}: ሞኖፖል: monopoly
Alleinvertreter {m}: በቸኛ ተጠቃሚ: sole agent
Alleinvertretung {f}: ብቸኛ ተወካይ: sole agency
allemal, immer, stets, prinzipiell: ሁሌ: always
allemann: ማንኛውም: everybody
allenfalls: በእርግጥ: at all events
allerbest: በበለጠ: best of all
allerdings: በእርግጥ: indeed
Allergie {f}: አለርጂ: allergy
Allergien {pl} :: allergies
allergisch: አለርጅካዊ: allergic
allerhand: በጠቃላይ: all kinds of
Allerheiligstes {n}: ብፅአት: sanctum
alles andere: ሌላው: everything else
alles auf den Kopf stellen: ገለበጠ: to turn everything topsyturvy
Alles zu seiner Zeit.: ሁሉም በጊዜው: Everything at the proper time.
alles: ሁሉም: everything
Allgegenwart {f}: አሁን: ወቅት: omnipresence, ubiquity
allgemein, gemeinsam, zusammen: ባንድ ላይ: common
allgemein, öffentlich, global, pauschal: በመላ: በግልጽ፣ የተለመደ: public, generally, abstract, common, general, nationwide, popularly, universally, across the board
Allgemeinbildung {f}: መሠረተ ትምህርት: general education
allgemeine Wehrpflicht: ብሔራዊ አገልግሎት: compulsory military service
Allgemeingültigkeit {f}: ዶግማ: catholicity, generality, universality
Allgemeinheit {f}: ኅብረት: commonalty, general public, universality
Allgemeinheiten {pl} :: universalities
allgewaltig, allmächtig: ኃያል: omnipotent
Allheilmittel {n}, Wundermittel: መድኃኒት: panacea
alljährlich, jährlich: ዓመታዊ: annual
Allmacht {f}: ኃይል: omnipotence, omnipotences, almightiness
allmächtig: ኃይለኛ: all powerful, almightily, almighty, almighty
allmählich: ደረጃ በደረጃ: gradual, gradually
Alltag {m}: ሁኔታ: everyday life
alltäglich, üblich: ዕለት በለት: ordinary, everyday, humdrum, workaday
Alltäglichkeit {f}: ልሙድ: everyday occurrence
allwissend: አዋቂ: all knowing, omniscient, omnisciently
Allwissenheit {f}: እውቀት: omniscience
allwöchentlich, wöchentlich: በእየሳምንቱ: weekly
allzuviel: ብዙ: overmuch, too much
Alm {f}: ምጽዋት: alp
Almosen {pl} :: alms
Alpen {f}: ጋራ ሸንተረር: alps
Alphabet {n}: ፊደል: alphabet
alphabetisch: ፊደላዊ: alphabetic, alphabetical, alphabetically
alphabetisieren: በፊደል ቆጠረ: alphabetize
Alphabetisierung {f}: መሠረተ ትምህርት ዘመቻ: alphabetization
Alphaverarbeitung {f}: የፊደል ዝግጅት: alpha processing, alphabetic sort

Alptraum {m}: **ቅዠት**: nightmare
Alpträume {pl}:: nightmares
als: **ከ....ይልቅ**: than
als: **እንደ...**: as
als: **ለ...**: for
als ob: **እንደ....ሁሉ**: as if, as though
als, da, wie: **በ / ከ....ሆነ / ጊዜ**: as
als, sobald, wenn, während: **በ..**: when
als, wie, so, da, weil, während, obgleich : **ምክንያቱም**: as
alsbald: **ባንዴ**: at once
also: **እነሆ**: so
alt werden: **አረጀ**: to grow old
alt werdend: **አርጅቶ**: antiquing
alt, ehemalig: **አሮጌ**: ancient, anciently, old, oldly
Altar {m}: **መንበር**: altar
Altarbild {n}: **ስእል**: altarpiece
Altarraum {m}: **መቅደስ**: chancel
Altbausanierung {f}: **በጎ አድራጎት፤ እድሳት**: area rehabilitation
Alter {n}, Lebensdauer: **እድሜ**: age, seniority
älter: ሽማግሌ: older, senior
alter: ቅርሳቅርስ: antiqueness
alternativ: አማራጪ: alternate, alternative, alternatively
Alternativangebot {n}: **አማራጭ አቅራቦት**: alternative offer
Alternativfrage {f}: **አማራጭ ጥያቄ** : alternative question
Alternativlösung {f}: **አማራጭ መፍትሄ**: alternative solution
Alternativplan {m}: **አማራጭ ዕቅድ**: alternative plan
Alternativvorschlag {m}: **አማራጭ ጥቆማ**: alternative proposal
Alternativweg {m}: **አማራጭ መንገድ**: alternative route
Alternativwege {pl}:: alternative routes
Altersgenosse {m}, Zeitgenosse: **ጓደኛ**: contemporary
Altersgenossen {pl} :: contemporaries
altersgrau: **አሮጌ፤ ሽበቴ** : hoary
Altersgrenze {f}: **የእድሜ ገደብ**: age limit
Altersheim {n}: **የጡረታ ቤት**: almshouse
Altersrente {f}: **ጡረታ**: old age pension
Altersrenten {pl}, Pensionen:: pensions
Altersstufe {f}: **የእድሜ ደረጃ**: stage of life
Altertum {n}, Antike: **ድሮ፤ ጥንት**: antiquity, antiquation, antiquity
Altertümer {pl}: **ቅርስ**: antiquities
altertümlich: **አሮጌ**: antique
Altertumsforscher {m}, Archäologe: **ታሪክ ተመራማሪ**: archaeologist
Altertumskenner {m}: **የታሪክ ጠበብት**: antiquary, antiquaries
Altertumskunde {f}, Archäologie: **አርኬኦሎጂ**: archaeology
Älteste {m, f}: **ሽማግሌ**: presbyter, eldest
ältlich: ሽማግሌያዊ: elderly, oldish, oldishly
Altmetall {n}: **አሮጌ ብረት**: scrap metal
Altmetalle {pl} :: scrap metals
altmodisch: ያለፈበት: frumpy, old fashioned
Altpapier {n}: **ቆሻሻ ወረቀት**: waste paper
Altpapiere {pl} :: waste papers
Altphilologe {m}: **የቋንቋ ምሁር**: classical scholar
Altphilologie {f}: **ቋንቋ ትምህርት**: humanities
Altstadt {f}: **የቀድሞ ከተማ**: old town
Aluminium {n}: **አሉሚኒዩም**: aluminium
Aluminiumindustrie {f}, Leichtmetallindustrie: **አሉሚኒዩም ማምረቻ**: aluminium industry
Amateur {m}, Nichtprofi: **አማተር**: amateur
Amateure {pl} :: aficionados, amateurs
ambivalent: **አደናጋሪ**: ambivalently
Ambivalenz {f}: **አጠራጣሪ**: ambivalence
Ambulanz {f}, Krankenwagen: **አቡላንስ**: ambulance
Ameise {f}: **ጉንዳን**: ant
Ameisen {pl} :: ants
Ameisennest {n}: **የምስጥ ኩርባ/ ዋሻ**: formicary
Amen {n}: **አሜን**: amen
Ammoniak {n}: **አሞኒያ**: ammonia, ammoniac
Amnestie {f}: **ምህረት**: amnesty
Amnestien {pl}, Begnadigungen:: amnesties
Amokläufer {m, pl}: **ተማራኪ፤ ኮብላይ**: runner amok, runners amok
amoralisch: **ኢሞራላዊ**: amoral, unmoral, amorally
Amoralität {f}: **ዘላን**: amorality
Amoralitäten {pl} :: amoralities
amorph: **ባልጩት**: amorphous
Amortisation {f}: **ውገዳ፤ ግለላ**: amortization
amortisierbar: **ተፋቂ**: amortizable
amortisieren, amortisiere: **አሰወገደ፤ፋቀ**: amortize
amortisierend: **አስወጋጅ/ አስወግዶ**: amortizing
amortisiert: **ተፋቂ/ ተፍቆ**: amortizes
Ampel {f}, Verkehrsampel: **መብራት**: traffic-lights
Ampeln {pl} :: traffic lights
Ampere {n}, Stromstärke: **የኤሌክትሮኒክ መለኪያ**: ampere, amp, amperes, amps
Amperemeter {n}, Stromstärkemesser: **መለኪያ**: ampere meter
Amphitheater {n}: **ትያትር ቤት**: amphitheatre
Amphore {f}: **ማድጋ፤ ምንቸት**: amphora
Amplitude {f}: **ምዝግዝግ**: amplitude
Amplitudengang {m}: **መዘወር**: amplitude response
Amplitudenmodulation {f}: **መዘወር፤ እንዝርት**: amplitude modulation
Ampulle {f}: **የማድጋ አንገት**: ampoule, phial
Amputation {f}: **ቆረጣ**: amputation
amputieren: **ቆረጠ**: amputate
amputierend: **ቆራጭ/ ቆርጦ**: amputating
amputiert: ተቆራጭ/ ተቆርጦ: amputated

Amsel {f}: ወፍ፣ ማማት: blackbird
Amt {n}, Dienst, Büro: መስሪያ ቤት: ተግባር: office, trunk, office
Amt übernehmen: ኃላፊነት ተረከበ: assume an office
amtieren: ተሾመ: officiate
amtierend: ተሿሚ/ ተሹሞ: officiating
amtiert: ተሿሚ/ ተሹሞ: officiated
amtlich bekanntgeben: አሳወቀ: gazette, ministerially
amtlich, offiziell: በግልጽ: official, curatorial, ministerial
Amtlicher Zeitungsschreiber {m}: ጋዜጣ አሳታሚ/ ጸሬ: gazetteers
Amtsantritt {m}: ርክክብ: assumption of office
Amtsantritte {pl} :: assumptions of office
Amtsarzt {m}: ጤና ጥበቃ: public health officer
Amtsbefugnis {f}, Autorität: ኃላፊ: authority
Amtsbefugnis {f}: ኃላፊነት: competence
Amtsbefugnisse {pl}, Autoritäten:: authorities
Amtsbereich {m}: መብት: prelacy
Amtsbereiche {pl} :: prelacies
Amtsbezirk {m}: አስተዳደር: ቀበሌ: administrative district, bailiwick
Amtsblatt {n}: ጋዜጣ: official gazette
Amtsbonus {m}: አበል: advantage of incumbency
Amtsbruder {m}, Mitarbeiter: ጓድ: colleague
Amtsdauer {f}: የስልጣን ጊዜ: term of office
Amtseid {m}: ቃልኪዳን: oath of office
Amtseinsetzung {f}: ትእዛዝ፣ኃላፊነት: chaired, chairing, investiture
Amtsenthebung {f}, Entlassung: ውገዳ፣ግለላ: መባረር: deposition, dismissal
Amtsenthebungen {pl} :: depositions
Amtsführung {f}, Verwaltung: መሪነት: administration
Amtsgeheimnis {n}: ምሥጢር: official secret
Amtsgeschäft {n}: ሥራ፣ ኃላፊነት: official duty
Amtsgeschäfte {pl}:: official duties
Amtshandlung {f}: ተግባር: official act
Amtsinhaber {m, pl}: ባለሥልጣን: incumbent, incumbents
Amtsträger {m}: ኃላፊ: office holder
Amtsüberschreitung {f}: ገደብአልባነት: official excess
Amtsverletzung {f}: ኃላፊነትን መዘንጋት: misconduct in office
Amtsvorgänger {m}: ተወራሽ: predecessor in office
Amtsvorsteher {m, pl}: የዘብ ኃላፊ: head official, head officials
Amtswürde {f}: ክብር: abbacies
Amtszeit {f}: የኃላፊነት ጊዜ: incumbency
Amtszeiten {pl} :: incumbencies, terms of office
Amulett {n} :: amulet
amüsant, vergnüglich: ደኅና: ምቹ: amusing
amüsieren: ተዝናና: amuse
amüsierend: ተዝናኝ/ ተዝናንቶ: amusing
amüsiert: ተደሳች/ ተደስቶ: amused
an: በ/ ከ…ላይ: ለ / በ …: on, at
an: ለ…፣በ…፣ ከ…: at
Anachronismus {m}:ሕገ-ወጥነት: anachronism
anachronistisch: ሕገወጥ: anachronistic, anachronistical, anachronistically
anal: ቂጥ: anal
analisieren: ተነተነ: analyze
analog, ähnlich, entsprechend: ተመሳሳይ: analogical, analog
Analoge {n}: አምሳያ: analogous, analogously
Analogie {f}: አምሳያ: analogy
Analogien {pl} :: analogies
Analogkanal {m}: ተመሳሳይ ምንጭ: analog channel
Analogquelle {f}: ተመሳሳይ ግኝት/ምንጭ: analog supply
Analphabet {m}: ማይም: illiterate
Analphabete {pl} :: illiterates
Analphabetentum {n}: ማይምነት: illiteracy
Analysator {m}: ትንታኔ: ተንታኝ: analogue, analyser, analyzer
Analyse {f}, Auswertung: ዝርዝር: analysis
analysierbar: ተተንታ:: analyzable
analysieren, analysiere: ተነተነ፣ አበጠረ: analyze, analyse, parse
analysierend: ተንታ:/ ተንትኖ: analyzing
analysiert: ተተንታ:/ ተተንትኖ: analyzed
Analytik {f}: ትንታኔ: analytics
Analytiker {m}, Organisator: ተንታ:: analyst
analytisch: ትንቱን: analytic, analytical
Anämie {f}, Blutarmut: ደም ማነስ: anemia
Ananas {f}: አናና: pine apple
Anarchie {f}: ሕገ-ወጥነት/ አልባነት: anarchy
Anarchien {pl} :: anarchies
anarchisch: ሕግአልባ: anarchic, anarchical, anarchically
Anarchist {m}: ባለጌ: anarchist
Anarchisten {pl} :: anarchists
Anatom {n}: ቀዶ ጠጋኝ: anatomist
Anatomie {f}: ቀዶ ጥገና: anatomy
Anatomien {pl} :: anatomies
anatomisch: ጥገና: anatomic, anatomical
anbahnen: መራ: initiate
anbahnend: መሪ/ መርቶ: initiating
Anbau {m}: እርሻ: cultivation
Anbaubeschränkung {f}: ገደብ: acreage restriction
anbauen: ዘራ፣አመረተ: grow, cultivate, to cultivate
anbaufähig: ተሻሻይ: arable, cultivatable, tillable
Anbaufläche {f}: ማሻ: acreage, area under cultivation
Anbauflächen {pl} :: areas under cultivation
Anbaugerät {n}: የርሻ መሣሪያ: accessory equipment
anbehalten: ጠበቀ: keep on

anbehaltend: ጠባቂ፣ጠብቆ: keeping on
anbeißen: ነከሰ: bite into
anbellen: ጮኸ: bark at
anbeten: ለመነ: adore, hallow
anbetend: ለማሠኝ/ ለምኖ: adoring
anbetracht: ጥንቁቅ፣ክቡር: considering
Anbetung {f}: ሙገሳ: adoration
anbetungswürdig: ክቡር: adorable, adorably
Anbetungswürdigkeit {f}: ብፃት: adorability
Anbetungswürdigkeiten {pl} :: adorableness
anbieten: አቀረበ: tender, offer, proffer
anbietend: አቅራቢ/ አቅርቦ: offering, propositioning, tendering, volunteering
Anbieter {m}: አቅራቢ: offerer
anbinden: አጠበቀ፣ ለጠፈ: tether
anbindend, befestigend: ለጣፊ/ ለጥፎ: fastening
anblasen: ነሰ: blow at
Anblick {m}, Sehkraft, Sehenswürdigkeit: የማየት ችሎታ: sight
Anblick {m}: ገጽታ: እይታ: view aspect, sight
Anblicke {pl}:: sights
anblicken: አየ: looking at
anblickend: አዪ/ አይቶ: looking at
anblitzen: አፈለቀ: glare
anblitzend: አፍላቂ/ አፍልቆ: glaring
anbraten: ጠበሰ፣አቃጠለ: roast gently
anbrechen: አገበ: broach
anbringen: አቀረበ: affix
anbringen: ጨመረ: to add, attach
Anbruch {m}, Anfang: መጀመሪያ: beginning
Anbrüche {pl}, Anfänge:: beginnings
anbrüllen: አገሳ: roar at
Andacht {f}, Zuwendung: ጸሎት: devotion
Andachten {pl} :: devotions
andauern, stehen: ቆየ፣ ጸና: stand
andauernd, stetig: ቋሚ: constant, enduringly
Andenken {n}: ግንዛቤ፣ትዝታ: keep-sake, memento, memory, souvenir, souvenirs
änderbar: ተቀያሪ: alterable
andere Bezeichnung: አምሳያ: synonym
andere, anderer, anderes: ሌላ: ሌሎች: other, others
andererseits: በሌላ በኩል: on the other hand
andermal: ሌላ ጊዜ: some other time
ändern: ቀየረ: amend, alter, change, modify
ändernd: ቀያሪ/ አሻሽሎ: altering, changing, modifiying, modifying
andernfalls, sonst: አለዚያ: else
andernfalls, sonst: አለባለዚያ: otherwise
andersdenkend: ተቃራኒ የሚያስብ: differently minded
Andersdenkende {m}(anders denken): ባላንጣ: dissenter
anderswo, sonstwo: ወዲያ: elsewhere, somewhere
anderswoher: ከሆነ ቦታ: from elsewhere
anderswohin: ወደሆነ ቦታ: to another place
anderthalb: ግማሽ: one and a half
anderthalbfach: አንድ ተኩል: one and a half times
Änderung {f}, Revision: ክለሳ: revision
Änderung {f}, Veränderung, Abwechslung: ቅያሬ: change
Änderung {f}: ቅያሬ: alteration, modification
Änderungen {pl} :: edits, modifications, alterations, changes
Änderungsart {f}: የቅያሬ ዓይነት: alteration type
Änderungsdatum {n}: መቀየሪያ ቀን: alteration date, amendment date
Änderungsdienst {m}: የቅያሬ አገልግሎት: change service
Änderungszeit {f}: የቅያሬ ጊዜ: alterationtime
andeuten: ጠቆመ: to hint
andeuten: ተረጎመ፣ ጠቆመ: insinuate
andeutend, anspielend: ጠቋሚ/ ጠቁሞ: hinting
andeutend: ግልጽ: adumbrative, implicative, implicatory, indicatively, insinuating
Andeutung {f}, Anleitung, Hinweis, Tip: መመሪያ: ድጋፍ: hint, suggestion, adumbration, inkling, insinuation
Andeutungen {pl} :: hints, inklings, insinuations, intimations
andichten: ተቀኘ: address verses to
andichtend :: addressing verses to
Andrang {m}: ሽኮላ: ንረት: rush, boom
andrehen: ጠመዘዘ: to switch on, to turn on
andrehend: ጠምዛዥ/ ጠምዞ: turning on
androhen, bedrohen: ዛተ: menace
androhend: ቦራቂ/ ቦርቆ: menacing
andrücken: ጨመቀ: press-on
anecken: ለከከ: scandalize
aneckend :: scandalizing
aneignen: ወረሰ: usurp
aneignend: ወራሽ/ ወርሶ: appropriative
Aneignung {f}, Besitznahme: ውርሻ: appropriation
Aneignung {f}: ማሳደግ: ቅሚያ: adoption, annexation, occupance
Aneignungen {pl} :: annexations
Anekdote {f}: ቀልድ፣ፌዝ: anecdote
Anekdotenerzähler {m, pl}: ቀልደ፡: anecdotist, anecdotists
anekdotenhaft: ፌዘኛ: anecdotal, anecdotally
anekdotisch: ፌዛዊ: anecdotic
anekelnd, ekelhaft: አሰቀያሚ: disgusting
anerkennbar, zulässig: ተግባራዊ: admissible
anerkennen, erkennen, bestätigen: አወቀ፣ ተረዳ: acknowledge, recognize
anerkennend: አዋቂ/ አውቆ: acknowledging, appreciative, appreciatory, appreciatively
anerkennenswert: ጠቃሚ: creditable
anerkennt: ታዋቂ/ ታውቆ: acknowledges
anerkenntlich: እውቅ: acknowledgeable
Anerkenntnis {f}: ግንዛቤ: recognizance
Anerkennung {f}: እውቀት: acknowledgment
Anerkennungen {pl} :: recognitions

anerziehen: አጠባ: instill into
anerziehend: አጥቢ/ አጥብቶ: instilling into
anfahren: ጀመረ: snub
anfahrend: ወጣኒ/ ጀምሮ: starting, snubbing
Anfall {m}: ወረራ: attack, fit
Anfälle {pl}, Angriffe: ወረራ: attacks
anfallen : ወረረ፣ አጠቃ : attack
Anfang {m}, Beginn, Start: መጀመሪያ: ጫፍ: start, beginning, top, outset, commencement, entrie, incipience, initial, start
Anfänge {pl}: ወጣንያን: commencements, incipiencies, initiations
anfangen: ወጠነ: ጀመረ: set off, to begin (began, begun), to start, to start off
anfangend: ጀማሪ/ ጀምሮ: inceptive
Anfänger {m, pl}, Neuling: ጀማሪ: novice, beginner, newcomer, rookie, tenderfeet, tiro, tyro, beginners, novices
anfänglich: ጅምር: initial initially
anfangs: በመጀመሪያ: at the beginning
Anfangsbuchstabe {m}: መጀመሪያ ፊደል: initial letter
Anfangsfehler {m}: በመጀመሪያ ስተት: inherent error
Anfangsgehalt {n}: መነሻ ደመወዝ: starting salary
Anfangsgehälter {pl}: መነሻ ደመወዝ: starting salaries
Anfangsgründe {pl}: መዋቅር: elements
Anfangskapital {n}: መነሻ ገንዘብ: opening capital
Anfangsseite {f}: መጀመሪያ ገጽ: welcome page
Anfangsspalte {f}: መጀመሪያ ዓምድ: begin column
Anfangsstadium {n}: መነሻ: initial stage
Anfangsunterricht {m}: መጀመሪያ ትምህርት: elementary instruction
anfaßbar: ተጨባጭ: touchable
anfassen, behandeln: አከናወነ: to handle
anfassen, ergreifen: ያዘ፣ ወረረ: to take hold of, to catch hold of
anfassen: ጨበጠ: to catch hold of, to handle, to take hold of
anfaulen: ተበላሸ: go bad
anfaulend: ተበላሺ/ ተበላሽቶ: going bad
anfechten: ተጣላ: arraign
anfechtend: ተጨቃጫቂ/ ተጣልቶ: contesting, arraigning
Anfechtung {f}, Streit: ግጭት: contestation
anfeinden: አጋጨ፣ አያያዘ: be hostile to
Anfeindung {f}, Feindschaft: ግጭት፣ጠብ: hostility
Anfeindungen {pl} :: hostilities
anfertigen: ሠራ፣ አከናወነ: make
Anfertigung {f}, Herstellung: ክንውን: makings
Anfertigungen {pl}, Herstellungen: ክንውን: makings
anfeuchten, befeuchten: አበሰበሰ: moisten
anfeuchtend: አራሺ/ ዘፍዛፊ: moistening, wetting
anflehen: ተማጠነ፣ ለመነ: beseech, implore, supplicate
anflehend: ተለማማጭ/ ተለማምጦ: imploring, invoking, supplicating
anfliegen: በረረ: head for
anfordern: ጠየቀ: demand
Anforderung {f}, Erfordernis: ጥያቄ : requirement, demand, request
Anforderungen {pl} :: requirements
Anforderungszeichen {n}: ምልክት: prompt
Anfrage {f}: ጥያቄ : enquiry
anfragen: ጠየቀ: inquire
anfragend: ጠያቂ/ ጠይቆ: inquiring
anfreunden: ተወዳጀ: chum, make-friends
anfreundend: ተወዳጅቶ: making-friends
anfrieren: ገረረ: freeze on
anfrierend: ቀዝቃዥ/ ቀዝቅዞ: freezing on
anfügbar: ቀራቢ: attachable
anfügen: አቀረበ፣ አያያዘ: attach, annex
Anfügung {f}: ጭማሬ: attachment
anführen: ተገበረ ፣ሥራ ላይ አዋለ: adduce, lead
anführend: መሪ/ መርቶ: leading
Anführer {m}: መሪ፣አለቃ: leader, chief
Anführungen {pl} :: quotations
anführungs: ትእምርተ ጥቅስ: quotation
Anführungsstriche {pl}: ጥቅስ: quotation
Anführungszeichen {n}: ትእምርተ ጥቅስ: quotation mark
anfüllen: አሟላ: fulfill
Angabe {f}: ማብራሪያ: specification
Angaben {pl}, Meinungsäußerungen: አስተያየት: statements
angeben: ሰጠ፣ ገለጠ: specify show off
angebend, aussagend: ሰጭ/ ሰጥቶ: stating
angebetet: ተለማ:/ ተለምኖ: adored
angebissen: ተነካሽ/ ተነክሶ: bitten into
angeblasen: ተላሽ/ ተልሶ: blown at
angeblich: ባጋጣሚ፣ድንገት: alleged, allegedly, colorable, ostensible, ostensibly, pretended, reputed, supposedly, colorably, reputedly
Angeblichkeit {f}: ስጦታ: colorability
Angeblichkeiten {pl} :: colorableness
angeblickt: ተቆላፊ/ ተቆልፎ: looked at
angeboren: ስጦታዊ: congenital, congenitally, connate, inborn, inherently, innate, native, natively, congenitally
Angebot {n} (und Nachfrage): አቅርቦት: supply (and demand)
Angebot {n}: ርካሽ፣አቅርቦት: offer
Angebote {pl} :: offerings
angeboten: ተቀራቢ/ ረክሶ: offered
angebracht: ድጎና: advisable
angebrannt: አራሪ/ አሮ: burnt
angebraten: ተቃጣይ/ ተቃጥሎ: roasted gently
angebrochen, begonnen: ተጀማሪ/ ተጀምሮ: begun

angedeutet: ተገላጭ/ ተገለጠ: hinted, insinuated, addressed verses to, turned on, menaced
angefallen: ተጠቂ/ ተጠቅቶ: attacked
angefangen: ታያዥ/ ተይዞ: commenced
angefault: ተበላሽ/ ተበላሽቶ: gone bad
angefeuert, gefeuert: ተባራሪ/ ተባሮ: fired
angefragt: ተጠያቂ/ ተጠይቆ: inquired
angefroren: ገጋሪ/ ገግሮ: frozen on
angefügt: ተያዥ/ ተጨምሮ: annexed
angeführt: ተመሪ/ ተመርቶ: led
angegeben: ተገላጭ/ ተገለጠ: specified
angegliedert: ተወሳጅ/ ተወስዶ: affiliated to, joined, affiliated
angegrenzt: ታቃቢ/ ተወስኖ: adjoined, flanked
angegriffen: ተጠቂ/ ተጠቅቶ: affronted, assaulted, attacked, offended
angehalten: ታጋጅ/ ታግዶ: stopped
angehängt: ተቀጣይ/ ተቀጥሎ: suffixed, trailed
angehaucht: ተተንፋሽ/ ተተንፍሶ: breathed on
angeheftet: ተጠራዥ/ ተጠርዞ: clinched
angeheiratet: ተዛማጅ/ ተዛምዶ: related by marriage
angehen: የሱ ፈንታ ሆነ: go on
Es geht dich nichts an: አያገባህም!
angehoben: ተነሽ/ ተነስቶ: lifted
angehören: ሆነ: belong to
angehörend: ኋኝ / ሁኖ: belonging to
Angehörige {f, m}: ዘመድ: kinswomen
Angehörigen {pl}: አዝማድ፣ቤተ ሰብ: dependents, relatives
angeklagt: ተከሳሽ/ ተከሶ: accused of, impeached, indicted
Angeklagter {m}: ተከሳሽ: accused
angeklebt: ልጥፍ/ ተለጥፎ: stuck on
angekleidet: ተለባሽ/ ተለብሶ: dressed, habited
angekocht: ተቀቃይ/ ተቀቅሎ: parboiled
angekommen: ደራሽ/ ደርሶ: arrived
angekündigt: ተገላጭ/ ተገለጠ: advertised, announced, pronounced
angelächelt: ተቀላጅ/ ተቀልዶ: smiled at
angelacht: ተፊያዢ/ ተንቆ: laughed at
angelangen: ደረሰ: arrive at
angelangt: ተደራሽ/ ተደርሶ: arrived at
Angelegenheit {f}: ድርጊት፣ሁኔታ: affair, pidgin
Angelegenheiten {pl} :: affairs
angelernt: ሰልጡን/ ሰልጥኖ: semi-skilled
angeln, (Fisch), fischen: ዓሣ ያዘ: fish
angelogen: ተዋሽ፣ተካደ: lied to
angemeldet: ተመዝጋቢ/ ተመዝግቦ: declared
angemessen, vernünftig, entsprechend, ausreichend: እንደ ዋጋው/ መጠኑ: በቂ: appropriate, proportionate, adequate, reasonable, adequately, condign, congruous, congruously, fair, fitly, fittingly, pertinent, worthily, adequately, appropriately, pertinently, proportionated
Angemessenheit {f}: ብቃት: adequacy, commensurability, commensurateness, congenialness, fittingness, pertinency, suitability
Angemessenheiten {pl} :: commensuration, suitableness
angenagelt: ተጣባቂ/ ተጣብቆ(በምስማር): nailed on, pegged
angenähert: ተቀራቢ/ ተቀርቦ: approximated
angenäht: ተሰፊ/ ተሰፍቶ: sewed on
angenehm, gefällig: ምቹ: pleasing agreeable, pleasant, pleasantly, pleasantly, pleasingly
Angenehmheit {f}: ምቹነት: palatableness
angenommen: ተቀባይነት ያለው: በግምት: accepted, adopted, adoptive, assumed, assuming, assumptive, imbibed, suppositional, adoptively, suppositionally
angeordnet: ተከናዋኝ/ ተከናውኖ: ordered, disposed
angepackt, erfaßt: ተጨባጭ/ ተጨብጦ: seized, tackled
angepaßt: ተስማሚ/ ተስማምቶ: accommodated, conformed, leveled, matched, passed, adapted, adjusted
angepeilt: ተመልካች/ ተመትሮ: located
angepflanzt: ተተካይ/ ተተክሎ: planted
angeprallt: ተጋጭ/ ተጋጭቶ: crashed into
angepriesen: ተመስጋመኝ/ ተመስግኖ: praised
angerannt: ተጨፍላቂ/ ተገጭቶ: run against
angeraten: ተመካሪ/ ተመክሮ: advised
angeregt: ቀልብ ያጣ/ ቀልብ አጥቶ: ተበረታች/ ተበራቶ: animated, motivated, stimulated
angereichert: በልጻጊ/ በልጽጎ: enriched
angereizt: ብስጩ/ ተበሳጭቶ: incited
angerückt: ቀራቢ/ ቀርቦ: approached
angerufen: ተጠሪ/ ተጠርቶ: called
Angerufene {m, f}: ተፈላጊው/ ዋ: telephonee
angesammelt: ተሰብሳቢ/ ተሰብስቦ: collected
angesaugt: ተመጣጪ/ ተመጥጦ: sucked in
angeschafft: ተገኝ/ ተገኝቶ: ተሻጪ/ ተሸጦ: purchased, purchased
angeschaltet: ጠፊ/ ጠፍቶ: powered
angeschichtet: ተደርዳሪ/ ተደርድሮ: piled up
angeschickt: ተዘገጂ/ ተዘጋጅቶ: prepared for
angeschlagen: ተሸናፊ/ ተሸንፎ: chippy, struck
angeschlossen: ተጣባቂ/ ተጣብቆ: ተያያዢ/ ተያይዞ: on-line, plugged, connected, affiliated, connected, mounted
angeschnallt: ተቀናቺ/ ተቀንቶ: strapped
angeschossen: ቆሳይ/ ቆስሎ: wounded
angeschraubt: ተበያጅ/ ተበይዶ: screwed on
angeschrieben: ተመዝጋቢ/ ተመዝግቦ: written down
angeschrien: ጯሂ/ ጮሆ: shouted at
angeschwärzt: ከሃዲ/ ክዶ: calumniated
angeschwemmt: ተጥለቅላቂ/ ተጥለቅልቆ: washed ashore
angeschwindelt: ተታላይ/ ተታሎ: told a lie

angeschwollen, verschwollen: አባጭ/ አብጦ: swollen
angesehen: ታዪ/ ታዪቶ: faced, looked
angesehen: ክቡር/ ተከብሮ: respected
angesichts: በ...ፊንታ: in the face of, in view of
angesiedelt: በኑሮ: residing
angesiedelt: ተቀማጭ/ ተቀምጦ: located, resided, residently
angespannt: ተዝናኚ/ ተዝናንቶ: strained
angespeit: ዘግይ/ ዘግይቶ: ተሸዋጅ/ ተሸውዶ: alluded, hinted at, spat at
angespitzt: ተሰዪ/ ተስሎ: sharpened
angespornt, (ermutigt): ተበራቺ/ ተበራቶ: encouraged
angespritzt: ተረጪ/ ተረጭቶ: splashed
angesprochen: ተስማሚ/ ተስማምቶ: ተነጋሪ/ ተነግሮ: spoken to, accosted
angestachelt: ተጣሪ/ ተጥሮ: incited to
angestammt: ወገናዊ: ancestral, ancestrally
angestanden, (stand an): ታማኝ/ ተምኖ: queued
angesteckt, infiziert: ተላላፊ/ ተላልፎ: infected
angestellt, beschäftigt: ተቀጣሪ/ ተቀጥሮ: employed
Angestellte {m, f}: ሠራተኛ: employee, staffer
Angestellten {pl} :: staffers
Angestellter {m}, Büroangestellter: ጸሐፊ(የቢሮ): clerk
angestiftet: ተመጽዋች/ ተመጽውቶ: instigated, abetted
angestimmt: ተስማሚ/ ተዋውሎ: intoned
angestossen: ተጋጪ/ ተጋጭቶ(ለጽዋ): pushed
angestrahlt: ብሩህ/ ተበርቶ: illuminated
angestrengt: ተለማማጂ/ ተለማምዶ: strained, exerted
angesucht: ተደራጊ/ ተደርጎ: applied for
angetan: ሻፋጂ/ ሻፍዶ: attired in
angetreten: ተብራሪ/ ተብራርቶ: reported
angetrieben: ወጪ/ ወጥቶ: driven on
angewachsen: ጨማሪ/ አድጎ: increased
angewandt: ተለዋጭ/ ተለውጦ: applied
angewendet, (verbraucht): ተጠቃሚ/ ተጠቅሞ: used
angewöhnen: ወሰደ: take to
Angewohnheit {f}: ልምድ: habit
Angewohnheiten {pl}, Gewohnheiten:: habits
angewöhnt: ተወሳጂ/ ተወስዶ: taken to
angezahlt: ተከፋይ/ ተከፍሎ: paid on account
angezeigt: ተጠቋሚ/ ተጠቁሞ: notified, displayed, indicated
angezogen: ተሳቢ/ ተስቦ: attracted
angezündet: ተለኳሽ/ ተለኮሶ: kindled
angezweifelt:ተጠራጣሪ/ ተጠራጥሮ: doubted
angleichen, anpassen: አስተካከለ: adapt
angleichend, anpassend: አስተካካይ/ አስተካክሎ: adapting
Angleichung {f}: ውጠት: assimilation
Angleichungen {pl}:: assimilations
Angler {m}: አጥማጅ: angler
Anglerute {f}: ያሣ ማጥመጃ: fishing rod
angliedern an: አጣጣመ: affiliate to
angliedernd: አጋናኚ/ አገናኝቶ: joining
Angliederung {f}, Vereinigung: ውኅደት: incorporation
Angliederung {f}: ዝምድና: affiliation
Angliederungen {pl} :: affiliations
angreifbar: ተጠቂ: vulnerable, assailable
angreifen: አጠቃ: affront, assault, attack
angreifend: አጥቂ/ አጥቅቶ: affronting, aggressing, assaulting, attacking, invasive, offensive, offensively, raiding
Angreifer {m, pl}: ወራሪ: aggressor, assailant, assaulter, attacker, offender, raider, aggressors
angrenzen: አዋሰነ: adjoin, flank
angrenzend, (benachbart, nahe): ተጎራባች/ ተጎራብቶ: ተጓዳኝ/ ተጎዳኝቶ: contiguous, adjacent, einfassend bordering, abutting, flanking, neighboring, adjacently, contiguously
angrenzend: አዋሳኝ/ ተዋስኖ: adjoining
Angriff {m}, Anfall: ጥቃት: attack, aggression, assault, offence, onslaught
Angriffe {pl}, Raubzüge, Anstürme:: assaults, raids, aggressions
Angriffslust {f}: የወረራ ሱስ: aggressiveness
angriffslustig: ጨካ:: aggressive
angrinsen: አላከከ፤ አመካኘ: grin at
angrinsend: አማካኝ/ አመካኝቶ: grinning, grinning at
Angst {f}, Besorgnis: ፍርሃት፤ ጭንቀት: anxiety, trepidation
Angst haben vor: ባባ: to be afraid of
Ängste {pl} (Angst): ፍርሃት፤ጥርጣሬ: anguishes, anxieties, anxiousnesses, trepidations
Angsthase {m}: ወስካና፤ፈሪ: coward
ängstlich, besorgt, unruhig: አስፈሪ፤አስጊ: anxious, afraid, anxiously, fearful, scrupulous, scrupulously, timidly, timid of
Ängstlichkeit {f}: ፍራቻ: anxiety, anxiousness, timidness
Angstzustand {m}: ባባታ: anxiety state
anhaben: ለበሰ፤አደረገ: have on
anhaften: ጠረዘ: inherence
anhaften: አስጠጋ፤ ለጠፈ፤ ጠረዘ: adhere, inhere
anhaftend: ጋራንት: adhesively, inherently
Anhaftung {f}: ዋስትና: ጋራንት: adhesions, adherence
anhalten, aufhören: ፈጸመ: አቆመ፤ ጨረሰ: halted, stop
anhaltend: መንቻካ/ ደጋግሞ: ቀጣይ/ ደጋግሞ: prolonged, lasting, halting, resting, stopping
Anhaltepunkt {m}: መነሻ/ መቋሚያ ነጥብ: breakpoint, clue
Anhaltspunkte {pl} :: clues
Anhang {m}, Ergänzung: ትርፍ አንጀት: መጣፊያ፤ መጋረጃ ፤ ቅጥያ: supplement, annex, appendage, appendix, subjoinder

Anhang {m}: **አባሪነት**: appendice, appendix
Anhangbereich {m}: **መንጠልጠያ**: append area
Anhänge {pl}:: appendices, appendixes
anhängen, befestigen, anfügen: **ጨመረ**: **ለጠፈ**: stick, foist, trail, append
anhängend: **ተጨማሪ/ ታክክሉ**: appending, suffixing
Anhänger {m, pl}: **ካውያ**: **ጥገኛ፤ ጅራት፤ ተሳቢ**: hanger, adherer, clinger, collectivist, dependant, devotee, henchman, pendant, trailer, adherents, devotees
Anhängerin {f}, Anhänger {m}: **ተከታይ**: follower
Anhängerschaft {f}: **ደቀ መዝሙር**: discipleship
anhängig: **ጥገኛ**: pending
anhänglich: **ተሳቢ፤ ምጥባት**: clingy, devoted
Anhänglichkeit {f}: **ምጥባትነት**: adherence
Anhänglichkeiten {pl}:: attachments
anhauchen: **ተነፈሰ**: breathe on
anhauchend: **ተንፋሽ/ ተንፍሶ**: breathing on
anhäufen: **ከመረ ፤ አከማቸ፤ አከተ**: pile, amass, accumulate, cumulate
anhäufend: **ሰብሳቢ/ አከማችቶ**: piling, accumulating, cumulating
Anhäufung {f}: **ስብስብ**: **ክምችት**: agglomeration, accumulation, amassment, conglomeration, culmination
anheben, verteuern: **አነሳ**: **አስወደደ**: to raise, jack
anheften: **ጠረዘ**: attach, clinch
anheftend: **ወታፊ/ ሽጉጦ**: pinning, attaching
anheiraten: **በጋብቻ ተዛመደ**: to be related by marriage
Anhöhe {f}, Hügel: **ጫፍ**: hill
Anhöhen {pl} :: hills
anhören: **አዳመጠ**: to listen to
anhörend: **ጆሮ ጠቢ/ አዳምጦ**: listening to
Animation {f}: **መጥፎ እምነት**: animation
animieren: **አነቃቃ፤አጣላ**: incite
animierend: **ጠብ ጫሪ/ ጭሮ**: inciting
Anis {m}: **ቅመም**: anise
Ankäufe {pl}: **ንግድ**: purchases
ankaufen: **ገዛ፤ ሸመተ**: purchasing
ankaufend: **ገገር/ ሸማቺ/ ሸምቶ**: purchasing
Ankaufermächtigung {f}: **ግዥ ክፍል**: authority to buy
Anker {m}: **መልሕቅ**: anchor
Ankergrund {m}, Ankerplatz: **መርከብ መቋሚያ**: anchorage
Ankerkette {f}: **ሰንሰለት**: chain cable
ankern: **መልሕቅ ጣለ**: anchoring
ankernd: **መልሕቅ ጣዪ/ ጥሎ**: anchoring
Ankerplatz {m}: **የመርከብ ቦታ**: achorage, anchorage ground
anketten: **ቸነከረ**: to chain

Anklage {f}, Beschuldigung: **ክስ፤ ወንጀል**: accusation, accusal, accusativeness, denouncement, impeachment, indictment
Anklagen {pl}: **ክስ**: accusations, denouncements, impeachments, indictments
anklagen, beschuldigen: **ከሰሰ፤ ወነጀለ**: accuse, impeach, indict
anklagend: **ከሳሽ/ ከሶ**: accusing of, accusatory
Ankläger {m, pl} : **ከሳሽ**: denouncer/s
Ankläger {m}: **ከሳሽ፤ ጠብ ጫሪ**: accuser, denouncer
Anklageschrift {f}: **መጥሪያ**: bill of indictment
Anklageschriften {pl} :: bills of indictment
Anklageverlesung {f}: **የክስ ማስረጃ**: arraignment
Anklagevertreter {m}: **ተወካይ/ ጠበቃ**: prosecuting counsel
anklammern: **መነቸከ**: clip
anklammernd: **መንቻካ/ መንችኮ**: clinging
ankleben: **ለጠፈ**: stick on
anklebend: **ለጣፊ/ ለጥፎ**: pasting, sticking on
Ankleider {m}: **ጉርድ ኮት**: dresser
anklingeln, telefonieren: **ደወለ**: phone
anklingelnd, telefonierend: **ጠሪ/ ጠርቶ**: phoning, assonantly
anklopfen: **ቆረቆረ፤ አንኳኳ**: knock at
anklopfend: **ደዋይ/ ደውሎ**: knocking at
ankochen: **አፈላ**: parboil
ankommen: **ደረሰ**: arrive, get to
ankommend: **ደራሽ/ መጥቶ**: arriving, incoming
ankreiden: **ጫረ ፤ ቀባ**: chalk up
ankreidend: **ሞንጫሪ/ ሞንጭሮ**: chalking
ankreuzen: **አመሳቀለ**: tick off
ankünden: **አሳወቀ**: pronounce
ankündigen, bekanntmachen:: **አስተዋወቀ**: **አበሰረ**: advertise, announce
ankündigend: **አስተዋዋቂ/ አስተዋውቆ**: advertising, announcing, pronouncing, signalizing
Ankündigung {f}: **ማስታዋቂያ**: advertisement, announcement
Ankündigungen {pl} :: advertisements
Ankunft {f}, Eintreffen, Erscheinen: **መድረሻ**: arrival
Ankunftszeit {f}: **መድረሻ ሰዓት**: arrival time
ankurbeln: **አነቃቃ**: stimulate
ankurbelnd: **አነሳሽ/ አኳሽቶ**: stimulating
Ankurbelung {f}: **የምርት ዘመቻ**: pump priming
anlächeln: **ፈገግ አለ፤ሳቀ**: smile at
anlächelnd: **ቀላጅ/ ቀልዶ**: smiling at
Anlage {f}: **ክፍል፤ ግምብ፤አካባቢ**: arrangement, construction, plant, processor
Anlageanweisung {f}: **የቁጠባ ምክር**: asset advice
Anlagekapital {n}: **ካፒታል**: invested capital
Anlagekosten {pl}: **የወለድ ግብር**: initial cost
Anlagen {pl}:: constructions
Anlagenbeleg {m}: **የገቢ ደረሰ**:: asset voucher

Anlagenbestand {m}: የካፒታል መጠን: asset investment
Anlagenbuch {n}: የባንክ መዝገብ: asset ledger
Anlagenbuchhaltung {f}: ሒሳብ መቆጣጠሪያ: assets, accounting
Anlagenbuchhaltungsbeleg {m}: የሒሳብ ደረሰ፡: assets accounting voucher
Anlagenentwicklung {f}: የካፒታል እድገት: asset development
Anlagenklasse {f}: የቁጠባ ደረጃ: asset category
Anlagenkonto {n}: የቁጠባ ቁጥር: assets account
Anlagenrechnung {f}: የቁጠባ ስሌት: asset accounting
Anlagepapier {n}: የቁጠባ ምስጢር: investment security
Anlagepapiere {pl} :: investement securities
Anlaß {m}: ምክንያት: occasion
Anlauf {m} : መነሻ፣ ማማሟቂያ፣ ሩጫ፣ ጥድፊያ: inrun, start-up, warm-up
Anläufe {pl}, (Anlauf): ጠልጣላ፣ወካባ: inruns
anlaufen: አስነሳ: initiate
anlaufend: ዘዋሪ/ ዘውሮ: running up
Anlaufzeit {f}, Startzeit: የስዓት ገደብ: acceleration time
Anlaufzeit {f}: መነሻ ጊዜ: starting time, warm-up time
Anlaut {m}: ቃና፣ ድምጽ: initial sound
anlegen: ቀየረ: to apply
anlegen: ጠራ: call at
Anlegestelle {f}: ማረፊያ: landing stage
Anlegestellen {pl} :: marinas
anlehnen: ተንተራሰ: abut, leave ajar
anleiten, unterweisen: አሳየ፣ መራ: instruct
anleitend: አመልካች/ አሳዪቶ: instructing
Anleitung {f}: መመሪያ: instruction, guidance, guide, tutorial
Anleitungen {pl} :: instructions
anliegen: ተስማማ: fitting
anliegend: ተስማሚ/ ተስማምቶ: fitting
anlügen: ዋሸ: to lie to
anlügend : ዋሺ/ ዋሾ: to lying to
anmalen : ቀባ፣ሳለ : paint
anmarschieren: ተጓዘ: approaching
anmarschierend : ተጓዥ/ ተጉዞ: approaching
anmassen: ተጠበበ: arrogate
anmassend: ቡረኛዊ: arrogantly, bumptious, hubristic
anmassend: ተጠባቢ/ ተጠብቦ: arrogant, arrogating
Anmaßlichkeit {f}, Angeberei: ቡረኛነት: pretentiousness, blatancy
Anmaßung {f}, Hochmut: ትቢት: arrogance, arrogation, assertiveness, overbearance, pretension
Anmaßungen {pl} :: assertivenesses
Anmeldeformular {n}: መመዝገቢያ ቅጽ: application form, registration form
Anmeldegebühr {f}: መመዝገቢያ ግብር: application fee, registration fee
anmelden: ተመዘገበ: declare, log-on, announce
anmeldepflichtig, meldepflichtig: የማሳወቅ ግዴታ: notifiable
Anmeldeverfahren {n}: የመመዝገቢያ ሂደት: application procedure
Anmeldevorschriften {pl}: የመመዝገቢያ ቅድመ ሁኔቶች: application requirements
Anmeldung {f}: ምዝገባ: announcement
anmerkend, (anmerken, bemerken): የተመለከተ፥ ስርዝ/ ተሰርዞ: noticing, annotating
Anmerkung {f}, Notiz: ምልክት፣ ዘገባ: note, annotation, remark
Anmerkungen {pl} :: notes
anmessen: ለካ: to measure for
anmessend: ለኪታ/ ለክቶ: proportionating, measuring for
Anmut {f}: ሽፍጥ፣ምትሃት: charm, comeliness, grace, gracefulness
anmutig, bezaubernd: ምስጉን፣ ቀልጣፋ: charming, comely, graceful
annageln: አጣበቀ፣ መታ: nail on
annähen: ሰፋ: sew on
annähend: ደራች/ ደርቶ: sewing on
annähern, (Zugang, Zutritt): ቀረበ፣ ተጠጋ: approach, appropiate
annähernd: ገማቺ/ ገምቶ: በግምት: roughly, approximate, approx, approximately
Annäherung {f}: ቅርቢያ፣ ስምምነት: approximation, convergency
Annäherungen {pl} :: approaches
Annäherungsversuch {m}: ስምምነት: advance
Annäherungsversuche {pl}:: advances
annäherungsweise, ungefähr: በግምት: approximately
Annahme {f}, Vermutung: ግምት: assumption
Annahme {f}: ቅብያ: ተረት: acceptance, assumption, fiction
Annahmen {pl} :: assumptions
Annahmestelle {f}: መቀብያ ቢሮ: receiving office
Annahmeverweigerung {f}: ጥጋብ: non acceptance
Annahmewert {m}: የመቀበያ ዋጋ: assumed value
annehmbar, zulässig: ተቀባይ: acceptable, adoptable, assumable, decently, passable, receivable, acceptably, assumably
Annehmbarkeit {f}: ተቀባይነት: acceptability
annehmen, vermuten: ኃላፊነትንወሰደ: ገመተ: ተቀበለ: assume, suppose, accept, adopt, imbibe, presume
annehmend: ተቀባዪ/ ወስዶ: accepting, assuming
Annehmlichkeit {f}: ሽግሽግ: amenity
Annehmlichkeit {f}: ቅብያ: acceptableness, adoptability, amenity, convenience

Annehmlichkeiten {pl}:: comforts, adoptabilities

annektieren: ቀላቀለ: annex

annektierend: ወሳጂ/ ወስዶ: annexing

Annexion {f}: ነጠቃ/ ቅልቅል: annexation

annoncieren: አስተዋወቀ: advertise

annullieren, aufheben: ሰረዘ: annul, invalidate, nullify

annullierend: ሰርገር/ ሰርዞ: annulling

Annullierung {f}: ሰረዛ፣ ፍቆት: nullification

annullierbar: ጠፊ: cancelable

annullieren: አጠፋ: cancel

annullierend: አጥፊ/ ፍቆ: canceling

annulliert: ተፋቂ/ ተሰርዞ: annuls

Annullierung {f}: ሰረዛ፣ውገዳ: cancelation, defeasance

Anode {f}: ፖዜቲቭ ኤሌክትሮን: anode

anomal, regelwidrig, ungewöhnlich: አስገራሚ፣ እንግዳ: anomalous

anomale: አስገራሚ: anomalously

Anomalie {f}: ልዩ ጠባይ: anomaly

Anomalien {pl} :: anomalies

anomalistisch: ኢልሙድ: anomalistic

anonym: ድብቅ: anonymous, anonymously

Anonymität {f}: ድብቅነት: anonymity, namelessness

Anonymitäten {pl} :: anonymities

Anorak {m}: ጉርድ ቀሚስ: anorak

anordnen: አዘጋጀ: order, arrange, dispose

anordnend: አዘጋጅ/ አዘጋጅቶ: ordering, serializing

Anordnung {f}, Reihe: ቀስት: ቁጥጥር: ዝግጅት: array, regulation, ordinance, adjustment, arrangement, configuration, disposal, disposition, layout

Anordnung {f}: ዝግጅት፣ ስምምነት: arrangement

Anordnungen {pl}:: orders, dispositions, arrangement patent

anorganisch: ጭንጫ: inorganically

anormal: እብድ: anomalous

anpacken: አሸገ፣ ጨበጠ: grapple

anpackend: አሻጊ/ አሽጎ: tackling

Anpaßbarkeit {f}: ልምድ: adaptability

anpassen (an): አመሳሰለ፣ አላመደ: to suit (to), acclimatize, accommodate, adapt, adjust, match, modulate, re-adjust

anpassend: አስማሚ/ አስማምቶ: suiting, accommodating, accomodating

anpassend: በትክክል: adaptational, assimilative, adaptationally, assimilatory

Anpassung {f}: አምሳል: አምሳል፣ ሁኔታ: customization, modulation, accomodation, adaptation, assimilation

Anpassungen {pl}:: adaptations, accomodations, adaptations

Anpassungsdarlehen {n, pl}: ልምምድ: adjustment loan

anpassungsfähig, lernfähig: ታታሪ፣ ቀልጣፋ: adaptive, flexible, matchable, adaptively

Anpassungsfähigkeit {f}, Verhaltensflexibilitat: ችሎታ፣ስጦታ: action flexibility, adaptability, adaptiveness, flexibility

Anpassungsfähigkeiten {pl}:: adaptivenesses

Anpassungsgebühr {f}: ስጦታ: adaption charge

Anpassungsgerät {n}: አዳብተር: adaptor

Anpassungshilfe {f}: ልምምድ: adjustment assistance

Anpassungsprozeß {m}: የልምምድ ሂደት: adjustment process

Anpassungsschwierigkeiten {pl}: የልምድ ችግር: adaptive difficulties

anpflanzen: ተከለ: planting

anpflanzend: ተካዪ/ ተክሎ: planting

anpöbeln, belästigen: ዘለፈ: molest, abuse

anpöbelnd: ባለጌ/ ባልጎ: molesting, mobbing

anprallen: ተጋጨ: crash into

anprallend: ተሰባሪ/ ተሰብሮ: crashing into

anpreisen, loben: አሞገሰ: praise

anpreisend: አሞጋሽ/ አሞግሶ: praising

anprobieren: ሞከረ: try on

anprobierend: ቀማሽ/ ሞክሮ: trying on

anprobiert: ተቀማሽ/ ተሞክሮ: tried on

anpumpen: አፈሰሰ፣ ቀዳ: touch for

anpumpend: ቀጂ/ ቀድቶ: touching for

anraten: መከረ: advise

anratend: መካሪ/ መክሮ: advising

Anrechnung {f}: ሒሳብ፣ ሰሌት: charge

Anrechnungen {pl}:: charges

Anrechnungswert {m}: የተለመደ ዋጋ: accepted value

Anrecht {n}: መብት: right, due

Anrechte {pl}:: rights, dues

Anrede {f}: ምረቃ: salutation

anreden (als): መረቀ፣ ተናገረ: to address (as)

anregen: ዘወረ፣ አስነሳ፣አነሳሳ: animate, innervate, inspire, motivate, stimulate, vivify

anregend: አስገራሚ: አነሳሽ: motivational, stimulant, stimulantly, stimulative, suggestively

anregend: አቃጣሪ/ አጣልቶ: animating, inciting, inspiring, motivating

Anreger {m, pl}: ሰበብ: inspirer, stimulator, stimulators

Anregung {f}: ድንጋጤ: ፍላጎት: excitation, motivation, animation, fillip, incitation

Anregungen {pl}: ጥቆማ: suggestions, incitations

Anregungsmittel {n, pl}: እርሾ፣ ጌሾ: stimulant, stimulants

anreichern : ተኮሰተረ: concentrate, enrich

Anreicherung {f}: ክብረት: enrichment, enhancement

Anreicherungen {pl}:: enrichments

anreisen: ተጓዘ: travel

Anreisetermin {m}: መግቢያ እለት: date of arrival
Anreisetermine {pl} :: dates of arrival
anreißen: አስቆጣ: scribe
Anreiz {m}: ቁጣ: incentive
anrennen: ተጋጨ: run against
anrücken : ቀረበ፣ ተጠጋ: to approch
Anruf {m}: ጥሪ: call
Anrufanforderung {f}: ጥንቃቄ : attention request
Anrufbeantworter {m}: ጥሪ መቀበያ: answering equipment, answering machine, automatic answering set
Anrufe {pl} :: calls
anrufen, aufrufen: ጠራ፣ ደወለ: call, invoke, appeal
Anrufer {m}: ጠሪ: caller, telephoner, callers
Anruferkennung {f}: የጥሪ ምልክት: call detection, call identification
Anrufsignal {n}: ደወል: call sign
Anrufumleitung {f}: ጥሪ ማስተላለፊያ: call diversion
Anrufwiederholung {f}: ድጋሚ ጥሪ: call repetition
Anrufzeit {f}: ጥሪ ወቅት: call time
Ansage {f}: ማስታወቂያ: announcer, telecaster
ansammeln: ሰበሰበ: accumulate
ansammelnd: አጋባሽ/ አጋብሶ: collecting, aggregating, amassing
Ansammlung {f}: ክምችት፣ ክምር፣ ስብስብ: accumulativeness, package
ansässig, beheimatet: ተቀማጭ፣ ኗሪ: domiciled, resident
Ansatz {m}: አቀራረብ: basic approach, rudiment
Ansätze {pl}:: rudiments
Ansatzpunkt {m}: መነሻ ነጥብ: starting point
Ansatzpunkte {pl} :: starting points
ansaugen: መጠጠ: suck in
ansaugend: መጣጪ/ ስቦ: sucking in
Ansaugsystem {n}: መምጠጫ: suction system
anschaffen: ሸጠ: to purchase
Anschaffung {f}: ግዥ/ ሸያጭ፣ሸርሙጥና: purchase
Anschaffungskosten {pl}: የደምበኛነት ዋጋ: acquisition cost, aboriginal cost, asset cost
Anschaffungspreis {m}: የሽያጭ ዋጋ: cost price
Anschaffungspreise {pl}:: cost prices
Anschaffungswert {m}: የግዥ ዋጋ: cost value
anschalten, einschalten: አበራ፣ ዘወረ: switch on, turn on
Anschaltung {f}: መብሪያና ማጥፊያ: power-on
anschaulich: ተጨባጭ: graphic, clear
Anschaulichkeit {f}: ግልጽነት: clearness
Anschauungsmaterial {n}: ማስታወቂያ: illustrative material
Anschauungsunterricht {m}: የሙከራ ትምህርት: object-lesson, visual instruction
Anschauungsweise {f}: ሙከራ: point of view
Anschein {m}: እይታ: አምሳያ: appearance, seem, semblance, semblances
anscheinend, scheinbar: ተምሳሌ: ለምሳሌ: seeming, apparent, seemingly
anschichten: ደራረበ: pile up
anschichten: ካበ: piling up
anschichtend: ካቢ/ ክቦ: piling up
anschicken: አዘጋጀ: prepare for
anschickend: አዘጋጂ/ አዘጋጅቶ: preparing for
Anschlag {m}: ግጭት፣ ዱላ፣ ብትር: strike
Anschlagbrett {n}: ብላክ ቦርድ: billboard, notice board
Anschlagbretter {pl} :: billboards
anschlagen: አስቀመጠ፣ መታ: put up
anschlagend: ዱለ:/ ድብድቦ: striking
Anschlaghammer {m}: መዶሻ: striking hammer
Anschlagsäule {f}: ማሳተዋወቂያ: advertising pillar
Anschlagtafel {f}: ብላክ ቦርድ: billboard
Anschlagtafeln {pl} :: billboards
Anschlagzettel {m}: ዶሴ: placard
anschließen, (Schaltung): ቆለፈ፣ ተከተለ: hook-up, connect
anschließend, folgend: ቀጥሎ፣ በመጨረሻ: following
Anschluß {m}(Tel.), Beendigung, Verbindung: መሰኪያ: connector, connection, termination
Anschlußauftrag {m}: ስምምነት: add on sale
Anschlußdose {f}: መሰኪያ: junction box
Anschlußgerät {n}: አገናኝ ማሽን: attach device
Anschlußkabel {n}: አገናኝ ገመድ: connection cable
Anschlußrohr {n}: አገናኝ ቱቦ : connection pipe
Anschlußstecker {m}, Stecker: መሰኪያ: plug, connector socket
anschnallen: ቀነተ: to buckle on
anschnallend: ታጣቂ/ ታጥቆ: strapping
anschneiden: ቆረጠ፣ ቀነጠበ: to cut
Anschnitt {m}: ቁራጭ: first cut
Anschnitte {pl} :: first cuts
anschrauben: ምስማር መታ: to screw on
anschraubend: አናጺ/ አንጾ: screwing on
anschreien: ጮኸ: to shout at
anschreiend: ለፍላፊ/ ለፍልፎ: shouting at
Anschrift {f}: አድራሻ: address
anschwärzen, verleumden: ወነጀለ: calumniate, blacker
anschwärzend: ከሳሽ/ ወንጅሎ: calumniating
Anschwärzung {f}: ወንጀል: denigration
Anschwärzungen {pl} :: denigrations
anschweissen: በየደ: weld on
anschweissend: በያጅ/ በይዶ: welding on
anschwemmen: ዋኘ ፣ ቀዘፈ: wash ashore
anschwemmend: ዋኝ/ ዋኝቶ: washing ashore
anschwindeln: ዋሸ: tell a lie
Ansehen {n}: ግምት: credit, esteem, renown, reputation

ansehen: አተኮረ: look at
ansehend, bezüglich: በተመለከተ: regarding
ansehnlich: ደህና: good looking, personable, respectable, respectably
Ansehnlichkeit {f}: እይታ: sightliness
anseilen: ጠነጠነ: rope up
anseilend: አጠንጣኝ/ ጠንጥኖ: roping up
Ansicht {f}: እይታ: view
Ansiedler {m, pl}: ሰፋሪ: settler, settlers
anspannen, verspannen: ተዝናና: brace
anspannend: ማራኪ/ ስቦ: bracing, straining
anspannend: አስገራሚ: tensing
Anspannung {f}: ልዩነት: strain
Anspannungen {pl} :: strains
Ansprechzeit {f}: የመገኛ ሰዓት: pick time
anspielen: አሜወተ: allude, hint at
anspielend: አሜዋች/ አሜውቶ: alluding, insinuating
Anspielung {f}: ጭዋታ: allusion, indirectness, innuendo
Anspielungen {pl} :: allusions
anspitzen, schärfen: ሳለ፣ ሞረደ: sharpen
anspitzend: ሞራጂ/ ሞርዶ: sharpening
Anspitzer {m}: ስለት፣ ሹል: sharpener, sharpeners
anspornen: ገራ፣ አለማመደ: incite, spur
anspornend: ገሪ/ አለማምዶ: encouraging, spuring
Ansprache {f}, Sprache: ንግግር፣ቋንቋ: speech, harangue
Ansprachen {pl}:: speeches
ansprechbar: መልክተ:: addressable, responsive
Ansprechbarkeit {f}: አቀራረብ: responsiveness
ansprechen: አነጋገረ፣ አወያየ: accost, respond, speak to
ansprechend: አነጋጋሪ/ አወያይቶ: accosting, appealing, logging
anspringen: ጀመረ: startup
anspritzen, bespritzen: ከተበ: splash
anspritzend: ከታቢ/ ከትቦ: splashing
Anspruch {m}: ጥያቄ ፣ ይግባኝ: demand, assert a claim, claim, pretension, pretensions
Ansprüche {pl}: ጥያቄ : claims
Ansprucheempfindlichkeit {f}: ኃላፊነት፣ተጠያቂነት: responsiveness
anspruchsberechtigt: ወራሽ: entitled
anspruchslos, bescheiden: ውዳቂ፣ ግሉል: modest, unambitious, unassuming, unassumingly, undemanding, unpretending, unpretendingly, unpretentious
Anspruchsniveau {n}: ግዴታ፣ መብት: aspiration level
Anspruchsregulierung {f}: የጥያቄ ገደብ: adjustment of claims
anspruchsvoll: አስፈላጊ: pretentious, exactingly, fastidious, fastidiously, pretentiously

anstacheln: ወጋ፣ ሰነበጠ: incite to
anstachelnd: ሰንባጭ/ ሱሎ: goosing, inciting to
Anstalt {f}: ኩነት: institution
Anstalten {pl}:: institutions
Anstand {m}: አቋም: decency, policy, decorum, seemliness
anständig: የተለመደ: decent, decorous, decorously
Anständigkeit {f}: ድግግም: reputability
anstarren: መነቸከ: gaze, gaze at, stare
anstarrend: ጨቅጫቃ/ መንችኮ: gazing
anstatt dessen: በ....ፈንታ: instead
anstatt: በ...ፈንታ: instead of
anstechen, (Stecheisen): አስተላለፈ: broach, infect
anstecken: አሰተላለፈ : infect
ansteckend: ተላላፊ: contagious, contagiously
Ansteckung {f}: ትልልፍ: contagion, infection
Ansteckungen {pl} :: contagions, infections
ansteigen: ተነሳ፣ ወጣ: rise, rise (rose, risen)
ansteigend, zunehmend**,** aufwärts: ወደፊት: ተነሺ/ ተነስቶ: upward, increasing
anstelle: በ....ፈንታ: instead
anstellen, verpflichten: ቀጠረ: engage, employ
anstellend, beschäftigend: ሥራ ሰጪ/ ቀጥሮ: employing
Anstellung {f}: ቀጠራ: appointive, probationary employment
Anstellungsbedingung {f}: የቀጠራ ቅድመ ሁኔታ: condition of employment, qualifying test
Anstellungsvertrag {m}: የቀጠራ ውል: employment contract
anstiften: አሰበበ፣ አነሳሳ: abet, instigate, suborn
anstiftend: ቀስቃሽ/ ሰበብ ሁኖ: abetting, instigating
Anstifter {m}: አነሳሽ: abettor, agitator, fomenter, instigator, suborner, agitators
Anstiftung {f}: ተቋም፣ ድርጅት: instigation, subornation
Anstiftungen {pl} :: subornations
anstimmen: አስመረጠ: intone
anstimmend: አስመራጭ/ አስመርጦ: intoning
Anstoß {m}, Auftrieb: ሰበብ: ልኮሳ: impetus, initiation, impulse, impulsion, umbrage
Anstoß nehmen an: አጠቃ: to take offence at
anstossen: አጋጨ: nudge
anstößig: አስደንጋጭ: shocking, obnoxious, obnoxiously, objectionably
Anstößigkeit {f}: ተጨባጭነት: objectionability, obnoxiousness
Anstößigkeiten {pl} :: objectionableness
anstrahlen, beleuchten: አበራ፣ አንጸባረቀ: illuminate, spotlight
anstrahlend, deutend: አንጸባራቂ/ አፍልቆ: illuminating, spotlighting
anstreben: ጓጓ፣ ተጣጣረ: aspire, aspire to
anstreichen, malen: ቀባ: paint
Anstreicher {m}: ቀለም ቀቢ: house painter

anstrengen: ታከተ: strain
anstrengend: አድካሚ: ታካች/ ደከሞ: strenuous, arduous, arduously, straining, strenuously
Anstrengung {f}, Mühe, Versuch: ጥረት፣ ልፋት: effort, strenuousness
Anstrengungen {pl} :: efforts
Anstrich {m}: ማረጋገጫ: coating
Ansturm {m}: ወረራ: onrush
ansuchen: ሞከረ: apply for
Antarktis {f}: ክፍለ ዓለም ስም: anarctica, antarctic
Anteil {m}, Proportion, Beteiligung: ድርሻ: ወለድ: ኃላፊነት: stake, proportion, interest, allotment, quota, share
Anteilnahme {f}, Sympathie: ተካፋይነት: sympathy
Anteilschein {m}: ሰርተፍኬት certificate, share certificate
Antenne {f}: አንቴ ና: aerial, antenna
Antennen {pl} :: antennae, antennas
Anthropologe {m}: ሥነ ፍጥረት አጥኚ: anthropologist
Anthropologie {f}, Menschenkunde: ሥነ ፍጥረት ጥናት: anthropology
anthropologisch: ሥነ ፍጥረታዊ: anthropological, anthropologically
anti: ኢ...፣ ፀረ ...፣ ...አልባ: anti
Antialkoholiker {m}: ፀረ አልኮል/ አልባ: teetotaler
Antialkoholikerin/nen {f/pl}, Antialkoholiker:: teetotalers
Antibiotikum {n}: ክኒና: antibiotic
Antibiotika {pl}:: antibiotics
antik: አሮጌ: antique, antiquely
Antilope {f}: ሰሳ፣ ሳሽ: antelope
antimagnetisch: ፀረ ማግኔት: antiferromagnetic
Antipathie {f}: ፍላጎት/ ስሜት አልባነት: antipathy
Antipathien {pl} :: antipathies
antipod: የዞረበት፣ እብድ: antipode
Antiquar {m}: ቅርስ ሰብሳቢ: antique dealer
Antiquariat {n}: አሮጌ መጻሕፍት መሸጫ፣ ልዋጭ: second hand bookshop, second hand bookshops
antiquarisch, alt: አሮጌ: antiquarian
Antiquität {f}: ቅርሳ ቅርስ: antique, antiquity
Antiquitäten {pl}:: antiques, antiquities
Antiquitätengeschäft {n}: የቅርሳቅርስ ሱቅ: antique shop
antiseptisch: ፀረ ሕዋሳት: antiseptic
Antlitz {n}: ገጽታ፣ ላህይ: countenance
Antlitze {pl}:: countenances
Antrag {m}, Angebot: አቅራቦት: offer, motion, proposal
Antragsformular {n}: የመመዝገቢያ ቅጽ: applications form
Antragsformulare {pl}:: applications forms
Antragsteller {m, pl}, Bewerber: ተመዝጋቢ: claimant, enrollee, applicants
antreiben: ነዳ፣ አራወጠ: drive, goad, impel
antreibend: ገፋፊ/ አነሳሽ: actuating, driving on, energizing, goading, impelling
antreten, (Bericht): ዘገበ: report
antretend: ዘጋቢ/ ዘግቦ: reporting
Antrieb {m}: ስሜት፣ ፍላጎት: drive, actuation, impellent, impulsion, incentive, prompting, propulsion
Antriebe {pl} :: drives, impulsions
Antritt {m}: መግቢያ: entrance upon
Antritte {pl} :: entrances upon
Antrittsrede {f}: መተዋወቂያ: inaugural, inaugural address
Antrittsreden {pl} :: inaugural addresses
Antwort {f}, Lösung: መፍትሄ: answer
Antwort {f}, Reaktion: መልስ: response, answer, reply, replying, response
Antworten {pl} :: responses
antworten, beantworten, reagieren: መለሰ: respond, reply, to answer
antwortend: መላሽ/ መልሶ: answering
Antwortzustand {m}: የመልስ ይዞታ: answer state
anullieren: ፋቀ፣ ደመሰሰ: undo, annul
anvertrauen, vertrauen: አማከረ፣ አመነ: confide, commit, entrust, intrust
anvertrauend, vertrauensvoll: በእምነት: አማካሪ/ አማክሮ: confiding, entrusting, intrusting
anvertraut: ተመካሪ/ ተመክሮ: confided
anwachsen: ጨመረ፣ አደገ: increase
Anwalt {m}: ጠበቃ: advocate, attorney, lawyer, procurator
Anwälte {pl}, (Anwalt): ጠበቆች: attorneys, lawyers
Anwaltschaft {f}: ጠበቃነት: attorneyship
Anwaltskammer {f}: የጠበቆች ማኅበር: barassociation
Anwärter {m}: ተጠቋሚ: aspirant, candidate, aspirant
Anwärter {pl}:: candidates, aspirants
Anweisung {f}, Unterricht: መመሪያ: instruction, directive, instructing, statement
Anweisung {f}: መመሪያ: assignation
Anweisungen {pl}:: assignations
anwendbar: ተገባሪ፣ ኋኝ: adaptable, applicable, applicably
Anwendbarkeit {f}: ተፈጻሚነት: applicability, applicableness, practicalness
anwenden (auf): ተጠቀመ: አደረገ: ተገበበረ: utilize, to apply (to), employ
anwendend: ተጠቃሚ/ አድርጎ: using, applying
Anwender {m}: አድራጊ: handler, operator, user, users
Anwendung {f}, Verwendung {f}: ሂደት: application
Anwendungen {pl} :: uses
Anwendungsfehler {m}: የተግባር ስተት: application error

Anwendungsfunktion {f}: **የተግባር ሂደት**: application function
Anwendungsgebiet {n}: **የድርጊት አካባቢ**: areas of application
Anwendungsprogramm {m}: **የድርጊት መርሀ**: application program
Anwendungsverarbeitung {f}: **መርሀ ድርጊት**: application processing
Anwerbung {f}: **ጥያቄ** : enrolment
Anwerbungen {pl} :: enrolments
anwerfen: **አቀደ**: actuate
anwesend bei: **ተገኘ**: present at
anwesend: **ግኙ**: aboard
Anwesende {m, f}: **ተካፋይ**: attendee, attendees
Anwesenheit {f}: **ግኝት፤አቴ ንዳንስ**: attendance, presence
Anwesenheitsbeleg {m}: **ስም መቆጣጠሪያ**: attendance sheet, attendance list
Anwesenheitslisten {pl} :: attendance lists
Anwesenheitszeit {f}: **መገኛ ሰዓት**: attendance time
Anzahl {f}: **ቁጥር**: number
anzahlen: **ከፈለ**: pay on account
anzahlend: **ከፋይ/ ከፍሎ**: paying on account
Anzahlung {f}: **ቅድመ ክፍያ**: prepayment, commission
Anzahlungen {pl}:: deposits
Anzahlungsgarantie {f}: **ቅድመ ክፍያ**: advance guaranty
Anzeige {f}, Reklame: **ማስታወቂያ**: advertisement, display, dump, indexing, indication, indicator, notification
Anzeige {f}: **ማንጸባረቂያ**: display
Anzeigen {pl}: **ማስታወቂያዎች**: notifications
anzeigen: **አሳየ**: **አመለከተ**: see, indicate, notify, advertise
Anzeigenannahme {f}: **ማስተዋወቂያ ዘጋቢ**: advertising office
Anzeigenannahmebüro {n}: **ማስተዋወቂያ ቢሮ**: advertising bureau
Anzeigenblatt {n}: **ጋዜጣ**: advertising paper
Anzeigenblatt {n}: **ማስተዋወቂያ ጽሑፍ**: advertising journal
Anzeigenbüro {n}: **የማስተዋወቂያ ድርጅት**: advertising agency
Anzeigenbüros {pl} :: advertising agencies
anzeigend, signalisierend, signalisierende: **አመልካች/ ዘግቦ**: signaling, indicating
anzeigend: **በእርግጥ፤ እውነት**: indicative, indicatively
Anzeigenkunde {m}: **የማስተዋወቂያ ደምበኛ**: advertising customer
Anzeigenplazierungen {pl}:: advertisementpositioning
Anzeigenspalte {f}: **የማስታወቂያ አምድ**: advertisement column
Anzeigentext {m}: **ማሰተዋወቂያ**: advertising copy
Anzeigenvertrag {m}: **የማስተዋወቂያ ስምምነት**: advertising contract
Anzeigenvertreter {m}, Anzeigenagentur: **የማስተዋወቂያ ወኪል**: ad agent, advertising representative
Anzeiger {m}: **አመልካች**: **ጠቋሚ**: detector, indicator
Anzeiger {pl} :: indicators
anziehbar: **ተሳቢ**: attractable
Anziehbarkeit {f}: **ውበት**: attractability
anziehen: **ሳበ፤ ማረከ፤ ሳበ**: **ለበሰ**: **አጠለቀ**: attract, to dress
anziehend: **ሳቢ/ ስቦ**: **ማራኪ**: attracting, attractively
Anziehungskraft {f}, Attraktion: **ስበት**: attraction
Anziehungskraft {f}: **ግራቪቲ**: gravity
Anziehungspunkt {m}, Attraktion: **ውበት፤ስበት**: attraction
Anziehungspunkte {pl}, Attraktionen:: attractions
Anzug {m}: **ሙሉ ልብስ**: suit
Anzüge {pl}, (Anzug): **ኮትና ሱሪ**: suits
anzüglich: **የግድ**: offensive
Anzüglichkeit {f}: **ግዴታ**: offensiveness
anzünden: **ለኮሰ**: kindle, to set fire to
anzweifeln: **ተጠራጣረ**: doubt
anzweifelnd: **ተጠራጣሪ**: doubting
Apathie {f}: **ግደቢስነት**: apathy
apathisch: **ግዴለሽ**: apathetic, apathetically
Apfel {m}: **ፍራፍሬ**: apple
Äpfel {pl}, (Apfel) : **ፍራፍሬ**: apples
Apfelbaum {m}: **የፍራፍሬ ዛፍ**: apple tree
Apfelbäume {pl} :: apple trees
Apfelsaft {m}: **ጭማቂ፤ጁስ**: apple juice, cider
Apfelwein {m}: **ወይን**: cider
Apokalypse {f}: **ዕለተ ምፃት፤ ራዕይ**: apocalypse
Apokalypsen {pl} :: apocalypses
apokalyptisch: **ታመራዊ**: apocalyptic
apolitisch: **ኢ-ፖለቲካዊ**: apolitically
Apostel {m}: **ሐዋርያ**: apostle
apostolisch: **ሐዋርያዊ**: apostolic, apostolical, apostolically
Apostroph {m}: **ትእምርተ ጥቅስ**: single quotation mark
Apostroph {m}: **ሰረዝ**: apostrophe
Apotheke {f}: **ክሊኒክ፤ ፋርማሲ**: drugstore, pharmacy
Apotheken {pl} :: dispensaries, pharmacies
Apotheker {m, pl}: **ፋርማሲስት**: apothecaries, druggist
Apothekerin/nen {f/pl}: **ፋርማሲስት**: druggists
Apparat {m}: **ቴ ሌፎን**: apparatus
Apparate {f, pl}: **መሣሪያ**: instruments, gadgets
Apparatur {f}: **መሣሪያ**: equipment
Appartement {n}, Etagenwohnung: **ቪላ**: apartment, flat
Appartements {pl} :: flats
Appell {m}: **ጥሪ**: roll call
appellieren: **ጠራ፤ ጥሪ አቀረበ**: appeal

appellierend: ጠሪ/ ጠርቶ: appealing to
Appetit {m}: ፍላጎት: appetite
Appetitanreger {m}: መድኃኒት: appetizer, appetizers
appetitlich, köstlich: ጣፋጭ: delicious, appetizing
applaudieren, klatschen: አጨበጨበ: applaud
applaudierend: አጨብጫቢ/ አጨብጭቦ: applauding
Applaus {m}, Beifall: ጭብጫቦ: applause
applizieren: አቀረበ፤ ሰጠ: applique
applizierend: አቅራቢ/ አቅርቦ: appliqueing
Aprikose {f}: የፍሬ ዓይነት: apricot
Aprikosen {pl} :: apricots
April {m}: ሚያዝያ: april
Aprilscherz {m}: ቀልድ፤ ኩመካ: april fool hoax
Aquamarin {m}: ውሐ: aquamarine
Aquarell {n}: ውሐ ቀለም: water colour
Aquarelle {pl} :: water colours
Aquarium {n}: ግድብ: aquarium
Äquator {m}: የምድር ወገብ: equator
äquatorial: ሰቃዊ: equatorial
Äquivalenz {f}: እኩል: equivalence
Araber {m, pl}: አራብ: arab, arabs
arabisch: አራብኛ: arabian, arabic
Arbeit {f}, Auftrag, Beruf: ተግባር: ሥራ: job, chore, labor, labour, work
Arbeiten {pl} :: workings
arbeiten, (Arbeit), funktionieren: ሠራ: work
arbeitend: ሠሪ/ ሠርቶ: working, laboring
Arbeiter {m, pl}: ሠራተኛ: jobber, worker, jobbers, workers
Arbeiterpartei {f}: ሠራተኛ ፓርቲ: labour party
Arbeitgeber {m, pl}: አዛዥ: ሥራ ሰጭ: employer, taskmaster, employers
arbeitslos: ሥራ አልባ: jobless
Arbeitlosenunterstützung {f}: የሥራ አጥ ርዳታ: dole
Arbeitnehmer {m}, Angestellte: ተቀጣሪ: employee
Arbeitsablauf {m}: የሥራ ሰዓት: operation, cycle
arbeitsam, fleißig: ታታሪ: industrious
Arbeitsamt {n}: ሥራና ማኅበራዊ ጉዳይ: labourexchange
Arbeitsanzug {m}: የሥራ ልብስ: dungaree, work clothing
Arbeitsbedingung {f}: የሥራ ሁኔታ: working condition
Arbeitsbereich {m}: የሥራ አካባቢ: area of operations
Arbeitsbeschaffung {f}: ሥራ አስገኝ: provision of work
Arbeitsbescheinigung {f}: የሠራተኛነት መታወቂያ: certificate of employment
Arbeitsbescheinigungen {pl} :: certificatesof employment
Arbeitsblatt {n}: ማስታወቂያ: worksheet
Arbeitsfähigkeit {f}: የመሥራት ችሎታ: employability, workableness
Arbeitsfähigkeiten {pl} :: workablenesses
Arbeitsfeld {n}: የሥራ ቦታ: field of work
Arbeitsfelder {pl} :: fields of work
arbeitsfreudig: ታታሪ: eager to work
Arbeitsgang {m}: ተግባር: operation
Arbeitsgericht {n}: የሠራተኛ ፍርድ ቤት: labour court
Arbeitshaus {n}: ቢሮ: workhouse
Arbeitsheft {n}: ደብተር: workbook
Arbeitshefte {pl} :: workbooks
Arbeitskleidung {f}: የሥራ ልብስ: work clothes
Arbeitskollege {m}: ጓድ: teammate
Arbeitskräfte {pl} :: manpower
Arbeitslager {n}: ግዳጅ: labour camp
arbeitslos: ቦዘኔ: ሥራአጥ: out of work, unemployed
Arbeitslose {m}: ሥራአጥ: nonworker
Arbeitslosenversicherung {f}: የሥራ አጥ ኢንሹራንስ: unemployment insurance
Arbeitslosenversicherungen {pl} :: unemployment insurances
Arbeitslosigkeit {f}: ሥራአጥነት: inoccupation, joblessness, unemployment
Arbeitslosigkeiten {pl} :: unemployments
Arbeitsmann {m}: ሠራተኛ: laboring man, workingman
Arbeitsmoral {f}: የሥራ ሞራል: working morale
Arbeitspause {f}: ዕረፍት: break
Arbeitsplatte {f}: የሥራ ቦታ/ ጠረጴዛ; work disk
Arbeitsplatz {m}: የሥራ ቦታ: employment, workplace, workstation
Arbeitspotential {n}: የሥራ ኃይል: man-power
Arbeitsraum {m}: የሥራ ክፍል: workspace
Arbeitsräume {pl} :: workspaces
Arbeitsrecht {n}: የሥራ መብት: labour legislation
Arbeitsregister {n}: የሥራ ዝርዝር: working register
arbeitsscheu: ሰነፍ: aversion to work
Arbeitsschicht {f}: የሥራ ወረፋ: tour
Arbeitsstunde {f}: የሥራ ሰዓት: man-hour, working hour
Arbeitstag {m}, Werktag: የሥራ ቀን: workday
Arbeitstage {pl} :: workdays
Arbeitsteilung {f}: የሥራ ክፍፍል: division of labour
Arbeitsteilungen {pl} :: divisions of labour
Arbeitstier {n}: የሥራ ሱሰኛ: plodder, slogger
Arbeitstiere {pl} :: sloggers
Arbeitstisch {m}: የሥራ ጠረጴዛ: workbench, worktable
Arbeitstische {pl} :: worktables
Arbeitsumgebung {f}: የሥራ አካባቢ: working environment
arbeitsunfähig: ስንኩል: disabled, incapacitated

Arbeitsunfall {m}: ጉዳት፣አደጋ: industrial accident
Arbeitsvorbereitung {f}: መርሀ ግብር: operationsscheduling, work scheduling
Arbeitsweise {f}: ድርጊት: functioning
Arbeitszeit {f}: የሥራ ሰዓት: working time
Arbeitszimmer {n, pl}: የሥራ ክፍል: study, workroom, workrooms
Arbeitszuteilung {f}: የሥራ ድርሻ: assignment of activities
Archäologe {m}: አርኪኦሎጅስት: archeologist
Archäologie {f}: አርኪኦሎጂ: archeology
archäologisch: አርኬኦሎጂካዊ: archaeological
Architekt {m}: ግምበኛ: architect
Architektur {f}: ግምበኘነት: architecture
Archiv {n}: ዶሴ: archives {pl}
archivalisch: መዝገባዊ: archival
Archivar {m}: ዕቃቤት: archivist
archivieren: አስቀመጠ፣ ሰበሰበ: archive
Archivnummer {f}: ዶሴ ቁጥር: archive number
Arena {f}: አውድማ: arena
Ärger {m}: ብስጭት: anger, chagrin, dander, irritation, resentment, vexation
Ärger {m}, Sorge: ኃዘን: worry
ärgerlich: አበሳጭ፣ አስቆጭ: angrily, angry, annoying, exasperating, fretful, fretfully, galling, infuriating, invidious, irksomely, painful, pesky, vexatious, vexatiously, vexing, vexingly, annoyingly, exasperatingly, invidiously, vexedly
Ärgerlichkeit {f}: ንዴት: peskiness
ärgern: አበሳጨ፣ አስቆጣ፣ ተበሳጨ: bother, exasperate, irritate, peeve, rile, spite, worry
ärgernd: ተናዳጅ/ ተናዶ: chagrining, fretting, galling, huffing, irritating, nettling, peeving, riling, spiting
Ärgernis {n}: ንዴት: nuisance
Ärgernisse {pl}:: nuisances
Arglist {f}: ብስጭት: malice
arglistig: ቀልበቢስ: guileful, guilefully
arglos: ደንታቢስ: unsuspecting, unsuspectingly, unsuspicious, unsuspiciously
Arglosigkeit {f}: ቶሎ፣ ግልጽ: artlessness, guilelessness, innocence
Argument {n}: ስምምነት: argument
Argumente {pl} :: arguments
argumentierend: ተስማሚ/ ተስማምቶ: arguing
Argwohn {m}: ጥርጣሬ: suspicion
Argwohn {m}: ምዝበራ: distrustfulness
Aristokrat {m}: መሬት ከበርቴ : aristocrat
Aristokratie {f}: ባላባትነት: aristocracy
aristokratisch: ባላባታዊ: aristocratic, aristocratically
Arithmetik {f}: የሒሳብ ዓይነት: arithmetic
arithmetisch: አርቲሜቲካዊ: arithmetic, arithmetical
Arktis {f}: ንፍቀ ዓለም: arctic
arktisch: ደቡባዊ: arctic

Arm {m}: ክንድ፣ ቅርንጫፍ: arm
arm gemacht: የተዘረፈ: pauperized
arm, armselig: ድሀ፣ምስኪን: poor, beggarly, indigent, indigently, needy, poorly
Armatur {f}: መልኀቅ: armature
Armatur {f}: ማጣበቂያ: fittings {pl}
Armband {n}: አምባር: bracelet, wristband
Armbänder {pl} :: bracelets, wristbands
Armbanduhr {f}: የእጅ ሰዓት: wristwatch
Arme {m, f}: ድውያን: poor man (woman)
Arme {pl} :: arms
Armee {f}, Heer: አርሜ: army
Armeen {pl}, Heere:: armies
Armen {pl}: ድሆች: the poor
Armenhaus {n}: በጎአድራጎት: poorhouse
ärmer: ድኃ: needier
armselig: ድውይ: paltrily, poor, scrubby
Armseligkeit {f}: ድኀነት: beggarliness, paltriness, poorness
Armut {f}: ድኀነት: poverty, destitution, impecuniousness, pennilessness, poorness
Armutszeugnis {n}: የድኀነት ማስረጃ: evidence of incapacity
Aerobic {f}: ሙጫ: aerobic
Aerodynamik {f}: ማእበል: aerodynamics
aerodynamisch: ኃያል: aerodynamic
Aroma {n}: ቅመማቅመም: aroma, flavor, flavour
aromatisch: ቀስቃሽ: aromatic
Aromen {pl} :: flavors
arrangieren: አስማማ: arranging
arrangierend: አስማሚ/ አስማምቶ: arranging
arrangiert: ተስማሚ/ ተስማምቶ: arranged
Arrest {m}: እስራት: detention
arretieren: ሰነገለ: lock, arrest, stop
arretierend: አሳሪ/ ፈንድሎ: arresting
Arroganz {f}: ግትርነት: arrogance
Arsch {m}: ቂጥ: arse, ass
Arschloch {n}: አር: arsehole, asshole
Arsenal {n}, Waffenfabrik: ጦር መጣሪያ: arsenal
Arsenale {pl} :: arsenals
arsenhaltig: መርዛማ: arsenical
Art {f}, Gattung: ዓይነት፣ ጠባይ: kind,: sort
Art {f}, Verhalten : ጠባይ፣ ዘዴ: manner, type
Art {f}: ሞድ፣ ዓይነት: fashion, fits, species
Art und Weise, Weg: ዘዴ፣ መንገድ: ጠባይ: wise, way, manner
Arten {pl}:: types
Arterie {f}: አርተሪ: artery
Arterien {pl} :: arteries
artig: ደጎና: good, bravely
Artikel {m, pl}: ጽሑፍ: article, articles
Artikulation {f}: ገለጻ፣ መዘርዝር: articulation
artikulieren, artikuliere: ገላጸ፣ አስረዳ: articulate
artikulierend: ገላጭ/ ገልጦ: articulating
artikuliert: ተገላጭ/ ገተገልጦ: articulated
Artillerie {f}: የደም ቧንቧ : artillery

Artillerien {pl} :: artilleries
Artist {m}: ጠቢብ: artist
Artisten {pl} :: artists
Arznei {f}: መድኃኒት: medicine
Arzneimittel {n, pl}: መድኃኒት: drug, drugs
Arzt {m}, Mediziner: ሐኪም: physician
Arzt {m}: ዶክተር: doctor
ärztlich: ህክምናዊ: medically
As {n}: ድማ: ace
Asbest {n}: አስቤስት: asbestos
Asche {f}: ሬሳ፣ ጥምብ፣ አመድ: ash, cinder, ember
Aschenbecher {m, pl}: መተርኮሻ: ash-tray, ashtrays
Aschermittwoch {m}: ጥምብ አንሳ ረቡዕ: ash wednesday
aschig: አመዳማ: ጥቅርሻማ: ashy
Asiat {m}: እሳያዊ: asian
Asiaten {pl} :: asians
asiatisch: የእስያ፣ እስያዊ: asiatic
Askese {f}: ምንኩስና: asceticism
Asketen {pl} :: ascetics
asketisch: ምናኔ: ascetic, ascetical, ascetically
asozial: ዘላን: anti social
Aspekt {m}: ገጽታ: aspect
Aspekte {pl} :: aspects
Asphalt {m}: አስፋልት: asphalt
aspirieren: ተመኘ፣ ተስፋ አደረገ: aspirate
Aspirin {n}: አስፐሪን: aspirin
Assembler {m}: አባል፣ስብሰባ: assembler, assembly
Assemblerprotokoll {n}: የተካፋይ ስም ዝርዝር: assembly listing
Assistent {m}, Mitarbeiter: ረዳት: assistant
Assistenten {pl}, Mitarbeiter:: assistants
Assistenzarzt {m}: ረዳት ሐኪም: assistant doctor
Assistenzärzte {pl} :: assistant doctors
assistieren, helfen: አገዘ፣ ረዳ: assisting
assistierend: አጋዢ/ አግዥ: assisting
Assoziationsvertrag {m}: ማኅበራዊ ውል: association treaty
assoziativ, inhaltsorientiert: ማኅበራዊ: associative, associatively
Ast {m}: ሥር፣ ቅርንጫፍ: bough
astabil, unstabil: ተናዋጭ: astable, astable
Aster {f}: የዛፍ ዓይነት: aster
Astern {pl} :: asters
Asteroid {m}: የኮከብ ስብባሪ: asteroid
Asteroiden {pl} :: asteroids
Ästhetik {f}: ሥን፣ ላህይ: aesthetic, aesthetics
ästhetisch: ሥናዊ: aesthetic, aesthetical, esthetically
Asthma {n}: ቃር፣ ጉነፋን: asthma
asthmatisch: የሳል፣ ጉንፋናዊ: asthmatic, asthmatical
Astrologe {m}, Sterndeuter: ኮከብ ቆጣሪ፣ጠንቋይ: astrologer
Astrologen {pl}:: astrologers
Astrologie {f}: የከዋክብት ጥናት: astrology
astrologisch: ጥንቆላዊ: astrologic, astrological, astrologically
Astronaut {m}: ጠፈርተኛ: astronaut
Astronauten {pl} :: astronauts
Astronom {m}: ጠፈርተኛ: astronomer
Astronomen {pl} :: astronomers
Astronomie {f}, Sternkunde {f}: የሕዋ ጥናት: astronomy
astronomisch: ከፍተኛ: astronomic, astronomical, astronomically
Asyl {n}: ስደት: asylum
Asylrecht {n}: የስደተኛ መብት: right of asylum
Asylrechte {pl} :: rights of asylum
asymmetrisch, unsymmetrisch, ungleichförmig: ዝግዛግ፣ ወጣ ገብ: asymmetric
asynchron: የተለያየ፣ ኢተመሳሳይ: asynchronous, asynchronus
Aszendent {m}: ዘር፣ ትውልድ: ascendent
Aszendenten {pl} :: ascendents
Atem {m}, Atemzug: ትንፋሽ: breath
Atemloch {n}: መተንፈሻ ቀዳዳ: spiracle
Atemlöcher {pl} :: spiracles
atemlos: ትንፋሽ አልባ: breathless, out of breath, breathlessly
Atemlosigkeit {f}: ትንፋሽአልባነት: breathlessness
Atempause {f}: ጸጥታ: breathing time
Atempausen {pl} :: breathing times
Atemzüge {f}, (Atemzug): ትንፈሳ: breaths
Atheist {m}: ከሃዲ፣እምነትአልባ: atheist
Atheisten {pl} :: atheists
atheistisch: ከሃዲ፣ ክህደታዊ: atheistic, atheistical, atheistically
Athlet {m}, Sportler: ሯጭ፣አትሌት: athlete
Athleten {pl}:: athletes
Athletik {f}: ሩጫ: athleticism
athletisch: ሩጫዊ: athletic, athletically
Atlant {m}: ካርታ: atlas
Atlanten {pl} :: atlases
atlantisch: ውቅያኖሳዊ: atlantic
Atlas {m}: ካርታ: atlas
atmen: ተነፈሰ: breathe, respire
Atmosphäre {f}: ሁኔታ: ambience
Atmosphäre {f}: ከባቢ ዓየር: atmosphere
Atmosphären {pl} :: atmospheres
atmosphärisch: ሁኔታዊ: atmospheric
Atmung {f}: ማስተንፈሻ: respiration
Atmungen {pl} :: respirations
Atom {n}: አቶም: atom
Atombombe {f}: ያቶም ቦምብ: atomic bomb
Atombomben {pl} :: atomic bombs
Atome {pl}: ቅንጣት ኢለመንት: atoms
Atomenergie {f}: ያቶም ኃይል: atomic energy
Atomforscher {m}: ያቶም ተመራማሪ: nuclear scientist
Atomforschung {f}: ያቶም ምርምር: atomic research
atomfrei: ካቶም ነፃ: nonnuclear
Atomkraftwerk {n}: ያቶም ፊብሪካ: nuclearpower station

Atommüll {m}: ያቶም ቆሻሻ: atomic waste
Atomwaffe {f}: ያቶም መሣሪያ: nuclear weapon
Atomwaffen {pl} :: weapons
Atribut {n}: ቀረጥ: attribute
Attentäter {m}, Mörder: ገዳይ: assassin
Attentäter {pl}:: assassins
Attest {n}: ያኪም መረጃ: certificate
Atteste {pl}, Bescheinigungen:: certificates
Attraktion {f}: ለዛ: attraction
attraktiv: ውብ: attractive
Attrappe {f}: ድርድር፤ ክምር: dummy
Attrappen {pl} :: dummies
Attribut {n}: ቅጥል/ያ: attribute
Attribute {pl} :: attributes
Attributkennzeichen {n}: የቅጥል መለዮ: attribute identifier
Attributmodifikation {f}: የቅጥል ለውጥ: attribute modification
Attributverwendung {f}: የቅጥል አግባብ/ አጠቃቀም: attribute use
Attributzeichen {n}: የቅጥል ምልክት: attribute sign
ätzen: ፋቀ: etch, cauterize
auch immer: ሁሌ: soever
auch wenn: እና ከ/ በ ..: even if
auch, ausserdem, ferner: እነሆ፤ እና: also, as well, too
Audienz {f} (bei): አደባባይ: audience (with)
Audiogerät {n}: መቅጃ መሣሪያ: audio equipment
Audiogeräte {pl}:: audio equipment
Audiokassette {f}: መቅጃ ካሴት: cassette
auf: .በ/ ከ...ላይ፤ለ..: at
auf alle Fälle: በእርግጥ: at all events
auf der Stelle: ከዚያው: right away
auf einmal: ባንዴ: at once
auf Englisch: በእንግሊዝኛ: in English
Auf Ihr Wohl! Auf Ihre Gesundheit!: ለጤናዎ!: Here's to you! Here's to you!
auf jeden Fall: የግድ፤ ያም ይሁንይህ: at all events
auf keinen Fall: በፍጹም: by no means
auf meine Kosten: በእኔ ወጭ: at my cost
auf und ab, hin und her : ወዲያና ወዲህ: back and forth
auf und ab: ወደላይ እና ወደታች: up and down
auf und ab: ወደፊት እና ወደኋላ: back and forth
auf Wiedersehen!: በሰላም ያገናኘን!: see you again!
auf Wiedersehen: ቻው!: goodbye
auf, hinauf, aufwärts, oben: ከ...ላይ: up
auf, hinaus: በላይ: onto
auf, oben, aufwärts, hinauf, hoch: ከ..: up
aufarbeiten: ሠራ፤ አደረገ: to work off
aufatmen: አረፈ፤ ተነፈሰ: breathe again
aufatmen: አየር አስወጣ: respire
Aufbau {m}: ሥራ፤ግንባታ: structure
aufbauen: ሠራ፤ ገነባ: build, establish
aufbauschen, übertreiben: አጋነነ: exaggerate
aufbauschend: አጋናኝ/ አሞካሺቂ: exaggerating
Aufbereiten {n}: ዝግጅት: editing
aufbereiten: አዘጋጀ: grab
aufbereitend: አዘጋጅ/ አዘጋጅቶ: preparing
Aufbereitung {f}: ማዘጋጃ፤ ማምረቻ: preparation
aufbessern, verbessern: አሻሻለ: improve
aufbessern: አሻሻለ: improve
aufbessernd, verbessernd: አሻሻዪ/ አሻሽሎ: improving
Aufbesserung {f}: እድሳት: amelioration
aufbewahren: አኖረ፤ ጠበቀ: save
Aufbewahrungsort {m}: ማስቀመጫ: repository
Aufbewahrungsorte {pl} :: repositories
Aufbewahrungszeitraum {m}: መቆታ ጊዜ: retention period
aufbewaren: አኖረ: to store
aufbieten: ጋበዘ፤ ጠራ: to call up
Aufbietung {f}: እንቅስቃሴ: mobilization
aufbinden: ጠቀለለ: turn up
aufblasen: ነፋ፤ እፍፍ አለ: bloat
aufbleiben: ተዘፈዘፈ፤ ተቀመጠ: sit up, stay up
aufblenden: መብራት ቀየረ: to turn up the head lights
aufblinken: መብራት አሳየ: to flash
aufblitzen, blinken: አፈለቀ: flash
aufblühen, blühen: አበበ: flourish
aufbrauchen, verbrauchen: ተጠቀመ፤ ጨረሰ: consume, to use up
aufbrechen: አገበ፤ ተነሳ: break open, decamp, sally, to start for
Aufbruch {m}: ፍጻሜ: decampment
aufdecken: ፈለገ፤ ገለጠ: expose
aufdrängen: አስገደደ: force on
aufdrängend: አስገድዶ: forcing on
aufdrehen: ጠመዘዘ: untwist
aufdringlich: ባስቸኳይ: importunate
Aufdringlichkeit {f}: አስቸኳይ ግዴታ: importunity, meretriciousness, obtrusiveness, pushiness
Aufdringlichkeiten {pl} :: importunities
aufdrücken: ተጫነ: imprint
aufdrückend, beeindruckend: አሳማኝ/ አሳምኖ: impressing
Aufeinanderfolge {f}: ተራ፤ ወረፋ፤ ውረድ-ተዋረድ: succession, consecutiveness
aufeinanderfolgend: ተከታታይ: consecutive, batched, sequenced, sequent, sequently, successive
aufeinandergeprallt: ተጋጨ/ ተፋጭቶ: collided
aufeinanderprallen, kollidieren: ፈነዳ: collide
aufeinanderprallend: ፈንጂ/ ፈንድቶ: colliding
Aufenthalt {m}: ቆይታ: ፈቃድ: stay, abode, inhabitancy, inhabitation, layover, sojourn, stay

Aufenthaltsgenehmigung {f}: **የመኖሪያ ፈቃድ**: residence permit
Aufenthaltsort {m}, Verbleib {m}: **ቆይታ**: whereabout
Aufenthaltsraum {m}, Gesellschaftsraum: **መጠባበቂያ ክፍል**: lounge
auferlegen, imponieren: **አሳሳበ፣ ኃላፊነት ሰጠ**: impose, enjoin
auferlegend: **ኃላፊነትን ሰጪ/ ሰጥቶ**: imposing
auferlegt: **ተቀጪ/ ተቀጥቶ**: imposed
Auferlegung {f}: **ቅጣት/ ተጠያቂነት**: imposition
Auferlegungen {pl}:: impositions
auferstanden: **ተነሽ/ ተነስቶ**: revived
auferstehen, wiederbeleben: **ተነሳ**: revive
auferstehend: **ተነሺ/ ተነስቶ**: reviving
Auferstehung {f}: **ትንሣኤ**: resurrection
aufessen: **ቃመ**: eat up
aufessend: **ጠልቃጪ/ ጠልቅጦ**: eating up
auffahren, rammen: **ተጋጨ**: drive against
auffahren: **ተንቀሳቀሰ**: start up
auffahrend: **ብስጩ**: irritable
Auffahrt {f}: **መውጫ፣መግቢያ**: driveway
Auffahrten {pl}:: driveways
auffallen: **ማረከ፣ ሳበ**: attract attention, to strike
auffallend: **እንግዳ፣ ልዩ**: blazingly, conspicuous, conspicuously, flamboyantly
auffallend: **ተቃዋሚ/ ተቃውሞ**: striking, flaring
auffällig, deutlich: **ግልጽ**: conspicuous, flashy
auffangen: **አጠመደ፣ያዘ**: catch
auffangend: **አጥማጅ/ አጥምዶ**: catching, intercepting
auffaßbar: **ተጨባጭ**: construable
auffassen, interpretieren: **ተነተነ**: interpreting
auffassend: **ተንታኝ/ ተንትኖ**: interpreting
Auffassung {f}, Plan, Entwurf: **ዕቅድ**: concept
Auffassungsvermögen {n}: **ተሰጦ/ ስጦታ**: intelligence, perceptivity
auffindbar: **ግልጽ፣ ተጨባጭ**: detectable, trackable
auffinden: አሳየ፣ አመለከተ: locate
auffinden: **አገኘ**: find
auffindend: **አግኚ/ አግኝቶ**: finding
auffischen: አወጣ፣ አጠለለ: fish up
auffischend: አጥማጅ/ አውጥቶ: fishing up
aufflammen: **ተንቦገቦገ**: flame up
aufflammend: **ነዳጅ/ ጉኖ**: blazing, flaming up
auffliegen: **በረረ**: leak out
auffliegend: **በራሪ/ በሮ**: leaking out
auffordern: **ጠየቀ፣አሳሰበ**: summon
auffordernd: **ጠያቂ/ አሳስቦ**: asking
Aufforderung {f}: **ግብዣ**: invitation
Aufforderungen {pl} :: requests
aufforsten: ተከለ: afforest, reforest
aufforstend: ተካይ/ ተክሎ: afforesting, reforesting
Aufforstung {f}: **ደን ማልማት**: reforestation
auffressen, verschlingen: **ዋጠ፣ ጠለቀጠ**: devour
auffressend: **አጋባሽ/ ጠልቅጦ**: devouring
Auffrischen {n}: **ሞቅታ**: refreshing
auffrischen, beleben: **አደሰ፣ አነቃቃ**: freshen
auffrischen: **አደሰ፣አዝናና**: refresh, recreate, refresh
auffrischend: **አንቀሳቃሽ/ አድሶ**: refreshing
aufführen: **አከናወነ**: perform
aufführend: **አከናዋኝ/ አድርጎ**: performing
auffüllbar: **ሙሉ**: refillable
auffüllen: **ሞላ**: fill, fill up, refill
auffüllen: **ሞላ፣ቀዳ:** to fill
auffüllend: **ሞይ/ ሞልቶ**: filling up, refilling, replenishing
Auffüllung {f}: **ሙላት፣ አሞላል**: replenishment
Auffüllzeichen {n}: **መሙያ**: pad character
Aufgabe {f}, Ausübung: **ተግባር**: exercise
Aufgabe {f}: **ኃላፊነት**: **የቤት ሥራ**: task, problem
Aufgaben {pl} :: jobs, tasks
Aufgabenerweiterung {f}: **ተጨማሪ ኃላፊነት**: job enlargement
Aufgabenheft {n}: **ደብተር**: copy book
Aufgabenschein {pl}: **ደረሰኝ**: receipt
Aufgabenscheine {pl}:: receipts
aufgearbeitet: **ተደራጊ/ ተፈጽሞ**: worked off
aufgeatmet: **ተተንፋሽ/ ተተንፍሶ**: breathed again, respired
aufgebaut, gebaut: **ተገንቢ/ ታንጾ**: built
aufgeben: **አበቃ**: to give up
aufgeben: **ተወ፣ ወጣ፣ ተማረከ**: quit, abandon, capitulate, forsake, relinquish, resign, surrender
aufgebend: **ተማራኪ/ ትቶ**: abandoning, capitulating
aufgebessert: **ተሻሻይ/ ተሻሽሎ**: improved
aufgeblasen: **ጠፊ/ ተልሶ**: bloated, ballooned
aufgeblasen: **ባዶ**: flatulently
aufgeblendet: **ጠፊ/ ጠፍቶ**: turned up the headlights
aufgeblieben: **ቀሪ/ ቀርቶ**: sat up
Aufgebot {n}: **አቅራቦት**: banns
aufgebracht, zornig, wütend: **ቁጡ፣ብስጩ**: angry, furious
aufgebraucht: **ጥቅም ላይ የዋለ/ ውሎ**: consumed
aufgebrochen: **ተሰባሪ/ ተሰብሮ**: broken open, decamped, sallied
aufgebügelt: **ተገፍታሪ/ ተውጦ**: pressed
aufgebunden: **ተጠቅላይ/ ተጠቅሎ**: turned up, untied
aufgedeckt: **አምሮ/ ተዘጋጅቶ**: revealed
aufgedeckt: **ተገላጭ/ ተገልጦ**: uncovered
aufgedrängt: **ተገዳጅ/ ተገዶ**: forced on, obtruded
aufgedrückt: **ተጨቋኝ/ ተጨቁኖ**: impressed, imprinted
aufgefahren: **አላፊ/ ሄዶ**: started up
aufgefallen: **አምሮ/ ተውቦ**: attracted attention
aufgefangen: **ተጠመዶ/ ተይዞ**: caught, intercepted

aufgefischt: ምጠማጅ/ ተነጥቆ: fished up
aufgeflammt: ነዳጅ/ ነዶ: blazed, flamed
aufgeflogen: ተባሮ/ ተወግዶ: leaked out
aufgefordert: ተጠያቂ/ ተጠይቆ: asked
aufgeforstet: ተከባሪ/ ተከብሮ(ለጫካ): afforested, reforested
aufgefressen: ተዋኝ/ ተጠልቅጦ: devoured
aufgeführt: ተሞይ/ ተሞልቶ: ተነጣቂ/ ተነጥቆ: performed, filled up, refilled
aufgefunden, gefunden: ተገኝ/ ተገኝቶ: found
aufgegangen, aufgestanden: ወጪ/ ወጥቶ: risen
aufgegeben: ትቶ/ ተማርኮ/ ተወግዶ: abandoned, capitulated, forsaken, relinquished, resigned, surrendered
aufgegessen: ተበልቶ/ ተውጦ: eaten up
aufgegliedert: ተሸንሽኖ: subdivided
aufgegossen: ተረጪ/ ተረጭቶ: infused
aufgegriffen: ተበጣሽ/ ተበጣጥሶ: grabbed, taken up
aufgehabt, getragen: ተለባሽ/ ተለብሶ: worn
aufgehackt: ተቆራራጭ/ ተቆራርጦ: broken up
aufgehalten: ታሳሪ/ ተይዞ: delayed
aufgehängt: ተሰቃይ/ ተሰቅሎ: hanged
aufgehen: ፀሐይ/ ወጣች:rise
aufgehend: ፀሐይ/ ወጥታ:rising
aufgehellt: ተንጸባራቂ/ ተንጸባርቆ: brightened
aufgehoben: ተነሺ/ ተነስቶ: abrogated, nullified, repealed, rescinded
aufgeholfen: ተረጂ/ ተረድቶ: helped up
aufgehorcht: ተደማጪ/ ተሰምቶ: listened attentively
aufgehört: አለቂ/ አቁሞ: ceased
aufgekauft: ተሸጠ/ አልቆ: bought up
aufgeklappt: ተከፋች/ ተከፍቶ: opened
aufgeklärt: ተገላጭ/ ተብራርቶ: cleared up, undeceived
Aufgeklärtheit {f}: እውቀት: enlightenment
aufgeklinkt: ተደውሎ/ ተቃጭሎ: unlatched
aufgeknöpft: ተፈቺ/ ተፈትቶ: unbuttoned
aufgekocht: ፈልቶ/ ተቀቅሎ: boiled up
aufgekratzt: ተፋቂ/ ተፍቆ: cheerful, full of vim
aufgekrempelt: ተንከባላይ/ ተንከባሎ: rolled up
aufgekreuzt: ተመልካቺ/ ተመልክቶ: shown up
aufgelacht: ተፌዞ/ ተቀልዶ: bursted out laughing
aufgeladen: ተሞይ/ ተጭኖ: loaded
aufgelassen: ተትቶ: left open
aufgelaufen: ፈሳሺ/ ፈሶ፣ ሆኖ: accrued, run aground
aufgelegen: ተጣዪ/ ተጥሎ፣ ተጋድሞ: been laid out
aufgelegt: ተኑሮ: feel like doing
aufgelehnt: ተጋድሞ፣ተጠግቶ: revolted
aufgelesen: ተነባቢ/ ተነብቦ: picked up
aufgeleuchtet: ተበርቶ: lighted up
aufgelistet, verzeichnete: ተዘርዛሪ/ ተሸንሽኖ: listed
aufgelockert: ተለቆ፣ተትቶ፣ተዝናንቶ: relaxed
aufgelodert: ተጓኝ/ ተጉኖ: blazed up
aufgelöst: ተለቆ: dissolved, disintagrated, resolved
aufgemacht: ተከፋች/ ተከፍቶ: unclasped
aufgemöbelt: ተዘጋጅቶ/ ተሟልቶ: pepped, reconditioned
aufgenommen: ተመዝጋቢ/ ተቀድቶ: recorded
aufgenommen: ተመጥጦ: absorbed
aufgeopfert: ተሰውቶ: sacrificed
aufgepaßt: ጥንቁቅ/ ተጠንቅቆ: been attentive
aufgepulvert: በናኝ/ በኖ: doped
aufgepumpt: ፈሳሺ/ ፈሶ: blown up
aufgeputzt: ንጹሕ: frilly
aufgeputzt: ጸጂ/ ጸድቶ: cleaned up
aufgeräumt: ተዘጋጅቶ፣ ተውቦ: tidied up
aufgerechnet: ተሰልቶ: counted up
aufgeregt: ድንጉጥ/ ፈርቶ: excited
aufgeregt: ፈርራሁ: flutteringly
aufgereizt: ብስጩ/ ተበሳጭቶ: egged
aufgerissen: ተነጣቂ/ ተገፍትሮ: torn open
aufgerollt: ተንከባላይ/ ተንከባሎ: unrolled
aufgerückt: ተንቀሳቃሽ/ ተንቀሳቅሶ: moved up
aufgerufen: ተጠሪ/ ተጠርቶ: invoked
aufgerundet: ታጣፊ/ ታጥፎ፣ተዙሮ: rounded off
aufgerüstet, bewaffnet: ታጣቂ/ ታጥቆ: armed, rearmed
aufgeschaut: ታይቶ: looked up
aufgeschlossen: በራሱተማማኝ/ ተማምኖ: open minded
Aufgeschlossenheit {f}: ኅብረት፣ አንድነት: impressionableness, open mindedness
aufgeschmissen: ተወጋጂ/ ተባሮ: be left stranded
aufgeschoben: ተወግዶ፣ ተገልሎ: adjourned, suspended
aufgeschreckt: ተደናግጦ: alarmed, scared, startled
aufgeschrien: ለፍላፊ/ ጮኾ: cried out
aufgespannt: ባብቶ፣ጓጉቶ: stretched
aufgespart: ተጠራቃሚ/ ተጠራቅሞ: saved
aufgesperrt: ታጋጂ/ ታስሮ: unlocked
aufgesprungen: ዘላይ/ ቀንጥቶ: chapped, jumped up
aufgestanden: ተነሺ/ ተነስቶ: got up
aufgesteckt: ተሸንጭ/ ተሸጉጦ: pinned
aufgestiegen: ወጪ/ አድጎ: ascended
aufgestoßen: ተወግዶ፣ ተገልሎ: pushed open
aufgestrichen: ተፍቆ፣ ተሰርዞ: laid on
aufgesucht: ተጎብኝቶ፣ ታይቶ: visited
aufgetaucht: ተሰውሮ፣ተደብቆ: emerged
aufgeteilt: ተከፋዪ/ ተከፍሎ: partitioned, divided, separated
aufgetischt: ቀርቦ፣ ተዘጋጅቶ: dished up
aufgetrennt: ተለዪ/ ተነጥሎ: unstitched
aufgetreten: ሆኖ፣ ተፈጽሞ: occured
aufgetrieben: ተገፋፍቶ፣ተስቦ: raised
aufgewachsen: ተዳጊ/ አድጎ: grown up
aufgewacht: ንቁ/ ነቅቶ: woken up
aufgewärmt: ተሟሙቆ/ ተደፋፍሮ: rehashed, warmed up

aufgewartet: ተጠብቆ፣ ተገምቶ: waited on
aufgeweckt: ተቀስቅሶ፣ ተረብሾ: aroused, awoken
aufgewiesen: ተጋልጦ፣ ታይቶ: shown
aufgewirbelt: ተደንቆ፣ ተገርሞ: created a sensation
aufgewischt: ጸድቶ፣ ታጥቦ: swabbed, wiped up
aufgezählt: ተቆጣሪ፣ ተቆጥሮ: enumerated
aufgezeichnet: ተሸፈላሚ/ ተሸልሞ: logged, recorded
aufgezeigt: ታዪ/ ታይቶ: demonstrated
aufgezogen: ተጠቢ/ ተጠብቶ: brought up, nurtured, razzed, reared, twitted
aufgezwungen, erzwungen: ተገዳጅ/ ተገድዶ: forced
aufgießen: አፈሰሰ: infuse
aufgießend: አፍሳሽ/ አፍስሶ: infusing
aufgliedern: ሸነሸነ፣ ዘረዘረ: dissect, subdivide
aufgliedernd: ዘርዛሪ/ ዘርዝሮ: subdividing
aufgreifen: ወሰደ፣ አነሳ: pick-up
aufgreifend: ወሳጂ/ አንስቶ: taking up
Aufguß {m}: ፍሳሽ፣ ጠብታ: infusion
aufhalten: ከለከለ፣ አገደ: hinder
aufhaltend: አጋጅ/ አግዶ: delaying
aufhängen: አንጠለጠለ፣ ሰቀለ: suspend
aufhängend: ሰቃዪ/ አንጠልጥሎ: hanging
Aufhänger {m, pl}: መስቀያ: hanger, hangers
aufhäufen: ደረደረ፣ መደበ: agglomerate, haep up, to pile up
aufhebbar: ተወጋጅ፣ተነሺ: annullable, liftable, repealable, rescindable
aufheben, annullieren, abbrechen: አነሳ፣ ሰረዘ: cancel
aufheben, aufschieben, unterbrechen: አቋረጠ: suspend, lift, nullify, repeal, rescind
aufheben: መረጠ: to pick up
aufhebend: አነሺ/ አንስቶ: abrogating, repealing, rescinding, unmaking
Aufhebung {f}, Kündigung: መነሳት: abrogation, abolishment, annulment
Aufhebungen {pl} :: abrogations, annulments, rescissions
aufheitern: አነቃቃ: cheer up
aufheiternd: አያየኸር/ አሟሙቆ: cheering up
Aufheizen {n}: ማሞቅ: heating-up
aufhelfen: ረዳ: to help up
aufhelfend: አጋዥ/ ረድቶ: helping up
aufhellbar: ግልጽ: illuminable
aufhellen: አበራ: brighten
aufhellend: ግልጽ: elucidative
aufhellend: አንጸባራቂ/ አንጸባርቆ: brightening
aufhetzen, anstiften: አጣላ፣ አቀጠለጠለ: abet
aufholen: ደገመ፣ ከለሰ: make-up-for, catch up
aufholend: ከላሽ/ ደግሞ: making-up-for
aufhorchen: አዳመጠ: listen attentively
aufhören: አቆመ: cease, stop, break off
Aufkauf {m}: ንግድ: buying up
Aufkaufen {n}: ግብይይት: abbroachement
aufkaufen: ገዛ: buy up
Aufkäufer {m, pl}: ነጋዴ: wholesale buyer, wholesale buyers
aufklappen, öffnen: ከፈተ: open
aufklappen, öffnen: ከፈተ: open
aufklappend, öffnend: ከፋች/ ከፍቶ: opening
aufklären: ገለጸ፣ አስረዳ: clear up, disabuse, undeceive
aufklärend: ግልጽ: illuminative
aufklärend: መካሪ/ አስረድቶ: clearing up
Aufklärer {m, pl}: መካር: scout, scouts
Aufkleber {m, pl}: ልጣፍ: sticker, stickers
Aufkleber {m, pl}: ልጣፊ፣መጣፊያ: adhesive label, labels
aufklingen: ደወለ: unlatch
aufklingend: ደዋይ/ ደውሎ: unlatching
aufklinken: ጠመዘዘ፣ ከፈተ: unlatch
aufknöpfen: ፈታ፣ አላላ: unbutton
aufknöpfend: አላልቶ: unbuttoning
aufkochen: አቀወለጠ፣ አጋለ: boil up
aufkochend: አፍዪ/ አፍልቶ: boiling up
aufkommen, entspringen: አደረሰ፣ አባቃ: arise
aufkommend: አብቃቅቶ: arising, upcomming
aufkrempeln: አንከባለለ፣ አሽከረከረ: roll up
aufkrempelnd: አሽከርካሪ/ አንከባሎ: rolling up
aufkreuzen: አመለከተ: show up
aufkreuzend: አመልካች/ ጠቁሞ: showing up
auflachen: ተዘባበተ፣ ተሳለቀ: burst out laughing
auflachend: ተዘባብቶ: bursting out laughing
aufladen: ጫነ: to load up
Aufladung {f}: ጭነት: charge, pressure charging, supercharging
Auflage {f}: እትም: edition
Auflagen {pl}:: editions
Auflagefläche {f}: መሠረት: seating
Auflageziffer {f}: ኩነት: issues
Auflageziffern {pl}:: issues
auflassen: ክፍት ተወ: leave open
auflassend :: leaving open
Auflauf {m}, Menge: መንጋ፣ ብዛት: crowd
Aufläufe {pl}, Menschenmassen: አደባባይ: crowds
auflaufen, ansammeln, akkumulieren : ሰበሰበ: accumulate
auflaufend: ሰብሳቢ/ አጠራቅሞ: running aground
auflegen: ሰቀለ፣ አቀረበ፣ አተመ: hang up, apply
auflehnen: አመጸ: revolt, rebel
auflehnend: አማጺ/ አምጾ: revolting
Auflehnung {f}: አብዮት: revolution
auflesen: አነሳ: pick up
auflesend: አንሺ/ ለቅሞ: picking up
aufleuchten: አበራ: light up
aufleuchtend: አብሪ/ አብርቶ: lighting up
aufliegen: ተጋደመ: be laid out
aufliegend: ተጋድሞ: being laid out, overlying
auflisten: ዘረዘረ: list
Auflister {m}: ዘጋቢ: lister
Auflistung {f}: ዘገባ: listing
auflockern: አላላ: loosen

auflockernd: አላላቶ: loosening
auflodern: አንነ፣ አፈነዳ: blaze up
auflodernd: አፈንድቶ: blazing up
auflösbar: ተጣሪ፣ ቀላጭ: dissoluble, meltable
Auflösbarkeit {f}: ሟሚነት: dissolvability
auflösen: አሟሟ፣ አቀለጠ: liquidate, disband, disintegrate, dissolve, resolve, solve
auflösend: አሟሚ/ አቅልጦ: disbanding, disintegrating, dissolving
Auflösung {f}: መፍትሔ፣ መለዮ: solution, breakup, disbandment, dissolution, resolution
Auflösungen {pl} :: disbandments
aufmachen: ከፈተ፣ ቀጠለ: open up, unclasp, unstop
aufmerksam: ንቁ፣ ውብ፣ ሳቢ: attentive, mindful
Aufmerksamkeit {f}: ንቃት፣ ብቃት: attention, heedfulness, mindfulness
Aufmerksamkeiten {pl} :: attentions
aufmöbeln: አዘጋጀ: pep up, recondition
aufmöbelnd: አዘጋጂ/ አስጊጦ: pepping, reconditioning
Aufmunterung {f}: ብርታት፣ ድፍረት: encouragement
Aufnahme {f}: ይዘት፣ ቅጅ፣ ተቀባይነት: taking, recording
Aufnahme {f}: ቅጂ: recording, absorption
Aufnahmeantrag {m}: መመዝገቢያ ቅጽ: applyfor admission
Aufnahmebedingung {f}: መቀበያ ደንብ: terms of admission
Aufnahmebedingungen {pl}:: terms of admission
aufnahmefähig: ባለተሰጠ: ተቀጅ: ተቀባይ: absorptive, receptive, receptible, receptive
Aufnahmefähigkeit {f}: ተቀባይነት: receptivity, absorbing capacity, capacitance, receptiveness
Aufnahmefähigkeiten {pl} :: receptivities
Aufnahmegebühr {f}: መመዝገቢያ ገንዘብ: admission fee
Aufnahmegebühren {pl} :: admission fees
Aufnahmegerät {n}: ሪከርደር: recorder
Aufnahmen {pl} :: recordings
Aufnahmeprüfung {f}: መግቢያ ፈተና: entrance examination
Aufnehmen {n}: መቀበል: grabbing
aufnehmen: ተቀበለ፣ ያዘ: **assimilate**, absorb, affiliate, incorporate, ingest
aufnehmend: ተቀባይ/ ተቀብሎ: absorbing, affiliating, capturing
aufopfern: ሰዋ: sacrifice
aufopfernd: ሰዊ/ ሰውቶ: sacrificing
Aufopferung {f}: መስዋዕት: sacrifice
Aufopferungen {pl}:: sacrifices
aufpassen, Ausschau halten [nach]: ተጠባበቀ፣ ተንከባከበ: to watch out [for], to look after
aufpassen, beobachten, bewachen: አየ፣ አተኮረ፣ ተመለከተ: watch
aufpassen: ሳበ: be attentive
Aufpasser {m, pl}, Aufseher: ጠባቂ: overseer, overseers
Aufpasserin/nen {f/pl} :: overseers
aufpolieren: ወለወለ: refurbish
aufpolierend: አጽጂ/ አጽድቶ: refurbishing
aufpoliert: ተጸጂ/ ጸድቶ: refurbished
Aufprall {m}: ግጭት: imapct
Aufprälle {pl}:: impacts
aufprallen: ተጋጨ: thud
Aufpreis {m}: አበል፣ ተጨማሪ: surcharge
Aufpreise {pl}:: surcharges
aufpulvern: አበነነ: dope
aufpulvernd: አብናኝ/ አብኖ: doping
aufpumpen, pumpen: ነፋ: pump
Aufputz {m}: ጽዳት: finery
aufputzen: አጸዳ: clean up
aufputzend: አጽጂ/ አጥቦ: cleaning up
aufraffen: ሰበሰበ: pull oneself together
aufräumen, (ordentlich, sauber): አዘጋጀ: tidy, clean up
aufräumend: ወልዋይ/ አዘጋጅቶ: tidying, tidying up
aufrechnen: አሰላ: count up
aufrechnend: አስልቶ: counting up
aufrecht: እርግጥ: endwise, uprightly, upstanding
aufrechterhalten: አረጋገጠ: uphold
aufrechterhaltend: አረጋጋጭ/ አረጋግጦ: buoying, maintaining, upholding
aufregen: ተጠራጠረ: discompose, excite, fluster
aufregend, weggehend: ተጠራጣሪ/ ባብቶ: አዲስ፣ አስገራሚ: discomposing, exciting, exiting
Aufregung {f}: ጉጉት/ ጥርጣሬ: stir, commotion, discomposure, excitement
Aufregungen {pl} :: commotions, flusters, pothers
aufreihen: አከታተለ: string (strung, strung)
aufreißen: ሸነተረ፣ቀደደ: tear open
aufreizend, provokativ: አስገራሚ: provocative, infuriatingly, irritant, maddening, tantalizingly, irritatingly, maddeningly
aufrichten: አስናዳ: to sit up
aufrichtend: አዘጋጅ/ አዘጋጅቶ፣ ቋሚ/ ቆሞ: erecting, ramping, cocking
aufrichtig: ብቁ: sincere, undesigning, undesigningly
Aufrichtigkeit {f}: ብቃት፣ እውነት: candor, candour, sincerity, unaffectedness
Aufrichtigkeiten {pl} :: sincereness, sincerities
Aufrichtung {f}: ምድብ፣ድርድር: erection
Aufrichtungen {pl} :: erections
Aufriß {m}: መስመር: vertical section
aufrollbar: ተሽከርካሪ: rollable
aufrollen: አንከባለለ፣ አሽከረከረ: furl, unroll
aufrollend: አንባላይ/ አሽከርክሮ: furling, unrolling
aufrücken: ተንቀሳቀሰ: move up
aufrückend: ተንቀሳቃሽ/ ተቀራርቦ: moving up

Aufruf {m}: ጥሪ: call, calling, envoking, invocation, invoking
Aufrufadresse {f}: መገኛ አድራሻ: call address
aufrufbar: ተጠሪ: callable
Aufrufbefehl {m}: የጥሪ ትእዛዝ: calling instruction
aufrufen: ጠራ: invoice, invoke
Aufruhr {m}: ዘለፋ፣ ለከፋ፣ ነቀፋ፣ ደፈራ: riot, fracas, insurrection, sedition, turmoll
aufrühren, aufregen: አበሳጨ፣ ነካካ: agitate
Aufrührer {m}: አነካኪ: rioter, insurrectionist
aufrührerisch: አናዳጅ፣ አስቆጪ: inflammatory, insurgent, insurgent, rebellious, seditiously
aufrunden: ዞረ፣ ከበበ: round off, round up
aufrundend: ከባቢ/ ከብቦ: rounding off
aufrüsten: አስታጠቀ፣ አዘጋጀ: rearm
aufrüstend, bewaffnend: አስታጣቂ/ አሰልፎ: arming, rearming
Aufrüstung {f}, Rüstung {f}: የጦር መሣሪያ ውድድር: armament, rearmament
aufsässig, unbotmäßig: ንቀት፣ ፌዝኛ: insubordinate, rebelliously
Aufsässigkeit {f}: ማናናቅ፣ ማጣጣል: rebelliousness
aufsaugen: መጠጠ: absorb, imbibe
aufsaugend: መጣጪ/ ጠርጎ: imbibing, sponging, absorbingly
Aufsaugung {f}: መጠጣ: absorption
aufschauen: አየ: look up
aufschauend: ተመልካች/ አተኩሮ: looking up
aufschiebbar: ተገፍታሪ: deferrable
aufschieben, verzögern: ገፋ፣ ገፈተረ: defer, adjourn, put off
aufschiebend: ገፊ/ ገፍትሮ: dilatory, shunting, suspending, suspensive, suspensively
Aufschlag {m}: ጥቃት፣ ብትር: lapel, percussion
Aufschläge {pl} :: lapels
aufschlagen, bedienen, dienen, servieren: አገለገለ፣ መታ: serve
aufschließen: ቆለፈ: unlock
aufschließend: ቆላፊ/ ዘግቶ: unlocking
Aufschlüsselung {f}: መዘጋት፣ ቁለፋ: breakdown
aufschlußreich, belehrend: ጥብቅ: instructive
aufschlußreich: በቂ: informative, instructively
aufschnappen: ቀመሰ: snap open
aufschneiden: ቆረጠ: to draw the long bow
aufschneidend: በጥቶ፣ ቆርጦ: boasting
Aufschnitt {m}: ቅድ፣ ቁርጥ: cold cuts, cold meat
Aufschnitte {pl} :: cold slices
aufschnüren, losbinden: ለጠ፣ ቀደደ: untie, unlace
aufschrecken: አስደነገጠ: scare, startle
aufschreckend, aufschreckenden: አስደንጋጭ/ አስደንግጦ: startling, scaring, startling
Aufschrei {m}, schreien: ጩኸት: scream, outcry
aufschreiben: ገለበጠ፣ አመለከተ፣ ቀዳ: mark down, take down, write down
Aufschreie {pl}: ጫጫታ: outcries, screams
aufschreien: ጮኸ: cry out
aufschreiend: ጮኾ: crying out
Aufschrift {f}: እርምጃ: inscription
Aufschriften {pl} :: superscripts
Aufschub {m}: ቅብያ፣ አቅርቦት: adjournment, delay
Aufschübe {pl} :: adjournments
Aufschwung {m}: ጭማሪ: upswing
Aufschwünge {pl} :: booms
Aufsehen {n}: ትንቢት፣ ግምት: furor, sensation
aufsehen: አየ፣ ገመተ: to look up
aufsehen: አየ፣ ተመለከተ: to look up
aufsehenerregend, sensationell: አስደንጋጭ፣ አስገራሚ: sensational, startling
Aufseher {m, pl}: ጠንቋይ፣ ተንቢ፣ ጠባቂ፣ ተቆጣጣሪ: attendant, checker, custodian, inspector, keeper, supervisor, warden, wardens
Aufseherin/nen {f/pl}:: supervisors
Aufsicht {f} (Polizei):: ጥበቃ፣ ቁጥጥር: supervision, supervisor, person in charge, surveillance, custody
Aufsichtsbehörde {f}: ፖሊስ: surveillance authority, proctor
Aufsichtsrat {m}: የሸንጎ ተወካይ: supervisory board
Aufsichtsräte {pl} :: supervisory boards
aufspannen, spannen: ዘረጋ: stretch
aufspannend: ዘርጊ/ አዝናንቶ: stretching
aufsparen, sparen: አጠራቀመ፣ ቆጠበ: saving
aufsparend, sparend, speichern: አጠራቃሚ/ ቆጥቦ: saving
aufspeichern: አኖረ: to store up
aufspeichernd: አኗሪ/ አስቀምጦ: hiving
aufsprengen: አዘለለ፣ አስፈነጠረ: force open
aufspringen: አስነሳ: to start up, jump up
aufspulen, (Bandspule): አለቃለቀ: spool
aufspüren, entdecken: አሻተተ: አፈላለገ: trace, detect
Aufspürer {m, pl}: ማግኔት፣ሳቢ: tracker, trackers
aufstacheln: አጠረ: spur on
Aufstand {m}: አመጽ፣ እንቅስቃሴ: insurgence, insurrection, revolt, rebellion
Aufstände {pl}, (Aufstand): አመጽ: uprisings, insurgencies, insurrections, uproars
aufständisch: ዛቻ፣ ንቀት፣ አመፃዊ: rebellious
aufstapeln: ደረደረ፣ ከመረ: pil up, stockpile
aufstehen, ansteigen, sich erheben : አመጽ አነሳ: to rise(rose, risen)
aufstehen: ተነሳ: get up, to arise (arose, arisen), to rise (rose, risen), stand up, uprise
aufstehend: ተነስቶ፣ ቆሞ: getting up
Aufsteigen {n}: መነሳት: ascension
aufsteigen: ወጣ: ascend, ascension
aufsteigen: አሳደገ : mount

aufsteigen: ተለቀ፣ ከፍ አለ: ascending

aufsteigend: ጨማሪ: ከፍተኛ: anodic, assurgent

aufsteigend: ተላቂ/ ተልቆ: ascending

aufstellen: ላከ፣ አስቀመጠ፣ አቋቋመ: post, situate, embattle, establish

Aufstellung {f} (Kandidaten, Spieler): ትሪት: nomination, setting up

Aufstellungsort {m}: የትሪት ቦታ: site

Aufstieg {m}: ከፍታ፣ አቀበት: ascent, ascendency, way up

Aufstiege {pl}:: ascents

aufstoßen: ገፈተረ፣ አስወገደ: belch, push open

aufstoßend: አስወጋጂ/ ገፍትሮ: belching, pushing open

aufstreben, streben: ተጣጣረ: aspire

aufstreichen: ጻሰሰ፣ ጻበሰ: lay on

aufsuchen: ጎበኘ: visite

Auftakt {m}: ሁኔታ፣ አቋም: upbeat

auftanken: ቀዳ፣ ሞላ: refuel

auftauchen, auftreten, sich entwickeln: መጣ፣ ብቅ አለ: emerge, to turn up

aufteilbar: ተከፋይ: apportionable, proratable

aufteilen [in], teilen, dividieren: ከፈለ: ከፋፈለ: split, to divide [into]

aufteilend: ከፋይ/ ነጣጥሎ: partitioning, portioning

Aufteilung {f}: ክፍፍል: partitioning, segmentation, allocation of samples

auftischen: አቀረበ: dish up

Auftrag {m}, Kommission {f}: ኮሚሽን: commission, instruction, mission, order

Aufträge {pl}, Kommissionen {pl}:: commissions, missions

Auftraggeber {m}, Besteller: አዛዥ: orderer

Auftragserteilung {f}: ተግባር: ትእዛዝ: placing of order, assignment, of a mission

Auftragsformular {n}: ቅጽ: order form

auftragsgemäß: በትእዛዙ መሠረት: as ordered

Auftragskontrolle {f}: ቁጥጥር: order control

Auftragsrückstand {m}: ብድር: back orders

Auftragssteuerung {f}: ቁጥጥር: job controlling

auftreiben : አነሳሳ: raise

auftrennen: ለየ፣ ነጠለ: unpick

auftrennend: ነጣይ/ ለይቶ: raveling

auftreten, vorhanden sein: ገባ፣ ተከሠተ: occur

Auftrieb {m}**:** ማጠናከሪያ፣ ማሙያ**:** boost, impetus, buoyance, buoyancy, lift

Auftriebe {pl} :: boosts, impetuses

Auftritt {m}: መተዋወቂያ**:** appearance, occurs, tread

aufwachen: ነቃ፣ ተነሳ: to awake, wake up

aufwachend: ተነሥቶ: smartening, waking up

aufwachsen: አደገ: grow up

aufwachsend: አዳጊ/ ጎርምሶ: growing up

Aufwallung {f}: ሙቀት፣ ቅናት: upsurge, upsurges

Aufwand {m} (an): ተግባር: expenditure (of), outlay

Aufwandsentschädigung {f}: ወጭ: expenseallowance

Aufwandskonto {n}: አካውንት: activity account

aufwärmen: አሞቀ፣ አደሰ: rehash, to warm up

aufwärmend: አሟቂ/ አሟሙቆ: rehashing, warming up

Aufwärmzeit {f}: ማሞቂያ ጊዜ: heating period

Aufwartefrau {f}: ጽዳት ሠራተኛ: cleaning woman, charwoman

Aufwartefrauen {pl} :: cleaning women

aufwarten: ጠበቀ: wait on

aufwartend: ጠባቂ/ ጠብቆ: waiting on

Aufwärter {m}: ዘበኛ፣ አሳላፊ: steward

Aufwärterin {f} :: stewardess

aufwärts gerichtet: ወደፊት ተደግሞ: upwardly

aufwärts: ...ወደፊት፣ ቀጥሎ: up, upward, upwardly, upwards

Aufwärtsentwicklung {f}: እድገት: upward trend

Aufwärtshaken {m}: ጎራዴ?: uppercut

Aufwartungen {pl}: ጉብኙት: visits

aufwecken: ቀሰቀሰ፣ ወዘወዘ: arouse, wake up

aufweckend: ረባሽ/ ቀስቅሶ: waking, arousing

aufweichen: አለሳለሰ: soften, macerate

aufweichend: አለስልሶ: softening

Aufweichung {f}: ልስላሴ: maceration

aufweisen, zeigen: አሳየ፣ አመለከተ: showing

aufweisend: አሳዪ/ አመልክቶ: showing

aufweiten: አስፋፋ: flare

aufwendbar: ተደራጊ: spendable

aufwenden: አሳለፈ፣አጠፋ: spend, expend

aufwendend: አሳልፎ/ አጥፍቶ: spending, expending

aufwendig, kostspielig: ቀላል፣ በቃል (ሽምድዶ/ አጥንቶ): costly, expendable

Aufwendung {f}: ድርጊት፣ ወጭ: expenditure, expense

Aufwendungen {pl} :: expenditures

aufwerfen: ወረወረ፣አባረረ: pose

aufwerfend: አባራሪ/ አሯሩጦ: posing

aufwerten: ገመተ: revalue, valorize

aufwertend: ገማች/ ገምቶ: revaluing

Aufwertung {f}: ግምት፣ከሳራ: revaluation, upgrading, valorization

Aufwertungen {pl} :: valorizations

aufwickeln: በተነ፣ አበነነ: coil, wind up

Aufwind {m}: ነፋስ: up wind

Aufwinde {pl} :: up winds

aufwinden, hissen: ዋጣ፣ሳበ፣ ሰቀለ: hoist

aufwirbeln: አደናገረ: create a sensation

aufwirbelnd: አደናጋሪ/ አጭበርብሮ: creating a sensation

aufwischen: ለቀለቀ፣አጠበ: swab, to wipe up

aufwischend: አጽጂ/ አለቃልቆ: swabbing, wiping up

aufzählen: አሰላ፣ ቆጠረ: enumerate, numerate

aufzählend: አሳቢ/ አስልቶ: enumerating, numerating

Aufzählung {f}: ቆጠራ: enumeration, numeration
Aufzählungen {pl} :: enumerations
aufzeichenbar, beschreibbar: ተገልባጭ/ ተቀጂ: recordable
aufzeichnen: ቀዳ፣ ሸለመ: record, log
aufzeichnend: ገልባጭ/ ቀድቶ: recording
Aufzeichnung {f}: ሽልማት፣ ቅጅ: chronicle, notes, record, videotaping, double density, recording
Aufzeichnungen {pl} :: notations, records
Aufzeichnungsgerät {n} für Gespräche: መቅጃ: voice-recorder
aufzeigen: አሳየ፣ አረጋገጠ: demonstrating
aufzeigend: አሳዪ/ አረጋግጦ: demonstrating
aufziehen: አወጣ፣ሰቀለ: bring up, foster, razz, wind up, twit
aufziehend: ሰቃይ/ አንጠልጥሎ: bringing up, fostering, razzing, rearing, ribbing
aufzinsen: ወለድ ተቀበለ: add unaccrued interest
Aufzinsungsfaktor {m}: ወለድ: accumulation factor
Aufzucht {f}: ርባታ: breeding
Aufzug {m}: ማውጫና ማውረጃ፣ ሊፍት፣ ሰልፍ: elevator, lift, procession, parade
Aufzüge {pl}:: elevators, lifts
aufzwingen: አስገደደ: force
aufzwingend: አስገዳጅ/ አስገድዶ: forcing
Auge {n}: ዓይን: eye
Augen {pl} :: eyes
Augenarzt {m}: ያይን ኃኪም: eye specialist, ophthalmologist
Augenblick {m}: ቅጽበት፣ አንድአፍታ: instant, jiffy, moment
Augenblicke {pl} :: moments
augenblicklich, gegenwärtig: ወዲያው፣ ባንዴ: at present, instantaneous
augenblicklich, umgehend: እርግጥ: actually, momentary, at the moment, instantly, momentarily, this minute
Augenbraue {f}: ሽልፍፌት፣ ቅንድብ: brow, eyebrow
Augenbrauen {pl} :: eyebrows
Augenbrauenstift {m}: ኩል: eyebrow pencil
Augenentzündung {f}: ያይን ሕመም: ophthalmitis
augenfällig: በግልጽ: ocularly, palpably
Augenfarbe {f}: ያይን ቀለም/ ኩል: color of eyes
Augenglas {n}: መነጠር: eyeglass
Augenheilkunde {f}: ያይን መድኃኒት: ophthalmology
Augenhöhle {f}: ያይን ቀዳዳ: eye socket, orbit
Augeninnendruck {m}: ያይን ሕማም ስሜት: intra-ocular pressure
Augenklinik {f}: ያይን ሐኪም ቤት: eye clinic
Augenlicht {n}: ብርሃን: eyesight
Augenlid {n}: ብሌን: eyelid
Augenmuskel {m}: ያይን ደም ሥር: eye muscle
Augennerv {m}: ነርቭ: optic nerve
Augenschmerzen {pl}: ያይን ሕመም: eyestrain
Augenspiegel {m}: መስተዋት: ophthalmoscope
Augentropfen {pl}: ጠብታ: eye drops
Augenzeuge {m}: ምስክር: eye witness, eyewitness
Augenzeugen {pl} :: eye witnesses
Augenzeugenbericht {m}: ዘገባ: eyewitness report
August {m}: ነሐሴ: august
Auktion {f}: ጫራታ: auction
Auktionen {pl} :: auctions
Auktionshaus {n}: ጫራታ ቤት: auctioneers
Auktionsmarkt {m}: ጫራታ ገብያ: auction market
Aula {f}: አዳራሽ: auditorium
aus, vorbei: በቃ!አለቀ!ተፈጸመ!: over
aus: ከ...: of, from
aus: ከ...ውጭ: out
aus Angst vor: ከፍርሃት የተነሳ: for fear of
aus Buchenholz: ከእንጨት: beechen
aus dem Ausland: ከውጭ ሀገር: from abroad
aus, hinaus, auswärts: ወደ....ውጪ: out
aus: የጥፋት፣ የቅናሴ፣ የእልቀት ምልክት/ ማሳያ: displaysgibt, expellsstoesst, misseslaesst, off
ausarbeiten: አከናወነ: elaborate, work out
ausarbeitend: ሠርቶ/ ጨርሶ: elaborating
Ausarbeitung {f}: እድገት፣ ተግባር፣ እቅድ: developement, draft, elaboration, working out
Ausarbeitungen {pl} :: elaborations
ausatmen: ተነፈሰ: exhale
ausbaden: ከፈለ: pay for
ausbalanzieren, ins Gleichgewicht bringen: አስተካከለ: equilibrate
Ausbau {m}: ግንባታ: upgrading
ausbaufähig, erweiterungsfähig: ተስፋፊ፣አዳጊ: expandable, capable of development, upgradable
Ausbaufähigkeit {f}: ስፋት: expandability, upgradability
ausbauen, erweitern: ሠራ፣ አነጸ፣ ገነባ: upgrade
ausbauen: ለያየ: demount
ausbessern, reparieren: አሻሻለ፣ አደሰ: repair, darn, refit, mend, remodel
ausbessernd: አዳሽ/ ጠግኖ: repairing, darning
Ausbesserung {f}: መሻሻል: reparation, repair
Ausbeute {f}: ምርት፣ ዘረፋ: yield
ausbeuten: ዘረፈ፣ በዘበዘ: exploit
ausbeutend: ዘራፊ/ አጥቦ: exploiting
Ausbeutung {f}: ብዝበዛ: exploitation
ausbilden: አስተማረ፣ አስረዳ፣ አሰለጠነ: qualify, educate, cultivate
ausbildend: አሰልጣኝ/ አሰልጥኖ: apprenticing
Ausbildung {f}: ሥልጠና: schooling, training
Ausbildungslehrgang {m}: ትምህርት: training course
Ausbildungslehrgänge {pl}: ተማሪዎች: training courses
Ausbildungsmethode {f}: የትምህርት ዘዴ: teachware

Ausbildungsmethoden {pl}: **የትምህርት ዘዴ**: teachwares
Ausbildungsplan {m}: **እቅድ**: training schedule
Ausbildungsvertrag {m}: **ውል**: articles of apprenticeship
Ausbildungszentrum {n}: **ማሠልጠኛ**: training center
ausbitten: **ለመነ፣ ተማጠነ**: ask for
ausblasen: **አጠፋ**: blow out
ausbleiben: **ቀረ**: stay away
ausbleibend: **ቀርቶ**: staying away
ausblenden: **አፈለቀ**: blind out
Ausblick {m}, Aussicht: **እይታ**: outlook
Ausblicke {pl} :: outlooks
ausbluten: **ደማ**: bleed to death
ausblutend: **ደምቶ/ ድም አፍስሶ**: bleeding to death
ausborgen: **ደበቀ**: borrow from
ausbrechen: **ፈነዳ፣ አገበ**: break out, erupt
ausbrechend: **ፈንድቶ/ ቱግ ብሎ**: erupting
ausbreiten: **ተስፋፋ፣ተሰራጨ**: spread (spread, spread)
ausbreitend, spreizend: **ተዛማች/ ተሰራጭቶ**: spreading, splaying, sprawling
Ausbreitung {f}: **ስርጭት**: spread
Ausbrennen {n}: **አመድ**: burnout
ausbrennen: **አከሰለ**: burn out
ausbrennen: **አከሰለ**: burning out
ausbrennend: **አክስሎ**: burning out
Ausbruch {m}: **ፍንዳታ**: eruption, outbreak, outburst
Ausbrüche {pl} :: eruptions
ausbuchen: **ጨረሰ**: book up
ausbügeln: **ተኮሰ፣ ለበለበ**: to iron out
ausbürgern: **አገለለ፣ አወገዘ፣ አስወጣ**: denaturalize, expatriate
ausbürsten, bürsten: **ቦረሸ**: brush
Ausdauer {f}: **ቆይታ**: **ትግሥት**: perseverance, endurance, endurance, enduringness, hardiness, patience, persistence, persistency
ausdauern, beharren: **ቆየ፣ ጸና**: persevere
ausdehnen: **ዘረጋ፣ አሰጣ**: distend, expand
Ausdehnung {f}, Erweiterung: **መስፋፋት**: dilatation, expansion, extension
Ausdehnungen {pl} :: expanses
Ausdehnungsvermögen {n}: **የመዘርጋት መጠን**: expansibility
ausdenkbar: **ተገማች/ ሊሆን የሚችል**: imaginable
ausdenken, erfinden: **አሰበ፣ ተመራመረ**: invent
ausdenkend: **ተመራማሪ/ ተመሣጥሮ**: inventing
ausdeuten, interpretieren: **ተረጎመ፣ ፈታ**: interpret
Ausdeutung {f}, Interpretierung: **ትርጉም**: interpretation
ausdorren: **አከረረ፣ አደረቀ**: dry up
Ausdruck {m}, Äußerung :**አባባል፣ ትርጉም**: expression, term, expression
Ausdruck {m}: **ኮፒ**: hard copy, printout
Ausdrücke {pl}, (Ausdruck): **አባባል**: expressions
ausdrücken: **አለ፣ ተናገረ**: express
ausdrücklich, deutlich: **በግልጽ**: explicit, emphatic, assertive, express, assertively
Ausdruckskraft {f}: **ብሂል**: expressiveness
ausdruckslos: **ትርጉምአልባ**: expressionless, nonexpressive, unimpressive
Ausdrucksweise {f}: **ዘዬ**: idiom, parlance, phraseology
Ausdrucksweisen {pl} :: parlances
Ausdünstung {f}: **ትነት**: evaporation
auseinander: **ግራና ቀ**:: asunder
auseinanderfallen: **ተለያየ፣ ጠፋ፣ ተሰባበረ** : fall apart, fall to pieces
auseinandergehalten: **ተለዪ/ ተነጥሎ**: kept apart
auseinandergejagt, zerstreut: **ተባሮ**: scattered
auseinanderjagen: **አባረረ**: scatter
auseinanderjagend: **ተባሮ**: scattering
auseinandersetzen: **ተጣላ፣ ተጨቃጨቀ**: grapple with
Auseinandersetzung {f}: **ጭቅጭቅ**: contention
auserlesen: **መረጠ**: select
Ausfahrt {f}: **መውጫ**: gateway
Ausfahrten {pl}:: gateways
Ausfall {m}, Verlust: **ጥፋት**: loss, blackout, failure
Ausfälle {pl}, Verluste: **ጥፋት**: losses
ausfallen: **ጠፋ**: fall out
Ausfallzeit {f}: **አውለኝ፣ ፍጻሜ**: downtime
ausfasern: **አሰመረ፣ ፈረመ**: rove
ausfechten: **ተታኮሰ፣ ተዋጋ**: fight out
ausfegen, fegen: **ጠረገ**: sweep
Ausfertigung {f}: **ክንውን**: engrossment
ausflicken: **ለከከ፣ በከለ**: patch up
ausfliegen: **በረረ፣ በነነ**: fly out
ausfließen: **ፈሰሰ**: flow out
Ausflucht {f}: **እርግማን፣ ምእናሻ**: elusion, prevarication, tergiversation
Ausflüchte {pl}:: prevarications, tergiversations
ausfluchten: **ረገመ**: aligned
Ausflug {m}: **ሽርሽር**: jaunt, outing
Ausflüge {pl}: **ሽርሽር፣ ጉዞ**: excursions, jaunts, outings, trips
Ausflügler {m, pl}: **ሀጂ**: tripper, trippers
Ausfluß {m}: **ፍሳሽ**: flowing off, outflow
Ausfluß {m}: **ተጽእኖ**: effluence
ausfragen: **አናዘዘ**: to question
ausfressen: **ጨረሰ፣ ጠረገ**: to erode
Ausfuhr {f}: **ወጪ**: export
ausführbar: **ጓኝ/ ተደራጊ**: designable, doable, executable, feasable, feasibly, practicable, practicably
Ausführen {n}: **ተግባር**: performing
Ausfuhren {pl} :: exports

ausführen, durchführen, ablaufen: ተገበረ፣ ተግባራዊ አደረገ: execute, do, perform, accomplish
ausführen: አስወጣ፣ ላከ: export
ausführend: አድራጊ/ አከናዋኝ: performing
Ausfuhrgenehmigung {f}: የላኪ ፈቃድ: export license
ausführlich: በግልጽ: elaborately, explicitely
Ausfuhrsperre {f}: እምባርጎ: embargo on export
Ausfuhrsperren {pl} :: embargoes on export
Ausführung {f}: ተገብሮ፣ ድርጊት: accomplishment, achievement, effectuation, executing, execution
Ausführungen {pl} :: achievements
Ausfuhrverbot {n}: እገዳ፣ ገደብ: export ban
Ausfuhrzoll {m}: የላኪ ቀረጥ: export duty
Ausfuhrzölle {pl} :: export duties
ausfüllen: ሞላ: fill, fill in
Ausgabe {f}: ወጭ: expense, disbursement, issuance, output
Ausgabe {f}: እትመት: redaction
Ausgabeliste {f}: ወጭ መቆጣጠሪያ: analysis sheet
Ausgaben {pl} :: disbursements, dumps, issuances
Ausgang {m}: መውጫ: ውጭ: outlet, exit, output, way out
Ausgänge {pl}: መውጫ: egresses, egressions, exits
Ausgangsadresse {f}: አድራሻ: home adress
ausgearbeitet: ተከናዋኝ/ ተሠርቶ: elaborated
ausgeatmet: ተተንፋሽ/ ተተንፍሶ: exhaled
ausgebadet: ተከፋይ/ ተከፍሎ: paid for
ausgebbar: ተላላፊ/ ተሰጪ: displayable
ausgeben (Geld): ከፈሎ አወጣ: expend, pay out, display, issue, issuing, type out
ausgeben, (Ausgabe): አወጣ: output
ausgeben: አሳተመ: አኖረ: write out, put
ausgebend: አውጪ/ አውጥቶ: emitting
Ausgeber {m}: አሳታሚ/ አውጪ: issuer
ausgebessert: ተሻሻይ/ ተጠግኖ: repaired, darnd, darned, refitted
ausgebeutet: ተበዝባዥ/ ተዘርፎ: exploited
ausgebildet: ሰልጥኖ/ ተምሮ: apprenticed
ausgeblasen: ጠፍቶ/ በኖ: blown out
ausgeblieben: ቀሪ/ ቀርቶ: stayed away
ausgeblutet: ደሚ/ ደምቶ: bled to death
ausgeborgt: ተበዳሪ/ ተውሶ: borrowed from
ausgebrannt: አሮ/ ከስሎ: burnt out
ausgebreitet: ተዘርጊ/ ተሰጥቶ: outspread
ausgebrochen: ተሰባሪ/ ተሰብሮ: broken out, erupted
ausgebucht: ተይዞ/ አልቆ: booked up
ausgebürgert: ተባሮ: expatriated
ausgedacht: ታስቦ: invented
ausgefechtet: ተጠቂ/ ተወግቶ: fought out
ausgefegt: ተጠራጊ/ ተጠርጎ: swept
ausgeflogen: ወድቆ፣ ተንዘራግቶ: flown out
ausgeflossen: ፈሳሽ/ ፈሶ: flowed out
ausgefragt: ተጠያቂ/ ተጠይቆ: questioned, quizzed
ausgefressen: ተውጦ/ ተጠልቅጦ: eroded
ausgeführt: ተደራሽ/ ተደርሶ፣ ተከናውኖ: achieved, executed, performed
ausgefüllt: ተሞይ/ ተሞልቶ: explained, filled in
ausgegangen: ጠላቂ/ ጠፍቶ: gone out
ausgegeben, (beliefert): ተሰጭ/ ተሰጥቶ: issued
ausgegeben: ተሰጥቶ: ተወርውሮ: dumped, displayed, emitted
ausgeglichen: ተስተካካይ/ ተስተካክሎ: balanced, evened
ausgegraben: ተቀባሪ/ ተቀብሮ፣ ጠፍቶ: dug out, excavated, unearthed
ausgehandelt: ተስማሚ/ ተስማምቶ: negotiated
ausgehändigt: ተላላፊ/ ተላልፎ: handed over
ausgehängt: ተሰቃይ/ ተሰቅሎ: hung out, sustained
ausgeheilt: ድኖ፣ አገግሞ: healed up
ausgehen: ወጣ፣ ሄደ: go out
ausgehend: ወጭ/ ወጥቶ: going out
ausgehoben: ተነሽ/ ተቃሎ: excavated
ausgeholfen: ተረጂ/ ተረድቶ: helped out
Ausgehverbot {n}: ገደብ፣ እገዳ: confinementto barracks
ausgekleidet: ተወላቂ/ ተገፍፎ: undressed
ausgeklopft: ተንኳኳቶ/ ተደውሎ: beaten
ausgekratzt: ተፋቂ/ ተፍቆ: scratched out
ausgelassen: ጉደፈቻ: hilarious, hilariously
ausgelassen: አውሬ: wild
ausgelassen: ተጣይ/ ተጥሎ: frolicsome, left out
ausgeliefert: ተላኪ/ ተሰጥቶ: extradited
ausgeliehen: ተሰጪ/ ተውሶ: lended
ausgelöst: ተለቃቂ/ ተለቅቆ: released
ausgenommen: ከ...በቀር: except
ausgenommen: ተጠባቂ/ ተጠብቆ: excepted, excepting
ausgenützt: ተበዝባዥ/ ተበዝብዞ: utilized
ausgeprägt: ተሳቢ/ ተማራኪ/ ተማርኮ: distinctive
ausgeprägt: ተነጋሪ/ ተነግሮ: pronounced
ausgeredet: ተብሎ/ ተነግሮ: made-excuses
ausgesaugt: ተመጥማጭ/ ተመጥምጦ: sucked
ausgeschaltet, entfernt: ተደምሳሽ/ ተደምሶ: off
ausgeschlagen: ተንቆ/ ተትቶ: rejected
ausgeschlossen, unmöglich: በፍጹም(አሉታ): impossible
ausgeschlossen: ተወጋዥ/ ተወግዞ/ ተባሮ: debared, debarred, excludet, precluded
ausgeschnitten: ተቆራጭ/ ተጠንቅሶ: cut out
ausgesetzt: ተጣይ/ ተጥሎ: set out
ausgesprochen: እርግጥ: markedly
ausgestorben: ሞቶ፣ ጠፍቶ: died out
Ausgestoßene {m, f}: ግሉል: pariah
Ausgestoßenen {pl} :: outcasts
ausgeteilt: ተከፋፋይ/ ተከፋፍሎ: distributed
ausgetestet: ስልጡን: experienced, resigned from
ausgetrunken: ተጨላጭ/ ተጠጥቶ: drunk up
ausgeübt: ተሞክሮ: practised

ausgewählt: ምርጥ: selectively
ausgewählt: ተመራጭ/ ተመርጦ: chosen, selected
ausgezählt: ተቆጣሪ/ ተሰልቶ: enumerated, disbursed
ausgiebig: በቂ፣በብቃት: extensive, extensively
ausgießen: አፈሰሰ፣ረጨ: effuse, poor out
Ausgleich {m}: እኩልነት፣ካሳ፣ማስተካከያ: compensation, equation
ausgleichbar: ተተኪ: compensable
ausgleichen: ተካ፣ካሰ: to square
ausgleichend: እኩል: ካሳዊ: compensational, compensative, equational, equationally
ausgleichend: አስተካካይ/ ከሶ፣ ከፍሎ: counterbalancing, equalizing
Ausgleicher {m}: ከፋይ፣ ተኪ: compensator, equalizer
Ausgleichszahlung {f}: ማስተካከያ፣ ካሳ: adjustmentpayment, equalization payment
Ausgleichszahlungen {pl} :: equalization payments
Ausgleichung {f}: ማስተካከያ: equalization
Ausgleichungen {pl}:: equalizations
ausgleiten: አንዳለጠ: slip
ausgraben: ቆፈረ: dig out, excavate, unearth
ausgrabend: ቆፋሪ/ ቆፍሮ: digging out
Ausgräber {m, pl}: ቆፋሪ: excavator, excavators
Ausgrabung {f}: ቁፋሮ: excavation
Ausgrabungen {pl} :: excavations
Ausguß {m}: ማእበል/ ርደት: outlet, sink
aushalten: ጸና፣ ቻለ፣ በረታ: endure, sustain, hold out, withstand
aushandeln: ተደራረረ: to negotiate
aushändigen: አስተላልፎ ሰጠ: to hand over
aushängen: አንጠለጠለ: hang out
aushängend: ሰቃይ/ ሰቅሎ: hanging out
Aushängeschild {n}: ምልክት: figurehead
ausharren: መነቸከ: hold out
ausharrend: መንቻካ/ መንችኮ: holding out
ausheben: አነሳ: excavate
Aushebung {f}: ለቀቃ፣ መነሳት: conscription, roundup
ausheilen: ዳነ፣ አገገመ: heal up
ausheilend: ዳኝ/ ድኖ: healing up
aushelfen: ረዳ: help out
Aushilfen {pl}: ርዳታ: helps
aushilfsweise, vorläufig: ለጊዜው: temporarily
auskennen: ተረዳ፣ አወቀ: be well versed
ausklammern: አቅማማ፣ አገደ: factor out
auskleiden: ገፈፈ: line
auskleidend: ገፋፊ/ ገፎ: undressing
auskommen: አባቃ፣ አብቃቃ: manage-with
auskratzen: ፈገፈገ፣ ፋቀ: scratch out
auskundschaften: አገኘ: explore
auskundschaftend: ፈልሳፊ/ አግኝቶ: exploring
Auskunft {f}: መረጃ: information desk, information
Auskunftsbüro {n}: የመረጃ ቢሮ: informationbureau, inquiry office
auskuppeln, entkuppeln: ነቀለ: declutch, disengage
auskuppeln: ነጠለ፣ ለያየ: uncouple
ausladen: ለቀቀ፣ ተወ: discharge
Auslage {f}, Schaufensterauslage: ምሳሌያዊማሳያ: display
Auslagen {pl} :: outlays
Ausland {n}: ውጭ ሀገር: foreign countries {pl}
Ausländer {m, pl}: የውጭ ዜጋ: foreigner
ausländerfeindlich: ዘረኛ: hostile to foreigners
Ausländerfeindlichkeit {f}: ዘረኝነት: anti-alienfeeling
Ausländerin/nen {f/pl}: የውጭ ዜጋ: foreigners
ausländisch, fremd: ባይትዋር: foreign
Auslandsaufenthalt {m}: ውጭ ሀገር ቆይታ: stay abroad
Auslandsgespräch {n} (Telefon): የውጭ ንግግር: international call
Auslandskorrespondent {m}: ውጭ ዜና ዘጋቢ: foreign correspondent
Auslandskorrespondenten {pl}:: foreign correspondents
Auslandsreise {f}: ውጭ ሀገር ጉዞ: journey abroad
Auslandsvertreter {m}: የውጭ ወኪል: agent abroad
Auslaß {m}: መውጫ፣ ቀዳዳ፣ መስኮት: outlet
auslassen: ወጣ፣ ለቀቀ፣ አሳለፈ፣ ፈቀደ: leave out, omit, wreak
auslassend: ለቃቂ/ ለቆ፣ ፈቅዶ: leaving out
Auslassung {f}: ፈቃድ፣ ለቀቃ: omission
Auslassungen {pl} :: interleaves, omissions
auslaufen: አፈሰሰ: run out
auslaufend : ሁሌ: outbound
auslaufend: አፍሳሽ፣አፍስሶ: leaking
Ausläufer {m}: ቅሬት፣ ዘርያ: offshoot, offshoots
Auslaufzeit {f}: መጣያ ወቅት: flow time
Auslaut {m}: ጭርታ: final sound
Auslaute {pl} :: final sounds
auslauten: ጨረሰ: end in
ausleeren, leeren: ጨለጠ፣ ሟጠጠ: empty
ausleerend, leerend: ጨላጭ/ ጨልጦ: emptying
auslegen: ተነተነ፣ ተረጎመ: to lay out
auslegend: ተርጓሚ/ አትቶ: interpreting, outlaying
Auslegung {f}: ትርጓሜ፣ አንድምታ: interpretation
ausleihen, (Anleihe): አበደረ፣ አዋሰ: loan, lend
ausleihend: አውሶ፣ ተረድቶ: lending
Ausleihung {f}: ብድር: asset exposure
Auslenkung {f}: መሪ፣ መዘወር: excursion
Auslese {f}: ምርጫ: selection
ausliefern, übergeben: አቀረበ፣ ሸጠ፣ ላከ: deliver, extradite
ausliefernd: አስተላልፎ: extraditing
Auslieferung {f}: አቅራቦት: delivery

Auslieferungsvertrag {m}: ያቅርቦት ውል፣ያቅርቦት ስምምነት: extradition treaty
Auslieferungsverträge {pl}: ያቅርቦት ውሎች: extradition treaties
auslöffeln: ቀጠፈ፣ ጨለፈ: spoon up
auslöffelnd: ጨላፊ፣ ጨልፎ: spooning, spooning up
auslöschbar: ተነጣይ/ ሟሚ: effaceable
auslöschen: አጠፋ: annihilate, efface, obliterate, raze, put out
auslöschend: አጥፊ፣ መጥፎ: obliterative
auslöschend: አጥፊ/ ደምስሶ: effacing, extinguishing, obliterating
Auslöschung {f}: ጥፋት: effacement
Auslöschungen {pl} :: effacements
Auslöseknopf {m}: መደምሰሻ ቁልፍ: cancellation button, start button
auslosen: አሳበቀ፣ እጣ አወጣ: draw lots for
auslösen: አቀላጠፈ፣ አሟሟ፣ ለቀቀ: initate, release
auslösend, befreiend: ለቃቂ/ ለቆ: releasing, ransoming, triggering
Auslöser {m}: እርሾ፣ ጌሾ: trigger, trippet, triggers
Auslöseschaltung {f}: ማስነሻ ቁልፍ/ ነጥብ: trigger circuit
Auslösung {f}: መልቀቂያ: cleardown, tripping
Auslösungen {pl} :: releases
Auslösungspreis {m}: መነሻ ዋጋ: activating price
ausmachen: ፈጸመ፣ ተስማማ: amount to, account for
Ausmaß {n}: መጠን: extent, dimension
Ausnahme {f}: ልዩ: exception
Ausnahmen {pl} :: exceptions
Ausnahmezustand {m}: ገደብ: state of emergency
Ausnahmezustände {pl} :: states of emergency
ausnahmslos: ያለምንም፣ ሁሉ: invariably, unexceptional, without exception
ausnahmsweise: እንዳጋጣሚ: exceptionally
ausnützen: በዘበዘ፣ ተጠቀመ: shortchange, take advantage of
ausnutzend: በዝበዛኝ/ ተጠቅሞ: utilizing
Ausnutzung {f}: ጥቅም: saturation
auspacken: ከፈተ፣ ፈታ: unpack
Auspfeifen {n}: ጫጫታ: catcall
auspfeifen: አፋጨ: boo
ausplaudern: ሆ አለ፣ ተንጫጫ: blab, divulge
ausplaudernd: ተንጫጭቶ: divulging, peaching
ausprägen: በንግግር ሳበ: pronounce
auspressen: አገደ: squeeze
ausprobieren, prüfen: ሞከረ: test
ausprobiert: ተሞካሪ/ ተሞክሮ: tested
ausprüfen: ፈተሸ: check out
Auspuff {m}: ጋስ ማውጫ: exhaust, exhaust pipe
Auspuffe {pl} :: exhausts
auspumpen: አስወጣ: exhaust, poop
auspumpend: አስወጭ/ አስወጥቶ: pooping
ausquetschen: አቃጨለ፣ ተንጫጫ: squeeze out
ausradieren: ፋቀ፣ ደመሰሰ: rub out
ausradierend: ፍቆ/ ደምስሶ: erasing
ausrauben: ዘረፈ: rob
ausraubend, beraubend: ዘራፊ/ ዘርፎ: robbing, mugging
ausrechnen: አሰላ: to figure out
ausrechnend, einkalkulierend: አስልቶ: calculating
ausreden: አሰማ፣ አስረዳ: make-excuse
ausredend: ፈተገ: rubout
ausreiben: ፈተገ: rubout
ausreichen: አባቃ: suffice
ausreichend: አባቂ/ አካፍሎ: sufficing
Ausreiseerlaubnis {f}: መውጫ ቃፈድ: exit permit
Ausreisevisum {n}: መውጫ ቪዛ: exit visa
Ausreißer {m, pl}: ወጭ: bolter, eloper, runaway, runaways
Ausreißer {m}, Sonderfall: ኢልሙድ: outlier
ausrenken: አበላለጠ: dislocate
ausrenkend: አበላልጦ/ አዳልቶ: dislocating
ausrichten, orientieren: አመለከተ: orient, align, joggle
ausrichten: አረጋገጠ: justify
ausrichten: አዘጋጀ: align
Ausrichtung {f}: ዝግጅት፣ ኩሸት: bias
Ausrichtungsfehler {m}: ድብልቅልቅ፣ ዝብርቅ: misalignment
ausrollen: አንከባለለ: roll out
ausrollend: አንከባላይ/ አሽከርክሮ: rolling out
ausrottbar: ጠፊ: eradicative
ausrotten: አጠፋ: eradicate, exterminate, extirpate
ausrottend: አጥፍቶ/ ደምስሶ: eradicating, exterminating, extirpating
Ausrottung {f}: ጥፋት: eradication, extermination
Ausrottungen {pl} :: eradications, extirpations
ausrücken: ተመመ: ለያየ: disengage, release, march-out
ausrückend: ተምሞ፣ ተጉዞ: marching-out
Ausruf {m}: ጥሪ: ቅንፍ: exclamation, interjection
Ausrufe {pl}:: interjections, cries
ausrufen: ቀነፈ: ጠራ: evoke, exclaim
ausrufend: አውጁ: ቀናፊ/ ቀንፎ: exclaiming, proclaiming
Ausrufer {in}: ጠሪ: bellman
Ausrufungszeichen {n}: ጥቅስ ምልክት: exclamation mark
ausruhen: አረፈ: አዝናና: relax, to rest
ausruhend: አርፎ/ ተዝናንቶ: resting
ausrüsten: አስታጠቀ: accoutre, equip, rig
ausrüstend: አዘጋጅቶ/ አሰልፎ:: accoutring, apparelling, equipping
Ausrüstung {f}: መሣሪያ: ትጥቅ፣ዝግጅት: equipage, equipment, machinery, plant
Ausrüstungen {pl} :: kits, outfits
aussagbar: ተመጣጭ: predicable

Aussage {f}: አባባል፣ መልክት፣ ኑዛዜ: message, predication, statement, testimony
aussagen: አወሳ፣አለ: predicate
aussagend: ግልጽ: አውስቶ፣ ብሎ: predicating, predicative
Aussagesatz {m}: ብሂል: clause of statement
aussätzig: ድውይ: leprously
Aussätzige {m, f}: ድውይ፣ በሽተኛ: leper
aussaugen, saugen: መጠመጠ: suck
aussaugend: መጥማጭ/ መጥጦ: sucking
ausschachten: ቆፈረ: excavate
Ausschalten {n}: ማጥፊያ: power down
ausschalten: አጠፋ: discard, eleminate, deactivate, disable
Ausschalter {m}: ማጥፊያ: አጥፊ: access standby, switch, breaker
Ausschaltung {f}: መለያያ፣መነጠያ: disconnection
Ausschau halten nach: ተመለከተ፣አተኮረ: to be on the look-out for, to watch out for
ausscheiden: በጠሰ፣ ቆረጠ: eliminate
ausscheidend: ጥሎ: dropping out
Ausschiffung {f}: በመርከብ ማጓጓዝ: debarkation, disembarkation
Ausschiffungen {pl} :: debarkations
ausschimpfen: አፌዘ: tick off, scold
ausschimpfend: አፌዞ/ ቀልዶ: scolding
ausschlachten: አረደ: cannibalize
ausschlachtend: ገሎ / ደምሶ: cannibalizing
Ausschlachtung {f}: ውጊያ: cannibalization
Ausschlachtungen {pl} :: cannibalizations
ausschlafen: ተኛ: sleep late
ausschlafend: ተዘፍዝፎ: sleeping late
Ausschlag {m}: ብትር: rash
ausschlagen: እምቢ አለ፣ ዐመፀ: reject, redound
ausschlagend: ዐማፂ/ ዐምፆ: rejecting, redounding
ausschlaggebend: ወሳኝ: decisive
ausschließen, verdrängen: ገፈተረ: to rule out
ausschließen: አገደ፣ዘጋ: space out, debar, exclude, foreclose, preclude
ausschließend: ከልካል: prohibitive
ausschließend: ወሳኝ: በመጨረሻ: preclusive, shutout, preclusively
ausschließend: ከልካይ/ ከልክሎ: debaring, debarring, excluding, foreclosing
ausschließlich: ባጠቃላይ፣ አስፈላጊ: excessive, exclusive
Ausschluß {m}: ገደብ: exclusion, preclusion
Ausschlüsse {pl} :: exclusions
ausschmücken, schmücken: አስጌጠ: decorate
ausschmückend, schmückend: አስጊያጭ/ አስጊጦ: decorating
Ausschmückung {f}: ጌጣጌጥ: ornamentation
Ausschnitt {m}: ብጣሽ: clipping, neck line
ausschnitt: ቆርጥ: notch
ausschreiben: አስተዋወቀ: advertise for bids
Ausschreibung {f}: ትውውቅ: invitation to bid
ausschreiten: ተላለፈ: step out
ausschreitend: ተላላፊ/ ተላልፎ: stepping out
Ausschreitung {f}: ግጭት: riot
Ausschreitungen {pl}, Tumulte {pl} :: riots
Ausschuß {m}: ኮሚቴ : committee
Ausschußware {f}: ጥሬ ዕቃ: substandard goods
ausschütteln: ወዘወዘ፣ ነቀነቀ: shake out
ausschüttelnd: ወዝውዞ: shaking out
ausschütten: ደፋ: pour out
Aussehen {n}: ግምት: lookout
aussehen: ገመተ፣ ጠነቆለ: to look like
aussehend, schauend: አይቶ: looking
außen, äußerlich: ውጫዊ: external
Außen...: ውጭ: outboard, external, outdoor, outside
Außenansicht {f}: ጨለቃ: exterior view
Außenbezirk {m}: ዙሪያ: outskirt
Außenbezirke {pl}:: outskirts
aussenden: ላከ: send out
Außendienst {m}: የደምበ: አገልግሎት: field service
Außendienstleiter {m}: መሪ: agency manager
Außendiensttechniker {m}: ኢንጂነር: field engineer
Aussendung {f}: መልክት፣ ትልልፍ: emanation
Außenhandel {m}: ውጭ ንግድ: foreign trade
Außenhaut {f}: ያባ ቀንድና ቀንድዮሽ ቤት: shell
Außenministerien {pl}: ውጭ ጉዳይ ሚኒስቴ ር: foreign offices
Außenministerium {n}: ውጭ ጉዳይ ሚኒስቴ ር: foreign office
Außenpolitik {f}: የውጭ ፖሊሲ: foreign policy
Außenring {m}: እጥር፣ ቀለበት: outer race, cup
Außenschicht {f}: ገጽታ: facing
Außenseiten {pl} :: outsides
Außenseiter {m}: ተዛንቦ: outsider
Außenstelle {f}: የሳቴ ላይት ጣቢያ: satellite station
außer Atem, atemlos: ትንፋሽ አልባ: out of breath
außer Atem: ድንጉጥ: out of breath
außer Betrieb: ብልሹ፣ ሰባራ: dead, nonworking, out of order, out of service, unoperative
außer Gefahr: ደኅና: out of danger
außer Kraft setzen: አነሳ፣ አበለሸ: override
außer mir war niemand da: ከኔ በቀር ሌላ አልነበረም: nobody was there but me
außer Reichweite: ሩቅ፣ ከክልል ውጭ: out of reach
außer sich: ከመጠን በላይ: frantic
außer wenn, es sei denn: ካል...በስተቀር: unless
außer Zweifel: በእርግጥ: beyond question
außer, ausgenommen: ...በቀር/ ቀርቶ: save
außer, außerhalb, draußen: ውጭ: outside
außer: ከ...ውጭ: besides
außer: ከ...በቀር: besides, except

außerdem, zusätzlich: በተለይ: in addition
außerdem: በተለየም፣ ሆኖም፣በበለጠ: also, aside from, besides, furthermore, moreover, over and above, what is more
außerdem: በተጨማሪ: moreover
außerehelich: እርግጥ: illegitimate, illegitimately
äußeres, außer, draußen: ውጭ: outside
außergewöhnlich: እጅግ: extraordinary
außergewöhnlich: እጅግ: extreme
außergewöhnlich: ልዩ/ የተለየ: exceptional
außerhalb: ከ...ውጭ: out, exterior, outboard, outlying, outside, exceedingly
äußerlich, fremd: ውጭ፣እንግዳ: extrinsical, cortically, externally, outward, outwardly
Äußerlichkeit {f}: ውጫዊነት: outwardness
äußern: ተናገረ: to voice, utter
äußernd: ተናጋሪ/ ተናግሮ: uttering
außerordentlich: እጅግ: excellent, greatly, flattered and cajoled
außerplanmäßig: ያለዕቅድ: non-scheduled, unscheduled
äußerst, höchst, extrem: እጅግ: extreme
äußerst: ውጫዊ: outmost, utter, uttermost, veriest
Äußerung {f}: አባባል: pronouncement, utterance
Äußerungen {pl} :: utterances
aussetzen: አስተላለፈ፣ አቃለለ: suspend
Aussetzer {m}: አስወጋጅ: dropout
Aussetzung {f}: ትልልፍ፣ ውገዳ: exposure
Aussicht {f}: እይታ፣ ገጽታ: prospect
aussichtslos: ውስን: ተስፋ አልባ: hopeless, unpromising, unpromisingly
Aussichtspunkt {m}: መነሻ: gazebo
Aussichtspunkte {pl} :: gazebos, viewpoints
aussichtsvoll: ባለተስፋ: promising
aussöhnen, versöhnen: አስታረቀ፣አስማማ: reconcile
aussöhnend: አስታራቂ/ አስታርቆ: reconciling
aussortierten: አበጠረ፣ለየ: sort out
ausspannen: አዝናና: relaxe
Aussparung {f}: ቁጠባ: recess
ausspeichern: አረጋገጠ: read out
ausspeichern: አወጣ፣ አንከባለለ: roll out, lock out
aussperren: አገደ: lock out
Aussperrung {f}: ገደብ: lockout
Aussperrungen {pl} :: lockouts
ausspielend: አላጋጭ/ አፊዞ: pitting
Aussprache {f}: ንግግር: pronunciation
Aussprachen {pl} :: pronunciations
aussprechbar: ተነጋሪ: pronounceable
aussprechen: ተናገረ: to pronounce, vocalize
aussprechend: ተናጋሪ/ ተናግሮ: vocalizing
Ausspruch {m}: አባባል: remark
Aussprüche {pl}:: remarks
ausspucken: ተፋ: disgorge, spit out
Ausspulen {n}: ውልወላ: spool-out
ausspülen: ወለወለ፣ አጠበ: rinse, spool out
ausstatten: አስጌጠ፣ አስታጠቀ: furnish, configurate, equip, fit out, furnish
Ausstattung {f}, Möbel {f}: ቁሳቁስ: furniture, accoutrement, configuration
Ausstattung {f}: ትጥቅ፣ዝግጅት: furnishing
Ausstattungen {pl}: ጌጣጌጥ: decors
ausstechen: ሸነጠ: excel
ausstechend: ሸጉጦ/ ወትሮ: excelling, outdoing
aussteigen lassen: አስወጣ: to let off
aussteigen: ወጣ: exit, disembark, get off, get out
aussteigen: አመለጠ: to get off
ausstellen: አሳየ፣ አስነበ': exhibit
Aussteller {m}: እግዚቢሽን አውጭ: exhibitor, issuers
Ausstellung {f}: ትሪት: show
Ausstellungen {pl} :: exhibitions, expositions
Ausstellungsraum {m}: የትሪት ቦታ: exhibition space, showroom
aussterben: ሞተ: die out
aussterbend: ሞቶ/ አልፎ: dying out
Ausstoß {m}: ትፋት፣ ክትባት: ejection
ausstoßen: ከተበ፣ ፈነዳ፣ በረረ: eject, ejaculate, extrude, jet
Ausstoßung {f}: ፍንዳታ: ejection
ausstrahlen: አንጸባረቀ፣ ምች መታ: ray, radiate, emanate
Ausstrahlung {f}: ምች፣ ጨረር: emission, radiation
Ausstrahlungen {pl} :: radiations
ausstrecken: ዘረጋ: outstretch, cross out, scratch out
Ausströmen {n}: መፍሰስ: outpouring
ausströmen: ፈሰሰ: emanate
ausströmend: ፈሳሽ/ ፈሶ: escaping
Ausströmung {f}: ፏፏቴ ፣ጎርፍ: ooziness
Ausströmungen {pl} :: escapes, oozinesses
aussuchen: መረጠ: choose, pick out
aussuchend: መራጭ/ መርጦ: choosing
Ausstausch {m}: ልውውጥ: commutation, exchange, interchange, transposition
austauschbar: ተለዋጭ: interchangeable, commutable, exchangeable
Austauschbarkeit {f}: ተለዋጭነት: commutability, interchangeability
austauschen (gegen): ቀየረ: to exchange (for), exchange, replaced, transpose
austauschend: ለዋጭ/ ለውጦ: exchanging
austeilen: ከፈለ፣ አካፈለ: dispense, give out, hand out
Austeiler {m}: አካፋይ/ አዳይ: dispenser
Austesten {n}: ሙከራ፣ ምርመራ: ፍተሻ: debugging, checkout
austesten: ፈተሸ: debug, debug
Austrag {m}: ጭነት: discharge
austreiben: አሯሯጠ፣ አስወረደ: drive out
austreibend: ገርቶ/ አላምዶ: driving out
Austreibung {f}: ውርጃ: expulsion
austreten: ለቀቀ: resign from

austretend: በመልቀቅ: resignedly
austrinken: ጨለጠ: drink up
Austritt {m}: ርደት፤ ጸዓት: exit, discharge
Austrittsalter {m}: ጡረታ መውጫ: age at withdrawal
ausüben: ሞከረ፤ ተለማመደ: bear, exercise, practise
ausübend: ተለማማጅ/ ተለማምዶ: practising
Ausübung {f}: ልምምድ: exertion
Ausübungen {pl}:: practices
Ausverkauf {m}: ሽያጭ: clearance sale, selling off
ausverkaufen: ሸጠ፤ በተን: sell out, sell off
ausverkauft: ተሸያጭ/ ተሸጠ: outsold, sold out
Auswahl {f}: ምርጫ: choice
auswählbar: ተመራጭ: generic, selectable
auswählen, erwählen, wählen: መረጠ: elect, select
auswählend: መራጭ/ መርጦ: selecting
auswählend: ጥዩፍ/ መራጭ: eclectically
auswandern: ፈለሰ፤ ሄደ: emigrate
Auswanderung {f}: ሽርሽር: emigration, transmigration
Auswanderungen {pl} :: emigrations, transmigrations
auswärtig: የውጭ: from outside
auswärts: ውጭ: out, out of town, outward, outwardly, outwards
auswaschen: አጠበ: wash out
auswaschend: አጣቢ/ አጥቦ: washing out
auswechselbar: ተቀያሪ: demountable
auswechseln: ቀየረ፤ተካ: replace
auswechselnd: ቀያሪ/ ቀይሮ: replacing, exchanging
Auswechslung {f}: ቅያሬ: replacement
Auswechslungen {pl} :: exchanges
Ausweg {m}: መውጫ፤ መንገድ: way out
Auswege {pl} :: ways out
ausweichen: አመለጠ፤ ሸወደ: elude, evade, quibble, shun, side step
ausweichend: ሌላ፤ ሸውድ: evasive, evasively, flinchingly
ausweichend: ሸውዶ/ አምልጦ: dodging, eluding, evading
ausweinen: አባሸ፥ ጮኸ: have a good cry
Ausweis {m}: መታወቂያ: identity card
ausweisen: አባረረ: expel
Ausweisungsbefehl {m}: የመባረር ትዛዝ: expulsion order
auswendig lernen: በቃሉ አጠና: to learn by heart
auswendig: በቃሉ ተማሪ/ ተምሮ: memorized
auswendig: በቃል: by heart
auswerten: ገመገመ: ወረወረ: disgorge, evaluate
auswertend: ገማች/ ገምቶ: evaluating
Auswertung {f}: ግምገማ: score, evaluation
Auswertungen {pl}:: analyses
auswiegen: መዘነ: balance out
auswiegend: መዛኝ/ መዝኖ: balancing out
Auswirkung {f}: ሰበብ: repercussion
Auswirkungen {pl}:: effects
auswischen: አጠበ: to wipe out
Auswuchs {m}: ትውልድ: outgrowth, hunch
Auswurf {m}: ውርወራ: throw-off
auszahlen: ከፈለ፤ አጠናቀቀ: disburse
Auszahlungen {pl}: ክፍያ: pay offs
auszeichnen: ድምጽ አሰማ: signalize
Auszeichnung {f}: ሽልማት: accolade, distinction
Auszeichnungen {pl}:: awards
ausziehen: አወለቀ፤ ቀየረ: doff, supplied, undress, move out
Auszug {m}: ቢት ቅያሬ: abstract, epitome, epitome, excerpt, extract
auszuwählen: መረጠ: choose
autark, wirtschaftlich unabhängig: ኢጥገኛ፤ ራሱን ቻይ: autarchic, sovereign
authentisch: ግልጽ፤ በግልጽ: authentic, authentically
Auto {n}: መኪና: auto, automobile, car, motorcar
Autobahn {f}: ነጻ መንገድ: motorway, superhighway, thruway
Autobahnen {pl} :: freeways
Autobiographie {f}: ነገረ ሕይወት: autobiography
Autobiographien {pl} :: autobiographies
autobiographisch: መዘርዝራዊ: autobiographically
Autobus {m}: አውቶቢስ: bus
Autobusbahnhof {m}: መናሃሪያ: bus terminal
Autobusbahnhöfe {pl}: መናሃሪያ: bus terminals
Autobushaltestelle {f}: መቆሚያ: bus stop
Autobushaltestellen {pl} :: bus stops
Autocode {m}: ታርጋ: autocode
Autofahrer {m, pl}, Fahrer: ሹፌር: driver, motorist, drivers
Autogramm {n}: ፊርማ: autograph
Autogramme {pl}:: autographs
autographisch: እማኝ: autographic, autographical, autographically
Autohändler {m}: መኪና ነጋዴ: auto dealer, auto maker
Autoindustrie {f}: መኪና አምራች: auto industry, automobile industrie
Autokrankheit {f}: የመኪና ሱስ: carsickness
Automat {m}: አውቶማቲክ: automat
Automaten {pl} :: automats
automatisch, maschinell: ወዲያው: automatic, automatically
Automatisierung {f}: አውቶማቲክ: automation
autonom, selbständig: ራስ ገዝ: autonomous, autonomic, autonomical
Autonomie {f}, Selbstverwaltung: ራስ ገዝ: self government, autonomy
Autonomien {pl} :: autonomies
Autor {m}: ጸሐፊ: author, writer
Autoreifen {m}: መኪና ጎማ: car tire
Autoren {pl} :: authors

autoritär: ጨቋኝ: authoritarian
Autorität {f}: ስልጣን: authority
Autos {pl}: መኪኖች: automobiles
autsch: እኽ!: ouch

Axt {f}, Beil {n}: መጥረቢያ: axe
Azimut {m}: ጠርዝ፣ መጋጠሚያ: azimuth
Azimute {pl}:: azimuths

B

Baby {n}, Kindlein: **ሕፃን**: babe, baby
Babys {pl}, Säuglinge: **ሕፃናት**: babies
Babysitter {m}: **ልጅ አጫዋች**: babysitter
Bach {m}: **ሸጥ**: brook, rivulet, runnel, stream
Bachufer {n}: **ሸጥ፣ ገረገም**: brookside
Backblech {n} :**መጋገሪያ**: baking tin
Backbleche {pl} :: baking tins
Backbord {n}: **የመርከብ መዘወሪያ**: larboard
Backe {f}: **አገጭ**: cheek
backen: **ጋገረ**: bake
backend: **ጋጋሪ/ ጋግሮ**: baking
Backenknochen {m}: **ጆርባ አጥንት**: maxillary bone, cheekbone
Backenzahn {m}: **መንጋጋ**: molar
Backenzähne {pl} :: molars
Bäcker {m, pl}: **ጋጋሪ**: baker, bakers
Bäckerei {f}: **ዳቦ ቤት**: bakery
Bäckereien {pl}:: bakery
Backfett {n}: **የዳሌ ስብ**: shortening
Backofen {m}, Ofen: **ምድጃ**: oven
Backpulver {n}: **እርሾ**: baking powder
Backstein {m}: **ምጣድ**: brick
Bad {n}, Badeort, Badewanne: **መታጠቢያ**: bath, spa
Badeanstalt {f}: **መዋኛ ቦታ**: baths, public baths
Badeanzug {m}: **የመዋኛ ልብስ**: bathing costume, bathing suit, swimsuit
Badeanzüge {pl} :: swimsuits
Badegast {m}: **ዋናተኞች**: bather
Badegäste {pl} :: bathers
Badehaus {n}: **መታጠቢያ ቤት**: bathhouse
Badehose {f}: **የመዋኛ ቁምጣ**: swimming trunks
Badekabine {f}: **መጸዳጃ ቤት**: bathing hut
Bademantel {m, pl}: **የመታጠቢያ ልብስ**: bath robe bathrobe, bath robes
Bademeister {m}: **የዋና ቤት ዘበኛ**: bath attendant
baden, schwimmen, waschen: **ዋኘ፣ ታጠበ**: bathe, imbrue, take a bath, bathe
badend: **ታጣቢ/ ዋኝቶ**: bathing bathing, imbruing
Badeort {m}: **መዋኛ ቦታ**: bathing resort
Badesalz {n}: **መታጠቢያ ጨው**: bath salts
Badestrand {m}: **የባሕር ዳር/ ቻ**: beach
Badestrände {pl}, Strände:: beaches
Badetuch {n}: **ፎጣ**: bath towel
Badetücher {pl} :: bath towels
Badewanne {f}: **መታጠቢያ ቤት/ ገንዳ**: bath tub
Badewannen {pl} :: bath tubs
Badewärter {m}: **የዋና ተቆጣጣሪ**: baths attendant
Badezimmer {n, pl}: **መታጠቢያ ክፍል**: bath room, bath rooms, bathrooms
Bagger {m, pl}: **ሠራተኛ**: dredger, dredgers
Bahn {f}, Eisenbahn: **ባቡር ጣቢያ፣ ባቡር መስመር**: tram, railway, course, web, pathway
Bahnbeamte {m, f}: **ባቡር ሠራተኛ**: railway official
Bahnfahrt {f}: **ባቡር ጉዞ**: train journey
Bahnfahrten {pl} :: train journeys
Bahnfracht {f}: **ዕቃ ጫኝ ባቡር**: rail carriage
Bahnhof {m}, Station: **ባቡር ጣቢያ**: station, railway
Bahnhöfe {pl}: **ባቡርጣቢያ**: stations
Bahnkörper {m}: **የባቡር ጣራ**: roadbed
Bahnsteig {m}: **ባቡር መሣፈሪያ**: platform, platform
Bahnübergang {m}: **ባቡር ማለፊያ**: level crossing
Bahnwärter {m}: **ባቡር ምልክት**: signalman
Bahre {f}: **ቃሬዛ**: stretcher
Bahren {pl}:: stretchers
Bahrtuch {n}: **ቃሬዛ ልብስ**: pall
Bakterie {f}: **ቫክተሪያ**: bacterium
Bakterien {pl}: **ቫክሪያ**: bacteria, bacteriums
bakteriell: **በሽታዊ**: bacterial, bacterially
Bakteriengattung {f}: **የቫክተሪያ ዓይነት**: streptococcus
Bakteriengattungen {pl}: : streptococcus
Bakterienkunde {f}: **የቫክተሪያ ትምህርት**: bacteriology
Bakteriologe {m}: **የቫክተሪያ ምሁር**: bacteriologist
Bakteriologen {pl} :: bacteriologists
bakteriologisch: **የቫክተሪያ ጥናታዊ**: bacteriological, bacteriologically
balancieren: **መዘነ፣ አስተካከለ**: poise
balancierend: **አስተካቀካይ/ አስተካክሎ**: balancing, poising
balancierte: **ተስተካካይ/ ተመዛኖ**: poised
bald, schnell: **ወዲያው፣ ቶሎ**: presently, soon, early
Balken {m}: **ምሰሶ፣ ድምድም**: joist, timber, arbor, beam
Balkon {m}: **ኮሪዶር፣ ባልከን**: balcony, balcony
Balkone {pl} :: balconies
Ball {m}, Kugel: **ኳስ፣ ሩር፣ ጥንግ**: ball
Ball spielen: **ኳስ/ ገና ተጫወተ**: to play ball
Ballade {f}: **ፉከራ፣ ሽለላ**: ballad
Balladen {pl} :: ballads
Balladendichtung {f}: **የፉከራ ግጥም**: balladry
Balladendichtungen {pl} :: balladries
Balladensänger {m, pl}: **አቅራሪ፣ አቀንቃኝ**: balladeer, balladeers
Ballast {m}: **ብስጭት፣ ቁጣ፣ ድንፋታ**: ballast
Ballaste {pl} :: ballasts
Ballett {n}: **ዳንስ**: ballet
Ballettänzer {m}: **ደናሽ**: ballet dancer
Ballettänzerin/ nen {f/ pl}: **ደናሽ**: ballet dancers
Ballkleid {n}: **ክብ ቀሚስ**: ball dress
Ballkleider {pl} :: ball dresses
Ballon {m}: **ባሉን**: balloon
Ballone {pl} :: balloons

Ballonflieger {m, pl}: በባሎን በራሪ: balloonist, balloonists
Ballsaal {m}: መጫወቻ አዳራሽ: ball room
Ballspiel {n}: ኳስ ጨዋታ: ball game
Ballspiele {pl} :: ball games
Ballspieler {m, pl}: ኳስ ተጫዋች: ballplayer, ballplayers
Ballungsgebiet {n}: ከተማ: conurbation, agglomeration area
Ballungsgebiete {pl}:: agglomeration areas
Ballungsraum {m}: ከተማ: megalopolis
Bambus {m}: ቀርቅሃ: bamboo
banal: ልቅ፣ ፍፍት፣ ወና: banal, banally, hackneyed, tritely
Banalität {f}: አብደት፣ ፉዞነት: triteness, banality
Banalitäten {pl} :: banalities
Banane {f}: ሙዝ: banana
Bananen {pl} :: bananas
Band {n,m}: ቡድን፣ ምድብ፣ ሰልፍ፣ ጥቅል: reel, volume, band, ligated, tape, tie, ribbon
Bandabstand {m}: የቡድን ይዘት: band gap
Bandantrieb {m}: ቴ ፐ መጫዋቻ: tape drive
Bandaufnahme {f}: መቅጃ ቴ ፐ: tape recording
Bandaufnahmen {pl} :: tape recordings
Bandbreite {f}, Spektrum: መጠን፣ ጥልቀት: spectrum, band width, bandwidth
Bandbreiten {pl} :: band widths
Bande {f}: መውጫ: gang, caboodle
Banden {pl} :: gangs, cliques
Bandenkämpfer {m}: የሌባ ቡድን: guerrilla
Bandetikett {n}: መጠቅለያ: volume label
Bandfilter {m}: ማጣሪያ: bandpassfilter
bändigen: ጠረዘ፣ ለበደ: subdue
Bandit {m}, Räuber: ሌባ፣ ቀማኛ: bandit, badmen
Banditen {pl} :: bandits, badmans
Bandrolle {f}: መጠቅለያ: reel
Bandwurm {m}: ኮሶ: tapeworm
Bandwürmer {pl} :: tapeworms
bangen: ተንቀጠቀጠ፣ ባባ: tremble
bangend: ተንቀጥቅጦ፣ ባብቶ: trembling
Bank {f}, Sitzbank: ባንክ፣ መቀመጫ፣ መደርደሪያ፣ ሸጥ: bench, settle, bank
Bankbeamte {m, f}: ባንክ ሠራተኛ: bank clerk
Bankbeamten {pl} :: bank clerks
Bankbuch {n}: ባንክ ስርቆት/ ዘረፋ: passbook, bankbook
Bankbücher {pl} :: passbooks
Bankdirektor {m}: ባንክ ዳይሬክቶር: bank director
Bankdirektoren {pl} :: bank directors
Banken {pl} :: banks, benchs
Bankett {n}, Festessen: ምግብ: banquet
Bankette {pl} :: banquets
Bankguthaben {n}: የባንክ ገንዘብ: bank balance
Bankhalter {m, pl}: ባለባንክ: banker, bankers
Bankier {m}: ባለባንክ: banker
Bankiers {pl} :: bankers, bank accounts
Bankkonto {n}: ባንክ ቁጥር: bank account
Bankleitzahl {f}: የባንክ መለያ: bank code
Banknote {f}, Papiergeld: የባንክ ኖታ: banknote
Banknoten {pl}:: banknotes
Bankrott {m}: ክሳራ: smashup
bankrott: ጉቦኛ፣ ዘራፊ: broke bankrupt, bankruptly
Bankrotte {pl} :: smashups
Bankrotteur gehen, in Konkurs gehen: ከሰረ: bankrupt
Bankwesen {n}: ባንክ ተግባር: banking
Banner {m, pl}: ባንዲራ፣ ምልክት: banner, banners
Bär {m}: ድብ: bear
Bären {pl}: ድብ: bears
Bar {f}: ትንሽ ሱቅ: bar
bar zahlen: ጥሬ ከፈለ: pay down
Barackenstadt {f}: እጥር ከተማ: shantytown
Barbar {m}: ጭራቅ፣ አረመኔ: barbarian
Barbarei {f}: አረመኔነት: barbarianism
Barbaren {pl} :: barbarians
barbarisch: ጭካኔያዊ: barbarian, barbarianly, barbaric, barbarous, barbarously, barbarically
Barbesitzer {m}: ባለመጠጥ ቤት: barkeeper
Barbestand {m}: ወረት: cash reserve
Bardame {f}: ቡና ቤት ሠራተኛ: barmaid
Bardamen {pl} :: barmaids
Barde {m}: አዝማሪ: bard
Barden {pl} :: bardics
Bareinnahme {f}: የቡና ቤት ገቢ: cash receipts
Bareinnahmen {pl} :: cash receipts baren bars
bärenartig: ጠንካራ: ursine
Bärenfell {n}: የድብ ቆዳ: bearskin
barfüßig: በእግር/ ያለጫማ: barefooted, barefoot, shoeless, unshod
Bargeld {n}: ጥሬ ገንዘብ: hardcash, cash
Bärin {f}: ድብ: she bear
Bärinnen {pl} :: she bears
Barkauf {m}: ገንዘብ ቅየራ: cash purchase
Barliquidität {f}: ገንዘብ: available cash, absolute liquidity ratio
Barmädchen {n}: የቡና ቤት ሠራተኛ: bar maid
barmherzig: ርኅሩኅ: merciful, mercifully
Barmherzigkeit {f}: ደግነት: lovingness, mercy, remorsefulness
Barometer {n, pl}: የነፋስ ፍጥነት መለኪያ: barometer, barometers, barometer readings
Barometerstand {m}: የመለኪያው ምንባብ: barometer reading
barometrisch: ልካዊ: barometric, barometrical, barometrically
Barriere {f}: እጥር፣ መሰናክል: barrage
Barrikade {f}: እጥር፣ አጉራ: barricade
Barrikaden {pl} :: barricades
Bars {pl}: መጠጥ ቤቶች: cafes
Barscheck {m}: ቼ ክ: personal cheque, open cheque
Bart {m}: ጢም: beard
bartlos: ጢምአልባ: beardless
Barverkauf {m}: ጥሬ ዕቃ ሻጭ: cash sale
Barverlust {f}: ኪሳራ/ ከስረት: net loss

Barzahlung {f}: ክፍያ: cash payment
basaltisch: ባልጩታዊ: basaltic
Basar {m}: ገበያ አዳራሽ: bazaar
basieren: አረፈ፤ መሠረተ: rest upon
Basilika {f}: ባዚሊካ፤ ግንብ: basilica
Basiliken {pl} :: basilicas
Basis {f}: ሥር፤ እግር፤ መሠረት: basis, foot, base
Basisadresse {f}: ዋና አድራሻ: base adress
Basisadressierung {f}: ዋና መገኛ: base adressing
Basisadressierungen {pl}:: base adressings
Basisband {n}: ዋና/ መገኛ ቡድን: baseband
Basisregister {n}: ዋና መመዝገቢያ: base register
Basiswiderstand {m}: ዋና ተቃውሞ: baseresistance
Basiszahl {f}, Wurzel: መሠረታዊ ቁጥር: radix
Basiszone {f}: ዋና ክፍል: base region
Baß {m}:የሙዚቃ ምት : basso, bit
Bässe {f}: : basses
Bastard {m}: ዲቃ፤ ረኛ፤ ባለጌ: mongrel
Bastarde {pl} :: bastards, bastions
basteln: ሠራ፤ አውጠነጠነ: do handicrafts, tinker
bastelnd: አውጠንጣኝ/ ሠርቶ: doing handicrafts, tinkering
Bataillon {n}: ምድብ: battalion
Bataillone {pl} :: battalions
Batch {m}: ጓደኛ: batch
Batterie {f}: ባትሪ: battery
Batteriefahrbetrieb {m}: ባትሪ መሙያ: accumulator traction, battery charger
Batteriefahrbetriebe {pl}:: accumulator tractions, battery chargers
Bau {m}, Gewerbe, Struktur: ግምብ፤ ፋብሪካ: fabric
Bauarbeiten {pl}: ሕንፃ ተቋራጭ: construction work, construction worker
Bauch {m}: ሆድ: ventral
Bauchschmerzen {pl}: ቁርጠት: belly aches
bauen (auf), errichten, bilden: ገነባ፤ አነፀ: build (built, built)
Bauer {m}: ገበሬ: boor, farmer, grower, hans, pawn, peasant
Bäuerin {f}, Bauersfrau: ገበሬ: countrywoman
Bäuerinnen {pl} :: countrywomen
bäuerlich: አራሽ/ ግብርናዊ: rustic peasant, rustically
Bauern {pl} :: peasants, countrymen
Bauernbursche {m}: የገበሬ ልጅ: swain
Bauernburschen {pl} :: swains, farmhouses
Bauernhaus {n}: የገጠር ቤት: farmhouse
Bauernhäuser {pl}: : farmhouses
Bauernhof {m}: የግብርና ቦታ: farm, farmstead
Bauernhöfe {pl} :: farms
baufällig: ተከናዋኝ፤ መታደስ ያለበት: dilapidated haywire, ramshackle, tumbledown, dilapidated
Baufirma {f}: ሕንፃ ሥራ: building enterprise
Baufirmen {pl} :: building enterprises
Baugelände {n}: የግንባታ ቦታ: building site
Baugelände {pl} :: building sites
Baugewerbe {n}: የሕንፃ ተቋራጭ: building trade
Baugruppe {f}: የሕንፃ ሥራ ቡድን: assembly
Bauherr {m}: ሕንፃ አሠሪ: building owner
Bauherren {pl} :: building owners, timbers
Bauholz {n}: የግምብ እንጨት: timber
Bauingenieur {m}: እንጂነር: civil engineer
Baujahr {n}: የተሠራበት/ የተመረተበት ዓመት: year of construction
Baujahre {pl} :: years of construction
Baum {m}: ዛፍ: tree
baumartig: ምዝግዝግ: arboreal
Baumeister {m, pl}: ሕንፃ ሠሪ: builder, master-builder, builders
Baumgrenze {f}: የዛፍ ጫፍ: timberline
Baumgrenzen {pl} :: timberlines
Baumkunde {f}: ዛፍ እንክብካቤ: dendrology
Baumkunden {pl}:: dendrologies
Baumschule {f}: የደን ትምህርት: tree nursery
Baumschulen {pl} :: tree nurseries
Baumstamm {m}: የዛፍ ዓይነት: trunk, bole
Baumwolle {f}: ጥጥ: cotton
Baumwollspinnerei {f}: ዝሀ ዘጊ፤ ጥንጠና: cotton mill
Baumwollstoff {m}: ጥሬ ጥጥ፤ የማግ ድር: scrim
Baumwollstoffe {pl}:: scrims
Bauplan {m}: ሕንፃ ንድፍ: construction plan
Bauplatz {m}: ቦታ: site
Bauplätze {pl}:: sites
Bausatz {m}: ሀረግ: kit
Bausätze {pl}:: kits
bauschen: ነፋ፤ አነበነበ: bagging
bauschend: አነብናቢ/ ወሽክቶ: bulging
bauschig: ወሽካታ፤ ቀዳዳ: bouffant, bulgy
Bauschlosser {m}: ቁልፍ ያዥ: building fitter, building fitters
Bausparkasse {f}: የግንባታ ባንክ: building society
Bausparkassen {pl} :: building societies
Bausparvertrag {m}: የግንባታ ውል: building loan contract
Bausparverträge {pl} :: building loan contracts
Baustein {m}: ብሎ ኬት፤ ጥሬ ዕቃ: building block, module
Bausteine {pl}, Modul:: module
Baustelle {f}: መሥሪያ ቤት/ ቦታ: road works
Baustil {m}: የሕንፃ ዓይነት: architectural style
Baustile {pl}:: architectural styles
Bauteil {n}: የግምባታ ክፍል: component
Bauteile {pl} :: devices
Bauunternehmer {m, pl}: ሕንፃ ተቋራጭ: contractor, building contractor, building contractors
Bauvorhaben {n}: የግምባታ ዕቅድ: building project
Bauxit {m}: ባኩሳይት: bauxite
Bazillus: ባስልዮስ: bacillus
beabsichtigen: አለመ፤ አቀደ: intend, purpos

beabsichtigend: አሳሚ/ አቅዶ፣ ዕቅዳዊ: intending, purposing
beabsichtigt: ታሳሚ/ ታቅዶ: intended, intended, purposed
beachten, aufpassen: ተመለከከተ፣ ተጠባበቀ: pay, attention, heed, respect, mind, note
beachtend: ተመልካች/ ተጠባብቆ: heeding, minding
beachtenswert, beachtlich: ደህና: remarkable notably, noteworthily, noteworthy
beachtet: ታይቶ/ ታስቦ: minded, heeded, paid attention to
beachtlich: መታየት ያለበት: considerable
Beachtung {f}: ትኩረት: heed, observance
Beamte {m}: ቢሮ ሠራተኛ: clerk, official
Beamten {pl} :: clerks, officials
Beamter {m}, Offizier: ቢሮ ሠራተኛ: officer, civil servant, official
beängstigen, erschrecken: አስፈራራ፣ አስደነገጠ: frighten
beängstigend, erschreckend: አስፈራሪ/ አስፈራርቶ: frighten
beängstigt: ፈሪ/ ተደናግጦ: frightened
beanspruchen: መብት ጠየቀ: engross, claim
beanspruchend: ጠያቂ/ ጠይቆ: claimed, engrossing, claiming
beansprucht: ተጠያቂ/ ተጠይቆ: engrossed, claimed
Beanspruchung {f}: ጫና፣ ጥያቄ : stress
beantwortbar: ተመልሳሽ፣ ተጠያቂ: answerable, responsible
beantworten: መለሰ፣ ቃሉን ሰጠ: to answer
beantwortet: ተመሳሽ/ ተነግሮ: answered, responded
Beantwortung {f}: መልስ፣ ኃላፊነት: reply
Beantwortungen {pl}:: replies
bearbeiten: አከናወነ: edit, work
bearbeitend: አከናዋኝ/ አከናውኖ: machining
Bearbeiter {m}: ሠራተኛ: arranger, processor
bearbeitet: ተከናዋኝ/ ተከናውኖ: machined, edited, reprocessed
Bearbeitung {f}: ተግባር፣ ሥራ: processing, editing
Bearbeitungen {pl}:: workings
Bearbeitungsgebühr {f}: የሥራ ግብር: arrangement fee
Bearbeitungsgebühren {pl}: የሥራ ግብር: arrangement fees
Beatmung {f}: ትንፋሴ: breathing
beaufsichtigen: ተመኘ፣ አሰበ፣ አመለከተ: invigilate oversee, superintend, supervise
beaufsichtigend: አስቦ/ ተቆጣጥሮ: supervising, controlling, overseeing, proctoring, superintending
beauftragen: ኃላፊነት ወሰደ: charge with
beauftragt: ኃላፊነት ወሰጅ/ ወስዶ: charge with
Beauftragte {m, f}: ተጠያቂ/ ኃላፊ: commissary
Beauftragten {pl} :: commissaries
bebauen: አረሰ-አመረተ፣ አዘመረ: to farm
bebauend: አራቢ/ አዝምሮ: cropping, cultivating, tilling
bebaut: ተመራች/ ተመርቶ: cultivated, tilled
bebautes Gebiet: ያዝመራ ቦታ: built-up area
beben: ተናዋወጠ፣ ተንቀጠቀጠ: quake, quivers
bebend, furchtsam, zitternd: ታናዋጭ/ ተንቀጥቅጦ: quaking, tremulous, quaking, quivering
Becher {m}, Tasse {f}: ስኒ: cup, beaker, beakers
Becken {n, pl}: ገረገም፣ ሸጥ: basins, cymbal, pelves, cymbals
bedampfen: አተነነ: vaporize
bedanken: አመሰገነ፣ መረቀ: thank
bedankend: መርቆ/ አመስግኖ: thanking
Bedarf {m}: ፍጆታ: demand
Bedarfsartikel {m, pl}: የፍጆታ ዕቃ: commodity, commodities
bedauern: አዘነ: sorry
bedauerlich, bedauernswert, bedauerlicherweise: አሳዛኝ: deplorable, regrettable, regrettably, regrettably, unfortunately
Bedauern {n}: ኃዘን: regretfulness, regret
bedauern: አዘነ: deplore, regret
bedauernd: አሳዛኝ: commiserative deploring, regretful, regretfully, regretting, regrettingly, worrying, commiseratively, deploringly, regretfully
bedauernswert: አስጠታች: pitiable deplorably, pitiably
bedecken: ጋረደ፣ ከለለ: suffuse, cover
bedeckend: ጋራጅ/ ከልሎ: canopying capping, sheltering, suffusing
bedeckt: ተገራጅ/ ተሸፍኖ: capped, coated, canopied, covered, sheltered, suffused
Bedeckung {f}: ግርዶሽ: encrustation
Bedeckungen {pl} :: encrustations
Bedenken {n}: ሐሳብ፣ ማሰብ: scrupulosity, scrupulousness, qualms
Bedenken habend: አሰበ፣ አለመ : scrupling, preconceiving
bedenken: አሰበ: preconceive
bedenkenlos: ደንታቢስ: unscrupulously
bedenklich, fraglich: አሳሳቢ: questionable, apprehensive, scrupulous, apprehensively, scrupulously
Bedenkzeit {f}, Frist: የቀኖና ጊዜ: respite
Bedenkzeiten {pl}, Fristen :: respites
bedeuten: ተረጎመ: connote, mean, means, stand for
bedeutende Leistung: ዋና አስተዋፅኦ: achievement
bedeutsam: እውቅ: momentous, momentously
Bedeutung {f}, Sinn: ትርጉም: signification , meaning, prominence, relevancy, significance
Bedeutungen {pl} :: meanings, significances
Bedeutung beilegen: ማስረጃ ጨመረ: to attach importance
Bedeutungsfehler {m}: የትርጉም ስተት: semantic error

bedeutungslos: ትርጉምአልባ: insignificant, irrelevant, meaningless
Bedeutungslosigkeit {f}, Ausdruckslosigkeit: ትርጉም አልባነት: meaninglessness
bedeutungsvoll: ዋና: meaningful, pregnant, meaningfully
bedienen, dienen, servieren: አገለገለ: operate attend, attend to, serve
Bediener {m, pl}: አገለጋይ: operator, operators
Bedienerfreundlichkeit {f}: በፍቅር ግብዣ: operator convenience
Bedienung {f}: አገልግሎት: handling operating, service
Bedienungsanleitung {f}: መመሪያ: directions for use, instruction manual
Bedienungsanweisung {f}: መመሪያ: operating instruction
Bedienungsanweisungen {pl}: መመሪያ: operating instructions
Bedienungshandbuch {n}: መመሪያ መጽሐፍ: reference manual
Bedingtheit {f}: ግምታዊነት፣ ግምት: relativity, conditionality
Bedingung {f}, Voraussetzung, Erfordernis: ቅድመ ሁኔታ: requirement, condition, term, stipulation
Bedingungen {pl} :: conditions
bedingungslos: ያለቅድመ ሁኔታ: unconditional unquestioning, unconditionally, unquestioningly
bedrängen, befallen: አስገደደ፣ አስቸገረ: beset, bulldoze
Bedrängnis {f}, Not, Elend: ጫና፣ ትካዜ፣ ችግር: affliction, distress
bedrohen: አስፈራራ: threaten
bedrohend: አስፈሪ: menacingly, threateningly
bedrohlich: አስጊ/ ታ: forbiddingly, frowningly, threateningly
Bedrohung {f}, Drohung: ማስጠንቀቂያ፣ ዛቻ: threat
Bedrohungen {pl} :: threats
bedrücken: ተጫነ፣ ጨቆነ: depress
bedrückend: አሳዛኝ፣ አስገራሚ/ አስገርሞ: depressing, aggrieving
Bedrückung {f}: ጭቆና: depression
Beduinen {pl}: በዱኢን/ ዘላን: bedouins
Bedürfnis {n}: ፍላጎት: need
Bedürfnisanstalt {f}: የርዳታ ዝግጅት: public lavatory
Bedürfnisanstalten {pl} :: public lavatories
bedürfnislos: ቁጥብ: frugal
Bedürfnisse {pl}: ፍላጎት: needs
bedürftig: ተፈላጊ: indigently, needily
Bedürftigkeit {f}: ድኅነት: neediness
Beeidigung {f}: ፍጻሜ፣ አፈጻጸም: administration of oath
Beeil dich!: ፍጠን!: Make haste!, make haste
beeilen: ፈጠነ፣ ተቻኮለ: hasten
beeilend, eilend: ፈጥኖ/ ቸኩሎ: hurrying, hastening
beeilt: ችኩል፣ በችኮላ: speedily
beeilt: ፈጣን/ ተቻኩሎ: hurried
beeindrucken: አሳዘነ: impress
beeinflussen: ተጽእኖ አደረገ: bias, influence
beeinflussend: ተጭኖ/ ተጽእኖ አድርጎ: biasing, influencing
Beeinflussung {f}: ተጽእኖ: impact
Beeinflussungen {pl} :: influences
beeinträchtigen: አታለለ፣ አንጸባረቀ: affect, vitiate
beeinträchtigend: አታላይ/ አታልሎ: impairing, vitiating
beeinträchtigt: ተታላይ/ ተሰቦ፣ ተማርኮ: affected impaired, vitiated
Beeinträchtigung {f}: ስበት: derogation impairment, nuisance
Beeinträchtigungen {pl} :: derogations, impairments
beenden, auflösen: ፈጸመ፣ ጨረሰ: conclude terminate, determine, finalize, finish, finite, unquote, break up
beendigen, erledigen: ፈጸመ፣ አከናወነ: to end, finish
Beendigung {f}: ፍጻሜ: completion, determining, ending, terminating, termination
beerdigen: ቀበረ: inhuming
beerdigend: ቀባሪ/ ቀብሮ: inhuming
Beerdigung {f}, Begräbnis: ቀብር: funeral burial, interment
Beerdigungen {pl} :: interments
befähigen: አስቻለ፣ አሰለጠነ: qualify
befähigend: አስችሎ/ አሰልጥኖ: featuring, empowering, qualifying
Befähigung {f}: ችሎታ: competency, qualification
Befähigungen {pl}:: qualifications
befallen: ዘረፈ፣ ወረረ: attaint, seized with, smite
befallend: ወራሪ/ ወርሮ: attainting, smiting
Befallenheit {f}: ወረራ: affectedness
Befehl {m}, Gebot, Kommando: ትእዛዝ / አዘዘ/ : command, instruction, mandamus order, comand, command
Befehle {pl}, Anweisungen, Anleitungen, Vorschriften :: instructions, imperatives, comands, commands
befehlen, kommandieren, bestellen: አዘዘ: to order, command
befehlend: አዛዥ/ አዝዞ: commanding, bidding
Befehlscode {m}: የማዘዣ ኮድ: opcode
Befehlsempfänger {m, pl}: ትዛዝ ተቀባይ: heeler, heelers
Befehlshaber {m}: አዛዥ፣ መሪ: commander
befehlshaberisch: በትዛዝ: imperious
befestigen (an): አጠናከረ፣ ከበበ፣ ቀነፈ: clamp, fix, pin, fortify, attach (to), fasten, fixate, mount, secure
Befestigung {f}: ምሽግ፣ ምድብ: attachment, fortification
Befestigungen {pl}:: fortifications, attachments, fortifications

befeuchten: አራሰ፤ አረጠበ: dampen, humidify, moisten, moisturize
Befeuchtigung {f}: እርጥበት: moisturization
befleckbar: ተቀቢ: stainable
beflecken: ቀባ፤ ለከከ፤ ለቀለቀ: maculate, speckle, stain, sully, stain, spot
Befleckung {f}: ልክካ፤ ቅብ: maculation
befolgen Sie die Gebrauchsanweisung: መመሪያውን ተከተል: follow the directions
befolgen: ተከተለ፤ አከናወነ: to obey
befördern: አበራታ፤ አጠናከረ: ferry, transport
Beförderung {f}: ጭንት፤ ግዴታ: preferment
Beförderungen {pl} :: preferments
Befragen {n}: ጥያቄ : Consult
befragen: ጠየቀ: query
befragte: ተጠያቂ: queried
Befragung {f}: መጠይቅ: questioning
Befragungen {pl}: : questionings
befreien (von), erleichtern, unterstuetzen: ደገፈ፤ ነፃ አወጣ: relieve, free (from) deliver (from), enfranchise, extricate, liberate, uncage, unfetter, unshackle
befreiend: ለቅቆ/ ነፃ አውጥቶ: relieving delivering, enfranchising, extricating, freeing, liberating, ridding, uncaging, unshackling
Befreier {m, pl}, Erlöser: ነፃ አውጭ: deliverer, emancipator, liberator, liberators
befreit: ተለቅቆ፤ ነፃ ወጥቶ: freed, delivered, enfranchised, extricated, libbed, liberated, uncaged, unshackled
Befreiung {f}: ነፃነት: deliverance, liberation, riddance
Befreiungen {pl} :: liberations
befremden: ተወዳጀ: appear strange
befreundet sein: ተጎዳኘ: to be friends
befriedigen, zufriedenstellen: አረካ፤ አስደሰተ: satisfy, gratify
befriedigend: ደህና: pleasable, satisfactory, satisfiable, satisfyingly
befriedigend: አርኪ/ አርክቶ: satisfying, contenting
Befriedigung {f}: እርካታ: pacification, satisfaction
Befriedigungen {pl} :: satisfactions
befriedigungsfähig: መርካት ቻይ: appeasable
befristen: ቀጠሮ ሰጠ: reprieve
befristet: ውስን/ ተወስኖ: reprieved
befristet: ውስን: terminable
befruchten: አሰረረ፤ አስጠቃ: fertilize, impregnate, fecundate, fructify, inseminate, pollinate
befruchtend: አሰራሪ/ አሰርሮ: impregnating, fecundating, fertilizing, fructifying, inseminating, pollinating
befruchtet: ተሰራሪ/ ተጠቅቶ: impregnates, impregnated, fecundated, fertilized, fructified, inseminated, pollinated
Befruchtung {f}: እርግዝና፤ ጽንስ: impregnation, fecundation, fertilization, pollination
Befruchtungen {pl} :: impregnations, inseminations
befürchten: ፈራ፤ ባባ: fear, worry about
Befürchtung {f}: ፍራቻ: misgiving
Befürchtungen {pl} :: misgivings
befürworten, unterstützen: ገመገመ፤ ደገፈ: advocate, recommend, support
Befürworter {m}: ገምጋሚ፤ ደጋፊ: supporter, advocator, interventionist, proponent
begabt: ባለስጦታ: aptly, dowered, gifted, talented, giftedly
Begabung {f}: ስጦታ፤ ችሎታ: aptitude, giftedness
Begabungen {pl} :: aptitudes, talents
begatten: አግመረ፤ አቀናጀ: copulate
Begattung {f}: ቅንጅት: copulation
begeben sich: አበቃ፤ አቆመ: betake
begegnen, treffen: ተገናኘ: meet
begegnend: ተገናኝ/ ተገናኝቶ: encountering
Begegnung {f}, Treffen, Versammlung: ግንኙነት: meeting, encounter
Begegnungen {pl}, Versammlungen:: meetings
begehren, wünschen: አደነቀ፤ ተመኘ: desire, covet
begehrend: ተመኝቶ፤ አድንቆ: desiring, coveting, covetting
begehrenswert: አስገራሚ: desirable, covetable
begehrlich: አስገራሚ: desirous, covetous, covetously
Begehrlichkeit {f}: አድናቆት: greediness, concupiscence, covetousness
begeistert (von): ተስፋኛ/ ተስፋ አድራጊ: enthusiastic (about, over), zesty
Begeisterung {f}: አድናቆት: ardor, enthusiasm, rapture, rapturousness
Begeisterungen {pl} :: raptures
Begeisterter {m}: ተገራሚ: freak
Begierde {f}: ቅናት፤ ምኞት: avidity, avidness, cupidity, lust, appetency
Begierden {pl} :: avidities, cravings, lusts, appetencies
begierig [auf, nach]: ጉጉተኛ፤ ቅኑዕ: eager avid, aware, desirous, desirously, eager [after, for], avidly
Begierigkeit {f}: ቅናት: desirousness
begießen, bewässern: ረጨ፤ አፈሰሰ፤ አጠጣ: douse, water
begießend: አጠጭ/ አጠጥቶ: dousing, dowsing, showering
Beginn {m}, Anfang: መጀመሪያ: advent, inception, beginning
beginnen, anfangen: ጀመረ፤ ወጠነ: begin (began, begun), initiate, start
beginnend: ጀማሪ/ ወጥኖ: commencing, initiating
beglaubigen: አረጋገጠ: authenticate accredit, notarize
beglaubigt, bescheinigt: ተተረጋጋጭ/ ተረጋግጦ: certified, authenticated, accredited, attested, notarized

beglaubigte Urkunde: ዋና መረጃ: authenticated document

Beglaubigung {f}, Zeugnis: ማረጋገጫ: authentication, attestation, notarization

Beglaubigungen {pl}:: attestations authentications, notarizations

Begleitbrief {m}: መሸኛ ደብዳቤ: covering letter

begleiten: መሸኛ ሰጥ/ ላከ accompany, squire, accompany, see off

begleitend: ሸኚ: collaterally, concomitantly

Begleiter {m}, Gefährte: ዘበኛ፣ አጀብ፣ መሪ፣ አስጎብኝ: companion, attendant, ccompanist, tutor

begleitet: ተሸኘ/ ተሸኝቶ: accompanied, attended, chaperoned, escorted, squired

Begleitliste {f}: መሸኛ ዝርዝር: accompanying list

Begleitpapier {n}: መሸኛ ወረቀት: accompanying document

Begleitpapiere {pl}:: accompanying documents

Begleitschreiben {n}: መሸኛ ደብዳቤ: covering note, accompanying letter

Begleitung {f}: መሸኛ: accompaniment attendance, chaperonage

Begleitungen {pl} :: companies

beglückwünschen: መልካም ተመኘ: felicitate, congratulate

Beglückwünschung {f}: መልካም ምኞት: congratulation

begnadigen: ማረ፣ ይቅር አለ: amnesty

begnadigt: ተማረ/ ይቅር ተባለ: amnestied reprieved, pardoned, contenting with

begraben: ቀበረ፣ ደበቀ: bury

begraben: ተቀባሪ/ ተቀብሮ: interred

begrabend: ቀባሪ/ ቀብሮ: sepulchering

Begräbnis {n}, Beisetzung: ቀብር: burial entombment, funeral, sepulture

Begräbnisse {pl} :: burials, funerals, sepultures

begreifen, ersinnen, verstehen: ተረዳ፣ ተገነዘበ: understand, conceive, comprehend, conceive

begreiflich, verständlich: ግልጽ: understandable apprehensible, apprehensibly

Begreiflichkeit {f}: ግልጽነት: comprehensibleness

begrenzbar: ተጨባጭ፣ ውስን: terminably

begrenzen, beschränken: ገደብ አደረገ፣ ገደበ: bound, limit

begrenzend: ወሳኝ/ ወስኖ: limitative, limiting

Begrenzer {m}: አዋሳኝ: clipper, delimiter

begrenzt: ውስን/ ተወስኖ: bounded, limited, delimited, limmitted, terminally, confined

Begrenztheit {f}: ውስንነት: narrowness, limitation, definition, limitation, limiting, zoning

Begrenztheiten {pl}:: definitions, limitations, limitings, zonings

Begrenzung {f}: ውስንነት፣ ገደብ: limitation

Begrenzungen {pl} :: limitations

Begrenzungszeichen {n}: የወሰን ምልክት: separator

Begriff {m}, Idee: ሐሳብ: notion, concept, items, notions

Begriffe {pl} :: concepts

begrifflich: ሐሳባዊ: conceptual, notional

Begriffsbestimmung {f}: ትርጉም: definition

Begriffssystem {n}: ጽንሰ ሐሳብ: system of concepts

Begriffsvermögen {n}: ግንዛቤ: comprehension

Begriffsverwirrung {f}: ድንግር: confusion of idea

Begründer {m}: መሥራች: founder

Begründerin/nen {f/ pl}, Gründer :: founders

Begründung {f}: ምክንያት፣ መሥረታ: substantiation

Begründungen {pl}:: reasons, substantiations, rationals

begrüßen: ሰላምታ ሰጠ: greet, come and meet, welcome

begrüßend: ሰላምታ ሰጭ/ ሰጥቶ: welcoming

begrüßt: በፌስታ በደስታ: welcomely, welcomed

Begrüßung {f}: ሰላታ: greeting

begünstigen: አዳላ፣ ካሰ: promote pander, favour

begünstigend: አዳሊ/ አዳልቶ: abetting, advantaging, favoring, favouring, pandering

begünstigt: ተካሸ/ ተክሶ: favored, abetted, benefited, pandered

Begünstigung {f}: ካሳ፣ ጉቦ: preferential treatment

begutachten: መረመረ፣ ሐሳብ ሰጠ፣ ገመገመ: examine, survey

begutachtend: መርማሪ/ ፈትኖ: examining, surveying

begutachtet, untersucht: ተመርማሪ/ ተገምግሞ: examined, surveyed

behaglich: ተጨባጭ፣ ምቹ: comfortable, comfortably, comfy, cosily, cosy, snug, snugly

Behaglichkeit {f}: ምቹነት: comfortableness, cosiness

behalten: ያዘ፣ ባለቤት ሆነ: manage

Behalt es für dich!: ውሰደው: Keep it under your hat!

Behälter {m, pl}, Wasserbecken, Metallbecken: መያዣ፣ ማንቆርቆሪያ፣ ማድጋ: tank, bins, container, receptacle, receptacles, repositories, reservoir, reservoirs

behandeln: ተመለከተ፣ ተንከባከበ፣ መረመረ: to treat, discuss, handle, medicate, handle

behandelnd: ተንከባካቢ፣ መርምሮ: treating, medicating

behandelt: ታይቶ/ ተመርምሮ: handled, treated

Behandlung {f}, Handhabung, Verfahren: ሁኔታ፣ ምርመራ: handling, reatment, therapy, treatment, treatment

Behandlungen {pl} :: therapies, treatments

beharren: ደጅ ጸና፣ መነቸከ፣ ችክክ አለ: persist, insist

beharrend (auf): መንቻካ/ መንችኮ: persisting, insisting

beharrlich: በጥብቅ: insistent, insistently, persistent, persistently, perseveringly

Beharrlichkeit {f}: ደጅጥናት: insistence, pertinaciousness
Beharrlichkeiten {pl} :: perserverances
behaupten: ገመተ፤ ተመኘ፤ አረጋገጠ: claim, allege, assert, aver, purport, affirm, argue
behauptend: ገማች/ ገምቶ: alleging, asserting, avering, averring, predicating
behauptend: በግምት: purportedly
behauptet: ተገማች: asserted, alleged, asserted, avered, averred, predicated, purported
Behauptung {f}, Erklärung: ግምት፤ ገለጣ: assertion, allegation, assertion, assertion, statement, averment
Behauptungen {pl} :: allegations, assertions, averments
Behauptungszeichen {n}: ግምታዊ ጫፉ: assertion sign
Behausung {f}: መኖሪያ: dwelling
Behausungen {pl} :: dwellings
behebbar: ተነሽ/ ተቀናሽ: repairable
beherbergen, unterbringen: ደበቀ፤ ጥግ ሰጠ: accommodate
beherbergend: አስጠግቶ: harboring
beherbergt: ጥግ ይዞ: accommodated, harbored, housed
Beherrsch dich!: ራስህን ተቆጣጠር: Keep your temper!
Beherrschen Sie sich!: ራስዎን ይቆጣጠሩ: keep your temper!
beherrschen: ገዥ ገዛ፤ አስተዳደረ: rule, control
beherrschend: ሰፋኝ: dominant, governmental
beherrschend: ገዥ/ ገዝቶ፤ አስተዳድሮ: ruling
Beherrscher {m}: አስተዳዳሪ: dominator
beherrscht: ተገዥ/ ተገዝቶ: governed, mastered, ruled
Beherrschung {f}: ግዛት: governing
behexen: አሠየጠነ፤ ክፉ አደረገ: bedevil
behexend: አዋራሽ/ አዋርሶ: bedevilling
behilflich: ርኅሩኅ፤ ደግ: helpful, collaborative, instrumentally, collaboratively
behindern, vereiteln: አሰናከለ፤ ከለከለ: to spoil, thwart, handicap
behindernd: ከልክሎ/ አሰናክሎ: hindering
behindert, verhindert: ተሰንካይ/ ተሰንክሎ: handicapped, hindered
Behinderung {f}: ስንኩልና: handicap, obstruction
Behinderungen {pl}:: handicaps, obstructions
Behörde {f}: ፖሊስጣቢያ: authorities
Behörden {pl} :: authorities
behördlich: በፖሊስ: magisterial, magisterially
behüten: ጠበቀ፤ ተንከባከበ: guard
behütend: ተንከባከቢ/ ተንከባክቦ: guarding
behutsam: ጥንቁቅ: gingerly
Behutsamkeit {f}: ጥንቃቄ : cautiousness
bei: በ/ ለ/ ከ/ ...ዘንድ/ ላይ/ ሥር: by, on
beibehalten: ያዘ፤ ባለቤት ሆነ: retain maintain
beibehaltend: ወስዶ: retaining, maintaining
beibringen, lehren: አስተማረ: teach
beibringend: አስተማሪ/ አስተምሮ: teaching
Beichte {f}: ኑዛዜ/ ቡራኬ: shrift
Beichten {pl} :: shrifts
beichten: ባረከ፤ የክርስትና አባት ሆነ: shrive
Beichtkind {n}: ያይን/ የክርስትና ልጅ: penitent
Beichtvater {m}: ንስሐ አባት: confessor
beide: ሁለቱ: either, both
beiderseitig: በሁለቱም በኩል: mutual ambidextrous, ambidextrously
Beidhändigkeit {f}: ሁለት እጅነት: ambidexterity
beidseitig [Richtungen]: ሁለት (አቅጣጫ/ ገጽ): both-way, double-sided
Beifahrer {m}: ተሳፋሪ: co -driver, passangen
Beifall {m}: ጭብጨባ: clap, acclamations, applause, plaudit, acclamation
Beifall spenden: አጨበጨ: applaud
beifällig: ግልጽ: approving
Beifallspender {m}: አጨብጫቢ/ ቲፎዞ: applauder, rooter
Beifallssturm {m}: ሆሆታ፤ ጫጫታ: thundering applauses
Beifallsstürme {pl} :: thundering applauses
beifügend: ተጨማሪ/ ተጨምሮ: attributing
Beifügung {f}: ጭማሬ: addendum, adjunct,
Beifügungen {pl} :: applications, additions
Beigabe {f}: ስጦታ: adjunct
Beigaben {pl} :: adjuncts
beigefügt: በተጨማሪ/ ም: appositionally, appositively
beigefügt: ተጨማሪ/ ተጨምሮ: affected
Beigeschmack {m}: ጣምና: smack
beigesteuert: ተሳቢ/ ተጎትቶ: contributed
beigetragen: ተዋጪ/ ተዋጥቶ: contributed
beigetreten: ገቢ/ ገብቶ: acceded
Beihilfe {f}: እርዳታ: aid, abetment
Beihilfen {pl} :: aids, abetments
Beil {n}: ምሳር፤ መጥረቢያ: hatchet
Beiladung {f}: ተሳቢ ጭነት: additional cargo
Beilage {f}: ጭማሬ: enclosure, inclosure
beiläufig: እንዲጋጣሚ: casual, parenthetical, parenthetically
Beile {pl}: መጥረቢያ፤ ምሳር: axes, hatchets
beilegen: ጨመረ፤ አመለከተ: attribute
beileibe: በምንም ዓይነት: by no means
Beileid {n}: ኃዘን መግለጫ: condolence
Beileidsbrief {m}: ያዘን መግለጫ ደብዳቤ: letter of condolence
beiliegen: ተጋደመ: be enclosed
beim [bei+dem]: በ/ ከ...አጠገብ: near the
beimessen: ለካ: impute
beimessend: ለክቶ፤ መዝኖ: attaching importance to
Beimischung {f}: ቅልቅል: admixture
Beimischungen {pl} :: admixtures
Bein {n}: ቅልጥም: leg
beinahe, fast: ልክ: almost, nearly
Beiname {m}, Nachname, Familienname: መጠሪያ/ ቅጥያ ስም: surname
Beinamen {pl}, Nachnamen, Familiennamen:: surnames
Beinarbeit {f}: የጉልበት ሥራ: foot work

Beinarbeiten {pl} :: foot works
Beinbruch {m}: እግር ስብራት: fracture of the leg
Beinbrüche {pl} :: fractures of the leg
Beine {pl}: ቅልጥም: legs
beinhalten: አጠቃለለ: conclude
beinhaltend: ጭምሮ: containing
Beiordnung {f}: ድርድር: coordinateness
beipflichten: ግጻጅ አስገባ: agree, accede
beipflichtend: ግጻጅ/ ቃል አስገብቶ: acceding, agreeing
beiseite legen: አስወገደ: to lay aside
beiseite schieben: ገፋተረ: to brush aside
beiseite: ወዲያ: aside
Beisetzung {f}: ቀብር: burial
Beisetzungen {pl}:: burials
Beisitzer {m}: ተመልካች: assessor
Beispiel {n}: ምሳሌ: example, instance
Beispiele {pl} :: examples
beispielhaft: ዓራያዊ፣ ምሳሌያዊ: exemplary
beispiellos: ምሳሌአልባ: unprecedented, unexampled, unexampledly, unparalleled, unparalleledly, unprecendented
Beispiellosigkeit {f}, Einzigartigkeit: ምሳሌአልባነት: singularity
Beispiellosigkeiten {pl} :: singularities
beispielsweise: ለምሳሌ: for instance
beißen: ነከሰ: bite (bit, bitten)
beißend: ነካሽ/ ነክሶ: biting
beißend: በቁርጥ፣ የግድ: mordant, nippy
Beistand {m}: ተቃውሞ: assistance
Beitrag {m}: ክፍያ፣ ቀረጥ: contribution, due
Beiträge {pl} :: contributions
beitragen: አዋጣ: contribute
beitragend: አዋጥቶ: contributing
beitragspflichtig: መቀረጥ ያለበት: liable to contribution
Beitritt {m}: መግቢያ: accedence
Beitrittsantrag {m}: የመግቢያ ቅጽ: application for membership
Beitrittsanträge {pl}:: applications for membership
Beiwort {n}: መቅድም: epithet
Beiworte {pl} :: epithets, causticities
Beizkraft {f}: የመንከስ ኃይል: causticity
Beizkräfte {pl}:: causticities
bejahen: እሽ አለ፣ ተቀበለ፣ አረጋገጠ: affirm, answer in the affirmative
bejahend, positiv: በእሽታ: affirmative
Bejahung {f}: እሽታ፣ ተቀባይነት: affirmation
Bejahungen {pl} :: affirmatives
bekämpfen: ተከላከለ፣ ታገለ፣ ተጋደለ: antagonize
bekämpfend: ተከላከሎ / ተታኩሶ: combating
bekämpft: ተወጊ/ ተወግቶ: combated
Bekämpfung {f}: ትግል: combat
Bekämpfungen {pl} :: combats
bekannt gemacht: ተገላጭ/ ተገለጠ: announced
bekannt machen: ገለጠ፣ አስታወቀ: to acquaint
bekannt sein mit: ተዋወቀ: to be acquainted with
bekannt: ዕውቅ/ ታውቆ: acquainted, known
bekannt sein: ታወቀ: to be known
Bekanntgabe {f}: ገለጣ: publication
bekanntgeben: አሳወቀ: intimate
bekanntgebend: አሳዋቂ/ አሳውቆ: intimating, notifying
bekanntgegeben: ታዋቂ/ ታውቆ: intimated
bekanntlich: በግልጽ: as is generally known
bekanntmachen : ገለጸ: acquaint, circularize, make-known
Bekanntmachung {f}, Offenlegung:ትውውቅ፣ መክፈቻ: disclosure, announcement, circularization, proclamation
Bekanntmachungen {pl} :: proclamations
Bekanntschaft {f}: ዕውቅና፣ ጓደኝነት: acquaintance, acquaintanceship
Bekanntschaften {pl} :: acquaintances
bekehren: ተመለሰ: proselytize
bekehrend: ተመላሽ/ ዞሮ: converting to proselyting, proselytizing
bekehrt: ቀይሮ/ ለውጦ: converted to, proselyted, proselytized
bekennen, gestehen: አመነ፣ ተቀበለ: confess, avow
Bekennen Sie sich schuldig?: ያምኑበታለን?: Do you plead guilty?
bekennend: አምኖ/ ተቀብሎ: avowing
Bekenntnis {n}: ምስክርነት: avowal, confession
Bekenntnisse {pl} :: avowals, confessions
beklagen: ከሰሰ፣ አማረረ: lament, bemoan, bewail
beklagend: አማርሮ/ ዬዬ ብሎ: bemoaning, bewailing, bitching, lamenting
beklagenswert: መማረር ያለበት: lamentable, lamentably
beklagt: ተከሳሽ/ ተወንጅሎ: bemoaned bewailed, bitched, lamented
Beklagte {m, f}: ተከሳሽ: respondent
Beklagter {m}: ጠበቃ: defendant
bekleiden: አለበሰ፣ አጎናጸፈ: clothe, attire, endue
bekleidend: አላብሶ: clothing, enduing, vesting
bekleidet: ተጎናጸፈ/ ለብሶ: clothed, endued, reclothed, vested
Bekleidungsindustrie {f}: ጫርቃጨርቅ ፋብሪካ: apparel industry, clothing industry
Bekleidungsindustrien {pl} :: clothing industries
bekommen: አገኘ፣ ተቀዳጀ: obtain
bekommen: ተገኝ/ ተገኝቶ: gotten obtained, got
bekräftigen: አረጋገጠ፣ አጠናከረ: confirm, affirm, corroborate
bekräftigend: አረጋግጦ/ አጠናክሮ: affirming confirmatory, corroborating, fortifying
bekräftigt: ተጠናካሪ/ ተጠናክሮ: affirmed corroborated, fortified
Bekräftigung {f}: ማረጋገጫ: affirmation
Bekräftigungen {pl} :: affirmations
bekümmern: ተንከባከበ፣ ጦረ: grieve
bekümmernd: ጧሪ/ ጡሮ: grieving
bekümmert: ተጧሪ/ ተጡሮ: grieved
beladen: ጫነ: to load

beladend: ጫኝ/ ጭኖ: lading
Belag {m}: ፊልም: film, facing
Belagerer {m}: ከባቢ: besieger
belagern: ከበበ፣ አገደ: besiege, beleaguer, siege
belagernd: ከብቦ: beleaguering, besieging
belagert: ታጋች/ ተከብቦ: beleaguered, besieged
Belagerung {f}: ከበባ: besiegement, siege
Belagerungen {pl} :: besiegements, sieges
belanglos, unwichtig: ምንም፣ ዋጋ ቢስ: unimportant, insignificantly, irrelevantly
Belanglosigkeit {f}: ዋጋቢስነት: immaterialness, irrelevance
Belanglosigkeiten {pl} :: irrelevances
belasten, beschuldigen: አላከከ፣ አመከኘ: burden, stress, incriminate, cumcumber, debit, encumber
belastend: አላካኪ/ አላክኮ፣ አቃብቶ: burdening, cumbering, debiting, encumbering
belastend: አነካኪ: incriminatory
belastet: ተወንጃይ/ ተወንጅሎ: burdened charged, encumbered, burdened, cumbered, debited
belästigen, ärgern: ሰደበ፣ ዘለፈ፣ አዋረደ: annoy, bother, discommode, harass, importune, incommode, molest, pester
belästigend: አዋራጅ/ ተሳድቦ: annoying discommoding, harassing, importuning, incommoding, inconveniencing, molesting, pestering
belästigt: ተሰዳቢ/ ተዋርዶ: annoyed discommoded, harassed, hassled, importuned, incommoded, inconvenienced, molested, pestered
Belästigung {f}: ስድብ: annoyance, inconvenience, molestation, nuisance, pestering
Belästigungen {pl} :: annoyances
Belastung {f}: ውንጀላ: encumbrance
Belastungen {pl} :: burdens, encumbrances
Belastungswiderstand {m}: ተቃውሞ: ballast resistance
Belastungszeuge {m}: ምስክር: witness for the prosecution
Belastungszeugen {pl} :: witnesses for the prosecution
belauschen: ጆሮ ጠባ: overhear
belauschend: ጆሮ ጠቢ/ አዳምጦ: overhearing
belauscht: ተሰላይ/ ተሰልሎ: overheard
beleben: አዳነ፣ አስነሳ: animate, enliven, inspirit, liven, revive, staminate, variegate, vitalize, vivify
belebend: አዳኝ/ አድኖ: animating, enlivening, freshening, variegating, vitalizing, vivifying
belebend: በማዳን: animatedly
belebt: ዳኝ/ ድኖ: enlivened
Belebung {f}: ማስነሳት: enlivenment, vitalization, vivification
Belebungen {pl} :: vitalizations, vivifications
Beleg {m}, Hinweis: ማስረጃ፣ ደረሰኝ: evidence, voucher
Belege {pl} :: vouchers
belegen, besetzen, benutzen: አረጋገጠ፣ ተጠቀመ፣ ያዘ፣ ጨበጠ: use, seize, occupy, engage
belegend: አስረጅ/ አረጋግጦ: allocating occupying, overlaying
Belegexemplar {n}: የማስረጃ ምሳሌ: specimen copy
Belegschaft {f}: አረጋጋጭ ሠራተኛ: staff personnel, straff, work force
Belegschaften {pl}:: staffs
belegt: ተያዥ/ ተይዞ: occupied occupied, proved
Belegung {f}, Gerät, Speicherplatz: በያዥ፣ ማረጋገጫ: allocation, seizure, occupancy
Belegzeit {f}, Funktionszeit: የመያዣ ጊዜ: action period
Belehrung {f}: ትምህርት: indoctrination
beleidigen: ሰደበ፣ ዘለፈ፣ አዋረደ: affront, insult, offend
beleidigend: አዋራጅ/ አዋርዶ: abusive affronting, offending, slighting, scathing
beleidigt, beschimpft: ተሰዳቢ/ ተሰድቦ: insulted, affronted, libeled, offended, scathed
Beleidigung {f}: ስድብ፣ ውርደት: indignity, libel, offence, offense, scathe
Beleidigungen {pl} :: indignities, wrongs
beleihen: አዋሰ: grant a loan
beleihend: አዋሽ/ አበድሮ: granting a loan
Belesenheit {f}: ምሁርነት: erudition, wide reading
beleuchten, erleuchten: አበራ: illumine, light
Beleuchter {m, pl}: አብሪ: illuminator, illuminators
Beleuchtung {f}: ብርሃን: illumination, lighting
Beleuchtungen {pl}:: lights, lightings
Belgien: በልጂግ: Belgium
beliebig, irgendein, irgendwelch, jede: ማንም ምንም: any, any desired
beliebt: ተወዳጅ/ ተወድዶ: liked, popular
Beliebtheit {f}, Popularität: ዕውቅና፣ ታዋቂነት: popularity
Beliebtheiten {pl} :: vogues
beliefern: አበረከተ፣ ለከ: provide
bellen: ጮኸ (ለውሻ): to bark
Bellende Hunde beissen nicht.: ጫጊ ውሻ አይናከስም: His bark is worse than his bite.
belohnen: ካሰ፣ ስጦታ አደረገ: recompense, remunerate, requite, reward
Belohnung {f}: ዋጋ፣ ካሳ፣ ስጦታ: prize, remuneration, reward
Belohnungen {pl}:: prizes, rewards
belüften: አናፈሰ፣ አራገበ: aerate, ventilate
Belüftung {f}, Entlüftung: ነፋስ ማስገባት: ventilation
Belustigung {f}: ቀልድ፣ ፌዝ: amusement, merriment, merrymaking
Belustigungen {pl} :: merriments
bemächtigen: ኃላፊነት ሰጠ: take possession of
bemängeln: ተበላሸ፣ ገማ፣ ተጓደለ: find fault
bemannend: ከሰው ጋር: manning, manned
bemerkbar: ግልጽ: noticeable

bemerken, merken, beachten: አመለከተ፤ አሳየ: remark, notice, remark, to notice
bemerkenswert: መታይት ያለበት: observable, notable, notably, noteworthy, noticeable, noticeably, observable, observably, remarkable, remarkably
Bemerkung {f}: ምልክት: comment, remark
Bemerkungen {pl}: : remarks
bemessen: ለካ: scrimp, scrimping
bemitleiden: የኃዘን ተካፋይ ሆነ: commiserate, pity
Bemühe dich nicht!: አትጨነቅበት: Don't bother!
bemühen: ሞከረ: bestir, endeavor, endeavour, exert
bemühend: ሞክሮ፤ ተጣጥሮ: endeavouring bestirring, endeavoring, endeavouring, exerting
Bemühung {f}, Anstrengung: ሙከራ፤ ጥረት: endeavour, endevour, effort
Bemühungen {pl} :: efforts
benachbart: ጎረቤት፤ አቅራቢያ: adjacent, neighbouring
benachrichtigen, informieren, unterrichten [von, über]: አስረዳ፤ ነገረ: inform apprise, notify, inform, inform [of, about, on]
benachrichtigend: ነግሮ፤ ገልጾ: informing, apprising
benachrichtigt: ተነግሮ/ ሰምቶ: informed, apprised
Benachrichtigung {f}: ዘገባ፤ ገለጻ: apprisement
Benachrichtigungen {pl}:: informations
benachteiligen: ጨቆነ፤ አዳላ: discriminate
benachteiligend: ጨቁኖ/ አዳልቶ: discriminating
benachteiligt: ተበዳይ/ ተበድሎ: disadvantaged unprivileged, discriminated
Benachteiligung {f}: በደል: disadvantage
Benachteiligungen {pl}:: disadvantages
Benedikt: የካቶሊክ መነኩሴ ስም: Benedict
Benediktiner {m, pl}: የበኔዲግ ተከታይ: Benedictine
Benediktinerin/ nen {f/ pl}: የበኔዲግ ተከታይ: benedictines
benehmen Sie sich!, Seien Sie anständig!: ተረጋጋ!ይረጋጉ!: behave yourself!
Benehmen {n}: ጠባይ፤ ዓመል: behavior, demeanor, demeanour, deportment, discipline, behaviour
beneiden: ቀና፤ ተመቀኘ: envy begrudge, grudge
beneidend: ቀንቶ/ ተመቅኝቶ: envying
beneidenswert: የሚያስቀና: enviable, enviably
benennen, bezeichnen: ሰየመ፤ ጠራ: denominate, name
Benennung {f}: ስያሜ: denomination, naming
Benennungen {pl}:: denominations, appellations
Bengel {m}: ጎረምሳ፤ ጠብደል: urchin
Bengel {pl} :: urchins
benötigen: አስፈለገ: want, need
benötigend: አስፈላጊ/ አስፈልጎ: needing needing
benötigt: ተፈላጊ/ ተፈልጎ: needed
benutzen: ተጠቀመ use
benutzend: ተጠቃሚ/ ተጠቅሞ: using
Benutzer {m}: ተጠቃሚ: user
Benutzer {pl} :: users
benutzerabhängig: በተጠቃሚው መጠን: user-dependent
benutzerfreundlich: ምቹ፤ ቀላል: user-friendly
Benutzerhandbuch {n}: መመሪያ መጽሐፍ: user guide, user manual
Benutzerkennzeichen {n}: የተጠቃሚው ኮድ: user identification
benutzt: ጉንጥል/ ተጎንጥሎ: used
Benzin {n}: በንዚን: gas, gasoline [AE], petrol [BE], benzine
Benzinmotor {m}: የበንዚን ሞተር: petrol engine
Benzintank {m}: በንዚን መመዪያ: petrol tank
beobachten, bewachen, aufpassen: ተመለከተ፤ ሰለለ: observate, observe, watch, observe
beobachtend: ንቁ: observing
Beobachter {m}: ጠባቂ፤ ሰላይ: observer
Beobachtung {f}: ትኩረት: observation
Beobachtungen {pl} :: observations
bequem, komfortabel: ምቹ፤ ስምም: convenient, cushy, modest, comfortable, convenient, conveniently
Bequemlichkeit {f}, Ruhe: ምቾት: cushiness, ease, accommodativeness, comfort
beraten: መከረ: advise on
beratend: በምክር: advisory, deliberatively
Berater {m, pl}: አማካሪ፤ መካሪ: adviser, advisers, advisor, consultant, consulter
Beratung {f}: ምክር: advice, consultation consulting service, counsel
Beratungen {pl} :: consultations, counsels
Beratungsfirma {f}: አማካሪ ድርጅት: business consultancy
Beratungsstelle {f}: መምከሪያ ቦታ: information centre
Beratungsstellen {pl} :: information centres
Beratungstätigkeit {f}: የምክር ሥራ: advisory activity
berauben: ዘረፈ: bereave, deprive, despoil, rob
beraubend: ዘራፊ/ ዘርፎ: depriving bereaving, depriving, despoiling, preying, robing
beraubt: ተዘራፊ/ ተዘርፎ: deprived, bereaved, despoiled, preyed
Beraubung {f}: ዝርፊያ: divestment, robbery
Beraubungen {pl} :: robberies
berauschen: ሰከረ፤ ተዝናና: befuddle fuddle, inebriate
berauschend: ስክሮ/ በስብሶ: befuddling fuddling, inebriating
berauschend: በሞቅታ/ ስካር: intoxicant, intoxicantly, intoxicatingly
berechenbar: ሊሆን የሚችል: calculable, computable
Berechenbarkeit {f}: ሊሆን መቻል: calculability, computability, countability

berechnen, belasten: አሰበ፣ አሰላ፣ ተበቀለ: bill, calculate, compute, recalc, charge
berechnend: አስልቶ/ ተቆጣጥሮ: accounting, calculating
berechnet: ተሰሊ/ ተሰልቶ: calculated
Berechnung {f}, Rechnung, Zählung: ስሌት፣ ክፍያ: counting, account, reckoning, calculation, computation
Berechnungen {pl} :: calculations, computations, countings
Berechtigung {f}: መብት፣ መታወቂያ፣ መያዣ: warranty
Berechtigungsnachweis {m}: መታወቂያ: credential
beredsam: አነጋጋሪ/ አጠያያቂ: eloquent, eloquently
Beredsamkeit {f}: ድስኩር: eloquence
Bereich {m}, Region, Sphäre: አካባቢ: area, range, region, sphere, range, scope, purview
Bereiche {pl}, Sphären :: spheres, scopes, purviews
Bereichsdefinition {f}: ያካባቢ መለዮ: area definition
Bereichsgrenze {f}: ኩታ ገጠም: area boundary
Bereichskennzeichen {n}: ያካባቢ ምልክት: area flag
Bereichskontroller {m}: ያካባቢ መቆጣጠሪያ: area controller
bereichsspezifisch: ልዩ አካባቢ: area specific
Bereichszuweisung {f}: አካባቢ መጠቆሚያ: area allocation
Bereifung {f}: ጉርምስና: tyre
Bereifungen {pl} :: tires, equipments
Bereinigung {f}: ጽዳት: garbage
bereisen: ተጓዘ: perambulate
bereit: ዝግጁ፣ ፈቃደኛ: inclinable, patly, preparedly, promptly, raring, readily, ready
bereit sein zu: ፈቃደኛ ሆነ: to be prepared to
bereithalten: ተዘጋጀ፣ ተጠንቀቀ: held ready
bereitgestellt: ተዘጋጅ/ተዘጋጅቶ፣ ተሟልቶ: provided, supplied, appropriated
bereits: እነሆ: price
Bereitschaft {f}: ዝግጁነት፣ ፈቃደኝነት: readiness, preparedness
Bereitschaftsdienst {m}: ነፃ አገልግሎት: on-call service
Bereitschaftsdienste {pl} :: stand duties
Bereitschaftssignal {n}: ማስጠንቀቂያ ምልክት: attention interrupt
Bereitschaftszeit {f}: መዘጋጃ ሰዓት: standby time
bereitstellen, zur Verfuegung stellen: አዘጋጀ: stand by
bereitstellend: አዘጋጅ/ አዘጋጅቶ: providing, appropriating
Bereitstellung {f}: ዝግጅት: forming up
Bereitstellung {f}:: assembly, provision
Bereitstellungsflugplatz {m}: መንደርደሪያ ቦታ: marshalling-airfield
Bereitstellungskonto {n}: የመጠባበቂያ ቁጠባ: appropriation accound
Bereitstellungsraum {m}: መዘጋጃ ክፍል: marshalling-area, assembly area
bereitwillig: በፈቃደኝነት: unhesitant, willing
Bereitwilligkeit {f}: ፈቃደኝነት: alacrity, promptness, willingness
bereuen: ተጸጸተ: regret, repent, rue, have regrets
Berg {m}: ተራራ: mountain, mount
Berge {pl}, Gebirge:: mountains
bergab: ቁልቁለት: downhill
Bergarbeiter {m}, Bergmann: ማድን ቆፋሪ: miner
Bergbau {m}: ማድን ቁፋሮ: mining
Bergbewohner {m}, Hochlandbewohner: የደጋ ኗሪ: highlander, mountaineer
bergen: ደበቀ: salvage
Bergführer {m}: ተራራ አስጎብኝ: mountain guide
Berghang {m}: ጎራ: mountainside
Bergkette {f}: ተራራ ሰንሰለት: mountain range
Bergkrankheit {f}: ጭቁኝ በሽታ: mountain sickness
Bergkristall {m}: ባልጩት: rock crystal
Bergmann {m}: ማድን ቆፋሪ: collier, pitman
Bergmänner {pl} :: pitmen
Bergpredigt {f}: የተራራው ስብከት: sermon on the Mount
Bergpredigten {pl}:: sermons on the Mount
Bergspitze {f}: ተራራ ጫፍ: mountain peak mountaintop, hilltop
Bergsteigen {n}: ተራራ መውጣት: mountaineering
Bergsteiger {m}, Bergsteigerin {f}: ተራራ ወጭ: climber
Bergung {f}, Errettung, Rettung: የወደቀ ማንሳት: rescue
Bergungen {pl} :: rescues
Bergungsarbeit {f}: የማንሳት ተግባር: rescue work
Bergwerk {n}: የማድን ሥራ: colliery, mine
Bergwerke {pl}:: collieries, mines
Bericht {m}: ዘገባ፣ ሪፖርት: report, bulletin, account
Berichte {pl} :: reports
berichten, sich melden: ዘገበ፣ ሪፖርት አደረገ: relate, refer, report, tell
berichtend: ዘጋቢ/ ዘግቦ: chronicling, referring, relating, reporting
Berichterstatter {m}: የዘገባ ተግባር: reporter, reporters
Berichterstattung {f}: ዝጋቢ፣ መዘርዘር: coverage
berichtet: ተዘጋቢ/ ተዘግቦ: reported told, chronicled
berichtigen: ኃላፊነት ሰጠ: adjust
Berichtigung {f}: መብት፣ ፈቃድ: rectification, correctional, adjustment, amendment
berieseln: አጠጣ፣ ረጨ: sprinkle
berieselt: ተረጭቶ: sprinkled
Berieselungsanlage {f}: ፈሰስ፣ ባ ንባ : sprinkler

Berieselungsanlagen {pl} :: sprinklers
berücksichtigen: አከበረ: regard, allow for, consider, take into account
Beruf {m}, Beschäftigung: ተግባር፣ ሥራ: occupation, trade, profession
Berufe {pl} :: professions, rackets
berufen: ጠራ፣ ሰየመ: convene
Berufer {m}: ጠሪ: appointer
beruflich: በተግባር: occupational, vocational, vocationally, occupationally
Berufsausbildung {f}: የሙያ ሥልጠና: professional training
Berufsausübung {f}: የሙያ ማዋያ: professionalism
Berufsbekleidung {f}: የሥራ ቦታ: working clothes
Berufsberater {m}: የሙያ አማካሪ: careers officer
Berufsberatung {f}: የሙያ ምክር: vocational guidance
Berufsberatungen {pl}:: vocational guidances
Berufsboxer {m}: ቦክሰኛ: prizefighter
Berufskrankheit {f}: የሥራ ቦታ: occupational disease
Berufsoffizier {m}: ቢሮ ሠራተኛ: regular officer
Berufsschreiber {m}: ጸሐፊ: scrivener
Berufsschule {f}: የሙያ ትምህርት ቤት: vocational school
Berufssoldat {m}: ወታደር: lifer
berufstätig: ሠራተኛ: employed
Berufung {f}: ጥሪ: calling, vocation
Berufungen {pl} :: callings, vocations
Berufungsgericht {n}: የሠራተኛ ፍርድ ቤት: court of appeal
Berufungsgerichte {pl} :: courts of appeal
Berufungsrecht {n}: ግባኝ: right of appeal
Berufungsrechte {pl} :: rights of appeal
beruhen: ረጋ: be based on
beruhigen: አረጋጋ: allay, appease, becalm, pacify, reassure, sedate, soothe, tranquilize, tranquillize
beruhigend: አረጋጊ/ አጽናንቶ: reassuring, appeasing, becalming, calming, hushing, pacifying, salving, sedating, sedative, sedatively, soothing, stilling, tranquilizing, tranquillizing
beruhigend: አጽናኝ: mollifyingly, reassuringly
beruhigt: ተጽናኝ/ ተጽናንቶ: pacified, appeased, becalmed, calmed, hushed, quieted, reassured, sedated, soothed, stilled, tranquilized, tranquillized
Beruhigung {f}: ማረጋጊያ: pacification, sedation
Beruhigungen {pl} :: sedations
Beruhigungsmittel {n, pl}: ማረጋጊያ መድኃኒት: downer, placebos, sedative, sedatives, suppressant, tranquilizer, tranquillizers, depressant, sedatives, suppressants, tranquilizers

berühmt (wegen): ዕውቅ: celebrated, famous (for), famed, illustrious, illustriously, renowned, renownedly, famously
berühmter Gast: ዕውቅ እንግዳ: celebrity guest
Berühmtheit {f}: ታዋቂነት: celebrity, famousness, illustriousness
Berühmtheiten {pl}, berühmte Personen :: celebrities, celebrities
berühren, rühren: ዳሰሰ፣ ነካካ: touch
berührend: ዳሰሶ/ ነካክቶ: touching
berührend: ተሰሚ/ የሚሰማ: tangentially
berührt: ተዳሰሰ: touched, contacted, fingered
Berührung {f}: ድሳሴ፣ ዳሰሳ: touch
Berührungsfläche {f}: መገናኛ ቦታ: contact surface
Berührungslinie {f}:መገናኛ ማዕዘን: tangent
Berührungslinien {pl}, Tangenten:: tangents
berührungslos: ግንኙነትአልባ: proximity
Berührungspunkt {m}: መነካኪያ ነጥብ: pointof contact
beschlagnahmen: ያዘ፣ ቀማ: sequestrate
besagen, sagen: አለ፣ ተናገረ: say
besänftigen: አረካ: mollify
besänftigend: አርኪ/ አርክቶ: calming, calming down, mollifying
Besänftigkeit {f}: እርካታ: soothingness
Besänftigung {f}: ማርኪያ: mollification, appeasement
Besänftigungen {pl} :: mollifications verifications
Besatzung {f}: ማራኪ፣ ተቆጣጣሪ: garrison
Besatzungen {pl} :: crews, garrisons
beschädigen: ጎዳ፣ ሰበረ: damage, injure, maul
beschädigend, schädigend: ጎጅ/ ጎድቶ: damaging, mauling
beschädigt: ብልሹ: mauls, shopworn
beschädigt: ተጎጅ/ ተጎድቶ: corrupted, damaged, damned, flawed, injured
Beschädigung {f}: ጉዳት፣ ብከላ: damage, injury
Beschädigungen {pl}:: damages, injuries
beschaffen: አቃጠረ፣ ደለለ: procure, provide
beschaffend: ደላይ/ አቃጥሮ: procuring
Beschaffenheit {f}, Natur: ልምድ፣ ተፈጥሮ: habit, nature
Beschaffenheiten {pl} :: states
Beschaffung {f}: ድለላ: procurement
beschäftigen, in Anspruch nehmen, (Aufgabe): አከናወነ፣ ሠራ: task, employ, busy
beschäftigend: አሠሪ/ አሠርቶ: busying, employing
beschäftigt sein: ጊዜ አጣ፣ ተጣደፈ: to be engaged, to be occupied
beschäftigt: ጊዜአልባ: busily, busy, intent, intently
beschäftigt: ሠሪ/ ሠርቶ: engaged
Beschäftigte {m, f}: ሠራተኛ: employees
Beschäftigung {f}: ሥራ: employ, employmen, employment, occupation
Beschäftigungen {pl} :: employments

beschämen: አፈረ፣ ፈራ: abash, make-fell-ashamed, shame
beschämend: አፋራም/ አፍሮ: abashing
beschämend: አፋራም: blameful, blamefully, shaming, abashing
beschämt: አሳፋሪ: ashamedly
Beschämung {f}: ሐፍረት: humiliation, abashment
Beschämungen {pl}, Erniedrigungen:: humiliations
beschatten: ጋረደ፣ ጥላ ጣለ: shade
beschauen: ጠመተ: inspect
Beschauer {m, pl}: አይታ: viewer, viewers
beschaulich: አሳሳቢ: contemplative introspective, introspectively
Beschaulichkeit {f}: ትኩረት: tranquillity
Bescheid geben: ወሰነ: to let know
bescheiden, niedrig, gering: ምንም፣ ትንሽ: humble, modestly, unassumingly, unboastfully, lowlier
bescheiden: እንደሁኔታው፣ እንደመጣ: humbly lowlily, modest, modestly, unassuming, unboastful, unobtrusive, unobtrusively
bescheiden: ተቀበለ፣ ወሰነ: humble
Bescheidenheit {f}: ኢምንነት: conservativeness, humility, modesty
Bescheidenheiten {pl} :: modesties
bescheinigen: ትኬት ሰጠ፣ ማለ፣ ምርመራውን / ፈተናውን ሰጠ: certify, attest, certificate
bescheinigend: አረጋግጦ: certifying
bescheinigt: ተረጋግጦ: attested, certificated, certified
Bescheinigung {f}, Beurkundung: መረጃ: certification, attestation, certificate
Bescheinigungen {pl} :: certifications
beschenken: ስጦታ ሰጠ: to present
bescheren: ባረከ: to present, bring a
bescherend: ባራኪ/ ባርኮ: presnting, bringing a
Bescherung {f}: ስጦታ፣ በረከት: a nice mess, state of affairs
beschichten: ደረደረ፣ ደራረበ: laminate, face
Beschichtung {f}: ድርብርብ: dip
Beschießung {f}: ድብደባ: bombardment
beschimpfen: አፌዘ፣ ተሳለቀ: revile
beschimpfend: ተሳልቆ/ ዘብቶ: insulting, reviling
Beschimpfung {f}: ስድብ: invectiveness, vituperation
Beschimpfungen {pl} :: invectivenesses vituperations, wiggings
beschirmen, beschützen: ጋረደ: to shelter
beschlagen: አጋባ፣ አቀዘቀዘ፣ አራሰ: shod
Beschlagenheit {f}: ርጥበት: proficiency
Beschlagnahme {f}: ውርስ፣ ባለቤትነት: impressment
beschlagnahmen: ወረሰ: confiscate, engross, impound, sequestrate
beschlagnahmend: ወራሽ/ ወርሶ: confiscating, embargoing, impounding, sequestrating
beschlagnahmt: ተወራሽ/ ተቀምቶ: confiscated, embargoed, engrossed, impounded, sequestrated
Beschlagnahmung {f}: ውርስ: impoundment
Beschlagnahmungen {pl} :: impoundments
beschleunigen: ወረወረ፣ አስፈነጠረ: expedite, speedup, accelerate, accelerate, accerelate, quicken, speed up
beschleunigend: አስፈንጣሪ/ አስፈንጥሮ: accelerating, hastening, quickening, snowballing
Beschleuniger {m, pl}: ማስፈንጠሪያ: catalyst, accelerator, catalysts
beschleunigt: ተወርዋሪ/ ተወርውሮ: accelerated, quickened, snowballed, speeded
Beschleunigung {f}: ውርውራ፣ ምዝግዝግ: acceleration
beschließen: ወሰነ: decide
Beschluß {m}: ውሳኔ: determination, solutions
Beschlußunfähigkeit {f}: ውሳኔ አልባነት: absence of quorum
beschmieren: ቀባ፣ ለሰሰ፣ ለደሰ: bedaub, besmear
beschmierend: ቀቢ/ ቀብቶ: bedaubing, besmearing
beschmiert: ተቀቢ/ ተቀብቶ: bedaubed, besmeared, daubed
beschmutzen: አበላሸ: bedraggle, befoul, begrime, draggle, mire, pollute, smudge
beschmutzend: በካይ/ በክሎ: bedraggling, befouling, begriming, dirtying, draggling, fouling, griming, miring, polluting, smudging, mutting
Beschmutzer {m, pl}: በካይ: defiler, defilers
beschmutzt, befleckt: ብክል/ ተበክሎ: stained, soiled, bedraggled, befouled, begrimed, dirtied, fouled, grimed, messed, mired, polluted, smudged, smutted
Beschmutzung {f}: ብክላ: mudslinging
Beschneiden {n}: መገረዝ: trimming
beschneiden: ገረዘ፣ በጠሰ፣ ቆረጠ: circumcise, trim
Beschneidung {f}: ግርዘት: circumcision
beschönigen: አሳመረ፣ አቆነጀ: palliate
beschönigend: አሳምሮ፣ አቆንጅቶ: palliating
beschönigt: አምሮ/ ተውቦ፣ ሰምሮ: palliated
Beschönigung {f}: ቁንጅና፣ ውበት: palliation
Beschönigungen {pl} :: extenuations
beschossen: ተተኳሽ/ ተተኩሶ: fired at
beschränken: ገደበ፣ ወሰነ: confine, straiten
beschränkend: ወሳኝ/ ወስኖ: straitening
beschränkt: ውስን: parochial, parochially
Beschränktheit {f}: ገደብ፣ ውስንነት: narrowness
Beschränktheiten {pl} :: narrownesses, stupidities
Beschränkung {f}: ገደባ: limit, restriction
beschreibbar: ተመዝጋቢ፣ ተጻፊ: describable, writeable
Beschreibbarkeit {f}: ተጻፊነት፣ ተገላጭነት: descriptiveness
beschreiben: ጻፈ፣ ገለጸ: describe

beschreibend: ገላጭ: descriptive, descriptively, descriptively
Beschreiber {m}: ጸሐፊ፤ ገላጭ: describer, descriptor
Beschreibung {f}: ገለጻ፤ ምልክት፤ ሁኔታ: description, description, descriptions, specification, description
Beschreibungen {pl} :: descriptions, Descriptions, descriptions
beschriften: አመለከተ፤ ምልክት ሰጠ: inscribe, described, superscribe
beschriftend: አመልካች/ አመልክቶ: inscribing, superscribing
beschriftet, gekennzeichnet: ተመልካች/ ተመልክቶ: labelled
Beschriftung {f}: ምልክት: lettering
Beschriftungen {pl} :: letterings
Beschuldigen Sie nicht den Falschen!: ሌሎችን አይወንጅሉ!: Don't put the saddle on the wrong horse!
beschuldigen: ወነጀለ: incriminate, inculpate
beschuldigend: ወንጅሎ / ከሰሶ: accusing, incriminating, inculpating
beschuldigt: ተከሳሽ/ ተወንጅሎ: accused, incriminated, inculpated
Beschuldigung, Unterstellung {f}: ውንጀላ: imputation, incrimination
Beschuldigungen {pl} :: imputations
Beschuß {m}: ጥቃት: shelling
beschützen: ጋረደ፤ ደገፈ: patronize
beschützend: ጥግ ሰጭ/ ሰጥቶ: guarding
Beschützer {m, pl}: ደጋፊ: buckler, guardian, paladin , bucklers
beschützt: ጥብቅ/ ተጠብቆ: guarded, patronized
beschwatzen: አታለለ፤ አጭበረበረ: wheedle
beschwatzend: አጭበርባሪ/ አታልሎ: wheedling
beschwatzt: ተታላይ/ ተታልሎ: wheedled
Beschwerde {f}: ምሬት፤ ወቀሳ፤ ሮሮ፤ ይግባኝ: complaint, grievance, administrative appeal
Beschwerde {f}, Klage: በሽታ: complaint
beschwerdefähig: ተወቃሽ/ ተከሳሽ: appealable
Beschwerdeführer {m}: የበደለኞች መሪ: appellant, protester
Beschwerden {pl} :: discomforts, grievances, complaints
beschweren: አማረረ፤ ብሶቱን ገለጸ: charged
beschwerlich, lästig: አሳሳቢ፤ ግፍ: burdensome
beschwichtigen: አቃለለ፤ አጽናና: to appease, conciliate, placate
beschwindeln: ዋሸ፤ ዘላበደ፤ አታለለ: bamboozle, bilk, diddle
beschwindelnd: ዘላባጅ/ ዘላብዶ: bamboozling bilking, diddling, humbugging
beschwindelt: ተዋሽቶ/ ተታልሎ: bamboozled bilked, diddled, humbugged
beschwören: ማለ፤ ተማማለ፤ አሴረ: conjure, adjure
beschwörend: ሴረኛ/ አሲሮ: conjuring, adjuring, conjuring, conjuring up
Beschwörung {f}: ሴራ: conjuration, incantation
Beschwörungen {pl} :: conjurations, evocations, incantations
beseitigen: አስወገደ፤ አጸዳ: eliminate redress, unmade, unmake
beseitigend: አስወግዶ: axing, nullifying, redressing, unmaking
beseitigt: ተወጋጅ/ ተወግዶ: removed, axed, redressed
Beseitigung {f}, Erledigung: ውገዳ፤ መወገድ: settling, deletion, disposal, elimination, removal
Beseitigungen {pl} :: obviations
Besen {m, pl}: መጥረጊያ: besom, broom, brooms
besessen sein von: ተለከፈ፤ ልክፍተኛ ሆነ: to be obsessed by
besessen: ልክፍታም: obsessed
Besessenheit {f}: ልክፋት: obsession
Besessenheiten {pl} :: obsessions
besetzen: ያዘ፤ ባለቤት ሆነ: occupy
besetzend: ያዥ/ ይዞ: occupying, studding
Besetzer {m}: ባለቤት: occupant, occupants
besetzt sein: ተያዘ: be taken
Besetzt-Meldung {f}: የመያዝ ድምጽ: all trunks busy
Besetztzeichen {n}: የመያዝ ምልክት: engaged signal
Besetzung {f}: መያዝ: allocation, translation
Besetzungen {pl} :: occupations
Besichtigung {f}: ጉብኝት: sightseeing, perambulation, sightseeing
Besichtigungen {pl} :: sightseeings
besiedeln: ሠፈረ፤ ሠፈራ መሠረተ: to settle
Besiedler {m, pl}: መጤ፤ ሠፋሪ: colonialist, colonizers
besiegbar: ተሸናፊ: superable, vincible, superably
besiegen, vereiteln: አሸነፈ፥ ወረረ: conquer, vanquish, defeat, discomfit, vanquish, defeat
besiegend, erobernd, bezwingend: አሸናፊ/ አሸንፎ: defeating, conquering, discomfiting, vanquishing
besiegt, erobert, bezwungen: ድል ተነስቶ/ ተሸንፎ: defeated, conquered, discomfited, vanquished
besinnen: አሰማ፤ ነገረ፤ ሹክ አለ: bethink
besinnungslos: ፋዞ፤ ደንቆሮ: unconscious
Besinnungslosigkeit {f}: ከብትነት፤ ድንቁርና: unconsciousness
Besitz {m}, Eigentum: ይዞታ: domain acquire property, acquire possession, possession, tenure, holdings
besitzen: ያዘ፤ ወረሰ፤ አመነ: own, possess
besitzend: ያዥ/ ይዞ: owning, possessing
Besitzer {m, pl}: ያዥ፤ ወራሽ: holder occupier, owner, possessor, possessors, owners
Besitzergreifung {f}: ነጠቃ: occupancy
Besitzergreifungen {pl} :: occupancies
Besitzgier {f}: ገብጋባ፤ ስግብግብ: possessiveness
besitzgierig: ሰገብጋባ: possessively
besitzlos: መላጣ ድሃ: unpropertied
Besitztitel {m, pl}: የማእረግ ደረጃ: tenure, tenures
Besitztum {n}, Grundbesitz: ቦታ፤ ይዞታ: estate
Besitzübertragung {f}: የቦታ ውርስ: demise

Besitzübertragungen {pl} :: demises
besoffen sein: ሰከረ: to be plastered
besoffen: ሰካራም/ ሰክሮ: primed, sauced
Besoffene {m, f}: ሰካራም: lush
Besoffenen {pl} :: lushes
Besoffenheit {f}: ስካር: jaggedness
Besoldung {f}, Gehalt: ክፍያ፣ ደመወዝ: salary
Besoldungen {pl}, Gehälter :: salaries
besonderer: ልዩ: special
Besonderheit {f}: ልዩ ባሕርይ: distinctiveness, particularity, separability, specialty
Besonderheiten {pl} :: particularities, specialties, specifics
besonders, speziell: ልዩ፣ በተለይ፣ በመጠኑ: special, particulary, extra, especially, particular, particularly, respective, several, severally, specially
besonnen, klug: ብልህ: prudent
Besonnenheit {f}: ብልህነት: deliberateness, prudence
Besonnenheiten {pl}:: prudences
besorgen, erledigen: ፈለገ፣ አገኘ: see to, deal with, manage
Besorgnis {f}: ሐሳብ፣ ትካዜ: apprehensiveness, solicitude
besorgniserregend: አሳሳቢ: alarming, worrying
Besorgnisse {pl} :: apprehensivenesses
besorgt sein: ፈራ፣ ሰጋ፣ አሰበ: to be anxious
besorgt: ስጋተኛ/ ስጋት፣ መጥፎ ስሜት: anxious solicituous, solicituously, worried
Besorgtheit {f}: ፍራቻ፣ ስጋት: solicitousness, solicitude, errand
Besorgungen {pl} :: procurements
bespannen: ተዝናና፣ ተረጋጋ: string, cover
besprechen, diskutieren, erörtern: ተወያየ፣ ተመካከረ፣ ተነጋገረ: discuss, talk over, to take over with, to review
besprechend: ተወያይቶ/ ተነጋግሮ: discussing
Besprechung {f}, Diskussion: ውይይት: discussion
bespritzen: ከተበ፣ ረጨ: splatter
bespritzend: ከታቢ/ ከትቦ: dabbling, spattering, splattering
bespritzt: ተከታቢ/ ተከትቦ፣ ተረጭቶ: dabbled, spattered, splattered, discussed
besser: በጣም ጥሩ: better, superiorly
bessern, besser werden, verbessern: አሳመረ: reclaim, righten, better
Besserung {f}, Verbesserung: መሻሻል: betterment, improvement
Besserungen {pl} :: betterments
Besserungsanstalt {f}: ማሻሻያ: reformatory
Besserungsanstalten {pl} :: reformatories
Besserwisser {m}: ብልህ፣ ፀረ ሰነፍ: faultfinder, wiseacre
bestanden auf: የወጣ፣ የተሠራ/ ወጥቶ/ ተሠርቶ: insisted
beständig: ቋሚ: persistent, constantly, invariably, perennial, settled, perennially
Beständigkeit {f}: ቋሚነት: constancy, fixity, invariance, perpetualness, resistiveness
Beständigkeiten {pl} :: steadinesses
Bestandsaufnahme {f}: ያለው፣ የቀረው: stock-check, stocktaking, stock taking
Bestandsaufnahmen {pl}:: inventories
Bestandteil {n, m}: ተቀማጭ፣ ቋሚ: component, ingredient
Bestandteile {pl} :: ingredients
bestärken, stärken: አጠናከረ: strengthen
bestärkend: አበረታች: corroborative, corroboratively
bestärkend: አበራትቶ፣ አጠናክሮ: strengthening
bestärkt: በርትቶ፣ ጠንክሮ: assured, strengthened
bestätigen: አረጋገጠ: certify, confirm, countersign, indorse, ratify, to confirm, validate
bestätigend: ማጠናከሪያ: corroboratory, confirmatively
bestätigend: አረጋጋጭ/ አረጋግጦ: affirmatively confirming, countersigning, probating, ratifying, validating
Bestätiger {m}: አረጋጋጭ: certifier
bestätigt: ተረጋጋጭ/ ተረጋግጦ: affirmed confirmed, acknowledged, confirmed, countersigned, probated, ratified, validated
Bestätigung {f}, Quittung: መግለጫ፣ ማረጋገጫ: recognition, acknowledgement, confirmation, corroboration, ratification, validation
Bestätigungen {pl} :: corroborations, validations
Bestätigungsmeldung {f}: የማረጋገጫ ዘገባ: acknowledgement message
Bestätigungsvermerk {m}: የማረጋገጫ ምልክት: audit certificate
Bestatter {m, pl}: ቀባሪ፣ ቀበርተኛ: mortician, morticians
Bestattungsinstitut {n}: ደጀ ሰላም: undertaker
Bestattungsinstitute {pl} :: undertakers
bestechen: ጉቦ ሰጠ፣ ወጋ: bribe
Bestecher {m, pl}: መውጊያ: briber, bribers
bestechlich: ጉበኛ: corrupt corruptible, corruptible, corruptibly, corruptly, corruptibly
Bestechlichkeit {f}: ጉበኝነት: corruptibility
Bestechlichkeiten {pl}:: corruptibilities
Bestechung {f} Korruption: ጉቦ፣ እጅ መንሻ: bribe, corruption, bribery, corruption
Bestechungen {pl} :: briberies, corruptions
Besteck {n}: የጠረጴዛ ልብስ: cutlery
Bestecke {pl} :: sets of cutlery
bestehen (auf): ሠራ፣ አወጣ: insist, consist, exist, stand on, to insist on
bestehend: የተሠራ/ ተሠርቶ: consisting
bestehlen: ሰረቀ: steal from
besteigen: ተንጠላጠለ: climb
Bestellbetrag {m}: ማዘዣ መጠን: amount of the order
Bestellbuch {n}: ማዘዣ ዝርዝር: order book
bestellen: አዘዘ: bespeak
bestellend: አዛዥ/ አዝዞ: bespeaking, tilling
bestellt: ታዛዥ/ ታዝዞ፣ ተጠይቆ: ordered

Bestellung {f}: ማዘዣ: mail-order, confirman order
Bestellungen {pl} :: orderings, tillages
Bestellzettel {m}: ማዘዣ ካርኒ: call slip
bestenfalls, bestens: በእርግጥ፣ በበለጠ: at best
besterzogen: ሥልጡን/ ሠልጥኖ: best behaved
besteuern: ቀረጠ፣ ቀረጥ ጣለ: to tax
besteuert: ተቀረጠ፣ ቀረጥ ከፈለ: assessed, taxed
Besteuerung {f}, Steuerveranschlagung: ቀረጥ: taxation, taxation
Besteuerungen {pl} :: taxations
bestgestaltet: በደንብ የተሠራ/ የተዋበ: best shaped
bestialisch: እንስሳዊ፣ አውሬ: bestial
Bestialität {f}: አረመኔነት: bestiality
Bestialitäten {pl} :: bestialities
besticken: አፈነ፣ አነቀ: broider
bestimmbar: ውስን፣ ተወሳኝ: decidable determinable, determinably
bestimmen: ወሰነ፣ ደነገገ: determine, designate, appoint, destine, ordain, prearrange, determine
bestimmen: አለመ፣ አቀደ፣ አለ: intend, mean
bestimmend: ወሳኝ/ ወስኖ: appointing destining, ordaining, prearranging, specifying
bestimmende: ወሳኝ: determinedly
bestimmt sein für: ተወሰነ፣ ለ...ተባለ: to be intended for, to be meant for
bestimmt, sicher: እርግጥ፣ በእርግጥ: certain, decidedly, definit, determinate, fixedly, peremptorily, peremptory, prearranges, surely
bestimmt: ውስን/ ተወስኖ: determined, dedicated, appointed designated, destined, determinately, ordained, prearranged
Bestimmtheit {f}: ውስንነት: definiteness, determinateness, dogmaticalness, positiveness, appointment, destination, determination
Bestimmungen {pl} :: appointments, designations, determinations
bestmöglich: በተቻለ፣ በሚቻለው: best possible
bestohlen: ተሰርቆ፣ ተዘርፎ: stolen from
bestrafen, strafen: ቀጣ፣ አረመ: punish, penalize
bestrafend: ቀጭ/ ቀጥቶ: punishing castigatory, penalizing
Bestrafer {m, pl}: ቀጭ: castigator, chastiser, chastisers
bestraft: ተቀጭ/ ታርሞ: ticketed punished, penalized
Bestrafung {f}, Strafe: ቅጣት: punishment, penalisation
bestrahlen: አፈለቀ፣ ለበለበ: irradiate
bestrahlend: ለብላቢ/ ለብልቦ: irradiating
bestrahlend: አጥፊ: irradiative
bestrahlt: ተለብላቢ/ ጠፍቶ: irradiated
Bestrahlung {f}: ልብለባ: irradiation
bestreben, eifern: ተጣጣረ፣ ሞከረ፣ ለፋ: strive
bestrebend: ጥሮ ግሮ: striving
bestreitbar: አጨቃጫቂ: contradictable, impeachable
bestreiten: ተጣላ፣ ተጨቃጨቀ: controvert, impugn
bestreitend: ተጨቃጫቂ/ ተጣልቶ: controverting, impugning
bestreuen, streuen: በተነ፣ መነጨረ፣ ዘራ: strew, bestrew
bestreuend, streuend: በታኝ/ በትኖ: strewing, bestrewing
bestreut: ብትን/ ተበትኖ: strewed, bestrewed
Bestseller {m, pl}: ተፈላጊ፣ ባለዋጋ፣ ተፈላጊ ጽሑፍ: best seller
Bestückung {f}, Unterbringung: ማስቀመጫ: placement, mounting
bestürmen: ወረረ፣ ያዘ: assail
bestürmend: ወራሪ/ ወርሮ: sieging
bestürzt: ድንጉጥ/ ደንግጦ: dismayed, distraught
Bestürzung {f}: ድንጋጤ: dismay, consternation
Bestürzungen {pl} :: consternations, trepidations
Besuch {m}: ጉብኝት: visitation, visit
besuchbar: ተጎብኝ: visitable
Besuche {pl}:: visitations
besuchen Sie mich einmal: አንዴ ይጎብኙኝ/ ኝ: come to see me some time
besuchen, besichtigen: ጎበኘ፣ አየ: visit, to come to see, to go to see, to go and see
besuchend: ጎብኝ/ ጎብኝቶ: visiting
Besucher {m, pl}: ጎብኝታ፣ ቱርስት: visitor, caller, visitors
Besucherin/nen {f/ pl}:: visitors
Besuchszeit {f}: መጎብኛ ሰዓት: visiting hours
besucht: ተጎብኝ/ ታይቶ: attended, visited, revisited
besudeln: በከለ፣ አበላሸ: besmirch, smirch
besudelnd: አበላሽ/ አበላሽቶ: besmirching, smirching
besudelt: ብክል/ ተበክሎ: besmirched, smirched
betasten: ዳሰሰ: palpate
betätigen: አረጋገጠ: actuate, actuate, operate
betätigt: ተሠሪ/ ተረጋግጦ፣ ተሠርቶ: operated, patted
betäuben: አፈዘዘ፣ አደነገዘ: stun, anesthetize, benumb, daze, deafen, intoxicate, numb, stupefy
betäubend: አደንዛዥ/ አፍዝዞ: stunning, anesthetizing, benumbing, dazing, deafening, doping, numbing
betäubend: አፍዛዥ/ አደንጋዥ: stunningly
betäubt: ፍዝ/ ደንግዞ: torpid, anesthetized, benumbed, deafened, doped, drugged, intoxicated, numbed, stupefied
betäubte: ፍዝ/ ድንግዝ: torpidly
Betäubung {f}, Narkose: ማደንዘዣ/ ማፍዘዣ: anaesthesia, anaesthetization, anesthetization, stupefaction, torpidity
Betäubungsmittel {n, pl}: ማፍዘዣ መድኃኒት: narcotic, anesthetics
beteiligen: ተካፈለ፣ ተሳተፈ: enlist
beteiligend: ተሳታፊ/ ተሳትፎ: participating
beteiligt: ግኝ/ ተገኝቶ: enlisted
Beteiligung {f}, Teilnahme: ተሳትፎ: participation, advocation
Beteiligungserwerb {m}: ባለቀንጃ/ ውለኛ: acquisition of stock

Beteiligungsgesellschaft {f}: እድር፣ እቁብ: associated company

Beteiligungsquote {f}: የክፍያ ድርሻ: amount of holding

beten: ለመነ፣ ጸለየ: pray, pray to

betend: ለማኝ/ ለምኖ: praying

beteuern, versichern: አረጋገጠ፣ ማለ፣ ተገዘተ: assure, asseverate

beteuernd: አረጋጋጭ/ አረጋግጦ: assuring, asseverating

Beteuerung {f}: ግዝት/ መሃላ: asseveration

Beteuerungen {pl} :: asseverations, protestations

Betitelung {f}: ማዕረግ/ ቅጥያ: titling

Beton {m}: ጣውላ፣ ስሚንቶ: concrete

betonen: አረጋገጠ፣ አጋነነ: accentuate, emphasize

betonend: አጋናኝ/ አጋኖ: stressing, accenting, accentuating, emphasizing, concreting

Betonung {f}: ሳያፍ፣ ማንሻ: accent accentuation, emphasis

Betonungen {pl}:: emphases

Betonungszeichen {n}: ማንበቢያ ምልክት: stress mark

betrachten, berücksichtigen: ተመለከተ፣ አየ፣ አረጋገጠ: contemplate, lookup, regard, eye, regard, view, regard

betrachtend: አተኳሪ/ አይቶ: contemplating eyeing, regarding

Betrachter {m}: ተመላካች: viewer

Betrachterin/nen {f/pl} :: viewers

betrachtet: ታይታ/ ታይቶ: considered, contemplated, regarded, reconsidered

beträchtlich: ሳቢ/ ማራኪ: considerably, considerable, considerably, considerable

Betrachtung {f}: እይታ: contemplation inspection, meditation

Betrachtungen {pl} :: considerations, meditations

Betrachtungswinkel {m}: መታያ ማእዘን: viewing angle

Betrag {m}, Summe, Menge: መጠን፣ ልክ: amount

Betragsausrechnung {f}: የገቢና ማውጫ ማስያ: amount calculation

betrauern: አስተዛዘነ: bemoan

betreffen: ... በተመለከተ: concern

betreffen: አገኘ፣ አታለለ፣ አለመ: affect, pertain, concern

betreffend: ...በተመለከተ: concerning, pertaining

betreiben: አከናወነ: carry on, bustle, prosecute, to practise

Betreiber {m}: አከናዋኝ: carrier

Betreibung {f}: ክንዋኔ: prosecution

betreten, eintreten: ገባ፣ ሆነ: to enter

betreuen: ጠረ፣ ተንከባከበ: support, service

Betreuung {f}: ድጋፍ፣ እንክብካቤ: support service

Betreuungen {pl}:: cares

Betrieb {m}: ተግባር: operating, operation, service, carried on

Betrieb {m}: ፊርማ፣ ድርጅት፣ ፋብሪካ: firm

Betriebe {pl} :: undertakings

betrieblich: ክንውን: operational, operationally

Betriebsanleitung {f}, Einführung: መመሪያ: guide book

Betriebsart {f}: የፊርማው ዓይነት: operating mode

betriebsbereit: ዝግጁ: operable, ready-to-operate

Betriebsbereitschaft {f}: ዝግጁነት: stateof readiness

betriebsfähig: መሥራት የሚችል: serviceable, operable, workable, workably

Betriebsfähigkeit {f}: የመሥራት ችሎታ: serviceability

Betriebskapital {n}: ቋሚ/ ተንቀሳቃሽ ካፒታል: rolling capital

Betriebsrat {m}: የፊርማው/ ድርጅቱ መሪ: works council

Betriebsräte {pl} :: works councils

Betriebsratsvorsitzender {m}: የፊርማው አለቃ/ ማናጀር: shop chairman, shop steward

Betriebssystem {n}: የኮምፒዩተር ሲስተም: dosoperating system, operatingsystem

Betriebszeit {f}: የሥራ/ ግጻጅ ሰዓት: duty operation time, power-on time, up time, uptime, attended time

Betriebszweig {m}: የፊርማው ቅርንጫፍ: branch of industry

Betriebszweige {pl} :: branches of industry

betroffen: ድንጉጥ/ ደንግጦ: shocked

Betroffenheit {f}, Schock: ድንጋጤ: shock, concernment

Betroffenheiten {pl} :: shocks

betrogen: ተታላይ/ ተዘርፎ: cheated, defrauded, fooled, sadden

betrübt, traurig: ድንጉጥ፣ ባባታም: sorrily sorrowful, sorrowfully, sorry

Betrübtheit {f}: ባባታ፣ ድንጋጤ: sorriness

Betrug {m}: ዘረፋ፣ ስርቆት: bamboozlement, confidence trick, deceit, delusiveness, fraud, imposture, amounted

betrügen: ሰረቀ፣ አታለለ: trick, deceive, cheat, con game, defraud, rook, defraud, trepan

betrügen: አታለለ: defraud

betrügend: አታላይ/ አታልሎ: deceiving, defrauding, jockeying, rooking, swindling, trepanning, tricking

Betrüger {m, pl}, Schwindler: አታላይ፣ ሌባ: swindler, peculator, peculators, beguiler, beguilers, blackleg, blacklegs, cheater, diddler, diddlers, impostor, impostors

Betrügerei {f}: ስርቆት፣ ቅጥፈት: fraudulence, trickery, underhandedness, victimization, swindle

Betrügereien {pl} :: swindles, frauds, fraudulences, impostures, trickeries, underhandednesses, victimizations, deceits

betrügerisch: ውሸታም: deceitful, deceitfully, fraudulent, fraudulently, surreptitious, deceitfully, fraudulently, surreptitiously
betrügt: ተታላይ/ ተዘርፎ: rooked, shammed, swindled, amounted to
betrunken machen: አሰከረ: intoxicate
betrunken: ሰካራም: drunk, drunken, groggily, intoxicated, juiced
Betrunkene {m, f}, Säufer: ሰካራም: drunkard, drunkenly
Betrunkenen {pl}:: drunks
Betrunkenheit {f}: ሰካር: drunkenness
Bett {n}: አልጋ: bed
Bettdecke {f}: ያልጋ ልብስ፣ አንሶላ: blanket, coverlet, bedspread
Bettdecken {pl}:: blankets, bedspreads
Bettelbrief {m}: የልመና ደብዳቤ: begging letter
Bettelbriefe {pl} :: begging letters
Bettelei {f}: ልመና: mendicancy
Betteleien {pl} :: mendicancies
Bettelmönch {m}, Bettler: ጆቢራ፣ ባሕታዊ: mendicant
betteln, bitten: ለመነ: beg
bettelnd: ለማኝ/ ለምኖ: begging
Bettflasche {f}: የሞቀ ውሐ ያለበት ጎማ: hot water bottle
bettlägerig: በሽተኛ/ ያልጋ ቁራኛ: bedridden, bedrid, bedriddenly, bedridly
Bettler {m}: ለማኝ፣ ቆሎ ተማሪ: beggar, lazar, panhandler
Bettüberzug {m}: ጀንዲ/ ምንጣፍ: bed tick
Bettüberzüge {pl} :: bed ticks
Bettuch {n}: አንሶላ: sheet
Bettwäsche {f}: አንሶላ: bedclothes
beugen: ተንበረከከ፣ ሰገደ: diffract
Beugung {f}: ስግደት: diffraction, flection
Beugungen {pl} :: flections, flexions
Beule {f}: መዘርገፍ፣ ማቃለል: bubonic
Beulen {pl} :: dents
Beulenpest {f}: ተቅማጥ በሽታ: buboplague
beunruhigen, plagen: ረበሸ፣ አበሳጨ: disturb, worry, trouble, agitate, disquiet, faze, harass, unsettle
beunruhigend: አስደንጋጭ/ አስደንግጦ: disquieting, disturbing, fazing, flurrying, harassing, panicky, perturbing, unsettling, worryingly, disquietingly
beunruhigend: አስደንጋጭ: alarmingly
beunruhigt: ድንጉጥ: troubled, disturbed, unsettled, disquieted, fazed, flurried, harassed, perturbed
Beunruhigung {f}, Störung: ርብሻ፣ ድንጋጤ: disturbance, agitation, harassment, perturbation
beurlauben: ተባረረ፣ ተለቀቀ: furlough
beurteilen: ገመገመ፣ ፈረደ፣ ተቸ: judge
beurteilend: ተቺ/ ተችቶ: criticizing, judging
beurteilt: ተገምጋሚ/ ተገምግሞ: criticized, judged

Beurteilungskriterien {pl}: የግምገማ ቅጾች: appraisal factors
Beute {f, pl}: ዝርፊያ: prey, swag, booty, booties
Beutel {m, pl}, Tasche, Sack: ቦርሳ፣ ኬሻ:sac, bag sacs
bevölkern: ሠፈረ፣ ተከማቸ: populate
bevölkernd: ሠፋሪ/ ሰፍሮ: populating, peopling
bevölkert: ተከማች/ ተከማችቶ: populated, repopulated
Bevölkerung {f}: ሕዝብ: population
Bevölkerungsdichte {f}: የሕዝብ ስርጭት: populousness, density of population
Bevölkerungsexplosion {f}: የሕዝብ ብዛት/ እድገት: population explosion
bevollmächtigen: ኃላፊነት ሰጠ፣ ጠበቃ አቆመ: empower
bevollmächtigt: ተጠሪ፣ ቋሚ፣ ተጠያቂ: authorized commissioned, empowered
Bevollmächtigte {m, f}: ኃላፊ፣ ወኪል: assignees
Bevollmächtigten {pl}:: plenipotentiaries, authorizers
Bevollmächtigter {m}: ወኪል፣ ጠበቃ: attorney, authorizer, commissioner, plenipotentiary
bevor, ehe, vor: ከ / በ...ፊት: before
bevormunden: ጠየቀ፣ ወኪል ሆነ/ አቆመ patronize, act as guardian for, domineer over, patronize
Bevorrechtigung {f}: ኃላፊነት: precemption
bevorstehen: አላፊ ሆነ፣ ኃላፊነት ተቀበለ: to be imminent, be in store for, impend
bevorstehend: ቋሚ፣ ውስን: imminent, impending, to be in store, imminently
bevorzugen, begünstigen: አዳላ፣ መረጠ: favour, prefer
bevorzugt: ምርጥ: preferential, preferred, vantaged
bevorzugt: ተመራጭ/ ተመርጦ: precedented
Bevorzugung {f}: ፍቅር፣ ምርጫ: preference, preferableness
bewachen: ተቆጣጠረ: to guard [against, from]
bewacht: ጥብቅ: guarded, sentineled
Bewachung {f}: እንክብካቤ፣ ጥበቃ: custody
Bewachungen {pl} :: custodies
bewaffnet: ትጥቀኛ/ ታጥቆ: armed, weapond
bewaffneter Räuber: ሌባ ዘራፊ: gunman
Bewaffnung {f}: ትጥቅ: armament, arms
bewähren: ፈቀደ: approve
bewahren: ጠበቀ፣ አኖረ: preserve
bewahrend: ጠባቂ/ ጠብቆ: preserving, reserving
Bewahrer {m}: ባለውሌታ: preserver
Bewährung {f}: ማስጠንቀቂያ: probation
Bewährungsfrist {f}: የጥበቃው ገደብ: probation period, period of probation
bewältigen: አሸነፈ፣ ተወጣ: overcome, cope, master
bewältigend: አሸንፎ/ ተወጥቶ: overcoming
bewässern: አጠጣ፣ ረጨ: irrigate
Bewässerung {f}: ፈሰስ: irrigation
Bewässerungsanlage {f}: ፈሰስ: irrigation plant
Bewässerungsanlagen {pl} :: irrigation plants

Bewässerungsgraben {m}: **የውሐ ጉድጓድ**: feeder
Bewässerungsgräben {pl} :: feeders
bewegen, erregen, antreiben: **ተንቀሳቃሽ/ ተንቀሳቅሶ**: move
bewegen: **ተንቀሳቀሰ፤ አንቀሳቀሰ**: budge
bewegend: **አሳሳቢ**: motively, moving
bewegend: **አንቀሳቃሽ/ አንቀሳቅሶ**: affecting, budging, locomotive
Beweggrund {m}: **ምክንያት**: motivation, motive
Beweggründe {pl}:: motivations
beweglich: **ተንቀሳቃሽ**: agile, maneuverable, mobile, movable, moving, movably
Beweglichkeit {f}: **ተነቀሳቃሽነት**:: mobility flexibilty, maneuverability, mobility, movability, volubility
Beweglichkeit {f}: **ተነቀሳቃሽነት**: portability
Beweglichkeiten {pl} :: mobilitys, movableness
Bewegtbild {n}: **ዲያ ማሳያ**: full-video, moving image
Bewegtheit {f}: **እንቅስቃሴ**: choppiness, motion, move, movement, motion
Bewegung {f} :**እንቅስቃሴ**: locomotion, motion, movement
Bewegungen {pl} :: locomotions, motions, movements
bewegungslos, bewegungslosen: **እንቅስቃሴአልባ**: motionless, motionless, motionlessly
Bewegungsloskeit {f}: **እንቅስቃሴአልባነት**: motionlessness
bewegungsunfähig: **ትክል፤ ግትር**: unable to move
Bewegungszeit {f}: **መንቀሳቀሻ ጊዜ**: flight time
Beweis {m}: **ምሳሌ**: proof
Beweisaufnahme {f}: **የሙከራ ቅጅ/ ፊልም**: hearing of evidence
Beweisaufnahmen {pl} :: hearings of evidence
beweisbar: **የተረጋገጠ**: provable, demonstrable, demonstrably, provably
Beweisbarkeit {f}: **እርግጠኝነት**: demonstrability
beweisen, erproben, prüfen: **አረጋገጠ፤ ሞከረ**: prove
Beweisführung {f}: **ዉሳኔ፤ ኃላፊነት**: argumentation
Beweiskraft {f}: **ማስረጃ ኃይል**: probative force, conclusiveness
Beweisstück {n}: **የማረጋገጫ ምሳሌ**: pieceof evidence
Bewerber {m, pl}: **ተመዝጋቢ**: applicant, candidate, contender, solicitors, enrollees
Bewerbung {f}: **ምዝገባ**: candidacy, solicitation, application
Bewerbungen {pl} :: candidacies
Bewerbungsschreiben {n}: **መመዝገቢያ ደብዳቤ**: letter of application
bewerten: **ገመገመ፤ ገመተ**: estimate, value, appraise, appraise, rate
bewertend: **ገምጋሚ/ ገምግሞ**: appraising
bewertet: **ተገማች/ ተገምግሞ**: appraised, priced, reappraised, overpriced
Bewertung {f}: **ግምጋሜ**: rating, valuation, assessment, benchmark, valuation, weighing, weighting
Bewertungen {pl} :: valuations
bewiesen: **ተረጋጋጭ/ ተረጋግጦ**: evidenced, proven
bewilligen: **ፈቀደ**: to grant
bewilligend: **ፈቃጅ/ ፈቅዶ**: allowing, granting
bewilligt: **ተፈቃጅ/ ተፈቅዶ**: allowed, granted, accorded
Bewilligung {f}: **ፈቃድ**: grant
Bewilligungen {pl} :: grants
bewirken: **አብሮ ሠራ**: effectuate
bewirkend: **አብሮ ሠርቶ/ አድርጎ**: causing, effectuating
bewirkt: **ተሠራ/ ተደርጎ**: effected, caused, effectuated
bewirtschaften: **ተገበረ፤ ሠራ**: cultivate, farm
bewirtschaftet: **ታራሽ/ ታርሶ**: farmed, cultivated
Bewirtschaftung {f}: **ተግባር፤ ሥራ**: rationing
bewohnbar: **መኖሪያማ**: habitable, inhabitable, habitably
Bewohnbarkeit {f}: **መኖሪያነት**: habitability, inhabitability, habitableness
bewohnen: **ኖረ፤ ተቀማጭ ሆነ**: indwell, inhabit
bewohnend: **ኗሪ/ ተቀማጭ ሁኖ**: indwelling, inhabiting
Bewohner {m, pl}: **ኗሪ**: denizen, dweller, inhabitant, inhabiters, occupant, denizens
bewölken: **አደመነ፤ አጨለመ**: overcloud
bewölkt: **ደመናማ**: cloudy
bewölkt: **ደምኖ/ ጠቁሮ**: clouded, overclouded
Bewölkung {f}: **ደመና**: clouds
bewundern: **አደነቀ፤ አጋነነ**: admire, admire
bewundernd: **አድናቂ/ አድንቆ**: admiring, admiringly
bewundernswert: **ተደናቂ**: admirable, admirably, applaudable, applaudably
bewundert: **ተደናቂ/ ተሞገሶ**: admired, admired
Bewunderung {f}: **አድናቆት**: admiration
bewußt: **ሆነ ተብሎ**: conscious, consciously, aware
bewußtlos: **ምውት**: nonsentient
Bewußtsein {n}: **ንቃተ ኅሊና**: consciousness, awareness
bezahlen: **ከፈለ**: pay, disburse, payment
bezahlend: **ከፋይ/ ከፍሎ**: anteing, disbursing, paying
bezahlt: **ተከፋይ/ ተከፍሎ**: paid, disbursed
Bezahlung {f}: **ክፍያ፤ ደመወዝ**: contributation, payment
bezaubern: **ከመከ፤ አታለለ**: enchant, enthrall, fascinate, charm
bezaubernd: **ከማኪ/ አታልሎ**: enchanting, bewitching, charming, enchanting
bezaubernd: **ማራኪ፤ አስገራሚ**: fetchingly, bewitchingly, enchantingly

bezaubert: ተታላይ/ ተታላሉ: enchanted, enchanted, fascinated
Bezauberung {f}: ማርኮት: enchantment, enchantment
bezeichnen: ተረጎመ፣ ሰየመ: signify denote, designate
bezeichnend: ሰያሚ/ ሰይሞ: denominating, denoting, designating, terming
bezeichnend: ልዩ: significant
bezeichnenderweise: ዋና፣ ልዩ: significantly
Bezeichner {m, pl}: ምልክት ሰጭ: designator, identifier, identifiers
bezeichnet: ተሰይሞ/ ምልክት ተሰጥቶ: denoted, asterisked, denominated, designated
Bezeichnung {f}: ምልክት፣ መጠሪያ: denotation, appellation, designating, notation
Bezeichnungen {pl} :: notations
bezeugen: አጣራ፣ ሞከረ: testify, witness
bezeugend: ሞካሪ/ ሞክሮ: testifying, witnessing, wittnessing
bezeugt: ሠራቂ/ ሠርያ፣ ምስክር መስክሮ: testified, witnessed
Bezeugung {f}: ሥርፀት፣ ኑዛዜ: testimony
Bezeugungen {pl} :: testimonies
beziehen: አነፃፀረ፣ አስተያየ: correlate, refer
beziehend: አነፃፃሪ/ አነፃፅሮ: correlating sheeting
Beziehung {f}, Verwandtschaft {f}: ግንኙነት፣ ዝምድና: relation, relationship
Beziehungen {pl} :: dealings, relations, relationships
beziehungsweise: ለምሳሌ: respectively, respective
Bezirk {m}: አካባቢ፣ ቀበሌ፣ ሠፈር: canton, district, precinct, borough, district
Bezirke {pl} :: cantons
Bezirksdirektor {m}: ቀበሌ አስተዳዳሪ: agency superintendent
bezogen: ተመሳስሎ ፣ ተያይቶ: oriented
Bezug nehmen/ verweisen auf: አቋም ወሰደ: refer, refer to
bezüglich: ... በተመለከተ: referable
Bezugnahme {f}: አቋም: reference, quotation
bezweifeln: ተጠራጠረ፣ ፈራ: disbelieve doubt, question
bezweifelnd: ተጠራጣሪ/ ተጠራጥሮ: disbelieving, disbelievingly
bezwingen: አስገደደ፣ ተቆጣጠረ: overmaster, subjugate
bezwingend: አስገድዶ፣ ተቆጣጥሮ: overmastering, quelling, subjugating
Bibel {f}: መጽሐፍ ቅዱስ: bible
Bibelspruch {m}: የመጽሐፍ ቅዱስ አባባል: verse from the Bible
Bibelsprüche {pl} :: verses from the Bible
Biberratte {f}: ርግብግብታ: nutria
Bibliograph {m}: ነገረ ሕይወት ጸሐፊ: bibliographer
Bibliographie {f}: ነገረ ሕይወት: bibliography
Bibliographien {pl} :: bibliographies
bibliographisch: ታሪካዊ: bibliographic, bibliographical
Bibliothek {f}: ቤተ መጻሕፍት: library
Bibliothekar {m}: የቤተ መጻሕፍት ሠራተኛ: librarian
Bibliothekare {pl} :: librarians, libraries
biblisch: መጽሐፍ ቅዱሳዊ: biblical, biblically
bieder: ዋጋማ፣ ባለዋጋ፣ ክቡር: worthy, bendable, twistable
Biegen {n}: ዲጋን: flexure
biegen: ደገነ፣ አጎበጠ: flex, inflect, bend
biegen: ደገነ: to bend (bent, bent)
biegend: ዲጋኝ/ ደግኖ: inflecting
Biegespannung {f}: ድገና: flexural stress
biegsam: ተደጋኝ፣ ተለጣጭ: limber, limberly, pliable, pliably, supplely
Biegsamkeit {f}: ተለጣጭነት: limberness, pliability, pliancy
Biegsamkeiten {pl} :: pliantness
Biegung {f}: ድገና: inflection, flexuosity, inflexion
Biegungen {pl}:: bends, inflexions, turnings
Biene {f}: ንብ: bee, cootie
Bienen {pl} :: bees
Bienenhaus {n}: ንብ ቀፎ: apiary, bee house
Bienenhäuser {pl}: ንብ ቀፎ: apiaries, bee houses
Bienenkönigin {f}: ንብአውራ: queen bee
Bienenzucht {f}: ንብ ርባታ: beekeeping
Bienenzüchter {m, pl}: ንብ አርቢ: bee keeper, bee keepers
Bier {n}: ቢራ፣ ሸንተረር: ale, beer
Bierbrauer {m, pl}: ጠጅ: brewer, brewers
Bierbrauerei {f}: ጠጅጥሎሽ: brewery
Bierbrauereien {pl} :: breweries, beers, beer barrels
Bierfaß {n}: ጋን: beer barrel
Bierkrug {m}: ጥዋ፣ ዋንጫ: beer mug
Bierkrüge {pl} :: beer mugs
Bierstube {f}: ጠጅቤት: ale house
Bieruntersetzer {m}: ብርዝ: beer mat
bieten, anbieten: አቀረበ: to offer, bid
Bieter {m}: አቅራቢ: bidder
Bilanzgleichung {f}: ሒሳብ ማስተካከል: accounting equation
Bilanzierungshandbuch {n}: ሒሳብ መቆጣጠሪያ ዶሴ: accounting manual
Bilanzverlust {m}: ክሳራ/ ክስረት: accumulated loss
bilaterale: ባእድ/ እንግዳ: bilaterally
Bild {n}, Foto, Film: ስእል: picture, tableau
Bildabtastgerät {n}: ስዕል ማባዣ: video scanner
Bildausgabe {f}: ስዕል ማሳያ: video display
Bildelement {n}: ስዕል ንጥረ ነገር: picture element
bilden, formen, gestalten: ቀረጸ፣ ሳለ: form
bilden: አስተማረ: educate
bildend: ሰዓሊ/ ስሎ ፣ ቀርጾ: educating, forming, shaping, building
Bilder {m, pl}: ቅርጽ: imagery, images
Bilderbuch {n}: የስዕል መጽሐፍ: picture book

Bilderrätsel {n}: የስዕል ኩምክና: rebus, picture puzzle
Bilderstürmer {m}: ፀረ ስዕል: iconoclast
Bilderstürmer {pl} :: iconoclasts
Bildfläche {f}: ስዕል ማንጸባረቂያ: image area
bildhaft dargestellt: በሚገባ ተገላጭ/ ተገልጦ: pictured, pictorially, pictorial
bildhaft: ቆንጆ፣ ሸጋ: pictographic, pictoral
Bildhauer {m, pl}: ቀረጻ: sculptor, statuary, sculptors
Bildhauerei {f}: ቅርጻቅርጽ: sculpture
Bildhauerin {f}: ቀራጺ: sculptress
Bildhauerinnen {pl} :: sculptresses
bildhauerisch: ቅርጻዊ: sculptural
Bildhauerkunst {f}: ሥነ ቅርጽ: statuary
Bildhauerkünste {pl} :: statuaries
bildlich, symbolisch: ምሳሌያዊ: figurative, unliteral, figuratively
Bildnis {n}: ምስል፣ ስዕል: effigy
Bildnisse {pl} :: effigies
Bildschirm {m}: ማንጸባረቂያ: screen monitor, onscreen, telescreen
Bildschirme {pl} :: screens
bildschön: ሸጋ: ravishing beauty
Bildspeicher {m}: ስዕል ማስቀመጫ/ መጠበቂያ: mapped memory, matrix memory
Bildung {f}: ትምህርት: formations, literacy
Bildungen {pl}:: formations
Bildungsanstalt {f}: ሴሚናር: seminary, educational establishment
Bildungsanstalten {pl} :: seminaries
bildungsfähig: ሥልጡን: cultivable
Bildzeichen {n}: ስዕላዊ ምልክት: pictograph
Bildzergliederung {f}: ስዕላዊ መርሀ ግብር: image dissection
Billard {n}: የጨዋታ ዓይነት: billiard
Billarde {pl} :: billiards
Billardzimmer {n}: መዋኛ ክፍል: poolroom
Billiarde {f}: ቢሊዮን: quadrillion
Billiarden {pl} :: quadrillions
billig einkaufen: ርካሽ ገዛ: to make a good bargain
billig, preiswert, minderwertig: ርካሽ: cheap inexpensive, cheaply, low-cost
billige Kneipe: ርካሽ ቅጅ: speakeasy
Billiger {m}: አረጋጋጭ/ አጽዳቂ: approver
Billigkeit {f}: ርካሽነት: cheapness, inexpensiveness
Billigung {f}: ፈቃድ: approbation, approval
Billigungen {pl} :: approvals
Billion {f}: ቢሊዮን: billion
binär codierte Dezimalstelle (BCD): በትክክል የተቀዳ ዴሲማል: binary coded decimal
binär verschlüsselt, dual verschlüsselt: በትክክል የተቆለፈ: binary-coded
binär: ትክክል: binary
binär-dezimal: ትክክለኛ ዴሲማል: binary-to-decimal
Binärziffer {f}: ቋሚ ዲጅት: binary digit
Binde {f}: ጥራዝ: ligature, linking, fascia
Bindedraht {m}: መኮተቻ: binding wire
Bindegewebe {n}: መጠረዣ: connective tissue
Bindeglied {n}, (verbinden, binden): መኮተቻ፣ መጠረዣ: link
Binde-Lader {m}: መኮተቻ ቆጺ: linking loader
Bindemittel {n}: መጠረዣ ዘዴ: cement
Bindemittel {pl} :: binders
binden, verbinden: ለበደ፣ ጠረዘ፣ ኮተተ: to bind (bound, bound), tie
bindend: ኮታች/ ኮትቶ: binding, tieing
Bindestrich {m}: መለበጃ ጠረጴዛ: hyphen
Bindung {f}, Befestigung: ጥረዛ፣ ኩተታ: fixation
Bingo {n}: የጭዋታ ዓይነት: bingo
Binnengewässer {n}: ወንዝ፣ ሐይቅ: inland water
Binnenhafen {m}: ትንሽ ወደብ: inland port
Binnenhandel {m}: ወሀገር ንግድ: domestic trade
Binnenland {n}: ዋና ሀገር: midland, inland
Binnenländer {pl} :: inlands
Binnenschiffahrt {f}: የቅርብ መርከብ ጉዞ: inland navigation
Binnenverkehr {m}: ያገር ውስጥ መንገድ: inland traffic
Binse {f}: የመሳንጭ መስመር: bulrush
Binsen {pl} :: bulrushes
Binsenwahrheit {f}: ተጨባጭነት: truism
Binsenwahrheiten {pl} :: truisms
Biochemie {f}: ባዮኬሚስትሪ: biochemistry
Biochemiker {m, pl}: የኬሚስትሪ ባለሙያ: biochemist, biochemists
biochemisch: ባዮኬሚካላዊ: biochemical, biochemically
Biograph {m}: ነገረ ሕይወት ጸሐፊ: biographer
Biographen {pl} :: biographers
Biographie {f}, Lebensbeschreibung: ነገረ ሕይወት: biography
Biographien {pl}:: biographies
biographisch: ታሪካዊ: biographical
Biologe {m}: ባዮሎጅስት: biologist
Biologen {pl} :: biologists
Biologie {f}: ባዮሎጅ: biology
biologisch: ባዮሎጅካዊ: biological, biologically
biomedizinisch: የሕይወት ምርምር: biomedical
Biophysik {f}: ባዮፊዚክስ: biophysics
Biophysiker {m, pl}: ባለሙያ: biophysicist, biophysicists
BIOS: ቢዮስ: bios
Biosphäre {f}: ከባቢ ዓየር: biosphere
Biosphären {pl} :: biospheres
Birne {f}: እንጆሪ: pear
Birnen {pl} :: pears
bis auf den letzten Mann: እስከ መጨረሻ ደም ጠብታ: to a man
bis auf weiteres: እስከሚቀጥለው: until further notice
bis dahin, bis nachher: እስከዚያ: till then
bis dann: እስከዚያው: so long
bis heute: እስከ ዛሬ: till this day
bis hierher und nicht weiter: እስከዚህ ድርስ ግን አያልፍም: so far and no further
bis in den Tod: እስከ እለተ ሞት: till death

bis jetzt: እስካሁን: as yet, heretofore, heretofore, till now, up to now
bis zu einem gewissen Grad: እስከ ተወሰነ ደረጃ: to a certain degree
bis zu, so weit wie: እስከ ...: up to, as far as
bis, soweit, bis in, bis zu: እስከ .../ ድረስ: till, as far as, til, unless, until, untill
Bischof {m}: ጳጳስ: bishop
bischöflich: ጵጵስናዊ: episcopal, episcopally, episcopalian
Bisektoren {pl} :: bisectors, bisexuals
bisher: ገና: as yet, hitherto, so far
Biß {m}: ንክሻ: bite
bißchen: ትንሽ: whit, a little
bissig: ንክሻዊ: currish, ratty, snappily, snappy, currishly, edgier, rattier
Bissigkeit {f}: ንክሻ: acidness, currishness, doggishness, mordancy, rattiness
bistabil: ርጉ፤ ቻይ: bistable
bisweilen: አልፎ አልፎ: sometimes
Bit {n}: ቢት: bit
Bitadresse {f}: ቢት ማኅት: bit location
Bitmuster {m}: ቢታዊ ምሳሌ: bit pattern, pattern
Bitte bedienen Sie sich: ይመገቡ/ ብሉ/ ብላ...: please help yourself
Bitte, nehmen Sie Platz: እባክዎ ይቀመጡልን!: have a seat, please
Bitte {f}: ልመና: petition, please
Bitte {f}: አቅርቦት፤ ጸሎት: request
Bitte!: እባክህ/ እባክዎ...!: please
bitte: እባክህ/ ሽ/ ችሁ....: if you please, please
bitten (um), fragen (nach), fordern, ersuchen: ጠየቀ፤ ለመነ፤ ተማጸነ: ask, request, beg, prithee
bittend: ለማኝ/ ለምኖ: begging, appellatively
bitter: መራራ: acrimoniously, bitter, bitterly
Bitterkeit {f}: ንዴት፤ ብስጭት: bitterness, acrimony
bitterlich: በንዴት: slightly bitter
Bittgebet {n}: ጸሎት: invocation
Bittgesuch {n}: ልመና: petition
Bittgesuche {pl} :: petitions
Bittsteller {m, pl}: ከሳሽ፤ ይግባባይ: petitioner, supplicant, applicant, suppliant, suppliants
bitweise: ቀስ በቀስ: bit by bit
bivalent: ባለሁለት ዘዴ/ ሁኔታ: two-condition
Blamage {f}: ስድብ ፤ ዘለፋ: disgrace
blamieren: ሰደበ፤ አዋረደ: blame, stultify
blamierend: ተሳዳቢ/ ተሳድቦ: disgracing, stultifying
blank putzen, polieren: ወለወለ፤ አጠፋ፤ ጠረገ: furbish
blank, leer: ባዶ ቦታ: blanks
Blase {f}: እብጠት፤ ቡግር: blister, bubble, blister, bladder
Blasen {pl}: ቡግር: blisters, bubble, bubbles, cystic, bladders
blasen: ነፋ፤ እፍፍ አለ: to blow (blew, blown), toot
Blasinstrument {n}: ዋሽንት: wind instrument
Blasinstrumente {pl} :: wind instruments
Blatt {n}: ቅጠል፤ ወረቀት: sheet, leaf, leaf [pl leaves]
Blätter {pl}: ቅጠላቅጠል፤ ወረቀት: leaves, blades, sheets
blätterlos: ቅጠልአልባ: leafless
blättern: አገላበጠ፤ ገላለጠ: browse
blau, trübsinnig, schlüpfrig: ሰካራማ/ ሰካራም፤ ሰማያዊ: blue
blauäugig: ሰካራም: blue eyed
Blech {n}: የብረት ቁራጭ: plate, sheet metal
bleiben, stehenbleiben, übrig bleiben, verbleiben: ቆየ፤ ጠበቀ፤ ተረፈ: to remain abide, stay
bleibend: ጠብቆ/ ቆይቶ: enduring, steady, permanent, staying, abiding, remaining
bleichen: ወለወለ፤ አጸዳ: blanch, bleach
bleichend: ወልዋይ/ አጽድቶ: blanching, blanching
Bleicher {m}: አጽጂ: bleacher
Bleichmittel {n, pl}: ማጽጃ: whitener, whiteners
Bleistift {m}: እርሳስ: pencil
Bleistiftspitzer {m}: እርሳስ መቅረጫ: pencil sharpener
blenden: አጨለመ፤ ዘጋጋ: dazzle bedazzle
blenden: ታወረ: blind
blendend: ቆንጆ: speciously
blendfrei: የማይዝግ: non-reflecting, glare-free, non-glare, nonglare
Blendfreiheit {f}: ዝገትአልባነት: nonglaring
Blick {m}: እይታ: vista, look, view
Blicke {pl} :: vistas
blind: እውር: blind, blindly, sightless, unseeing
Blinddarmentzündung {f}: ትርፍአንጀት በሽታ: appendicitis
Blinddarmoperation {f}: ትርፍ አንጀት ቀዶጥገና: appendectomy
Blinddarmoperationen {pl} :: appendectomies
Blinde {m, f}: እውር: blind man
Blindgänger {m}: ጠብጫሪ: dud
Blindgänger {pl} :: duds
Blindheit {f}: እውርነት: sightlessness
blinken: አበራ፤ የመብራት ማስጠንቀቂያ ሰጠ: flashing, blink
Blitz {n}: ፍልቅላቅ: lightning, thunderbolt, flash
Blitze {pl} :: thunderbolts
blitzen: ፎቶ አነሳ፤ አፈለቀ: twinkle, lighten
Blitzesschnelle {f}: ፈጣን: instantaneousness
Blitzgerät {n}: ፍላሽ: flash attachment
Blitzkrieg {m}: ፈጣን ጦርነት: blitz
Blitzlampe {f}: ባትሪ: flashbulb
Blitzlampen {pl} :: flashbulbs
Blitzlicht {n}: ፍላሽ: photoflash
Blitzlichter {pl}:: flashlights, strokes of lightning
Blitzschlag {m}: መብረቅ: stroke of lightning
blitzschnell: በፍጥነት: split second
Block {m}: ብሎክ፤ ገደብ: physical record, block
Blockade {f}: ገደባ: blockade
Blockaden {pl} :: blockades

blockieren, stoppen, versperren: አጠረ፤ አገደ፤ አቆመ: obstruct, block up
blockierend: አጋጅ/ አግዶ: blockading, blocking
blockiert: እግድ/ ታግዶ: blocked, blockaded
Blockierung {f}: እገዳ: blockage, deadlock, hangup
Blockierungen {pl} :: blockages
Blockschrift {f}: በመጀመሪያ የላቲን ፊደል የተጻፈ ጽሑፍ: block letters
Blocktafel {f}: ጣውላ: block table
blockweise: ጡብ በጡብ: block by block
blöd: መጥፎ: zanily, daftly, sheepish, sheepishly, zaniness, zany
Blödheit {f}: ድንቁርና: goofiness
blödsinnig, idiotisch: ድንቁርናዊ: idiotic
blond: ነጭ: fair
bloß, rein, nur: ብቻ: pure, mere, sheer, sheerly
Bluffer {m}: ቡራ: bluffer
blühen: አበበ: bloom
blühend: አበባዊ፤ አባቢ: blooming, florid, floridly, thrivingly, bloomingly, flourishingly
Blümchen {n}: አበባ: floret
Blümchen {pl} :: florets, blossom
Blume {f}: አበባ: flower
Blumen {pl} :: flowers
Blumengeschäft {n}: ያበባ ሱቅ: florists
Blumenhändler {m, pl}: አበባ ነጋዴ: florist, florists
Blumenkohl {m}: ጥቅል ጎመን: cauliflower
Blumenstrauß {m}: አበባ ጉነጉን: bouquet nosegay, posy
Blumentopf {m}: አበባ ማስቀመጫ: flowerpot
Blumentöpfe {pl} :: flowerpots
blumig: አባቢ: floridly, flowerily, flowery
Bluse {f}: ውስጥ ልብስ: blouse
Blusen {pl} :: blouses
Blut {n}: ደም: blood
Blut vergießen: ደም አፈሰሰ: to shed blood
blutarm: ደረቅ፤ ምስኪን: bloodless, anemically
Blutbad {n}: ጭፍጨፋ፤ እልቂት: massacre, carnage
Blutbäder {pl} :: massacres
blutbefleckt: ደመነከ፤ ባለደም: bloodstained, blood picture
Blutdruck {m}: ደም ግፊት: blood pressure
blutdürstig: አረመሬ/ ደም የጠማው: bloodthirstily, sanguinarily, bloodthirsty
Blutdürstigkeit {f}: ጨካኝነት: bloodthirstiness, blood thirsty, sanguinary
Blüte {f}: ልማት፤ እሸት: bloom, blossom, florescence, abloom
Blüten {pl} :: blossoms, blooms
bluten: ደማ: bleed
blutend: ደሚ/ ደምቶ: bleeding
Blütenpracht {f}: አበባማነት: flowerage
Bluter {m}: ደሚ: bleeder, hemophiliac
Bluterguß {m}: ግምሳት: bruise, bruise, effusion of blood
Blutfleck {m}: ደም ጠብታ: bloodstain
bluthaltig: ደም መጣጭ: hemorrhagic, hemorrhoidal
blutig: ደማም/ማ: bloodily, bloody, gorily, gory, sanguineous
Blutkreislauf {m}: ደም ስርጭት: circulation
blutlose: ደም አልባ: bloodlessly
Blutlosigkeit {f}: ደምማነስ: bloodlessness
Blutprobe {f}: ደምምርመራ: blood test
Blutschande {f}: የደም ጉዳት/ ብክላ: incest
Blutschanden {pl} :: incests
Blutspender {m}: ደም ሰጭ: blood donor
Blutsverwandtschaft {f}: የሥጋ ዝምድና: blood relation, kindredship
Bluttransfusion {f}: ድም ስጦታ: blood transfusion
Blutung {f}: ድማት: hemorrhage
Blutungen {pl} :: bleedings
blutunterlaufen: ደም አፈሰሰ: bloodshot
Blutvergießen {n}: ደም ማፍሰስ: bloodshed, bloodshet, bloodletting
Blutvergiftung {f}: ደም ፈሰት: blood poisoning
Blutvergiftung {f}: መድማት: sepsis
Blutverlust {f}: ድማት: loss of blood
Bock {m}: ጠቦት ፍየል፤ ፍላጎት: buck bucking, goatish
Boden {m}, Land, Grund: ወለል፤ መሬት፤ ማሳ: ground, bottom, land, floor, ground, soil
Bodenbelastung {f}: ቦንዳነት: floor loading
Bodenfläche {f}: መስክ: floor space
bodenlos: ዟሪ፤ መቀመጫአልባ: bottomless
Bögen {pl}: ቀስት: arcs
Bogen {m}: ደጋን፤ ቀስተ ደመና: arch, bow, arc
Bögen {pl} :: bows
Bohne {f}: የተክላ ተክል ዓይነት: bean
Bohnen {pl} :: beans
bohren: ቀደደ: bore, drill
Bohrer {m, pl}: መቅደጃ: drill, auger, augers, borer, wimble, augers
Bohrloch {n}: ቀዳዳ: borehole
Bohrmaschine {f}: መቅደጃ ማሽን: drilling machine, drill
Bohrmeister {m}: ቅርጽ አውጭ: drillmaster
Bohrung {f}: ቀዳዳ: bore, drill, hole, drilling
Bollwerk {n}: ማጠናከሪያ፤ ማጥበቂያ: bulwark
Bollwerke {pl} :: bulwarks
Bolschewik {m}: ቦልሸቪክ: bolshevik
Bolzen {m}: እርሳስ ዓይነት: pin
bombardieren: በቦንብ ደበደበ: bombard
bombardierend: ደበዳቢ/ ደብድቦ: blitzing, bombarding
bombardierte: ተጠቂ/ ተመትቶ: blitzed, bombarded
Bombardierung {f}: ድብደባ: shellfire
bombastisch: የሞቀ/ የተቀጣጠለ: bombastic, fustian, orotund
Bombe {f}: ቦምብ: bomb
Bomben {pl} :: bombs
Bombenabwurf {m}: ቦምብ መጣል: bombing
Bombenangriff {m}: ያውሮፕላን ድብደባ: air raid

Bombenerfolg {m}: ከፍተኛ ድል: huge success
Bombenerfolge {pl} :: huge successes
Bombengeschäft {n}: የጦር መሳሪያ ንግድ: roaring trade
Bonbon {n}: መስቲካ: lozenger sweetmeat, goody
Bonbons {pl} :: sweetmeats, candies
Bonus {m}: ጉቦ: premium
Boot {n}: ጀልባ: boat
Boote {pl} :: boats
booten: ቡት ሥራ: boot
Bootsfahrt {f}: ጀልባ ጉዞ: boating, boat trip
Bootsführer {m}: ቡት ነጅ: boatman
borgen (von): ተዋሰ፤ ተበደረ : to borrow (from, of)
Börse {f}: የባንክ ቁማር ጨዋታ: stock exchange
Börsen {pl} :: stock exchanges
Börsenbericht {m}: የቁማር ዘገባ: market-report
Börsengeschäft {n}: ቁማር ንግድ: stock exchange transaction
Börsenmakler {m}: ቁማር ደላላ: stockbroker
Börsenmakler {pl} :: stockbrokers
Borste {f}: ጠጉር፤ ጢም: bristle
Borsten {pl} :: bristles
bösartig: መጥፎ: maleficent, malfeasant, malignant, malignantly, viciously
Bösartigkeit {f}: መጥፎነት: malignity, sinisterness, viciousness
böse Taten: መጥፎ ተግባር: depravations
böse, verrückt, wahnsinnig, schlecht: መጥፎ፤ እብድ: evil, mad, crossly, sinister, wicked
boshaft: መጥፎ፤ ጋኔን: wicked, diabolicalness, bitchily, fiendish, maliciously, shrewish, spiteful, spitefully, bitchy, evilly, shrewishly
boshaftig: መጥፎአማ: diabolicalnesses
Boshaftigkeit {f}: መጥፎ ድርጊት: evilness, shrewishness
Bosheit {f}: መጥፎነት: wickedness, cursedness, fiendishness, impishness, malice, maliciousness, malignity, wickedness
Bosheiten {pl} :: malices, malignities, wickednesses
böswillig: አሽቃባጭ፤ አቃጣሪ: malignant, malignantly
Böswilligkeit {f}: አቃጣሪነት: malevolence, malignancy
Böswilligkeiten {pl} :: malevolences, maliciousness
Botanik {f}: አታክልት ቦታ: botany
Botaniker {m, pl}: አትክልተኛ: botanist, botanists
botanisch: አትክልታዊ: botanical, botanically
botanischer Garten: ያትክልት ቦታ: botanical gardens
botanisieren: ተክል አጸደቀ: botanize
Bote {m}: መልእክ፤ ልኡክ: messenger
Boten {pl} :: messengers, summoners, carriers
Botschaft {f}: ልኡክ፤ መልእክት፤ አምባሳደር: embassy, message
Botschaften {pl} :: embassies
Botschafter {m}, Repräsentant: አምባሳደር: ambassador
Botschafterin {f}: አምባሳደር: ambassadress
Box {f} Kiste, Zelle: ሳጥን፤ ቦክስ ዱላ: box
Boxen {n}: መባ ክስ: boxing
Boxen {pl} :: boxes
boxen: ተባ ክስ: to box
Boxer {m, pl}: ቦክሰኛ: pugs, pug, pugilists
Boxkampf {m}: ቦክስ ውድድር: boxing match
Boykott {m}: አመጽ/ ግለላ: boycott
boykottieren: አገለለ: blackball
boykottierend: አተግላይ/ አግልሎ: blackballing, boycotting
boykottierte: ተገላይ/ ተገልሎ: blackballed, boycotted
Brandmal {n}: አመድ: stigma
Brandmalen {pl}:: stigmas
brandmarken: አቄ ለ፤ አቃለለ: denounce, stigmatize
brandmarkend: አናናቂ/ አናንቆ፤ ቀልዶ: branding denouncing, stigmatizing
Brandmauer {f}: የሳት መከላከያ: fire wall, fire walls
Brandstelle {f}: ቃጠሎ: scene of fire
Brandstellen {pl} :: scenes of fire
Brandstifter {m, pl}: አቃጣይ: arsonist firebug, ncendiary, arsonists, incendiaries
Brandstiftung {f}: ቃጠሎ: arson
Brandstiftungen {pl} :: arsons
Brandungswelle {f}: ነበልባል: surging billow
Brandungswellen {pl} :: billows, surging billows
Brandwunde {f}: ቦግታ: burn
Branntwein {m}: አረቂ: spirits, firewater, brandy
Branntweinbrenner {m}: አረቂ አውጭ: distiller
Branntweinbrennerei {f}: አረቂ ማውጫ: distillery
Branntweinbrennereien {pl}:: distilleries
Braten {m}: መጥበስ: roast
braten, rösten: ጠበሰ፤ አቃጠለ: roast, barbecue, fries, fry
Bratenfett {n}: መቀቀያ ስብ: drippings
Bratensoße {f}: ሾርባ ወጥ: gravy
Bratensoßen {pl} :: gravies
Brathänchen {n}: ዶሮ ጥብስ: roast chicken
Bratkartoffeln {pl}: ድንች ጥብስ: fried potatoes
Bratpfanne {f}: ብረት ምጣድ: frying pan, fryer
Brauch {m}: ባሕል: rite
brauchbar: ተፈላጊ: usable, practical, usable, usably, useful, uscfully
Brauchbarkeit {f}, Nützlichkeit: ተፈላጊነት: usefulness, usability
Brauchbarkeiten {pl} :: serviceableness
brauchen, bedürfen: ፈለገ፤ ወደደ: need, want
braun: ሰማያዊ: brown
braunrot: ዳማ: puce
Braut {f}: ሙሽራ: bride
Brautbett {n}: ጫጉላ: bridal bed
Brautbetten {pl} :: bridal beds
Bräutigam {m}: ሙሽራ: bridegroom
Bräutigame {pl} :: bridegrooms

Brautkleid {n}: ሙሽራ ልብስ: wedding dress
Brautkleider {pl} :: wedding dresses
Brautleute {pl}: ሚዜ፤ ሰርገኛ: engaged couple
bräutlich: ሙሽራዊ: bridal
Brautnacht {f}: ቀዜማ: wedding night
Brautnächte {pl} :: wedding nights
Brautschleier {m, pl}: ሻሽ: bridal veil, bridal veils
brav, ehrlich: ደግ: honest
brechbar: ተሰባሪ: breakable
Brecheisen {n}: አደ ማ: jimmy
brechen, zerbrechen, zerschlagen: ሰበረ: brake (broke, broken), crack, infringe, rive, rupture
brechend: ሰባሪ/ ሰብሮ: breaching, fracturing, infringing, refracting, rupturing
Brecher {m}, Brechmaschine: መደ ሻ: crusher
Brechmaschinen {pl} :: crushers
Brei {m}: ደለል: pap, porridge, pulp
breiig, matschig: ደለላማ፤ ጭቃማ: pulpy, pappily, pappy, pulpily, pulpy
breit, weit, umfassend, deutlich: ሰፊ: broad, wide, broadly
Breite {f}, Weite: ስፋት: broadness, latitude, wide, width, breadth
Breiten {pl} :: breadths, latitudes, latitudinal,
Breitseite {f}: ስፋት: broadside
Breitseiten {pl} :: broadsides
Bremsbelag {m}: ፍሬን መያዣ: brake lining
Bremse {f}: ፍሬን: gadfly, horsefly, retardant, brake
Bremsen {pl} :: horseflies, retardants, brakes
Bremsflüssigkeit {f}: የፍሬን ዘይት: brake fluid
Bremslicht {n}: የፍሬን መብራት: brake light
Bremspedal {n}: ፊሬን መርገጫ: brake pedal
brennbar, verbrennbar, entzündbar: ተቃጣይ/ ነዳጅ: flammable, combustible, combustibly, combustive
Brennbarkeit {f}: ተቃጣይነት: combustibility, inflammableness
Brennen {n}: መቃጣል: cauterization
brennen, verbrennen: አነደደ፤ አቃጠለ: to burn (burnt, burnt), scorch, sere, to be on fire
brennend: ትኩስ: afire, ardent
brennend: ነዳጅ/ ተቃጥሎ: blazing, burning, scorching
Brenner {m, pl}: መለኮሻ: burner, burners
Brennholz {n}: የከብሪት እንጨት: firewood
Brennhölzer {pl}: ክብሪት: firewoods
Brennmaterial {n}: ነዳጅ: fuel
Brennpunkt {m}: ዋና ነጥብ: focal, focal point, combustion point
Brennpunkte {pl} :: focal points
Brennstoff {m}, Treibstoff, Kraftstoff: ነዳጅ: fuel, fuel requirement
Brennstoffe {pl} :: fuels, combustibles
Brett {n}: ጣውላ: board, shelf, plank
Bretter {pl} :: boards, shelves, planks
Brevier {n}: ሸት፤ መነናጸፊያ: breviary
Brief {m}: ደብዳቤ: letter
Briefbeutel {m}: የደብዳቤ ቦርሳ: mailbag
Briefgeheimnis {n}: ምሥጢራዊ ደብዳቤ: privacy of letters, secrecy of letter
Briefkasten {m}: ፖስታ ደብዳቤ: letter-box, mail box
Briefkästen {pl} :: letter boxes, letterheads
Briefkopf {m}: የደብዳቤ ርእስ: letterhead
Briefmarke {f}: ፖስታ ቴ ምብር: stamp
Briefmarken {pl} :: stamps
Briefmarkensammler {m}: ቴ ምብር ሰብሳቢ: philatelist
Briefmarkensammlung {f}: ቴ ምብር ስብሰባ: stamp collection
Briefpapier {n}: የደብዳቤ መጽሐፊያ: note paper
Brieftasche {f}: የእጅ ቦርሳ: wallet, billfold
Brieftaschen {pl} :: billfolds, wallets
Brieftelegramm {n}: ፋክስ ደብዳቤ: letter telegram
Briefträger {m, pl}: ፖስተኛ: mailman, postmen
Briefumschlag {m}: ፖስታ: envelope, mailer
Briefumschläge {pl} :: envelopes
brillant: ጎበዝ፤ ጀንና: brilliant, brilliantly
Brille {f}: መነጽር: glasses, specs, spectacles, eyeglasses
Brillenträger {m, pl}: ባለመነጽር: spectacle wearer, wearer of glasses
bringen: አመጣ: bring (brought, brought)
bringend: አምጭ/ አምጥቶ: bringing
Brise {f}: ትንፋሽ: breeze
Brisen {pl} :: breezes
britisch: እንግሊዛዊ: British
Britisch: እንግሊዝ: British
bronchial: ሳል በሽታ፤ ሳላማ: bronchial
bronze: መዳባዊ: bronze
bronzen: አቀለጠ፤ መዳብ ሠራ: brazen
Broschüre {f}: ማስተዋወቂያ: leaflet, brochure, booklet
Broschüren {pl} :: brochures, booklets
Brot {n}: ዳቦ: bread
Brotbeutel {m}: ዳቦ ቅርጫት: haversack
Brötchen {n}: ክፍልፋይ: bun
Brote {pl} :: breads
Brotgetreide {n}: የዳቦ እህል: breadstuffs
Brotkorb {m}: ዳቦ ቅርጫት: bread basket
Brotkörbe {pl} :: bread baskets
Brotscheibe {f}: የዳቦ ቁራሽ: slice
Brotschneidemaschine {f}: ዳቦ መቁረሻ: bread cutter
Brotschnitte {f}: ቁራሽ ዳቦ: slice of bread
Brotschnitten {pl} :: slices of bread
Bruch {m}: ስባሪ: fracture, fraction
Bruchband {n}: የሥብራት መጠቅለያ: hernial
brüchig: ተሰባባሪ/ ተሰባሪ: crumbly, brashly
Bruchlandung {f}: ያዳጋ ማረፍ/ እርፊያ: crash landing
Bruchlandungen {pl} :: crash landings
Bruchstein {m}: የተጠረበ ደንጋይ: quarrystone breakage, site of fracture
Bruchstellen {pl} :: sites of fracture
Bruchstück {n}: ስብባሪ: fragment, piece, fractionary

Bruchstücke {pl} :: snatchings, fragments
Bruchzahl {f}: ተጋማሽ ቁጥር: fraction number
Bruchzahlen {pl} :: fraction numbers
Brücke {f}: መገናኛ፣ ድልድይ: bridge, bridgework, jumper, bridge
Brücken {pl} :: bridges
Brückenstecker {m}: ማገናኛ፣ ማራቢያ: strapping plug
Bruder {m}: ጓደኛ፣ ወንድም: brother
Brüder {pl} :: brothers
brüderlich: ወንድማዊ: brotherly, fraternal, fraternally
Brüderlichkeit {f}: ወንድማማችነት: brotherliness, brotherhood, fraternity
Bruderschaft {f}: ወንድማዊነት: brotherhood, fraternity
Bruderschaften {pl} :: brotherhoods
brüllen: አገሳ፣ ጮኸ: bellow, low, bawl, blare, boohoo, holler, roar
brüllend: አግሽ/ አግስቶ: ድንፋታም/ ማ: bellowing, blaring, blatantly, boohooing, hollering, roaring, whooping
Brummbär {m}: አግሲታ: growler, grumbler
brummen: ጮኸ፣ አገሳ፣ ደነፋ: hum, drone, grumble
brummend, (brummigen): አግሽ/ አግሽቶ: grumbling, droning, growling
Brummschädel {m}: ራስ ውጋት: headache
Brunnen {m, pl}: ፏፏቴ ፣ ጉድጓድ: fountains, well, fountain, wells
Brust {f}: ጡት: breast
Brustamputation {f}: ጡት ቀዶጥገና: mastectomy
Brustamputationen {pl} :: mastectomies
Brustbeschwerde {f}: ደረት ውጋት: chest trouble
Brustbild {n}: ከደረት በላይ ምስል/ ፎቶ: half length portrait
Brustkrebs {m}: የጡት መቀርሳ: breast cancer
brutal: ጨካኝ: brutal, brutally
Brutalität {f}: ጭካኔ: brutality
Brutalitäten {pl}:: brutalities
brüten: ቋቋ፣ እንቁላል ፈለፈለ: breed, brood, hatch
Brutto {n}: ጠቅላላ ገቢ: gross
Bruttogewicht {n}: ጠቅላላ ክብደት: gross weight
Bruttogewichte {pl} :: gross weights
Bruttojahresarbeitsentgelt {n}: ጠቅላላ ዓመታዊ ገቢ: annual gross pay
Bruttopreis {m}: ዋጋ: gross price
Bruttoverdienst {m}: ጠቅላላ ትርፍ/ ገቢ: gross profit, gross income
Bruttoverdienste {pl} :: gross profits
Bube {m}: ሕፃን: jock
Buben {pl} :: boys
Buch {n}, Heft: መጽሐፍ፣ ደብተር: book, quire
Buchbinder {m, pl}: ጥራዝ: bookbinder, bookbinders
Buchbinderei {f}: መጠረዣ: bindery, bookbindery
Buchbindereien {pl} :: bookbinderies, bookbinding, binderies
Bücherei {f}: ቤተ መጻሕፍት: library
Bücherladen {m}: ሱቅ: bookshops
Büchernarr {m}: መጽሐፍ ቀበኛ: bibliomaniac
Bücherregal {n}: መጽሐፍ መደርደሪያ: bookcase
Bücherwurm {m}: ምስጥ: bookworm
Bücherwürmer {pl} :: bookworms
Buchgelehrten {pl} :: theorists
Buchgelehrter {m}: ያንድምታ ምሁር: bookman
Buchgemeinschaft {f}: መጻሕፍት ክበብ: book club
Buchgemeinschaften {pl} :: book clubs
Buchhalter {m}: አካውንታንት: accountant, accounting clerk, accounts clerk, book keeper
Buchhaltung {f}: ሒሳብ ተቆጣጣሪ: accountancy, accounting, accounting department, bookkeeping
Buchhaltungen {pl} :: accountancies
Buchhaltungsdaten {pl}: ሒሳብ መዝጊያ: accounting data
Buchhaltungssytem {n}: ሒሳብ መቆጣጠሪያ ሕግ: accounting system
Buchhändler {m, pl}: መጽሐፍ ነጋዴ: bookseller, booksellers
Buchhandlung {f}: የመጻሕፍት ሱቅ: bookshop
Buchmacher {m, pl}: ኮፒ: bookie, bookies
Buchname {m}: የመጽሐፍ ስም: bookname
Buchprüfer {m, pl}: መጽሐፍ ተቆጣጣሪ: auditor, auditors
Buchseite {f}: መጽሐፍ ገጽ: page
Buchstabe {m}: ፊደል: letter
Buchstaben {pl} :: letters, letters
Buchstabensymbol {n}: ፊደላዊ ምልክት: literal
buchstabieren, richtig schreiben: ፊደል ቆጠረ: spell, alphabetize
Buchstabierer {m, pl}: ፊደል ቆጣሪ: speller, spellers
buchstäblich, wörtlich: ቃል በቃል: literal, litterally
Buchtitel {m}: የመጻፉ ርእስ: booknames
Buchung {f}: ተልእኮ: posting, ticketing
Buchungsbetrag {m}: የፖስታው ዋጋ: amount posted
Buchungsunterlage {f}: ማረጋገጫ መዝገብ: accounting document
bücken: ድልድይ ሠራ: stoop
bückend: አሻጋሪ/ አስተላልፎ: stooping
Bude {f}: ዋሻ፣ ማማ፣ ጎጆ: booth, diggings, angout, hack, shanty, shebang, stall, booth, shanty
Buden {pl} :: shacks, shanties, stalls, boothes
Büffel {m, pl}: የእንስሳ ዓይነት: buffalo, buffalos
Bug {m}: የፊት ገጽ: prow
Bügel {m}: መተከሻ፣ ካውያ: bail, coat hanger, stirrup, frame, yoke
Bügelbrett {n}: መተከሻ ጠረጴዛ: ironing board
bügeln: ልብስ ተኮሰ፣ ተጫነ press

bügelnd: ተኳኽ/ ተኩሶ: ironing, ironing
Bühne {f}, Podium, Schauplatz: መድረክ: scene, stage
Bühnen {pl}:: stages
Bühnenanweisung {f}: የመድረክ ትእዛዝ: stage direction
Bühnenanweisungen {pl} :: stage directions
Bühnenarbeiter {m, pl}: መድረክ ሠራተኛ: stagehand, stagehands
Bühnenausstattung {f}: የመድረክ ጌጥ: decor
Bühnenbearbeitung {f}: የመድረክ ዝግጅት: dramatization
Bühnenbild {n}: የመድረክ ስእል: stage design
Bühnenbilder {pl}:: stage designs
Bühnenkunst {f}: ሥነ መድረክ: stagecraft
Bulle {m}: ወይፈን፣ ወጠጤ: flatfoot
Bullen {pl} :: flatfoots
bummeln: ተመመ፣ ተነዳ: stroll, saunter, stroll
Bummler {m, pl}: ተነጅ: drifter, johnny, loafer, loafer, truant, drifters, laggards
Bums {m}: ንረት: thump
bumsen: በዳ፣ አወሰበ: thump
bumsend: ሰሳኒ/ ሰስኖ: thumping
Bund {m}: ኅደኛ፣ ቡድን: truss, waistband, collar
Bunde {pl} :: trusses
Bündel {n, pl}: ጥቅል: bale, bunch, sheaf, bundle, bunch, bale, bundles, wads, bunches, bundles, sheaves
bündeln: ጠቀለለ: truss
bündelnd: ጠቅላይ/ ጠቅልሎ: bunching bundling, trussing
Bundesgebiet {n}: ክፍለ ሀገር: federal territory
Bundesgebiete {pl} :: federal territories
Bundesgenosse {m}: ኅደኛ: confederate
Bundesgenossen {pl} :: confederates
Bundesstaat {m}: ፌዴራላዊት ሀገር: federal state
Bündnis {n}: ቡድን፣ ማኅበር: alliance, confederacy, confederation
Bündnisse {pl} :: confederacies confederations, leagues
Bunker {m, pl}: ዋሻ፣ ምሽግ: bunker, dugout, dugouts
Buntheit {f}: ጥቅልነት: colorfulness, variegation
Bürge {m}: ጋራንቲ: guarantor, bailsman
Bürgen {pl} :: bailsmen
bürgen für: ተያዘ፣ መያዣ ሰጠ: to answer for
bürgend: ተያዥ ሆኖ/ ተውሶ: bailing
Bürger {m, pl}: ከበርቴ ፣ ዜጋ: bourgeois, burgess, burgher, citizen, commoner, townsman, burgesses, burghers, citizens, townsmen
Bürger {m}: ባላባት: bourgeois
Bürgerin {f}: ከበርቴ : burgess
Bürgerkrieg {m}: ርስበርስ ጦርነት: civil war
bürgerlich: ሲቪላዊ: civic, civicly, civil
Bürgermeister {m}: አስተዳዳሪ: mayor, mayors
Bürgerschaft {f}: ዜግነት: citizenry, township
Bürgertum {n}: ንኡስ ከበርቴ ነት: middle classes, bourgeoisie
Bürgerwehr {f}: ሚሊሻ: militia
Bürgschaft {f}, Sicherheit: ደሕንነት: security, sponsion
Bürgschaften {pl} :: guaranties
Büro {n}: ቢሮ: office, bureau
Büroangestellter {m}: ቢሮ ሠራተኛ: white-collar worker
Büroarbeit {f}: የወረቀት ሥራ: paperwork
Büroarbeit {f}, Schreibarbeit: የቢሮ ሥራ: paperwork
Bürobedarf {m}: የቢሮ ዕቃ: office supply
Bürobedarfsartikel {pl}: የቦሮ ዕቃ: office supplies
Bürochef {m}: አለቃ: head clerk
Bürochefs {pl} :: head clerks
Bürocomputer {m}: የቢሮ ኮምፒዩተር: business computer, office computer
Büroklammer {f}: ወረቀት ማጣበቂያ: paperclip
Bürokommunikationstechnik {f}: ቢሮ ግንኙነት: office communications
Bürokrat {m}: ቢሮክራት: bureaucrat
Bürokraten {pl} :: bureaucrats, bureaucracies
Bürokratie {f}: ቢሮክራሲ: bureaucracy, officialdom, officialism
bürokratisch: ቢሮክራሲያዊ: bureaucratic, bureaucratically
bürokratisieren: አንዛዛ፣ አጓተተ: bureaucratize
bürokratisierend: አጓታች/ አጓትቶ: bureaucratizing
bürokratisierte: ተብዛኸ/ ተንዛዝቶ: bureaucratized
Bürokratismus {m}: ቢሮክራቲዝም: red tape, bumbledoms
Büromaschine {f}: የቢሮ ማሽን: office machine
Büromaschinen {pl} :: business maschines
Büromöbel {n}: የቢሮ ዕቃ: office furniture
Büroorganisation {f}: የቢሮ ቅንጅት: office organization
Büropersonal {n}: የቢሮ አባል: office personnel, office-hands, clerical staff
Büros {pl}: ቢሮ: offices, bureaus
Bürovorsteher {m}: ዘበኛ: head-clerk
Bursche {m}: ጎረምሳ: lad, chap, fellow, laddie, bloke
Burschen {pl} :: chaps, blokes
burschikos, lustig: ቀልደኛ: jolly
burschikoser, ungezogen: ባለጌ: unmannerly
Bürste {f}: ቡርሽ: brush
Bürsten {pl} :: scrubbers
bürsten: ቦረሸ: to brush
Bus {m}: አውቶቡስ: bus
Busabschluß {m}: አውቶቡስ መድረሻ: bus termination
Busch {m}: በርሀ: bush
buschig: በርሀማ/ ም: bushily, bushy
Buschkamp {m}: በርሀ ምሽግ: bushkamp
Buschland {n}: በርሀ ሀገር: veld
Buschländer {pl} :: velds

Busen {m, pl}: ጡት: bosom, bosoms
Busenfreund {m}: ጡት ወዳጅ: bosom friend
büßen: ከፈለ፣ ተወጣ: atone
Bußtag {m}: እለተ ንስሐ: day of penance
Bußtage {pl} :: days of penance
Büste {f}: ኪሳራ: bust
Büsten {pl} :: busts
Butler {m}: አገልጋይ: butler
Butter {f}: ቅቤ: butter, butyric
Butterbrot {n}: የቅቤ ዳቦ: sandwich, slice of, bread of butter, bread and butter
Butterbrote {pl} :: slices of bread and butter, sandwiches
Butterfaß {n}: ቅቤቅል: butter tub
Butterfässer {pl} :: butter tubs
Butterteig {m}: ኦንት: puff paste
Byte {n}: ባይት: byte
Bytes {pl} :: bytes

C

Cafe {n}, Kaffeehaus: ቡና ቤት: ቡና: coffeehouse, cafe
Cafeteria {f}: ምግብ ቤት: cafeteria
Cafeterias {pl}:: cafeterias
Camping {n}: የድንኳን ማደሪያ: camping
Campingausrüstung {f}: በረት: camping equipment
Campingbett {n}: አጎዛ: campbed
Campingplatz {m}: መሥፈሪያ ቦታ፤ ማደሪያ: camp site, camping ground
Campingplätze {pl}:: camp sites, camping grounds
Campus {m}: ሠፈር: campuses
Canangabaum {m}: የዛፍ ዓይነት: ylang ylang
Canasta {n}: የካርታ ጭዋታ: canasta
Champagner {m}: ሻምፓኝ: champagne
Champignon {m}: ያቡሃይ ፌስ: mushroom
Champignons {pl}:: mushrooms
Chance {f}: ዕጣ: odds, chansons
Chancen {pl}: ዕጣ: odds, chansons
Chaos {n}, Durcheinander: ዝብርቅርቅ: chaos
chaotisch: ቅጥአልባ: chaotic, chaotically
Charakter {m}, Beschaffenheit: ጠባይ: character
Charakterbild {n}: ንድፍ: character sketch
Charakterbilder {pl}:: character sketches
Charaktereigenschaft {f}: አምል: characteristic
Charaktereigenschaften {pl}:: characteristics
Charakterfehler {m}: ነውር፤ አመል: faults in character, fault in character
charakterfest: ትጉት: high principled
charakterisieren: አለመደ: characterize
charakterisierend: አለማማጅ/ አለማምዶ: characterizing
charakterisiert: ተለማማጅ/ ተለማምዶ: characterized
Charakterisierung {f}: አመል፤ ጠባይ: characterization
Charakterisierungen {pl}:: characterizations
charakteristisch, typisch: አመላም/ ማ: typic, discriminatory, symptomatical, characeristics, characteristic, characteristically
charakterlos: አመልአልባ: unprincipled
Charakterlosigkeit {f}: እንከንአልባነት: lack of character
Charakterschwäche {f}: ድክመት: weakness of character
Charakterschwächen {pl}:: weaknesses of character
Charakterstärke {f}: ጥንካሬ: strength of character
charaktervoll: ግብረ ገብ: full of character
Charakterzug {m}: ልምድ: lineament
Charakterzüge {pl}:: traits
Charisma {n}: ተሰጦ፤ ስጦታ: charisma
charismatisch: አመላም: charismatic
Charismen {pl}: ተሰጦ፤ ስጦታ: charismas
Charterflug {m}: ያውሮፕላን መስመር: charter flight
Chauvinist {m}: ዘረኛነት: jingo
chauvinistisch: ዘረኛ: jingoistic
CHDIR: መዝገብ ቅያሬ: chdir
checken: ተቆጣጠረ: check
cheeseburgers
Chef {m}: አለቃ: boss, chief
Chefarzt {m}: ኃኪም: head physician
Chefärzte {pl}: ኃኪሞች: head physicians
Chefredakteur {m}: አዘጋጅ: chief editor
Chefs {pl}: መሣፍንት: bosses
Chemie {f}: ኬሚስትሪ: chemistry
Chemiefaser {f}: ስሜት: chemical fibre
Chemien {pl}: ኬሚካልስ: chemistries
Chemikalien {pl}: ኬሚካልስ: chemicals
Chemiker {m, pl}: ኬሚስት: chemist, chemists
chemisch reinigen: በመርዝ አጠበ: dry clean
chemisch: ኬሚካላዊ: chemical, chemically
chemische Reinigung: አጠባ: dry cleaner
Chemotherapie {f}: እንክብካቤ: chemotherapy
Cherokee {m}: ኬሮኪ: cherokee
Chiffon {m}: ክር ዓይነት: chiffon
Chiffre {f}: እንግዳ፤ ኢልሙድ: cipher
Chiffren {pl}:: codes
Chiffrenummer {f}: ምሥጢር ቁጥር: box number
Chiffrenummern {pl}:: box numbers
Chiffrierdaten {f}: ምሥጢር መዝገብ: cryptodata
chiffrieren: መሠጠረ: codify
chiffrierend: መሥጣሪ/ መስጥሮ: enciphering
Chiffriermaschine {f}: መሣሪያ: cipher machine
Chiffrierstelle {f}: ምሥጢራዊ ማእከል: code centre
Chiffrierung {f}: ምሥጢር: codification
Chiffrierverkehr {m}: ምሥጢራዊ ግንኙነት: ciphony
China: ቻይና: china
chinesisch: ቻይንኛ: chinese
Chip {m}: የኮምፒዩተር ክፍል: chip
Chips {pl}:: chips
Chiropraktik {f}: ቀዶ ጥገና ልምምድ: chiropractic
Chiropraktiker {m}: ሠልጣኝ: chiropractor
Chiropraxis {f}: ልምምድ: osteopathy
Chirurg {m}: ቀዶ ጠጋኝ: surgeon
Chirurgen {pl}:: surgeons
Chirurgie {f}, Operation: ቀዶ ጥገና: surgery
chirurgisch: ቀዶ ጥገናዊ: surgical, surgically, surgically
Chlor {n}: ክሎሪን: chlorine
chloren: ወሀ አጣራ: chlorinate
chlorend: አጣሪ/ አጣርቶ: chlorinating

Chlorhydrat {n}: የኬሚካል ዓይነት: hydrochloride
Chlorid {n}: ኬሚካል ዓይነት: chloride
Chor {m}: ያምልኮት አደባባይ: chorally, chorus, choir, chorale
Choreograph {m}: ዳንስ አስፖርት: choreographer
Choreographie {f}: ድንሳ: choreography
Choreographien {pl}:: choreographies
choreographieren: ደነሰ: choreographing
choreographierend: ደናሽ/ ደንሶ: choreographing
choreographiert: ተደንሶ: choreographs
choreographisch: ዳንስኛ: choreographic, choreographically
Chorgesang {m}: መዝሙር: choral singing
Chorhemd {n}: ታቦት ልብስ፤ ካባ: surplice
Chorhemden {pl}:: surplices
Chorknabe {m}: ዘማሪ: choir boy
christlich: ክርስቲያናዊ: christian
Chrom {n}: ኬሚካል ዓይነት: chromium, chrome
chromatisch: ቃኘታ: chromatic
chromatisch: ቅኘታዊ: chromatically
Chromatizität {f}: ቅኘታ: chromaticity
Chromatizitäten {pl}:: chromaticities
Chromosom {n}: የደም ሥር ዓይነት: chromosome
Chronik {f}: ውርስ፤ ክብረ ነገሥት: chronicle
Chroniken {pl}:: chronicles
chronisch: ውርሳዊ: chronic, chronicly, chronically
Chronist {m}: ጸሐፊ ትእዛዝ: chronicler, annalist
Chronisten {pl}:: chroniclers
Chronologe {m}: ቅደም ተከተል ተመራማሪ: chronologer, chronology
Chronologie {f}:ቅደም ተከተል: chronology
Chronologien {pl}:: chronologies
chronologisch :: chronological, chronologically
chronologisch: ተከታይ፤ ወራሽ: chronologic, chronological
Chronologist {m}: ጸሐፊ: chronologist
Clique {f}: (የሌቦች) ቡድን: junto
cliquenhaft: ጎጠኛ፤ ጎሰኛ: cliquish, cliquishly
Cliquenhaftigkeit {f}: ጎጠኝነት: cliquishness
close-packed: ሽፍንፍን: dichtgepackt
CLR: ኮንትሮል: clr
Club {m}: ክለብ: club
Code {m}, Vorwahl: ኮድ: code
Codeausdruck {m}: ኮድ ይዞታ: code value
Codeliste {f}: ኮድ ዝርዝር: code set
Codes {pl}:: codes
Codeschlüssel {m}: ቁልፍ: code key
codierbar: ተመስጣሪ: codeable
Codierblatt {n}: የምሥጢር ጽሑፍ: coding sheet
Codiereinrichtung {f}: ምሥጢር: encoder
codieren: መሠጠረ: decodede, encode
Codierung {f}: ምሥጢር: encoding, coding
Commodore {m}: ኮምፒዩተር ፋብሪካ: commodore
Compiler {m, pl}: ቀያሪ: compiler, compilers
compiliert: ተለዋጭ/ ተለውጦ: compiled
Compilierung {f}: ቅይርና: compilation
Computer {m, pl}: ኮምፒዩተር: computer, computers
computerabhängig: ኮምፒዩተር ሱሰኛ: computer dependent
Computeramateur {m}: ኮምፒዩተር ምሁር: bit-bender
Computerbetrug {m}: ስርቆት: computer fraud
Computergeneration {f}: የኮምፒዩተር እድገት: computer generation
computergesteuert: ኮምፒዩተራዊ: computer controlled
Computerhersteller {m}: ኮምፒዩተር አምራች: computer manufacturer
computerisieren: በኮምፒዩተር አሠራ: computerize
computerisierend: አሠሪ/ አሠርቶ: computerizing
computerisiert: ተሠሪ/ ተሠርቶ: computerized
Computerisierung {f}: ኮምፒዩተራዊነት: computerization
Computerkriminalität {f}: የኮምፒዩተር ሌብነት: computer crime
Computerland {n}: የኮምፒዩተር ሀገር: computerland
Computerpersonal {n}: ኮምዩተር ሠራተኛ: computer staff
Computersatz {m}: ኮምፒዩተር ጽሁፍ: computer composition
Computersystemoperateur {m}: ኮምፒዩተር ጠጋኝ: sysop
Computersystemoperateure {pl}:: sysops
Computer-Teil {n}: ኮምፒዩተር አካል/ ክፍል: hardware
Computertomographie {f}: የኮምፒዩተር ስእል: computer tomography
computerunabhängig: ያለ ኮምፒዩተር: computer independent
computerunterstützt: በኮምፒዩተር ድጋፍ: computer assisted
computerunterstützte Unterweisung (CAI): የኮምፒዩተር መመሪያ: computer-aided instruction
computerunterstütztes Entwerfen (CAD): የ-ንድፍ: computer-aided design
Containerschiff {n}: ዕቃ መጫኛ መርከብ: container ship

Controller {m}: መቆጣጠሪያ: controller
Coprozessor {m}: ረዳት መዝገብ: coprocessor
Copyright {n}: የደራሲ መብት: copyright
Coupon {m}: የቀበሌ ካርድ: coupon
Crash {m}: ገጭት: crash

Creme {f}, Sahne: ጣፋጭ: cream
Cremes {pl}:: creams
CTRL: ኮንትሮል: ctrl
Cursor {m}: መጠቆሚያ፣ የኮምፒዩተር አይጥ: cursor

D

da, dort, dorthin: **እዚያ**: there
da: ...**እና፣ ስለ** ...: as
da doch, dennoch: **ገና**: yet
da hast du es: **እለኸ**: here you are
Da hast du mich drangekriegt.: **አገኘኸኝ**: You've got me there.
Da irren Sie sich.: **ተሳሳቱ** (**ወንድሜ/ እኅቴ**): There you're mistaken.
da sein: **ተገኘ፣ አለለ**: to be in town
da sind Sie ja!, da haben Sie es!: **አላችሁ!/ አሉ!**: there you are!
dabei: **በዚያው**: near by, thereby, withal
dabeibleiben: **ቆየ**: stay with
dabeibleibend: **ቆይቶ/ ኖሮ**: staying with
dabeigeblieben: **ተገኝቶ**: stayed with
dabeigewesen: **ሆኖ/ ኖሮ**: been present
dabeisein: **ነው/** (**ሆነ**?)**፣ ተገኘ**: be present
dabeistehen, unterstützen: **ደገፈ**: to stand by
Dach {n}: **ባጥ፣ ጣራ**: roof, housetop
Dachbalken {m}: **ጣራ ላይ መዝናኛ**: roof beam
Dachboden {m}: **ባጥ**: loft
Dachdecker {m, pl}: **ክዳን**: tiler, roofer, tilers
Dächer {pl}: **ባጦች፣ ጣራዎች**: housetops, roofs
Dachfenster {n}: **ባጥ መስኮት**: dormer window, dormer
Dachgarten {m}: **ባጥ ተክል**: roofgarden
Dachkammer {f}: **መዝናኛ**: attic
Dachkammern {pl}:: attics
Dachwohnung {f}: **ላይኛ ፎቅ ቤት**: penthouse
Dachwohnungen {pl}:: penthouses
Dackel {m, pl}: **ወስክምብያ፣ ግጣም**: dachshund
dadurch, so: **በውስጥ**: thus, thereby
dafür: **ስለዚያ**: for it
dagegen: **ባንፃሩ**: against it
daheim: **በቤት**: at home
Daheim {n}, zu Hause: **ከቤት**: at home
daher: **ከዚያ**: from there, hence, thence
daherum: **ስለዚያ/ ሀ**: thereabouts
dahinjagen: **አራወጠ**: skitter
dahinscheiden: **አገደ**: to pass away
dahinter: **በኋላው**: behind, behind it, post
dahintergesteckt: **ተደብቆ/ ተሰውሮ**: having been behind it
dahinterstecken: **ደበቀ፣ ሰወረ**: be behind it
dahintersteckend: **ደብቆ/ ሸሽጎ**: being behind it
damalig: **ያ፣ ያች፣ ያኛው፣ ያችኛዋ**: that
damals: **ድሮ**: at that time
Dame {f}: **ወይዘሮ**: lady, madam, dame
Damen {pl}:: ladies, dames
Damenbesuch {m}: **ጓደኛ ጥየቃ**: lady visitor
Damenfriseur {m}, Haarschneider: **ፀጉር ሥራ**: hairdresser
damenhaft: **ቆንጆ**: ladylike
Damenmannschaft {f}: **ሴቶች ቡድን**: woman team
Damenmannschaften {pl}:: woman teams
Damenschneider {m}: **ቀሚስ ሰፊ**: dressmaker
Damenschneiderei {f}: **ስፌት ቤት**: couture
Damenunterwäsche {f}: **ውስጥ ቡታንቴ** : lingery
Damit ist die Sache erledigt: **ተፈጸመ፣ አበቃ**: that settles the matter
Damit können Sie bei mir nicht landen.: **ከእኔ ጋር አይደለም**: That cuts no ice with me.
damit: **በዚያው**: therewith, with it
dämlich: **መጥፎ**: dimwitted, dopey
Dämlichkeit {f}: **ፉዞነት**: dimwittedness
Damm {m}: **ግድብ**: dam, embankment, levee, causeway
Dämme {pl}: **ግድብ**: embankments
dämmern: **አጣጣለ፣ አንዘቃዘቀ**: dawn
dämmernd: **አጣጥሎ**: dawning
Dämmerung {f}, Zwielicht: **ምሽት**: twilight gloaming, dawn
Dämmerungen {pl}:: gloamings
Dämon {m}: **ጋኔን**: demon
Dämonen {pl}:: demons
Dämonenlehre {f}: **ጥንቆላ**: demonology
dämonisch: **ሟርተኛ**: demoniac, demonic, demoniacal, demonically
Dampf {m}: **ትነት**: vapor, vapour, steam
Dampfbad {n}: **ሙቃት መታጠቢያ**: steam bath
Dampfbäder {pl}:: steam baths
dämpfen: **ቀዘፈ**: stew, damp, damp, extenuate, mute
dampfen: **አፈላ፣ አተነነ**: steam
Dampfer {m, pl}: **መርከብ**: steamer, steamers, damper
Dämpfer {m}: **መርከብ**: damper
Dampfheizung {f}: **ማሞቂያ**: steam heating
Dampfheizungen {pl}:: steam heatings
dampfig: **እንፋሎታማ**: steamy, vaporous, vaporously
Dampfigkeit {f}: **እንፋሎት**: steaminess
Dampfkochtopf {m}: **ፈጣን መቀቀያ**: pressure cooker, autoclave
Dampfkochtöpfe {pl}:: autoclaves
Dampfmaschine {f}: **የእንፋሎት ማሽን**: steam engine
Dampfmaschinen {pl}:: steam engines
Dampfschiff {n}: **መርከብ**: steamship, steamboat
Dampfschiffe {pl}:: steamships
Danach kräht kein Hahn.: **ያልቅለታል**: Nobody cares two hoots about it.
danach: **ከዚያ፣ ቀጥሎ**: after it, after that, hereafter, thereafter
daneben: **በአቅራቢያው፣ በዚያው**: aside, beside it
Dank {m}: **ምስጋና**: thank
dankbar: **ምስጉን**: thankful
dankbar: **ባለውሌታ**: grateful, gracefully, gratefully, thankful, thankfully, gratefully

Dankbarkeit {f}: **ምስጋና**: gratitude, thankfulness, gratefulness
Danke gleichfalls: **እግዚአብሔር ይስጥልኝ**: thank you, the same to you
Danke sehr: **አመሰግናለሁ**: thank you very much
Danke: **አመሰግናለሁ**: thank you
danken: **አመሰገነ**: to thank
dankend: **አመስጋኝ/ መርቆ**: reciprocating, thanking
dankenswert: **ተመስጋኝ**: deserving of thanks
Dankfest {n}, Danksagung: **አመትባል**: thanksgiving
Dankfeste {pl}:: thanksgivings
Dankgebet {n}: **ጸሎት**: thanksgiving prayer
Dankgebete {pl}:: thanksgiving prayers
Dankgottesdienst {m}: **ማኅሌት**: thanksgiving service
Dankopfer {n, pl}: **መሥዋእት**: thank offering, thank offerings
Danksagung {f}: **ምርቃት**: thanksgiving
Danksagungen {pl}:: thanksgivings
Dankschreiben {n}: **ምስጋና ደብዳቤ**: letter of thanks
dann und wann: **ቀጥሎ**: now and then
dann/ als: **ከዚያ**: then
dann: **እነሆ**: then
dann: **ከዚያ**: then
daran denken: **አስታወሰ**: notice, remember
daran: **በ/ ከ/ ስለ...**: at it
darauf hinweisen: **አሳየ፤ አሳለፈ፤ ጠቆመ**: to point out
Darauf kann er stolz sein: **ይመካበታል/ ይመካባታል**: That's a feather in his cap.
darauf: **በ / ከ / ስለ...ላይ**: hereon, hereupon, on it, thereon, thereupon, upon
daraufhin: **ከዚያ ጀምሮ**: thereupon daraus, deshalb, ab jetzt, infolgedessen: **ከዚያ**: hence
daraus: **ከ...ውስጥ**: out of it
darbieten: **አቀረበ**: present
Darbietungen {f}: **አቅራቦት**: presentations
Darf ich Ihnen behilflich sein?: **ልርዳዎት/ ላግዝዎት**?: Can I give you a hand?
Darf ich Ihnen Herrn Dawit vorstellen?: **አቶ ዳዊትን ላስተዋውቅዎት**?: may I introduce Mr Dawit to you?
Darf ich mich Ihnen anschließen?: **አብሬ ልቀመጥ**?: may I join you?
dargelegt: **ተቀራቢ/ ቀርቦ**: presented
dargereicht: **ተላላፊ/ ተሰጥቶ**: handed
dargestellt :: personated
darin: **ከ / በ...ውስጥ፤ ከውስጥ**: in it, therein
darlegen, erklären: **አቀረበ፤ አዘጋጀ**: state
darlegend: **አቅራቢ/ አቅርቦ**: explaining
Darlehen{n}: **ብድር**: loan, gift
Darlehensgeber {m}: **አበዳሪ**: lender
Darlehenskasse {f}: **የብድር ቢሮ**: loan society
Darlehenskassen {pl}:: loan societies
Darlehensrückzahlung {f}: **ብድር ክፍያ**: amortization of loan
Darm {m}: **ሆድ**: gut, intestinal, intestine, bowel
Darmgeschwür {n}: **ቁርጥት**: intestinal ulcer
Därme {pl}:: intestinals
Darmsaite {f}: **ጪንጓሬ መሥመር**: catgut string, catgut
Darmverschluß {m}: **ትርፍ አንጀት**: ileus
Darmverschlüssee {pl}:: ileuses
darreichen: **አስተዳደረ**: to administer
darreichend: **አዛዥ/ ሰጥቶ**: handing
darstellbar, salonfähig: **ስልጡን**: presentable educible, presentably
darstellbar: **ተሰጪ**: representable
Darstellbarkeit {f}: **ቅርበት**: presentability
darstellen: **ወከለ፤ አቀረበ፤ አሳየ**: to represent
darstellen: **አቀረበ፤ ሰጠ፤ መራ**: depict dpersonate, represent, picture
darstellend: **አሳይ/ ገለጠ፤ አሳይቶ**: depicting, illustrating, personating
Darsteller {m}: **አክተር**: performer, impersonator
Darstellerin {f}: **አክተር**: actress
darstellerisch: **ውክል፤ ተገላኸ**: representational
Darstellung {f} : **ግልጸት፤ ውክንና**: embodiment, representation, presentment, representation, phantom
Darstellungen {pl}:: maps
Darstellungsart {f}: **የትሪት ዓይነት**: notation
Darstellungskunst {f}: **የትሪት ጥበብ**: dramatics
Darüber besteht kein Zweifel: **ያለጥርጥር**: there's no doubt about it, there's no question about it
darüber: **በ / ከ...ላይ**: over it
darübergelegt: **ተደራጊ/ ተደርጎ**: superimposed
Darum handelt es sich nicht: **እንዲያ አይደለም**: that's not the issue
darunter: **በ / ከ...ስር/ ውስጥ**: thereunder, under it
darunterliegend: **በስሩ**: underlying
das: **ያ፤ ...ው**: that, ye
das heißt, d.h. : **ማለት**: i.e. (id est), that is, i.e.(id est)
d.h.(das heißt) : **ማለት**: i.e.(that is)
das Befriedigende: **አጥጋቢው**: satisfactoriness
das Beste vom Besten: **እጅግ ጎበዙ**: the cream of the crop
das Bett hüten: **ተጋደመ**: to stay in bed
das brutalste: **እጅግ ጨካኙ**: beastliest
Das Buch verkauft sich gut, das Buch geht gut: **መጽሐፉ ይሸጣል**: the book sells well
das Buch: **መጽሐፉ**: the book
Das darf nicht wieder vorkommen: **አይደገምም**: let there be no more of this
das dickste: **እጅግ ወፍራሙ**: burliest
Das dürfen Sie nie vergessen: **መርሳት የለብዎም**: you must never forget that
Das führt zu nichts: **አያዋጣም**: that will lead to nothing

das ganze Jahr hindurch: ዓመቱን ሙሉ: all the year round; throughout the whole year
Das gehört dir: የራስህ (ፊንታ)ነው: this is yours
Das gehört nicht zur Sache: አይጥ በበላ ዳዋ ተመታ: that's beside the point
Das geht mich nichts an: ምን አገባኝ: that's no concern of mine
Das geht Sie an: ያገባዎታል: this concerns you
Das geht Sie nichts an!: አያገባዎትም፤ ምን አገባዎት: that's none of your business!
Dasein {n}, Wesen: መሆን: being, be there
dasselbe: እምሳያው/ዋ: same idem, sic, the same
dastehen: ቆመ: stand there
dastehend: ቋሚ/ ቆሞ: standing there
Datei {f}: መዝገብ: file, database, dataset, data file
Dateien {pl}:: files
Datei ist nicht offen: ፋይሉ አልተከፈተም: file not open
Datei nicht gefunden: ፋይሉ አልተገኘም: file not found
dateiabhängig: መዝገባዊ: file-oriented
Dateianfangskennsatz {m}: መዝገብ መለያ: beginning file label
Dateiaufbereiter {m}: መጻፊያ ሰሌዳ: file editor
Dateibelegungstabelle {f}: መዝገብ ሰንጠረዥ: file allocation table
Dateienverknüpfung {f}: የመዝገብ ቅጥያ/ ጣፊያ: concatenation
Dateigeneration {f}: የመዝገብ ዝርያ: generation data set
Dateikopf {m}: መዝገብ ራስ: header
Dateiname {m}: የፋይል ስም: filename
Dateiorganisation {f}: የፋይል ቅንብር: file architecture, file organization, data organization
Dateischutz {m}: የፋይል ድጋፍ: file protection
Dateispeichern {n}: ፋይል ጥበቃ: filesave
Dateiverwaltung {f}:ፋይል ቅንብር: file management
Dateiverzeichnis {n}: ፋይል መርሀ ግብር: directory
Daten {pl}, (sing. Datei): ፋይል: data, dates
Datenart {f}: የፋይል ዓይነት: data typ
Datenaufbereitung {f}: የፋይል ዝግጅት: data preparation
Datenbank {f}: የፋይል አውድ: data base, data bank
Datenbanken {pl}:: data banks
Datenbankmaschine {f}: የፋይል አውድ ማሽን: data dase machine
Datenbankschema {n}: ቅጽ: schema
Datenbanksystem {n}: የፋይል ሲስተም: data bank system
Datenbankverwaltungssystem {n}: የፋይል ቅንብር ሲስተም: data base management system
Datenbearbeitungssprache {f}:የፋይል ሥራ ቋንቋ: data manipulation language
Datenbeschreibungssprache {f}: የፋይል ምሥጢር: data description language
Datenbeschreibungsverzeichnis {n}: ፋይል መዝገበ ቃል: data dictionary
Datenbibliothek {f}: የፋይል መዝገብ: library of data
Datenbit {n}: የፋይል ነቁጥ: data bit
Datenbus {m}: የፋይል ባቡር: data bus
Dateneingabe {f}: የፋይል መግቢያ: data entry
Datenendgerät {n}: የፋይል መሣሪያ: data terminal
Datenerfassung {f}: ተፋይል መዝገብ: data gathering
Datenfehler {m}: የፋይል ስተት: data error, data alert
Datenfeld {n}: የፋይል ዓይነት: data item
Datenfernübertragung {f}: የፋይል መልክት: remote data transmission
Datenfernverarbeitung {f}: የፋይል መልክት: teleprocessing
Datenfile {m}: መዝገብ: datafile
Datenfluß {m}: የፋይል ወንዝ: data flow
Datengeheimnis {n}: የፋይል መሥጢር: data secrecy
Datenintegrität {f}, Datensicherheit : የፋይል ጥበቃ: data integrity
Datenklassifikation {f}: የፋይል ክፍፍል: military classification
Datenoase {f}: የፋይል ምንጭ: data haven
Datenpaket {n}: ፓሮግራም: packet, datagram
Datenquelle {f}: የፋይል ምንጭ: data origin
Datenrate {f}: የፋይል ሬት: data rate
Datensammlung {f}: የፋይል ክምር: data pooling
Datensatz {m}, Aufzeichnung: ፋይል ስብስብ: record
Datenschutz {m}: ፋይል ጥበቃ: privacy
Datenschutzbeauftragter {m}: የፋይል ጥበቃ ጠቢብ: data security engineer
Datensicherung {f}: የፋይል ቁጠባ/ አቀማመጥ: data protection, data security
Datenspeicher {m}: መዝገብ: rod memory, record carrier
Datenträger {m}: መዝገብ ቤት: data medium
Datenübertragung {f}: የፋይል ትልልፍ: data communication
Datenübertragungsdienstleistungen der Post: የፋይል አገልግሎት: datel service
Datenübertragungsprotokoll {n}: የፋይል ቅጽ: network protocol
Datenumschaltsignal {n}: ፋይል ማስጠንቀቂያ: automatic changeover
datenverarbeiten: ፋይል አመረተ: data processing
datenverarbeitend: ፋይል አምራች/አምርቶ: data processing
Datenverarbeiter {m}: ፋይል አምራች: data processor

Datenverarbeitung {f}: ፋይል አሠራር: data handling
Datenverarbeitungen {pl}:: data processings
Datenverarbeitungspersonal {n}: የፋይልሥራ ባለሙያ: liveware
Datenverletzung {f}: ሌብነት: data contamination
datieren: ዘገበ: to date
datierend: ዘጋቢ/ ዘግቦ: dating
datiert: ተዘጋቢ/ ተዘግቦ: dated
Dativ {m}: ኢ.ቀጥተኛ ተሳቢ: dative
Dative {pl}:: datives
dato: ሕሉፍ: after date
Datum {n}, Zeitangabe, Zeitpunkt, Termin, Verabredung: ዕለት፣ ቀጠሮ: date
Datumszeile {f}: የቀን መጻፊያ: dateline
Datumszeilen {pl}:: datelines
Dauer- ቆይታ: continuous, duration, endurance, permanence, continuance
Dauerauftrag {m}: ዘላቂ ውል: standing order
Daueraufträge {pl}:: standing orders
Dauerfestigkeit {f}: ጥንካሬ: fatigue strength, fatigue limit
Dauerfunktionstaste {f}: የድግግም ነቁጥ: repeat key
Dauerfunktionstasten {pl}:: repeat keys
dauerhaft, ununterbrochen, pausenlos: ቋሚ/ ዘላቂ: uninterrupted, durable, durably, everlasting, lasting, non-transient, permanent
dauerhaft: ዘላቂ: stable
Dauerhaftigkeit {f}: ዘላቂነት: durability permanence, stability, lastingness, durableness
Dauerhaftigkeiten {pl}:: durabilities
Dauerlast {f}: እጁ: continuous load, steady load
Dauerlauf {m}: ሩጫ: endurance run
dauern: ቆየ: to last
dauernd: ሁሌ፣ ዲጋግሞ: continual, perennial, perennially, perpetually
dauernd: ቀጣዪ/ ቆይቶ: continuing
Dauersparauftrag {m}: እቁብ: automatic deduction plan
Dauerstellung {f}: ቋሚነት: permanency
Dauertest {m}: ሙከራ: fatique test, endurance test
Dauerumlauf {m}: ዙረት: recirculation
Dauerumschaltung {f}: ማጥፊያና ማብሪያ: shift-out
Dauerwelle {f}: ማእበል: perm, permanent wave
Dauerwellen {pl}:: perms
Dauerzustand {m}: ይዞታ፣ አቋም: permanent condition
Daumen {m}: አውራ ጣት: thumb
Daumen {pl}:: thumbs
Daumennagel {m}: የምሥማር ዓይነት: thumbnail
Daumenschraube {f}: ካቻ ቪቲ: thumbscrew
Daumenschrauben {pl}:: thumbscrews
Daune {f}: ላባ: downy feather
davon: በ / ከዚያ: therefrom, thereof
davongekommen: አምልጦ፣ ሄዶ: got away
davongeschlichen: ተሰራቂ/ ተሰርቆ: stolen away
davongetragen: ተሸካሚ/ ተይዞ: carried away
davonkommen: አለፈ፣ አመለጠ: get away
davonkommend: አምላጭ/ አምልጦ: getting away
davonschleichen: ሰረቀ: steal away
davonschleichend: ሰራቂ/ ሸውዶ: stealing away
davontragen: ተሸከመ: carry away
davontragend: ተሸካሚ/ ተሸክሞ: carrying away
davor: ከ / በ...ፊት: before it
dazu: በዚያው/ ም፣ በተጨማሪ: thereto, to it
dazu gehörend: ተወራሽ/ ተወርሶ: inherent
dazugehören: ኾነ: belong to it
dazugehörend: ኳኝ/ ሁኖ: belonging to it
dazugehörig: ተካፋይ፣ ዘመድ: appendant
dazugehört: ተደራጊ/ ሁኖ: belonged to it
dazwischen, unter, zwischen: በ / ከ...መካከል: between
dazwischen: በ / ከ....መሃል/ መካከል: betwixt, interjacent
dazwischenfahren: አለፈ: intervene
dazwischenfahrend: አልፎ/ ሂዶ: intervening
dazwischengefahren: ታልፎ/ ተሂዶ: intervened
dazwischengelegen: ያለው/ የሚገኘው: lying inbetween
dazwischenliegen: አልለ፣ ተገኘ: lie inbetween
dazwischenliegend: በመሃል ያለ፣ አማካይ: intermediately
dazwischenliegend: ተጋድሞ/ ሁኖ: intermediary
dazwischenstellen: በ / ከ ...መሃል አኖረ: interpose
deaktivieren: አጠፋ፣ ነቀለ: deactivating
deaktivierend: አጥፊ/ አጥፍቶ፣ ነቅሎ: deactivating
deaktiviert: ተነቃይ/ ተነቅሎ: deactivated deactivates, deactivated
Deaktivierung {f}: ነቀላ፣ ማጥፋት: deactivation
Debatte {f}: ክርክር፣ ሙግት: debate
Debatten {pl}: ክርክር፣ ሙግት: debates
Debattenführer {m}: ተሟጋች: floor leader
debattieren: ተሟገተ: debate
debattierend: ተሟጋች/ ተከራክሮ: debating
Debetzeichen {n}: የብድር ምልክት: debit symbol
Debitorenbereich {m}: መካዘን: accounts receivable area
Debitorenbuchung {f}: ዕቃ ማውጫ: accounts receivable entry
Debitorenkartei {f}: የወጭ መዝገብ: accounts receivable file

Debitorenkonto {n}: **ክፍያ አካውንት**: accounts receivable account
Debitorenkredit {m}: **ብድር**: accounts receivable loan
Debitorennummer {f}: **ብድር ተራ ቁጥር**: accounts receivable number
Debitorenteil {m}: **ብድር ተቀባይ**: accounts, receivable section
Debitorenteile {pl}:: accounts, receivable sections
Debüt {n}: **መጀመሪያ ትውውቅ፤ ትሪት**: debut
Debütant {m}: **አስተዋዋቂ**: debutant
Debütanten {pl}:: debutants
Debütantin {f}: **አስተዋዋቂ**: debutante
Debütantinnen {pl}:: debutantes
Debüts {pl}: **ትውውቅ**: debuts
Deckadresse {f}: **የድጉስ አድራሻ**: cover address
Deckadressen {pl}:: cover addresses
Deckbett {n}: **አልጋ**: feather bed, flyleaf
Deckblatt {n}:**ልባስ**: flyleave
Deckblätter {pl}:: flyleaves
Decke {f}: **ብርድ ልብስ**: blanket, manta, blanket
Deckel {m}: **ወስከምባይ**: lid, cap, cover
decken: **ገጠመ፤ ከደነ**: **አለበሰ**: defray, to cover
Deckenbeleuchtung {f}: **የውጭ መብራት**: skylight, ceiling lighting
Deckengemälde {n}: **የግድግዳ ጌጥ**: ceiling fresco
Deckfarbe {f}: **ባጥ ቀለም**: body colour
Deckmantel {m}: **የግድግዳ ሰዓት**: cloak
Deckmäntel {pl}:: cloaks
Deckname {m}: **ቅጥያ/ ማጭበርበሪያ ስም**: assumed name, aliases
Decknamen {pl}:: assumed names
Deckungsbeitrag {m}: **ወጭ**: amount of coverage
deckungsgleich: **ልክ፤ መጠን**: congruent
deduktiv: **በጥቅል/ ምኅጻር**: deductive, deductively
defekt: **ሰባራ፤ የተጎዳ**: damaged, defect
Defekt {m}: **ጉድለት**: defect
Defekte {pl}:: defects
defensiv: **ምከታ፤ መከላከል**: defensive, defensively
defilieren: **አለፈ፤ ተሻገረ**: defile
defilierend: **አላፊ/ ተሻጋሪ**: defiling
definierbar: **ተቃላይ/ ተአላፊ**: definable
definieren: **አቃለለ**: define, defines
definierend: **አቃልሎ / ተርጉሞ**: defining
definiert: **ተቃላይ/ ተተርጉሞ**: defined, defines
Definition {f}: **ትርጉም**: definition
Definitionen {pl}:: definitions
definitiv: **በግልጽ**: definitively
Defizit {n}: **ኪሳራ**: deficit
Defizite {pl}:: deficits
Deflation {f}: **ንረት**: deflation
Deflationen {pl}:: deflations
deflorieren: **ቀነጠበ**: deflower
deflorierend: **ቀንጣፊ/ ቀንጥሮ**: deflowering
deformieren: **አሳሳተ**: misshape
degradierbar: **ወራጅ**: degradable
degradieren: **አዋረደ**: demote, downgrade
degradierend: **ተሳዳቢ/ ተሳድቦ**: degrading, demoting, downgrading
Degradierung {f}: **ዘለፋ፤ ነቀፋ**: degradation, demotion
Degradierungen {pl}:: degradations, demotions
dehnbar: **ተለጣጭ**: ductile dilatable, distensible, malleable, stretchy, tensile
Dehnbarkeit {f}: **ተለጣጭነት**: malleableness, distensibility, extensibility, tensibility
Dehnbarkeiten {pl}:: extensibilities
dehnen: **ለጠጠ፤ ሳበ**: distend, stretch
Dehnung {f}, Verlängerung: **ልጠጣ**: elongation, distension
Dehnungen {pl}:: distensions
Dehnungsversuch {m}: **የልጠጣ ሙከራ**: tensile test
Deich {m}: **ግድብ**: dike
Deiche {pl}:: dikes
dein: **የአንተ**: thine
dein: **የአንተ**: your
deinerseits: **ባንተ በኩል**: on your part
deinesgleichen: **አምሳያህ**: your equals
deinetwegen: **ስላንተ**: because of you
deinetwillen: **ላንተ ሲባል**: for you
Dekade {f}, Jahrzehnt: **ዘመን**: decade, decade
Dekaden {pl}:: decades
dekadent: **ቅሬት**: decadent, decadently
Dekadenz {f}: **ውድቀት**: decadence
dekadisch: **አሥርት**: decadic
Dekaliter {n}: **ዴካ ሊትር**: decalitre
Dekameter {n}: **ዴካ ሜትር**: decameter
Dekan {m}: **ዲን**: dean
Dekanat {n}: **መሥሪያ ቤት**: deanship, deanery
Dekane {pl}:: deans
deklamatieren: **ቀነፈ**: declaim
deklamatierend: **ቀናፊ/ ቀንፎ**: declaiming
Deklamation {f}: **ቅንፍ**: declamation, declamations
Deklamator {m}: **ቀናፊ**: declaimer
Deklamatoren {pl}:: declaimers
deklamatorisch: **ቅንፋዊ**: declamatory, declarative
Deklaration {f}: **አዋጅ**: declaration
Deklarationen {pl}:: declarations
deklarieren: **ገለፀ፤ አወጀ**: declare
deklassieren: **ከፋፈለ**: declassify
deklassierend: **ከፋፋይ/ ከፋፍሎ**: declassifying
deklassiert: **ተከፋፋይ/ ተከፋፍሎ**: declassified
Deklination {f}: **መዘርዝር**: declension
Deklinationen {pl}:: declensions
deklinierbar: **ተረባ/ ተገላጭ**: declinable
dekliniert: **ተገላጭ/ ተገልጦ**: declined
Dekodierung {f}: **ምልክት**: decoding, decryption

dekompilieren: ቀያየረ፣ ለወጠ: decompile, decompress
dekomprimierend: ቀያሪ/ ቀይሮ: decompressing
dekomprimiert: ተለዋጭ/ ተለውጦ: decompressed
Dekomprimierung {f}: ቅያሬ: decompression
Dekorateur {m}: ጌጣጌጥ ሠሪ: decorator, upholsterer
Dekorateure {pl}:: upholsterers, decorators
Dekoration {f}: ጌጥ: decoration
Dekorationen {pl}:: decorations
dekorativ: ጌጠኛ/ ጌጣማ: decorative, ornamental
dekorative: ጌጣዊ: decoratively, ornamentally
dekoriert: ተጊያጭ/ ተጊጦ: decorated
Dekret {n}: የጸጥታ አዋጅ: decree
Dekrete {pl}:: decrees
dekretieren: አቀረበ: decree
dekretiert: ግኙ/ ቀርቦ: decreed
DEL: አጥፋ: del
DELete, löschen: አጥፋ፣ ሰርዝ: del
Delikatesse {f}: ምግብ: delicacy, fancy food
Delikatessen {pl}: ምግብ: delicacies, fancy foods
Delikatessenhandlung {f}: የልዩ ምግብ ሱቅ: delicatessen shop
Delikatessenhandlungen {pl}:: delicatessen shops
Delikt {n}: ሰላይ: delict
Delikte {pl}:: delicts
Delphin {m}: ደልፊን(የዓሣ ዓይነት): dolphine
Demagoge {m}: አጉል መሪ: demagogue
Demagogen {pl}:: demagogues
Demagogie {f}: አጉል ፖለቲካ: demagogy
Demagogien {pl}:: demagoguerys
demagogisch: ቅዠታዊ: demagogically
demagogisch: ቅዠት: demagogic
demarkieren: አመለከተ፣ ደነበረ/ ድንበር ጣለ: demarcate
demarkierend: አመልካች/ አመልክቶ: demarcating
demarkiert: ተመልካች/ ተወስኖ: demarcated
dementieren: አስተባበለ: disclaim
dementierend: አስተባባይ/ ክዶ: disclaiming
dementiert: ተካጅ/ ተክዶ: disclaimed
demgemäß, entsprechend: እንደእየሁኔታው: እንደዚያ: corresponding, accordingly
demgemäß: ሁኔታዊ: correspondingly
demnächst, sobald: ወዲያው: soon, upcoming
Demo {f}: ምሳሌ: demo
demobilisieren, demobilisiere: አንቀሳቀሰ፣ አሰለፈ: demobilize
demobilisierend: አሰላፊ/ አሰልፎ: demobilizing
demobilisiert: ተሰላፊ/ ተሰልፎ: demobilized
Demobilisierung {f}: እንቅስቃሴ: demobilization
Demobilisierungen {pl}:: demobilizations
Demodulation {f}: ብሂል(ቅኔ?): demodulation
Demodulator {m}: ዘራፊ፣ ገጣሚ: demodulator
demodulieren: ተቀኘ፣ አሞገሰ: demodulate
Demograph {m}: ቆጣሪ: demographer
Demographie {f}: ሕዝብ ቆጠራ: demography
Demographien {pl}:: demographics
demographisch: ቆጣሪ: demographic
demographisches: ቁጥራዊ: demographically, demographical
Demokrat {m}: ዴሞክራት: democrat
Demokraten {pl}:: democrats
Demokratie {f}: ዴሞክራቲ: demokracy
Demokratien {pl}:: democracies
demokratisch: የሕዝብ: democratic
demokratisch: ሕዝባዊ: democratically
demokratisieren: በሕዝብ አስወሰነ: democratize
demokratisierend: አስመራጭ/ አስመርጦ: democratizing
demokratisiert: ተመራጭ/ ተመርጦ: democratized
Demokratisierung {f}: ሕዝባዊ ተሳትፎ: democratization
demolieren, zerstören, vernichten: አጠፋ፣ ደመሰሰ: demolish
demolierend: አጥፊ/ ደምስሶ: demolishing
demoliert: ተደምሳሽ/ ተደምሶ: demolished
Demolierung {f}: ጥፋት: demolition
Demolierungen {pl}:: demolitions
Demonstration {f}: ጥፋት: demonstration
Demonstration {f}: ዓመጽ: demonstration
Demonstrationen {pl}:: demonstrations, demonstrations
demonstrativ: ዓመጻዊ: demonstrative
demonstrieren: ዓመጸ፣ ተቃወመ፣ ተሰለፈ: demonstrate
demonstrierend: ዓማጺ/ ተሰልፎ: demonstrating
demonstriert: ታማጺ/ ሰልፍ ተደርጎ: demonstrated
Demontage {f}: ፍራሽ: dismantlement, disassembly
Demontagen {pl}:: disassemblies
demontiert: ብትን/ ፈራርሶ: dismantled
Demoralisation {f}: ሕግ ወጥነት: demoralization
demoraliseren, demoralisiere: በከለ፣ ሕግአልባ አደረገ: demoralize
demoralisierend: በካይ/ አበላሽቶ: demoralizing
demoralisiert: ብክል/ ተበላሽቶ: demoralized
Demos {pl}: ምሳሌዎች: demos
Demut {f}: ትሕትና: humility, lowliness, humbleness
demütig: ትሑት: humble, humbly, suppliantly
demütigen: ቅስም ሰበረ: mortify
demütigend: ቅስም ሰባሪ/ ሰብሮ: abasing, humbling, mortifying
Demütigung {f}: ተትሕቶ፣ ተዋርዶ: indignity, mortification, abasement
Demütigungen {pl}:: indignities
demzufolge: ስለዚህ/ በመሆኑም: as a result

denkbar: ታሳቢ/ ተገማች: cogitable, conceivable, conceivably, imaginable, imaginably, thinkable
Denkbarkeit {f}: ግንዛቤ: conceivableness
denken [an], meinen, glauben: አለ: to think [of]
Denken Sie nur!: ያስቡ: just imagine!
denken, glauben, meinen: አሰበ፣ ገመተ: think
denkend: ገማች/ ገምቶ፣ ጠርጥሮ: thinking
Denker {m, pl}: አሳቢ: thinker, thinkers
denkfähig, klug: ብልህ: intelligent, cogitative
Denkfähigkeit {f}: ብልሃት: cogitation
denkfaul: ቆዞ: too lazy to think
Denkfehler {m}: ስህተት: error in reasoning
Denkfehler {pl}:: errors in reasoning
Denkfreiheit {f}: የማሰብ ነፃነት፣ መብት: freedom of thought
Denkfreiheiten {pl}:: freedoms of thought
Denkmal {n}: መታሰቢያ: monument, memorial
Denkmäler {pl}: መታሰቢያዎች: monuments, memorials
Denkprozeß {m}: የማሰቢያ ጊዜ: thinking process
Denkprozesse {pl}:: thinking processes
Denkschrift {f}: የመታሰቢያ ጽሑፍ: memoir
Denkschriften {pl}:: memoirs
Denkvermögen {n}: ማሰብ ስጦታ/ ችሎታ: rationalness, intellectual power
denkwürdig: ታሳቢ: memorable memorably, memorably
Denkwürdigkeit {f}: ትውስታ፣ ትዝብታ: memorability, memorableness, eventfulness
Denkwürdigkeiten {pl}:: memorabilia
denn: ከዚያ: for
dennoch, doch, noch: አሁንም፣ እነሆ፣ ሆኖም: still
dennoch: ሁኖም፣ ቢሆንም: however, nevertheless
Dentist {m}: ጥርስ ሐኪም: dentist
Dentistin {f}: ጥርስ ሐኪም: dentist
Dentistinnen {pl}:: dentists
Denunziant {m} አቃጣሪ informer, denunciator
Denunzianten {pl}:: denunciators, informers
Denunziation {f}: አቃጣሪነት፣ ሸውከ: denunciation
Denunziationen {pl}:: denunciations
denunzieren: አቃጠረ፣ አሻወከ: denunciate
denunzierend: አቃጣሪ/ አቃጥሮ: denunciatorily, denunciatory
deportieren: አባረረ: deport
deportierend: አባራሪ/ አባሮ: deporting
deportiert: ተባራሪ/ ተባሮ: deported
Depositenbank {f}: ቁጠባ ባንክ: deposit bank
Depositenbanken {pl}:: deposit banks
Depositenkasse {f}: ቁጠባ ባንክ: branch office
Depositenkassen {pl}:: branch offices
Depositenkonten {pl}:: deposit accounts
Depositenkonto {n}: የቁጠባ አካውንት: deposit account
Depression {f}: ቅብዝብዝነት፣ ቀልበቢስነት: depressions
depressiv: ቀልበቢስ: depressively
deputieren: ወከለ: depute
deputierend: ወካይ/ አመልክቶ: deputing
deputiert: ተወካይ/ ጠምቶ: deputed
der, die, das: ያ፣ --ው/ ዋ: the
derartig: እንደ: such
dereinst: አንድ ቀን/ አንዴ: some day
deren: የ...(አመልካች): whose
derentwillen: ለእሷ/ እነሱ ሲባል: for her sake
dergleichen: አምሳያውን: suchlike
derjenige, diejenige, dasjenige: ያ፣ ያች: that
derjenige: ያ: he who
dermaßen: መጠን: insomuch, insomuch, insomuch, such an extent
Dermatologie {f}: የውስጥ አካል ሐኪም: dermatology
dermatologisch: ውስጣዊ: dermatological
derselbe, dieselbe, dasselbe: ይህኛው/ ይህችኛዋ: same
Deserteur {m}: ኮብላይ፣ ምርኮኛ: deserter
Deserteure {pl}:: deserters
desertiert: ምድረበዳ ሁኖ: deserted
desgleichen: ያምሳያውን: ditto, the like
deshalb, darum: ስለዚህ: therefore, therefore
Designer {m}:ንድፍ አውጭ: designers, designer
desillusionieren: አቃዠ፣ አባባ: disenchant, disillusion
desillusionierend: አስፈራሪ/ አስፈራርቶ: disenchanting, disillusioning
desillusioniert: ባባታማ: disenchants, disillusions
desillusioniert: ባባታም/ ባብቶ: disenchanted, disillusioned
Desinfektion {f}: መርዝአልባ ማድረግ: fumigation, disinfection
Desinfektionen {pl}:: fumigations
Desinfektionsmittel {n}: አንቲ መርዝ: disinfectant
desinfizieren, desinfiziere: መርዝን አስወገደ: disinfect, fumigate
desinfizierend: አጽጂ/ አንጽቶ: disinfecting, fumigating
desinfiziert: ንጹሕ/ ጸድቶ: disinfected
desodorieren: ክርፋቱን አስለቀቀ/ አስወገደ: deodorize
desodorierend: አስለቃቂ/ አጽድቶ: deodorant, deodorizing
desodoriert: ከመጥፎ ሽታ ተላቆ: deodorized
Desodorierung {f}: ንጹሕነት(ከሽታ): deodorization
desorganisieren: በተነ፣ ደባለቀ: disorganize
desorganisierend: አምራች/ አምታቶ: disorganizing
desorganisiert: ተበታኝ/ ተበትኖ: disorganized
Despot {m}: ቡርጂ: despot
Despoten {pl}:: despots
despotisch: ባላባታዊ: despotic, despotically
Despotismus {m}: ባላባትነት: despotism
Dessert {n}: በርሀ: dessert

Destillat {n}: **እንፋሎት**: distillate
Destillate {pl}:: distillates
Destillation {f}: **እንፋሎትነት**: distillation
destillieren: **አፈላ፤ አተነነ**: distill
destillierend: **አትናኝ/ አትኖ**: distilling
destilliert: **ተናኘ/ ተኖ**: distilled
desto besser: **የበለጠ**: so much the better
destruktiv: **አፍራሽ**: destructive, destructively
Deswegen sind Sie hier.: **ያሉት ለዚህ ነው**: That's why you're here.
deswegen: **ስለዚህ**: that's why, therefore
Detail {n}: **ዝርዝር**: detail
Detailgeschäft {n}: **ችርቻሮ**: retail shop
Detailhandel {m}: **ችርቻሮ ንግድ**: retail business
detailieren: **ሰለጠነ**: particularize
detailierend: **ስልጡን/ ሰልጥኖ**: particularizing
detailiert: **ተለይቶ**: detailed, particularized
Detailist {m}: **ባለሙያ**: retail dealer
Details {pl}:: details
Detektiv {m}: **ቀልደኛ**: spotter, detective
Detektive {pl}:: spotters
Detektivgeschichte {f}: **ተረት ተረት**: mystery story
Determinant {m}: **አብዢ**: determinant
Determinanten {pl}: **አብዢዎች**: determinants
Detonation {f}: **ፍንዳታ**: detonation
Detonationen {pl}:: detonations
detonieren: **አፈነዳ፤ አጓነ**: detonate
deuten: **ተረጎመ**: portend, point to
deutend: **ተርጓሚ/ ተርጉሞ**: portending
deutlich aussprechen: **ግልጽ ተናገረ**: articulate
deutlich, klar: **ግልጽ**: clear, broad, conspicuously, lucidly, perspicuously
deutlich, offensichtlich: **ግልጽ**: obvious, articulately, notedly, perspicuous
Deutlichkeit {f}: **ግልጽነት**: decidedness, distinctness, lucidness, markedness, perspicuity, conspicuousness
Deutlichkeiten {pl}:: clearnesses
Deutscher {m}: **ጀርመናዊ**: German
deutsch: **ጀርመንኛ**: German
Deutschland: **ጀርመን**: Germany
Devisen {pl}: **ውጭ ምንዛሬ**: foreign exchange
Devisenhandel {m}: **ሽርክና ንግድ**: agiotage
Devisenschmuggel {m}: **ጥቁር ምንዛሬ፤ ኮንትሮባንድ**: currency smuggling
Devisensperre {f}: **ይምንዛሬ ገደብ**: exchange embargo
Dezember {m}: **ታሕሣሥ**: december
dezentralisieren, dezentralisiere:**ማዕከሉን አፈረሰ/ አሳጣ**: decentralize
dezentralisierend: **በታኝ/ በትኖ**: decentralizing
dezentralisiert: **ተበታኘ/ ተበትኖ**: decentralized
Dezentralisierung {f}: **ብተና**: decentralization
Dezimale {f}: **ዴሲማል፤ ክፍልፋይ**: decimal
dezimal: **ዴሲማል፤ ክፍልፋይ**: decimal
Dezimaldarstellung {f}: **ክፍፍላዊ ትሪት**: decimal notation
Dezimalen {pl}:: decimals
dezimales: **ክፍፍላዊ**: decimally
Dezimalkomma {n}: **የዴሲማል ጭረት**: decimal point
Dezimalkorrektur {f}: **ዴሲማል ማሳያ**: decimal adjust
Dezimalsystem {n}: **ዴሲማል ሲስተም**: decimal system decoder
dezimieren: **ካሥር አንዱን ገደለ**: decimate, deplete
dezimierend: **ገዳይ / ገድሎ**: decimating, depleting
dezimiert: **ተገዳይ/ ተገድሎ**: decimated, depleted
Dezimierung {f}: **ግድያ**: decimation
Dezimierungen {pl}:: decimations
Diabetiker {m}: **የስኳር በሽተኛ**: diabetic
Diadem {n}: **የግምባር ጌጥ**: coronet
Diademe {pl}:: diadems
Diagnose {f}: **መላምት**: diagnose
Diagnose {pl}:: diagnosis, diagnosises
Diagnose-Programm {n}: **ግምት፤ መላምት**: diagnostic routines
Diagnostik {f}: **መላምት**: diagnostics
diagnostisch: **ግምታዊ**: diagnostic, diagnostics, diagnostically
diagnostizieren: **ገመተ፤ መላ መታ**: make-a-diagnosis
diagnostizierend: **ገማች/ ገምቶ**: diagnosing, diagnoses, makes-a-diagnosis, made-a-diagnosis
diagnostiziert: **ተገማች/ ተገምቶ**: diagnosed
diagonal: **ግምታዊ**: diagonal, diagonally
Diagonale {f}: **ጋድም**: diagonal, diagonals
Diagonalen {pl}:: diagonals
Diagramm {n}: **ዲያግራም፤ ስንጠረዥ**: diagram
diagrammatisch: **ሥእላዊ**: diagrammatic
Diagramme {pl}:: diagrams
Diakon {m}:**ዲያቆን**: deacon
Diakone {pl}:: deacons
Diakonisse {f}: **ዲቁና**: deaconess
diakritisch: **ባለምልክት፤ ልዩ**: diacritical
Dialekt {m}: **ዘዬ**: patois
Dialekte {pl}:: idioms, dialects
Dialektik {f}: **ተጨባጭነት**: dialectics
Dialektiker {m, pl}: **ምሁር(የሳይንስ)**: dialectician, dialecticians
dialektisch: **በተጨባጭ**: dialectic, dialectical
dialektisch: **ተጨባጫዊ**: dialectically
Dialog {m}: **ውይይት**: dialogue, dialog
Dialoge {pl}:: dialogues, dialogs
Dialogeingriff {m}: **ጦስ፤ ጦሰን**: interaction
Dialogisten {pl}:: dialogists
dialogorientiert: **አዋዋይ፤ አነጋጋሪ**: conversational
Dialogrechner {m}:: **ኮምፒዩተር** interactive computer
Dialogstation {f}:: **አደባባይ** interactive terminal
Dialogsystem {n}:: **የውይይት ሲስተም** query-reply system

Dialogverarbeitung {f}:: የውይይት አመራር transaction processing
Dialogverkehr {m}:: ውይይት dialogue exchange
Dialyse {f}: ማጣራት(ለንጥረ ነገር): dialysis
Diamant {m}: ዕንቍ: diamond
Diamanten {pl}:: diamonds
diamanthart: ጠንካራ: adamantine
Diamantstaub {m}: አውሎ፣ አባ ራ: bort
diametrisch: በመስመር፣ መስመራዊ: diametric, diametrical, diametrically
Diaprojektor {m}: ስእል ማሳያ: slide projector
Diärese {f}: ንጠላ፣ ልየታ: dieresis
Diäresen {pl}:: diereses
Diät {f}: ጾም፣ ምግብ መከልከል/ መቀነስ: diet
Diäten {pl}:: diets
diätetisch: ጾማዊ: dietetic, dietetically
Diathermie {f}: ሙቀት መቆጣጠሪያ: diathermy
Diätspezialist {m}: የጾም ባለሙያ: dietitian
Diätvorschrift {f}: የጾም መመሪያ: dietary
Diätvorschriften {pl}:: dietaries
dich: አንተን: thee
dicht: ጠባብ፣ ጥቅጥቅ፣ ወፍራም: thick, tight, closely, dense, densly, serried, thickset
Dichte {f}: መጠን(ለክብደት): density
Dichten {pl}:: densities
dichten: ሞላ፣ ጠቀጠቀ: versify
dichten: ተቀኘ፣ ገጠመ: write poetry
dichtend: ተቀኚ/ ገጥሞ: romancing, versifying, writing poetry
Dichter {m, pl}: ደራሲ፣ ገጣሚ: poet, poets
Dichterin {f}: ቅኔ ባለሙያ: poetess
Dichterinnen {pl}:: poetesses
dichterisch: በግጥም: poetic, poetically
Dichterling {m}: ግጥም: rhymer, versifier, poetaster
Dichterlinge {pl}:: versifiers
Dichteverhältnis {n}: የክብደት መጠን: density, ratio
dichtgepackt: ተሞልቶ፣ ተጠቅጥቆ: close-packed
dichtig: በክብደት: density
Dichtigkeit {f}: የክብደት ምጣኔ: denseness
Dichtkunst {f}: ቅኔ: poetry
Dichtkünste {pl}:: poetries, poetic arts
Dichtung {f}: ግጥም: seal, gasket, packing
Dichtungsmittel {n, pl}: እርሾ: sealant, sealants
dick: ወፍራም፣ ትልቅ: fat, gross, grossly, thick, thickly, turbid, turbidly, thick
Dickbauch {m}: ቅንባ ሆድ: potbelly
Dicke {f, m}: ወፍራም: thickness, thicknesses
Dickicht {n}: ትኬት: thicket
Dickkopf {m}: ሰነፍ: pigheaded, bullhead
dickköpfig: ደንቆሮ፣ ሰነፍ: bullish, thickheaded, bullishly, bullheaded
Didaktik {f}: ምኅፃር: didactics
didaktisch: በምኅፃር፣ ምኅጻራዊ: didactical, didactically
Dieb {m}: ሌባ፣ አጭበርባሪ: filcher, larcenist, pilferer, purloiner, scrounger, theft, thief, thieve, burglar
Diebe {pl}: ሌቦች: thieves, purloiners, scroungers, thieveries, thieves, filchers
Dieberei {f}: ስርቆት፣ ዘረፋ: pilferage
Diebesbande {f}: ሽፍታ: gang of thieves
Diebesbanden {pl}:: gangs of thieves
diebessicher: አንቲ ሌባ: theft proof
diebisch: በስርቆት: thievish, larcenous
diebische: ስርቆታዊ: larcenously
Diebstahl {m}: ሌብነት፣ ስርቆት: theft, thievery, larceny
Diebstähle {pl}: ስርቆት: thefts, larcenies
Diele {f}: ኮሪዶር: hallway
Dielektrikum {n}: አንቲ ኤሌክትሪክ: dielectric
dienen: አገለገለ: conduce, serve, serve
dienend: አገልጋይ/ አገልግሎ: servicing, conducing, servicing
Diener {m, pl}: አገልጋይ፣ ሠራተኛ : ሴት የቤት ሠራተኛ: attendant, attender, butler, manservant, servant, server, slave, servers, slaves, menials, menservants, servants, attenders
Dienerschaft {f}: የቤት ሠራተኞች: domestics, flunkydom, flunkeydom
Dienerschaften {pl}:: flunkeydoms
dienlich: ባገልግሎት፣ አገልግሎታዊ: conducive, conducively, serviceable
Dienst {m}: ኃላፊነት፣ አገልግሎት: service, ministration
Dienst haben: ኃላፊነት ተሸከመ: to be on duty
Dienstag {m}: ማክሰኞ: tuesday, Tuesday
Dienstanzug {m}: የሥራ ልብስ: service dress
Dienstanzüge {pl}:: service dresses
dienstbar: ተገልጋይ: subservient
Dienstbarkeit {f}: ተገልጋይነት: subserviency
Dienstbarkeiten {pl}:: subserviencies
dienstbereit: ዝግጁ: ready to be of service
Dienstbote {m}: አገልጋይ፣ ባለውሌታ: domestic
Dienste {pl}: አገልግሎት: Services, services
diensteifrig: በትጋት፣ ትጉኅ: obliging
dienstfrei haben: ዕረፈ: to be off duty
dienstfrei: ዕረፍት: off duty
Dienstgespräch {n}: ምክክር: official call
Dienstjahr {n}: ያገልግሎት/ የግዳጅ ዓመት: year of service
Dienstjahre {pl}:: years of service
Dienstleistung {f}: አገልግሎት: attendance
Dienstleistungen {pl}:: attendances
Dienstmädchen {n}: የቤት ሠራተኛ: maid, maidservant
Dienstmann {m}: የቤት ሠራተኛ: commissionaire
Dienstordnung {f}: ትእዛዝ: official regulations
Dienstpferd {n}: የጭነት ፈረስ: charger
Dienstpferde {pl}:: chargers
Dienstpflicht {f}: ግዳጅነት: official duty

Dienstprogramm {n}: ያገልግሎት መርሀ ግብር: service routine
Dienstreise {f}: የግዳጅ ጉዞ: official journey
Dienststunde {f}: የግዳጅ ሰዓት: office hour
Dienststunden {pl}:: office-hours
diensttauglich: ብቁ፣ ዝግጁ: fit for service
dienstunfähig: ኢዝግጁ: unfit for service
Dienstvertrag {m}: የግዳጅ ውል: contract of employment
Dienstverträge {pl}:: contracts of employment
Dienstvorschrift {f}: ግዳጅ መመሪያ: service regulations
Dienstwagen {m}: ያገልግሎት መኪና: official car
Dienstweg {m}: ግዳጅ ጎዳና: official channels
Dienstwohnung {f}: ያገልግሎት ቤት: official residence
Dienstzeit {f}: ያገልግሎት ጊዜ: period of service
dies: ይሀ: that
Dies oder gar nichts.: ይህን ወይም ምንም: It's Hobson's choice.
dies und jenes: ይሀ እና ያ: this and that
diesbezüglich: ... በተመለከተ: referring to this
diese, dieser, dieses: ይሀች/ ይሀ: this
diese: እኒሀ: these
diese: ይሀች፣ እነዚሀ/ አነኝሀ: this, these, those
Diesel {m}: ዲዝል: diesel
Dieselkraftstoff {m}: ዲዝል: diesel fuel
Dieselmotor {m}: ዲዝል ሞተር: diesel engine
diesmal: አሁን: this time
diesseitige: ይሀኛው (ዓለም): secularistic
Differenz {f}: ልዩነት: difference
Differenzen {pl}:: differences
differenzieren: ለያየ፣ ነጣጠለ: differentiate
differenzierend: ከፋፍሎ/ ነጥሎ: differentiating
differenziert: ተከፋይ/ ተከፍሎ: differenciated
Differenzierung {f}: ልዩነት: differentiation
Differenzkosten {f}: የልዩነት ዋጋ: avoidable cost
Diffusion {f}: ማንጠር፣ ማቅለጥ: diffusion
diffusionsfähig: ቀላጭ: ንጥራዊ: diffusible, diffusibly
Diffusionsschicht {f}: የማቅለጥ ውኅደት: diffusion layer
Diffusionsvermögen {n}: የመቅለጥ ኃይል/ መጠን: diffusibility
Diffusor {m}: ንጥረት: diffusor
digital: ዲጅታላዊ: digital, digitally
Digital-: ዲጅታል: digital
Digital-Ausgabeeinheit {f}: የዲጅታል ክፍልፋይ: digital output unit
Digitalis {pl}:: digitalis
digitalisieren: ሰበጣጠረ: digitalize, digitize
Digitalisierung {f}: ዲጅታላይዜሽን: digitization, digitizing, digitalization
Digitalrechner {m}: ዲጅታል ኩምፕዩተር: digital computer
Diktat {n}: በቃል ማስቀዳት/ ማስጻፍ: dictation
Diktator {m}: ፈላጭ ቆራጭ: dictator
Diktatoren {pl}:: dictators
diktatorisch: ዲክታተር፣ ዲክታተራዊ: dictatorial, dictatorially
Diktatur {f}: ጨቋኝነት: dictatorship
Diktaturen {pl}:: dictatorships
Diktierapparat {m}: የጭቆና ዘዴ: dictaphone
diktieren, diktiere: በቃል አስጻፈ፣ ጨቆነ: dictate
diktierend: ጨቋኚ/ ጨቁኖ: dictating
Diktiergerät {n}: ማስጻፊያ ቴ ፐ: dictation machine, dictating machine
diktiert: ተገልባጭ/ ተጽፎ: dictated
Diktion {f}: ግልበጣ፣ ቅጅ: elocution, diction
Diktionen {pl}:: elocutions, dictions
Dilemma {n}: ሁኔታ: dilemma
Dilemmas {pl}:: dilemmas
Dilettant {m}: ሌባ፣ አጭበርባሪ: dilettante, dabbler
Dilettanten {pl}:: dilettantes, dabblers
dilettantisch: በማጭበርበር: amateurish, dilettantish
Dilettantismus {m}: ስርቆት: dilettantism, amateurishness
Dill {m}: ቅመም: dill
Dimension {f}: ስፋትና መጠን: dimension
Ding {n}, Sache: ነገር: thing
Dinge {pl}, Sachen:: things, things, doings
dinieren, speisen: ተመገበ፣ በላ: dine
dinierend, speisend: በዪ/ በልቶ: dining
Diode {f}: የኤሊክትሪክ መጫኛ: diode
Dioxyd {n}: ዲኦክሳይድ: dioxide
Diözese {f}: ሀገረ ስብከት: diocese, bishopric
Diözesen {pl}:: bishoprics
Diphtherie {f}: የጉሮሮ በሽታ: diphteria, diphtheria
Diplom {n}: ድግሪ፣ ዲፕሎ ም: diploma
Diplomant {m}: ዲፕሎ ማት: diplomate
Diplomaten {pl}:: diplomates
Diplomatie {f}: ውክልና: diplomacy
diplomatisch: በውክልና፣ ውክልናዊ: diplomatic, politic, diplomatically
Diplome {pl}: ዲፐሎ ማዎች: diplomas
Diplomingenieur {m}: ዲፐሎ ም ኢንጂነር: graduate engineer
Diplomlandwirt {m}: ባለዲፐሎ ም ቀቃይ: agronomists
DIR: ዳይሬክቶሪ: dir
Directories {pl}: መርሀ ግብር: directories, directorys
Directory {m}: መርሀ ግብር: directory
direkt, unverzüglich, sofort: በቀጥታ፣ ወዲያው: immediate, immediatly, direct, directly, firsthand, random, randomly, squarely, straight, straightly
direkt: በቀጥታ: one-level
Direktor {m}: ዳይሬክተር: director, headmaster, headmaster
Direktoren {pl}:: headmasters
Direktorenstelle {f}: ርእሰ መምህርነት: directorate

Direktübertragung {f}: ቀጥታ ትልልፍ: live broadcast
Direktzugriff {m}: ቀጥተኛ ተሳትፎ: direct-access, direct access
dirigieren, führen, leiten: መራ: conduct
Dirne {f}: ደንገጡር፣ ባለገር: harlot, prostitute, strumpet, doxy
Dirnen {pl}:: strumpets, wantons, prostitutes
Disassemblerprogramm {n}: ብተና: disassembler
disassemblieren: ስብሰባ በተነ: disassemble
Disharmonie {f}: ብጥብጥ፣ ጭቅጭቅ: disharmony
Disharmonien {pl}:: disharmonies
Disjunktion {f}: ጥምረት: disjunktion
DISKCOPY: ዲስኬት ቅጅ (እንደነበረ አድርጎ): diskcopy
Diskette {f}: ዲስኬት: disk, diskette, floppy-disk, media, discette
Disketten {pl}:: disketts, disks, diskettes
Diskettenfehler {m}: የዲስክ ስተት: disk error, critical disk error
Diskettenlaufwerk {n}: ዲስኬት ማስገቢያ: floppy
Diskettenlaufwerke {pl}:: floppies
Diskothek {f}: ዳስ ቤት: discotheque
Diskriminierung {f}: ጭቆና: discrimination
Diskriminierungen {pl}:: discriminations
Diskus {m}: ዲስክስ (ተወርዋሪ): discus
Diskussion {f}: ውይይት: discussion, diskussion, discuss, argument
Diskussionen {pl}:: discussions
Diskussionsanlage {f}: መነጋገሪያ መሣሪያ: discussion equipment
Diskussionsleiter {m}: ውይይት መሪ: moderator
Diskussionsteilnehmer {m}: ውይይት ተካፋይ: panelist
Diskussionsveranstaltung {f}: ውይይት መርሀ ግብር: discussion meeting
Diskussionsveranstaltungen {pl}:: discussion meetings
Diskuswerfer {m}: ዲስክስ ውርወራ: discobolus
diskutabel: አዋያይታ: arguably
diskutierbar: አነጋጋሪ: arguable, discussible
dispensieren: ከፋፈለ: dispense
dispensierend: ከፋፋይ/ ከፋፍሎ: dispensing
Disputant {m}: ባለመሬት፣ ከበረቴ : disputant, debater
Disputanten {pl}:: disputants
Disputation {f}: የዶክተርነት ፈተና: disputation
Disputationen {pl}:: disputations
disputieren: ተከላከለ፣ ጥያቄ መለሰ: contend
Disqualifikation {f}: ውገዳ፣ መባረር: disqualification
Disqualifikation {f}, Unfähigkeit:: incapacity
disqualifizieren: አባረረ፣ ቀጣ: disqualify
disqualifizierend: ቀጭ/ አባሮ: disqualifying
disqualifiziert: ተቀጭ/ ተባሮ: disqualified
Dissertation {f}: ምርምር: dissertation
Dissertationen {pl}:: dissertations
Dissident {m}: ለመብት ቋሚ/ ተከራካሪ: dissident
Dissidenten {pl}:: dissidents
Distanz {f}: ርቀት: displacement
distanzieren: ራሱን አሰወገደ፣ አገለለ: dissociate from
distanzierend: ራሱን አግላይ/ አግሎ: dissociating from, distancing
distanziert: ተወጋጅ/ ርቆ: dissociated from
distanzierte :: distanced
Distelfink {m}: ወርቅ ዓሣ: goldfinch
disziplinarisch: ግበረገባዊ: disciplinary
Disziplinarstrafe {f}: የግብረ ገብ ቅጣት: disciplinary punishment
disziplinieren: ቀጣ፣ አሰተማረ: to disciplin
disziplinierend: ቀጭ/ ቀጥቶ: disciplining
diszipliniert: ተቀጭ/ ተቀጥቶ: disciplined
Divergenz {f}: መታጠፊያ: divergence
Divergenzen {pl}:: divergences
divergieren: አጠፈ፣ ቀየሰ: diverge
dividieren, aufteilen, teilen: ከፈለ፣ አካፈለ: divide
Division {f}: ክፍያ: division
Division durch Null: ባዶ: division by zero
Divisor {m}: አካፋይ: divisor
Docht {m}: መብራት: wick
Dochte {pl}:: wicks
Dogmatiker {m}: ቀኖና አስተማሪ: dogmatist
dogmatisch: አክራሪ፣ ቀኖናዊ: dogmatic, dogmatical, dogmatically
Dogmatismus {m}: ቀኖና: dogmatism
Dohle {f}: እርኩም አሞራ: jackdaw, daw
Dohlen {pl}:: daws
Doktor {m}: ዶክተር: doctoral, doc
Doktorarbeit/en {f/ pl}: የዶክተር ትምህርት ጽሑፍ: thesis doctors
Doktorat {n}: ዶክተርነት ተማሪ: doctorate
Doktoren {pl}:: doctors, docs
Doktrin {f}: ቀኖና፣ መመሪያ: doctrine
Dokument {n}: ዶክሜንት: scripture, document
Dokumentarfilm {m}: ታሪካዊ ፊልም: documentary film
Dokumentarfilme {pl}:: documentaries
dokumentarisch: ዶክሜንታዊ: documental
Dokumentation {f}: ምዝገባ ሥራ: documentation
dokumentierbar: ተዘጋቢ: documentable
dokumentieren: ዘገበ: documenting
dokumentierend: ዘጋቢ/ ተዘግቦ: documenting
dokumentiert: ተዘጋቢ/ ተዘግቦ: documented, documented
Dolch {m}: ሹካ፣ ባለሁለት ጎራዴ: poniard, dagger
Dolche {pl}:: daggers
Dolchstich {m}: በሹካ መወጋት: stab with a dagger
Dolchstiche {pl}:: stabs with a dagger

Dolde {f}: ቾፍርግ፣ የተክል ዓይነት: umbel
Dolden {pl}:: umbels
Dollar {m}: ዶላር: dollar
Dollars {pl}:: dollars
Dollbord {n}: የጀልባ ጣራ: wheal
Dollborde {pl}:: wheals
dolmetschen: ተረጎመ: interpret, act as interpreter
Dom {m}: ካቴ ድራል: cathedral
Domain {f}: ዶሜይን: domain
Dome {pl}:: minsters, cathedrals
dominant: ወሳኝ፣ ዋና: dominantly
Domination {f}: ርደት፣ ክብደት: ascendence
Dominationen {pl}:: ascendences
dominieren, dominiere: ተቆጣጠረ: dominate, henpeck, dominate
dominierend: ወሳኚ/ ወስኖ: dominating, henpecking
dominiert: ውስን/ ተወስኖ: dominated
Donner {m}: መብረቅ: thunder
Donnerbüchse {f}: አውሎ ነፋስ: blunderbuss
donnern: በረቀ: fulminate, thunder
donnernd: ነደ ጅ/ ፈንድቶ: thundering, fulminating
Donnerschlag {m}: መብረቅ: thunderclap, peal of thunder
Donnerschläge {pl}:: thunderclaps
Donnerstag {m}: ሐሙስ: thursday, Thursday
Donnerstage {pl}: ሐሙስ ሐሙስ: thursdays
Donnerstimme {f}: ፍልቅላቅ: thundering voice
Donnerstimmen {pl}:: thundering voices
Donnerwetter {n}: መብረቅ አዘል ዝናም: gosh, golly
doof: ቶዞ: dopey, dumb
Doofmann {m}: ዘልዛላ: dimwit
doppel: ጥንድ: dual
Doppel {n}: ዳብል: duplicate
Doppelaussage {f}: ግራአጋቢ አባባል: tautology
Doppelaussagen {pl}:: tautologies
Doppelbett {n}: ዳብል አልጋ: double bed
Doppelbetten {pl}:: double beds
Doppelbuchstabe {m}: ጥንድ ፊደላት: ligature
Doppeldecker {m}: ድርብ ክዳን: double decker
doppeldeutig, zweideutig: አደናጋሪ: ambiguously
Doppeldruck {m}: ባለሁለት ገጽ ኅትመት: double strike
Doppelfehler {m}: ጣምራ ውሽት: double fault
Doppelfunktionstaste {f}: ባለሁለት ተግባር ቁልፍ: alternate action key
Doppelfüßler {m}: ባለሁለት እግር: millipede
Doppelgänger {m, pl}: አምሳያ: double, doubles
Doppelkabel {n}: ጥምር ሽቦ: dual cable
Doppelkinn {n}: ዳብል አገጭ: double chin
Doppellaufwerk {n}: ዳብል ዲስኬት ቤት: twin drive
Doppeln {n}: ጥምረት: duplicating
Doppelpunkt {m}: ነጠላ ሰረዝ: colon
Doppelrechner {m}: ዳብል ኮምፒዩተር: duplex computer
Doppelrechnersystem {n}: ባለሁለት ሲስተም: bi-processor system
doppelseitig: ባለሁለት ገጽ: two-sided
Doppelsinn {m}: ጥምር ስሜት: double win
Doppelsinnigkeit {f}: አደናጋሪ: ambiguity
Doppelstecker {m}: ባለሁለት ሶኬት: two way adapter
Doppelsystem {n}: ዳብል ሲስተም: twin system
doppelt, paarig: ጥምር፣ ጣምራ: twin, double, doubly, duplicative, twice, twin
Doppeltür {f}: ባለሁለት በር: double door
Doppelwährung {f}: ባለሁለት ዋጋ: double standard
Doppelwertigkeit {f}: ጣምራ ተቀባይነት: ambivalence
Doppelwortanweisung {f}: ጣምራ ትእዛዝ: double-word instruction
Doppelzentner {m, pl}: ኩንታል: quintal, quintals
Doppelzimmer {n}: ዳብል ክፍል: double room
Doppler {m}: ሁለትነት: doppler
Dorf {n}: መንገድ: village, cottage
Dörfer {pl}: መንደሮች: villages, villages, cottages
Dorfbewohner {m, pl}: ኗሪ: villager, villagers
Dörfchen {n}: መንደር: hamlet
Dorfschönheit {f}: ጥንድ ቆንጆና: belle of the village
Dorn {m}: እሾኽ: thorn, thorn
Dornen {pl}:: thorns
dornig: እሾሃማ/ ም: thorny, acanthuses, brambly, spinily, spiny, thornily, pinier, thornier
Dornigkeit {f}: እሾሃማነት: thorniness
dort drüben: ከዚያ በላይ: yonder
dort: እዚያ: there
dorthin: ወደዚያ: thither
DOS: ዶስ: DOS
Dose {f}: ሳጥን፣ ባዶ ቆርቆሮ: box
Dosen {pl}:: tins
dosieren: ሞላ: dose, meter
Dosierung {f}: ይዘት: dosage
Dosierungen {pl}:: dosages
Dossier {n}: መሙያ: dossier
dotieren: ሰጠ፣ አቀበለ: endow
dotieren: ቀላቀለ: contaminate, dope
Dots {pl}: ነጥብ: dots
Dotter {n, pl}: አስኳል: yolk, yolks
Dozent {m}: አስተማሪ: lecturer
Dozentenstellung {f}: የትምህርት ወንበር: readership
Drache {m}: ዘንዶ: dragon, kite
Draht {m}: ባለሽቦ እጥር: wire
Drähte {pl}:: wires
drahtig: ጠንካራ: wirily, wiry
drahtlos: ሽቦአልባ: wireless
Drahtnetz {n}: የሽቦ መረብ: wire gauze
Drahtzange {f}: መቀስ: wire cutter

Drahtzangen {pl}:: wire cutters
drakonisch: ጨካኝ: draconian
drall: ዙሪያ: buxom, buxomly, buxom, buxomly
Drallheit {f}: አዟሪት: buxomness
Drama {n}:: ትያትር drama
Dramatiker {m}:: አክተር playwright
dramatisch: አስገራሚ: dramatic, dramatic, dramatically, dramatically
dramatisierend: አስፈራሪ/ አስፈራርቶ: dramatizing
Dramaturg {m}:: የትያትር አማካሪ dramatic adviser
Dramen {pl}:: dramas
drängen, schnell erledigen, stoßen: አስቸኮለ፣ አጣደፈ: hustle, rush, urge
drängend: አስቸኳይ/ አጣድፎ: urging, elbowing, thronging, thrusting
Drangsal {f}:: መድረክ tribulation
drastisch: ቶሎ ፣ አስቸኳይ: drastic, drastically
draußen: ውጭ፣ እዳሪ: afield, outdoor, outdoors, outside
Drechsler {m}:: ውድድር turner
Dreck {m}, Schmutz:: ቆሻሻ dirt, smut, raunchiness, scruffiness, muckiness
dreckig, schmutzig: ቆሻሻ: dirty, cruddy, mucky, raunchily, scruffy, raunchy, muckier, raunchier, scruffier, scummier
Dreckloch {n}:: ቆሻሻ ጉድጓድ sinkhole
Dreharbeit {f}:: ፊልን ሥራ turning operation
Dreharbeiten {pl}:: turning operations
drehbar: ተቀራጭ: hinged, revolvable, rotatable
Drehbuch {n}:: ጽሑፍ script, scenario
Drehbuchautor {m}:: የፊልም ደራሲ screenwriter
Drehbuchautoren {pl}:: screenwriters
Drehbühne {f}: መድረክ: revolving stage
drehen: ቀረጸ ፣ አጠነጠነ፣ ፈተለ፣ ጠመዘዘ: turn, counterrotate, rotate, spin, twiddle, twirl, twist, veer, wangle, turn, revolve, rotate
drehend: አጠንጣኝ/ ቀርጾ: turning, pirouetting, revolving, revving, rotary, swiveling, twiddling, twirling, twisting, veering, wangling
Dreher {m, pl}: አጠንጣኝ፣ ቀራጭ: turner, turners
Drehlager {n}: መቅረጫ: swivel
Drehpunkt {m}: መቅረጸ ነጥብ: centre of rotation
Drehpunkte {pl}:: centres of rotation
Drehscheibe {f}: መስትዋት: turntable
Drehscheiben {pl}:: turntables
Drehschieber {m}: እስላይድ: rotary slide
Drehstrom {m}: አዙሪት: rotary current
Drehstuhl {m}: ተሽከርካሪ ወንበር: swivel chair
Drehstühle {pl}:: swivel chairs
Drehtür {f}: ተሽከርካሪ በር: revolving door
Drehung {f}: ዙሪያ: መሽከርከሪያ: turn, gyration
Drehungen {pl}:: turns
Drehzahl {f}: ማሽከርከሪያ ጥርስ: speed
Drehzahlen {pl}:: revs, speeds
Drehzahlmesser {m}:: መለኪያ tachometer, revmeter
drei : ሦስት: three
Dreieck {n}: ሦስት ገጽ: triangle
Dreiecke {pl}:: triangles, triangles
dreieckig: ተሪያንግላዊ: triangular, triangularly, triangularly, triune
Dreiergruppe {f}: ባለሦስት ምድብ: threesome
dreifach: ሦስቴ ፣ ሦስት እጥፍ: threefold, ternary, threefoldly, treble, trebly, triplex, triply
Dreifaltigkeit {f}: ሦስትነት: trinity
dreifarbig: ባለሦስት ቀለም: three coloured, tricolors
Dreifuß {m}: ሦስት እግር: tripod, trivet, tripod
Dreifüße {pl}: ባለሦስት እግር: tripods, trivets
dreifüßig: ሦስት እግራዊ: tripodal
Dreigestirn {n}: ባለሦስት ኮከብ: triumvirate
Dreigestirne {pl}:: triumvirates
dreihundertjährig: ሦስት መቶ ዓመት: tercentennial
dreijährig: ባለ ሦስት ዓመት: triennial, triennially
dreimal: ሦስቴ : thrice
dreimalig: ሦስት እጥፍ: triple
dreiphasig: ሦስት ደረጃ: three-phase
Dreirad {n}: ባለሦስት እግር ሳይክል: tricycle, velocipede, three wheeler
Dreiräder {pl}:: tricycles, velocipedes, three wheelers
dreiseitig: ሦስት ገጽ: three sided, trilateral, tripartite
dreisprachig: ባለሦስት ቋንቋ: trilingual
dreißig: ሠላሳ: thirty
dreistimmig: ባለሦስት ቃና: for three voices
Dreistufen..., dreistufig: ባለሦስት ደረጃ: three-step
Dreiteilung {f}: ሦስት ክፍል: trisection
Dreiteilungen {pl}:: trisections
dreizehn: አስራሦስት: thirteen
dreizehnte: አስራሦስትኛ: thirteenth
dreschen: ወቃ፣ አበራየ: thresh
dreschend: ወቂ/ አበራይቶ: flailing, threshing
Drescher {m, pl}: አምራች: thrasher, threshers, threshers
Dressur {f}: ልምምድ: training
Dressuren {pl}:: trainings
Drilling {m}: ባለሦስት መንትያ: triplet
Drillinge {pl}:: triplets
Drillung {f}: ቁርቆራ: torsional
drin, innen: ውስጥ፣ በ/ ከውስጥ: inside, within
Dringlichkeit {f}: አስፈላጊነት: instancy, urgency, exiguity
Dringlichkeitsantrag {m}: አስቸኳይ ስብሰባ: application of urgency
Dringlichkeitsanträge {pl}:: applications of urgency
Dritte, Drittel: ሦስተኛው/ ዋ: third

dritte: ሦስትዮሽ: third
drittens: ሦስትኛ: thirdly, third
drittletzt: ከመጨረሻ ሦስተኛው/ዋ: last but two
droben: ከላይ፣ ከዚያ ላይ: up there
Droge {f}: አብሾ: drug
Drogen {pl}:: drugs
drogensüchtig: ሱሰኛ: drug addicted
Drogerie {f}: ፋርማሲ: chemist
Drohbrief {m}: ማስጠንቀቂያ: threatening letter
Drohbriefe {pl}:: threatening letters
drohen: አስፈራራ: impend, menace, threat, threaten
drohend: አስፈራሪ/ አስፈራርቶ: impending, menacing, threatening, imminent
Drohung {f}: አጻጋ: threat
Drohungen {pl}:: threats
drosseln : ገደበ፣ ወሰነ: restrict, throttle
Drosselung {f}: ቅነሳ: slow-down
drüben: ከላይ/ በላይ: over there
Druck {m}: ማተሚያ፣ ጫና፣ ጭነት: oppressiveness, pressure, compression, pression, thrust
druck: ኅትመት: print
Druck {m}: ጭነት: pressure
druckbar: ታታሚ: printable
Drucken {n}: ኅትመት: printing
drücken: ጠየቀ፣ ገለጸ፣ ተጫነ: to queeze, depress, press, push, pushing, shirk, strike, press, to push
drucken: አተመ: print, printing
druckend: አታሚ/ አትሞ: printing
Drucker {m, pl}: ማተሚያ: printer, printers
druckfähig: ታታሚ: printable
Druckfähigkeit {f}: ታታሚነት: printability
druckfertig: ዝግጁ ለኅትመት: ready for press
Druckknopf {m}: የድሩከር ቁልፍ: press button
Druckmaschine {f}: ማተሚያ ማሽን: printing machine
Druckraum {m}: ማተሚያ ክፍል: pressroom
Druckschrift {f}: ማሕተም ጽሑፍ: blockletters
Drucktechnik {f}: የኅትመት ቴ ክኒክ: typography
drunten: ከታች፣ በታች: down there
drunter und drüber : የባጥ የቆጡን: higgledy-piggledy
du, /Sie, Ihr, Ihnen/: አንተ፣ እነኝ፣ እርስዎ: you
du: አንተ፣ አንች: thou
Dualismus {m}: ሁለትነት: dualism
Dualist {m}: ጥምር: dualist
Dualisten {pl}:: dualists
dualistisch: ጥምራዊ: dualistic
Dualität {f}: ሁለትነት: duality
dübeln: ጣምራ ሆነ፣ አጣመረ: dowel
dübelnd: አጣማሪ/ አጣምሮ: doweling
Duft {m}: ሽቶ: perfume, redolence, scent, aura, fragrance
duften nach: አሸተተ: to be sweet with
duftig: ሽታማ: aromatical
dulden, erdulden: ተቀበለ፣ ቻለ: to suffer
dulden, zulassen : ማረ፣ ተወ: tolerate, connive, tolerate
duldsam: ብልህ፣ አዋቂ: indulgent, tolerative
Duldung {f}: ጊዜያዊ ፈቃድ: sufferance, toleration, connivance
Duell {n}: ጣምራ: duel
Duelle {pl}:: duels
Dumas {f}: አደባባይ: dumas
dumm: ደንቆሮ: blockheaded, dull, dully, foolish, purblindly, stupid, stupidly, thumb
Dummheit {f}: ደንቆሮነት: dullness, foolery, gabbiness, oafishness, stupidity, witlessness, brutishness
Dummheiten {pl}:: fooleries, stupidness, didoes
Dummkopf {m}: ቅልራስ: blockhead, chump, dullard, dunce, fool, hardhead, loggerhead, thickhead, booby
Dummköpfe {pl}: ቅል ራሶች: boobies, dullards, dunces, fools, asses
Düngemittel {n, pl}: ማዳበሪያ: fertilizers
düngen: አዳበረ፣ አበሰበሰ: manure
Dünger {m}: አዛባ: manure
Düngung {f}: ቀልዝ: groundswell
dunkel: ጭልም: abstruse, apocalyptical, dark, darkly, dim, gloomy, murky, obscure, obscurely, recondite, shadily, swarthily, tenebrous
Dunkelfeld {n}: ጨለማ ቦታ: dark field
Dunkelheit {f}: ጨለማ: blackness, darkness, gloom, gloominess, murk, obscureness, obscurity, swarthiness, Darkness
Dunkelheiten {pl}:: murkiness
Dunkelkammer {f}: ጨለማ ክፍል: darkroom, dark room, dark rooms
dunkeln : አጨለመ: darken, reconditely, swarthy
dünn: ቀጭን፣ ለግላጋ: tenuous, tenuously, thin, thinly
Dünnheit {f}: ቅጥነት: tenuity, tenuousness, thinness, gauntness
Dunst {m}: ጭጋግ: haze
dunstig: ጭጋጋማ: dankly, hazily, hazy, steamily, vaporous, vaporously, hazier
Duo {n}: ሁለት: duo
duplikat: ብዜት: duplication
duplizieren: አባዛ፣ አራባ: duplicate
dupliziert: ተራቢ/ ተራብቶ: duplicated
durch und durch: ባጠቃላይ: thoroughly, through and through
durch ..., räumlich: በ/ከ...ሥር/ ውስጥ: through, across
durchackern : ተጫነ፣ አረሰ: plough through
durchaus: ባጠቃላይ: absolutely, by all means
durcheinanderbringend: አበላሽ/ አበልሽቶ: mussing
durchbeißen: ተሟሟተ፣ ተጣጣረ: bite through
durchblättern: ጎነጠለ፣ ገለባበጠ: leaf through
durchblätternd: ጎንጣይ/ ጎንጥሎ: leafing, leafing through

Durchblick {m}: **እይታ**: vista
Durchblicke {pl}:: vistas
durchblicken : **አየ፣ አጮለቀ**: look through
durchbohren : **በረበረ፣ ቆረቆረ**: pierce, transfix
durchbohrt : **ተቀዳጅ/ ተበስቶ**: pierced
durchbrechen: **ወደቀ፣ ደከመ**: break through
durchbrennen: **አጋየ**: to burn through, burn-out, burn through
durchbrennend: **አቃጣይ/ አጋይቶ**: burning through, getting through
Durchbruch {m}: **ድል**: breakthrough
Durchbrüche {pl}:: breakthroughs
durchdrang: **ማለፊያ**: permeated, pervaded
durchdrängen: **አስገደደ፣ ገፋተረ**: force through
durchdrehen: **ቀየረ፣ አዞረ**: spin
durchdringen: **ገባ፣ ተሳገ**: penetrate, permeate, pervade, soak, thrill
durchdringend: **ገቢ፣ አስፈላጊ**: penetrative, penetratively, permeating, pervading, thrilling
durcheilen: **አጻነ፣ ፈወሰ**: rush through
Durcheinander {n}: **ዝብርቅርቅ**: Jumble
durcheinandergeraten: **ተደበላለቀ**: get mixed up
durchfahren: **አለፈ**: go through, to pass through
Durchfahrt {f}: **ቅድሚያ**: passage
Durchfall {m}: **ተቅማጥ**: diarrhea
durchfallen, scheitern: **ወደቀ**: fail
durchfliegen: **በረረ**: fly through
durchfließen: **ፈሰሰ**: flow through
durchfließend: **ፈሳሽ/ ፈሶ**: flowing through
durchführbar: **ተፈጻሚ**: actable, feasible, operably, practicable, workable
Durchführbarkeit {f}: **ተፈጻሚነት**: feasibility, operability, practicability, actability
Durchführbarkeiten {pl}:: feasibleness
durchführen, ausführen: **አከናወነ**: to effect
durchführen: **አለፈ**: realize, perform
Durchführung {f}: **ሂደት**: performance, realisation, transaction
Durchgang {m}: **መላፊያ**: thoroughfar, transit, passageway, passage
Durchgänge {pl}:: gangways
Durchgangszeit {f}: **ማለፊያ ወቅት**: transit time
durchgearbeitet: **ተሠራ/ ተሠርቶ**: worked through
durchgedrängt: **ተገዳጅ/ ተገዶ**: forced through
durchgefallen: **ተጣይ/ ተጥሎ**: flunked
durchgegangen: **አላፊ/ አልፎ**: gone through
durchgehen: **አለፈ፣ ሄደ**: peruse
durchgehend: **ያለማቋረጥ**: non-stop
durchgelassen: **ተትቶ/ ተንቆ**: let out
durchgelaufen: **ተባራሪ/ ተባሮ**: passed through
durchgelesen: **ተነባቢ/ ተነቦ**: read through
durchgereist: **ተጓዥ/ ተጉዞ**: travelled through
durchgeschnitten: **ተቆራጭ/ ተቆርጦ**: cut through
durchgeschossen: **ተተኳሽ/ ተተኩሶ**: shot through
durchgesehen: **ታይቶ፣ ተፈትሾ**: perused
durchgreifen: **ቀጣ፣ አረመ**: take drastic measures
durchhalten: **ጸና፣ ቆየ**: keep up
Durchhaltungsvermögen {n}: **የመቆየት ችሎታ** staying power
durchkommen: **መጣ**: to pull through
durchkontaktieren: **አያያዘ፣ አገናኘ**: connect through
durchlassen: **አሳለፈ**: to let pass
durchlässig: **አስተላላፊ**: permeable, permeably, porous, permeably
Durchlässigkeit {f}: **አስተላላፊነት**: penetrability
Durchlauf {m}: **ማሳለፊያ**: pass
durchlaufen: **አለፈ**: pass through, travers
durchlaufend: **አላፊ/ አልፎ**: passing through, reading through
durchleuchten: **አበራ**: roentgenize
Durchleuchtung {f}: **ብርሃን**: radioscopy
durchlöchern: **አጠፋ**: perforate
Durchmarsch {m}: **ጉዞ**: marching-through
Durchmärsche {pl}:: marchings-through
durchmarschieren: **ተመመ ፣ ተጓዘ**: march-through
Durchmesser {m}: **መለኪያ**: diameter
durchnässen: **ነከረ**: soak, soak, sodden
durchnässt: **መጣጭ**: soggily, soggy
durchprügeln: **ተመታታ፣ ተቃመሰ**: belabor, whack
durchqueren: **ተሻገረ፣ አለፈ**: traverse
durchquert: **ታላፊ/ ታልፎ**: traversed
Durchreise {f}: **ጉዞ**: journey through
durchreisen: **አ/ተጓዘ**: perambulate, pass through
durchreiten: **አጋለበ**: gall by riding
durchschalten: **አገናኘ**: interconnect
durchschauen: **አተኮረ፣ ተመለከተ**: see through
durchschießen: **ተኮሰ**: shoot through
Durchschlag {m}: **ዱላ፣ ተጽእኖ**: press copy
Durchschlagfestigkeit {f}: **ጥንካሬ**: dielectric strength
Durchschlagpapier {n}: **ወረቀት**: typing paper
Durchschlagskraft {f}: **ጥንካሬ፣ ብርታት**: penetrating power
durchschneiden: **በጠሰ**: intersect
Durchschnitt {m}: **አቆራረጥ**: average
Durchschnitte {pl}:: Averages
durchschnittich: **ባማካይ፣ አቬሬጅ**: medium, average, medial, averagely, on an average, on the average, on the average
Durchschnittsbetrag {m}: **ማእከላዊ አስተዋጽኦ**: average amount
Durchschnittseinkommen {n}: **ማእከላዊ ገቢ/ ደመወዝ**: average income
Durchschrift {f}: **ቀሪ፣ ኮፒ**: carbon copy
Durchschriften {pl}:: carbon copies
durchsegeln: **ቀዘፈ**: sail through
durchsehen: **አሳልፎ አየ**: to look over
Durchsetzung {f}: **ድርጊት**: enforcement

Durchsicht {f}: **እይታ**: perusal
Durchsichten {pl}:: perusals
durchsichtig: **አሳዪ፣ ብርሃን አሳላፊ**: diaphragmatic, limpid, pellucid, transparent, transparently, diaphanously, limpidly, pellucidly, translucently
Durchsichtigkeit {f}: **እይታ**: insightfulness, pellucidness, transparence, diaphanousness
Durchsichtigkeiten {pl}:: translucency
durchstechen: **ወጋ፣ ሰነበጠ**: puncture, transfix, transfixes
durchstreichen: **አጠፋ፣ ሰሰሰ**: to cancel
durchsuchen, forschen: **ፈለገ**: search, rummage
durchsuchen, suchen: **አደነ**: hunt
Durchweg {m}: **ጎዳና**: Throughout
durchweg: **ማለፊያ**: throughout
durchweicht: **ድንገት፣ በድንገት**: sodded, soddenly, soddy, soppy
durchziehen: **ሳበ፣ መዘዘ**: draw through, pull through
dürfen: **ፈቀደ**: be allowed, be permitted
dürftig, spärlich: **አስፈላጊ**: scanty, paltry, poor, poorly, scanty
Dürftigkeit {f}, Armut: **ድኅነት**: indigence
Dürre {f}: **ድርቅ**: drought, drouth, aridity
Dürren {pl}:: aridities, droughts
Durst {m}: **ጥም**: thirst
Durst haben: **ተጠማ**: to be thirsty
Durst löschen: **ጥሙን አረካ**: to quench
dürsten: **ተጠማ**: thirsting
dürstend: **ተጠማ/ ደርቆ**: thirsting
durstig: **ጥሙእ**: athirst, thirstily, thirsty
Durstigkeit {f}: **ጥማት**: thirstiness
duschen: **ታጠበ**: douche
duschend: **ታጣቢ/ ታጥቦ**: douching, taking a shower
Düse {f}: **ቧንቧ፣ መሥመር**: nozzle, nozzles
Düsenflugzeug {n}: **ጦር አውሮፕላን**: jet
Düsenverkehrsflugzeug {n}: **አውሮፕላን**: jetliner
düster: **መጥፎ፣ ጨለማ፣ ጭፍን፣ ብልሹ**: dismal, drab, dusky, funereally, gloomy, saturnine, saturninely, sepulcher, somber, sombre, dismally, drably, duskily, sepulchral
Düsterkeit {f}: **መጥፎነት**: **ጥፋት**: gloominess, dismalness, drabness, duskiness, grayness, luridness, somberness, dimness
DV-Mitarbeiter {m}: **የኮምፒዩተር ሠራተኛ**: computer personnel
dyadisch: **ኀብዝ**: dyadic
dynamisch: **ኀብዝ፣ ጀግና**: dymanic, dynamicly
Dynastie {f}: **ሥርዎ መንግሥት**: dynasty
Dynastien {pl}:: dynasties
dynastisch: **በመንግሥት**: dynastic
dynastische: **መንግሥታዊ**: dynas

E

Ebbe {f}: የጉድጓድ ውሐ: tide, ebb, low tide
Ebben {pl}:: ebbs, tides
eben, flach, gerade, gleichmäßig: ትክክል፣ ሰቴቴ: even, planar, plain, plane
Ebenbild {n}: አምሳያ: clones
ebenbürtig: አምሳዊ: coequal
Ebene {f}: ደረጃ፣ መስክ፣ ሜዳ: rank, level, lowland, plain, layer
Ebenen {pl}:: plains, lowlands
ebenfalls, gleichermaßen:እንዳልከው/ -ዳሉት/ -ዳልሽው ...፣ እኩል: likewise, ditto
Ebenheit {f}: ክፍልፋይ: evenness, levelness
Ebenholz {n}: ግንድ: ebony
ebenso, ebenso, also: እነሆ፣ እንደዚያ፣ ልክ: equally, just as, likewise, as
ebensogut: ልክ እንደዚያ: just as well
ebensoviel: ያን ያህል፣ እነደልኩ/ መጠኑ: no less than
ebensowenig: በመጠኑ: no more than
Eber {m, pl}: አሳማ: boar, boars
Eberesche {f}: ችፍርግ፣ ተክል ዓይነት: sorb
Ebereschen {pl}:: sorbs
ebnen: መደመደ፣ አስተካከለ: to level
Ebonit {n}: ፍንዳታ: vulcanite
Echo {n}: ዌ ቭ: echo
Echofunktion {f}: የዌ ቭ ተግባር: echo feature
Echomodus {m}: ዌ ቭ ዓይነት: blipmode
Echoprüfung {f}: ዌ ቭ ፍተሻ: echo check
Echozeichen {n}: ዌ ቭ ምልክት: blips
echt, tatsächlich, wirklich, wahr: እውነት ፣ ልክ፣ ትክክል: true, real, genuine, genuinely, legit, pukka, unfeigned
echter Bruch: ልከኛ መጽሐፍ: proper fraction
echtes Dokument: ትክክለኛ መረጃ: authentic document
Echtheit {f}, Orginalität: ወጥነት፣ ትክክለኛ: originality, authenticity, genuineness, realness
Echtsilber {n}: ትክክለኛ መዳብ: real silver
Echtzeitverarbeitung {f}: ለሥራው አስፈላጊ ጊዜ: real-time processing
Eckball {m}: ማእዘን/ ኮርነር ምት: corner kick
Ecke {f}: አንግል/ ኮርነር: nook, corner
Ecken {pl}:: nooks, corners
eckig: ማእዘናዊ: angular, angularly
eckige Klammer auf: ብራኬት መክፈት: squred bracket open
eckige Klammer zu: ብራኬት/ ቅንፍ መዝጋት: squared bracket close
eckige Klammer: ብራኬት: bracket, squared bracket
Eckigkeit {f}: ማእዘናዊነት: angularness
Eckpfeiler {m}: ቀስት: corner pillar
Eckplatz {m}: ማእዛናዊ ቦታ: corner seat
Eckplätze {pl}:: corner seat
Eckzahn {m}: ውሻ ጥርስ: canine tooth, canine, edam
Eckzähne {pl}:: eyeteeth, canines, canine teeth
edel: ውድ፣ ትግሥትኛ: noble, nobly
edeldenkend: አስተዋይ/ አስተውሎ: noble minded
Edelgas {n}: የጋስ ዓይነት: noble gas, inert gas
edelgesinnt: ብልህ: high minded
Edelmann {m}: ባላባት: nobleman
Edelmänner {pl}:: noblemen
Edelmetall {n}: እንቍ: precious metal, noble metal
Edelmetalle {pl}:: precious metals, noble metals
Edelmut {m}: ለጋሥነት: generosity
Edelstein {m}: እንቍ፣ አልማዝ: jewel, precious stone, gem
Edelsteine {pl}:: gems, gemstone, gemstones
Edelsteinschneider {m, pl}: ዕንቍ አንጣሪ: lapidary, lapidaries
Edelweiß {n}: ብልጭልጭ: edelweiss
editierbar: ተቀጅ/ ተገልባጭ: editable
editieren, bearbeiten: አስቀዳ/ አስጻፈ: edit
Editiergerät {n}: መቅጃ ቴ ፕ: editing device
Editiermenue {n}, Dateiaufbereitungsmenue : መጻፊያ ኮማንዶ: editor menu
Editiermodus {m}: መጻፊያ ሞድ: editing mode
Editiermöglichkeit {f}: ማጻፊያ አማራጭ: editing possibility
Editierplatz {m}: መጻፊያ ቦታ: editing place
Editiersitzung {f}: መጻፊያ ትእዛዝ: editing session
Editierstation {f}: መጻፊያ ጣቢያ: editing terminal
Editiertastenblock {m}: ጽሑፍ ማገጃ: editing keypad
Editierverfahren {n}: መጻፊያ ሂደት: editing method
Editierzeichen {n}: መጻፊያ ምልክት: edit symbol
Editierzeile {f}: መጻፊያ መሥመር: edit line
Editmenue {n}: መጻፊያ ቁልፍ: edit menu
Editor {m}, Eingaberoutine: መጻፊያ: editor
Editzeichen {n}: የጽሑፍ ትእዛዝ: edit signal
EDV-Personal {n}: ኮምፒዩተር ሰርቪስ: liveware
Edwin: ኤድዊን: edwin
Efeu {m}: እንዶድ: ivy
Effekt {m}: ውጤቶች: effect
Effekte {pl}:: effects
Effektenbesitzer {m, pl} ዱለኛ stockholder, stockholders
Effektenhandel {m}: ነጋዴ፣ ደላላ: dealing in stocks
Effektenmakler {m, pl}:: stockbroker, stockbrokers
effektiv: ቀልጣፋ: actual, effectively
effektive Lieferzeit: የማቅረቢያ ጊዜ: actual delivery time

effektive Steuerbelastung: መደበኛ ቀረጥ: actual tax load
Effektivlohn {m}: ቋሚ ደመወዝ: actual earning
Effektivlöhne {pl}:: actual earnings
EGA: የሞኒተር ዓይነት: ega
Egge {f}: መዳመጫ: harrow
Eggen {pl}:: harrows
eggen: ደሰሰ፣ አለሰለሰ: harrow
eggend: ደምጦ፣ አልስልሶ: harrowing
Egoismen {pl}:: egoisms
Egoismus {m}, Selbstsucht: ገብጋብነት: selfishness, egoism
Egoist {m}: ራስ ወዳድ: egoist
Egoisten {pl}:: egoists
egoistisch, selbstsüchtig: ገብጋብ: selfish
egozentrisch: ስግብግብ: egocentric
Ehe {f}, Heirat: ጋብቻ: marriage
ehe: ከ/ በ ...ፊት: ere
Eheanbahnung {f}: አቃጣሪ: matchmaking
Eheberater {m}: ጋብቻ አማካሪ: marriage - guidance-counsellor
Ehebett {n}: አልጋ: marriage-bed
ehebrechen: ሸረሞጠ፣ ዘሞተ : commit adultery
Ehebrecher {m}: ቤት አፍራሽ ዝሙተኛ: adulterer, adulteress
Ehebrecherin/nen {f/pl}:: adulteresses
ehebrecherisch: ሸርሙጥናዊ: adulterous, adulterously
Ehebruch {m}: ቤት ማፍረስ፣ ጣልቃ ገብ: adultery, adulterousness
Ehebrüche {pl}:: adulteries
Ehebund {m}: ጋብቻ: marriage-tie
Ehebündnis {n}, Ehestand : ሠርግ: matrimony
ehedem, früher: ቀደም/ ቀድሞ: formerly
Ehefeind {m}: የጋብቻ ጠላት: misogamist
Ehefeinde {pl}:: misogamists
Ehefrau {f}: ምሽት: wife
Ehefrauen {pl}:: wives
Ehegatte {m}: ባል: spouse
Ehegatten {pl}, Ehegattinnen:: spouses, husband and wife
Eheleben {n}: ትዳር፣ ኑሮ: married-life
Eheleute {pl}: ባልና ሚሽት: married-couple
ehelich: ትዳራዊ: conjugal, conjugally, connubial, marital, maritally, matrimonial, matrimonially, connubially
ehelichen, heiraten: አገባ፣ ትዳር መሠረተ: marrying
ehelichend, heiratend: አግብቶ፣ ትዳር መሥርቶ: marrying
Ehelosigkeit {f}, Zölibat: ወንደ-/ ሴተላጤነት፣ ድንግልና: singleness, celibacy
ehemalig: የቀድሞ/ ው/ ዋ...: ancient, former, quondam
ehemalige Schüler: የቀደም ተማሮች/ የነበሩት: alumni
ehemals, einmal: አንዴ: once
ehemals: አልፎ አልፎ፣ ቀድሞ: erstwhile, formerly
Ehemann {m}, Mann: ባል: husband
ehemündig, heiratsfähig: ጎረምሳ: marriageable
Ehen {pl}: ባለትዳሮች: wedlocks
Ehen {pl}:: matrimonies
eher, lieber, ziemlich: ቶሎ ፣ በመጠን/ ኑ: rather, sooner, rather
eher...als: በ / ከ....ፊት/ ጊዜ: rather...than
Eherecht {n}: የትዳር መብት: marriage-law
Ehering {m}: የጋብቻ ቀለበት: wedding ring
Eheringe {pl}:: wedding rings
Ehescheidung {f}, Scheidung: ፍቺ: divorce
Ehescheidungen {pl}:: divorces
Ehescheidungsklage {f}: ፍቺ ክስ: petition for divorce
Ehestand {m}: የትዳር አቋም: connubiality
Ehestände {pl}:: matrimonies
Ehestifter {m}: አጋቢ: matchmaker, matchmaker
Ehevermittlung {f}: የጋብቻ ደላይ: marriage-bureau
Eheversprechen {n}: ቀለበት አሰራ: promise of marriage
Ehevertrag {m}: የትዳር ውል: marriage-contract
Ehrabschneider {m}: አታላይ: slanderer
ehrbar: ክቡር: reputable, respectable, respectably
Ehrbarkeit {f}: ተሞጋሽነት: respectableness
ehrerbietig: በትሕትና: respectfully
Ehrerbietigkeit {f}: አክብሮት: respectfulness
Ehre {f}: ክብር፣ ሽልማት: honor, honour, kudos, honesty
Ehren {pl}: ሽልማት: honours, honors
ehren: አከበረ፣ ሸለመ : dignify, revere, honour, venerate
Ehrenamt {n}: የክብር አባል: honorary post
ehrenamtlich: የክብር እንግዳ: honorary
Ehrenbürger {m}: ክቡር ዜጋ: honorary citizen
ehrend: አክባሪ/ አክብሮ: dignifying, honorific, revering, venerating
Ehrendoktor {m}: የክብር ዶክትሬት: honorary doctor
Ehreneintritt {m}: ምርቃት: act of honor
Ehrengast {m}: ክብር እንግዳ: guest of honour
Ehrengäste {pl}:: guests of honour
Ehrengericht {n}: አወዳዳሪ: court of honour
Ehrengerichte {pl}:: courts of honour
ehrenhaft: ክብራዊ: honourable
Ehrenkodex {m}: የክብር ሚዛን: code of honour
Ehrenkrone {f}: ዘውድ፣ አክሊል: crowns
Ehrenkronen {pl}:: crowns
ehrenlos: ቀልቃላ: honorless
Ehrenmann {m}: ሽማግሌ: gentleman
Ehrenmänner {pl}:: gentlemen
Ehrenmitglied {n}: የክብር አባል: honorary member
Ehrenplatz {m}: የክብር ቦታ: place of honour
Ehrenpreis {m}: ሽልማት: veronica
Ehrenpreise {pl}:: veronicas

Ehrensache {f}: **ክብርና፣ ክብረት**: affair of honour
Ehrenschuld {f}: **ባለዉሌታነት**: debt of honour
Ehrenschulden {pl}:: debts of honour
Ehrentag {m}: **መታሰቢያ ቀን**: great day
Ehrentitel {m}: **ማእረግ**: honorary title
ehrenvoll: **በክብር**: honestly
ehrenwert: **ክቡር**: honorable, honest, honorably
Ehrenwort {n}: **ምሃላ**: word of honour
Ehrenzeichen {n}: **የክብር ምልክት**: badge of honour
ehrerbietig: **ክብራዊ ደረጃ**:deferential, respectful, reverent, reverential, reverentially, reverently, deferentially
Ehrfurcht {f}: **ክብር፣ አክብሮት** : reverence, awe
Ehrgefühl {n}: **ትኅትና**: sense of honour
Ehrgeiz {m}: **ስሜት**: ambition
ehrgeizig: **ቅልብልብ፣ ጉጉተኛ**: ambitious, ambitious, ambitiously
ehrlich gesagt: **ለ/በእውነት ሲባል** : to tell the truth
ehrlich, aufrichtig: **በታማኝነት**: honest, honestly
ehrlich: **በእውነት**: aboveboard, faithfully, honest, straightforward
ehrliches Spiel: **ጥሩ ጨዋታ**: fair play
Ehrlichkeit {f}: **እውነተኛነት፣ ደግነት**: forthrightness, honesty, straightforwardness
ehrlos: **ክብር አልባ**: dishonourable, dishonourably
Ehrlosigkeit {f}: **ክብርአልባነት**: dishonorableness, infamousness, infamy
ehrsüchtig: **ሱሰኛ**: overambitious
ehrwürdig: **ተከባሪ**: hoar, reverend, venerable, venerably, venerably
Ehrwürdigkeit {f}: **ተከባሪነት፣ ክቡርነት**: venerability
Ehrwürdigkeiten {pl}:: venerableness
Ei {n}: **እንቁላል**: egg
Eiausstoß {m}: **እድገት**: ovulation
Eibe {f}: **የዛፍ ዓይነት**: yew
Eiben {pl}:: yews
Eiche {f}: **የዛፍ ዓይነት**: oak
Eichel {f}: **የካርታ ዓይነት**: acorn
Eicheln {pl}:: glans, acorns
Eichen {pl}:: oaks
eichen: **አከሰለ፣ አሳረረ**: calibrate,calibrate
Eichhörnchen {n, pl}: **እንሽላሊት**: squirrel, squirrels
Eichmeister {m, pl}: **ዘበኛ**: calibrator, gaugers
Eichung {f}: **አመድ**: calibration
Eid {m}: **ምሃላ፣ ግዝት**: oath
Eidam {m}, Schwiegersohn: **አምቻ**: son in law
Eidbrecher {m}: **ቃልአባይ**: perjurer
Eidbruch {m}: **ክህደት**: perjury
eidbrüchig: **ከዳተኛ**: perjured
Eide {pl}:: oaths
Eidechse {f}: **የእንስሳ ዓይነት**: lizard
Eidechsen {pl}:: lizards
Eidesformel {f}: **የምህላ ዝግጅት**: form of oath
Eideshelfer {m}: **ረዳት**: compurgator
Eidesleistung {f}: **ግዴታ**: oath taking
eidesstattliche Erklärung: **የምህላ መግለጫ** : affidavit
Eidotter {n}: **አስኳል**: yolk
Eidverweigerer {m}: **አመጸኛ**: non juror
eidverweigernd: **አማጺ/ አምጸ**: a non juring
Eier {pl}: **እንቁላል**: eggs
Eierbecher {m}: **እንቁላል መጥበሻ**: eggcup
Eierkopf {m}: **እንቁላል ራስ**: egghead
Eierköpfe {pl}:: eggheads
Eierkuchen {m}, Pfannkuchen: **ኬክ**: pancake
Eierschale {f}: **የእንቁላል ቅርፊት**: egg shell
Eierschalen {pl}:: eggshells, egg shells
Eierstock {m}: **ያስኳሉ አቃፊ**: ovarian
Eieruhr {f}: **እንቁላል መምቻ**: egg timer
Eieruhren {pl}:: egg timers
Eifer {m}: **ቅናት**: assiduousness, eagerness, intentness, mettle, zeal, zealousness, alacrity, assiduousnesses, mettles
eifern: **ቀና፣ ተጣጣረ** : strive for
eifernd: **ተጣጣሪ/ ሞክሮ**: striving for
Eifersucht {f}, Neid: **ቅናት**: jealousy, jealousy, jealousness
eifersüchtig: **ቀናተኛ**: jealous
eiförmig: **እንቁላል ቅጽ**: ovate, ovoid
eiförmige Körper: **ድብልብል**: ovoids
eifrig: **ታታሪ፣ ቅን**: zealous, eager, emulative, intently, keen, sedulous, sedulously, zestful, eagerly, zealously
eigen: **የግል**: own, peculiar, peculiarly
Eigenart {f}: **ልዩነት**: quirk
Eigenarten {pl}:: originalities
Eigenbedarf {m}: **ፍጆታ**: home requirements
Eigenfabrikat {n}: **የራስ ምርት**: self produced article, self produced
Eigenfrequenz {f}: **የራስ ፍጥነት**: natural frequency
Eigengewicht {n}: **ክብደት**: own weight
eigenhändige Unterschrift: **የግል ፊርማ**: autograph signature
Eigenheim {n}, Zuhause: **ቤት**: home
Eigenheime {pl}:: homes
Eigenheit {f}: **ግላዊነት**: peculiarity
Eigenheiten {pl}:: peculiarities
Eigenkapital {n}: **የግል ካፒታል**: own capital, equity
Eigenliebe {f}: **ራስ ወዳድነት**: self love
Eigenlob {n}: **ራስን ማወደስ** : self praise
eigenmächtig, willkürlich: **ፈቃደኛ**: arbitrary
Eigenname {m}: **መጠሪያ ስም**: proper name
Eigennutz {m}: **ጥቅም**: self interest
eigennützig: **ጠቃሚ**: self interested, selfish
Eigenschaft {f}, Besitz, Qualität: **ጠባይ፣ ባሕርይ**: quality, property
Eigenschaften {pl}:: properties qualities, attributes
Eigenschaftswort {n}: **የወል/ጥቅል ቃል**: adjective

Eigenschaftswörter{pl}:: adjectives
Eigenschwingung {f}: ውዝዋዜ: natural frequency, natural oscillation
Eigensicherheit {f}: ጥበቃ: intrinsic safety
Eigensinn {m}: ባሕርይ፣ ስሜት: obstinacy, waywardness, stubbornness
eigensinnig: ስሜታዊ: hardheaded, headstrong, opinionated, stubborn, wayward, waywardly
Eigenstaatlichkeit {f}: ራስ ገዝነት፣ ነፃ መውጣት: statehood
eigentlich, praktisch, ungefähr: እርግጥ: rather, virtually
Eigentum {n}: ንብረት: proprietorship, belonging, ownership, property, proprietary, absolute ownership
Eigentum erwerben: ንብረት አበጀ: acquire ownership of
Eigentümer {m, pl}, Inhaber, Besitzer: ባለቤት: owner, proprietaries
eigentümlich, besonders, eigenartig: ባለቤታዊ: peculiar, idiosyncratic, peculiar, idiosyncratically
Eigentümlichkeit {f}: ባለቤትነት: medievalism
Eigentumserwerb {m}: ንብረት: acquisition of ownership
Eigentumsnachweis {m}: ባለቤትነት ማረጋገጫ: abstract of title
Eigentumsrecht {n}: የባለቤትነት መብት: proprietary right, ownership
Eigentumsrechte {pl}:: proprietary rights
Eigentumswohnung {f}: የግል ቤት፣ መኖሪያ: condominium
Eigenwille {m}: ፍላጎት: self will
eigenwillig: በፍላጎት: individual
eignen: ቻለ፣ : be qualified for
eignend: ችሎ / ብቃት አግኝቶ: being qualified for
Eignung {f}: ችሎታ: qualification, aptitude, eligibility
Eignungen {pl}:: acceptabilities
Eignungsbeurteilung {f}: የችሎታ ሚዛን: appraisal of apitude, fittness report
Eignungsprüfung {f}: ችሎታ ማሳያ: fitness test
Eignungstest {m}: ፈተና: aptitude test
Eiland {n}: ደሴት: isle
Eilauftrag {m}: አስቸኳይ ውል: rush-order, rush order
Eilaufträge {pl}: አስቸኳይ ውሎች: rush orders
Eilbestellung {f}: አስቸኳይ ትእዛዝ: express delivery
Eilbestellungen {pl}:: express deliveries
Eilbote {m}: መልክተኛ: courier, express messenger, express letter
Eile {f}: ችኮላ: hastiness, precipitance, hurriedness, haste, rush, speed, haste, hurry
eilen: ቸኮለ፣ ተጣደፈ: haste, hie, scud, hasten, hurry
eilend: ቸኩሎ ፣ ተጣድፎ: hasting, hieing, scudding, hurryingly
eilends: በችኮላ: hotfoot, in a hurry
eilfertig, eilig: በፍጥነት፣ በችኮላ: hasty
Eilfracht {f}: ፈጣን መርከብ: express goods
eilig haben: ቸኮለ : to be in a hurry,
eilig: ችኩል፣ ፈጣን: hurriedly
Eilzug {m}: ፈጣን ባቡር: fast train
Eimer {m, pl}: ቆርቆሮ፣ ቆሻሻ ማከማቻ: bucket, pail, buckets, pails
ein anderes Mal: ሌላ ጊዜ: another time
ein anderes: ሌላ: another
ein bißchen: ጥቂት፣ በትንሹ: a bit, somewhat
ein, eine, einer, eins: አንድ: a/ an, mono
ein/ beliebig: ማንም: any
Einadressrechner {m}: ነጠላ ኮምፒዩተር: single-address computer
einander: አንድባንድ: each other, one another
einarbeiten: ሠራ: to work in
einarbeitend: ሠሪ/ ሠርቶ: coaching
einäschern: አቃጠለ፣ አከሰለ: burn to ashes, cremate, incinerate
einäschernd: አከሳይ/ አክስሎ: burning to ashes, cremating, incinerating
Einäscherung {f}, Leichenverbrennung: ክስሰላ፣ አመድነት: cremation, incineration
Einäscherungen {pl}:: incinerations
einatmen, inhalieren: ዓየር ሳበ/ አስገባ : inhale
einatmend: ተንፍሶ/ አስገብቶ: inhaling, inhaling
einäugig: አንድዓይና: monocular, monocularly
Ein-/Ausgabe-Steuersystem (IOS) {n}: ወጭና ገቢ ማሰቢያ: input-output system
Einbahnstraße {f}:: ባላድ አቅጣጫ መንገድ one way street, one-way street, oneway, one way
einbalsamieren: አስጌጠ: embalm
einbalsamierend: አስጊጦ/ አስብቦ: embalming
Einbalsamierung {f}: ምልክት: embalmment
Einbalsamierungen {pl}: ጌጣጌጥ: embalmments
einbändig: ባላንድ ቅጽ: in one volume
einbauen: ገነባ: build in
einbauend: ገንቢ/ አንጾ: building in
einbaufertig: ጅምር፣ ዝግጁ: pre-finished
Einbehaltung {f}, Beibehaltung: ስምምነት: retention
Einberufene {m, f}: ምልምል: selectee
Einberufenen {pl}:: selectees
Einberufung {f}: ምልመላ: convocation
Einberufungen {pl}:: convocations
einbetten: አስተኛ: embed, imbed
einbettend: አስተኝቶ: embedding, imbedding
Einbettungsschicht {f}: ድርርብ አልጋ: buried layer
Einbettzimmer {n}, Einzelzimmer: ባላንድ አልጋ ክፍል: single room
Einbettzimmer {pl}:: single rooms
Einbeulung {f}: ቅቀላ: dint
einbeziehen: ጨመረ : include
einbeziehend: ጨማሪ/ ጨምሮ: implying
Einbeziehungen {pl}: መሳሳብ: inclusions

einbezogen: ተሰበ፣ ተጨምሮ : included
einbiegen: መዘነ : turn into
einbiegend: መዛኝ/ መዝኖ: turning into
einbilden: አስተዋወቀ: imagine, surmise
einbildend: አስተዋውቆ/ ተምሮ: imagining, surmising
Einbildung {f}: ስልጠና: chestiness, conceit, imagination, presumption, uppityness, vanity
Einbildungen {pl}:: conceits, uppitynesses, vanities
Einbildungskraft {f}: ፍትቱነት፣ ቅልጥፍና: fancy
Einbit {n}: አንድ ፊደል: one-digit
einblenden, überlagern: አኖረ፣ ሸፈነ: overlay, fade in
Einblick {m}: እይታ: insight
Einblicke {pl}:: insights
einbrechen: ተነሳ፣ ተንቀሳቀሰ: break in, burglarize, burgle
Einbrecher {m, pl}: ሌባ፣ ሰባሪ: burglar, burgler, housebreaker, burglars
Einbrennen {n}: ቃጠሎ: baking
einbrennen: አቃጠለ: burn-in
einbringen: አቀረበ: to bring in
Einbruch {m}: ዘረፋ፣ ስርቆት: housebreaking, incursion, irruption, burglary
Einbrüche {pl}:: housebreakings, incursions, irruptions, burglaries
einbürgern: ዜግነቱን አስቀየረ: nationalize, naturalize
einbürgernd: ዜግነት ሰጭ/ ሰጥቶ: nationalizing, naturalizing
einbüßen: ከሰረ: forfeit
einchecken: ተቆጣጠረ: to check in
Einchip {m}: አንድ ቺፕ: one-chip
Einchipprozessor {m}: ባላንድ ችፕ ፕሮሴሰር: single-chip microprocessor
eindämmbar: ተወጋጅ: containable
eindämmen: አጠፋ፣ ደፈነ: stem, embank
eindämmend: ደፍኖ/ አግዶ: stemming, diking, embanking
Eindämmung {f}: ግድብ: embankment, containment, embankment
Eindämmungen {pl}:: embankments, containments
eindampfen: አፈላ፣ አተነነ: vaporizing
eindeutig, einmalig, bestimmt: ግልጽ፣ ውስን: definite, unique, clear cut, non-ambiguous, unequivocal, unequivocally
Eindeutigkeit {f}: ግልጽት: unambiguousness
eindimensional, linear: አንድ አቅጣጫ: unidimensional
Eindringen {n}: መግባት: penetration, permeation, irruption
eindringen, sich aufdrängen: ገባ: intrud, infiltrate, invade
eindringen: ገባ፣ ሰረሰረ: infiltrate, intrude, invade, irrupt, penetrate
eindringend: ገቢ/ ገብቶ: intruding, infiltrating, intruding, invading, irrupting
Eindringlichkeit {f}: አስቸኳይነት: forcefulness
Eindringling {m}, Angreifer: ወራሪ: invader, interloper, intruder, gatecrasher
Eindringlinge {pl}:: interlopers
Eindringtiefe {f}: ቀዳዳ፣ ስርስር: penetration
Eindringungsvermögen {n}: የመግባት ችሎታ: penetration
Eindruck {m}: አባባል፣ ምክር: impression
Eindruck machen: አከበደ፣ አስጠነቀቀ: to carry weight
Eindrücken {n}: ተጽእኖ: push in
eindrucksvoll: ደህና፣ ደግ፣ ወሳኝ: impressive, arrestingly, impressive, impressively, spectacular, spectacularly, striking, tellingly, impressively, spectacularly
eine: አንድ (ለሴት): an, one
einfach, leicht verständlich, ehrlich: ግልጽ: plain, facile, frugal, simple, simpleminded, simply, uncomplex
einfach, leicht: ቀላል: unit, facile
Einfachformular {n}: ቀላል ቅጽ: one-part form
Einfachheit {f}: ቀላልነት: elementariness, homeliness, simpleness, Simplicity
Einfahren {n}: ማስነሳት: running-in
einfahren: ሮጠ፣ አስነሳ : run in
Einfahrt {f}: ጉዞ: gateway
Einfahrten {pl}:: entrances
Einfall {m}: ወረራ፣ ዘረፋ: incursion, invasion, vagary, incidence
einfallslos: ያለግዳጅ: unimaginative, unimaginatively
einfallsreich, schöpferisch: ፈጣሪ/ ፈላሳፊ: inventive
Einfallswinkel {m, pl}: ያዳጋ ማእዘን: angle of incidence, angles of incidence
Einfalt {f}: ግዴለሽነት፣ ደንታአልባነት: simplemindedness
einfältig, dumm: ደካማ፣ ታካች/ ደንቆሮ: oafish, brainless, gawkily, simple minded, oafishly, gawky
Einfaltspinsel {m, pl}: ድድብና፣ ድንቁርና: simpleton, tomfool, simpletons. tomfools
Einfamilienhaus {n}: አዳራሽ: one family house
einfangen, erfassen: ጨበጠ፣ ማረከ: capture
einfangend: ማራኪ/ ማርኮ: capturing, trapping
einfarbig: ባላንድ ቀለም : unicoloured, monochromic, monochromical, unichrome
Einfarbigkeit {f}: ባላንድ ቀለም: monochromaticity
Einfassung {f}: ድምዳሜ፣ እጥር: edging
Einfassungen {pl}:: welts
Einfassungszaun {m}: ሽቦ እጥር: perimeter fence
Einfluß {m}: ተጽእኖ: influence, influence (on), ascendancy, influence
Einfluß ausüben: ተጽእኖ አደረገ: to exert influence
Einflüsse {pl}:: ascendancies

einflußreich: ወሳኝ: influential, influentially
Einförmigkeit {f}: ተመሳሳይነት: uniformity
einfrieren: አቀዘቀዘ: freeze
einfrierend: አቀዝቅዞ: freezing
einfügen: ጨመረ: infix, insert, integrate
Einfügung {f}: ጭማሪ: infix, insertion, interposition
Einfügungen {pl}:: infixes, insertions
Einfühlungsvermögen {n}: የመሙላት ኃይል/ ችሎታ: intuition
Einfuhr {f}: ገቢ፤ አስገቢ/ አስመጪ: import
einführbar: ተደራጊ: importable
Einfuhren {pl}:: importations
einführen:አደረገ፤ አከናወነ፤ አስገባ፤ አስመጣ: introduce, inaugurate, induct, introduce, introduces, spearhead, superinduce, usher
einführend: አስመጭ/ አስመጥቶ: importing, introducing, importing, inaugurating, inducting, introducing, spearheading, superinducing
Einfuhrgenehmigung {f}: ያስመጪ ፈቃድ: import licence
Einfuhrgenehmigungen {pl}:: import licences
Einfuhrkontingent {n}: ያስመጪ ኮታ: allocated quota
Einführung {f}, Einleitung: መግቢያ፤ ማስተዋወቂያ: introduction
Einführung {f}, Realisierung : ክንዋኔ: implementation, inauguration
Einführungen {pl}:: imports, inaugurations, initiations
Einführungspreis {m}: ማስታወቂያ ዋጋ: advertising price
Einführungswerbung {f}: ማስተዋወቂያ: announcement advertising
Einfuhrverbot {n}: ያስመጪ ገደብ/ እገዳ: embargo on imports
Einfuhrverbote {pl}:: embargoes on imports
einfüllen: ሞላ: pour in
einfüllend : ሞልቶ: pouring in
Eingabe {f}: አቅራቦት፤ ልመና፤ ስጦታ: input, intake, feed
Eingabeeinheit {f}: የስጦታ ክፍልፋይ: signal conditioning unit
Eingabefehler {m}: የጽሑፍ ስሕተት: type error
Eingabegerät {n}: መቅጃና መስሚያ: signal conditioning device
Eingabename {m}: ተጸፊ ስምዝርዝር: inputname
Eingabesignal {n}: የመስጫ ምልክት: input signal
Eingabesteuerung {f}: የመዘርዝር ቁጥጥር: input control
Eingabetaste {f}: የመስጫ ቁለፍ: enter key
Eingang {m}, Eintritt: መግቢያ: entry, inlet, entrance
eingängig, plausibel: ግልጽ፤ ፍትቱ: plausible
Eingangsbestätigung {f}: ማረጋገጫ: acknowledgement
Eingangsleistung {f}: የማስገቢያ ኃይል: power input
Eingangslied {n}: የመግቢያ መዝሙር: introit
Eingangsstelle {f}: የመግቢያ ምልክት: entry point
eingeäschert: ውስን/ ተገድቦ: burnt to ashes
eingeäschert: ተከስሎ: incinerated
eingeatmet: ተተንፍሶ: inhaled, inhaled
eingebaut: ተገንቢ/ ተገንብቶ: built in, implemented
eingeben, geben, versorgen: አቀረበ፤ ሰጠ፤ ጠረ : supply, give, key, enter, input, put in
eingebend: ሰጪ/ ሰጥቶ: giving, inputting, issuing, typing
eingebildet: ሰልጥኖ: conceited
eingebildet: ስልጡን: cockily, cocky, conceitedly
eingebogen: ታጥፎ/ ተዘውሮ: turned into
eingeboren: ተወላጅ፤ ግኝት: aboriginal, aboriginally, indigenously
Eingeborener {m}: ተወላጅ: native
eingebrochen: ተሰባሪ/ ተሰብሮ: broken in
Eingebung {f}: ሐሳብ፤ ግምት: Inspiration, inspiration, intuition
Eingebungen {pl}:: inspirations
eingebürgert: ተቀላቅሎ: naturalized
eingedenk: ታሳቢ: mindful, mindfully
eingedrückt : ታታሚ/ ተጨቋኚ/ ታትሞ/ ተጨቁኖ: dented, pushed in
eingedrungen: ቀድዶ/ ገብቶ: infiltrated, intrudet, invaded
eingeengt: ጠባብ፤ ውስን: narrowly
eingefahren: ተነጂ/ ተነድቶ: driven into
eingefroren: ቀዝቅዞ/ ገግሮ: frozen, icebound
eingefügt: ተጨማሪ/ ተጨምሮ: included, inserted, intercalary
eingeführt, importiert: ገቢ ሆኖ: imported, inaugurated, inducted, introduced, poured in
eingegangen: ተቀናሽ/ ተቀንሶ: shrunk
eingegeben, gegeben: ተሰጪ/ ተሰጥቶ: given
eingekauft: ተገዥ/ ተገዝቶ: bought
eingekehrt: ተመላሽ/ ተመልሶ: come
eingeklammert: ፍዝ፤ ድንዝ: parenthetic
eingeklammert: ቅንፍ ተቀንፎ: cramped
eingeklebt: ተለጣፊ/ ተለጥፎ : pasted into
eingeladen: ተጋባዥ/ ተጋብዞ: invited
eingeliefert: ታሳሪ/ ታስሮ፤ ተሰጥቶ/ ተላልፎ: taken to hospital
eingemauert: ታጣሪ/ ታጥሮ: walled in
eingemischt: ስብጥር/ ተቀላቅሎ: meddled
eingeordnet: ዝግጁ/ ተዘጋጅቶ: ranged, ranged in
eingepflanzt: ተተካይ/ ተተክሎ: implanted
eingeräumt: ዝግጁ/ ተዘጋጅቶ/ ተስማምቶ: conceded, placed in, forced open
eingeredet: ተታልሎ ፤ ተሳስቶ: persuaded
eingerostet: ተጠባሽ/ ተጠብሶ: rusted
eingesandt: ተላኪ/ ተልኮ: sent in
eingeschaltet: ክፍት: online
eingeschlafen: ተዘፍዝፎ፤ ወድቆ: fallen a sleep

eingeschlagen: ተጠቂ/ ተቸንፎ: driven in
eingeschlossen: ዝግ/ ተዘግቶ: included, comprised, concluded, embedded, encased, enclosed, imbedded, implemented, implicated, implicit, implicitly, latched
eingeschnitten: ተቆራጭ/ ተቆርጦ: cut in, gashed, incised
eingeschoben: ውግድ: interjectional
eingeschoben: ተወግዶ፣ ተነስቶ: interpolated
eingeschränkt: ተገዳቢ/ ተገድቦ: restricted, lidded, restricted, retrenched
eingeschrieben: ተዘጋቢ/ ተዘግቦ: registered
eingeschüchtert: አፋራም/ አፍሮ: intimidated, awed, browbeated, cowed, intimidated, overawed
eingesetzt: ተቀማጭ/ ተገላይ፣ ተወግዶ: set in
eingesperrt: አስረኛ/ ታስሮ: jailed, locked up
eingespritzt: ተከታቢ/ ተከትቦ: injected
eingestanden: አምኖ/ ቃል ሰጥቶ : admitted
eingestiegen: ወጥቶ/ ቀይሮ: got in
eingestuft: ተደርጆ/ ተመድቦ: classified
eingetaucht: ድብቅ/ ተደብቆ: dipped, dipped into
eingeteilt: ተከፋይ/ ተከፍሎ: divided in, rationed, scaled, sectional
eingetippt: ተጻፊ/ ተጽፎ: typed into it
eingetroffen: ደርሶ፣ መጥቶ: arrived
eingewachsen: አድጎ/ ተልቆ: ingrown
eingewandert: ፈልሶ/ ተሰዶ: immigrated, immigrated
eingeweiht: ምሩቅ/ ተባርኮ: inaugurated
eingeweiht: ቡሩክ: privily, privy
Eingeweihte {f, m}: ምሩቅ: hepcats
Eingeweihten {pl}:: adepts
eingeworfen: ውጷቂ/ ተወርውሮ: interposed, thrown in
eingezahlt: ተከፋይ/ ተከፍሎ: paid in
eingezogen: ተቀያሪ/ ተቀይሮ: moved into
eingießen: ረጨ፣አፈሰሰ: infuse, ingrain, mould, pour in
eingravieren: አስፈራራ: enchase, engrave
eingraviert: ባባታም/ ባብቶ: engraved
eingreifen: አጠቃ: interfere, encroach, intervene
eingrenzen: አገለለ፣ በተወረ: isolate
Eingriff {m}: ቀዶ ጥገና፣ ጥቃት: interference, intervention, peration, invasion, encroachment
Eingriffe {pl}:: encroachments, encroachments
Einguß {m}: ጭማሬ: git
einhaken: ቀነጠፈ፣ ቀጠፈ: hook into
einhalten: ያዘ፣ አበጀ: abide by
einheimisch: ተወላጅ፣ መንደርተኛ: aboriginal, native
Einheirat {f}: ጋብቻ: marry-in
Einheit {f}: ክፍልፋይ: አንድነት: device, oneness, unity
Einheiten {pl}:: units, chunks
einheitlich, gleichförmig: ተመሳሳይ: uniform, integrative, unitary
Einheitlichkeit {f}: አንድነት: togetherness, unities
Einheitspreis {m}: ዋጋ: standard price
Einheitspreise {pl}:: standard prices
Einheitsstaat {m}: ሀገር: centralized state
einhellig, einstimmig: ግልጽ: unanimous
Einhelligkeit {f}: አንድነት: unanimity
einholen, überholen: አጠፈ፣ ቀደመ: overtake
einhüllen: ተከናነበ፣ ተሸፈነ: jacket, enshroud, muffle, wrap up
einige Tage: ጥቂት ቀናት: a couple of days
einige, manche: አንዳንዶች: some, a few, some
einigen, vereinigen: አስማማ፣ አንድ አደረገ: unite
Einigkeit {f}, Verein: ቡድን፣ ማህበር: union
Einigkeiten {pl}:: unities
einimpfen: ረጨ፣ አበነነ: inoculate
Einimpfung {f}: ርጨታ: implantation
Einimpfungen {pl}:: implantations
einjährig: አንድ አመት: one year old, yearlong
Einkauf {m}: ግዥ: purchase
Einkaufen {n}: መግዛት: shopping
einkaufen gehen: ሊገዛ ሄደ: to go shopping
einkaufen, erkaufen: ገዛ: buy, shop, purchase
einkaufend: ገዥ/ ገዝቶ: buying, shopping
Einkaufsnetz {n}: ቀረጢት/ ሸልቻ: string bag
Einkaufsnetze {pl}:: string bags
Einkaufspreis {m}: የመግዣ ዋጋ: purchase price
Einkaufstasche {f}: ኬሻ/ አቆማዳ: shopping bag
Einkaufstaschen {pl}:: shopping bags
Einkaufsviertel {n}: ገብያ: shopping area
Einkaufszentren {pl}:: shopping centres
Einkaufszentrum {n}: የገብያ ማእከል: shopping centre
einkehrend: መጥቶ፣ ተመልሶ: coming
einkellern: አስቀመጠ : lay in
einkerkern: ሰረሰረ: imprison, incarcerate
Einkerkerung {f}: ፍትጋ፣ ስርሰራ: incarceration
einklagbar: ተወንጃይ: enforceable, suable
Einklagbarkeit {f}: ተወንጃይነት: suability
einklammern: ከበበ፣ አጠረ: brecket, cramp
Einklang {m}: ቃና: unison
Einklebebuch {n}: ልጥፍ መጽሐፍ: scrapbook
Einklebebücher {pl}:: scrapbooks
einkleben: ለጠፈ: paste into
einklebend: ለጣፊ/ ለጥፎ: pasting into
einkleiden: አለበሰ: accouter
einkochen: አፈላ: boil down
Einkommen {n}: ገቢ: revenue revenues, income
Einkommensteuer {f}: የገቢ ቀረጥ: income tax, income group
Einkommmensquelle {f}: የገቢ ምንጭ: revenue
einkreisen: ከበበ: encircle
Einkristall {n}: ባልጩት፣ እምቡራቡጭ: monocrystal

Einkünfte {pl}: አድራሻ: earnings, comings
einladen: ጋበዘ: invite
einladend: ግብዥ/ ጋብዥ: inviting
Einladung {f}: ግብዣ: invitation
Einladungen {pl}:: invitations
Einlagerung {f}: ክበባ: admission into warehouse
Einlaß {m}, Eintritt: መግቢያ: admission, inlet, admission
einlassen, zulassen: ፈቀደ: admit
Einlauf {m}: ሂደት: enema
Einlegearbeit {f}: ተግባር: inlay
Einlegearbeiten {pl}:: inlays
Einlegeboden {m}: መደርደሪያ: shelf
Einlegeböden {pl}:: shelves
einlegen: አስቀመጠ፤ አከናወነ: insert, pickling, potting, sandwiching
einleiten, einführen: መራ: incipient
einleitend: በግልጽ: initiatively, initiatory, introductorily, prefacing, prefatory, preluding
Einleitung {f}: መቅድም: leading-in, introduction, preamble, proem
Einleitungen {pl}:: introductions, preambles, proems
einlenken: አረጋጋ፤ አዋዛ: calm, becalm, appease
einlenkend: ሰላማዊ: peaceable
einlesen: አነበበ: read
einleuchten: አበራ: be clear
einliefern: አስተላለፈ: take to hospital
Einlieferung {f}, Übergabe: አቅራቦት፤ ስጦታ: committal
Einlieferungsschein {m}: የማቅረቢያ ትኬት: receipt of posting
Einlieferungsscheine {pl}:: receipts of posting
einlösen: አቃለለ፤ አለያየ: cash, redeem
einlullen: አጨለመ፤ ባባ፤ ፈራ: lull
einmal, sobald: አንዴ: once
Einmalgebühr {f}: ያንዴ ግብር፤ ጥሎሽ: one-time charge
einmalig: ብቸኛ፤ ልዩ: nonrecurring, one-time, unparallel, uniquely, unparalleled
Einmarsch {m}: ጉዞ: march-in
einmauern: አጠረ፤ ገነባ: wall in
einmauernd: ገንብቶ፤ አጥሮ: walling in
einmischen: ቀላቀለ፤ ደባለቀ: interfering, meddle, tamper
Einmischung {f}: ቅልቅል፤ ውጉድ: interference
Einmischungen {pl}:: interventions
einmünden: ገባ፤ ተቀላቀለ: discharge into
einmütig: አንድ ዓይና/ እግድ: unanimous, unanimously
Einmütigkeit {f}: በነዱት መሄድ፤ አንድ ዓይናነት: unanimity
einnehmen, enger machen, nehmen: ያዘ፤ ወሰደ: take, take in
einnehmend: ወስዶ/ አጣቦ: ingratiating
einnisten: ጠደበ: settle down
einölen: ወለወለ፤ ቀባ: anoint
Einölung {f}: ቅባት: lubrication
einordnen: አዘጋጀ፤ አሰናዳ : pigeonhole range in, to class
einordnend: አዘጋጅቶ፤ አሰናድቶ: pigeonholing, ranging in
Einordnung {f}: ጅግጅት፤ ክፍፍል: classification
einpacken: ጠቀለለ : to wrap up
Einpaß {m}: እልፋት: one-pass
Einpegelung {f}: ተኮሳ (ለልብስ): levelling
einpflanzen: ተከለ : implant
einphasig: አንድ ገጽ: single phase
Einplatinenrechner {m}: ቀላል ኮምፒዩተር: one-board computer, single-board computer, monoboard computer
Einplatzsystem {n}: ነጠላ ሲስተም : single-station system
einprägen: መራ፤ አስማረ : impress
einprägend: መሪ/ አስተምሮ: implanting, impressing
einquartieren: ሠፈረ፤ ጎጥ አበጀ : quarter
Einrad {n}: ባላንድ ጎማ: unicycle
einrahmen: ጠረዘ : to frame
einrasten: ለበደ፤ ለበለበ: snap in
einräumen, zugeben: አስወገደ፤ አስማማ: concede, place in
einräumend: አስተካካይ/ አሰናድቶ : conceding, placing in
einredend: አሳማኝ/ አሳምኖ: persuading
Einreibemittel {n}: መፈግፈጊያ: liniment
einreiben, reiben: ፈገፈገ: rub
einreiben: ሰጠ፤ ሸለመ፤ አቀበለ : anoints, hand in, pass in, turn in
einreichen: ሰጠ: to hand in
einreichend: ሰጪ/ ሰጥቶ: handing in
Einreichung {f}: ሽልማት፤ ዝግጅት: lodgment
einreihen: ደረደረ፤ ሰደረ: enqueue
einreihig, einzeilig : ድርድር: single-row
Einreiseerlaubnis {f}: የጉዞ ፈቃድ: entry permit
Einreiseerlaubnisse {pl}:: entry permits
Einreisevisum {n}: የመግቢያ ቪዛ: entrance visa
einrennen: አስገደደ፤ አጣደፈ: force open
einrennend: አጣዳፊ/ አባሮ: forcing open
einrichten, ordnen, organisieren: አዘጋጀ፤ አሰናዳ፤ መሠረተ: construct, institute, organize, arrange
einrichtend: አዘጋጅቶ፤ መሥርቶ: establishing
Einrichter {m, pl} : አጋፋሪ : fitter, fitters
Einrichtung {f}: ዝግጅት: arrangement constitution, establishment, feature, installation, institution, setup
Einrichtungen {pl}:: facilities, constitutions, establishments
Einrichtungs.., Einweg.. : አንድ አቅጣጫ: one-way
Einrichtungsgegenstand {m}: የዝግጅት ሁኔታ: fitment
einrosten: ጠበሰ፤ ቀቀለ: rust

einrücken: ቀረበ፣ ተጠጋ: mesh, indent
eins, man: አንድ: one
einsam: ብቸኛ፣ ባይትዋር: alone, lone, lonely, lonesom, lonesome, lonesomely, solitarily, solitary, lonesomely
Einsamkeit {f}, Alleinsein: ብቸኝነት፣ ብትውርና: loneliness, lonesomeness, reclusion, reclusiveness, secludedness, solitariness, solitude
einsammeln: ሰበሰበ : to collect
einsammelnd: ሰብሳቢ፥ከቦ: gleaning
Einsatz {m}: ግዴታ፣ ወጭ: insert, inset, jackpot, stake, encouragement
einsatzbereit: ዝግጁ: ready for action standby
Einsatzplanung {f}: ግዴታዊ እቅድ : applications planning
Einsatzvorbereitung {f}: -- ዝግጅት: application engineering
Einsatzvorbereitungen {pl}:: application engineerings
Einsaugung {f}: ምጠጣ: aspiration
Einschaltautomatik {f}: የማጥፊያ አውቶማቲክ: automatic switchon
Einschaltbefehl {m}: የመክፈቻ ትእዛዝ: actuation signal
Einschalteinrichtung {f}: ማጥፊያና ማብሪያ: activate facility
Einschalten {n}: መዘወር: power up
einschalten, aktivieren: አስነሳ፣ ዘወረ: enable, energize, interpolate, plug
Einschaltquote {f}: ተጠቃሚ ብዛት: audience rating
Einschaltungszeichen {n, pl}: የመዘወሪያ ምልክት: caret, carets
einschätzen: ገመተ : tax
Einschätzung {f}, Bewertung, Auswertung: ግምት: evaluation
einschenken, gießen: ቀዳ፣ አሳለፈ: pour
einschenkend: አሳላፊ/ ቀድቶ: pouring, reeving
einschicken: ላከ: send in
einschickend: ላኪ/ ልኮ: sending in, interpolating
Einschiebung {f}: ትልልፍ: intercalation
Einschienenbahn {f}: ባላንድ መስመር: monorail
einschiffen: በመርከብ ጫነ: embark
Einschiffung {f}: ጭነት: embarkment
Einschiffungen {pl}:: embarkations, embarkments
einschlafen: ተኛ፣ አንቀላፋ: fall asleep
einschlafend: ተኚ/ ተኝቶ: falling a sleep
einschläfern: አስተኛ: lull to sleep
einschläfernd: አስተኚ/ አስተኝቶ: lulling to sleep, somniferous, somniferously, soporific, soporifically
Einschlag {m}: ብትር፣ ቡጢ: weft, woof, impaction
einschlagen: መታ፣ ገፈተረ : drive into, stave in
einschlägig: ተመሳሳይ: relevant
einschließen: ዘጋ፣ ቆለፈ፣ ከበበ: enclose, embed, encase, enclose, entitle, imbed, immure, imply, inclose, involve, enclose
einschließend: ከቦ፣ አግዶ: enclosing, including, comprising, encasing, enclosing, imbedding, immuring, imprisoning, inclosing
einschließlich: በመጨረሻ: conclusively, including, inclusively
Einschließung {f}: ድምጻሜ፣ ፍጻሜ: embedment, encompassment, involvements
Einschluß {m}: ግንኙነት፣ ግንኝት: embedding, inclusion, inlay, involvement, Embedding
Einschlüsse {pl}:: enclosures
einschmeicheln: አሞገሰ፣ አሽሞነሞነ: ingratiate
Einschmelzung {f}: ነጠሩ፣ ቅልጠት: melting
einschneiden: ቆረጠ፣ በጠሰ: gash, incise, nick
einschneidend: ቆርጦ፣ በጥሶ: cutting in, gashing, incising, nicking
Einschnitt {m}: ቁርጥ: incision, indentation, gash
Einschnitte {pl}:: incisions
einschränken: ገደበ፣ ወሰነ : stint, restrict, restrict, retrench
einschränkend: ገዳቢ ጥሎ: restricting, restricting, retrenching, shrinking
Einschränkung {f}: ገደብ: austerity, limitation, restriction, restrictiveness, retrenchment
Einschränkungen {pl}:: austerities, restrictions, restrictivenesses
Einschreibebrief {m}: ያደሩ ደብዳቤ: registered letter
Einschreiben {n}: ጽሑፍ: registered mail
einschreiben: ጻፈ : write in
einschüchtern, erschrecken: አስፈራሩ፣ አባባ: browbeat, daunt, hector, intimidate, overawe, frighten
einschüchternd: አስፈራርቶ፣ አባብቶ: cowing, daunting, hectoring, intimidating, overawing
Einschüchterung {f}: ፍርሃት: intimidation
Einschüchterungsversuch {m}: የማስፈራራት ሙከራ: attempt at intimidation
Einschüchterungsversuche {pl}:: attempts at intimidation
einsehen, verstehen: ገመተ፣ ተረዳ: to understand
einseifen: ሳሙና መታ: dupe, soap
einseifend: ሳሙና መትቶ/ ቀብቶ: soaping
einseitig: ውስን፣ አንድ ዓይና: lopsided, one-sided, onesided, one-way, single-edge, unilateral, unilaterally, unilaterally
Einseitigkeit {f}: ውስንነት፣ ጠባብነት: lopsidedness, one sidedness
Einsendung {f}: መልክት: transmittal
Einsendungen {pl}: transmittals
Einser {m}: አንዳዊ: one's
Einserkomplement {n}: ነጠላ ትችት: complement on one
einsetzen: አኖረ፣ መደበ: constitute, enthrone, implant, insert, instate, patch, reinsert, set in

einsetzend: መጻቢ/ መድቦ: constituting, instating, setting in
Einsicht {f}: ግምት: judiciousness, discernment
Einsichten {pl}:: discernments
einsichtig : ግልጽ: insightful
einsichtslos: ጭፍን፣ ድፍን: undiscerning
Einsiedler {m}: መናኒ: hermit, recluse, anchorite
einsilbig : ነጠላ ፊደል: monosyllabic, monosyllabically
einsilbiges Wort: ባላንድ ፊደል ቃል: monosyllable
Einsparung {f}: ቁጠባ: savings
einspeichern: አስቀመጠ፣ ጠቀለለ: roll in
einsperren: ቀፈደ፣ አሰረ: corral, lock up, lock up
einsperrend: አሥሮ፣ ቀፍዶ: caging, cooping, corralling, jailing, locking up
einspielen: አጓሸ፣ አጫወተ : bring in
einspringen: ዘለለ : enter into
einspritzen: ከተበ : inject
einspritzend: ከታቢ/ ከትቦ: injecting
Einspritzpumpe {f}: መርጫ ባ ንባ : injection pump
Einspritzventil {n}: መርጫ: injector
Einspruch {m}: ይግባኝ: protest, veto, plea
Einsprüche {pl}:: pleas
Einspruchsrecht {n}: የይግባኝ መብት: veto
Einsprungstelle {f}, Eingang, Eintritt: መግቢያ: entrance
einspulen: ወለወለ: spool in
einspurig: አንድ አቅጣጫ: single lane
einsteckbar: ተሸጓጭ: plug-in
einstecken: ሸጎጠ፣ ደበቀ: pouch, push-in, to pocket
einsteigen, vorwärtskommen: ገባ፣ ቀረበ : get in, get on
einstellen: አዘጋጀ፣ አስማማ፣ አረመ፣ አስተካከለ : justify, adjust, set, adjust, collimate, engage, tune in
einstellend: አስተካክሎ ፣ አዘጋጅቶ: engaging collimating, enroling, enrolling
einstellig: ባላንድ መደብ: monadic, one-digit
Einstellung {f}, Ausrichtung, Anpassung, Justierung: ዝግጅት: adjustment, justification, alignment, attitude, engagement, justification, setting
Einstellungen {pl}:: engagements, settings
Einstellvorschrift {f}: የማስተካከያ መመሪያ: adjustment instruction
Einstellwinkel {m}: ማነጣጠሪያ ማእዘን: entering angle
Einstieg {m}: ማደጊያ፣ መውጫ: entrance
einstimmig: ባንድ ድምጽ: concordant, concordantly, unanimously
einstöckig: ባላንድ ፎቅ: one storied
einstreuen: በተነ፣ ዘራ: intersperse
einstreuend: ዘርቶ፣ በትኖ: interspersing, inrushing
einstufen, bewerten: መደበ : rate
einstufig: ባላንድ ደረጃ: single-level, single-stage, one-level
Einstufung {f}: ምድባ: classification, grading
Einstufungen {pl}:: classifications
Einsturz {m}: ድቀት: collapse
einstweilen: አንዱ፣ ያው : for the time being, nonce
eintägig: ባንድ ቀን: one day
Eintagsfliege {f}: አንድ ቀን በረራ: dayfly, mayfly, day fly
Eintagsfliegen {pl}:: day flies
eintasten: ጻሰሰ : type in
eintauchen: ጠለቀ : dip, dip into, immerse, plunge, souse
eintauchend: ዘቅጦ፣ ጠልቆ: dipping, dipping into, immersing, sousing
einteilen: ከፋፈለ : divide in, grade, graduate
einteilend: ከፋፋይ/ ከፋፍሎ: dividing in, rationing
einteilig: ነጠላ: one piec
Einteilung {f}: ክፍፋይ: disposition, graduation
Einteilungsfaktor {m}: የማከፋፍያ ውል: scale factor
eintippen: ጻፈ : type
eintönig, monoton: ባላነድ ቃና: monotonous, drab, drably, humdrum, monotonously, monotonuos
Eintönigkeit {f}: አነድ ድምጽ: monotonousness, monotony
Eintönigkeiten {pl}:: monotonies
Eintopf {m}: አንድ ቶፋ፣ ድስት: mulligan, hodgepodge
Eintracht {f}, Einigkeit, Einheit: ኅብረት፣ አንድነት: unity
einträchtig, friedlich: ሰላማዊ: peaceful
Eintrag {m}: ምርት: inscription, entry
eintragen, ausfüllen: ሞላ፣ አፈራ: fill out, enrol, enroll
einträglich: ወላድ፣ ተባዥ: gainful lucratively, moneymaking
Einträglichkeit {f}: ምርታማነት : lucrativeness, profitableness
Eintragung {f}: ምዝገባ: entry, enrollment
Eintragungen {pl}:: enrollments, inscriptions
eintreffen: ደረሰ: arrive
Eintreibung {f}: ቅስቀሳ: exaction
Eintreibungen {pl}:: exactions
Eintreten {n}: ክስተት: eventuation
eintreten: ደረሰ፣ ገባ፣ ረገጠ: eventuate
Eintritt {m}: መግቢያ: entry, ingress, admittance
Eintritt frei!: መግቢያ በነፃ: Admission free!, entrance free
Eintritt verboten!: መግባት ክልክል ነው: Keep out!
Eintrittsalter {n}: መግቢያ ዓመት: age at entry
Eintrittsantrag {m}: የመግቢያ ቅጽ: application for entry

Eintrittsanträge {pl}:: applications for entry
Eintrittsgeld {n}: መግቢያ ዋጋ: entrance fee
Eintrittsgelder {pl}:: entrance fees
Eintrittskarte {f}: መግቢያ ትኬት: ticket, admission ticket
eintunken: ሰከረ : dunk, sop
eintunkend: ሰካራም/ ሰክሮ: dunking
einverstanden sein mit: ተስማማ: to agree to, agree with
einverstanden: ተስማሚ/ ተስማምቶ: credited
Einwand {m}: ተቃውሞ: objection
Einwanderer {m, pl}: ፈላሲ: immigrant, immigrants
einwandern: ፈለሰ፣ ተሰደደ: immigrate, to immigrate
einwandernd: ፈላሲ/ ፈልሶ: immigrating, immigrating
Einwanderung {f}: ፍልሰት፣ ስደት: immigration
Einwanderungen {pl}:: immigrations
einwandfrei, untadelig, fehlerfrei: ትክክል: faultless, irreproachable, faultless, unobjectionable, faultlessly, irreproachably, unobjectionably
Einweg {m}: ጎዶና: nonreturnable
einweihen: ባረከ: inaugurate, induct
einweihend: ብርክ፣ መርቆ: inaugurating, inducting
Einweihung {f}: ምርቃት: inauguration, induction
einweisen: አዘዘ፣ አሳየ : instruct
einweisend: አስይቶ፣ አመልክቶ : warding
Einweisung {f}: መመሪያ: briefing, demuring, objecting
Einwendung {f}: ድርጊት፣ ክንዋኔ: demur
Einwendungen {pl}:: demurs
einwerfen: ወረወረ: interject, throw in
einwerfend: ወርዋሪ/ ወርውሮ: interjecting interposing, throwing in
einwickeln: አሸገ፣ ጠቀለለ: envelop, swathe, wrap up
einwickelnd: ጠቅልሎ ፣ አሽጎ: enveloping, swathing
Einwickelpapier {n}: መጠቅለያ ወረቀት: wrapping paper
einwilligen, dulden: ፈቀደ፣ ተወ: acquiesce
einwilligend, zustimmend: ፈቅዶ/ በጁ ብሎ: consenting
Einwilligung {f}: ፈቃድ: adhesion
einwirken, wirken, handhaben: ሠራ፣ ተገበረ: act on, appeal, operate
einwirkend: ሠሪ/ አከናውኖ: acting on, appealing
Einwirkung {f}: ውጤት፣ ጦስ፣ ተጽእኖ: impact
Einwohner {m}: ኗሪ: inhabitant, habitant
Einwohner {pl}:: inhabitants
Einwohnermeldeamt {n}: መጀጋጃ ቤት: registration office
Einzahl {f}: ነጠላ: singular
einzahlen: ከፈለ፣ መለሰ: pay in
einzahlend: ከፋይ/ ከፍሎ: paying in
Einzahler {m}: ከፋይ: payer
Einzahlung {f}: ክፍያ: deposit
Einzahlungsschein {m}: መክፈያ ካርኒ: pay in slip
einzäunen: አጠረ፣ ከተረ: fence, corral
einzeilig: ነጠላ ገጽ: single-line
Einzelbeleg {m}: ነጠላ ወረቀት: single-sheet, single document
Einzelbestimmung {f}: ንጥያ፣ ክፍያ specify
Einzelfall {m}: ነጠላ ገጠመኝ : individual case
Einzelfälle {pl}:: individual cases
Einzelfertigung {f}: ልዩ ሥራ: batch production
Einzelformular {n}: ነጠላ ቅጽ: cut form
Einzelformulare {pl}:: cut forms
Einzelgänger {m}: ብቸኛ፣ ጅብ: loner, lone wolf
Einzelgerät {n}: ነጠላ ማሽን: single device
Einzelhandelsabsatz {m}: ጉልት: retail
Einzelhandelsgeschäft {n}: ችርቻሮ ሱቅ: retail store
Einzelhandelsgeschäfte {pl}:: retail stores
Einzelhändler {m, pl}: ቸርቻሪ ነጋዴ: retailer, retailers
Einzelhändler {m}: ችርቻሮ: retail trader, retail trade
Einzelheit, /besondere, besonderer, besonderes/: ልዩ: particular
Einzelheit {f}: ነገር: item, detail, particular
Einzelheiten {pl}:: items, details, particulars
Einzelkabine {f}: ነጠላ መድረክ: single cabin
Einzelkampf {m}: ውጊያ: single combat
Einzelkämpfe {pl}:: single combats
einzellig: ባለአንድ ሴል: unicellular
einzeln aufführen: ለያይቶ አደረገ / አከናወነ: itemize
einzeln, einzig, unverheiratet: ወንደ- / ሴተላጤ : single, particular
einzeln: ነጠላ: single
einzeln: አንድ ብቻ፣ ነጠላ፣ ብቸኛ: apart, odd, apartly, discrete, oddly, singly, solitary
Einzelposten {m}: ነጠላ ፖስታ: single item
Einzelrechner {m}: ነጠላ ኮምፒተር: standalone computer
Einzelschritt {m}: ነጠላ የመግቢያ ትኬት: single step
Einzelschritt-Fehlersuche {f}: ክትትል: trace
Einzelsteuerung {f}: ብቸኛ መቆጣጠሪያ: individual control
Einzelsteuerungs-, Antriebssteuerungsebene {f}:: individual control level
Einzelverkauf {m}: የችርቻሮ ሽያጭ: sale by retail
Einzelverkäufe {pl}:: sales by retail
Einzelzelle {f}: ጎጆ: solitary cell
Einzelzellen {pl}:: solitary cells
Einzelzimmer {n}: ብቸኛ ክፍል: apartment
Einzelzulassung {f}: መግቢያ ፈተኛ: approval for specific use

einziehbar: ተሳቢ/ ተለጣጭ፣ ተጎታች: retractable, retractile
einziehen: ቀየረ : move into, settle in, to move in
einzig, nur: ብቻ፣ ብቸኛ: only, sole, solely
einzigartig: ልዩ፣ እጹብ ድንቅ: inimitable unique, uniquely, inimitably
Einzigartigkeit {f}: ብርቅየነት፣ ልዩነት: inimitability, singularity, uniqueness
Einzigartigkeiten {pl}:: inimitableness, singularities
einzwängen: አስገደደ : wedge
Einzweck {m}: ምክንያት፣ ጦስ: single-purpose
Eis {n}: ውርጭ፣ አይአስክሪም: ice
Eisbahn {f}: ባቡር: skating rink
Eisbahnen {pl}:: skating rinks
Eisbär {m}: የፖላር ድብ: polar bear
Eisbären {pl}:: polar bears
Eisberg {m}: የበረዶ ጋራ: iceberg, icebergs
Eisberge {pl}:: bergs
Eisbrecher {m}: ግግር ውሀ ሰባሪ መርከብ: icebreaker
Eisen {n}: ብረት: iron
Eisenbahn {f}: ባቡር መንገድ: railway, railway, [Am] railroad, train
Eisenbahnen {pl}:: railways
Eisenbahner {m}: ባቡር መንገድ ሠራተኛ: railroader
Eisenbahnnetz {n}: ባቡር ግንኙነት: railway network
Eisenbahnstation {f}: ባቡር መቋሚያ: railway station
Eisenbahnunglück {n}: የባቡር አጻጋ: railway accident
Eisenbahnwagen {m}: ተጎታች ባቡር: railway carriage
Eisenerz {n}: ብረት ማዕድን: iron ore
Eisengießerei {f}: ብረት ግኝት: iron foundry
Eisengießereien {pl}:: iron foundries
Eisenhaken {m}: መጥረቢያ: piton
eisenhaltig: ብረት ያለው: ferruginous, chalybeate, ferrous
Eisenhändler {m, pl}: የብረት ነጋዴ: ironmonger, ironmongers
eisenhart: ጠንካራ: hard as iron
Eisenhut {m}: --- ጎጆ: aconite
Eisenhütte {f}: የቆርቆሮ ጎጆች: ironworks
Eisenstange {f}: የብረት መንገድ: iron rod
Eisenwerkstoff {m}: የብረት ጥሬዕቃ: ferrous material
eisern: አገገረ : ironclad
eisig: አንጻላጭ፣ አጻጋኛ: glacial, glacially, icily, icy, glacially
eiskalt: ቀዝቃዛ: icecold
Eiskunstlauf {m}: በረዶላይ ውድድር: figureskating, figure skating
Eiskunstläufer {m, pl}: በረዶ ላይ ሯጭ: skater, figureskater, skaters
Eisschrank {m}: በረዶ ቤት: refrigerator
Eissegelboot {n}: የበረዶ ጀልባ: iceboat
Eistee {m}: አይስክሪም ሻሂ: iced tea
Eisverkäufer {m}: --- ነጋዴ : iceman
Eisvogel {m}: የበረዶ ወፍ: kingfisher
Eisvögel {pl}:: kingfishers
eitel [auf], leer: ባዶ: vain [of]
Eitelkeit {f}: ግደቢስንት፣ ደንታአልባነት: conceitedness, vanity
Eiter {m}: መግል፣ እበጥ: pus
eitern: አበጠ፣ መገለ: fester, suppurate, ulcerate
eiternd: አብጦ/ መግሎ: festering, mattering, suppurating, ulcerating
eitrig: አበጣማ፣ መግላማ: purulent, suppurative, ulcerous, ulcerously, purulently
Eiweiß {n}: ፕሮቲን: protein, albumen
eiweißhaltig: ፕሮቲናማ: albuminous
ekelhaft: አስቀያሚ፣ አስጸያፊ: fulsome, loathsome, nauseous, nauseously, disgustingly, fulsomely
ekeln: አሳፈረ፣ አስቀየመ : disgust
ekelnd: አሳፋሪ/ አስቀይሞ: disgusting, nauseatingly
eklig: አከራካሪ/ አጫቃጫቂ: squirmy, mangier, nastier, squirmier
Ekstase {f}: እንቆቅልሽ፣ ችግር: ecstasy, frenzy
Ekstasen {pl}:: ecstasies, frenzies
elastisch, dehnbar: ተሳቢ፣ ተለጣጭ: elastic, elastical, elasticly, resilient, resiliently, shirred, springily, elastically
Elastizität {f}: ተሳቢነት፣ ተለጣጭነት: elasticity, resiliency, springiness, resilience
Elastizitäten {pl}:: resiliences
Elastizitätsgrenze {f}: የመለጠጥ መጠን/ ችሎታ: elastic limit
Elch {m}: የእንስሳ ዓይነት: moose, elk
Elche {pl}:: elks
Elefant {m}: ዝሆን: elephant
elegant, modern, modisch: ለግላጋ፣ ቆንጆ፣ መልካም: fashionable, elegant, elegantly, niftily, nifty, smart, smartly, stylish, stylishly, swanky, ritzier
Eleganz {f}: ቁንጅና፣ ተፈጥሮ: dapperness, dressiness, elegance, fashionability, jauntiness, poshness, ritziness, smartness, stylishness, classiness
Elektriker {m}: መብራትኃይል ባለሙያ: electrician
Elektriker {pl}:: electricians
elektrisch: ኤሌክትሪካዊ: electric, electrical, electrically
elektrisieren: አነካካ፣ አገናኘ: electrify, electrize
Elektrisierung {f}: መብራት ሥርጭት: electrification
Elektrisierungen {pl}:: electrifications
Elektrizität {f}: መብራት: electricity
Elektrizitätswerk {n}: መብራት ኃይል: power station
Elektrode {f}: ኤሌክትሮዴ: electrode
Elektrogerät {n}: የኤሌክትሪክ ዕቃ: electric appliance

Elektrogeschäft {n}: **የኤሌክትሪክ ሹቅ**: electric shop
Elektroingenieur {m}: **የኤሌክትሪክ ኢንጅነር**: electrical engineer
Elektroingenieure {pl}:: electrical engineers
Elektromagnet {m}: **የኤሌክትሪክ ማግኔት**: electromagnet
Elektromagneten {pl}:: electromagnets
elektromagnetisch: **ኤሌክትሮ ማግኔታዊ** : electromagnetic, electromagnetical, electromagnetically
Elektromotor {m}: **የኤሌክትሪክ ሞተር**: electric motor
Elektron {n}: **ኤሌክትሮን**: electron
Elektronen {pl}:: electrons
Elektronenbeschuß {m}: **የኤሌክትሮኒክ ንዝረት**: electron bombardment
Elektronenbeweglichkeit {f}: **የኤሌክትሮኒክ እንቅስቃሴ**: electron mobility
Elektronenemission {f}: **የኤሌክትሮኒክ መልክት**: electron emission
Elektronenemissionsbereich {m}: **የኤሌክትሮኒክ መልክትመናሃሪያ**: electron-emitting area
Elektronenröhre {f}: **የኤሌክትሮን መስመር**: electronic tube, valve, electron tube
Elektronensicherung {f}: **የኤሌክትሮኒክ መከላከያ**: fusetron
Elektronenstrahl {m}: **የኤሌክትሮኒክ ምች**: electron beam
Elektronenstrahlröhre {f}: **የኤሌክትሮኒክ ምችመርጫ**: electron ray tube
Elektronenstrom {m}: **የኤሌክትሮኒክ ንዝረት**: electron current
Elektronik {f}: **ኤሌክትሮኒክ**: electronics
Elektronikindustrie {f}: **የኤሌክትሮኒክ እንዱስትሪ**: electronic industry
elektronisch: **ኤሌክትሮኖካዊ**: electronic, electronically
elektronische Datenverarbeitung (ĖDV): **የኤሌክትሮን መዝገብ አሠራር**: electronic data, processing
elektronische Post: **የኤሌክትሮኒክ መልክት**: electronic mail
elektronischer Briefkasten: **የኤሌክትሮኒክ ፖስታ መቀበያ**: electronic mailbox
elektronischer Plattenspeicher (RAM-Disk): **የኤሌክትሮኒክ መልክት ማስቀመጫ**: electronic disk
Elektronisierung {f}: **አውቶማቲክነት**: electronization
Elektrorasierer {m, pl}: **የጺም መላጫ**: shaver, shavers
Elektrotechnik {f}: **ኤሌክትሮ ቴ ክኒክ**: electrical engineering
Element {n}: **ንጥረ ነገር**: element
Elemente {pl}:: elements
elementar: **ቀላል፤ ግልጽ**: elemental elementary, rudimental, elementally, elementary, elementarily
Elementarladung {f}: **ቀላል ጭነት**: elementary charge
Elementarschule {f}: **አንደኛ ደረጃ ትምህርት ቤት**: primary school
Elemente {pl}: **ንጥረ ነገሮች**: elements
Elementgruppe {f}: **የንጥረ ነገሮች ምድብ**: element group
Elend {n}: **ድኅነት፤ ችግር**: misery, squalor, unhappiness, woefulness, wretchedness, calamitousness
elend aussehen: **ድሀ መሰለ**: to look seedy, wretchedly
elend, verächtlich: **ችጋራም፤ ድሃ፤ መከረኛ**: abject, calamitous, calamitously, miserable, miserably, woeful, woefully, wretched, wretchedly
Elendsviertel {n}: **የድሆች ሠፈር**: slums, slum, slum
elf: **አሥራአንድ**: eleven
Elfenbein {n}: **ዝሆን ጥርስ**: ivory
Elite {f}: **ባላባት፤ ኃብታም**: elite, Elite
Eliten {pl}:: elites
Elitismus {m}: **ባላባትነት**: elitism
Ellbogen {m}: **ቀስተዳመና**: elbow
Elle {f}: **አከርካሪ፤ አጥንት**: ell, ulna, cubit
Ellen {pl}:: ulnas, cubits
Ellenbogen {m,pl}: **ክርን**: elbow
Ellipse {f}: **የማእዘን ዓይነት**: ellipse
Ellipsen {pl}:: ellipses
elliptisch: **ማእዘናዊ**: ellipsis, elliptic, elliptical, ellipsoidal, elliptically
eloquent: **ግልጽ፤ በግልጽ**: eloquent, eloquently
elterlich: **ወላጃዊ**: parental, parentally
Eltern {pl}, Elternteil: **ወላጅ**: parent, parents
elternlos: **ጉደፌቻ**: parentless
Elternteil {n}: **እናት ወይም አባት**: parent
emaillieren, lackieren, email: **ላከ**: enamel
emaillierend: **ላኪ/ ልኮ**: enamelling
Emanzipation {f}: **ነፃነት፤ መብት**: emancipation
Emanzipationen {pl}:: emancipations
emanzipieren: **ነፃ አወጣ**: emancipate
emanzipierend: **ነፃ አውጭ/ አውጥቶ**: emancipating
embrional: **ጽንሳዊ**: embryonic
Embryo {m}: **ጽንስ**: embryo
Embryos {pl}: **ጽንስ**: embryos
Embryologie {f}: **ጽንስ ምርምር**: embryology
emotional: **ስሜታዊ**: emotional
Empfang {m}: **የራዲዎ መልክት ተቀባይ**: radio reception, reception, recipience, receiving
empfangen, erhalten: **አገኘ፤ ተቀበለ** : receive, receipt, receipted
empfangend: **ተቀባይ/ ስቦ**: receiving, receipting, receiving
Empfänger {m, pl}, Adressat, Abnehmer: **ተቀባይ፤ አዳማጭ**: acceptor, addressee, radio receiver, listener, receptionist, receptor, recipient, transceiver, addressee, receivers, recipients

empfänglich: ተቀባይ: receptive, receptively, susceptible, susceptibly, susceptive, susceptively, receptively, susceptibly
Empfänglichkeit {f}: ርጉዝነት: susceptibility
Empfänglichkeiten {pl}:: susceptibleness
Empfängnis {f}: እርግዝና፣ ሽፍድና: conception
Empfängnisse {pl}:: conceptions
Empfängnisverhütung {f}, Schwangerschaftsverhütung: ወሊድ መከላከያ: contraception
Empfängnisverhütungsmittel {n}: ፒሊ፣ ፀረ ወሊድ: contraceptive
Empfangsantenne {f}: አንቴ ና: receiving aerial
Empfangsbereich {m}: ማጸመጫ አካባቢ: reception area
empfangsbereit: ዝግጁ: ready-to-receive
Empfangsbestätigung {f}, Eingangsanzeige: ደረሰኝ: acknowledgement of receipt
Empfangsbestätigungen {pl}:: acknowledgements of receipt
Empfangschef {m}: ተቀባይ፣ አስተናጋጅ: reception clerk
Empfangsfeld {n}: መቀበያ ቦታ: destination field
Empfangsgerät {n}: መቅጃ ቴ ፕ: receiving set, receiver terminal
Empfangsschalter {m}: ማጥፊያና ማስነሻ: reception desk
empfangsseitig: ተቀባይ ገጽ: receive-site
Empfangsstation {f}: መቀበያ ጣቢያ: called station, receiving station
Empfangstag {m}: መቀበያ ቀን: at home day
Empfangszimmer {n}: መቀበያ ክፍል: reception room
empfehlen, nahelegen: ገመተ፣ ደገፈ፣ አዘዘ: suggest, commend, recommend
empfehlend: አዛዥ/ አዝዞ: commending, proposing, recommending, recommendatory
Empfehlung {f}, Verweisung: ትእዛዝ: commendation, recommendation, referral, reference
Empfehlungen {pl}:: advocacies
Empfindlichkeit {f}: ስሜት: sensivity
empfinden, sich fühlen, wahrnehmen: ሰማ፣ ተገነዘ: to sense, to feel
empfindlich sein: ተበሳጨ፣ ብስጩ ሆነ: to play the woman
empfindlich, verletzbar: ስሜታዊ፣ አሳዛኝ፣ አስደንጋጭ: sensitive, touchy, damageable, delicately, pettish, queasily, queasy, sensitively, touchily, touchy
Empfindlichkeit {f}: ብስጭት፣ ንዴት፣ ስሜት፣ ትኩረት: selectivity, pettishness, sensibility, sensitiveness, sensitivity, touchiness
Empfindlichkeiten {pl}:: sensivities
Empfindsamkeit {f}: ትኩርና: emotionalism
Empfindung {f}: ስሜት፣ ግኝት: percept, sentience, sentiment
Empfindungen {pl}:: percepts, sentiences, sentiments
empfindungsfähig: ስሜት ቀስቃሽ: impressible sentient, impressibly, impressionable, sentiently
empfindungslos: ስሜትአልባ፣ ደንታ ቢስ: insensate, insentient, insensately
Empfindungslosigkeit {f}: ደንታቢስነት/ አልባነት: insensateness, insensitiveness
Empfindungsvermögen {n}: የስሜት ችሎታ: sentence, sensitive faculty
empfohlen: ታዛዥ/ ታዝዞ: commended, recommended
Empiriker {m}: በሚታይ ብቻ አማኝ: empiricist
empirisch: ኢምፒሪካዊ: empiric, empirical, empirically
empirische Wahrheit: ወቅተዊ/ ተጨባጭ አወንታ: actual truth
Empirismus {m}: ከልምድ በተገኘ ዕውቀት ብቻ የሚያምኑ ትምህርት: empiricism
emporheben: አነሳ፣ ዓረገ : upheave
emporhebend: ዓርጎ/ ወደላይ ወጥቶ: upheaving
emporragend, gewaltig: ኃይለኛ፣ ከባድ: towering
empört sein: ደነገጠ : to be shocked
empört: ድንጉጥ: disgusts, indignantly
Empörung {f}: ድንጋጤ: indignation, indignations
Empörungen {pl}:: insurrections, galleries
emsig: ቀልጣፋ፣ ስልጡን፣ ታታሪ: assiduous, sedulous, assiduously, sedulously
Emsigkeit {f}: ቅልጥፍና: sedulity, sedulousness
End- : ፍጻሜ: terminal
Endalter {n}: የጡረታ ዓመት: age at expiry
Ende {n}, Abschluss:: ፍጻሜ፣ መጨረሻ: finish, tail, exspiration, end, ending, exit, quietus, bottom
Ende {n}, Zweck, Ziel: ዓላማ፣ ግብ: end
enden: ፈጸመ፣ ጨረሰ : to end ceasing, ending
Endergebnis {n}: መጨረሻ ውጤት: final result
Endergebnisse {pl}:: final results
Endezeichen {n}, Schlußzeichen: መጨረሻ ምልከት: back-to-normal signal
endgültig, letzter: በመጨረሻ: final conclusive, final, for good, ultimate
endgültig, definitiv, bestimmt: ጨርሶ፣ ፈጽሞ: definitely, definitive, definitely, definitively, for good
Endgültigkeit {f}: ድምዳሜ: definitiveness, finality, peremptoriness, ultimateness
Endgültigkeiten {pl}:: finalization
Endlage {f}: መድረሻ፣ መጨረሻ: stop position
endlich, zuletzt, schließlich: በመጨረሻ፣ ብሎ ብሎ ፣ ሲያልቅ: finitely, ultimately, unlasting, at length, at last
Endlichkeit {f}: ፍጻሜ: finitude, limitedness
Endlichkeiten {pl}:: finiteness
endlos: ፍጻሜአልባ: dateless, endless, endlessly, infinite, interminable,

interminably, unending, unendingly, endlessly
endloses Band: ፍጻሜአልባ ጥረት: no end of trouble, endless-tape
Endlosformular {n}: ብዙ ፎርሙላ: endless form, tab form, continuous form
Endlosigkeit {f}: ዘለዓለማዊ: ceaselessness infinity, interminableness
Endprodukt {n}: መጨረሻ ውጤት: end product
Endprodukte {pl}:: end products
Endrunde {f}: መጨረሻ ዙር: final
Endrunden {pl}:: finals
Endsilbe {f}: መጨረሻ ፊደል: final syllable
Endsilben {pl}:: final syllables
Endspurt {m}: መጨረሻ መሥመር: final spurt
Endspurts {pl}:: final spurts
Endstation {f}: መድረሻ ጣቢያ: terminus
Endstationen {pl}:: termini
Endsummen {pl}: ድምር: totals
Endungen {pl}: ፍጻሜ: endings
Endverbraucher {pl}: ተጠቃሚ: ultimate consumers
Endvermittlungsstelle {f}: ደላላ ቢሮ: terminal exchange
Endwert {m}: መጨረሻ ዋጋ: accumulated value
Endziel {n}: ዓላማ፤ መድረሻ: final aim
Endziele {pl}:: final aims
Energie {f}, Tatkraft: ኃይል: energy
Energieen {pl}:: energies
energielos, schwach: ደካማ: weak
Energiestrom {m}: የኃይል ንዝረት: energy flux
Energieumsetzung {f}: ኃይል አጠቃቀም: energy transformation
energisch auftreten: በኃይል ገባ: to put one's foot down
energisch, tatkräftig: በኃይል፤ ጡንቻዊ : energetic, energetic, energeticly, vigorous, vigorously
eng befreundet: ፍቅረኛ: chummy
eng, schmal, knapp: ጠባብ፤ ትንሽ: narrow, closely, narrow, poky
Enge {f}: ጠባብ: closely, narrow, poky
Engel {m}: መልአክ: angel
Engel {pl}:: angels
engelhaft: ደግ፤ ርኅሩኅ: angelic, angelical, cherubic, seraphic, angelically, seraphically
engelhafte Kinder: ኪሩቤል: cherubics
engelhafter: መልአካዊ: cherubically
enger: ጥግግ/ ቅርብ: closer, pokier
engherzig: ጠባብ፤ ኅሰኛ: narrow-minded
Engigkeit {f}: ኅሰኝነት: pokiness
Englisch {n}: እንግሊዝኛ: english
Englisch wird weltweit gesprochen.: እንግሊዝኛ ባለም ይነገራል: English is spoken all over the world.
englisch: እንግሊዝኛ: English
Engpaß {m}: ኅጻና: bottleneck
Engpässe {pl}:: bottlenecks
engstirnig: ዓይን ጠባብ፤ ጠባብ ፊት፤ ስስታም: illiberal, illiberally
Engstirnigkeit {f}: ገብጋባነት: bigotry
Enkel {m}, Enkelkind: የልጅ ልጅ : grandchild, grandson
Enkelin {f}: የልጅልጅ: granddaughter
Enkelkind {n}: የልጅ ልጅ : grandchild, grandson
Enkelkinder {pl}:: grandchildren
Enklave {f}: ይዞታ መሬት: enclave
Enklaven {pl}:: enclaves
enorme: ከፍተኛ፤ ኃይለኛ: enormously, hugely
entarten: ለየ፤ አስለቀቀ፤ ደቀለ: deganerate
Entartung {f}: ድቀላ: degeneracy, degenerateness
entbehren : አበለሻሽ፤ አልኮሰኮሰ: to do without
entbehrend: አበላሽቶ፤ አልኮስኩሶ: doing without
entbehrlich, unwichtig: ብልሹ፤ ልክስክስ: dispensable, dispensable, dispensablier, dispensabliest
Entbindung {f}: ብተና፤ እትብት ቆረጣ: childbearing, childbirth
Entbindungsheim {n}: ደጅሰላም፤ ፊላማዘጋጃ: maternity hospital
Entblätterung {f}: ጉንጠላ: defoliation
Entblätterungen {pl}:: defoliations
entblocken, freigeben: ከፈተ፤ ለቀቀ: unblock, deblock
Entblockung {f}: ለቀቃ፤ መከፈት: unblocking
entblößen: ገፈፈ: divest
Entblößung {f}: ገፈፋ: denudation, divestiture
Entblößungen {pl}:: denudations
Entchen {n, pl}: ዳክየ: duckling, ducklings
entdecken, sehen, erkennen: ፈለሰፈ፤ ፈጠረ: detect, spot, descry, recover, to discover, undeck
entdeckend: ፈልስፎ/ አግኝቶ: descrying detecting, discovering, espying
Entdecker {m, pl}: ፈላስፋ፤ ተመራማሪ: discoverer, discoverers
entdeckt: ተፈልስፎ/ ተመርምሮ: developed discovered, occured
Entdeckung {f}: ግኝት፤ ፍልሰፋ: detection discovery, recovering, serendipity
Entdeckungen {pl}:: detections, discoveries, occurences, serendipities
Entdeckungsreise {f}: የምርምር ጉዞ: expedition
Entdeckungsreisen {pl}, Expeditionen: expeditions
Ente {f}: ዳክየ: duck, canard
entehren: አዋረደ : dishonor, dishonour
entehrend: ውርደታዊ፤ ድፍረታዊ: discreditably dishonorable, dishonorably
enteignen: ወረሰ: dispossess, forjudge, oust
enteignend: ወራሽ/ ወርሶ: dispossessing, expropriating, ousting
Enteigner {m}: ወራሽ: dispossessor
Enteignung {f}: ውርስ: dispossession, ouster

Enten {pl}: ዳክየ : ducks, canards
Entenbraten {m}: የዳክየጥብስ: roast duck
Entenjagd {f}: ዳክየ ማጥመድ: duck shooting
enterben: ወረስ አጣ፤ አበላሸ: disinherit
enterbend: ውርስ አጥፊ/ አጥቶ: disinheriting
Enterbung {f}: ውርስ ማጣት: disinheritance
entfalten, entstehen: አዳቀለ፤ አራባ: develop, deploy, unfold, unfurl
entfaltend: አዳቃይ/ አባዝቶ: deploying evolving, unfolding, unfurling
entfaltet, entwickelt: ተራቢ/ ተራብቶ: developed
Entfaltung {f}: ስብጥር: evolvement
Entfaltungen {pl}:: evolvements
entfärben: ፋቀ፤ ቀለም አስለቀቀ: discolour, discolor
entfernen, abtragen: አስወገደ : remove dislodge, take out
entfernend: አስወጋጅ: eliminative
entfernt, entfernt/ weg: ሩቅ፤ ውግድ: distantly remotely, away
entfernt: ተወጋጅ/ ተወግዶ: disconnected
Entfernung {f}: ርቀት: ablation, dislodgement, distance, remoteness, removing
Entfernungen {pl}:: remotenesses
entfesseln: ቀፈደ : unleash
entfesselnd: አሳሪ/ አስሮ: unleashing
entfesselt: ታሳሪ/ ታስሮ: unleashed
entfetten: አቀለጠ: degrease
Entflammbarkeit {f}: ቃጠሎ: flammability
entflammen: ተቃጠለ፤ አነደደ: inflame
entflammt: ተቀጣጣይ/ ተቀጣጥሎ: inflamed
entfliehen, entgehen: ኮበለለ: to escape
entfremden: አገለለ፤ ለየ: estrange
entfremdend: አግልሎ: alienating, estranging
entfremdet: ተገላይ/ ተገልሎ: estranged
Entfremdung {f}: ባይትዋርነት: alienation, estrangement
Entfremdungen {pl}:: estrangements
entführen, kidnappen: ከለለ፤ ጋረደ: kidnap
entführen: ጠለፈ: abduct, hijack, kidnap, abducting
Entführer {m, pl}: ጠላፊ: hijacker, kidnapper, abductor, hijackers, kidnappers
entführt: ተጠላፊ/ ተጠልፎ: kidnapped, kidnapped, abducted, hijacked
Entführung {f}, Flugzeugentführung: ጠለፋ: hijacking, abduction, kidnapping, ravishment
Entführungen {pl}:: kidnappings
entgasen: አስተነፈሰ፤ ጋስ አስወጣ : degas
entgegen: ተገናኝ : contrary to, vice
entgegenbringen: አቀራረበ: meet with
entgegenbringend: አቀራራቢ/ አቀራርቦ: meeting with
entgegengearbeitet: ተቀራራቢ/ ተቀራርቦ: counteracted
entgegengebracht: ተገናኝ/ ተገናኝቶ: meet a with
entgegengeeilt: ተመሳሳይ/ ተመሳስሎ: hastened to meet
entgegengegangen: ተቀራራቢ/ ተቀራርቦ: gone to meet
entgegengehen: ተጠጋጋ: go to meet
entgegengehend: ተቀራራቢ/ ተቀራርቦ: going to meet
entgegengelaufen: ተጠጋጊ/ ተጠጋግቶ: run to meet
entgegengesetzt: ጠላት፤ ተቃራኒ: opponent, contrarily, contrary, oposite, opposed, opposite
entgegengestanden: ፊትለፊት ቆሞ: been opposed to
entgegengestellt: ፊትለፊት ተሰድሮ: set against
entgegenkommen: ተቀራረበ: to be coming up to meet
entgegennehmen, annehmen: ተቀበለ: accept
entgegensehen: ፊትለፊት አየ፤ ተያየ : look forward to
entgegensehend: ትይዩ/ ተያይቶ: looking forward to
entgegensetzen: ተቃረነ: oppose, subtend
entgegensetzend: ተቃራኒ/ ተቃርኖ: opposing, contrasting, subtending, be opposed to, being opposed to, setting against
entgegentreten, konfrontieren: ተጋጠመ: confront
entgegentretend: ተጋጣሚ/ ተጋጥሞ: confronting
entgegenwirken: ተቃወመ: antagonize, work against
entgegenwirkend: ተቃዋሚ/ ተቃውሞ: antagonizing, countering, working against
entgegenwirkende: ጠብ ጫሪ: counteractive
Entgelt {n}: ቀጠሮ: hire
Entgeltbetrag {m}: የሥራ ዋጋ: amount of compensation
Entgelte {pl}: ቀጠሮ: hires
entgiften: አጣራ: detoxicate, decontaminate
entgiftend: አጣሪ/ አጣርቶ: decontaminating, detoxicating, decontaminated
entgiftet: ተጣሪ/ ተጣርቶ: detoxicated
Entgiftung {f}: ጥራት: decontamination
Entgiftungen {pl}:: decontaminations
entgleisen: ተንሸራተተ: be derailed, derail, to jump the rails
entgleisend: መስመር ስቶ፤ ተንሸራቶ: derailing, making-a-slip
Entgleisung {f}: ሸርተቴ ፤ ዳጥ: derailment
enthaaren: ላጨ: depilate
enthaarend: ላጭ/ መልጦ: depilating
Enthaarung {f}: ልጮታ: depilation
Enthaarungen {pl}:: depilations
Enthaarungsmittel {n, pl}: መላጫ መድኃኒት: depilatory, depilatories
enthalten sein, enthalten, einschließen: መለኮስ: go into, include, contain
enthalten: ያዘ፤ ተቆጠበ፤ ጸዳ: contain, abstain, contain, covered, inclose

enthaltend: ተቆጣቢ/ ተቆጥቦ: abstaining containing, continuing
enthaltsam: መነኩስ፣ ድንግል: abstemious, abstemiously, abstentious, abstinent, ascetic, abstinently
Enthaltsamkeit {f}: ንጽሕና፣ ድንግልና: abstemiousness, austereness
Enthaltung {f}: ድምጽ መቆጠብ: abstention
enthaupten, köpfen: አንቀ፣ ሰቀለ: behead
enthauptet: ተሰቃይ/ ተሰቅሎ: beheaded
Enthauptung {f}: ስቅላት: decapitation
entheben: አነሳ: depose
entheiligen: አረከሰ: desecrate
enthüllen, aussagen, aufdecken: ገለጠ፣ ገፈፈ፣ አረዳ: disclose, to reveal, divulge, uncloak, unveil
Enthüllung {f}: ገፈፋ: divulgement, revealment
Enthüllungen {pl}:: disclosures, revealments, uncoverings
entkalken: ዘባረቀ: decalcify
Entkalkung {f}: ዝብርቅ: decalcification
entkeimen: አበቀለ፣ አጸደቀ: germinate
entkeimend: ተክሎ: germinating
entketten: ፈታ፣ አላላ: uncertain
entkleiden: ገፈፈ: disrobe, strip, stripped, to undress, unclothe, undress
entkleidend: ገላጭ/ ገፍፎ: baring, disrobing, stripping, undressing
entkleidet: ተገፋፊ/ ተገፍፎ: bared, disrobed, stripped, unclothed, undressed
entkommen, entweichen: አመለጠ: escape, escape
entkomprimieren: ጨመቀ፣ ጨፈቀ: decompress
entkomprimiert: ተጨፋቂ/ ተጨምቆ: decompressed
Entkoppeln {n}: ንጠላ: decoupling
entkoppeln, ausarten, entarten: ነጠለ : degenerate, decouple
entkoppelt: ተነጣይ/ ተነጥሎ: decoupled
Entkoppler {m}: መፍቻ፣ መዘርጊያ: decoupler
Entkopplung {f}: ንጠላ: isolation
entkorken: ገለጠ፣ ከፈተ: uncork
entkörperlichen: አከሳ፣ ከሳ: disembody
entkörperlicht: ከስቶ፣ ደግድጎ: disembodied
entkräften: አጠፋ፣ ሰረዘ: invalidate devitalize, enfeeble, rebut
entkräftet: ድኩም/ ደክሞ: invalidated, devitalized, enfeebled, rebutted
Entkräftung {f}: ድክመት: enfeeblement, invalidation
Entladen {n}: ስረዛ: unloading
entladen: ሰረዘ: discharge, discharged, Unload, unload
entlang, weiter, vorwärts: ቀጥታ፣ ፊትለፊት: along
entlarven: አበረደ: debunk, unmask
entlassen: አባረረ : disband, disbanded, dismissed, unburden, dismiss
entlassend: ከሥራ አባርሮ: disbanding, dismissing, sacking, unburdening
Entlassung {f}: ከስራ መባረር: dismissal, layoff
Entlassungen {pl}:: dismissals, layoffs
Entlassungsgesuch {n}: የስንብት ጥያቄ : petition for release
Entlassungspapiere {f}: መሰናበቻ ድብዳቤ: discharge papers
entlasten: አቃለለ: disburden, disencumber, exonerate
entlastend: አቃላይ/ አቃልሎ: disburdening, disencumbering, exonerating
entlastet: ተቃላይ/ ተቃልሎ: relieved, disburdened, disencumbered, exonerated
Entlastungsstraße {f}: መሿለኪያ መንገድ: by pass road
entlaufen: ሮጠ፣ አመለጠ: elope
entleeren: አጸዳ፣ ገለበጠ: deflate, vacate
Entleerung {f}: ጭለጣ: deflation, evacuation
Entleiher {m}: አበዳሪ: borrower
entlüften: አናፈሰ፣ አራገበ : vent
Entlüftung {f}: ማናፈስ: vent, breather, ventilation
Entlüftungsventil {n}: ነፋስ ማስዎጫ: exhaust valve
entmannen: አረጋጋ፣ አጽናና: emasculate, unman
Entmannung {f}: ማረጋጊያ: emasculation
Entmannungen {pl}:: emasculations
entmarkieren: ድንበር ጣሰ : untag
entmenschlichen: ጨካኝ/ አረመኔ አደረገ: dehumanize
entmilitarisieren: ተወ፣ ለቀቀ: demilitarize
Entmilitarisierung {f}: ትጥቅ/ መሣሪያ ቅነሳ: demilitarization
Entmilitarisierungen {pl}:: demilitarizations
entmündigen: አፈቀላጤ ሆነ፣ መብት ቀማ: under disability
Entmündigung {f}: መብት ቅሚያ: incapaciation
entmutigen: ትህትና አደረገ፣ አከበረ፣ ራሱን አዋረደ: dampen, daunt, deject, dishearten, dispirit, to discourage, unman
entmutigend: አዋራጅ/ አዋርዶ: dampening, daunting, dejecting, discouraging, disheartening, dispiriting, frustating, frustrating, discouragingly, dishearteningly
entmutigt: ወራዳ/ ተዋርዶ: daunted, discouraged, discourages, disheartened, frustrated
Entmutigung {f}: ውርደት፣ አትሕቶ ርእስ: discouragement
entnehmen: ቀማ፣ ነጠቀ: extract, take from
entnerven: አበሳጨ: enervate, unnerve
entnervend: አበሳጭ/ አናዶ: enervating, unnerving
entnervt: ብስጩ/ ተበሳጭቶ: enervated, unnerved

entpersönlichen: የጋራ አደረገ፣ አጋራ፣ አዋረደ: depersonalize

entpersönlicht: ተከፋይ/ ተካፍሎ: depersonalized

Entpersönlichung {f}: ውርደት: depersonalization

Entpersönlichungen {pl}:: depersonalizations

entpolarisieren: አጠቃለለ፣ ፣ ማእከላዊ ማድረግ: depolarize

Entprellen {n}: ሸውድ: debouncing

entprellen: አታለለ፣ ሸወደ: debounce

Entprellung {f}: ሽወዳ: debouncing

enträtseln: ቀላበደ፣ መሠጠረ፣ አሻወከ: riddle, unriddle

enträtselnd: አሳባቂ/ አሳብቆ: riddling, unravelling, unriddling

entreißen: ዘነጠለ፣ ታገለ: wrest

entrissen: ተዘንጣይ/ ተዘንጥሎ: snatched from

Entrüstung {f}: ትጥቅ ፍች፣ መሳሪያ ቅነሳ: indignation

entsagen: ተሳሳተ: abdicate

Entsagung {f}: ስሕተት: abjuration

Entsagungen {pl}:: renunciations

entsalzen: ጨውን ቀነሰ: desalinate, desalt

entschädigen: ካሳ: indemnify, recoup, reimburse

entschädigend: ካሣ ከሶ: compensatory, indemnifying, recouping, reimbursing

entschädigt: ተካሽ/ ተክሶ: indemnified, recouped, reimbursed

Entschädigung {f}: ካሣ: indemnification, recoupment

Entschädigungen {pl}:: recoupments, reparations

entscheiden, urteilen: ወሰነ፣ ደነገገ: make up your mind, clinch, adjudicate, decide

entscheidend, wesentlich, grundlegend: እርግጥ፣ ወሳኝ: vital, arbitrative, crucial, crucially, crucially, decisive, decisively, decisively

entscheidend: ወሳኝ/ ወስኖ: clinching, deciding

Entscheidung {f}, Urteil: ውሳኔ: decision, adjudication, arbitration, decision, decision-making

Entscheidungen {pl}:: arbitrations, decisions, rulings

Entscheidungsbefugnis {f}: ውሳኔ ፈላጊ፣ መወሰን ያለበት: authority to decide

Entscheidungsinstanz {f}: እርቅ: arbitration

Entscheidungskampf {m}: ወሳኝ ትግል/ ጦርነት: armageddon

Entscheidungslauf {m}: ወሳኝ ውድድር: runoff

Entscheidungsspiel {n}: ወሳኝ ጭዋታ: deciding game

Entscheidungssymbol {n}: ወሳኝ ምልክት: decision box

Entscheidungstabelle {f}: ወሳኝ ሰንጠረዥ: decision table

entschieden: ውስን/ ተወስኖ : peremptorily, resolutely, determined, deterministic

entschlossen: ቁርጥ፣ ውስን: resolute, resolutely, resolved, unflinching

Entschlossenheit {f}: ቁራጥነት፣ ውሳኔ: determinedness, intentness, purposefulness, resoluteness

Entschluß {m}, Entscheidung: ውሳኔ: decision, determination

Entschlüsse {pl}:: resolutions

entschlüsseln, übersetzen, entziffern: አመለከተ፣ ምልክት ሰጠ: decipher, decode, decrypt, encrypt, uncode

Entschlüsselung {f}: ምልክት: decoding, decryption

Entschlüssler {m}: መቆለፊያ: cryptographer

entschuldbar, verzeihlich, vertretbar: መተው/ ይቅር ማለት የሚቻል: forgivable, justifiable, pardonable, condonable, excusable, justifiably, excuse

Entschuldigen Sie, bitte!: ይቅርታ ጓዴ ሆይ!: I beg your pardon! You've my apologies.

entschuldigen: ይቅርታ ጠየቀ: apologize, exculpate, to excuse

entschuldigend: ማሪ/ ይቅር ብሎ፣ ምሮ: apologizing, exculpating

entschuldigend: ተምሮ/ ይቅርታ ተብሎ: excusing, exculpated, excused, apologized, excused

Entschuldigung {f}: ይቅርታ: apology, excuse, excuse me, sorry

Entschuldigungen {pl}:: apologies

entsetzen, erschrecken: አስደነገጠ : appal

entsetzlich, schrecklich: አስደንጋጭ: appalling, appalling, bloodcurdling, horrible, horribly, horrific, appallingly

Entsetzlichkeit {f}: ድንጋጤ: direness

entspannen: ተዝናና፣ ተፍታታ: slacken, unbend, uncock

entspannend:አስገራሚ፣ አፍታች/ አዝናንቶ: slackening, relaxing, unbending, uncocking, unwinding

entspannt: ፍትቱ/ ተፍታትቶ: relaxed

Entspannung {f}: መዝናናት: catharsis, detente, relaxation

Entspannungen {pl}:: catharses

Entspannungsmittel {n}: ማዝናኛ መድኃኒት: relaxant

Entsperrtaste {f}, Korrekturtaste: ማረሚያ ቁልፍ: unlock key

entsprechen: ዘገበ፣ አስተሳለፈ: correspond, comply, conform, correlate

entsprechend, gemäß, laut: በ/ እንደ …መጠን: according to

entsprechend: ዘጋቢ/ ዘግቦ: complying, considering, correspondent, correlatively, obversely

Entsprechung {f}: መልስ: counterpart

entspringen: ነጠረ፣ ዘለለ: arise from, to have ist sourse

entspringend: ነጥሮ፣ ተፈናጥሮ: arising from

entstaatlichen: ሸጠ፣ የግል አደረገ: denationalize

entstammen: ተወለደ፣ ተዛመደ: be descended from
entstammend: ተወልዶ፣ ተዛምዶ: being descended from
entstammt: ተወልዶ፣ ተዛምዶ: are descended from
entstanden: ወጥቶ፣ ፈልቆ: originated
entstehen: ሆነ: accrue, to arise (arose, arisen), to come into being, to come into existence
entstehend: ኳኝ/ ሁኖ: accruing, coming into being, originating
Entstehung {f}: መንስኤ፣ መነሻ: accruement, nascency
Entstehungen {pl}:: accruements, nascencies, origins
Entstehungsgeschichte {f}: መንስኤ ታሪክ: history of origins
Entstehungsort {m}: መነሻ ቦታ: point of origin
entstellen: አስወገደ፣ ለወጠ: deface, deform, disfigure, garble
entstellend: ለውጦ፣ ቀይሮ: deforming, defacing, deforming, disfiguring, garbling
Entstellung {f}: ለውጥ፣ ቅያሬ: disfigurement, defacement, disfiguration
Entstellungen {pl}: deformations, defacements
enttäuschen: አዘነ፣ ተሰቀቀ፣ አፈረ: disappoint, disappoint
enttäuschend: አዝኖ፣ አፍሮ: disappointing
enttäuscht: አፍሮ፣ አዝኖ: disappointed, disappointed
Enttäuschung {f}: ሰቀቀን፣ ኃፍረት: disappointment, letdown
Enttäuschungen {pl}:: disappointments
entthronen: ዘውድ ቀማ: dethrone
entthronend: ዘውድ ቀሚ/ ቀምቶ: dethroning
entthront: ከሥልጣን ወርዶ/ ተገልሎ: dethroned
entvölkern: አፈናቀለ : depopulate
Entvölkerung {f}: ማፈናቀል: depopulation
entwaffnen: ትጥቅ አስፈታ: disarm, unarm
entwaffnend: ትጥቅ አስፈች/ አስፈትቶ: disarming, unarming
entwaffnet: ትጥቅ ፈች/ ፈትቶ: disarmed
entwässern: ፈሰሰ ቀደደ፣ ውሀ ሳበ: drain
entweder ... oder: ያ --- ወይም ይሀ፣ ይሀ ወይም ያ: either ... or
entweder: ወይም: either
entweichen: ሸወደ : leak, profane
entweihen: አረከሰ : desecrate
entweihend: አርካሽ/ አርክሶ: profaning
Entweihung {f}: ምርቃት: profanation
entwenden: ወሰደ፣ አስወገደ፣ ቀነሰ: purloin
entwerfen, verändern: ነደፈ፣ እቅድ አወጣ፣ ሳለ: clone, conceptualize, to draw up, charting
Entwertung {f}: ንድፍ: debasement
Entwertungen {pl}:: debasements
entwickeln: አሳደገ፣ ፈለሰፈ: develop, develope, educe, evolve
entwickelnd: ፈላሳፊ/ ፈልስፎ: developing, educing, evolving
entwickelt: ተፈላሳፊ/ ተፈልስፎ: developed
Entwicklung {f}: ፍልሰፋ: development, evaluation
Entwicklungen {pl}:: deployments, developments, evolutions
Entwicklungsgeschichte {f}: የምርምሩ ታሪክ: history of development
Entwicklungshelfer {m}: የእድገት ምርምር: development aid volunteer, development aid
Entwicklungshilfekredit {m}: የእድገት ብድር: aid loan
Entwicklungssystem {n}: የምርምር ሲስተም: developing system
Entwicklungszeit {f}: የምርምር ጊዜ: developmental period
entwirren: አሳቀቀ፣ አጸዳ፣ ነፃ አደረገ: disentangle, unravel, unsnarl, untangle
entwöhnen: ነጠለ፣ ለየ : wean
entwöhnend: ነጣይ/ ነጥሎ: weaning
entwöhnt: ተነጣይ/ ተነጥሎ: weaned
Entwurf {m}, Plan, Schema: ንድፍ፣ ፕላን: scheme, draft, project, design
Entwürfe {pl}:: drafts
entwurzeln: ነቀለ: disroot, uproot
entwurzelnd: ነቅሎ፣ ለይቶ: disrooting, uprooting
entwurzelt: ተነቅሎ ፣ ተለይቶ: disrooted, uprooted
entzerren: አስተካከለ: equalize
entzerrend: አስተካካይ/ አመሳስሎ: straightening out
Entzerrung {f}: ተመሳሳይነት: equalization
entziehen: ሳበ፣ ነቀለ፣ መዘዘ: detract, withdraw, detracting
entziffern: በምልክት አነበበ: decipher
Entzifferung {f}: ምልክት: decipherment
entzündbar: ፈንጅ/ ፈንዲታ: inflammable, inflammably, inflammatorily, inflammatory
Entzündbarkeit {f}: ፈንጅነት: inflammability
entzünden: አፈነዳ: ignite
entzündend: አፈንጅ/ አፈንድቶ: igniting
entzündet: ፈንጅ/ ፈንድቶ: ignited
Entzündung {f}: የእበጥ ፍንዳታ: ignition, inflammation
Entzündungen {pl}:: inflammations
entzweibrechen: ለሁለት ከፈለ: break in two
entzweibrechend: ለሁለት ከፋይ/ ከፍሎ: breaking in two
entzweigebrochen: ለሁለት ተከፋይ/ ተከፍሎ: broken in two
entzweigehen: ሁለት ሁኖ ሄደ : go to pieces
Enzyklopädie {f}: ዓውደ-ጥናት/ መዝገብ: cyclopedia
Enzyklopädien {pl}:: encyclopaedias
enzyklopädisch: ዓውደ-ጥናታዊ: encyclopaedic, encyclopaedical, encyclopaedically
Epidemie {f}, Seuche: ወረራ በሽታ: epidemic
Epidemien {pl}, Seuchen:: epidemics
Epidermis {f}: ኤፒደርሚ: epidermis

epidermisch: ተቅማጣዊ: epidermic, epidermal, epigrammatic, epigrammatically
Epilepsie {f}: ቁምጥና: epilepsy
Epileptiker {m, pl}: አካለ ጎደሎ: epileptic, epileptics
episch: ግጥማዊ: epic, epical
Episode {f}: ቀልድ: episode
Episoden {pl}:: episodes
episodisch: ቀልጻዊ/ ቀልደኛ: episodic, episodical, episodically
Epoche {f}: ዘመን: epoch, era
Epochen {pl}:: eras, epochs
Epsilon {n}: ዋይ(ፊደል ስም): epsilon
er: እሱ: he
erachten, erwägen: አከበረ: to consider, deem
erachtend: አክብሮ: deeming
erachtet: ተከብሮ: deemed
erbärmlich: መሀሪ፣ ርኅሩኅ: pitiful, depressingly, paltrily, paltry, piteous, piteously, pitifully
Erbärmlichkeit {f}: ምኅረት: piteousness, pitifulness, scabbiness
erbarmungslos, schonungslos, mitleidlos: ምኅረትአልባ: merciless, pitiless
erbauen: ገነባ፣ ሠራ: edify
Erbauer {m, pl}: ሠራተኛ: constructor, erector, constructor, erectors
erbaulich: ሰልጡን/ ርኅሩኅ: edifying
Erbe {m}:ወራሽ: inheritor, heir
Erbe {n}:ውርስ: inheritance, heritage
Erben {pl}:: heirs
erbfähig: ወራሽ: capable to inherit
Erbfaktor {m}: የውርስ መብት: gene
Erbfaktoren {pl}:: genes
Erbfehler {m}: ስንኩል: hereditary defect, hereditary enemy
Erbfeinde {pl}: የውርስ ጠላት: hereditary enemies
erbittern: ተናደደ: exacerbate
erbitternd: ተናዶ: exacerbating
erbittert: ተናዶ: exacerbated
Erbitterung {f}: ንዴት: exacerbation, exasperation
Erbitterungen {pl}:: exacerbations
Erbkrankheit {f}: ውርስ በሽታ: hereditary disease
erblich: ውርሳዊ: hereditarily, hereditary, heritable, heritably
Erblichkeit {f}: ውርሰት: heredity, heritability
erblicken: አየ፣ አጮለቀ : behold, to catch sight, to catch sight of
erblickend: አይቶ: seeing, beholding
erblickt: ታይቶ: beheld
erblinden: ታወረ: to go blind
erblindet: እውር/ ታውሮ: goes blind
Erblindung {f}: እውርነት: blindness, offered to
Erbrechen {n}: እግባት: regurgitation
erbrechen: አገባ: puke, regurgitate, upchuck, vomit
erbrechend: አግቦ/ ተፍቶ: puking, regurgitating, upchucking, vomiting, vomitting
Erbrecht {n}: የውርስ መብት: law of succession
Erbschaft {f}: ወራሽ: heritage, inheritance
Erbschaften {pl}:: heritages
Erbschaftssteuer {f}: የውርስ ቀረጥ: death duties, death duty
Erbteil {n}: ውርስ ድርሻ: distributive share
Erbteile {pl}:: inheritances
Erdbeerbaum {m}: እንጆሪ ዛፍ: arbutus
Erdbeere {f}: እንጆሪ: strawberry
Erdbeeren {pl}:: strawberries
Erdbewohner {m, pl}: የመሬት ፍጡራን: terrestrials
Erde {f}: መሬት፣ ዓለም: earth
Erden {pl}:: earthen
erdfrei: ጭንጫ: free-of-ground
Erdgas {n}: ነዳጅ ጋስ: natural gas
Erdgeschoß {n}: ምድር ቤት: ground-floor, first floor
Erdgeschosse {pl}:: first floors
erdichtet: ግጥማዊ፣ ጥቅጥቅ: fictional, fictionally, fictionally
erdig: ምድራዊ: earthy, earthier, earthiest
Erdkunde {f}: ጂኦግራፊ: geography
erdrosseln: ጨፈለቀ: strangle, throttle
erdrosselnd: ጨፍላቂ/ ጨፍልቆ: strangling, garroting, throttling
erdrosselt: ተጨፍላቂ/ ተጨፍልቆ: strangled, garroted, throttled
Erdrutsch {m}: ናዳ: landslide, landslip
Erdrutsche {pl}:: landslides
Erdschatten {m}: ጥላ: umbra
Erdstrom {m}: እሳተ ገሞራ: earth current
erdulden: ቻለ፣ ተሸከመ፣ ታገሠ: undergo
Erdumdrehung {f}: የመሬት ዙሪያ: rotation of the earth
Erdvermessung {f}: መሬት ልክ: geodesy
ereignen: ተጣጠአረ፣ ቀና: befall
Ereignis {n}, Veranstaltung: ሁኔታ፣ ድረጊት: incident, incident, occurrence, ongoing, event
ereignislos: ምክንያት አልባ: uneventful, uneventfully
Ereignisse {pl}:: occurrences, events, happenings
erfahren: ሥልጡን፣ አዋቂ: skilfull, sophisticated, adeptly
erfahren: ተለማመደ: adept, adeptly, experienced
Erfahrenheit {f}: ልምምድ: adeptness, sophistication
Erfahrung {f}, Erlebnis: ልምድ: experience
Erfahrungen austauschen: ልምድ ተቀያየረ : to compare notes
Erfahrungsaustausch {m}: ልምድ ቅይያሪ: exchange of experience
erfahrungsgemäß: በልምድ: empirical, empirically, experiential, from experience

erfassen, verstehen: ያዘ፣ አጠቃለለ: apprehend, apprehend, capture, gather

Erfassung {f}: ድምዳሜ: acquisition, gathering

erfinden: አገኘ፣ ፈለሰፈ: contrive, invent

erfindend: አግኝ/ አግኝቶ: contriving, inventing

Erfinder {m}: ፈልሳፊ/ አግኚ: contrivances, deviser, inventor, contrivancer

erfinderisch, phantasievoll: ግኝትታዊ: imaginative, inventive, originative

Erfindung {f}: ግኝት፣ ፈጠራ: concoction, contrivance, figment, invention

Erfindungen {pl}:: concoctions, figments, inventions

erflehen: ኮበለለ: crave

Erfolg {m}: ስኬት፣ እድል: success, prosperity, prosperousness

Erfolg haben: እድለኛ ነው: succeeding, to meet with success

Erfolge {pl}:: successes

erfolglos: እድልአልባ፣ እድለቢስ: failed unsuccessful, unsuccessfully

Erfolglosigkeit {f}, Fehlschlag: እድለአልባነት: failure, inefficaciacy, negativeness, unsuccessfulness

Erfolglosigkeiten {pl}: failures

erfolgreich, siegestrunken: ኀበዝ፣ የሚሆንለት፣ የሚሳካለት: triumphant, prosperous, prosperously, successful, successfully, triumphantly

Erfolgsanteil {m}: መልካም ውጤት/ ድርሻ: share in results

Erfolgsanteile {pl}:: shares in results, profit and loss account

erforderlich: አስፈላጊ/ ተፈላጊ: demandable, needed, required, requires, requisitely

erfordern: ፈለገ፣ ጠየቀ፣ ለመነ to require, necessitate, requisiting

Erfordernis {f}: አስፈላጊነት: requisite

Erfordernisse {pl}:: demands

Erforderung {f}: ጥያቄ : entailment

erforschbar: ተፈልሳፊ/ ታዋቂ: plumbable

erforschen, untersuchen: ተመራመረ፣ ተፈላሰፈ፣ መረመረ: delve, investigate, to explore

erforschend: ተመራማሪ/ ተመራምሮ፣ ተፈላስፎ: investigating, delving, investigating, investigative

Erforscher {m}: ተመራማሪ: investigator, explorer

erforscht, untersucht: ተመርማሪ/ ተመርምሮ: investigated

Erforschung {f}: ምርምር: exploration, investigation

Erforschungen {pl}:: explorations

erfreuen: ተደሰተ : gladden, gratify

erfreuend: ተደስቶ: delighting, gladdening, gratifying, regaling

erfreulich, genießbar, freudig: ደስተኛ: joyful, enjoyable, beautifully, enjoyable, gratifying, gratifyingly, joyous

erfreulicherweise, glücklicherweise: መልካምነቱ፣ ጥሩነቱ: fortunately

erfreut: ተደስቶ: delighted, gladdened, pleased, gladdened, regaled

erfrieren: ከከረ፣ ከረረ፣ ገገረ : freeze to death

Erfrierung {f}: ግጋሬ፣ ከረት: frostbite

erfrischen: አደሰ፣ አሞቀ: to refresh

erfrischend: አድሶ: recreating

Erfrischung {f}: እድሳት: refection, refresher, refreshment

Erfrischungen {pl}:: refections, refreshments

Erfrischungsraum {m}: መዝናኛ ክፍል: refreshment room

erfroren: ገግሮ/ ከርሮ: frostbitten

erfüllbar: ተደራጊ/ ኋኝ: grantable

erfüllen: አሟላ: fulfil, comply, preoccupy, prepossess

erfüllend: አሟልቶ: complying, imbuing, preoccupying, prepossessing

erfüllt: ተሟልቶ: fulfilled, complied, imbued, prepossessed

Erfüllung {f}: ሙላት: acquittance, compliance, fruition, fulfillment, fulfilment

Erfüllungen {pl}:: fruitions, fulfillments, fulfilments

Erfüllungsort {m}: መከናዎኛ ቦታ: place of performance

ergangen: አላፊ/ አልፎ: fared, get hold of

ergänzen: ደገፈ፣ አስጠጋ፣ መለመለ: complement, recruit, eke, to complete

ergänzende: ድጋፍ፣ ማሟሻ: supplementary

Ergänzung {f}: ድጋፍ፣ ማሙያ: completion, complement, supplement, supplementation

Ergänzungen {pl}:: complements, supplements

Ergänzungsabgabe {f}: ማሙያ ወጪ: supplementary tax

Ergänzungsabgaben {pl}:: supplementary taxes

Ergänzungsfrage {f}: ተጨማሪ ጥያቄ : probe question

Ergänzungsprodukt {n}: ተጨማሪ ምርት: add on product

Ergänzungswahl {f}: ተጨማሪ ምርጫ: by election

ergeben: ተገዛ፣ እጁን ሰጠ : acquiescent, addicted, result in

ergebend: ሰጥቶ: resulting, resulting in, acquiescently

Ergebenheit {f}: ቅርበት፣ እምነት: resignedness, submissiveness, uxoriousness

Ergebnis {n}: ምርት፣ ውጤት: issue, result, resulting, upshot, outcome, sum

ergebnislos: ውድቅ፣ እድልአልባ: inconclusive, without result, without result, without any result, inconclusively

ergiebig: ምርታማ: productive, fruitfully, yieldingly

Ergiebigkeit {f}: ምርታማነት: productiveness

ergießen: አሳወቀ: gush

Erglühen {n}: ፍንዳታ፣ ፍንደቃ: incandescence
erglühen, glühen: ፈነደቀ፣ አበራ: glow
Ergötzen {n}: አምልኮት: delectation
ergötzend: አማላኪ/ አምልኮ: feasting
ergrauen: ሸበተ : turn grey
ergreifen, packen: ጨበጠ፣ ወሰደ: gripe, to take hold of, to seize
Ergreifung {f}: ጭበጣ: seizure
Ergreifungen {pl}:: seizures
Ergriffenheit {f}: ጭንቀት: emotion
Ergriffenheiten {pl}:: emotions
ergrimmen: ተናደደ : become angry
ergrimmend: ተናዶ/ ተበሳጭቶ: becoming angry
ergründen: መሠረተ: fathom
ergründend: መሥርቶ: bottoming, fathoming
ergründet: ተመሥርቶ: fathomed
ergründlich: ምሥረታ: fathomable
Erguß {m}: ነጠብጣብ፣ ጠብታ፣ ርደት: outpour, outpouring, effusion
Ergüsse {pl}:: effusions
erhaben, pathetisch, hochmütig: ክቡር፣ ኩሩ: lofty, august, convex, convexly, elevated, sublime, sublimely
erhabene: መሀሪ: loftily
Erhabenheit {f}: ለጋስነት: augustness, convexness, loftiness, sublimeness, transcendence
Erhabenheiten {pl}:: transcendency
erhalten: አገኘ፣ ያዘ: conceive, preserve, recd, receive, to obtain
erhaltend: አግኝቶ: conserving, retentivity
Erhalter {m, pl}: አግኚታ: upholder, upholders
erhältlich sein, zugänglich sein: ተገኘ፣ አለ: to be available
erhältlich: ግኙ: obtainable, procurable
Erhaltung {f}: ግኝት: conservation, preservation
erheben, hochheben, verursachen: አነሳ: raise, elevate, extol, levy, uplift, upraise
erhebend: አንሽ/ አንስቶ: arising, elevating, extoling, levying, uplifting, upraising
erheblich: ብብዛት: relevant
Erhebung {f}: መነሳት፣ ከፍ ማለት: elatedness, ennoblement, exaltation, levy, upheaval, uprising
Erhebungen {pl}:: exaltations, inquiries, levies, uprisings
erhellen, erleuchten: አበራ: lighten
erhitzen, heizen: አጋለ: to heat
erhoben: ተነሥቶ: arisen, arose, exalted, extoled, soared, upraised
erhoffen: ተስፋ አደረገ: hope for
erhöhen: ከፍከፍ አደረገ፣ አነሳ: exalt, heighten, increase
Erhöhung {f}, Emporheben: መነሳት፣ ከፍታ: elevation, elevation, exaltation, increment
erholen: አገገመ፣ ተዝናና፣ ደገመ፣ መልሶ አደረገ: recover
erholsam: አዝናኝ: recreative
Erholung {f}: እረፍት፣ መዝናናት: recreations, recuperation
Erholungsgebiet {n}: መዝናኛ ቦታ: recreation area
Erholungsheim {n}: ማረፊያ ቤት: recreation home
Erholungsurlaub {m}: እረፍት: holiday
Erholungsurlaube {pl}:: holidays
erinnerlich: ታሳቢ፣ ትዝዝ ባይ: rememberable
Erinnern Sie sich an mich?: ያስቡኛል/ ያስታወሱኛን?: Do you remember me?
erinnern: አሰባ፣ አስታወሰ: remeber, remind, to remind of
erinnernd, mahnend: አስታዋሽ/ አስቦ: reminding, remembering, reminding
Erinnerung {f}: ትዝታ፣ ትውስታ: memorization, recollection, remembrance, reminder, retrospection, reminiscence
Erinnerungen {pl}:: memories, recollections, rememberances, reminders, reminiscences, retrospections
Erinnerungs... : የትዝታ ---: commemorative
erkälten: በረደ : catch a cold
Erkältung {f}: ብርድ፣ ቅዝቃዜ: cold
Erkältungen {pl}:: colds
erkennbar, identifizierbar: ታዋቂ: cognizable, identifiable, cognizably, discernible, transparent, discernibly, dentifiably
Erkennbarkeit {f}: ታዋቂነት: perceptibility, recognizability
erkennen: አወቀ: discern, perceive, recognize, realize
erkennend: አዋቂ/ አውቆ: discerning, recognizing
Erkenntlichkeit {f}: እውቀት: sign of gratitude
Erkenntlichkeiten {pl}:: signs of gratitude
Erkenntnis {f}: ግንዛቤ፣ እውቀት: cognition, cognizance
Erkenntnisse {pl}:: cognitions
Erkenntnistheorie {f}: የግንዛቤ ቲኦሪ: epistemology
Erkenntnistheorien {pl}:: theories of cognition
Erkenntnisvermögen {n}: የማወቅ ችሎታ: cognitive faculty
Erkennung {f}: እውቀት: detection, identification, recognition
Erkennungscode {m}: የእውቀት ኮድ: detecting
Erkennungsmarke {f}: ማወቂያ ምልክት: identity disc
Erkennungswort {n}, Kennwort: መታወቂያ ቃል: password
Erkennungszeichen {n}: የማወቅ ምልክት: shibboleth, distinctive mark
Erker {m}: ባልኮን: oriel
Erkerfenster {n}: የባልኮን መስኮት: bay window
erklärbar: ተገለጭ: allegeable, explicable

erklären, erläutern: ገለጠ፣ አስረዳ፣ ጠቆመ: account for, declare, explain, expound, meld, profess
erklärend: ጠቋሚ/ አስታውቆ: declaring, explaining, explanatory, expounding, melding, professing
erklärlich: ተገላጭ: explainable, explicable, explicably
Erklärung {f}, Erläuterung: መግለጫ፣ ማሳያ: declaration, legend, explanation
Erklärungen {pl}:: declarations, explainations, explications
erklettern, ersteigern: ተንጠላጠለ : scale
erklingen: ድምጽ አሰማ፣ ደወለ: sound
erkranken: ታመመ፣ ተበሳጨ : sicken, to fall ill
Erkrankung {f}, Krankheit: በሽታ: disease
Erkrankungen {pl}, Krankheiten:: diseases
erkunden: አስታወሰ፣ አሰዋቀ: reconnoiter
erkundigen: ተሰናበተ: inquire
Erkundigung {f}: ስንብት: inquiry
Erkundung {f}: ትውስታ: reconnaissance
Erkundungen {pl}:: reconnaissances
erlangen, gelangen, erreichen: ያዘ፣ አገኘ: attain, securable
Erlangung {f}: ግኝት: obtainment
Erlaß {m}: መግለጫ፣ ውሳኔ: edict
Erlasse {pl}:: edicts
erlauben, zulassen, ermöglichen: ፈቀደ፣ ፈቃድ ሰጠ: license, allow, permit, allow
erlaubend: ፈቅዶ: allowing, permitting
Erlaubnis {f}: ፈቃድ: allowance, compliance, licence, permission, admission
Erlaubnisschein {m}: የፈቃድ ወረቀት: permit
Erlaubnisse {pl}:: permissions
erläutern, erklären, darlegen: አብራራ፣ ገለጸ፣ ተረጎመ: explain, elucidate, exemplify
erläuternd: ገላጭ: illustrative, illustratively
erläuternd: ተርጓሚ/ አብራርቶ: commenting, elucidating
Erläuterung {f}: አንድምታ ትርጉም: elucidation, exemplification, explanation
Erläuterungen {pl}:: elucidations
erleben: ተለማመደ፣ ሁኔታውን አየ/ ቀመሰ: undergo, to live to see
erlebend: አይቶ/ ቀምሶ: undergoing
erledigt sein, kaputt sein: ተሰበረ/ አበቃ: to be broken
erledigt: በቃ: done, fit, cooked his goose
erleichtern, befreien: አቃለለ: facilitate, alleviate, facilitate, relieve
erleichternd: አጋዥ/ አቃልሎ: alleviative, assuaging, easing, facilitating, lightening, relieving
erleichtert: ተቃላይ/ ተቃልሎ: facilitated, eased, assuaged, facilitated, lightened, relieved
Erleichterung {f}, Hilfe, Unterstützung: ነፃነት/ ኃላፊነትን ማስወገድ: relief, easement, facilitation
Erleichterungen {pl}:: easements, reliefs
erlernbar: ተለማጅ: learnable
Erlesenheit {f}: ተነባቢነት: choiceness, selectness
erleuchten: አብራራ፣ ገለጠ: enlighten, illume, illuminate, enlightening
erleuchtet, aufgeklärt, vorurteilsfrei: ተብራራ/ ተቃለለ፣ ተብራርቶ: enlightened, illumed
Erleuchtung {f}: ብርሃንነት: satori
Erleuchtungen {pl}:: enlightenments
erliegen: ተሸነፈ: succumb
erliegend: ተሸናፊ/ ተጋድሞ: succumbing, succumbing to
Erlös {m}: እጣ: receipts
Erlöser {m}: መሀሪ: redeemer
Erlösung {f}: ምህረት: redemption
ermächtigen, berechtigen: ሥልጣን/ መብት ሰጠ: authorize, capacitate, legitimating
ermächtigend: መብት ሰጥቶ: authorizing, capacitating, licencing
ermächtigt: መብት/ ግዴታ ወስዶ: authorized, licenced, capacitated
Ermächtigung {f}: ኃላፊነት: authorization
Ermächtigungen {pl}:: authorizations
ermahnen, warnen: አስጠነቀቀ: admonish, exhort
ermahnend: አስጠንቅቆ: admonishing, exhorting, monitory, remonstrant
ermahnte: ተጥንቃቂ/ ተጠንቅቆ: admonished, exhorted
Ermahnung {f}: ማስጠንቀቂያ: admonition
Ermahnungen {pl}:: admonitions
ermangeln, fehlen: ጎደለ : lack
ermäßigen: መዘነ፣ ቀነሰ: to reduce
Ermäßigung {f}: ቅነሳ: reduction
ermatten: ከሳ፣ መነመነ፣ ደገደገ: languish, droop, languish
ermattend: ከስቶ/ ደግድጎ: languishing, fainting, jading, languishing, wearing down
ermattet: መንምኖ/ ደግድጎ: fainted, languished, drooped, languished
Ermattung {f}: ምንምኔ/ ከሳት: jadedness
ermitteln, feststellen: አስረዳ፣ አበሰረ: ascertain
ermittelnd: ነገሮ፣ አርድቶ: ascertaining
Ermittlung {f}: መርዶ: ascertainment
Ermittlungen {pl}:: ascertainments, determinations
Ermittlungsverfahren {n}: ክስ: preliminary proceedings
ermöglichen: አቃለለ፣ አስቻለ : make-possible, submit, to make possible
ermöglicht: ተቃልሎ/ ሆኖ: enabled, enabled
ermorden: ገደለ : assassinate, murder
ermordend: ገዳይ/ ገድሎ: murdering, assassinating
ermordet: ተገዳይ/ ተገድሎ assassinated, murdered
Ermordung {f}: ግድያ: assassination
ermüden: ደከመ : tire, tyre
ermüdend: ታካች: tiresome, tiresomely, tiring, wearisome, wearisomely, wearying

ermüdend: ደክሞ/ ትክቶ: fatigueing, fatiguing, tireing
Ermüdung {f}: ድካም: tiresomeness, fatigue
ermutigen, fördern: አበረታታ፤ አጠናከረ: encourage, embolden, encourage
ermutigend: አበረታች/ አበረታትቶ: countenancing, elating, emboldening, encouraging, heartening
ermutigt: ተበረታች/ ተበረታትቶ: emboldened, encouraged, heartened, countenanced, elated
Ermutigung {f}:ማበረታታት: encouragement
Ermutigungen {pl}:: encouragements
ernähren: ቀለበ : nourish
Ernährer {m}, Versorger: ቀላቢ: provider, nourishes
Ernährung {f}, Lebensmittel: ቀለብ፤ ምግብ: food, nutrition, feeding
Ernährungszustand {m}: ያመጋገብ ሁኔታ: nutritional condition, nutritional status
Ernannte(r) {m, f}, Beauftragte: ተወካይ: appointee
ernennen, erstellen: ሰየመ: appoint, appoint, deputize, nominate
ernennend: ሰያሚ/ ሰይሞ: appointing, deputizing, nominating
Ernenner {m, pl}: ሰያሚ: nominator, nominators
Ernennung {f}, Anordnung, Verabredung: ስያሜ: appointment, nomination
Ernennungen {pl}:: nominations
erneuerbar: ታዳሽ: renewable, renewable
Erneuerer {m}: አዳሽ: renovator, regenerate, remake, renew, to renew
erneuern: አደሰ : renew
erneuernd: አዳሽ/ አድሶ: renewing, rebuilding, regenerating, renewing, repairing, reviving
erneuert: ታዳሽ/ ታድሶ: rebuild, repaired, retrieved, renewed, reconditioned, regenerated
Erneuerung {f}: እድሳት: novation, renewal, renewals
Erneuerungsscheine {pl}:: talons
erniedrigen: ጨቆነ፤ አዋረደ: abase, humiliate, vulgarize
erniedrigend: ጨቋኝ/ አዋርዶ: abasing, humiliating, humiliatingly, vulgarizing
erniedrigt: ተዋርዶ፤ ተገፍቶ: abased, humiliated, vulgarized
ernst: ግድ፤ እውነት: gravelly, serious, austere, earnest, serious, seriously, severe, stern, sternly, unsmiling
Ernstfall {m}: አስቸጋሪ፤ ችግር: case of emergency
Ernstfälle {pl}:: cases of emergency
ernsthaft krank: በጣም ሕሙም: seriously ill
ernsthaft: የግድ: wholehearted
Ernsthaftigkeit {f}: ግድነት: seriousness, graveness, sobriety, wholeheartedness
Ernte {f}: ምርት: harvest, crop
Erntearbeiter {m}: ገበሬ: harvester
Erntedankfest {n}: ያውድማ ድግስ: harvest festival
Erntejahr {n}: ያዝመራ ዓመት: crop year
Erntejahre {pl}:: crop years
ernten: አመረተ: harvest, reap, to harvest
erntend: አምራች/ አምርቶ: harvesting, reaping
Erntesegen {m}: አውድማ ባርኮት: rich harvest
erntet: ተመራች/ ተመርቶ: reaped
Ernüchterung {f}: ድንጋጤ: disenchantment, disillusion, disillusionment
Ernüchterungen {pl}:: disenchantments, disillusions, soberings
Eroberer {m}: ወራሪ: conqueror
erobern, besiegen: ወረረ: conquer
erobernd: ወራሪ/ ወርሮ: conquering
erobert: ተወራሪ/ ተወርሮ: conquered
Eroberung {f}: ወረራ: conquest
Eroberungen {pl}:: captures, conquests
Eroberungskrieg {m}: የወረራ ጦርነት: war of conquest
Eroberungskriege {pl}:: wars of conquest
eröffnen: ከፈተ: opening, to open, unclose
eröffnend: ከፋች/ ከፍቶ: unclosing
eröffnet: ተከፋች/ ተከፍቶ: unclosed
Eröffnung {f}: ከፈታ፤ መግቢያ: at the opening
Eröffnungen {pl}:: openings
Eröffnungsansprache {f}: የመግቢያ ንግግር: opening address
Eröffnungsfeier {f}: የመክፈቻ ዝግጅት: opening ceremony, opening ceremonies
Eröffnungssitzung {f}: መክፈቻ ስብሰባ: initial meeting
erörtern, besprechen: አብራራ፤ አስረዳ: argue debate, to discuss
erörternd: አብራሪ/ አስረድቶ: arguing, debating
erörtert: ተገላጭ/ ተገልጦ: argued
Erosion {f}: ጎርፍ: erosion
Erosionen {pl}:: erosions
Erotik {f}: ሴሰኝነት፤ ዝሙት: erotism, eroticism
erotisch: ዝሙታዊ: erotic, erotically,
erpressen: አስገደደ: extort
erpressend: አስገድዶ: blackmailing, extorting
Erpresser {m}: ሽፍታ፤ ዘራፊ: extortioners, racketeer, blackmailer
Erpresser {pl}:: racketeers
erpresserisch: ዝርፊያ: extorsively
erpreßt: ተዘራፊ/ ተዘርፎ: blackmailed, extorted
Erpressung {f}: ማስገድድ፤ ዝርፊያ: blackmail, extortion, blackmail
Erpressungen {pl}:: blackmails, extortions
erproben: ሞከረ: to try
erprobt: ተሞካሪ/ ተሞክሮ: tried
Erprobung {f}: ሙከራ: proving
Erquickung {f}: ሽንገላ: refreshment
erraten: ገመተ: to guess
Erregbarkeit {f}: የስሜት መነሳት/ ቅስቀሳ: irritability
erregen, anregen: ቀሰቀሰ፤ አቆመ: energize, excite, thrill, activate

erregend: ቀስቃሽ/ ቀስቅሶ: agitating, exciting
Erreger {m}: ምክንያት፣ መንስኤ: exciter
Erregtheit {f}: ድንጋጤ: infuriation, tumultuousness, uproariousness, arousal, uproar
Erregungen {pl}:: arousals, uproars
erreichbar, erwerbbar: ተደራሽ፣ ተደራጊ: achievable, acquirable, accomplishable, attainable, reachable, within reach
Erreichbarkeit {f}: ተደራሽነት: accessibleness
erreichen, leisten, vollenden, greifen: ደረሰ፣ ዘረጋ፣ ያዘ: reach, achieve, attain, reach, to reach [for]
erreichend: ደርሶ፣ አድርጎ: reaching achieving, attaining, obtaining
erreicht: ተደራሽ/ ተደርሶ: reached, reached achieved, attained, climaxed
Erreichung {f}: መድረስ፣ መገናኘት: attainability, attainment
Erreichungen {pl}:: attainabilities
erretten von: አዳነ፣ ገላገለ : to rescue from
Erretter {m}: መሀሪ፣ አዳኝ: rescuer
errichten, bauen: መሠረተ፣ አቋቋመ: erect establishes, to put up
errichtend, gründend: አቋቋሚ/ አቋቁሞ: founding, erecting
errichtet: ተመሥራች/ ተመስርቶ: erected, established, raised, founded
Errichtung {f}: ምሥረታ: edification, erection
Errichtungen {pl}:: foundations
erringen: አስቆጠረ : to score
erringend: አቸንፎ/ አስቆጥሮ: gaining
erröten, sich schämen: አፈረ: blush
Errungenschaft {f}: ግኝት: attainment
Errungenschaften {pl}:: acquisitions
Ersatz {m}: ምትክ: replacement, replacements, substitution, understudy
Ersatz {m}:: reparation
Ersatzanspruch {m}: የምትክ ጥያቄ : claim for compensation
Ersatzansprüche {pl}:: claims for compensation
Ersatzdienst {m}: አገልግሎት: alternative service
Ersatzlieferung {f}: የምትክ ተልእኮ: compensation delivery
Ersatzlieferungen {pl}:: compensation deliveries
Ersatzreifen {m}: መጠባበቂያ ጎማ: spare tyre
erschaffen: ፈጠረ፣ ፈለገ፣ ፡አፈላለገ: to create
Erschaffer {m}: ፈጣሪ: creator
Erscheinen {n}: ክስተት፣ ብቅታ: occurence
erscheinen, auftreten, auftauchen: ብቅ አለ፣ ተገለጠ: to appear, turn up
Erscheinung {f}: ክስተት: appearance, emergence, guise, occurance, parameterization, phenomenon, apparition
Erscheinungen {pl}: apparitions, appearances, emergences, guises
erschießen: ተኩሶ ገደለ: to shoot dead
erschlagen: መታ፣ ጣልአጋደመ: slay, to strike dead
erschöpfen: አደከመ፣ ታከተ: exhaust
erschöpfend: ታካች: depletive
erschöpfend: አድካሚ/ አድክሞ: exhausting, exhaustive, exhaustively
erschöpft: ታክቶ/ ደክሞ: exhausted, jaded, outworn, fagged
Erschöpfung {f}: ድካም/ ትካቴ : depletion effeteness, exhaustion
Erschöpfungen {pl}:: depletions
erschrecken: አስደነገጠ : horrify, terrify, to be frightened, to get frightened
erschreckend, ängstlich: አስደንጋጭ: scary, dismaying, horrifying, terrifying
erschreckt: ባባታም/ ባብቶ: horrified, terrified
erschüttern: ተንቀጠቀጠ፣ ደነገጠ: convulse, to shock
erschüttert: ባብቶ/ ደንግጦ: shocked
Erschütterung {f}: ድንጋጤ: concussion, commotion, shock, vibration
Erschütterungen {pl}:: commotions, concussions
erschweren, verschärfen: አማረረ: aggravate
erschwerend: አማርሮ: aggravating
ersehnen: ተመኘ፣ አደነቀ: crave, to long for
ersehnend: ተመኝቶ: longing for
ersetzbar: ተተኪ: replaceable, remunerable, substitutable
Ersetzbarkeit {f}: ተተኪነት: substitutability
ersetzen: ተካ፣ ምትክ ሰጠ : replace, substitute, supersede, superseding
ersetzend: ተክቶ/ ከፍሎ: compensating, replacing, substituting, surrogating
ersetzt: ተተክቶ/ ተከፍሎ: replaced, substituted, substituted, superseded, surrogated
ersinnen: መከረ፣ አሳመነ: to device, conceiving
Ersitzung {f}: ስብሰባ፣ ዱለታ: acquisitive, prescription, adverse procession
Ersparnis {f}: ቁጠባ: savings
Ersparnisse {pl}:: savings
erst gestern: ገና ትናትና : only yesterday
erst jetzt: ገና አሁን: but now
erst recht: ገና ልክ: more than ever
erst: በመጀመሪያ: foremost
Erstanwender {m}: ተጠቃሚ: newusers
erstarren: መነቸከ፣ ከረረ : congeal
Erstarrung {f}: ግርጥነት፣ ምንችክና: stiffness, congealment, torpidity, torpidor, torpor
Erstaufführung {f}: መጀመሪያ ሂደት: first night
Erstaunen {n}: ማድነቅ: astonishments, wondrousness, astonishment
erstaunen, in Erstaunen setzen, erstaunt sein: ተደነቀ፣ ተገረመ : to be astonished, to astonish
erstaunen: ተደነቀ : amazing
erstaunend: ተገርሞ: astonishing, astonishing

erstaunlich, staunenswert: አስገራሚ: amazing, astonishing, stupendous, stupendously, astoundingly
erstaunt: ተገርሞ፣ ተደንቆ: ግሩም: amazed, amazedly, astonished, wonderingly
erste, erster, erstes, zuerst: የመጀመሪያ : leadoff, first
erstellen: ሠራ፣ ፈጠረ፣ አመረተ : create
Erstellung {f}: ሥራ: building
erstens ist er zu alt: አንድኛ እሱ ፍጹም አሮጌ ነው: to begin with he's too old
erstens: በመጀመሪያ፣ አንድኛ: firstly, in the first place
ersticken: ተገበረ፣ በተግባር ላይ አዋለ: suffocate, asphyxiate, smother, stifle
Erstickung {f}: ተግባር፣ ግድያ፣ እሥራት: asphyxiation, suffocation
Erstickungen {pl}:: asphyxiations, suffocations
erstklassig: አንድኛ ደረጃ: first class, first-class, first-rate, highclass, first rate
Erstling {m}: በኩር፣ መጀመሪያ: firstling, first born
Erstlinge {pl}:: firstlings, first borns
erstrangig: አቮል፣ መጀመሪያ፣ አንድኛ: primarily, principal
erstreben: ተጣጣረ፣ ሞከረ : aim at, strive, striven for
ersuchen: ለመነ፣ ተማጸነ: beseech, entreat
ersuchend: ለምኖ: beseeching, petitioning
erteilbar: ተከፋይ: awardable
Ertrag {m}: ምርት: yield
ertragen, tragen, aushalten: ተሸከመ፣ አፈራ: to bear (bore, borne)
ertragend: አፍርቶ፣ ተሸክሞ: bearing
erträglich: ታጋሽ፣ የሚቻል: bearable, endurable, sufferable, tolerably, bearably, sufferably, tolerable
Erträglichkeit {f}: ተቻይነት: endurability, tolerableness
ertrinken: ሰጠመ: drown, be drowned
ertrinkend: ሰጥሞ: drowning, being drowned
ertrunken: ሰጥሞ: been drowned
Erwachen {n}: መነሳት: awakening
erwachen: ቀሰቀሰ፣ አስነሳ: awake, awake
erwachend: ተነስቶ፣ ነቅቶ: arousing, awakenings
erwachsen werden: አደገ: fledge
erwachsen werdend: አድጎ: fledgeling, fledgeling
erwachsen: አደገ፣ ጎረመሰ: adult, adultly, grown up
Erwachsene {pl}: ጉርምስና: adults, adultness, grown ups
Erwachsener {m}: ጎረምሳ: grownup, adult
Erwachsensein {n}: ጉርምስና: adulthood
erwägen, überlegen, berücksichtigen: ተመለከተ፣ አከበረ፣ አሰበ: consider, consider, ponder
erwägend: አስቦ: pondering
erwähnen: ጠቀሰ፣ አወሳ: to mention
erwähnend: አውስቶ: mentioning
erwähnenswert: ታዋቂ: mentionable, worth mentioning
erwähnt: ተጠቃሽ/ ተወስቶ: mentioned
Erwähnung {f}: ትውስታ፣ ጥቆማ: mention
Erwähnungen {pl}:: mentions
erwärmen: አሞቀ: warm
Erwärmung {f}: ማሞቂያ: heating, heating treatment
erwarten: ተጠባበቀ : anticipate, await, bide, expect, to expect [of, from]
erwartend: ተጠባቂ: anticipatory, awaiting, biding, expectant
erwartet: ተጠባቂ/ ተጠብቆ: anticipated, awaited, expected, bided
Erwartung {f}: ግምት: expectation
Erwartungen {pl}:: expectations
erwartungsvoll: ግዴታ ተወጪ: full of expectation
Erweckung {f}: ማንሳት፣ ቅስቀሳ፣ መጀመሪያ እርዳታ: revival, arousal, tens
erweiterbar: ተጎታች/ ተሳቢ: extensible
Erweiterer {m}: አስረዛሚ/ ሳቢ: Enhancer, enhancer
erweitern, ausdehnen, vergrößern: አተለቀ፣ አስረዘመ፣ አሰደገ : enlarge, extend, amplify, broaden, enhance, interpolate, ream, widen
erweitern: አራዘመ : extend
erweiternd, vergrößernd: አሳድጎ/ አስረዝሞ: enlarging, amplifying, dilating, enlarging, expanding, extending, reaming, widening
erweitert, vergrößert: ተስቦ/ ረዝሞ: amplified, emphasized, expanded, enlarged, advanced, amplified, dilated, parleyed, reamed, widened
Erweiterung {f}, Ausdehnung, Verlängerung: ቅጥያ፣ ትንታኔ: interpolation, amplification, dilation, enhancement, expander, expansion, upgrading, extension
Erweiterungen {pl}:: amplifications, dilations, enhancers, enhanncements, extensions, increments
erweiterungsfähig: ተሳቢ፣ ረዛሚ: capable of being extended, expandable, upgradeable
Erweiterungsfähigkeit {f}: የመርዘም/ የመተለቅ ችሎታ: upgradeability
Erweiterungsspeicher {m}: ተጨማሪ ሜሞሪ: add-on memory
Erwerb {m}, Erwerbung: ምዝገባ/ ለማኘት ሙከራ: acquisition, purchases
erwerben, erlangen, anschaffen: ሞከረ፣ ተወዳደረ፣ ፈለገ፣ አገኘ: acquire
Erwerber {m}: ሻጭና ለዋጭ: purchaser, alienee
Erwerber {pl}, Kunden:: customers
erwerbsfähig: ብቁ: fit for work
Erwerbsfähigkeit {f}: ብቃት: fitness for work
Erwerbsleben {n}: የውድድር ሥራ: gainful activity

Erwerbsquelle {f}: የገቢ ምንጭ: source of income
Erwerbsquellen {pl}:: sources of income
Erwerbssteuer {f}: የገቢ ቀረጥ: profit and income tax
erwerbstätig: ቅን ሥራ: gainfully employed
Erwerbstätigkeit {f}: ቀን ሠራተኝነት: gainful employment
erwerbsunfähig: ድኩም: unfit for work
Erwerbsunfähigkeit {f}: አክለ ስንኩልነት: disability
Erwerbung {f}: ፍላጎት፣ ፍጆታ: acquirement, acquisition
erwidern: መለሰ: rejoin, retort, to reply
erwidert: ተመላሽ/ ተመልሶ: rejoined, retorted
Erwiderung {f}: መልስ: reciprocality, rejoinder
Erwiderungen {pl}:: answers
erwischen: ነጠቀ፣ ጠለፈ፣ አነቀ: catch, cop, nab, to get hold of
Erz {n}: የብረት ማእድን: ore
erzählbar: ተነጋሪ: tellable
erzählen, berichten, sagen: ተረተ፣ ነገረ: narrate, recount, tell
erzählend: ተረታዊ: narrative, narratively
erzählend: ተራች/ ተርቶ: narrating, prosing, recounting
Erzähler {m}: ተራች: narrator, talker, teller
Erzähler {pl}:: tellers, narrators
Erzählung {f}: ተረት፣ ንግርት: narration, novella, story
Erzählungen {pl}:: narrations
Erzbischof {m}: ሊቀ ጳጳስ: archbishop
Erzbischöfe {pl}: ሊቃነ ጳጳሳት: archbishops
Erzbistum {n}: ጵጵስና: archbishopric
Erzbistümer {pl}: ጵጵስና: archbishoprics
Erzdiözese {f}: ሀገረ ስብከት: archdiocese
Erzengel {m}: ሊቀ መላእክት: archangel
Erzeugen {n}: ማስረፅ: creation
erzeugen, herstellen, erstellen: ወለደ፣ አሳደገ፣ አስረፀ: create, generate, constitute, engender, generate, produce, originate, procreate
erzeugend: ወልዶ/ አሳድጎ: causing, creating, engendering, generating, procreating, producing
Erzeuger {m}: ወላጅ/ ፈጣሪ: originator
Erzeuger {pl}:: generators
Erzeugnis {n}, Produkt: ምርት፣ ውጤት: product
Erzeugnisse {pl}:: products
erzeugt: ተወላጅ/ ተፈጥሮ: generated, produced, engendered, generated, procreated
Erzeugung {f}: ትውልድ: generation
Erzfeind {m}: ዋና ጠላት: archenemy
Erzfeinde {pl}:: archenemies
Erzherzog {m}: ልዑል: archduke
Erzherzogin {f}: ልእልት: archduchess
Erzherzoginnen {pl}: ልዕልታት: archduchesses
erziehbar: ተወላጅ: educable
erziehen, ausbilden: አስተማረ፣ አሳደገ: to bring up, to educate
erziehend: አሳድጎ: rearing
Erzieher {m}: አሳዳጊ፣ አስተማሪ: educator
Erzieherin {f}: አሳዳጊ: governess
Erziehung {f}: እድገት፣ ትምህርት: breeding, education, upbringing
Erziehungsmethode {f}: የትምህርት ዘዴ: educational method
Erziehungswesen {n}: የትምህርት ሲስተም: educational system
erzielen: ደረሰ፣ አስቆጠረ: to obtain, touchdown
erzürnen: አስቆጣ: enrage
erzwingbar: አስገዳጅ: constrainable, enforcible
erzwingen: አስገደደ: enforce, to force
erzwingend: አስገዳጅ/ አስገድዶ: enforcing
erzwungen: ተገዳጅ/ ተገድዶ: compelled, enforced, forced
es: እሱ (ለነገር): it
ESC= escape: የኮምፒዩተር መልቀቂያ ቁለፍ: esc = escape
Esche {f}: አመድ: ash tree, ash
Eschen {pl}:: ashen
Esel {m, pl}, Dummkopf: ውርንጭላ፣ አህያ: ass, donkey, jackass, asses, jackasses
Eskalation {f}: ጡዘት፣ ማባባስ: escalation
Eskalationen {pl}:: escalations
eskalieren: አባባሰ፣ አጦዘ: escalate
eßbar: ተበሊታ: eatable, edible, fit to eat
Essen {n}: ምግብ: meal, food
essen: በላ፣ ተመገበ: eat
essend: ተመጋቢ/ በልቶ: eating, victualing
Essenszeit {f}: ምግብ ሰዓት: mealtime
essentiell: የምግብ ክፍል: essentially
Essenz {f}: ሁኔታ፣ ሕይወት: essence
Esser {m, pl}: ተመጋቢ: eater, trencherman, trenchermen
Eßgabel {f}: መመገቢያ ማንኪያ: table fork, table forks
Eßgeschirr {n}: መመገቢያ ሳህን: plates and dishes
Eßgewohnheiten {pl}: ያባላል ልምድ: eating habits
Eßlöffel {m}, Suppenlöffel {m}: የምግብ ማንኪያ: soup spoon, table spoon, tablespoon
Eßlöffel {pl}:: table spoons
Eßlust {f}: የምግብ ፍላጎት: gluttonousness
Eßtisch {m}: ሞሰብ: dining table
Eßzimmer {n}: መመገቢያ ክፍል: dining room
Etage {f}: ፎቅ: floor, tier
Etagen {pl}:: floors
Etat {m}: ባጀት: budget
etatmäßig: ባጀታዊ: budgetary
Ethik {f}, Sittenlehre: ሞራል: ethics
ethisch: ሞራላዊ: ethic
ethnisch: ጎሳዊ: ethnic, ethnical, ethnically
ethnologisch: ጎሰኝነት: ethnologic
Etikett {n}: ኃብል፣ ሰንሰለት: etiquette
etwa, gegen, ungefähr, um...: በግምት: about, perhaps, about

etwas, irgendwas, alles: ሁሉም: anything, something
etwas: የሆነ : anything, aught, something, somewhat
eucharistisch: ቁርባናዊ: eucharistical
euer, dein, Ihre: የናንተ : your
Euer/ Dein/ Ihr:: your
Eukalyptus {m}: ባርዛፍ: eucalyptus
Eukalyptuspflanzen {pl}: የባርዛፍ ዛፎች: eucalyptuses
Euphorie {f}: ጫጫታ፣ ድንፋታ: euphoria
euphorisch: ስሜታዊ: euphoric
Euphrat {m}: ኤፍራጥስ: euphrates
euresgleichen: መሰሎች: people of your kind
Europa: አውሮጳ: europe
Europäer {m}: አውሮጳዊ: european
Europäer {pl}:: europeans
Evakuierter {m}: ፈላሲ: evacuee
Evangelien {pl}:: gospels
evangelisch: ወንጌላዊ: evangelic, evangelical
Evangelismus {m}: ወንጌል: evangelism
Evangelisten {pl}: ወንጌላውያን: evangelists
Evangelium {n}: ወንጌለ ቅዱስ: gospel
eventuell, möglich: መሆን ቻይ: possible
eventuell, schließlich: እነሆ: eventually, contingently, maybe
Evolutionismus {m}: አጋጣሚነት፣ ባለጊዜነት: evolutionism
Evolutionist {m}: ባለጊዜ: evolutionist
ewig, unaufhörlich, dauerhaft, ewiglich: ዘለዓለማዊ: eternally, everlasting, eternal, imperishably, perpetual
Ewigkeit {f}: ዘለዓለም: aeon, eternity, perpetuity
Ewigkeiten {pl}:: eternalness, eternities
exakt: ልክ: minutely
Exaktheit {f}, Genauigkeit, Treffgenauigkeit: ትክክልነት: accuracy, exactitude
exklusiv: ልክ: exclusively
EXE: በል (ትእዛዝ): exe
Exegesen {pl}: አንድምታ: exegeses
Exekutivgewalt {f}: ሕግ አስፈጻሚ: executive power
Exekutivorgan {n}: ሕግአውጭ : law enforcement agency
Exekutivorgane {pl}:: law enforcement agencies
exemplarisch: ምሳሌያዊ: exemplarily
Exil {n}: ስደት: exile
Existenz {f}: ኑሮ: existence, existance
Existenzkampf {m}: ለመኖርና ላለመኖር ትግል: struggle for existence
Existenzkämpfe {pl}:: struggles for existence
existieren, leben : ኖረ : exist
existierend: ኗሪ/ ኑሮ: existing
exotisch: እንግዳ፣ ኢልሙድ: exotic
Experiment {n}: ሙከራ: experiment
Experimente {pl}:: experiences, experiments,
experimentell: ባለሙከራ: experimental
experimentierend: ሞካሪ/ ሞክሮ: experiencing, experimenting
experimentiert: ተሞካሪ/ ተሞክሮ: experienced, experimented
Experte {m}: ባለሙያ: Expert
Experten {pl}:: experts
Expertensystem (EDV) {n}: የባለሙያ ሲስተም: expert system
explizit: በትክክል፣ ልክ: explicit
explodieren: ፈነዳ፣ ጓነ : explode, detonate
explodierend: ፈንድቶ: detonating, exploding
explodiert: ፈንድቶ: detonates, detonated, exploded
Explosion {f}: ፍንዳታ: fulmination, burst, blast
Explosionen {pl}:: burstings, explosions, fulminations
Exponent {m}, Vertreter: ወኪል፣ ተወካይ: exponent, superscript
Exponenten {pl}:: exponentials
Export {m}: ውጭ ንግድ: exportation
Exporte {pl}:: exportations
Exportartikel {f}, Ausfuhrartikel: የኤክስፖርት ዕቃ: article of exportation
exportierend: ላኪ: exporting
exportiert: ተላከ: exported
extern: ውስጣዊ: external
extra: ተጨማሪ: extra
extrem konservativ: ፍጹም አክራሪ: ultraconservative
extrem: አክራሪ: extreme, extremely, thoroughgoing
Exzellenz {f}: ክቡር: excellency
Exzellenzen {pl}: ክቡራን: excellencies
Exzeß {m}: ግጭት፣ ብስጭት: exzess

F

Fabel {f}: ተረት፣ ታምር: tale, fable, tales
Fabeln {pl}:: tales
fabelhaft, wunderbar: ታምራዊ፣ አስደሳች: marvellous, scrumptious, scrumptiously
Fabelhaftigkeit {f}: አስገራሚነት: scrumptiousness
Fabrik {f}: ፋብሪካ: factory, manufactory
Fabrikant {m}: የፋብሪካ ባለቤት: factory owner
Fabrikarbeit {f}: የፋብሪካ ሥራ: work in a factory
Fabrikarbeiter {m, pl}: ወዛደር: factory worker, operatives
Fabrikat {n}: ተግባር: make
Fabrikationsfehler {m}: ምርት ብልሽት: manufacturing-defective
Fabrikationsnummer {f}: የምርት ቁጥር: serial number
fabrikneu: ድንግል፣ አዲስ: virgin
fabrizieren: አመረተ፣ ሠራ: fabricate
fabriziert: ተመራች/ ተሠርቶ: manufactured
Fach {n}: ምርጫ: ሳንዱቅ፣ መደርደሪያ: panel, pocket
Fachgelehrter {m}: የሙያ ምሁር: pundit
Facharbeiter {m}: የሙያ ሠራተኛ: skilled worker
Facharbeiterin/nen {f/ pl} :: skilled workers
Facharzt {m}: ጠቢብ፣ ሐኪም: specialist
Fachausbildung {f}: የሙያ ትምህርት: special training
Fachausdruck {m}: ስያሜ: technical term
Fachausdrücke {pl} :: technical terms, terminology
Fachbezeichnung {f}: የሙያ ስያሜ: nomenclature
Fachbezeichnungen {pl}:: nomenclatures
Fachgebiet {n}: የሙያ ዓይነት: specialism
Fachgebiete {pl}:: branches
Fachgeschäft {n}: ልዩ ሱቅ: one-line business, specialized dealer
Fachkenntnis {f}: ልዩ ዕውቀት: specialized knowledge
Fachkreis {m}: የሙያ ቡድን: circle of experts
Fachleute {pl}: ጠቢባን: specialists, experts
Fachliteratur {f}: ሣይንሳዊ ሥነ ጽሑፍ: technical literature
Fachmann {m}: ባለሙያ: technican
fachmännisch: ባለሙያዊ: specialistic, workmanlike
Fachsprache {f}: የሙያ ቋንቋ: shop language special language, technical terminology
Fachwerk {n}: የሙያ ተግባር/ ሥራ: framework
Fachzeitschrift {f}: ሳይንሳዊ መጽሔት: professional journal, trade journal
Fachzeitschriften {pl} :: trade journals
Fackel {f}, Taschenlampe: ባትሪ: torch, flambeau
Fackeln {pl}:: flambeaus, torches
Fackelschein {m}, Fackelschein: ብልጭታ: torchlight
fad: ብልሹ፣ መጥፎ፣ ቅጥአልባ/ የለሽ: stale stalely, undistinctive, undynamic, vapid, vapidly, flavorless, flavourless, insipid, tastelessly
Faden {m}: መንገድ፣ ዘዴ፣ ጎዳና: filament, thread, twine, filament, thread
fader: ደብዛዛ፣ የማይስብ: soppier
Fagott {n}: መሰርሰሪያ፣ መሮ: bassoon
Fagotte {pl} bassoons
fähig, tüchtig, klug: ቻይ፣ ብቁ፣ ብልህ፣ ጎበዝ: able, capable
Fähigkeit {f}, Begabung: ችሎታ: skill, ability, capability
Fähigkeiten {pl}:: skills, abilities, capabilities, fitnesses, possibilities
fahl: ድብዝ፣ ቀለምአልባ: livid
Fahlheit {f}: ደብዛዛነት: sallowness, lividity, lividness
Fahne {f}: ባንዲራ: ensign, flag
Fahnen {pl} :: ensigns
Fahnenmast {m}: ባንዲራ ምሰሶ: flagstaff, flagpole
Fahnenmasten {pl} :: flagstaffs, flagpoles
Fahnenstange {f}: ባንዲራ መስቀያ: flagstaff
Fahnenstangen {pl} :: flagstaffs
fahrbar: ታሳፊ/ የሚታለፍ: navigable, ridable, wheeled
fahrbereit: ዝግጁ: ready to start
Fähre {f}: መርከብ: ferry
Fähren {pl} :: ferries
Fahren Sie langsamer!: ቀስ ብለው ይንዱ: Slow down!
Fahren Sie nach links!: ወደግራ ይጠምዘዙ: Make a left turn!
fahren, reiten: ነዳ፣ ጋለበ፣ አሽከረከረ: ride, navigate, drive
fahrend: ጋላቢ/ ነድቶ: carting
Fahrgast {m}: መንገደኛ: passenger
Fahrgeld {n}: የጉዞ ዋጋ: fare, carfare
Fahrgelder {pl} :: fares, carfares
Fahrgeschwindigkeit {f}: የመኪና ፍጥነት: driving speed
Fahrkarte {f}: የመንገደኞች ትኬት: ticket
Fahrlässigkeit {f}: የመንዳት ችሎታ: negligence
Fahrlehrer {m, pl}: መንጃ ፈቃድ አስተማሪ: driving instructor, driving instructors, time tables
Fährleute {pl}: መርከበኞች: watermen, ferrymen
Fährmann {m}: መርከበኛ: ferryman, waterman

Fahrplan {m}: የጉዞ ፕሮግራም: time table
Fahrprüfung {f}: የመንጃ ፈቃድ ፈተና: driving test
Fahrrad fahren: ሳይክል ነዳ/ አሽከረከረ: to ride a bicycle
Fahrrad {n}: ባይስክል፣ ሞቶር ሳይክል: bicycle, bike, bicycle, bike
Fahrräder {pl} :: bicycles, bikes
Fahrradfahren {n}: ሳይክል መንዳት: bicycling
Fahrrinne {f}: መቀጻደሚያ: fairway
Fahrschein {m}: ትኬት: ticket
Fahrscheine {pl} :: tickets
Fährschiff {n}: መርከብ: ferry-boat
Fahrschule {f}: የመንጃ ፈቃድ ትምህርት ቤት: driving school
Fahrschüler {m}: ተማሪ: learner
Fahrschülerin {f}: ተማሪ: learner
Fahrschülerinnen {pl}:: learners
Fahrspur {f}: የጎማ ዱካ: lane
Fahrstunde {f}: የመንጃ ሰዓት: driving lesson
Fahrstunden {pl} :: driving lessons
Fahrt {f}: ጉዞ: drive, run
Fahrtenschreiber {m, pl}: ኪሎ ሜትር መለኪያ: tachographs
Fahrunterbrechung {f}: ጉዞን መሰረዝ: break of journey
Fahrunterbrechungen {pl} :: breaks of journey
Fahrvorschrift {f}: የማሽከርከር ሕግ: driving rule
Fahrvorschriften {pl} :: driving rules
Fahrwasser {n}: የመርከብ መሄጃ: navigable water
Fahrweg {m}: መንገድ: road way
Fahrzeug {n}: ተሽከርካሪ: vehicle, automotive, wheeler, craft
Fahrzeuge {pl}:: vehicles, wheelers
Fahrzeughalter {m}: ባለመኪና: car owner
Fahrzeugpark {m}: መኪና ማቆሚያ: automobile fleet
fair: ተገቢ፣ ትክክል: equatable, faire, nondiscriminatory
Fakt {m}, Tatsache: እውንታ: fact, lowdown
Fakten {pl}, Tatsachen:: facts, lowdowns
Faktor {m}: ብዜት፣ ስሌት: factor
Faktoren {pl} :: factors
Faktum {n}: እውንታ: fact
Fakturiermaschine {f}: አብኸ መሳሪያ: invoice machine
Fakultät {f}: ፋኩሊቲ: faculty
Fakultäten {pl} :: faculties
Falke {m}: አሞራ/ ጭልፊት፣ ጠዳል: falcon, hawk
Falken {Pl} :: hawks, falcons
Falkenjagd {f}: ያሞራ ጠለፋ: falconry
Fall {m}, Angelegenheit, Sache: ሁኔታ፣ ድርጊት፣ ክንውን: case, halyard, fall
Falle {f}: ወጥመድ፣ አሽክላ: mantrap, pitfall, trap, latch
Fälle {pl}: ሁኔቶች: cases, causes, circumstances
fallen: ወደቀ፣ ተጫነ: drop, fall (fell, fallen), tumble
fallend: ተጫኝ/ አፍኖ: cascading, Falling, falling, tumbling
Fallensteller {m, pl}: ወጥመድ አምራች: trapper, trappers
Fallgatter {n}: አሽክላ፣ ወጥመድ: portcullis
Fallgeschwindigkeit {f}: የድቀት ፍጥነት: velocity of fall
fällig: ዝግጁ፣ ውድቅ፣ ባለዳ: due
Fälligkeitsdatum {n}: የመጣያ ቅን: aging date
Fälligkeitstag {m}: የመጨረሻ ቀን: accrual date
Fallobst {n}: ወፍ ዘራሽ እህል: windfall
falls es regnen sollte: ምናልባት ከዘነበ: in case it should rain, in case it rains
falls, wenn: ከ /በ …/ ጊዜ: if
Fallschirm {m}: የመዝለያ ኔት፣ ፓራሹት: parachute
Fallschirmabsprung {m}: ዓየር ወለድነት: parachute jump
Fallschirme {pl} :: parachutes
Fallschirmjäger {m, pl}: ዓየር ወለድ: paratrooper, paratroopers
Fallschirmspringer {m, pl}: ዓየር ወለድ ዘላይ : parachutist, skydiver, parachutists, skydivers
Fallschirmtruppe {f}: ያየር ወለድ ኮማንዶ: paratroop
Fallstrick {m}: ትልያ፣ ስተት: snare
Fallstricke {pl} :: snares
Fallsucht {f}: ሱስ፣ የሚጥል በሽታ: falling sickness
fallsüchtig: ጣይ: epileptically
Falltür {f}: መሽሎ ኪያ ቀዳዳ: trap door
Falltüren {pl} trap doors
Fällung {f}: ድቀት: rendition
Fallwind {m}: አውሎ ነፋስ: fall wind
falsch, unwahr: ውሸት፣ ስተት: insincere, false, cattish, cattishly, fake, falsely, incorrect, invalid, nonfactual, phony, unsounded, wrong, wrongly
fälschen, verfälschen: ኮረጀ፣ አስመሰለ: fudge, falsify, counterfeit, falsify
fälschend: ቀጅ/ ኮርጆ: counterfeiting, faking, falsifying
Fälscher {m, pl}: ኮራጅ፣ አታላይ: forger, falsifier, counterfeiter, faker, fakers, forgers, falsifiers
Falschgeld {n}: የውሸት ገንዘብ: counterfeit money
Falschheit {f}: ውሸትነት: deceitfulness, fallaciousness, falsehood, falseness, falsity, nontruth, phoniness, shoddiness
fälschlich: የውሸት፣ ቅጅ: wrongly
Falschmeldung {f}: ስተት ማሳያ: false report
Falschmeldungen {pl}:: false reports
Falschspieler {m}: አጭበርባሪ: card sharper

Fälschung {f}, Schein: **ቅጅ፤ አምሳያ**: imitation, sham, adulteration, falsification, forgery, phoney
Fälschungen {pl} :: falsifications, forgeries, phonies
faltbar: **ተጠቅላይ**: foldable
Falte {f}: **ወለምታ፤ ስብራት**: pleat
falten: **ጠቀለለ፤ አሰረ**: fold
faltend: **ጠቅላይ/ ጠቅሎ**: folding, pleating
faltenlos: **ስድ፤ ልቅ**: uncreased, unpleated, unwrinkled
Faltenrock {m}: **ኸርፕ**: pleated skirt, fustanella
Falter {m, pl}: **መጠቅለያ**: folder, butterflies
faltig: **እፕፍፕፍ፤ ስብርብር**: wrinkled, wrinkly
Faltigkeit {f}: **ታጣፊነት**: crinkliness
familiär: **ዕውቅ፤ ታዋቂ**: familiar
Familie {f}: **ቤተ ሰብእ**: family
Familien {pl} :: families
Familienähnlichkeit {f}: **ቤተሰባዊነት**: familiy likeness
Familienangehörige {m, f}: **ቤተዘመድ**: member of family
Familienangelegenheit {f}: **የቤተ ሰብ ጉዳይ**: family affair
Familienglück {n}: **ደስተኝነት**: domestic happiness
Familienleben {n}: **የቤተሰብ ኑሮ**: family circle
Familienname {m}: **ያባት ስም**: surname
Familienplanung {f}: **የቤተሰብ ዕቅድ/ ፕላን**: familiy planning
Familienstand {m}: **ያገባ ወይስ ያላገባ፤ የትዳር ይዞታ**: marital-status
Fan {m}: **ቲፎዞ**: bigot
Fanatiker {m, pl}: **ጨካኝ**: fanatic, fanatics
fanatisch: **ጭካኔያዊ**: fanatical, fanatically
Fanatismus {m}: **ጨካኝነት፤ አረመኔነት**: fanaticism
fangen, auffangen, fassen: **አጠመደ፤ ያዘ፤ ተቀበለ**: catch (caught, caught), trap
fangend: **ያዥ/ ይዞ፤ ተቀብሎ**: captivating, snaring
Fänger {m, pl}: **ተቀባይ**: backstop, captor, catcher, fielder, backstops
Fans {pl}: **ቲፎዞ**: bigots
fantastisch, phantastisch: **መልካም፤ አስደሳች**: fancifully, fantastic
Farad {n, pl}: **የኤሌክትሮኒክስ መለኪያ**: farad, farads
Farbbildschirm {m}: **ከለር ቴ ሌቪዥን**: colour monitor, colour terminal, chromatic terminal
Farbdichte {f}: **ቀለም**: ink density
Farbdrucker {m}: **ከለር ኮፒ**: color printer
Farbe {f}: **ቀለም**: color, colour, paint, tint
farbecht: **ልክኛ ቀለማዊ**: colour fast
Farbechtheit {f}: **ቀለምነት**: colour fastness
Färbemittel {n, pl}: **የቀለም ንጥረ ነገር**: dyer, dyers
farbempfindlich: **ፀረ ቀለም**: panchromatic, panchromatical
Farben {pl}:: colors, colours
färben: **አቀለመ፤ አሳመረ፤ ቀለም አደረገ**: dye, tinge, colour
farbenblind: **የቀለም እውር**: colour blind, colourblind
färbend: **ቀቢ/ ቀልሞ**: coloring, colouring, dyeing, tincturing, tinging, tinting
farbenfreudig: **ቀለም ወዳጅ**: colorful, colorfully
Farbenkünstler {m}: **ቀለም ቀቢ**: colorist
Farbenlehre {f}: **የቀለም ትምህርት**: theory of colours, chromatics
farbenprächtig, prachtvoll: **አንጸባራቂ፤ ፍልቅልቅ**: gorgeous, gaudym, gaudily
farbenreich: **ባለብዙ ቀለም**: richly coloured
Farbenspiel {n}: **የቀለም ጭዋታ**: play of colours
Farbenzusammenstellung {f}: **የቀለም ውኅደት**: combination of colours
Farbenzusammenstellungen {pl}:: combinations of colours
Färberei {f}: **አቅልሞት**: dyeworks
Farbfernsehen {n}: **ከለር ቴ ሌቪዥን**: colour television
Farbfilm {m}: **ከለር ፊልም**: colour film
farbig: **ቀለማማ/ ም**: coloured, colored
Farbkissen {n}: **የቀለም ቀንድ**: inking pad
farblos: **ቀለም አልባ**: colourless, colorless, colorlessly, colourlessly
Farblosigkeit {f}: **ቀለምአልባነት**: colorlessness
Farbmonitor {m}: **ከለር ሚኒቶር**: colored monitor
Farbphotographie {f}: **ከለርፎቶ**: colour photography
Farbphotographien {pl} :: colour photographies
Farbstift {m}: **ቀለም እርሳስ**: coloured pencil
Farbstoff {m}: **የቀለም ጥሬ ዕቃ**: dye stuff
Farbstoffe {pl} :: dye stuffs
Farbton {m}: **ቀይ ጭቃ/ አፈር**: tint
Farbtöne {pl}:: tones
Färbung {f}: **ቅልምና፤ ቀለም**: coloring, colouring
Färbungen {pl} :: colorings, colourings
Farm {f}: **እርሻ**: farm, grange, ranch, Farm
Farmen {pl} :: ranches, farms
Farmer {m, pl}: **ገበሬ**: rancher, ranchers
farnartig: **ቅመማማ/ ም**: ferny
Farnkraut {n}: **ቅመም**: bracken
Färse {f}: **የቴ ክስት ቁጥር**: heifer
Färsen {pl} :: heifers
Fasan {m}: **ያሞራ ዓይነት**: pheasant
Fasane {pl} :: pheasants
Faschismus {m}: **ፋሽዝም**: fascism
Faschist {m}: **ፋሽስት**: fascist
Faschisten {pl} :: fascists
faschistisch: **አረመኔያዊ**: fascistic, fascistically
Faselei {f}: **ቀልድ**: blather
Faseleien {pl}:: blathers
faseln: **ዘላበደ፤ ቀላበደ**: maunder

Faser {f}: ትኩሳት: ግንድ፣ አገጿ: fibre, fiber, fibers
faserartig: አገጿማ: fibroid, filamentary, filamentous
Fäserchen {n, pl}: እንስራ፣ ኩስኩስት: fibril, keg, firkin, kegs, firkins
faserig: ግንጿማ: fibrous, fibrously, stringily, thready, fibrously, threadier
Faß {n}: በርሚል: barrel, cask, vat
Fassade {f}: ጓሮ፣ ውጫዊ እይታ: facade, storefront
Fassaden {pl} :: storefronts, facades
faßbar: ተጨባጭ: subsumable
Faßbinder {m, pl}: ማጣበቂያ: cooper, coopers
fassen: ያዘ፣ ጨበጠ: grip, subsume
fassend: ያዥ/ ጨብጦ፣ ይዞ: grabbing, collaring, subsuming
faßförmig: ድብልብል: barreled
Fassung {f}: ጥቅል: mounting, collectedness
Fassungsgabe {f}: ጭብጥ: grasp
Fassungskraft {f}: መያዝ ችሎታ: mental capacity
fassungslos: አደናጋሪ፣ አስደንጋጭ: bewildered
Fassungsvermögen {n}: የመያዝ ችሎታ: capacity
fast gar nicht, nie, niemals: ፈጽሞ: hardly ever
fast gar nicht: ምንም: hardly ever
fast nichts: ምንም: next to nothing
fast nie: ፈጽሞ: hardly ever
fast: ልክ: nearly, almost
Fastnachtszeit {f}, Fastnacht: ዘመነ ጾም: shrovetide
Faszination {f}: አድናቆት: fascination
Faszinationen {pl} :: fascinations
faszinieren: አስገረመ፣ አስደነቀ: fascinate
faszinierend: አስገራሚ/ አስገርሞ: fascinating, fascinatingly
faszinierende Redner: ማራኪ ንግግር: spell binders
faszinierender Redner: ዕውቅ ተናጋሪ: spell binder
fasziniert: ተገራሚ/ ተገርሞ: fascinated
Fatalismus {m}: በእድል አማኝነት: fatalism
Fatalist {m}: በእድል አማኝ: fatalist
Fatalisten {pl} :: fatalists
fatalistisch: በእድል አማካኝ: fatalistic, fatalistically
faul: ሰነፍ፣ ታካች: lazily, lazy, rottenly, slothful, sluggard, sluggish, sluggishly, lazily, slothfully
faulen, verfaulen: አበላሸ፣ አበሰበሰ: rod
faulenzen: አበሰበሰ: idle, laze, lounge
faulenzend: አበላሽ/ አበላሽቶ: idling, lazing, lounging
Faulenzer {m, pl}: አበስባሽ: idler, bum, loiterer, lounger, sluggard, sluggards
Faulenzerei {f}: ብልሽት: loafing
Faulheit {f}: ስንፍና: idleness, laziness, sloth, slothfulness
faulig, scheußlich: ብልሹ፣ ሰነፍ: rotten, putrefactive
faulst: ጥውልግ: rot
Faust {f}: ቡጢ፣ ሰይጣን: fist
Fausthandschuh {m}: ቦክስ ጓንት: mitten
Faustkampf {m}: መቧከስ: fist fight, fistfight, pugilism
Faustkämpfe {pl} :: fist fights, fistfights
faustkämpferisch: ቡጢኛ፣ ተባ ካሽ: pugilistic
Faustrecht {n}: ባለጉልበት: club law
Faustregel {f}: የጉልበት ሕግ: rule of the thumb, rule of thumb, rule-of-thumb
Faustregeln {pl}:: rules of the thumb
Faustschlag {m}: ጥፊ፣ ቡጢ: punch
Faustschläge {pl} :: fisticuffs, punches
favorisieren: አጸላ፣ አሞገሰ: favorite
Favorit {m}: በላጭ፣ ቀጻሚ፣ ብልጫ: favorite
Faxenmacher {m, pl}: ድቀላ: clown, clowns
Februar {m}: የካቲት: February, february
fechten: በጨንገር ተመታታ: to fence
Fechter {m, pl}: ተጋጣሚ: fencer, swordsman, swordsmen
Fechtkunst {f}: የመማታት ጥበብ: swordsmanship, art of fencing
Feder {f}: ላባ: feather, plume, quill, spring
Federn {pl}:: feathers
federartig: ላባማ/ ም: feathery
Federball {m}: የላባ ኳስ: shuttlecock
Federbälle {pl} :: shuttlecocks
Federballspiel {n}: የላባ ኳስ ጨዋታ: badminton
Federballspiele {pl} :: badmintons
Federhalter {m, pl}: ብእር፣ ባለብእር: fountain pen, penholder, penholders, fountain pens
federlos: መላጣ: unfeathered
Federstrich {m}: ጭረት: stroke of a feather
Federstriche {pl} :: strokes of a feather
Federung {f}, Quellen: ምንጭ: springs
Federvieh {n}: ላባ ምርት: poultry
Federwaage {f}: ላባ ሚዛን: spring balance
Federwaagen {pl} :: spring balances
Fee {f}: የተረት ስም/ ስያሜ: fairy, fay
feenhaft: ተረታዊ: fairylike
Fegefeuer {n}: እሳተ ገሞራ: purgatory
Fegen {n}: መጥረግ: sweep
fegen, kehren: ጠረገ፣ አጸዳ: to sweep
Fehde {f}: መከላከያ፣ ጠበቃ: feud
Fehden {pl} :: feuds
Fehlanpassung {f}: መሳሳት: maladjustment, mismatch
Fehlanpassungen {pl} :: maladjustments
Fehlanzeige {f}: ስተት ዘጋቢ: fil return, negative report
fehlbar: ብልሹ፣ ስተታማ/ ም: fallible, fallibly, fallibly
Fehlbarkeit {f}: ብልሹነት፣ ስተትነት: fallibility
Fehlbarkeiten {pl} :: fallibleness
fehlbesetzen: ተሳሳተ፣ ተደናገረ: miscast
Fehlbetrag {m}: ክሳራ፣ ጉድለት: deficit, shortfall

Fehlbeträge {pl} :: deficits, shortages, shortfalls
Fehldiagnose {f}: **የጉድለቱ ግምት**: false diagnosis
Fehlen {n}: **መቅረት፣ አለመገኘት**: nonexistence
fehlen: **ቀረ፣ ጠፋ**: be absent, be absent
fehlend, verabsäumend, versäumend: **ቀሪ፣ ጠፊ፣ ጉዳይ**: missing, absent, being absent, lacking, missing, nonexisting, omitted, unavailable, wanting
Fehlentscheidung {f}: **የስተት ውሳኔ**: wrong decision
Fehlentscheidungen {pl} :: wrong decisions
Fehler {m, pl}, Irrtum, Mangel, Schuld, Versehen, Mißverständnis: **ስተት፣ አለመግባባት፣ ጉድለት፣ ዕጻ**: error, fault, flaw, mistake, blemish, blooper, blunder, blunders, bobble, boob, bug, bugs, defect, defects, demerit, demerits, error, errors, failing, failure, failures, fault, faults, flaws, mistake, mistakes, shortcoming, shortcomings, slipup, trouble
Fehler beseitigen: **አስተካከለ፣ አረመ**: debug
Fehler suchen: **ስትት ፈለገ**: troubleshoot
Fehlerabfrage {f}: **የስተት ጥያቄ** : error inquiry
Fehlerabgrenzung {f}: **ስተት ማረሚያ**: trouble locating
Fehlerabschätzung {f}: **ስተት መገመቻ**: error estimation
Fehleranalyse {f}: **ስትት ግምጋሜ**: fault isolation, error analylis
Fehleranzeige {f}: **ስተት መጠቆሚያ**: error display, error indicator
Fehlerausgang {m}: **የስተት መዉጫ**: error exit
Fehlerbehandlungsprogramm {n}: **ስተት መፈለጊያ**: error processing program
Fehlerbeseitigung {f}: **ስተት ማስወገጃ**: error correction, fault recovery
Fehlercode {m}: **የስተት ኮድ**: error code
Fehlercodeliste {f}: **የስተት ኮድ ሊስት**: error code list
Fehlerdatei {f}: **የስተት ዳታ**: error file
Fehlerdateien {pl}:: error files
Fehlerdiagnose {f}: **የስተት ግምት**: diagnostics, error diagnosis
Fehlererkennung {f}: **ስተት ማወቂያ**: error detection, error recocnition
Fehlererkennung und Korrektur {f}: **ስተት ማረሚያ**: error detection and correction
Fehlererkennungscode {m}: **የስተት ማወቂያ ኮድ**: error detecting code, error-checking code
fehlerfrei: **ስተትአልባ**: error-free, faultless, faultlessly
fehlerhaft, irrtümlicherweise, irrtümlich: **ስተታማ/ም**: erroneous, mistakenly, defective, faultily, faulty, flawed, mistakenly, uncorrect, faulty, failing, flawy, offending
Fehlerhaftigkeit {f}: **ስተታማነት**: faultiness
Fehlerhäufigkeit {f}: **ስተትድግግም**: error rate
Fehlerhinweis {m}: **ስተት መጠቆሚያ**: error note
Fehlerinhaltsverzeichnis {n}: **የውሸት ሊስት**: error listing
Fehlerkorrektur {f}: **ስተትማረሚያ**: error-correcting
Fehlerkorrekturcode {m}: **ስተት ማረሚያ ኮድ**: error correcting code
Fehlerkorrekturprogramm {n}: **ስትት ማረሚያ ፕሮግራም**: error correcting program
Fehlerliste {f}: **የስተት ሊስት**: error list
fehlerlos: **ስተትአልባ**: flawless, immaculate, immaculately, flawlessly
Fehlerlosigkeit {f}: **ስተትአልባነት**: flawlessness
Fehlermeldung {f}: **ስተት መመዝገቢያ**: error message
Fehlermeldungsunterprogramm {n}: **ስተት መመዝገቢያ ፕሮግራም**: error message subroutine
Fehlernummer {f}: **የስተት ቁጥር**: error number
Fehlerprüfung und Korrektur {f}: **ስተት መፈለጊያና ማረሚያ**: error checking and correction
Fehlerreport {m}: **የስተት ዘገባ**: error report
Fehlerschutzgerät {n}: **ስተት ማንሻ ክፍል**: error correction device
Fehlerseite {f}: **የስተት ገጽ**: error page
Fehlerstelle {f}: **የጉድለት ቦታ**: flaw, void
Fehlersuche {f}: **ስተት መፈለጊያ**: debugging, error search, trouble-shooting, troubleshooting
Fehlersuchprogramm {n}: **ስተት መፈለጊያ ፕሮግራም**: debug program
Fehlersumme {f}: **የስተቱ ድምር**: error amount
Fehlertext {m}: **የቴ ክስት ጉድለት**: error text
Fehlertextnummer {f}: **የቴ ክስቱ ጉድለት ቁጥር**: error text number
Fehlerüberwachung {f}: **ስተት መቆጣጠሪያ**: error control procedure
Fehlerwert {m}: **የስተቱ ግምጋሜ**: error value
Fehlerzeile {f}: **የጉድለት መስመር**: error line
Fehlerzustand {m}: **የስተቱ ሁኔታ**: error condition
Fehlfunktion {f}: **የስተት ክንዋኔ**: malfunction
Fehlgebären {n}: **መጨንገፍ**: abortiveness
fehlgebären: **ተጨነገፈ**: abort
Fehlgeburt {f}: **ጭንገፋ**: abortion
fehlgehen: **ተበላሸ**: astray
Fehlinformation {f}: **የስተት ዘገባ**: misinformation
fehlleiten: **አሳሳተ**: misrout, misroute, missend
fehlleitend: **አሳሳች/ አሳስቶ**: misdirecting
fehlschlagen: **ዓላማውን ሳተ፣ ተበላሸ**: backfire
Fehlschluß {m}: **ስተታዊ ድምዳሜ**: wrong conclusion, miss
Fehlschlüsse {pl} :: wrong conclusions
Fehlstart {m}: **ስተታዊ ጅመራ**: false start

Fehlt Ihnen etwas ?: ችግች አለ/ ብዎት: Is anything wrong with you ?
Fehltritt {m}: ስተት፣ ብልሽት: misstep
Fehltritte {pl} :: frailties
Fehlurteil {n}: ስተታዊ ውሳኔ: misjudgement
Fehlurteile {pl} :: misjudgements
Fehlwert {m}: ስተትነት: defaults
Feier {f}, Fest, Zeremonie: ዓውደ ዓመት: celebration, ceremony, celebration
feierlich begehen: አከበረ፣ ተደሰተ: solemnize
feierlich, zeremoniell: በክብር፣ በፌስታ: ceremonial, ritualistic, solemn
feierlich: በእርግጥ ፣ በእውነት፣ በክብር: solemn, ceremoniously, ritually, solemnly, more solemn, ritualistically
Feierlichkeit {f}: ፌስት: ceremony, solemnity, solemnness
Feierlichkeiten {pl} :: ceremonies
feiern: አከበረ፣ ፈሰተ፣ ተደሰተ: celebrate, feast, revel, solemnize, celebrate
Feiertag {m}: ክብረ በዓል: holiday
Feiertage {pl} :: feasts
feig: ወኔአልባ፣ ደካማ፣ ሐሞተቢስ: cowardly, craven, cravenly, craven, gutless
Feige {f}: የፍሬ ዓይነት: fig
Feigen {pl} :: figs
Feigenbaum {m}: የፍራፍሬ ዛፍ: fig tree
Feigenbäume {pl}:: fig trees
Feigheit {f}: ሐሞተቢስነት፣ መጥፎነት: cowardice, gutlessness, nervelessness, recreance, recreantly
Feigheiten {pl} :: cowardliness
Feigling {m}: ፈሪ፣ : coward, faintheart, poltroon
feilbieten: ሽረሞጠ: prostitute
feilbietend: ሰሳኝ/ ሰስኖ: prostituting
feilen: ወለወለ፣ አለሰለሰ: rasp
Feilschen {n}: መደራደር: chaffer
feilschen: ተከራከረ፣ ተደራደረ: haggle
feilschend: ተከራካሪ/ ተከራክሮ: dickering, haggling
Feilscher {m, pl}: ሙግተኛ: bargainer, bargainers
fein: ለስላሳ: finely
Feinbäckerei {f}, Zuckerware: ጣፋጭ መጋገሪያ: confectionery
Feinbäckereien {pl}:: confectioneries
Feind {m}: ጠላት: enemy, fiend, foe
Feinde {pl} :: enemies, fiends, foes
feindlich, feindselig: ጠላታዊ: hostile, adverse, adversely, antagonistic, hostile, inimical, inimically, antagonistically
Feindschaft {f}: ጥላቻ: enmity
Feindschaften {pl} :: enmities
feindselig: ጠላታዊ: hostile, hostilely
Feindseligkeit {f}: ጠላትነት: animosity, animus, hostility
Feingefühl {n}: እርግጠኝነት: tactfulness, sensitiveness
Feinheit {f}: ርቀት፣ ረቂቅነት: acuteness, fineness, nicety, subtlety
Feinheiten {pl} :: acutenesses, niceties, subtleties
feinhörig: ቆቅ/ ንቁ: quick of hearing
Feinmechaniker {m}: ብልሀ መካኒክ: precision mechanic
feinschleifen: ፋቀ፣ አለሰለሰ: hone
Feinschmecker {m, pl}: ጣፋጭ: gourmet, gastronomers
Feinverteilung {f}: ስርጭት፣ ብተና: dispersion
Feld {n}, Gebiet: ማሳ፣ መስክ: array, field, pad, field
Feldarbeit {f}: የሜዳ ስራ: field work
Feldbett {n}: ታጣፊ አልጋ: camp bed
Feldbus {m}: ላንድሮቨር: field bus
Felddienst {m}: መስክ አገልግሎት: field duty
Felder {pl}: መስክ: fields, pads, arrays
Feldfrucht {f}: የጫካ ፍራፍሬሬ: field crop
Feldfrüchte {pl} :: field crops, crops
Feldherr/en {m/ pl}: ጀኔራል: general/ s
Feldlager {n}: በረት: bivouac
Feldmarschall {m}: ማርሻል: field marshal
Feldstärke {f}: ጥንካሬ: field strength, strength, field force
Feldversuch {m}: የመስክ ጥናት/ ምርምር: field trial
Feldzug {m}: ጦርነት: campaign
Fell {n}, Haut: ቆዳ: skin, pelt
Felle {pl}, Häute :: skins, pelts
Fels {m}: አለት: rock
Felsblock {m}: የመስክ አለት: boulder
Felsen {m, pl}: አለት: rock, rocks
felsig: አለታማ/ ም፣ ጭንጫማ: rocky, craggy, rockily
Felsigkeit {f}: አለታማነት: cragginess
Fenster {n, pl}, Bildschirmfenster: መስኮት: window, windows
Fensterbrett {n}: የመስኮት እንጨት: window sill
Fensterbretter {pl} :: window sills
Fensterflügel {m, pl}: የመስኮት ግጣም: casement, casements
Fenstergitter {n}: የመስኮት ሽቦ: grille
Fensterglas {n}: የመስኮት መስትዋት: window grate
Fenstergläser {pl} :: window grates
Fensterladen {m}: የመስኮት ሱቅ: shutter
Fensterläden {pl} :: shutters, window seats
Fensterplatz {m}: የመስኮት መቀመጫ: window seat
Fensterrahmen {m, pl}: የመስኮት ጠርዝ: window frame, window frames
Fensterrose {f}: የመስኮት አበባ: rose window
Fensterscheibe {f}: የመስኮት ግጣም: window pane
Fensterscheiben {pl} :: window panes
Fensterwerk {n}: መስኮት ሥራ: fenestration
Ferien {pl}: ዕረፍት: holiday, holidays, Vacation, vacations

Ferienkolonie {f}: የዕረፍት መከማቻ: holiday colony
Ferienkolonien {pl} :: holiday colonies
Ferienwohnung {f}: የዕረፍት ጊዜ መኖሪያ: holiday flat
Ferienzeit {f}: የዕረፍት ጊዜ: holiday time
Ferkel {n, pl}: ያሳማ ደቦል: young pig, young pigs
ferkeln: ተቅለበለበ: farrow
fern, entfernt, weit: ሩቅ: ርቀት: distant, far, afar, aloof
Fernabschaltung {f}: የርቀት ማጥፊያ: de-energization remote
Fernanruf {m}: የርቀት ጥሪ (ቴ ሌፎን): distant call
Fernbedienung {f}: የሩቅ ቴ ሌቪዥን መቀያየሪያ: teleguidance
fernbleiben von: ራቀ: absent oneself from
Ferndiagnose {f}: የርቀት ምርመራ: remote diagnosis, telediagnosis
Ferne {f}: ርቀት/ ሩቅነት: aloofly
ferner, weiter: እንዲሁም፣ በበለጠ፣ ቀጥሎ: also, moreover, farther, further
Ferngas {n}: የሩቅ መነጽር: grid gas
ferngeblieben: ርቆ: absented
ferngehalten: ተገልላይ/ ተገልሎ: kept away
Fernglas {n}: የሜዳ መነጽር: binocular, binoculars, field glass, spyglass
Ferngläser {pl} :: spyglasses
fernhalten: አሰወገደ፣ አራቀ: keep away, keeping away
Fernkamera {f}: የርቀት ካሜራ: telephote
fernkopieren: ፋክስ አደረገ: telecopy
Fernkurs {m}: የመላላክ ትምህርት: correspondence course
Fernlicht {n}: የርቀት መብራት: full beam, upper beam headlights
Fernlichter {pl} :: beams
Fernmeldetechnik {f}: በርቀት ዘጋቢ ቴ ክኒክ: telecommunication, telecommunications
fernmessen: ርቀት ለካ: telemeter
Fernmeßtechnik {f}: የርቀት መለኪያ ቴ ክኒክ: telemetry
Fernmessung {f}: የርቀት ልክ: telemetering
Fernrohr {n}: ቴ ሌስኮፕ: telescope
Fernrohre {pl} :: telescopes
fernschreiben: ፋክስ አደረገ: teleprint, telescript, teletype, telewrite
Fernschreibsystem {n}: በርቀት ዘጋቢ ሲስተም: telex system
Fernsehapparat {m}: ቴ ሌቪዥን: television
Fernsehen {n}: ቴ ሌቪዥን: television, TV, tv
fernsehen: ሌቴ ቪዥን አየ: teleview
Fernsehfilm {m}: ቴ ሌቪዥን ፊልም: television film
Fernsehfilme {pl} :: television films
Fernsehkamera {f}: ቲ.ቪ. ካሜራ: telecamera
Fernsehkassette {f}: ቪዲዮ ካሴት: video tape
Fernsehkassetten {pl} :: video tapes
Fernsehkomödie {f}: ቲ.ቪ. ኮሚክ: sitcom
Fernsehkomödien {pl} :: sitcoms
Fernsehsender {m}: የቲ.ቪ.መልከት: telestation
Fernsehsendung {f}: የቲ.ቪ. ፕሮግራም: telecast
Fernsehsendungen {pl} :: telecasts
Fernsehturm {m}: ቲ.ቪ.ማንጸባረቂያ: television tower
Fernsehtürme {pl} :: television towers
fernsichtig: ከሩቅ ታይታ: long sighted
Fernsprechwesen {n}: ቴ ሌፎን: telephony
Fernsprechzelle {f}: ቴ ሌፎን መናገሪያ: telephone kiosk
Fernsprechzellen {pl} :: telephone kiosks
Fernsteuerung {f}: ከርቀት መቆጣጠሪያ: remote control
fernübertragen: በርቀት ተነጋገረ: telecommunicate
fernüberwachen: ከርቀት ተመለከተ: telemonitor, telediagnose
Fernunterricht {m}: የተልኮ ትምህርት: correspondence tution
Fernverkehr {m}: የርቀት ግንኙነት: longdistance traffic
fertig, bereit [für, zu]: በቃ፣ ተደመደመ፣ አለቀ: readily, ready, ready [for]
fertigen: አከናወነ: manufacture
Fertigfabrikat {n}: ምርት: finished product
Fertigfabrikate {pl} :: finished products
Fertighaus {n}: ተገጣጣሚ ቤት: prefabricated house
Fertigkeit {f}: ድምዳሜ፣ ፍጻሜ: dexterity
Fertigkeiten {pl} :: dexterities
fertigmachen: አከናወነ፣ ጨረሰ: get ready
Fertigung {f}: ከንዋኔ: manufacturing, fabrication
fesch: ማራኪ፣ ደህና: dashingly, doggy, smart
Fessel {f}: እግር በረት፣ ሰንሰለት: pastern, manacle
Fesseln {pl}, Ketten :: chains
fesseln: አሰረ፣ ሰነከለ: captivate, enchain, fetter, shackle, attract, trammel
fesselnd: ማራኪ፣ አሳሪ/ አስሮ: gripping, captivating, enchaining, engrossingly, fettering, intriguingly, manacling, pinioning, shackling, spell binding, trammeling, captivatingly, grippingly
Fesselung {f}: እስራት: captivation, ravishment
Fest {n}: ክብር/ በዓል: festival, hard
fest, standhaft, solid, zuverlässig, tüchtig: ቆራጥ፣ ጽኑዕ: fast, solid, steady
fest: ቋሚ: fix, non-varying, sturdy, steadfast, fexed, firm, firmly, fix, fixated, tight, tightly
Festabend {m}: ክብረ ዋዜማ: festive evening
Festakt {m}: አከባበር: ceremonial act
Feste {f}: ምሽግ: stronghold
Festen {pl} :: strongholds
festfahren: ተዋጠ፣ ተዘፈቀ: get stuck, get stuck
Festgelage {n}: ክብር: feast
festgelegt: ውስን/ ተወስኖ: determined, fixed

festgemacht: ተረጋጋጭ/ ተረጋገጠ: proofed, tightened
festgesetzt: ውስን: statedly
festgestanden: ቋሚ/ ቆሞ: stood firm
Festhalle {f}: ዳንስ አዳራሽ/ ዳስ: festival hall
Festhalten {n}: መያዝ: conventionalism
festhalten: ያዘ: hold down, retainm, hold tight
Festigkeit {f}: ቋሚነት፣ ጥጥርነት: firmness, fixedness, solidness, staunchness, strength, tightness, tightnesses
Festkleid {n}: ያመትባል ልብስ: festive dress
Festkleider {pl} :: festive dresses
Festland {n}: ሀገር/ አኅጉር: continent
festlegen: ወሰነ: determine, immobilize
Festlegung {f}, Vereinbarung: ውል፣ ስምምነት: predefinition
festlich, fröhlich: በደስታ፣ በክብር: festive, convivial, convivially, feastful, festal, festally, solemnly
Festlichkeit {f}: ክብረ በዓል: festivity, fiesta, solemnity
Festlichkeiten {pl} :: festivities, solemnities
festmachen, befestigen [an]: አጠበቀ፣ አጠናከረ: belay, make fast, fasten [to]
festmachend: አጠናካሪ/ አጠናክሮ: belaying, mooring, tightening
festnageln: በምስማር አጠበቀ/ መታ: spike
Festnahme {f}: እስራት: detention, apprehension
festnehmen: አሰረ: arrest
Festplatte {f}: ሐርድ ዲስክ: hard disk, fixed disk
Festplattenspeicher {m}: ሐርድ ዲስክ መጠን: fixed-disk storage
Festplatz {m}: አደባባይ: fairground
Festprogramm {n}: የክብረ በዓል ፕሮግራም: table of events
festschnallen: ታጠቀ፣ ቀነተ: strap down
festschnallend: ቀናች/ ቀንቶ: strapping down
festsetzen, erklären, darlegen, bestimmen, einrichten: አዘጋጀ፣ አሰናዳ: establish, appoint, state
festsitzen: ተቀመጠ: to be stuck
Festspeicher (ROM) {m}: የኮምፒዩተር ራስ/ ግንዛቤ: read-only memory
feststehen: ቀጥ አለ: stand firm
feststehend: ቋሚ: static, stationary
feststellbar, ermittelbar: ተገላጭ: ascertainable, certifiable, discoverable, certifiably
Feststellbarkeit {f}: ተገላጭነት: detectability
feststellen: አገናዘበ፣ ተረዳ፣ ወሰነ: to realise, determine, ascertain
feststellend: ተገንዛቢ/ ተገንዝቦ: noticing
Festtag {m}: የበዓል ቀን: festive day
Festung {f}: ምሽግ: fortress
Festungen {pl} :: fortresses
Fetisch {m}: ጣኦት፣ አምልኮት: fetish
Fetische {pl} :: fetishes
Fetischismus {m}: ባዕድ አምልኮት: fetishism
fett: ስባታማ/ ም፣ ስብ፣ ወፍራም: adipose bold, fat, porkily, porky
Fettbauch {m}: ቅምባ/ ቅርጫት ሆድ: fat belly
Fettbäuche {pl} :: fat bellies
fette Schrift: ጉልህ ጽሑፍ: blackface
fetten, schmieren: አጎላ: grease
fettig: ስባማ፣ ወፍራም: greasy, fatty, fattily, greasily, lardy, oleaginous
Fettigkeit {f}: ስባማነት: fattiness, oiliness
Fettschrift {f}: ጉለህ ጽሑፍ: Boldface, boldface
feucht: ቀዝቃዛ፣ ርጥብ፣ የራሰ፣ ጤዛማ: damp, damply, dank, dankly, dewily, humid, humidly, moist, moistly, moisty, soggily, soggy, damply
Feuchte {f}: ጤዛ: moistness
Feuchtigkeit {f}: ቅዝቃዜ፣ ጤዛማነት: dampness dankness, humidification, humidity, moisture, sogginess
Feuchtigkeiten {pl} :: moistures
feuchtkalt: ቀዝቃዛ: clammily, clammy
feudal: ፊውዳል: feudally, feudal
Feudalherr {m}: መሬት ከበርቴ : seigneur, seignior
Feudalherren {pl} :: seigniors, seigneurs
Feudalismus {m}: መሬት ከበርቴ ነት: feudalism
feudalistisch: ፊውዳላዊ: feudalistic
Feuer {n}: እሳት: fire, spunk, fieriness
Feueralarm {m}: የሳት ማስጠንቀቂያ: fire alarm
Feueralarme {pl} :: fire alarms
Feueranzünder {m, pl}: ክብሪት: firelighter, firelighters
feuerbeständig: ፀረ እሳት: fire-resistant
Feuereinstellung {f}: ተኩስ ማቆም: ceasefire
feuerfest: በቀላሉ የማይቃጠል: fire proof
Feuergefahr {f}: ቃጠሎ: danger of fire
feuergefährlich: አዳጋኝ: inflammable
Feuerkraft {f}: እሳት ኃይል: firepower
Feuerkugel {f}: የተዳፈነ እሳት: fireball, fireballs
Feuerleiter {f}: ያዳጋ መሰላል: fire escape, fireladder, fire escapes, fireladders
Feuerlinie {f}: የጦርነት ቀጠና: fireline
Feuerlinien {pl} :: firelines
Feuerlöscher {m, pl}: እሳት አዳጋ: extinguisher, fire extinguisher, fire extinguishers
Feuerlöschübung {f}: የእሳት አዳጋ ልምምድ: firedrill
Feuerlöschübungen {pl} :: firedrills
Feuerprobe {f}: ከባድ ፈተና: fire test
Feuerproben {pl} :: fire tests
feuerrot: ነበልባል: blazing red
Feuerschutz {m}: እሳት መከላከያ: fireprotection
Feuersglut {f}: ግለት: burning heat
feuersicher: ፀረ እሳት: fire-proof, flameproof
Feuerstein {m}: የጋለ ደንጋይ: fire stone, flint

Feuersteine {pl} :: fire stones
Feuerstelle {f}: የቃጠሎ ቦታ: fireplace, hearth
Feuerstellen {pl} :: fireplaces, hearths
Feuertaufe {f}: እንጎሮጎባሽ: baptism of fire
Feuertaufen {pl} :: baptisms of fire
Feuerteufel {m, pl}: እባ ቆሪጥ: firebug, firebugs
Feuerung {f}: ማደፋፈር፤ ማሟሟቅ: firing
Feuerverhinderung {f}: ቃጠሎ መከላከል: fireprevention
Feuerversicherung {f}: የቃጠሎ እንሹራንስ: fireinsurance
Feuerversicherungen {pl} :: fireinsurances, fire curtains
Feuervorhang {m}: መጋድ: fire curtain
Feuerwehr {f}: እሳት አደጋ መከላከያ: fire brigade, firedepartment
Feuerwehrmann {m}: የሳት አደጋ መከላከያ ሠራተኛ: fireman
Feuerwehrmänner {pl} :: firemen
Feuerwehrwache {f}: የሳት መከላከያ ጣቢያ: fire station
Feuerwerk {n}: ችቦ፤ ርችት: firework, artificer
Feuerzeichen {n}: የሳት ማስጠንቀቂያ: fire signal
Feuerzeug {n}: ክብሪት: cigarette lighter, lighter
feurig: እሳታዊ: fiery, fervently, fierily, fiery, igneous, mettled, mettlesome, spunky, ardently, fervidly, spunkily
Fibel {f}: ፊደልና ንባብ መማሪያ: primer, fibula
Fieber {n}: ትኩሳት: fever
Fieberanfall {m}: ትኩሳት አደጋ: attack of fever, fevery
Fieberanfälle {pl}:: flushes, attacks of fever
fieberhaft: ጭንቀታማ/ም/ታዊ: feverish, feverishly
Fieberhitze {f}: ከፍተኛ ሙቀት: feverish heat
Fiebermittel {n}: ትኩሳት መከላከያ/ አስታጋሽ: antipyretic
Fiebertabelle {f}: ሙቀት መለኪያ: temperature chart
Fiebertabellen {pl} :: temperature charts
Fieberthermometer {n}: ትኩሳት መለኪያ: clinical thermometer
fiebrig: ትኩሳታዊ: feverish, shivery
Fiedel {f}: የሙዚቃ መሳሪያ: fiddle
fiftyfifty: እኩል/ ግማሽ: fiftyfifty
Figürchen {n}: ምስል፤ ስእል: figurine
Figur/en {f/ pl}: ቅርጻቅርጽ: figures, physiques
figürlich: ምስላዊ: figured
Figürlichkeit {f}: ምሳሌነት: figurativeness
Fiktion {f}: ቀልድ፤ ልብ ወለድ: fiction
Fiktionen {pl} :: fictions
File {f}: ፋይል: file
Filegröße {f}: የፋይል ብዛት: filesize
Filename {m}: የፋይሉ ስም: filename, filespec
Filenamen {pl} :: filenames, filespecs
Film {m}: ፊልም: film
Filmarchiv {n}: ፊልም ማስቀመጫ: filmlibrary
Filmarchive {pl} :: filmlibraries
Filmgesellschaft/ en {f/ pl}: ፊልም ድርጅት: film companies
Filmgesellschat {f}: ፊልም አክተር: film company
Filmindustrie {f}: ፊልም ማምረቻ: film industry
Filmindustrien {pl} :: film industries
filmisch: ድራማዊ: cinematic, cinematically
Filmkamera {f}: የፊልም ካሜራ: cine camera
Filmprojektor {m}: ፊልም ማጠንጠኛ: film-projector
Filmregisseur {m}: ፊልም ዳይሬክተር: film director
Filmregisseure {pl} :: film directors
Filmstar {m}: አክተር: film star
Filmstars {pl} :: film stars
Filter {m, pl}: ማጣሪያ: filter, cleaner, filters
filtern: አጣራ፤ አጠለለ: drain, filtrate, percolate
filternd: አጥላይ/ አጥላሉ: filtering, filtrating, percolating
filtrieren: አጠለለ፤ አጣራ: filtrate, filtration
Filtrierungen {pl} :: filtrations
filzen: ፈለገ፤ አራገበ: shakedown
Finalist {m}: መጨረሻ: finalist
Finalisten {pl} :: finalists
Finanz {f}: ፋይናንስ: finance, financial
Finanzamt {n}: ሀገር ውስጥ ገቢ: tax office
Finanzämter {pl} :: tax offices
finanziell: ፋይናንሳዊ: financial, financially, financially
finanzieren: ከፈለ: finance, bankroll, bankrolling
Finanzierung {f}: ክፍያ: factoring
Finanzjahr {n}: አመታዊ ገቢ: fiscal year
Finanzjahre {pl} :: fiscal years
Finanzlage {f}: የገቢ ሁኔታ: financial state
Finanzlagen {pl} :: financial states
Finanzmann {m}: ገንዘብ ተቆጣጣሪ: financier
Finanzminister {m}: የገንዘብ ሚኒስተር: minister of finance
Finanzministerien {pl} :: ministries of finance
Finanzministerium {n}: የገንዘብ ሚኒስተር: ministry of finance
Finanzverwaltung {f}: ገንዘብ አስተዳደር: financial management
finden, entdecken, suchen: አገኘ፤ ፈለሰፈ: detect, find (found, found)
Findigkeit {f}: ግኝት: recourcefulness, resourcefulness
Finger {m, pl}: ጣት: finger, fingers
Fingerabdruck {m}: አሻራ: dactylogram, fingerprint
Fingerabdrücke {pl} :: fingerprints
Fingerarbeit {f}: የጣት ሥራ: fingertips
Fingerling {m}: የጣት ቀለበት: finger stall
Fingerlinge {pl} :: finger stalls, finger nails, fingernails
Fingernagel {m}: ጣትጥፍር: finger nail, fingernail

Fingerspitze {f}: ጣትጫፍ: finger tip fingertip, tip of the finger
Fingerspitzen {pl} :: finger tips, fingertips
Fingerspitzengefühl {n}: ጣትጫፍ ስሜት: flair, sure instinct
Fingerübung {f}: ጣትለምምድ: finger exercise
Fingerübungen {pl} :: finger exercises
Fink {m}: የወፍ ዓይነት: finch
Finken {pl} :: finches, finns
finster blicken: አጮለቀ፣ አሾልኮ አየ: glower
finster: ጨለማማ/ም: gauntly, gloomily, loweringly, murkily, murky, obfuscatory
Finsternis {f}: ጨለማ: darkness
Finsternisse {pl} :: eclipses
Finte {f}: ማስፈራራት፣ ማስጎምጀት: feint
Finten {pl} :: feints
Firma {f}: ኢንዱስትሪ: firm
Firmen {pl} :: firms
Firmeninhaber {m, pl}: ባለእንዱስትሪ: firm owner, firm owners
Firmenschild {n}: የእንዱስትሪ ምልክት: sign of company, signboard
Firmenschilder {pl} :: signboards
Firmensitz {m}: የፊርማው ቢሮ: office, principal office
Fisch {m}: ዓሣ: finny, fish
Fischadler {m}: ዓሣ ነጋዴ: osprey
fischen, angeln: አጠመደ፣ አሰገረ: to fish
Fischer {m}: ዓሣ አጥማጅ: fisher, fisherman
Fischer {pl} :: fishermen
Fischerboot {n}: ዓሣ አጥማጅ ጀልባ: fishing boat
Fischerboote {pl} :: fishing boats
Fischerei {f}: ዓሣ ጠመዳ: fishery
Fischereien {pl} :: fisheries
Fischgericht {n}: ዓሣ ጥብስ: fish dish
Fischgerichte {pl} :: fish dishes
Fischgeruch {m}: ያሣ ሽታ: fishy smell
Fischgerüche {pl} :: fishy smells
Fischmehl {n}: ያሣ ዱቄ ት: fish meal
Fischmilch {f}: ዓሣ ወተት: milt
Fischnetz {n}: ያሣ ኔት: fishnet
Fischschuppe {f}: ዓሣ ወጥ: fish scale
Fischschuppen {pl} :: fish scales
Fischvergiftung {f}: ያሣ ብክላት: fish poisoning
Fischzucht {f}: ያሣ ርባታ: pisci culture
Fischzüchter {m}: ዓሣ አርቢ: pisciculturist
Fitnesscenter {n}: የስፖርት መስሪያ/ ማሰሪያ: fitnesscenter
Fitnessraum {m}: ጂምናስቲክ ክፍል: fitness room
Fitnessräume {pl} :: fitness rooms
fixen: ወሰነ፣ ገበየ: sell bear
Fixierbad {n}: መጠቅለያ: fixing bath
Fixierbäder {pl} :: fixing baths
fixieren: አመለከተ: locate
flach, tabellarisch: ሜዳ፣ ዘብጥ፣ ዝርግ: tabular flat, platy, vapid, vapidly
Flachdach {n}: ልጥጥ ባጥ: flat roof
Flachdächer {pl} :: flat roofs
Fläche {f}: ሜዳ፣ አካባቢ: area, face, surface, expanse
Flächen {pl}:: surfaces, flats, areas
Flachheit {f}: ሜዳማነት: flatness
flachsartig: ሜዳማ: flaxen, flaxy
flachshaarig: ስስ ጠጉር: flax haired
flackern: ተውለበለበ፣ አጨለጨለ: glint flare, flicker
Flak {f}: ዓየር መቃወሚያ: archie
Flakon {n}: ጠርሙስ: small bottle
Flakons {pl} :: small bottles
Flamme {f}: ነበልባል: blaze, flame
flammen: ተንቀለቀለ፣ ተንቦገቦገ: flame
Flammenmeer {n}: ነበልባል: sea of flames
Flammenmeere {pl} :: seas of flames
Flammenofen {m}: ምድጃ: reverbatory, reverbatory furnace
Flammenwächter {m}: ቃጠሎ ዘጋቢ: flame detector
Flammpunkt {m}: መቃጠያ ነጥብ: flash point
Flanken {f}: ጫፍ: flank
Flankenangriff {m}: ጀብዳዊ ወረራ: flank attack
Flankenangriffe {pl} :: flank attacks
Flankendeckung {f}: ምሽግ መከላከል: flank protection
Flasche {f}: ጠርሙስ: bottle, flagon
Flaschen {pl} :: bottles, flagons
Flaschenbier {n}: የጠርሙስ ቢራ: bottled beer
Flaschenkind {n}: የጡጦ ልጅ: bottle fed
Flaschenkinder {pl} :: bottle fed babies
Flaschenöffner {m}: ጠርሙስ መክፈቻ: bottle opener
Flaschenöffner {pl} :: bottle openers
flatterhaft: ቡራማ/ ቡረኛ: flighty
Flatterhaftigkeit {f}: ቡረኝነት: flightiness
flattern: ተንተበተበ፣ ለፈለፈ flacker, flutter, jitter, shimmy
flau: ፍዝ: slack
Flaum {m}: ላባ: down fluff, floccus, fuzz
flaumig: ላባማ፣ ጠጉራማ (ላሞራ): fluffy, cottony, downey, downy
Flaute {f}: ጸጥታ፣ ገብያአልባ: dead calm
Fleck {m}: ነጥብ፣ ቦታ፣ ጠብታ: spot, stain
Flecken {pl} :: spots, stains
fleckenlos: መቋሚያ/ መያዣ የለሽ፣ ንጹሕ: spotless, fleckless, untainted
Fleckenreiniger {m, pl}: ማጽጃ: spot remover, spot removers
fleckig: ብክል: patchy, patchily
Fleckigkeit {f}: ብክልነት፣ መጥፎነት: blotchiness
Fledermaus {f}: ማታ/ ሌሊት ወፍ: bat
Fledermäuse {pl}:: bats
Flegel {m}: መስርሰሪያ መሣሪያ: flail, boor, boors, churl, cub, cubs
flegelhaft: ቀልባጣ፣ ቀልዋጣ: boorishly, churlish, churlishly, boorishly
flehen: ጥግ ጠየቀ: crave, plead

flehend: ኮብላይ/ ኮብልሉ: appealing, craving, pleaded for, praying, supplicatory, pleadingly
Fleisch {n}: ሥጋ: flesh, meat
Fleischer {m, pl}, Metzger, Schlachter: የሉካንዳ ሠራተኛ: butcher, butchers
Fleischerhandwerk {n}: አራጅ: butchery
fleischig: ሥጋማ: beefily, beefy, fleshy, meaty
fleischlich: ራቁትማ: carnal, carnally, fleshly
fleischlos: አጥንት: fleshless, meatless
Fleischware {f}: ሥጋ ምርት: meat product
Fleischwaren {pl}:: meat products
Fleiß {m}: ትጋት: assiduity, diligence, industriousness, studiousness, study
fleißig: ትጉ፣ ታታሪ: diligent, diligently, studious, studiously, industriously, studiously
flektiert: ግልጽ፣ የተብራራ: flectional, flexional, inflectional
flexibel, anpaßungsfähig: ተለዋዋጭ: flexible, flexibly, flexilely
Flexibilität {f}: ተለዋዋጭነት: flexibility
Flexibilitäten {pl} :: flexibleness
flicken: ጠገነ፣ ሰፋ፣ አውጠነጠነ: cobble, botch, tinker
Flickwerk {n}: ጥገና፣ ስፌት፣ ድሪታ: botchiness
Flickwerke {pl} :: botchinesses
Flickzeug {n}: መስፊያ: repair kit
Fliege {f}: ትንኝ፣ ዝንብ: fly
fliegen: በረረ፣ ከነፈ: fly (flew, flown), go by plane, travel by air
Fliegenfänger {n, pl}: የዝንብ ማጥፊያ: flycatcher, flycatchers
Fliegenfenster {n, pl}: የትንኝ መከላከያ: fly screen, fly screens
Flieger {m}: ፓይለት፣ አብራሪ: airman aviator, flyer
Fliegerabwehr {f}: ያየር መቃወሚያ: anti aircraft, antiaircraft
Fliegeralarm {m}: ማስጠንቀቂያ: air raid warning
Fliegerbombe {f}: የጦር አውሮፕላን: aircraft bomb
Fliegerin {f}: አብራሪ: air woman, aviatrix
Fliegerinnen {pl} :: aviatrixes
Fliegeroffizier {m}: ፓይለት: pilot officer
Fliegerschule {f}: የበረራ ትምህርት ቤት: flying school
Fliegerschulen {pl} :: flying schools
fliehen: ኮበለለ: to flee
Fließarbeit {f}: የቡድን ሥራ: assembly line work
Fließarbeiten {pl} :: assembly line works, assembly lines
Fließband {n}: ማሽከርከሪያ: line-assembly
Fließbandarbeiter {m}: ያውቶማቲክ ሥራ ተቀጣሪ/ ሠራተኛ: assembly line worker
Fließbandfertigung {f}: የቡድን ሥራ: assembly belt production
Fließen {n}: መሽከርከር: fluxion
fließen, strömen: ፈሰሰ፣ ተሽከረከረ: flow
fließend: በትክክል: fluently, fluxionary, runny, flowingly, fluently, runnier
Fließproduktion {f}: ፈሳሽ ምርት: flow production
Fließproduktionen {pl} :: flow productions
flimmerfrei: ዝገትአልባ: flickerfree, glimmer-free
Flimmern {n}: ዝገት: flickering
flimmern: ዛገ: flicker
flink: ፈጣን፣ ቀልጣፋ: nimble, slippy, nimble, nimbly
Flinkheit {f}: ቅልጥፍና፣ ፍጥነት: quickness
Flinte {f}: ጠበንጃ፣ መስኬቶ: musket, shot gun
Flinten {pl} :: shot guns
Flintenschuß {m}: ተኩስ: gunshot
Flintenschüsse {pl}:: gunshots
Flipper {m}: የጭዋታ ዓይነት: pinball, somersaulted
flirten: አታለለ፣ አሚሚቀ፣ አኳሸ: coquet, flirt, gallivant, philander
Flittchen {n}, leichtes Mädchen: ወረጋ፣ ቆንጆ: floozie, hussy
Flittchen {pl}:: hussies
flitterhaft: ለግላጋ: tawdry, tawdrily
flittern: ጨነለ፣ ሞሸረ: tinsel
Flitterwochen {pl}: የሙሽርና ሳምንት/ ጫጉላ: honeymoon
flitzen: ተቻኮለ፣ ፈጠነ: whizz, flit
Flocke {f}: የሥራሥር ዓይነት: flake
Flocken {pl} :: flakes, fluffs
flockig: ስራማ/ ስር የበዛበት: flaked, floccose, flaky, flocculent
Flockigkeit {f}: ስራማነት: fluffiness, flakiness
Floh {m}: ቅማል፣ ቁንጫ: flea
Flora {f}: ደን፣ ጫካ: flora
Floren {pl} :: floras
florieren: አበበ፣ ተራባ፣ ወለደ: prosper
Floß {n}: ታንኳ: float
Flosse {f} : ያሣ ብልት: rafts
Flöße {pl} :: rafts, fleas
Flöte {f}: የሙዚቃ መሣሪያ፣ ዋሽንት: flute
Flöten {pl}:: flutes
Flötenspieler {m, pl}: የዋሽንት ጨዋታ: flute player, flute players
Flötist {m}: ዋሽንት ተጫዋች: flutist
Flötisten {pl} :: flutists
flott: ውሐ ላይ ግንድ፣ ተንሳፋፊ: jauntily, perky
Flotte {f}: ፍሊት፣ የሚረጭ መድኃኒት: fleet
Flotten {pl} :: fleets, navies
Flottenabkommen {n}: ባሕር ኃይል ስምምነት: naval agreement
Flottenschau {f}: ባሕር ኃይል ልምምድ: naval review
Flottenstation {f}: ባሕር ኃይል ሠፈር/ ጣቢያ: naval base
Fluch {m}: ርግማን: curse, malediction
fluchen: ረገመ፣ አወገዘ: swear
Fluchen {n}: እርግማን፣ ግዝት: swearing, anathematize, curse

fluchend: አውግዞ/ ለይቶ: swearing, anathematizing
Flucher {m, pl}: አውጋዥ: curser, cursers
Flucht {f}: ሽሽት: elopement, escape
Flucht {f}, Flug: በረራ፤ ሩጫ: flight
fluchten: አስተካከለ: align
flüchtig, unbeständig: ሽሽት ላይ ያለ/ የሆነ: non-permanent, volatile, ephemeral, fleeting, flighty, fugitive, fugitively, hit and run, volatile, volatilely, ephemerally, fleetingly
Flüchtige {m, f}: ፈላሲ: evader
Flüchtigkeit {f}: ስደተኝነት፤ ባይተዋርነት: cursoriness, fleetingness, momentariness
Flüchtling {m}: ፈላሲ: fugitive, absconder, escapee, refugee
Flüchtlinge {pl} :: escapees, fugitives, refugees
Flüchtlingslager {n}: የስደተኛ ካምፕ: refugee camp
Fluchtversuch {m}: የማምለጥ ሙከራ: attempt to escape
Fluchtversuche {pl} :: attempts to escape
Fluchtversuchen {n}: ለማምለጥ መሞከር: attemps to escape
Fluchwort {n}: ውግዘት ቃል: swearword
Fluchwörter {pl}: የግዝት/ ውግዘት ቃላት: swearwords
Flug {m}: በረራ: flight
Flugball {m}: የእጅ ኳስ: volley ball
Flugblatt {n}: ማስታወቂያ: flier, handbill
Flugblätter {pl} :: fliers
Flugdienst {m}: በረራ አገልግሎት: air service
Flügel {m, pl}: ክንፍ: wing, wings
Flügelfenster {n}: መሸሻ በር: casement window
Flügeltür {f}: ባለክንፍ መዝጊያ: folding door
Flügeltüren {pl} :: folding doors
Fluggast {m}: ያውሮፕላን መንገደኛ: air passenger
flügge: በራሪ፤ ክንፈኛ: fledged, fully fledged
Fluggeschwindigkeit {f}: በረራ ፍጥነት: flying speed
Fluggesellschaft {f}: ዓየር መንገድ: airline
Fluggesellschaften {pl} :: airlines
Flughafen {m}: አውሮፕላን ጣቢያ: aerodrome airdrome, airport
Flugkapitän {m}: ያውሮፕላን ካፕቴ ይን: aircraft captain
Fluglehrer {m}: በረራ አስተማሪ: pilot instructor
Flugmaschine {f}: አውሮፕላን: flying machine
Flugmaschinen {pl} :: flying machines
Flugmotorenhersteller {m}: ያውሮፕላን አምራች: aero engine maker
Flugplatz {m}: አውሮፕላን ማረፊያ: aerodrome, airfield
Flugplätze {pl} :: airfields
Flugpost {f}: ያየር መልክት: air mail
flugs, schnell: ፈጣን: quickly
Flugsand {m}: አባ ራ: wind borne sand
Flugschrift {f}: ማስተዋወቂያ: pamphlet
Flugsicherung {f}: በረራ መቆጣጠሪያ: air traffic control
Flugsicherungen {pl} :: air traffic controls
Flugsicherungszentrale {f}: ማዕከላዊ በረራ መቆጣጠሪያ: air traffic control center
Flugsport {m}: ያየር ላይ እስፖርት: aviation
Flugstrecke {f}: የበረራ ርቀት: flight route
Flugstrecken {pl} :: flight routes
flugtauglich: መብረር ቻይ/ የሚችል: capable of flying
flugunfähig: ስንኩል፤ የማይበር: flightless, flightlessly
Flugweg {m}: በረራ መስመር: flight path
Flugwege {pl} :: flight paths
Flugzeit {f}: የበረራ ሰዓት: flying time
Flugzeiten {pl} :: flying times
Flugzeug {n}: አውሮፕላን: aeroplane, airplane
Flugzeugabsturz {m}: አውሮፕላን አደጋ: plane crash
Flugzeugbau {m}: ያውሮፕላን ሥራ: aircraft construction
Flugzeuge {pl} :: aeroplanes, aircrafts
Flugzeugentführer {m, pl}: አውሮፕላን ጠላፊ: skyjacker, skyjackers
Flugzeugflotte {f}: ዓየር ኃይል: aircraft fleet
Flugzeughalle {f}: የመንገደኞች ማረፊያ: hangar
Flugzeughallen {pl} :: hangars
Flugzeughersteller {m}: አውሮፕላን አምራች: aircraft manufacturer
Flugzeugnavigation {f}: በረራ አመልካች/ ጠቋሚ: aircraft navigation
Flugzeugträger {m, pl}: አውሮፕላን ተሸካሚ መርከብ: aircraft carrier, flattop, flattops
Flugzeugunglück {n}, Absturz: አውሮፕላን መከስከስ/ አደጋ: crash
Flunkerei {f}: ልፍለፋ፤ ዝልበዳ: blarney
Flunkereien {pl} :: fibs
flunkern, aufschneiden: አቧረቀ፤ አጋነነ: fib
Flur {m}: አዳራሽ፤ ወለል: hall, lea
Flurbereinigung {f}: ወለል ማጽጃ/ መወልወያ: consolidation of farming
Fluß {m}: ወንዝ: flow, fluency, flux, river
flußabwärts: በወንዙ አቅጣጫ: downstream
flußartig: ፈሳሽ: fluvial
flußaufwärts: በወንዙ አቅጣጫ: upstream
Flußbett {n}: ወንዝ አልጋ: river bed, riverbed
Flußboot {n}: ጀልባ: bateau
Flußboote {pl} :: bateaux
Flüßchen {n, pl}: ሸጥ: creek, rivulet, creeks
Flußdiagramm {n}: የድርጊት ፕላን: flow chart, flowchart
flüssig: ፈሳሽ: fluid, fluidly, fluxional, liquid, liquidly
Flüssigkeit {f}: ፈሳሽነት: fluid, liquid fluidness, liquid, liquidness, liquor
Flüssigkeiten {pl} :: fluidities, fluids, liquids, liquors
Flußkrebs {m}: ትላትል፤ ቀንድና ቀንድዮሽ: crayfish

Flußkrebse {pl} :: crayfishes, courses of rivers
Flußlauf {m}: የወንዙ አቅጣጫ: course of a river
Flußlinie {f}: የውሐ መስመር: flow line
Flußpferd {n}: ጉማሬ: hippo, hippopotamus
Flußpferde {pl} :: river horses, hippopotamuses
Flußschiffahrt {f}: መርከብ የሚያስኬድ ወንዝ: river navigation
Flußufer {n}: ወንዝ ዳር/ ቻ: riverside
flüstern: አንኰሻኰሸ፣ ሹክ አለ: to speak under breath, whisper
Flut {f}: ውሐ ማጥለቅለቅ፣ ጎርፍ: flow, spate, tidal, flood
Fluten {pl}:: floods
Flutgewässer {n, pl}: ደለል: floodwaters
Flutlicht {n}: የውሐ ፍልቅላቅ/ ነጸብራቅ: flood light
Flutwasser {n}: ጎርፍ: floodwater
Flutwelle {f}: ማእበል: eagre, tidal wave
Flutwellen {pl} :: eagres, tidal waves
Föderalismus {m}: ፌደራሊዝም: federalism
Föderalist {m}: ፌደራላዊ: federalist
Föderation {f}: ፌዴሬሽን: federation
föderativ: ፌደራላዊ: federally, federative, federatively
Fohlen {n, pl}: ሰንጋ፣ ግልገል ፈረስ: colt, foal, foals
Folge {f}: ውጤት፣ ሰበብ፣ ጦስ: consequence, sequel, sequence, sequitur, suite
Folgen {pl}:: successions
folgen, verfolgen: ተከተለ፣ ተተካ: succeed, follow, ensue, succeed
folgend: ተተኪ/ ተተክቶ: በመከታተል: consequent, ensuing, following, folowing, proximate, sequences, successional, proximately, sequentially
folgender Tag: ቀጣዩ ቀን/ ነገ: morrow
folgendermaßen, wie folgt: እንደሚከተለው: as follows
folgerichtig, einheitlich: በጠቅላላ: consistent congruously, consistent, logical, sequentially
Folgerichtigkeit {f}: ስምምነት: consistence, congruity, consistency
Folgerichtigkeiten {pl} :: congruousness
folgern: አገናኘ፣ አያያዘ: deduce, infer, conclude
Folgerung {f}: ውጤት: conclusion, implication, inference, ratiocination
Folgerungen {pl} :: inferences
Folgesatz {m}: ጥገኛ ዓረፍተ ነገር: consecutive clause, corollary
Folgesätze {f} :: corollaries
folgewidrig: ተቃራኒ፣ ተጻራሪ: inconsistent, inconsequent
Folgewidrigkeit {f}: ዝብርቅርቅ: inconsequence, inconsistency
folglich, somit, dann: ቀጥሎ ፣ ከዚያ: then consequently, thus
folgsam: ታማኝ: obedient, obediently
Folgsamkeit {f}: ታማኝነት: obedience
Folie {f}: ብራና: foil
Folien {pl}:: foils
Folter {f}: ግርፋት፣ ስቃይ: torture
Folterinstrument {n}: አለንጋ፣ መግረፊያ: instrument of torture
Folterkammer {f}: መግረፊያ ክፍል: torture chamber, torturechamber
Folterung {f}: ግርፋት: tortuousness
Fondue {n}: አይብ ፣ ወተት ምግብ: fondue
Fontäne {f}: ፏፏቴ : fountain
Fontänen {pl}:: fountains
foppen: አናናቀ፣ አቃለለ: hoax
Förderalisten {pl} :: federalists
Förderer {m, pl}: አነቃቂ፣ ሞራል ሰጭ: catalyzer, conveyor, patronizer, sponsor, sponsors, catalyzers
fördern: ደገፈ፣ ሰጠ፣ አነቃቃ: to support, convey, deliver, lift, patronize, further
fordern: ጠየቀ: arrogate, postulate
fordernd: ጠያቂ/ ጠይቆ: arrogating, postulating
Forderung {f}: ጥያቄ ፣ ጥየቃ: demand, postulation
Förderung {f}: ድጋፍ፣ ኃላፊነት: promotion, delivery, furtherance, promotion
Förderungen {pl} :: furtherances
Forderungen {pl} :: receivables
Form {f}, Gestalt: ቅርጽ፣ ቅጽ፣ ፎርሙላ: formfeed, form, shape
formal: በግልጽ: formal
formalisieren: አረጋገጠ፣ ሕገኛ አደረገ: formalise, formalize
Formatieren {n}: ማጣራት: formatting
formatieren: አጣራ: format
formell, ausdrücklich: በሕጉ፣ በወጉ፣ በደንቡ: formally, formal
Formen {n}: መቅረጽ: molding
formen: ቀረጸ: sculpt, form
formend: ቀራጺ/ ቀርጸ: formative, forming, modeling, sculpting, sculpturing, formatively, modelling
Former {m, pl}: ቀራጺ: molder, shaper, shapers
Formfehler {m}: ቅርጻዊ ስተት: form error, syntactic error
Formgebung {f}: ቀረጸ: shaping
Formgestaltung {f}: ቅርጽ ማውጣት: styling
formieren: ገለጸ: form up
förmlich: ቅርጻዊ: formerly, punctilious, punctiliously
Förmlichkeit {f}: ቅርጻዊነት: formality, formalization, punctiliousness
Förmlichkeiten {pl} :: formalities, formalizations, punctiliousnesses
formlos, unformell: ቅርጽአልባ: informal, amorphous, formless, informal, informally, shapeless, shapelessly, formlessly
Formlosigkeit {f}: ቅርጽአልባነት: amorphousness, formlessness, informality

Formular {n}: ቅጽ: form
Formulare {pl} :: formulares
formulargerecht: እንደደንቡ/ ወጉ: according to form
formulieren: አሳካ፤ አቀናበረ: formulate, word
formulierend: አቀናባሪ/ አቀናብሮ: formulating verbalizing, wording
formuliert: ተቀናባሪ/ ተቀናብሮ: formulated formulates, formulated, verbalized
Formulierung {f}: ቅብንር: formulation, verbalization
Formulierungen {pl} :: formulations, verbalizations
forsch, lebhaft: ለጋስ፤ ጎበዝ፤ ጀግና: brisk
forschen, suchen: መረመረ፤ ፈለሰፈ: research, search
forschend: ተመርማሪ/ ተመራምሮ: pioneering questing, researching
Forscher {m, pl}: ተመራማሪ: explorer, researcher, researchers
Forschung {f}: ምርምር: research
Forschungsarbeit {f}: ምርምር ሥራ: research work
Forst {m}, Wald: ጫካ: forest
Forstaufseher {m, pl}: ጫካ ጠባቂ: forest supervisor, forest supervisors
Forstbeamte {m}: ጫካምሁር፤ ደንኛ: forest officer
Forstbeamten {pl} :: forest officers
Förster {m, pl}: ጫካ ጠባቂ: ranger woodman, woodsman, woodsmen, woodsmen
Forstmann {m}: ደንኛ: forester
Forstrevier {n}: ደንልማት: forest district
Forstreviere {pl} :: forest districts
Forstwesen {n}: ደን: forestry
fort, weg, entfernt: ወጺያ፤ አላፊ: gone, begone, off
fortan: ካሁን ወዲያ: from now on, henceforth
Fortbestand {m}: ቅጥያ: continuity
fortbewegen: ተንቀሳቀሰ: move on
fortbewegend: ተንቀሳቃሽ/ ተንቀሳቅሶ: moving on
Fortbewegung {f}: እንቅስቃሴ: locomotion
fortdauern: ተራዘመ፤ ቀጠለ: subsist
fortfahren , weitermachen: ተጓዘ፤ ሄደ፤ ቀጠለ: proceed, continue
fortgegangen: አላፊ/ ሞቶ፤ ሄዶ: gone away
fortgehen: አለፈ፤ ሄደ: go away, walkaway
fortgeschafft: ተወጋጅ/ ተወግዶ: taken away
fortgeschritten, hochentwickelt: ስልጡን/ ሰልጥኖ: sophisticated, advanced, preceded, processed, progressed
Fortgeschrittene {m, f}: ሥልጡን: advancer
fortgeschrittenes Alter: ጉርምስና እድሜ: advanced age
fortgestoßen: ግፉዕ/ ተገፍቶ: pushed away
fortlaufend: ያለማቋረጥ: consecutively consecutivly, continuous, progressional, consecutive, continuously

fortlaufende Numerierung: ተከታታይ ቁጥር: consecutive numbering
fortleben: ኖረ: live on
fortlebend: ኗሪ/ ኑሮ: living on
fortpflanzen: ተጸቀለ፤ ተራባ: reproduce
Fortpflanzung {f}: ድቀላ፤ እርባታ: generative
Fortpflanzungen {pl} :: reproductions
fortschaffen: አስወገደ: take away
fortschreiten: ገሠገሠ፤ ቀጠለ: progress, advance
fortschreitend: አጻጊ/ አድጎ፤ ቀጥሎ: progressing, advancing, onward, onwardly, preceding
Fortschritt {m}: እድገት: advancement advance, headway, porgress
Fortschritte {pl} :: proceedings, progresses
fortschrittlich: ታጻጊ፤ እድገታዊ: progressive, progressively
Fortschrittlichkeit {f}: ታጻጊነት፤ እድገት: progressiveness
fortsetzen: ቀጠለ፤ እንደገና አገኘ: resume, continue, proceed
Fortsetzung {f}: ቅጠላ: continuation
Fortsetzungen {pl} :: continuations
fortwährend: በተከታታይ: continual perpetual, perpetually
fortziehen: ቀየረ፤ ለወጠ: to move away, transmigrate
Forum {n}, Gremium: ቡድን: panel
Fossil {n}: የአጽም ቅሬት: fossil
Fossilien {pl}:: fossils
fossilienhaltig: አጽም ቅሬታዊ: fossiliferous
Foto {n}: ፎቶ: photo
Fotoapparat {m}, Kamera: ካሜራ: camera
Fotoapparate {pl}, Kameras :: cameras
Fotograf {m}, Photograph: ፎቶግራፍ: photographer
Fotografie {f}: ፎቶግራፍ: photograph, photography
Fotografien {pl}, Photographien :: photographies
fotografieren: ፎቶ አነሳ: take a photo, photograph, take a picture
fotografierend: ፎቶ አንሽ/ አንስቶ: taking a photo
fotografiert, photographiert: ፎቶ ተነሽ/ ተነስቶ: photographed
Fotokopierer {m}: ፎቶ ኮፒ: Photocopying-Machine
Fotos {pl}: ፎቶ: photos
Fracht {f}: መርከብ ጭነት: cargo, freight
Frachten {pl}:: freights
Frachtflugzeug {n}: ጭነት አውሮፕላን: air freighter
Frack {m}: ልብስ ዓይነት: dress coat
Frage {f}: ጥያቄ : query, quest, interrogation, question
Fragebogen {m}: የመጠይቅ ቅጽ: questionaire
Frageform {f}: የጥያቄ ቅጽ: interrogative form

Fragefürwort {n}, Fragewort: ቃለ መጠይቅ: interrogative
Fragefürwörter {pl}, Fragewörter :: interrogatives
Fragen {pl}: ጥያቄ : queries, questions
fragen, auffordern, bitten, verlangen: ጠየቀ: ask, interrogate, request
fragend: ጠያቂ/ ጠይቆ: asking, inquiring, interrogatively, interrogatorily, prompting, querying, questioning, requesting, queryingly
Fragesteller {m, pl}: ጠያቂ: questioner, questioners
Fragestunde {f}: መጠይቅ ጊዜ: question time
Fragezeichen {n}: የጥያቄ ምልክት: interrogation mark, interrogation point, question mark
fraglich, zweifelhaft: አጠያያቂ፣ አወያይ: doubtful, questionable
Fraglichkeit {f}: አጠያያቂነት: questionability
fraglos: ጥያቄ አልባ: questionless, unquestionable, unquestionably
Fragment/e {n/pl}: ቁራጭ፣ ስባሪ፣ ብጣሽ: fragments
fragmentarisch: ቁርጥራጭ: fragmentarily
fragwürdig: አጠያያቂ: questionably
Fragwürdigkeit {f}: አጠያያቂነት: questionableness
Fragwürdigkeiten {pl}:: questionableness
fraktionieren: ከፋፈለ: fractionate
Fraktionssitzung {f}: የተቃዋሚ ስብሰባ: caucus
Fraktionssitzungen {pl} :: caucuses
frankieren: አመለከተ፣ ምልክት አደረገ: prepay
Frankreich: ፈረንሳይ: France
Franzose {m}: ፈረንሳያዊ: Frenchman
französisch: ፈረንሳዊ: french
fraß: ድልብ፣ ምግብ: gormandized, rankled
fraternisieren: ተጎዳኘ፣ ተዋደደ፣ ተዛመደ: fraternize
fraternisierend: ተዛማጅ/ ተዛምዶ: fraternizing
fraternisierte: ተጓዳኝ/ ጓደኛ ሁኖ: fraternized
Frau {f}, Ehefrau: ሴት፣ ወይዘሮ፣ እትዬ: ምሽት: femme, mrs, signora, woman, wife
Frauen {pl}, Ehefrauen:: females, signoras, wives, womankind, women
Frauenarzt {m}, Gynäkologe: የሴቶች ሐኪም: gynaecologist
frauenhaft: ሴታሴት: womanlike
Frauenjäger {m, pl}: ሴት አዳኝ: womanizer, womanizers
Frauenklinik {f}: ሴቶች ክሊኒክ: gynaecological hospital
Frauenkloster {n}, Nonnenklöster: የሴቶች ገዳም: nunneries, nunnery
Frauenschänder {m}: ሴት አባላጊ: raper
Frauenwelt {f}: የሴትዓለም: womankind
Frauenzimmer {n}: የሽርሙጥና ቤት: wench
Frauenzimmer {pl}:: wenches
Fräulein {n, pl}: ልጃገረድ: mademoiselle, miss, signorina, young lady, young ladies signorinas
fraulich: ሴታዊ፣ ትዳራዊ: womanly, wifelily, wifely, womanlikely
Fraulichkeit {f}: ሴትነት: womanhood
frech, unverschämt: ትኩስ፣ ለጋ: impudent, sassy, cheekily, cheeky, insolent, insultingly, perkily, ribald, saucily, saucy, barefacedly, boldfaced, cheeky, insolently
Frechheit {f}, Unverschämtheit, Unbescheidenheit: ቀልባጣነት፣ ግንፍልተኝነት: immodesty, impudence, barefacedness, brashness, brassiness, cheekiness, effrontery, frivolity, insolence, perkiness, ribaldry, sassiness
Frechheiten {pl} :: barefacednesses, brassinesses, cheekinesses, effronteries, ribaldries
free-lance
Fregatte {f}: ጦር መርከብ: frigate
Fregatten {pl} :: frigates
frei gelassen: ነፃ ወጭ/ ወጥቶ: unstuck
frei, ungebunden, übrig: ነፃ: free, spare, uncommitted, freely, nonattached, unengaged, unengagedly, unenslaved, unfettered, unrestricted, untrapped, wheeling
Freibauer {m}: ነፃ ገበሬ: yeoman, yeomanry
freiberuflich arbeiten: በግሉ ሠራ: to work
freiberuflich: በግል: free lance
Freibetrag {m}: መነሻ ካፒታል: amount of exemption, tax exempt amount
Freibeträge {pl} :: tax exempt amounts
Freibeuter {m, pl}: በዝባዥ: freebooter, freebooters
freibeweglich: ተንቀሳቃሽ: freemoving, motile
Freidenker {m, pl}: ነፃ አሳቢ: free thinker, free thinkers
Freidenkertum {n}: ነፃ አስተሳሰብ: freethinking, freethought
Freigabe {f}: ነፃ ስጦታ: deallocation, enable, enabling, release
freigeben: ለቀቀ፣ ፈቀደ: de-allocate, deallocate, decontrol
freigebig, freizügig: ለጋስ: generous, bounteously, bountiful, bountifully, lavish, lavishly, munificent, munificently, open handed, openhanded, profuse, generously
Freigebigkeit {f}: ስጦታ፣ ልገሳ: bounty bounteousness, largesse, munificence
Freigebigkeiten {pl} :: bountifulness, munificences
freigiebig, großzügig: ለጋስ: bountiful, generous, bountifully
Freigiebigkeit {f}: ለጋስነት: bounty
freihaben: ነፃ/ እረፍት ሆነ/ አገኘ: have a holiday
freihalten: ነፃ ሆነ/ አደረገ: keep free
Freihandel {m}: ነፃ ንግድ: free trade
freihändig: ባዶ እጅ: freehand, without holding on
Freiheit {f}: ነፃነት: freedom, liberty

Freiheiten {pl}:: liberties, freedoms, liberties
freiheitlich: ነፃዊ: liberal
Freiheitsberaubung {f}: መብት ረገጣ: deprivation of liberty
Freiheitskampf {m}: የነፃነት ትግል: struggle for freedom
Freiheitskämpfe {pl} :: struggles for freedom
Freiheitsstrafe {f}: እስራት: term of imprisonment
Freiheitsstrafen {pl} :: terms of imprisonment
freiheraus: በግልጽ: frankly
freiherrlich: ባላባታዊ: baronial
freilassen: ነፃ ለቀቀ: manumit, undam, unharness
Freilassung {f}: ነፃነት፤ ነፃ መለቀቅ: manumission
Freilauf {m}: ነፃ ጉዞ: free wheel
freilegen, freigeben: ግልጽ አደረገ: lay open, uncover
freilich, gewiß: በእርግጥ: sure enough
Freilicht {n}: ፀሐይ፤ ነፃ ዓየር: open air
Freilichtbühne {f}: የሜዳ መድረክ: open air theater
freimachen: ለቀቀ፤ ነፃ አደረገ: disengage
Freimut {m}: ግልጽነት: frankness
freimütig: ለጋስ፤ ርኅሩኅ፤ ግልጽ: frank, outspoken, unreservedly
freisprechen: ለቀቀ፤ ነፃ አደረገ: absolve, acquit
Freisprechung {f}: ነፃነት፤ ነፃ መሆን: absolution
Freispruch {m}: ነፃ መሆን: acquittal, acquittal
freistehen: ነፃ ቀረ፤ ባዶ ሆነ: be vacant
Freistoß {m}: ቅጣት ምት: free kick
Freistöße {pl} :: free kicks
Freistunde {f}: ዕረፍት ሰዓት: free period
Freistunden {pl} :: free periods
Freitag {m}: ዓርብ፤ ዕረፍት ቀን: Friday
Freitage {pl} :: Fridays, fridays
Freitod {m}, Selbstmord: ራስን ማጥፋት: suicide
freiwillig: በፈቃድ፤ ያለግዳጅ: unsolicitous, voluntarily, voluntary
Freiwillige {m}: ፈቃደኛ: volunteer
Freiwilligen {pl} :: volunteers
Freiwilliger {m}: ፈቃደኛ: volunteer
Freiwilligkeit {f}: ፈቃደኝነት: gratuitousness, spontaneousness, voluntariness
Freizeit {f}: ዕረፍት ሰዓት: free time, spare time
Freizeitkleidung {f}: የዕረፍት ልብስ: leisure wear
Freizügigkeit {f}: ለጋስነት: generositiy, liberality
fremd, sonderbar, ausländisch, seltsam: እንግዳ፤ ያልተለመደ፤ ባይትዋር: strange, alien, foreign, strange, foreign, strange
fremdartig: ያልተለመደ: outlandish, outlandishly, unfamiliar
Fremdartigkeit {f}: ኢልሙድነት: extraneousness, foreignness
Fremde {m}, Fremdling: ባይትዋር: alien, stranger
Fremden {pl}, Unbekannte, Fremdlinge :: strangers
fremdenfeindlich: ፀረ እንግዳ: xenophobic
Fremdenfeindlichkeit {f}: ፀረ እንግዳነት: xenophobia
Fremdenführer {m, Pl}: አስጎብኚ: cicerone, guides
Fremdenheim {n}: የእንግዳ ቤት: boarding house
Fremdenindustrie {f}: የቱሪስት ኢንዱስትሪ: tourist industry
Fremdenindustrien {pl}:: tourist industries
Fremdenverkehr {m}: ቱሪዝም: tourism
Fremdenverkehrsbüro {n}: አስጎብኚ ቢሮ: tourist office
Fremdenzimmer {n}: የእንግዳ ክፍል: guest room
Fremde {m, f}: እንግዳ: nonnative, stranger
Fremdheit {f}: ባይትዋርነት: strangeness
Fremdherrschaft {f}: ቅኚ ግዛት: foreign rule
Fremdherrschaften {pl} :: foreign rules
Fremdhilfe {f}: የውጭ እርዳታ: outside help
Fremdkapital {n}: የውጭ ካፒታል: outside capital
Fremdling {m}: እንግዳ፤ አዲስ: stranger
Fremdsprache {f}: የውጭ ቋንቋ: foreign language
Fremdsprachen {pl} :: foreign languages
Fremdsystem {n}: የውጭ ሲስተም: strange system
Fremdwort {n}: እንግዳ/ ወጭ ቃል: foreign word
Fremdwörter {pl} :: foreign words
Frequenz {f}: ፍሪኳንስ/ ፍጥነት፤ ርግብግብታ: frequency, frequency, rate
Frequenzen {pl} :: frequencies, periodicities
fressen: በላ፤ ተመገበ (ለእንስሳ): gormandize, guzzle, munch, rankle, to gorge
Fresser {m}: ሳር/ እብቅ/ መኖ በሊታ: glutton, devourer, overeater
Fresserei {f}: መጭመቂያ፤ ማድቀቂያ: gluttony
Fressereien {pl} :: excessive eating
Freude [über] {f}, Genuß, Vergnügen: ደስታ፤ መዝናናት: pleasure, joy (at), fun, blitheness, enjoyment, funnies, gladness, gratification, joice, joyousness
Freuden {pl} :: blithenesses, enjoyments, gratifications
Freudenfest {n}: የደስታ ፓርቲ: whoopee
Freudenfeste {pl} :: whoopees
Freudenfeuer {n, pl}: ርችት: bonfire, bonfires
freudig: በደስታ: glad, joyful, joyfully, joyously
freudlos: አያልፍልኝ፤ አልቃሻ: cheerless, joyless, joylessly, mirthless, irthlessly
Freudlosigkeit {f}: ቶስካና፤ እድለቢስ: joylessness
freuen: ተደሰተ፤ ፈነጠዘ: be glad
Freund {m}, Freundin, Bekannter, Bekannte: ጓደኛ: friend, boyfriend

Freunde {pl}, Bekannte :: friends, boyfriends
Freundin {f}: **እጮኛ**: girl friend
freundlich, leutselig: **ኅዳዊ፣ በፍቅር**: affable, affably, befriending, benign, benignant, benignly, boonly, friendly, genially, kindly, suave, suavely, benignantly
Freundlichkeit {f}, Liebenswürdigkeit: **ኅደኝነት**: cheerfulness, friendliness, geniality, kindlyness, pleasantness, kindness
Freundlichkeiten {pl} :: affableness, genialness
Freundlosigkeit {f}: **ኅደኛአልባነት**: friendlessness
Freundschaft {f}: **ኅደኛነት፣ ፍቅረኝነት**: amity, friendship
Freundschaften {pl} :: amities, friendships
freundschaftlich: **በኅደኝነታዊ**: amity, amicable, amicably
Freundschaftlichkeit {f}: **ኅደኝነታዊነት**: amicableness
Freundschaftsspiel {n}: **የወዳጅነት ጭዋታ**: friendly game
Freundschaftsspiele {pl} :: friendly games
freundlich sein: **ራራ፣ አከበረ**: befriend
Frevel {m}: **ክህደት፣ ዋሸነት**: iniquity, sacrilege
frevelhaft: **ውሸታማ/ም**: sacrilegious, sacrilegiously
freveln: **ዋሸ፣ አታለለ**: commit an outrage
Freveltat {f}: **ትልያ፣ ዘረፋ**: outrage
Freveltaten {pl} :: outrages
Friede {m}, Ruhe: **ሰላም፣ ጸጥታ**: quietude, peace
Frieden {pl} :: peace
Frieden schleißen: **ሰላም አደረገ/ ተስማማ**: to make peace
Friedensbruch {m}: **ውል አፈረሰ**: breach of the peace
Friedensbrüche {pl} :: breaches of the peace
Friedensstifter {m}: **ሽማግሌ፣ አስታራቂ**: pacifier, peacemaker
Friedensverhandlung {f}: **የሰላም ድርድር**: peace negotiation
Friedensvertrag {m}: **የሰላም ውል**: peace treaty
Friedensverträge {pl} :: peace treaties
friedfertige: **ሰላማዊ**: peaceably
Friedfertigkeit {f}: **ሰላማዊነት**: peaceableness
Friedhof {m}: **መቃብር**: cementery, cemetery, graveyard
Friedhöfe {pl} :: cemeteries
friedlich: **በሰላም**: pacific, peaceable, peaceably, peaceful, peacefully, pacifically, peacefully
Friedlichkeit {f}: **ሰላማዊነት**: peacefulness
friedlos: **ሰላም የሌሸ/ ሰላምአልባ**: peaceless
frieren: **ከረረ፣ ገረረ፣ ቀዘቀዘ**: be cold, freeze (froze, frozen)
Frigidität {f}: **ውርጭ**: frigidity
frisch, neu, jüngst: **ትኩስ፣ አዲስ**: dewy, fresh, recent
Friseur {m}, Frisör: **ጠጉር ሠሪ**: haircutter, barber, coiffeur, hair-dresser, hairdresser
Friseure {pl} :: coiffeurs, hairdressers, barbers
Frisiercreme {f}: **የጸጉር ክሬም**: fixature
Frisiercremes {pl} :: fixatures
frisieren: **ጸጉር ሠራ**: to dress the hair
Frist {f}: **ገደብ**: period of time, reprieve, respite
Fristen {pl} :: respites
fristenlos: **ያለማስጠንቀቂያ**: without respite
fristgemäß: **በማስጠንቀቂያ**: at due date
Frisur {f}: **የጸጉር ሥራ**: hair style, hairdo, hairstyle, headdress
frivol: **ስድ፣ ግልብ**: frivolous, flippantly, frivolously
Frivolität {f}: **ግንፍልኝነት**: flippancy, frivolity
Frivolitäten {pl} :: flippancies, frivolities
froh, heiter, vergnügt, lustig: **ደስተኛ**: blithe, cheerily, cheery, glad, gladly, lucky
fröhlich, lustig, aufgeräumt: **በደስታ**: blithesome, gladsome, gleeful, happily, joyous, lighthearted, liltingly, merrily, merry, mirthful, mirthfully, cheerful, cheerfully, blithely, gladsomely, gleefully, lightheartedly
Fröhlichkeit {f}, Munterkeit: **ደስተኝነት**: blithesomeness, cheerfulness, conviviality, festiveness, gaiety, gayness, gladness, glee, gleefulness, happiness, jolliness, joyance, lightheartedness, merriment, mirth
Fröhlichkeiten {pl} :: jollity, mirths
frohlocken: **አኳሸ፣ አሻፈደ**: rejoice, exult
frohlockend: **አኳሸ/ አኳሽቶ**: rejoicing, crowing, exultant, exulting, rejoicingly
fromm werden: **አመነ**: to get religion, piously
fromm: **አማኝ**: godly, pious, piously
Frömmelei {f}: **አመኔታ**: religiosity, sanctimony
Frömmeleien {pl} :: sanctimonies
Frömmigkeit {f}: **አማኝነት**: devoutness, piety
Frömmler {m, pl}: **ምልኮኛ**: bigot, bigots
Fron {f}: **ተገዥነት**: soccage
Frondienst {m}: **አገልግሎት**: compulsory labour
frontal: **ገጽ በገጽ**: frontally, frontal
fror, gefror: **ግግር**: froze
Frosch {m}: **ውርጭ**: frog, squib
Frösche {pl}: **ጉርጥ**: frogs, squibs, frosts
Frost {m}: **ውርጭ**: frost
frösteln: **አንጣጣ፣ ጠዘጠዘ**: to feel chilly
frostig: **ውርጫም/ ማ**: frosty, chilly, frostily
Frostigkeit {f}: **ውርጫማነት**: frigidness
Frucht {f} : **ተክላተክል**: fruit, progeny
fruchtbar: **ለምልም**: fecund, fecundly, fertile, fruitful, rankly, seminal, reproductively, seminally
Fruchtbarkeit {f}: **ለምልምነት**: fecundity fertility, fruitfulness, proliferation, prolificness, reproductiveness
Fruchtbarkeiten {pl} :: fertileness

Früchte {pl}: ተክላተክል: fruits, progenies
Früchtekorb {m}: ልጣጭ: fruit basket
fruchtlos, unfruchtbar: ፍሬአልባ: fruitless, unfertile
Fruchtlosigkeit {f}: ፍሬአልባነት: fruitlessness, sterileness
Fruchtpresse {f}: መጭመቂያ: fruitpress
Fruchtpressen {pl} :: fruitpresses
Fruchtsaft {m}: ጭማቂ: fruit juice
früh ins Bett gehen: በጊዜ ተኛ: to keep early hours
früh nach Hause kommen: በጊዜ ቤት ገባ: to get home early
früh, baldig: ቶሎ: early
früh: ጧት፤ ቀደም: early
Frühaufsteher {m}: እንቅልፍአልባ: early riser
Frühe {f}, Frühzeitigkeit: ቀደም፤ ድሮ: earliness
früher oder später: አሁን ወይም ኋላ: sooner or later
Frühgeburt {f}: ጭንገፋ: premature birth
Frühgemüse {n}: ሙርቃ: early vegetables
Frühgottesdienst {m}: ድርሰተ ኪዳን፤ ማኅሌት: morning service
Frühling {m}: ጸደይ፤ በልግ፤ ጥቢ: spring, springtide, springtime
Frühlinge {pl} :: springtimes
frühmorgens: ባጠባብ: early in the morning
Frühreife {f}: ጉርምስና፤ ቀዳሚ ፍሬ: forwardness, precociousness, prematureness
Frühstück {n}: ቁርስ: breakfast
frühstücken: ቁርስ ባላ/ አደረገ: have breakfast, to breakfast
frühzeitig: ቀደም ብሎ: in good time, precociously
Frühzug {m}: ጣት ባቡር: early train
Frustration {f}: ባባት፤ ፍራቻ: frustration, snit
Frustrationen {pl} :: frustrations, snits
frustrieren: ፈራ፤ ባባ: frustrate
Fuchs {m}: ቀበሮ: fox
Fuchsjagd {f}: ቀበሮ አደን: fox hunting
Fuchsjagden {pl} :: fox huntings
Fuchspelz {m}: የጅብ ድንች: fox fur
Fuchspelze {pl} :: fox furs
Fuchsschwanz {m}: ቀበሮ ጅራት: amaranth, foxtail
Fuge {f}: መተላለፊያ፤ መሿለኪያ: fugue, seam
Fugen {pl} :: fugues
fügen: ጨመረ፤ አከለ: submit, annexe, insert, insert, interline, add
Fügung {f}: ጭማሬ: foreordination
Fügungen {pl} :: foreordinations
fühlbar, empfindlich: ተዳሳች፤ ተሰሚ: palpable palpably, tactile, sensible
Fühlbarkeit {f}: ተሰሚነት፤ ስሜት: tactility, tangibleness
fühlen, spüren, empfinden: ዳሰሰ፤ አሻሸ: feel (felt, felt)
Fühler {m, pl}: ዳሳሽ: antennae, feeler, sensing, device, tentacle, tentacles
führen, leiten, lenken: መራ: guide, shepherding, guide, lead (led, led)
Führer {m, pl}, Leiter: መሪ፤ ሹፌር: cptain, captains, guide, guides, headman, headmen, leader, leaders
führerlos: መሪአልባ: without a leader
Führerschein {m}: መንጃ ፈቃድ: driving-license
Führerscheine {pl} :: driving licences
Führung {f}, Leitung, Verwaltung: ምሪ/ ት፤ አመራር: duct, guide, leadership, management
Führungen {pl} :: guidances
führungslos: አውራአልባ: unguided, unshepherded
Fülle {f}: ብዛት፤ ምላት: ampleness, copiousness, fullness, fulness, opulence, overabundance, plenitude, repletion, plenty
füllen, vollstopfen: ሞላ: to fill
Füllen {n}, Stutenfüllen: ምላት: filly
Füller {m, pl}: ብእር: pen, foutain pens, fillers
Füllung {f}: ሙላት: charge
Füllungen {pl} :: fillings, stuffings
Füllzeichen {n}: የምላት ምልክት: fill character
Fundament {n}, Grundlage: መሠረት: grounding, foundation, footing
Fundamentalismus {m}: አክራሪነት: fundamentalism
Fundamentalist {m}: አክራሪ: fundamentalist
Fundamente {pl}: መሠረት: basements
Fundbüro {n}: የወደቀ ዕቃ ማስረከቢያ: lost property office
Fundort {m}: መገኛ ቦታ: habitat
fünf: አምስት: five
Fünfeck {n}, Pentagon: ፔ ንታጎን፤ ባለአምስት ገጽ: pentagon
Fünfecke {pl} :: pentagons
fünfeckig: ባላምስት ገጽ: pentagonal, pentagonally
fünffach: አምስት እጥፍ: fivefold, quintuple
fünfhundert: አምስት መቶ: five hundred
Fünflinge {pl}: ባላምስት መንታ: quintuplet
fünfmal: አምስቴ : five times
fünfte: አምስትኛ: fifth
fünftel: አምስትዮሽ: fifth part
fünfzehn: አሥራ አምስት fifteen
fünfzig: አምሳ: fifty
Funkanlage {f}: ራዲዮ ማቢያ: radio installation
Funkausstellung {f}: ራዲዮ ማስተላለፊያ: radio show
Funkdienst {m}: ራዲዮ አገልግሎት: radio service
funkeln, leuchten, blitzen: ፈለቀ፤ ቦግ አለ: twinkling, glitter, coruscate, scintillate, sparkle, sparkle, flash
Funkfernschreiber {m}: ፋክስ: radio-teletype
Funkmeldung {f}: ራዲዮ ዘገባ: radiogram

Funkspruch {m}: ራዲዮ መልክት: radio message
Funkstation {f}: ራዲዮ ጣቢያ: radio station
Funktechnik {f}, Hochfrequenztechnik: ራዲዮ ቴ ክኒክ: radio technology, radio engineering
Funktelegramm {n}: ራዲዮ ቴ ሌግራም: radiotelegram
Funktelegramme {pl} :: radiotelegrams
Funktion {f}, Rolle: ጣቢያ: role, function, waveform
funktionell: ተግባራዊ: functionally
funktionieren: ተገበረ፤ አደረገ፤ ሠራ: function, work
funktionsfähig: መሥራት የሚችል/ ቻይ: executable, operative, viable
Funktionsfähigkeit {f}: መሰናከልአልባነት፤ ትክክልነት: operativeness
funktionsgemäß: በትክክል: functional
Funktionsstörung {f}: መሰናከል: malfunction
funktionsunfähig: ሰባራ: inoperative
Funkturm {m}: የራዲዮ ምሰሶ: radio tower
Funküberwachung {f}: ራዲዮ መቆጣጠሪያ: radio monitoring
Funkverbindung {f}: የራዲዮ ግንኙነት: radio communication, radio contact
Funkwagen {m}: ባለራዲዮ መኪና: radio car
für immer: ለዘላለም: for ever
für sich: ለራሱ/ ቧ....: apart, apart
für, nach, als, zu: ለ..: for
für: ለ....፤ በ...: for, per
Fürbitte {f}: ልመና: intercession
Fürbitten {pl} :: intercessions
Fürbitter {m}: ተማጻኝ: intercessor
Furcht {f}: ፍርሃት: apprehensibility, dread, fear
furchtbar, schrecklich: አስፈሪ: terrible dreadful, formidable, parlous, redoubtable, awfully
Furchtbarkeit {f}: ጭንቀት: formidableness
fürchten, befürchten, Angst haben: ፈራ፤ ባባ: dread, fear
fürchtend: ፈሪ/ ፈርቶ: awing, dreading, fearing
fürchterlich: አስቀያሚ፤ አስጠፊ: dreadful, fearsome, redoubtable, redoubtably, fearsomely
Fürchterlichkeit {f}: አስቀያሚነት: fearsomeness
furchtlos: ደፋር፤ ፍርሃትአልባ: dauntless, fearless, intrepidly, unafraid, fearlessly
Furchtlosigkeit {f}: ድፍረት፤ ፍርሃትአልባነት: fearlessness, intrepidity
furchtsam: አስፈሪ: fearful, fearfully, timid, timidly, timorous, timorously, fearfully, timorously, mousier
Furchtsamkeit {f}: አስፈሪነት: fearfulness, timidity
Furchtsamkeiten {pl} :: timorousness
Fürsorge {f}, Wohlfahrt: እንክብካቤ: welfare
Fürsorgeamt {n}: መምከሪያ ማዕከል: welfare centre
Fürsorgeämter {pl} :: welfare centres
Fürsorger {m}: ደካማጧሪ: social welfare worker
fürsorglich, gedankenvoll: እንክብካቢያዊ: thoughtful
Fürsprecher {m}: አማላጅ: interceder
Fürstentum {n}: ባላባትነት: principality
Fürwort {n}: መግቢያ: pronoun
Fusion {f}, Verschmelzung: ውኅደት: fusion
Fuß {m}: እግር፤ ጫማ: feet, foot
Fußbad {n}: እግር ውልወላ: footbath
Fußbäder {pl} :: footbathes
Fußball {m}: ኳስ: football, soccer
Fußbälle {pl} :: footballs
Fußballplatz {m}: ኳስ ሜዳ: football ground, football pitch
Fußballplätze {pl} :: football grounds
Fußballspiel {n}: እግር ኳስ ጨዋታ: football match
Fußballspiele {pl} :: football matches
Fußballspieler {m, pl}: ኳስ ተጫዋች: football player, footballer, kicker, kickers, football players, footballers
Fußboden {m}: ወለል: floor, flooring
Fußböden {pl} :: floors
Fußbremse {f}: የግር ፍሬን: foot brake
Fußbremsen {pl} :: foot brakes
Füße {f}: እግር: feet
Fußpfleger {m, pl}: እግር መንገድኛ: pedicurist pedestrian, walker, pedestrians, walkers
Fußgängerbrücke {f}: የባለግር ድልድይ: footbridge
Fußgängerbrücken {pl} :: footbridges
Fußgängerübergang {m}: የግረኞች መተላለፊያ: pedestrian crossing
Fußgängerzone {f}: የግረኞች መንገድ: pedestrian precinct, pedestrian zone
füßig: እግራማ: footed
Fußnote {f}: ፋት ኖት፤ መግለጫ: footnote, gloss
Fußpfad {m}, Gehweg: ቀጭን መንገድ: footpath
Fußpfade {pl}, Gehwege :: footpaths
Fußpflege {f}: የግር መወልወያ: foot care
Fußspur {f}, Spur: ዱካ: track foot print
Fußspuren {pl} :: foot prints
Fußtritt {m}: እርግጫ: kick
Fußweg {m}: የግር መንገድ: footpath, footway
Fußwege {pl} :: footways
Futter {n}, Viehfutter: የእንስሳት ምግብ: fodder, lining, chow, chows, fodder, provender
Futterkasten {m}: መኖ ማስቀመጫ: food cupboard
Futterkästen {pl}:: food cupboards

Futtermittel {n}: **የእንስሳት ምግብ**: feeding stuff
füttern, verpflegen: **ቀለበ፥ አደለበ**: feat, feed (fed, fed)
Futurist {m}: **ባለተስፋ**: futurist
Futuristen {pl} :: futurists
futuristisch: **የወደፊት**: futuristic, futuristically

G

Gabe {f} : ስጦታ: gift
Gabel {f}: መብያ ማንኪያ: gable, yoke, fork
Gabelfrühstück {n}: መማሻ፣ ትንሽ ቁርስ: tiffin, lunch, brunche
gabelig: ፍንክት፣ ንጥቅ: forked
gabeln: በማንኪያ አማሰለ/ በላ: bifurcate
Gabelung {f}: ማማሰል፣ ምስያ: bifurcation, crotch
Gabelungen {pl} :: crotches, gifts, donations
gackern: ሳለ፣ ድምጽ አሰማ፣ አንቃቃ: cackle
Gaffer {m, pl}: ቀለብላባ/ ስገብጋባ፣ ጉጉተኛ: gazer, rubberneck, rubbernecks, gazers
gähnen: ድክመት አሳየ/ አሰማ፣ እሁ እሁ አለ: yawn, gape
Galavorstellung {f}: ትርኢት: gala performance
Galeere {f}: ጋሬ: galley
Galeeren {pl} :: galleys
Galerie {f}: ትርኢት ቤት: gallery
Galgen {m, pl}: አጉራ፣ ማንጠልጠያ: gibbet, gallows, gibbets
Galgenfrist {f}: መስሰቀያ ቀጠሮ/ እለተ ሞት: last respite
Galgenhumor {m}: ማራኪ ቀልድ: gallows humour
Galgenstrick {m}: ባለጌ፣ ወሮበላ: rogue
Galgenstricke {pl} :: rogues
Galgenvogel {m}: መከረኛ፣ ግፍ ተቀባይ: hangdog, gallows bird
Galle {f}: ያሞት ፈሳሽ: gall, gall bladder, bile
Gallenblase {f}: ያሞት እብጠት: gallbladder
Gallenkrankheit {f}: ያሞት/ የጉበት በሽታ: biliousness
Gallenkrankheiten {pl} :: biliousnesses
Gallenleiden {n}: የጉበት ውጋት: bilious complaint
Gallenstein {m}: ያሞት ጠጠር: gallstone, gall stone
Gallensteine {pl} :: gallstones, gall stones
gallig: መራራ እንደ ሀሞት: acrid, liverish
Gallium [=Ga] {n}: የኢለመንት ስም: gallium
Gallone {f}: ጉድጓድ: gallon
Gallonen {pl} :: gallons
Galmei {f}: ማንበቢያ ምልክት: calamine
Galopp {m}: የፈረስ ግልቢያ/ ጨኸት: gallop
galoppieren: ጋለበ: gallop
galoppierend: ገላቢ/ ጋልቦ: galloping
galoppiert: ተጋላቢ/ ተጋልቦ: galloped
Galvanik {f}: ንዝረት: electroplating
galvanisch: ንዝረታዊ፣ ቅጽበታዊ: galvanic, galvanical, galvanically
galvanisieren: ነዘረ፣ ውርር አደረገ: electroplate, galvanize
Galvanisierung {f}: ንዝረት: galvanization
Galvanisierungen {pl} :: galvanizations
Galvanismus {m}: የኤሌክትሪክ ትምህርት: galvanism
Galvanometer {m, pl}: የኤሌክትሮኒክ መለኪያ: galvanometer, galvanometers
galvanometrisch: ለካዊ፣ ተክክላዊ: galvanometric
Gamasche {f}: ዝግየታ: spat, legging, gaiter
Gambit {n}: መክፈቻ ጨዋታ: gambit
Gameport {m}: ግብ፣ መጨረሻ: gameport
Gamma: የ -ገ-ስም በግሪክኛ: gamma
Gammastrahlung {f}: የኤሌክትሮኒክ ጨረራ/ር: gamma radiation
Gammler {m}: ስድ፣ ባለጌ: loafer
Gang {m}: መውጫ፣ ማምለጫ፣ መተላለፊያ: ambulation, gait, gangway, lode
Gangart {f}: መላ መላ፣ የግልቢያ ጉዞ: gait
Gangarten {pl} :: gaits
Gänge {pl}: መውጫ: walks
ganglos: መውጫ-/ ማምለጫአልባ: ductless
Gangschaltung {f}: ማርሽ መቀያየሪያ: gear change
Gangschaltungen {pl}:: gear changes
Gangster {m, pl}: ሽፍታ፣ ሌባ፣ ቀማኛ: bandit, gunman, racketeer, gangsters
Gangstertum {n}: ዝርፊያ፣ ቅሚያ: racketeering
Ganove {m}: ሌባ፣ ቀማኛ፣ ዱርዬ: hoodlum
Ganoven {pl} :: hoodlums
Gans {f}: ያሞራ/ ወፍ ዓይነት: goose
Gänschen {n}: ልጃገረድ: gosling
Gänse {pl}: ዳክዬ: geese
Gänseblümchen {n, pl}: ያበባ ዓይነት: daisy, daisies
Gänsebraten {m}: የዳክዬ ጥብስ: roast goose
Gänserich {m}: ዳክዬ: gander
Gänseriche {pl}:: ganders
Gänseschmalz {n}: ክትትል: goose fat
ganz allmählich: ቀስ በቀስ: little by little
ganz bestimmt, unbedingt: የግድ: without fail
ganz bestimmt: በእርግጥ: for sure
ganz erledigt sein: ተወገደ፣ ተነቀለ: to be all knocked out
ganz gleich, dennoch: ሆኖም: all the same
ganz in der Nähe, eng beieinander: ቅርብ ለቅርብ: at close quarters
ganz in der Nähe: በቅርብ/ ቡ: a few steps from here
ganz links: በቀጥታ ግራ: leftmast
ganz plötzlich: ሳይታሰብ: all at once
ganz recht: ልክ በልክ: quite so
ganz rechts: ቀጥታ ወደግራ: rightmost
ganz selbstverständlich: በእርግጥ: as a matter of course
ganz und gar, zusammen: ያለውልውል/ ጥርጥር: altogether
ganz vereinzelt: ተስፋ በመቁረጥ: few and far between
ganz wach sein: ነቃ፣ ተጠራጠረ: to be wide awake

ganz wie ein Kind: ልክ እንደ ሕፃን: much like a child
Ganz wie Sie wollen.: እንደ ፍላጎትዎ/ ፈለጉ!: Just as you like.
ganz, vollständig: ልክ፣ በጠቅላላ፣ ሁሉ፣ በሙሉ: whole, entire, all, integrally, quite, unbrokenly, unmitigated, unmitigatedly, whole
ganz, vollständig: ጠቅላላ: total, entire
ganz, ziemlich: ፈጽሞ: quite
Ganzaufnahme {f}: ሙሉ ቅጅ: full length portrait
ganze Zahl: ሁሉ ቁጥር: integer
Ganzheit {f}: ሁለንተናዊነት: unbrokenness, wholeness
ganzheitlich: ባንድነት: holistic
gänzlich: በጠቅላላ: wholly
ganztägig: ቀኑን ሙሉ: whole-time
Ganzzahl {f}: ቁጥር ሁሉ: integer
Ganzzahlen {pl} :: integers
ganzzahlig: ሙሉ ቁጥር: whole-numbered
gar nicht: ፈጽሞ/ በፍጹም: not at all
gar nichts: ምንም ምን: not a dreg
Garage {f}: ጋራዥ: garage
Garagen {pl} :: garages
Garantie {f}: ጋራንቲ: guaranty, guarentee, warranties, warranty
Garantieempfänger {m}: ጋራንቲ ተቀባይ: warrantee
Garantieen {pl} :: guaranties, warranties
Garantiegeber {m}: ጋራንት ሰጭ: warranter
garantieren: መያዣ ሰጠ፣ ቃል ገባ: avouch, guarantee
garantierend: ማያዣ ሰጭ/ ሰጥቶ: avouching, ensuring, guaranteeing, guaranting
garantiert, gewährgeleistet: ቃል/ ውል ገቢ/ ገብቶ: guaranteed, warranted, guaranted, underwritten, avouched
Garantieübernahme {f}: ጋራንት ማስተላለፍ: acceptance of guarantee
Garbe {f}: ነዶ፣ ጥቅል: sheaf
Garben {pl} :: sheafs
Garderobe {f}: መልበሻ ክፈል፣ መጋረጃ: warderobe, wardrobe, cloakroom
Garderoben {pl} :: wardrobes, warderobes
Garderobenfrau {f}: ያልጋ ሴት: cloak room attendant
Garderobenräume {pl}: መላበሻ ክፍሎች: backstage
Gardine {f}, Vorhang: መጋረጃ: curtain
Gardinen {pl}, Vorhänge :: curtains
Gardist {m}: ዘበኛ: guardsman
Gardisten {pl} :: guardsmen
gären: አቦካ፣ አዋሀደ: ferment
gärend: አቡኪ/ አቡክቶ: fermenting
Garküche {f}: ቁርስ ቤት: cookshop
Gärmittel {n, pl}: እርሾ: ferment, ferments
Garn {m}: ወጥመድ: yarn
Garne {pl} :: yarns
Garnele {f}: ጢም: shrimp
Garnelen {pl} :: shrimps
garnieren: አስጌጠ፣ አስዋበ: garnish
garnierend: አስዋቢ/ አስውቦ: garnishing
garniert: ውብ/ አምሮ: garnishes
Garnierung {f}: ጌጣጌጥ: topping
Garnierungen {pl} :: toppings
Garnison {f}: ጦር አለቃ፡ ምድብ ጦር: garrison
Garnisonen {pl} :: garrisons
garstig, scheußlich: አሰቀያሚ፣ አስጠሊታ፣ መጥፎ: nasty, nastily
Garstigkeit {f}: አስቀያሚነት: nastiness
Garten {m}: ጓሮ፣ ትክል ቦታ: garth, garden
Gärten {pl}: ጓሮ: gardens
Gartenarbeit {f}: የጓሮ ሥራ: gardening
Gartenarchitekt {m}: ጓሮ አበጅታ/ ባለሙያ: landscape gardener
Gartenbau {m}, Gartenbaukunst: ጓሮ ፕላን: horticulture, horticulture
Gartenbaukünstler {m}: የጓሮ ሥራ ባለሙያ: horticulturist
Gartenerde {f}: ቀልዝ አፈር: garden mould
Gartenhaus {n}: ማማ፣ ጎጆ: summer house
Gartenhäuser {pl} :: summer houses
Gartenlaube {f}: ማማ: arbour
Gartenmesser {n}: መቀስ: pruning knife
Gartenschau {f}: ጓሮ እይታ: horticultural show
Gartenweg {m}: ጓሮ መንገድ: garden-path
Gartenzaun {m}: ጓሮ አጥር: garden fence
Gartenzäune {pl} :: garden fences
Gärtner {m}: አትክልትኛ: gardener
Gärtnerei {f}: አታክልት: market-garden
Gärtnerin/nen {f/ pl}:: gardeners
gärtnerisch: አትክልታዊ/ ጓሯዊ: horticultural, horticulturally
Gärung {f}: ቡሆ: fermentation
Gärungsprozeß {m}: የቡሆ ሂደት: process of fermentation
Gärungsprozesse {pl} :: processes of fermentation
Gärungsstoff {m}: እርሾ/ማሾ: leavening, zymoma
Gas {n}, Benzin [Am]: ጋስ: gas, fluid
Gasangriff {m}: የመርዝ ጦርነት: gas attack
Gasangriffe {pl} :: gas attacks
gasartig: ዓየር መሰል/ መሳይ: gaseous, gassy
Gasbehälter {m}: ጋስ መቅጃ: gas tank
Gasbeleuchtung {f}: ጋስ መብራት፣ ላምባ: gas light
Gasblase {f}: ጋስ ትንፋሳ: blowhole
Gasbombe {f}: ጋስ ቦምብ: gas bomb
Gasbomben {pl} :: gas bombs
Gasbrenner {m}: ጋስ አቃጣይ: gas burner
gasdicht: ጋስ የማያስገባ: gas proof, gas-tight
gasförmig: ዓየር ሠሪ/ ሰጭ: aerially, gasiform, gaseous
Gashahn {m}: ታፍኖ መሞት: gas tap
Gashähne {pl} :: gas taps
Gashebel {m, pl}: ጋስ መቆጣጠሪያ: throttle control, throttle controls

Gasheizung {f}: ጋስ ማሞቂያ: gas heating
Gasherd {m}: ጋስ ምድጃ: gas stovek
Gasherde {pl} :: gas stoves
Gaskocher {m}: ጋስ መቀቀያ/ ማብሰያ: gas cooker
Gasleitung {f}: ጋስ ባ ንባ : gas maink
Gasleitungen {pl} :: gas mains
Gaslicht {n}: ኩራዝ፣ ላምባ፣ ማሾ: gaslight
Gaslichter {pl} :: gaslights
Gasmaske {f}: የጋስ መርዝ መከላከያ: gas mask
Gasmotor {m}: ጋስ ሞተር: gas engine
Gasofen {m}: ጋስ ምደጃ: gas oven
Gaspedal {n}: ጋስ መርገጫ/ መስጫ: accelerator pedal, throttle control
Gasse {f}: መንገድ፣ ጎዳና: alley, lane
Gassenjunge {m}: ዞረቲ፣ ዛ ሪ፣ የመንደር አለሌ: ragamuffin
Gassenjungen {pl} :: ragamuffins
Gassenkind {n}: ስድ/ ያልተቀጣ ልጅ: ragamuffin
Gast {m}: እንግዳ: guest, sojourner
Gastarbeiter {m, pl}: እንግዳ ሠራትኛ: foreign worker, foreign workers
Gäste {pl}: እንግዳ: guests, sojourners
Gästehaus {n}: ማማ፣ ጎጆ: guest house
Gästehäuser {pl}:: guest houses
Gästezimmer {n}: እንግዳ ክፍል: guestroom
Gastfreiheit {f}: የእንግዳ ሥራ: hospitability
Gastfreunde {pl}: እንግዳ ተቀባይ: guests
gastfreundlich: ጓዳዊ፣ ርኅሩኅ: hospitable, hospitably
Gastfreundschaft {f}: እንግዳ ተቀባይነት: hospitality
Gastgeber {m} : አቀናባሪ፣ ጋባዥ: host
Gastgeberin/nen {f/pl} :: hosts
Gasthaus {n}: የእንግዳ ማረፊያ: tavern
Gasthäuser {pl}: የእንግዳ ማረፊያ: taverns
Gasthof {m}: መጠጥ ቤት: inn
Gasthöfe {pl} :: inns
gastlich: እንግዳዊ: convivial, convivially
Gastlichkeit {f}: እንግድነት: hospitableness
Gastmahl {n}: ምግብ፣ ቁርባን: symposia
Gastronomie {f}: ቡናቤት: gastronomy
Gastspiel {n}: የእንግዳ ጨዋታ: guest performance
Gastvorlesung {f}: የእንግዳ ሌክቸር/ ትምህርት: guest lecture
Gastvorlesungen {pl} :: guest lectures
Gastwirt {m}: ቡናቤት ባለሙያ: restaurateur, innkeeper
gasvergiftet: ምርዝ: gassed
Gaswerk {n}: የጋስ ሥራ: gas works
Gaszähler {m}: ጋስ መለኪያ/ መቁጠሪያ: gas meter
Gatte {m}: ባለቤት፣ ባል: spouse, husband
Gatten {pl} :: spouses
Gattin {f}: ባለቤት፣ ምሽት: wife
Gattungsname {m}: የወል ስም/ መጠሪያ: generic name
Gattungsnamen {pl} :: generic names
Gaudi {f}: ሌባ ፣ አውደልዳይ: jamboree
Gaukelei {f}: ማጭበርበር፣ ምታት: jugglery
Gaukeleien {pl} :: juggleries
Gaukler {m}: ምታተኛ፣ አጭበርባሪ: juggler
Gaul {m}, Pferd: አጋሰስ: horse
Gäule {pl}, Pferde :: horses
Gaumen {m}: ተናጋ፣ ጉሮሮ: roof of the mouth, palate
Gaumenbeine {pl}: ጉሮሮ ሥር: palatines
Gaumenlaut {m}: የጉሮሮ ድምጽ: palatal sound
Gaumenplatte {f}: የላይ ላንቃ: upper denture
Gaumenplatten {pl} :: upper dentures
Gauner {m, pl}: አታላይ፣ አጭበርባሪ፣ ሌባ: chiseler, chiselers, gouger, knaves, toughs, tricker, trickster, tricksters
Gaunerei {f}: ሌብነት፣ ማጭበርበር: roguery, trickery, knavery
Gaunereien {pl} :: knaveries, rogueries, trickeries
Gaze {f}: ሻሽ፣ ስስ ጨርቅ: gauze
Gazellen {pl}: ሰላ፣ ሚዳቋ: gazelles
geächtet: ክቡር/ ተከብሮ: esteemed, esteemed, gentled, ostracized, outlawed
Geächtete {m, f} :: outlaw
geändert: ቅይር/ ተቀይሮ: grained, veined, altered, changed, modified, fretted, irritated, nettled, uttered, grown old
geantwortet: ተመላሽ/ ተመልሶ: answered, responded
gearbeitet: ተሠሪ/ ተሠርቶ: operated, worked, wrought
Gebäck {n}: ሻንጣ: pastry
gebacken :ተጋጋሪ/ተጋግሮ: baked
geballt: ጥቅል: cumulative
Gebärde {f}: ጥቅሻ፣ ጠበሳ: gesture
Gebärden {pl}:: gestures
Gebären {n}: ማኅፀን: parturition
Gebärmutter {f}: ማኅፀን: uterine, uteruse, womb
Gebärmütter {pl}:: uterus, uteruses, wombs
gebastelt: ውጥንጥን/ ተውጠንጥኖ: done handicrafts, tinkered
Gebäude {n, pl}, Bauwerk: ሕንፃ፣ ግንብ: building, edifice, edifices, buildings
gebaut: ታንፆ/ ተሠርቶ: bodied, built
Gebein {n}: ቅልጥም: bone
Gebeine {pl}:: bones
geben, schenken: ሰጠ፣ አቀበለ: give (gave, given)
gebend: ሰጭ/ ተጥቶ: giving
Geber {m}, Stifter: ሰጭ፣ ለጋስ: donor
Gebet {n}: ጸሎት: supplication, prayer
Gebete {pl} :: supplications
gebettet: ተጸልዮ፣ ጸሎ ት ተደርጎ: bedded
Gebiet {n}: አካባቢ: territory, tract
Gebiete {pl}:: territories, tracts
Gebieter {m}: ባለመሬት: lord
Gebieterin {f}, Herrin: ባለመሬት: mistress
Gebieterinnen {pl}, Herrinnen :: mistresses

gebieterisch: አካባቢያዊ: authoritative, imperious, imperiously
Gebilde {n, pl}: ቅርጽ: shape, shapes
gebildet, weltmännisch: ሥልጡን: gentlemanly
gebildet: ምሁር/ ተምሮ: educated, gentlemanly, literate, shaped, unprimitive, literately, approved
Gebimmel {n, pl}: ማስጠንቀቂያ ደወል: tinkling, tinklings
Gebinde {n, pl}: ጥቅል፣ ጉንጉን አበባ: wreath, wreaths
Gebirge {n}: ተራራ፣ ገመገም፣ ሸንተረር: mountain
gebirgig: ተራራማ/ ም: mountainous
Gebirgsgegend {f}: ተራራማ አካባቢ: mountainous region
Gebirgskamm {m}: ተራራ ሠንሰለት: mountain ridge
Gebirgskette {f}: ሸንተረር: mountain chain
Gebirgspaß {m}: መሿለኪያ: col
Gebiß {n}: ንክሻ: set of teeth, bit
Gebisse {pl} :: sets of teeth
gebissen: ነክሰ: bitten
Gebläse {n}: ትንፋሽ: blower, supercharger
geblasen: ተላሸ/ ተልሶ፣ ተግጦ: blown, tooted
geblendet: ሸፍን/ ተሸፍኖ: dazzled
geblieben: ደጅ ጽኑ/ ጸንቶ: remained, stayed, abode
geblümt: አባቢ/ አብቦ፣ አምሮ ሠምሮ: flowered
Geblüt {n}: ደም: bloods
geblutet: ደሚ/ ደምቶ: bled, bleeded, aquiline
gebogen: ተደጋኘ/ ተደግኖ፣ ጎብጦ: bent, convoluted, convolutely, inflected
gebootet, gestartet: ጅምር/ ተጀምሮ: booted
geboren: ውሉድ፣ ተወላጅ/ ተወልዶ: born, nee
Gebot {n}: ሕግ: bidding, commandment
Gebote {pl} :: fiats, commandments
geboten: ተለማኝ/ ተለምኖ: bidden
Gebotsschild {n}: የትዛዝ ምልክት: mandatory-sign
gebracht: መጭ/ ተወሳጅ/ ተወስዶ: brought, carried
gebraten: ጥብስ፣ ተጠባሽ/ ተጠብሶ: roasted, fried
Gebräu {n}: አተላ ቅራሪ፣ ድፍድፍ: brew, mixture, concoction
Gebrauch {m}, Benutzung, Anwendung: ባህል: usage, use
Gebrauch machen, helfen: ረዳ፣ በእድሉ ተጠቀመ avail, make use of
gebrauchen, benutzen: አደረገ፣ አከናወነ፣ ተጠቀመ: exert, use
gebräuchlich: የተለመደ፣ እውቅ: useable
Gebrauchsanweisung {f}: መመሪያ: direction for use, directions
Gebrauchsanweisungen {pl}:: directions for use, directions
Gebrauchsartikel {m}: አሮጌ ዕቃ: article of daily use
Gebrauchsfahrzeug {n}: አሮጌ መኪና: utility vehicle
Gebrauchsfahrzeuge {pl} :: utility vehicles
gebrauchsfertig: ዝግጁ: ready for use, ready-made
Gebrauchsgrafik {f}: ማስታወቂያ: advertising art
Gebrauchsgüter {pl}: አሮጌ ቁሳቁስ: durables
Gebrauchsmuster {n}: አሮጌ ምሳሌ: industrial design, registered design
gebraucht, getragen: ቅማል ተራ: second hand, second-hand, uses
Gebrauchtwagen {m, pl}: አሮጌ መኪና: used car, used cars
gebrechlich, zerbrechlich, schwach, bruechig, ደካማ፣ በሽተኛ: invalid, frail, fragile, rickety, frailly
Gebrechlichkeit {f}, Schwäche: ደካማነት፣ በሽተኛነት: frailness, frailty, infirmness
gebrochen: ስብር፣ ተሰባሪ/ ተሰብሮ: brokenly, fractionally, fractured, heartbroken, refracted, ruptured, broken
Gebühr {f}: ዋጋ፣ ግብር፣ ግዴታ: tax, toll, fee, duty
Gebührenaufstellung {f}: ታክስ መክፈያ: account of charges
Gebührenbefreiung {f}: ከግዳጅ ነፃ: remission
Gebührencomputer {m}: የኪራይ ኮምፒዩተር: call charge computer
gebührenfrei: ከታክስ/ ግብር ነፃ: free of charge, nonchargeable, toll-free
Gebührenpflichtige {m, f}: የመቀረጥ ግዴታ: liable to charges
gebührenpflichtig: ርካሽ ግብር: low-charge, billable
gebührenpflichtig: መቀረጥ ያለበት: chargeable
Gebührenzähler {m}:ግብር/ ኪራይ መቆጣሪያ: tariff time switch
Gebührenzählung {f}: የግብር ቁጥር: message accounting
gebunden: ጥቅል/ ተጠቅሎ ፣ ታስሮ: bound, legato, tied, trussed
Gebundenheit {f}: ግንኙነት: ligation
Geburt {f}, Ursprung: ልደት: birth, nativity
Geburten {pl} :: births, nativities
Geburtenbeschränkung {f}: ወሊድ መቆጣጠሪያ: birth control
Geburtenrate {f}: የመወለድ ሬሾ/ ሬት: birthrate
Geburtenregelung {f}: ወሊድ ቁጥጥር: birthcontrol
Geburtenziffer {f}: የመወለድ ሬሾ/ ሬት: birth rate
gebürtig : ተወላጅ: native of
Geburtsdatum {n}: የልደት ቀን: date of birth
Geburtsfehler {m, pl}: ጭንጋፌ: congenital defect, obstetrician, obstetricians
Geburtshelferin {f}: አዋላጅ: midwife
Geburtshelferinnen {pl}:: midwives
Geburtshilfe {f}: ያዋላጅ ርዳታ: midwifery

Geburtshilfen {pl} :: midwiferies, obstetrics
geburtshilflich: ባዋላጅ: obstetric, obstetrical, obstetrically
Geburtsjahr {n}: የልደት ዓመት: year of birth
Geburtsjahre {pl} :: years of birth, native countries
Geburtsland {n}: የልደት ሀገር: native country
Geburtsort {m}: የልደት መንደር: birthplace
Geburtsrecht {n}: የልደት መብት: birthright
Geburtsschein {m}: የልደት ማስረጃ/ መረጃ: birth certificate
Geburtsstein {m}: የልደት ደንጋይ: birthstone
Geburtstag {m}: ልደት ቀን፣ እለተ ልደት: Birthday, birthday
Geburtstage {pl} :: birthdays, dates of birth
Geburtswehen {pl}: ምጥ: labour pains, throes
Gebüsch {n}: ሳር፣ ግብስባስ: shrubbery
Gebüsche {pl} :: coppices, shrubberies
Geck {m}: ሞደኛ፣ ሞድ ወዳጅ: fop, dude
Gecken {pl} :: fops, dudes
gedacht: ታሳቢ/ ታስቦ: thought, commemorated, thought of
Gedächtnis {n}, Erinnerung: ግንዛቤ: commemoratively, memory
Gedächtnishilfe {f}: የማሰብ እርዳታ: memory aid
Gedächtniskunst {f}: የማሰብ ጥበብ: mnemotechnic
gedächtnislos: ልብአልባ፣ ፉዞ: amnesic
Gedächtnisschwäche {f}: የማሰብ ድክመት: weakness of memory
Gedächtnisschwund {m}: የማሳብ ጉድለት: loss of memory, amnesia
Gedächtnisse {pl}: ሐሳብ: memories, minds
Gedächtnisstörung {f}: ያእምሮ በሽታ: disturbance of memory
Gedächtnisstörungen {pl} :: disturbances of memory
Gedanke {m}, Idee: ሐሳብ: thought, idea
Gedanken {pl} :: cogitations
Gedankenaustausch {m}: ውይይት፣ ምክክር: exchange of ideas
Gedankenblitz {m}: ቅጽበታዊ ሐሳብ: sudden inspiration
Gedankenblitze {pl} :: sudden inspirations
Gedankengang {m}: አስተሳሰብ: train of thought, train of thoughts
Gedankenleser {m}: ጠንቋይ፣ አውቃለሁ ባይ: mind reader
gedankenlos, : አሳብ አልባ: thoughtless, thoughtlessly, unreflecting, unreflectingly, unthinking, unthinkingly
Gedankenlosigkeit {f}: ሐሳበ አልባነት: thoughtlessness
gedankenreich: ትእምርተ ጥቅሳዊ: rich in ideas
Gedankenreichtum {m}: ያሳብ ኃብት: wealth of ideas
Gedankensplitter {m}: አሳብ በታኝ: aphorism
Gedankenstrich {m}: ትእምርተ ጥቅስ: dash
Gedankenübertragung {f}: ሐሳብ ማስተላለፍ: telepathy
Gedankenübertragungen {pl}:: telepathies
gedankenvoll: ሐሳብ የበዛበት: pensive, pensively, thoughtful, thoughtfully
gedankt: ተመስጋኝ/ ተመስግኖ: thanked, thanked, lasted, tiled
gedeihen: ተስፋፋ፣ ተዋለደ፣ አደገ: thrive, batten, prosper, thrive
gedeihend: ተዋላጅ/ ተዋልዶ: thriving, battening, thriving
gedemütigt: ትሑት/ ታዋርዶ: humbled
gedenken: አስታወሰ: commemorate
gedenkend: አስታዋሽ/ አስታውሶ: commemorating, thinking of
Gedenkfeier {f}: ተስካር፣ ዝክር: commemoration
Gedenkrede {f}: መታሰቢያ ንግግር: commemorative address
Gedenkstätte {f}: የመቃብር ቦታ: memorial place
Gedenkstein {m}: የማስታዋሻ ምስል: memorial stone
Gedenktafel {f}: ማስታወሻ: commemorative plaque
Gedenktag {m}: መታሰቢያ ቀን: commemoration day
Gedicht {n}: ግጥም፣ ቅኔ: ode, poem
Gedichte {pl} :: odes, poems
gedichtet: ግጥም/ ተገጥሞ: written poetry
Gedichtsammlung {f}: መድበለ ግጥም/ ቅኔ: anthology, collection of poems
Gedichtsammlungen {pl} :: anthologies
gediegen, würdevoll: ክቡር: dignified
Gediegenheit {f}: ክቡርነት: sterling quality
gedonnert: ነጉዶ፣ መብረቅ ጥሎ: thundered
Gedränge {n}, Menschenmenge: ግፊት፣ ትርምስ: jostle, crowd
Geduld {f}: ትዕግሥት: patience
gedulden: ታገሠ: be patient
geduldend: ታጋሽ/ ታግሦ: being patient
geduldig: ትጉሥ፣ ቻይ: tolerating, patient, patiently, uncomplaining
Geduldspiel {n}: የትግዕሥት ጨዋታ: puzzle
Geduldsprobe {f}: የትዕግሥት ሙከራ/ ፈተና: ordeal
geduscht: ታጣቢ/ ታጥቦ፣ ጸድቶ: douched, taken a shower
geehrt: ክቡር/ ተከብሮ: honored, venerated, revered
geeignet, richtig, angemessen, qualifiziert, passend: ምቹ/ ብቁ፣ ትክክል/ ለኛ: suitable, qualified, proper, fit, eligible, applicative, applicatively, apt, eligible, eligibly, practical, proper, properly, qualified, qualified for, suitably
geeilt: ችኩል/ ተቻኩሎ: hasted
geerbt: ውርስ፣ ተወራሽ/ ተወርሶ: inherited
geerntet: ተመራች/ ተመርቶ፣ ተዘምሮ: harvested, reaped

Gefahr {f}, Risiko: አደጋ: danger, endangerment, jeopardy, peril, hazard
gefährden: አስፈራ፣ አስፈራራ: endanger, imperil, jeopardize
gefährdend: አስፈራሪ/ አስፈርቶ: endangering, imperiling, jeopardizing, periling
gefährdet: ባባታም/ ባብቶ: endangered, periled, endangered, imperiled, jeopardized
Gefahren {pl} :: jeopardies, perils, dangers, endangerments
gefahren: ተነጅ/ ተነድቶ: navigated
Gefahrenzone {f}: የአደጋ አካባቢ: danger zone
Gefahrenzonen {pl} :: danger zones
Gefahrenzulage {f}: የአደጋ/ በርሀ አበል: danger pay
Gefahrenzulagen {pl} :: danger pays
gefährlich: አደግኛ፣ መጥፎ: dangerous, dangerously, perilous, perilously, pestilent, pestilently, unsafely
gefährlicher Fehler: መጥፎ ስተት: dangerous fault
Gefährlichkeit {f}: አደገኘነት: dangerousness, perilousness, riskiness, hazardousness
gefahrlos: አደጋ አልባ፣ ሰላም: riskless
Gefährte {m}, Genosse: ተከታይ፣ ደቀ መዝሙር: fellow, companion
gefahrvoll, gefährlich: አደገኛ፣ መጥፎ: perilous
Gefallen {m, pl}: ዝንባሌ፣ ፍቅር: zestfulness, favor, favors
gefallen, erfreuen: ወደቀ፣ አስደሰተ: fallen, fell, please, tumbled
gefallen: ውድቅ/ ወድቆ: dropped
gefällig, günstig: ዝግጁ፣ ፈቃደኛ: accommodating, favourable, accommodatingly, complaisant, complaisantly, compliant, compliantly, favorable, winsome, winsomely, favorably, favourably
Gefälligkeit {f}, Wohlwollen: ፈቃደኝነት: complaisance, favorableness, favour, favourableness, pleasingness, goodwill
Gefälligkeiten {pl} :: complaisances
Gefälligkeitsannahme {m}: የፈቃደኝነት ውል: accommodation acceptance
Gefälligkeitsgarantie {f}: የፈቃደኝነት ውል: accommodation contract
Gefälligkeitsgeschäft {n}: የፈቃነኝነት ልውውጥ: accommodation line
Gefälligkeitspapier {n}: የፈቃደኝነት ማስረጃ: accommodation paper
gefallsüchtig: ሉሰኛ: coquettish
Gefangene {m, f}: ምርኮኛ/ ተማርኮ: captive, prisoner, captured
gefangen genommen: ታሳሪ/ ታስሮ: captivated
gefangen nehmen: አሰረ፣ ማረከ: captivate
gefangen: እስረኛ: captive, trapped
gefangen: ምርኮኛ/ ተማርኮ: captured
Gefangenen {pl}: ምርኮኞች: captives
Gefangenenlager {n}: የእስረኞች ማገቻ/ ካምፕ: prison camp
Gefangenenwärter {m, pl}: የእስረኛ ዘብ: turnkey, turnkeys
Gefangener {m}: እስረኛ: prisoner
gefangengehalten: እስረኛ/ ታስሮ፣ ተማርኮ: kept imprisoned
gefangenhalten: ማረከ፣ አሰረ: keep imprisoned
gefangenhaltend: ማራኪ/ ማርኮ: keeping imprisoned
Gefangenschaft {f}: ምርኮኝነት: captivity, confinement
Gefangenschaften {pl} :: captivities
Gefängnis {n}, Kerker: እስራት፣ እስር ቤት: jail, jailhouse, prison
Gefängnisausbruch {m}: ከእስር ማምለጥ: jailbreak
Gefängnisse {pl} :: bastilles, jails, prisons
Gefängniswärter {m, pl}: የእስር ቤት ዘበኛ: gaoler, jailer, gaolers
gefärbt: ቅቡዕ/ ተቀብቶ: coloured, tinged, tinted
Gefäß {n}: ማድጋ፣ እንስራ: jar, vessel, vessel
Gefäße {pl} :: vessels, vascularly
gefaßt: በጥቅል/ ሉ: collectedly
Gefechtsausbildung {f}: የወታደር ስልጠና: combat training
gefesselt: እስረኛ/ ታስሮ፣ ተቀፍዶ: enchained, fettered, pinioned, shackled
Gefieder {n}: ላባ፣ የወፍ ጠጉር: feathering, plumage
geflogen: በራሪ/ በርሮ፣ ከንፎ: flew, flown, winged, fleed, flowed
Geflügel {n}: የቤት እንስሳ: poultry, fowl
Geflügelfarm {f}: የጠጉር እንስሳት ማራቢያ: poultry farm
Geflügelhändler {m, pl}: እንስሳት ነጋዴ: poulterer, poulterers
Geflügelschere {f}: የጠጉር መቀስ: poultry shears
Geflügelzucht {f}: የጠጉር እንስሳት ማርቢያ: poultry farming
Gefolge {n}: ተከታይ፣ አጃቢ፣ አጀብ: suite, cortege, retinue
gefoltert: ተሰቃይቶ፣ ተገርፎ: tortured, postulated
gefördert: ተጠይቆ፣ ተለምኖ፣ ተገፋፍቶ: forwarded, promoted, sponsored
geformt: ተቀራጭ/ ተቀርጾ: formed, modeled, modelled, sculptured
geforscht: ተመርማሪ/ ተመርምሮ: quested
gefragt: ተጠያቂ/ ተጠይቆ: asked, inquired, questioned
gefräßig, habgierig: ገብጋባ፣ ስገብጋባ፣ ወካባ: greedy, gluttonous, gluttonously, gutsy, ravening, ravenous, ravenously, voracious, voraciously, gluttonously
Gefräßigkeit {f}: ስግብግብነት፣ ወካባነት: voraciousness, voracity
Gefräßigkeiten {pl} :: voracities
gefressen, gegessen: ተጋጭ/ ተበሊታ ተብልቶ፣ ተቅሞ፣ ተግጦ: eaten, guzzled, munched
gefreut: ተደስቶ፣ ረክቶ: been glad

Gefrieranlage {f}: ማቀዝቀዣ: freezing plant
Gefrieranlagen {pl} :: freezing plants
gefrierbar: ቀዝቃዥ: freezable
Gefrieren {n}: ማቀዝቀዝ: freezing
Gefrierfleisch {n}: ቋንጣ: frozen meat
Gefrierkammer {f}: ማቀዝቀዣ፤ ማክረሪያ: freezer
Gefrierkammern {pl}:: freezers
Gefriermaschine {f}: ማቀዝቀዣ: freezing machine
Gefrierpunkt {m}: መግረሪያ/ መገገሪያ ነጥብ: freezing point
Gefrierpunkte {pl} :: freezing points
Gefrierpunktmesser {m}: ማቀዝቀዣ ልክ: · cyroscope
Gefrierschutz {m}: ሙቀት ማስገቢያ: anti freezer
gefroren: ቀዝቅዞ: freezed, frozen
gefügig: ታማኝ: supple, amenable, squeezable, amenably
Gefügigkeit {f}: ታማኝነት: amenability, tractableness
Gefügigkeiten {pl} :: amenableness
Gefühl {n}: ስሜት: feeling, sentiment, emotion, feeling
Gefühle {pl} :: feelings, senses, sentiments, emotions
gefühllos: ስሜትአልባ: unfeeling, emotionless, insensate, insensately, unfeelingly
Gefühllosigkeit {f}: ስሜትአልባነት: insensibility, unfeelingness
Gefühlsduselei {f}: ርብትባቴ ፤ መርበትበት: maudlin, sentimentalism
gefühlsduselig: ርብትብት፤ ጭንቀታማ: sentimental
Gefühlskraft {f}: ስሜታዊ ኃይል: intensiveness
gefühllos: ደንታቢስ፤ ግዴለሽ: benumbingly, marbly, uncaring
gefühlsmäßig: በስሜት: emotional, emotionally
Gefühlsmensch {m}: ቁጡ፤ ጠባያቢስ: sentimentalist, emotional person
Gefühlsmenschen {pl} :: sentimentalists, emotional people
gefühlvoll: ስሜታማ: feelingly, lyrical, lyrically, sentimentally
geführt: ተመሪ/ ተመርቶ: guided, led
gefüllt: ሙሉ/ ተሞልቶ: filled, stuffed
gefunden: ግኙ/ ተገኝቶ: encountered, finding, found
gefürchtet: ተፈሪ/ ተፈርቶ: feared, redoubtably
gefüttert: ተቀላቢ/ ተቀልቦ: fed, fled
gegangen: ሃጅ/ ሂዶ፤ አልፎ: gone, walked, went, yawned
gegeben: ተሰጭ/ ተሰጥቶ፤ ተላልፎ: given
gegebenenfalls: ካስፈለገ፤ ከሆነ: if necessary
gegen Abend: በምሽት: towards evening
Gegendemonstration {f}: ፀረ ተቃውሞ: anti-demonstration

gegen, entgegen, zuwider, wider: በ...አንፃር/ ተቃራኒ: against, contrary to
gegen: ከ...አንፃር/ ተቃራኒ፤ በ.../ አካባቢ፤ በ/ ከ...ፊት ለፊት: against, toward, towards
Gegenangriff {m}: መልሶ ጥቃት/ ማጥቃት: counter attack, counterattack
Gegenanklage {f}: ክስ: countercharge
Gegenantrag {m}: መከላከያ: counter motion
Gegenauslese {f}: ተቃውሞ: anti selection
Gegenbefehl {m}: ፀረ ሕግ/ ትእዛዝ: counter order, counterorder recriminative, recriminatory
Gegenbeschuldigung {f}: ይግባኝ ማስረጃ፤ የክስ ተቃውሞ: recrimination
Gegenbesuch {m}: አፃፋ ጉብኝት: return visit
Gegenbewegung {f}: ተቃዋሚ እንቅስቃሴ: counter movement, countermovement
Gegenbewegungen {pl} :: countermovements
Gegenbeweis {m}: ተቃውሞ: counter evidence, counterevidence
Gegend {f}: አካባቢ: region, clime
Gegenden {pl} :: districts, regions
Gegendienst {m}: ውሌታ: service in return
Gegendienste {pl} :: services in return
Gegendruck {m}: ተጽእኖ: counter pressure, counterpressure
gegeneinander: አንዱ ሌላውን: against each other
Gegenerklärung {f}: ተቃዋሚ መግለጫ: counterstatement
Gegenforderung {f}: ውሌታ መልስ: counter claim, counterclaim
Gegenfrage {f}: መልሶ መጠይቅ/ ጥያቄ : counter question, counterquestion
Gegengerade {f}: ተቃራኒ መልስ: back straight
Gegengeraden {pl} :: back straights
Gegengeschenk {n}: ስጦታ: return present
Gegengewicht {n}: ሚዛናዊ ክብደት: balance weight, counter balance, counterbalance, counterweight
Gegengewichte {pl} :: counterbalances
Gegengift {n}, Gegenmittel: መድኃኒት: antidote
Gegenkämpfer {m, pl}: ተቃዋሚ: contester, revolutionaries
Gegenkandidat {m}: ተወዳዳሪ: rival candidate
Gegenklage {f}: ክስ: cross action
Gegenklagen {pl} :: cross actions, antibodies
Gegenkopplung {f}: ፀረ ትውልድ: degeneration
Gegenkörper {m}: ፀረ ሰውነት: antibody
Gegenkraft {f}: ስበት: reagent
Gegenkultur {f}: ፀረ ባሕል: counterculture
Gegenleistung {f}: መልስ፤ ውሌታ: consideration, return service
Gegenmaßnahme {f}: አስፈላጊ እርምጃ: counter measure, countermeasure
Gegenmaßnahmen {pl} :: retaliatory action
Gegenmittel {n, pl}, Heilmittel: መድኃኒት: counteragent, counteragents, remedies

Gegenmutter {f}: ፀረ እናት: locknut
Gegenoffensive {f}: መልሶ ጥቃት/ ማጥቃት: counteroffensive
Gegenpartei {f}: ተቃዋሚ ፓርቲ: opposite party
Gegenparteien {pl} :: opposite parties
Gegenphase {f}: እርምጃ: paraphase
Gegenprobe {f}: ሙከራ: cross check
Gegenproben {pl} :: cross checks
Gegenrechnung {f}: የቼ ክ ደረሰኝ: check account
Gegenrevolution {f}: ፀረ አብዮት: counter revolution, counterrevolution
Gegensatz {m}: ተቃርኖ: contrast, antagonism, anticlimax, contradistinction, opposition
Gegensätze {pl}: ተቃርኖ: anticlimaxes
gegensätzlich: በተቃራኒ: conflictive, oppositional
Gegensätzlichkeit {f}: ተቃራኒነት: oppositeness
Gegenschlag {m}: ማጥቃት፣ ጥቃት: riposte
Gegenseite {f}: ተቃርኖ: opposite side, opposition
gegenseitig beeinflussen: ተጽእኖ ተደራረገ/ አደረገ: interact, mutually
gegenseitig: በተቃራኒ፣ በጋራ: mutual, reciprocative
gegenseitige Abhängigkeit: የጋራ ኅብረት/ ጥገኝነት: interdependence
gegenseitige Beziehung: የጋራ ግንኙነት: interrelationship
gegenseitiges Streifen: ትይዩ መንገድ: sideswipe
Gegenseitigkeit {f}: ኅብረት: mutuality, reciprocity
Gegenspionage {f}: ስለላ: counter espionage
Gegensprechanlage {f}: ቴ ሌፎን ማጿመጫ: intercom, interphone, talk-back circuit
Gegensprechanlagen {pl} :: intercoms
Gegenstand {m}, Material, Sache, Objekt, Ziel, Zweck: አርቲክል፣ ነገር፣ ዓላማ: matter, object, article, subject
Gegenstände {pl} :: materials
gegenstandslos: ኢተጨባጭ: nonrepresentational
Gegenstrom {m}: ከኀርፍ እንፃር/ ተቃራኒ: crosscurrent, reverse flow
Gegenströme {pl} :: crosscurrents
Gegenstück {n}: መያዣ: complement, counterpart, analogue
Gegenstücke {pl} :: counterparts
Gegentaktverkehr {m}: መኅታተት: push-pull communication
Gegenteil {n}, Rückseite: ተቃራኒ: opposite
Gegenteile {pl} :: contraries, opposites
gegenüber: በ/ ከ...ፊት/ ለፊት፣ ተቃራኒ: across from, fornent, opposite, opposite to, over the way, via
gegenüberliegen: ተጋጠመ፣ ተፋጠጠ: to face, being opposite
gegenüberliegend: በተቃራኒ: oppositely
gegenüberstellen, entgegensetzen: ተቃወመ: oppose, confront, confront with
gegenüberstellend: ተቃዋሚ/ ተቃውሞ: confronting, confronting with, opposing
Gegenüberstellung {f}: ፍጥጫ: confrontation
Gegenverkehr {m}: እንፃረ ትራፊክ: oncoming traffic
Gegenvorschlag {m}: ተቃራኒ ሐሳብ: counter proposal, counterproposal
Gegenwart {f}: ያሁን ጊዜ: presence, presence
gegenwärtig, aktuell, momentan, jetzig: አሁን: current, at the present time, presently, present, currently
Gegenwert {m}: ዋጋ: equivalent value
Gegenwerte {pl} :: equivalent values
Gegenwind {m}: በነፋስ እንፃር: headwind
Gegenwinde {pl} :: headwinds
Gegenwinkel {m}: ተቃራኒ ኮርነር: opposite angle
gegenwirkend: ኅታች: reactional, reactionally
Gegenwirkung {f}: መልስ: reaction, counteraction
Gegenzeuge {m} : መከላከያ ምስክር: counter witness
Gegenzug {m}: ተቃራኒ ባቡር: opposite train
gegessen: ተበይ/ ተበልቶ: eaten
geglaubt: ታማኝ/ ታምኖ: believed
geglichen: ተመሳሳይ/ ተመሳስሎ: resembled
gegliedert: ዝርዝር/ ተዘርዝሮ: structured
geglitten: እንዳላጭ/ እንዳልጠ: glided
Gegner {m, pl}:ተቃራኒ፣ ተጋጣሚ፣ ተወዳዳሪ፣ ተቀናቃኝ: adversary, antis, deprecator, objector, objector, opponents, opposers
gegnerisch: ጠላታዊ፣ ጥላቻዊ: antagonistical
gegraben: ተቀብሮ፣ ተደፍኖ: digged, dug, graven, trenched
gegriffen: ተጠቂ/ ተጠቅቶ: gripped, snatched
gegründet: ተመስራች/ ተመሥርቶ: based, founded
gegrüßt: ሰላምታ ተሰጭ/ ተሰጥቶ: greeted
Gehalt {n}: ደመወዝ: salary, stipend
gehalten: ተያዥ/ ተይዞ: held, kept, unexpended, upheld
gehaltlos: ገቢ አልባ: inane, unsubstantial
Gehaltlosigkeit {f}: ደመወዝአልባነት: triviality
Gehaltlosigkeiten {pl}:: trivialities
Gehaltserhöhung {f}: ደመወዝ ጭማሪ: rise in salary
Gehaltserhöhungen {pl} :: rises in salary
Gehaltsliste {f}: የደመወዝ ሊስት: pay-roll
Gehaltsscheck {m}: መክፈያ ቼ ክ: paycheck
Gehaltsstufe {f}: የደመወዝ ደረጃ: salary level
Gehaltszulage {f}: የደመወዝ ጭማሪ: additional say
Gehaltszulagen {pl} :: additional pays
gehaltvoll: ኃብታም፣ ባለገቢ: rich in content
gehängt: ተሰቃይ/ ተሰቅሎ: gibbeted, hung
gehässig: አሰጠይ፣ መጥፎ: spiteful, spitefully

Gehässigkeit {f}: አስጠሊታነት፤ መጥፎነት: hatefulness, spitefulness, venom
Gehässigkeiten {pl}, Gifte :: venoms
gehaßt: ተጠላ/ ተጠልቶ: hated, bustled, scurried, hewn
Gehäuse {n, pl}, Schrank: ማኅደር፤ ዶሴ፤ ልባስ: cabinet, casing, casing, housing, chassis, housings, package
Gehäusedeckel {m}: መጠረዣ: casing cover
geheiligt: ቅዱስ/ ተቀድሶ: hallowed, sacrosanct, sanctified
geheim, verborgen: ምስጢራዊ: occult, occultly, undercover, secret
Geheimagent {m}: ሰላይ: secret agent
Geheimanalyse {f}: ምስጢራዊ ምርምር/ ራ: cryptoanalysis
Geheimbund {m}: ምስጢራዊ ቡድን: secret society
Geheimbünde {pl} :: secret societies
Geheimdienst {m}: ሕዝብ ድኅንነት: secret service, cryptically
Geheimfach {n}: ምስጢራዊ ማስቀመጫ/ ቦታ: hidden safe
Geheimhaltung {f}: ምስጢራዊነት: secrecy, nondisclosure
Geheimmittel {n, pl}: ምስጢራዊ ነገር/ ዘዴ: nostrum, nostrums
Geheimnis {n}: ምስጢር፤ ታምር: secret, mystery
Geheimnisbruch {m}: ምስጢርአውጭ: breach of secrecy
Geheimnisse {pl} :: mysteries, secrets
geheimnisvoll: ባለምስጢር/ ምስጢራማ/ም፤ ታምራዊ: mysterious, arcane, mysterious, mysteriously, mystical, mysticly, mysterious, mysteriously
Geheimpolizei {f}: የደኅንነት ፖሊስ: secret police
Geheimsache {f}: ምስጢራዊ ነገር: secret matter
Geheimschriftanalyse {f}: ምስጢር ተርጓሚ: cryptanalysis
Geheimschriften {pl}: ምስጢራዊ ጽሑፍ: cryptographs
Geheimtuerei {f}: ምስጢራዊ ተግባር: collusiveness, mystery mongering
Geheimverschlüsselung {f}: የምስጢር ቁልፍ: scambling
Geheimwaffe {f}: ምስጢራዊ መሳሪያ: secret weapon
Geheiß {n}: ትእዛዝ: behest
geheissen: ተሰያሚ/ ተሰይሞ፤ ተጠርቶ: been called
gehemmt, versperrte: ስንኩል/ ተሰንክሎ: obstructed, clammed, trigged
Gehen {n}: ሂደት: going
Gehen Sie geradeaus: በቀጥታ ይሂዱ: keep straight on
Gehen Sie nach links: ወደግራ ይታጠፉ: turn to left, turn to the left
gehen, vergehen, arbeiten, führen, laufen, funktionieren, fahren, werden: ተጓዘ፤ ሄደ፤ ነጎደ፤ አለፈ፤ ሠራ፤ መራ: walk, go (went, gone), ambulate, walk
gehend: ሃጂ/ ሄዶ: walking, ambulating, going
Geheul {n}: ስሜት: ululation
Geheule {pl} :: ululations
Gehilfe {m}: ረዳት: abetter, helpmate
Gehilfen {pl} :: helpmates, assistants
gehindert: እግድ/ታግዶ: embarrassed
Gehirn {n}: አእምሮ: brain, brains, cerebric
Gehirne {pl} :: brains
Gehirnschlag {m}: ልብከዳት: cerebral apoplexy
Gehirnschläge {pl} :: cerebral apoplexies
Gehirntumor {m}: ያእምሮ መቀርሳ: cerebral tumour
Gehirnwäsche {f}: አእምሮ አጠባ: brainwash, brain washing, brainwashing
Gehirnwäschen {pl} :: brainwashes
gehoben: ታጋናኝ/ የተጋነነ: hewed, hewn
gehobenere: በጣም ውጥንቅጥ: more sophisticated
gehobenste: እጅግ ውጥንቅጥ: most sophisticated
gehofft: ተስፋ ተደራጊ/ ተደርጎ: hoped
Gehöft {n}: ማሳ፤ እርሻ: grange, farmstead
Gehöfte {pl} :: granges, farmsteads
Gehölz {n}: ነፃ ትግል፤ እስፖርት: grove
Gehölze {pl} :: groves
Gehör {n}: ግንዛቤ: hearing
gehorchen: ሎያል ሆነ፤ ተገዛ፤ ታዘዘ: obey
gehorchend: ተገዥ/ ታዝዞ: obeying, obeying
gehorcht: ሎያል ኍ ኘ/ ሁኖ: obeyed
gehören zu: ሆነ: appertain, belongs, berlong, belong to
gehörend: ኍኘ/ ሁኖ: appertaining, belonging, pertaining
Gehörgang {m}: ድምጽ ማስተላለፊያ: auditory canal
Gehörgänge {pl} :: auditory canals
Gehorsam {m}: ታማኝ: obedience
gehorsam: ታማኝ: obedient, obediently, submissive, submissively
Gehorsamkeit {f}: ታማኝነት: dutifulness
gehört: ተሰሚ/ ተሰምቶ: heared, listened
gehren: መተረ፤ በእግድም ቆረጠ: miter
Gehversuch {m}: መዳህ፤ ለመሄድ መሞከር: attempt at walking
Gehversuche {pl} :: attempts at walking
Gehweg {m}: መንገድ: sidewalk, pavement, promenade
Gehwege {pl} :: pavements
Geier {m, pl}: ጠዳል፤ አሞራ: vulture, vultures, vultures
geifern: ተቆጣ፤ አመናጨቀ: drool
geifernd: አመናጫቂ/ ተቆጥቶ: drooling, slobbering
Geige {f}: የሙዚቃ መሳሪያ: violin, fiddle
Geigen {pl}:: violins, fiddles

Geigenbogen {m}: የማሲንቆ ጭራ: violin bow, fiddlestick
Geigenkasten {m}: የጋይገን ማህደር: violin case
Geigenkästen {pl} :: violin cases
Geiger {m}: የሙዚቃው ተጫዋች: fiddler, violist
Geiger {pl}:: violinists
Geigerin/nen {f/ pl}: የሙዚቃው ተጫዋች: violinist
geil: ስሜታማ፣ ጎበዝ፣ ተጫዋች፣ ቀልደኛ: horny, lustily, prurient, randy, pruriently, hornier
Geilheit {f}: ተጫዋችነት: horniness, lasciviousness, lustfulness, prurience
geirrt: ድንግር/ ተደናግሮ: mistaken
Geisel {f, pl}: ምርኮኛ: hostage
Geiseln {pl}:: hostages
Geiß {f}: ፍየል: goat
Geißblatt {n}: የፍየል ቅጥል: honeysuckle, woodbine
Geißblätter {pl} :: woodbines
Geißbock {m}: የፍየል ቦጠጤ: billy goat, billygoat
Geißböcke {pl} :: billygoats, billy goats
geißeln: ማረከ፣ ምርኮኛ አደረገ: flagellate
geißelnd: ማራኪ/ ማርኮ: flagellating
geißelt: ምርክ/ ተማርኮ: flagellated, lashed
Geißelung {f}: ምርኮት: lashing, flagellation
Geißelungen {pl} :: flagellations
Geist {m}, Seele, Gespenst: መንፈስ፣ ዛር፣ ነፍስ፣ እስትንፋስ: ghost, spirit, specter, esprit
Geister {pl} :: spirits
Geisterbeschwörer {m, pl}: አዋራሽ: necromancer, exorcists
Geisterbeschwörung {f}: ውርሻ: necromancy
geisterhaft: ዛራዊ: ghostly, phantasmal, spookily, spooky, spectrally
Geisterstunde {f}: የማስቢያ ሰዓት: witching hour
Geisterstunden {pl} :: witching hours
Geistesverwandtschaft {f}: የትምህርት ዝምድና: congeniality
Geisterwelt {f}: የመንፈስ ዓለም: spirit world
Geisterwelten {pl} :: spirit worlds
geistesabwesend: ዝንጉ/ ዘንግቶ: absent minded
Geistesabwesenheit {f}: ዝንጉነት: absentmindednesses
Geistesarbeit {f}: ያእምሮ ሥራ: brain work
Geistesblitz {m}: ያእምሮ ንዝረት: brainstorm, brainwave, flash of genius, scintillation
Geistesblitze {pl} :: flashes of genius, scintillations, brainstorms
Geistesgegenwart {f}: ንቃት፣ ንቁነት: presence of mind
Geistesgeschichte {f}: ያእምሮ ታሪክ: intellectual history
geistesgestört: ቀውስ: insane, mentally disturbed
Geisteshaltung {f}, Mentalität: አስተሳሰብ: mentality
Geisteshaltungen {pl}, Mentalitäten:: mentalities
Geisteskraft {f}: ሊቅነት፣ ምሁርነት: intellectuality, mental power
Geisteskrankheit {f}: የጭንቀት በሽታ: mental disease
Geistesprodukt {n}: ያእምሮ ውጤት: brainchild
geistesschwach: ደካማ: feebleminded, imbecile, feeblemindedly
Geistesschwäche {f}: ድክመት: imbecility
Geistesschwächen {pl} :: imbecilities
Geistesstörung {f}: ቀውስነት፣ እብደት: mental disorder
Geistesverfassung {f}: አስተሳሰብ: state of mind
Geistesverfassungen {pl} :: states of mind
geistesverwandt: ተገንዛቢ: congenial
Geistesverwandtschaft {pl} : ያስተሳሰብ ዝምድና: affinities
Geistesverwandtschaften {pl} :: affinities
Geistesverwirrung {f}: ያእምሮ ጭንቀት: mental confusion
Geisteswissenschaft {f}: ሶሻል ሳይንስ ትምህርት: humane discipline
Geisteswissenschaften {pl} :: arts
geistig, intelektuell: እእምሮአዊ፣ መንፈሳዊ: intellectual, mental, mentally, spiritual, spiritually
Geistliche {m, f}: ካህን: clergy, chaplain, divines, pastorate, chaplains
Geistlicher {m}: ቄ ስ: clergyman, clericalist, ecclesiastic, reverend
Geistlichkeit {f}: ቄ ስነት፣ መንፈሳዊነት: spirituality, spiritualness
geistlos: አሳበአልባ፣ እብድ: spiritless, spiritlessly, unintelligently
Geistlosigkeit {f}: ድንቁርና፣ ደንቆሮነት: lack of wit, spiritlessness
geistreich: ቀልደኛ፣ ፈዘኛ: witty
geistvoll: አሳቢ: spirited
Geiz {m}: ስግብግብ፣ ቁጥብ: avarice, costiveness, miserliness, penuriousness, stinginess
Geize {pl} :: avariciousness, avarices
geizen: ቆጠበ፣ ችክ አድርጎ ያዘ: be stingy
geizend: ቆጣቢ/ ቆጥቦ: being stingy
Geizhals {m}: ቆጣቢ: miser, niggard, scrooge, cheapskate, curmudgeon
geizig: ገብጋባ፣ ቆጥቋጣ: avaricious, avariciously, closefisted, costive, miserly, niggardly, penurious, penuriously, stingily, thrifty, costively, penury
Geizkragen {m/ pl}: ገብጋባ፣ ስግብግብ: miser, misers, tightwad, tightwads
gejagt: ታዳኝ/ታድኖ: hunted, hounded, hunted, scudded
gekämmt: ብጥር/ ተበጥሮ: combed
gekauft: ታሻጭ/ ተሸጦ: bought, commercial

gekaut: ተቆርጣሚ/ ተላም ጠ: chewed, chawed, chewed, masticated
gekennzeichnet, identifiziert: ታውቆ፣ ተለይቶ: identified
gekentert: ተገልባጭ/ ተገለብጠ: capsized, capsized
gekerbt: ተደጋኝ/ ነብጦ: nicked, notched
gekippt: ፍንግል፣ ተፌንጋይ/ ተፌንግሎ: tilted, tipped over, toppled
gekittet: ተለስኖ፣ አስባልት ሁኖ: cemented, puttied
geklagt: ተከሳሽ/ ተከሶ: complained, complained, wailed
geklammert: ቅንፍ/ ተቀንፎ: clasped
geklärt: ተገላጭ፣ ተረጋጋጭ/ ተረጋግጦ፣ ታውቆ: cleared
geklebt: ተለጣፊ/ ተለጥፎ: pasted
gekleidet: ተለባሽ/ ተለብሶ: clothed, endued, garbed
geklettert: በተራራ ወጥቶ፣ ተንጠላጥሎ: clambered, climbed, scrambled
geklönt: ድቅል/ ተደቅሎ: chatted
geklopft: ተደውሎ ፣ ተንኳኩቶ: knocked, tapped, throbbed
geklungen: ተቃጫይ/ ተቃጭሎ: clinked, clinkered, tingled
geknackt: ተጨባጭ/ ተገኝቶ: cracked, cracking
geknüpft: ጥቅል/ ተጠቅሎ: tied
gekocht: ተቀቅሎ ፣ በስሎ: cooked, boiled, cooked, decoyed, lured, decapitated
gekracht: ተሰባሪ/ ተሰብሮ: crashed
gekratzt: ተፋቂ/ ተፍቆ: scratched, scraped
gekühlt: ቅዝቅዝ/ ቀዝቅዞ: cooled, refrigerated
gekündigt: ተሰናብቶ፣ ተባርሮ፣ ተወግዶ: given notice
Gekünsteltheit {f}: አርቴ ፍሻልነት: artificiality
gekürzt: አጥሮ፣ ተቆርጦ: abridged, shortened
geküsst: ተሳሚ/ ተስሞ: kissed
Gelächter {n}: ሳቂታ: guffaw, laughter
geladen: ተጫኝ/ ተጭኖ: charged, charged, loaded, reload
Gelage {n}: ግብዣ፣ ተጨማሪ ምግብ: binge, carousal, carousals, wassail
gelähmt: ስንኩል/ ተሰንክሎ: paralysed, lamed, palsied, paralysed, paralyzed
Geländefahrt {f}: አገር አቋራጭ ጉዞ: cross country drive
Geländefahrten {pl} :: cross country drives
Geländefahrzeug {n}: የጭነት መኪና: cross country vehicle
Geländefahrzeuge {pl} :: cross country vehicles
Geländekunde {f}, Topographie, Ortsbeschreibung: ካርታ ሥራ: topography
Geländelauf {m}: አገር አቋራጭ ሩጫ: cross country run
Geländeläufe {pl} :: cross country runs
Geländer {n, pl}: ደረጃ፣ ሐዲድ፣ ድጋፍ: balustrade, balustrades, banister, handrail, rail, railing, rails
Geländersäule {f}: ካብ: baluster
Geländersäulen {pl} :: balusters
Gelaß {n}: ክፍል: room
Gelasse {pl}:: rooms
gelassen: የተናቀ፣ የተረሳ/ ተረስቶ: coolly, left standing, unperturbed, unperturbedly
Gelassenheit {f}: ቀልዝ፣ እርጋታ፣ ችሮታ: composure, dispassionateness, imperturbability, sedateness
Gelassenheiten {pl} :: imperturbableness
Gelatine {f}: ቅባት፣ የቅልጥም መቅኖ/ ቅባት: gelatine
Gelaufe {n}: ቅዠት፣ ሩጫ: running around
geläufig: ኃላፊ: voluble, volubly
Geläufigkeit {f}: ኃላፊነት: fluency, volubleness
Geläut {n}: ቃጭል: ringing
Geläute {pl} :: ringings
gelb: ቢጫ: yellow
Gelbbraun {n}: ሐምራዊ: tawniness, yellowness
gelblich: ብጫ: yellowish, yellowly
Gelbsucht {f}: ስኳር በሽታ: jaundice
Gelbwurz {f}: ኩርኩማ፣ ተክል: turmeric
Gelbwurzen {pl} :: turmerics
Geld {n}, Währungs..: ገንዘብ: monetary, money
Geld auf der Bank haben: በባንክ ገንዘብ አስቀመጠ: to keep money in the bank
Geld ausgeben: ገንዘብ አወጣ: to spend money
Geld ausleihen: ገንዘብ አበደረ: to make advances to
Geld verdienen: ገንዘብ አገኘ: to make money
Geldangelegenheit {f}: ገንዘባዊ ነገር: financial matter
Geldangelegenheiten {pl} :: financial matters
Geldanweisung {f}: ገንዘብ መላክ: remittance
Geldausgabeautomat {m}: የገንዘብ አውቶማቲክ: automatic cash dispenser, cash dispenser
Geldbeutel {m}: የገንዘብ ቦርሳ: purse
Geldbrief {m}: ገንዘብ ማዘዣ: money order
Geldentwertung {f}, Inflation: የገንዘብ ድቀት: inflations
Geldentwertungen {pl}, Inflationen:: inflations
Gelder {pl}: ገንዘብ: moneys
Geldforderung {f}: የገንዘብ ጥያቄ : outstanding debt
Geldforderungen {pl} :: oustanding debts
Geldgeber {m, pl}: ገንዘብ ሰጭ: investor, investors
Geldgeschäft {n}: ቁማር: money transaction
Geldgeschenk {n}: ገንዘብ ስጦታ: donation
Geldheirat {f}: ገንዘብ ውኅደት: money match
Geldklemme {f}: የገንዘብ ችግር: financial difficulties
Geldknappheit {f}: የገንዘብ እጥረት: shortness of money
Geldkrise {f}: የገንዘብ ድቀት: monetary crisis

Geldkrisen {pl} :: monetary crises
geldlich: **ገንዘባዊ**: pecuniary
Geldmakler {m}: **ደላላ**: money broker
Geldmangel {m}: **የገንዘብ እጥረት**: lack of money
Geldmarkt {m}: **ገንዘብ ቅያሬ**: money market
Geldmittel {n, pl}: **ገንዘብ ነገር**: fund, funds
Geldquelle {f}: **የገንዘብ ምንጭ**: source of capital
Geldquellen {pl} :: sources of capital
Geldsache {f}: **ገንዘብ ነገር**: money matter
Geldsammlung {f}: **ገንዘብ ስብሰባ**: offertory
Geldsammlungen {pl} :: offertories
Geldschein {m}: **የገንዘብ ቼ ክ**: bank note
Geldscheine {pl} :: bank notes
Geldscheintasche {f}: **የገንዘብ ቦርሳ**: billfold
Geldscheintaschen {pl} :: billfolds
Geldschrank {m}: **ገንዘብ ካዝና**: safe
Geldschränke {pl}:: safes
Geldschrankknacker {m, pl}: **ካዝና ከፋች**: safecracker, safecrackers
Geldsendung {f}: **የገንዘብ መልክት**: cash remittance
Geldsendungen {pl} :: remittances
Geldstrafe {f}: **የገንዘብ ቅጣት**: mulct
Geldstrafen {pl} :: mulcts
Geldstück {n}, Münze: **ሳንቲም**: coin
Geldstücke {pl}, Münzen :: coins
Geldtasche {f}: **የገንዘብ ቦርሳ**: money bag, moneybag
Geldverdiener {m, pl}: **ነጋዴ**: breadwinner, breadwinners, moneymakers
Geldverleiher {m}: **ገንዘብ አበዳሪ**: moneylender
Geldverschwendung {f}: **ገንዘብ ምዝበራ**: waste of money
Geldwechsel {m, pl}: **ገንዘብ ቅያሬ**: exchange of money, exchanges of money
Geldwechsler {m}: **ገንዘብ ቀያሪ**: moneychanger
Geldwert {m}: **የገንዘብ ዋጋ**: cash value
geleast, gemietet: **ተከራዩ/ ተከራይቶ**: leased
gelebt: **ኗሪ/ ኖሮ**: lived
Gelee {n}: **መረቅ**: jelly
Gelees {pl} :: jellies
Gelegenheit {f}, Anlaß, Möglichkeit, Zufall: **አማራጭ፣ እድል**: chance, occasion, opportunity
Gelegenheiten {pl} :: chances, occasions, opportunities
Gelegenheitsarbeit {f}: **አማራጭ ሥራ**: occasional job
Gelegenheitsarbeiten {pl} :: odd jobs, jobbing
Gelegenheitsarbeiter {m}: **አማራጭ ሠራተኛ**: casual labourer, jobber
Gelegenheitskauf {m}: **አማራጭ ግዥ**: chance purchase, bargain
gelegentlich: **አልፎ አልፎ**: occasionally, casual, casually, occasional, occasionally, once in a while
gelehrig: **ቀላል (ለመማር)**: docile, teachable, teachably
Gelehrigkeit {f}: **በቀላሉ ለመማር የሚቻል**: docility
Gelehrsamkeit {f}: **ምሁርነት**: scholarship, eruditeness, punditry, scholarliness
gelehrt: **ምሁር/ ራዊ**: eruditly, scholarly
Gelehrte {m, f} : **ምሁር፣ መምህር**: savant, scholar
gelehrte: **ምሁራዊ**: bookish, eruditely
Gelehrten {pl} :: scholars, savants
Gelehrter {m}: **ምሁር፣ መምህር**: savant, scholar
Geleit {n}: **መሸኛ፣ ተከታይ፣ ዘበኛ**: escort, convoy
Geleitbrief {m}: **መሸኛ ደብዳቤ**: letter of consignment
Geleite {pl}:: escorts
Geleitschiff {n}: **ከንቮይ መርከብ**: convoy ship
Geleitwort {n}, Vorwort: **መቅድም**: foreword
Geleitworte {pl} :: forewords, convoys
Geleitzug {m}: **ሪሞርኪ**: convoy
Gelenkkupplung {f}: **አውቶማቲክ ማርሽ**: cardan coupling, universal coupling
geliebt: **ተወዳጅ/ ተወድዶ**: loved, beloved
Geliebte {m, f}: **ፍቅረኛ**: paramour, truelove, lady-love, lover
Geliebten {pl}:: beloved
geliefert: **ተላልፎ፣ ተወርሶ**: supplied
geliehen: **ተዋሽ/ ተውሶ፣ ተበድሮ**: borrowed, loaned
gelieren: **አቀዘቀዘ፣ አከረረ**: gelatinize
gelierend: **አቀዝቃዥ/ አቀዝቅዞ**: gelatinizing, jellying
gelindert: **ቅናሽ/ ተቀንሶ**: soothed, allayed, alleviated, mitigated, palliated
gelingen: **ተሳካ፣ ረካ**: to succeed
gelitten: **ተሰቃይ/ ተሰቃይቶ**: suffered
geloben: **አወደሰ፣ አመሰገነ**: vow
Gelöbnis {n}: **ውዳሴ**: plight
gelogen: **ውሸት/ ተዋሽቶ**: lied
gelöscht: **ተፍቆ፣ ጠፍቶ**: blanked, canceled, cancelled, erased, extinguished, killed, quenched, scratched, slaked, cleared
gelöst: **ጠፊ/ ጠፍቶ**: detached, disengaged, loosed, solved, unfastened, unfixed, brazed, soldered
gelten: **ጸና፣ በሥራ ላይ ዋለ፣ ሠራ**: be valid
geltend: **ተተግባሪ/ ተተግብሮ፣ ጸንቶ**: being valid
geltendes Recht: **የጸደቀው ሕግ**: applicable law
Geltung {f}: **ተቀባይነት፣ ተገብሮ**: prestigiousness, worth
Geltungsbedürfnis {n}: **ተግባራዊ ፍላጊት/ አስፈላጊነት**: craving for recognition, egotism
geltungsbedürftig: **መፈጸም/ መደረግ ያለበት**: egotistic, egotistically
Geltungsbedürfnisse {pl} :: egotisms
Geltungsbereich {m}: **መደረጊያ ቦታ/ አካባቢ**: ambit
Gelübde {n}: **ስለት፣ ቃል ኪዳን**: vow

gemacht: ተሠሪ/ ተሠርቶ፤ ተመርቶ: made
Gemälde {n, pl}: ስእል: painting, paintings, picture
Gemäldeausstellung {f}: የስእል ትሪት: exhibition of paintings
Gemäldegalerie {f}: የስእል ሙዚየም: picture gallery
Gemäldegalerien {pl} :: picture galleries
gemäß: በ...መጠን/ ልክ: according, pursuant
Gemäßheit {f}: ልክነት: temperateness
gemäßigt, angemessen: በልኩ፤ በተገቢው: moderate
gemäßigt: ቅናሽ፤ ምራቄ : moderated, moderatly, temperate, temperately, tempered
Gemäßigte {m, f}: ኃላፊ፤ ተጠሪ፤ ተጠያቂ: centrist
Gemäuer {n}: ፍርስራሽ: ruins
gemein: ማለት፤ ዝቅተኛ፤ ጥሬ: blackly, beastly, rascally, caitiff, cussedly, ignoble, ignobly, meanly, miscreant, rascally, scurillous, scurillously, scurvily, scurvy, vile, vilely
Gemeinde {f}, Kirchengemeinde: ሰበካ ጉባኤ፤ ቀበሌ: community, parish, township
Gemeindehaus {n}: መሰብሰቢያ ቤት: parish hall
Gemeinden {pl}, Kirchengemeinden:: communities, parishes, communities, townships
Gemeinderat {m}: ሰበካ ጉባኤ አባል: municipal council
Gemeindesaal {m}: መሰብሰቢያ አዳራሽ: vestry
Gemeindesäle {pl} :: vestries
Gemeindesteuer {f}: አስራት: local rate
Gemeindevertreter {m, pl}: የሰበካ ተወካይ: vestryman, vestrymen
Gemeindevorstand {m}: የሰበካ ኮሚቴ : parish council
Gemeindewahl {f}: የሰበካ ምርጫ: municipal election
gemeingefährlich: አስፈሪ፤ አዳገኛ: dangerous to public safety
Gemeingüter {pl}: የጋራ ሐብት: common properties, common property
Gemeinheit {f}: አንድነት፤ ኅብረት: baseness, beastliness, cussedness, disreputableness, hoggishness, lousiness, meanness, scurviness, skulduggery, snottiness, vulgarity
Gemeinheiten {pl} :: basenesses, foulnesses, vulgarities, vulgarness, overhead costs, overheads
Gemeinkosten {pl}: የጋራ ወጭ: allocate overhead expense
Gemeinnutz {m}: የጋራ ኅብት/ ንብረት: public interest
gemeinnützig: ለጋራ ጥቅም ዋይ: non-profit, nonprofit
Gemeinplatz {m}: የጋራ ቦታ: commonplace, truism, bathos
Gemeinplätze {pl} :: truisms
gemeinsam, zusammen: ባድነት፤ በጋራ: together, common, commonly, concertedly, conjoint, consolidated, in common, mutual, mutually, together, joint, conjointly
gemeinsame Benutzung: የጋራ ጥቅም: sharing
Gemeinschaft {f}: ኅብረት፤ አንድነት: community
Gemeinschaften {pl} :: corporations
gemeinschaftlich: ባንድነት፤ በኅብረት: united, jointly
Gemeinschaftsanschluß {m} (Telfon): የጋራ መገናኛ: party-line
Gemeinschaftsarbeit {f}: የጋራ/ ቡድን ሥራ: teamwork, team work
Gemeinschaftsarbeiten {pl} :: team works
Gemeinschaftserziehung {f}: የጋራ እንክብካቤ: co education
Gemeinschaftsgeist {m}: የጋራ መንፈስ/ አስተሳሰብ: team spirit
Gemeinschaftskonto {n}: የጋራ ሒሳብ/ ኮንቶ: joint account
Gemeinschaftsproduktion {f}: የጋራ ምርት: co production
Gemeinschaftswerbung {f}: የጋራ ማስታወቂያ: association advertising
gemeint: ማለት: meant
Gemeinwesen {n}: የጋራ ጠባይ: polity
Gemeinwohl {n}: ለጋራ ጥቅም/ ደኅንነት: public welfare
gemeldet: ተመዝጋቢ/ ተመዝግቦ: notified
gemessen: ልክ/ ተለክቶ: measured, measuredly, meted, metered
gemieden: ተወጋጅ/ ተወግዶ: avoided, eschewed, shunned
gemietet: ተከራይ/ ተከራይቶ: rented, leased
gemildert: ቅናሽ/ ተቀንሶ: mitigated, impaired
Gemisch {n}: ቅልቅል/ ውኅደት: miscellany, medley
Gemische {pl} :: miscellanies, farragoes
gemischt, verschiedenartig: ቅልቀል: miscellaneous, blent, mashed, mingled, mixed, compositely, miscellaneously, miscellanous
Gemischtheit {f}: ውጥንቅጥነት፤ ውኅደት: miscellaneousness
gemocht: ውድ/ ተወድዶ: liked
gemogelt: ተሸዋጅ፤ ተታላይ/ ተታልሎ: cheated, cribbed
gemolken: ታላቢ/ ታልቦ: milked
Gemurmel {n}: ማኩንኩን፤ ማጉረምረም: mutterings
gemurmelt: ነዝናዛ/ ተነዛንዞ: mumbled, mumbled, murmured, muttered
Gemüse {n}: ተክላተክል: vegetable, vegetables
Gemüsebau {m}: ተክል ማርባት: vegetable gardening
Gemüsegarten {m}: የጎመን ጓሮ/ ቦታ: kitchen garden
Gemüsehändler {m}: ተክል ነጋዴ: greengrocer
Gemüsesuppe {f}: የተክል ሾርባ: pottage

gemütlich: በሰላም/ ረጋታ፤ በምቾት: comfortable, cosy, cozy, homelike, jovial, jovially, snugly, unhurried, cozily, unhurriedly
Gemütlichkeit {f}: ምቾትነት: coziness, snugness, sociability
Gemütsart {f}: የምቾት ነገር: nature
Gemütsarten {pl}:: natures
Gemütsruhe {f}: ግልጽነት፤ ጭንቀትአልባነት: placidity
Gemütsverfassungen {pl}: የጤንነት ይዞታ: frames of mind
genäht: ተደራች/ ተደርቶ: needled, sewn, stitched
genannt: ተሰያሚ/ ተሰይሞ: called, named, yclept
genau, gleich, gerade, rechts, fehlerfrei: ልክ፤ በትክክል: accurate, precise, right, exact, accurate, accurately, correctly, exact, exacting, exactly, minutely, pedantic, precise, precisely, properly, accurately
genaugenommen: በርግጥ ሲገለጽ: strictly speaking
Genauigkeit {f}, Kleinheit: ልክነት፤ ትክክልነት: precision, minuteness, particularity, accuracy, correctness, elaborateness, exactitude, exactness, fidelity, measuredness, minuteness, preciseness, specificity, strictness
Gendarm {m}: የከብር ዘበኛ: country constable
Genealoge {m}: የዝርያ ውርስ: genealogist
Genealogen {pl} :: genealogists
Genealogie {f}: የውርስ/ ዘር ትምህርት: genealogy
genealogisch: ዝርያዊ: genealogical
genehmigen, anerkennen:ተቀበለ፤ አጸደቀ፤ ይሁን/ በጀ አለ homologate, approve
Genehmigung {f}, Erlaubnis: ፈቃድ: approbation, approval, consent, permission
Genehmigungsbehörde {f}: የፈቃድ መስጫ ቢሮ: approval agency, approving authority
genehmigungspflichtig: ፈቃድ የሚያስፈልገው: subject to approval
geneigt: አዘንባይ/ አዘንብሎ ፤ ተደግፎ: inclined, inclinational, inclined, leant, slanted, sloped
Genera {pl}: ጠቅላላ: genders
Generalagent {m}: አጠቃላይ ወኪል: general agent
Generalbevollmächtigte {m, f}: የሸንጎ መሪ: chief representative
Generaldirektor {m}: አስተዳዳሪ፤ ማናጀር: managing-director
Generalissimus {m}: አጠቃላይነት: generalissim
Generalitäten {pl}: አዛዥ፤ አለቃ: generalissimos
Generalkonsul {m}: ቆንሲል: consul general
Generalkonsulat {n}: ቆንሲል ጽ/ ቤት: consulat general
Generalprobe {f}: አጠቃላይ ምርመራ: dress rehearsal
Generalrang {m}: የጄኔራል ማዕረግ: generalship
Generalstreik {m}: አጠቃላይ አድማ: general strike
Generalvollmacht {f}: አጠቃላይ ጠበቃ: full power of attorney
Generation {f}: ትውልድ: generational
Generationen {pl} :: generations
Generator {m}: ሞተር: generator
Generatoren {pl} :: generators
Generatoraggregat {m}: የሞተር ማሽን: generating set
generieren: አወጣ፤ ፈጠረ: generate
genesen: አገገመ፤ ለመዳን ሞከረ: convalesce, convalesced
genesend: አገጋሚ/ አገግሞ: convalescing
Genesende {m, f}: ገገምተኛ: convalescent
Genesung {f}: መሻል/ ማገገም: convalescence, recovery
Genesungen {pl} :: recoveries
Genesungsheim {n}: ማገገሚያ ቤት: convalescent home
Genetik {f}, Vererbungslehre: ውርስ፤ ፍጥረት: genetics
Genetiker {m, pl}: ውርስ/ ዘርያ አጥኝ: geneticist, geneticists
genetisch: ውርሳዊ/ ዝርያዊ: genetic, genetical, genetically
Genette {f}: የድመት ዓይነት: genet
genial: ብልህ: ingenious, ingeniously, ingeniously
Genialität {f}:ብልህነት፤ ጥበብ፤ ዕውቀት: brilliancy, ingeniousness, ingenuity
Genick {n}: አንገት: neck
Genie {n}: ባለስጦታ፤ ሊቅ፤ የተፍጥሮ ስጦታ: genius, wiz
genieren: ሰደበ፤ አዋረደ: be embarrassed
Genies {pl} :: wizzes
genießbar: አስደሳች/ አርኪታ: edible, relishable
Genießbarkeit {f}: አስደሳችነት/ አርኪነት: edibility, enjoyableness
genießen, Gefallen finden an: ተደሰተ፤ ተዝናና: enjoy, savor, relish
genießend: ተዝናኚ/ ተዝናንቶ: enjoying, relishing, savoring
Genießer {m, pl}: ተደሳች: epicure, wallower, wallowers
Genitalien {pl}, Geschlechtsteile: ብልት፤ ብልታዊ አካላት: genitals, genitalia
Genitiv {m}: ዘርፍ (የሰዋስው ስም): genitive
Genitive {pl} :: genitives
genommen: ጥብቅ/ ምርጥ ተመርጦ/ ተጠብቆ፤ ተወስዶ: kept, picked, taken, took
genormt: ተስተካክሎ ፤ ሁለገብ ተደርጎ: standardized
Genosse {m}: ጓድ: comrade
Genossenschaft {f}: ጓደኝነት: companionship

Genossenschaften {pl}:: associations
genug haben von: ደከመ፣ ታከተ: to be tired of
genug: በቂ: enough
genügen: በቃ: suffice
genügend: በቂ/ በቅቶ: sufficient, sufficiently
genügsame: በቂያዊ: frugally
Genügsamkeit {f}: በቂነት: frugality
Genugtuung {f}: እስተዋጽኦ: gratification, satisfaction
Genus {n}: ፆታ: gender
Genuß {m}: ጥቅም: consumption
genußsüchtig: ሱሰኛ: sensual, epicurean
geöffnet von 9 bis 6: ከሦስት እስከ አሥራ ሁለት ሰዓት ክፍት ነው: open from 9 to 6
geöffnet: ክፍት/ ተከፍቶ፣ ተለቅቆ: opened, unclosed
geographisch: ጂኦግራፊያዊ: geographic, geographical, geographically
Geograph {m}: መሬት አጥኚ: geographer
Geographen {pl} :: geographers
geographisches Lexikon: የጂኦግራፊ ድክሽነሪ: gazetteer
Geologe {m}: አጽም አጥኚ: geologist
Geologen {pl} :: geologists
Geologie {f}: የአጽም ጥናት: geology
geologisch: ጂኦሎጅካዊ: geologic, geological, geologically
geölt: ተወልዋይ/ ተወልውሎ ፣ ተቀብቶ: oiled
Geometer {m, pl}: ጂኦሜትር: geometrician, geometricians
Geometrie {f}: የጂኦሜትር ጥናት: geometry
geometrisch: ጂኦሜትሪካዊ: geometric, geometrical, geometrically
Geophysik {f}: የፊዚክስ ጥናት: geophysics
Geopolitik {f}: የፖሊቲካ ጥናት: geopolitics
geordnet, ordentlich, systematisch: ቅደም ተከተላዊ: orderly
geordnet: ዝግጁ/ ተዘጋጅቶ: classified, put in order, sorted, tidyed
Gepäck {n}, Reisegepäck: ሻንጣ: baggage, luggage
Gepäckannahme {f}: ሻንጣ መቀበያ: luggage office
Gepäckaufbewahrung {f}: ሻንጣ ማስቀመጫ: left luggage office
Gepäckkontrolle {f}: ሻንጣ መቆጣጠሪያ: luggage inspection
Gepäckraum {m}: የሻንጣ ማኖሪያ: luggage compartment
Gepäckschein {m}: የሻንጣ መረከቢያ ትኬት: luggage receipt
Gepäckschließfach {n}: ሻንጣ መቆለፊያ: luggage locker
Gepäckschließfächer {pl} :: left luggage lockers
gepackt: እሽግ/ ታሽጎ: grappled, packed
Gepäckträger {m}: ሻንጣ ተሸካሚ: porter
Gepäckwagen {m, pl}: ሻንጣ ማጓጓዣ: baggagecar, luggage van

gepanzert: በታንክ ታጃቢ/ ታጅቦ: armored, ironclad
Gepard {m}: ነብር፣ አነር: cheetah, hunting-leopard
gepfeffert: ቅምም፣ ተቀማሚ/ ተቀምሞ: peppered, whistled
gepflanzt: ትክል/ ተተክሎ: planted
gepflegt: ተጧሪ/ ተጡሮ: groomed, fostered, trimly, trimmed, cherished
Gepflegtheit {f}: እንክብካቤ፣ ጡሬታ: trimness
geplant: ዕቅድ/ ታቅዶ: planned, projected
Geplauder {n}: ጫጫታ፣ ሁካታ፣ ሹክሹክታ: chitchat, small talk
geplaudert: ተንጫጭቶ፣ ሆብሎ: had a chat, nattered
geplündert: ተዘራፊ/ ተዘርፎ: harried, looted, marauded, plundered, sacked
gepredigt: ተሰባኪ/ ተሰብኮ: preached
gepreßt: ተገዳጅ/ ተገድዶ፣ ተጨምቆ: huddled
geprobt: ሙከር/ ተሞክሮ፣ ተፈትኖ: rehearsed, rehearsed
geprüft: ሙከር/ ተሞክሮ፣ ተፈትኖ:: examined, inspected, prooved, proved, proven, reviewed, scrutinized
geputzt: ጸድቶ፣ ተወልውሎ furbished
gequält: ተገርፎ፣ ተሰቃይቶ: pained, smitten, tantalized, agonized
gerade, unmittelbar, geradewegs, ebenso, direkt: ልክ: ቀጥታ: እንዲሁ: direct, just, as, straight
gerade: ልክ/ ትክክል ፣ ወዲያው፣ ተጋማሽ: even, just, straight, straightly, unbowed
geradeaus gehen: በቀጥታ ሂድ: to keep straight on
geradeaus: በቀጥታ: ahead, straight ahead, straight on
geradelegen: አጋደመ፣ ዘረጋ: uncross
geradelinig: በመስመር: lineally
geradestehen: ቀጥ ብሎ ቆመ: take the responsibility
geradewegs: በቀጥታ/ በትክክል: directly, straight
Geradheit {f}: ቀጥተኛነት: erectness, rectitude, straightness, uprightness
geradlinig: መስመራዊ: linearly, linearly
Gerät {n}: መሣሪያ: equipment, tabletop, tackle, unit, utensil, console, device
Geräte {pl} :: devices, hardware, tackles, units, utensils, apparatuses, Devices
geräteabhängig: እንደመሣሪያው: device-dependent, machine-dependant
geraten: ተመካሪ/ ተመክሮ: advised
Geräteschrift {f}: የመሣሪያ ጽሑፍ: device information
geraubt: ተዘራፊ/ ተዘርፎ: raped, robbed
geräumig: ቦታዊ: roomy, capacious, capaciously, commodious, spacious, spaciously, commodiously
Geräumigkeit {f}: ቦታ፣ መኖሪያነት: commodiousness, roominess, spaciousness

Geräusch {n}: ኩሽኩሽታ፣ ድምጽ: noise
geräuscharm: ድምጽአልባ: low-noise
Geräusche {pl} :: noises
geräuschempfindlich: ድምጽ የማይወድ: noisy
geräuschlos: ድምጽአልባ: noiseless, noiselessly, soundless
Geräuschlosigkeit {f}: ድምጽአልባነት: noiselessness, quietness, soundlessness
geräuschvoll: ጫጫታማ፣ ድምጽ የበዛበት: noisy, munch, noisy
Gerber {m, pl}: አናጺ: tanner, tanners, tanners
Gerberei {f}: አናጺነት: tannery
Gerbereien {pl} :: tanneries
gerecht, genau, gerade: ተገቢ፣ ልከኛ፣ ትክክል: equitable, fair, just, equitably
gerechtfertigt: የታወቀለት: warrantable
Gerechtigkeit {f}: ጽድቀት፣ ሕግ፣ ፍትሕ ርትዕ: equity, justice, justness
Gerechtigkeiten {pl} :: equitableness
gereinigt: ጽዱዕ/ ጸድቶ: cleaned, purged, scoured
Gereiztheit {f}: ብስጭት፣ ንዴት: huffishness
gereizt, irritiert: ብስጩ፣ ቁጡ: hackles up, irritated, excited, galled, petulant, petulantly, provoked, teased, testy, irritably, petulantly
Gereiztheit {f}: ቁጡነት: huffiness, petulance, testiness
gerettet: ድኅን/ ድኖ: rescued, salved, saved
Gericht {n}: ፍርድ ቤት: court, dish
gerichtlich: በሕግ/ ሕጋዊ: forensic, judicial, judicially, juridic, juridical, forensically, juridically, jurisdictional, jurisdictionally
Gerichtsbarkeit {f}: ፍርድ ውሳኔ: jurisdiction
Gerichtsbeschluß {m}: የፍርድ ድምዳሜ: adjudication
Gerichtsdiener {m}: ፍርድ ቤት ተላላኪ: court usher
Gerichtsgebäude {n}: የፍርድ ቤት ሕንፃ: courthouse, court house, court-house
Gerichtshof {m}: ፍርድ ቤት: court of justice
Gerichtshöfe {pl} :: courts of justice
Gerichtskosten {pl}: የፍርድ ቤት ክፍያ: legal charges, legal expenses
Gerichtssaal {m}: የዳኝነት ክፍል: courtroom, court room
Gerichtsverfahren {n}: የክስ ሂደት: court procedure
Gerichtsverhandlung {f}: ፍርድ ቤት ቀጠሮ: trial
Gerichtsverhandlungen {pl}:: trials
Gerichtsvollzieher {m, pl}: ፍርድ ቤት ዳኛ: bailiff, bailiffs
gering, klein: ትንሽ፣ ጥቂት: small
geringfügig: ደካማ: slightly, pettily, slight, slightly
Geringfügigkeit {f}: ደካማነት፣ አቅመቢስነት: insignificance, petiteness, pettiness, slightness
geringschätzig: ንቀታዊ: contemptuous, disparagingly
Geringschätzung {f}: ንቀት: contemptuousness
Gerinnen {n}: ሁካታ: coagulation
gerinnen: አወከ፣ ሁካታ አበዛ: coagulate, congeal
Gerippe {n, pl}: ጎናጥንት፣ መዋቅር: scragg, scrag, scrags
gerissen: ብልሀ፣ ጮሌ: cagey, quirkily, shiftily, shifty, quirky
Gerissenheit {f}: ጮሌነት: quirkiness
gern: እሺ፣ በጄ፣ ይሁን: fain
gerne: በደስታ: gladly
gernhaben, lieben: ወደደ: like, be fond of
Geröll {n}: ባልጩት፣ አለት: scree, detritus, bolder
gerostet: ዝገታማ/ ዝጎ: oxidized
Gerste {f}: ጣፋጭ ሳር/ አገዳ: barley
Gerstenkorn {n}: ዝገታ: barley corn
Gerstenkörner {pl}:: barley corns
Geruch {m}: ሽታ፣ ክርፋት: odor, odour, smell
Gerüche {pl}: ሽታ: odors, odours
geruchlos: ሽታአልባ: odourless, odorless, scentless, scentlessly, odorlessly
Geruchlosigkeit {f}: ሽታአልባነት: absence of smell, odorlessness
Geruchssinn {m}: የስሜት ሕዋስ: sense of smell
Gerücht {n}: ሹክሹክታ፣ ሐሜት: rumour
Gerüchte {pl} :: rumours
geruhen: ራሱን አጋነነ፣ ተመጻደቀ: deign
geruhend: ተመጻዳቂ/ ተመጻድቆ: condescending, condescending to, deigning
geruhsam: ሰላማዊ: paeceful
Gerundien {pl} :: gerunds
Gerundium {n}: ቦዝ አንቀጽ: gerund
Gerüst {n}: ድጋፍ፣ ምርኳዝ: scaffold, trestle, gantry
Gerüste {pl} :: gantries, scaffolds, trestles, frameworks
gesagt: ብሂል/ ተብሎ: told
gesammelt: ስብስብ/ ተሰብስቦ: allocated, collected, collective, gleaned, libraried, rallied, treasured
gesamt: አጠቃላይ፣ ጠቅላላ: cumulative, total
Gesamtangebot {n}: ጠቅላላ አቅራቦት: aggregate supply
Gesamtanordnung {f}: ጠቅላላ ዝግጅት: general arrangement
Gesamtausgabe {f}: አጠቃላይ ኅትመት: complete edition
Gesamtbetrag {m}: ጠቅላላ ገቢ: gross amount
Gesamtbeträge {pl} :: sum totals
Gesamtbild {n}: አጠቃላይ እይታ: general view
Gesamteinnahme {f}: አጠቃላይ ገቢ: total receipts
Gesamtheit {f}: ብዛት፣ ውጤት: collectivity, entirety, totality, universe
Gesamtheiten {pl} :: totalities
Gesamtkapitalbetrag {m}: ጠቅላላ ካፒታል: aggregate principal

Gesamtkosten {pl}: የግዥ ዋጋ: all incost
Gesamtlänge {f}: ጠቅላላ ርዝማኔ: footage, overall length
Gesamtmenge {f}: ድምር: aggregate
Gesamtnachfrage {f}: አጠቃላይ ፍጆታ: aggregate demand
Gesamtpreis {m}: ጠቅላላ ዋጋ: all round price, lump sum price
Gesamtproduktivität {f}: አጠቃላይ ምርታማነት: aggregate productivity
Gesamtrechnung {f}: ድምር ሒሳብ: total account
Gesamtschuldner {m}: አጠቃላይ እዳ: codebtor
Gesamtschule {f}: አጠቃላይ ት/ ቤት: comprehensive school
Gesamtsumme {f}: አጠቃላይ ብዛት: total amount, grand total, sum total
Gesamtsummen {pl} :: total amounts
Gesamtversicherung {f}: ጠቅላላ ኢንሹራንስ: all in insurance, all loss insurance
Gesamtversicherungssumme {f}: የኢንሹራንስ ድምር: aggregate liability
Gesandte {m, f}: መልክተኛ: envoy, minister
Gesandten {pl} :: envoys
Gesandtschaft {f}: ተልእኮ: legation
Gesang {m}: መዝሙር፣ ዘፈን: singing, canto, chant, song
Gesangbuch {n}: የመዝሙር መጽሐፍ: song book
Gesanglehrer {m}: ዜማ አስተማሪ: singing teacher
Gesanglehrer {pl} :: singing teachers
Gesangverein {m}: የመዝሙር ክበብ: choral society
Gesangvereine {pl} :: choral societies
geschadet: ተጎጅ/ ተጎድቶ: done damage, harmed, mared
Geschädigter {m}: ተበዳይ፣ በደለኛ: aggrieved party
geschaffen: ፍጡር/ ተፈጥሮ: created
Geschäftsgang {m}: የንግድ ሂደት/ ግንኙነት: course of business
Geschäft {n}: ሹቅ፣ ንግድ: biz, business, shop, bargain
Geschäfte {pl} :: shops, bargains, businesses
geschäftig, fleißig, beschäftigt: ብኩን፣ ወታታ፣ ታታሪ: busy
geschäftlich: ንግዳዊ: business, relating to business
Geschäftsabschluß {m}: የሹቅ መዝጊያ ሰዓት: business transaction
Geschäftsanteil {m}: የንግድ ድርሻ: share in a business
Geschäftsanteile {pl} :: shares in a business
Geschäftsauflösung {f}: ንግድን መበተን/ ማፍረስ: liquidation
Geschäftsbereich {m}: የንግድ ዓለም: area of reponsibility, business division, portfolio
Geschäftsbrief {m}: ያላፊነት ደብዳቤ: business letter
Geschäftsfrau {f}: ሴት ነጋዴ: businesswoman
Geschäftsfreund {m}: የንግድ ጓደኛ: business associate, business friend
geschäftsführend: ንግድ ወጻድ: managerial, managing
Geschäftsgeheimnis {n}: የንግድ ምሥጢር: business secret
Geschäftsgrafik {f}: ንግድ ሂደት ማሳያ ሰንጠረዥ: business graphics
Geschäftsinhaber {m, pl}: ባለሹቅ/ ንግድ: shopkeeper, shopkeepers
Geschäftsjahr {n}, Rechnungsjahr: ዓመታዊ ንግድ: accounting year, business year, trading year
Geschäftskosten {pl}: የንግዱ ወጭ: business expenses
geschäftskundig: ቀልጣፋ ነጋዴ: experienced in business
Geschäftslage {f}: የንግድ ሁኔታ: business situation
Geschäftsleitung {f}: የሥራው መሪ: company management
Geschäftsleute {pl}: ነጋዴ: businessmens, tradesmen, businessmen
geschäftsmäßig: በሥራ: businesslike, businessman, salesman, tradesman
Geschäftspartner {m}: የንግድ ጓደኛ: business partner
Geschäftsparty {f}: የንግድ ፌስታ: business bash
Geschäftsreise {f}: የግዴታ ጉዞ: business trip
Geschäftsreisen {pl} :: business trips
Geschäftsschluß {m}: ሥራ ማብቂያ ሰዓት: closing time
Geschäftsstunden {pl}: የሥራ ሰዓት: business hours
geschäftstüchtig: ታታሪ: efficient
Geschäftsverbindung {f}: ንግድ ግንኙነት: business connection
Geschäftsverteilung {f}: ሥራ ክፍፍል: assignment of business
Geschäftsviertel {n}: የገብያ አካባቢ: downtown
Geschäftswelt {f}: የንግድ ዓለም: business world
Geschäftszweig {m}: የንግድ ቅርንጫፍ: branch of business
Geschäftszweige {pl} :: branches of business
geschätzt: ክቡር/ ተከባሪ ተከብሮ: appraised, appreciated, rated, valved
geschaukelt: ተንጨዋላይ/ ተንጨዋሎ፣ ተወዛውዞ: swung, dandled, rocked
geschehen, passieren, vorkommen, ereignen: ሆነ፣ ደረሰ፣ ተከናወነ: happen
Geschenk {n}, Glücksfall, Gabe: ስጦታ: bestowment, present, godsend, gift
Geschenke {pl}:: gifts, presents, bestowments

Geschenkpackung {f}: የስጦታ ዕቃ መጠቅለያ: gift box
Geschenkpackungen {pl} :: gift boxes
Geschichte {f}: ታሪክ: history, story, tale
Geschichten {pl} :: stories, tales
geschichtlich: ታሪካዊ: historical
Geschichtsforscher {m}, Historiker: ታሪክ ተመራማሪ: historian, medievalist
Geschichtsforschung {f}: የታሪክ ምርምር: historical research
Geschick {n}: ቅልጥፍና: skill, aptness, deftness
Geschicke {pl}:: skills, swankiness, aptnesses
Geschicklichkeit {f}: ቀልጣፋነት: skill, skillfulness, sleight, slickness
geschickt: ብልህ፣ አዋቂ፣ ቀልጣፋ: ably, clever, deft, neatly, skilfully, skilled, skillful, skillful, deftly, skillfully
Geschicktheit {f}: ብልህነት: nattiness
geschieden:ወንደ/ ሴ·ተላጤ፣ የተፋታ፣ ምሽት/ ባልአልባ divorced
Geschirr {n}: መብያ ሳህን/ ቁሳቁስ: crockery
Geschirre {pl} :: harnesses
Geschirrschrank {m}: የስኒ ሳንዱቅ/ ማስቀመጫ: cupboard
Geschirrtuch {n}: ስኒ ማድረቂያ: dishtowel
Geschirrtücher {pl} :: dishtowels
geschlagen: ተመቺ/ ተመትቶ: battered, beated, dashed, knocked
Geschlecht {n}: ጾታ፣ ግብረ ሥጋ: sex
Geschlechter {pl}: ጾታ: genera, sexes
geschlechtlich: ግብረ ሥጋዊ: sexual, sexually
Geschlechtsteil {n},: የብልት አካል: genital
Geschlechtskrankheit {f}: ቂጥኝ፣ ጨብጥ: veneral disease
Geschlechtskrankheiten {pl} :: veneral diseases
Geschlechtsleben {n}: የግብረ ሥጋ ግንኙነት: sex life
geschlechtslos, ungeschlechtlich: ስልብ: asexual, genderless, neuterly, sexless, asexually, sexlessly
Geschlechtslosigkeit {f}: ስልብነት: asexuality, sexlessness
geschlechtsreif: ጎረምሳ: pubescent
Geschlechtsreife {f}: ጉርምስና: sexual maturity
Geschlechtsteil {n},: የብልት አካል: genital
Geschlechtstrieb {m}: የወሲብ ሲሲት: sexual instinct
Geschlechtsverkehr {m}: ወሲብ: coition, sexual intercourse
geschlossen, gesperrt: ዝግ/ ተዘግቶ: closed, locked, shutted
Geschlossenheit {f}: ዝግነት: closeness
Geschmack {m}: ጣፋጭነት፣ ጥፍጥና: flavour, flavouring, savor, smack, taste, tastefulness, flavor, flavoring
geschmacklich: ጣፋጭ: flavorful, flavorfully
geschmacklos: ቅጥየለሽ፣ ቅጥአልባ: cheesy, chintzy, flavorless, flavourless, in bad taste, inelegant, inelegantly, tasteless, tastelessly, unflavored
Geschmacklosigkeit {f}: ቅጥማጣት፣ ቅጥአልባነት: cheesiness, insipidity, tastelessness
Geschmacklosigkeiten {pl} :: insipidness
Geschmacksache {f}: ጣፋጭ ነገር: matter of taste
Geschmackssinn {m}: የጣፋጭ ስሜት: sense of taste
geschmackvoll: ጣፋጭ: tasteful, tastefully, tastefully
geschmeidig: ተሳቢ፣ ተለጣጭ: lissome, lissomely, lithe, lithely, sleek, lithely, lithesome
Geschmeidigkeit {f}: ተለጣጭነት: lissomeness, litheness, malleability, pliableness, suppleness
Geschmeidigkeiten {pl} :: supplenesses
geschmückt: ተጊጦ፣ ተውቦ: blazoned, decorated, robed
geschmuggelt: ተሰርቆ: smuggled, smuggled
Geschöpf {n}: ፍጡር፣ ነፍስ: creature, creature
Geschöpfe {pl} :: creatures
Geschoß {n}: ምድር ቤት፣ መድረክ: missile, projectile
Geschosse {pl} :: missiles, projectiles
Geschrei {n}: ጩኸት: clamor, clamour, hue, vociferation
geschrieben: ጽሑፍ፣ ተጻፈ/ ተጽፎ: edited, prewritten, typed, written
geschrieen: ተጩኾ: shouted, shrilled, squalled, yelled, vociferated, whooped
Geschütz {n}: መድፍ፣ ጦር መሳሪያ: gun
Geschütze {pl}:: guns
Geschützfeuer {n}: ተኩስ: gunfire
geschützt, geheim, sicher: ጥብቅ፣ በደምብ የተጠበቀ፣ ምሥጢራዊ: safe, protected, trademarked, proprietary, protective
geschwächt: ድኩም/ ተዳክሞ: bated, debilitated, enfeebled, weakened
Geschwader {n, pl}: ጦር ቡድን፣ ሻለቃ: squadron, squadrons
geschwankt: ቀልባዳ፣ ልምጥምጥ/ ተልመጥምጦ፣ ቀላብዶ፣ : faltered, fluctuated, oscillated, toddled, vacillated, wobbled
Geschwätz {n}: አባዳውሌ፣ ማስፈራሪያ ነገር: gossip, idle talk, rigmarole, flubdub
geschwätzig: ቀልደኛ፣ ወሬኛ: gossipy, talkative, blithering, gabby, garrulous, loquacious, loquaciously
Geschwätzigkeit {f}: ወሬኛነት: talkativeness, garrulity, loquaciousness
Geschwätzigkeiten {pl} :: garrulousness
geschweige: ያለመናገር: not to mention
Geschwindigkeit {f}, Tempo: ፍጥነት: speed, celerity, velocity
Geschwindigkeiten {pl} :: celerities, velocities
Geschwindigkeitsbegrenzung {f}: ፍጥነት መቀነሻ: speed limit

Geschwindigkeitsbegrenzungen {pl} :: speed limits, speedometers
Geschwindigkeitsmesser {m, pl}: ፍጥነት ማሳያ/ መለኪያ: speed indicator, tachometer, speed indicators
Geschwindigkeitsrekord {m}: የፍጥነት ሪከርድ: speed record
Geschwister {pl}: እኅትና ወንድም: brothers and sisters
Geschwistermord {m}: የወንድማማች/ የእኅትማማች መግደል: fratricide
Geschwistermorde {pl} :: fratricides
geschwollen reden: በ/ ጎድን ተናገረ: rant
geschwollen: እብጠት፤ አባጭ/ አብጦ፤ የጎድን: billowed, chesty, puffed, sententious, sententiously, tumid, tumidly, Turgid, turgid, turgidly
Geschwollenheit {f}: እብጥት፤ ጎድን አነጋገር፤ ጥቁር ምስል: puffiness, turgidity
Geschwollenheiten {pl} :: turgidness
Geschworene {m, f}: ዳኛ: juror, juryman
Geschworenen {pl} :: jurymen, jurors
Geschwulst {n}, Schwellung: እብጠት: swellings
Geschwülste {pl}, Schwellungen: እብጠት: swellings
Geschwür {n}: መግል: ulcer
Geschwüre {pl}:: ulcers
geschwürig: መግላግ: ulcerous
gesegnet: ቡሩክ/ ተባርኮ: blessed, blest
gesehen: ትይዩ/ ታይቶ: looked, seen, viewed
Geselle {m}: ወንደላጤ: journeyman
Gesellen {pl} :: journeymen
gesellig, sozial: የጋራ፤ የሁሉ፤ ማኅበራዊ: social, chummily, companionably, gregarious, sociable, sociably, gregariously, chummier
Geselligkeit {f}: ማኅበራዊነት፤ ተግባቢነት: chumminess, companionability, folksiness, gregariousness
Geselligkeiten {pl} :: sociabilites
Gesellschaft {f}, Körperschaft, Verein: ማኅበረ ሰብእ፤ ኅብረት፤ ማኅበር: companion, companionship, company, society
Gesellschaften {pl} :: companionships, societies
gesellschaftlich: ማኅበራዊ: societal, socially
Gesellschaftsanzug {m}: ዩኒፎርም: formal dress
Gesellschaftsrecht {n}: የማኅበሩ ሕግ: company law, corporate law
Gesellschaftsspiel {n}: የኅብረት ጨዋታ: parlour game
Gesellschaftsvertrag {m}: የኅብረት ውል: articles of partnership
Gesetz {n}: ሕግ: law
Gesetzbuch {n}: ፍትሐ ነገሥት: code of law, codes
Gesetzbücher {pl} :: codes of law
Gesetze {pl} :: laws
Gesetze geben: ሕግ አወጣ: legislate
Gesetze gebend: ሕግ አውጭ/ አውጥቶ: legislating
gesetzeswidrig: ኢሕጋዊ: illegal
gesetzesfeindlich: ፀረሕጋዊ: lawbreaking
gesetzgebend: ሕግ አውጭ: lawgiving, legislative, legislatively
Gesetzgeber {m}: ሕግ አርቃቂ: lawgiver, legislator
Gesetzgebung {f}: ሕግ ማውጫ: legislation
gesetzlich: በሕግ: by law, lawful, lawfully, statutorily
gesetzlos: ሕግአልባ: anarchic, lawless, lawlessly, lawlessly
Gesetzlosigkeit {f}: ሕግአልባነት: lawlessness
Gesetzmacher {m}: ሕግ አውጭ: lawmaker
gesetzmäßig: በሕጉ/ በወጉ: constitutional, licit, constitutionally, licitly
Gesetzmäßigkeit {f}: በሕጋዊነት: legality
gesetzt: ተቀማጭ/ ተቀምጦ: seated, sedate, sedately, setting
Gesetztheit {f}: ተቀማጭነት: staidness
Gesetzwidrigkeit {f}: ኢሕጋዊነት: illegality
Gesetzwidrigkeiten {pl} :: lawlessnesses
gesichert: ጥብቅ/ ተጠብቆ: secured, backed, ensured, firmed, saving
Gesicht {n}: ገጽ: face
Gesichtsfarbe {f}: የፊት ቀለም: complexion
Gesichtsfarben {pl} :: complexions
gesichtslos: ስውር፤ ድብቅ: nonperson
Gesichtsmassage {f}: መታያ ጥሎ ሽ/ ፊት ማስመቻ: facial massage
Gesichtspunkt {m}: ዋና ነጥብ: viewpoint, point of view
Gesindel {n, pl}: ሌባ፤ አታላይ: ragtag, vermins, rabbles
Gesinnung {f}: አቋም፤ መከራከሪያ/ መነሻ ሁኔታ/ ሐሳብ: attitude
Gesinnungen {pl}:: attitudes
Gesinnungswechsel {m}: ሐሳብ ቅያሬ: change of opinion
Gesittung {f}: ሥልጣኔ: civilization
Gesöff {n}: መወልወያ: swill
Gesöffe {pl} :: swills
gesorgt: ምጥባት/ ተጨሪ/ ተጡር፤ ተጠብቶ: cared, worried, worryed
gespalten: ተፈንካች፤ ተለይ፤ ተከፋይ/ ተከፍሎ ፤ ተፈንክቶ: cleaved, cloven, fissured, rived, splitted, cloven
gespannt: ፍትቱ፤ ርጉ፤ የተረጋጋ: tensely, tensly
gespeichert: ተዘጋቢ/ ተዘግቦ: saved, stored
Gespenst {n}, Erscheinung, Phantom, Trugbild: አባዳውሌ: phantom, spectres, wraith, spectre
Gespenster {pl} :: ghosts, wraiths
gespenstisch: አስፈሪ: ghostlike, spectral, spectrally
gesperrt, nicht zugreifbar: እግድ/ ታግዶ: inaccessible, barricided, inacessible, locked
gespottet: ተፌያኝ፤ ተቀላጅ/ ተፊዞ: mocked, flouted, mocked, scoffed, sneered

Gespräch {n}: ውይይት፣ ምክክር: dialogue, talk, conversation, interlocution
Gespräche {pl} :: talks
gesprächig: ውይይታዊ: chattily, chatty, talkative, talkatively
Gesprächigkeit {f}: ምክክር፣ ውይይት: communicativeness
Gesprächspartner {m}: የውይይት ጋደኛ: interlocutor
Gesprächsstoff {m}: መወያያ ጉዳይ: topics of conversation
gesprächsweise: በውይይት/ በንግግር: conversationally
gesprochen: ተነጋሪ/ ተነግሮ፣ ተብሎ: spoked, spoken, talked
gesprungen: ተዘላይ/ ተዘልሎ: jumped, bounced, gamboled, jumped, leaped, leapt, skipped
gespült, (wusch): ታጣቢ/ ታጥቦ: washed, swilled, sensed, spooled
Gestalt {f}: ምስል፣ አምሳያ: shape, stature, figure, guise, shape
Gestalt annehmen: ተመሰለ፣ ተመሳሰለ: to take shape
Gestalten {pl} :: guises, shapes, statures, gestalts
gestalten: አከናወነ፣ አደረገ፣ አስመሰለ: configure, mold, fashion, shape
Gestalter {m, pl}: አድራጊ፣ ሠሪ: framer, framers
Gestaltung {f}: ድርጊት፣ ክንውን፣ ሂደት፣ ስምሪት: formation, figuration
Geständnis {n}, Bekenntnis: አመኔታ፣ እምነት: confession, confession
Gestank {m}: ክርፋት፣ ጥምብ: stench, malodorousness, reek, stench, fetidness
gestehen: አመነ፣ አምኖ ተቀበለ: to confess
gesteinigt: ተወጋሪ/ ተወግሮ: stoned
Gesteinskunde {f}: ያለት/ ደንጋይ ጥናት: petrology
Gesteinskunden {pl} :: petrologies
Gestell {n}: ጉልቻ፣ ማኖሪያ: frame, skid, rack, bay
Gestellbelegung {f}: ማኖሪያ መደብ: frame layout
Gestelle {pl} :: racks, stands
gestern abend: ትናት ማታ: last night
gestern: ትናንት: yesterday
gesteuert: ተቀያሪ፣ ተዘዋሪ/ ተዘውሮ፣ ተቀይሮ: steered, controlled, steered
Gestikulation {f}: ጠበሳ፣ ጥቅሻ: gesticulation
gestikulieren: ጠቀሰ፣ ጠበሰ: gesticulate
gestikulierend: ጠቅሶ፣ ጠብሶ: gesticulating
Gestirn {n}: ከዋክብት: star
Gestirne {pl}:: stars
gestohlen: ተሰራቂ/ ተሰርቆ: stolen, thieved, Stolen
gestört: ቀውስ/ ቀውሶ: deranged, troubled, perturbed
gestoßen: ተባራሪ/ ተባርሮ: bumped, hustled, impinged, kicked
gestrandet, in Not, hilflos: ገዑዝ/ ተጓዥ፣ ጥግ/ ዘመድ አልባ ሁኖ: stranded, aground, beached, racked
gestreift: ስርጉዝ፣ ተፋቂ/ ተፍቆ: streakily, striated, Striped, striped
gestritten: ነዝናዥ፣ ተጨቃጫቂ/ ተጨቃጭቆ: quarrelled, argued, contended, disputed, wared, wrangled
Gestrüpp {n}: ጓሳ፣ ጫካ: scrub, undergrowth, brushwood, copse
gesund wie ein Fisch im Wasser: እንደ ባሕር ዓሣ ጤነኛ: as sound as a bell, healthfully, salubriously, wholesomely, daffier
gesund, gut, gänzlich: ጤናማ፣ ጤነኛ፣ ደህና: healthy, well, daffy, hale, healthful, healthy, nonhazardous, nonvenomous, salubrious, salubriously, salutarily, salutary, sane, sanely, wholesome, wholesomely
gesunder Menschenverstand: ጤናማ ግንዛቤ: common sense, sanity and reason
Gesundheit {f}: ጤንነት፣ ጤና: health, healthiness, healths, salubriousness, soundness, wholesomeness
gesundheitlich: ጤናዊ: sanitary
Gesundheitsamt {n}: ጤናጣቢያ: public health department
Gesundheitspflege {f}: ነርስ፣ አስታማሚ: hygiene, sanitation
gesundheitsschädlich: ጤናአዋኪ/ ነሺ: unhealthy
Gesundheitswesen {n}: የሕዝብ ጤና: public health
Gesundheitszustand {m}: ጤንንት/ የጤንነት ይዞታ: state of health
getadelt: ተዋራጅ/ ተዋርዶ: blamed, animadverted, censured, dispraised, rebuked, reprehended, reproved, vituperated, chidden
getankt: ጠጭ/ ጠጥቶ፣ ሞልቶ፣ ጢብ ብሎ: ሰክሮ: tanked, refueled
getauft: ተጠምቆ: baptized
getäuscht: ስቁቅ/ ተሰቅቆ: deceived, deludet, hoodwinked, mystified, beguiled
geteilt: ተከፋይ/ ተከፍሎ: apportioned, divided, shared, split, forked
getestet: ሙከር/ ተሞክሮ: tested
getippt: ጽሑፍ/ ተጽፎ: typed
getötet: ተገዳይ/ ተገድሎ: killed, slain
Getränk {n}: መጠጥ: drink, otation, beverage
Getränke {pl} :: beverages, drinks, potables
Getreide {n}, Korn, Samenkorn: ጥራጥሬ፣ እሕል: grain, rick, cereal, corn
Getreideart {f}: የእሕል ዓይነት: type of corn
Getreidearten {pl} :: types of grains
Getreidefeld {n}: ማሳ: grain field
Getreidefelder {pl} :: grain fields
getreidereich: አብቃይ: corny
Getreidespeicher {m, pl}: ጉተራ፣ መከዚን: granary, garner, granaries

getrennt: የተለየ፣ ልዩ/ ተለይቶ: separately, disconnected, apart, detachedly, disassociated, disconnected, disconnectedly, disjoined, isolated, seceded, separate, separated, separately, seperated, severed, discretely, unconnectedly
Getrenntheit {f}: መለየት: separateness
Getriebe {n, pl}: መለዋወጫ ዕቃ: gearing, gearboxs, gearing, gear, gearbox, gearing, gear unit
getrieben: ተባራሪ/ ተባርሮ: drifted, driven, impelled
Getrieberad {n}: ማሽከርከሪያ: pinion
getrocknet: ደረቅ/ ደርቆ: dehumidified, dried, hard cured, toweled
getrunken: ሰኩር/ ሰክሮ: drunk
Getto {n}: ማከቻ ካምፕ: ghetto
Gettos {pl}:: ghettos
Gewächshaus {n}: ማጠቢያ/ መከፈኛ ቤት: hothouse, conservatory, greenhouse, hothouse
Gewächshäuser {pl} :: conservatories
gewacht: ተጠባቂ/ ተጠብቆ: watched, waked
gewackelt: ተፍገምጋሚ/ ተፍገምግሞ: rocked, tottered, wagged, waggled
gewähren: ጋራንት/ መያዣ ሰጠ: grant, impart, to afford, to grant, to allow, to accord, vouchsafe, warrant
gewährend: ዋስ ጠርቶ፣ መያዣ ሰጥቶ: deigning, imparting, vouchsafing, warranting
Gewährleistung {f}: ጋራንቲ: warrantee
Gewährsmann {m}: ዘበኛ፣ ዘብ: vouchers
Gewalt {f}, Stärke, Macht: ኃይል፣ ጉልበት፣ ሥልጣን: violence, force
Gewalt antun: አስገደደ: outraged
Gewalt anwenden: አስገደደ: to use force
Gewaltakt {m}: ግድያ፣ ድብደባ: act of violence
Gewaltakte {pl} :: acts of violence
Gewaltätigkeit {f}: ወንጀል፣ ዝርፊያ፣ ድብደባ፣ ግድያ: forcibleness
Gewaltherrschaft {f}, Zwangsherrschaft: ፈላጭ ቆራጭ ሥርዓት: tyranny
Gewaltherrschaften {pl} :: tyrannies
Gewaltherrschaftigkeit {f}: ፈላጭ ቆራጭነት: tyrannicalness
gewaltig, mächtig, riesig, enorm, furchtbar, fürchterlich, schrecklich: መጥፎ፣ አስቀያሚ: tremendous, powerful, enormous, grand, mountainously, vast, vastly, toweringly
Gewaltigkeit {f}: መጥፎነት: voluminousness
gewaltlos: ያለኃይል: non violent, nonviolent, nonviolently
Gewaltlosigkeit {f}: ኃይልአልባነት: nonviolence
gewaltsam entführt: በግድ/ በጉልበት: violent by violence, forcible, forcibly, oppressive, usurpingly, kidnaped, forcibly
gewalttätig: በግድ: rowdyish
Gewalttätiger {m}: ሌባ፣ የራፊ: rowdier
Gewalttätigkeit {f}: ዱለኛነት: violence, rough stuff, rowdyism
Gewalttätigkeiten {pl} :: outrages, violences
Gewand {n}: ጋቢ፣ ሸማ: garb, garment, vestment, vesture
gewandert: ፈላሲ/ ፈልሶ፣ ተሰድዶ: walked, flitted, migrated, wandered
Gewandheit {f}: ቅልጥፍና፣ ሥልጡንነት: urbanity, shiftiness
Gewandheiten {pl} :: adroitnesses
gewandt: ሥልጡን፣ ቀልጣፋ፣ ታታሪ: adroit, deft, deftly, dexterous, dexterously, handily, versa, versus, voluble, volubly, adroitly, dexterously
Gewandtheit {f}: ሥልጡንነት፣ ችሎታ: glibness, adroitness, dexterity, dexterousness, handiness, nimbleness
Gewässer {n}: ውሐ፣ ልምላሜ: waters
Gewebe {n, pl}: የሕዋስ መጋጠሚያ/ መገናኛ: stuff, tissue, web, webbing, texture, texture, fabrics, tissues, textures, webs
Gewehr {n}: ጠበንጃ/ ጠብመንጃ፣ ሽጉጥ፣ ኮልት: gun, rifle
Gewehre {pl} :: guns, rifles
Gewehrfeuer {n}: ተኩስ: rifle fire
Gewerbeaufsicht {f}: ንግድ መቆጣጠሪያ: trade control
Gewerbeausstellung {f}: የኢንዱስትሪ ትሪት: industrial exhibition
Gewerbefreiheit {f}: ነፃ ንግድ: freedom of trade
Gewerbeschein {m}: ንግድ ፈቃድ: trade licence
Gewerbescheine {pl}: ንግድ ፈቃድ: trade licences
Gewerbeschule {f}: የሙያ ትምህርት ቤት: vocat onal school
Gewerbeschulen {pl} :: vocational schools
Gewerbesteuer {f, pl}: የንግድ ቀረጥ: trade tax, trade taxes
Gewerbetreibende {m, f}: ነጋዴ: tradesman
Gewerbetreibenden {pl} :: tradesmen
Gewerkschaft {f}: ሠራተኛ ማህበር: trade-union, tradeunion, union
Gewerkschaften {pl} :: unions
Gewerkschaftler {m, pl}: የሠራተኛ ማኅበር አባል: trade unionist, tradeunionist, unionist, unionists, trade unionists, tradeunionists
gewerkschaftlich. ማኅበራዊ፣ ድርጅታዊ: trade union
Gewerkschaftsgegner {m}: ፀረ ሠራተኛ ማኅበር: nonunionist
Gewerkschaftswesen {n}: የሠራተኛ ድርጅት: trade-unionism
Gewicht {n}: ክብደት: weight, heft
Gewichte {pl} :: hefts, weights
Gewichtheben {n}: ክብደት ማንሳት: weight lifting, weightlifting
gewichtig: ክብደታዊ: weightily

Gewichtigkeit {f}: ከባድነት: ponderousness, weightiness
Gewichtsabnahme {f}: ክብደት መቀነስ: loss of weight
Gewichtszunahme {f}: የክብደት ጭማሬ: gain in weight
Gewichtungsfaktor {m}: የክብደት ምክንያት: weighting factor
Gewinn {m}, Zunahme: ትርፍ፣ ወለድ: gain, profit, yield, asset
Gewinnanteil {m}: ትርፍ መከፋፈል: share in profits
Gewinnanteile {pl} :: shares in profits
Gewinnbeteiligung {f}: ትረፍ ለጋራ: profit sharing
gewinnbringend: አትራፊ፣ ትርፋማ: gainfully
Gewinne {pl}:: winnings, yields
gewinnen, erlangen, erwerben: አሸነፈ፣ አተረፈ፣ አገኘ፣ ደረሰ: extract, gain, win
gewinnend: አትራፊ/ አትርፎ: gaining, winning, yielding
Gewinner {m, pl}: አሸናፊ፣ አትራፊ: gainer, winner, wnners
Gewinnerin/nen {f, pl} :: winners
Gewinnspanne {f}: ትርፍ ማስተካከያ: profit margin
Gewinnsucht {f}: ወሮበል ነጋዴ: acquisitiveness, lucre
Gewinnsüchte {pl}:: acquisitivenesses
gewinnsüchtig, erwerbssüchtig: ገብጋባ፣ አጭበርባሪ: acquisitive, acquisitive, acquisitively, mercenarily, acquisitively
Gewinnvortrag {m}: የትርፍ ውል: accumulated income
gewiß: በእርግጥ፣ የግድ: aye, certainly, sure
Gewissen {n}: ማሳወቅ: conscience
gewissenhaft: አዋቂ: conscientious, conscientiously
Gewissenhaftigkeit {f}: አዋቂነት: conscientiousness, consciousness
gewissenlos: ግንዛቤአልባ፣ ደንታቢስ: unscrupulous, unprincipled, unprincipledly, unscrupulous
Gewissenlosigkeit {f}: ግንዛቤአልባነት: unscrupulousness
Gewissensfrage {f}: እሉኝታ: moral issue
Gewissensfragen {pl} :: moral issues
Gewissensfreiheit {f}: ያእምሮ ነፃነት: freedom of conscience
Gewissenskonflikt {m}: ያእምሮ ግጭት: inner conflict
Gewissenszwang {m}: ያእምሮ ግዴታ: moral constraint
Gewissenszweifel {m}: የውስጥ ጥርጣሬ: moral doubts
gewissermaßen: አልፎ አልፎ፣ አንዳንዴ: in a way, to some extend, virtual
Gewißheit {f}, Sicherheit: እርግጠኝነት፣ መተማመን: certainty, assuredness, certitude, sureness
Gewitter {n, pl}: ውሽንፍር፣ ቸነፈር፣ ወጨፎ: tempest, tempests, thunderbolt, thunderstorm, thunderstorm, storminess, thunderbolts
Gewitterregen {m}: በረዷ ማ ዝናብ/ ም: thundershower
gewitterschwül: ነጎድጓዳማ: thunderous
Gewitterschwüle {f}: መብረቅ: thunderously
Gewitterwolke {f}: ከባድ ደመና: thundercloud, cumulonimbus, thunderclouds
gewöhnen (an): ለመደ፣ ተሰማማ: to accoustom (to), acclimate, accustom, customize, familiarize, inure, habituate
gewöhnend: ተላማጅ/ ተላምዶ: acclimating, familiarizing, getting used to, habituating, inuring
Gewohnheit {f}: ልምድ: consuetude, custom, habit, habitualness, usualness
Gewohnheiten {pl} :: customs, habits, wonts
gewohnheitsmäßig: በተለመደ/ው: consuetudinarily, habitual, consuetudinary
Gewohnheitsmensch {m}: ባለብዙ ልምድ: creature of habit
Gewohnheitsmenschen {pl} :: creatures of habit
Gewohnheitsrecht {n}: የተለመደ ሕግ: common law
Gewohnheitsverbrecher {m}: ወንጀለኛ፣ ሕግአልባ: habitual criminal
gewöhnlich, alltäglich: ልሙድ/ ተለማጅ፣ ሁሌ፣ በልምድ: trivial, conveniently, customary, generally, generally [speaking], habitually, ordinarily, ornery, usual, usually, vulgar, vulgarly, ordinary, ordinarily, usually
gewohnt: ልሙድ/ ተለምዶ: accustomed, dwelt, habitually, accustomed to, habitual, customized
gewöhnt: ተለማጅ/ ተለምዶ: accustomed, customized, acclimated, familiarized, habituated, inured
Gewöhnung {f}: ልምድ፣ መልመድ: accustoming, customization, familiarization, habituation
Gewöhnungen {pl} :: familiarizations
Gewölbe {n}: እብነ በረድ: arch, vaults, arches, vault
geworfen: ውድቅ/ ተጥሎ ፣ ወድቆ: flinged, foaled, threw, thrown, tossed, whelped
gewunden: ጥምዝምዝ፣ ተቀያያሪ፣ ዝውርውር/ ራ: spiral, flexuous, serpentine, sinuous, sinuously, tortuous, tortuously, twined, winded, wreathed, sinuously, tortuously
gewundert: ተደናቂ/ ተደንቆ: wondered, wondered
gewünscht: ተወዳጅ/ ተወድዶ: desired, wanted, wished
gewürdigt: ክቡር/ ተከብሮ: appreciated
Gewürz {n}: ቅመም: spice
Gewürze {pl}:: spices
Gewürznelke {f}: ዘቃቅቤ፣ ቅመም: clove

Gewürznelken {pl} :: cloves
gewürzt: ቅምም/ ተቀምሞ: spiced, flavored, flavoured, maced
gezählt: ተቆጣሪ/ ተቆጥሮ: counted, countered
gezeichnet: ንድፍ/ ተነድፎ፣ ተስሎ: designed, designed, drawn, plotted, signed
gezeigt: ታዪ/ ታይቶ: evinced, pointed, showed, shown
gezeugt: ሠራዊ/ ሠርዖ፣ ወጥቶ፣ በቅሎ: begotten
gezogen: ነቃይ/ ተነቅሎ: pulled
gezögert: አፈግፋጊ/ አፈግፍጎ: hesitated, tarried
gezwungen: ተገጻጅ/ ተገድዶ: coerced, constrained, constrainedly
gezwungenermaßen: በግድ/ በግጻጅ: compelled to
Gibt es so etwas?: እንዲህም አለ?: is there such a thing? Is there such a thing ?
Gier {f}, Habgier: ስስት: greed, piggishness, voracity
gieren: ሳሳ፣ ጓጓ: yaw
gierend: ስስታም/ ሳስቶ: lusting, yawing
gierig: ስሱዕ/ ስስታም/ ማ: avid, avidly, greedily, greedy, hoggish, piggishly, insatiate, hoggishly, piggier
gießen, schütten, einschenken: አፈሰሰ፣ ረጨ፣ ቀዳ/ ሞላ: cast, pour
Gießer {m}: አሳላፊ/ ቀጅ: moulder
Gießerei {f}: ማፍሰስ፣ ፍሳሽ: foundry
Gießereien {pl} :: foundries
Gießform {f}: ፈሳሽ ፎርም: casting mould
Gießkanne {f}: ማንቆርቆሪያ: watering-can
Gießkannen {pl} :: watering cans
Gift {n}: መርዝ: poison, venom, toxin
Gifte {pl} :: poisons, venoms, poisons, toxins
giftig: መርዛም/ማ: poisonous, contaminative, poisonous, toxic, toxical, toxically, venomous, venomously, viperous, virulent, virulently, waspy, poisonously, toxically, venomously, viperously, venous
Giftigkeit {f}: መርዛማነት: poisonousness, venomousness, virulence
Giftigkeiten {pl} :: virulency
Giftmörder {m}: መርዘኛ: poisoner
Giftpilz {m}: መርዛም የጅብ ጥላ: toadstool
Giftpilze {pl} :: toadstools
Giftschlange {f}: መርዛማ እባብ: poisonous snake
Giftstoff {m}: መርዝ ነገር: toxicity, toxin
Giftstoffe {pl} :: toxins, toxicities
Giftzahn {m}: መርዛማ ጥርስ: poison fang
Gigant {m}: ጭራቅ፣ አባጻውሌ: giant
Giganten {pl}:: giants
gigantisch: ወደላ፣ በጣም ትልቅ: gigantic
Gilde {f}: እቁብ፣ መረዳጃ: guild
Gipfel {m}, Spitze: ስብሰባ፣ ጫፍ፣ ተራራ: summits, pinnacle, acme, summit, top
Gipfelkonferenz {f}: ስብሰባ: summit meeting
Gipfelkonferenzen {pl} :: summit meetings
gipfeln: አረሳሳ፣ አዋዛ: culminate
Gipfelpunkt {m}, Scheitelpunkt: ጫፍ: crest

Giraffe {f}: ቀጭኔ: giraffe
Giraffen {pl} :: giraffes
Girlande {f}: ጠውላጋ ቅጥል/ አበባ: festoon, garland
Girlanden {pl} :: festoons, garlands
Girokonten {pl} :: current accounts
Girokonto {n}: ባንክ አካውንት: current account
Gitarre {f}: ጊታር: guitar
Gitarren {pl} :: guitars
Gitarrist {m}: ጊታርኛ: guitarist
Gitarristen {pl} :: guitarists
Gitter {n, pl}: ሽቦ እጥር: gratings, grid, grids, lattice, lattices. latticework, trellis, trellises
gitterartig: ሽቦ ነገር: latticed, lattice like
Gitterbett {n}: ሽቦ አልጋ: latticed bedsted
Gitterfenster {n}: ባለሽቦ መስኮት: lattice window
Gitternetz {n}: የሽቦ ኔት: reticule
Gitterspannung {f}: ሽቦ ውጠራ: grid voltage
Gladiatoren {pl}: ነፃ ታጋዮች: gladiators
Glanz {m}: ነጸብራቅ፣ ውበት: effulgence finery, glamor, glamour, glance, glossiness, luminousness, lustre, radiance, refulgence, resplendence, sheen, shininess, brilliance, brilliancy
glänzend, prächtig, famos: አንጸባራቂ፣ አብሪ፣ ቦግዓ ጋ: brilliant, brilliantly, effulgent, effulgently, clinking, gleamy, glossing, glossy, lustered, lustrous, lustrously, refulgent, resplendent, resplendently, sheeny, shinily, shiny, splendid, splendidlyeffulgently, lustering, refulgently, resplendently
Glanzleistung {f}: ዋና ችሎታ: masterly-achievement
Glas {n}: መስተዋት: glassware, jar, glass
Glasauge {n}: ብርጭቆ ዓይን: walleye, glass eye
Glasaugen {pl} :: walleyes
glasäugig: ብርጭቆ ዓይን: walleyed
Glasbläser {m}: ዋንጫ/ ጥዋ ላሽ: glassblower
Glasbläserei {f}: ዋንጫ ላሽነት: glassblowing
gläsern: መስትዋት አደረ: glassy, vitreous, vitreously
Glasfaser {f}: ያበባ ብርጭቆ: fiber optics, glass fibre
Glasfaserkabel {n}: አምፑል: light-wave cable
Glasglocke {f}: ደወል፣ የመስትዋት ልባስ: cloche
glasieren: መስትዋት አደረገ: glaze
glasierend: መስትዋት አድርጎ: glazing
glasierte: መስትዋት ተደርጎ: glazed
glasig: መስትዋታማ: vitreous
Glaskasten {m}: መስትዋት ሳንዱቅ: glass case
Glasperle {f}: ብይ: glass bead
Glasperlen {pl} :: glass beads
Glasscheibe {f}: መስትዋት: glass plate
Glasschrank {m}: መስትዋት ግርግይ: glass cabinet

Glaswolle {f}: መስትዋት: fibreglass,glass wood
glatt, mild: አንጸባራቂ፣ ለስላሳ: glibby, glossy, sleek, slick, slickly, smooth, unruffled, smooth, sleekly
Glätte {f}: ልስላሴ: smoothness, sleekness
glätten: አለሰለሰ: smooth
glätten: አንጸባረቀ፣ ለሰለሰ: straight out, smooth
glattes Haar: ለስላሳ ጠጉር: straight hair
glattstreichen: አበጠረ: to smooth down
glatzköpfig: በራማ: bald
Glaube (an) {m}, Vertrauen (auf): እምነት: belief, belief (in), faith (in), estimation, credence
glauben (an): አመነ: to believe (in), belief, believe, estimate
glaubend: አማኝ/ አምኖ: believing
Glaubensbekenntnis {n}: መርሀ እምነት: creed
Glaubensbekenntnisse {pl} :: creeds
Glaubensfreiheit {f}: የእምነት ነፃነት: religious freedom
Glaubensgenosse {m}: የእምነት ጓድ: fellow believer
glaubhaft, glaubwürdig: ታማኝ: believable, plausible, plausibly, believably
Glaubhaftigkeit {f}, Glaubwürdigkeit: ታማኝነት: plausibility, plausibleness
gläubig, religiös: ሃይማኖተኛ: religious
Gläubige {m, f}: አማኝ: believer
Gläubigen {pl} :: believers
Gläubiger {m, pl}, Gläubige: አማኝ: believer, believers
Gläubiger {m}, Kreditgeber: አበዳሪ:: creditor
Gläubigervorrecht {n}: መቅደም/ ቅድሚያ: absolute priority
glaubwürdig, glaubhaft, zuverlässig: ታማኝ: credible, credibly, credibly
Glaubwürdigkeit {f}: ታማኝነት: credibility
Glaubwürdigkeiten {pl} :: creditability
gleich, ähnlich, ebenso, ohne Unterschied, sofort: ልክ እንደ ...: like, in a moment, alike
gleich, ähnlich: እኩል፣ ወዲያው፣ ልክ: alike, equal, equally, pair, same, similar
gleichartig, ähnlich: ተመሳሳይ: similar
Gleichartigkeit {f}: ተመሳሳይነት: homogeneousness, similarity
gleichbedeutend: ተመሳሳይ: conterminous, tantamount, conterminously, synonynous
gleichberechtigt: ባለእኩል መብት: having equal rights
gleichbleibend: ቋሚ: monotonic, unchanging, unvariable, monotonically, unchangingly, unvaryingly
Gleicheit {f}: እኩልነት: sameness
gleichen: አስተካከለ፣ እኩል አደረገ: equally, resemble
gleicherweise: ወዲያው: alike
gleichförmig: ተመሳሳይ: equable, equably, uniform
Gleichförmigkeit {f}: ተመሳሳይነት: uniformity, uniformness
Gleichförmigkeiten {pl} :: uniformities
gleichgemacht: ትክክል/ ተስተካከሉ: equalized, made-equal
gleichgeordnet: ተሰናድቶ፣ ተዘጋጅቶ: coordinative, put on a level with, equated
Gleichgewicht {n}: እኩል ክብደት: balance, equilibrium, equipoise
Gleichgewichte {pl} :: equilibriums
Gleichgewichtsstörung {f}: ሚዛን ማዛባት: disturbance of equilibrium
Gleichgewichtsstörungen {pl} :: disturbances of equilibrium
gleichgültig: እኩል፣ ተመሳሳይ: incurious, incuriously, indifferent, indifferently, languorous, indifferently, languorously
Gleichgültigkeit {f}: ተመሳሳይነት: casualness, halfheartedness, indifference, insensibleness, languidness
Gleichgültigkeiten {pl} :: languorousness
Gleichheit {f}: መብት፣ እኩልነት: identity, alikeness, analogousness, equality, equality
Gleichheitszeichen {n}: የእኩልነት ምልክት: equal sign, equals
Gleichklang {m}, Gleichlaut: ትክክል/ ተመሳሳይ ርዝመት: consonance
gleichkommen, sich messen mit: ተስተካከለ፣ እኩል ሆነ: to equal, match
Gleichlauf {m}, Gleichzeitigkeit: እኩል ጊዜ: synchronism, clocking, synchronization
gleichlautend, identisch: ተመሳሳይ: identical
gleichlautend: ተመሳሳይ: homonymic, homophone
gleichmachen: አስተካከለ: equalize, make-equal
gleichmachend: አስተካከሉ ፣ እኩል አድርጎ: equalizing, making-equal
Gleichmacher {m}: አስተካካይ:·leveler
gleichmäßig: ተመሳሳይ: equable, even, permanent, uniformly, equably
Gleichmäßigkeit {f}: ተመሳሳይነት: equability
Gleichmut {m}: ንዴት፣ ድፍረት: equanimity, stoicism
Gleichnis {n}: ምሳሌ: parable, simile
Gleichnisse {pl} :: parables, similes
gleichrichten: አሰናዳ፣ አስተካከለ: rectify, commutate, recitify
Gleichrichter {m}: ፈራጅ/ ገምጋሚ: commutator, rectifier
gleichsam: ባንዴ: quasi
gleichseitig: ባንድጊዜ: equilateral, synchronistic, equilaterally, synchronistically
gleichstellen: አወዳደረ፣ አመሳሰለ: equate
Gleichstellung {f}: ማመሳሰል፣ ማስተካከል: equations
Gleichstellungen {pl}:: equations
Gleichstrom {m}: ቀጥተኛ የኤሌክትሪክ መሳቢያ: direct current
Gleichstromerzeuger {m}: ዲናሞ: dynamo

Gleichung {f}, Ausgleich: እኩልነት፣ ማወዳደር: equation, equation
gleichwertig, entsprechend, homogen: ባለእኩል: equivalent, equidistant, homologous, homogeneous, equivalent, equivalently
Gleichwertigkeit {f}, Homogenität: ባለእኩል ዋጋነት: equivalence, homogeneity
Gleichwertigkeiten {pl} :: equivalency
gleichwinklig: እኩል ማእዘናዊ: equiangular
gleichzeitig, simultan, übereinstimmend: በኩልነት፣ ባንዴ: concurrent, simultaneous, simultaneously, coincident, at the same time, coeval, coevally, concurrent, concurrently, contemporaneous
Gleichzeitigkeit {f}: ባለእኩል ወቅት/ ጊዜ: concomitance, concurrency, contemporaneity, contemporaneousness, simultaneity, simultaneousness, ubiquitousness
Gleichzeitigkeiten {pl} :: simultaneousnessess
gleichziehen: እኩል ሳለ፣ አሰመረ: draw level with
Gleis {n}, Schienen {pl}: ባቡር ሐዲድ: rails
Gleitbahn {f}: ተጎታች ፉርጎ: slipway
gleiten, flutschen, abgleiten, schieben: ዲያ አሳየ፣ ሳበ፣ አንዳለጠ፣ አምዓ ለጨ: slide (slid, slid), sashay, glide, float, floating, glide
Gleitflug {m}: መንሸራተቻ፣ ሸርተቴ : volplane, gliding flight
Gleitflüge {pl} :: volplanes
Gleitlager {n}: ላብ፣ የሙቀት ማስተካከያ: plain bearing, sliding contact bearing
Gleitsitz {m}: መነሸራተቻ: sliding fit
Gleitzeit {f}: ተለዋዋጭ ሥራ/ የሥራ ጊዜ: flextime, flexible work time
Gletscher {m, pl}: የበረዶ ናዳ/ መርግ: glacer, glacers, glacier, glaciers
Gletscherspalte {f}: አቀበት/ ሸርተቴ ማስፈንጠሪያ: crevasse
Gletscherspalten {pl} :: crevasses
glich: ልክ አሁን/ አሁንኑ: equaled, resembled
Glied {n}: አባል: member, limb
Glieder {pl} :: limbs
Gliederung {f}: መርሀ ግብር: structuring
glimmen, schwelen: ጋመ፣ ጋለ፣ ሞቀ: smoulder, smolder
glimmend: ጋሚ/ ግሞ: smouldering
Glimmentladung {f}: ማጋሚያ: corona discharge, glow discharge
Glimmer {m}: የሚኒራል ዓይነት: mica
Glimmlampen {pl}: ኩራዝ መብራት: glow lamps
Glimmstengel {m}: የሲጋራ ዓይነት: weed/ weeds
glitzern: አበራ፣ አፈለቀ: glint, glisten, glitter, twinkle
global: ዓለም አቀፋዊ: global, globally
Globen {pl}: ዓለማት: globes
Globus {m}: ዓለም: globes
Glocke {f}: ደወል፣ ቃጭል: bell
Glocken {pl}:: bells
Glockenblume {f}: ፈነጅ አበባ: bellflower, bell flower
Glockenspiel {n}: የድወል ሙዚቃ: carillon
Glockenspiele {pl} :: chimes
Glockenspieler {m, pl}: ደዋይ፣ አቃጭይ: chimer, chimers, belfries
Glockenturm {m}: የደወል መስቀያ: bell tower, belfry
glorreich, prächtig: ዝነኛ፣ እውቅ: palmy, glorious, gloriously
Glosse {f}, Randbemerkung: አስቸጋሪ ቃል: gloss
Glossen {pl}, Randbemerkungen: የእንግዳ ቃላት ማስረጃ ዝርዝር፣ ቃላት መግለጫ: glosses
glotzen: አፍጥጦ አየ/ ተመለከተ: goggle
glotzend: ዓይን አውጣ/ አፍጥጦ: staring, eyeballing, gawking, goggling
Glotzer {m, pl}: ዓይን አውጣ: voyeurs, gawker, voyeur, gawkers
Glück {n}, Schicksal: እድል፣ እጣ: bliss, felicity, fortunateness, fortune, fortune, luck, happiness, luck, luckiness, auspiciousness, beatitudes
Glück haben: እድል አገኘ/ እድለኛ ሆነ: lucky, be fortunate, be fortunate, to be lucky
glücken: እድለኛ ሆነ: to succeed, lucking
glücklich: እድለኛ/ም/ማ: felicitous, felicitously, fortunate, happy, lucky, prosperous, providential, serendipitous, slaphappy, happy [at, about], prosperously, providentially
glückliche Stunden: እድለኛ ሰዓት: golden hours
glückliche Zeit: እድለኛ ጊዜ: halcyon days
glücklicherweise: እንዳጋጣሚ፣ ጥሩነቱ: fortunately, happily, luckily
glücklos: እድለአልባ/ ቢስ: luckless
Glücksritter {m, pl}: ባለእድል: venturer, venturers
glückselig: የታደለ: beatific, blissful, beatifically, blissfully
Glückseligkeit {f}: እድላማነት: felicitousness
glucksen: አስካካ፣ ያለልክ ሳቀ: chortle, chuckle
Glücksfall {m}: መልካም እድል/ አጋጣሚ: bonanza, lucky chance
Glücksfälle {pl} :: fortunes, lucks
Glückskind {n}: ባላእድል ሕፃን: lucky fellow, darling of fortune
Glückspilz {m}: እድለኛ ድኃ: lucky beggar, lucky devil
Glücksspiel {n}: ሎተሪ: game of hazard, game of chance
Glücksspiele {pl} :: games of chance
Glücksstag {m}: የእድል ቀን: happy day
Glücksstern {m}: የዕድል ኮከብ: lucky star
Glückwunsch {m}: መልካም ምኞት/ እድል: congratulation, felicitation
Glühbirne {f}: መብራት: bulb
Glühbirnen {pl} :: bulbs

glühen: በራ፣ አበራ: aglow, glow
glühend: እንቅልቀል፣ በሪታ: fervent, gloweringly, glowing, torrid, torridly, fervid, glowingly
glühende Hitze: የሚያነድ ሙቀት/ ፀሐይ: blistering heat
Glühkatode {f}: የኤሌክትሪክ ማስረዘሚያ: hot cathode
Glühlampe {f}: መብራት: incandescent lamp
Glühlampen {pl} :: incandescent lamps
Glühwein {m}: ሙቅ ወይን: mulled claret
Glühwürmchen {n}: የሚያበራ ትል: glowworm
Glühzone {f}: መብራት አካባቢ: glow zone
Glut {f}: ሙቀት: fervor, fervour, fervour, fervency
Glyzerin {n}: አልኮል: glycerin
Gnade {f}, Anmut, Mitleid: ፀጋ፣ ምህረት: grace, graciousness, grace, mercy
Gnaden {pl} :: mercies, graciousnesses
Gnadenbrot {n}: መክፈልት: charity
Gnadenfrist {f}: የምህረት ቀጠሮ: reprieve
Gnadenfristen {pl} :: reprieves
Gnadengesuch {n}: ይቅርታ ጥየቃ፣ ንስሓ: petition for mercy
gnädig: መሀሪ: gracious, graciously, propitious, propitiously
gnädige Frau: ክብርት/ እመቤት/ ቴ : madam
Gnom {m}: አእምሮ/ ግንዛቤ: gnome
Gnome {pl} :: gnomes
gnostisch: ዕውቀታዊ/ ግንዛቤያዊ: gnostic
Gobelin {m}: ዝንጉርጉር ስጋጃ: tapestry
Gold {n}: ወርቅ: gold
Goldbarren {m}: የወርቅ አምባር/ ሰንሰለት: bullion, gold bar
Goldbarren {pl} :: bullions
golden: ወርቅ ቀባ: aureate, golden
Goldfisch {m}: ወርቅ ዓሣ: goldfish
goldgelb: የወርቅ ቢጫ: golden
Goldgrube {f}: ወርቅ ማዕድን: goldmine
Goldgruben {pl} :: goldmines
Goldhähnchen {n}: የወፍ ዓይነት: kinglet
goldhaltig: ወርቅ ያለው: auriferous
Goldklumpen {m}: የወርቅ ጌጥ: nugget
Goldklumpen {pl} :: nuggets
Goldmedaille {f}: ወርቅ መዳልያ: gold medal
Goldmedaillen {pl} :: gold medals
Goldrute {f}: ወርቃማ መንገድ: goldenrod
Goldschmied {m}: አንጠረኛ: goldsmith
Goldschmiede {pl} :: goldsmiths
Goldwährung {f}: የወርቅ ገንዘብ: gold standard
Golf {n}: ገና፣ ገና ጭዋታ: gulf
Golfe {pl} :: gulfs
Golfplatz {m}: ገና መጫወቻ ሚዳ: golf links
Golfschläger {m, pl}: ሩር መቅያ/ መምቻ: golf club, golf clubs
Golfspiel {n}: ገና ጭዋታ: golf
Golfspieler {m}: ገና ተጫዋች: golf player
Golfspieler/in/nen {f/pl} :: golf players
Gondel {f}: ሽመል መሳይ ዳቦ: gondola
Gondeln {pl} :: gondolas
Gönner {m}: ጥግ/ መተማመኛ ዘመድ፣ ወዳጅ: patron, patroness
Gönnerschaft {f}: ጢሰኝነት፣ የመጠበቅ ኃላፊነት: patronage
Gorilla {m}: ሽምቅ ውጊያ: gorilla
Gosse {f}: መፋሰሻ፣ ጎርፍ መሄጃ: kennel, gutter, kennels
Gossen {pl} :: gutters
Gotik {f}: የላቲንኛ ጽሑፍ ዓይነት: gothic
Gott {m}: ፈጣሪ፣ አምላክ፣ እግዚአብሔር: God, god
Gott und die Welt: ዓለም በመላ/ዋ: all the world and his wife
Götter {pl}: አማልክት: gods
Götterdämmerung {f}: ያማልክት ክስረት/ ወርደት/ መረሳት: twilight of the gods
Götterglaube {m}: አምልኮት: deisms
göttergläubig: አምልኮታዊ: deistically
Götterspeise {f}: መሥዋዕት፣ ማዕጠንት: ambrosia
Götterspeisen {pl} :: ambrosias
Gottesdienst {m}: ቅዳሴ፣ ማኅሌት: divine service
Gottesfurcht {f}: ፈሪሀ እግዚአብሔር: godliness
Gottesfürchtigkeit {f}: ፍርሃተ እግዚአብሔር: piousness
Gottesglaube {m}: እምነት፣ ተአምኖ: deism
Gotteslästerung {f}: ተሳልቆተ ፈጣሪ: blasphemy
Gotteslästerungen {pl} :: blasphemies, deists
Gottgläubiger {m}: ምእመን: deist
gottgläubig: ሃይማኖታዊ: deistic
Gottheit {f}: አምላክነት: deity, divinity, godhead, godhood
Gottheiten {pl} :: deities, divinities
Göttin {f}: ሴት ጣኦት: goddess, goddes
Göttinnen {pl} :: goddesses
göttlich: አምላካዊ: divine, godlike, divinely
Göttlichkeit {f}: አምላካዊነት: divineness, heavenliness
gottlos: እምነትአልባ: godless, ungodly, godlessly
Gottlosigkeit {f}: እመነትአልባነት: godlessness, impiousness, ungodliness
gottverlassen: ርጉም፣ ኃጥዕ: godforsaken
Götze {m}: ጣኦት: juggernaut
Gouvernante {f}: አስተዳደር: governess
Gouvernanten {pl} :: governesses
Grab {n}: መቃብር: grave, tomb, sepulcher
Gräben {pl}: ፈሸሽ፣ ጉድጓድ: ditches, fosses
graben: ቆፈረ፣ ቀበረ: burrow, dig (dug, dug), trench
Graben {m}: ጉድጓድ፣ ገርገም: ditch, fosse
grabend: ቆፋሪ/ ቀብሮ: digging, fossorial, spading, trenching
Gräber {m}: ቆፋሪ: digger, diggers, graves, tombs, sepulchers

Grabesstille {f}: ፍጹም ጸጥታ: silence of the grave
Grabinschriften {pl}: የመቃብር ጽሑፍ: epitaphs
Grabmal {n}: ያዘን ቁርስ: tomb
Grabmale {pl} :: tombs
Grabschrift {f}: የመቃብር ጽሕፈት: epitaph
Grabstein {m}: የመቃብር ሐውልት/ ደንጋይ: gravestone, tombstone
Grabsteine {pl} :: gravestones, tombstones
Grad {m}, Stufe, Qualität, Rang, Klasse: ደረጃ፣ ጥራት: grade, degree
Grad Clesius: ዲግሪ ሴንቲግሬድ/ ሙቀት መለኪያ: degree centigrade
Gradation {f}: ጨረር: gradation
gradlinig: መስመራዊ: straight-line
Graduierter {m}: ድኅረ ምረቃ: postgraduate
gradzahlig: ተጋማሽ ቁጥር: even-numbered
Graf {m}: አፈ ንጉስ፣ ራስ: earl
Grafenwürde {f}: አፈ ንጉስ ማዕረግ: earldom
Grafenwürden {pl} :: earldoms
Grafik {f}: ግራፊክ: graphic, graphis
Grafiken {pl}:: graphics, graphics
grafisch: ግራፊካዊ: graphic, graphical, graphically
Grafschaft {f}: ግዛት ሀገር/ ሀገረ ግዛት: county, shire
Grafschaften {pl} :: counties, shires
Gram {m}: ሆድ ብሶት፣ ትካዜ: grief, frief
Gramm {n}: መለኪያ/ ግራም: gramme, grammes
Grammatik {f}: ሰዋስው: Grammar, grammar
grammatikalisch: ሰዋስዋዊ: grammatical, grammatically
Grammatiken {pl} :: grammars
Grammatiker {m}: የሰዋስው ባለሙያ: grammarian
grammatisch: የሰዋሰው/ በሰዋስው: grammatic
Grammophon {n}: ድምጽ ማጉያ: gramophone
Granat {m}: ባልጩት፣ ሚኒራል: garnet
Granatapfel {m}: የፍራፍሬ ዓይነት: pomegranate
Granate {f}: ፈንጅ ቦንብ: garnets
Granaten {pl}:: shells
Granatsplitter {m, pl}: የቦምብ ፍንጣሪ: shell splinter, shell splinters
Granatwerfer {m}: መድፈኛ: bombthrower
Grande {m}: ልዑል ራስ: magnifico
grandios, wunderbar: አስገራሚ/ አስደናቂና ጥሩ: terrific
Granit {m}: ግራኒት: granite
Granite {pl} :: granites
granulieren: ፈጨ፣ አደቀቀ: granulate
granulierend: ፈጭ/ ፈጭቶ: granulating
granuliert: ተፈጭ/ ተፈጭቶ: granulated
Graphentheorie (math.) {f}: የግራፍ ሒሳብ ሕግ: graph theory
Graphik {f}: ግራፊክስ: graphics
Graphikdatenverabeitung {f}: የካርታ ሥራ: graphic data processing
Graphikprogramm {n}: የግራፊክ ፕሮግራም: plot routine
graphisch: ግራፊካዊ: graphic, graphical
graphische Darstellung: ግራፊካዊ ገለፃ: arithmetic chart, graph
graphische Datenverarbeitung: የኮምፒዩተር ግራፍክ ተግባር/ ፕሮግራም: computer graphics, graphically
Graphit {m}: ባልጩት: graphite
Graphite {pl} :: graphites
Graphologe {m}: የግራፊክ ባለሙያ: graphologist
Gras {n}: ሳር: herbage, grass
Grashalm {m}: የከጻን ሳር: blade of grass
Grashalme {pl} :: blades of grass
grasig: ሳራማ/ ም: grassy, grassier
Grasland {n}: ሳራማ ሀገር: pastureland
Grasnarbe {f}: ጓሳ፣ ጥቅጥቅ ሳር: sward, swards
Grasnarben {pl} :: sods
gräßlich: አሰቃቂ፣ መጥፎ፣ አስቀያሚ: dire, direful, dreadful, ghastly, grisly, horrid, horridly, direly, grisly, direfully
Gräßlichkeit {f}: መጥፎነት: grisliness
Grat {m}: ሚኒራል ቆፋሪ: burr, ridge
Gräte {f}: ያሣ አጥንት: fish bone, cross
Grate {pl} :: spines, ridges
Gräten {pl} :: fish bones
gratis: ከቀረጥ ነፃ: free of charge
Gratisexemplar {n}: ነፃ ኮፒ: free copy
Gratisexemplare {pl} :: free copies
Gratulant {m}: መልካም ምኞት/ ዜና አብሳሪ: congratulator
Gratulation {f}: እንኳን ደስ አለህ/ ሽ/ ዎት…: congratulatory
gratulieren: መልካም ምኞት አበሰረ፣ እንኳን ደስ አለህ: congratulate
gratulierend: እንኳን ደስ አለህ ባይ/ ብሎ: congratulating
gratuliert: እንኳን ደስ አለህ ተባይ/ ተብሎ: congratulated, con gratulated
grau: ግራጫ: gray, grey
Graubär {m}: የጅብ ዓይነት: grizzly
Graubären {pl} :: grizzlies
grauhaarig: ሽበቴ ጠጉር: grizzled
gräulich: ዳማማ/ ደብዛዛ: grayish, greyish, grizzly, grayly
grauenhaft: መጥፎ፣ አስቀያሚ: atrocious
grauenvoll: መጥፎ፣ አስጠሊታ: horrid
graupeln: ሆነ፣ ዘነበ: sleet
grausam (gegen), wild: ጨካኝ፣ አረመኔ: savage, cruel (to), barbarous, cruel, cruelly, ferocious, ghastly, sanguinary, barbarously, cruelly, ferociously
Grausamkeit {f}: ጨካኝነት፣ አረመኔነት: barbarism, bloodiness, cruelty, ferocity, ghastliness, gruesomeness, inhumanity
Grausamkeiten {pl} :: barbarousness, cruelness, cruelties, ferociousness
grausig: አረመኔ: gruesome, macabre, gruesomely

graven: ቆፈረ: grave
Gravitation {f}, Schwerkraft: ስበት: gravitation
Gravitations...: ስበታዊ: gravitational
Gravitationsgesetz {n}: የስበት ሕግ: law of gravitation
gravitieren: ሳበ፣ ስበት ሠራ/ ፈጠረ: gravitate
gravitierend: ሳቢ/ ስቦ: gravitating
gravitiert: ተሳቢ/ ተስቦ: gravitated
greifbar, fühlbar: ተጨባጭ: seizable, tangible, tangibly, tangibly
Greifbarkeit {f}: ተጨባጭነት: concreteness, palpableness
greifen: ጨበጠ፣ ያዘ: grasp, snatch
greifend: ጨባጭ/ ጨብጦ: snatching
Greifwerkzeug {n}: መቆንጠጫ፣ ጉጠት: gripping device
Greifzange {f}: ጉጠት: gripping plier
Greis {m}: አሮጌ፣ አቡሃይ: old man
Greise {pl} :: old men
Greisenalter {n}: ሽምግልና: senility
grell: ጭርር ባይ፣ አደንቋሪ (ድምጽ): garish, garishly, gaudily, gaudy, glaring, lurid, garishly, glary, luridly, glarier, glaringly
Grellheit {f}: ጩኸት: stridency, garishness
Grenzbewohner {m, pl}: ጠረፍ ኗሪ: borderer, frontiersman, frontiersmen
Grenze {f}, Begrenzung, Rand, Saum: ጠረፍ፣ ድንበር: frontier, limit, boundary, limit, border
Grenzen {pl} :: boundries, frontiers
grenzen, an: አዋሰነ፣ ድንበር ሠራ: adjoi, border, abut, limit
grenzend: አዋሳኝ/ አዋስኖ: abutting
grenzenlos: ድንበርአልባ: boundless, boundlessly, interminable, limitless, limitlessly, boundlessly, interminably
Grenzenlosigkeit {f}: ድንበርአልባነት: boundlessness
Grenzfrequenz {f}: ያካባቢ ርግብግቢታ: critical frequency
Grenzgänger {m, pl}: ጠረፍ አቋራጭ: border crosser, crosser, crossers
Grenzengebiet {n}, Randgebiet: ጠረፋዊ አካባቢ: borderland
Grenzlinie {f}: ድንበር: boundary, borderline
Grenzenlosigkeit {f}: ድንበርአልባነት: illimitability
Grenzlosigkeiten {pl} :: illimitableness
Grenzpaar {n}: ወሰንተኛ፣ ድንበርተኛ: bound pair
Grenzsignal {n}: የጠረፍ ማስጠንቀቂያ: limit signal
Grenzstein {m}: የድንበር ደነጋይ: landmark, boundary stone
Grenzsteine {pl} :: boundary stones, landmarks
Grenzübergang {m}: ጠረፍ መግቢያ/ ማቋረጫ: border crossing
grenzüberschreitend: ጠረፍ አሳፊ/ አልፎ፣ ተሳልፎ: transborder, transfrontier, transnational
Grenzverkehr {m}: የጠፈር ግንኙነት: border traffic
Greueltat {f}: አረመኔነት፣ ግድያ: atrocity
Greueltaten {pl}:: atrocities
greuliche: አሰቃቂ፣ አረመኔያዊ: horridly
Grieche {m}: ግሪካዊ: greek
Grieche: ግሪክኛ: Greek
Griechenland: ግሪክ: greece
griechisch: ግሪካዊ: Greek, greek
griesgrämig: ቡረኛ፣ ጨጊ: morose curmudgeonly, grouchily, grouchy
Grieß {m}: ክክ፣ ፍትግ: semolina
Grießbrei {m}: መፈተጊያ፣ ሙቀጫ: semolina Pudding
Griff {m}: ጨበጣ: knob, grasp, gripe, handle, hilt
griffbereit: ዝግጁ: ready to hand
Griffbrett {n}: ቃሬዛ: fingerboard, finger board
Griffbretter {pl} :: finger boards, fingerboards
Griffe {pl}:: handles, grips, hafts
Griffel {m, pl}: ብእር፣ ማጻፊያ: stylus, pen, styluses
griffig: ተጨባጭ: handy
Grill {m}: መጥበሻ፣ ማብሰያ: barbecue, rotisserie
grillen: ጠበሰ፣ አፈላ፣ ቀቀለ: broil, grill
grillend: ጠባሽ/ ጠብሶ: broiling, grilling
Grillenhaftigkeit {f}: መቀቀያ፣ ምድጃ: whimsicalness
Grimm {m}: ብስጭት፣ ንዴት፣ ቁጣ: fierceness
grimmig, wütend, wild: ቁጡ፣ ብስጩ: fierce, grim, grimly, furious
Grimmigkeit {f}: ብስጩነት: grimness
grinsen: ሳቀ፣ ፈነደቀ: grin, smirk
grinsend: ሳቂ/ ስቆ: sneering, grinning, smirking
Grippe {f}: ጉንፋን: influenza, flu
Grippen {pl} :: flues
grob, rauh, roh, rauh: ጥሬ፣ ጥጥር፣ ሸካራ: rough, crude, bluntly, coarse, coarsely, crass, gruff, gruffly, raw, roughly, rudely, truculently, uncivil, uncouth, uncouthly
Grobeinstellung {f}: ጥጥር አቅራቦት/ ሙከራ: coarse adjustment, rough adjustment
Grobheit {f}: ትልቅነት: crassness, incivility, roughness, rudeness, uncouthness
Grobian {m}: ያልተቀጣ፣ ስድ: ruffian, churl
Grobiane {pl} :: churls
Grobkalkulation {f}: ግምታዊ ሒሳብ: rough calculation
gröblich: ፍትቱ፣ ጠንካራ: grossly
Grog {m}: የመጠጥ ዓይነት: toddy
Grogs {pl} :: toddies
Groll {m}: መጥፎ ፍላጎት/ ስሜት: ill will rancor, rancors, rancour, rancours, dudgeon, grudge

Groschen {m, pl}: ትንሽ ፍራንክ/ ሳንቲም: penny, groat, groats
groß, bedeutend, umfangreich, schwer, umfangreich, reichlich: ትልቅ፤ ከባድ፤ አስፈላጊ: large, big, heavyset, bigly, capital, capitalized, largely, sizable, sizably, tall, great, gross
großartig, prächtig: ቆንጆ፤ ለጋስ: splendid, excellent, genial, grand, grandiose, grandiosely, grandly, greatly, magnificent, grandly, splendidly
Großartigkeit {f}: ለጋስነት፤ ቆንጆነት: immensity, admirability, gloriousness, grandioseness, prodigiousness, splendidness, stupendousness
Großartigkeiten {pl} :: immenseness
Großaufnahme {f}: ፊልም ቀረጻ: close up
Großaufnahmen {pl} :: closeups
Großbaustein {m}: የኮምፒዩተር ክፍል: multi chip
Großbetrieb {m}: ትልቅ ካምፓኒ: large concern
Großbrand {m}: ታላቅ ቃጠሎ: conflagration
Großbuchstabe {m}: ካፒታል የላቲን ፊደል: upper-case character, capital letter
Großbuchstaben {pl} :: capitals, bulk purchases
Größe {f}: ትልቅነት: magnitude, bulk, grandness, greatness, grossness, item, largeness, sizableness, size, variable, bigness
Großeinkauf {m}: ጥቅል/ ጅምላ ግዥ: bulk purchase
Großeinsatz {m}: ታላቅ ተግባር: large scale operation
Größen {pl}:: bulks, magnitudes, sizes, bignesses
Größeneinteilung {f}: ክብደት ክፍፍል: sizing
Großenkel {m}: የመጀመሪያ የልጅ ልጅ: great grandson
Großenkel {pl} :: great grandchildren
Großenkelin {f}: ሴት የልጅ ልጅ: great granddaughter
Größenordnung {f}: ትልቅ ዝግጅት: order of magnitude
Größenwahn {m}: ኩራት፤ ራስ ወዳድነት: megalomania
größenwahnsinnig: ራስወዳድ: megalomaniac
Großfeuer {n}: ታላቅ ቃጠሎ: large fire
Großformat {n}: ታላቅ ይዘት: large size
Großhändler {m, pl}: ጅምላ ሻጭ: wholesale, dealer, wholesaler, wholesale trade, wholesale, wholesale dealers, wholesalers
Großheit {f}: ትልቅነት: giganticness
Großherzigkeit {f}: ርኅራኄ: magnanimity
Großhirn {n}: አእምሮ: cerebrum
Großindustrie {f}: ታላቅ ኢንዱስትሪ: large scale industry
Großindustrien {pl} :: large scale industries
Grossist {m}, Grosshändler: ጅምላ ሻጭ: wholesaler
Grossisten {pl} :: wholesalers
Großmacht {f}: ሥልጣን: great power
Großmaul {n}: ለፍላፊ: loudmouth
großmäulig: ለፍላፊ/ ዘላባጅ: loudmouthed
Großmut {m}: ድፍረት: magnanimousness, generosity
großmütig: ደፋር: magnanimous, magnanimously, nobly, magnanimously
Großmutter {f}: ሴት አያት: grandma, grandmother
großmütterlich: አያታዊ: grandmotherly
Großneffe {m}: የእኅት/ ወንድም ልጅ: grandnephew
Großnichte {f}: ያኅት/ አክስት ልጆች: grandniece
Großonkel {m}: አጎት: great uncle
Großpapa {m}: ወንድ አያት: grandpa
Großpapas {pl}: አያቶች: grandpas
Großrechner {m, pl}: ኮምፒዩተር: mainframe, mainframes
Großrechnerhersteller {m}: ኮምፒዩተር አምራች: mainframer
Großschreibung {f}: በካፒታል ፊደል ጽሑፍ: capitalization
Großschrift {f}: ጉለህ ጽሑፍ: capitalization, uppercase
Großspeicher {m}: ባለትልቅ ሜሞሪ ኮምፒዩተር: bulk memory
großsprecherisch: ጓጓታም፤ ለፍላፊ: boastful, magniloquently
Großstädte {pl}: ታላላቅ ከተሞች: large cities
großstädtisch: ከተማዊ: urbanly
Großtante {f}: አክስት: grand aunt
größte, höchst, meist: ትልቅ፤ ብዙ: most, superlarge, ultralarge, biggest, greatest, largest, major
größtenteils, meist: ባብዛኛው: for the most part
Größtrechner {m}: ትልቅ ኮምፒዩተር: supercomputer, superlarge computer
Großtuer {m, pl}: ውድድር: snobs
Großtuerei {f}: ውድድር: panache
Großunternehmen {n}: ታላላቅ ድርጅት: large scale enterprise
Großunternehmer {m}: ባላታላቅ ድርጅት: large scale manufacturer
Großvater {m}, Opa አያት: grandfather, granddad
Großväter {pl}:: grandfathers
großväterlich: አባታዊ: grandfatherly
Großväterlichkeit {f}: አያታዊ ፍቅር: grandfatherliness
Großverdiener {m}: ባለታላቅ ደመወዝ/ ገቢ: big income earner
Großwild {n}: ታላቅ ጨዋታ: big game
großziehen, stillen, pflegen: ተንከባከበ፤ ጠረ፤ አሳደገ፤ አጠባ: nurse
großzügig, weitherzig: ለጋስ: broad minded, bounteous, freehanded, generous, generously, liberal, lordly, noble, tolerant, bounteously, freehandedly

Großzügigkeit {f}: ለጋስነት: liberality, liberalness, lordliness
Großzügigkeiten {pl} :: generousness, liberal
Grotte {f}: ዋሻ: grotto
Grotten {pl} :: grottoes, grottos
Grube {f}: ጉድጓድ: pit
grübeln: አሰበ፤ በሐሳብ ውስጥ ሰጠመ: muse, speculate
grübelnd: አሳቢ/ በሐሳብ ሰጥሞ፤ ተውጦ: pondering, musing, poring
Gruben {pl} :: pits
Grubengas {n}: ጋስ ማብሰያ: firedamp
Grubengase {pl} :: firedamps
Grün {n}: አረንጓዴ: verdure, Green, green
grün: አረንጓዴ: green, verdant
Grund {m}, Ursache, Anlaß: ምክንያት: reason, causing, ground, master, matter, reason, territorially, base, ause
Grundausbildung {f}: መሠረተ ትምህርት: basic training
Grundausrüstung {f}: መሠረታዊ ፕሮግራም: basic hardware
Grundbaustein {m}: መሠረታዊ አካል: basic module
Grundbedingung {f}: መሠረታዊ ሁኔታ: basic condition
Grundbedingungen {pl} :: basic conditions
Grundbegriff {m}: መሠረታዊ ሐሳብ: basic idea, fundamental term
Grundbegriffe {pl} :: basic ideas
Grundbesitz {m}: አወንታ: realty, hacienda
Grundbesitze {pl}:: estates
Grundbesitzer {m}: የመሬት ከበርቴ : landholder, landowner
Grundbestand {m}: ዋና አቋም/ ይዞታ: active inventory
Grundbuch {n}: የኑዛዜ መዝገብ/ ዶሴ: land register
Gründe {pl}: ምክንያት: reasons
grundehrlich: በአመኔታ/ በእውነት: thoroughly honest
Grundeigentümer {m, pl}: ይዞታ: freeholder, freeholders
Grundeinheit {f}: ንጥረነገር: element
gründen: መሠረተ፤ አቋቋመ: to found, establish
gründend: መስራች/ መስርቶ: basing, instituting
Gründer {m}: መስራች: floater, founder
Gründer {pl} :: founders, floaters
Gründerin {f}: መሥራች: foundress
Gründerinnen {pl} :: foundresses
grundfalsch: ፍጹም ውሸት: utterly wrong
Grundfarbe {f}: መሠረታዊ ቀለም: primitive colour, ground colour
Grundfunktion {f}: መሠረታዊ ስሌት: basic logic function
Grundfunktionsglied {n}: መሠረታዊ ጽንሰ ሐሳብ: basic logic element
Grundgebühr {f}: መሠረታዊ ግብር: basic fee
Grundgebühren {pl} :: basic fees
Grundgedanke {m}: መሠረታዊ ሐሳብ: key-note, fundamental idea
Grundgeräusch {n}: ዋና ድምጽ: basic noise
Grundgestein {n}: ድልህ/ ድልድል ደንጋይ: bedrock
Grundhaltung {f}: ዋና አቋም/ ይዞታ: tenor
Grundierung {f}: ውስጠ ኮት: undercoat
Grundierungen {pl} :: undercoats
Grundkapital {n}: መነሻ ገንዘብ: original capital
Grundlage {f}: ዋና ተግባር/ መሠረት: substructure, groundwork, scaffolding
Grundlagen {pl}:: substructures, bases, basics, fundamentals
Grundlast {f}: ዋና ጭነት: base load
grundlegend: መሠረታዊ: basal, basic, basically, fundamental
gründlich, radikal: መሠረታዊ: radical, radical, radically, searchingly, soundly, thorough, thoroughgoing, thoroughly
Gründlichkeit {f}: መሠረታዊነት: thoroughness
Grundlinie {f}: ዋና መስመር: base line, baseline, ground line
Grundlinien {pl} :: base lines
Grundlohn {m}: መሠረታዊ ደመወዝ: basic wages
grundlos: መሠረተአልባ: unfounded, baseless, causaleless, causeless, causelessly, groundless, motiveless, motivelessly, unfound, unfoundedly, unprovoked, without any reason, groundlessly
Grundlosigkeit {f}: መሠረትአልባነት: baselessness
Grundmauer {f}: ዋና እጥር: foundation wall
Grundmauern {pl} :: foundation walls
Grundpfeiler {m}: ዋና ምሰሶ: foundation pillar
Grundpfeilern {pl} :: foundation pillars
Grundplatte {f}: ዋና ጡብ: baseplate, bedplate, base plate
Grundplatten {pl} :: base plates
Grundpreis {m}: መሠረታዊ ዋጋ: base price
Grundrecht {n}: መሠረታዊ መብት: basic right
Grundrechte {pl} :: basic rights
Grundregel {f}: ዋና ሕግ: basic rule
Grundregeln {pl} :: basic rules
Grundriß {m}: ዋና ፕላን: ground plan
Grundsatz {m}: ዋናው መርሆ/ ምክንያት: maxim, principle
Grundsätze {pl}: መሠረቶች: maxims, principles
grundsätzlich: በመሠረቱ: as a basic principle, categorical, categorically, foregone, fundamental, principally, strictly, cardinally
Grundstein {m}: የመሠረት ደንጋይ: foundation stone, , headstone, cornerstone
Grundsteine {pl} :: foundation stones, cornerstones
Grundstückmakler {m}: የመሬት ደላላ: realtor, estate agent

Grundstück {n}: ይዞታ/ አወንታ: premises, realty, plot of land
Grundsubstanzen {pl}: ዋና ጥሬ ዕቃ: matrices
Grundtarif {m}: ዋና ታሪፍ: autonomous tariff
Grundton {m}: መሠረታዊ ቃና/ ቶን: keynote
Gründung {f}: ምሥረታ: flotation, foundation
Gründungen {pl} :: flotations, foundations
Gründungsurkunde {f}: መሠረት መጣያ ውል: articles of incorporation
Grundwasser {n}: ጉድጓድ ውሐ ground water
Grundzahl {f}, Kardinalzahl, Basiszahl: መሠረታዊ ቁጥር: cardinal number, basic number
Grundzins {m}: ወለድ: ground rent
grünen: አረንጓዴ (ቀለም) ቀባ፣ አደረገ: verdantly
Grünfutter {n}: ሳር፣ ግጦሽ: green fodder, soilage
Grünfutter {pl} :: soilages
grünlich: አረንጓዴያዊ: greenish
Grünschnabel {m}: ጮሌ፣ ብልጥ ልጅ: sapling, stripling
Grünschnäbel {pl}: ጮሌ፣ ብልጥ ልጅ: sapling, striplings, saplings
Grünspan {m}: መርዝ: verdigris, verdigrises
Grünwerden {n}: አረንጓዴ መሆን: viridescent
grunzen: አጎራ፣ አጉራራ፣ አፃ ረቀ: grunt
Grünzeug {n}: አረንጓዴ መሣሪያ: green stuff
Gruppe {f}, Partie, Posten: ቡድን: lot, squad, tern, group
Gruppen {pl} :: groups, squads, terns, bands
Gruppenbild {n}: የቡድን ፎቶ: group picture
Gruppencode {m}: የቡድን ኮድ/ ምሥጢር: group code
Gruppensteuerung {f}: ቡድን መቆጣጠሪያ: group control
Gruppenwechsel {m}: ቡድን ቅያሬ: control break
gruppenweise: በቡድን: in groups
gruppieren: ቦደነ፣ ቡድን አበጀ: to group
gruppierend: አጻሚ/ አድሞ: clumping, grouping
gruppierte: ተመጻቢ/ ተመድቦ: clumped, regrouped, redeployed
Gruppierung {f}: ቡድን፣ ኅብረት: aggregation, arrangement in groups
Gruppierungen {pl} :: arrangements in groups
gruselig, unheimlich, eigenartig: እንግዳ፣ ያልተለመደ: weird, creepy, creepily
Gruseligkeit {f}: እንግዳነት: creepiness
Gruß {m}, Begrüßung: ሳላም/ታ: greeting, salutation
Grüße {Pl}: ሰላምታ: greetings, regards, salutations
Grüßen Sie ihn schön von mir: እሱን ሰላም ይበሉልኝ: give him my best regards, give him my kind regards, : give him my best regards, give him my kind regards
grüßen: ሰላምታ ሰጠ፣ ሰላም አለ: greet
grüßend: ሰላም ባይ/ ብሎ: greeting

gucken: አጮለቀ: peek
Guckloch {n}: ቀዳዳ: peephole, loophole
Gültigkeitsprüfung {f}: ተግባራዊ ፈተና: validation
Gulasch {n}: ምትር ሥጋ: goulash
gültig, bedeutend, bedeutsam: ተግባራዊ: significant, valid, validated, validly
Gültigkeit {f}: ተገባሪነት/ ተግባራዊነት: validity, validness
Gültigkeiten {pl} :: validities
Gültigkeitsdauer {f}: ተግባራዊ ጊዜው: period of validity
Gummi {m, n}: ጎማ: gum, rubber, chicle
gummiartig: ጎማዊ: gummy
Gummiball {m}: ጎማ ኳስ: rubber ball
Gummiband {n}: ጎማ መጠቅለያ: elastic band
Gummibänder {pl}: ጎማ ማሰሪያ: elastics, elastic bands
Gummibonbon {n}: መስቲካ: gumdrop
gummieren: ጎማ ሠራ: rubberize
Gummierung {f}: ጎማ ሥራ: rubber coating
gummihaft: ተለጣጭ: rubbery
Gummilack {m}, : የጎማ ፈሳሽ: lac
Gummis {pl}: ጎማ: rubbers, gums, rubbers
Gummischuh {m}: ጎማ ጫማ: galosh
Gummischuhe {pl} :: galoshes
Gummisohle {f}: ጎማ ሶል: rubber sole
Gunst {f}: ፈቃድ፣ ፍላጎት: favour, favor
günstig (für): ምቹ፣ ርካሽ: favourable (to), favorable, favourable, opportune, opportunely, propitious, auspiciously, opportunely, propitiously
Günstigkeit {f}: ምቹነት፣ ርካሽነት: favorability, propitiousness
Gurgel {f}: በቀል: throat
gurgeln: ውሐ ረጨ: gargle, gurgle
Gurke {f}: ቅጠላቅጠል ምግብ: gherkin, cucumber
Gurken {pl} :: gherkins
Gurkensalat {m}: ድብልቅ ሰላጣ: cucumber salad
gurren: እንደ ጉጉት/ ቡላል ጮኸ: coo
Gurt {m}: ዝናር: girth
Gurtband {n}: መታጠቂያ፣ መጫኛ:: webbing
Gurtbänder {pl}: መታጠቂያ፣ መጫኛ: webbings
Gurte {pl} :: girths, belts
Gürtel {m, pl}: ዝናር፣ ቀበቶ: belt, girdle, girdles, belts
gürten um: ታጠቀ፣ ቀነተ: cincture
Gußeisen {m}: ጠንካራ ብረት: cast iron
Gußform {f}: የቀለጠ ብረት ማጠራቀሚያ: mould
Gut {n}: ጠባይ: manor
gut: ጥሩ፣ ደህና: fine, good, well
Gutachten {n}: ግምገሜ: advisory opinion
Gutachter {m}: ገምጋሚ: censor
Gutachterkommission {f}: ገምጋሚ ኮሚሽን: advisory
Gutachterkommissionen {pl} :: advisories

gutartig: ባለጥሩ ጠባይ: good natured
Gutartigkeit {f}: ባለጥሩ ጠባይነት: good nature
gutaussehend: መልከኛ: handsome, smarting
Güte {f}, Freundlichkeit, Tugend: ደግነት፤ ወንድማዊነት፤ ትዕግሥት: gentleness, goodness, charitableness, gentleness, kindliness, amicability
guten Tag: እንዴት ዋልክ/ ሉ/ ሽ/ ...: how do you do
Güter {pl}, Waren: ቁሳቁስ: goods, manors
guter Erfolg: መልካም እድል: successfulness
Güterabfertigung {f}: ቁሳቁስ ማዘጋጃ: dispatch of goods
Güterannahme {f}: ዕቃ መቀበያ: goods office
Güterbahnhof {m}: የዕቃ መጫኛ ጣቢያ: goods station
Gütergemeinschaft {f}: የኅብረት ዕቃ: joint property
Güterwagen {m, pl}: ዕቃ መጫኛ: boxcar, boxcars, goods wagon
Güterzug {m}: የዕቃ ባቡር: freighttrain, goods train
gutgebaut: ጥሩ የተሠራ: well built
gutgelaunt: ደስተኛ: good humoured, good humouredly
gutgemeint: መልካም አባባል: well meant
gutgesinnt: ባለጥሩ ስሜት: well meaning
gutgläubig: አማኝ/ እምነት ጣይ: credulous
gutherzig: ርኅሩኅ: kind hearted
gütig: ብልህ፤ አስተዋይ: affectionate, micable, benignly, kindhearted, kindly, affectionately, amicably, benevolently, graciously, kindheartedly
Gütigkeit {f}: ብልህነት፤ አስተዋይነት: amiableness
gutmütig: ጠባያማ: of good nature
Gutmütigkeit {f}: ደግነት: bonhomie
gutnachbarlich: መልካም ጎረቤት: neighborly
Gutschein {m}: የብድር ደረሰኝ/ ዕቃ መግዣ: credit note
Gutscheine {pl} :: credit notes
Gutschrift {f}: ቀሪ ገንዘብ: credit advice, credit item
Gutschriften {pl} :: credit items
Gutschriftsanzeige {f}: ቀሪ ገንዘብ አሳይ/ ማያ: advice of credit
Gutshaus {n}: የግብርና ቤት: farm house
guttural: የጉሮሮ: guttural, gutturally
Gymnasium {n}: መለስተኛ ትምህርት ቤት: grammar school
Gymnasien {pl}:: grammar schools
Gymnastik {f}, Gymnastiks: ጂምናስቲክ: gym, gymnastics
gymnastisch: እስፖርታዊ: gymnastic, gymnastically
Gynäkologe {m} : የሴቶች ሐኪም: gynecology
Gynäkologie {f}: የሴቶች ሕክምና: gynaecology
Gynäkologin {f} : የሴቶች ሐኪም: gynecologist
gynäkologisch: ሕክምናዊ/ ለሴቶች/ : gynaecological, gynecological

H

Haar {n}: ፀጉር: hair
Haarausfall {m}: የፀጉር መከስከስ: loss of hair
Haarbürste {f}: ማበጠሪያ: hairbrush
Haarbürsten {pl} :: hairbrushes
Haare {pl} :: hairs
Haarfeder {f}: ማበጠሪያ: hairspring
haarig: ፀጉራማ: hairily, hairy, hirsute
Haarknoten {m, pl}: የፀጉር መቋጠሪያ: topknot, topknots
haarlos: ፀጉርአልባ: hairless
Haarnadel {f}: ጠጉር ማስያዣ: hairpin, hairpins
Haarnadeln {pl}:: hairpins
haarscharf: ቀጭን: very precise
Haarschneiden {n}: ፀጉር መቁረጥ: haircutting
Haarschneiden und Rasieren {n}: ፀጉር ማስተካከያ: haircut and shave
Haarschnitt {m}: ፀጉር ቁርጥ: haircut
Haarspalter {m}: ጋሜ: pettifogger
Haarspalterei {f}: ፀጉር ጉንጉን: a distinction without difference
haarspalterisch: ጠጉር ሰንጣቂ: hair splitting, hairsplitting, bloodcurdling
Haarstrich {m}: ፀጉር ከፊላ: hairline
Haarwäsche {f}: ፀጉር ጽዳት/ መታጠብ: shampooing
Haarwäschen {pl} :: shampooings
Haarwaschmittel {n}, Haarwasser: ሻምፖ: ፀጉር ውሐ/ ማጠቢያ: hair tonic, shampoo, hair restorer
Hab Spaß!: ተደሰት! : Enjoy, enjoy
Habe {f}: ኀብት/ ይዞታ: chattel
Haben Sie eine Minute Zeit?: ትንሽ/ ጥቂት ሰዓት አለዎትን?: can you spare a minute?
Haben Sie Feuer?: እሳት ይዘዋልን?: do you have a light?
Haben Sie Geld bei sich?: ገንዘብ አለዎት/ ይዘዋል ወይ?: do you have any money with you?
haben, besitzen, bekommen: አገኘ፣ አበጀ፣ ባለቤት ሆነ: implicate, `ve, have (had, had)
Habenichts {m}: ምንም ምን: have not
Habgier {f}, Habsucht: ስስት፣ ጉጉት፣ ፍላጎት: cupidity, avarice, cupidities
habgierig: ስስታማ: avaricious, graspingly, greedily, avariciously
Hackbraten {m}: ጥብስ ሥጋ: meat loaf
Hackbrett {n}: ሥጋ መቆራረጫ ገንዳ/ ወንበር: dulcimer
Hackbretter {pl} :: dulcimers
Hacke {f}: መሮ፣ መብሻ መሣሪያ: mattock, hoe, hack
Hacken {pl} :: mattocks, hoes
hacken: በጣጠሰ፣ ሸነሸነ: hack
Hackfleisch {n}: ቁርጥ ሥጋ: minced meat, mincemeat
Hafen {m}, Zufluchtsort: ወደብ: harbour, port
Häfen {pl}: ወደብ: harbours, havens, harbors, ports, havens
Hafenanlage {f}: ወደብ መሣሪያ: dock
Hafenanlagen {pl}:: docks
Hafenarbeiter {m}: ወደብ ሠራተኛ: docker, longshoreman
Hafengebiet {n}: የወደብ ዙሪያ/ አካባቢ: waterfront
Hafengebiete {pl} :: waterfronts
Hafenstadt {f}: የወደብ ከተማ: seaport
Hafenstädte {pl} :: seaports
Hafenviertel {n}: የወደብ ክልል: dock area
Hafer {m, pl}: ጋን፣ ማድጋ: oat, oats
Haferflocken {f, pl}: ድርቆሽ፣ ጥራጥሬ: oatmeal, oat flakes
Hafermehl {n}: ዱቄ ት: oatmeal
Haferschleim {m}: የወጥ ዓይነት: gruel
Haferschleime {pl}:: gruels
Haft {f}: እስራት: durance, arrest, detainment
haftbar, verantwortlich: ተጠያቂ: responsible
Haftbefehl {m}: የእስራት ትእዛዝ: warrant of arrest
Haftbefehle {pl} :: warrants of arrest, warrants
haften, kleben: አሰረ፣ ጨበጠ: adhere
haftend: አሳሪ/ አስሮ: adhering
Haftkraft {f}: የማሰር ኃይል: adhesive force
Häftling {m}: እስረኛ፣ ምርኮኛ: prisoner, detainee, jailbird
Häftlinge {pl} :: detainees, prisoners
Haftpflichtversicherung {f}: ኢንሹራንስ: third party insurance
Haftung {f}, Haftpflicht, Verantwortlichkeit: ተጠያቂነት: liability
Haftung übernehmen:ኃላፊነትን ወሰደ/ ተጠያቂነትን ተቀበለ: assume del credere liability
Haftungsausschluß {m}: ኢተጠያቂነት: non-warranty
Haftungsübernahme {f}:ተጠያቂነት/ ኃላፊነት: assumption of liability
Haftvermögen {n}: መያዣ፣ ካሳ: adhesion
Hagebutte {f}: መለኛነት፣ ፊሪ መምሰል: rose hip, haw, rosehip
Hagebutten {pl} :: haws
Hagedorn {m}: ግራር: hawthorn
Hagedornen {pl} :: hawthorns
Hagel {m}, Salve: በረዶ: hail, volley
Hagelkorn {n}: አንድ ማንኪያ አይስ/ ጣፋጭ ምግብ: hailstone
Hagelkörner {pl} : : hailstones
Hagelschauer {m, pl}: የበረዶ ነጠብጣብ: hailstorm, hailstorms
Hahn {m}: አውራ ዶሮ: rooster, spigot, chanticleer, cock
Hähne {pl}: ዶሮ: chanticleers, cocks, spigots
Hahnenfuß {m}: የዶሮ ጥፍር: crowfoot

Hahnenkampf {m}: **የዶሮ ግጥሚያ/ ጥል**: cockfight
Hahnenkämpfe {pl} :: cockfights
Hahnenschrei {m}: **ዶሮ ጩኸት**: cock crow, cockcrow
Hahnrei {m}: **ሴት ያታለለው**: cuckold
Hahnreie {pl} :: cuckolds
Hai {m}: **ዓሣ አንባሬ**: shark
Haie {pl} :: sharks
Hain {m}: **የጫካ ውስጥ መብራት**: grove
Haine {pl} :: groves
Haken {m, pl}: **ማጣበቂያ/ ማንጠልጠያ**: crotchet, crux, crotchet, cruxes, hooks
haken: **አጣበቀ**: hook
Hakenkreuz {n}: **መስቀልዮሽ**: fylfot, swastika
Hakenkreuze {pl} :: swastikas
Hakenschlüssel {m}: **ባለጥምዝ ቁልፍ**: hook wrench
Hakenwurm {m}: **ባላራት እግር እንስሳ**: hookworm
Hakenwürmer {pl} :: hookworms
hakig: **መስቀላማ**: hooky
halb: **ግማሽ/ እኩል**: half, semi
Halbaddierer {m}: **ግማሽ ደማሪ**: half-adder
halbamtlich: **ባለግማሽ ሥልጣን**: semiofficial, semiofficially
halbautomatisch: **ግማሽ አውቶማቲክ**: semi-automatic, semiautomatics, semiautomatically
halbbewußt: **ተጠራጣሪ**: semiconscious, semiconsciously
Halbbruder {m}: **የእናት/ ያባት ልጅ**: half brother
halbdauernd: **ግማሽ ቋሚ**: semipermanent
halbdunkel: **ግማሽ ጨለማ**: semidarkness
halbdurchlässig: **ግማሽ ፈቃዳኛ**: semipermeable
halbdurchsichtig: **ግማሽ የሚታይ**: semitransparent
halbedel: **ግማሽ ባላባት**: semiprecious
halber Weg: **ግማሽ ጎዳና**: partway
Halbfabrikat {n}: **ፍትግ/ ያላለቀ ዕቃ**: semifinished product
halbfertig: **ግማሽ የተሠራ**: half done
halbfest: **ግማሽ ጥጥር**: semisolid
Halbfinale {n}: **ግማሽ ማጣሪያ**: semi final, semifinal
Halbfinalteilnehmer {m, pl}:**ለግማሽ ማጣሪያ ያለፈ**: semifinalist, semifinalists
halbförmlich: **ግማሽ ባለፈቃድ**: semiformal
Halbgeschwister {n, pl}:**ግማሽ ወንድም/ እኅት**: sibling, siblings
Halbgott {m}: **ግማሽ አምላክ**: demigod
Halbgraphik {f}: **ግማሽ ግራፊክ**: semigraphic
Halbhandschuh {m}: **መጽሐፍ**: mitt
halbieren: **ለእኩል ገመሰ/ ከፈለ**: halve, bisect, halve, cut into halves
halbierend: **ከፋይ/ ከፍሎ ፡ ገምሶ**: bisecting, halving
halbiert: **ተከፋይ/ ተከፍሎ**: bisected, halved
Halbierung {f}: **ክፍያ/ ግማሽ**: bisection
Halbinsel {f}: **ግማሽ ደሴት**: peninsula, peninsulae, peninsulas
halbinselförmig: **ግማሽ ደሴታማ**: peninsular
halbjährlich: **በእየስድስት ወር/ሩ**: semestral, semiyearly, semiannual, semiannually
Halbkreis {m}: **ግማሽ ዙር/ክብ**: semi circle, semicircle
Halbkreise {pl} :: semicircles
halbkreisförmig: **ግማሽ ክብ ቅርጽ**: semicircular, semicircularly
Halbkugel {f}: **ግማሽ ጥንግ**: hemisphere, hemispheres
halbkugelig: **ግማሽ ጥንጋዊ**: hemispheric
Halbleiter {m}: **የኤሌክትሪክ መለኮሻ**: electronic semiconductor
Halbleiterchip {m}: **ግማሽ ዓውድ/ መጫኛ**: flip chip
halbmonatlich: **በእየሁለት ሳምንት**: semimonthly
Halbmonatsschrift {f}: **በእየሁለት ሳምንት የሚታተም ጋዜጣ**: biweekly
Halbmonatsschriften {pl}:: biweeklies
Halbmond {m}: **ግማሽ ጨረቃ**: half moon
Halbmonde {pl} :: crescents
halbnackt: **ግማሽ ራቁት**: half naked
halboffen: **ግማሽ ክፍት**: half open
Halbpension {f}: **ግማሽ ጡረታ**: bed and breakfast
halbpensioniert: **ግማሽ ጡረተኛ**: semiretired
halbprivat: **ግማሽ የግል**: semiprivate
Halbprofi {m}: **ግማሽ ፕሮፊ/ ባለሙያ**: semiprofessional, semipro
Halbprofis {pl} :: semiprofessionals
Halbrundschraube {f}: **ግማሽ ክብ ምስማር**: round head screw
Halbschatten {m}: **ግማሽ ጥላ**: penumbra
Halbschnitt {m}: **ግማሽ ቆረጣ**: half-section
Halbstarke {m}: **ግማሽ ጠንካራ**: mods
Halbstarken {pl} :: beatniks
halbsüß: **ግማሽ ጣፋጭ**: semisweet
Halbtagsarbeit {f}: **ግማሽ ቀን ሥራ**: part time job
Halbton {m}: **ግማሽ ቃና**: halftone, semitone
Halbtöne {pl} :: halftones
Halbvokal {m}: **ግማሽ አናባቢ**: semivowel
Halbwelle {f}: **ግማሽ ማእበል**: alternation
Halbwelt {f}: **ግማሽ ዓለም**: demimonde
Halbwertzeit {f}: **ግማሽ ወቅት**: half period, half-life period
halbwöchentlich: **በእየሦስት ቀን**: semiweekly
Halbwort {n}: **ግማሽ ቃል**: half-word
halbwüchsig: **ወረጋ**: adolescent
Halbzeit {f}: **ግማሽ ሰዓት**: half time
Halde {f}: **ብዛት**: heap
Hälfte {f}: **ግማሽ**: half, moiety
Hälften {pl} :: halves, halves, moieties, halves
Halle {f}: **አዳራሽ**: hall
Hallen {pl} :: halls
hallo: **ሃሎ ፡ ታዲያስ**: hello, Hello, hi

Halluzination {f}, Wahnbild: ቅዠት: hallucination
Halluzinationen {pl} :: hallucinations
halluzinieren: ቃዠ: hallucinate
halluzinierend: ቃዥ/ ቃዥቶ: hallucinating
halluziniert: ቅዠታም/ ቃዥቶ: hallucinated
Halluzinogen {n} :አባዳው-ሌ: hallucinogen
Halogen {n}: የኢለመንት ዓይነት: halogens
Hals {m}, Genick, Kehle: አንገት: cervical neck, throat
Halsabschneider {m, pl}:ያንገት መበጠሻ/ መቁረጫ: cutthroat, cutthroats
Halsausschnitt {m}: ያንገት መስመር/ እርከን: neckline
Halsband {n}: ገመድ/ ማሰሪያ፣ ሐብል: callar, neckband
halsbrecherisch: አንገት በጣሽ/ ቆራጭ: breakneck
Halsentzündung {f}: እንቅርት: sore throat
halsig: አንገታማ: necked
Halskette {f}, Halsband: ሐብል: necklace, necklace
Halsketten {pl} :: necklaces
Halsschlagader {f}: የደም ቧ ንቧ : carotid
Halsschlagadern {pl} :: carotids
Halstuch {n}: ፎጣ: neckerchief, kerchief
Halstücher {pl} :: kerchiefs, neckerchiefs, neckties
Halt {m}: ጫማ፣ መቋሚያ: foothold, halt
halt den Mund!: አፍህን ዝጋ!: hold your tongue! shut up! Hold your noise!
haltbar: ቋሚ: maintainable, savable, supportable, tenable, tenably, vindicable, holeproof, supportably
Haltbarkeit {f}: ቋሚነት፣ ቆይታ: defensibility, supportability, tenability, wear
Haltbarkeiten {pl} :: tenableness
Haltedauer {f}: ቋይታ፣ ችሎታ: holding period
halten: ቆጠረ፣ ገመተ፣ ያዘ፣ ጨበጠ፣ ጠበቀ: repute, take for, keep, (kept, kept), hold (held, held), retain, uphold
haltend: ጨባጭ/ ይዞ: holding, keeping, retentive, retentively, stopping, upholding
Halteplatz {m}: መቆሚያ ቦታ: stopping place
Halteplätze {pl} :: stopping places
Halter {m}: ያዥ: holder, bracket
Halteschraube {f}: ማጣበቂያ፣ መሰኪያ: retaining screw
Haltestelle {f}: ማቆሚያ፣ መሳፈሪያ/ መውረጃ: stop
Halteverbot {n}: እገድ፣ ማቆም የተከለከለበት (ቦታ): stopping restriction
Halteverbote {pl} :: stopping restrictions
Haltlosigkeit {f}: መቆሚያአልባነት፣ ስድ: instability
Haltlosigkeiten {pl} :: instabilities
Haltung {f}: ይዞታ፣ አቋም፣ ጠባይ: attitude, deportment
Haltungen {pl} :: attitudes, deportments
Hammel {m, pl}: የእንስሳ ዓይነት: wether, mutton, wethers
Hammer {m, pl}: መዶ ሻ/ መዶሻ: hammer, hammers, sledge, sledges,
hämmerbar: ተደዋይ/ ተቀጥቃጭ: malleably
hämmern: መታ፣ ደበደበ: to hammer
hämmernd: ደብዳቢ/ ደብድቦ: hammering
Hammerschlag {m}: በመዶ ሻ ድብደባ: hammer blow
Hämoglobin {n}: የደም ዓይነት: hemoglobin
Hampelmann {m}: ቧቧቴ ፣ ቀልደኛ፣ ግልጽ: jumping jack
Hamster {m}: ያይጥ ዓይነት: hamster
Hamsterer {m, pl}: ለቃቃሚ፣ ሰብሳቢ: hoarder, hoarders
hamstern: ለቃቀመ፣ ሰባሰበ: forage
Hand {f}: እጅ፣ መጠቆሚያ: hand
Handapparat (Tel.) {m}: የእጅ መጨበጫ: hand set
Handarbeit {f}: በእጅ የተሠራ: handiwork, handwork, manual-labour, needlework
Handarbeiten {pl} :: needleworks, handiworks
Handarbeiter {m, pl}, Handwerker: ባለሙያ፣ እጀሠራ: manual-labourer, workman, workmen
Handball {m}: የእጅ ኳስ: handball
Handbälle {pl}:: handballs
Handbedienungsebene {f}: መዘወሪያ: operating section manual
handbetrieben: በእጅ ተሠራ/ ተሠርቶ: hand-operated
Handbohrer {m, pl}: መብሻ: gimlet, gimlets
Handbohrmaschine {f}: መብሻ ማሽን: hand drill
Handbremse {f}: የእጅ ፍሬን: handbrake
Handbuch {n}: ቀላል መጽሐፍ: compendium, guide, handbook, manual
Handbücher {pl}:: manuals
Hände {pl}: እጅ: hands
Hände weg!: እጅ ወዲያ!: Hands off! hands off!
Händedruck {m}: ሰላምታ: handshake
Handel {m}, Angebot, Beruf , Geschäft, Umgang, Verkehr: ንግድ፣ ውል፣ ሱቅ፣ ግንኙነት: trade, trafficking, commerce, mongering, deal, bargain, trade, commerce
handeln, aufführen, verhandeln, wirken: ሠራ፥ ተገበረ፣ አከናወነ: act, deal, negotiate, bargain
handelnd: አከናዋኝ/ አከናውኖ: acting, agitating, bargaining, dealing, merchandising
Handelsabkommen {n}: የንግድ ስምምነት/ ውል: trade agreement
Handelsbank {f}: ንግድ ባንክ: commercial bank
Handelsbeziehung {f}: ንግድ ግንኙነት: trade relation
Handelsbeziehungen {pl}:: trade relations
Handelsbilanz {f}: ንግድ ሚዛን/ ባላንስ: balance of trade
Handelsbilanzen {pl} :: balances of trade

Handelsbrauch {m}: ንግድ አጠቃቀም/ ምክንያት: trade usage, usages
handelseinig: ስምም/ሙ: in agreement
Handelsflotte {f}: የንግድ መርከብ: mercantile marine
Handelsgeist {m}: የንግድ መንፈስ: mercantilism, commercialism
Handelsgericht {n}: የንግድ ፍርድ ቤት: industrial court
Handelsgesellschaft {f}: የኅብረት ንግድ: trading company
Handelsgesellschaften {pl} :: trading companies
Handelsgewicht {n}: የንግድ ሚዛን/ ክፍታ: avoirdupois
Handelshochschule {f}: ንግድ ትምህርት ቤት: commercial college
Handelskammer {f}: ንግድ ሚኒስትር: chamber of commerce
Handelskammern {pl} :: chambers of commerce
Handelsmakler {m}: ደላላ: agent middleman
Handelsmarine {f}: የንግድ መርከብ: merchant marine
Handelsmarke {f}: የንግድ ምልክት: trademarks
Handelsmarken {pl} :: trademarks
Handelsministerium {n}: ንግድ ሚኒስትር: board of trade
Handelsplatz {m}: ገብያ: emporium
Handelsrecht {n}: የንግድ ሕግ/ ደንብ: mercantile law, commercial law
Handelsregister {n}: ፈቃድ መመዝገቢያ: commercial register, trade register
Handelsrichter {m}: የንግድ ዳኛ: commercial judge
Handelsschiff {n}: የንግድ መርከብ: cargo vessel, merchant ship, merchantman
Handelsschiffahrt {f}: የንግድ መርከብ ጉዞ: merchant shipping
Handelsschranken {pl}: ንግድ ማዕቀብ: trade barriers
Handelsschule {f}: ንግድ ትምህርት ቤት: commercial school
Handelssperre {f}: እምባራጎ: embargo
Handelsstadt {f}: የንግድ ከተማ: commercial town
handelsüblich: ንግድ የተለመደበት: customary in the trade, usual in the trade
Handelsvertrag {m}: ንግድ ውል: trade agreement
Handelsverträge {pl}:: trade agreements
Handelsvertreter {m, pl}: ነጋዴ: merchant, trade representative, trade representatives
Handelsware {f}: ንግድ ቁሳቁስ: merchandise
Handelswert {m}: የገብያ ዋጋ: market-value
Handelszeichen {n}: ንግድ ምልክት: trade mark
Handelszentrum {n}: ገብያ ማዕከል: mart
Handelszentren {pl}: ገብያ: marts
Handelszweig {m}: የንግድ ቅርንጫፍ: branch of trade
Handelszweige {pl} :: branches of trade
Händeschütteln {n}: ሰላምታ፣ እጅ ጨበጣ: handshake, handshakes
Handfeger {m, pl}: የእጅ መጥረጊያ፣ ሙሬኝ: hand brush, hand brushes
Handfertigkeit {f}: የእጅ ሥራ: manual-skill
Handfessel {f}: ሰንሰለት: hand cuffs
Handfesseln {pl}:: hand cuffs
Handfläche {f}: መዳፍ: palm
handförmig: መዳፋማ: palmate, palmated
handgearbeitet: በእጅ የተሠራ: hand made
Handgelenk {n}: ማጠፊያ: wrist
Handgelenke {pl}:: wrists
handgemacht: በእጅ የተሠራ: handmade
Handgemenge {n}: ጥፊያ፣ መባ ከስ: melee, scuffle
Handgemengen {pl}:: scuffles
Handgepäck {n}: የእጅ ሻንጣ: hand luggage, handluggage, carry-on baggage
handgeschrieben: በእጅ የተጻፈ: handwritten
handgestrickt: በእጅ የተሰፋ: hand knitted
Handgranate {f}: የእጅ ቦንብ: hand grenade, grenade
Handgranaten {pl} :: grenades
Handgreiflichkeit {f}: ዱላ፣ ግጭት: palpability
handhaben, leiten, verwalten: ተቆጣጠረ፣ በቁጥጥር ስር አደረገ: manage, handle, wield
Handhabung {f}, Leitung: ቁጥጥር፣ አመራር: management
Handkoffer {m, pl}: ሻንጣ: portmanteau, suit case, suitcase, suit cases, suitcases
Handlanger {m}: ማይደም፣ ጨዋ: handmaid
Händler {m, pl}: ነጋዴ: dealer, retailer , monger, outfitter, salesman, salesman, salesmen [plural], salesperson, trader, purchasers, dealers, traders
Händlerrabatt {m}: የንግድ ድርሻ/ ውሌታ: trade discount
Handlesekunst {f}: የእጅ ጥበብ: palmistry
handlich: በእጅ: handily, handy, manageable, manageably, manageable
Handlichkeit {f}: በእጅ ያል/ የያዙት: manageability
Handloch {n}: መሮ: perforator
Handlung {f}, Entwurf: ድርጊት: action, activeness, plot
Handlungsalternative {f}: እርምጃ: action alternative
Handlungsfreiheit {f}: የተግባር ነፃነት: discretionary, freedom of action
Handpflege {f}: የእጅ መለማመጃ: manicure
Handrücken {m}: አይበሉባ/ የእጅ ጀርባ: back of the hand
Handsäge {f}: መቀስ: handsaw
Handschrift {f}: የእጅ ጽሑፍ: hand writing, handwriting
Handschriften {pl} :: handwritings
Handschuh {m}: የእጅ ጓንት: glove

Handschuhe {pl} :: gloves
Handspiegel {m}: **የእጅ መስትዋት**: hand mirror
Handstand {m}: **ይዞታ**: handstand
Handsteuerung {f}: **መቆጣጠሪያ**: hand control
Handtasche {f}: **ቦርሳ**: hand-bag, handbag, gripsack
Handtaschen {pl} :: gripsacks
Handtuch {n}: **የእጅ ፎጣ**: towel
Handtücher {pl}:: towels
Handvoll {f}: **ጭብጥ፣ እፍኝ**: handful, handfull, fistful
Handvolle {pl} :: handfuls
Handwaffe {f}: **የእጅ መሣሪያ**: hand weapon
Handwaffen {pl} :: small arms
Handwahrsager {m, pl}: **በእጅ ጠንቋይ**: palmist, palmists
Handwaschbecken {n, pl}: **የእጅ መታጠቢታ**: wash hand basin, wash hand basins
Handwerk {n}: **የእጅ ሥራ**: handicraft, handwork, trade
Handwerke {pl}:: crafts
Handwerker {m, pl}: **ባለሙያ**: artisan, craftsman, manufacturer, mechanic, manufacturers, mechanics
handwerksmäßig, in Ordnung: **የተሟላ**: groovy
Handwörterbuch {n}: **መዝገበ ቃላት**: pocket dictionary
Handwörterbücher {pl} :: pocket dictionaries
Handzeichen {n}: **የእጅ ምልክት**: hand signal
Handzeichnung {f}: **ንድፍ**: hand drawing
Handzettel {m, pl}: **ማስታወሻ**: handbill, handbills
Hanf {m}: **የተክል ዓይነት**: hemp
hanfen: **አፈላ፣ አጸደቀ**: hempen
Hänfling {m}: **የወፍ ዓይነት**: linnet
Hang {m}: **ማንጠልጠያ**: addiction, addictiveness, hillside, penchant, slope
Hänge {pl}: **አቀበት**: hillsides
Hängebrücke {f}: **ማስተላለፊያ፣ ወጋግራ፣ ድምድም**: suspension bridge
Hängebrücken {pl} :: suspension bridges
Hängematte {f}: **መወዛወዣ**: hammock
Hängematten {pl} :: hammocks
hängen an, schweben, sich anschliessen an, aufhängen: **ሰቀለ፣ አንጠለጠለ**: be attached to, hang (hung, hung)
hängend: **አንጠልጣይ/ አንጠልጥሎ ፣ ሰቅሎ**: gibbeting, hanging, pendulous, suspensory, pendulously
hängenbleiben: **ተንጠልጥሎ ቀረ**: get caught
Hänselei {f}: **ፌዝ፣ ዛቻ**: pleasantry
Hänseleien {pl} :: pleasantries
hänseln: **ተሳለቀ፣ ተዘባበተ፣ አፌዘ**: josh, razz
Hanswurst {m}: **ቋንጣ**: tomfool
Hanswürste {pl} :: tomfools
Hantel {f}: **ጣምራ ጥንግ/ ሩር**: dumb bell
Hanteln {pl} :: dumb bells
hantieren: **ተቀላጠፈ፣ ነገደ**: ply
Hardcopy {f}: **የኮምፒዩተር ቅጅ/ ኮፒ**: hardcopy
Harddisk {f}: **የኮምፒዩተር ክፍል/ አካል**: harddisk
Harddisks {pl}:: harddisks
Hardware {f}: **የኮምፒዩተር አካል**: hardware
Hardwarekombination {f}: **ጣምራ ሃርድዌ ር**: mixed hardware
Hardwarekombinationen {pl}:: mixed hardwares
Harem {m}: **ታቡ፣ መታየት የሌለበት ክፍል**: harem
Harke {f}: **መጥረጊያ/ የቁሳቁስ ዓይነት**: rake
harken: **ጠረገ፣ አስተካከለ**: rake
harmlos: **ቸር፣ ጉዳትአልባ**: harmless, harmlessly, innocuous, innocuously, inoffensive, nonviscous, unoffending, unoffendingly, harmlessly, inoffensively
Harmlosigkeit {f}: **ቸረነት፣ ጉዳትአልባነት**: harmlessness, inoffensiveness
Harmonie {f}: **ሰላም፣ ጸጥታ**: harmoniousness, harmony
Harmonielehre {f}: **ግብረገብ ትምህርት**: harmonics
Harmonien {pl}:: harmonies
harmonieren: **ተግባባ፣ ተስማማ**: harmonize
harmonierend: **ተስማሚ/ ተዛምዶ**: harmonizing
harmonisch: **ሳላማዊ**: harmonic, harmonicly, harmonious, harmoniously, harmonical, harmonically
harmonisieren: **አለሳለሰ፣ ተቅለሰለሰ**: harmonize
Harmonist {m}: **ቅልስልስ**: harmonizer
Harmonisten {pl} :: harmonizers
Harn {m}: **ሽንት**: urinary, urine
Harne {pl} :: urines
Harnblase {f}: **ፊኛ**: urinary bladder
Harnblasen {pl} :: urinary bladders
Harnleiter {m, pl}: **የሽንት ቧንቧ**: ureter, ureters
Harnröhre {f}: **የሽንት ማውጫ**: urethrae, urethra
Harnröhren {pl} :: urethras, urethral
Harnröhrenentzündung {f}: **የብልት በሽታ**: urethritis
Harnstoff {m}: **የተቃጠለ ንጥረ ነገር**: urea
Harnstoffe {pl}:: ureae
Harnuntersuchung {f}: **የሽንት ምርመራ**: urinalysis, urine test
Harnuntersuchungen {pl} :: urinalyses, urine tests
Harpune {f}: **ቀስት**: harpoon
Harpunen {pl} :: harpoons
harpunieren: **ቀስት ተኮሰ/ አስፈነጠረ**: harpoon
Harresbreite {f}: **ቀጭን**: hairbreadth
hart, schwer, heftig: **ጠንካራ፣ ጥጥር**: callous, callously, hard, hardly, rigorous, rigorously, toughly
Härte {f}: **ጥንካሬ፣ ጥጠራ፣ ግጋሬ**: hardness, harshness, relentlessness, rigorousness,

rigour, severity, steeliness, stoniness, toughness, abrasivenesses, flintiness
Härten {n}: መጠጠር: hardnesses, hardening, severities
Härtegrad {m}: የጥንካሬ ደረጃ: hardness grade
Härtemittel {n, pl}: ማጠናከሪያ: hardener, hardeners
härten: አጠነከረ፣ አበረታ፣ አጠጠረ: harden, indurate
härtend: አጠናካሪ/ አጠናክሮ: hardening, indurating
Hartgeld {n}: ሳንቲም፣ ሽሊንግ: specie
Hartgummi {m}: ጎማ: ebonite
hartherzig: ጨካኝ: flinty, hard hearted, remorseless, remorselessly, hard heartedly
Hartherzigkeit {f}: ጨካኝነት: hard heartedness, remorselessness
Hartholz {n}: ደረቅ ግንድ: hardwood
Hartmetall {n}: ጠንካራ ብረት: carbid metal, cemented carbide
hartnäckig, schwierig: መንቻካ፣ ጨካኝ: besetting, insistent, pertinacious, tough, pertinaciously, refractorily, refractory, obstinate, stubbornly
Hartnäckigkeit {f}: ጨካኝነት፣ ቆራጥነት: hardheadedness, inveteracy, inveterateness, obstinateness, pertinacity
Hartnäckigkeiten {pl} :: obstinacies
Hartplatte {f}: የኮምፒዩተር መዘገቢያ: hard-disk
Härtung {f}: ጥንካሬ: induration
Harz {n}: ቅመማቅመም: resin
haschen: ቀለበ: snatch
Haschisch {m, n}: አብሾ: hashish
Hase {m}: ጥንቸል: bunny, hare
Haselmäuse {f}: ጥንቸል መሰል አይጥ: dormice, dormouse
Haselnuß {f}: የጥንቸል ምግብ: filbert, hazelnut
Haselnüsse {pl} :: filberts, hazels
Hasenbraten {m}: የጥንቸል ጥብስ: roast hare
Hasenscharte {f}: ባለስንጥቅ ከንፈር: harelip
Hasenscharten {pl} :: harelips
Haß {m}: ጥላቻ: hatred, rancor, hate
hassen, nicht mögen: ጠላ: hate
Hasser {m}: ቂመኛ: hater
Häßlich wie die Sünde: እንደ ወንጀል/ በደል አስጠሊታ: as ugly as sin
häßlich: አስጠይ/ አስቀያሚ: ill-favoured, nasty, uglily, ugly, unsightly
Häßlichkeit {f}: አስጠሊነት፣ አስቀያሚነት: ugliness
Hast {f}, Eile: ጥድፊያ፣ ችኮላ: precipitancy, rashnessn, hurry
hasten: ተጣደፈ፣ ተቻኮለ: scat, scurry, skelter
hastend: ተጣድፎ፣ ቸኩሎ: bustling, scatting, scurrilous, scurrying, scurrilously, scurrying
hastig: ችኩል፣ ቀልበቢስ፣ ቀውስ: hastily, hasty, precipitant, precipitantly, rashly
hätscheln: አዳላ፣ ጦረ፣ ወደደ: cuddle, fondle, nuzzle
Haube {f}: ቆብ፣ የራስ መሸፈኛ: bonnet, hood
Hauben {pl}:: bonnets, hoods
Haubitze {f}: መቋሚያ: howitzer
Hauch {m}: ትንፋሽ: breeze, puff
hauchdünn: ጢስ፣ ብናኝ: gauzily
hauen, bearbeiten: መታ፣ ደወለ፣ ደበደበ: hew
hauend: ደዋይ/ ደውሎ: hewing, whaling
Hauer {m, pl}: ዱለኛ: tusk, tusks
Haufen {m}: ድርድር፣ ክምር: heap, accumulation, pile, batches
häufen: ጎነፈ፣ ደለደለ: heap
haufenweise: በጥቅል: in heaps
häufig: ሁሌ፣ ተደጋግሞ: frequent, frequently, prevalently
Häufigkeit {f}: ድግግም: commonness
Häufigkeiten {pl} :: frequentness
Häufigkeitsverteilung {f}: የድግግም ክፍፍል: frequency distribution
Häufung {f}: ብዛት፣ ድግግም: burst
Haupt {n}: መሪ፣ ራስ: ዋና:pilot, cardinal, general, main
Hauptaktionär {m}: ዋና ሸርከኛ: principal shareholder
hauptamtlich: በጠቅላላ: full time
Hauptbahnhof {m}: ባቡርጣቢያ: main-station
Hauptbeschäftigung {f}: ዋና ተግባር: regular occupation
Hauptcomputer {m}: ዋና ኮምፒዩተር: host
Hauptdarsteller {m}: ዋና አምራች/ አክተር: headliner, leading actor
Hauptdarstellerin {f} :: leading actress
Haupteingang {m}: ዋና በር: main-entrance
Hauptfach {n}: ዋና ምርጫ: main-subject
Hauptfilm {m}: ዋና ፊልም: feature film
Hauptfilme {pl} :: feature films
Hauptgedanke {m}: መሪ ሐሳብ: keystone
Hauptgerät {n}: ዋና መሳሪያ: mainframe
Hauptgeschäftszeit {f}: የግብያ ሰዓት: rush hours
Hauptgewinn {m}: ዋና ትርፍ: first prize
Hauptgewinne {pl} :: first prizes
Hauptinhaltsverzeichnis {n}: ዋና መርሀ ግብር: root dirctory
Hauptlager {n}: ዋና መካዚን: main bearing
Hauptlehrer {m}: ዋና አስተማሪ: senior master
Hauptleitung {f}: ዋና መምሪያ: trunk circuit, trunk line, trunking
Häuptling {m}: ዋና መሪ፣ ጎበዝ አውራ/ አለቃ: chieftain
Hauptlinie {f}: ዋና መስመር: mainline
Hauptmahlzeit {f}: የምሳ ሰዓት: principal meal
Hauptmann {m}: አለቃ: captain
Hauptmerkmal {n}: ዋና ምልክት: characteristic feature
Hauptperson {f}: ባለቤት: leading character, kingpin
Hauptplatine {f}: ዋና ሰሌዳ: motherboard
Hauptquartier {n}: ዋና ካምፕ: head quarter, headquarter

Hauptquartiere {pl} :: head quarters, headquarters
Hauptrechner {m}: **ዋና ኮምፒዩተር**: central computer
Hauptrolle {f}: **ዋና ሚና**: leading part, chief part
Hauptsache {f}: **ዋና ነገር**: main-thing, essential, main
hauptsächlich: **በመሠረቱ፣ ባብዛኛው**: chiefly, generally, mainly, primal, primarily, principally, mostly, major
Hauptsatz {m}: **መሪ ዓረፍተ ነገር**: main-clause
Hauptschalter {m}: **ዋና ማብሪያና ማጥፊያ**: main switch
Hauptschlagader {f}: **ዋና የደም ሥር**: aorta
Hauptschlüssel {m}: **ዋና ቁልፍ**: passe-partout, passkey, master key, pass-key
Hauptspeicher {m}: **ዋና መዘግብ/ መዝገብ**: central memory, general storage, main memory, primary storage
Hauptstadt {f}: **መናገሻ ከተማ**: metropolis, capital
Hauptstädte {pl}:: capitals
hauptstädtisch: **መናገሻ**: metropolitan, metropolitans
Hauptstation {f}: **ዋና ኬላ**: master station
Hauptsteuerprogramm {n}: **ዋና ፕሮግራም**: supervisor
Hauptstoß {m}: **ዋና ፍንዳታ**: brunt
Hauptstraße {f}: **መጋቢ መንገድ**: high street
Hauptstromanschluß {m}: **ኤሌክትሪክ ማከፋፈያ**: main terminal
Hauptströmung {f}: **ዋና ምንጭ**: mainstream
Hauptstütze {f}: **ዋናው መቆያ**: mainstay
Hauptstützen {pl} :: mainstays
Haupttreffer {m}: **ዋናው ዕጣ**: jackpot
Haupttribüne {f}: **ዋና መድረክ**: grandstand
Hauptverhandlung {f}: **ዋና ቀጠሮ**: main-negotiation
Hauptverkehrsstraße {f}: **መጋቢ መንገድ**: main-road
Hauptverkehrsstraßen {pl} :: main-roads
Hauptverkehrszeit {f}: **የሥራ ሰዓት**: rush hour
Hauptversammlung {f}: **ዋና ስብሰባ**: general business meeting
Hauptverwaltung {f}: **ዋና ቢሮ**: head office
Hauptwort {n}: **ዋና ቃል**: noun
Hauptwörter {pl}: **ቃላት**: nouns
Haus {n}: **ቤት**: house, home
Häuser {pl}: **ቤት**: houses
Hausapotheke {f}: **ዋና ክሊኒክ/ ፋርማሲ**: medicine chest
Hausarbeit {f}: **የቤት ሥራ**: chore, homework, housework
Hausarbeiten {pl} :: chores
Hausarzt {m}: **የቤት ሐኪም**: family doctor
Hausaufgabe {f}: **የቤት ሥራ**: home work
Hausaufgaben {pl}:: home works
Hausbar {f}: **ድብቅ መጠጥ ቤት**: house bar
Hausbesetzer {m, pl}: **ቤት ያዥ (በኃይል)**: squatter, squatters
Hausbesitzer {m, pl}: **ባለቤት**: homeowner, landlord, landlords
Hausbesitzerin {f}: **የቤት እመቤት**: landlady
Hausboot {n}: **የግል ጀልባ**: houseboat
Häuschen {n}, Hütte: **ጎጆ**: cottage, small house, lodge, cottage
Häuschen {pl}, Kabinen :: lodges, cabins
Hausdiener {m, pl}: **የቤት ሠራተኛ**: man-servant, men servants
Häuserblock {m}: **ግንብ**: block of houses
Häuserblöcke {pl} :: blocks of houses
Hausfrau {f}: **የቤት እመቤት**: housewife, homemaker
Hausfrauen {pl} :: housewives
Hausfriedensbruch {m}: **ቤት ዘረፋ/ ዝርፊያ**: trespass
Hausfriedensbrüche {pl}:: trespasses
Hausgehilfin {f}: **የቤት አገልጋይ**: housemaid
Hausgrundstück {n}: **ጓሮ**: premises
Haushalt {m}: **የቤት ወጭ**: household, menage
Haushalte {pl} :: menages, households
haushalten, sparen: **ቆጠበ፣ የቤት ወጭ ዕቅድ አወጣ**: economize
Haushälterin {f}: **ቤት ጠባቂ**: housekeeper
Haushälterinnen {pl} :: housekeepers
haushälterisch, wirtschaftlich: **የቤት ኃላፊ**: economical
Haushaltsartikel {m}: **የቤት ቁሳቁስ**: house hold article
Haushaltsführung {f}: **የቤት ተግባር**: homemaking
Haushaltsgerät {n}: **የቤት ዕቃ**: household appliance
Haushaltsgeräte {pl} :: home appliances
Haushaltsgerätehersteller {m}: **የቤት ዕቃ አምራች**: appliance manufacturer
Haushaltsgeräteindustrie {f}: **ቁሳቁስ እንዱስትሪ**: appliance industry
Haushaltsvorstand {m}: **ባለቤት**: householder
Haushaltsvorstände {pl}: **ባለቤት**: householders
Haushaltung {f}: **የቤት ተግባር**: housekeeping
Haushaltungslehre {f}: **የብልትና ትምህርት**: domestic apprenticeship
Haushaltungsschule {f}: **የባልትና ትምህርት ቤት**: domestic science school
Haushaltungsvorstand {m}: **የቤቱ ኃላፊ**: head of the household
Haushaltsvorstand {m}: **ባለቤት**: householder
Hausherr {m}, Zentralcomputer: **ባለቤት**: host
hausieren: **ዋለ-አደረ**: peddle
Hausierer {m, pl}: **ባለቤት**: hawker, huckster, peddler, pedlar, pedlars, hucksters, peddlers
Hauskleid {n}: **የቤት ልብስ**: house frock, housecoat
Hauskleider {pl} :: house frocks
häuslich: **ለማዳ፣ ቤተሰብ**: domestic, homely, domestically

Häuslichkeit {f}: ለማዳነት: domesticity
Hausmeister {m}, Verwalter: ዘበኛ: caretaker, concierge, caretaker
hausmeisterlich: ጠባቂ: janitorial
Hausmiete {f}: ክራይ: rents
Hausmieten {pl}:: rents
Hausmittel {n, pl}: የቤት ዕቃ: household remedy, household remedies
Hausordnung {f}: የቤት ዝግጅት: rules of the house
Hauspflege {f}: ቤት ጽዳት: home care
Hausschlüssel {m}: ቁልፍ: front door keys
Hausschuh {m}: የቤት ጫማ: slipper
Hausschuhe {pl}:: slippers
Hausschwein {n}: ለማዳ አሳማ: domestic pig
Haustelefon {n}: የቤት ቴ ሌፎን: interoffice communication
Haustier {n}: የቤት እንስሳ: domestic animal
Haustiere {pl}:: pets
Haustür {f}: መዝጊያ: front door, frontdoor
Hauswirtschaft {f}: የቤት ወጭ: domestic economy
Hauswirtschaftslehre {f}: የብልትና ትምህርት: domestic science
Haut {f}: ቆዳ፤ ሰውነት፤ ላባ: dermal, dermis, integument, skin, cutaneous, skin
Häute {pl}:: skins
Hautarzt {m}: የቆዳ ሐኪም: dermatologist
Hautärzte {pl}:: dermatologists
häuten: ተፈገፈገ፤ ተላጠ: to skin
hauteng: ላበማ: skin tight, skintight
Hautfarbe {f}: የቆዳ ቀለም: colour of the skin
Hautfarben {pl} :: colours of the skin
häutig: ቆዳማ: membranous
Hautkrankheit {f}: ቆዳ በሽታ: skin disease
Hautkrankheiten {pl} :: skin diseases
Hautpflege {f}: ቆዳ እንክብካቤ: care of the skin
Hautschere {f}: ዋና መቀስ: cuticle scissors
Hauttransplantation {f}: ቆዳ ቀዶጥገና: skin graft
Hauttransplantationen {pl} :: skin grafts
Häutung {f}: ቆዳ: skinning
Häutungen {pl}:: skinnings
Hebamme {f}: አዋላጅ ነርስ: midwife
Hebammen {pl} :: midwifes
Hebe {f}: ማስነሻ: liftings
Hebel {m, pl}: ማንሻ: lever, hand gear, levers
Hebelanordnung {f}: ያጉራ ማዕከል: leverage
Hebelarm {m}: የማንሻ መጨበጫ: lever arm
Hebelkraft {f}: የማንሻ ኃይል: leverage
Hebelwirkung {f}: የማነሻ ጉልበት: lever action
heben, hochziehen, aufheben: አነሳ: heave, lift, hoist
Hecht {m}: ጭጋግ፤ ጤዛ: pickerel
Heck {n}: ከከብ፤ ጂራት: stern, poop, tail
Hecke {f} : የመርከብ ጀርባ: hedgerow, covey, hedge
Hecken {pl} :: hedges
Heckenrose {f}: ድቅል አበባ: dog rose
Heckenschere {f, pl}: መቀንጠፊያ: hedge shears
Heckenschütze {m}: ነፍጥ: sniper
Heckenschützen {pl} :: snipers
Hecklicht {n}: ተጎታች መብራት: tail light
Hecklichter {pl} :: tail lights
Hedonist {m}: አርበኛ: hedonists
Hedonisten {pl}:: hedonists
hedonistisch: አርበኛዊ/ ጉብዝናዊ: hedonistic, hedonistically
Heer {n}: ሠራዊት: army
Heere {pl} :: armies, sirs
Heeresdienst {m}: ብሔራዊ አገልግሎት: military service
Heeresführer {m}: ኮማንደር: army commander
Heereslager {n}: የጦር ካምፕ: army camp
Heeresschar {f}: ጦር ሠራዊት: army troop
Hefe {f}: እርሾ: yeast
Hefen {pl} :: yeasts
hefig: እርሿዊ: yeasty
heften: ኮተተ፤ ጠረዘ: tack, rivet, crimp
heftig angreifen: በኃይል ወረረ: clapperclaw
heftig, schwer, stark: ድግግም/ ተደጋጋሚ፤ ኃይለኛ፤ ከባድ: boisterous, boisterously, impetuous, impetuously, testily, vehemently, violent , heavy, violent, violent, impetuously, violently, boisterously, testier
Heftigkeit {f}: ተደጋጋሚነት፤ ጠንካራነት: tempestuousness, vehemency
Heftigkeiten {pl} :: vehemences, staples
Heftklammer {f}: ወረቀት ማጣበቂያ: staple, stapler
Heftklammern {pl}:: staplers, staples
Heftpflaster {n, pl}: ወረቀት ማያያዣ: adhesive plaster, plaster, adhesive plasters
Hegemonie {f}, Vorherrschaft: ገዥ፤ አዛዥ: hegemony
Heide {f}: እምነት አልባ: heather
Heidekraut {n}: ወፍ ዘራሽ ቅመም: heather
Heideland {n}: የዛላን ሀገር: heath, moor land, wold
Heideländer {pl} :: wolds
Heidelbeere {f}: የጅብ ዓይነት: blueberry, huckleberry
Heidelbeeren {pl} :: blueberries, huckleberries
Heide {m}: ዘላን/ እምነትአልባ: heathen, pagan
Heiden {pl}:: heathens, pagans
Heidenangst {f}: ጠንካራ ፍርሃት: mortal fright
Heidengeld {n}: የስርቆት ገንዘብ: a fortune
Heidenspaß {m}: ደስታ/ ሁካታ: huge fun
Heidentum {n}: ካሃዲነት: heathendom, paganism
heidnisch: ከሀዲታዊ: gentile, heathen, pagan, heathenish
heikel: ያልተለመደ/ እንግዳ: fussily, fussy, queasily, queasy, scabrous, scabrously, touchily, touchingly, trickily, scabrously
Heil {n}: ሰላም፤ ድኅነት፤ ፀጋ: salvation
heil und gesund: ሰላምና ጤና: safe and sound

Heilanstalt {f}: ትምህርተ ድኅነት: sanatorium
Heilanstalten {pl} :: sanatoriums
Heilbad {n}: ጥምቀት: therapeutic bath
Heilbäder {pl}:: therapeutic baths
heilbar: የሚድን/ ሊድን ቻይ፣ ድኅነታዊ: curable, curably, healable, remediable, remediably
Heilbarkeit {f}: ዳኅነት፣ መዳን: curability
Heilbarkeiten {pl} :: curableness
heilbringend: ምኅረት አምጭ፣ አማላጅ/ አማልዶ: salutary
Heilbutt {m}: ያሣ ዓይነት፣ ትልቅ ዓሣ: halibut
Heilbuttschnitte {f}: የትልቅ ዓሣ ሥጋ: flitch
heilen: አዳነ፣ ማረ፣ ፈወሰ: cure, heal
heilend: አዳኝ/ አድኖ: curing healing, curative, curatively
Heiler {m, pl}, Heilpraktiker: ፈዋሽ/ አዳኝ: healer, healers
heilig: ቅዱስ: holy, sacred, saintly, sacredly
Heilige {m, f}: ቅዱስ: saint
Heiligen {pl}: ቅዱሳን: saints
heiligen: ቀደሰ፣ ቅዱስ አደረገ: hallow, sanctify
heiligend: አመስጋኝ/ አመስግኖ: hallowing, sanctifying
Heiligengrab {n}: ምዕራፈ ቅዱሳን: shrine
Heiligengräber {pl} :: shrines
Heiligenschein {m}: ልፋፈ ጽድቅ: gloriole, nimbus
Heiligenscheine {pl} :: glorioles, halos
heiliggesprochen: ተቀዳሽ/ ቅዱስ ሁኖ: sainted
Heiligkeit {f}: ቅዱስነት: sacredness, saintliness, sanctity
Heiligkeiten {pl} :: sanctities, sanctuaries
Heiligtum {n}: መንበር: sainthood, sanctuary
Heiligung {f}: ቅድስና: sanctification
Heilkraft {f}: የማዳን ኃይል: healing power, curativeness
Heilkunde {f}: ሕክምና: medical science
Heilmittel {n, pl}: መድኃኒት: elixir, remedy, remedies
Heilquelle {f}: የማዳን/ መዳን ምንጭ: mineral spring
heilsam: ዳኝ/ አዳኝ: beneficial, healthful, healthfully, medicative
Heilsamkeit {f}: አዳኝነት: salubrity
Heilsarmee {f}: የማዳን ሠራዊት: salvation Army
Heilung {f}, Heilmittel: ድኅነት: cure
Heilverfahren {n}: ሕክምና: therapy
Heim {n}, nach Hause: ቤት፣ ማረፊያ: fireside, home
Heimarbeit {f}: የቤት ሥራ: outwork, homework
Heimarbeiter {m}: የቤት ሠሪ: home worker, homeworker, outworker
Heimat {f}: ሀገረ ልደት፣ ሀገር: home country
Heimatland {n}: የእናት-አባት ሀገር: homeland, native land
heimatlos: ሀገርአልባ: homeless, homelessly, unhoused
Heimatlose {m, f}: ስደተኛ፣ ፈላሲ: waif
Heimatlosen {pl} :: waifs
Heimatort {m}: የልደት መንደር: native place
Heimatort {m}: የልደት ክፍለ ሀገር: hometown
heimbegleiten: ሸኘ: see home
Heimchen {n}: ቦታ: cricket
heimelig, heimisch: ብሔራዊ: homelike
Heimfahrt {f}: ወደሀገር ጉዞ: journey home
Heimgang {m}: ወደሀገር መሄድ: going home
heimgegangen: ወደሀገር ተመላሽ/ ሄዶ፣ ተመልሶ: returned home
heimgehen: ወደሀገሩ ሄደ: return home
heimgesucht: ተሰቃይቶ፣ ተቸግሮ: infested, obsessed
heimgezahlt: ተመላሽ/ ተመልሶ: paid back
heimisch: ቤታዊ: homey
Heimkehr {f}: ወደቤት መልስ: home coming, homecoming
heimkehrend: ወደቤት መጥቶ፣ ተመልሶ: homing
heimkommen: ወደቤት መጣ፣ ተመለሰ: to come home
heimleuchten: ገለጸ፣ አብራራ: tell off
heimlich: በምስጢር፣ በድብቅ: clandestine, clandestinely, cryptical, on the sly, secret, stealthily, stealthy, thievishly, underhand, clandestinely, covertly, underhandedly
Heimlichkeit {f}: ምስጢራዊነት: covertness, furtiveness, secrecy, stealth
Heimlichkeiten {pl} :: secrecies, stealthiness
Heimlichtuerei {f}: እጹብ ድንቅ ጠባይ: secretive manner, sneakiness
Heimreise {f}: ወደሀገር ጉዞ/ መልስ: homeward journey
Heimstätte {f}: አዳራሽ: homestead
Heimstätten {pl} :: homesteads
heimsuchen: ተገኘ፣ ተጎዳ፣ ተበደለ: infest, obsess
Heimsuchung {f}: መከራ፣ በደል: infestation, visitation
heimtückisch: መጥፎ፣ አዳጋኛ: dastardly, insidious, insidiously, perfidiously, sneakily, sneakingly
Heimweg {m}: የቤት መንገድ: way home
Heimwege {pl} :: ways home
Heimweh {n}: ናፍቆት: homesickness, nostalgia
heimzahlen: ከፈለ፣ መለሰ: pay back
Heinzelmännchen {n, pl}: እጥይ ቆሌ: leprechaun, brownie, brownies
Heirat {f}: ጋብቻ: marriage
Heiraten {n, pl}: ጋብቻ: marriages
heiraten, verheiraten: አገባ፣ ትዳር መሠረተ: marry, wed
heiratend: ተዳር መሥራች/ መሥርቶ: marriyng
Heiratsantrag {m}: ቀለበት ማሰሪያ: proposal of marriage
Heiratsfähigkeit {f}: ጉርምስና: marriageableness

Heiratsschwindler {m}: ትዳር አፍራሽ፤ ዋልጌ: marriage-impostor
Heiratsurkunde {f}: የጋብቻ መረጃ: marriage-certificate
Heiratsversprechen {n}: የጋብቻ ቃል ኪዳን: promise to marry
heiser: ድምጽአልባ፤ ለስላሳ: croaky, hoarse, hoarsely, hoarsely
Heiserkeit {f}: ድምጽአልባነት: croakiness, hoarseness, huskiness, raucousness
Heiserkeiten {pl} :: raucousnesses
heiß, warm: ሞቃት፤ ትኩስ: ardent, ardently, fervent, fervently, hot, thermionic
heißend: ተሰያሚ/ ተሰይሞ: being called
Heißhunger {m}: ከፍተኛ ራብ: ravenous appetite
heißlaufen, überheizen: ሮጠ፤ ዱብዱብ አለ፤ ተሟሟቀ: overheat
Heißluft {f}: ሞቃት ዓየር: hot air
heiter: በጎጋን፤ ግልጽ፤ ብርሃን: alacritous, cheerful, cheerfully, cheery, gay, gayly, genially, jovial, jovially, mirthfully, sanguine, serene, serenely, alacritously, sanguinely
heiterhell: በገበግ: very bright
Heiterkeit {f}: ብርሃንነት፤ በጎጋነት: cheeriness, hilarity, jocularity, joviality, serenity
Heiterkeiten {pl} :: brightnesses, cheerinesses, hilariousness, jocularness, jovialness, serenities
Heizband {n}: ማሞቂያ ጉዝጓዝ: heating tape
heizen: አሞቀ: to heat
Heizer {m, pl}: ማሞቂያ: stoker, stokers
Heizfläche {f}: ምጣድ: heating surface
Heizgas {n}: ማሞቂያ ጋዝ: heating gas
Heizkissen {n}: የኤሌክትሪክ ማሞቂያ: electric pad
Heizkörper {m, pl}: መሞቂያ: radiator, heaters, radiators
Heizleistung {f}: የማሞቂያ ዓ ንዓ : heat output
Heizöl {n}: ማሞቂያ ዘይት: fuel oil
Heizstrom {m}: ማሞቂያ ኃይል: filament current
Heizung {f}: ማሞቂያ: firing, heating, heater
Heizungen {pl} :: firings, heatings
Heizungsanlage {f}: ማሞቂያ ማዕከል: heating system
Heizwicklung {f}: የፈላ ዘይት: heating coil
Hektar {n}: የመሬት ጋሻ: hectare
Hektare {pl} :: hectares
Hektik {f}: መዋተት፤ መባከን: hecticness
hektisch: ዋታች/ ባተሌ: hectic, hectically
Held {m}: ጀግና: hero
held: ደፋር: held
Helden {pl} :: heroes
Heldengedicht {n}: ፉከራ፤ ቅራርቶ: epic poem
Heldengedichte {pl} :: epic poems
heldenhaft: ጀግንነታዊ: heroic, heroically
Heldenmut {m}: ድፍረት፤ ጀብዱ: valor
Heldentat {f}: ጀብድ: heroic deed
Heldentaten {pl} :: heroic deeds
Heldentum {n}: ጀግንነት: heroism
Heldin {f}: ጀግና: heroine
Heldinnen {pl} :: heroines
helfen, assistieren: ረዳ፤ አገዘ: help, aid, assist, lend a hand
helfend: ረጅ/ ረድቶ: aiding, assisting, helping
Helfer {m, pl}: ረዳት: aide, assistant, backer, helper, helpers
Heliograph {m}: የርቀት መነጽር፤ የፀሐይ ማመልከቻ: heliograph
heliographisch: መነጸራዊ: heliographic
heliozentrisch: ከፀሐይ ማዕከል: heliocentric, heliocentrically
Helium {n}: የጋዝ ንጥረ ነገር: helium
hell, klar, heiter, fröhlich: ብርሃን፤ ግልጽ፤ ደማቅ: light, bright
hell: አብሪ/ ብርሃናማ: bright, light
hellblau: ደማቅ ሰማያዊ: light blue, brightly
Hellebarde {f}: ወፈንጠር፤ ቀስት: halberd
Hellebarden {pl} :: halberds
Helligkeit {f}: ብርሃናማነት: brightness
Helligkeitssteuerung {f}: ብርሃን መጨመሪያና መቀነሻ: brightness control
Hellseher {m}: ብርሃን አይታ፤ አጉልቶ አይታ: clairvoyant, clairvoyante
Hellseherei {f}: ጉልህ ማየት: clairvoyance
hellsichtig: አጉልቶ አይታ: clear sighted
helltasten, verstärken: ማጠናከሪያ፤ ማጉያ: intensify
Helltastung {f}: ጉልህ ማድረግ: unblanking
hellwach: ንቁ: wide awake
Helm {m}: መጥረቢያ፤ ምሳር፤ ፋስ: helmet, helmet
Helme {pl} :: helmets
Hemd {n}: ሸሚዝ: shirt, chemise
Hemden {pl} :: shirts
Hemdblusen {pl}: የስፖረት ሸኒዝ: shirts
Hemdenstoff {m}: የሸሚዝ ጣቃ: shirting
Hemdknopf {m}: የሸሚዝ ቁልፍ: shirt button
Hemdknöpfe {pl}: የሸሚዝ ቁልፍ: shirt buttons
hemdsärmelig: ሸሚዛዊ: shirtly
Hemisphere {f}: ንፍቀ ክበብ: hemisphere
hemmen, hindern, blockieren, sperren: አደናቀፈ፤ አደናገረ፤ አፈረ፤ ጸጥ አለ: clam, clog, trig, inhibit
hemmend: አፋራም/ አፍሮ: clamming, clogging, dwarfing, inhibiting, trigging, obstructing
Hemmschuh {m}: ንጣፍ፤ ማሳለፊያ: skid
Hemmschuhe {pl} :: skids
Hemmstoff {m}: ማዳበሪያ: inhibitor
Hemmung {f}: እጥር፤ አጉራ: escapement, inhibition, stoppage
Hemmungen {pl}:: escapements inhibitions, stoppages
hemmungslos: ገደብአልባ፤ ስድ: unarrested, unscrupulous
Hengst {m}: ሰንጋ፤ አጋሰስ: stallion, stallion
Hengste {pl} :: stallions, stallions

Henker {m, pl}: የስቅላት ፍርድ ፈጻሚ: hangman, hangmen
Henne {f}: ዶሮ: hen
Hennen {pl} :: hens
hepatisch: የጉበት ክፍል: hepatic
Hepatitis {f}: የጉበት ቁስል: hepatitis
herabdrücken: ተጫነ፣ ጨመቀ: press down
herabdrückend: ጨማቂ/ ጨምቆ: pressing down
herabgedrückt: ተጨማቂ/ ተጨምቆ: pressed down
herablassen: ለቀቀ፣ ጣለ: let down
Herablassung {f}: ድቀት: condescension
herabsehen: ወደታች አየ፣ ተመለከተ: look down at, look down
herabsetzen, verringern, nachlassen: አነዘቃዘቀ፣ አወረደ: belittle, degrade, depreciate, derate, disparage, reduce, abandon ship, belittle, remit, reduce
herabsetzend: አንዘቃዛቂ/ አውርዶ: degrading, depreciating, detractive, disparaging
Herabsetzung {f}: ውገዳ፣ ርደት: decremented, detraction, abatement
Herabsetzungen {pl} :: reductions
herabsteigen: ወረደ: climb down
herabwünschen: አቃለለ፣ አነዘቃዘቀ: imprecate
Heraldik {f}: የውርወራ ልምምድ: heraldry
heraldisch: በጥበብ/ ዘዴ: heraldic
heranbringen: ወሰደ፣ ፣ አወረደ: transport to the spot
heranbringend: ወሳጅ/ ወስዶ: transporting to the spot
herangebracht: ተወሳጅ/ ተወስዶ: transported to the spot
herankommen: ቀረበ፣ ተጠጋ: come near
heranschleichen: ተጠጋ: sneak up to
heranwachsen, aufwachsen: አደገ: to grow up
heraufbeschwören: ተማማለ፣ ደባ ሠራ: to conjure up
heraufbringen: ወደላይ አመጣ: to bring up
heraufgekommen: ወደላይ መጣ: come up
heraufziehen: ሳበ፣ ጎተተ: pull up
heraus: ውጣ!ውጭ፣ ሂድ: forth, out, out here
herausbringen: አወጣ: bring out
herausfinden: አገኘ፣ ፈለሰፈ: find out
Herausforderer {m, pl}: ጠያቂ፣ አስደራጊ: challengers
herausfordern: አዋከበ፣ አስደረገ፣ አባከነ: challenge, provoke
herausfordernd: አጣዳፊ/ አጣድፎ: challenging
Herausforderung {f}: ግዴታ: challenge, defiance, provocation
Herausforderungen {pl} :: defiances, provocations
herausgeben: አሳተመ፣ አዋጣ: redact
Herausgeber {m, pl}: አሳታሚ፣ አውጭ: anthologist, publishers
Herausgeberin/nen {f/ pl}, Herausgeber :: editors
herausgebracht: ታታሚ/ ታትሞ: brought out
herausgefordert: ተጣያቂ/ ተጠይቆ: challenged, defied
herausgefunden: ግኝት/ ተገኝቶ: found out
herausgegeben: ታታሚ/ ታትሞ: released
herausgekommen: ወጭ/ ወጥቶ: come out, taken out
herausgeplatzt: ተቀማጭ/ ተቀምጦ: blurted out
herausgerissen: ተበጣሽ/ ተበጥሶ: torn out
herausgerufen: ተጣሪ/ ተጠርቶ: called out
herausgesprungen: ተዘላይ/ ተዘልሎ: jumped out
herausgestellt: ተኗሪ/ ተኑሮ: put out
herausgestellt: ተደራጊ/ ተደርጎ: exposed
Herausholung {f}: ነጠቃ፣ ወሰዳ: elicitation
Herausholungen {pl} :: elicitations
herauslassen: አስወጣ፣ አሳለፈ: to let out
herausnehmen: መረጠ፣ ወሰደ: rarefy, take out, unbag, uncase
herausplatzen: አኖረ፣ አስቀመጠ: blurt, blurt out
Herausragen {n}: ማእረግ: saliency
herausragen: ተወጻደረ: jut
herausragend: አቃጅ/ አቅዶ: projecting
herausreden: አሳመነ፣ አስረዳ: make-excuses
herausreissen: አነባ፣ ቀደደ፣ ሸነተረ: tear out, pull out
herausrufen: ተጣራ: call out
herausschneiden: ቀነጠበ፣ ቆረጠ: resect
herausschreiben: ጻፈ፣ ገለበጠ፣ ቀዳ: to write out
herausspringen: ዘለለ: jump out
herausspritzen: ረጨ: spout
herausstehen: ቆመ፣ ተገተረ: to stick up, to stick out
herausstellen : አኖፈሰ፣ አጣራ: expose
herausstrecken: ነጠቀ፣ ደበቀ: protrude
herauswagen: ለመውጣት ሞከረ: venture out, venture
herausziehen: ጎተተ: pull out, yank
herb: ወደታች: harsh, harshly, tart, tartly
Herbarium {n}: ግድብ፣ ማከማቻ: herbariums
herbeieilen: ተጣደፈ፣ ተቻኮለ: come running
herbeiführen: አሳለፈ፣ መራ: precipitate
herbeirufen: ላከ: send for
Herberge {f}: እንግዳ/ ማረፊያ/ መጠጥ ቤት፣ መሸታ ቤት: harbourage, hostel, harborage
Herbergen {pl} :: hostels, harborages, harbourages
herbestellen: አዘዘ፣ ጠየቀ: ask to come
herbestellend: አዛዥ/ አዝዞ: asking to come
herbestellt: ታዛዥ/ ተጠይቆ: asked to come
Herbheit {f}: ጣምና (ለጠጅ፣ ጠላ..): acerbity, acridness, sourness
Herbheiten {pl} :: acridnesses
Herbizid {n}: ምሬት መቀነሻ: herbicide
Herbst {m}: መከረ: harvest, autumn
Herbste {pl} :: autumns
herbstlich: መከራዊ: autumnal, autumnally
Hercules: የግሪኮች ጀግና: Hercules
Herd {m}: ምድጃ: hearth, cooker

Herde {f}: የቤት እንስሳ መንጋ: herd, flock, stoves, flock
Herden {pl} :: herds, droves, flocks
Herdentier {n}: የእንስሳት መንጋ: gregarious animal
herein!: ይግቡ/ ግባ/ ቢ...: come in!
hereinbitten: ወደውስጥ ጋበዘ: invite in
hereinbrechen: ዘረፈ፣ አዳጋ ጣለ: befall
hereinfallen: ወደቀ፣ ከወጥመድ ወደቀ፣ ተሰናከለ: be taken in
hereinführen: ወደውስጥ መራ፣ አየ: show in
hereingebeten: ወደውስጥ ተጋባዥ/ ተጋብዞ: invited in
hereingebracht: ወደውስጥ ተወሳጅ/ ተወስዶ: brought in
hereingefallen: ተያዥ/ ወድቆ: been taken in
hereinkommen: ወደውስጥ መጣ: to come inside, step in
hereinlassen, aufnehmen in: አስገባ: to let in, admit to
hereinlegen, betrügen: ከውስጥ አስቀመጠ፣ አጋደመ፣ አታለለ: take in, trick
hereinrufen, zuziehen: አስገባ፣ ጠራ: to call in
hereinschauen: ወደውስጥ አየ: look in
hereinschicken: ወደውስጥ ላከ: to send in
hereinschneien: በረዶ ጣለ: snow into
Herfahrt {f}: ጉዞ: journey here
Hergang {m}: መከሠቻ፣ መግቢያ: course of events
hergeben: አቀበለ፣ ሰጠ: give away
hergenommen: ተወሳጅ/ ተወስዶ: taken from
hergestellt: ተመራች/ ተመርቶ: constructed, fashioned, constructed
Hering {m}: ረጅም ዓሣ: herring
Heringe {pl} :: herrings
herkömmlich: በልምድ/ በተለምዶ: conventionally, customarily
Herkömmlichkeit {f}: ተለማጅነት: conventionality
Herkunft {f}: ምንጭ፣ መንስኤ፣ መነሾ: sources, parentage, provenance
hermetisch: ጥቅጥቅ ያለ፣ ዓየር አጋጅ: hermetic, hermetical, hermetically
heroisch: ድፍረታዊ: heroical
Herpetologe {m}: የባሕር እንስሳት ባለሙያ: herpetologist
Herpetologie {f}: የባሕር እንስሳት ጥናት: herpetology
Herr {m}: አቶ፣ ብላታ፣ አያ: gentleman, master, mister, mr, signor, sir, gent
Herren {pl}, Meister :: messieurs, messrs, signors, gents, masters
Herrenartikelgeschäft {n}: የወንዶች ልብስ/ ዕቃ ሱቅ: haberdashery
Herrenbekleidung {f}: የወንዶች ልብስ: men's wear
Herrenhaus {n}: የወንዶች መኗሪያ: manor-house
herrenlos: ወንድ/ ኀበዝአልባ፣ አውራአልባ: unappropriated, unowned, abandoned, ownerless
Herrin {f}: ንግሥት: mistress
Herrinnen {pl} :: mistresses
herrisch: ጉብዝና: authoritative, masterful, authoritatively, imperiously, masterfully
herrlich: ቆንጆ፣ ሸጋ: funny, glorious, gloriously, magnificent, pretty, splendiferous, superb, splendiferously, superbly
Herrlichkeit {f}: ቆንጆነት: delightfulness, glory, grandeur, superbness, wonderfulness, dominion, lordship, masteries, mastery, rule
Herrschaft {f}: ግዛት: mastery
Herrschaften {pl} :: masteries
Herrschaftsgebiet {n}: ግዛት፣ አስተዳደር: barony
Herrschaftsgebiete {pl} :: baronies
herrschen, beherrschen, regeln: ሠፈነ፣ አስተዳደረ፣ ነገሠ፣ ገዛ: dominate, govern, rule
herrschend: አስተዳዳሪ/ አስተዳድሮ: commandingly, dominant, dominantly, dominating, prevailingly, regent, regently
Herrscher {m}: ገዥ/ አስተዳዳሪ: sovereign, ruler
Herrschsucht {f}: ሥልጣን ወዳድ: imperiousness
herrufen: ጠራ፣ ጋበዘ: call over
herrunterreichen: ሰጠ፣ አስተላለፈ: to hand down
hersehen: አየ፣ አተኮረ: look here
herstammen: ተወለደ፣ ተዛመደ: descend from
herstellbar: ተመራች: producible
herstellen, erzeugen, produzieren: አመረተ: fabricate, manufacture, produce
Hersteller {m}: አምራች፣ ላብአደር: fabricator, manufacturer, producer
Herstellung {f}: አመራረት: producing, fabrication, making
Herstellungskosten {pl}: የምርቱ ዋጋ: cost of production
Herstellungsverfahren {n}: የምርት ሂደት: manufacturing-method
herüber: በላይ/ ወደላይ: over, over here
herüberkommen: ወደላይ መጣ: overcome
herüberreichen: ሰጠ፣ አስጨበጠ: to hand over
herum: በ...ዙሪያ: around
herumdrehen: አዞረ፣ ጠመዘዘ: slue, reverse
herumdrücken: አጠጋጋ: hang about
herumführen: አዞረ፣ አዛዋወረ: show around
herumfummeln: ደሳሰሰ: to fumble around
herumgehen: ዞረ፣ ዞሮ ቃኘ: skirt
herumgereist: ዟሪ/ ዞሮ: travelled about
herumgetrieben: ተባራሪ/ ተባርሮ: roved about
herumkommandieren: አደረጃጀ፣ አሰነዳዳ: order about
herumkommandiert: ተደረጃጅ/ ተደረጃጅቶ: ordered about
herumkriegen: ተገዳደለ፣ ተወጋጋ: win over
herumreden: አቧሸ፣ በጎድን ተናገረ: quibble

herumreichen: አስያዘ፤ አጨባበጠ: hand round
herumreisen: ተዘዋወረ: travel about
herumreisend: ተዘዋዋሪ/ ተዘዋውሮ: travelling about
herumreiten: ከበከበ፤ ዞረ: ride about
herumstehen: በዙሪያ ቆመ፤ ከብ ሠራ: stand about
herumtanzen: አውደለደለ: frisk, gambol
herumtanzend: አውደልዳይ/ አውደልድሎ: gamboling
herumtreiben: አረዋወጠ፤ አባረረ: gad, prowl, rove about
herumtreibend: አባራሪ/ አራውጦ: prowling
herunter: ወደታች፤ ከ/ በታች: downward
herunterbringen: ወደታች አመጣ: bring down
herunterdrücken: አወረደ፤ አንዘቃዘቀ: bring it down
heruntergebracht: ተንዘቃዛቂ/ ተንዘቃዝቆ: brought down
heruntergewirtschaftet: ከሳሪ/ ከስሮ: run down
herunterhandeln: ተከራከረ: to beat down
herunternehmen, abnehmen: ወደታች ወሰደ፤ ቀነሰ: to take down
herunterreißen: ወደታች ጎተተ: pull down
hervor, heraus: ወደፊት: forth
hervorbringen, schaffen:ወደፊት አቀረበ፤ ፈጠረ: spawn, create
hervorgehoben: ተጋናኝ/ ተጋንኖ: highlighted
hervorgelockt: ተታላይ/ ተታልሎ: elicited
hervorgeragt: ዝርግ/ ተዘርግቶ: jutted
hervorgerufen: ተጠሪ/ ተጠርቶ: evoked
hervorheben, unterstreichen: ወደፊት/ ላይ አነሳ: highlight, elevate, emphasize
hervorholen: ወደፊት ወሰደ: pop
hervorlocken: ወደፊት አኳሸ: elicit
hervorragen: ወደፊት ዘረጋ: jut
hervorragend: ታዋቂ፤ እውቅ፤ ሸጋ: outstanding, preeminent, salient, saliently, surpassingly, terrific, preeminently
hervorrufen: ነካካ፤ አዋከለ: evoke
hervorspringen: ወደፊት ዘለለ: leap
hervortreten: ወደፊት ቀረበ/ ገባ: protuberance, step forward
herwagen: ጳጳ፤ ሞከረ: venture to come near
Herz {n}: ልብ: heard, heart
Herzen {pl} :: hearts
Herzanfall {m}: ልብ ክዳት: heart attack
Herzanfälle {pl} :: heart attacks
Herzbeschwerden {n}: ልብ ውጋት: heart trouble
Herzeleid {n}: ልብ ስቃይ: heartbreak
Herzfehler {m}: የልብ ስተት: cardiac defect
herzförmig: ልብ ቅርጽ: heart shaped
Herzgegend {f}: ልብ አካባቢ: cardiac region
herzhaft, herzlich: ደግ/ ርኅሩኅ: hearty
Herzhaftigkeit {f}: ርኅራኄ: heartiness
herziehen: ጎተተ፤ ሳበ: pull near
herzig, süß: አበረታች፤ ጣፋጭ: hearted, sweet
Herzinfarkt {m}: ልብ ምረዛ: cardiac infarction, infarction
Herzklopfen {n}: ልብ ትርታ: beating of the heart, palpitation
Herzleiden {n}: ልብ ስቃይ: heart disease
herzlich: በደስታ: cordial, cordially, hearty, cordially, heartily
Herzlichkeit {f}: ደግነት: cordiality
Herzlichkeiten {pl} :: cordialities, cordialness
herzlos: ጨካኝ/ አረመኔ: heartlessly, ungiving, unkindly, heartless
Herzlosigkeit {f}: አረመኔነት: heartlessness
Herzmittel {n}: ልብ በሽታ: cardiac
Herzmuschel {f}: የልብ ጡንቻ: cockle
Herzmuschel {pl} :: cockles
Herzog {m}: ባላባት፤ ባዕል: duke
Herzöge {pl} :: dukes
Herzogin {f} :: duchess
Herzoginnen {pl} :: duchesses
herzoglich: ባዕላዊ: ducal
Herzogtum {n}: ባላባትነት: duchy, dukedom
Herzogtümer {pl}: ግዛት፤ አስገባሪ: duchies, dukedoms
Herzschlag {m}: ልብ ትርታ: heartbeat,
Herzschläge {pl}: ልብ ትርታ: heartbeats, heartthrobs
Herzschwäche {f}: ልብ ድካም: cardiac insufficiency
Herzschwächen {pl} :: cardiac insufficiencies
Herzspezialist {m}: የልብ ሐኪም: heart specialist
Herzspezialisten {pl} :: heart specialists
Herzverpflanzung {f}: የልብ ቀዶ ጥገና: heart transplant
Herzverpflanzungen {pl} :: heart transplants
Herzwärme {f}: የልብ ሙቀት: heart warming
heterodox: ቅዠታም/ ማ፤ ሟርተኛ፤ አሟራች: heterodox
Heterodoxie {f}: ሟርት: heterodoxy
heterogen, heterogenes: ልዩ፤ የተለያየ፤ ኢ.ልሙድ: heterogenous, heterogeneously
Heterosexualität {f}: ባህላዊው ወሲብ: heterosexuality
Heterosexuellen {pl} :: heterosexuals
heterosexuell: ባህላዊ ሲሲት: heterosexual
Hetze {f}: ጥላቻ፤ የጥላቻ ዘመቻ: chevy
hetzen: አያያዘ፤ አጣላ፤ አቃጠረ፤ አሻወከ: chevy, rush, scamper
Hetzer {m}: አሻዋኪ፤ አቃጣሪ: baiter
Hetzhund {m}: ጠባቂ ውሻ: foxhound
Hetzhunde {pl} :: foxhounds
Hetzrede {f}: ቡራ፤ ዛቻ: diatribe
Hetzreden {pl} :: diatribes
Heu {n}: አበቅ፤ ደረቅ ሣር፤ መኖ: hay, hays
Heuboden {m}: ግጦሽ ቦታ: hayloft
Heuchelei {f}: ውሸት፤ ማታለል: hypocrisy
Heucheleien {pl} :: hypocrisies
heucheln: ዋሸ፤ አስመሰለ: feign
heuchelnd: አስመሳይ/ ዋሾ: feigning
Heuchler {m, pl}: ዋሾ፤ ውሸታም: chadband, dissembler, hypocrite, hypocrites

heuchlerisch: ውሸታማ: hypocritical, hypocritically, hypocritically
Heuhaufen {m, pl}: የውሸት ሽልቻ: haycock, haystack, haycocks, haycocks
heulen, hupen: ጮኸ፣ አባሸ: to cry, to howl, ululate, hoot
heulend: ጫጊ/ ጮኸ: blubbering, howling, ululating, hooting
Heulsuse {f}: አልቃሻ: crybaby
Heulsusen {pl} :: crybabies
Heuristik {f}: የፍልስፋ/ አዲስ ግኝት አማኞች/ እምነት: heuristics
heuristisch: በግኝት አማኝ: heuristic, heuristical, heuristically
Heuschnupfen {m}: ቃር፣ ሳል በሽታ: hayfever
Heuschober {m, pl}: የሳር/ መኖ ክምር: haystack, haystacks
Heuschrecke {f}: አንበጣ: grasshopper, locust
Heuschrecken {pl} :: locusts
heute : ዛሬ: today
heute abend: ዛሬ ማታ: tonight
heute nachmittag: ዛሬ ቀትር ላይ: this afternoon
heute nacht: ዛሬ ማታ: tonight
heute: ዛሬ: today
heutige: የዛሬ: todays
heutzutage: ባሁኑ ወቅት: nowadays, these days
Hexäder {m, pl}: ባለስድስት ነጥብ መጫወቻ: hexahedron, hexahedrons
hexadezimal: ባለስድስት ክፍልፋይ: hexadecimal
Hexe {f}: ጠንቋይ፣ ባለዛር: witch, hag, sibyl
Hexen {pl} :: witches, hags, sibyls
Hexenprozeß {m}: የጥንቆላ ሂደት: witch trial
Hexensabbat {m}: የጠንቋይ ስብሰባ: coven
Hexensabbate {pl} :: covens
Hexenschuß {m}: መጋኛ፣ ድንገተኛ ውጋት: lumbago
Hexerei {f}: ሟርት፣ ጥንቆላ: witchcraft, witchery, wizardry
Hexereien {pl} :: wizardries, witchcrafts, witcheries
Hibiskus {m}: ዕፀ ክንቱ፣ የሰዓት አበባ: hibiscus
Hickorynußbaum {m}: የዛፍ ዓይነት: hickory
Hickorynußbäume {pl} :: hickories
hier, da: እነሆ: here
hier: እዚህ/ ከዚህ: here, herein
hier herein, bitte: እባክዎ ይግቡ!: this way in, please
hier herum: በዚህ አካባቢ: hereabout, hereabouts
hier und da: ከዚህ ከዚያ: passim
hier und dort: እዚህና እዚያ: here and there
Hierarchie {f}: ተዋረድ ውረድ: hierarchy
Hierarchien {pl} :: hierarchies
hierarchisch:ተዋራጂ/ ተከታታይ፣ ቅደም ተከተላዊ: hierachic, hierarchic, hierarchically
hierarchischer Aufbau, Baumstruktur: ቅደም ተከተላዊ ድርድር: hierarchic structure
hierauf: ከዚህ ጀምሮ/ ቀጥሎ: hereunto, hereupon, from it
hierbei: በዚህ/ ከዚህ: at this
hierdurch: በዚህ አልፎ: hereby, through this
hierfür: ለዚህ/ ስለዚህ: therefore
hiergegen: በዚህ ምክንያት: against this
hierher: ወደዚህ: hither
hiermit: ከዚህ ጋራ/ በተጨማሪ: herewith
hiernach: ከዚህ ቀጥሎ / አንስቶ: after this
Hieroglyphen {pl}: የግብጻውያን ጽሑፍ: hieroglyphics, hieroglyphs
hieroglyphisch: የጥንት ጽሑፋዊ: hieroglyphic, hieroglyphically
hierunter: ከዚህ በታች/ ስር: beneath this, hereunder
hiervon: ከዚህ: hereof
hiesig, lokal: ያካባቢ: local
hieß: ማለት: was called
hießen: ተባለ፣ ተሰየመ: were called
Hilfe {f}, Unterstützung: እርዳታ: help, succor, aid, assistance
Hilfefile {m}: የርዳታ ፋይል: helpfile
Hilfefunktion {f}: የርዳታ ተግባር: help funktion
Hilferuf {m}: የርዳታ ጥሪ: cry for help
Hilferufe {pl} :: cries for help
hilfesuchend: ርዳታ ፈላጊ/ ፈልጎ: seeking help
hilflos: ጥግ/ ረዳትአልባ: defenseless, helpless, shiftless, shiftlessly, defenselessly, helplessly
Hilflose {m, n, f}: ድሃ: derelict
Hilflosigkeit {f}: ረዳትአልባነት: helplessness, shiftlessness
hilfreich: ረዳታማ፣ ረጅ: administrable helpful, helpfully, helpfully
Hilfsaktion {f}: የርዳታ ተግባር: relief action
Hilfsantrieb {m}: ማስነሻ: auxiliary drive
Hilfsarbeiter {m}: ረዳት ሠራተኛ: unskilled worker
Hilfsarbeiterin/nen {f/ pl}: ረዳት ሠራተኛ: unskilled workers
hilfsbedürftig, bedürftig: ረዳት ፈላጊ: needy
Hilfsbedürftigkeit {f}: ርዳታ ፈላጊነት: need for help
hilfsbereit, nützlich: ርኅሩኅ: cooperatively, helpful
Hilfsbereitschaft {f}: ርኅሩኅነት: cooperativeness
Hilfsdatei {f}: የርዳታ ፋይል: auxiliary file
Hilfsfeld {n}: የርዳታ ቦታ: auxiliary field
Hilfsfunktion {f}: የርዳታ ቁልፍ: auxiliary function
Hilfskontakt {m}: የርዳታ ግንኙነት: auxiliary contactor
Hilfslehrer {m, pl}: የርዳታ ትምህርት: supply teacher, supply teachers
Hilfsmittel {n}: የርዳታ ዘዴ: auxiliary means, resource
Hilfspfarrer {m, pl}: ርዳታ ሹፌር: curate, curates
Hilfsprogramm {n}: የርዳታ ፕሮግራም: auxiliary program, auxiliary routine
Hilfsprüfer {m}: ርዳታ ተቆጣጣሪ: assistant examiner

Hilfsquelle {f}: **የርዳታ ምንጭ**: Resource
Hilfsquellen {pl} :: resources
Hilfsspeicher {m}: **ረዳት ዘጋቢ**: auxiliary store
Hilfsstoff {m}: **የርዳታ ጥሬ ዕቃ**: auxiliary material
Hilfsstoffe {pl} :: auxiliary supplies
Hilfsursprung {m}: **የርዳታ መነሾ**: arbitrary origin
Hilfsvariable {f}: **የርዳታ ቫሪያብል**: auxiliary variable
Hilfsverb/en {n/ pl}: **ረዳት ግሥ**: auxiliary/ ies
Hilfszelle {f}: **ረዳት ጎጆ**: auxiliary cell
Himbeere {f}: **የፍራፍሬ ዓይነት**: raspberry
Himbeeren {pl} :: raspberries
Himbeersaft {f}: **የፍራፍሬ ጭማቂ**: raspberry juice
Himmel {m}: **ሰማይ**: heaven, sky
Himmelbett {n}: **ከፍተኛ አልጋ**: tester bed
Himmelbetten {pl} :: tester beds
himmelblau: **ደማቅ ሰማያዊ** : azure, sky blue
Himmelsgewölbe {n}: **የጠራ ሰማይ**: welkin
Himmelsgewölben {pl} :: welkins
Himmelskörper {m, pl}: **ግልጥ/ የሰማይ ነገር**: celestial body, luminary, orb, orbs, celestial bodies, luminaries
Himmelsrichtung {f}: **የዋልታ/ ማግኔት አቅጣጫ**: point of the compass
Himmelsschreiber {m, pl}: **የሰማይ ጸሐፊ**: skywriter, skywriters
Himmelsschrift {f}: **የሰማይ ጽሑፍ**: skywriting
Himmelszelt {n}: **ታላቅ ድንኳን**: firmament
himmelwärts, himmelwärts gerichtet: **ወደሰማይ**: skyward, skywards
himmlisch: **የሰማይ/ ሰማያዊ**: celestial, celestially, elysian, empyreal, heavenly, celestially
hin und her: **ወዲያና ወዲህ**: back and forth, bidirectional, bidirectional, to and from, toggled, toggled
hin- und herbewegen: **ተወዛወዘ፣ ተፍገመገመ**: reciprocate
hin und wieder: **መግደርደር፣ ወዲያና ወዲህ**: every now and then
hinab: **ወደታች**: down
hinabgegangen: **ወደታች ሃጅ/ ሄዶ**: gone down
hinabgehen, hinuntergehen: **ወደታች ወረደ**: go down, walk down
hinauf: **ወደላይ**: up
hinaufgehen: **ወደላይ/ አሻቅቦ ወጣ/ ሄደ**: to go up, go uphill, walk up
hinaufgeklettert: **ተንጠላጣይ/ ተንጠላጥሎ**: shined, shinned
hinaufklettern: **ተንጠላጠለ**: shin
hinaufsteigen: **ወደላይ ወጣ**: climb up, soar up
hinaus: **ወደውጭ**: out
hinausbegleiten: **ሸኘ፣ አሰናበተ**: show out
hinausbegleitend: **ሸኚ/ ሸኝቶ**: showing out
hinausbegleitet: **ተሸኚ/ ተሸኝቶ**: shown out
hinausbeugen: **ወደውጭ ተጋደመ**: lean out
hinausdrängen: **ወደውጭ ገፈተረ**: expel
hinausgehen: **ወደውጭ ሄደ/ ወጣ**: to go out
hinausgelaufen: **ወደውጭ ሮጠ**: run out
hinausgeworfen: **ወደውጭ ተወርዋሪ/ ተወርውሮ**: thrown out
hinaushängen: **ወደውጭ ሰቀለ**: to hang out
hinausposaunen, übertragen: **አስተላለፈ**: broadcast
hinausreichen: **አቀበለ**: reach out, outreach
hinauswerfen, produzieren: **ወደውጭ ወረወረ፣ ተፋ፣ አመረተ**: throw out, throw out, turn out
hinbringen: **ወሰደ፣ አደረሰ**: take there
hinderlich: **መሰናክላዊ**: obstructive, obstructively
hindern: **አሰናከለ፣ አስቸገረ**: detain, embarrass, hamper, impede, stymie, hinder
hindernd: **አሰናካይ/ አሰናክሎ**: detaining, embarrassing, hampering, handicapping, impeding, incapacitating, stymieing
Hindernis {n}: **መሰናክል፣ እንቅፋት**: balk, hindrance, hump, impediment, obstacle
Hindernisse {pl} :: impediments, obstacles, barriers, hindrances
Hindernisrennen {n}: **መሰናክል ማቋረጥ/ መሮጥ**: steeplechase
hindurch: **በ...መሃል/ መካከል**: through
hineinarbeiten: **ሠራ፣ አተኩሮ ሠራ/ አደረገ**: work into
hineindenken: **አሰላሰለ፣ አምሰለሰለ**: try to understand
hineindrängen: **ዘሎ ገባ**: interlope
hineingehen: **ወደውስጥ ገባ**: go in, go inside
hineinstecken: **ሸጎጠ**: to put in, stick into
hineinziehen: **ወደውስጥ ሳበ**: involve
Hinfahrt {f}: **ግስጋሴ**: journey there
hinfällig: **ውዳቂ፣ ኃላፊ፣ ተሰራኸ**: decrepitly, frailer
Hinfälligkeit {f}: **ወዳቂነት**: decrepitude, invalidity
Hinfälligkeiten {pl} :: decrepitness, invalidities
Hingabe {f}: **ራስን/ መብትን አሳልፎ መስጠት**: devotedness
hingeben: **ራሱን አሳልፎ ሰጠ**: devote
Hingebung {f}: **ትህትና**: devotion
hingebungsvoll: **ትሁት**: dedicative, devotedly
hingehen: **ቀጠለ፣ ገሰገሰ**: go there
hinknien: **ሰገደ፣ ተደፋ**: kneel down
hinkriegen: **ያዘ፣ ጨበጠ**: wangle
hinlänglich: **በቂ**: sufficient
Hinlänglichkeit {f}: **ብቃት**: sufficience
hinlegen: **አኖረ፣ አጋደመ**: lay down, lay down
hinnehmen: **ወሰደ**: acquiesce, accept
hinreissen: **ገፈተረ**: ravish
hinrichten: **ገደለ፣ በሞት ቀጣ**: electrocute, put to death, to execute
Hinrichtung {f}: **ግዳይ**: electrocution, execution
hinschmeissen: **ወረወረ**: plunk
hinsehen: **አየ፣ ጠመተ**: look there
hinsetzen: **ተቀመጠ**: sit down

Hinsicht {f}, Beziehung: ግንዛቤ፣ ግንኙነት: respect
hinsichtlich, mit Bezug auf: ...በተመለከተ: with respect to, in respect of
hinten: ኋላ፣ ከ/ በኋላ: aft, behind
hintenherum: ከወደኋላ: from behind
hinter dem Haus: ከቤቱ ኋላ/ ወዲያ: at the back of the house
hinter, hinten, dahinter, nach, nachdem: በ/ ከ....ኋላ/ ወዲያ: abaft, behind, rearward, after, behind
Hinterbacke {f}: ተቀማጭ/ ኗሪ: buttock
Hinterbänkler {m, pl}: በርጩማ: backbencher, backbenchers
Hinterbein {n}: ኋላ ባት: hind leg
hintereinander gehen: ተከታትሎ ሄደ: to walk one after another
hintereinander: ተከታትሎ: consecutively, in a row, one after another
Hintergedanke {m}: ድብቅ ሐሳብ፣ ደባ: ulterior motive
Hintergedanken {pl} :: ulterior motives
hintergehen: ተደበቀ፣ ተሰወረ: hoodwink
Hintergrund {m}: ምክንያት: background
Hintergründe {pl}: ምክንያት: backgrounds
Hintergrundprogramm {n}: የውስጥ/ መሠረት ፕሮግራም: background program
Hintergrundverarbeitung {f}: መሠረታዊ አሠራር: background processing
Hinterhalt {m}: አድፍጦ: ambush
Hinterhalte {pl} :: ambushes
hinterhältig: አባሻኪ: snaky, perfidious, snakier
hinterherlaufen: ተከተለ: to run after
Hinterkopf {m}: ኋላ ራስ: back of the head
Hinterland {n}: አዋሳኝ/ መሃል ሀገር: upstate
hinterlassen: ተወ: leave behind
Hinterlassenschaft {f}: ውርስ: bequeathment
Hinterlegung {f}: ከመራ፣ ማኖር: lodgement
Hinterlist {f}: ደባ: insidiousness
hinterlistig: ደባዊ: insidious, artful
Hintern {m, pl}: መቀመጫ: bum, arse, behinds, bums
Hinterrad {n}: ኋላ ጎማ: back wheel
Hinterradantrieb {m}: የኋላ ጎማ አቃፊ: rear wheel drive
Hinterradantriebe {pl} :: the rear wheel drives
Hintersatz {m}: ጥገኛ ዓረፍተ ነገር: apodosis
Hinterteil {n}: ኋላ ክፍል: posterior, rear part, rump
Hinterteile {pl} :: rumps
hintertreiben: ወደኃላ መለሰ: thwart
Hintertreppe {f, pl}: ኋላ ደረጃ: stairback, backstairs
Hintertür {f}: ኋላ በር: back door
Hintertüren {pl} :: back doors
Hinterviertel {n}: ሲሶ: hindquarter
hinüber: በ/ ከላይ፣ ወዲያ: over, across
hinübergehen: አለፈ: to go over
hinüberwerfen: ወረወረ: to throw over
hinunter: ወደታች: under
hinuntergehen: ወደታች ወረደ: to go downhill
hinunterschleudern: ወደታች ተምዘገዘገ: dashdown
hinunterschlingen: ጠለቀጠ: gobble
hinunterschlucken: ዋጠ፣ ጠለቀጠ: swallow
hinwegsehen: አሳልፎ አየ: to see over
hinwegsetzen, ignorieren: ናቀ፣ አቄ ለ: ignore
Hinweis {m}: ፍንጭ፣ ምልክት፣ ጥንቃቄ : clue, consideration, hint, consideration
Hinweise {pl} :: clues, Hints, hints
hinweisen: አመለከተ፣ ጠቆመ: allude, point out, advert
hinweisend: ጠቋሚ/ ጠቁሞ: advertent, auf pointing, indicative, pointing out, pointing, advertently
Hinweisung {f}: ጥቆማ: advertency
Hinweisungen {pl} :: advertencies
Hinweiszeichen {n}, Markierung: ምልክት: sentinel
hinwerfen: ወረወረ፣ ጣለ: throw down
Hinziehen {n}: መሳብ: protraction
hinziehen: ጎተተ፣ ሳበ: protract
hinziehend: ጎታች/ ጎትቶ: protracting, protractive
hinzufügen (zu), beitragen (zu), addieren, ergänzen: ጨመረ: to add (to), add, subjoin
Hinzufügung {f}: ጭማሬ: annexation, apposition, addition
hinzuziehen: ጠራ: call in
Hiobsbotschaft {f}: ኃላፊነት/ ተጠያቂነት: Job's news
Hiobsbotschaft {f}: መርዶ: bad news
Hippie {m}: አውቆ አበድ: hippie
hippokratisch: አስማተኛ/ ጥበባኛ: hippocratic
Hirn {n}: አእምሮ: brain
Hirngespinst {n}: መጥፎ ምስል: phantasm
Hirnhaut {f}: ጀርባ: meningeal
Hirnhautentzündung {f}: ጀርባ ቁስል: meningitis
hirnlos: ልብአልባ: brainlessy
Hirnschlag {m}: የድቀት በሽታ: apoplexy
Hirnschläge {pl}:: apoplexies
Hirsch {m}: የእንስሳ ዓይነት: stag, hart
Hirsche {pl} :: stags, harts
Hirschkuh {f}: የእንስሳ ዓይነት: hind
Hirschkühe {pl} :: hinds
Hirse {f}: ጮርቃ: millet
Hirt {m}: ረኛ፣ ከብት ጠባቂ: herder, herdsman
Hirten {pl} :: herders, herdsmen
Hirtenbrief {m}: መልክት: pastoral letter
Histamin {n}: የደም ግፊት: histamine
Histogramm {n}: ታሪክኛ: histogram
Histologie {f}: ታሪክ ጥናት: histology
Historie {f}: ታሪክ: histoty
historisch: ታሪካዊ: historic, historical, historically, historically
Hitze {f}: ሙቀት፣ ቃጠሎ: ardor, ardour, heat, hotness, ardency

hitzebeständig: ሙቀት ተከላካይ: heat resistant, heat-proof
Hitzegrad {m}: የሙቀት ልክ: degree of heat
Hitzegrade {pl} :: degrees of heat
Hitzewelle {f}: የሙቀት ማእበል: heatwave
hitzig, erregt: ሞቃታማ/ ም: hot tempered, hotly, sulfurously
Hitzkopf {m}: ሞቃት አእምሮ: hotspur, spitfire, hothead
Hitzköpfe {pl}: ሙቃት አእምሮ: hotheads, spitfires
hitzköpfig: ብልሀ፣ ፈጣን: hot headed, hotheaded
Hobby {n}: ሙያ: fad
Hobbies {pl}:: fads, hobbies
Hobel {m}: ሹካ: plane
Hobelbank {f}: መቁረጫ ማሽን: slicer
Hobelbanken {pl} :: slicers
hoch: ከፍተኛ: high, highly, loftily, lofty, trebly, up
Hochachtung {f}: ታላቅ ግምት፣ አክብሮት: high esteem
hochachtungsvoll: በክብር: respectfully, yours respectfully, yours sincerely, yours truly
Hochbehälter {m}: ማንሻ: elevated tank
Hochbetrieb {m}: የሥራ ጊዜ: intense activity
hochbezahlt: ብዙ ተከፋይ: highly paid
Hochdruck {m}: ተጽእኖ: high pressure
Hochdruckgebiet {n}: ነፋሳማ ቦታ: high pressure area
Hochbene {f}: ገመገም፣ ተራራ: plateau
hochempfindlich: ተሰባሪ: highly sensitive
hochentwickelt: ከፍተኛ: highly developed
hochfahren: ወደላይ ወጣ: run up
Hochfrequenz {f}: ከፍተኛ እርግብጋቤ: high-frequency, radiofrequency, high frequency
Hochgebirge {n}: ታላቅ ተራራ: high mountains
Hochgeschwindigkeit {f}: ከፍተኛ ፍጥነት: high-speed
Hochglanz {m}: አንጸባራቂ: mirrorfinish
Hochhaus {n}: ፎቅ: multi-story building, multistory building
hochheben, aufziehen: አነሳ፣ አሳደገ፣ ቀሰቀሰ: heave, raise, upheavals, uplift
Hochheit {f}: ክቡርነት: supremeness
Hochkomma {n}: ድርብ ሰረዝ: inverted comma
Hochlage {f}: ገመገም: high level
Hochland {n}: ተራራማ ሀገር: highland, upland
Hochländer {m}:: uplands
Hochmut {m}: ትቢት፣ ኩራት: pride, haughtiness, hauteur
hochmütig, stolz: ኩሩ፣ ትቢተኛ: arrogant, arrogantly, haughtily, haughty, proud, superciliary, supercilious, superciliously, prideful, supercilious, superciliously
Hochmütigkeit {f}: ኩሩነት፣ ተቢተኝነት: superciliousness
hochnäsig: ደንታቢስ: snootily, uppish, snooty
Hochnäsigkeit {f}: ደንታቢስነት: snootiness
hochprozentig: ባለከፍተኛ ሬት: high percentage
hochqualifiziert: ስልጡን: highly qualified
Hochruf {m}: ጩኸት፣ ሁካታ: cheer
Hochrufe {pl} :: cheers
Hochsaison {f}: ወቅት: peak season
Hochschule {f}, Universität: ከፍተኛ ትምህርት ቤት: university
Hochschulen {pl}, Universitäten:: universities
Hochschullehrer {m}: አስተማሪ: professor
Hochschulreife {f}: መረጃ: matriculation standard
Hochsee {f}: ባሕር: open sea
Hochseefischerei {f}: የባሕር ዓሣ ማጥመድ: deep sea fishing
Hochsommer {m}: ዋና በጋ: midsummer
Hochspannung {f}: ከፍተኛ ፍጥጫ: high voltage, high tension
Hochsprung {m}: ከፍተኛ ርምጃ: high jump
höchst zufrieden sein: እጅግ ተደሰተ: to be highly, pleased, paramount, paramountly, supremely
höchst: እጅግ ከፍተኛ: extreme, hegemonic, most, paramount, paramountly, superlatively, supreme, topmost
Hochstapler {m, pl}: መደርደሪያ/ ዕቃ ማንሻ መኪና: impostor, impostors
höchstens: ባብዛኛው: at most, at the most, uppermost
Höchstform {f}: ዋና ቅጽ: top form
Höchstgeschwindigkeit {f}: ታላቅ ፍጥነት: maximum speed
Höchstgrenze {f}: መጨረሻ ገደብ: asset ceiling
Höchstkur {f}: መጨረሻ ከፍታ: all time high
Höchstleistung {f}: ከፍተኛ ችሎታ: tilt
höchstwertig: ባለከፍተኛ ዋጋ: highest-order, leftmost
Hochtechnologie {f}: ታላቅ ሥልጣኔ: high-technology
Hochtemperaturkreislauf {m}: ከፍተኛ ሙቀት ሂደት: high temperature circuit
Hochtemperaturverbraucher {m}: ከፍተኛ ኃይል ፍጆታ: high temperature consumers
Hochtonlautsprecher {m, pl}: ማጉያ: tweeter, tweeters
Hochtour {f}: ዋና ውድድር: alpine tour
hochtreiben: ገፋ፣ ኮለኮለ: pushup
hochwertig: ዋና/ ውድ: high class, high grade
Hochzeit {f}: ታላቅነት: nuptials, wedding
Hochzeiten {pl}:: weddings
hochzeitlich: ሠርጋዊ: nuptial, nuptially
Hochzeitsgeschenk {n}: የሠርግ ስጦታ: wedding present
Hochzeitsgeschenke {pl} :: wedding presents
Hochzeitsreisende {m, f}: የሠርግ ጉዞ/ መልስ-ጥሪ: honeymooner
hocken: አፎደደ፣ አጎነበሰ: cower, squat
Hocker {m, pl}: ድጋፍአልባ ወንበር: stool, stools

Hockey {n}: ገና/ ገና ጭዋታ፣ ሩር መቅያ: hockey
Hockeyspiel {n}: ገና ጭዋታ: shinty
Hof {m}, Gericht, Spielplatz: ቦታ፣ ሠፈር፣ ፍርድ ቤት: halo, yard, court, courtyard
Hofdame {f}: የቤተ መንግሥት እመቤት: court lady
Hofdamen {pl} :: court ladies
hoffen: ተስፋ አደረገ: to hope, ween
hoffentlich: በተስፋ: I hope so, let's hope so, hopefully
Hoffnung {f}(auf): ተስፋ: hope (for)
Hoffnungen {pl} :: hopes
hoffnungslos: ተስፋአልባ: hopeless, irredeemably, unhopeful, hopelessly, unhopefully
Hoffnungslosigkeit {f}: ተስፋአልባነት: desperateness, hopelessness, irredeemability
Hoffnungslosigkeiten {pl} :: irredeemableness
hoffnungsvoll: ባለተስፋ: hopeful, hopefully
höflich: በቀስታ፣ ቅን: bland, blandly, civilly, complimentarily, complimentary, courteous, debonair, fairspoken, polite, politely, unrude, urbane, urbanely, complimentary, courteously, debonairly, politely
Höflichkeit {f}: ቅንነት፣ ታዛዥነት: blandness, civility, comity, courtesy, courtliness, politeness, suavity
Höflichkeiten {pl} :: civilities, civilness, courteousness, courtesies
Höhe {f}, Gipfel, Höhepunkt, Niveau: ከፍታ: highness, altitude, height, height, level
Hoheit {f}: ክብረት/ ክቡርነት: majestic-dignity
Hoheiten {pl}, Würden, Erhabenheiten :: majestic-dignities
Hoheitsgewässer {n, pl}: ሉዓላዊነት: territorial water, territorial waters
hoheitsvoll, majestätisch: በክብር: majestic
Höhen {pl} :: ups, heights, highs
Höhenangst {f}: ፍራቻ: acrophobia
Höhenlage {f}: ዝንባሌ: altitude
Höhenluft {f}: የተራራ ዓየር/ ነፋስ: mountain air
Höhenmesser {m}: ከፍታ መለኪያ: altimeter
Hohepriester {m, pl}: ርእሰ ደብር: pontiff, pontiffs
Höhepunkt {m}: ከፍተኛ ነጥብ: highlight, climax, heyday, acme, apogee
Höhepunkte {pl} :: climaxes, highlights
hohl: ባዶ፣ ወና: cavernous, concave, hollow, hollowly, concavely
Höhle {f}: ዋሻ፣ ጉድጓድ: cavern, cavity, socket, antrum, cave, hollow
Höhlen {pl} :: caverns, caves, cavities, dens, sockets, antra, burrows
Höhlenbewohner {m}: በጎጆ/ ዋሻ ኗሪ: cliff dweller, troglodyte
Höhlenforscher {m, pl}: ዋሻ/ ጉድጓድ ተመራማሪ: speleologist, spelunker, spelunkers, speleologists
Höhlenforschung {f}: ጉድጓድ ምርምር: speleology
Hohlheit {f}: ባዶነት፣ ክፍትነት: hollowness
Hohlmass {n}: ስፋት: measure of capacity
Hohlraum {m}: ባዶ ክፍል: lacuna, cavity, hemstitch
Hohlräume {pl}, Höhlen :: hollows
Hohn {m}, Verachtung, Spott: ፌዝ፣ ቀልድ: contumely, scoff, scorn, derision
höhnen über, spotten über: አፌዘ፣ ነቀፈ: scoff at
Hohngelächter {n}: የፌዝ ሳቅ: scornful laughter
höhnisch, verächtlich: ንቀታማ/ ናቂ: scornful, derisively
Hokospokus {m}: ፍጭ-ርች፣ ዝባዝንኬ: hanky panky
Holen Sie mir die Akte.: ዶሴውን ያቅርቡልኝ: Get me the file.
holen Sie tief Atem: ዓየር ይሳቡ/ ያስገቡ: draw a deep breath
holen, einbringen, bringen: አመላለሰ፣ ወሰደ-አመጣ: to fetch , get
Holländer {m}: ሆላንዳዊ: hollander
Hölle {f}: ሲኦል: hell, pandemonium
höllisch: ሲኦላዊ፣ ስቃያማ: hellish, hellishly, infernal, infernally
Holmium [Ho] {n}: የንጥረ ነገር ዓይነት: holmium
Hologramm {n}: ባለሦስት ማእዘን: hologram
Holographie {f}: ባለሦስት ማእዘን ፎቶ: holography
holographisch: ሦስት ማእዘናዊ: holographic, holographical
holperig: ሸካራማ/ም: bumpily, bumpy, doggerel
Holz {n}, Wald: እንጨት: wood, lumber
Holzarbeit {f}: እንጨት ጠረባ: wood work, woodwork
Holzarbeiter {m, pl}: እንጨት ጠራቢ: woodworker, woodworkers
Holzbearbeitung {f}: የእንጨት ሥራ: woodworking
Holzblasinstrument {n}: መላጊያ: woodwind
Holzblasinstrumente {pl} :: woodwinds
hölzern: ተክል አጸደቀ: wodden, wooden, woodenly
hölzerne: ጫቃዊ: woodenly
Holzfäller {m, pl}: እንጨት ቆራጭ/ ፈላጭ: lumberjack, woodcutter, woodcutters
Holzhammer {m}: ያናጺነት ሙያ: sledgehammers, mallet, sledgehammer
Holzhaufen {m, pl}: ግድግዳ ክምር: woodpile, woodpiles
Holzhaus {n}: እንጨት ቤት: framehouse
Holzhütte {f}: ጎጆ: shanty
Holzhütten {pl}:: shanties
holzig: እንጨታማ/ም: woody, woody
Holzkohle {f}: የእንጨት ከሰል: charcoal
Holzkohlen {pl} :: charcoals

Holzkohlenstift {m}: ከሰል ቾክ: fusain
Holzplatz {m}: የእንጨት ቦታ: lumberyard
Holzschnitt {m}: አናጺነት: woodcut, xylograph, woodcut
Holzschnitte {pl}:: woodcuts
Holzschraube {f}: የእንጨት ምስማር: woodscrew
Holzschuh {m}: የእንጨት ጫማ: sabot
Holzschuhe {pl} :: sabots
Holzschuppen {m, pl}: የእንጨት ሳንዱቅ: woodshed, woodsheds
Holzwolle {f}: ቃጫ: wood wool
Holzwurm {m}: የእንጨት ትል: wood worm
Holzwürmer {pl}: የእንጨት ትል: wood worms
HOME: መነሻ: home
Homoeopath {m}: አስማትኛ: homeopath
Homöopathen {pl} :: homeopaths
Homöopathie {f}: መድኃኒት: homeopathy
homöopathisch: መድኃኒታዊ: homeopathic
homogen, homolog: ባለአንድ ሴል/ ጅን: homogenous, homogeneously
homogenisieren: አጻቀለ: homogenize
homogenisierend: አጻቃይ/ አጻቅሎ: homogenizing
homogenisiert: ተጻቃይ/ ተጻቅሎ: homogenized
Homonym {n}: በንባብ የሚመሳሰልና በትርጉም ግን የሚለይ ቃል: homonym
Homonyme {pl} :: homonyms
homosexuell: ፊናፊንታም: homosexual, homosexually
Honig {m}: ማር: honey
Honigbiene {f}: የማር ቀፎ/ ንብ: honeybee, honey bee
Honigbienen {pl} :: honeybees
honigsüß: በጣም ጣፋጭ: honeyed
Honigwabe {f}: እጭ: honeycomb
Honorar {n}, Gebühr, Lohn: ዋጋ፣ የሥራ ክፍያ: acceptor for honor, fee
Honorare {pl}:: honorarium, fees
hoppla: ኧረ: whoops
hopplahop: ዋይ ዋይ! ውው!: slapdash
Hör auf damit!: ዝጋ! በቃህ!: Cut it out! Don't go on like that!
Hörapparat {m}: ድምጽ መስሚያ/ ማዳመጫ: hearing aid
Hörapparate {pl} :: hearing aids
hörbar: ተሰሚ: audible, audibly, audible
Hörbarkeit {f}: ተሰሚነት: audibilities, audibility
horchen [auf], zuhören, lauschen: አዳመጠ: hark, harken, hearken, listen [to]
horchend: አዳማጭ/ አዳምጦ: harking, hearkening
Horcher {m, pl}: አዳማጭ: eavesdropper, eavesdroppers
hören, erfahren: ሰማ፣ ተረዳ፣ ተገነዘበ: listen, to hear (heard, heard)
Hören Sie auf meinen Rat: ምክሬን ያዳምጡ: take my advice. Take my advice!
Hörer {m, pl}: ማዳመጫ: earpiece, handset, hearer, listener, phone, hearers, listeners
Horizont {m}: የሰማይ ላይ ግዳም: skyline, horizon
Horizonte {pl} :: skylines, horizons
horizontal: አግዳሚያ: horizontal, horizontally, horizontal
Hormon {n}: ንጥረ ነገር: hormone
Hormone {pl}:: hormones
hormonal: ሆርሞናዊ: hormonal
Horn {n}: ቀንድ: horn, cornet
Hornhaut {f}: የቀንድ ፍቅፋቂ: horny skin, cornea
Hornhautentzündung {f}: ቀንድ ቁስል: keratitis
hornig: ቀንዳማ: horny
Hornstoff {m}: የቀንድ ጥራቢ: keratin
Horoskop {n}: ኮከር ቆጠራ: horoscope
Horoskope {pl} :: horoscopes
Hörrohr {n}: ማዳመጫ ገመድ: ear trumpet, eartrumpet
Hörrohre {pl} :: eartrumpets, ear trumpets
Horrorfilm {m}: አስፈሪ ፊልም: horror film
Hörsaal {m}: ማዳመጫ አዳራሽ: lecture room
Hörspiel {n}: የራዲኦ ጨዋታ: radio play
Hort {m}: ጥግ፣ መመኪያ: palladium
horten: ሰበሰበ፣ ቆጠበ፣ አከማቸ: hoard
Hörweite {f}: መሰሚያ ርቀት: earshot, ear-shot
Hose {f}: ሱሪ: pants, trouser, trousers, pantaloon
Hosen {pl} :: slacks, trousers, britches
Hosenanzug {m}: ኮትና ሱሪ: trouser suit
Hosenanzüge {pl} :: pantsuits, trouser suits
Hosenrohr {n}: ባተሌታ፣ ቀበቶ ማስገቢያ: Y-branch pipe
Hosentasche {f}: ሱሪ ኪስ: trouser pocket
Hosentaschen {pl} :: trouser pockets
hospitalisieren: ተንከባከበ: hospitalize
hospitalisierend: ተንከባካቢ/ ተንከባክቦ: hospitalizing
Hospitant {m}: እንግዳ ተማሪ: guest student
Hosteß {f}: ያውሮፕላን አግልግሎት ሰጭ: hostess
Hostessen {pl} :: hostesses
Hotel {n}, Gasthof: ሆቴል: hotel
Hotelbesitzer {m}: ባለሆቴል: hotelier
Hotelführer {m}: ሆቴል አስተናጋጅ: hotel guide, hotel guides
Hotelpage {m}: የሆቴል ዝርዝር: bellboy, bellhop
Hotelpagen {pl} :: bellboys
Hotschlüssel {m}: የሆቴል ቁልፍ: hotkey'
Hottentotte {f}: ምዕራብ አፍሪካዊ ነገድ: hottentot
Hub {m}: ማንሳት: upstroke, stroke
Hubmagnet {m}: የሚያነሳ ማግኔት: solenoid
Hubraum {m}: የማንሻ ልክ/ መጠን: cylinder capacity

hübsch, nett, fein, berächtlich: ቆንጆ: bonnie handsome, handsomely, nifty, pretty, pretty, nice, bonny, handsomely, prettily
hübschen: አቆነጀ፤ አሳመረ: bonnily
Hübschheit {f}: ቁንጅና: prettiness
Hubschrauber {m, pl}: ማንዣ/ ከፍ ማድረጊያ: gyroplane, helicopter, helicopters, gyroplanes
Huf {m}: ቀንድ አልባ እንስሳ: hoof
Hufe {pl} :: hoofs, hooves
Hufeisen {n, pl}: የፈረስ ጫማ: horse shoe, horseshoe, horseshoes
Hufschlag {m}: የፈረስ ድምጽ: hoofbeat
Hufschläge {pl} :: hoofbeats
Hüfte {f}: ማጠፊያ፥ መተጣጠፊያ: ilium, haunch, hip
Hüften {pl} :: haunches, hips
Hüftgelenk {n}: መገጣጠሚያ: hip joint
Huftier {n}: የጉሪ እንስሳ: hoofed animal
Huftiere {pl} :: hoofed animals
Hügel {m, pl}: ተራራ ጫፍ: mound, hill, mounds
Hügelchen {n, pl}: አፋፍ: knoll, hillock, hillocks, knolls
hügelig: አቀበታማ/ ም: hilly
Huhn {n}: ዶሮ: hen, poult, chicken
Hühner {pl}:: chickens, fowls, hens
Hühnchen {n}: ጫጩት: pullet
Hühnerleiter {f}: የዶሮ አጣራ: chicken ladder
Hühnerstall {m}: ዶሮ መሰቀያ/ ቤት: hen house
Hühnerzucht {f}: ዶሮ እርባታ: chicken breeding
huldige: ምሩቅ፤ ቡሩክ ወራሽ: render homage
Huldigung {f}: የውርስ አከባበር: homage
Huldigungen {pl} :: homages
Hülle {f}: መጋረጃ፤ ጠዶብ: spout, velum, wrapper, envelope, jacket, hull
Hülse {f}: ማጎደር፤ ማሸጊያ: shuck, sleeve, bushing, husk, pod, wrappers
Hülsen {pl} :: husks, shucks
human: ሰባዊ: humane, humanely, human
Humanismus {m}: የሰው/ ፍልስፍና ጥናት: humanism
Humanist {m}: ፈላስፋ: humanist
Humanisten {pl} :: humanists
humanistisch: ፍልስፍናዊ: humanistic, humanistically
humanitär: ሳባዊ: humanitarian
Humanität {f}, Menschlichkeit: ሰባዊነት፤ ሰብና: humanity, humaneness
Hummer {m, pl}: ያውሮፓውያን ምግብ ቀንድና ቀንድዮሽ: lobster, lobsters
Humor {m}, Komik: ቀልድ፤ ኩምክና: humor, humour
Humorist {m} : ድስኩረኛ፤ ተረበኛ፤ ቀልደኛ: humorist
Humoristen {pl} :: humorists
humoristisch: ቀልዳዊ: humorous, humorously
humorvoll: ቀልደኛ/ማ/ም: humorous, humorously

Hund {m}: ውሻ: hound, dog
Hunde {pl} :: dogs, hounds
Hündchen {n, pl}: ቡችላ: doggie, doggies
Hundehütte {f}: ውሻ ጎጆ/ ቤት: doghouse, dog kennel
Hundemarke {f}: መጥሮ ቀን: dog tag
hunderprozentig: መቶ በመቶ: hundred per cent
hundert: መቶ: hundred, hundreds, hundredths
Hunderte {m, f, pl}: መቶ: hundreds
hundertfach: መቶ እጥፍ: hundredfold
hundertgradig: መቶ ድግሪ: centigrade
hundertjährig : ባለመቶ ዓመት: centennial
Hundertjährigen {pl} :: centenarians
hundertste, hundertstel: መቶኛ: hundredth
Hundertster {m}: መቶኛ: hundredth
Hündin {f}: ውሻ: bitch, she dog
Hündinnen {pl} :: bitches, she dogs
hündisch: ውሻዊ: doggish, cringing
Hunger {m}: ራብ: hunger
Hungern {n}: መራብ: starvation, be hungry
hungern, hungrig sein, verhungern: በራብ ሞተ: starve, famish, hunger, starve, to go hungry
Hungersnot {f}: የራብ መቅሠፍት: famine
Hungersnöte {pl} :: famines
Hungerstreik {m}: የራብ አድማ: hunger strike
Hungertod {m}: የራብ እልቂት: starvation
hungrig: ራብተኛ: hungrily, hungry, sharp set, hungrily
Hunne {m}: አውራ ዶሮ: hun
hupen: ክላክስ አደረገ፤ ድምጽ አሰማ: honk
Hupensignal {n}: ክላክስ: honk
hüpfen: ክላክስ አደረገ፤ ድምጽ አሰማ: frisk
Hürde {f}: መሰናክል: hurdle, wattle
Hürden {pl} :: hurdles, wattles
Hure {f}: ዝሙተኛ፤ ሸርሙጣ: whore, harlot
Huren {pl} :: harlots, whores
Hurerei {f}, Prostituition: ሸርሙጥና: harlotry, prostitution
hurrah: ይበል!!: hooray
hurtig: ፈጣን፤ ቀልጣፋ: spry, spryly
Husten {n}: ሳል/ ጉንፋን: cough
husten: ሳለ፤ እኽ አለ: to cough
Hustenanfall {m}: ቋቋት: fit of coughing
Hustenanfälle {pl}:: fits of coughing
Hustenbonbon {m}: የሳል መስቲካ/ ከረሚላ: cough drop
Hustenmittel {n}: ሳል ማስታገሻ: pectorals
Hustensaft {m}: የሳል መድኃኒት: cough syrup
Hut {m}: ቆብ፤ ባርኔጣ: hat
Hüte {pl}: : hats
Hutband {n}: ባርኔጣ ማቀፊያ: hatband
Hutbänder {pl} :: hatbands
hüten: ጠበቀ: beware
Hüter {m}, Vormund: ተወካይ፤ አሳዳጊ: guardian
Hutmutter {f}: ባርኔጣ: cap nut
Hütte {f}: ጎጆ: hovel, hut, shack, cot, cottage
Hütten {pl} :: hovels, huts, shacks, cots
Hyäne {f}: ጅብ: hyena

Hyänen {pl} :: hyenas, hyaenas
Hydrant {m}: የዝናብ ውሐ፣ ጤዛ: fireplug
Hydranten {pl} :: fireplugs, hydrants
hydratisieren: አቋተ፣ ገደበ: hydrate
Hydraulik {f}: ማርጠቢያ: hydraulics
hydraulisch: ርጥበታማ: hydlaulic, hydraulic, hydraulical, hydraulically
Hydrid {n}: የሃይድሮጅን ቅይጥ: hydride
Hymne {f}, Komposition: መልክእ/ አ (ግጥም): anthem, hymn
Hymnen {pl} :: hymns
Hymnengesang {m}: የመልክእ ዜማ: hymnody
hymnisch: መልክአዊ: hymnal, hymnals
Hypnose {f}: እንቅልፍ አስወሳጅ/ አስተኝ፣ ማስተኛት/ ማፍዘዝ: hypnosis, hypnotism
Hypnosen {pl} :: hypnoses, hypnotisms
hypnotisch: አደንዛዥ: hypnotic, hypnotically
hypnotisieren: አፈዘዘ፣ አደነዘዘ: hypnotize, mesmerize
hypnotisierend: አፍዛዥ/ አደንዝዞ: hypnotizing, mesmerizing
hypnotisiert: ደንዛዥ/ ደንዝዞ: hypnotized, mesmerizes, hypnotized, mesmerized
Hypothek {f}: የውርስ ዶሴ/ መዝገብ: mortgage
Hypotheken {pl} :: mortgages
Hypothese {f}: መላምት: hypothesis, supposition
Hypothesen {pl} :: hypotheses
hypothetisch, zweifelhaft: አጠራጣሪ፣ ግምታዊ: hypothetical, hypothetic, pothetically
Hysterie {f}: ባባት፣ ጭንቀት: hysteria, hysterics
hysterisch: አባቢታ/ አስፈሪ: hysteric, hysterical, hysterically

I

ich: እኔ: I, i
ich auch nicht: አይ እኔ አይደለሁም: nor I either
ich auch: እኔም: so did I
ichbewußt: በራስ ተማማኝ: self aware
Ichbewußtsein {n}: በራስ መተማመን: consciousness of self
Ichform/en {f/ pl}: ያንደኛ መደብ እርባታ: first persons
ICONS: ምልክት: icons
Ideal {n}: ትክክል: ideal
ideal: ልክ: ideal
Idealfall {m}: ልዩ ሁኔታ: ideal case
idealisieren: አመሰጠረ፣ አጋነነ: idealize
idealisierend: አጋናኝ/ አጋንኖ: idealizing
idealisiert: ተጋናኝ/ ተጋንኖ: idealized
Idealisierung {f}: ተሞግሶ: idealization
Idealismus {m}: ሐሳብን ከቁስ የሚያበልጥ ፍልስፍና: idealism
Idealist {m}: ልብው: idealist
Idealisten {pl}: ሐሳባዊያን: idealists
Idealistin {f}: ልባዊት: idealist
idealistisch: ሐሳባዊ: idealistic, idealistically
Idee {f}, Begriff, Meinung: ሐሳብ: conception, idea
ideell: ልክ/ ካዊ፣ መሳይ/ ተመሳሳይ: ideally, imaginary
Ideen {pl}: ሐሳብ: conceptions, ideas
Ideenlehre {f}, Ideologie: ፈላስፋ: ideology
Ideenlehren {pl}, Ideologien: የሐሳብ ትምህርት: ideologies
Ideenlosigkeit {f}: ሐሳበአልባነት: without imagination
Ideenreichtum {m}: ያሳብ አቅጣጫ: inventiveness
identifizierbar: ተገላጭ: identificable
identifizieren: ገለጸ፣ ግልጽ አደረገ፣ ለየ: identify, identify, tagging
identifizierend: ገላጭ/ ገልጦ: identifying
identifiziert: ተገላጭ/ ተገልጦ: identified
Identifizierung {f}: ገለጻ: identification, identifying
Identifizierungsmerkmal {n}: መለዮ ምልክት: identifier
Identifizierungsmerkmale {pl} :: identifiers
Identifizierungszeichen {n}: መለያ ምልክት: identifier
identisch: ተመሳሳይ: identic, identical, identically
Identität {f}: መለዮ/ መለያ: idendity
Identitäten {pl} :: identicalness, identities
Identitätsnachweis {m}: መታወቂያ: proof of identity
Identitätsnachweise {pl} :: proofs of identity
Ideologe {m}: ያመለካከት ኃላፊ: ideologue, ideologist
ideologisch: አመለካከታዊ: ideologic, ideological, ideologically,
Idiot {m}: ደንቆሮ: cretin, ninny, numskull, blockhead
Idioten {pl} :: cretins, dunces, idiots, ninnies, numskulls, schnooks, blockheads
Idiotie {f}, Schwachsinn: ድንቁርና: idiocy
idiotisch, dumm: ደንቆሮ: idiotic, idioticly, imbecilic, asinine, idiotically
Idol {n}: አምሳያ: idol
Idole {pl}:: idols
Idylle {f}: የዘፈን ግጥም: idyll
Idyllen {pl} :: idylls
idyllisch: ዘፈናዊ: idyllic, idyllically
Igel {m}: የእንስሳ ዓይነት: hedgehog, hedgehogs
Iglu {m}, Schneehütte: የበረዶ ጎጆ: igloo
Iglus {pl} :: igloos
Ignorant {m}: ደንታቢስ: ignoramus
Ignoranten {pl} :: ignoramuses
ignorieren: ተጠየፈ፣ ናቀ፣ ተወ: ignore
ignorierend: ናቂ/ ንቆ: disregardful
ignoriert: ተናቂ/ ተንቆ: ignored
ihm ist nicht mehr zu helfen: እሱን መርዳት አይቻልም: he's beyond help
ihm: እሱን፣ ለ/ከ/ በእሱ: him
ihnen: ለ/በ/ ከእነሱ: them
ihr, ihre, ihrer, ihres: የእነሱ: theirs
Ihr/ dein : የእርስዎ፣ ያንተ: yours
Ihr: የእርስዎ: yours
ihr: የእሷ/ የእነሱ: her, hers, their, theirs
ihr: የእነሱ: their
ihr: ለ/በ/ ከእሷ: hers
ihrerseits: በሷ በኩል: on her part
ihrethalben: እሷን በተመለከተ: on her account
ihretwillen: በእሷ ምክንያት: because of her
Ikone {f}: ስእል: icon
Ikonen {pl} :: icons
illegal: ኢ.ሕጋዊ: illegally
Illusion {f}, Täuschung: ቅዠት: illusion, rope of sand
Illusionen {pl} :: illusions
illusorisch: ቅዠታዊ: illusiv, illusive, illusively, illusorily, illusory, illusively, illusorily
illusory: ቅዠታማ/ ም: illusory
illuster: ታዋቂ/ ዕውቅ: illustrious, illustriously
Illustration {f}: ማስታወቂያ: illustration
Illustrationen {pl}: ማስታወቂያ: illustrations
Illustrator {m}: አስተዋዋቂ: illustrator
Illustratoren {pl} :: illustrators
Illustrieren {n}: ማስተዋወቅ: pictorials
illustrieren, veranschaulichen: አስተዋወቀ: illustrate
illustrierend: አስተዋዋቂ/ አስተዋውቆ: illustrating
illustriert: ተገላጭ/ ተገልጦ: illustrated
Iltis {m}: የሞት ሴት ጣእት: polecat
Iltisse {pl} :: polecats
im allgemeinen: ባጠቃላይ: in general
im Alter von: በ...ዓመት: aged

im Amt: ከቢሮ: in office
imaginär: ሐሳባዊ/ ምእናባዊ: imaginary
Imbiß {m}: ዳቦ ሱቅ: light meal, snack
Imbißstube {f}: ሻሂ ቤት: snackbar
Imbißstuben {pl} :: snack bars
Imitator {m}: ኮራጅ/ አስመሳይ (በድርጊታ ድምጽ): imitator
imitieren, nachahmen: ኮረጀ፤ አስመሰለ: imitate
imitierend: አስመሳይ/ መስሎ፤ ተመስሎ: imitating
immanent: ውስን፤ ግድብ: immanently, immanent
Immatrikulation {f}: ምዝገባ: matriculation
Immatrikulationen {pl} :: matriculations
immatrikulieren: ተመዘገበ: matriculate
immatrikulierend: ተመዝጋቢ/ ተመዝድቦ: matriculating
immatrikuliert: ተመዝጋቢ/ ተመዝግቦ: matriculated
immer, stets: ሁሌ: always
immer: ሁሌ: always, forever, throughout
immer noch: ሁሌም: still
immer wenn: በ.... ሆነ ቁጥር: whensoever
immer wieder: መልሶ መላልሶ: over and over, over and over again, time and again
immerfort: በበለጠ: evermore
immergrün: ሁሌ አረንጓዴ: evergreen
immerhin: ከሁሉም በላይ: after all
immerwährend: በ....ጊዜ ሁሉ፤ በተደጋጋሚ: everlasting, everlastingly
immerzu, ständig: በተደጋጋሚ: incessantly
Immobilie {f}: ኪራይ ቤቶች: real estate, immovable, real estate
Immobilien {pl} :: real estates, immovables, real estates
Immobiliengesellschaft {f}: የከራዮች ድርጊት: real estate company
Immobilienhandel {m}:የቦታ/ ቤት ንግድ/ ድለላ:real estate business
immun machen: ተከላካይ ሰጠ፤ ከተበ: immunize
immun: የማይጠቃ/ ተከላካይ ያለው: immun
Immunologie {f}: ክትባት: immunology
Impedanz {f}: ንዝረት: impedance
Imperfekt {n}: ካልዓይ፤ ኃላፊ: imperfect
Imperialismus {m}: ቅኝ ግዛት: imperialism
imperialistisch: ቅኝ ግዛታዊ: imperialistic, imperialistically
Impfarzt {m}: የሚከትብ ሐኪም: vaccinator
Impfärzte {pl} :: vaccinators
impfen: ከተበ: vaccinate
Impfschein {m}: የመከተቢያ ካርድ: certificate of vaccination
Impfscheine {pl} :: certificates of vaccination
Impfstoff {m}: የክትባት/ የሚረጭ መድኃኒት: serum, vaccine
Impfstoffe {pl} :: vaccines, serums
Impfung {f}: ክትባት: inoculation, vaccination, immunization
Impfungen {pl} :: vaccinations
implementieren: ተገበረ፤ በተግባር ተረጎመ: implement
Implikation {f}: ጥንጻዊ ግንኙነት: implication, implication
Implikationen {pl}:: implications
implizit, vorbehaltlos: የሳቢ፤ ተማራኪ፤ ተኳዳኝ: implicit
implodieren: ከውጭ ጫና አደረገ: implode
Implosion {f}: ፍንዳታ: implosion
implosiv: ፈንጂ፤ ጥንቃቄ የሚያስፈልገው: implosive
Import {m}: ያስመጭ ንግድ: importation
Importeur {m}: አሰመጭ: importer
importieren: አስመጣ: import
importiert: መጥቶ፤ ገቢ ተደርጎ: imported
impotent: ስልብ: impotent
Impotenz {f}: ስልበት/ ሰለባ: impotence
imprägniert: ውሐ ተከላካይ: waterproofs, waterproofed
Imprägnierung {f}: ውሐ መከላከያ: waterproofing
Impressionismus {m}: በልከኛ ስእል/ ቅጅ አማኝ: impressionism
Impressionist {m}: የልከኛ ቅጅ/ ስእል እምነት አራማጅ: impressionist
Impressionisten {pl}:: impressionists
impressionistisch: ትክክል ቅጃዊ: impressionistic
Improvisation {f}: ድንገተኛ/ ጊዜያዊ ተግባር: improvisation
Improvisator {m}: ግፍልተኛ: extemporizer, improviser
Improvisatoren {pl} :: improvisers
improvisatorisch: ጊዜያዊ፤ ድንግተኛ: improvisatory
improvisieren: ድንገት/ እንዳጋጣሚ ሥራ፤ አደረገ: improvise
improvisierend: ድንገት አድራጊ/ አድርጎ: improvising, vamping
improvisiert: ድንገት ተደራጊ/ ተደርጎ: improvisational
improvisiert: ባጋጣሚ: extemporaneous, improvised, vamped
Impuls {m}: ውቅት፤ አሁንኑ: momentum, pulse, impulse
Impulsabstand {m}: የወቅት ልዩነት: pulse spacing
Impulsfolge {f}: ወቅታዊ ድግግም: pulse repetition
Impulsgeber {m}: አነቃቂ፤ ቀስቃሽ: emitter
impulsiv: በድንገት/ ድንገታዊ: impulsive, impulsively, impulsively
Impulsunterscheider {m}: ቅጽበታዊ መለዮ: discriminator
Impulsuntersetzer {m}: አዳጋ መከላከያ: pulse scaler
imstande sein: ቻለ: to be able
imstande: በሚቻልበት ሁኔታ ላይ: capably
imstande: ባለችሎታ: capable of

in, hinein: ወደ/ በ/ ከ...ወስጥ፣ ለ..፣ ወደ: at, in, into
inaktiv: ምውት፣ ድኩም: inactiv, inactive, inert, unactive, inertly
inaktivieren: አቋረጠ፣ ዘጋ Inactivate, inactivate
inaktivierend: በጣሽ/ በጥሶ: Inactivating, inactivating
inaktiviert: ተበጣሽ/ ተበጥሶ: Inactivated, inactivated
Inanspruchnahme {f}: ወጭ የሚጠይቅ: availment
Inbesitznahme {f}: መያዝ፣ ወረራ: occupation
Inbusschraube {f}: የምስማር ዓይነት: socket screw, socket head screw
inches: ኢንች (መለኪያ): inches
indentifizieren: ለየ፣ አጋለጠ: identify
indessen, unterdessen: ስለዚሀ: meanwhile
Index/e {m/ pl}: ቃላት ማብራሪያ: indices
Indexgrenze {f}: መለያ መስመር: array bound
Indexgrenzen {pl}:: array bounds
indexieren, indizieren:አዲስ/ ወሳኝ ቃላትን አብራራ: subscript
Indexmarkierung {f}: ቃላት መለያት: index hole
Index-Register {n}, Indexregister: የኢንዴክስ መዘርዝር: index register, modifier register
Indianer {m}: ኢንድያዊ: redskin
Indianerin {f}: ኢንድያዊት: squaw
Indianerinnen {pl} :: squaws
Indianerzelt {n}: የኢንድያኖች ጎጆ: wigwag
Indianerzelte {pl} :: tepees
Indikator {m}: መጠቆሚያ፣ ጠቋሚ: indicator
Indikatoren {pl} :: indicators
indirekt: ኢቀጥተኛ፣ በተዘዋዋሪ: indirect, indirectly, mediate, mediately, multi level, indirectly
indisch: ኢንድያዊ: indian
indiskret: ሕጋዊ: indiscreet, indiscreetly
Indiskretion {f}: የሕግ ረቂቅ: indiscreetness, indiscretion
Indiskretionen {pl} :: indiscretions
indiskutabel: የማያወያይ: out of the question
Indium {n}: የብረት ሚኒራል/ ንጥረ ነገር: indium
individual : ግለሰብ: individual
Individualfürsoge {f}: የግል እንክብካቤ: casework
Individualfürsorger {m}: የነፍስ አባት፣ መካር: caseworker
individualisieren: ለያየ፣ ነጣጠለ: individualize
individualisierend: ነጣጣይ/ ነጣጥሎ: individualizing
individualisiert: ተነጣጣይ/ ተነጣጥሎ: individualized, individualized
Individualisierung {f}: ንጥጥል፣ ብቸኝነት: individualization
Individualisierungen {pl} :: individualizations
Individualismus {m}: ገለሰባዊነት: individualism
Individualist {m}: የግል አስተሳሰብን ወካይ: individualist
Individualisten {pl}:: individualists
individualistisch: ግለሰባዊ/ ግላዊ: individualistic, individualistically
Individualität {f}: ብቸኝነት: individuality
Individualitäten {pl} :: individuality
individuell, einzelne: አንድ ባንድ፣ ለየብቻ: individual, individually, individuals
Indizienbeweis {m}: የግል መለዮ: circumstantial evidence
indizieren: አሳየ፣ ዘረዘረ index
Indizierung {f}: ዝርዝር: indexing
Indonesien: ኢንዶኔዢያ: indonesia
indonesisch: ኢንዶኔዢያዊ: indonesian
Indossant {m}: ወራሽ: endorser
Indossanten {pl} :: endorsers
Indossatar {m}: አውራሽ፣ አስተላላፊ: endorsee
Indossatare {pl} :: endorsees
indossierbar: ታላላፊ፣ ተወራሽ: endorsable
indossieren, : መብት/ ውክልና/ ኃላፊነት ሰጠ: endorse
indossierend: አውራሽ/ አውርሶ: endorsing
indossiert: ተወራሽ/ ተወርሶ: endorsed
induktionsfrei: ምክንያትአልባ: non-inductive
induktiv: ምክንያታዊ: inductive, inductively
Induktivität {f}: ምክንያታዊነት: inductance, inductivity
Induktor {m}: ጠቋሚ/ አመልካች: inductor
industrialisieren, industrialisiere: ፋብሪካ ሠራ: industrialize
industrialisierend: ፋብሪካ ሠሪ/ ሠርቶ: ` industrializing
Industrialisierung {f}: ፋብሪካ ማስፋፋት: industrialisation, industrialization
Industrialismus {m}: የፋብሪካ መስፋፋት: industrialism
Industrie {f}: ፋብሪካ: industry, industry
Industrien {pl} :: industries
Industrieanlage {f}: የፋብሪካ አካባቢ/ ዙሪያ: industrial plant
Industriearbeiter {m}: ላብአደር: industrial worker
Industriedunst {m}: የተቃጠለ ዓየር: smog
Industriegebiet {n}: የፋብሪካ ቦታ: industrial area
industriell: ፋብሪካዊ: industrial, industrially
Industrieproduktion {f}: የፋብሪካ ምርት: industrial output
Industriestaat {m}: የበለጸገ ሀገር: industrial country
Industriestaaten {pl} :: industrial countries
induzieren: አስተካከለ፣ አስጠጋጋ: induce
ineinander: አንድ ባንድ: into one another
ineinandergreifen, sich verflechten: ተፈጋፈገ፣ ተላፋ: intertwine
inempfindlich: ሰፍሳፋ፣ ፈሪ: insensitive
Infanterie {f}: ጦርኃይል: infantry
Infanterien {pl}: ጦርኃይል: infantries
Infanterist {m}: ወታደር: infantryman

Infanteristen {pl} :: infantrymen
Infarkt {m}: **ድርቀት (በደም መቋረጥ ምክንያት**: infarct
Infarkte {pl} :: infarcts
Infektionskrankheit {f}: **ተላላፊ በሽታ**: infectious disease
infektiös: **ተላላፊ**: infective, infectively
Infinitiv {m}: **ግሥ/ አንቀጽ**: infinitive
Infinitive {pl} :: infinitives
Infinitum {n}: **አንቀጽ**: infinitum
infizierend: **አስተላላፊ/ አስተላልፎ**: infecting
Inflation {f}, Geldentwertung: **የገንዘብ መርከስ/ መውደቅ**: inflation
Influenz {f}: **ተጽእኖ**: induction
infolge, zufolge: **በ...ምክንያት**: due to, owing to, as a result of
infolgedessen: **በመሆኑም**: consequently
Informant {m}: **ዘጋቢ**: informant
Informanten {pl} :: informants
Informatik {f}: **የኮምፒዩተር ጥናት**: computer science
Informatiker {m}: **የኮምፒዩተር ትምህርት ባለሙያ**: computer scientist
Information {f}: **ዜና**: info, inforamtion
Informationen {pl} :: informations
Informationsanbieter {m}: **ዜና አቅራቢ**: information provider
Informationsbank {f}: **የዜና ማሰባሰቢያ**: information pool
Informationsflut {f}: **የዜና ብዛት**: information flood
Informationsgehalt {m}: **የዜናው ዋጋ**: information content
Informationsgewinnung {f}: **የዘገባ ምንጭ**: acquisition of information
Informationshändler {m}: **የዜና ነጋዴ**: information broker
Informationsspeicher {m,pl}:**ዜና መዝገቢያ፣ የዜና ዶሴ**: information memory, information memories
Informationstechnologie {f}: **የዜና ጥበብ**: information technology
Informationstheorie {f}: **የዜና ቴ አሪ**: information theory
Informationsträger {m}: **የዜና ተሸካሚ**: information carrier
Informationsverbindung {f}: **የዜና ቅንጅት**: connection of information
informativ: **ገላጭ፣ መዘርዝራዊ**: informative, informatively
informatorisch: **መዘርዝራዊ**: Informational, informational
informieren: **ነገረ፣ አበሰረ**: inform
informierend: **አብሳሪ/ አብስሮ**: informing
informiert: **ተነጋሪ/ ተነግሮ**: informed, schooled
Infra..: **መሃል**: infra
Infrarorlesestift {m}: **ልዩ እርሳስ**: infrared-lightpen
infrarot: **በጨለማ ውስጥ የሚያይ/ የሚለይ**: infrared, ultrared
Infrastruktur {f}: **የመንገድ/ መገናኛ ሥራ/ መስፋፋት**: infra structure, infrastructure
Inganghaltung {f}: **ቅጥያ፣ ሂደት**: keep going
Ingangsetzung{f} : **ሂደት፣ ቅጠላ**: starting
Ingangsetzungen {pl}:: startings
Ingenieur {m}, Techniker: **ኢንጅነር፣ መካኒክ**: engineer
Ingenieure {pl} :: engineers
Ingenieurschule {f}: **የሙያ ትምህርት ቤት**: school of engineering
Ingenieurschulen {pl} :: schools of engineering
Ingenieurwesen {n}: **የኢንጅነር ሙያ**: engineering
Ingenieurwissenschaft {f}, Technik: **የኢንጅነር ጥበብ**: technics
Ingenieurwissenschaften {pl}: **የኢንጅነር ጥበብ**: technics
Inhaber {m,pl}, Besitzer, Eigentümer: **ባለቤት/ ባለኃብት**: bondholder, owner, holder, possessors
Inhaberpapier {n}: **የባለቤትነት ማስረጃ/ መረጃ**: bearer instrument
Inhaberscheck {m}: **የባለቤት ቼ ክ**: cheque to bearer, cheques to bearer
Inhaberwechsel {m}: **የባለቤትነት ቅያሪ/ ቅየራ**: bearer bill
Inhalation {f}: **ጋዝ ማስወጣት/ መፍሳት**: inhalation
Inhalationen {pl} :: inhalations
Inhalationssmittel {n, pl}: **ጋዝ ያሚያስወጣ መድኃኒት**: inhalant, inhalants
Inhalt {m}, Thema: **ጭብጥ፣ መርሀ ግብር፣ ርእስ**: content, index, volume, topic, substance
Inhalte {pl} :: tenors, volumes, contents
Inhaltsangabe {f}: **የጭብጥ ዘገባ**: precis, summary
Inhaltsangaben {pl} :: tables of contents
inhaltslos, wesenlos: **ጭብጥአልባ፣ ባዶ**: unsubstantial, unsubstantially
Inhaltsverzeichnis {n}: **መርሀ ግብር**: table of contents
Inhaltsverzeichnisse {pl}:: table of contents
Initiale {f}: **ዝግጁ ማድገር፣ ትልቅነት**: initials
Initialen {pl} :: initials
Initialisieren {n}: **ብቁ/ ዝግጁ ማድረግ**: Initialize
initialisieren: **አዘጋጀ፣ አስፋፋ፣ ብቁ አደረገ**: initialize
initialisierend: **አዘጋጅ/ አዘጋጅቶ**: initializing
initialisiert: **ዝግጁ፣ ተዘጋጅ/ ተዘጋጅቶ**: initialized, initiated
Initialisierung {f}: **ብቃት፣ ዝግጁነት**: initialization
Initialisierungsprogramm {n}: **ማነሳሻ ፕሮግራም**: initializer
Initiative {f}: **ፍላጎት፣ ስሜት**: initiative
Initiator {m} : **ስሜአንቀሳቃሽ፣ ቀስቃሽ**: initiator

Initiatoren {pl} :: initiators
Initiierung {f}: ቀስቃሽ፤ አነቃቂ: initiation
Injektion {f}: ክትባት: injection
Injektionen {pl} :: injections
injizieren: ከተበ፤ መድፌ ወጋ: inject
Inkarnation {f}: መዋረስ/ ውርስ: incarnation
Inkarnationen {pl} :: incarnations
Inkassoanzeige {f}: ማከማቻ ዘዴ: advice of collection
Inkassovollmacht {f}: ማከማቻ ኃይል: collecting power
Inkassowechsel {m, pl}: መለዋወጫ: bill for collection, bills for collection
inklusiv, einschließlich: ባጠቃላይ/ በጥቅሉ: inclusive
inkognito: በስም/ በቅያሬ: incognito
inkongrünt: የማይጣጣም/ እኩልያልሆነ: incongruent, incongruently
inkonsequent: ኢዕቅዳዊ፤ ዕቅድአልባ: inconsequential, inconsequentially
inkorrekt, unrichtig: ኢትክክል፤ ስተት: incorrect
Inkraftsetzung {f}: ተግባራዊነት: enactment
Inkremental {n}: እድገት፤ ጭማሬ: incremental
Inkrementierer {m}: ጨማሪ፤ አዳጊ: incrementer
Inkubation {f}: በጀርም መመረዝ/ መለከፍ: incubation
inliegend: በተጨማሪ: enclosed
inmitten: በመካከል/ሉ: amid, amongst, midst
Innemminister {m}: ያገር ውስጥ ሚኒስትር: Secretary of the Interior
innen: በውስጥ: indoor, indoors, inside, interiorly, inwards, inboard
Innenarchitekt {m}: የውስጥ ጌጣጌጥ ሠሪ: interior decorator
Innenausstattung {f}: ውስጣዊ ዝግጅቱ: interior decoration
Innenhof {m}, Vorhof: ጓሮ: patio, court yard
Innenkreis {m}: ውስጠኛው ክብ/ ክበብ: incircle
Innenpolitik {f}: የውስጥ ፖሊሲ: home policy
Innenräume {pl}: ውስጥ ክፍሎች: interiors
Innenring {m}: ማዕከል/ መደብ: inner race, cone
Innenseite {f}: ውስጣዊ ገጽታ/ ው: inner surface
Innenseiten {pl} :: insides
Innenstadt {f}: መሃል ከተማ: city centre
Innenteil {m}: ማዕከል/ሉ: core
inner: ውስጣዊ: inward
innerbetrieblich: ውስጣዊ አሠራር: interoffice, internal
innere: ውስጣዊ/ ው: inner
Innereien {pl}: ውስጣውስጥ: giblets,
Inneres, im Innern, innerhalb: ውስጣዊ፤ በውስጥ: inside
innerhalb: በመሃል: intra, within
innerlich: በውስጥ: inner, inwardly, mentally
Innerlichkeit {f}: ውስጣዊነት: inwardness
Innigkeit {f}, Intimität: መተሳሰር፤ ጥብቅ ግንኙነት: ardency, intimacy
Innung {f}: ቡድን: guild
Innungen {pl} :: guilds
inofficially, nonofficial, unofficial, unofficially, nonofficially, inoperable
inoffiziell: ግልጽ ባልሆነ፤ በምሥጢር: inofficial,
Insasse {m}: ኗሪ፤ ሠፋሪ: inmate
Insassen {pl} :: inmates
Insassenversicherung {f}: የጉዞ ኢንሹራንስ: passenger insurance
insbesondere: በተለይም: in particular
Insekt {n}: ነፍሳት: insect
Insekten {pl} :: insects
Insektenfresser {m}: ፀረ ነፍሳት: insectivore
Insektengift {n}: የነፍሳት ማጥፊያ: insecticide
Insektenpuppe {f}: የነፍሳት መከላከያ: chrysalis
Insektenpuppen {pl} :: chrysalises
Insel {f}, Eiland: ደሴት: insular, island
Inselchen {n}: ትንሽ ደሴት: islet
Inselgruppe {f}: የደሴቶች ክምችት: archipelago
Inselgruppen {pl} :: archipelagoes
Insellösung {f}: መለያየት: isolated application
Inseln {pl} :: insulars, islands
Inselstaat {m}: ደሴታዊ/ ት ሀገር: insular state
Inselvolk {n}: የደሴት ኗሪ: insular race
Inserat {n}: ቅስቀሳ: ad, advertisment
Inserent {m}, Propaganda: ቀስቃሽ: advertising space buyer, advertiser
Inserentenetat {m}: የቅስቀሳ ወጭ ገንዘብ: advertising account
inseriert: ተገላጭ: advertised
insgeheim: በምስጢር: in secret
insgesamt: ባጠቃላይ: altogether, collectively
Insistenz {f}: ግትርነት: insistence
insistieren: መነቸከ፤ ግትር አለ: insist
insofern: በመሆኑም፤ እነሆ: in so far, insofar
Inspektor {m}, Leiter: ተቆጣጣሪ: superintendent
Inspektoren {pl}:: superintendents
Inspiration {f}: ዓየር ማስገባት/ ወደውስጥ መተንፈስ፤ መደናገጥ: afflatus
inspirativ: አሳሳቢ: inspirational, inspirationally
inspirieren: አስደነገጠ፤ ድንገት ነገረ: inspire
instabil: ኢቋሚ፤ ተለዋዋጭ: unstably
Instabilität {f}: አለመረጋጋት: instability
Instabilitäten {pl}:: instabilities
Installateur {m}: የኤሌክትሪክ/ ኮምፕዩተር ባለሙያ: installer, plumber
Installateure {pl} :: installers
Installation {f}: መሥራት/ ማሠራት፤ እንዲሠራ ማድረግ: installing
Installationen {pl} :: installations
installierbar: መሠራት ቻይ: installable
installieren, installiere: ሠራ: install
installierend: ሠሪ/ ሠርቶ: installing

installiert: ተሠሪ/ ተሠርቶ: installed
Installierung {f}: አሠራር: installation
instandgesetzt: ተጠጋኝ/ ተጠግኖ: mended
instandhalten, unterstützen: ደገፈ፤ አጽናና: maintain
Instandhaltung {f}: ድጋፍ: maintenance
inständig: ተለዋዋጭ፤ ተቀያያሪ: imploringly
instandsetzen, reparieren: ጠገነ: mend
instandsetzend: ጠጋኝ/ ጠግኖ: mending
Instandsetzungsdauer {f}: የጥገና ሰዓት: active repair time
Instinkt {m}: ቅጽበት: instinct
Instinkte {pl} :: instincts
instinktiv, instinktmäßig: ቅጽበታዊ: intuitively, instinctive, instinctively
instinktmäßige: በቅጽበት: instinktmaessige
Institut {n}: ተቋም: institute
Institute {pl}: ተቋም: institutes
Institution {f}: ድርጅት: institutional
institutionalisieren:ደረጀተ፤ ድርግሻት ሠራ/ መሠረተ: institutionalize
institutionalisierend: አደራጅ/ አደራጅቶ: institutionalizing
institutionalisiert: ተደራጅ/ ተደራጅቶ: institutionalized
instruiert: ተደራጅ/ ታዛዥ/ ታዝዞ: instructed, briefed
Instrument {n}, Werkzeug: ማምረቻ መሣሪያ: instrument
Instrumentalmusik {f}: የሙዚቃ መሣሪያ: instrumental music
instrumentell: መሣሪያዊ: instrumental
instrumentieren: አሠራ፤ ጠመዘዘ: orchestrate
instrumentierend: አሠሪ/ አሠርቶ: orchestrating
instrumentiert: ተደራጊ/ ተደርጎ: orchestrated
Insulaner {m}, Inselbewohner: ኢስላንዳዊ: islander
insular: ኢስላንድኛ: insular
inszenieren: ተገበረ፤ አደረገ፤ አከናወነ: to stage
Inszenierung {f}: ክንውን: staging
Inszenierungen {pl} :: stagings
intakt: መሥራት የሚችል፤ ስብራትአልባ: in good order
integer: ኢንቲጀር: integer
Integral {n}: ኢንቲጀር ቁጥር: integral
Integralrcchnung {f}: የኢንቲጀር ስሌት: integral calculus
Integralrechnungen {pl} :: integral calculuses
Integration {f}: ውኅደት፤ ቅልቅል: intergration
integrieren, integriere: አዋሀደ፤ ቀላቀለ: integrate
integrierend: ቀላቃይ/ አዋኅዶ: integrating
integriert: ውኁድ/ ተዋኅዶ: integrated, integrated
Integrierung {f}: ውኅደት: integration
Integrität {f}: ተዛምዶ: integrity
Intellekt {m}: ዕውቀት: intellect
intellektuell: ምሁራዊ: intellectually
Intellektuelle {m, f}: ምሁር: highbrow
Intellektuellen {pl} :: intellectuals
Intellektueller {m}: ምሁር: intellectual
intelligent, verständnisvoll: አዋቂ፤ ብልህ፤ ተገንዛቢ: intelligent, intelligently
Intelligenz {f}: ዕውቅና: intelligence
Intelligenztest {m}: የማወቅ ሙከራ/ ፈተና: intelligence test
Intendant {m} :አዋቂ፤ ኃላፊ: intendant
Intendanten {pl} :: intendants
Intensität {f}: ፍራቻና ጥርጣሬ: intenseness, intensity
intensiv, stark, scharf: አጻገኛ፤ አስፈሪ፤ አስጊ፤ ጠንካራ: intense, intensely, intensive, intensively, acute
interactiv: ተወራራሽ/ ተገጣጣሚ: interactive
interbrochen: ተቋራጭ/ ተቋርጦ: interrupted
interdisziplinär: ውስጣዊ ክፍል/ ፍል: interdisciplinary
interessant: አስደሳች/ ማራኪ: interestedly, interesting, interestingly
Interesse {n}: ፍላጎት: interest, interesting
Interessen {pl} :: interests
Interessengebiet {n}: የፍላጎት ዙሪያ/ አካባቢ: field of interest
Interessengebiete {pl} :: fields of interest
Interessengemeinschaft {f}: ማኅበር፤ ዕቁብ፤ እድር: community of interest
Interessengruppe {f}: እድር: lobby
Interessengruppen {pl} :: lobbies
interessieren: ፈለገ፤ ተመኘ: be interested in, interest
interessierend: ፈላጊ/ ፈልጎ: interesting
interessiert: ተፈላጊ/ ተፈልጎ: interested
Interimsregierung {f}: ጊዜያዊ መንግሥት: provisional government
interkonfessionell: እምነት የማያግደው: interdenominational
interkontinental: ዓለም አቀፋዊ: intercontinental
interkultur: ባለብዙ ባሕል: intercultural
intern: ውስጣዊ: internal, internally, intra
Internat {n}: ትምህርት ቤት: college
international: ዓለምአቀፋዊነት: international
international: ዓለማቀፋዊ: internationally
internationalisieren: ዓለምአቀፋዊ አደረገ: internationalize
internationalisierend: ዓለምአቀፋዊ አድራጊ/ አድርጎ: internationalizing
internationalisiert: ዓለምአቀፋዊ ተደራጊ/ ተደርጎ: internationalized
Internationalisierung {f}: ዓለማቀፋዊ ማድረግ: internationalization
Internationalismus {m}: ዓለማቀፋዊነት: internationalism
interne: ውስጣዊ: internal
internieren: አከተ፤ አጎረ፤ በራብ ቀጣ: internally, intern
internierend: አጉሮ፤ አስሮ: interning
interniert: በራብ ተቀጥቶ/ ተሰቃይቶ: interned

Internierung {f}: መጥፎ እስራት: internment
Internierungen {pl} :: internments
Internist {m}: በራብ ቀጭ: internist
Interpolation {f}: አማካይነት/ ማዕከላዊነት: interpolation
interpolieren: ማዕከሉን/ አቬሪጁን ፈለገ / አወጣ: intercalate
Interpreter {m}, Übersetzer, Dolmetscher: ተንታኝ፣ ተርጓሚ: interpreter
interpretierbar: ተተርጓሚ: interpretable
interpretieren: ተረጎመ፣ አብራራ: interpret
interpretieren: ተረጎመ: interpret
interpretierend: በትርጉም: interpretively
interpretiert: ተተርጓሚ/ ተብራርቶ: interpreted
Interpunktation {f}: ትርጓሜ: punctuation
Interpunktion {f}, Zeichensetzung: የነቁጥ ምልክት: punctuation
Intervall {m}: ክፍልፋይ/ ክፍፍል: interval
Intervalle {pl} :: intervals
intervenieren: ጣልቃ ገባ፣ ጥልቅ አለ: intercede
intervenierend: ጣልቃ ገቢ/ ገብቶ: interceding
Intervention {f}, Vermittlung: ሽምግልና: intervention
Interventionen {pl}: interventions
Interview {n}: ቃለ መጠይቅ: interview
Interviewer {m}: ቃለ መጠይቅ አድራጊ: poller
intim, vertraut: በምስጢር፣ በድብቅ: intimate
intolerant: አክራሪ: intolarantly, intolerantly, intolerant
Intoleranz {f}: አክራሪነት: intolerance
Intonation {f}: ቅኝት/ ቅኘታ፣ ቃና: intonation
intransitiv: ኢተሻጋሪ: intransitive, intransitively
intravenös: በደም ሥር መካከል: intravenous, intravenously
Intrigant {m}: ዋሾ/ አታላይ: machinator, intriguer
Intriganten {pl} :: intriguers
Intrige {f}: ማታለል/ ትልያ: intrigue, machination
Intrigen {pl} :: intrigues, machinations
intrigieren: ዋሸ፣ አታለለ፣ ዘላበደ: cabal, machinate
intrigierend: አታላይ/ አታልሎ: caballing, machinating
intrigiert: ተታላይ/ ተታልሎ: caballed, intrigued, machinated
Intuition {f}: አጋጣሚነት፣ በልምድ ማወቅ: intuitions
Intuitionen {pl}:: intuitions
intuitiv, unmittelbar: በተለምዶ፣ በግምት: intuitional, intuitive, intuitively, intuitive, intuitionally
Invalide {f}: ስንካላ፣ አካለ ስንኩል: disabled person
Invaliden {pl} :: disabled people
Invalidengrenze {f}: ያጸጋው መጠን: disablement pension
Invalidenrente {f}: ያካለ ስንኩል ጡረታ: disability pension
Invalidenversicherung {f}: ያጸጋ ኢንሹራንስ: disability insurance
Invalidität {f}, Arbeitsunfähigkeit: አካለ ስንኩልነት: disablement
Invasion {f}: ወረራ: invasions
Invasionen {pl}:: invasions
Inventar {n}: ተቆጣጣሪ: inventory
inventarisieren: ተቆጣጠረ: inventory
Inventur {f}: ቁጥጥር: inventory
investieren, investiere: መዋዕለ ንዋይ በተግባር ላይ አዋለ፣ ንግድ/ ኢንዱስትሪ ሥራ/ መሠረተ: invest
Investition {f}, Kapitalanlage: ግንባታ: investment
Investitionssumme {f}: የግንባታ መዋዕለ ንዋይ: amount to by invested
inwards, entrails
inwieweit: ለ/ በምን ያህል: how far
Inzucht {f}: ሱስ፣ ሲሲት፣ ዝሙት: inbreeding
inzwischen, mittlerweile: በመካከሉ: meanwhile
inzwischen: በ...መካከል: in the meantime, meantime, meanwhile
Ion {n}: ሞለኩል/ ቅንጣት ንጥረ ነገር: ion
Ionen {pl} :: ionic
ionisierbar: ተከፋፋይ: ionizable
ionisieren: ከፋፋለ: ionize
Ionisierung {f}: ክፍልፋይ: ionisation, ionization
Ionosphäre {f}: ንፍቀ/ ክበበ ዓየር: ionosphere
ionospherisch: ንፍቀ ዓየራዊ: Ionospheric, ionospheric
irdisch, weltlich: መሬታዊ/ ምድራዊ፣ ዓለማዊ: terrestrial, terrestrially, terrestrially
Ire {m}: ኢርላንዳዊ: Irishman
irgend etwas: የሆነ ነገር: anything, somewhat
irgend jemand, jemand, jeder, jeder beliebige: የሆነ ሰው: anybody, anyone
irgendein, irgendetwas: ትንሽ: some
irgendeiner, einer, jeder, irgend etwas: የሆነ: any, anybody
irgendeiner, jemand, irgendjemand: የሆነ ሰው: anybody, anyone, someone
irgendeinmal: በሆነ ጊዜ: someday
irgendetwas: የሆነ ነገር: anything
irgendjemand: የሆነ ሰው: anyone
irgendwann: በሆነ ወቅት/ ጊዜ: any time, anytime
irgendwas: ምናምን: somewhat
irgendwelche: የሆነ: any
irgendwie: እንደሆነ: anyhow, anywise, somehow, somehow or other, someway
irgendwo, überall: ወደሆነ: anyplace, anywhere, everywhere, some place, someplace, somewhere
irgendwohin, überall: በሁሉ: anywhere
irgenwie: እንደሆነ: anyway
Iridium {n}: የብረት ዓይነት: iridium
Irin {f}: የኢርላንድ ወይዘሮ: Irishwoman

Irland: ኢርላንድ: Ireland
Ironie {f}: ቀልድ፣ ምጸታዊ፣ ፌዝ: irony
Ironien {pl} :: ironies
ironisch: ምጸታዊ: ironic, ironical, ironically, ironicly
irr: ስተታዊ: madly
irrational: ያልተለመደ፣ ያልታሰበበት: irrational, irrationally, surd
Irrationalität {f}: ኢልሙድነት: irrationality
Irrationalitäten {pl} :: irrationalness
Irre {m, f}: እብደት: morons
irre: እብድ: mad
irreal: ኢተጨባጭ: unreal, unreally
irreführen: አሳሳተ: mislead
irreführend: አሳሳች/ አሳስቶ: delusive, misdirecting, misleading, misleadingly
Irreführung {f}: ማሳሳት: misdirection, misguidance
irrefürend: መስሃቲ፣ አሳሳች: delusively, misdirected, misleaded, misguided
irregulär: ኢውሱን: irregular
irreleiten: ማሳሳት: misdirect, misguide
irreleitend: አሳሳች/ አሳስቶ: misguiding
irrelevant: ኢተመሳሳይ: irrelevant, irrelevantly
irren: ተሳሳተ: err
Irrenarzt {m}: የውሸት ሐኪም: alienist, mad-doctor
irrend: ስሁት/ ተሳስቶ: being mistaken, errant, erring, mistaking
Irrenhaus {n}: የእብድ ቤት: madhouse, mental home
Irrenhäuser {pl} :: madhouses
irreparabel: መጠገን የማይችል: irreparable, irreparably
Irrer {m}: እብድ: madman, madmen
irreredend: ዘልባጳ: delirious, deliriously
Irrfahrt {f}: መሳሳት/ የስተት ጎዞ: odyssey
Irrglaube {m}: አምልኮት: misbelief
Irrgläubige {m, f}: አምልኮትኛ: misbeliever
irrig: ስሁት: erroneously
irritieren: አስቀየመ፣ አስጠላ: irritate
irritierend: አስጠይ/ አስቀያሚ/ አስቀይሞ: irritating
Irrsinn {m}: እብድ: insanity, lunacy
irrsinnig: እብድ: lunatic, lunaticly
Irrtum {m}: ስተት፣ መሳሳት: aberrant, erroneousness, error, falsity
Irrtümer {pl}:: errors, falsities
irrtümlich: በስተት: by mistake, erroneously
Ischias {m}: ወቅታዊ ውጋት/ ቁርጥማት፣ ድንጋዜ: sciatic, sciatica
Island: ኢስላንድ: Iceland
Isobare {f}: የዞን ቦርደር/ ድንበር: isobar
Isobaren {pl} :: isobars
Isolationismus {m}: ባይትዋርነት፣ መነጠል፣ ንጣሌ: isolationism
Isolationist {m}: ባይትዋር: isolationist
Isolator {m}: መለያያ፣ መለያ: insulator, insulator
Isolierband {n}: መጠቅለያ ፕላስቲክ: insulating tape, rubber tape
isolieren, vereinzeln, trennen: ለያየ፣ ነጠለ: insulate, segregate, isolate
isolierend: ነጣይ/ ለይቶ: soundproofing, insulating, isolating
isoliert: ተነጣይ/ ተነጥሎ: soundproofed, insulated
Isolierung {f}: መነጠል: insulation
Isolierungen {pl} :: isolations
Isomer {m}: ያቶም ክፍል: isomer
Isomere {pl} :: isomers
Isotherme {f}: የዞን መከፋፈያ: isotherm
Isothermen {pl} :: isotherms
isothermisch: ዞናዊ: isothermal, isothermally
Isotop {n}: የንጥረ ነገር ዓይነት: isotope
Isotope {pl} :: isotopes
ist: ነው: is
Istbestand {m}: ወቅታዊ ይዘት: actual result
Istbetrag {m}: ወቅታዊ መጠን: actual amount
Italic {m}: የኮምፒዩተር ጽሑፍ ዓይነት: italics
Italien: ጣሊያን: Italy
Italiener {m, pl}: ጣሊያናዊ: the italians
italienisch: ጣሊያንኛ: italian
iterativ, sich periodisch, wiederholend (math.): ድግግም: iteractive, repetitive

J

Ja {n}: አዎ፤ ይሁን፤ በጀ፤ እሺ: yea
Ja: አዎ፤ ይሁን፤ በጀ፤ እሺ Yes, yes, yep, yes
Jacht {f}: ትንሽና ፈጣን መርከብ: yacht
Jachten {pl} :: yachts
Jacke {f}: ጃኬት፤ ኮት: jacket, jerkin
Jacken {pl} :: coats, jackets
Jagd {f}, Verfolgung: አደና፤ የማሯሯጥ ጭዋታ: chase
Jagdaufseher {m, pl}: የጭዋታ ዳኛ: gamekeeper, gamekeepers
Jagdflieger {m}: የጦር አውሮፕላን አብራሪ: fighter pilot
Jagdgesetz {n}: ያዳና ሕግ: game law
Jagdgesetze {pl} :: game laws
Jagdgewehr {n}: ጠብመንጃ: sporting gun
Jagdgewehre {pl} :: sporting guns
Jagdhaus {n}: የማደኛ/ ያደን ጎጆ: hunting lodge
Jagdhund {m}: አዳኝ ውሻ: hound
Jagdhunde {pl} :: hounds
Jagdhütte {f}: የአደን ጠደብ: shooting box
Jagdhütten {pl} :: shooting boxes
Jagdmesser {n, pl}: ጦር: hunting knife, hunting knives
Jagdrecht {n}: ያደን መብት: shooting right
Jagdrechte {pl} :: shooting rights
Jagdrevier {n}: የማደኛ/ ያደን ቦታ: hunting ground
Jagdschein {m}: ያደን ፈቃድ: shooting licence
Jagdscheine {pl} :: shooting licences
Jagdzeit {f}: የማደኛ ወቅት: hunting season
jagen: አደነ: scud, chase, hunt
jagend: አዳኝ/ አድኖ: chasing, coursing, hawking, hounding, hunting, scudding, chasing
Jäger {m, pl}: አዳኝ: hunter, rifleman, riflemen, hunters
Jägermeister {m}: እውቅ አዳኝ: professional hunter
Jägersmann {m}, Waidmann: አዳኝ: huntsman
Jaguar {m}: የዱር ድመት: jaguars
Jaguare {pl}:: jaguars
jäh, plötzlich: በድንገት: sudden
Jahr {n}: ዓመት: year, Year, yr
Jahre {pl} :: years, yrs
Jahrbuch {m}: ያመት መዘገቢያ: almanac, yearbook
Jahrbücher {pl} :: annals, annuals, yearbooks
jahrelang: ዓመት ሙሉ: for years, long lasting
Jahresabgrenzung {f}: ዓመታዊ ገደብ: annual cut off
Jahresabonnement {n}: ዓመት ረሽን/ ትኬት: annual subscription
Jahresabschluß {m}: ያመቱ ማለቂያ: annual accounts, annual financial statement
Jahresabschlußprüfung {f}: ዐመታዊ ፈተና: annual audit
Jahresabschreibung {f}: ዓመታዊ ዘገባ: annual allowance, annual depreciation expense
Jahresangabe {f}: ዓመታዊ መግለጫ: annual details
Jahresangaben {pl}:: annual details
Jahresbedarf {m}: ዓመታዊ ፍጆታ: yearly requirement
Jahresbericht {m}: ዓመታዊ ሪፖርት: annual report
Jahresbescheinigung {f}: ዓመታዊ ደረሰኝ: annual tax certificate
Jahresbestellwert {n}: ዓመታዊ ግዥ: annual purchase order value
Jahresbilanz {f}: ዓመታዊ ባላንስ: annual balance, annual balance sheet
Jahreseinkommen {n}: ዓመታዊ ገቢ: annual income, yearly income
Jahresentwicklung {f}: ዓመታዊ ዕድገት: annual development
Jahresfehlbetrag {m}: ዓመታዊ ጉድለት: annual shortfall
Jahresgebühr {f}: ዓመታዊ ቀረጥ: annual fee
Jahresgehalt {n}: ዓመታዊ ደመወዝ: annual salary
Jahresgehälter {pl} :: annual salaries
Jahresgewinn {m}: ያመቱ ትርፍ: annual cash flow
Jahresgewinne {pl} :: annual earnings
Jahresinventur {f}: ያመታዊ ቆጠራ: annual inventory count
Jahreskontenschreibung {f}: ዓመታዊ የሒሳብ መቆጣጠሪያ: annual account posting
Jahresmitte {f}: ግማሽ ዓመት: midyear
Jahresnettogewinn {m}: ዓመታዊ ነፃ ገቢ: annual net cash inflow
Jahresprämie {f}: ዓመታዊ ቅድሚያ: annual premium
Jahresrate {f}: ዓመታዊ ሬት: annual installment, annual rate
Jahresrendite {f}: ዓመታዊ ምላሽ: annual return
Jahresrente {f}: ዓመታዊ ጡረታ: annuity
Jahresrenten {pl} :: annuities
Jahresstatistik {f}: ዓመታዊ ስንጠረዥ: annual statistics
Jahrestag {m}: ዓውደ ዓመት: anniversary
Jahrestage {pl} :: anniversaries
Jahresüberschuß {m}: ዓመታዊ ትርፍ: annual net profit
Jahresumsatz {m}: ዓመታዊ ወጭ: annual sales, annual turnover
Jahresurlaub {m}: ዓመታዊ ፈቃድ: annual vacation
Jahresversammlung {f}: ዓመታዊ ስብሰባ: annual general meeting
Jahresverschiebung {f}: ዓመታዊ ትልልፍ: annual roll over
Jahreszahl {f}: ዓመታዊ ቁጥር: year dates

Jahreszahlen {pl} :: year dates
Jahreszeit {f}, Saison: **ወቅት**: season
Jahreszeiten {pl}, Saisons:: seasons, seasons
jahreszeitlich: **ወቅታዊ**: seasonable, seasonably, seasonal, seasonally
Jahrhundert {n}: **መቶ ዓመት**: centenary, century
Jahrhunderte {pl} :: centenaries, centuries
jährig: **አመታዊ**: years of age
jährlich: **ባማት ባመት**: Annual, annual, yearly, annuall, annually
Jährling {m}: **ባላንድ ዓመት**: yearling
Jährlinge {pl} :: yearlings
Jahrmarkt {m}: **ዓመታዊ ገብያ**: fair
Jahrmarktsplatz {m}: **ዓመታዊ የገብያ ቦታ**: fairground
Jähzorn {m}: **ግንፍልተኝነት፣ ንዴት**: irascibility, irascibleness, violent fit of temper
jähzornig: **ብስጭታም/ማ**: irascible
Jammer {m}: **ብስጭት፥ምሬት**: bitchiness, ruefulness
Jammerbild {n}: **አሳዛኝ ስእል**: picture of misery
jämmerlich: **ቀጫጫ፣ የማይጠረቃ**: despicable miserably, despicably
Jämmerlichkeit {f}: **ቶስካና፣ ቀጫጫነት**: despicableness, distressfulness
Jämmerlichkeiten {pl} :: woefulnesses
jammern: **አማረረ፣ ተናደደ፣ ተበሳጨ**: to lament, wail, yammer
jammernde: **ብስጩ**: wailingly
Jammervoll {m}: **ብስጩ**: wailful
jammervoll: **ንጭናጫ**: woebegone
Januar {m}: **ጥር**: jan, January, january, JAN
Japaner {m}: **ጃፓናዊ**: nisei
japanisch: **ጃፓንኛ**: japanese
Jargon {m}: **ዘየኛ/ ቀበሌኛ**: slang
Jargons {pl} :: slangs
Jasmin {m}: **ያበባ ዓይነት**: jasmine
Jasmine {pl} :: jasmines
jäten: **ፋቀ፣ አስወገደ**: weeding
Jätmesser {n}: **መፋቂያ**: spud
Jauche {f}: **ፈሳሽ ማዳበሪያ**: liquid manure
jaulen: **ጮኸ፣ ተንጫጫ**: yip, yowl
jaulend: **ጫጊ/ ጮሆ**: yipping, yowling
Jawort {n}: **የምነት ቃል**: word of consent
Jaworte {pl} :: words of consent
Jazz {m}: **የሙዚቃ ዓይነት**: jazz
jazzartig: **ጃዛዊ**: jazzily
Jazzmusiker {m, pl}: **ጃዝ ተጫዋች**: hipster, hipsters
je: **ለ/ በ/ ከእየ...**: per
je Stück: **ለእየንዳንዱ**: apiece
je...desto: **...ከሆነ፣ ...የበለጠ**: the...the
jede Menge: **እንደ ብዛቱ**: aplenty
jede, jeder: **እየአንዳንዱ**: each
jeden Augenblick: **ለአንድ ጊዜ/ አፍታ**: at a moment's notice
jedenfalls, irgendwie: **እንደ ሁኔታው**: anyway
jedenfalls: **ሆኖም**: at all events
jeder : **ሁሉ**: everybody, everyone
jeder der: **...ሆነ ሁሉ**: whoso
jeder zweite: **ከሁለቱ አንዱ**: every other
jeder, alle: **ሁሉ**: every
jeder: **እየአንዳንዱ**: all, each, eachone, every, everybody
jedermann: **ማንም ሰው**: everyone
jederzeit: **በማንኛውም ሰዓት**: anytime, at all hours, at all times, at any time, everytime
jedes der: **እሚሆን ሁሉ**: whosoever
jedesmal: **ሁሌ**: each time, every time
jedoch: **እነሆ**: however
jemals, je: **ምንም ጊዜ**: ever
jemand, irgend jemand: **የሆነ ሰው**: anybody, anyone, somebody, someone
jene, jener, jenes: **ያኛው**: yon, those, yonder
jenseitig: **በድኅረ ዓለም፣ በወዲያኛው ዓለም**: otherworld, thithertho, ulterior, otherworldly, ulteriorly
Jenseitigkeit {f}: **ድኅረ ዓለም**: otherworldliness
Jenseits {n}: **ድኅረ ዓለም**: kingdom-come
jenseits, darüber hinaus: **ከ...ወዲያ**: beyond
jenseits: **ከኅራው ወዲያ**: beyond, on the other side
jetzt, nun, eben, jetzt schon: **አሁን**: currently, now, by now
jeweils: **በጊዜው**: at a time
Job {m}: **ሥራ**: jon
Jobbearbeitung {f}: **ተገብሮ**: job processing
Joch {n}: **ማሳ**: zygo
Jochbein {n}: **ቀንጃ፣ ጥምድ**: zygomatic
Jod {n}: **ኬሚካላዊ ንጥረ ነገር**: iodine
jodeln: **በጥቅሻ ብቻ መግባባት**: yodel
Jodler {m, pl}: **እስክስክታ መች/ ዘፋኝ**: yodeler, yodelers
Joghurt {m}: **ያይብ ዓይነት**: yoghurt, yogurt
Joghurts {pl} :: yoghurts, yogurts
Johannisbeere {f}: **እንጆሪ/ሬ**: black currant, currant
Johannisbeeren {pl} :: black currants, currants
johlen: **ጩኸ ተጣራ**: hoot
Jokerzeichen {n}: **ጆከር ካርታ/ በሁሉ ገቢ**: wildcard character
Jolle {f}: **ጀልባ**: wherry, yawl
Jollen {pl} :: wherries, yawls
jonglieren: **ከሳራ/ ውርወራ ተጫወተ**: juggle
Jota {n}: **የግሪክኛ ፊደል ስም**: iota
Jotas {pl} :: iotas
Joule {f}: **የኃይል መለኪያ**: joule
Journal {n}: **ጋዜጣ**: daily ledger, journal
Journale {pl} :: journals
Journalismus {m}: **ጋዜጠኛነት**: journalism
Journalist {m}: **ጋዜጠኛ**: journalists
Journalisten {pl} :: journalists
Journalistin {f}: **ጋዜጠኛ**: journalist
journalistisch: **ጋዜጣዊ**: journalistic, journalistically
Jubel {m}: **ደስታ፣ እልልታ**: jubilance, jubilation, jubilations

jubeln, jauchzen, aufmuntern: **ተደሰተ፣ እልል አለ**: cheer, jubilate
jubelnd: **ደስታኛ**: jubilant, jubilating, jubilantly
Jubiläum {n}: **ክብረ በዓል**: jubilee, jubilant, jubilantly
jucken: **በደስታ/ ፈቃድ ሠራ/ አደረገ**: itch
Jude {m}: **አይሁዳዊ**: jew
Judentum {n}: **ዩዳይዝም**: jewishness
Jüdin {f}: **አይሁዳዊት**: jewess
jüdisch: **ይሁዳይኛ**: jewish
Jugend {f}: **ወጣት**: boyhood, youth, adolescence
Jugendalter {n}: **የልጅነት ጊዜ**: young age
Jugendfreund {m}: **የወጣትነት ጓደኛ**: school day friend
Jugendfürsorge {f}: **ወጣት ተንከባካቢ**: youth welfare
Jugendgericht {n}: **የወጣት ማረሚያ**: juvenile court
Jugendheim {n}: **የወጣቶች መኖሪያ**: youth center
Jugendheime {pl} :: youth centers
Jugendherberge {f}: **የወጣቶች ማደሪያ ቤት**: youth hostel
Jugendherbergen {pl} :: youth hostels
Jugendkriminalität {f}: **የወጥት ወንጀል**: juvenile delinquency
jugendlich: **ወጣታዊ**: juvenile, teen, youthful, youthfully, juvenilely
Jugendliche {m, f}: **ወጣት**: teenage
Jugendlichen {pl}:: teenagers, teenyboppers, juveniles
Jugendlicher {m}: **ወጣቱ**: adolescent, teenager
Jugendlichkeit {f}: **ወጣትነት**: juvenileness, youthfulness
Jugendliebe {f}: **የልጅነት ፍቅር**: early love
Jugendlieben {pl} :: early loves
Jugendstrafanstalt {f}: **የወጣት ጸባይ ማረሚያ**: juvenile prison
Jugendwerk {n}: **የወጣትነት ሥራ/ ተግባር**: early work
Jugendzeit {f}: **ልጅነት**: early days
Juli {m}: **ሐምሌ**: JUL, jul, July, july
Jumbo/s {m/ pl}: **ዋናው ዕጣ**: jumbos
jung: **ወጣት/ ወጣታዊ**: young, youthfully
Jungbrunnen {m}: **ምንጭ**: fountain of youth
Junge {m}: **ወጣት**: youngster, boy
jungenhaft: **ጨቅላዊ**: boyish
jüngere, letztere: **ወጣት፣ መጨረሻ**: junior, younger, latter
Jungfernfahrt {f}: **የወጣትነት ጉዞ**: maiden-voyage
Jungfernrede {f}: **የወጣትነት አነጋገር**: maiden-speech
Jungfernreise {f}: **የወጣቶች ጉዞ**: maiden voyage
Jungfrau {f}: **ድንግል**: virgo, vestal
Jungfrauen {pl} :: virgins, virgos, vestals
jungfräulich: **ድንግልናዊ**: maiden, virginal, virginally, virginally
Jungfräulichkeit {f}: **ድንግልነት**: maidenliness, virginity
Jungfräulichkeiten {pl}:: virginity
Junggeselle {m}: **ወንደ/ ሴት ላጤ**: bachelor
Junggesellen {pl} :: bachelors
Junggesellin {f}: **ሴት ላጤ**: spinster
Junggesellinnen {pl} :: spinsters
Jüngling {m}, Jugend: **ጎረምሳ፣ ወጣት**: youngling, youth
Jünglinge {pl} :: younglings
Jungs {pl}: **ወጣት**: youngsters
Jungsein {n}: **ወጣትነት**: youngness
Jungvermählte {m, f}: **አዲስ ጋብቻ**: newlywed
Jungvermählten {pl} :: newlyweds
Jungvogel {m}: **የወፍ ጫጩት**: squab
Jungvögel {pl}:: squabs
Juni {m}: **ሰኔ**: June, june
Junkie {m}: **አውቆ አበድ**: junkie
Jupiterlampe {f}: **ልዩ መብራት**: sunlamp
Jupiterlampen {pl} :: sunlamps
Jurist {m}: **ዳኛ**: jurisprudent, lawyer, udge
juristisch: **ዳኛዊ**: juristic
Jury/s {f, pl}: **ዳኛ**: juries
Justiz {f}: **ፍርድ ቤት**: judiciary
Justizbeamter {m}: **ዳኛ**: judicial officer
Justizbehörde {f}: **ዳኛ**: legal authority
Justizbehörden {pl} :: legal authorities
Justizirrtum {m}: **የሕግ ፍርድ ቤት**: error of justice
Justizminister {m}: **የሕግ ሚኒስትር**: minister of justice
Justizministerien {pl} :: ministries of justice
Justizministerium {n}: **የሕግ ሚኒስተር**: ministry of justice
Justizpalast {m}: **የፍርድ ቤት**: law courts
Justizpflege {f}: **የፍርድ ቤት ተላላኪ**: administration of justice
Justizwesen {n}: **የፍርድ ሂደት**: judicial system
Jutesack {m}: **ዝናር**: gunnysack
Jutesäcke {pl} :: gunnysacks
Juwel {m}: **ዕንቍ**: jewel
Juwelen {pl} :: jewels
Juwelier {m}: **ዕንቍ ሠሪ**: jeweller
Juwelierwaren {pl}, Schmuck: **ጌጣጌጥ**: jewellery

K

Kabarett {n}: የዳንስ ዓይነት: cabaret
Kabbelei {f}: ግጭት፣ ጥል: tiff
Kabbeleien {pl} :: tiffs
kabbeln: ተጣላ፣ ተጓሰመ: squabble
Kabel {n, pl}: ካብል: cable, cables
Kabelanschluß {m}: ካብል ማገናኛ: cable junction
Kabelbaum {m}: የካብል ዛፍ: cable harness, harness
Kabelbewegungsschleife {f}: ካብል ማገጣጠሚያ: slackness loop
Kabeleinführung {f}: ካብል ማገናኛ: cable entry point
Kabelendverteiler {m}: ካብል ማሰራጫ: cable pothead
Kabelführung {f}: ካብል ማስገቢያ: cable route, cable duct
Kabelhalter {m}: ካብል ተሸካሚ: cable support
Kabeljau {m}: ያሣ ዓይነት: cod
Kabelkapazität {f}: የካብል ኃይል/ መጠን: cable capacitance
Kabelmantel {m}: ካብል መላበሸ: cable sheath
Kabelmontage {f}: አሮጌ ካብል: cable fanning
Kabelrohr {n}: የካብል ቧንቧ/ መስመር: cable coduit
Kabelrundfunk {m}: የካብል ራዲዮ: wired broadcasting
Kabelschacht {m}: ካብል ልባስ: cable funnel
Kabelschuh {m}: ካብል መቋሚያ: cable shoe
Kabelseele {f}: የካብል መዋቅር: cable core
Kabeltrommel {f}: የካብል ከበሮ/ ደወል: cable reel, cable drum
Kabelverbindung {f}: የካብል ማገናኛ: cable splicing
Kabelverlegung {f}: ካብል ማራዘሚያ: cable laying
Kabelverzweigung {f}: ካብል ማካፊያ: cable fanout
Kabine {f}: ትንሽ ክፍል/ ካቢን: cabin
Kabinen {pl} :: cabins
Kabinett {n}: ሸንጎ: closet, cabinet
Kabinette {pl} :: closets, cabinets, closets
Kachel {f}: የማድማጻ ጌጥ: glazed tile, glazed tiles
kacheln: ግርጊጻ አስጌጠ ፣ አስዋበ: tile
Kachelofen {m}: የድንጋይ/ ባለጌጥ ምድጃ: tiled stove
Kadaver {m, pl}: የእንስሳ ሬሳ/ ጥምብ: cadaver, carcass, cadavers, carcases, carcasses
Kader {m, pl}: ካድሬ: cadre, cadres
Kadett {m}: የወታደር ከፍተኛ ትምህርት: cadet
Kadetten {pl} :: cadets
Kadmium {n}: የብረት ንጥረ ነገር: cadmium
Käfer {m, pl}: የእንሴክት/ ትንንሽ እንስሳ ዓይነት: beetle, chafer, chafers, beetles
Kaffee {m}: ቡና: coffee, coffees
Kaffeebohne {f}: ቡና/ ሻሂ ቤት: coffee bean
Kaffeehaus {n}: ቡና ቤት: coffee house
Kaffeehäuser {pl} :: coffeehouses
Kaffeekanne {f}: ኩስኩስት፣ ጀበና: coffeepot, coffee pot
Kaffeelöffel {m, pl}: ሻሂ ማንኪያ: tea spoon, tea spoons
Kaffeemaschine {f}: ቡና ሙቀጫ: coffee percolator, percolator
Kaffeemühle {f}: ቡና መፍጫ/ ማድቀቂያ: whirlybird, coffee mill
Kaffeemühlen {pl} :: whirlybirds
Kaffeesatz {m}: ቡና አተላ: coffee grounds
Kaffeesorte {f}: የቡና ዓይነት: coffees,
Kaffeesorten {pl} :: coffees,
Kaffeetasse {f}: ስኒ: coffee cup
Kaffeetassen {pl}: ስኒ: coffee cups
Käfig {m}: ጎጆ: cage
Käfige {pl} :: cages
kahl: በራ/ ፀጉርአልባ: bald, baldly, bleak
kahlgeschoren: ልጩ/ ተላጭቶ: shaven
Kahlheit {f}: በራነት: baldness, bleakness
Kahlkopf {m}: በራ ራስ: baldhead, bald head
Kahlköpfe {pl}: ባዶ ራስ: baldheads, bald heads
kahlköpfig: በራማ: bald headed, baldheaded
Kahlköpfigkeit {f}: በራማነት: hairlessness
Kahlschlag {m}: ላጨታ: clear cutting
Kahn {m}: ትንሽ ጀልባ: rowing boat
Kahnführer {m}: ጀልባ ቀዛፊ: bargemen
Kai {m}: መልጎቅ፣ መርከብ ማሰሪያ/ ማቆሚያ: wharf, quay
Kaianlage {f}: የመርከብ ማቆሚያ አካባቢ: wharfage
Kaigebühr {f}: የማቆሚያ ግብር: dockage
Kaiser {m}: ንጉሠ ነገሥት: emperor
Kaiserin {f}: ንግሥት: empress
Kaiserinnen {pl} :: empresses
kaiserlich: ንጉሣዊ: imperial, imperially
Kaiserschnitt {m}: ንጉስ ከምከም/ ቁርጥ: caesarean, caesarean section, cesarean, hysterectomy
Kaiserschnitte {pl} :: hysterectomies
Kaisertum {n}: ንግሥት: empire
Kakadu {m}: የወፍ ዓይነት: cockatoo
Kakadus {pl} :: cockatoes
Kakao {m}: ካካዎ: cocoa, cacao
Kaktee {f}: የሻይ ዓይነት: cactus
Kakteen {pl} :: cacti, cactuses
Kalablasse {f}: የመጠጥ ዓይነት: calabash
Kalb {n}: ጥጃ: calf [Plural: calves]
kalben: ላም ወለደች: calve
Kälber {pl}: ወይፈን/ ጥጃ: calves
Kalbfleisch {n}: የጥጃ ሥጋ: veal
Kalbsbraten {m}: የጥጃ ጥብስ: roast veal
Kaldaune {f}: የጨንጋራ ሰምበር: tripe
kaleidoskopisch: አቅርቦ አሳይታ: kaleidoscopic
Kalender {m, pl}: ዘመን መቆጠሪያ: calendar, calendars

Kalenderjahr {n}: ያመቱ አቆጣጠር: calendar year, legal year
Kalenderuhr {f}: ያመት ሰዓት: calendar watch
Kaliber {n}: ጠበንጃ/ ጠብመንጃ: calibre
Kalif {m}: ካሊፍ: caliph
Kalium {n}: የብረት ንጥረ ነገር: potassium
Kalk {m}: የስሚንቶ ንጥረ ነገር: lime
kalkartig: ስሚንቶ መሳይ/ መሰል: lime like
Kalkgebirge {n}: ነጭአፈር ተራራ: limestone mountains
Kalkgrube {f}: የስሚንቶ ጉድጓድ: lime pit
kalkhaltig: ባለስሚንቶ: calcareous
kalkig: ስሚንቷዊ: limy
Kalkofen {n}: ስሚንቶ ምድጃ: limekiln
Kalkstein {m}: የስሚንቶ ደንጋይ: limestone
Kalktuff {m}: ስሚንቶ ማቡኪያ: tufa
Kalkulation/en {f/pl}: ስሌት: calculations
Kalkulationsfehler {m}: የስሌት ስተት: miscalculation
Kalkulationszinsfuß {m}: መነሻ ወለድ: adequate target rate
kalkulatorisch: ስሌታዊ: calculatory
Kalligraph {m}: ቆ ንጠኛ ጸሐፍ: calligrapher
Kalligraphien {pl} :: calligraphies
Kalorie {f}: ንጥረ ምግብ: calorie
Kalorien {pl} :: calories
kalorienreich: ባለአልሚ ምግብ: rich in calories
kalorisch: አልሚ ምግባዊ: caloric
kalt, frostig: ቀዝቃዛ: cold, coldly, cool, frigid, gelid, unloving
Kaltbearbeitung {f}: ቀዝቃዛ አሠራር: cold working
Kaltbiegen {n}: በቀዝቃዛ ጥምዛዜ/ መጠምዘዝ: cold bending
kaltbleiben: ታገሠ: keep cool
kaltbleibend: ታጋሽ/ ታግሦ: keeping cool
Kaltblüter {m}: ጨካኝ፣ አረመኔ: cold blooded animal
kaltblütig: አረመኔአዊ: cold blooded, coldblooded, in cold blood
Kaltblütigkeit {f}: አረመኔነት: cold bloodedness, sangfroid
kaltbrüchig: ተሰባሪ: cold short
Kälte {f}: ቅዝቃዜ፣ ውርጭ: chillness, coldness, frostiness, iciness, chilliness, cold
kalte: ቃዝቃዛ: chillingly, frigidly, gelidly, unlovingly
Kälteanlage {f}: ማቀዝቀዣ: refrigerating plant
kältebeständig: ቅዝቃዜ መከላከያ: cold resistant
Kältebeständigkeit {f}: ቅዝቃዜ መከላከያ: resistance to cold
Kälteeinbruch {m}: የቅዝቃዜ መምጣት/ መውረድ: cold snap
kälteempfindlich: ውርጭ የማይችል፣ ሰፍሳፋ: sensitive to cold
Kältegefühl {n}: የቅዝቃዜ ስሜት/ ቀዝቃዛ ስሜት: sensation of cold, chill
Kältegrad {m}: የቅዝቃዜ ድግሪ: degree of cold
Kälteleistung {f}: የቅዝቃዜ መጠን: refrigerating capacity
Kältemaschine {f}: ማቀዝቀዣ ማሽን: refrigerating machine
Kältemischung {f}: ቅዝቃዜ መቀላቀያ: freezing mixture
Kältemischungen {pl} :: freezing mixtures
Kälteperiode {f}: ቀዝቃዛ ወቅት: cold spell
Kälteregler {m, pl}: ቅዝቃዜ ሳቢ: cryostat, cryostats
Kälteschutzmittel {n}: ቅዝቃዜ መካላከያ: antifreeze
Kältespray {n}: ማቀዝቀዣ፣ ማስታገሻ፣ ማብረጃ: coolant spray
Kältetechnik {f}: ማቀዝቀዣ ዘዴ: refrigeration
Kaltfront {f}: ቀዝቃዛ ግንባር: cold front
kaltgeblieben: ታጋሽ/ ታግሶ: kept cool
kaltgestellt, neutralisiert: ስልብ/ ተሰልቦ፣ ተኮላሽቶ: neutralized
kaltherzig: ደመ ቀዝቃዛ: coldhearted
kaltherzige :: coldheartedly
Kaltherzigkeit {f}: ደመቀዝቃዛነት: coldheartedness
Kaltlagerung {f}: በቅዝቃዜ ውስጥ ማስቀመጥ: cold storage
Kaltleim {m}: ግግር ስብ/ መቅኖ: cold glue
Kaltluft {f}: ቀዝቃዛ ዓየር: cold air
Kaltpressschweissen {n}: ቀዝቃዛ መበየጃ: cold pressure welding
Kaltstart {m}: ኮምፒዩተር ማስነሳት: cold start
kaltstellen, neutralisieren: አንኮላሸ፣ አጠፋ: neutralize
kaltstellend, neutralisierend: አንኮላሽ/ አንኮላሽቶ: neutralizing
Kaltwasserheilkunde {f}: ቀዝቃዛ መታጠቢያ: cold water therapy
Kaltwasserkur {f}: ቀዝቃዛ አጥበት: cold water cure
Kaltwelle {f}: ቀዝቃዛ ሞገድ: cold wave
kaltziehen: ጎተተ: cold draw
Kalvinisten {pl}: በእድል አማኞች: calvinists
kalzinieren: በሙቀት ፋቀ፣ አስወገደ: calcine
Kalzium {n}: ንጥረ ነገር: calcium
Kalziumchlorid {n}: የንጥረ ነገር ዓይነት: calcium chlorid
Kamel {n}: ግመል: camel
Kamele {pl} :: camels
kamelbuckelig: የግመል ጀርባ: camel backed
Kamelfüllen {n}: የግመል ግልገል: young camel
Kamelhaar {n}: የግምል ጠጉር: camel hair
Kamelhaare {pl} :: camels hairs
Kamelkuh {f}: ሴት ግመል: she camel
Kamelkühe {pl}: ሴት ግመሎች: she camels
Kameltreiber {m, pl}: ግመል ጋላቢ: camel driver, cameleer
Kamera {f}: ካሜራ: camera
Kameras {pl} :: cameras
Kamerad {m}: ጓደኛ: comrade, buddy
Kameraden {pl} :: comrades, pals, buddies

Kameradschaft {f}: ጓደኝነት: comradeship, fellowship
kameradschaftlich: ጓደኝነታዊ: companionate, companionable
Kameradschaftsabend {m}: የጓደኝነት ፓርቲ: social evening
Kameradschaftsehe {f}: የጓደኝነት ጋብቻ: companionate marriage
Kameradschaftsgeist {m}: የጓደኝነት ግንዛቤ: camaraderie
Kameraführung {f}: የካሜራ ሥራ/ ተግባር: camera work
Kameraleute {pl}: የፎቶ ባለሙያዎች: cameramen
Kameramann {m}: ፎቶአንሺ: cameraman
Kamille {f}: ያበባ ዓይነት: camomile
Kamillentee {m}: ያበባ ሻሂ: camomiletea
Kamin {m}: ምድጃ: fireplace, chimney
Kamine {pl} :: chimneys
Kaminbock {m}: የምድጃ ማዘት: andiron
Kaminecke {f}: የምድጃ ማእዘን: inglenook
Kaminfeger {m}: አመድ ማፌሻ: chimney sweep
Kaminfeuer {n}: የተዳፈነ እሳት: ingel, open fire
Kamingeräte {pl}: ጉልቻ: fireirons
Kamingitter {n, pl}: የሳት መከላከያ/ ማዘንት: fireguard, fireguards
Kaminplatte {f}: ምድጃ ግጣም: mantelpiece, hearthstone
Kaminplatten {pl} :: hearthstones
Kamm {m}: ማበጠሪያ: comb
Kämme {pl}: ማበጠሪያ: combs
kämmen: አበጠረ፣ ከፈከፈ: to comb
kämmend: አበጣሪ/ አበጥሮ: combing
Kammer {f}: ምኝታ ቤት/ ክፍል: chamber, small room, chambers
Kämmerchen {n, pl}: የሕፃናት ጨዋታ ዓይነት: cubbyhole, cubbyholes
Kammerdiener {m, pl}: አንጣፊ: valet, valets
Kämmerei {f}: ሒሳብ ቁጠባ: finance department
Kämmereien {pl} :: finance departments
Kammergericht {n}: ፍርድ ቤት: superior Court of Justice
Kammerherr {m}: ባለቤት: chamberlain
Kammerjäger {m, pl}: ዘበኛ/ ዘብ: vermin exterminator, vermin exterminators
Kammerkonzert {n}: የዳራሽ ዳንስ/ ትሪት: chamber concert
Kammermusik {f}: ያዳራሽ ሙዚቃ: chamber music
Kammerorchester {n}: የመድረክ አክተር: chamber orchestra
Kammerspiel {n}: የመድረክ ጭዋታ: intimate play
Kammerspiele {pl} :: intimate theatre
Kammerzofe {f}: የጽዳት ሠራተኛ: chambermaid
Kammgarn {n}: ጋቢ/ ድሪቶ: worsted yarn, worsted
Kammgarne {pl} :: worsted yarns
Kammgarngewebe {n}: የጅ ሥራ ጋቢ: worsted fabric
Kammrad {n}: መጨበጫ መሳሪያ: cog wheel
Kammuschel {f}: ከባሕር የሚገኝ የጌጣጌጥ ዓይነት: scallop, scallops
Kammwolle {f}: ድር/ ማግ: worsted wool
Kampf {m}, Streit: ግጭት፣ ጦርነት፣ ትግል: struggle, campaign, fight
Kampfabschnitt {m}: የትግል/ ጦርነት ደረጃ: combat sector
Kampfabstimmung {f}: የጦርነት ስሜት: crucial vote
Kampfanzug {m}: የጦርነት ትጥቅ:ፉከራ/ ዛቻ : battle dress
Kampfanzüge {pl}:: battle dresses
Kampfauftrag {m}: የጦር ተልእኮ: combat mission
Kampfbahn {f}: የጦር ሜዳ: arena
Kampfbegierde {f}, Kampflust: የጦር ብርጌድ: pugnacity
kampfbegierig: ጦረኛ፣ ጦር ጫሪ: eager to fight
kampfbereit: ለጦር ዝግጁ: ready for battle, combatively
Kämpfe {pl}, Feldzüge, Schlachten: ውጊያ፣ ግጥሚያ፣ ትግል፣ ውድድር: fightings, combats, campaigns, battles
kämpfen (um), sich streiten: ታገለ፣ ተዋጋ: to struggle (for), fight (fought, fought), struggle, tussle
kämpfend: ታጋይ/ ታግሎ: battling, crusading, fighting, militantly, struggling, tussling
Kämpfer {m, pl}, Streiter: ታጋይ፣ ወታደር፣ ጦረኛ: combatant struggler, fighter, combatants, strugglers
kampferfahren: ጦር ለመደ፣ ተለማመደ: battle tested
Kampferfahrung {f}: የጦርነት ልምድ: combat experience
kämpferisch: ትግላዊ፣ ጦረኛ: militant, pugnacious, pugnaciously
Kampfeslust {f}: የጥል ሱስ: bellicosity, combativeness
Kampfeslüste {pl} :: pugnacities
kampffähig: ታጋይ: fit for action
Kampffähigkeit {f}: የጦርነት ልምድ/ ችሎታ: fitness to fight
Kampfflieger {m}: ጄት አብራሪ: combat pilot
Kampfflugzeug {n}: ጄት: tactical aircraft, warplane
Kampfflugzeuge {pl} :: tactical aircrafts, warplanes
Kampfgas {n}: የመርዝ ጋስ: war gas
Kampfgase {pl} :: war gases
Kampfgebiet {n}: ጦር ሜዳ: combat area
Kampfgeist {m}: የጦርነት ስሜት: militancy, fighting spirit

Kampfgenosse {m}: የጦርነት ጓድ: comrade in arms
Kampfgenossen {pl} :: comradesinarms
Kampfgruppe {f}: የጦር ቡድን: brigade group
Kampfgruppen {pl} :: brigade groups, gamecocks
Kampfhahn {m}: ተጋጣሚ አውራ ዶሮ: gamecock
Kampflied {n}: ፉከራ፤ ቀርርቶ: battle song
kampflustig: ጠብጫሪ: combative, pugnacious, pugnaciously
Kampflustigkeit {f}: ጠብጫሪነት: pugnaciousness
Kampfmaßnahme {f}: የማጥቃት ርምጃ: military action
kampfmüde: የተሰላቸ/ ስልቹ: battle weary
Kampfplatz {m}: ጦር ሜዳ: battle ground
Kampfplätze {pl} :: battle grounds
Kampfruf {m}: የጦርነት አዋጅ: battle cry
Kampfrufe {pl} :: battle cries
Kampfschwimmer {m, pl}: የባሕር ኃይል ጀብደኛ: frogman, frogmen, underseadiver
kampfstark, stark: ጠንካራ: strong
Kampfstärke {f}: የጦር ጥንካሬ: fighting strength
Kampftruppe {pl}, Trupps: ጦርኃይል: troops
kampfunfähig: አካለ ጎደሎ: incapacitate
Kampfverband {m}: የጦር ትጥቅ: combat unit
Kampfziel/e {n/plf}: የጦር ኢላማዎች: objectives
Kampfzone {f}: ጦር ዞን: combat zone
Kanada: ካናዳ: Canada
kanadisch: ካናዳዊ: Canadian, canadian
Kanal {m}: : ፈሰስ፤ የራዲዮ ጣቢያ: ሽጥ/ የጉድጓድ ውስጥ የተሳበ ወንዝ: canal, channel, duct
Kanäle {pl}:: channels, canals
kanal: ፈሰሳዊ/ ጉርጳዊ: channel
Kanalanschluß {m}: የካናል መጋጠሚያ/ መገናኛ: channel interface
Kanalarbeiter {m}: ካናል ሠራተኛ: channel digger
Kanalisation {f}: በፈሰስ ውሐ ማስራጨት: canalization, sewerage
Kanalisationen {pl} :: sewerages
Kanalisationsnetz {n}: የካናል/ ፈሰስ ስርጭት: sewerage system, sewerage
Kanalisationsrohr {n}: የካናል መሳቢያ: sewer pipe, sewer
Kanalisationsröhre {pl} :: sewers
kanalisieren: በፈሰስ አሰራጨ: canalize
kanalisierend: በፈሰስ አሰራጭ/ አሰራጭቶ: canalizing
kanalisiert: በፈሰስ ተሰራጭ/ ተሰራጭቶ: canalized
Kanalspeicher {m}: የካናል ዘጋቢ: channel buffer
Kanalsteuerung {f}: የካናል መዘውር: channel controller
Kanalsystem {n}: የካናል ሲስቴ ም: canal system
Kanalumsetzer {m}: ካናል ተግባሪ: channel translator
Kanalwähler {m}: ካናል መምረጫ: channel selector
Kanarienvogel {m}:በካናሪ ደሴት የሚገኝ ወፍ: canary bird, canary
Kanarienvögel {pl} :: canaries
Kandidat {m}: ተመራጭ: aspirant, nominee
Kandidaten {pl} :: aspirants, candidates
Kandidatenliste {f}: የምርጫ ዝርዝር: list of candidates
Kandidatur {f}: ምርጫ: candidature
Kandidaturen {pl} :: candidatures
kandidieren für: ለምርጫ ቀረበ: to run for
kandierend: ለምርጫ ቀራቢ/ ቀርቦ: candying
kandiert: ተመራጭ/ ተመርጦ: candied
Kandis {m}: አጩ: candy
Känguruh {n}: የእንስሳ ዓይነት: kangoroo
Känguruhs {pl} :: kangoroos
Kaninchen {n}: ጥንቸል: coney, bunny, rabbit
Kaninchen {pl} :: bunnies, rabbits
Kaninchenbau {m}: የጥንቸል ምግብ: rabbit burrow
Kaninchenfell {n}: የጥንቸል ጸጉር: rabbit skin
Kaninchengehege {n, pl}: የጥንቸል መንጋ: warren, rabbit warren, warrens
Kaninchenstall {m}: የጥንቸል ቤት/ ጣራ: rabbit hutch
Kanister {m}: የበንዚል መቅጃ: canister
kann, /können/, mag, darf: ቻለ: can, could, may, might
Kanne {f}: ጀበና፤ ገንቦ: tankard, jug, can
Kannen {pl} :: tankards
Kannibale {m}: ጭራቅ፤ ሰዎበል: cannibal
Kannibalen {pl} :: cannibals
kannibalisch: ሰዎበላዊ: cannibalistically
Kannibalismus {m}: ሰዎ በልነት: cannibalism
kannibalistisch: ሰዎበል: cannibalistic
Kanone {f}: በንብ፤ መድፍ: cannon
Kanonen {pl} :: cannons
Kanonenboot {n}: የባሕር ኃይል መርከብ: gunboat
Kanonenboote {pl} :: gunboats
Kanonenfutter {n}: የጥይት ራት: cannon fodder
Kanonenkugel {f}: የመድፍ ጥይት: cannonball, cannon ball
Kanonenofen {m}: የብረት ምድጃ: round iron stove
Kanonier {m}: መድፍ ተኳሽ: gunner
Kanoniere {pl} :: gunners
Kantate {f}: የመዝሙር ዓይነት: cantata
Kante {f}: ጠርዝ፤ ጠረፍ: edge
Kantenfluß {m}: የጠረፍ ወንዝ: arc flow
Kanter {m}: ጓዳ፤ መላማላ ግልቢያ: canter
Kantine {f}: ትንሽ ምግብ ቤት: canteen
Kantinen {pl} :: canteens
Kanton {m}: ክፍለ ሀገር: canton

Kantone {pl} :: cantons
kantonesisch: ክፍለ ሀገራዊ: cantonese
Kantor {m}: አቀንቃኝ፣ መዝሙር መሪ: cantor
Kanzel {f}: የትምህረት ወንበር: pulpit, cockpit
Kanzleiamt {n}: ሀገረ ስብከት: chancellorship
Kanzleigericht {n}: ፍርድ ቤት: chancery
Kanzleigerichte {pl} :: chanceries
Kanzler {m}: ጠቅላይ ሚንስትር: chancellor
Kap {n}: ባርኔጣ፣ ቆብ: cape
Kapazität {f}: ችሎታ: capacity
Kapazitäten {pl} :: capacities
kapazität: ችሎታ: capacity
Kapazitätsausnutzung {f}:ችሎታን መጠቀ: utilization of capacity
Kapazitätserweiterung {f}:ችሎታውን መጨመር/ ማሳደግ: addition to capacity
kapazitiv: መጠናዊ: capacitive, capacitive
Kapelle {f}: ቤተ ጸሎት፣ የሙዚቃ ባንድ: chapel
Kapellen {pl} :: chapels
Kapellmeister {m}: የሙዚቃ ባንድ መሪ: bandmaster
kapillar: ቀጭን፣ ጠባብ: capillaries
Kapillargefäß {n}: ትንሽ ማድጋ/ እንስራ: capillary vessel, capillary
Kapillargefäße {pl} :: capillary vessels
Kapillarität {f}: የፈሳሽ እንቅስቃሴ: capillarity
Kapillaritäten {pl} :: capillarities
Kapillarrohr {n}: የፈሳሽ ቧንቧ: capillary tube
Kapital {n}: መነሻ ገንዘብ: capital, fund
kapital: ገንዘብ: capitally
Kapitalabfindung {f}: ገንዘብ ስጦታ: monetary compensation
Kapitalabwanderung {f}: የገንዘብ ስደት/ መሄድ: capital outflow
Kapitalanteil {m}: የገንዘብ ድርሻ: capital share
Kapitalaufwand {m}: ወጭ ገንዘብ: capital expenditure
Kapitalbedarf {m}: ተፈላጊ ገንዘብ: capital requirements
Kapitalbeschaffung {f}: ገንዘብ ማግኛ: raising of capital
Kapitalbilanz {f}: ገቢና ወጭ ማወቂያ: net capital movement
Kapitalbildung {f}: ገንዘብ ማሰባሰብ: accumulation of capital, formation of capital
Kapitalbildungen {pl} :: formations of capital
Kapitalentwertung {f}: የገንዘብ ዋጋ ቅናሴ: capital depreciation
Kapitalerhöhung {f}: ባጀቱን ማሳደግ: increase of capital
Kapitalerhöhungen {pl} :: increases of capital
Kapitalertrag {m}: ዋና ወለድ/ ባጀት: capital yield
Kapitalertragsteuer {f}: የገቢ ቀረጥ: capital yields tax
Kapitalflucht {f}: የገንዘብ ስደት: flight of capital
Kapitalgeber {m}: አበዳሪ: investor
Kapitalgesellschaft {f}: እቁብ: capital company
Kapitalgesellschaften {pl} :: capital companies
Kapitalgewinn {m}: የገንዘብ ወለድ: capital profit
Kapitalgewinnsteuer {f}: የትርፍ ቀረጥ: capital gains tax
kapitalintensiv: ወጭ/ በተግባር ላይ የዋለ ገንዘብ: capitalintensive
kapitalintensiv: በቅልጥፍና: capital intensive
kapitalisierbar: የገንዘብ እንቅስቃሴ: capitalizable
kapitalisieren, kapitalisiere: በገንዘብ ነገደ፣ ገንዘብ አከማቸ: capitalize
Kapitalismus {m}: ካፒታሊዝም: capitalism
Kapitalist {m}: የገንዘብ ባለኃብት: capitalist
Kapitalisten {pl} :: capitalists
kapitalistisch: ካፒታሊስታዊ: capitalistic, capitalistically
Kapitalknappheit {f}: የገንዘብ እጥረት: shortage of capital
Kapitalkonsolidierung {f}: ገንዘብ ማብቃቃት: actual value method
Kapitalkonto {n}: የተንቀሳቃሽ ገንዘብ ኮንቶ: capital account
Kapitalkraft {f}: የገንዘብ መጠን: financial capacity
kapitalkräftig, kaufkräftig: የመግዛት ኃይል ያለው: well funded
Kapitalmangel {m}: የገንዘብ ብዛት: lack of capital
Kapitalmarkt {m}: የገንዘብ ገብያ: capital market
Kapitalsteuer {f}: የገንዘብ ቀረጥ: tax on capital, taxes on capital
Kapitalumschlag {m}: ተጨማሪ ገንዘብ/ የገንዘብ ድጎማ: asset turnover
Kapitalverbrechen {n}: የገንዘብ ዘረፋ: capital crime
Kapitalverkehr {f}: የገንዘብ እንቅስቃሴ: turnover of capital
Kapitalvermögen {n}: የገንዘብ ኃብት: capital assets
Kapitalwert {n}: የገንዘብ ዋጋ: capital value
Kapitän {m}, Hauptmann: የመርከብ ሹፌር: captain, captain
Kapitel {n}: ምዕራፍ: chapter
Kapitel {pl}: ምዕራፍ: chapters
Kapitol {n}: የፓይልት መቀመጫ: statehouse
Kapitole {pl} :: statehouses
Kapitulation {f}: ምርኮት/ መማረክ: capitulation, surrender
kapitulieren: ማረከ/ በቁጥጥር ሥር አዋለ: capitulate
kapitulierend: ማራኪ/ ማርኮ: capitulating
kapituliert: ተማራኪ/ ተማርኮ: capitulated
Kappa {n}: በግሪክኛ የ -ከ-ስም: kappa
Kappe {f}: ቆብ፣ ባርኔጣ: cap
Kapriole {f}: ባየር ላይ መዝለል: caper
kapriziös, launenhaft: በደስታ/ ስሜት: capriciously, capricious

Kapsel {f}: ቀፎ፣ ክብ ማስቀመጫ: capsule, capsules
kaputt, geknickt, gebrochen: ተሰባሪ/ የተሰነረ: broken, broken
kaputtgegangen: ተሰባሪ/ ተሰብሮ: got broken
kaputtgehen: ተሰበረ: get broken
Karabinier {m}: የጠብመንጃ ዓይነት: carbineer
Karaffe {f}: የእጅ ሥራ መስትዋት: decanter, carafe
Karaffen {pl} :: decanters
Karambolage {f}, Kollision: የብዙ እስፖርተኞች ግንኙት: collision
karambolieren: ተጋጨ: collide with
Karamel {m}: የቀለም ንጥረ ነገር: caramel
Karat {n}: የዕንቁ/ ወርቅ መመዘኛ: carat
Karate {pl} :: carats, karats
Karavelle {f}: የመርከብ ዓይነት: caravel
Karawanenstraße {f}: የግመል ነጋዶች መንገድ: caravan route
Karbid {n}: የኬሚካል ውኅዶት: carbide
Karbol {n}: የከሰል ንጥረ ነገር: carbolic
Karbonat {n}: የጨው ንጥረ ነገር: carbonate
Karbonate {pl} :: carbonates
Kardamom {m}: የቅመም ዓይነት: cardamom
Kardinal {m}: ኤጲስ ቆጶስ: cardial
Kardinal {m}: መቁጠሪያ ቁጥር: cardinal
Kardinalbischof {m}: የካቶሊኮች ጳጳስ: cardinal bishop
Kardinäle {pl} :: cardinals
Kardinalfehler {m}: የቁጥር ስተት: cardinal error
Kardinalpunkt {m}: ዋና ነጥብ: cardinal point
Kardinaltugend {f}: ዋና ትኅትና: cardinal virtue
Kardiogramm {n}: የልብ ትርታ መለኪያ: cardiogram
Kardiograph {m}: የልብ ትርታ መሣሪያ: cardiograph
Kardiographie {f}: የልብ ትርታ አለካክ: cardiography
Kardiologie {f}: የለብ ትምህርት: cardiology
Karenzzeit {f}: የመጠበቂያ ሰዓት: waiting period
Karenzzeiten {pl} :: waiting periods
Kargheit {f}: እጥረት፣ ድኅነት: scantiness
karieren: ማዕዘን ሠራ: chequer
karierend: ማዕዘት ሠሪ/ ሠርቶ: checkering
kariert: ማዕዘን ተሣሪ/ ተሠርቶ: chequered, checkered
Karies {n}: ያጥንት ቁርጥማት/ ውጋት: caries
karikativ: አስመሳይ፣ ደግ ሠሪ: caricatural, charitable
Karikatur {f}: የተጋነነ ስእል: caricature, cartoon
Karikaturen {pl} :: cartoons, caricatures
Karikaturist {m}: የፌዝ ስእል ሳይ: caricaturist, cartoonist
karmesinrot: ቀይዳማ: crimson, carmine
Karneval {m}: የሰካሮች ፌስት: carnival
Karnickel {n, pl}: ጥንቸል: rabbits, bunnies
Karomuster {n, pl}: መቆጣጠሪያ: checked pattern, chequers
Karosse {f}: ጋሬ: state coach
Karossen {pl} :: state coaches
Karosserie {f}: የመኪና አካል: car body
Karosserien {pl}:: car bodies
Karosseriebau {m}: የመኪና አካል ጥገና: body making
Karosseriebauer {m}:የመኪና አካል ጠጋኝ/ ሠ: body maker
Karosserieblech {n}: ልባስ: body sheet
Karotin {n}: ካሮቲን፥አልሚ ንጥረ ነገር: carotin
Karotte {f}: ካሮት: carrot
Karotten {pl}:: carrots
Karpfen {m, pl}: ያሣ ዓይነት: carp, carps
Karpfenteich {m}: ያሣው መገኛ: carp pond
Karre {f}: አራት ማዕዘን ጋሬ: barrow
Karren {pl} :: barrows
Karrengaul {m}: የጋሬ ፈረስ: cart horse
Karriere {f}: ዓላማ: career
Karrierefrau {f}: ባላላማ/ አላማ ያላት ሴት: career woman
Karrierefrauen {pl} :: career women
Karrierist {m}: ላላማው ጣሪ: careerist
Karte {f}, Eintrittskarte, Fahrkarte: ካርድ፣ ማፕ/ ካርታ: card, map, ticket
Kartei {f}: የካርታ ስብስብ: card index
Karteien {pl} :: card indexes
Karteikarte {f}: የምርጥ ቃላት ካርድ: index card, record card
Karteikasten {m}: የካርድ ማስቀመጫ: card index box
Karteikästen {pl}: የካርድ ማስቀመጫ: card index boxes
Kartell {n}: ግጥሚያ፣ ውድድር: cartel
Kartellabsprache {f}: የውድድር ስምምነት: cartel agreement
Kartellabsprachen {pl} :: cartel agreements
Kartellverbot {n}: የውድድር መከልከል: ban on cartels
Kartellverbote {pl} :: bans on cartels
Kartellwesen {n}: የውድድር ሲስተም: cartel system
Karten spielen: ካርታ የጫወተ: to play at cards
Kartenausgabe {f}: ካርድ ማደል: sale of tickets
Kartenausgaben {pl} :: sales of tickets
Kartenausgabestelle {f}: ከርድ አዳይ ተረኛ: ticket office
Kartenausgabestellen {pl} :: ticket offices
Kartenbrief {m}: ፖስት ካርድ: letter card
Kartenführung {f}: የከተማ ፕላም: card guide, supportbracket
Kartenkunststück {n}: በካርድ ማታለል: card trick
Kartenlegerin {f}: በካርታ ጠንቋይ: fortune teller
Kartenlegerinnen {pl} :: fortune tellers
Kartenmagazin {n}: የካርድ ጋዜጣ: card hopper

Kartenmischer {m}: ካርታ ቀላቃይ: card collator
Karten-Nr. {f}: ካርድ ቁጥር: cardnumber
Kartennummer {f}: ካርድ ቁጥር: cardnumber
Kartenprüfgerät {n}: ካርድ ተቆጣጣሪ መሣሪያ: card verifier
Kartenrückseite {f}: የካርድ ጀርባ: card back
Kartenspalte {f}: የካርድ ሰንጠረዥ: card column
Kartenspieler {m}: ካርታ ተጫዋች: card player
Kartentisch {m}: ተካርታ ማስቀመጫ: card table
Kartenvorderseite {f}: የካርያ ፊት: card face
Kartenzeichen {n}: የካርድ ምልክት: conventional sign
Kartenzeichner {m}: ካርታ ሠሪ: cartographer
Kartenzeile {f}: የካርድ መስመር: card row
Kartoffel {f}: ድንች: potato
Kartoffeln {pl}:: potatoes
Kartoffelanbau {m}: የድንች እርሻ: potato growing
Kartoffelbranntwein {m}: የድንች ወይን/ አረቂ: potato spirit
Kartoffelbrei {m}: የድንች ጥብስ: mashed-potatoes
Kartoffelernte {f}: የድንች አዝመራ: potato harvest
Kartoffelerntemaschine {f}: የድንች መቆፈሪያ መሳሪያ: potato harvester
Kartoffelknödel {m}: የድንች ወጥ: potato dumpling
Kartoffelpresse {f}: ድንች ጨማቂ: ricer
Kartoffelpressen {pl} :: ricers
Kartoffelsalat {m}: የድንች እርድ: potato salad
Kartoffelsuppe {f}: ድንች ወጥ: potato soup
Kartograph {m}: የካርያ ሥራ ሠራተኛ: mapper
Kartographen {pl} :: mappers
Kartographie {f}: ካርታ ሥራ: cartography
kartographisch: የካርታ አሠራር: cartographic, cartographical
Karton {m}: ካርቶን· cardboard, carton, cardboards
Kartons {pl} :: cartons
kartonieren: ካርቶን ሠራ: bind in boards
Karussell {n}: ክብ ማሽከርከሪያ: roundabout
Karzinom {n}: የመቀርሳ እበጥ: carcinoma
kaschieren: አጠፋ፤ ደበቀ: conceal
kaschierend: ደባቂ/ ደብቆ: concealing
kaschiert: ተደባቂ/ ተደብቆ: clad, concealed
Kaschmir: ያገር ስም: cashmere
Kaschmirschal {m}: የካሽሚሮች ፎጣ: cashmere shawl
Käse {m}: ግግር ዓይብ: cheese
Käsegebäck {n}: ያይብ ዳቦ: cheese biscuits
Käsehändler {m}: ያይብ ነጋዴ: cheese monger
Käsekuchen {m}: ያይብ ኬክ: cheesecake, cheese cake
Käsekuchen {pl} :: cheesecakes
Käserei {f}: የወተት/ አይብ ማምረቻ: dairy
Käsereien {pl}:: dairies
Käserinde {f}: የወተት ፍየል: cheese rind
Käserinden {pl}:: cheese rinds
Kaserne {f}: ጦር ካምፕ: barracks
Kasernendienst {m}: የጦር ካምፕ አገልግሎት: fatigue duty
Kasernendienste {pl} :: fatigue duties
Kasernenhof {m}: የጦር ካምፕ ግቢ: barrack yard
Kasino {n}: የቁማር መጫወቻ: casino
Kassageschäft {n}: የፈዝ/ ማታልያ ንግድ: spot transaction
Kassakurs {m}: የቀልድ ትምህርት: spot price
Kassakurse {pl} :: spot prices
Kassalieferung {f}: የቀልድ አወራረስ: spot delivery
Kassalieferungen {pl} :: spot deliveries
Kassation {f}: የፍርድ መነሳት፤ በይግባኝ ማሽነፍ: cassation
Kassationshof {m}: የይግባኝ መጠየቂያ: court of cassation
Kassationshöfe {pl} :: courts of cassation
Kasse {f}, Verkaufsplatz: ገንዘብ መከፈያ/ መቀበያ: cash box, point of sale
Kassenabschluß {m}: የገብያ መዝጊያ/ ማብቂያ: closing the cash accounts
Kassenabschlüsse {pl} :: closings the cash accounts
Kassenabteilung {f}: የገንዘብ ክፍል: money office
Kassenanweisung {f}: የገንዘብ መክፍያ ክፍል: order for payment
Kassenarzt {m}: የሚከፈለው/ ቅጥረኛ ሐኪም: panel doctor
Kassenbeamte {m, f}, Kassierer: ገንዘብ ተቀባይ: cashier
Kassenbeleg {m}: የጭያጭ ደረሰኝ: sales slip
Kassenbericht {m}: የወጭና ገቢ ሪፖርት: cash report
Kassenbestand {m}: የገቢና ወጭ ባላንስ: cash balance
Kassenbuch {n}: የሒሳብ ቡክ: cash account book
Kassenbüro {n}: የክፍያ ቢሮ: pay-office
Kassendefizit {n}: የግንዘብ ክስረት: cash deficit
Kassendiebstahl {m}: የገንዝብ ስርቆት: theft from the till
Kassendiebstähle {pl} :: thefts from the till
Kassenobligation {f}: የገቢና ወጭ ውል: medium term bond
Kassenpatient {m}: ኢንሹራንስ ያለው በሽተኛ/ ታካሚ: panel patient
Kassenpraxis {n}: የኢንሱራንስ ተቀጣሪ ሐኪም: panel practice
Kassenprüfung {f}: የገንዘብ ቁጥጥር: cash audit
Kassenraum {m}: የመክፈያና ገንዘብ መቀብያ ክፍል: counter hall

Kassenschalter {m}: የገንዘብ መክፈያና መቀብያ ቦታ: cash desk
Kassensturz {m}: የገንዘብ ክሳራ/ ክስረት: cash check
Kassenwart {m}, Schatzmeister: የገንዘብ ተቆጣጣሪ: treasurer
Kassenwarte {pl}, Schatzmeister:: treasurers
Kassette {f}: ካሴት: casket, cassette, cartridge
Kassetten {pl} :: caskets, cartridge tapes
Kassettendecke {f}: ካሴት ማስቀመጫ: coffered ceiling
Kassettenfilm {m}: የፊልም ካሴት/ ጥቅል: cassette film
Kassettenrecorder {m}: ቴ ፐ ሪኮርድ: cassette recorder
Kassettentonbandgerät {n}: ቴ ፐ ሪኮርድ: cassette tape recorder
Kassierer {m, pl}: ሒሳብ/ ገንዘብ ተቀባይ: cashier, cashiers
Kastanienbaum {m}: የዛፍ ዓይነት: chestnut, chestnut tree
Kästchen {n, pl}: ሳንዱቅ: small box, casket, caskets
Kaste {f}: የሃይማኖት/ የምስጢረኞች ቡድን: caste
kasteien: ራሱን አገለለ/ ጣለ፣ ራቀ: chasten oneself
Kastell {n}: የቤት መንግሥት/ ጠር ግቢ: fort
Kasten {m}: ቀፎ፣ ቅርጫት፣ ጎተራ፣ ትልቅ ሻንጣ: coffer, hutch, showcase, bin, chest, castes
Kästen {pl}: ማሸጊያ ሳጥን: coffers, hutches, showcases, bins
Kastenbrot {n}: የቅርጫት ዳቦ: tin loaf
Kastenbrote {pl} :: tin loaves
Kastendrachen {m}: ሳጣራ: box kite
Kastengeist {m}: ጠባብ አስተሳሰብ: caste spirit
Kastration {f}: ማስጠንቀቂያ: castration
Kastrationen {pl} :: castrations
kastrieren: አስወገደ፣ ነቀለ: castrate
Kasusendung {f}: ያረባብ/ የርባታ ቅጥያ: case ending
Kasusendungen {pl} :: case endings
katabolisch: አመንዣኪ: catabolic
Katabolismus {m}: በመድኃኒት የሰውነትን ንጥረ ነገር መቀነስ: catabolism
Katakombe {f}: ዋሻ፣ መቃብር: catacomb
Katakomben {pl} :: catacombs
kataleptisch: ጎደሎ ፣ ያልተሟላ: cataleptic
Katalog {m}: ካታሎግ፣ ሊስት ማውጫ: catalog, catalogue, newsletter
Kataloge {pl} :: catalogues
Katalogeintrag {m}: የካታሎግ ሥራ: catalog entry
katalogisieren: ካታሎግ አደረገ: cataloging, cataloguing
katalogisierend: ካታሎግ አድራጊ/ አድርጎ: cataloging, cataloguing
katalogisiert: ካታሎግ ተደራጊ/ ተደርጎ: cataloged, catalogued
Katalogisierung {f}: ካታሎግ ማድረግ/ ሊስት ማውጣት: cataloging, cataloguing
Katalogpreis {m}: የካታሎግ ዋጋ: list price
Katalysator {m}, Organisator: አንቀሳቃሽ፣ ቀስቃሽ: promoter, catalyse
katalysieren: አነቃቃ፣ ቀሰቀሰ: catalyze
katalysierend: አንቀሳቃሽ/ አንቀሳቅሶ: catalysing
katalysiert: ተቀስቃሽ/ ተቀስቅሶ: catalysed, catalyzed
katalytisch: ቅስቀሳዊ: catalytic
Katapultflugzeug {n}: የመዝለያ አውሮፕላን: catapult aircraft
Katarakt {m}: ፏፏቴ አልባ ውሐ ያለበት ቦታ/ አካባቢ: cataract
Katarrh {m}: ከልክ በላይ ነዳጅ/ ፈሳሽ መሙላት: catarrh
katastrophal: ድብልቅልቅ፣ አፍርሳታዊ: cataclysmal, catastrophic, disastrous, catastrophically, disastrously
Katastrophe {f}: መከራ፣ አደጋ: catastrophe, debacle, calamity, cataclysm
Katastrophen {pl} :: catastrophes, debacles, calamities, cataclysms
katastrophisch: መከራዊ: cataclysmic, cataclysmically
katechisieren: አመሰጠረ፣ ደነገገ: catechize
Katechismus {m}: ድንጋጌ: catechism
Kategorie {f}: ዋና ክፍል: category, predicament
Kategorieen {pl} :: categories, categories
kategorisch: ዋና ምድባዊ: categorical, categorically
kategorisieren: መደበ፣ ከፈለ: categorize
kategorisierend: መዳቢ/ መድቦ: categorizing
kategorisiert: ተመዳቢ/ ተመድቦ: categorized
Kategorisierung {f}: አመዳደብ: categorization, classification in categories
Kater {m, pl}: የዱር ድመት: male-cat, tomcat, tomcats
Kathederblüte {f}: የጉበት ደም ርጋታ: howler
Kathedrale {f}, Kirche: ካቴ ድራል: cathedral
Kathode {f}: ያኤሌክትሮድ/ ን ነጋቲቭ ፖል/ ጫፍ: cathode
Kathodenheizung {f}: የኤሌክትሮን/ድ ማሞቂያ: cathode heating
Kathodenstrahl/en {m/pl}: የኤሌክትሮድ ጨረር: cathode rays
Kathodenstrahlanzeige {f}: የኤሌክትሮድ ጨረር መጠቆሚያ: cross display
Kathodenstrahlröhre {f}: የኤሌክትሮን ጨረር ማለፊያ: cathode ray tube
Kathodenverstärker {m}: የኤሌክትሮን ማጠናከሪያ: cathode follower
Katholik {m}: ካቶሊክ: catholic
Katholiken {pl}: ካቶሊኮች: catholics
katholische: ካቶሊካዊ: catholically
Kation {n}: ፖዘቲቭ አዮን: cation
Kattun {m}: ማግ/ የጥጥ ዓይነት: calico

Kattunkleid {n}: ፍታይ ጋቢ/ ቀሚስ: cotton dress
Kattunkleider {pl} :: cotton dresses
Kätzchen {n}: የድመት ግልገል: kitten, kitty, catkin, catkins, kittens
kätzchenhaft: ተጫዋሪ: kittish
Katze {f}: ድመት: tabby, cat
Katzen {pl} :: cats, tabbies
katzenartig: ጨካኝ: catlike, feline, felinely
Katzenfell {n}: የድመት ጸጉር: cat skin
Katzenfisch {m}: የድመት ዓሣ: catfish
katzenfreundlich: ጣማ፣ ለስላሳ: oversweet
katzenhaft, katzig: ተጫዋሪ: catty
Katzenhaftigkeit {f}: ድመትነት: cattiness
Katzenheim {n}: የድምት ቤት: cattery
Katzenjammer {m, pl}: የድመት ኩርፊያ: hangover, hangovers
Katzenjammerei {f}: የድመት ኩርፊያ: hangoverish
Katzenmusik {f}: የድመት ሙዚቃ: cacophony, caterwauling
Katzenmutter {f}: እናት ድመት: mother cat
Katzenschwanz {m}: የድመት ጅራት: cattail
Katzentisch {m}: የድመት ጠረጴዛ: side table
Katzentische {pl} :: side tables
kaubar: ተላማጭ: chewable, masticable
kaudern: አጉተመተመ: talk gibberish
kaudernd: አጉተምታሚ/ አጉተምትሞ: talking gibberish
Kauen {n}: ማላመጥ: mastication
kauen: አላመጠ: chew, champ, chaw, chew, chomp, masticate
kauend: አላማኝ/ አላምጦ: champing, chawing, chewing, chomping, masticating
Kaufauftrag {m}: የግዥና ሽያጭ ውል: buying order
kaufbar: ተሻጭ ተለዋጭ: purchasable
Kaufbedingung {f}: የጭያጭ ቅድመ ሁኔታ: condition of purchase
Kaufbedingungen {pl} :: terms of purchase
Kaufbrief {m}: የመግዣ ደብዳቤ: bill of sale
Kaufbriefe {pl} :: bills of sale
kaufen (von): ገዛ: to buy (from) (bought, bought), cash, purchase
Kaufen {n}: መግዛት: buying, purchasing
Kaufentschlußanalyse {f}: የግዥ ግምጋሜ: activation research
Käufer {m, pl}: ገዥ: buyer, vendee, purchasers, vendees
Käufermarkt {m}: መገቢያያ: buyer market
Käuferschaft {f}: መገቢያየት: buyership
Käuferschicht {f}: ገበኛ: group of buyers
Käuferschichten {pl} :: groups of buyers
Kauffahrer {m}: የግዥ አመላላሽ: merchant vessel
Kaufgeld {n}: የግዥ ገንዘብ: purchase money
Kaufgelegenheit {f}, Gelegenheit: የግዥ አጋጣሚ: opportunity
Kaufgelegenheiten {pl}:: opportunities
Kaufhaus {n}: ታላቅ ገብያ ቤት: big store, big stores, department store
Kaufhäuser {pl} :: stores
Kaufkraft {f}: የመግዛት ኃይል: purchasing power
Kaufleute {pl}: ነጋዴች: merchants
käuflich: የሚገዛ፣ ተሻጭ-ተለዋጭ: bribable buyable, mercenarily, mercenary, venal, venally, venal
Käuflichkeit {f}, Verfügbarkeit: ተሻጭ-ተለዋጭነት: venality, availability
Kaufmann {m}: ነጋዴ: merchandiser, merchant
kaufmännisch, kommerziell: ንግዳዊ: commercial, mercantile, mercantile, trading, mercantilistic
Kaufmannslehrling {m}: ንግድ ትምህርት ቤት: commercial apprentice
Kaufmiete {f}: የግዥ ኪራይ: hire purchase plan
Kaufmotiv {n}: የግዥ ዓላማ: buying motive
Kaufobjekt {n}: የግዥ ዕቃ: object of purchase
Kaufstraße {f}: የገብያ መንገድ: shopping street
Kaufstraßen {pl} :: shopping streets
Kaufvertrag {m}: የግዥ ውል: contract of purchase, purchase contract
Kaufverträge {pl} :: contracts of purchase
Kaufwert {n}: የግዥ ዋጋ: purchase value
Kaugummi {m}: መስቲካ: chewing gum
Kaulquappe {f}: የእባብ/ አዞ ቆዳ ልጣጭ: tadpole, polliwog
Kaulquappen {pl} :: tadpoles
kaum, schwerlich: ምንም፣ ቅንጣት: hardly, scarcly, barely, hardly
Kausalbegriff {m}: ምክንያታዊ ሐሳብ: causal concept
Kausalität {f}: ውጤት: causality
Kausalprinzip {n}: ዋና ዓላማ: principle of causality
Kausalsatz {m}: ዋና ዓረፍተ ነገር: causal clause
Kausalzusammenhang {m}: ዋና ይዘት: causal connection
Kausalzusammenhänge {pl} :: causalities
Kaution {f}: መያዣ፣ ዋስትና: bail
kautionsfähig: ተያዥ የሚሆን: bailable
Käuzchen {n}: የወፍ ዓይነት: screechowi
Kavallerie {f}: ፈረሰኛ ጦር: cavalry
Kavallerien {pl} :: cavalries
Kavalleriepferd {n}: የጦር ፈረስ: cavalry horse
Kavallerist {m}: ጦረኛ: cavalryman
Kavalleristen {pl} :: cavalrymen
Kaviar {m}: ያሣ ምግብ ዓይነት: caviar
KB: ኪሎ ባይት: kilobyte, kilobytes
keckere: ዋልጌ፣ ደስተኛ መሳይ፣ ቀልደኛ: pertly, pert, bolder
Keckheit {f}: ዋልጌነት: cockiness, pertness
Kegel {m, pl}, Kegelspiel: የመጫዎቻ አሎሎ: pin, skittle, tenpin, cone, cones, ninepins, tenpins, skittles

Kegelbahn {f}: ኬግል መጫዎቻ ቦታ: bowling alley, skittle alley
Kegelbahnen {pl} :: bowling alleys
Kegelbremse {f}: የኬግል መያዣ: cone brake
kegelförmig: ድቡልቡል: conic, conical, conically
Kegelklub {m}: የኬግል ክበብ: skittles club
Kegelkugel {f}: ተወርዋሪ አሎሎ: skittles ball, skittles balls
kegeln: ኬግል ተጫወተ: play at skittles
Kegelrad {n}: ጌግል መመለሻ: bevel wheel, bevel gear, bevel gear wheel
Kegler {m, pl}: ኬግል ተጫዋች: skittles player, skittles players
Kehle {f}: አንገት: gorge, throat
Kehlen {pl}:: throats, goals, gorges
kehlig: ጉሮሯዊ: throatily
Kehlkopf {m}: የጉሮሮ እንቅርት: laryngeal, larynx
Kehlkopfentzündung {f}: የጉሮሮ እንቅርት ፍንዳታ: laryngitis
Kehllaut {m}: የጉሮሮ ተነባቢ: guttural sound
Kehllaute {pl} :: gutturals
Kehrer {m, pl}: ጠራጊ: sweeper, sweepers
Kehrmaschine {f}: መጥረጊያ ማሽን: road sweeper
Kehrreim {m}: ግጥም መጨረሻ: refrain
Kehrreime {pl}:: refrains
Kehrseite {f}: ጀርባ: reverse
Kehrseiten {pl}:: reverses
kehrtmachen: ከበከበ፤ ዞረ: turn about
Keil {m}: የሰውነት መገጣጠሚያ: gore, wedge
Keile {pl} :: cotters
Keim {m}: እጭ፤ ጽንስ: germinal, germ
Keime {pl} :: germs
Keimbildung {f}: መጸነስ: germ formation
Keimbildungen {pl} :: germ formations
Keimdrüse {f}: ቆለጥ: gonad
Keimdrüsen {pl} :: gonads
Keimdrüsenhormon {n}: ያባለ ዘር ፈጣሪ ሴል: sex hormone
Keimen {n}: ብቃይ፤ ቡቃያ: germination
keimen: ጸነሰ፤ በቀለ፤ አበቀለ: germ, germinate
keimend: አብቃይ/ አብቅሎ: germinating, germing
keimfähig: በቃይ: germinable
Keimfähigkeit {f}: በቃይነት: germination capacity
keimfrei : መካን፤ ዘርአልባ: sterile
Keimfreiheit {f}: ፍሬአልባነት፤ መካንነት: sterility
Keimling {m}: ጽንስ: germ bud
Keimlinge {pl} :: germ buds
Keimscheibe {f}: አስኳል: germinal disc
Keimscheiben {pl} :: germinal discs
Keimträger {m, pl}: ዞፍ፤ ጽንስ ተሸካሚ: germ carrier, germs carriers
Keimwurzel {f, pl}, Wurzelkeim: የጽንስ ስር: radicle, radicles
Keimzelle {f}: የጽንስ ሴል: gamete, germ cell
Keimzellen {pl} :: germ cells, gametes
kein: ምንም (አሉታ): don't, no
Kein/e/er/s: ምንም: none
Keine Ahnung!: አላውቅም: No idea!
keinerlei: በምንም ዓይነት፤ በፍጹም: no at all
keinesfalls: በፍጹም: not at all
Keineswegs!: ፈጽሞ፤ በፍጹም: No way!
keineswegs, auf keinen Fall: በምንም ዓይነት: by no means
keineswegs: በምንም መንገድ: noway
keinmal: ምንም ጊዜ: not once
Keins {n}: ምንም: non
Keks {m}: ራሾ፤ ድርቆሽ: cookie, biscuit
Kekse {pl} :: biscuits
Kelch {m}: ጽዋ፤ ኩባያ: chalice
Kelche {pl} :: chalices
Kelchblatt {n}: ጌሾ: sepal
Kelchblätter {pl} :: sepals
kelchförmig: ዋንጫ/ ጽዋ ቅጽ: cup shaped
Kelchglas {n}: ብርጭቆ: goblet
Kelchgläser {pl} :: goblets
Kelle {f}: ማስፈንጠሪያ: trowel, dipper, scoop
Kellen {pl} :: dippers, trowels, scoops
Keller {m, pl}: መካዝን፤ ዕቃ ቤት: cellar, cellars
Kellerei {f}: መካዝን: wine cellars
Kellergeschoß/e {n, pl}: ምድር ቤት: basements
Kellerlokal {n}: መጠጥ ቤት: cellar restaurant
Kellermeister {m}: የመጠጥ ቤት ኃላፊ: cellarer
Kellertheater {n}: የኬለር ትያትር: cellar theatre
Kellerwohnung {f}: የኬለር መኖሪያ: basement flat
Kellerwohnungen {pl} :: basement flats
Kellner {m, pl}, Ober: ቡናቤት ሠራተኛ: bar man, steward, waiter, butlers, waiters
Kellnerin {f}: መጠጥ አሳላፊ: waitress
Kellnerinnen {pl} :: waitresses
Kellnerlehrling {m}: የቡና ቤት ሥራ ተለማማጅ: busboy
Kellnerlehrlinge {pl} :: busboys
Kenianer {m}: ኬንያዊ: kenyan
kennen, können, wissen: አወቀ፤ ተረዳ: know
kennend: አዋቂ/ አውቆ: knowing
kennenlernen: ተዋወቀ፤ ተፈቃቀረ: get to know
Kenner {m}: አዋቂ: appreciator, classicist, connoisseur, fancier, connoisseurs, fanciers
kennerhaft, klug: ብልህ: knowledgeable
Kennerschaft {f}: ትውውቅ: connoisseurship
Kennfaden {m}: መለያ: coloured tracer thread
Kennkarte {f}: መታወቂያ ካርድ: idendity card
Kennlinie {f}: መለያ ጠባይ: characteristic, characteristic curve, characteristic line
Kennmarke {f}: መለያ ምልክት: identification mark
Kennmelodie {f}: መለዮ ድምጽ: signature tune
Kennmelodien {pl} :: signature tunes
Kennsatz {m}: ርእስ: header, label
Kennsatzfamilie {f}: የርእስ ዓይነት: label set

Kennsatzname {m}: **መለዮ ስም**: label name, label identifier
Kennsatznummer {f}: **መለዮ ቁጥር**: label number
kenntlich: እውቅ: knowable
Kenntnis {f}, Wissen: **እውቀት፣ ማወቅ**: acknowledged, knowledge
Kenntnisse {pl} :: attainments, awarenesses
kenntnisreich: አዋቂ: well informed
Kennung {f}: **መታወቂያ**: answerback
Kennungen {pl}:: answerbacks
Kennungseinheit {f}: **የመለያ ምድብ**: answerback unit
Kennungsgeber {m}, Namensgeber: **ስም ሰጭ፣ ሰያሚ**: answer generator
Kennungsgerät {n}: **ማወቂያ ማሽን**: answerback device
Kennwert {m}: **ምስጢራዊ ኮድ**: characteristic value
Kennzahl {f}: **መለዮ ቁጥር**: classification number
Kennzeichen {n}**መለዮ**: badges, criterions, distinguishing mark, tag
kennzeichnen, zensieren, unterscheiden: **ምልክት ሰጠ፣ አመለከተ**: denote, earmark, signify, mark, distinguish, flag, label, mark
kennzeichnend: አመልካች/ አመልካቶ: denoting, earmarking
Kennzeichner {m}: **ምልክት ሰጭ**: qualifier
Kennzeichnung {f}, Marke: **ምልክት**: marker
Kennziffer {f}: **የምስጢር ፊደል**: code digit
kentern: ገለበጠ: capsize
Keramik {f}: **ቅርጻቅርጽ**: cramics, ceramic
Keramiker {m, pl}: **ቀራጺ**: ceramist, ceramicists
keramisch: ቅርጻዊ: ceramic
Kerbe {f}: **የምስጢር ስም፣ የቤተ ክርስቲያን ምረቃ**: nick, notch, dent
Kerbel {m}: **ክብ/ ክበብ**: chervil
kerben: ክብ ሠራ: notches
Kerker {m, pl}: **መጥፎ እስር ቤት**: dungeon, oubliette, dungeons
Kerl {m}: **ወጣት፣ ጎረምሳ**: guy, twerp, wretch, blighter, fellow
Kerle {pl} :: twerps, wretchs, buggers, guys
Kern {m}: **ማዕከል፣ እምብርት**: kernel, nuclear, nucleus, pip, quintessence, core
Kern der Sache: **የነገሩ እምብርት**: root of the matter
Kernchemie {f}: **ያቶም ኬሚስትሪ**: nuclear chemistry
Kerneisen {n}: **የብረት ንጥረ ነገር**: core iron
Kernelektron {n}: **ያቶም ኤሌክትሮን**: nuclear electron
Kernenergie {f}: **ያቶም ኃይል**: nuclear energy
kernfaul: ስልብ፣ ስንኩል: rotten at the core
Kernforschung {f}: **ያቶም ምርምር**: nuclear research
Kernfrage {f}: **ዋና ጥያቄ** : crucial question
Kernfragen {pl} :: crucial questions
Kerngedanke {m}: **መሠረታዊ ሐሳብ**: central idea
kernig: ርጉዝ፣ ጽኑስ: pithy
Kernkörperchen {n}: **መሠረታዊ ጽንስ**: nucleole
Kernladung {f}: **ኃይል መጫን**: nuclear charge
kernlos: መሠረተአልባ: seedless, seedlessly
Kernmodell {n}: **ያቶም ሞዴል**: nuclear model
Kernmunition {f}: **የጥይት እርሳስ**: armour piercing ammunition
Kernobst {n}: **ያትክልት ዓይነት**: pome
Kernphysik {f}: **ያቶም ፊዚክስ**: nuclear physics, nucleonics
Kernpunkt {m}: **ዋና ነጥብ**: nub, crucial point
Kernpunkte {pl} :: quintessences, crucial points
Kernreaktion {f}: **ያቶም ግጭት**: nuclear reaction
Kernreaktor {m}: **ያቶም ፋብሪካ**: nuclear reactor
Kernschatten {m}: **ጥቅጥቅ ጨለማ**: deepest shadow
Kernseife {f}: **ዋና ሳሙና**: curd soap
Kernseifen {pl} :: curd soaps
Kernspaltung {f}: **ያቶም ክፍያ/ መከፈል**: nuclear fission
Kernspeicher {m}: **ዋና መዝገቢያ**: core memory
Kernstück {n}: **መሠረታዊ ነገር**: principal item
Kernstücke {pl} :: nubs
Kernteilchen {n}: **ዋና ክፍል**: nuclear particle
Kerntheorie {f}: **ዋና ጽንሰ ሐሳብ**: nuclear theory
Kerosin {n}: **የነዳጅ ዓይነት**: kerosene
Kerze {f}: **ሻማ**: candle
Kerzen {pl} :: candles
Kerzenhalter {m}: **ሻማ ማብሪያ**: candle stick
Kerzenlicht {n}: **ሻማ መብራት**: candlelight
Kerzenlichter {pl}:: candlelights
Kessel {m, pl}: **ብረት ማቅለጫ ጋን**: caldron, kettle, boiler, cauldron, caldrons, cauldrons, kettles
Kesselanlage {f}: **በረት ማቅለጫ መሳሪያ**: boiler plant
Kesselraum {m}: **ማቅለጫ ክፍል**: boiler room
Kesselschmied {m}: **የብረቴ ቤት**: boiler maker
Kesselstein {m}: **ብረት አር**: scale
Kesselsteine {pl}:: scales
Kette {f}: **የመሳሪያ ጥርስ፣ ሰንሰለት**: string, catena, chain
Kettenbrief {m}: **ተከታታይ ደብዳቤ**: chain letter
Kettendrucker {m}: **ማተሚያ መሳሪያ**: belt printer, chain printer, chainprinter
Kettenfahrzeug {n}: **ባለሪሞርኪ መኪና**: track vehicle
Kettenfahrzeuge {pl} :: track vehicles
kettenförmig: ተሳሳቢ/ ተከታታይ: aliphatic
Kettengeschäft {n}: **የተያያዘ ሱቅ**: chain store
Kettenhund {m}: **ጠባቂ ውሻ**: watch dog

Kettenhunde {pl} :: watch dogs
kettenlos: መቆንጠጫ/ መያዣ አልባ: chainless
Kettenrad {n}: ጎማ ማሽከርከሪያ: chain wheel
Kettenraucher {m}: አጫሽ: chain smoker, chainsmoker
Kettenreaktion {f}: ተከታታት ግጭት: chain reaction
Kettenreaktionen {f} :: series of reactions
Ketzer {m}: ከሃዲ፣ መናፍቅ: heretic
Ketzerei {f}: ክህደት: heresy, hereticalness
Ketzereien {pl} :: heresies
ketzerisch: ክህደታዊ፣ መናፍቃዊ: heretical, heretically
Ketzerverbrennung {f}: የመናፍቃን ግድያ/ በእሳት መቃጠል: burning of heretics
Ketzerverbrennungen {pl}:: burnings of heretics
keuchen: አኮረፈ/ አንኳረፈ: gasp, pant, wheeze
keuchend: አንኳራፊ/ አንኳርፎ: gasping, panting, wheezing, wheezy, wheezily, wheezing
Keuchhusten {m}: የቃታ ሳል: whoopingcough, whooping cough
Keule {f}: ገና፣ ሩር መቅያ: blackjack
Keulen {pl} :: blackjacks
keulenförmig: ገና መሰል/ ድግን: clubbed
keusch: ድንግል፣ መነኮስ: chaste, chastely
Keuschheit {f}: ግንግልና፣ ምንኩስና: chastity
Keuschheitsgelübde {n}: ምንኩስና ማድረግ: vow of chastity
Keuschheitsgürtel {m}: ቅናት መታጠቅ: chastity belt
Kichererbse {f}: የሳቅ ውርስ: chickpea
Kichererbsen {pl} :: channa dhal
kichern: ቀስ ብሎ ሳቀ: chuckle, giggle, snicker, snigger, titter
Kiefer {m}: መንጋጋ: jaw, jawbone
Kiefer {f} : የጽድ ዓይነት ዛፍ: pine
Kiefern {pl} :: pines
Kieferbruch {m}: የመንጋጋ ስብራት: fracture of the jaw
Kieferbrüche {pl} :: fractures of the jaw
Kieferknochen {m}: የመንጋጭል አጥንት: jaw bone
Kiefernwald {m}: የጽድ ዛፍ: pinewood
Kiel {m}: መርከብ: keel
kielförmig: ጽድ መሰል: keeled
kielholen: መርከብ አቆመ (ለጥገና): careen
Kiellinie {f}: የመርከብ መሄጃ መስመር: keel line
Kielraum {m}: ባዶ የመርከብ ክፍል: bilge
Kielräume {pl} :: bilges
Kielwasser {n}: ከመርከብ ሞተር የሚፈናጠር ውሐ: backwash
Kieme {f}: መተንፈሻ ቧንቧ: gill
Kiemen {pl} :: gills
Kiemenatmung {f}: መተንፈሻ: gill breathing
Kiepe {f}: ባላራት ማዕዘን ሻንጣ: pannier
Kiepen {pl} :: panniers

Kies {m}: ድቡልቡል የጌጥ አሸዋ ዓይነት/ እምቡራቡጭ: grit, gravel
Kiesbeton {m}: የእብነ በረድ ንጣፍ/ ልጣፍ: gravel concrete
Kiesel {m}: በውሐ የሚጠረብ ክብ እብነ በረድ: silicic
Kieselalge {f}: ደንጋይ መጥረቢያ: diatom
Kieselalgen {pl} :: diatoms
kieselartig: እበነ በረዳዊ: like pebble
Kieselboden {m}: የእብነ በረድ ቦታ: gravelly soil
Kieselerde {f}: የእብነ በረድ/ ሚኒራል አፈር: silica, siliceous earth
Kieselerden {pl} :: silicas
kieselhaltig: እብነ በረድ አዘል: siliceous
kieselig: እብነ በረዳዊ: pebbly
Kieselstein {m}: እብነ በረድ: pebble
Kieselsteine {pl} :: pebbles
Kiesgrube {f}: የእምብራቡጭ ጉድጓድ: gravel pit
Kilo {n}: ኪሎ: kilo
Kilobaud {m}: ኪሎ ባውንድ: kilobaud
Kilobyte {n}: ኪሎ ባይት: kilobyte
Kilogramm {n}: ኪሎ ግራም: kilogram
Kiloherz {n}: ኪሎ ሳይክል/ ሄርዝ: kilocycle
Kilometer {m}: ኪሎ ሜትር: kilometre
kilometerlang: የኪሎ ሜትር ርዝመት: miles long
Kilometerstand {m}: የኪሎ ሜትሩ ብዛት/ ቁጥር: mileage
Kilometerstein {m}, Meilenstein: ኪሎ ሜትር ጠቋሚ ደንጋይ: milestone
Kilometerzähler {m}: ኪሎ ሜትር መቁጠሪያ: mileage indicator
Kilotonne {f}: ኪሎ ቶን: kiloton
Kilowattstunde {f}: ኪሎ ዋት ሰዓት: kilowatt hour
Kind {n}: ሕፃን: infant, kid, kiddy, child
Kindbett {n}: የሕፃን አልጋ: childbed, puerperal
Kindbetten {pl} :: childbeds
Kindchen {n, pl}: ጨቅላ: chit, chits
Kinder {pl}: ሕፃናት: children, infants, kids
Kinderarbeit {f}: የልጆች ሥራ: child labour
Kinderarzt {m}: የሕፃናት ሐኪም: pediatrician
kindereich: የልጅ ኃብታም: with many children
Kindereisenbahn {f}:የሕፃናት መጫወቻ ባቡር: toy train
Kindereisenbahnen {pl} :: toy trains
Kinderermäßigung {f}: የሕፃናት መሳፈሪያ ዋጋ ቅናሴ/ ቅነሳ: reduction for children
Kindererziehung {f}: የሕፃናት ስእል: child education
Kinderfahrrad {n}: የሕፃናት ባይስክል: juvenile bicycle
Kinderfrau {f}: ልጅ ጠባቂ/ ተንከባካቢ ሴት: amah, nanny
Kinderfrauen {pl}:: nannies
Kinderfreund {m}: ሕፃናት ወዳድ: friend of children

Kinderfürsorge {f}: የሕፃናት እንክብካቤ: child welfare
Kinderfürsorger {m}: ሕፃናት አስተማሪ: child welfare worker
Kindergesicht {n}: የሕፃን ገጽ: baby face
Kindergesichter {pl} :: baby faces
Kindergewehr {m}: የሕፃናት መጫዎቻ ጠብመንጃ: popgun
Kinderheilkunde {f}: የሕፃናት መድኃኒት: pediatrics
Kinderjahre {pl}: የልጅነት ዓመታት: years of childhood
Kinderlähmung {f}: አካለ ስንኩልንት በሽታ: polio, poliomyelitis
kinderleicht: ቀላል: as easy as winking, foolproof, potty, very easy
kinderlieb: ልጅ ወዳድ: fond of children
kinderlos: ልጅአልባ: childless
Kindermädchen {n}: ልጅ ጠባቂ: nursemaid, nurses, nanny, nurse
Kindermädchen {pl} :: nannies, nursemaids
Kindermord {m}: የልጅ ግድያ: child murder
Kindermorde {pl} :: child murders
Kindermörder {m}: ልጅ ገዳይ: child murderer
Kindernahrung {f}: የሕፃናት ምግብ: infant food
Kinderpflege {f}: ልጅ እንክብካቤ: child care
Kinderpistole {f}: መጫዎቻ ሽጉጥ: toy pistol
Kinderpistolen {pl} :: toy pistols
Kinderpsychologie {f}: የሕፃናት ሳይኮሎጂ: child psychology
Kinderschreck {m}: አባ ዳውሌ/ ማስፈራሪያ: bugbear
Kinderschrecke {pl}:: bugbears
Kinderspielzeug {n}: የሕፃናት መጫዎቻ: toys
Kindersterblichkeit {f}: የሕፃናት ሞት: infant mortality
Kindersterblichkeiten {pl}:: infant mortalities
Kinderstube {f}: የሕፃናት ጠባይ: manner
Kinderstuben {pl}:: manners
Kinderstunde {f}: የሕፃናት ሰዓት: children's hour
Kinderwagen {m, pl}: የሕፃናት መኪና: buggy, perambulator, buggies
Kinderzimmer {n, pl}: የሕፃናት ክፍል: nursery, nursery, nurseries
Kindesalter {n}: ሕፃንነት፣ ልጅነት: infancy
Kindesmord {m}: የሕፃናት ግድያ: infanticide
Kindesmorde {pl} :: infanticides
Kindheit {f}: ልጅነት: childhood, infancy, boyhood
Kindheiten {pl} :: infancies
kindisch: ሕፃናዊ: childish, infantile, boyish, childishly
kindlich: ልጃዊ: babyish, childishly, childlike, filial, infantine, kiddy, puerile, childish, filially, puerilely
Kindlichkeit {f}: ሕፃንነት: childishness
Kinematik {f}: የእንቅስቃሴ ዓይነት: kinematics
kinematisch: እንቅስቃሴያዊ: kinematic, kinematical, kinematically
Kinematographie {f}: የፊልም ካሜራ አሠራር: cinematography
kinematographisch: ፊላማዊ: cinematographic, cinematographically
Kinetik {f}: የእንቅስቃሴ ትምህርት: kinetics
kinetisch: እንቅስቃሴያዊ: kinetic
Kinn {n}: ከበብ: chin
Kinnbacke {f}: ከብ ሱቅ: maxilla
Kinnbart {m}: ከብ ቁርጥ ጢም: chin beard
Kino {n}: ፊልም ቤት: movie, cinema
Kinos {pl} :: movies, cinemas
Kinobesucher {m}: ፊልም አይታ: cinemagoer
Kinonarr {m}: የፊልም ሱሰኛ: filmfan
kippen: ገለበጠ፣ ደፋ: cant, topple, cant
kippend: ገልባጭ/ ገልብጦ: canting, tilting, tipping, tipping over, toppling
Kipper {m}: ገልባጭ መኪና: dump truck
Kippfenster {n}: መወርወሪያ መስኮት: bottom hung window
Kippfrequenz {f}: የውርወራ ፍጥነት: sweep frequency
Kirche {f}: ቤተ ክርስቲያን: church
Kirchen {pl} :: churches
Kirchenbesuch {m}: ቤተ ክርስቲያን መሳለም: attendance at church
Kirchenbesucher {m}: ቤተስኪያን ሳሚ: church goer
Kirchendiener {m, pl}: ካህን: sexton, sextons
kirchenfeindlich: ፀረ ቤተ ክርስቲያን: anticlerical
kirchengeistlich: ክህነት: ecclesiastical
Kirchenglocke {f}: የበተስኪያን ደወል: church bell
Kirchenlied {n}: መዝሙር: chant
Kirchenlieder {pl} :: chants
Kirchenmitglied {n}: የሰበካ ጉባዔ አባል: churchman
Kirchenmitglieder {pl} :: churchmens
Kirchenrat {m}: የሰበካ ጉባዔ: consistory
Kirchenräte {pl} :: consistories
Kirchenschiff {n}: የቤተ ክርስቲያን መርከብ: nave
Kirchensteuer {f}: አስራት: church rate
Kirchentag {m}: ክብረ በዓል: church congress
Kirchenturm {m}: የበተስኪያን ሕንፃ: steeple
Kirchentürme {pl} :: steeples
Kirchfrau {f}: አቃቢ: churchwoman
Kirchfrauen {pl} :: churchwomen
Kirchgang {m}: በተስኪያን መግቢያ: church going, churchgoing
Kirchgänger {pl}:: churchgoer
Kirchhof {m}: የበተስኪያን ውድሞ/ ካብ: መቃብር ቦታ: graveyard, churchyard
Kirchhöfe {pl} :: churchyards
kirchlich: ክርስቲያናዊ: churchly, clerical, ecclesiastically
Kirchturm {m}: የበተስኪያን ሕንፃ: steeple
Kirchtürme {pl} :: steeples

Kirschbaum {m}: የፍሬ ዛፍ: cherry tree
Kirsche {f}: የፍራፍሬ ዓይነት: cherry
Kirschen {pl} :: cherries
kirschenrot: በጣም ቀይ: cherry red
Kirschkuchen {m}: የኪርሴ ኬክ: cherrytart
Kirschsaft {m}: ሳፍት: cherry juice
Kirschwasser {n}: ጭማቂ: kirsch
Kissen {n, pl}: መጠጊያ: sachet, cushion, pillow, cushions, pillows, sachets
Kissenbezug {m}: የመጠጊያ መሙያ/ ልብስ: pillow slip, pillowcase
Kiste {f}: ባላራት ማእዘን አጣራ/ ሳጥን: hutch, box, coffer
Kisten {pl}:: hutches, chests, boxes
Kitsch {m}: የትያትር ዓይነት: hokum, trash
kitschig: ቀልዳማ፤ ፊዘኛ: shoddily, tawdrily, tawdry, trashy
Kitschroman {m}: የቀልድ ልብ ወለድ: trashy novel
Kitschromane {pl} :: trashy novels
Kitt {m}: ፈሳሽ ፕላስቲክ: lute
Kittelschürze {f}: ጋቢ: apron dress
Kittelschürzen {pl} :: apron dresses
kitten: ጠቀለለ፤ አሰረ: putty
Kitzel {m}: ኩርኩራ: titillation
kitzeln: ኮረኮረ፤ አሳሳቀ: tickle, tickle, titillate
kitzlig: አሳሳቂ: ticklish, ticklishly, ticklishly
kläffen: በሳ፤ ቀዳዳ አበጀ: yelp
Klage {f}: ክስ፤ ውንጀላ: lament, lamentation
Klagebegründung {f}: የክስ መረጃ: statement of claim
Klagebegründungen {pl} :: statements of claim
Klagegrund {m}: የክስ ምክንያት: cause of action
Klagegründe {f}: የክስ ምክንያት: causes of action
Klagelied {n}: ልቅሶ፤ የሙሾ ሊድ: dirge
klagen: አማረረ ፤ ከሰሰ: bewail, wail, worry
klagend: ከሳሽ/ ከሰሶ: bewailing, complaining, complainingly, lamenting, wailing
Kläger {m, pl}: ከሳሽ፤ ወንጃይ: complainer, demander, libellant, plaintiff, demanders, plaintiffs
Klagerücknahme {f}: ክስ ማንሳት: abandonment of action
Klageschrift {f}: የክስ ዝርዝር: plaint
Klageweg {m}: የክስ መንገድ: by entering an action
klaghaft: አስከሳሽ: wailfully
kläglich: ከሳዊ: deplorable, deplorably, piteous, piteously, pitiable, pitiably, rueful, ruefully
Kläglichkeit {f}: ክስ፤ ውንጀላ: plaintiveness
klaglos: ክስአልባ: uncomplainingly, unrepining, unrepiningly
Klamm {f}: ለስላሳ አለት: ravine, flume, brace, bracket
Klammen {pl} :: flumes, ravines
Klammer {f}: ብራኬት: brace, bracket, braces, brackets
Klammer auf: ብራኬት ከግራ: left parenthesis
Klammer zu: የቀኝ ብራኬት: right parenthesis, peg, parenthesis
Klammeraffe {m}: በኢ-ሜይል የሚጻፍ: (=@) at sign
klammern: በብራኬት አቀፈ: brackets, clamp, clasp, cling
Klammerung {f}: በብራኬት ማስቀመጥ: parethis
Klampe {f}: የጀልባ ሚዛን መጠበቂያ: cleat
Klan {m}: ዘር: klan
Klang {m}: ተግባር፤ ቃና: funktion, tone, ring
Klangfarbe {f}: ማስመሰያ ቀለም: timbre
Klangfarben {pl} :: timbres
Klangfülle {f}: የቃና መቀኛ: sonority
klanglos: ቶን/ ቃናአልባ: tuneless, toneless, tonelessly, tunelessly
Klanglosigkeit {f}: ቃናአልባነት: tunelessness
klangvoll: ባለቶን: melodious, melodiously, sonorous
Klappe {f}: አፍ፤ ትርታ: clack, flap
Klappen {pl}:: flaps
klappen: ትርታ መታ: flap
klappern: ተራገጠ፤ ተጻራ፤ ተመታታ: clatter
Klaps {m}: ቀላል ጥፊ/ ቡጢ: dab, slap
Klapse {pl} :: dabs
klar: ቦገጋን: clear
klar, deutlich, hell: ግልጽ፤ በግልጽ: articulative, clear, clearly, intelligibly, lucidly, perspicacious, perspicuous, perspicuously, serenely, unobscured, vivid, yeah, lucid, evident, lucid, vividly
Kläranlage {f}: ማጣሪያ: purification plant
klären, aufräumen: አጣራ፤ ገለጸ: clarify, clear
Klarheit {f}: ግልጽነት፤ ብርሃንነት: articulateness, clarity, cloudlessness, intelligibleness, levelheadedness, limpidness, lucidity, perspicaciousness, serenity, vividness
Klarheiten {pl} :: clarities, vividnesses
Klarinette {f}: ዕንጨት ማለስለሻ: clarinet
Klarinetten {pl} :: clarinets
klarmachen: ገለጸ፤ አብራራ: make-clear
Klarschrift {f}: ግልጽ ጽሑፍ: plain writing
Klartext {m}: ገልጽ አነጋገር/ አባባል: cleartext, plain language, plaintext
Klärung {f}: ገለጻ: clarification, clearance, purification
Klärungen {pl} :: clearances
Klasse {f}: መማሪያ ክፍል፤ አቋም፤ መደብ: class
Klassen {pl} :: classes
klasse: በጣም ጥሩ: class
Klassenarbeit {f}: የክፍል ሥራ: class test
klassenbewusst: ደረጃ አዋቂ/ ጠባቂ: class conscious
Klassenbewußtsein {n}: የመደብ ንቃተ ኅሊና: class consciousness
Klassengesellschaft {f}: የመደብ ኅብረት ሰብ: class society

Klassenkamerad {m}: የክፍል ጓደኛ: class mate, classmate
Klassenkameraden {pl} :: mates
Klassenkampf {m}: የመደብ ትግል: class conflict
Klassenlehrer {m}: አስተማሪ: class teacher
Klassensprecher {m}: የክፍል ተጠሪ: class representative
Klassenzimmer {n}: መማሪያ ክፍል: classroom, classrooms, schoolroom
Klassifikation {f}: ምደባ/ አመዳደብ: classification
klassifizierbar: ተመዳቢ: classifiable
klassifizieren: መደበ፤ ከፋፈለ: classify, range
klassifizierend: መዳቢ/ መድቦ: classifying
klassifiziert: ተመዳቢ/ ተመድቦ: classified
Klassiker {m/pl}: ባሕላዊ ዘፈን/ መዝሙር: classics
klassisch: ባሕላዊ: classic, classical, classically
Klassizismus {m}: ክላሲዝም: classicism
Klatschbase {f}: ለፍላፊ ሴት: telltale, gossip monger
Klatschbasen {pl}:: telltales, gossips
klatschen: ለፈለፈ፤ ተጫወተ፤ ተንጫጫ: clap, tattle
klauen: አታለለ፤ ሰረቀ: filch, shoplift, snitch, swipe
Klause {f}: የመነኩሴ በዓት/ ጎጆ: hermitage
Klausel {f}: መግለጫ: clause
Klaviatur {f}: የሙዚቃ መሳሪያ ዶቶች: clavier
Klavier {n}: ፒያኖ/ የሙዚቃ መሣሪያ: piano
Klaviere {pl} :: pianos
Klavierinstrument {n}: የፒያኖ መሣሪያ: keyboard instrument
Klavierkonzert {n}: የፒያኖ ሙዚቃ ምሽት: piano concert
Klavierlehrer {m}: ፒያኖ አስተማሪ: piano teacher
Klavierschule {f}: ፒያኖ ትምህርት: piano tutor
Klavierstunde {f}: የፒያኖ ክፍል ጊዜ/ ሰዓት: piano lesson
Klebeband {n}: መጠቅለያ/ ማሰሪያ: adhesive tape
kleben, verbinden: ለጠፈ፤ ጠቀለለ: cleave, Paste, paste, splice
klebend: ለጣፊ/ ለጥፎ: cleaving, pasting, taping
Kleber {m}: መለጠፊያ ነገር፤ ሙጫማ ነገር: adhesion
Klebestreifen {m, pl}: የልጠፋ ምልክት ያለው ወረቀት: glue strip, adhesive strip
klebrig: መንቻካ፤ ጭቅጫቃ: tenacious, sticky, stringy, glutinously, tenaciously, viscidly, viscously
klebrig: ተለጣፊ/ የሚለጠፍ፤ ሙጫማ: clammily, gluey, glutinous, glutinously, glutinuos, ropily, ropy, stickily, sticky, viscid
Klebrigkeit {f}: ተለጣፊነት፤ መንቻካነት: adhesiveness, clamminess, cleavability, clinginess, glutinousness, stickiness, viscidity, viscousness
Klebstoff {m}: ሙጫ፤ መለጠፊያ: adhesive, emplastic
Klebstoffe {pl} :: adhesives
Klecks {m}: ድልዛት፤ ስርዛት: blot
Kleckse {pl} :: blots
Klee {m}: የተክል ዓይነት: trefoil clover
Kleid {n}: ልብስ: dress, frock, gown
Kleider {pl}, Kleidung, Wäsche :: gowns, dresses, clothes [Plural]
kleiden: ለበሰ፤ አጠለቀ: attire, clothe, endue
Kleiderbürste {f}: ልብስ መጥረጊያ ቡርሽ: clothbrush
Kleiderbürsten {pl} :: clothbrushes
Kleidergeschäft {n}: የልብስ ሱቅ: clothes shop
Kleiderhaken {m}: ልብስ መስቀያ: coat hook
Kleiderschrank {m}: የልብስ ሳንዱቅ: wardrobe
Kleiderständer {m}: ልብስ መደርደሪያ: hallstand, hat stand
kleidsam: ቆንጠኛ: becoming
Kleidung {f}: ልብስ: apparel, clothing, raiment
Kleidungsstück {n}: የልብስ ክፍል: habiliment, article of clothing
Kleidungsstücke {pl} :: articles of clothing
Kleie {f}: የዱቄ ት ብናኝ መከላከያ ጨርቅ: bran
Kleien {pl} :: brans
klein, wenig, kaum, gering: ትንሽ፤ ጥቂት፤ ሚንጣ፤ አናሳ: little, lower, petite, petty, runty, small, smallish, wee, small-sized, short, little (less, least)
Kleinaktionär {m}: ይቅተኛ የሽርክና ገንዘብ ያላቸው ነጋዴ: small shareholder
Kleinaktionäre {pl} :: small shareholders
Kleinanzeige {f}: ቀለላል ማስተዋወቂያ: small advertisements
Kleinanzeigen {pl}:: small advertisements
Kleinarbeit {f}: ዝቅተኛ/ ቀላል ሥራ: detail work
Kleinbetrieb {m}: ቀላል ፋብሪካ: small enterprise, small business
Kleinbetriebe {pl} :: small enterprises
Kleinbuchstabe {m}: ተነሹ የላቲን ፊደል: small letter
Kleinbuchstaben {pl} :: lower-case character
Kleinbürger {m, pl}: ገባር: petty bourgeois, bourgeoises
Kleiner {m}: ሕፃን፤ ወጣት: peewee
kleiner: በጣም ያነሰ: less, smaller
kleines Auto: ትንሿ መኪና: subcompact
Kleingeld {n}: ሳንቲም: small change
Kleingewerbe {n}: ቀላል ንግድ: small trade
Kleinhandelspreis {m}: የሙካራ ዋጋ: retail price
Kleinheit {f}: ተንሽ/ ጥቂትነት: puniness, smallness, littleness, trifle
Kleinigkeiten {pl} :: odds and ends
Kleinkind {n}: ጨቅላ፤ ሕፃን: infant

Kleinmütigkeit {f}: ጉረኝነት: pusillanimousness
Kleinrechner {m}: የስሌት ኮምፒዩተር: microcomputer, small computer
Kleinschreibung {f}: በተንንሽ የላቲን ፊደል የተጻፈ ጽሑፍ: use of small letters
Kleinschrift {f}: ትንሽ ጽሑፍ: lowercase, subscripts
Kleinstaaterei {f}: ጎጠኝነት: sectionalism
Kleinstadt {f}: ትንሽ ከታማ: small town
Kleinstädte {pl} :: small towns
kleinstädtisch: ከተማ መሰል: provincial
Kleinstcomputer {m}: ቀላል ኮምፒዩተር: minicomputer
kleinstmöglich: በጥቂቱ/ በትንሹ፣ በመጠኑ: smallest possible
Kleinverkauf {m}: ትንንሽ ሽያጭ: retail
Kleinwagen {m}: ትንሽ መኪና: small car
Kleister {m}: የዱቄ ት መለጠፊያ: paste
Klemmbacke {f}: የኤሌክትሪክ ማገናኛ: jaw
klemmen: ደገነ፣ ስቦ አጠጋጋ: clamp
Klemmleiste {f}: ማከፋፍያ: terminal block
Klempner {m}: እጅ ሠራ: plumber, plumbers
Klempnerarbeit {f}: እጅ ሠሪነት: plumbing
Klepper {m, pl}: አሮጌ ፈረስ/ ሰንጋ: crock, crocks
klerikal: ክህነታዊ: clerically
Klerikalismus {m}: ካህንነት: clericalism
Kleriker {m, pl}: ካህን: cleric, clerics
Klette {f}: የተክል ዓይነት: bur
Kletten {pl} :: burs
Klettern {n}: ገደል መውጣት እስፖረት: shinny, climbing
klettern: ተንጠላጠለ፣ ወጣ፣ ተሰቀለ: clamber, climb, scramble
Kletterpflanze {f}: በግርግዳ ላይ የሚበቅል ሐረግ መሰል ተክል: twiner
Kletterpflanzen {pl} :: twiners
Kletterstange {f}: ገደል ለምውጣት የሚያግዝ መሳሪያ: climbing pole
Klient {m}: የጠበቃ ደንበኛ/ ወካይ: client
Klienten {pl} :: clients
Klientschaft {f}: ውክልና: clientship
Kliff {n}: ፉከራ: bluff
Klima {n}: ያየር ጠባይ: climate
Klimaanlage {f}: ያየር ሁኔታ፣ ማናፈሻ: air condition, air conditioner
Klimaanlagen {pl} :: air conditions
klimakterisch: ተመሳሳይ: climacteric
klimatisch: ያየር ጠባያዊ: climactical, climatic, climatically, air conditioned
Klimatisierung {f}: ያየር ሁኔታ ማስተካከያ: air conditioning
Klimatologie {f}: ያየር ጥናት: climatology
Klimatologien {pl} :: climatologies
klimatologisch: ያየር ጥናታዊ: climatologic, climatological
klimpern: ሙዚቃ ሳያውቅ ለመጫወት ሞከረ: strum, thrum
Klinge {f}: ስንባጭ፣ አጻጋ አድራሽ የመሳሪ ክፍል: blade
Klingel {f}: ቃጭል: bell
klingeln: አቃጨለ፣ ደወለ: jingle, tinkle, ring, ring the bell, jingle
Klingeln {n}: መደወል፣ መንኳኳት: knocking, pinging
klingen: ቶን ሰጠ/ አሰማ: clink, tingle, sound, twang
Klinik {f}: ክሊኒክ: clinic
klinisch: ክሊኒካዊ: clinical, clinically
Klinke {f}: የበር/ መዝጊያ መያዣ/ መጨበጫ: latch
Klinker {m}: በጣም ያረረ ጡብ፣ ምጣድ: clinker
Klippe {f}: የውሐ ውስጥ አለት: crag, cliff
Klippen {pl} :: crags, cliffs
klirren: አንኳኳ፣ አቃጨለ: clang, clank, clink
Klischee {n}: መጫኛ/ ክብደት መጨመሪያ: cliche
klonen, nachmachen: እንደገና ሠራ፣ ደገመ፣ መልሶ ደቀለ: to clone
klönen: አጨበጨበ: chat
klopfen (an): አንኳኳ፣ ደወለ: knock, palpitate, tap, throb
Klopfen {n}: ደወል: knock
Klopfer {m, pl}: መደወያ እንጨት/ ብረት: beater, sounder, sounders
Kloß {m}: ከድንች የሚሠራ የምግብ ዓይነት: lump
Kloster {n}: ገዳም: monastery, convent, monastry
Klöster {pl}:: convents, monasteries
Klosterbruder {m}, Mönch: መነኩስ/ መነኩሴ: friar
Klosterbrüder {pl}:: friars
Klosterfrau {f}: መነኩሴ: nun
Klosterkirche {f}: ገዳመ ቤተ ክርስቲያን: minster
klösterlich: ብህትናዊ: cloistral monasterial, monastic, monastically, monastical
Klosterschule {f}: ገዳም ትምህርት ቤት: convent school
Klotz {m}: የእንጨት/ ግንድ ቁራጭ: chunk, hulk, chump
Klötze {pl} :: hulks, logs
klotzig: ግድንግድ፣ ትልቅ: bulky
Klubhaus {n}: መገናኛ ቤት: clubhouse
Klubjacke {f}: ዩኒፎርም: club jacket
Klubjacken {pl} :: blazers
Klubsessel {m}: የጋራ ወንበር: lounge chair
klug: ብልህ፣ ታታሪ: clever, cleverly, discreet, discreetly, knowledgable, prudent, prudently, sagacious, sage, sagely, clever, sagaciously, prudently
klugerweise: በብልህነት: wisely, sagely
Klugheit {f}: ብልህነት: cleverness, cunningness, cuteness, judiciousness, knowledgeability, prudence, sagaciousness, sageness
Klugheiten {pl} :: knowledgeableness

klüglich: ጥሩነቱ: prudential, prudentially
Knabe {m}: ልጅ፤ ወጣት: boy
knabenhafte: ልጅነታዊ: boyishly
Knabenhaftigkeit {f}: ልጅነትነት: boyishness
knacken: ያዘ፤ ጨበጠ፤ አገኘ: crack
Knacker {m}: ምሥጢር አግኚታ: cracker
Knacklaut {m}: ጩኸት: glottal stop
Knacklaute {pl} :: glottal stops
Knall {m}, Schlag: ፍንዳታ፤ ብትር: bang
Knallkopf {m}: ደንቆሮ: silly ass
knapp: ትንሽ፤ ልክ፤ ወዲያው፤ ጠባብ: barely, concise, concisely, curt, curtly, lean, scant, scantily, scanty, scarce, scarcely, scrimpy, skimpily, skimpy, tersely, short of, stinted
Knappe {m}: ልዑል: varlet
Knappen {pl} :: varlets
Knappheit {f}: ትንሽነት: paucity, scantness, scarcity, shortness, skimpiness, succinctness, terseness
knauserig: ቆጥቋጣ፤ ስግብግብ: illiberal, tightfisted, ungenerous, ungenerously, illiberally, ungenerously
knausern mit: ተንቆጠቆጠ፤ ተንገበገበ: skimp, scant
Knebel {m}: ቀልድ: gag
knebeln: አሸነ፤ አፉን አሰረ: gag
Knecht {m}: አራሽ: farm labourer
Knechte {pl} :: menials
Knechtschaft {f}: አራሽነት፤ ባርነት: thralldom, slavery, bondage
Knechtschaften {pl}:: slaveries
kneifen: ቆነጠጠ: pinch, nip
Kneifer {m}: መቆንጠጫ፤ መያዣ: pince nez
Kneifzange {f}: መቀስ: pincers
Kneipe {f}: ትንሽ መጠጥ ቤት: tavern, pub, saloon
Kneipen {pl} :: pubs, taverns
kneten: ሰፋ፤ ደረተ: knead
Knick {m}: ወለምታ፤ ስብራት: buckling
Knicker {m, pl}: ትንሽ ጦር: skinflint, curmudgeons, skinflints
Knicks {m}: ወለምታ: curtsy
Knickse {pl} :: curtsies
Knie {n}: ጉልበት: knee
Knies {pl}: ጉልበት: knees
Kniebeugung {f}: ስግደት: genuflection
Kniebeugungen {pl} :: genuflections
Kniefall {m}: ድቀት፤ መውደቅ: prostration
Kniegelenk {n}: የጉልበት ሸሆና: knee joint
knien: ሰገደ፤ ተንበረከከ: genuflect, kneel
Knieschützer {m}: የጉልበት መጠበቂያ: kneepad
Kniestrumpf {m}: የጉልበት ካልሲ: stocking
Kniestrümpfe {pl}:: stockings
Kniff {m}: ማጠፊያ: ruse, knack, pinch
Kniff {m}, tip: ዘዴ፤ ማታለያ፤ ትሪክ: wrinkle
Knirps {m}: ምውት: tot
Knirpse {pl} :: tots
knirschen: አደቀቀ፤ አላመጠ: crunch, gnash
knistern: ድምጽ አሰማ፤ ዱብ ዱብ አለ: crackle
knittern: አንቦለቦለ፤ ትንንሽ ክብ ሠራ: crinkle
knobeln: አምዘገዘገ፤ ወረወረ: toss
Knoblauch {m}: የተክል ዓይነት: garlic
Knöchel {m, pl}: ቁልጥም/ አጥንት: ankle, knuckle, ankles, knuckles
Knochen {m, pl}: አጥንት: knucklebone, bone, bones
Knochenbildner {m}: ያጥንት መጋጠሚያ: osteoblast
Knochenbruch {m}: ያጥንት ስብራት: fracture
knochendürr: አጥንታማ: bony
Knochengeschwulst {f}: ያጥንት ወለምታ: osteoma
Knochenkunde {f}: ያጥንት ትምህርት: osteology
Knochenmehl {n}: ያጥንት ዱቄ ት: bone meal, bonemeal
Knochensplitter {m}: ያጥንት ስብባሪ: bone fragment
Knödel {m, pl}: ትንሽ ቁልፍ: dumpling, dumplings, knobs
Knolle {f}: እቡጥ: tuber, bulb
Knollen {pl}:: tubers
knollig: እቡጣማ: bulbous, button
Knopf {m}: የልብስ ቁልፍ: knob, nub, button
Knopfloch {n}: የቁልፍ ቀዳዳ: buttonhole
Knopflöcher {pl} :: buttonholes
Knorpel {m}: ጅማት: cartilage, gristle
knorpelig: ጅማታም/ ማ: cartilaginous, gristly
knorrig: ቅርፊታማ: knobbed, snaggy, knobby
Knospe {f}: ዝርዝር፤ ጮርቃ: bud
Knospen {pl} :: buds
knospen: ጮረቃ፤ ለማደግ ጀመረ: burgeon
Knoten {m, pl}: የከራባት ዓይነት: kink, knot, knurl, knurls, nodal, nodes, burl, hitch, nodal, node, kinks
knoten: ቁልፍ ሰፋ: knot
Knotenpunkt {m}: ዋና ነጥብ: junction
knotig: ቁልፋማ: tubercular, cuddlesome
Knüller {m, pl}: ችሎታ: big hit, big hits
Knüpfmaschine {f}: መስፊያ ማሽን: knotter
Knüpfmaschinen {pl} :: knotters
Knüppel {m, pl}: ዱላ፤ ምርኳዝ: truncheon, bludgeon, cudgel, bludgeons, truncheons, cudgels
knurren: አጉረመረመ: growl, growl, snarl
knusprig: ያረረ፤ የተቃጠለ: crisp, crisply, crunchy, crispy
Knusprigkeit {f}: ቃጠሎ ፤ አራራ: crispness, crunchiness
Knute {f}: ኃይል፤ ማረመኔነት: knout
Knüttel {m, pl}: ዱላ: shillelagh, shillelaghs
Koalition {f}: ቅንጅት: coalition
Koalitionsregierung {f}: ጣምራ መንግሥት: coalition government
koaxial : ድምድም: coaxial
Koaxialkabel {n}: አገናኝ ካብል: coax, coaxial cable
Koaxialleitung {f}: አገናኝ ገመድ: transmissionline

Kobalt {n}: የንጥረ ነገር ዓይነት: cobalt
Kobold {m}: የቤት ዛር/ አምልኮት: goblin, gremlin, hobgoblin, sprite, bogey, elf
Kobolde {pl} :: goblins, hobgoblins, hobs, sprites, bogeys, elfs
Koch {m}: ድስት፣ መቀቀያ: cook, culinary
Kochbuch {n}: የማብሰያ መጽሐፍ: cookbook, cookery book
kochen: ቀቀለ፣ አበሰለ: boil, cook, seethe
kochend: ቀቀይ/ አብስሎ: boiling, seething, cooking
Köcher {m}: ምግብ አብሳይ: quiver
Kocher {m}: መቀቀያ: boiler, cooker
Köchin {f}: አብሳይ: cooky
Kochkunst {f}: የቅቀላ ጥበብ: cookery
Kochkünste {pl} :: cookeries
Kochlöffel {m, pl}: የመቀቀያ ጭልፋ: wooden spoon, wooden spoons
Kochplatte {f}: ማንከስከሻ፣ ብረት ምጣድ: boilerplate, hot place
Kochplatten {pl} :: hot places
Kochtopf {m}: ብረት ድስት: cooking pot, pot, saucepan
Kochtöpfe {pl}:: saucepans, pots
Koda {f}: መደምደሚያ: coda
Köder {m, pl}: የወጥመድ አሽከላ: bait, lure, baits
ködern: አሰገረ፣ አጠመደ: decoy, lure
ködernd: አስጋሪ/ አስግሮ: baiting, decoying, luring
Kodifizierung {f}: ምሥጢር መስጠት: codification
Koeffizient {m}: ቅጥያ: coefficient, coefficient
koexistent: ተመሳሳይ/ ተስማሚ: coexistent
Koexistenz {f}: አብሮ መኖር: coexistence
koexistieren: አብሮ ኖረ: coexist
Koffer {m, pl}: ሻንጣ: bag, bags, case, suitcase, trunk, trunks
Koffergerät {n}: ተንቀሳቃሽ ማሽን: portable set
Kofferradio {n}: ትንሽ ራዲዮ: portable radio
Kofferzimmer {n}: የሻንጣ ክፍል: boxroom
Kognak {m}: ያልኮል መጠጥ: cognac
Kohabitation {f}: አብሮ መኖር: cohabitation
kohabitieren: አብሮ ኖረ: cohabit
Kohl {m}: ቀልድ: kale, stew, cabbage
Kohle {f}: የሚነድና ከመሬት የሚወጣ ከሰል: coal, carbon
Kohle machen: ገንዘብ ሰበሰበ/ አጠራቀመ: to line one's pockets
kohleartig: ከሰል መሰል: carbonaceous
Kohlefilter {m}: ከሰል ማጣሪያ: charcoal filter
Kohlehydrat {n}: የንጥረ ነገር ውኅደት: carbohydrate, carbohydrates
Kohlenarbeiter {m}: ከሰል አውጭ ሠራተኛ: collier
Kohlenbecken {n}: ከሰል መያዣ: coal pan
Kohlenbergwerk {n}: የከሰል መቆፈሪያ: colliery
Kohlendioxyd {n}: የንጥረ ነገር ውኅደት: carbon dioxide
Kohlensäure {f}: የንጥረ ነገር ውኅደት: carbonic acid
Kohlenstaub {m}: የከሰል አቧራ: pulverized coal
Kohlepapier {n}: የካርቮን ወረቀት: carbon paper
Kohlrübe {f}: አበቅ/ የእንስሳት ምግብ: rutabaga
Kohlrüben {pl} :: rutabagas
Koinzidenz {f}: ግንኙነት፣ ኩነት፣ ግጭት: coincidence
Koje {f}: የመርከብ አልጋ: bunk, berth
Kojen {pl} :: berths, bunks
Kojote {m}: የእንስሳት ዓይነት: coyote
Kokain {n}: አብሾ፣ ኮካይን: cocaine
kokett: በጭዋታ መልክ: flirtatious, flirtatiously
Kokette {f}: ቀልደኛ ሴት: coquette
Koketterie {f}: ቀልደኝነት: coquetry
Koketterien {pl} :: coquetries
kokettieren: ቀለደ: coquette
Kokon {n}: የነፍሳት ዓይነት: cocoon
Kokosnuß {f}: ባለቅባት ፍሬ ያለው ዛፍ: coconut
Kokospalme {f}: ኮኮስ ተክል/ ዛፍ: coco
Kokospalmen {pl} :: cocos
Koks {m}: ውኁድ ንጥረ ነገር: coke
Kolben {m}: እቡጥ፣ ዝርዝር እሽት: spadix, forcer, piston
Kolben {pl} :: flasks, pistons, spadices
Kolben- {m}: የዝርዝር እምቡጥ: reciproating, reciprocating
Kolbenboden {m}: የዝርዝር እሀል ማሳ: piston crown, piston head
Kolbenring {m}: የብረት ክብ: piston ring
Kolibri {m}: የወፍ ዓይነት: hummingbird, snowcap
Kolik {f}: ውጋት/ የሕመም ስሜት: colic
kolikartig: ውጋታዊ: colicky
Kollaborateur {m}: አቧሻኪ፣ ጆሮ ጠቢ: collaborationist
Kollaboration {f}: አቧሻኪነት: collaboration
Kollaborationen {pl} :: collaborations
Kollaborator {m}: ጆሮ ጠቢ: collaborator
Kollege {m}: ጓደኛ: colleague
Kollegen {pl} :: colleagues, fellows
kollegial: ጓደኛዊ: collegial
Kollegialität {f}: ጓደኝነት: collegiality
Kollegialiäten {pl} :: collegialities
Kollegium {n}: ምክር ቤት: council
Kollegien {pl}:: councils
Kollekte {f}: የምጽዋት ስብሰባ: collecte
Kollektivierung {f}: ክምችት: collectivization
Kollektivismus {m}: ክምችታዊነት: collectivism
Koller {m, pl}: የልብስ ዓይነት/ መደረቢያ: tantrum, staggers, tantrums
kollidieren /mit/: ተጋጨ: to clash/ clash with

kollidiert: ተጋጭ/ ተጋጭቶ: conflicted
Kollision {f}: ግጭት: collision
Kollisionen {pl} :: collisions
Kollisionserkennung {f}: ግጭት መከላከያ/ ማወቂያ: collision detection
Kolloid {n}: ክክ: colloid
Kolloide {pl} :: colloids, colloquia
Kolloquium {n}: ከፍተኛ ትምህርት ውይይት: colloquium
Kollusion {f}: ጣምራ ደባ: collusion
Kollusionen {pl} :: collusions
kolonial: ቅኝ ግዛታዊ: colonial, colonially
Kolonialismus {m}: ቅኝ ገዥነት: colonialism
Kolonialwarenhändler {m}: የዘረፋ ዕቃ ነጋዴ: grocer
Kolonie {f}: ቅኝ ግዥ: colony
Kolonien {pl} :: colonies, dependencies
Kolonisation {f}: ቅኝ ግዛትነት: colonization
kolonisieren: ቅኝ ግዛት አደረገ: colonize
kolonisierend: ቅኝ ግዥ አድራጊ/ አድርጎ: colonizing
kolonisiert: ቅኝ ግዥ ተደራጊ/ ተደርጎ: colonizes
Kolonist {m}: ቀኝ ገዥ: colonist
Kolonisten {pl} :: colonists
kolonistisch: ቅኝ ገዠዊ: colonialistic
Kolonnade {f}: መተላለፊያ/ ማለፊያ: colonnade
Kolonnaden {pl} :: colonnades
Koloß {m}: ጭብጦ፣ ክምር: hulk
kolossal: ትልቅ: whopping
Kolumnentitel {m}: ያምድ ርእስ: running title
Kolumnist {m}: አምድ: columnist
Koma {n}: ኮማ/ ነጠላ ሰረዝ: coma
Komata {pl}:: comas
Kombination {f}: ኅብረት፣ ውኅደት: combination, combinations, composite
Kombinationen {pl} :: combinations
Kombinationsglied {n}: የውኅደት/ የጋራ ክፍል: multi function unit
Kombinationsnetz {n}: የመገናኛ ኔት: hybrid network
Kombinationstastatur {f}: ድብልቅ የኮምፒዩተር ትእዛዝ: combined keyboard
kombinieren: ቀላቀለ፣ አዋኀደ፣ አገናኘ: combine, combinate, join
kombinierend: ቀላቃይ/ ቀላቅሎ: combining
kombiniert: ተቀላቃይ/ ተቀላቅሎ: combined
Kombiwagen {m}: የመኪና ዓይነት: estate car
Kombüse {f}: የመርከብ ውስጥ ማብሰያ ቤት: caboose
Kombüsen {pl} :: cabooses
Komet {m}: የኮከብ ስባሪ: comet
Kometen {pl} :: comets
Komfort {m}: ምቾት: comfort, convenience
komfort: ምቹ: convenience
komfortabel: ምቾታዊ: comfortably
Komiker {m}: ቀልደኛ: comedian
Komikerin {f}: ቀልደኛ: comedienne
komisch: አሳቂ/ ቀልደኛ፣ ኮሚክ: comic, comical, comically, freaky, quizzical, funny, quizzically
Komission {f}: ሽማግሌ፣ ኮሚሽን/ በስምምነት የሚገኝ ገቢ/ ገንዘብ: comission
Komissionen {pl} :: comissions
komm doch!: እባክህ ና!: do come!
Komm mit!: አብረህ ና!: Come along!
Komma {n}: ኮማ: comma
Kommata {pl}:: commas
Kommaausrichtung {f}: የኮማ አቀማመጥ: decimal alignment
Kommandant {m}: ኮማንዳንት/ ጦር መሪ: commandant
kommandieren: አዘዘ: boss
kommandiert: ታዛዥ/ ታዝዞ: bossed
Kommanditgesellschaft {f}: ውስን ማኅበር: limited partnership
Kommandos {pl}: ትእዛዝ: comands
Kommandosprache {f}: የትእዛዝ ቋንቋ: command language
Kommandostab {m}: ትዛዝ መለኪያ: truncheon
Kommandostäbe {pl} :: truncheons
Kommandotruppe {f}: የኮማንዶ ጦር: commando
Kommandotruppen {pl} :: commandos
Kommastellung {f}: ኮማ አቀማመጥ: point position
kommen: መጣ፣ ደረሰ: come (came, come), coming
kommend: መጭ/ መጥቶ: coming
Kommende {m, f}: መጭ/ መጪታ: comer
Kommentar {m} : ትችት፣ አንድምታ: commentary, comment, Commentary
Kommentare {pl} :: commentaries, comments
Kommentarfeld {n}: የትችት ቦታ: comment field
Kommentarverarbeitung {f}: የትችት አሠራር: comment processing
Kommentator {m}: ተችታ፣ መዘርዝር አቅራቢ: annotator, commentator
Kommentatoren {pl} :: commentators
kommentieren: ተቸ: annotate
kommentierend: ተች/ ተችቶ: annotating, commenting
kommentiert: ተተች/ ተተችቶ: Commented
kommerzialisieren: ወደንግድ ቀየረ: commercialize
kommerzialisierend: ወደንግድ ቀያሪ/ ቀይሮ: commercializing
kommerzialisiert: ወደንግድ ተቀያሪ/ ተቀይሮ: commercializes, commercialized
Kommerzialisierung {f}: ወደንግድ ቅያሬ: commercialization
Kommerzialisierungen {pl}:: commercializations
kommerziell: ንግዳዊ: commercial, commercially
Kommilitone {m}: ጓደኛ: fellow student

Kommissar {m}: ኮሚሳር: commissar
Kommode {f}: ዕቃ ማስቀመጫ ሳንዱቅ: chest of drawers, commode, bureau
Kommoden {pl} :: chests of drawers, commodores
kommunal: አካባቢያዊ: communal, communally
kommunalisieren: አስታወቀ፣ አስተዋወቀ፣ አግባባ: municipalize
kommunalisierend: አስተዋዋቂ/ አስተዋውቆ: municipalizes
kommunalisiert: ተዋዋቂ/ ተዋውቆ: municipalized
Kommunalobligation {f}: የመንደር ግዴታ: assessment bond
Kommunikant {m}: አግባቢታ፣ ሸማግሌ: communicant
Kommunikation {f}: መግባቢያ፣ ግንኙነት: communicating, communication, comunicating, comunication
Kommunikationen {pl} :: communications, comunications
Kommunikationsmethode {f}: የመገናኛ ዘዴ: comware
Kommunikationsmethoden {pl}:: comwares
Kommunikationsprotokoll {n}: የግንኙነት ዘገባ: communicationsprotocol
Kommunikationssatellit {m}: የመገናኛ ሳተላይት: comsat
kommunikativ: ግንኙነታዊ: communicative, communicatively
Kommunion {f}: ቁርባን፣ ሥጋና ደሙ: communion
Kommunismus {m}: ኮሙኒዝም፣ ሕብረ ሰባዊነት: communism
Kommunist {m}: ኮሙኒስት: communist
Kommunisten {pl} :: communists
kommunistisch: ሕበረተ ሰባዊ: communistic, communistically
kommunizieren: ተገናኘ፣ ተግባባ: commune, comunicate
kommunizierend: ተግባቢ/ ተግባብቶ: communing
kommuniziert: ተገናኝ/ ተገናኝቶ: communed, communicated
Komödie {f}: አስቂኝ: comedy
Komödien {pl} :: comedies
kompakt: ጥቅጥቅ፣ ጥብቅ: compact, compactly
Kompaktbauweise {f}: ጥሩ ግንባታ: compact design
Kompaktheit {f}: ኮምፓክትነት: compactness
Kompaktplatte (CD) {f}: ኮፓክት ዲስክ: compact disk
Komparativ {m}: ተበላላጭ/ አበላላጭ: comparatives
Komparative {pl}:: comparatives
Komparator {m}: አወዳዳሪ/ አመዛዛኝ: comparator
Kompaß {m}: ኮምፓስ: compass, Compass
kompatibel: ተስማሚ: compatible
Kompatibilität {f}: ተስማሚነት/ ተለዋዋጭነት: compatibility, compatiblity
Kompensation {f}: ካሳ: compensation
Kompensationsabkommen {n}: ካሳ ክፍያ ውል: barter arrangement
Kompensationsgeschäft {n}: ቅናሽ ንግድ: barter transaction
kompensieren: አካካሰ: compensate
kompensiert: ተካካሽ/ ተካክሶ: Compensated, compensated
Kompetenzbereich {m}: የመብት/ ችሎታ አካባቢ/ ሳፊር: area of discretion, sphere of competence
Kompiler {m}: አስማሚ/ ቀያሪ: compiler
Komplement {n}: ተጨማሪ፣ ማስተካከያ: compliment
komplementär: በተጨማሪ: complementary
Komplementbildung {f}: የማስተካከያ ዘዴ: complementation, complementing
Komplementiereinrichtung {f}: የማስተካከያ አቅጣጫ: complementer
Komplementierung {f}: ማስተካከያው: complementation
komplex: ውጥንቅጥ: complex, complexly
Komplex {m}: ውጥንቅጥ: complex
Komplexe {pl}:: complexes
Komplexität {f}: ቅጥ መጠን ማጣት: complexness
Komplikation {f}: ድንጋሬ/ ድንግር: complication
Komplikationen {pl} :: intricacies
Kompliment {n}: ማስተካከያ: compliment
Komplimente {pl} :: compliments
Komplize {m}: ሰላይ፣ ተቀጣሪ: accomplice
Komplizen {pl} :: accomplices
komplizieren: አደናገረ: complicate
komplizierend: አደናጋሪ/ አደናግሮ: complicating
kompliziert: ውጥንቅጥ፣ ኢተጨባጭ: complex, elaborate, complicated, intricate, sophisticated, tricky, tricky, complicated
Kompliziertheit {f}: ውጥንቅጥነት: complexity, intricacy
Komponente {f}: ግብረ አበር: component
Komponenten {pl} :: components
komponiert: ቅኝት/ ተቀኝቶ (ለሙዚቃ): composes
Komponist {m}: ሙዚቃ ዜማ ደራሲ: composer, compost
Kompression {f}: ጫና/ ጭነት: Compression, compression
Kompressor {m}: ደልዳይ/ ተጫኝ፣ መደልደያ: compressor, squeezer, compressor
Kompressoren {pl} :: compressors
komprimierbar: ድልድል፣ ተደልዳይ: compressible
Komprimierbarkeit {f}: ማሳነስ፣ መጨመቅ: compressibility
komprimieren: አሳነሰ፣ ጨመቀ: compress
komprimierend: አሳናሽ/ አሳንሶ: compressing

komprimiert: ጭማቂ/ ተጨምቆ (ለቴ ክስት): compressed, squeezed
Komprimierung {f}: ጭማቂ/ ማሳነስ: compression
Kompromiß {m}: ድርድር፣ መግባቢያ: compromise
kompromißlos: ድርድርአልባ፣ መፍትሔአልባ: intransigent, uncompromising, uncrompising, intransigently, uncompromisingly
Kompromißlösung {f}: ድርድራዊ መፍትሔ: compromise solution
Kompromißvorschlag {m}: የድርድር/ መደራደሪያ ጥቆማ/ አስተያየት: compromise proposal
Kondensat {n}: ትነት: condensate
Kondensator {m}: አትናኝ: capacitor, condenser
Kondensatoren {pl} :: condensers
kondensierbar: ተናኝ: condensable
kondensieren: አተነነ፣ አሟሟ፣ አቀለጠ: condense
kondensierend: አሟሚ/ አሟምቶ: condensing
kondensiert: ቀሳጭ/ ቀልጦ፣ ሟምቶ: condensed
Kondensmilch {f}: የተጣራ ወተት: evaporated milk
Kondition/en {f/pl}: አቋም፣ ኮንዲሽን/ ይዞታ: conditions
Konditionstraining {n}: የሰውነት እስፖርት: fitness training
Konditor {m}: የመሣሪያ ዓይነት: confectioner
Konditoren {pl}:: confectioners
kondolieren: አስተዛዘነ፣ አጽናና: condole
kondolierend: አስተዛዛኝ/ አስተዛዝኖ: condoling, condolingly
kondoliert: ተጽናኝ/ ተጽናንቶ: condoled
Kondom {n}: በግብረ ሥጋ ግንኙነት ጊዜ የሚገለገሉበት ስስ ጎማ: condom
Konfekt {n}: ጣፋጭ: confection, sweets, comfit
Konfekte {pl} :: confections
Konferenz {f}: ውይይት፣ ምክክር: conference, Conference
Konferenzen {pl} :: conferences
Konferenzteilnehmer {m}: ውይይት/ ስብሰባ ተካፋይ: conferee
konfessionell: እምነታዊ: denominational, denominationally
konfessionslos: እምነትአልባ: undenominational
Konfetti {n}: የወረቀት መጫወቻ: confetti
Konfiguration {f}: ዝወራ/ ቅየራ: config, configuaration
Konfigurationen {pl} :: configurations
konfigurieren: ቀየረ፣ ዘወረ: configure
konfigurierend: ቀያሪ/ ዘዋሪ: configuring
konfiguriert: ተቀያሪ/ ተዘዋሪ: configured
Konfirmand {m}: ቃልአቀባይ: confirmee
Konfirmanden {pl} :: confirmees
konfiszieren: ወረሰ: confiscating
konfiszierend: ወራሽ/ ወርሶ: confiscating
konfisziert: ተወራሽ/ ተወርሶ: confiscated, confiscates
Konfiszierung {f}: ወረሳ: confiscation
Konflikt {m}: ግጭት፣ ጥል: conflict
Konflikte {pl} :: conflicts
konform: ምቹ: conformable, conformably
Konformität {f}: ተመሳሳይነት፣ አምሳያነት: conformance
Konformitäten {pl} :: conformities
Kongreß {m}, Tagung: ስብሰባ: congressional, congress, congressionally
Kongresse {pl}:: conventions
Kongreßhalle {f}: መሰብሰቢያ አዳራሽ: congress hall
Kongreßmitglied {n}: የሸንጎ አባል: congressman
Kongreßteilnehmer {m}: የስብሰባ ተካፋይ: member of a congress
Kongruenz {f}: ስምምነት፣ አምሳያ: congruency
Kongruenzen {pl} :: congruencies
Konifere {f}: መድፌ መሰል ቅጠል ያለው ዛፍ: conifer
Koniferen {pl} :: conifers
König {m}: ንጉሥ: king
Könige {pl} :: kings
Königin {f}: ንግሥት: queen
Königinnen {pl} :: queens
königlich: ንጉሣዊ/ ንግሥታዊ: kinglike, kingly, queenlike, queenly, royal, royally, regal, regally, sovereignly
Königreich {n}: መንግሥት: kingdom
Königreiche {pl} :: kingdoms
Königswürde {f}: ንጉሣዊ ማዕረግ: regality
Königtum {n}: ንግሠት: kingship, royalism
Konjugation {f}: እርባታ: conjugation
konjugieren: አረባ፣ ሰዋሰው ተማረ: conjugate
konjugierend: አራቢ/ አራብቶ: conjugating
konjugiert: ተራቢ/ ተራብቶ: conjugated
Konjunktiv {m}: ዘንድ አንቀጽ: subjunctive,
Konjunktive {pl}:: conjunctives
Konjunkturausgleich {m}: ባጀት ማስተካከያ: fluctuations
Konjunkturzyklus {m}: የንግድ ሂደት/ ዑደት: trade cycle
Konklave {n}: የሲኖዶስ ስብሰባ: conclave
Konklaven {pl} :: conclaves
konkret: ተጨባጭ: concretely
konkrete Sachen: ተጨባጭ ነገሮች: ascertained goods
konkretisieren: ግልጽ/ ተጨባጭ አደረገ: substantiate
Konkretisierung {f}: ተጨባጭነት: ascertainment of goods
Konkubine {f}: ወዳጅ፣ ቅምጥ: concubine
konkurieren: ተወዳደረ: compete
Konkurrent {m}: ውድድር: competitor
Konkurrenten {pl} :: competitors
konkurrenzfähig: የሚወዳደር: competitive

Konkurrenzfähigkeit {f}: መወዳደር መቻል: competitive position, competitiveness
Konkurrenzgeschäft {n}: ተወዳዳሪ ንግድ/ ሱቅ: rival firm
konkurrenzlos: ተወዳዳሪአልባ: unrivaled
konkurrieren: ተወዳደረ: to compete
konkurrierend: ተወዳዳሪ/ ተወዳድሮ: competing, competitively
konkurriert: ተወዳዳሪ/ ተወዳድሪ: competed
Konkurs {m}: ክስረት: bankruptcy
Konkurse {pl} :: bankruptcies
Konkurserklärung {f}: ክስተቱን ይፋ ማድረ: declaration of bankruptcy
Konkurserklärungen {pl} :: declarations of bankruptcy
Konkursgrund {m}: የክስረቱ ምክንያት: act of bankruptcy
Können Sie das beschwören? :: Can you swear to that?
können Sie das beschwören?: ይምላሉን?: can you swear to that?
können, imstande sein: ቻለ: be able, can
Konquistador {m}: ወራሪ/ ዘራፊ: conquistador
konsequent : ደረጃውን/ እድገቱን የሚጠብቅ: consequential
konsequent: ደረጃ በደረጃ: consequently
Konsequenz {f}: ውጤት: consequence
Konsequenzen {pl} :: consistencies, consequences
Konservatismus {m}: አክራሪነት: conservatism
konservativ: አክራሪ: conservative, conservatively
Konservative {m, f}: አክራሪ: conservationist
Konservativen {pl} :: conservatives, academies of music
Konservatorium {n}: የሙዚቃ ትምህርት ቤት: academy of music
Konserve {f}: ድልብ: tinned food
Konservenarbeiter {m}: ቆርቋሮ/ ጠርሙስ አምራች: canner
Konservenfabrik {f}: ምግብ ማሸጊያ ፋብሪካ: cannery, tinning factory
Konservenfabrikation {f}: የእሽጋ ሥራ: canning
Konservenfabriken {pl} :: canneries, tinning factories
konservierbar: ታሻጊ: conservable
konserviert: ታሻጊ: conserved, tinned
Konservierung {f}: ማደለብ: preservation
Konsole {f}: ብራኬት: bracket
Konsolen {pl} :: cantilevers
konsolidieren: ጠቀለለ፣ አሰረ፣ ባንድነት አኖረ: consolidate
konsolidierend: ጠቅላይ/ ጠቅልሎ: consolidating, funding
konsolidierte: ተጠቅላይ/ ተጠቅልሎ: consolidated
Konsonant {m}: ተነባቢ: consonant
Konsonanten {pl}:: consonants
konsonantisch: ተነባቢያዊ: consonantal, consonantally
konspirieren: ደባ ሠራ/ መከረ: collude
konspirierend: ሴረኛ/ አሲሮ: colluding
konspiriert: ዶላች/ ዶልቶ: colluded
konstant: ቋሚ/ የማይቀየር: constant, constantly, uniformly
Konstante {f}: ቋሚ፣ ኮንስታንት: absolute term, constant
Konstanten {pl} :: constants
Konstanthaltung {f}: ቋሚ/ ኢተለዋዋጭ: automatic constant
konstruieren: ገነባ: construct, to design
konstruierend: ገንቢ/ ገንብቶ: constructing, construing
konstruiert: ተገንቢ/ ተገንብቶ: construed
Konstruierte {pl} :: constructs
Konstrukteur {m}: ግንበኛ: draftsman, draughtsman
Konstruktion {f}: ግንባታ: construction, design
Konstruktionsfehler {m}: የግንባታ ስተት: constructional flaw
konstruktiv: ገንቢ: constructive, constructively
Konstruktivität {f}: ገንቢነት፣ ጠቃሚነት: constructiveness
Konsul {m}: ቆንሲል: consul
konsularisch: ቆንሲላዊ: consular
Konsulat {n} : አገናኝ፣ ሸምጋይ: consulate
Konsulate {pl} :: consulates
Konsulatsgebäude {n, pl}: የቆንሲል መኗሪያ: consulate, consulates
Konsulswürde {f}: የቂንሲል ሹመት: consulship
konsultieren: ምክር ጠየቀ/ ፈለገ: consult
konsultierend: ምክር ፈላጊ/ ፈልጎ: consulting
konsultiert: ምክር ተጠያቂ/ ተጠይቆ: consulted
Konsument {m}: ፍጆታ: consumer
Konsumgenossenschaft {f}: የፍጆታ/ ተጠቃሞች ማኅበር: consumer co operative society
Konsumgut {n}: የፍጆታ ዕቃ: consumer goods
Konsumgüter {pl} :: consumer goods
Konsumverein {m}: የፍጆታ ድርጅት: coop
Kontakt {m}: ግንኙነት: contact
Kontaktdruck {m}: የግንኙነት ተጽእኖ/ ጫና: contact pressure
Kontakter {m}: አገናኝ/ ደላላ: account executive
kontaktfreudig: ተግባቢ: sociable
Kontaktfreudigkeit {f}: ተግባቢነት: sociableness
kontaktieren: ግንኙነት ፈጠረ: get in touch with
Kontaktlinse {f}: የመነጽር ዓይነት: contact lense
kontaktlose: ባይትዋር/ ብቸኛ: solid-state
Kontaktstift {m}: የደብዳቤ ግንኙነት: wiring pin
Kontaktverstärker {m}:ግንኙነት ማጠናከሪያ: contact stiffener

Kontenanalyse {f}: ኮንቶ ግምጋሜ: account analysis
Kontinent {m}: አህጉር: contingent, mainland
Kontinente {pl} :: continents, contingents
kontinuierlich: በተከታታይ: continuous
Konto {n}: ኮንቶ ማስተካከያ: የባንክ ሒሳብ: account
Kontoauszug {m}: የኮንቶ መቆጣጠሪያ: statement of account, abstract of account, accounts current
Kontoauszüge {pl} :: statements of account
Kontoführung {f}: ኮንቶ አስተዳደር: account management
Kontoführungsgebühr {f}: የባንክ ሒሳብ ግብር: account maintenance charge
Kontoinhaber {m, pl}: ባለባንክ ሒሳብ: account holder, depositor, depositors
Kontokarte {f}: የኮንቶ ካርድ: account card
Kontonummer {f}: የኮንቶ ቁጥር: account number
Kontosaldo {n}: የኮንቶ ይዘት: account balance
Kontoschlüssel {m}: የኮንቶ ምሥጢራዊ ቁጥር: account code
Kontraindikation {f}: ተቃራኒ አመልካች: contraindication
Kontraindikationen {pl} :: contraindications
kontraproduktiv: አፍራሽ: counterproductive, counterproductively
Kontrapunkt {m}: ተቃራኒ ነጥብ: counterpoint
Kontrollampe {f}: መቆጣጠሪያ መብራት: active light
Kontrolle {f}: ፈተና፣ ቁጥጥር: checkup, check, control
Kontrollen {pl} :: controls
Kontroller {m, pl}: ተቆጣጣሪ: intelligent, controllers
kontrollieren: ተቆጣጠረ: check, control
kontrollierend: ተቆጣጣሪ/ ተቆጣጥሮ: controlling, policing
kontrolliert: ተፈታኝ/ ተፈትኖ: checked, controled, controlled, policed
Kontroverse {f}: ጭቅጭቅ: controversy
Kontroversen {pl} :: controversies
Konvektion {f}: የነፋስ አቅጣጫ: convection
Konvektionsleiter {m}: የነፋስ አቅጣጫ መሪ: convector
Konvention {f}: ስምምነት: convention
Konventionalstrafe {f}: የተለመደ ቅጣት: penalty
Konventionalstrafen {pl}:: penalties
konventionell: እውቅ/ የተለመደ: conventional, conventionally
Konventionen {pl} :: conventions
Konvergenz {f}: አቀራረብ፣ አቅርቦት: convergence
konvergieren: አቀራረበ፣ ወደአንድ ዓላማ አስጠጋ/ ተጠጋ: converge
konvergierend: አረራራቢ/ አቀራርቦ: converging
konvergiert: ተቀራራቢ/ ተቀራርቦ: converged
Konversation {f}: ውይይት: colloquy
Konversationen {pl} :: colloquies
Konversationslexikon {f}: የውይይት ዲክሽነሪ: encyclopedia
Konverter {m}: ቀያሪ: converter
konvertieren: ቀየረ፣ ለወጠ: convert
konvertiert: ተለዋዋጭ/ ተለውጦ: converted
Konvertierung {f}: ቅያሬ: conversion
Konzentrat {n}: ትኩረት: concentrate
Konzentrate {pl}:: concentrates
Konzentration {f}: ትኩረት: concentration
Konzentrationen {pl} :: concentrations
Konzentrationslager {n}: የትኩረት አካባቢ: concentration camp
Konzentrator {m}: አልኮል፣ እርሾ: concentrator
konzentrieren: አተኮረ፣ ተጠነቀቀ: to concentrate
konzentrierend: አተኳሪ/ አተኩሮ: concentrating
konzentriert: ጥንቁቅ/ ተጠንቅቆ: lumped
konzentrisch: ትኩረታዊ: concentric
Konzept {n}: ጽንሰ ሐሳብ: concept, rough draft
Konzepte {pl} :: concepts
Konzeptualisierung {f}: ጽንሰ ሐሳብ፣ ዕቅድ/ ትልም: conceptualization
Konzern {m}: የንግድ ቡድን: affiliated group
Konzernunternehmen {n}: የኮንሰርን ባለቤት: allied company
Konzert {n}: የሙዚቃ ዝግጅት: concert
Konzerte {pl} :: concerts
Konzertsaal {m}: የሙዚቃ አዳራሽ: concert hall
Konzession {f}: መካካሻ: concession
Konzessionen {pl}:: concessions
Kooperation {f}: ኮርፖሬሽን: co operation
kooptieren: ተስማማ፣ ተዋዋለ: co opt
Koordinate {f}: ተወካይ: coordinate, co ordinate
Koordinaten {pl} :: coordinates
Koordination {f}: ድርጅታዊ አሠራር: coordination
Koordinator {m}: አደራጅ: coordinator
koordinieren: አደራጀ: coordinate
koordinierend: አደራጅ/ አደራጅቶ: coordinating
koordiniert: ድርጅታዊ: coordinately, coordinated
Kopal {n}: ለማምረቻ የሚጠቅም ንጥረ ነገር: copal
Kopf {m}: ርእስ፣ አለቃ: heading, head
Kopf {m}: ራስ፣ ጭንቅላት፣ አናት፣ አእምሮ: heading, ear, head, pate
Kopfbedeckung {f}: ሻሽ፣ መከናነቢያ: headgear, headpiece
Kopfbedeckungen {pl} :: headpieces
Köpfchen {n}: ጭንቅላት: gumption
Köpfe {pl}: ራስ: heads, pates
köpfen: ራሱን መታ፣ ኮረኮመ: behead, decapitate

köpfend: ኮርኳሚ/ ኮርኰሞ: decapitating
Kopfhörer {m, pl}: ማዳመጫ መሣሪያ: earphone, headphone, earphones, headphones
Kopfkissen {n}: መጠጊያ፣ ትራስ: pillow
Kopfkissenbezug {m}: የትራሽ ልብስ: pillow case
Kopflehne {f}: መደገፊያ: headrest
Kopflehnen {pl} :: headrests
kopflos: ልብአልባ: headless
Kopfnuß {f}: የጣት ኩርኩም/ ብትር: clout
Kopfnüsse {pl} :: clouts
Kopfsalat {m}: የጎመን ዓይነት ተክል: lettuce
Kopfschmerz {m}: ራስ ውጋት: headache
Kopfschmerzen {pl} :: headache
kopfüber: ራስ በማስቀደም: head first, headlong
Kopfzeile {f}: የርእስ መስመር: headline, topline
Kopie {f}: ቅጅ፣ ኮፒ: replica, replication, transcript
Kopien {pl} :: manifolds, transcripts, copies
Kopierer {m}: ኮፒ ማሽን: photostatic
Kopierapparat {m}: የኮፒ መሣሪያ: photocopier
kopierbar: ተቀጅ/ ተገልባጭ: copyable
kopieren: ቀዳ፣ ኮፒ አደረገ: copy, copying, reproduce
kopierend: ቀጂ/ ቀድቶ: copying, replicating, xeroxing
kopiert: ኮፒ ተደራጊ/ ተደርጎ: copied, replicated, xeroxed
Kopilot {m}: ረዳት ፓይሌት/ አውሮፕላን አብራሪ: copilot
koppeln: አገናኘ፣ ስቦ አጠጋጋ: interlink
Koppelpunkt {m}: መገናኛ ነጥብ: crosspoint
koppelt los: መገናኛ/ መጠጋጊያ አልባ: uncouples, uncouples
Kopplung {f}: የመኪና ማርሽ: coupling, interlinking
Kopra {f}: የደረቀና የተፈጨ የዛፍ ፍሬ: copra
Kopula {f}: መስተጻምር/ መስተዋድድ (እና፣ም): copula
Kopulas {pl} :: copulas
Kopulation {f}: ኃዘን፣ ማኮሰስ: zygosis
kopulativ: መስተጻምራዊ: copular, copulative, copulatory, copulatively
Koralle {f}: የባሕር እንስሳ ዓይነት: coral
Korallen {pl} :: corals
Korallenbank {f}: የኮራል ማራቢያ: coralbank
Korb {m}: ቅርጫት: basket
Korbflasche {f}: የብርጭቆ ዓይነት: wickerbottle
Korbflechten {n}: ቅርጫት ሥራ: basketry
Korbgeflecht {n}: ቅርጫት አሠራር: basketwork
Korbware {f}: የቅርጫት ዕቃ: wicker
Korbwaren {pl} :: wickers
Korinther {m}: ቆሮንቶሳዊ: corinthian
Kork {m}: ግልገል: cork
Korken {pl}:: corks
Korkenzieher {m}: ግልገል አሳጻጊ: corkscrew
Korn {n}: ጥራጥሬ: grain, corn
Körnchen {n, pl}: ጥራጥሬ: granule, granules, granules
körnen: ከፋፈለ፣ ገረደፈ: granulate
Körner {pl}: ጥራጥሬ: centre punch, grains
Kornfeld {n}: ማሳ: cornfield, corn field
körnig: ጥሬ/ ጥሬያማ: grainy, granulative, granulous, granularly
Körper {m, pl}: ቆዳ፣ ሰውነት: body, systemic, bodies
Körperbau {m}: የሰውነት አቋም: physique
Körpergeruch {m}: የሰውነት ጠረን: body odour
Körperhaltung {f}: የሰውነት ይዞታ: posture
körperlich: ሰውነታዊ/ ቆዳዊ: bodily, corporally, corporeal, physical, somatic, somatically, corporeally
Körperlichkeit {f}: ሰውነታዊነት: corporeality, physicalness
körperlos: ሰውነት/ ቆዳአልባ: bodiless
Körperschaft {f}: ድርጅት: corporation, statutory corporation
körperschaftlich: ድርጅታዊ: corporative
Körperumfang {m}: የሰውነት መጠን: girth, girths
korregieren: አረመ፣ አስተካከለ: correct
korrekt: ትክክል፣ ልክ: correct, correctly
Korrektheit {f}: ልክነት፣ ትክክልነት: correctness, properness
Korrektor {m}: አራሚ: corrector, proofreader, reviser
Korrektur {f}: እርማት: correcting, Correction, correction
Korrekturen {pl} :: corrections
Korrekturhilfe {f}: የማረም ርዳታ: spelling check
Korrekturlesen {n}: የእርማት ንባብ: proofreading
Korrespondent {m}: ጋዜጠኛ፣ ሪፖርተኛ: correspondent
Korrespondenz {f}: ዘገባ፣ ሪፖርት: correspondence
korrespondieren: ተላላከ፣ ዘገባ አቀረበ: correspond
Korridor {m}: ማለፊያ: corridor
Korridore {pl} :: corridors
korrigierbar: ታራሚ: correctable, corrigible, corrigibly, rectifiable
korrigieren: አረመ፣ አስተካከለ: to correct, emend
korrigierend: አራሚ/ አስተካከሎ: righting
korrigiert: ታራሚ/ ተስተካከሎ: corrected
Korrosion {f}: ዝገት፣ መዛግ: corrosion
korrupt: ጉቦኛ: venally
Korsett {n}: ዝናር/ ትጥቅ: corset
Korsetts {pl} :: corsets
koscher: ድንግል፣ ንጹሕ: kosher
Kosinus {m}: የሒሳብ ማእዘንና ድግሪ መለኪያ: cosine
Kosmetik {f}: የጌጣጌጥ ቅባት: cosmetics

Kosmetikerin {f}: **የጌጥ ባለሙያ**: cosmetician, beautician
Kosmetikerinnen {pl} :: beauticians
Kosmetiksalon {m}: **የቁንጅና ሳሎ: ን/ ቤት**: beauty parlour
Kosmetiksalons {pl}: **የቁንጅና ሳሎን**: beauty parlours
kosmetisch: **ቁንጅናዊ**: cosmetic, cosmetically
kosmisch: **ሕዋዊ/ ሰማያዊ**: cosmic, cosmical, cosmically, cosmologic
Kosmologe {m}: **የሕዋ/ ጠፈር ጥናት**: cosmologist
Kosmologie {f} **ሕዋ/ ጠፈር፤ ከከብ ቁጠራ**: cosmology
kosmologisch: **ሕዋዊ/ ጠፈራዊ**: cosmological, cosmologically
Kosmonaut {m}: **ጠፈርተኛ**: cosmonaut
Kosmos {m}: **ጠፈር**: cosmos
Kost {f}: **ጣፋጭንት/ ጣምና**: food, victuals food
kostbar: **ጣፋጭ**: precious, preciously, sumptuous, sumptuously, preciously, sumptuously, valuably
Kostbarkeit {f}: **ውድነት/ ክቡርነት**: costliness, preciousness, valuableness
Kostbarkeiten {pl} :: costlinesses
Kosten {pl}: **ዋጋ**: expense, expenses, charges, cost, costs
kosten: **ቀመሰ**: to cost (cost, cost), taste
Kostenanstieg {m}: **ዋጋጭማሬ**: increase of costs
Kostenaufstellung {f}: **የዋጋ ውሳኔ**: statement of cost
Kostenaufstellungen {pl} :: statements of costs
Kostenberechnung {f}: **የዋጋ ስሌት**: cost accounting
Kosteneinsparung {f}: **የዋጋ ቁጠባ**: cost-saving
Kostenfrage {f}: **የዋጋ ጥያቄ** : question of cost
kostenlos: **በነፃ/ ያለገንዘብ**: free of charge, freebie, at no charge
Kostenpunkt {m}: **የዋጋ ነጥብ**: matter of expense
Kostenrechnung {f}: **የዋጋ ዝርዝር**: cost account
Kostenrechnungen {pl} :: cost accounts
Kostenschlüssel {m}: **የዋጋ ቁልፍ/ ውሳኔ**: key of payment
köstlich: **ጣፋጭ**: delectable, delectably, delicious, deliciously, deliciously
Köstlichkeit {f}: **ጣፋጭነት**: delectability, deliciousness
kostspielig, teuer: **ውድ** (**ለዋጋ**): costly, expensive
Kostspieligkeit {f}: **ውድነት**: costliness, dearness, sumptuousness
Kostüm {n}: **ጌጣጌጥ**: costume
Kostüme {pl} :: costumes
Kot {m}: **አር፤ ቆሻሻ**: feces, excrement, ordure
Kotelett {n}: **ሱቅ**: chop, cutlet
Koteletts {pl} :: chops, cutlets
Köter {m, pl}: **የውሻ ዓይነት**: cur, pooch, tyke, tykes, curs
Kotflügel {m, pl}: **ማቀፊያ**: mudguard, mudguards
kotig: **ቆሻሻ**: mirily, miry
Krabbe {f}: **ባሳሥር እግር ትል**: shrimp, crab
Krabben {pl} :: crabs
Krach {m}: **ግጭት**: row, crash
krachen: **ተጋጨ**: to crash
krachend: **ተጋጭ/ ተጋጭቶ፤ ተሰብሮ**: cracking, crashing
krächzen: **ጮኸ፤ ሲጥ/ ጺው አለ**: caw, croak
Kraft {f}, Wirkung, Energie, Stärke: **ጥንካሬ፤ ጉልበት፤ ኃይል**: forth, power, puissance, strength, verdure, vigor, vis, force, fortitude
Kräfte {pl}:: verdures, strengths, vigors
Kraftausdruck {m}: **ኃይል ማሳያ**: swear word
Kraftausdrücke {pl} :: a strong language, swear words
Kraftbrühe {f}: **ድቀት**: beef tea
Kraftbrühen {pl} :: beef teas
Kraftfahrzeug {n}: **መኪና**: autocar, motor vehicle
Kraftfahrzeuge {pl} :: automobiles, autocars
Kraftfahrzeuggewerbe {n}: **የመኪና ጋራዥ**: auto repair trade
Kraftfeld {n}: **የኃይል መስክ**: field of force
Kraftfelder {pl} :: fields of force
Kraftfluß {m}: **የኃይል ምንጭ**: flux
kräftig: **ጠንካራ፤ ኃይለኛ**: athletic, beefy, burly, forceful, heftily, hefty, husky, lusty, puissant, robust, robustly, strongly, sturdily, sturdy, vigorous, substantial, forcefully, puissantly
kräftigen: **አጠናከረ፤ ጥንካሬ/ ኃይል ሰጠ**: innervate, invigorate
kräftigend: **አጠናካሪ/ አጠናክሮ**: innervating, invigorating
Kräftigkeit {f}: **ጠንካራነት/ ኃይለኛነት**: brawniness, haleness, heftiness, sturdiness, valiantness
kräftigt: **ኃይለኛ**: innervates, invigorates
Kräftigung {f}: **ማጠናከሪያ**: invigoration
Kräftigungen {pl} :: invigorations
kraftlos, schwach: **ጉልበትአልባ/ ደካማ**: anodyne, infirm, nerveless, nervelessly, powerless, powerlessly, feeble
Kraftprobe {f}: **ጉልበት ሙከራ**: trial of strength
Kraftstoff {m}: **ነዳጅ**: fuel
Kraftstoffpumpe {f}: **ነዳጅ መሙያ**: fuel pump
Kraftverkehrsversicherung {f}: **የመኪና ኢንሹራንስ**: automobile insurance
kraftvoll: **ኃይለኛ/ ጉልበታም/ማ**: forceful, powerful, powerfull, vibrantly
Kragen {m}: **ኮሌታ**: collar
Kragen {pl} :: collars
krähen: **ጮኸ** (**ለዶሮ**): crow
Krake {m}: **አባ ጻዉሊ/ ማስፈራሪያ**: octopus

krakeelen: ተጨቃጨቀ፣ ተጯጯኸ: roister
Kralle {f}: ምንግጭል: talon
Krallen {pl} :: claws, talons
Krämer {m, pl}: ሱቅ በደረቴ : chandler, grocer, huckster, grocers
Krampf {m}: እበጥ: spasm, cramp, paroxysm
krampfartig: እበጣማ/ ም: paroxysmal
krampfhaft: ቆጥቋጭ/ የሚያንጣጣ: convulsive, spasmodic, convulsively, spasmodical, spasmodically
Krampfhaftigkeit {f}: የሕማም ስሜት: convulsiveness
Kran {m}: ማውረጃና መጃኛ ማሽን: crane
Kranich {m}: የወፍ ዓይነት: crane
Kraniche {pl} :: cranes
krank an, schlimm, schlecht: በሽተኛ: diseased, ill, invalidly, sickly, sick of, sick with
krank werden: ተመመ፣ በሽተኛ ሆነ: to be taken, sick, fall ill, to be taken ill
Kranke {m, f}: በሽተኛ: sick person
Kranken {pl} :: invalids, sick people
kränken: አበሳጨ፣ አሳመመ: aggrieve, grieve, mortify
Krankenbett {n}: የበሽተኛ አልጋ: sickbed, bedside
Krankenbetten {pl} :: sick beds, sickbeds
kränkend: አስቀያሚ: grievous, grievously, mortifying
Krankengeld {n}: የበሽተኛ ገንዘብ: sick benefit
Krankenhaus {n}: ሆስፒታል: hospital, infirmary
Krankenhäuser {pl}: ሆስፒታል: hospitals, infirmaries
Krankenkasse {f}: ኢንሹራንስ: health insurance
Krankenschwester {f}: ነርስ፣ አስታማሚ: nurse
Krankenwagen {m}: አምቡላንስ: ambulance
Krankenzimmer {n, pl}: የበሽተኛ ክፍል: sick room, sick rooms
krankhaft: በሽተኛ: morbid, morbidly, pathological
Krankhaftigkeit {f}: በሽተኛነት: morbidity
Krankhaftigkeiten {pl} :: morbidness
Krankheit {f}: በሽታ: disease, illness, malady, sickness
Krankheiten {pl} :: diseases, illnesses, maladies, sicknesses
krankheitserregend: በሽታ ቀስቃሽ: pathogenic
Krankheitserreger {m}: ጀርም፣ በሽታ አስተላላፊ: pathogen, pathogenic germ
kränklich: አስጠሊታ: dicky, sickish, valetudinarian, sickly
Kränklichkeit {f}: አስቀያሚነት: sickliness
Kränkung {f}: በሽታ: mortification
Kränkungen {pl} :: mortifications
Kranz {m}: አብጠት/ እበጥ: wreath, annulus, chaplet
kranzförmig: እበጣማ/ ም: annular
Krater {m, pl}: ቀዳዳ: caldera, calderas
Krätze {f}: የጆርባ ውጋት/ ቁርጥማት: scab
Krätze {pl} :: scabies, scabs
kratzen: ፋቀ፣ ላጠ: scrape, scratch
kratzend: ፋቂ/ ልጦ፣ ጭሮ: gratingly, rasping, scraping, scratching
kratzig: የተፋቀ: scratchy
kraulen: አገሳ፣ ጮኸ crawl
kraus: ጥምዝ፣ ጠምዛዛ: frizzily, curly
Krause {f}: ጉንጉን: ruff, frizziness
Krausen {pl} :: ruffs
kräuseln: ጠመዘዘ፣ ጎነጎነ: dimple, frill, frizz, gopher
kraushaarig: ጉንጉናማ: curly haired
Kraut {n}: አረም፣ ሳይፈለግ የበቀለ ተክል: herb
Kräuter {pl}:: herbs
krautartig: አረማም/ ማ: herbaceous
Kräuterkenner {m}: ቅመም አዋቂ: herbalist
Kräutertee {m}: የቅመም ሻሂ: herb tea
Krawall {m}: ጭቅጭቅ፣ ጥል: rumpus
Krawate {f}: ከረባት: cravat, necktie, tie
Krawatten {pl} :: cravats
kreativ, schöpferisch: ፈጣሪ፣ ፈጠራዊ: creative, creatively
Kreativität {f}: የፈጠራ ችሎታ: creativity
Krebs {m}: መቀርሳ: cancer
krebsartig: መቀርሳ መሰል: cancerous, crablike, cancerously
Krebse {pl} :: cancers
krebserregend: መቀርሳ አስነሺ: carcinogenic
Krebstier {n}: የጊንጥ ዓይንት እንስሳ: crustacean
Krebstiere {pl}:: crustaceans
Kredit {m}: ብድር: credit
Kreditabteilung {f}: ብድር ሰጭ ክፍል: credit department
Kreditabteilungen {pl} :: credit departments
Kreditanstalt {f}: አበዳሪ ድርጅት: credit institute
Kreditanstalten {pl} :: credit institutes
Kreditaufnahme {f}: ብድር ተቀባይ: raising of credit
Kreditbank {f}: አበዳሪ ባንክ: credit bank
Kreditbanken {pl} :: credit banks
Kreditbrief {m}: የብድር/ መበደሪያ ደብዳቤ: letter of credit
Kredite {pl} :: credits
kreditfähig: ኃላፊነት የሚጣልበት: trustworthy
Kreditgeber {m, pl}: አበዳሪ: credit grantor, loaner, credit grantors
Kreditgeschäft {n}: የብድር ሱቅ: credit business
Kreditkarte {f}: መበደሪያ ካርድ: credit card
Kreditverkehr {m}: የብድር ልውውጥ/ ሂደት: credit transactions
Kreide {f}: ቾክ: chalk
Kreidegräber {m}: ቾክ አፈር ቆፋሪ: chalkcutter
Kreidegrube {f}: የቾክ ጉድጓድ: chalkpit
kreidehaltig: የቾክ አፈድ ያለው: chalky

Kreidezeichnung {f}: የቾክ ስእል/ ንድፍ: chalkdrawing
Kreis {m}: ክብ፣ ዙሪያ: circle, circuit, cycle
Kreisabschnitt {m}: ክብ ቅድ/ ቁርጥ: segment of circle
Kreisbahn {f}: ዙሪያ መንገድ: circular path, orbit
Kreisbogen {m}: ቀስተ ደማና: circular arc
kreischen: አጓራ፣ አለዘነ፣ ጮኸ: screech shriek, squawk, yell
Kreisel {m, pl}:ማእከላዊ ምሰሶ (ለማሽከርከሪያ): centrifugal, whipping top, gyroscope, whipping tops
Kreiselkompaß {m}: የኮምፓስ ምሰሶ/ እምብርት: gyrocompass
Kreiselpumpe {f}: የሚሽከረከር የውሐ መርጫ: centrifugal pump
kreisen: ከበበ፣ ክበብ ሠራ፣ ከበከበ: gyrate, circle, circulate
kreisend: ክብ ሠሪ/ ሠርቶ: circuiting, gyrating
kreisförmig, kreisrund: ክባዊ: circular, circularly, orbital
Kreisfrequenz {f}: የመሽከርከሪያ ፍጥነት: angular frequency
Kreislauf {m}: የደም ዑደት: circuit, cycle, circuitry, circuitry
Kreisläufe {pl} :: circuits
Kreislaufstörung {f}: የደም ዑደት መናወጥ: circulatory disturbance
Kreislinie {f}: የኤሌክትሪክ መስመር: circuit
Kreislinien {pl}:: circuits
Kreisprozeß {m}: ክባዊ ሂደት: cycle
Kreissäge {f}: ክብ ማውጫ መሳሪያ: circular saw
Krematorien {pl} :: crematories
Krematorium {n}: ጥምብ/ ሬሳ ማቃጠያ/ ማከሰያ: crematorium, crematory
Kreml {m}: የሞስኮ ቤተ መንግሥት ግቢ: kremlin, carding
Krepp {m}: የሰውነት እበጥ: crepe
Krepps {pl} :: crepes
Kresse {f}: የተክላተክል/ ቅጠላቅጠል ድብልቅ: cress
Kressen {pl} :: cresses
Kreuz {n}: መስቀል: cross
Kreuzbein {n}: የመስቀል እግር: sacrum
Kreuzbeine {pl} :: sacrums
kreuzen: አመሳቀለ፣ ቆረጠ: hybridize, interbreed, cross
kreuzend: አመሳቅሎ ፣ ቆርጦ: crossbreeding, cruising, hybridizing, interbreeding
Kreuzer {m, pl}: አመሳቃይ/ አቋራጭ: cruiser, cruisers
Kreuzfahrer {m, pl}: ያውሮጳ ወራሪና አረመኔ ጦር/ ወታደር: crusader, crusaders
Kreuzgang {m}: አቋራጭ መግቢያ: cloister
kreuzigen: ሰቀለ፣ በስቅላት ገደለ/ ቀጣ: crucify
Kreuzigung {f}: ስቅላት: crucifixion
Kreuzigungen {pl} :: crucifixions
Kreuzung {f}: ማቋረጫ፣ መስቀልኛ መንገድ: crossbreed, cross-over, hybridization, crossing
Kreuzungen {pl}:: hybrids, crossings
Kreuzwort {n}: መስቀልኛ ቃል/ጽሑፍ: Crossword, crossword
kriechen: ተሳበ፣ እንደ እባብ ተጓዘ: creep (crept, crept), crawl, cringe, grovel, truckle
Kriecher {m}: በሆዱ የሚሳብ እንስሳ: truckler, creeper, groveler, sycophant, toady, truckler, sycophants, creepers, sycophants
Kriecherei {f}: መንከባለል፣ መምጧቸት: servility, sycophancy, worminess
Kriechereien {pl} :: servilities, worminesses
kriecherisch: እምቡችታዊ: fawning, sycophantic, fawningly, sycophantical, sycophantically
Kriechtier {n}: የውሐ እንስሳት: crawler, critter
Kriechtiere {pl} :: crawlers, critters
Krieg {m}: ጦርነት: war, warfare
Krieg führen gegen: ጦርነት አወጀ: to make war on
Kriege {pl} :: wars
Krieger {m, pl}: ጦረኛ ፣ ወታደር: warrior, warriors
kriegerisch: ጦራዊ: bellicose, martial, martially, warlike, warlikely, bellicosely
Kriegführung {f}: ጦርአመራር: belligerence, warfare
Kriegführungen {pl} :: belligerencies, warfares
Kriegsbemalung {f}: የጦርነት ዛቻ: raggery
Kriegserklärung {f}: የጦርነት አዋጅ: declaration of war
Kriegserklärungen {pl} :: declarations of war
Kriegsgefangenschaft {f}: የጦር እስረኛ: war captivity
Kriegshandlung {f}: መታኮስ: act of war
Kriegsherr {m}: ጦር መሪ: warlord
Kriegsherren {pl} :: warlords
Kriegshetze {f}: የጦር ቅስቀሳ: warmongering
Kriegshetzer {m, pl}: የጦር ቀስቃሽ: warmonger, warmongers, bellicosities
Kriegsmarine {f}: ባሕር ኃይል: navy
Kriegspfad {m}: የጦር መስመር: warpath
Kriegspfade {pl} :: warpaths
Kriegsschiff {n}: የጦር መርከብ: warship
Kriegsschiffe {pl} :: warships
Kriegszeit {f}: የጦርነት ወቅት/ ጊዜ: wartime
Kriegszustand {m}:የጦር አቋም/ በጦርነት ላይ መሆን: belligerency
Krimi {m}: አሳሳዝ ፊለም/ ልብ ወለድ: whodunit, thriller
Kriminalität {f}: ወንጀለኛነት: deliquency
kriminell: አረመኔአዊ፣ ጨካኝ: criminal
Kriminologe {m}: ወንጀል መርማሪ: criminologist
Kriminologen {pl} :: criminologists
Kriminologie {f}: የወንጀል ምርመራ: criminology

kriminologisch: ወንጀለኛዊ: criminological, criminologically
Krippe {f}: የእንስሳት በረት: daynursery, manger, crib
Krippen {pl} :: daynurseries, mangers, crypts
Krise {f}: ክፉ ቀን: crises, crisis, showdown
Krisen {pl} :: crises, showdowns
Krisenkartell {n}: ክፉ ቀን ማስወገጃ: anti crisis cartel
Kristall {m, n}: ባልጩት: crystal
Kristalle {pl} :: crystals
kristallisieren: ባልጩት ሠራ: solidify
Kriterien {pl} :: criteria, criterions
Kriterium {n}: ቅድመ ሁኔታ: criterion
Kritik {f}: ሂስ: criticism, cutup
Kritiken {pl} :: cutups, censors
Kritiker {m, pl}: ሀያሲ: critic, reviewer, critics
kritisch: ሂሳዊ: censorious censoriously, critical, discerningly, critically
kritisierbar: ተሀያሲ: criticizable
kritisieren: ተቸ ፤ ሀየሰ/ ሂስ አደረገ: criticize, zing
kritisierend: ተች/ ተችቶ: zinging
kritisiert: ተተች/ ተተችቶ: zinged
kritzeln: ጨሚረ፤ ሞነሚጨረ: doodle, scrawl, scribble
Krokodil {n}: አዞ: crocodile
Krokodile {pl} :: crocodiles
Krokodilstränen {pl}: ያዞ እንባ: false tears
Krone {f}: ዘውድ፤ አክሊል፤ ተክሊል: corona, crown
Kronen {pl} :: coronas, crowns
krönen: ዘውድ ጫነ/ደፋ: to crown
Krönung {f}: ንግሥት: coronation
Krönungen {pl} :: coronations
Kröte {f}: እንጉርጥ: toad
Kröten {pl}:: toads
Krug {m}: ኩስኩስት፤ ማሰሮ: pitcher, tankard, jar, jug
krumm: ፉንድድ፤ እጥጥፍ: awry, crooked, wrily, wry
krümmen: ተዋረደ፤ ተሽማቀቀ: crook, writhe, curve
Kryptogramm {n}: አውድ ገለጣ: cryptogram
Kryptogramme {pl} :: cryptograms
Kryptograph {m}: አውድ ገላጭ: cryptographer
Kryptographie {f}: ጥንቁልና/ አውድ ገላጭነት: cryptography
Krypton {n}: የንጥረ ነገር ዓይነት: krypton
Kubikmeter {m, pl}: ስፋትና ጥልቀት መለኪያ: cubic metre, cubic metres
Küche {f}: ማብሰያ/ መቀቀያ ቤት: cuisine, kitchen
Kuchen {m, pl}: ኬክ: cake, cakes
Küchen {pl} :: cuisines, kitchens
Küchenmagd {f}: የምግብ ሠራተኛ: cookmaid
Kuchenplatte {f}: ምጣድ: baking sheet
Kuchenplatten {pl} :: baking sheets
Kuchenstück {n}: የኬክ ቁራሽ: piece of cake
Kuckuck {m}: ሽመለላ፤ ያሞራ ዓይነት: cuckoo
Kuckucke {pl} :: cuckoos
Kugel {f}: እርሳስ፤ ጥንግ: globe, orb, ball, bullet,
Kugeln {pl}:: bullets, globes
Kügelchen {n, pl}: ትንሽ አሎሎ: globule, pellet, globules, pellets
kugelförmig: ጥንግ መሰል: globular, orbicular, sherical, spherical, globularly, spherically
Kugelschreiber {m}: እስክብሪቶ፤ ብእር: ball pen, ballpoint-pen, biro
kugelsicher: ጥይት ተከላካይ/ የማያስመታ: bulletproof
Kuh {f}: ላም/ በሬ፤ ከብት: cow
Kühe {pl}: ላም/ ከብት: cows
Kuhfladen {m}: ኩበት: cow pat
Kuhhirt {m}: ከብት ረኛ: cowboy
Kuhhirtin {f}: ከብት እረኛ: cowgirl
Kuhknecht {m}: ከብት ጠባቂ: cowmen
kühl, frisch, kalt: ርጉ፤ ቀዝቃዛ: cool, chilly, chilly
Kühle {f}: ቀዝቃዛነት: coolness
kühlen: አቀዘቀዘ፤ አከረረ: refrigerate, anneal
Kühler {m}: ማቀዝቀዣ: cooler, radiator
Kühlschrank {m}: ማቀዝቀዣ: refrigerator, fridge, icebox
Kühlschränke {pl} :: refrigerators, fridges, iceboxes
Kühlung {f}: ቅዝቃዜ: cooling
Kuhmist {m}: እዛባ: cow dung
kühn, mutig: ቡረኛ፤ ደፋር: audaciously, bold, boldly, hardily, hardy, venturesome
Kühnheit {f}: ቡረኛነት: adventurousness, audaciousness, daringness, hardihood, temerity, boldness
Kuli {m}: ኩሊ፤ የቀን ሠራተኛ: underling
Kulis {pl} :: underlings
kulminieren: ከፍተኛ/ ዝቅተኛ ነጥብ ደረሰ: culminate
Kult {m}: አምልኮ: cult
Kulte {pl} :: cults
kultivieren: አረሰ፤ አመረተ፤ አሳደገ፤ ተንከባከበ፤ አሳደገ: to cultivate
Kultur {f}: ባሕል፤ ሥልጣኔ: culture, civilization
kulturell: ባሕላዊ: cultural, culturally
Kummer {m, pl}: እንክብካቤ: dolefulness, grief, heartache, sorrow, heartaches
Kümmern Sie sich nicht darum.: አይጨነቁ: Don't bother about it.
kümmern sie sich um Ihre Angelegenheiten: ድርሻዎን ይንከባከቡ: mind your own business
Kümmern Sie sich um Ihre eigenen Sachen!: *ዕቃዎን ይጠብቁ*: Mind your own business!
Kumpan {m}: ጓደኛ፤ ጓድ: side kick, sidekick, crony
Kumpane {pl} :: cronies, side kicks
Kumpel {m}:የተራራ ቆፋሪ/ ከሰል ማዕድን ቆፋሪ: pal

Kunde {m}: ደምበኛ: customer, lore, client, purchaser, custom
Kunden {pl} :: customers, lores, clienteles, clients
Kundenberater {m, pl}: የደንበኞች መካሪ: customer consultant, customer consultants
Kundenbesuch {m}: የደንበኛ/ ወዳግ ጉብኝት: call on customers
Kundenbesuche {pl} :: calls on customers
Kundendienst {m}: የደንበኛ አገልግሎት: after sales service, after-sales service, customer service, repair service, service
Kundgebung {f}: ማስተዋወቂያ: enunciation, manifestation
Kundgebungen {pl} :: enunciations, manifestations
kündigen: አሳወቀ: give notice
Kündigung {f}: ማሳወቂያ: notice
Kündigungsdauer {f}: የመሰናበቻ ወቅት/ ጊዜ: period of notice
Kündigungsfrist {f}: የመልቀቂያ/ ስንብት ገደብ: notice period
Kündigungsschreiben {n}: የመሰናበቻ ደብዳቤ: written notice
Kundschaft {f}: ደምበኝነት: cliental, clientele
künftig: ወደፊት: future, for the future, in the future
Kunst {f}: ኪነት: art
Kunstakademie {f}:የኪነ ጥበብ ትምህርት ቤት: academy of arts
Kunstakademien {pl} :: academies of arts
Künstler {m, pl}: የኪነት ሰው: artist, longhair, artists, arts
Künstlerin/nen {f/pl}: የኪነት ሰው: artists, arts
künstlerisch: ኪነታዊ: artistic, artistical, artistically, artistically
künstlich: አርቴ ፍሻላዊ/ ማታለያ: artifical, artificial, artificially, factitious, factitiously, imitately, synthetical
Künstlichkeit {f}: አርቴ ፍሻልነት: artificiality
Kunstschule {f}: የኩንስት ትምህርት ቤት: school of arts
Kunstschulen {pl} :: schools of arts
Kunststoff {m}: ፕላስቲክ: plastics, synthetic material, synthetic
Kunststoffe {pl} :: synthetic materials, synthetics
kunstvoll: ጥበባዊ/ ጥበብ የተሞላበት: artful, artfully, artistic
Kunstwerk {n}: የኪነ ጥበብ ሥራ: work of art
Kunstwerke {pl} :: works of arts, works of art
Kupfer {m}: መዳብ: copper
kupferartig: መዳብ መሰል: coppery, cupric
Kuppel {f}: ጉልላት: astrodome dome, astrodomes, domes
kuppeln: አጣመረ፣ አቀናጀ: couple
kuppelnd: አቀናጅ/ አቀናጅቶ: pandering, pimping
Kupplung {f}: ማርሽ: clutch, coupling
Kupplungen {pl} :: clutches
Kurare {n}: በመርዝ የተቀባ ቀስት: curare
Kuriosität {f}: አስገራሚ፣ እንግዳ ነገር: curio
Kuriositäten {pl} :: curios
Kurort {n}: ማገገሚያ ቦታ: sanitarium
Kurorte {pl} :: sanitaria, sanitariums
Kursive {f}: የቀጠነ ጽሑፍ: cursive
Kursivschrift {f}: የጽሑፍ ዓይነት: italic, italics
Kurve {f}: መታጠፊያ/ መጠምዘ: bend, curve
Kurven {pl} :: curves
kurz: አጭር፣ ግልጽ: brief, briefly, curtly, short, shortly, compendiously
Kürze {f}: አጭርነት፣ ጠባብነት: conciseness, curtness, shortness, terseness, brevity, briefness
kürzen: አሳጠረ: abridge, curtail, shorten, abbreviate
kürzend: አሳጣሪ/ አሳጥሮ: abbreviating, abridging, curtailing
Kurzfaßung {f}: ማጠቃለያ: abbreviated version, abridgement
Kurzfaßungen {pl}:: abridgements
kurzfristig: በቅርብ: short-dated, short term
Kurzgeschichte {f}: አጭር ልብ ወለድ: short story
Kurzgeschichten {pl} :: short stories
kürzlich, neulich: ባጭሩ፣ አሁን: lately, recently
Kurznachricht {f}: አጫጭር ዜና: newslet
kurzsichtig: አጭር አመለካከት ያለው፣ የማያስተውል: myopic, nearsighted, purblind, shortsighted, nearsightedly, shortsightedly
Kurzsichtiger {m}: ቅርብ ነገር ለማየት ችግር ያለበት: myope
Kurzsichtigkeit {f}: ቅርብ ነገር ለማየት አለመቻል: myopia, nearsightedness, purblindness, shortsightedness
kurzum: ባጭሩ: in short
Kürzung {f}: ማሳጠር: abridgement, shortage, shortening, curtailment
Kürzungen {pl} :: abridgements, curtailments
Kurzwelle {f}: ሾረት ዌ ቭ: short wave, shortwave
Kurzwellen {pl} :: shortwaves
Kurzzeit.. {f}: አጭር ጊዜ: short-term, short-time
kurzzeitig: በቅርብ: temporary, momentary
kuscheln: ዳሰሰ፣ ደባበሰ፣ አሻሸ: snuggle
Kusine {f}: ያክስት ልጅ: cousine
Kusinen {pl}, Vetter :: cousinen, cousins
Kuß {m}: ስመት: kiss
küßbar: ተሳሚ/ የሚሳም: kissable
küssen: ሳመ: buss, kiss
Küste {f}: ጠረፍ: seacoast, shoreline, waterside, coast, seaboard, shore
Küsten {pl} :: seaboards, shores, coastally, coasts
Küstenfahrer {m, pl}: ጠረፍ ጠባቂ: coaster, coasters
Küstenlinie {f}: የጠፈር መስመር/ ድንበር: coastline, shore line
Küstenlinien {pl} :: shore lines

Küster {m, pl}: **የቤተ ክርስቲያን ዕቃ ጠባቂ**: sacristan, sexton, sacristans, sextons
Kutte {f}: **ጥብቆ፣ ቀሚስ**: cowl, frock
Kutten {pl} :: cowls, frocks
Kybernetik {f}: **የተለያየ ዜና ማስራጫ ዘዴ**: cybernetics
Kybernetiker {m}: **ልዩ ልዩ ዜና አስራጭ**: cyberneticist
kyrillisch: **የራሻውያን ጽሑፍ**: cyrillic

L

Lab {n}: የወተት ማውጫው ጡት: rennet
laben, erquicken: አስደስተ: refresh
labend: አዳሽ፤ አስደሳች: refreshingly
labial: ተለዋዋጭ: labial, labially
labil, unbeständig: ልውጥውጥ: disoriented, unstable
Labor {n}: ማጣሪያ: lab
Laborant {m}: የላቦራቶሪ ሠራተኛ: laboratory assistant
Laboratorium {n}: ላቦራቶሪ/ ሙከራ ቤት: laboratory
Laboratorien {pl} :: laboratories
laborieren: ታመመ ፤ ለመዳን ሞከረ/ ተጣጣረ: be afflicted with
Labortisch {m}: የሙከራ ቤት ጠረጴዛ: bench
Labyrinth {n}: ቁልልፍ፤ ጥምርምር (ለምሳሌ የስሜት ሕዋሳት ዓይነት): maze
Labyrinthe {pl} :: mazes
labyrinthisch: ቁልልፍ/ ተታያያዘ: mazy
lächeln (über): ፈገግ አለ/ ለመሳቅ ሞከረ: to smile (at), simper, smile
Lächeln {n}: ፈገግ ማለት: smile
lachen [über]: ሳቀ: laugh [at]
Lachen {n}: መሳቅ: laughter
lachend: ሳቂ/ ስቆ: laughing, laughingly
Lacher {m}: ሳቂ: laugher
lächerlich: መሳቂያ/ አስቂኝ: laughable, ludicrous, ludicrously, preposterous, ridiculous, preposterously, ridiculously
Lächerlichkeit {f}: መሳቂያነት: laughableness, ludicrousness, ridiculousness
Lachlust {f}: የመሳቅ ሱስ/ ልምድ: risibility, risible, risibly
Lachs {m}: ያሣ ዓይነት: salmon
Lachse {pl} :: salmons
Lack {m}: የቅባት ዓይነት: enamel varnish, varnish
lackieren, (Lack): ኳለ ፤ ቀባ: lacquer
lackierend: ኳይ/ ኩሎ: enameling, varnishing
lackiert: ተኳይ/ ተኩሎ: varnished
Lackmus {n}: የቅባት ዓይነት: litmus
Lade {f}, Arche: ጽሌ/ ጽላት: ark
Ladebaum {m}: ክብ የሳንዱቅ ዓይነት: derrick
Ladeluftkühler {m}: ያየር ማቀዝቀዣ: charge air cooler, intercooler
Ladeluftkühlung {f}: ማቀዝቀዣ: intercooling
Ladeluke {f}: የመርከብ ቀዳዳ: hatchway
Laden {m}: ሱቅ: shop, downloading, loading, bootstrap, charge, store
laden: ጫነ፤ ሞላ: charge, download, load, loading
Ladendieb {m}: የሱቅ ሌባ: shoplifter
Ladendiebe {pl} :: shoplifters
Ladendiebstahl {m}: የሱቅ ዘረፋ: shoplifting
Ladenhüter {m}: የሱቅ ዘበኛ: drug on the market
Ladeninhaber {m, pl}: ባለሱቅ: shopkeeper, shopkeepers
Ladenpreis {m}: የሱቅ ዋጋ: retail price, selling price
Ladenschild {n}: የሱቅ መጠቆሚያ ምልክት: shop sign
Ladenschilder {pl} :: shop signs
Ladentisch {m}: የሱቅ መደርደሪያ: counter
Ladenverkäufer {m}: የሱቅ ሻጭ: salesclerk
Ladenverkäuferin {f}: የሱቅ አሻሻጭ: saleslady
Ladeprogramm {n}: ኮምፒዩተር ማስተካከያ ፕሮግራም: loader
Lader {m}: መጫኛ: loader
Ladung {f}: ጭነት: cargo, charge, stowage, charge
Ladungen {pl}:: cargos, loadings, stowages
Ladungsträger {m}: ጭንት ማስቀመጫ/ ማኖሪያ: charge carrier
lagal: ሕጋዊ: legally
Lage {f}, Situation, Stellung, Standpunkt: ሁኔታ: site, situation, position
Lagen {pl}:: sites, situations, site plans
Lageplan {m}: የጊዜ ዕቅድ: site plan
Lager {n, pl}: መካዝን፤ ካምፕ: bearing, camp, encampment, store, storehouse, warehouse, encampments
lagerbar: ተቀማጭ: superposable
Lagerdeckel {m}: ልባስ: bearing cap
Lagerfeuer {n}: የመጋዘን/ ካምፕ እሳት: campfire
Lagerhaltung {f}: መካዝን: stock-keeping
Lagerhaus {n}, Lager: የመካዝን ቤት: storehouse, warestore, warehouse
Lagerist {m}: መካዘን ጠባቂ: warehouseman
Lageristen {pl} :: warehousemen
lagern: በመካዝን አስቀመጠ: encamp, lair, shelve
Lagerraum {m}: የመካዝን ክፍል: stockroom, store room, storeroom
Lagerräume {pl} :: store rooms, storerooms, stockrooms
Lagerstuhl {m}: የመካዝን መደርደሪያ: bearing block
Lagerung {f}: መካዝን: storage
Lagerungen {pl} :: storages
Lagerverwalter {m, pl}: የመካዘን ኃላፊ: storekeeper, storekeepers
Lagerwirtschaft {f}: የመካዝን ክራይ: administration of inventory
Lagune {f}: ስሜት፤ ጠባይ: laguna, lagoon
lahm: ስንኩል: gammy, lame, lamely
lähmen: ተሰነከለ፤ አካለ ጎደሎ ሆነ: lame, paralyse, paralyze
lähmend: ስንኩል/ ተሰንከሎ: hamstringing, laming, palsying, paralysing, crippling, paralyzingly, paralyzing
Lahmheit {f}: ስንኩልንት: lameness
lahmlegen: ሰነከለ፤ ሰነገለ: paralyse
Lähmung {f}: አካለ ስንኩልነት: palsy, paralysis
Laib {m}: ድፎ/ የዳቦ ዓይነት: loaf
Laie {m}: ማይምን/ ገበሬ: laity, layman
Laien {pl} :: laymen

laienhaft: ማይማዊ: amateurishly
laienhaft: ማይም: unaware, unprofessional, unprofessionally
Lakai {m}: ገባር: flunky, lackey, flunkey, footman
Lakaien {pl} :: flunkies, flunkeies
Laken {n}: አንሶላ/ ያልጋ ልብስ: linen
lakonisch: አጭር/ ጠባብ: laconic, laconical, laconically
Lakritze {f}: ጣፋጭ የግንድ ወተት/ ፈሳሽ: licorice, liquorice
Lametta {n}: ዛፍ/ ግድግዳ ማስጌጫ: tinsel
Lamm {n}: በግ: lamb
Lämmchen {n}: ግልገል/ ወጠጤ: lambkin
Lampe {f}: መብራት: lamp
Lampen {pl} :: lamps
Lampenlicht {n}: የኩራዝ/ ባትሪ ብርሃን: lamplight
Lampenschirm {m}: የመብራት ክፋን: lampshade
Lampenschirme {pl} :: lampshades
Land {n}: ሀገር፤ መሬት: country, land, terra
Länder {pl}: አሀጉራት: countries
Landarbeiter {m}: ገበሬ፤ አርሶአደር: agricultural labourer, farmhand
Landbewohner {m}: ገጠርኗሪ: landsman
Landebahn {f}: መንሸራተቻ: runway
landen: አረፈ፤ ቆመ፤ ረጋ: alight, debark, disembark, land
Landesgrenze {f}: ጠረፍ: frontier
Landesregierung {f}: መንግሥት: government
Landesregierungen {pl} :: governments
Landessprache {f}: ብሔራዊ ቋንቋ: language of the country
Landesverteidigung {f}: ብሔራዊ ጦር: national defence
Landkarte {f}: ያገር ካርታ: map
ländlich: ገጠሬኛ/ ገጠሬ: bucolic, countrified, rustic, rustically, rural, bucolically, rurally
Ländlichkeit {f}: ገጠሬነት/ ባላገርነት: rusticity
Landmaschinenhersteller {m}: የግብርና መሣሪያ አምራች: agricultural machinery maker
Landratte {f}: የመሬት ላይ ኗሪ/ በመርከብ ላይ የማይሠራ: landlubber
Landratten {pl} :: landsmen
Landschaft {f}: ወንዝ ሸንተረር: countryside, landscape, territory
Landschaften {pl} :: landscapes
landschaftlich: ወንዝ-ሸንተረራዊ: scenic, scenical, scenically
Landschaftsmaler {m}: ወንዝ ሸንተረር ሰአሊ: landscapist
Landsmann {m}: ያገር ልጅ: compatriot
Landstraße {f}, Autostraße, Straße: መንገድ: country road
Landstreicher {m, pl}: ጆቢራ፤ ዞረቲ፤ እግሩ ባደረሰው ኗሪ: hobo, tramp, vagabond, yegg, tramp, hoboes, vagrants, tramps, vagabonds
Landstreicherei {f}: ዞረቲነት/ ዞ ሪነት: vagabondage, vagrancy
Landstreichereien {pl} :: vagrancies
Landstreitkräfte {f}: ጦር ሠራዊት: army
Landung {f}: ማረፊያ/ ማረፍ: head crash, debarment, disembarkment, landfall, landing, landing
Landungen {pl} :: debarments, landfalls
Landungsbrücke {f}: መተላለፊያ ድልድይ: gangplank, jetty
Landungsbrücken {pl} :: gangplanks, jetties
Landvolk {n}: ገበሬ: peasantry
Landwirt {m}: ግብርና: agriculturist, countryman, cultivator, farmer
Landwirte {pl} :: cultivators
Landwirtschaft {f}: ገበሬነት: farming, husbandry
Landwirtschaften {pl} :: agricultures, husbandries
landwirtschaftlich: ግብርናዊ: agrarian, agricultural, agriculturally
Landwirtschaftsbank {f}: የግብርና ባንክ: agricultural bank
lang, weit: ረጅም፤ ሩቅ: long
langatmig: ርዝማኔያማ: lengthy, leggy
Länge {f}: ርዝማኔ: len, length, longitude, tallness, footage
Längen {pl} :: Longitudes, longitudes, lengths
länge: ርዝመት: length
lange: ለረጅም ጊዜ: for a long time
längen: አስረዘመ፤ ሳበ: elongate
Langeweile {f}: ስልቸታ፤ ያደርጉትና ይይዙት ማጣት: ennui, stuffiness, tedium, boredom
Langeweilen {pl} :: boredoms
langfristig: ለረጅም ጊዜ/ ወቅት: long term, long-dated, of many years
Langlebigkeit {f}: ባለረጅም እድሜ: longevity
länglich: ረጅም: longish
langsam: በዝግታ፤ በረጋታ: adagio, laggard, slow, slowly, tardily, tardy, tardily
Langsamkeit {f}: አዝጋሚነት: backwardnesses, gradualness, slowness, tardiness
Längsparität {f}: ማዕዘናዊ ክፍል: horizontal parity
längsschiffs: እግድም: fore and aft
Längsschnitt {m}: አግዳም ቁርጥ: longitudinal section
längsseits: እግድም ጎን: alongside
längst: ቀድሞ/ ድሮ/ ወትሮ: long ago
langweilen: ተሰላቸ፤ ይይዘውና የሚያደርገው አጣ: to bore
langweilig: አሰልች: boring, insipidly, prosy, tedious, unamusing, tediously
Langweiligkeit {f}: አሰልችነት: tediousness
Lanze {f}: ሳንጃ: lance
Lanzette {f}: በጣም ስለት ቢላዋ (ለቀዶ ጥገና የሚገለገሉበት): fleam
Lanzetten {pl} :: fleams, clouts
Lappen {m, pl}: መወልወያ ጨርቅ: lobe, rag, clout, lobes, rags
Lärche {f}: የዛፍ ዓይነት: larch, larches

Lärm {m}: ጫጫታ፣ ድምጽ: dins, fuss, noisiness, din, noise
lärmen: ጮኸ፣ ድምጽ አሰማ: make-noise, rant, roister, make a noise
lärmend: ጯኺ፣ ለፍላፊ: blatant, blatantly, fussing, making-noise, noising, ranting, tumultuous, vociferous, roistering, rantingly, tumultuously, vociferously
Lärmer {m}: ጩኸት: roisterer
lärmig: አደንቋሪ: noisily
Larve {f}: እጭ/ ጫጩት: larva
Larven {pl} :: larvas, larvae
Lasche {f}: ያሣ ዓይነት: fishplate
Laschen {pl} :: fishplates
Laser {m}: በጣም ረቂቅ ማሽን: laser
Laserdrucker {m}: የድሩከር ዓይነት: electrophotographic printer, laser printer
Laß das!: እርሳው/ ጣለው!: Drop it!
lassen, zulassen: እስ...፣ ተወ፣ ፈቀደ፣ ለቀቀ: to let (let, let), assume, let`s
lässig: ሰነፍ፣ ደነዝ: nonchalant, remiss, remissly, nonchalantly
Lässigkeit {f}: ሰነፍነት/ ደነዝነት: nonchalance, offhandedness, remissness
Last {f}: ጭነት፣ ዕዳ: load, onerousness, burden
Lastauto {n}: የጭነት መኪና: truck, encumbrance
Lastautos {pl}:: trucks, encumbrances
Lästerer {m, pl}: አዋካይ፣ አሰዳቢ: blasphemer, blasphemers
lästern: አዋከለ፣ ተሳደበ፣ አሰደበ: blaspheme
lastfrei: ከዕዳ ነፃ: unencumbered
lästig : ረባሽ፣ አዋካይ: bothersome, burdensome, burdensomely, cumbrous, importunate, importunately, incommodious, incommodiously, inconveniently, onerous, onerously, vexatious, worrisome, burdensomely, cumbrously, onerously, vexatiously
Lästigkeit {f}: ረባሽነት: burdensomeness, cumbersomeness, troublesomeness, vexatiousness
Lästigkeiten {pl} :: cumbrousness
Lasttier {n}: የጭነት እንስሳት: pack animal
Lastverteilung {f}: ጭንት/ ዕዳ ማከፋፈል: load sharing
Lastwagen {m, pl}: የጭነት መኪና: lorry, van, lorry, truck, vans, lorries, trucks
Lastwagenfahrer {m, pl}: የጭነት መኪና ሹፌር: teamster, truckers, teamsters
latent: ድብቅ: latently
Laterne {f}: ብርሃን: lantern
Laternen {pl} :: lanterns
latschen: ተወላገደ፣ ተንዘላዘለ: traipse
latschig: ወልጋዳ፣ ዘልዛላ: slouchily, slouchy
Latte {f}: አቋም ዕንጨት: lath
Latten {pl} :: laths
Lattenkiste {f}: የዕንጨት ሳጥን: crate
Lattenkisten {pl} :: crates
Lattenwerk {n}: የዕንጭት ሥራ: lathing
Lattenzaun {m}: የዕንጨት እጥር: stockade
Lätzchen {n}: የሕፃናት ለሃጭ መጥረጊያ ጨርቅ: bib, pinafore
lau: ለስላሳ ሞቃት/ ለብ ያለ: lukewarmly, tepid, tepidly
Laub {n}: የቅጠላቅጠል ልባስ: greenery, foliage
Laubbaum {m}: ቅጠላማ ዛፍ: deciduous tree
Laube {f}: ማማ/ ትንሽ ጎጆ: bower
Lauben {pl} :: bowers
lauern: ቅጠል ለበሰ፣ ተደበቀ: lurk
Lauf {m}, Kurs, Rennbahn: ሩጫ፣ ውድድር: course
Läufe {pl}:: runs, races
Laufbahn {f}, Beruf: ዓላማ፣ መሯጫ: career
laufen, rennen, starten: ሮጠ: run
laufend: ሯጭ: current, currently, running, trending
Läufer {m, pl}: ሯጭ: rotor, runner, runners, racers
lauffähig: መሮጥ የሚችል: executable
Lauffeuer {n, pl}: የሩጫ መጀመሪያ ተኩስ: wildfire, wildfires
läufig: አላፊ/ ጠፊ: in heat
Laufrad {n}: የውድድር ባይስክል: idler gear, rotor, bogie wheel
Laufräder {pl} :: impellers
Laufring {m}: መሯጫ መስመር: race
Laufschritt {m}: የሩጫ እርምጃ: double quick
Laufsitz {m}: መሮጫ ቦታ: running fir
Laufwerk {n}: የኮምፒዩተር ክፍል አካል: drive
Laufzeit {f}: የውድድር/ መሄጃ ጊዜ: milage, mileage, running time, runtime, term
Laufzeiten {pl} :: milages, mileages
laugen: በቴ ክኒክ ፈታ፣ አቃለለ: leach
Laune {f}: ስሜት፣ ፍላጎት: sulkiness, vagary, whim, whimsy, caprice, fancy
Launen {pl} :: moods, sulkinesses, vagaries, whims, whimsies, caprices, fads, tempers
launenhaft: ስሜታዊ: cranky, crankily
Launenhaftigkeit {f}: ስሜታዊነት: capriciousness, moodiness
launisch: ስሜታዊ/ አነቃቂ: capricious, freakish, moodily, moody, pettish, pettishly, sulkily, vagarious, wayward, freakishly, moodily, waywardly, sulkier
lauschen: አዳመጠ፣ ሰለለ: to listen to
lauschend: ሰላይ/ ሰልሉ: eavcsdropping
lausig: ድውይ፣ ድሃ፣ ለማኝ: lousily, lousy
laut lesen: ጮኾ አነበበ: to read aloud
laut schreien: በኃይል ጮኸ: to shout
laut: በጩኸት: aloud, loudly, unquietly, uproariously, loud, unquiet, uproarious
Laute {f}: ቃና፣ ድምጽ: lute
Lauten {pl} :: lutes
läuten: ገለጸ፣ አጣራ፣ ደወለ: chime, to ring (rang, rang), peal
lautlos: ድምጽአልባ: soundless, soundlessly, noiselessly
Lautschrift {f}: የፊደላት ጽሑፍ: phonetic, spelling, phonetic transcription

Lautsprecher {m}: ድምጽ ማጉያ: loud speaker, loudspeaker
Lautstärke {f}: የድምጽ ቃና ከፍታ/ ጥንካሬ: loudness, sound intensity
Lawine {f}: መርግ፣ ናዳ: avalanche
Lawinen {pl}:: avalanches
lax: ነፃ፣ እንደልቡ: laxly
Laxheit {f}: መዝናናት: laxity
Layout {n}: ሌይአውት/ የቴ ክስት ረቂቅ: layout
Layouts {pl} :: layouts
Leasing {n}: ኪራይ: leasing
Leasingfirma {f}: የኪራይ ፊርማ: lessor
Leasingnehmer {m}: ተዋሽ/ ተበዳሪ: lessee
Leasingvertrag {m}: የሊዝ ውል: lease contract
Leben {n, pl}: ሕይወት: life [pl. lives], lifetime, life, livings
leben, wohnen: ኖረ: live
lebend: ኗሪ/ ኑሮ: alive, living, alive
lebendig: ሕያዊ፣ ኗሪ: alive, live, livelily, lively, living
Lebendigkeit {f}: ኗሪነት: agility, liveliness, spryness
Lebensabend {m}: እርጅና: eventide, evening of life
Lebensabende {pl} :: evenings of life
Lebensalter {n}: እድሜ: age
Lebensanschauung {f}: የኑሮ ግንዛቤ: approach to life
Lebensanschauungen {pl} :: approaches to life
Lebensart {f}: የኑሮ ግንዛቤ: savoir vivre
Lebensauffassung {f}: ጤንነት: view of life
Lebensauffassungen {pl} :: views of life
Lebensbedingung {f}: የኑሮ ሁኔታ: living condition
Lebensbedürfnis {n}: ለመኖር አስፈላጊ ነገሮች: necessary of life
Lebensbedürfnisse {pl}:: necessaries of life
Lebensbejahung {f}: ኑሮን መቀበል: acceptance of life
Lebensdauer {f}: መዋዕለ ዘመን፣ እድሜ: life, life cycle, life span, lifetime
Lebenserfahrung {f}: የመኖር ልምድ: experience of life
Lebenserfahrungen {pl} :: experiences of life
Lebenserwartung {f}: የመኖር አቬሬጅ: life expectancy, lifespan
lebensfähig: የኑሮ ኩንስተኛ: viably
Lebensfähigkeit {f}: የመኖር ጥበብ: viability
Lebensfreude {f}: የኑሮ ደስታ: soulfulness, high spirits
Lebensgefahr {f}: በሕይወት ላይ አዳጋ አስከታይ: danger of life
Lebensgefahren {pl} :: dangers of life
Lebenshunger {m}: ስላም ፍለጋ: zest for life
Lebenskraft {f}: ለመኖር ኃይል: vitality
Lebenskunst {f}: የመኖር ፍላጎት: hedonism
Lebenskünstler {m}: የኑሮ ጠቢብ: hedonist
lebenslänglich: እድሜ ሙሉ: lifelong
Lebenslauf {m}: ኑሮ/ መኖር: curriculum vitae, life career
Lebensläufe {pl} :: curriculums vitae, curriculums
Lebensmittel {n, pl}, Nahrung: ምግብ: food, viand, viands, provisions, viands
Lebensmittelgeschäft {n}: የምግብ ሱቅ: grocery
Lebensmittelgeschäfte {pl} :: groceries
Lebensmittelhändler {m, pl}: የምግብ ዕቃ ነጋዴ: grocer, grocers
Lebensmittellieferant {m}: ምግብ አቅራቢ: caterer
Lebensstandard {m}: የኑሮ ደረጃ መለኪያ: standard of living
Lebensstandards {pl} :: standards of living
Lebensstil {m}: የኑሮ አቋም: lifestyle
lebensunfähig: ደንቆሮ: unlivable
Lebensunterhalt {m}: ደመወዝ: livelihood, means of subsistence, subsistence
Lebensversicherung {f}: የሕይወት ኢንሹራንስ: life insurance
Lebensversicherungsgesellschaft {f}: የሕይወት ኢንሹራንስ ድርጅት: assurance company
Lebenswandel {m}: የኑሮ ለውጥ: moral conduct
Lebensweisheit {f}: የመኖር ጥበብ: wordly wisdom
Lebensweisheiten {pl} :: worldly wisdoms
Lebenswerk {n}: የሕይወት ሥራ: lifework
Lebenswille {m}: የመኖር ፍላጎት: will to live
Lebenszeit {f}: የመኖር ጊዜ: lifetime
Lebensziel {n}: የመኖር ዓላማ: aim in life
Lebensziele {pl} :: aims in life
Leber {f}: ጉበት: liver, livers
Leberwurst {f}: የጉበት ሥጋ ቋንጣ: liverwurst
lebhaft: ደፋር፣ ዓይን አውጣ: agile, animated, bouncy, briskly, chirpy, feisty, lively, mercurial, spiritedly, sprightly, vivace, vivacious, vivaciously, vivid, vividly, mercurially, spunkier, spriest
Lebhaftigkeit {f}: ዓይናውጣ: animation, breeziness, liveliness, mercurialness, sanguineness, spiritedness, sprightliness, vivaciousness, vivacity
Lebhaftigkeiten {pl} :: vivacities
leblos: ምውት: inanimate, inanimately, lifeless, inanimately, lifelessly
Leblosigkeit {f}: ምውትነት: deadness, inanimateness, lifelessness
Leck {n}: ቀዳዳ፣ ስባሪ: seepage, leak, leakage, leakage, leaky
lecken: ላሰ: lick, leak
lecker: ጣፋጭ/ ጣሚ: daintily, dainty, delicate, delicately, luscious, leakier
Leckerbissen {m}: ቅምሻ፣ ጉርሻ: tidbit, titbit, delicacy
Leckerbissen {pl} :: delicacies, titbits, tidbits
Leder {n}: ቆዳ: buff, leather
Lederhaut {f}: የእንስሳት ቆዳ: sclera
lederig: ቆዳማ: leathery
ledern: ቆዳ ሠፋ/ ሠራ: leathern
ledig: ወንደ ላጤ: unmarried, unwed
lediglich: በመጨረሻ: merely

leer, unausgefüllt, nichtig: ባዶ፣ ምንም: blank, blankly, devoid, empty, frothily, inanely, vacant, vacantly, vacuous, vacuously, void
Leere {f}: ባዶ/ ምንም ዓየር የሌለበት ቦታ: inaneness, vacancy, vacuity, vacuousness, blankness, emptiness, vacancy
leeren: ባዶ አደረገ፣ አጸዳ: deplete, empty
Leerlauf {m}: ባዶ እጅ: idle, idling, lost motion
Leerstelle {f}: ባዶ ቦታ: argument place, blankspace
Leertaste {f}: ባዶ ቁልፍ: spacebar
Leerzeichen {n, pl}: ባዶ ቦታ/ እስቴ ፕ: blanks, space
legal: ሕጋዊ: legal, legally
legalisieren: ሕጋዊ አደረገ: legalize
legalisierend: ሕጋዊ አድራጊ/ አድርጎ: legalizing
legalisierte: ሕጋዊ ተደራጊ/ ተደርጎ: legalized
Legalisierung {f}: ሕጋዊ መሆን: legalization
Legalisierungen {pl} :: legalizations
legen, stellen, setzen: አሮረ፣ አስቀመጠ: lay (laid, laid), put, recline
legend: አስቀማጭ/ አስቀምጦ: laying, reclining
Legende {f}: ተረት: legend
Legenden {pl} :: fables
legieren: አቦካ፣ አዋሃደ: alloy
legierend: ቀላቃይ/ ቀላቅሎ: alloying
legiert: ተቀላቃይ/ ተቀላቅሎ: alloyed
Legierung {f}: ቡሆ: alloy
Legion {f}: ሠራዊት: legion
Legionssoldat {m}: ወታደር: legionary
Legislative {f}: ጊዜያዊነት: legislature
legitim: ሕጋዊ: legitimately
legitimieren: ሕጋዊ አደረገ: legitimate, legitimize
legitimierend: ሕጋዊ አድራጊ/ አድርጎ: legitimizing
legitimierte: ሕጋዊ ተደራጊ/ ተደርጎ: legitimized
Legitimierung {f}: ሕጋዊነት: legitimacy, legitimization
Legitimität {f}: ሕግ/ ሥርዓት: legitimateness, legitimacy
Lehensgut {n}: የውሰት ዕቃ: fief
Lehenstreue {f}: ባለብድር፣ ባለውሌታ: fealty
Lehm {m}: ጡብ: loam, clay
lehmig: ጡባዊ: loamy
Lehmstein {m}: ጡብ፣ ብሎኬት: adobe
lehnen: ተጠጋ፣ ተጋደመ: recline
lehnend: ተጋዳሚ/ ተጋድሞ: leaning
Lehnsessel {m}: መጠጊያ: fauteuil
Lehnstuhl {m}: ባለመደገፊያ ያለው ወምበር: armchair, recliner
Lehnstühle {pl} :: armchairs
Lehramt {n}: ያስተማሮች ቢሮ: lectureship
Lehranstalt {f}: ትምህርት ቤት: school
Lehranstalten {pl}:: schools
lehrbar: ማስተማር የሚቻል: teachable, trainable
Lehrbuch {n}: ማስተማሪያ መጽሐፍ: schoolbook, textbook
Lehrbücher {pl} :: textbooks
Lehre {f}: ትምርት፣ ማሠልጠኛ: egalitarianism, teachings, tenet, apprenticeship, doctrine
Lehre vom Körper: የስውነት ጥናት: anatomy
Lehre vom Menschen: የሰውልጅ ጥናት: anthropology
Lehre vom Menschen:: anthropology
lehren, unterichten: አስተማረ: teach
lehrend: አስተማሪ/ አስተማሪ: teaching
Lehrer {m, pl}: አስተማሪ: teacher, tutor, indoctrinator, instructor, schoolmaster, teachers, tutors
Lehrerin {f}: አስተማሪ: schoolmistress
Lehrerinnen {pl}:: teachers
Lehrfach {n}: የትምህርት ሳብጀክት: subject
Lehrfächer {pl}:: subjects
Lehrgang {m}: ማሠልጠኛ: course, seminar
Lehrling {m}: ያማሰልጠኛ ተማሪ: trainee, apprentice
Lehrlinge {pl} :: trainees, apprentices
Lehrlingsausbildung {f}: የወጣቶች ማሠልጠኛ: apprenticeship training
Lehrmethode {f}: የማስተማር ዘዴ: teaching method
Lehrmethoden {pl} :: teaching methods
Lehrmittel {n, pl}: የማስተማሪያ ዕቃ: teaching aids
Lehrplan {m}: የትምህርት ፕላን: course of instruction, curriculum
Lehrpläne {pl} :: courses of instruction
lehrreich: ገንቢ: instructive, instructively
Lehrsatz {m}: መሪ ዓረፍተ ነገር: theorem
Lehrsätze {pl} :: theorems
Lehrstuhl {m}: የትምህርት ወንበር: professorship
Lehrzeit {f}: የትምህርት ወቅት: apprenticeship
Leib {m}: ሰውነት: body, belly
Leibchen {n}: ሰውነት: bodice
Leibeigene {m, f}: ጤነኛ: thrall, serf
Leibeigenen {pl} :: serfs, thralls
Leibeigener {m}: ጤነኛ ሰው: bondsmen
Leibeigenschaft {f}: ገባር: peonage, serfdom
Leibgarde {f}: ዘበኛ: life guards
Leibrente {f}: ጡረታ: annuity for life
Leibschmerz {m}: ቁርጠት: belly ache
Leibschmerzen {pl}: ቁርጠት: stomach-ache, stomachache, stomach ache, body guard
Leibwächter {m}: ዘበኛ፣ አጃቢ: bodyguard
Leiche {f}: ሬሳ: dead bodies, dead body, carcass, corpse
Leichen {pl} :: carcasses
Leichenbestatter {m}: ሬሳ ከፋች: mortician, undertaker, undertakers
leichenhaft: ምውት: cadaverous, cadaverously
leichenhaftig: መዋቲ: cadaverously
Leichenhaftigkeit {f}: መዋቲነት: cadaverousness
Leichenhalle {f}: ደጂ ሰላም/ ሬሳ ማቆያ: mortuary, mortuaries
Leichenhallen {pl} :: mortuaries
Leichenobduktion {f}: ሬሳ ማቀዝቀዣ: autopsy
Leichenträger {m}: ቃሬዛ: pall bearer
Leichentuch {n}: የሬሳ ልብስ: shroud

Leichentücher {pl} :: shrouds
Leichenwagen {m}: የሬሳ መኪና: hearse
Leichenwagen {pl} :: hearses
leicht anwendbar: በቀላሉ ተገባሪ: easy to apply
leicht herum: ተዘዋዋሪ: prowls
leicht verderbliche Lebensmittel: በቀላሉ የሚበላሽ ምግብ: perishable food
leicht verrückt: እብድ: pixilated
leicht zu bedienen: ለመዘወር/ መስራት ቀላል: easy to use
leicht, unschwer, bequem, ungezwungen, sicher: ቀላል፣ ምቹ: easily, easy, light
leicht: ቀላል: easily, easy, facilely, gossamerly, lightly, lightweight
Leichtathletik {f}: ሩጫ ውድድር: athletics
Leichter {m}: ቀላል: scow
leichtfertig: እብድ: frivolous, frivolously
Leichtfertigkeit {f}: እብድነት: levities
leichtgläubig: ተታላይ: credulous, gullible, credulously, gullibly
Leichtgläubigkeit {f}: ተታላይነት: credulity, gullibility
Leichtgläubigkeiten {pl} :: credulousness
Leichtigkeit {f}: ቀላልነት: easiness, facileness, facility, lightness, ease
Leichtigkeiten {pl} :: facilities
Leichtmetall {n}: ቀላል ብረት: light metal
Leichtsinn {m}: ቀላል፣ እብድ: frivolousness, levity, flippancy, giddiness
leichtsinnig: ረባሽ: flippant, flippantly, frivolous, giddily, lightheaded, careless
Leid {n}: ስቃይ: woe, harm, sorrow
leid, traurig, betrübt: ትኩዝ፣ ሆደ ባሻ: sorry
Leiden {n}: መሰቃየት፣ ስቃይ: ailment, suffering
leiden (an): ተሰቃየ: to suffer (from), suffer
leidend: ተሰቃይ/ ተሰቃይቶ: ailing, idiopathic, languishingly, suffering, sufferingly
Leidende {f, m}: መከረኛ: sufferer
Leidenden {pl} :: sufferers
Leidenschaft {f}: ችግር፣ ምሬት: ferventness, passion
Leidenschaften {pl} :: ardencies, fervidness, passions
leidenschaftlich, begeistert: በምሬት፣ ባድናቆት: impassioned, passionate, passionately, ardent
Leidenschaftlichkeit {f}: ምሬታማነት: impulsiveness, passionateness
leidenschaftslos: ግደቢስ/ ደንታቢስ: dispassionate, passionless, unemotional, dispassionately, unemotionally
Leider!: መጥፎነቱ!: Worse luck!
leider: እንዲጋጣሚ: alas
leidjammervoll: ምሬታማ: woebegone
leidlich: በምሬት: fairish, goodish
Leidtragender {m}: መከራ ተሸካሚ: mourner, mourners
Leier {f}: ሊራ: lyre
Leierspieler {m}: የሊራ ዋች: lyrist
Leihbibliothek {f}: የሚያውስ ቤተ መጽሐፍ: lending library
Leihbibliotheken {pl} :: lending libraries
Leihe {f}: ብድር: loan
Leihen {pl} :: loans
leihen: አበደረ: borrow, lend
leihend: አበዳሪ/ አበድሮ: lending, loaning
Leihgebühr {f}: የብድር ወለድ/ አራጣ: lending fees
Leihhaus {n}: የኪራይ ሱቅ: pawnshop
Leihhäuser {pl} :: pawnshops
Leim {m}: ሙጫ/ መጣብቅ: glue
Leime {pl} :: glues
Leine {f}: አቧራ: leash
Leinen {n}: ላይነን: linen, linnen
Leinpfad {m}: የላይነን ነዶ: towpath
Leinpfade {pl}:: towpaths
Leinsamen {m}: ላብ/ ቅባት ነገር: linseed, flax seed
Leinsamens {pl} :: flax seeds
leise: በቀስታ/ በለሰስታ: quiet
Leiste {f}: ዘንግ: inguinal, ledges, groins
Leisten {pl} :: inguinals, ledges, groins
leisten: ቻለ፣ አደረገ: afford, achieve, render
Leistenbruch {m}: ችሎታ ማጣት/ ማነስ: hernia
Leistenbrüche {pl} :: hernias
Leistung {f}, Ausführung, Durchführung, Vollendung, Kraft, Vermögen, Energie, Leistungsabgabe, Leistungsfähigkeit: ችሎታ/ አስተዋጽዖ፣ ጥረት: achievement, effort, power, achievement, performance, output, capacity
Leistungsabgabe {f}: የኃይል አስተዋጽዖ: power drain
Leistungsaufnahme {f}: የኃይል ገቢ: input, power consumption
Leistungsbewertung {f}: ያስተዋጽዖ ግምጋሜ: appraisal of results
leistungsfähig: ኃይለኛ: efficient, efficiently
Leistungsfähigkeit {f}, Wirkungsgrad: ቻይነት/ ችሎታ: efficiency, productivity, efficiency
Leistungsfähigkeiten {pl} :: productivities
Leistungsfaktor {m}: የኃይል ምንጭ: power factor
Leistungsgesellschaft {f}: ያእምሮ ሥራ የበዛበት ማኅበረ ሰብ: meritocracy
Leistungsgesellschaften {pl} :: meritocracies
Leistungsgewicht {n}: የኃይል ሚዛን: power/ weigt ratio, power to weight ratio
Leistungsgrad {m}: የኃይል መጠን: performance rate
Leistungslohn {m}: ያስተዋጽዖ ዋጋ/ ደመወዝ: incentive wage
Leistungsmerkmale {f}: ያስተዋጽዖ ምልክት: capability characteristics
Leistungsmotivation {f}: አስተዋጽዖ ቀስቃሽ: achievement motivation
Leistungspotential {n}: የኃይል ክምችት: achievement potential
Leistungsprinzip {n}: የኃይል ዓላማ: achievement principle
Leistungstest {m}: የኃይል ሙከራ: achievement test

Leistungstransistor {m}: ኃይል ማሰራጫ: power transistor
Leistungsverhalten {n}: የኃይል ጠባይ: performance
Leistungsvermögen {n, pl}: የችሎታ መጠን: capacities
Leit {m}: መስመር: routing
Leitartikel {m, pl}: ማስተዋወቂያ ጽሑፍ: editorial, editorials
Leitdatenstation {f}: ፋይል መቆጣጠሪያ: control terminal
leiten, senden, steuern: መራ፤ አስተላለፈ፤ ዘወረ: conduct, lead, route
leitend: መሪ/ መርቶ: channeling, conducting, directing, funneling, vectorial, vectoring
Leiter {f}: መሰላል: ladder
Leiter {m}, Direktor, Manager: መሪ፤ አስተዳዳሪ: manager
Leiterin {f}: መሪ: managress
Leiterpaar {n}: ክብሪት: wire pair
leitfähig: አስተላላፊ: conductible, conductive, conducting, electrographic
Leitfähigkeit {f}: አስተላላፊነት: conductivity
Leithammel {m, pl}: ቀላል ደመና: bellwether, bellwethers
Leitkarte {f}: መግቢያ ምንባብ: head card
Leitlinie {f}: መሪ መስመር: guideline
Leitlinien {pl}:: guidelines
Leitmotiv {n}: ዋና ዓላማ: leitmotif, motif, key note
Leitrad {n}: መሪ አሽከርካሪ/ ማሽከርከሪያ: guide wheel
Leitschaufel {f}: አካፋ: guide vane, guide blade
Leitsteuerung {f}: ዋና መቆጣጠሪያ: coordinating control
Leitung {f}: ቧንቧ፤ የኤሌክትሪክ መስመር: conduction, cords, direction, main, management, pilotage
Leitungen {pl} :: conductions, pilotages
Leitungsfähigkeit {f}: የማስተላለፍ መጠን: conductibility
Leitungsführung {f}: የባ ንባ ው መምሪያ/ ማስተላለፊያ: running of cables
Leitungsnetz {n}: የባ ንባ ማሰራጫ: mains
Lektion {f}: ትምህርት/ ቅጣት: lesson, section
Lektionen {pl} :: lessons, sections
Lektor {m}, Leser: አንባቢ: reader
Lektüre {f}: ሌክቸር/ ትምህርት: lecture
Lende {f}: ባጥንት መካከል ያለ ጡንቻ/ ሥጋ: loin, haunch
Lenden {pl} :: haunches
Lendenstück {n}: ዋና ጅማት: sirloin
Lendenstücke {pl} :: sirloins
lenkbar: ተዘዋሪ/ ተጠምዛዥ: dirigible, dirigibly, guidable, tractable, tractably
Lenkbarkeit {f}: ተዘዋሪነት: tractability
lenken, führen: ዘወረ፤ ጠመዘዘ፤ መራ: mastermind, guide
lenkend: ዘዋሪ/ ዘውሮ: channelling, directing, masterminding
lenksam: ተዘዋሪ: corrigible, manageably, corrigibly, tractably
Lenksamkeit {f}: ተዘዋሪነት: manageableness
Leopard {m}: የነብር ዓይነት: libbard
Leoparden {pl} :: leopards
Lepra {f}: ቁምጥና: leprosy
leprakrank: የሥጋ ደዌ በሽተኛ: leprous
Lerche {f}: የወፍ ዓይነት: skylark, lark
Lerchen {pl} :: skylarks
Lernbegierde {f}: ትምህርት ወዳጅ: desire to learn
lernbegierig: ትምህርት ፈላጊ: eager to learn
Lerncomputer {m}: መማሪያ ኮምፕዩተር: educational computer
lernen, erfahren: ተማረ፤ ተለማመደ: to learn (learnt, learnt)
lernend: ተማሪ/ ተምሮ: learning
lesbar: መማር የሚቻል/ ተለማጅ: legibly, readable, readably
Lesbarkeit {f}: ተለማጅነት: legibility, readability
Lesbarkeiten {pl} :: readableness
Lesbierin {f}: የሴት ፊናፊንታም/ ሴቷ ሆና ከሴት ጋራ ግብረ ሥጋ የምትፈጽም: dyke
Lesbierinnen {pl} :: dykes
lesbisch: ፊናፊንታም: lesbian
Lesefehler {m}: የማንበብ ስተት: read fault error
Lesegeschwindigkeit {f}: የማንበብ ፍጥነት: reading rate
Lesekopf {m}: የመላያ ራስ: read head
lesen: አነበበ፤ ተገነዘበ: read (read, read), pick-up
Leser {m, pl}: አንባቢ: reader, readers
Leseranalyse {f}: የምንባብ ግምገማ: audience analysis
Leserkreis {m}: አንባቢ ክፍል: audiences
leserlich: ምንባባዊ: legible, legibly
Lesestift {m}: የማንበቢያ ብእር: wand
Leseversuch {m}: የማንበብ ሙከራ: attempt to read
Lesewiederholung {f}: መላልሶ ማንበብ: rereading
Lesezeichen {n, pl}: የማንበቢያ ምልክት: bookmark, bookmarks
Lethargie {f}: እንቅልፋማነት: lethargy
lethargisch: እንቅልፋም/ አናዋዥ: lethargic, lethargically
letzte, letzter, letztes, zuletzt: መጨረሻ: endmost, last, hindmost, laste, latest, latter, least, ultimate
letzter Teil: መጨረሻው ክፍል: lag-end
letzter Termin: መጨረሻው ቀጠሮ: deadline
letzthin, kürzlich: በመጨረሻ: latterly, of late, lately
letztmalig: ለመጨረሻ ጊዜ: ultimately
Letztverbraucher {m}, Endverbraucher: መጨረሻ ተጠቃሚ: ultimate consumer
Leuchte {f}: አምፖል: shiner
leuchten, scheinen: ብርሃን ሰጠ፤ አበራ: shine
leuchtend, heiter, froh: በጉራ/ ደስታ: bright, luminously

leuchtend, transparent: ብርሃን ሰጭ/ ሰጥቶ፤ ግልጽ: luminous, luminously, lucent
Leuchter {m, pl}: መብራት: candlestick, flambeaux, glower, glowers, candlesticks
Leuchtfähigkeit {f}: ብርሃን የመስጠት ኃይል: lucency
Leuchtgeschoß {n}: ርችት: flare
Leuchtgeschosse {pl} :: flares
Leuchtstoff {m}: የሚያበራ ነገር: phosphor
Leuchtzeichen {n}: ምልክት: blip
Leugnen {n}: መዋሸት፤ ውሸት: denial
leugnen, verweigern: ዋሸ፤ ካደ: gainsay, deny
leugnend: ውሸታም/ ዋሽቶ: denyingly, gainsaying
Leugner {m}: ዋሾ: gainsayer
Leukämie {f}: ደም ብዛት በሽታ: leukemia
Leukozyte {f}: የደም ሴል: leukocyte
Leute {pl}: ሕዝብ: gentry, people, folk, folks
lexikalisch: መዝገበ ቃላዊ: lexical
lexikographisch: ከቃላት አመጣጥ ትንታኔ አንፃር: lexicographical
Lexikon {n}, Wörterbuch: መዝገበ ቃል: lexicon, dictionary
Libanon {m}: ሊባኖስ: lebanon
Libelle {f}: የነፍሳት ዓይነት: dragonfly
Libellen {pl} :: dragonflies
liberal: ነፃ: liberally
liberalisieren: ነፃ ለቀቀ፤ ቁጥጥሩን አለሰለሰ: liberalize
Liberalisierung {f}: የገብያው ሕግ መከተል: liberalization
Liberalisierungen {pl} :: liberalizations
Liberalismus {m}: በገብያ ሕግ ተገዥነት: liberalism
Libyer: ሊቢያዊ: libyan
Licht {n}, (hell, blond): መብራት: light
Lichtbild {n}: ፎቶ: slide
Lichtbogen {m}: የመብራት ቀስተ ደመና: flashover, externally heated arc
Lichtdruck {m}: ፎቶ ኮፒ መሳሪያ: heliography, heliotype, photoengraving, phototype
Lichtdurchlässigkeit {f}: ብርሃን አስተላላፊነት: translucence
lichtelektrisch, photoelektrisch: ኤሌክትሪካዊ: photoelectric
Lichtempfänger {m}: ብርሃን ተቀባይ: photoreceiver
lichtempfindlich: ብርሃን ፈሪ: light-sensitive, photosensitive, sensitive to light
Lichtempfindlichkeit {f}: ብርሃን ፈሪነት: photosensitivity
lichterausstrahlend, leuchtend: ብርሃን አስፈንጣሪ: luminescent
Lichtgeschwindigkeit {f}: የብርሃን ፍጥነት: speed of light
Lichtgriffel {m, pl}: የብርሃን ምልክት መስጫ: lightpen, lightpens
Lichthimmel {m}: የጠራ ሰማይ: empyrean
Lichthof {m}: የብርሃን ምንጭ: halo, areaway, halation
Lichthöfe {pl} :: areaways
Lichtpunkt {m}: የመብራት ነጥብ: flying spot
Lichtsatz {m}: መምሪያ ካሜራ: automated, typesetting, photocomposition, photosetting
Lichtschalter {m}: ማብሪያና ማጥፊያ: light switch
Lichtstärke {f}: የብርሃን ኃይል: candlepower, luminosity, candle power
Lichtstärkemessung {f}: ብርሃን መለኪያ: photometry
Lichtstärkemessungen {pl} :: photometries
Lichtstift {m}: የብርሃን ብእር: light pen
Lichtung {f}: ብርሃን፤ ኮፒ: glade
Lichtungen {pl}:: glades
Lichtverdunkelung {f}: ብርሃን ማደብዘዣ: function room darkening
Lid {n}: ያይን ሽፋፊት: lid
Lider {pl} :: lids
lieb gewinnen: ተወደደ: embosom
lieb gewinnend: ተወዳጅ/ ተወድዶ: embosoming
lieb gewonnen: ተወዳጅ/ ተወድዶ: embosomed
lieb: ታማኝ፤ ጎበዝ: brave, dear
liebäugeln: አደነቀ፤ ባድንቆት ተቀበለ/ ተመለከ: ogle
Liebdienerei {f}: የፍቅር አገልግሎት: cajolery
Liebe {f}: ፍቅር: love
liebe/r: ውድ/ ክቡር: Dear, dear
Liebelei {f}: ፍቅር: flirtatiousness
lieben: ወደደ፤ አፈቀረ: love
liebend: አፍቃሪ/ አፍቅሮ: loving, lovingly
liebenswert: ተወዳጅ: likeable, lovable, lovably
liebenswürdig: መወደድ የሚገባው: amiable, amiably, ingratiatingly, likable, amiably
Liebenswürdigkeit {f}: ተወዳጅነት: amiability, ingratiation, kindness, lovableness
lieber wollen, vorziehen: መረጠ: to prefer
liebeskrank: የፍቅር በሽታ ያለበት: lovesick
Liebeskrankheit {f}: የፍቅር በሽታ: lovesickness
Liebeskummer {m}: ናፍቆት/ ቅናት: lovelorn
liebevoll: ተወዳጅ: affectionate, affectionately, benign
liebgewinnen: ተፈቀረ/ ፍቅርን አተረፈ: to become fond of
Liebhaber {m}: ፍቅረኛ: lover
Liebhaberei {f}: ፍቅረኛነት: antiquarianism, hobby
liebkosen: በፍቅር ዳሰሰ፤ ደባበሰ: aress, fondle, snuggle
Liebkosung {f}: መዳበስ/ መዳሰስ: fondling
Liebkosungen {pl} :: fondlings
lieblich: ተወዳጅ: lovely, mellifluous, mellifluously
Lieblichkeit {f}: ተወዳጅነት: loveliness, mellifluousness, suasiveness, suaveness
Liebling {m}: ፍቅረኛ/ ተወዳጅ: darling, ducky, pet, sweetheart, Darling
Lieblinge {pl} :: dears, pets, darlings
Lieblingsstück {n}: ተወዳጅ ክፍል/ ዕቃ: showpiece
Lieblingsstücke {pl} :: showpieces

Lieblingstier {n}: ተወዳጅ እንስሳ: pet

lieblos: ፍቅርአልባ: loveless, uncharitable, uncharitably, unloving, unlovingly, unkind, lovelessly

Lieblosigkeit {f}: ፍቅርአልባነት: lovelessness, uncharitableness, unkindness

Liebste {m, f}: ባለቤት/ የትዳር ጓድ: sweetheart, donah

Liebsten {pl} :: sweethearts

Lied {n}: መዝሙር: song, ballad

Liedchen {n, pl}: ዘፈን: ditty, ditties

Lieder {pl} :: ballads, songs

liederlich: መዝሙራዊ: cockish, dissipatedly, dissolute, licentious, raffish, negligent, dissolutely, licentiously

Liederlichkeit {f}: ዘፋኝነት: dissipatedness, dissoluteness, libertinism, licentiousness

Lieferant {m}: ምርት አቅራቢ: purveyor, supplier, victualer, furnisher

Lieferanten {pl} :: victualers, suppliers

Lieferantenbuch {n}: የምርት/ ዕቃ ዝርዝር መቀበያ ዶሴ: accounts payable ledger

Lieferauto {n}: ዕቃ ማጓጓዣ: delivery van

lieferbar: መቅረብ የሚችል: consignable, deliverable, shippable

Lieferfrist {f}: መቅረቢያ ቀን: term of delivery

Lieferfristen {pl} :: terms of delivery

liefern, abliefern, bieten, versorgen [mit]: መርት/ የሽያጭ ዕቃ አቀረበ: deliver, purvey, supply, deliver

Lieferung {f}: አቅራቦት: delivery purveyance, delivery

Lieferungsschein {n}: ዕቃ ማስረከቢያ ደረሰኝ: bill of delivery

Lieferungsscheine {pl} :: bills of delivery

Lieferzeit {f}: መቅረቢያ ጊዜ: time of delivery

liegen: ተጋደመ: lie (lay, lain)

liegenbleiben: ተጋድሞ ቀረ: stay in bed

liegend: ተጋዳሚ/ ተጋድሞ: couching, horizontal, lying, recumbent, recumbently

Liegeplatz {m}: መጋደሚያ ቦታ: moorage

Liga {f}: ክበብ፣ ቡድን: league

lila: ሐምራዊ: purple

Lilie {f}: ሐምራዊ ያበባ ዓይነት: lilly, lily

Lilien {pl} :: lillies

limitierbar: ተወሳኝ: limitable

Limonade {f}: የጁስ መጠጥ: sherbet, lemonade

Limousine {f}: ጥይት የማይቀደው/ በሳው መኪና: hardtop, sedan, sedan

Limousinen {pl}:: hardtops, sedans, sedans

lindern, erleichtern, mildern: ቀነሰ፣ አሳነሰ፣ አስታገሠ: soothe, mitigate, palliate, alleviate, ease

lindernd: አስታጋሽ/ አስታግሶ: allaying, alleviating, lenitive, palliating, soothing, palliatively, soothingly

Linderung {f}: መቀነስ: alleviation, assuagement

Linderungen {pl} :: assuagements

Linderungsmittel {n, pl}: ማስታገሻ መድኃኒት: palliative, palliatives

linear: መስመራዊ: linear, in-line

linearisieren: በመስመር ደረደረ/ መስመር አስያዘ: linearize

Linearität {f}: ቀጥተኛነት: linearity

Linguist {m}: የሥነ ቃል ምሑር: linguist

linguistisch: ሥነ ቃላዊ: linguistically

Linie {f}: ያጓደነ/ ያጎበጠ መስመር: curve, line

Linien {pl}:: lines

Linienfahrzeug {n}: የመስመር መኪና: liner

Linienschiff {n}: የመስመር መርከብ: liner

Linienschiffe {pl} :: liners

linke: የግራ: left

linkisch: ወልጋዳ/ ኢምቹ: awkward

linkisch: ግራዊ: gauche

links von: ከ...በስተግራ: to the left of

links, linke Seite, linke, linker, linkes: በግራ ጎን/ በኩል: left

links: ግራ/ ወደግራ: left, on the left

linksbündig: በግራ በኩል የተያያዘ: left-justified

Linkshänder {m, pl}: ግራኝ: southpaw, lefties

linksseitig: ግራ ፊት: sinistral

Linse {f}: ባይን ብሌን ላይ የሚደረግ መነጽር: lense, lentil, lens

Linsen {pl} :: lenses

Linsenschraube {f}: የመነጽር ምስማር: fillister head screw

Linzenzgeber {m}: ፈቃድ ሰጭ: licensor

Lippe {f}: ከንፈር: lip

Lippen {pl} :: lips

Lippenbekenntnis {n}: አዎ አዎ ማለት/ ለይስሙላ መናገር: lip service

Lippenstift {m}: የከንፈር ቀለም: lipstick

Lippenstifte {pl} :: lipsticks

Liquidität {f}: የመክፈል ችሎታ/ የሚከፈል ገንዘብ: liquidity

Liquiditätseffekt {m}: የመክፍል ችሎታ: availability effect

lispeln: ሰ/ዘ የመሳሰሉትን ፊደሎች ጠራ/ አነበበ: lisp

List {f}: ኩምክና፣ ተሪክ/ ዘዴ: craftiness, guile, stratagem, artfulness, trick

Liste {f}, Verzeichnis, Tabelle: ዝርዝር/ ቁጥር፣ ሊስት: list', listing, ploy, roster, list, schedule

Listen {pl} :: stratagems, wiles, guiles, listings

listig, schlau: ኮሚክ፣ ብልጥ: guileful, cunning, artfully, craftily, guilefully

Liter {n, pl}: የፈሳሽ መለኪያ: litre, litres

literarisch: ሥነጽሑፋዊ: literarily, literary

Literatur {f}: ሥነ ጽሑፍ: literature

Lithographie {f}: አርጌ የማተሚያ ዘዴ: lithograph, lithography

Lithographien {pl} :: lithographies

lithographieren: በጭቃ/ በዕንጨት ላይ በመጥረብ ዐተመ: lithogrph

Lithologie {f}: የጭንጫ ጥናት: lithology

Liturgie {f}: ቅዳሴ: liturgy

Liturgien {pl} :: liturgies

liturgisch: ቅዳሴያዊ: liturgic, liturgical, liturgically

lizensieren: ፈቃድ ሰጠ: licensee

lizensiert: ፈቃድ ተሰጭ/ ተሰጥቶ: liscensed, licensed
Lizenz {f}, Führerschein: ፈቃድ: license, liscense, licence
Lizenzen {pl} :: licenses
Lizenzgeber {m}: ፈቃድ ሰጭ: licenser, licensor
Lizenzgebühr {f}: የፈቃድ ግብር: royalty, licence fee
Lizenzgebühren {pl} :: royalties
Lizenznehmer {m}: ፈቃድ ተቀባይ: licensee
Lizenzvertrag {m}: የፈቃድ ውል: license agreement
Lob {n}: ምስጋና፣ ምርቃት: praise
Lobbyist {m}: ሎሌ፣ ባለሙያ: lobbyist
loben: አመሰገነ፣ አሞገሰ: commend, laud, praise
lobend: አመስጋኝ/ አመስግኖ: commending, eulogistic, lauding, praisingly
lobenswert: መመስገን/ መሞገስ የሚገባው: laudable, laudably, praiseworthy, commendable, commendably, praiseworthily
Lobgesang {m}: የምስጋና መዝሙር: canticle, doxology, laud, pean
Lobgesänge {pl} :: doxologies, lauds, canticles
löblich: ምስጉን/ ተመስጋኝ: laudable, laudably
Löblichkeit {f}: ተመስጋኝነት: praiseworthiness
Loblied {n}: ምስጋና መዝሙር: alleluia
Lobredner {m, pl}: መራቂ: eulogist, panegyrist, eulogists
Lobschrift {f}: የግጥም በረከት: panegyric
Loch {n}: ቀዳዳ: hole
Löcher {pl}:: holes
lochen: ቀደደ: to punch
Lochkarte {f}: የካታሎግ ካርድ: punch card, punched card
Lochkartencode {m}: የካታሎግ ካርድ መለያ ቁጥር: card code
Lochstelle {f}: የቀዳዳ ቦታ: hole site, punch hole
locken: አሰገረ፣ አኳሸ (ለወፍ/ ቆቅ): cluck, entice, woo
lockend: አስጋሪ/ አስግሮ: clucking, curling, enticing, wooing
locker: በመዝናናት/ ያለችግር: fluffily, lax, laxly, limber, loose, loosely, relaxedly, unconstrained, unformal, ungirt
Lockspeise {f}: የወጥመድ ምግብ/ ጥሬ: sugarplum
Lockspeisen {pl} :: sugarplums
Löffel {m, pl}: ማንኪያ፣ መጩለፊያ: spoonful, teaspoon, spoon, spoonfuls, spoons
Löffelente {f}: የማንኪያ ራስ: spoonbill, shoveler
Löffelenten {pl} :: shovelers
logarithmisch: አልጀብራዊ/ ሥነ ሒሳባዊ: logarithmic, logarithmically, logarithmical
Logarithmus {m}: ሎጋሪዝም: logarithm
logieren: ደበቀ፣ በእንግድነት ኖረ: lodge
Logik {f}: ሎጅክ: logic, logics
logisch: ሎጅካዊ: logic, logical, logically, consequentially
Logistik {f}: ሎጅክ: logistics
Logistiker {m}: ሎጅከኛ: logician
logistisch: ሎጅስቲካዊ: logistic, logistical, logistically
Logizität {f}: ሎጅክነት: logicality, logicalness
Logos {m}: ቃል: logos
Lohn {m}: ደመወዝ: wage, wages
Lohnabbau {m}: ደመወዝ ቅናሴ: cuts of wages
Lohnarbeiter {m}: ተቀጣሪ ሠራተኛ: hackney, potboiler, hackneys
Lohnempfänger {m}: ባለደመወዝ: wage-earner, wages-earner
lohnen: ውጤት አስገኘ/ አመጣ: remunerate
lohnend: ውጤት አምጭ/ አምጥቶ: remunerating, remunerative, remuneratively
Lohnerhöhung {f}: ደመወዝ ጭማሬ: wage increase
Lohnerhöhungen {pl} :: wage increases
Lohnforderung {f}: የደመወዝ ጥያቄ : wage claim
Lohnforderungen {pl} :: wage claims
Lohnliste {f}: የደመወዝ ዝርዝር: payroll, pay roll
Lohnnebenkosten {nur=pl}: ከደመወዝ ወጭ: associated employer outlay
Lohnsteuer {f}: የደመወዝ ግብር/ ቀረጥ: tax on wages, taxes on wages
Lohnsteuerabzug {m}: ከደመወዝ የግብር ቅናሴ: pay-as-you-earn
Lohntarif {m}: የደመወዝ አቬሬጅ: wage rate
Lohntarife {pl} :: wage rates
Lohnzahlung {f}: ደመወዝ መቀበያ: wage payment
lokal, örtlich: አካባቢያዊ/ መንደራዊ: regional
Lokale {pl}: ምግብ ቤቶች: restaurants
lokalisieren: አሳወቀ/ አስተዋወቀ: localize, locate, pinpoint
lokalisierend: አስተዋዋቂ/ አስተዋውቆ: localizing
Lokalisierung {f}: ማስተዋወቂያ: localization
Lokomotive {f}: ባቡር: locomotive, engine
Los {n}, Anteil, Schicksal: ዕጣ፣ እድል፣ ድርሻ: lot
los, wir wollen gehen: ሂድ/ ተነስ (የትእዛዝ ቃል): aweigh, come on, let's go
lösbar: ሟሚ፣ ተለይ: resolvable, undoable, solvable
losbar: ተሰባቂ: resoluble
Lösbarkeit {f}: ሟሚነት: solubility, solvability
Lösbarkeiten {pl} :: solubleness
losbinden: አላቀቀ: unbind, unclamp
löschbar: ተሰራዥ: erasable, quenchable
Löschen {n}: መፋቅ: erasure
löschen, reinigen, radieren: አጠፋ፣ ፋቀ፣ ሰረዘ: clear, delete, erase, expunge, extinguish, kill, quench, scratch, clear, reset, slake, zap
löschend: ፋቂ/ ፍቆ፣ ሰርዞ: cancelling, erasing, quenching, scratching, slaking
Löscher {m}: ማጥፊያ፣ መሰረዣ: blotter
Löschfenster {n}: ማጥፊያ/ መሰረዣ መስኮት: eraser window
Löschglied {n}: አጥፊ አካል: quenching circuit

Löschkopf {m}: የማጥፊያ ራስ: erase head
Löschsignal {n}: የማጥፊያ ምልክት: clearingsignal
Löschtaste {f}: የኮምፕዩተር መደምሰሻ ቁልፍ: cancel key
Löschung {f}: መደምሰሻ: cancellation, erasing
Löschzeit {f}: ማጥፊያ ጊዜ: deletion time
Lösegeld {n}: ጉቦ፣ ስጦታ: ransom
lösen, berechnen, trennen: አቀለለ፣ ፈታ: solve, unfasten, unfix, work out, part
lösend: አቃላይ/ አቃልሎ: detaching, disengaging, loosing, solving, tackling, unfastening, unfixing
Löser {m}: አቃላይ፣ መፍትሔ ሰጭ: solubles
losgehen: ሄደ፣ አለፈ: to go off
losgürten: መቀነት/ ዝናር ፈታ: ungird
losheften: በተነ: unpin
losknüpfen: ቁልፍ ፈታ: unknot
loslassen: ለቀቀ: relinquish, to let go, unclasp, unhand
loslassend: ለቃቂ/ ለቅቆ: relinquishing, unclasping, unhanding
löslich: ሟሚ፣ ቀላጭ: soluble, solubly
Löslichkeit {f}: ሟሚነት: dissolubility
Loslösung {f}: ብተና፣ መፈታት/ መለያየት: disentanglement
losmachen: አላቀቀ፣ ፈታ: unfasten, unhitch, unloose
Lösung {f}: መፍትሔ፣ መልስ: solution, resolution, denouement, lotion
Lösungen {pl} :: solutions, denouements, lotions
Lösungsmittel {n}: ማሟሚያ ነገር: dissolver, solvent, blowpipe
loswerden: አቃለለ፣ ነፃ ሆነ: rid, to get rid of
Loswurf {m}: ዕጣ ጥሎሽ: tossup
Loswürfe {pl} :: tossups
Lot {n}: ትይዩ ቋሚ: plummet, plump
lötbar: ተበያጅ: solderable
Lötbarkeit {f}: ተበያጅነት: solderability
löten: በየደ: braze, solder, soldering
lötend:በያጅ/ በይዶ: soldering
Lotion {f}: መታጠቢያ/ ማጠቢያ ሳሙና/ ሻምፖ: lotion
Lötkolben {m}: መተከሻ፣ መበየጃ: soldering iron
Lötlampe {f}: መበየጃ: blow torch, blowtorch, blast lamp
Lötlampen {pl} :: blowtorches
Lötpistole {f}: ሪቫቲኔ መምቻ: soldering gun
Lotse {m}: እውቅ መርከበኛ/ ፓይሌት: pilot
Lötstelle {f}: ብየዳ: solder joint, joint
Lotterie {f}, Verlosung: ሎተሪ/ ዕጣ: lottery
Lotterien {pl}:: lotteries
Lotto {n}: ሎተሪ ጭዋታ: sweepstakes
Lötzinn {n}: ሪቫቲኔ: tin-solder
Löwe {m}: አንበሳ: lion, leo
Löwen {pl} :: lions
löwenherzig: ደፋር: lionhearted
Löwenmaul {n}: ቀዳዳ አፍ/ ቡረኛ: snapdragon
Löwenmäuler {pl} :: snapdragons
Löwenzahn {m}: አንበሳ ጥርስ: dandelion, dandelions
Löwin {f}: አንበሳ: lionesses, lioness
loyal: ታማኝ: loyal, loyally
Loyalist {m}: ታማኝ/ ገባሪ: loyalist
Loyalität {f}: ታማኝነት፣ ገባሪ መሆን: loyalty
Luchs {m}: የነብር ዓይነት እንስሳ: lynx
Luchse {pl} :: lynxes
Lücke {f}: ቀዳዳ፣ ባዶቦታ: gap, hiatus, gap
Lücken {pl} :: hiatuses, vacancies, gaps
Lückenbüßer {m, pl}: በማቆሚያ ቦታ መካከል ሊኖር የሚገባው ቦታ: stopgap, stopgaps
lückenhaft, unvollständig: ጎደሎ: incomplete
Luft {f}: ዓየር፣ ነፋስ: air
Luft- und Raumfahrt: የሕዋ ጉዞ: aerospace
Luftansaugung {f}: ዓየር መጣጭ: air inlet
Luftblase {f}: ጉሮሮ: bleb
Luftbrücke {f}: ዓየር ባ ንባ : airlift
Luftbrücken {pl} :: airlifts
Luftbürste {f}: ማራገቢያ/ ማርገብገቢያ: airbrushed
Luftbürsten {pl} :: airbrushes
luftdicht: ዓየር የማያስገባ: airtight
Luftdruck {m}: ያየር ግፊት/ ጫና: air pressure
Lufteinschluß {m}: ዓየር ማገኛ: air lock
lüften: ዓየር አስገባ፣ አናፈሰ: to air
Lüfter {m}: ማናፈሻ: aerator, fan
Lufterhitzer {m}: ማሞቂያ: air heater
Luftexpreßfracht {f}: ያውሮፕላን ዓይነት: air express
Luftexpreßtarif {m}: ያስቸኳይ መልክት ገብር: air express tariff
Luftfahrt {f}: ዓየር መንገድ: aviation
Luftfahrer {m, pl}: ጠፈረኛ/ ጠፈርተኛ: aeronaut, aeronauts
Luftfahrtsindustrie {f}: ለጠፈር በረራ የሚገለግል ዕቃ አምራች ፋብሪካ: airline industry
Luftfahrtversicherung {f}: የጠፈረኛ ኢንሺራንስ: aviation insurance
Luftfahrzeug {n}: አውሮፕላን: aircraft
Luftfeder {f}: ባየር የተሞላ ባሎን: air cushion
Luftfilterung {f}: ዓየር ማጣሪያ: air filtering
Luftfracht {f}: ዕቃ ማጓጓዣ አውሮፕላን: air cargo
Luftfrachtbrief {m}: ያየር መልክት: air bill
Luftfrachtraum {m}: ዕቃ ማኖሪያ ያውሮፕላን ክፍል: air freight space
Luftfrachtsendung {f}: ባየር ዕቃ መላክ: air cargo shipment
Luftfrachttarif {m}: ባየር የሚላክ ዕቃ ዋጋ: air cargo rate
Luftfrachtverkehr {m}: ያውሮፕላን መገናኛ: air freight service
Luftführung {f}: ያየር አቅጣጫ: airflow
Luftgeist {m}: ያየር ጋኔን: sylph
luftig: ተናፋሽ/ ነፋሳማ/ ም: aerial, airy, breezier, breezy, airy, breezily
Luftkissenboot {n}: ባየር የተሞላ ጀልባ: air cushion vehicle
luftkrank: የመተንፈስ ችግር ያለበት: airsick
Luftkrankheit {f}: ቃር: airsickness

Luftkrankheiten {pl}:: airsicknesses
Luftloch {n}: **ያየር ቀዳዳ**: vent
luftlos: **ዓየር አልባ**: airless, airlessly
Luftlosigkeit {f}: **ዓየርአልባነት**: airlessness
Luftpost {f}: **ያየር መልክት ደብዳቤ**: airmail, air-mail
Luftpostbrief {m}: **ያየር መልክት ደብዳቤ**: airmail letter
Luftpostdienst {m}: **ያየር መልክት አገልግሎት**: airmail service
Luftpostpäckchen {n}: **ባየር የሚላክ ጥቅል/ ፓኬት**: airmail packet
Luftpostpaket {n}: **ባየር የሚላክ ፓኬት**: air parcel
Luftpumpe {f}:,**ያየር መሙያ**: air-pump
Luftraum {m}: **ሕዋ፣ ጠፈር**: airspace
Luftreifen {m, pl}: **ጎማ**: pneumatics
Luftröhre {f}: **ጉሮሮ**: trachea, windpipe
Luftröhren {pl} :: tracheae, windpipes
Luftschiff {n}: **ያየር መርከብ/ በነፋስ የተሞላ ፐላስቲክ**: airship
Luftschiffe {pl} :: airships
Luftspiegelung {f}: **ዓየር ማሳያ**: mirage
Luftspiegelungen {pl} :: mirages
Luftsprung {m}: **ዝልያ/ መዝለል**: caper
Luftstrom {m}: **አውሎ ነፋስ**: airflow
Lufttaxi {n}: **ያየር ታክሲ**: air taxi, aerocab
Lufttaxen {pl} :: aerocabs
lufttüchtig: **የበረራ ሱስ ያለው/ በት**: airworthy
Lufttüchtigkeit {f}: **ያየር ቅዝቃዜ**: airworthiness
Lüftung {f}: **ዓየር ማስገባት**: aeration, airing
Lüftungsanlage {f}: **ዓየር ማመጣጠኛ**: ventilator
Lüftungsventil/kanal {n}: **ዓየር ማስገቢያ**: air duct
Luftveränderung {f}: **ያያር ለውጥ**: change of air
Luftverkehrgesellschaft {f}: **የባላውሮፕላኖች ማኅበር**: air carrier
Luftverkehrslinie {f}: **የበረራ መስመር**: airline
Luftverkehrslinien {pl} :: airways
Luftvermessung {f}: **ዓየር መለኪያ**: aerial survey
Luftverunreinigung {f}: **ዓየር ማጣሪያ**: air pollution
Luftweg {m}: **ዓየር መንገድ**: air route
Luftzug {m}: **ዓየር መሳብ/ ማስገባት**: draught
Luftzüge {pl} :: draughts
Lüge {f}: **ውሸት፣ ክህደት**: lie
lüge mich nicht an: **አትዋሸኝ**!: don't lie to me
lügen: **ዋሸ**: belie, to lie (lied, lied)
Lügengeschichte {f}: **የውሸት ታሪክ**: cock and bull story
Lügner {m, pl}: **ውሸተኛ**: belier, liar, liars, beliers
Luke {f}: **ቀዳዳ**: porthole
Lukentür {f}: **እጅ ማስገቢያ**: hatch
Lukentüren {pl}:: hatches
lukrativ: **አትራፊ/ ትርፍ አስገኝ**: lucrative
Lumineszenz {f}: **ወገጋን/ በገጋን**: luminescence
Lümmel {m, pl}: **ቡረኛ፣ ስድ**: lout, tyke, boor, boors, tykes, lubbers
Lumpenhändler {m, pl}: **ቅማል ተራ ነጋዴ**: ragman, ragmen
Lumpensammler {m, pl}: **አሮጌ ዕቃ ሰብሳቢ**: rag and bone man, ragman, ragmen
Lunge {f}: **ሳምባ/ ሳንባ**: lung
Lungen {pl} :: lungs, pulmonary
Lungenaufblähung {f}: **የሳንባ መቆጣት**: emphysema
Lungenentzündung {f}: **የሳንባ ቁስል**: pneumonia
Lupe {f}: **ማጉያ መነፅር**: magnifier
Lupen {pl} :: magnifiers
Lust {f}: **ፍላጎት**: delight, zest
Lust haben: **ተመኘ፣ ወደደ**: to feel like
lüstern: **ጓጓ፣ ተመኘ፣ ቋመጠ**: concupiscent, lascivious
lüsternd: **ቋማጭ/ ቋምጦ፣ ጓጉቶ**: lasciviously, voluptuous, voluptuously, lasciviously
lustig: **አሳቂ፣ አስገራሚ**: frolicsome, gay, jocular, jocularly, jocund, jocundly, jolly, lazy, drolly, jocundly, merrily, gayer
Lustigkeit {f}: **አሳቂነት፣ አስገራሚነት**: gaiety, jocundity, merriness
Lüstling {m}: **ጉጉተኛ**: voluptuary
Lüstlinge {pl} :: voluptuaries
lustlos, unlustig: **ፍላጎትአልባ**: halfhearted, listless, listlessly, spiritless, halfheartedly, listlessly, spiritlessly
Lustlosigkeit {f}: **ፍላጎትአልባነት**: listlessness
Lustspiel {n}: **ድራት/ መዳራት**: comedy
Lux {n}: **የብርሃን መለኪያ**: lux
luxuriös: **አበካኝ፣ ድሎት የበኛው**: luxurious, luxuriously
Luxus {m}: **ድሎት፣ ምኞት**: deluxe, luxuries, luxury
Luxushotel {n}: **ድሎት ያለበት ሆቴ ል**: luxury hotel
lynchen: **ደመሰሰ፣ አጠፋ፣ ጨፈጨፈ**: lynch
lynchend: **ጨፍጫጪ/ ጨፍጭፎ**: lynching
Lynchjustiz {f}: **ብቅያ/ በቀል መወጣት**: lynchlaw
Lyrik {f}: **የድርሰት/ ግጥም ዓይነት**: lyric poetry, lyrics
Lyriker {m}: **ደራሲ/ ገጣሚ**: lyricist
lyrisch: **ግጥማዊ**: lyric, lyricly, lyrical, lyrically
Lyrizität {f}: **ተገጣሚነት**: lyricalne

M

machen, tun, herstellen: **አደረገ፤ ፈጠረ፤ ሠራ**: create, to make (made, made)
machend: **አድራጊ/ አድርጎ**: creating, making
Machenschaft {f}, Taten: **ተግባር፤ ድርጊት**: doings
Macht {f}: **ሥልጣን፤ ኃይል**: potency, might
Machtergreifung {f}: **ሥልጣን መጨበጥ/ መያዝ**: takeover
Machtergreifungen {pl} :: takeovers
mächtig, gewaltig: **ኃያል/ ኃይሉኛ**: mightily, mighty, powerful, powerfully, puissant, puissantly, spanking, mighty, mightier
Mächtigkeit {f}: **ኃያልነት**: mightiness
Machtkampf {m}: **ሥልጣን ለማግኘት የሚደረግ ትግል**: power struggle
machtlos: **ሥልጣን አልባ**: powerless, powerlessly
Machtlosigkeit {f}: **ሥልጣንአልባነት**: powerlessness
Machtpolitik {f}: **የሥልጣን ፖለቲካ**: power politics
Machtspruch {m}: **የሥልጣን ጥያቄ** : dictum
Machtübernahme {f}: **ሥልጣን መረከብ**: coming into power
Macrobefehl {m}: **የኮምፒዩተር ትእዛዝ**: macro-instruction
Macros {pl}: **ማክሮ**: macros
Madam {f}: **እሜቴ / እመቤት፤ ወይዘሮ**: madam
Mädchen {n, pl}: **ልጃገረድ**: colleen, gal, gals, girl, girls, lass, lassie, maid, maids, wench, wenches
mädchenhaft: **ልጃገረዳዊ**: girlish, maidenly
Mädchenhandel {m}: **ልጃገረዶችን ለሽርሙጥና መሸጥ/ ሽጠሽ**: white slavery
Mädchenname {m}: **የልጃገረድ ስም**: maiden-name
Mädchenzeit {f}: **የልጃገረድነት ጊዜ**: girlhood, maidenhood
Made {f}: **ምውት/ እግርአለባ ነፍሳት/ ትል**: maggot
Maden {pl} :: maggots
Mädel {n}: **ሴትጎረምሳ**: gal
Mädels {pl}:: gals
madig: **ትል የበላው/ ያበላሸው**: maggoty
mag: **ሊሆን ይችላል**: likes, may, might, like
Magazin {n}: **መጽሔት/ ጋዜጣ**: magazine
Magen {m}: **ሆድ**: stomach
Magenbeschwerden {n}: **ሆድ ቁርጠት**: stomach trouble
Magenbitter {m, pl}: **ቁርጠት ቀናሽ**: bitters
Magengeschwür {n}: **ማጥወልወል**: gastric ulcer
Magengeschwüre {pl} :: gastric ulcers
magenkrank: **ሆድ በሽተኛ**: dyspeptic
Magenkrebs {m}: **የሆድ ነቀርሳ**: stomach cancer
Magenleiden {n}: **የጨንጓራ ውጋት**: gastric trouble
Magensäuremittel {n}: **ፀረ አሲድ**: antacid
Magenschmerz {m}: **ሆድ ቁርጠት**: pain in the stomach
mager, dünn: **ቀጭን፤ ስስ**: fatless, gaunt, lean, leanly, meagre, skinnily, skinny, skinny
Magerkeit {f}: **ቀጭንነት/ ቅጥነት**: leanness, meagerness, spareness
Magie {f}: **ጥንቆላ፤ አንደርብ**: magic
Magien {pl} :: magics
Magier {m}: **አንደርብኛ**: magician
magisch: **ማጅካዊ**: magic, magical, magically, magicly
Magnat {m}: **የንጥረ ነገር ዓይነት**: magnate
Magnaten {pl} :: tycoons
Magnesium {n}: **የንጥረ ነገር ዓይነት**: magnesium
Magnet {m}: **ማግኔት**: magnet, lodestone, solenoid
Magnetband {n}: **ማግኔት ቴ ፕ**: magnetic tape
Magnetblase {f}: **የማግኔት ስበት**: magnetic bubble
Magneten {pl} :: magnets, lodestones
Magnetfeldröhre {f}: **የማግኔት ቧንቧ** : magnetron
Magnetfeldstärke {f}: **የስበት ኃይል**: megnetizing force
Magnetfeldstärkenmeßgerät {n}: **የስበት ኃይል መለኪያ**: magnetometer
magnetisch: **ማግኔታዊ**: magnetic, magnetical, magnetically
Magnetiseur {m}: **መሳቢያ፤ ወጥመድ**: magnetizer
magnetisierbar: **ተሳቢ**: magnetizable
magnetisieren: **የመሳብ ኃይል እንዲኖረው አደረገ**: degaussent, demagnetizeent, magnetize
magnetisierend: **ሳቢ/ ስቦ**: magnetizing
magnetisiert: **ተጎታች/ ተጎትቶ**: magnetized
Magnetisierung {f}: **ማግኔትነት**: magnetization
Magnetisierungen {pl} :: magnetizations
Magnetismus {m}: **ማግኔቲዝም**: magnetism
Magnetkopf {m}: **የማግኔት ራስ**: magnetic head
magnetooptisch: **ያቅጣጫ ጠቋሚ**: magneto-optical
Magnetschalter {m}: **የማግኔት ስበት ማጥፊያ**: solenoid switch
Magnetschicht {f}: **የማግኔት ደረጃ**: magnetic layer
Magnetschrift {f}: **የማግኔት ጽሑፍ**: magnetic writing
Magnetspur {f}: **የማግኔት ዱካ**: magnetic track
Magnetstreifen {m}: **የማግኔት ጭረት/ መስመር**: magnetic strip, magnetic-triped
Magnettafel {f}: **የማግኔት ወለል**: magnet board
Magnetwiderstand {m}: **የስበት ኃይል**: magneto-resistance, magneto-resistor
mähen: **መገዝ፤ ቆረጠ**: mow
Mäher {m}: **መጋዥ**: reaper
Mahl {n}, Abendessen: **መግብ፤ ምሳ**: meal, repast, dinner
mahlen: **ፈጨ**: kibble
mahlend: **ፈጭ/ ፈጭቶ**: kibbling, milling

Mahlgut {n}: ዱቄ ት: grist

Mahlzeit {f}: የምሳ ሰዓት: meal, repast

Mahlzeiten {pl} :: meals, repasts

Mähmaschine {f}: መጋዝ: mower

Mähne {f}: የእንስሳት ጋማ/ ጢም ጠጉር: mane

Mähnen {pl} :: manes

mahnen: አስጠነቀቀ: dun, remind

mahnend: አስጠንቃቂ/ አስጠንቅቆ: admonishingly, dunning, hortative

Mahnung {f}, Warnung: ማስጠንቀቂያ: monition, warning

Mahnzeichen {n}: ማስጠንቀቂያ ምልክት: memento, mementoes

Mai {m}: ግንቦት: May

Maibaum {m}: የዛፍ ዓይነት: maypole

Maibäume {pl} :: maypoles

Mais {m}: በቆሎ ፣ ማሽላ: corn, maize

Maisflocken {m}: የበቆሎ ቅርፊት: corn flakes

Maismehl {n}: የበቆሎ ዱቄ ት: cornmeal, hominy

Majestät {f}: ንጉሥ ሆይ: majesty

Majestäten {pl} :: majesties

majestätisch: ንጉሣዊ: augustly, majestic, majesticly, majestical, majestically

Makkaroni {pl}: መኮረኒ: macaroni

makellos, einwandfrei: የተሟላ፣ እንከን ምንከን የሌለው: unblemished, untarnished, immaculate, stainlessly, immaculately

Makellosigkeit {f}: እንከንአልባነት : spotlessness

Makler {m, pl}: ደላላ: broker, realtor, realtors, brokers

Maklergebühr {f}: የደላላ ዋጋ: brokerage

Maklergebühren {pl} :: brokerages

Makrele {f}: ያሣ ዓይነት: mackerel

Makrelen {pl} :: mackerels

Makro {n}: ማክሮ/ የኮምፕዩተር ልዩ ማዘዛ ጽሑፍ: macro

Makroaufruf {m}: ማክሮ መጥሪያ: macro call

Makrobefehl {m}: የማክሮ ትእዛዝ: macro-instruction

makrokosmisch: አጠቃላይ: macrocosmic

makroskopisch: አጉልቶ የሚሳይ/ አጉይ: macroscopic

Makulatur {f}: ማበስበሻ: spoilage

Makulaturen {pl} :: spoilages

Malaria {f}: የወባ በሽታ: marshfever, malarian

Malariafieber {n}: የወባ በሽታ: marshfever

malariaverseucht: የወባ በሽታ የሞላበት/ ያለበት: malarial, malarian, malarious

Malaysier {m}: የማሌዝያ ተወላጅ: malaysian

malen: ቀባ፣ ሳለ: paint, portray

Maler {m, pl}: ሰአሊ፣ ቀቢ: painter, painters

Malerei {f}: ቅብ፣ ስእል: painting

malerisch: ስእላዊ: pictorial, pictorially, picturesque, picturesquely

Malz {n}: ክክ፣ ፍትግ: malt

malzig: ክካዊ: malty

Mama {f}: እናቴ ፣ እማማ: mamma

Man kann es sagen.: ማለት ይቻላል: It's safe to say.

Man kann mit Sicherheit sagen: ማረጋገጥ ይቻላል: it's safe to say

Man kann nie wissen.: ማወቅ አይቻልም: You never can tell.

Man sagt, es heißt: ይባላል/ ይላ ል: they say

Man weiß nie: አይታወቅም: you never know

Manager {m, pl}: ማናጀር: manager, managers, tycoon, tycoons

manche, mancher, manches: ጥቂቶች፣ አንዳንዶች: many a

manchmal, zuweilen: አንዳንዴ፣ አልፎ አልፎ: sometime, sometimes

Mandarine {f}: የብርቱካን ዓይነት ፍሬ: tangerine

Mandarinen {pl} :: tangerines

Mandat {n}: ጠበቃ፣ ውክልና: mandate

Mandate {pl} :: mandates

Mandel {f}: አሮጌ የዛፍ ዓይነት: tonsil, almond, tonsils, tonsillar

Mandelentfernung {f}: ቅርፍት ማስወገድ: tonsillectomy

Mandoline {f}: የፍራፍሬ ዓይነት፣ እንጆሪ: mandolin

Mangan {n}: የንጥረ ነገር ዓይነት: manganese

Mangel {m}, Fehlen von, Bedarf, Bedürfnis: እጥረት፣ ጉድለት: deficiency, esideratum, fault, lack, privation, scarceness, scarcity, shortcoming, dearth, lack of, want

Mängel {pl}:: privations, scarcities, desiderata

mangelhaft, unangemessen: ጉድለት ያለበት: defectively, deficient, faultily, inadequate, defectiv, defective, deficiently, inadequately

Mangelhaftigkeit {f}, Schadhaftigkeit: ጎደሎነት: defectiveness

Mangelhaftigkeiten {pl} :: imperfections

Mangelware {f}: ውድ/ የማይገኝ ዕቃ: scarce goods

Manifest {n}: ድንጋጌ: manifesto

Manipulation {f}: ማታለል: manipulation, spoofing

Manipulationen {pl} :: manipulations

manipulierbar: ተታላይ: manipulable

manipulieren: አታለለ፣ አጭበረበረ: manipulate, gerrymander

manipulierend: አታላይ/ አታልሎ: gerrymandering, manipulating, manipulative, manipulatively

manipuliert: ተታላይ/ ተታልሎ: manipulated, gerrymandered

Mann {m}: ወንድ፣ ሰውየ፣ ባል: man, husband

Männer {pl}:: men, males, men

Männchen {n}: ጉድለት: manikin

mannhaft: ወንዳወንዳዊ: manful, manfully

Mannhaftigkeit {f}: ወንድነት: manfulness

mannigfaltig: ብዙ፣ እልቆ መሳፍርት አልባ: multifarious, multifariously

Mannigfaltigkeit {f}, Auswahl, Art: ልዩ ልዩነት: variety

männisch: ወንዳዊ/ የወንድ: mannish, male, manly, masculine, unfeminine, virile, virilly, masculinely, cobs
Männlichkeit {f}, Potenz: የወንድ ፆታ/ ወንድ መሆን: maleness, manhood, manliness, masculinity, virility, virility
Männlichkeiten {pl} :: virilities
Mannschaft {f}: ቡድን: crew, team, workmanship
Mannschaften {pl} :: teams
Mannschaftsführer {m, pl}: ቡድን መሪ: teamster, teamsters
Manöver {n}: ጦር ልምምድ: maneuver, manoeuvre
manövrieren: ጦር ተለማመደ/ አለማመደ፤ አሰለጠነ: manoeuvre
Mantel {m}: ኮት፤ ካፖረት: coat, jacket, liner, shell, mantle, cloak
Mäntel {pl} :: mantles, vestures, cloaks
Mantisse {f}: ከነጥብ በኋላ ያለ የሎጋሪዝም ቁጥር: mantissa
Mantissen {pl} :: mantissas
Manual {n}: መያዣ: manual
Manuale {pl} :: manuals
manuell: ባለመጨበጫ/ መያዣ: manually
Manuskript {n}: የእጅ ጽሑፍ: manuscript
Manuskripte {pl} :: manuscripts
Märchen {n}: ተረት: fairy tale, fairy-tale
Märchenbuch {n}: የተረት መጽሐፍ: storybook
Märchenbücher {pl} :: books of fairy tales, storybooks
Märchenerzähler {m, pl}: ተረት ነጋሪ/ ተራች: storyteller, storytellers
märchenhaft, sagenhaft: አስገራሚ/ አስናቂ፤ አስደሳች: magically, fabulous
Märchenland {n}: የሚወደድ ሀገር: fairyland
Marder {m, pl}: የጫካ እንስሳ: marten, martens
Margarine {f}: የእንጨት ቅቤ: margarine, oleomargarine
Marienkäfer {m}: የወፍ ዓይነት/ ቢራቢሮ: lady bird, ladybird, ladybugs
Marine {f}, Flotten...: ባሕር ኃይል: naval
marinieren: ባሕር ኃይል ቀጠረ: marinade, marinate
marinierend: ቀጣሪ/ ቀጥሮ: marinating
marinierte: ተቀጣሪ/ ተቀጥሮ: marinated, marinaded
Marionette {f}: አቃጣሪ: puppet
Marionetten {pl} :: marionettes
Marionettentheater {n}: የቀልደኞች ትያትር: puppet play, puppetry
Mark {n}: የጀርመን ብር፤ ጠረፍ/ የጠረፍ ቦታ: marrows, pith, marrow
Marke {f}, Zeichen, Schulnote: ምልክት፤ መለያ: marker, trademark
Markenartikel {m}: ባለምልክት ዕቃ: branded article, patent article
Markenmilch {f}: የተጣራ ወተት: accredited milk
Markenname {m}: የንግድ ምልክት: trade name
Markennamen {pl} :: trade names
markieren, beachten, (Note, Zeichen), zenzsieren: አመለከተ: mark, tag
markierend: አመልካች/ አመልክቶ: marking, tagging
markiert: ተመልካች/ ምልክት ተደርጎ: marked
Markierung {f}: ምልክት፤ መለዮ: hole, indentation, marker, marking
Markierungen {pl} :: indentations, markers, markings
markig: ጠጣራ፤ ጠንካራ፤ ከራራ: marrowy, pithily, pithy
Markt {m}, Marktplatz: ገብያ፤ የገብያ ቦታ: market, market
Märkte {pl}:: markets
Marktanalyse {f}: የገብያ ትንታኔ: market-analysis
Marktanalysen {pl} :: market-analyses
Marktaufteilung {f}: የገብያ ክፍፍል: allocation of customers
marktfähig: ባለገብያ፤ መሸጥ የሚችል: marketable
Marktfähigkeit {f}: የመሸጥና መለወጥ ችሎታ: marketability
Marktforscher {m}: ገብያ ተመራማሪ: market-researcher
Marktforschung {f}: የገብያ ምርምር: market research
Marktführer {m}: ገብያ መሪ: market leader
Marktlage {f}: የገብያ ሁኔታ: market-conditions
Marktleute {pl}: ገበኛ: marketeers
Marktplatz {m}: የገብያ ቦታ: marketplace, market-place
Marktverkäufer {m}: ነጋዴ፤ ገበኛ: marketer
Marktwirtschaft {f}: የገብያ ኢኮኖሚ: market-economy
Marktwirtschaften {pl} :: market-economies
Marmelade {f}: ማርማላደ/ የዳቦ ቅባት: marmalade, jam
Marmor {m}: ዕብነ በረድ: marble
marmorieren: ዕብነ በረድ ቀረጸ: mottle
Marokkaner {m}: ሞሮካዊ: moroccan
Marsch {m}: ጉዞ፤ ዘመቻ: march
Marschall {m}, Polizeidirektor: የፖሊስ አለቃ: marshal
marschieren: ተጓዘ፤ ዘመተ: to march
marschierend: ዘማች/ ዘምቶ: marching
Märtyrer {m}, Märtyrertod: ሰማእት: martyr, martyrdom
März {m}: መጋቢት: March, march, Mar, mar
Maschine {f}, Motor: ማሽን: engine, machine, machines
Maschinen {pl} :: Machines, machines
maschinell: ማሽናዊ: mechanically, object, engines, machinery
maschinenabhängig: የማሽን ጥገኛ: machine-dependent
Maschinenadresse {f}: የማሽን አድራሻ: machine address

Maschinenantrieb {m}: **ማሽን አንቀሳቃሽ**: machine-drive
Maschinenbau {m}: **የማሽን ሥራ፣ ኢንጅነሪንግ**: engineering, machine-building, Engineering
Maschinenbefehl {m}: **የኮምፒዩተር ትእዛዝ**: computer instruction
Maschinencode {m}: **የማሽን ኮድ/ ምሥጢር**: absolute code, machine-code, actual code, object code
Maschinencodierung {f}, einfache Codierung, Grundcodierung: **የማሽን ኮድ አሰጣጥ**: absolute coding
Maschinendatum {n}: **የማሽን ሰንጠረዥ**: machine-date
Maschinendaten {pl} :: machine-data
Maschineneinsatz {m}: **ያውቶማቲክ ሥራ**: machine employment
Maschinengewehr {n}: **ጠብመንጃ**: machine-gun
Maschinenhaus {n}: **የማሽን መካዝን**: powerhouse
Maschinenintelligenz {f}: **አውቶማቲክ**: artifical intelligence
maschinenlesbar: **በማሽን ተነባቢ**: machine readable
Maschinenprogramm {n}: **የማሽን ፕሮግራም**: machine program
Maschinenschaden {m}: **የማሽን ስብራት**: engine trouble
Maschinenschlosser {m}: **ማሽን መቆለፊያ**: engine fitter
Maschinenschreiber {m}, Schreibkraft: **ታይፕት ጸሐፊ**: typist
Maschinenschreiberin {f}, Schreibkräfte: **ሴት ታይፒስት**: typists
Maschinenschrift {f}: **የታይፕ ጽሑፍ**: typescript
Maschinenschriften {pl} :: typescripts
Maschinensprache {f}: **የኮምፒዩተር ቋንቋ**: computer language, machine language, machine-code, computer code
Maschinenüberwachungszeit {f}: **መጠባበቂያ ጊዜ**: attention time
Maschinenwaffe {f}: **አውቶማቲክ ጠብመንጃ**: automatic weapon
Maschinerie {f}: **ማሽን**: machinery
Maschinerien {pl} :: machineries
Maschinist {m}: **ማሽን ጠጋኝ**: machinist
Maser {f}: **መላጊያ**: maser, measles
Maske {f}: **ጓንት፣ መልክ መሸፈኛ**: vizard, mask
Masken {pl} :: masks, vizards
Maskenball {m}: **የእበዶች ዳንስ/ ፓርቲ**: masked-ball
Maskenbildner {m}: **መልክ ቀያሪ/ ቀቢ**: make-up-artist
Maskenspiel {n}: **የማስክ ጨዋታ**: masque
Maskenspiele {pl} :: masques
Maskenspieler {m}: **ፊቱን ለውጦ የሚጫወት**: masker
maskierbar: **ተለዋጭ**: maskable
maskieren: **ፊቱን ቀየረ (በከሰል/ ቀለም)**: masking
maskierend: **ቀያሪ/ ቀይሮ**: masking
maskiert: **ተቀያሪ/ ተቀይሮ**: masked
Masochismus {m}: **የቁላ አቁም**: masochism
Masochist {m}: **ቁላ አቋሚ**: masochist
Maß {n}, Messung, Maßstab: **መለኪያ**: gauge, measure, measurement, gauge
massakrieren: **ፈጀ፣ አስተላለቀ**: massacring
Masse {f}: **ጠባይ፣ መለኪያ**: mass, measures, metrics, ground
Maßeinheit {f}: **መለኪያ ቆጣሪ**: measurement, scale unit
Massenartikel {m}: **ምርት**: massproduced-article
Massenentlassung {f}: **ከሥራ መባረር**: mass-dismissals
Massengrab {n}: **የሕዝብ መቃብር**: common grave
massenhaft: **በብዛት**: large quantities of, plentiful
Massenherstellung {f}: **ብዛት ያለው ምርት**: quantity manufacturing
Massenproduktion {f}: **ምርት**: mass-production
Massenspeicher {m}: **መዘገቢያ**: bulk storage, mass storage
Masseur {m}: **ብሔራዊ ፊተና አዘጋጅ/ አውጭ**: kneader, massager
Masseverbinder {m}: **ማገናኛ**: connector ground
Maßgenauigkeit {f}: **ትክክለኛነት**: dimension accuracy
massieren: **አሸ**: massage
massig: **ትልቅ፣ ግዙፍ**: bulky, lumping, massy
mäßig: **መካከለኛ፣ ትንሽም ትልቅም ያልሆነ**: abstemious, frugal, frugally, moderate
mäßigen: **ቀነሰ፣ አስተካከለ፣ አለሰለሰ**: temper
Mäßigkeit {f}: **ትልቅነት**: bulkiness
Mäßigkeit {f}: **መካከለኝነት**: continence, moderateness, temperance
Mäßigung {f}: **ቅናሴ፣ ምረቃ/ ማስተካከያ**: moderation, temperance
Mäßigungen {pl} :: temperances
Massiv {n}: **ተራራ/ አፈረ ገደል**: massif, massiveness
Massive {pl}:: massifs
massiv: **በጣም/ ኃይል**: massive, massively, solid
maßlos, übermäßig: **ልክአልባ**: exorbitant, exorbitantly, immoderate, immoderately, immoderate
Maßnahme {f}: **እርምጃ**: sanction, measure
Maßnahmen {pl} :: sanctions
Maßnahmen ergreifen: **እርምጃ ወሰደ**: to take measures, to take steps
Maßnahmeplanung {f}: **የርምጃ ዕቅድ**: action planning
Maßpfeil {m}: **ጦር**: arrow head
Maßstab {m}: **መለኪያ**: yardstick, scale
Maßstäbe {pl} :: yardsticks
maßstäblich: **መለኪያዊ**: full-scale
Mast {m}: **አበቅ**: pylon, mast
Maste {pl} :: masts
mästen: **ጎጀ/ ጠደብ ሠራ (ለእንስሳት/ ነፍሳት)**: fatten, cram

mästend: ጠጻቢ/ ጠድቦ: cramming, fattening, fatting
Masttop {m}: ያሳማ ሙከት: masthead
masturbieren: በእጅ የግብረ ሥጋ ፍላጎቱን አረካ: masturbate
Mastvieh {n}: ድልብ ከብት: fatstock
Matchcode {m}: የጨዋታ ዘዴ: match code
Material {n}: ነገር: blurb, material
Materialien {pl} :: materials
Materialfehler {m, pl}: የነገር/ ዕቃ ጉድለት: fault in the material, faults in the material
Materialismus {m}: ዕቃ/ ገንዘብ ወዳድነት: materialism
Materialist/en {m/ pl}: ገንዘብ ወዳዶች: materialists
materialistisch: ማቴ ሪያሊስታዊ: materialistic, materialistically
materiell: ማተሪአሊ: materially
Mathe {f}: ሒሳብ: math
Mathematik {f}: ሒሳብ: mathematics
Mathematiker {m, pl}: የሒሳብ ምሑር: mathematician, mathematicians
mathematisch: ሒሳባዊ: algebraic, math, mathematic, mathematical, mathematically, mathematics
mathematische Einheiten: ክፍልፋይ: semantics
mathematischer Rechner: የሒሳም ማስያ: arithmetic computer
Matratze {f}: ፍራሽ: mattress
Matratzen {pl} :: mattresses
Matrix {f}: ማትሪክስ: matrix
Matrixbilanz {f}: ገላጭ ዓረፍተ ነገር: articulation statement
Matrixdrucker {m}: የድሩከር ዓይነት: dot-matrix printer
Matrone {f}: እመቤት: matron
Matronen {pl} :: matrons
Matrose {m}: ባሕረኛ: sailor
Matrosenanzug {m}: የባሕረኛ ልብስ/ የመርከብ ሠራተኛ: sailor suit
Matsch {m}: ሽንፈት: sludge, capot, slobber
matschig: ቆሻሻ፤ እርጥብ: sloppily, sludgy, slushy, slobbery
matt: መንቀሳቀሻ አልባ/ መድረሻአልባ: dull, faint, languid, languidly
Matte {f}: ዳውጃ: mat
Matten {pl} :: mats
mattieren: ደበቀ፤ ሰወረ: tarnish
Mattigkeit {f}: ድብቅነት: faintness, languor, lassitude
Mätzchen {n}: ቅጥአልባ: gimmickry, hokum, hokums
Mauer {f}: አጥር: mural, wall, walls
Mauerblümchen {n, pl}: የአጥር አበባ: wallflower, wallflowers
mauern: አጠረ: stonewall, lay bricks
Mauerwerk {n}: የጥር ሥራ: masonry
Mauerwerke {pl} :: masonries
Maul {n}: ላንቃ፤ መንጋጭላ: yap
Maulesel {m}: አህያ: mule
Maultier {n}: በቅሎ: mule
Maultiere {pl} :: mules
Maurer {m, pl}: ግንበኛ: bricklayer, mason, bricklayers, masons
Maurerei {f}: ግንበኝነት: bricklaying
Maus {f}: አይጥ: mouse, mouse [pl: mice]
Mäuschen {n}: ትንስ አይጥ: mousie
Mäuse {f}: አይጥ: mice, mousse
mauseartig: አይጣዊ: mousey
mausen: ዳሰሰ: pilfer
mausern: ላባ ነቀለ: molt, moult
Maxima {pl} /**Maximum**/: ትልቅ/ ከፍተኛ/ መጨረሻ ነጥብ: maximums
maximal, höchster: መጨረሻ: maximal, maximum
maximieren: አተለቀ፤ አብዛዛ: maximize
maximierend: ጨማሪ/ ጨምሮ: Maximizing
maximiert: ተጨማሪ/ ተጨምሮ: maximized
Maximierung {f}: ጭማሪ፤ ቅጥያ: maximization
Maximum {n}: ከፍታ፤ ትልቅነት: maximum
MB: የኮምፒዩተር መጠን መለኪያ/ ሜጋ ባይት: Mbyte, Mbytes, megabytes
Mechanik {f}: ቴ ክኒከኛ/ መካኒክ: mechanics
Mechaniker {m, pl}: መካኒክ: mechanic, repairman, mechanician, mechanist, mechanicians, mechanists
mechanisch: መካኒካዊ: mechanical, mechanically
mechanisieren: ተገበረ/ አሠራ: mechanize
mechanisierend: አሠሪ/ አሠርቶ: mechanizing
mechanisiert: ተሠሪ/ ተሠርቶ: mechanized
Mechanisierung {f}: መካኒካዊ ተግባር: mechanization
Mechanismus {m}: ሥነ ጥበብ/ መካኒዝም: mechanism
Mechanismen {pl} :: mechanisms
mechanistisch: ጥበባዊ: mechanistic, mechanistical, mechanistically
Meckern Sie nicht!: ግጥጥ ግጥጥ አትበል: Don't be so fussy!
meckern: አበራ፤ አንጸባረቀ፤ ፈገግ አለ: grouse
Medaille {f}: መዳልያ፤ መታሰቢያ ሳንቲም: medal
Medaillen {pl} :: medals
Medaillon {n}: ድቡልቡል/ እንቁላል መሰል ነገር: locket
Medianwert {m}: መካከለኛ ዋጋ: median
Medienplanung {f}, Werbeplanung: የማስተዋወቂያ ዕቅድ: account planning
Medienverbund {m}: የመገናኛ ኅብረት/ ውሕደተ ግንኙነት: multimedia
Medikament {n}: መዳኒት: medicament
Meditation/en {f, pl}: ብሕታዌ ፤ ተመስጦ ጸሎት: meditations
meditativ: ተመስጧዊ: ruminant
meditieren: ተመስጦ አደረገ: meditate
Medizin {f}, Arznei: ሕክምና: medicines, medicine
medizinisch behandeln: በሕክምና ተንከባከበ: medicate

medizinisch: ሕክምናዊ: med, medic, medical, medicinal, medicinally
Meer {n}: ባሕር፤ ውቅያኖስ: sea
Meere {pl} :: seas, oceans
Meerenge {f}: የጠበበ ባሕር መንገድ: straits
Meeresarm {m}: ኅልፍ: firth, estuary
Meeresarme {pl} :: firths, estuaries
Meeresfrüchte {f}: የባሕር ምግብ: seafood
Meeresgrund {m}: የባሕር ወለል: sea bottom
Meereshöhe {f}: የባሕር ጠለል: sea level
Meerrettich {m}: በባሕር ላይ የሚበቅል አረንጓዴ ነገር: horseradish
Meerrettiche {pl} :: horseradishes
Meerschweinchen {n}: የእንስሳ ዓይነት: guinea pig
Meerwasser {n}: የባሕር ውሐ: sea water
mega: ትልቅ: mega
Megabyte {n}: መለኪያ/ ሜጋባይት: megabyte
Megahertz {n}: መለኪያ/ ሜጋ ሄርዝ: megahertz, megacycle
Megaphon {n}: ድምጽ ማጉያ: megaphone
Megatonne {f}: ድምጽ ማባዣ: megaton
Megatonnen {pl} :: megatons
Mehl {n}: ዱቄ ት: flour, farina
mehlig: ዱቄ ታማ/ ም: floury, mealy
Mehligkeit {f}: ዱቄ ትነት: mealiness
Mehltau {m}: ብናኝ: mildew
mehr als genug: ካስፈላጊው በላይ: enough and to spare
mehr oder weniger: ከብዙ በትንሹ: more or less
mehr, weiter: የበለጠ/ የቀጠለ: more
mehr: በጣም/ የበለጠ: more, times
Mehrarbeit {f}: ተጨማሪ ሥራ: extra work
Mehrarbeit leisten: ተጨማሪ ሥራ ሠራ: to work overtime
Mehrausgabe {f}: ተጨማሪ ተግባር/ ኃላፊነት: additional expenditure
Mehrbelastung {f}: ተጨማሪ ጫና: surplus load
Mehrbenutzer {m}: የበለጠ/ ብዙ ተጠቃሚ: multi-user
Mehrbetrag {m}, Überschuß: ጭማሬ: surplus
Mehrbeträge {pl}, Überschüsse :: surpluses
mehrdeutig: አሻሚ/ አሳሳች: equivocal, ambiguous
Mehrdeutigkeit {f}: አሻሚነት: equivocation
mehrdimensional: ባለብዙ ማእዘን/ ዘርፍ: multidimensional
Mehreinnahme {f}: ተጨማሪ ገቢ: additional receipts
mehrere, verschiedene, zahlreiche, viele: ብዙ፤ የተለያየ: several, severally
mehrfach: ብዙ ጊዜ: multiple, plurally
Mehrfachadressierung {f}: አስራጭ/ አዳራሽ: multi addressing
Mehrfachanschluß {m}: ማከፋፍያ: multiport
Mehrfachbetrieb {m}: አገናኝ ተግባር: multiplex
Mehrfachfunktion {f}, Mehrfunktions..: ጥቅመ ብዙ: multifunction
Mehrfachkanal {m}: ባለብዙ መተላለፊያ: multichannel
Mehrfachlochung {f}: ባለብዙ ቀዳዳ: multiple punching
Mehrfachprüfung {f}: ልዩ ልዩ ፈተና: cross checking
Mehrfachzugriff {m}: ባለብዙ ተጠቃሚ: concurrent access, multi access
mehrfarbig: ባለብዙ ቀለም: multicolored, polychrome
mehrfunktional: ጥቅመ ብዙ: multifunctional
Mehrheit {f}: ብዙኃን: majority, plurality
Mehrheiten {pl} :: majorities, pluralities
Mehrleistung {f}: ታላቅ ተግባር: supererogation
mehrmals: ብዙ ጊዜ: several time, several times
mehrnamig: ባለብዙ ስም: polynomial
mehrphasig: ባለብዙ ገጽ: multi phase, polyphase
Mehrplatzsystem {n}: ባለብዙ ቦታ ሲስተም: multi position system, multi station system
mehrpolig: ባለወጋግራ: heteropolar
Mehrprogrammbetrieb {m}: ባለብዙ ፕሮግራም: multi-programming
Mehrpunkt.. {m}: ብዙ ምርት: multipoint
Mehrpunktverbindung {f}: ባለብዙ ነጥብ ግንኙነት: multipoint connection
Mehrrechnerbetrieb {m}: ባለብዙ ፕሮሴስ: multiprocessing
Mehrrechnersystem {n}: የኮምፑተር ዓይነት: multiprocessor system
mehrsilbig: ባለብዙ ፊደል: polysyllabic
mehrsprachig, vielsprachig: ብዙ ቋንቋ ተናጋሪ: multi lingual, multilingual, polyglot
mehrstimmig: ባለብዙ ድምጽ: for several voices
mehrstöckig: ባለብዙ ፎቅ: multi storey
mehrstufig: ባለብዙ ደረጃ: multistage
Mehrweg.. {m}: ባለብዙ መንገድ/ አቅጣጫ: multi way
Mehrwert {m}: ትርፍ: surplus value
Mehrwerte {pl} :: surplus values
mehrwertig: ትርፋማ/ም: multi valued, polyvalent
Mehrwertigkeit {f}: ትርፋማነት: polyvalence
Mehrwertsteuer {f}: የትርፍ ቀረጥ: added value, tax, value-added tax, vat
Mehrzahl {f}: ብዙ ቁጥር: plural
Mehrzweck- {m}: ባለብዙ ጥቅም: multipurpose, multi purpose, general purpose
Mehrzweckregister {n}: አጠቃላይ ዘገባ: general register
meiden, vermeiden: አስወገደ፤ አጠፋ: avoid, eschew, flee, shun
meidend: አስወጋጅ/ አስወግዶ: eschewing, shunning
Meile [1609 m] {f}: የርቀት መለኪያ/ ማይል: mile
Meilen {pl} :: miles
Meilenstein {m}: የርቀት መለኪያ ደንጋይ: milestone, cornerstone
Meilensteine {pl} :: milestones
mein: የእኔ: mine, my
mein Herr: ጌታዬ ሆይ: sir
meine Familie: ቤተ ሰቤ: my people

Meineid {m}: ቃል ኪዳን: perjury
Meineide {pl} :: perjuries
meinen, denken, bedeuten, beabsichtigen: አለ፣ አሰበ: mean (meant, meant), think
meinerseits, meinetwegen:በእኔ በኩል/ አመለካከት: for my part, on my part
Meinetwegen!: አያገባኝም/ ደንታ አይሰጠኝም: I don't mind!
meinetwegen: እንደ እኔ እንደ እኔ: for all I care, I don't mind, as for me, for my sake
Meinung {f}, Stellungnahme: አስተሳሰብ፣ ግንዛቤ፣ አመለካከት፣ ግምጋሜ: opinion, sentence
Meinungen {pl} :: opinions, sentences
Meinungsaustausch {m}: ውይይት: change of views
Meinungsbefragung {f}: ቃለ መጠይቅ (ካልተወሰነ): opinion poll
Meinungsforscher {m}: አስተሳሰብ ተመራማሪ: pollster
Meinungsfreiheit {f}: ሐሳብን የመግለጽ መብት: freedom of opinion
Meinungsumfrage {f}: የሕዝብ አስተያየት: public-opinion poll
Meinungsverschiedenheit {f}: ያመለካከት ልዩነት: difference of opinion, dissension
Meinungsverschiedenheiten {pl} :: bad blood
Meise {f}: የወፍ ዓይነት: tit, titmouse, tomtit
Meisen {pl} :: tits, titmice, tomtits
Meissel {m, pl}: ሹል: chisel, chisels
meisseln: በሹል ቆፈረ: chisel, chisels
meisselnd: በሹል ቆፋሪ/ ጎርጓሮ: chiseling, graving, sculpturing
meistens: ባብዛኛው: mostly
Meister {n}, Experte: ሻምፒዮን፣ አዋቂ፣ ጠበብት: champion, adept
meisterhaft: ዕውቀት በተሞላበት ሁኔታ: masterful, masterfully, masterly
Meisterhaftigkeit {f}: ጠበብትነት/ ጠቢብነት: masterfulness
meistern: ተቆጣጠረ፣ በቁጥጥር ስር አደረገ: manhandle
meisternd: ተቆጣጣሪ/ ተቆጣጥሮ: coping, manhandling, mastering
Meisterschaft {f}: ውድድር: championship, mastership
Meisterschaften {pl} :: bravuras, championships, masterships
Meisterstück {n}: የጠቢብ ሥራ/ ውጤት: masterpiece
Meisterstücke {pl} :: masterpieces
Meisterwerk {n}: ድንቅ ተግባር: masterpiece, masterwork
Melancholie {f}: እንጎራጓሪ ሙዚቃ/ እንጉርጉሮ (ትዝታ!): melancholy
Melancholien {pl} :: melancholiness
melancholisch: እንጉርጉሯዊ: melancholic, melancholically
Meldeamt {n}: መመዝገቢያ ቢሮ/ መዘጋጃ ቤት: record section
melden, ankündigen: መዘገበ፣ ተመዘገበ፣ ዘገበ: notify, message, announce
meldend: ዘጋቢ/ ዘግቦ: notifying
meldepflichtig: መመዝገብ ያለበት: reportable reportable notifiable, subject po registration
Meldung {f}, Meldesignal: ምዝገባ: message, status signal
Meldungen {pl} :: messages
melkend: አላቢ/ አልቦ: milking
Melodie {f}, Lied: የሙዚቃ ቃና: melody, tune
Melodien {pl} :: melodies
melodisch: ሙዚቃዊ: melodic, melodious, tuneful, tunefully, tuny, melodically
Melone {f}: ትርንጎ: melon
Melonen {pl} :: melons
memorierend: አስታዋሽ/ አስታውሶ: memorizing
Menagerie {f}: በረት/ የእንስሳት ሰፈር: menagerie
Menge {f}, Quantität, Vielzahl: ብዛት፣ መጠን: mass, multitude, plenty, quantity, quantum, quiverful, crowd, lot, multitude
Mengen {pl} :: masses, multitudes, plenties, quantities, quantums, crowds, lots
Mengenalgebra {f}: የስብስብ ሒሳብ: algebra of sets
mengenmäßig: መጣናዊ/ ብዛታዊ: quantitative, quantitatively
Mensch {m}, Mann: ሰው: human being, man [pl.men]
Mensch und Tier: ሰውና እንስሳ: man and beast
Menschen {pl}:: people, humans, beings
Menschenaffe {m}: ጉሬላ/ ዝንጀሮ: ape
menschenähnlich: ሰው መሰል: anthropoid, humanoid, manlike
Menschenfeind {m}: ፀረ ሰብእ: misanthrope, misanthropist
Menschenfeinde {pl} :: misanthropists, misanthropes
menschenfeindlich: ፀረ ሰባዊ: misanthropic, misanthropically
Menschenfresser {m, pl}: ጭራቅ: ogre, ogres
Menschenfresserin/nen {f, pl} :: ogresses
Menschenfreudlichkeit {f}: ፍቅረ ሰብእ: humanitarianism
Menschenfreund {m}: ፍቁረ ሰብእ: philanthropist
menschenfreundlich: ፍቁረ ሰባዊ: philanthropic, philanthropical, philanthropically
Menschenhandel {m}: የሰው ንግድ: slave trade
Menschenhaß {m}: የሰው ጥላቻ: misanthropy
Menschenjagd {f}: የሰው አደን: manhunt
Menschenleben {n}: የሰው ሕይወት: human life
Menschenliebe {f}: ፍቅረ ሰብእ: human kindness, philanthropy
menschenmöglich: በሰው ኃይል: within human power
Menschenpotential {n}: የሰው ኃይል: manpower
Menschenraub {m}: የስው ጥልፊያ/ ጠለፋ: kidnapping

Menschenrechte {pl}: **የሰው ልጅ መብት**: human rights
menschenscheu: **አፋራም/ ዓይናፋር**: unsociable
Menschenschlag {m}: **ውድድር**: race
Menschenseele {f}: **የሰው ነፍስ**: human soul
Menschentum {n}: **ሰው መሆን**: manhood
Menschenverstand {m}: **የሰው ግንዛቤ**: common sense
Menschenwürde {f}: **የሰው መብት**: dignity of man
Menschheit {f}: **ሰባዊነት**: humankind, mankind
Menschlein {n}: **ጽንስ**: homunculus
menschlich: **ሰባዊ**: human, humanly
Menschlichkeit {f}: **ሰባዊነት**: humanity
Menschlichkeiten {pl} :: humanness
Menstruation {f}: **የወር አበባ**: menstruations
Menstruationen {pl}: **የወር አበባ**: menstruations
menstruieren: **ወር አበባ አየች**: menstruate
menstruierend: **ወር አበባ አይታ**: menstruating
Mentalität {f}: **አእምሮ**: mentality
Mentalitäten {pl} :: mentalites, mentalities
Mentor {m}: **ሞግዚት፡ አሰልጣኝ፡አለቃ**: mentor
Menue {n}: **ሜኑ/ የትእዛዝ ቁልፍ**: menue, menu
Menues {pl} :: menus
Menuekarte {f}: **የምግብ ዓይነትና ዋጋ ዝርዝር ማሳያ**: menu card
Menuekarten {pl}:: menu cards
Meridian {m}: **የመሬት መቀነት**: meridian
merkbar: **የሚታወስ**: appreciable, appreciably
merken, speichern: **አመለከተ፤ ተገነዘበ**: memorize
merkend: **አመልካች/ አተኩሮ**: perceiving, remarking
merklich, wahrnehmbar: **ግራኪ/ ሳቢ**: appreciable, appreciably, perceptibly
Merkmal {n}, Eigenschaft: **መለዮ፤ ጠባይ**: attribute, distinguishing mark, symptom, feature
merkwürdig, seltsam: **አስገራሚ፤ ያልተለመደ**: remarkable, strangely
merkwürdigerweise: **አስገራሚነቱ**: strange to say
Merkwürdigkeit {f}: **አስገራሚነት**: curiosity, odd thing, remarkableness
merzerisieren: **ልብስ አደበነ፤ አሳመረ**: mercerize
meßbar: **ተለኪ/ መለካት የሚቻል**: commensurable, measurable, mensurable, measurably, mensural
Meßbarkeit {f}: **ተለኪነት**: measurability, mensurability
Meßbereich {m}: **መለኪያ አካባቢ**: effective range
Messen {n}: **መለኪያ**: measurement
messen: **ለካ**: measure, mete, gage
messend: **ለኪ/ ለክቶ**: measuring, meting
Messer {m, pl}: **ቢላዋ/ ካራ**: analyser knife, switchblade, knives, scissors, switchblades
Messerklemme {f}: **የቢላዋ መጨበጫ**: knife connector
messerscharf: **ስለታማ**: razor sharp
Messerschmied {m}: **ቢላዋ ሠሪ**: cutler
Messerschneide {f}: **የቢላዋ ብጣት**: knife edge
Messerstecherei {f}: **በሹካ መወጋት**: knifing
Messerstich {m}: **የሹካ ውጊ**: stab with a knife
Messerstiche {pl} :: stabs with a knife
Messgerät {n}, Meter: **የመለኪያ መሳሪያ**: gauge, instrument, meter
messianisch: **መሲሓዊ**: messianic
Messing {n}: **የብረትና መዳብ ቅልቅል**: brass
messingartig: **ውኀደታዊ**: brassily, brassy
Messinstrument {n}: **የመለኪያ መሳሪያ**: measuring instrument
Messkännchen {n}: **የጥንቸል መስዋዕት**: cruet
Messkännchen {pl} :: cruets
Meßstab {m}: **መለኪያ/ ልክ**: dipstick
Meßstelle {f}: **መለኪያ ነጥብ**: test point
Meßuhr {f}: **መለኪያ/ ልክ ማሳያ**: dial gauge
Messung {f}: **አለካክ**: mensuration
Messungen {pl} :: measurements, mensurations
Meßwert {m}: **መለኪያ መስመር**: measured data
metabolisch: **ተለዋዋጭ**: metabolic, metabolically
Metall {n}: **ብረት**: metal
Metalle {pl} :: metals
Metallarbeit {f}: **የብረት ሥራ**: metalwork
Metallarbeiter {m}: **ብረት አንጣሪ**: metal worker, metalworker
metallartig: **ብረት መሰል**: metalloid
Metallbearbeitung {f}: **የብረት አሠራር**: metalworking
metallbeschichten, metallisieren: **በብረት ለበደ**: metallize
metallhaltig: **ባለብረት**: metalliferous
Metallindustrie {f}: **የብረት እንዱስትሪ**: metal industry
Metallindustrien {pl} :: metal industries
metallisch: **ብረታዊ**: metallic, metally
Metallsäge {f}: **የብረት መጋዝ**: hacksaw
Metallurgie {f}: **ብረት ሥራ**: metallurgist, metallurgy
Metallurgien {pl} :: metallurgies
metallurgisch: **የብረት ሥራ**: metallurgic, metallurgical, metallurgically
metamorph: **ደለላማ/ም፤ ተለዋዋጭ**: metamorphic, metamorphous
Metamorphismus {m}: **ደለላማነት**: metamorphism
Metamorphose {f}: **ደለል**: metamorphosis
Metamorphosen {pl} :: metamorphoses
Metapher {f}: **ዝየ፤ ውስጠ ወይራ**: metaphor, metaphors
metaphorisch: **ውስጠወይራዊ**: metaphoric, metaphorical, metaphorically
Metaphysik {f}: **አይዲአሊስት፤ ሐሳብን ከንቃተ ኅሊና የሚያስቀድም አመለካከት**: metaphysics
Metaphysiker {m}: **አይዲአሊስት**: metaphysician
metaphysisch, übersinnlich: **አዲያሊስታዊ**: metaphysical, transcendentally, transcendental, metaphysically, transcendently
Metasprache {f}: **ቅይጥ ቋንቋ**: meta language

Meteor {m}: ከሰማይ የወረደ / የኮከብ ስባሪ አለት/ ደንጋይ: meteor
Meteore {pl} :: meteors
meteorisch: ሜቴ ኦሪታዊ: meteoric, meteorically
Meteorit {m}: ሜቴ ኦሪት/ የኮከብ ስባሪ: meteorite
Meteorologe {m}: የሜቴ ኦሮሎጅ ጥናት ምሁር: meteorologist
Meteorologie {f}: ሜቴ ኦሮሎጅ: meteorology
meteorologisch: ሜቴ ኦሮሎጅካዊ: meteorologic, meteorological, meteorologically
Meter {m, pl}: ሜትር/ መለኪያ: meter, metre, meters
Methan {n}: የጋስ ንጥረ ነገር: methane
Methode {f}, Art und Weise, Methode, Verfahren: ዘዴ፣ ስልት: method, system, technique
Methoden {pl} :: methods, modes
methodisch: ዘዴያዊ/ ስልታዊ: methodic methodical, methodicly, methodically
Methodismus {m}: ስልተኝነት: methodism
Methodist {m}: የሴክት ዓይነት: methodist
Methodologie {f}: ያሠራር ጥበብ/ ዘዴ: methodology
Methodologien {pl} :: methodologies
methodologisch: ስልት የተሞላበት: methodological, methodologically
Methusalem {m}: ማቱሳላ/ የእድሜ ባላባት: methuselah
metrisch: ሜትራዊ: metric, metrical, metrically
metronomisch: አለካካዊ: metronomic, metronomically
Metzger {m, pl}: ቄ ራ: butcher, butchers
Meute {f}: አውሬ፣ ኢለማዳ: mob
Meuterei {f}: ባውሬ መበላት/ መዘነጣጠል፣ ግርፋት/ መገረፍ: mutiny
Meutereien {pl} :: mutinies
Meuterer {m, pl}: ገራፊ: mutineer, mutineers
meutern: ገረፈ፣ አሰቃየ: mutiny
meuternd: አሰቃይ/ አሰቃይቶ: mutinying
mexikanisch: ሜክሲካዊ: mexican
MHZ: ሜጋ ሄርዝ: mhz
miauen: ጮኸ (ለድመት): caterwaul, mew, miaow
mich, mir: እኔን፣ ለእኔ: me
Micro {n}: ሜይክሮ: micro
Microcomputer {m}: ማይክሮ ኮምፒዩተር: microcomputer, microcomputers
Microprozessor {m}: ማክሮ ፕሮሴሶር: microprocessor
Microsoft {f}: ማይክሮሶፍት: microsoft
Microvolt {n}: ማይክሮ ቮልት: microvolt
mieden: አሳለፈ፣ አዳነ/ ገላገለ: mied
Mieder {m, pl}: ገላጋይ: corsage, stomacher, stomachers
Miene {f}: ፊንጅ: face, mien, air
Mienen {pl} :: miens
Miesmacher {m, pl}: ፊንጅ አምራች/ ሠሪ: defeatist, defeatists
mietbar: ተከራይ: leasable
Miete {f}: ኪራይ: rent, lease
mieten, vermieten: ተከራየ፣ አከራየ: rent, hire
mietend: አከራይ/ አከራይቶ: hiring, leasing, renting
Mieter {m, pl}: ተከራይታ: lodger, tenant, lodgers, tenants
Mietkosten {nur= pl}: የኪራይ ዋጋ: lease rental charges
Mietleitung {f}: መርዶ፣ ብስራት: leased line
Mietling {m}: ተከራይታ: hireling
Mietlinge {pl} :: hirelings
Mietshaus {n}: ኪራይ ቤት: tenement
Mietverhältnis {n}, Mietverhältnisses: የኪራይ ሁኔታ: tenancy
Mietverhältnisse {pl}:: tenancies
Mietvertrag {m}: የኪራይ ውል: tenancy agreement
Mietverträge {pl} :: tenancy agreements
Mietwagen {m}: የኪራይ መኪና: hired car
Mietwohnung {f}: ኪራይ መኖሪያ: flat, lodging
Migräne {f}: ቡግር: migraine
Migränen {pl} :: migraines
Mikrobiologe {m}: ማይክሮ ባይኦሎጂስት: microbiologist
Mikrobiologie {f}: ማይክሮ ባይኦሎጂ: microbiology
mikrobiologisch: ማይክሮ ባይኦሎጅካዊ: macrobiotic, microbiological, microbiologically
Mikrochip {m}: ማይክሮ ሽፕ/ የኮምፒዩተር አካል: microchip
Mikrocomputer {m, pl}: ማይክሮ ኮምፒዩተር: microcomputer, microcomputers
Mikroelektronik {f}: ማይክሮ ኤሌክትሮኒክ: microelectronics
Mikrofilm {m}: ማይክሮ ፊልም: microfilm
Mikrofon {n}: ማይክሮፎን/ ድምጽማጉያ: microphone, micro
Mikrofone {pl} :: microphones
Mikrogramm {n}: ማይክሮ ግራም: microgram
Mikrokosmos {m}: ማይክሮ ኮስሞስ: microcosm
Mikrometer {m}: የመለኪያ ዓይነት: micrometer
Mikron {n}: ቅንጣት/ ትንሽ፣ ረቂቅ: micron
Mikroorganismus {m}: ጥቃቅን እንስሳት: microorganism
Mikroorganismen {pl} :: microorganisms
Mikrophon {n}: ማይክሮ ፎን/ ድምጽ ማጉያ: microphone
Mikrophone {pl} :: mikes
Mikroprozessor {m}: ማይክሮ ፕሮሴሶር: microprocessor
Mikroschaltung {f}: ያውቶማቲክ ማጥፊያ: microcircuit
Mikrosekunde {f}: ማይክሮ ሴኮንድ: microsecond
Mikrosekunden {pl} :: microseconds
Mikroskop {n}: ማጉያ መነጽር: microscope
Mikroskope {pl} :: microscopes
Mikroskopie {f}: ማጉያ መነጽር: microscopy

Mikrosteuerung {f}: **አውቶማቲክ መቆጣጠሪያ**: microcontrol
Mikrowelle {f}: **ማሞቂያ ማሽን**: microwave
Mikrowellen {pl} :: microwaves
Milbe {f}: **ምስጥ/ የነፍሳት ዓይነት**: mite
Milch {f}: **ወተት**: milk
Milchglas {n}: **የወተት ጠርሙስ**: milk glass
milchig: **ወተታማ/ ም**: lactic, milky
Milchkaffee {m}: **ወተት በቡና**: coffee with milk
Milchkuh {f}: **የወተት ላም**: milker
Milchkühe {pl} :: milkers
Milchmädchen {n, pl}: **አላቢ ሴት**: milkmaid, dairymaid, dairymaids
Milchmann {m}, Milchhändler: **አላቢ ወንድ፤ ወተት ነጋዴ**: milkman, dairyman
Milchmänner {pl} :: milkmen
Milchpulver {n}: **የዱቄ ት ወተት**: powdered milk
Milchreis {m}: **የወተት ሩዝ**: rice pudding
Milchstraße {f}: **ጋላክሲ/ የከዋክብት ጥርቅም**: galaxy
Milchstraßen {pl} :: galactic
Milchwirtschaft {f}: **የወተት ንግድ/ ርባታ**: dairy farming
Milchzahn {m}: **የፊት ጥርስ**: milk tooth
Milchzähne {pl}: **የፊት ጥርስ**: milk teeth
mild: **ለስላሳ**: mild, mildly, balmy, clement, clemently, lenient, meek
Milde {f}: **ለስላሳ፤ ትጉስ**: mildness, balminess, clemency, meekness
mildern: **አለሰለሰ፤ ቀነሰ**: mellow, mitigate
mildernd: **አለስላሽ/ ቀንሶ**: alleviating, extenuating, mellowing, mitigating, mitigating
mildernd: **ልስልስ**: mitigative, mitigatory
Milderung {f}: **ልስላሴ፤ ቅናሴ**: mitigation
Milieu {n}: **አካባቢ/ ሰፈር**: ambience
Milieus {pl}:: ambiences
Militär {n}: **ወታደር/ ጦር**: military
Militärarzt {m}: **የወታድር ሐኪም**: military surgeon
Militärgericht {n}: **ወታደራዊ ፍርድ ቤት**: military court
militärisch: **ወታደራዊ**: militarily, military
militarisieren: **ጦር አሠለጠነ**: militarize
militarisierend: **ጦር አሠልጣኝ/ አሠልጥኖ**: militarizing
Militarisierung {f}: **ወታደራዊ መንግሥት**: militarization
Militarismus {m}: **ጦረኛነት**: militarism
Militarist {m}: **ጦር ጫሪ**: militarist
militaristisch: **ጦረኛ**: militaristic, militaristically
Militärregierung {f}: **ወታደራዊ መንግሥት**: military government
Miliz {f}: **ሚሊሻ**: militia
Milliardär {m}: **የጨቀየ ኃብታም**: billionaire
Milliardäre {pl} :: billionaires
Milliarde {f}: **ቢሊዮን**: billions, milliard
Milliarden {pl} :: billions
Millie {f}: **ሚሊ**: milly
Milligramm {n}: **ሚሊግራም/ ፊሳሽ መለኪያ**: milligram
Millimeter {m}: **ሚሊ ሜትር**: millimeter, millimetre
Million {f}: **ሚሊዮን**: million
Millionär {m}: **ባለሚሊዮን**: millionaire
Millionäre {pl} :: millionaires
Millionen {pl} :: millions
millionst: **ሚሊዮንኛ**: millionth
Millionstel {n}: **ቅንጣት**/ (1/ 1.000.000): micros, millth
Millisekunde {f}: **ሚሊ ሴኮንድ**: millisecond
Millisekunden {pl} :: millisecs, milliseconds
Mimik {f}: **ጥቅሻ**: mimic, mimic art
mimisch: **ጥቅሻዊ**: mimic
Minderheit {f}: **አናሳነት**: minority
Minderheiten {pl} :: minorities
minderjährig: **ገና ለጉርምስና ያልደረሰ**: **እድሜው ከ** 18 **ዓመት በታች የሆነ**: under age, underage
Minderjähriger {m}: **በጣም ልጅ**: minor
Minderjährigkeit {f}: **ልጅነት**: nonage
minderwertig, klein...: **ሐፃን**: substandard
Minderwertigkeit {f}: **የበታችነት**: inferiority
Minderwertigkeiten {pl} :: inferiorities
Minderwertigkeitsgefühl {n}: **የበታችነት ስሜት**: inferiority feeling
Minderwertigkeitskomplex {m}: **የበታችነት ስሜት**: inferiority complex
Minderwertigkeitskomplexe {pl} :: inferiority complexes
Mindestalter {n}: **የወጣትነት/ ልጅነት እድሜ**: minimum age
mindestens, wenigstens: **ቢያንስ፤ ቢያንስ ቢያንስ**: at least
Mindestmaß {n}: **ዝቅተኛው**: minimum
Mindestpreis {m}: **ዝቅተኛው ዋጋ**: minimum price
Minenbombe {f}: **ፈንጅ ቦምብ**: blockbuster
Minenbomben {pl} :: blockbusters
Mineral {n}: **ሚኒራል/ ንጥረ ነገር**: mineral
Mineralien {pl} :: minerals
mineralisch: **ሚኒራላዊ**: minerally
Mineraloge {m}: **ሚኒራል አጥኚ**: mineralogist
Mineralogie {f}: **የሚኒራል ጥናት**: mineralogy
Mineralwasser {n}: **አምቦ ውሐ**: mineral water
Miniatur {f}: **ስእል፤ ቅብ**: miniature, midget
Miniaturen {pl} :: miniatures
miniaturisieren: **አሳነሰ፤ አቀጠነ** miniaturize
Miniaturisierung {f}: **ማሳነስ**: miniaturization
Miniaturkopfhörer {m}: **የጆሮ ማዳመጫ**: ear-plug
Minicomputer {m}: **ካልኩሌተር**: minicomputer
Minigolf {n}: **የጭዋታ ዓይነት**: miniature golf
Minikassette {f}: **ትንሽ ራዲኦ**: minicartridge
minimal: **ትንሽ**: irreducibly, minimally, minimal
minimieren: **አሳነሰ**: minimize
minimierend: **አሳናሽ/ አሳንሶ**: minimizing
minimiert: **ቅንስ/ ተቀንሶ**: minimized
Minimierung {f}: **ማሳነስ**: minimization
Minimum {n}: **አናሳ**: minimum

Minirock {m}: ሽርጥ: miniskirt
Minister {m}, Gesandter: ሚኒስትር፣ መልክተኛ: minister
Ministerien {pl} :: ministeries, ministries
Ministerium {n}: ሚኒስትሪ: ministry
Ministerpräsident {m}: ጠቅላይ/ ፕራይም ሚኒስትር: prime minister
Ministerrat {m}: መኒስትሮች ምክር ቤት: council of ministers
minus: ሲቀነስ: minus
Minute {f}: ሴኮንድ: minute
Minuten {pl} :: minutes
minutenlang: ለሰከንድ ያህል: lasting a minute
Minutenzeiger {m}: ደቂቃ ጠቋሚ: minute hand
mir: ለ/ከ/በእኔ: me
Mir ist kalt.: በረደኝ: I am cold.
Mir ist übel: አጥዎዋኝ: I feel ill
Mir ist warm: ሞቀኝ: I am warm
Misch.., Mischpult {f}: ድብልቅ: mixer
mischbar: ተቀላቃይ: mergeable, mergeing, miscible, mixable, temperable
Mischbarkeit {f}: ተቀላቃይነት/ ድብልቅነት: miscibility
Mischbildung {f}: ልዩ ልዩ ሥልጣኔ: hybridism
Mischehe {f}: ድብልቅ ጋብቻ: intermarriage
Mischen {n}: መደብለቅ: interference, merge
mischen, vermischen: ቀላቀለ፣ ደባለቀ: blend, mix, mash, mell, merge, mingle
mischend: ቀላቃይ/ ደባልቆ: mashing, merging, mingling, mixing, compounding
Mischling {m}: ዲቃላ: hybrid, mongrel, half breed
Mischlinge {pl} :: mongrels, hybrids
Mischmasch {n}: ትርኪ ምርኪ፣ አርቲ ቡርቲ: hotpotch, mishmash, farrago
Mischpult {n}: ድብልቀ ኅብረት: mixer unit
Mischung {f}: ቅልቅል፣ ድብልቅ: intermixture, melange, mixture
Mischungen {pl} :: composites
Mischungsverhältnis {n}: የውህደት ልክ/ መጠን: mixing ratio
miserabel: አስቀያሚ፣ አስጠሊታ: villainous
Miss {f}, Fraeulein: ወይዘሪት: Miss
mißachten: ናቀ፣ ተጠየፈ፣ አቄ ለ: disregard, disobey, to disregard
mißachtend: ናቂ/ ንቆ: disobeying, disregarding
Mißbehagen {n}: መጥፎ ስሜት: uncomfortable feeling
Mißbildung {f}: በተፈጥሮ አካለ ጎደሎ መሆን: deformity, malformation
Mißbildungen {pl} :: deformities
mißbilligen: ጣለ/ አናናቀ፣ አጣጣለ፣ አወገዘ: disapprove, deprecate, disfavor, frown, condemn
mißbilligend: አናናቂ/ አጣጥሎ ፣ አናንቆ: deprecating, disapproving, disfavoring, disapprovingly, disfavouring, disapproved
Mißbilligung {f}, Mißfallen: ንቀት፣ ውግዘት: deprecation, disapprobation, disapproval
Mißbilligungen {pl} :: deprecations, disapprovals, abusivenesses, abuses
Mißbrauch {m}: ሆን ብሎ መጥፎ ተግባር መፈጸም/ ማድረግ: abusiveness, misapplication, misfeasance, misusage, misusages, abuse
mißbrauchen: ሆን ብሎ መጥፎ ተግባር ፈጸመ: abuse, encroach, misuse, slating
mißbrauchend: መጥፎ ተግባር ፈጻሚ/ ፈጽሞ: abusing, encroaching, misusing
mißdeuten: ሆን ብሎ በስተት ተረጎመ: misconstrue, misinterpret
Mißdeutung {f}: የስተት ትርጓሜ/ ትርጉም: misinterpretation
missen, vermissen: አጣ፣ ተለየ: to miss
Mißerfolg {m}: ጥቃት/ መጥፎ ዕድል፣ ስተት: failure
Mißernte {f}: ያዝመራ መበከል: bad harvest
Mißernten {pl} :: bad harvests
Missetat {f}: መጥፎ ተግባር: misdeed
Missetaten {pl} :: misdeeds
Missetäter {m, pl}: መጥፎ ድርጊት ፈጻሚ: transgressor, wrongdoer, transgressors, wrongdoers
Mißfallen {n}: እርካታ ማጣት: disfavour, disfavor, displeasure
mißfallen: ርካታ አጣ/ አልረካም: displease, displeased, dissatisfy
Mißgeburt {f}: ጭንገፋ፣ ውርጃ: monster
Mißgeschick {n}: መጥፎ አቀራረብ: misadventure, misfortune, adversity, misadventures
Mißgeschicke {pl} :: misfortunes, adversities
mißglücken: ተጎዳ፣ አዳጋ ደረሰበት: to fizzle
mißgönnen: አዳላ: begrudge
mißgönnend: አዳሊ/ አዳልቶ: grudging
mißhandeln: አሰቃየ፣ መታ: maltread, roughhouse, maltreat
mißhandelnd: አሰቃይ/ አሰቃይቶ: maltreating, mauling, mishandling, roughhousing
Mißhandlung {f}: መጥፎ ድርጊት: maltreatment
Mißhandlungen {pl}:: maltreatments
Missionar {m}: ሚሽነሪ: missionary
Missionare {pl} :: missionaries
Mißklang {m}: ያልተፈለገ ድምጽ/ ቃና: discordance, dissonance
Mißlingen {n}: ብልሽት: miscarriage, miscarriage
mißlingen, fehlschlagen, versagen: ተበላሸ፣ ሳይሳካ ቀረ: miscarry, to fail
Mißregierung {f}: መጥፎ አስተዳደር: misgovernment
Mißstand {m}: መጥፎ ዕድል/ አጋጣሚ: grievance, nuisance
Mißstände {pl} :: nuisances, grievances
Mißton {m}, Uneinigkeit: መለያየት/ ተለያየ ድምጽ: discord
Mißtrauen {n}: መጠራጠር: suspiciousness, distrust
mißtrauen: ተጠራጠረ: distrust, mistrust

mißtrauend: ተጠራጣሪ/ ተጠራጥሮ: distrusting, mistrusting

Mißtrauensvotum {n}: የተቃርኖ ድምጽ አሰጣጥ: vote of no confidence

Mißtrauensvoten {pl} :: votes of no confidence

mißtrauisch: አጠራጣሪ: distrustful, distrustfully, mistrustful, distrustingly, mistrustingly

Mißverhältnis {n}: የተበላሸ ግንኙነት: disproportion, disproportionateness, maladjustment

Mißverhältnisse {pl}:: disproportions

mißverstanden: አባባሉ ባልተፈለገው ተተርጓሚ/ ተተርጉሞ: misapprehended, misconceived

mißverständlich: ያማይረዳ÷ግልጽ ያልሆነ: mistakable

Mißverständnis {n}: አለመግባባት: misapprehension, misconception, misunderstanding

Mißverständnisse {pl} :: misconceptions

mißverstehen, falsch auffassen: ነገሩን ወደአልተፈለገው ተረጎመ: misunderstand, to mistake (mistook, mistaken), misapprehend, misconceive, misunderstand

mißverstehend: በውሸት ተርጓሚ/ ተርጉሞ: misapprehending, misconceiving

Mißwirtschaft {f}: መጥፎ አመራር: maladministration, mismanagement

Mist {m}: አዛባ፣ እበት፣ ፋንድያ፣ ትንኝ፣ ዝንብ: muck, crap, droppings

Mistel {f}: ነፍሳት: mistletoe, mistletoes

Mistgabel {f}: አዛባ/ እበት ማስወገጃ ማሽን: pitchfork, dung fork, muckrake, dung forks, pitchforks

Misthaufen {m}: ያዛባ መከማቻ: dunghill, dung hill

Misthäufen {pl} :: dung hills

Mistkäfer {m, pl}: የነፍሳት ዓይነት: dung beetle, dung beetles

mit: ከ...ጋራ: with, communicatekorrespondiert

Mitangeklagte {m, f}: አብሮ ተከሳሽ: co defendant

Mitarbeiter {m}: የሥራ ጓደኛ: cooperator

Mitbeklagte {m}: አብሮ ተከሳሽ: codefendant

Mitbesitz {m}: የጋራ ይዞታ: joint possession

Mitbestimmung {f}: አብሮ ውሳኔ/ መወሰን: co determination

Mitbestimmungsrecht {n}: አብሮ የመወሰን መብት: right of co determination

Mitbestimmungsrechte {pl} :: rights of co determination

Mitbewerber {m}: ተወዳዳሪ: competitor

Mitbewohner {m}: አብሮ ኗሪ: fellow lodger

mitbringen: ጨምሮ አመጣ/ አቀረበ: bring along

Mitbürger {m, pl}: አብሮ ኗሪ: fellow citizen

Miteigentümer {m}: የጋራ ኃብት: part owner

miteinander verbinden: አንዱን ከሌላው ጋራ አያያዘ/ አገናኘ: interlink

miteinander: አብሮ/ ባንድነት: together, with each other

Miterbe {m}: ውርስ: coheir

Miterben {pl} :: coheirs

Mitesser {m, pl}: አብሮ ተጋባዥ: blackhead, blackheads, blackheads

mitfahren: አብሮ ሄደ: go with

mitfahrend: አብሮ ሃጅ/ ሂዶ: going with

mitfühlen: አዘነ፣ አስተዛዘነ: feel with

mitfühlend, sympathisch: አስተዛዛኝ/ አስተዛዝኖ: sympathetical, sympathetic

mitführen: አብሮ መራ: carry along

Mitgefühl {n}: ስሜት: sympathy

Mitgefühle {pl}:: sympathies

mitgehen: አብሮ ሄደ: go along

mitgehend: አብሮ ሃጅ/ ሂዶ: going along

Mitgift {f}: ጨበጣ: dowry, marriage-portion

Mitglied {n}: አባል: member, vigilante

Mitglieder {pl} :: vigilantes

Mitgliederversammlung {f}: አጠቃላይ ስብሰባ: general meeting

Mitgliedsbeitrag {m}: ያባላት ክፍያ: membership fee

Mitgliedschaft {f}: አባልነት: membership

Mitgliedschaften {pl} :: memberships

Mitgliedskarte {f}: ያባልነት መታወቂያ: membership card

Mitherausgeber {m}: አብሮ አሳታሚ: co editor, coeditor, coeditors

mitkämpfen: አብሮ ታገለ: take part in the combat

Mitkämpfer {m}: ጓደኛ: fellow combatant

mitkommen: አብሮ መጣ: to come along

Mitläufer {m}: ተከታይ: nominal member

Mitleid {n}: ኃዘን/ ልቅሶ: charity, mercies, commiseration, compassion, mercy, pity, ruth

Mitleid haben mit: አስተዛዘነ: to feel sympathy for

mitleidig: አስተዛዛኝ: compassionate, merciful, mercifully, pitiful, pitifully, compassionately, pityingly

mitleidlos: አረመኔ፣ ጨካኝ: mercilessly

Mitleidlosigkeit {f}: ጨካኝነት: mercilessness

mitmachen: አብሮ ሠራ/ አደረገ: take part in

Mitmenschen {pl}: ጓደኛ፣ አብሮ ኗሪ: fellow men

mitnehmen: አብሮ ወሰደ: take along, to pick up, to take along

mitreisen: አብሮ ተጓዘ: travel with

Mitreisende {m, f}: መንገደኛ: travel passenger, travel traveller

mitreissen: አስወገደ፣ ቀደደ: to carry away

mitschleppen, erben: አብሮ ወሰደ/ ወረሰ: inherit

Mitschuld {f}: ዕዳ፣ ጥፋት: complicity

Mitschuldiger {m}: አጥፊ/ ጥፋተኛ: accomplice

Mitschüler {m, pl}: የክፍል ጓደኛ: schoolfellow, schoolmate, schoolfellows, schoolmates

Mitspieler {m, pl}: ተጫዋች: taker, teammates

Mittag {m}: እኩለ ቀን: midday, midday, noon, noonday, noontide, noontime

Mittage {pl} :: middays, noons

Mittagessen {n}: ምሳ: lunch, lunches, tiffin, tiffins

mittägig: እኩለ ቀን: midday
mittags: በእኩለ ቀን: at noon, noontime
Mittagspause {f}: የእኩለ ቀን ዕረፍት: lunch hour, lunch break
Mittagszeit {f}, Mittagspause: እኩለ ቀን: noonday, lunchhour
Mittäterschaft {f}: የወንበዴ ቡድን/ መንጋ: compliancy
Mittäterschaften {pl} :: complicity
Mitte {f}: ማዕከል: midway, centre, middle. middles
mitteilbar: ተነጋሪ/ መንገር የሚቻል: communicable, communicably
Mitteilbarkeit {f}: ተነጋሪነት: communicability
mitteilen: ነገረ/ አረዳ፤ አበሰረ: acquaint, disclose
Mitteilende {m, f}: አገናኝ: communicator
Mitteilung {f}: ብስራት፤ መርዶ: impartation
Mitteilungen {pl} :: impartations
Mittel {n}: ዘዴ: medial, median, medium, means
Mittelachse {f}: ምሰሶ: centerline
mittelalterlich: ኋላ ቀር፤ አድሃሪ፤ ኅታች: mediäval, medievally
Mittelgewichtler {m}: ቦክሰኛ: middleweight
mittelgroß: መካከለኛ: medium scale, medium size, middle size
Mittelkurs {m}: ልውውጥ: average exchange rate
mittellos: የተጋለጠ፤ ረዳትአልባ: destitute, impecunious, indigent, penniless, impecuniously, pennilessly
mittelmäßig: ትክክል፤ የማያሳማ: fair, mediocre, middling, moderate
Mittelmäßigkeit {f}: ማዕከላዊነት: mediocrity
Mittelmeer {n}: ቀይ ባሕር: mediterranean
Mittelpunkt {m}, Zentrum, Mitte: መካከለኛ ነጥብ፤ ማዕከል: epicenter, centre
Mittelpunkte {pl} :: epicenters
Mittelsmann {m}, Zwischenhändler : አገናኝ: middleman
Mittelsmänner {pl} :: middlemen
Mittelstraße {f}: መሃል መንገድ: midway
Mittelstück {n}: አስኳል: centre, core, centerpiece
Mittelwelle {f}: ማካከለኛ ሞገድ: medium wave
mitten am Tag: በጠራራው ፀሐይ: in broad daylight
Mitternacht {f}: ዕኩለ ሌሊት: midnight
mittler: ማዕከል/ ላዊ: mid
Mittwoch {m}: ረቡዕ/ ሮብ: wednesday, Wednesday
Mittwoche {pl} :: wednesdays
Mitunterzeichner {m, pl}: ባለፊርማ/ አብሮ ፈራሚ: cosignatory, cosignatories
mitverantwortlich: አብሮ ተጠያቂ: jointly responsible
Mitverfasser {m, pl}: አብሮ ደራሲ/ ጸሐፊ: coauthor, coauthors
mitwirken: ተባበረ: co operate
mitwirkend: ተባባሪ/ ተባብሮ: concuring, contributive, enlisting, contributively
Mitwirkung {f}: ትብብት: concurrence
mitwissen: ምስጢር አካፈለ: joint knowledge
Möbel {n, pl}: ቁሳቁስ: furniture, furniture
Möbelhändler {m}: የቁሳቁስ ነጋዴ: furniture dealer
Möbelstück {n}: ተምሳሌት፤ ምሳሌ: piece of furniture
Möbelwagen {m, pl}: የዕቃ መጫኛ መኪና: furniture lorry, van, vans
mobil: ተንቀሳቃሽ: mobile
mobilisieren: አንቀሳቀሰ: mobilize
mobilisierend: አንቀሳቃሽ/ አንቀሳቅሶ: mobilizing
mobilisiert: ተንቀሳቃሽ/ ተንቀሳቅሶ: mobilized
möchte: ወደደ (ረዳት ግሥ): would like to
möchte nicht: አልወደደም: wouldn, wouldn
modal: ረዳት/ አጋዥ (ለግሥ): modally
Modalität {f}, Art und Weise: ብልሃት የተሞላበት አቀራረብ: modality
Modalitäten {pl} :: modalities
Mode {f}, Art und Weise: ፋሽን: fashion, vogue, fashion
Moden {pl} :: fashions, vogues
Modeartikel {m}: የፋሽን ቁሳቁስ: fashionable article
Modell {n}: ሞዴል: mockup, model
Modelle {pl} :: models, mockups
Modem {n}: ሞደም: modem
Modems {pl} :: modems
Modenarr {m}: የፋሽን ሱሰኛ: fashionmonger
Modeparade {f}: የፋሽን ትሪት: fashionparade
Moderator {m}: አስተዋዋቂ: presenter
moderig: ሰነፍ፤ ቀዝቃዛ: frowstily, frowsty, frowzily, frowzy, fusty
modern, zeitgemäß, neuzeitlich: አዲስ፤ አንግዳ: fashionable, fashionably, modern, modernistic, modernly, present-day, up-to-date
Moderne {f}: አዲስ ነገር/ ዓለም: modernity
modernisieren: አደሰ፤ አዲስ አደረገ: modernize
modernisierend: አዳሽ/ አድሶ: modernizing
modernisiert: ታዳሽ/ ታድሶ: modernized, upgraded
Modernismus {m}: አዲስነት: modernism
Modernität {f}: አዲስነት: modernness
Modeschau {f}: የፋሽን ተሪት: fashionshow
Modeschauen {pl} :: fashionshows
Modeschöpfer {m}: ሞድ ፈጣሪ: couturier
Modezeichner {m}: ሞድ ነዳፊ/ አውጭ: styler
modifizieren, ändern, verändern: ቀየረ፤ ለወጥ አደረገ: alter
modisch: ሞዳዊ: fashionable, modish, sporty, voguish, fashionably, modishly
Modistin {f}: ሞድ አሳይታ: modiste, milliner
Modistinnen {pl} :: milliners
modrig: አሮጌ፤ ኋላቀር: moldily, moldy, mouldily, mouldy
Modul {n}: መለኪያ: modulus
modular: አጠቃላይ: modular, modularly, unitized

modularisieren, vereinheitlichen: **አጠቃለለ፣ አያያዘ**: unitize
Modulation {f}: **ቅያሬ፣ ለውጥ**: modulation
Modulator {m}: **ቀያሪ፣ ተቆጣጣሪ**: modulator
Modus {m}, Betriebsart, Art, Verfahren: **ሞድ/ ጠባይ፣ ሁኔታ**: mode
mogeln: **አታለለ፣ ጆበረ**: cheat, finagle, cheating
mogelnd: **አታላይ/ አታላሉ**: finagling
mögen: **ወደደ**: to like
mögend: **ወዳጅ/ ወድዶ**: liking
möglich: **ሊሆን የሚችል**: possible, eventual, potential
möglicherweise, eventuell, möglich: **ባጋጣሚ**: possibly, potentially, possibly
Möglichkeit {f}, Gelegenheit: **የመሆን ችሎታ/ መጠን**: eventuality, possibility, potentiality, facility
Möglichkeiten {pl} :: eventualities, potentialities
möglichst: **በተቻለ**: as possible
Möhre {f}: **ካሮት**: carrot
Möhren {pl} :: carrots
Molekül {n}: **ሞለኪዩል**: molecule
molekular: **ሞለኪዩላዊ**: molecular, molecularly
Molke {f}: **አጓት፣ አሬራ**: whey
Molken {pl} :: wheys
Molkerei {f}: **የወተት ምርት**: creamery, dairy
Molkereibesitzer {m, pl}: **ባለወተት ምርት/ የወተት ምርት ባለቤት**: creamer, creamers, creameries
mollig: **ለስላሳ፣ ድንቡስቡሽ**: snug
Moment {m, n}: **ጊዜ፣ ሁኔታ**: moment, momentum, instant
Momente {pl} :: moments, momentums, momenta
Monarch {m}: **ንጉሥ**: monarch
Monarchie {f}: **ንጉሣዊ ቤተ ሰብእ**: monarchy
Monarchien {pl} :: monarchies
monarchisch: **ንጉሣዊ**: monarchic, monarchistic
Monarchismus {m}: **ንጉሣዊነት**: monarchism
Monarchismen {pl} :: monarchisms
Monarchisten {pl} :: monarchists
Monat {m}: **ወር**: month
Monate {pl} :: months, monthes
monatlich: **ወርኃዊ**: monthly
Monatsgehalt {n}: **ደመወዝተኛ**: monthly salary
Monatsgehälter {pl} :: monthly salaries
Monatsschrift {f}: **ወርኃዊ ጽሑፍ**: monthlie
Monatsschriften {pl}: : monthlies
Mönch {m}: **መነኩሴ**: monk, friar
Mönche {pl} :: monks, friars
mönchisch: **ሰባዊ**: monkish, monkishly, monkishly
Mönchskloster {n}: **ገዳም**: friary
Mönchsklöster {pl}: **ገዳም**: friaries
Mönchskutte {f}: **በዓት/ ጎጆ**: cowl
Mönchtum {n}: **ምንኩስና/ መነኩሴነት**: monasticism
Mond {m}: **ጨረቃ**: moon
Monde {pl} :: moons
Mondfinsternis {f}: **የጨረቃ ግርዶሽ**: lunar eclipse
mondförmig: **ጨረቃዊ**: moony
mondhell: **ደብዛዛ**: moonlit, moonlighted
Mondlicht {n}: **የጨረቃ ብርሃን**: moonlight
Mondschein {m}: **የጨረቃ ብርሃን**: moonlight
Mondscheine {pl} :: moonlights
Mondstein {m}: **የጨረቃ ደንጋይ**: moonstone
Mongolen {pl}: **ሞንጎላውያን**: mongolians
mongoloid: **ማንጎልኛ**: mongoloid
Monitor {m}: **ሞኒቶር**: monitor
Monitore {pl} :: monitors, Monitors
monogam: **አንድ ብቻ የትዳር ጓደኛ ያለው**: monogamous, monogamously
Monogamist {m}: **ባላንድ የትዳር ጓደኛ፣ አንድ ወንድ ላንድ ሴት**: monogamist
Monokristall {m}: **ነጠላ ባልጩት**: single crystal
Monolith {m}: **ነጠላ**: monolith
monolitisch: **ነጠላዊ**: monolithic
Monolog {m}: **ድምጻሜ**: monologue
monolytisch: **ድምጻሜያዊ**: monolythic
monopolisieren: **አጠቃለለ፣ አንድ አደረገ**: monopolize
monopolisierend: **አጠቃላይ/ አጠቃልሎ**: monopolizing
monopolisiert: **ተጠቃላይ/ ተጠቃልሎ**: monopolized
Monopolismus {m}: **ሞኖፖሊዝም**: monopolism
Monopolist {m}: **ኃብታም**: monopolist
Monopolisten {pl} :: monopolists
monopolistisch: **የሚያጠቃልል**: monopolistic
monoton: **አንድ ብቻ**: monotonously
monotones Geräusch: **አንድ ዓይነት ድምጽ**: monotone
Monsun {m}: **ወርኃት**: monsoon
Montag {m}: **ሰኞ**: Monday, monday
Montage {f}: **መሰብሰቢያ**: assembly
Montageabteilung {f}: **መሰብሰቢያ አዳራሽ/ ክፍል**: assembly department
Montagewerk {n}: **የፋብሪካ ዓይነት**: assembly plant, assembly facility
Montagewerke {pl}: **የፋብሪካ ዓይነት**: assemblies plants, facilities
Montagewerkstatt {f}: **ሱቅ**: assembly shop
Monteur {m}: **ሰብሳቢ አዘጋጅ**: assembly operator, fitter
Monteure {pl} :: assemblers
montierbar: **ተነጣጣይ**: mountable
montiern: **ነጣጠለ፣ አስማማ፣ ጠገነ**: assemble, fit, instal, mount
Moor {n}: **ቀልዝ መሬት**: fen
Moore {pl} :: fens
Mops {m}: **ትንሽ ሞተር ሳይክል**: pug
Moral {f}, Sittlichkeit: **ልምድ/ ባህል፣ ሞራል**: morals, morale
moralisch, sittlich: **ባህላዊ**: morally, moral
moraliseren, moralisiere: **ባህላዊ አደረገ**: moralize
Moralismus {m}: **ሞራሊዝም**: moralization

moralistisch: ሞራላዊ/ ባህላዊ: moralistic, moralistically
Morast {m}: ጭቃማ/ ደለላማ መሬት: morass
Moraste {pl} :: morasses
morbid: በሽተኛ: morbid, morbidly
Mord {m}: ነፍስ ማጥፋት/ ግድያ: murder, homicide
Morde {pl} :: homicides
Mordanschlag {m}: ግድያ: attempted murder
morden: ገደለ: to murder
Mörder {m, pl}, Killer: ነፍሰ ገዳይ: assassin, killer, murderer, murderers
Mörderin {f}: ነፍሰ ገዳይ: murderess
mörderisch: ነፍስ አጥፊ፤ ሰወበል: butcherly, gory, grueling, homicidal, murderous, gruelingly, homicidally, murderously, gruellingly, gruelling
Mordsding {n}: ፍንዳታ፤ ከፍተኛ ድምጽ: snorter, stunner, thumper, whacker, whopper, smasher
Mordsdinge {pl} :: snorters, stunners, thumpers, whackers, whoppers, smashers
Morgen {m}, Vormittag: ጧት፥ከሰዓት በፊት: morning, acre
morgen: ጧት: tomorrow
Morgenausgabe {f}: የጧት ጋዜጣ: morning edition
Morgendämmerung {f}, Anbruch, Beginn: ማለዳ/ ንጋት: dawn
Morgenrock {m}: የጧት ቀሚስ: robe
Morgenstunde {f}: ማለዳ: morning hour
Morgenzeitung {f}: የጧት ጋዜጣ: morning paper
Morphem {n}: የቋንቋ ዝቅተኛ/ ቅንጣት ክፍል: morpheme
Morphium {n}: ሕመም አስታጋሽ መድኃኒት: morphia, morphine
morphologisch: የቃላት/ ትርጉም አመሰራረታዊ: morphologic, morphological, morphologically
Mörser {m}: ሙቀጫ: mortar
Mörtel {m}: ሙቀጫ: mortar
Mörtelbrett {n}: የሙቀጫ ልጅ: mortarboard
Mosaik {n}: በእብነ በረድ/ ባለቀለም መስትዋት የተሠራ የግርግዳ ስእል: mosaic, tessellation
Mosaiken {pl} :: mosaics
Moschee {f}: መስግድ: mosque
Moscheen {pl} :: mosques
Moskito {m}: ወባ: mosquito
Moskitos {pl} :: mosquitos
Motiv {n}: ፍላጎት/ አነሳሽ፤ መነሾ: motive, motif
Motivation {f}: ፍላጎት/ አነሳሽ፤ መነሾ: motive, motif
motivieren: አነቃቃ: motivate
motivierend: አነቃቂ/ አነቃቅቶ: motivating
motiviert: ተገፋፊ/ ተገፋፍቶ: motived, motivated
Motivierung {f}: ማነሳሳት: motivation
Motivierungen {pl}:: motivations
Motor {m}: ሞተር: motor, engine
Motoren {pl} :: engines
Motorboot {n}: ሞተር ጀልባ: motorboat, motor boat
motorisieren: ባለሞተር አደረገ: motorize
Motorisierung {f}: ሞተር ማስገባት: motorization
Motorrad {n}: ሞተር ሳይክል: motorbike, motorcycle
Motorradfahrer {m}: ሞተር ሳይክል ነጅ/ ጋላቢ: motorcyclist
Motto {n}: መፈክር፤ ብሂል: posy
Mottos {pl} :: posies
Möwe {f}: የወፍ ዓይነት: gull
Möwen {pl} :: gulls
Mücke {f}: ዝንብ: midge, gnat
Mücken {pl} :: gnats, midges
müde: ብኩም/ ደካማ: tired, waery, wearily
Müdigkeit {f}: ድካም: tiredness, weariness
Müdigkeiten {pl} :: wearinesses, wearisomeness
Muff {m}: የጨርቅ ቁራጭ: muff
muffig: ቁጡ፤ ብስጩ: fustily, mustily, musty, smelly, unventilated, sniffy
Muffigkeit {f}: ቁጡነት: mugginess
Mühe {f}: ጥረት: trouble
Mühen {pl}, Schwierigkeiten:: troubles
mühelos: የማያስቸግር/ ችግርአልባ: breezing, effortless, effortlessly, unlabored, effortlessly
Mühelosigkeit {f}: ችግርአልባነት: effortlessness
mühevoll: አስቸጋሪ/ አድካሚ: troublesome
Mühle {f}: ወፍጮ: mill
Mühlen {pl} :: mills
Mühlstein {m}: የወፍጮ ደንጋይ: millstone
Mühlsteine {pl} :: millstones
Mühsal {n}: ድካም: hardship
mühsam, schmerzhaft, peinlich: አሰልቺ/ አድካሚ: arduous, arduously, grindingly, toilsome, toilsomely, troublesomely, painful, laboriously, troublesome
Mühseligkeit {f}: አሰልቺነት: laboriousness, toilsomeness
Mulde {f}: የእንጨት በርሜል: trough
Mulden {pl} :: troughs
Mull {m}: ቆሻሻ: mull
Müller {m, pl}: የወፍጮ ተከላ በለሙያ: miller, millers
Multicolor {m}: ማልቲ ከለር/ ባለቀለም: multicolor
Multimillionär {m}: ባለሚሊዮን/ ኃብታም: multimillionaire
multinational: ኅለማቀፋዊ: multinational
Multiplexer {m}: አባዥ: multiplexor
Multiplexkanal {m}: አሰራጭ ባ ንባ : multiplex channel
Multiplikand {m}: ብዜት: multiplicand
Multiplikation {f}: ማባዛት: multiplication
Multiplikator {m}: አባዥ: multiplier
multiplizieren: አባዛ: multiply
multiplizierend: አባዥ/ አባዝቶ: multiplied
multipliziert: ተባዥ/ ተባዝቶ: multiplied
Mumie {f}: የፈሮናውያን ሬሳ ቅሬት: mummy
mumifizieren: እንዳይበሰብስ አድርጎ ቀበረ: mummify

Mumifizierung {f}: እንዳይበሰብስ የተደረገ ሬሳ: mummification
Mumifizierungen {pl} :: mummifications
Mund {m}, Mündung: አፍ፣ መገናኛ/ መጋጠሚያ: mouth
Mundart {f}: አባባል/ ዘዬ: idiom, vernacular
Mundarten {pl} :: vernaculars
mundartlich: ቃል በቃል: vernacularly
münden: ተገናኘ፣ ተቀላቀለ: disembogue
Mundgeruch {m}: ያፍ ሽታ: halitosis
mündig werden: ራሱን ቻለ: come of age
mündig: ራሱን በራሱ የሚወክል: responsible, mature
mündlich: በቃል: oral, vocally, orally
mündliche Prüfungen: የቃል ፈተና: orals
mundtot machen: ጸጥ/ ዝም አሰኘ: muzzle
Mündung {f}: መገናኛ: orifice
Mündungen {pl} :: orifices
Mundvoll {m}: ሙሉጉንጭ : mouthful
mundvoll: ጉንጭ ሙሉ: mouthful
Mundwasser {n}: የጉድጓድ ውሐ: mouthwash
Munition {f}: ጥይት: ammo, ammunition, munitions
Munitionen {pl} :: munitions
munter: ንቁ፣ ደስተኛ፣ ቀልጣፋ: frisky, jauntily, jaunty
Munterkeit {f}: ንቁነት: briskness, friskiness, playfulness, vivacity
Münze {f}: ሳንቲም: coin
Münzen {pl} :: coins
münzen, prägen: ሳንቲም አመረተ: to coin
Münzer {m}: ሳንቲም ሠሪ: coiner
Münzgeld {n}: ጥሬ ገንዘብ: hard cash
murmeln: አጉተመተመ፣ አጉረመረመ: mumble, murmur, mutter
murmelnd: አጉተምታሚ/ አጉተምትሞ: mumbling, murmurous
murren: ተበሳጨ፣ ተናደደ: grumble, repine
mürrisch: ብስጩ፣ ቁጡ፣ ወካባ: cantankerous, crabby, crusty, dour, fractious, glum, glumly, morose, morosely, spleenful, sulky, sullen, sullenly, surly, cantankerously, crabbily, crustily, dourly, fractiously, sullen, sullenly
Muschel {f}: ቀንድና ቀንድዮሽ/ ቀንድ አውጣ: mussel
Muscheln {pl} :: mussels, scallops
Muschelschale {f}: የቀንድ አውጣ ቤት: seashell, conch
Muschelschalen {pl} :: conches
Museum {n}: ቤተ መዘክር: museum
Museen {pl} :: museums
Museumsdirektor {m}: የቤተ መዘክር ኃላፊ: curator
Museumsdirektoren {pl} :: curators
Musik {f}: ሙዚቃ: music
musikalisch: ሙዚቃዊ: musical, musically
Musikalität {f}: የሙዚቃ ችሎታ: musicality
Musikdatei {f}: የሙዚቃ ፋይል: soundfile
Musiker {m}: ሙዚቀኛ: musician
Musikinstrument {n}: የሙዚቃ መሣሪያ: musical instrument
Musikologie {f}: የሙዚቃ ጥናት: musicology
musizieren: ሙዚቃ ተጫወተ: to make music
Muskel {m}: ጡንቻ: myo, muscle, muscles
Muskelkraft {f}: ጉልበት/ ጥንካሬ: muscular strength, muscularity
Muskelmagen {m}: የጨንጓራ ሰንበር: gizzard, brawn, gizzards, thews
muskulös: ጡንቻማ: brawny, muscular, muscularly
muß: (-ረዳት ግሥ -) አለበት: must
müssen, tun müssen: የመሆን/ መደረግ ግዴታን አመልካች ረዳት ግሥ: must, to be obliged, to have to
müßig, untätig, faul, nutzlos: ሰነፍ፣ ታካች: otiose, truantly, otiosely, idle
Muster {n, pl}, Model: ሞዴል፣ ተምሳሌት: model, sample, patterns
mustern: ምሳሌ አቀረበ/ አደረገ: to examine
Mut {m}: ድፍረት፣ ወኔ: boldness, courage, gameness, gaminess, pluckiness, spunkiness, valor, valour, audacity
mutig sein: ደፈረ: clench, have a nerve
mutig, tapfer: ደፋር፣ ጎበዝ: audacious, brave, clenched, clenching, courageous, courageously, gamely, gamily, gamy, gritty, pluckily, plucky
mutiplizieren: አባዛ: multiply
mutlos, entmutigt: ፈሪ፣ በርቃቃ: despondent, dispirited, fainthearted, discouraged, despondently, dispiritedly, faintheartedly
Mutlosigkeit {f}: ድፍረትአልባነት: chill, dispiritedness, faintheartedness, despondency
mutmassen, annehmen: ገመተ፣ ሞከረ: to suppose
mutmaßlich, vermutlich: ድፍረታዊ፣ በግምት: conjectural, conjecturally, probable
Mutmaßung {f}, Spekulation: ማምታታት: speculation
Mutter {f}, [pl. **Mütter**]: እናት: mommy, mother, nut, mom
Mütter {pl}: እናት: mommies, mothers
Mütterchen {n}: እናት: gammer
Mutterkorn {n}: ዘር: ergot
Mutterland {n}: ዋና ሀገር: mother country, motherland
Mutterländer {pl} :: mother countries
mütterlich: እናታዊ: maternal, maternally, motherly, maternalistic, maternally
Mütterlichkeit {f}: እናትነት: motherliness
mutterlos: ድኃአደግ: motherless
Muttermal {n}: ጡትጥቢ: birthmark, nevus
Mutterschaf {n}: እናት በግ: ewe
Mutterschafe {pl} :: ewes
Mutterschaft {f}: እናትነት: maternity, motherhood
Mutterschaften {pl} :: maternities
Muttersprache {f}: የእናት ቋንቋ: mother-tongue, native language, native tongue, mother tongue
Mutwille {m}: ድፍረት፣ ኩራት: wantonness

mutwillig, übermütig: ኩሩ: bratty, sportive, wantonm, sportively, wantonly
Mütze {f}: ኮፍያ፤ ባርኔጣ: cap, bonnet
Mützen {pl}:: caps
Myrrhe {f}: ሚርኄ፤ ዕጣን: myrrh
Mysterium {n}, Rätsel: ታምር፤ እንግዳ ነገር: mystery
Mystik {f}: ተመስጦ/ ምስጠት፤ ሚስቲክ/ የመነኩሴዎች ጥበብ: mysticism
Mystiker {m, pl}: የሚስቲክ ምሁር: mystics
mystisch: ታምራዊ: mystic, mystically, mystical, mystically
Mythe {f}: ታምራዊ ተረት: myth
Mythen {pl}:: myths
mythisch: አስገራሚ: mythic, mythical, mythically
mythologisch: ታምሬታዊ: mythologic, mythological, mythologically
Mythos {m}: የአማልክት ተረት/ ታምር: myth

N

Nabe {f}: ማሽከርከሪያ ማዕከል: hub
Nabel {m}: እትብት፣ ጉብር: umbilical, navel
Nabeln {pl}:: navels
nach: ከ...ኋላ/ በኋላ፣ ከ...ቀጥሎ ፣ ወደፊት፣ ወደ...: after, emulatesbildet, on, towards
nach, gemäß, nachdem, nachher: ከበኋላ: after
nach dem Tode: ከሞት በኋላ: beyond the veil
nach Hause gehen: ወደቤቱ ሄደ: go home
nach Hause, Heim: ወደቤት: home
nach links: ወደግራ: to the left
nach oben: ወደላይ: upstairs
nach rechts: ወደቀኝ: rightwards
nach und nach, allmählich: ደረጃ በደረጃ፣ ቀስ በቀስ: bit by bit, by degrees, little by little, by degrees, by and by
nach vorn, voreilig: ወደፊት: forwards, onwards, forwardly
nachäffen: ዝንጀሮ መሰለ፣ አበለሻሸ: monkeying
nachahmbar: ተመሳሳይ: imitable
nachahmen: አስመሰለ፣ ቀዳ፣ ኮረጀ: emulate, to copy, to imitate
nachahmend, vortäuschend: ኮራጅ/ ኮርጆ: imitating, imitative, mimetic, mimicking, pantomiming, simulating, imitatively, mimetically
Nachahmung {f}: ኩረጃ: imitation, mimicry, simulation
Nachahmungen {pl} :: imitations, mimicries
Nachbar {m}: ጎረቤት: neighbour, neighbor
Nachbarn {pl} :: neighbors, neighbours
nachbarlich: ጎረቤታዊ: neighborly, neighbourly
Nachbarschaft {f}: ጎረቤት: neighborhood,
Nachbarschaften {pl} :: neighbourhoods, vicinities
Nachbearbeitung {f}: እርማት፣ ማስተካከያ: postprocessing
Nachbehandlung {f}: ተከታታይ ሕክምና: after treatment
Nachbelastung {f}: ተጨማሪ ዕዳ: additional charge
Nachbelastungsauftrag {m}: ተጨማሪ ግብር: additional charge order
nachbestellen: እንደገና/ በተጨማሪ አዘዘ: order some more
nachbestellend: አዛዥ/ አዝዞ: ordering some more
nachbestellt: በተጨማሪ ታዛዥ/ ታዝዞ: ordered some more
Nachbestellung {f}: ተጨማሪ ትእዛዝ: repeat order
nachbezahlen: ቀሪ ከፈለ: pay the rest
nachbezahlend: ከፋይ/ ከፍሎ: paying the rest
nachbezahlt: ተከፋይ/ ተከፍሎ: paid the rest
Nachbezahlung {f}: ተጨማሪ ክፍያ: subsequent payment
Nachbezahlungen {pl} :: subsequent payments
nachbilden: እንደገና ሠራ/ ቀዳ: emulate, recreate
nachbildend: እንደገና ሠሪ/ ሠርቶ: cloning, patterning
Nachbildung {f}: ቅጅ: emulation
Nachbrenner {m}: መተኮሻ: afterburner
nachdatieren: ቀን ሰጠ/ መዘገበ: antedate, postdate
nachdatierend: መዝጋቢ/ መዝግቦ: postdating
nachdem: ከ...በኋላ: having
nachdenken: አሰበ / አሰላሰለ: cogitate, meditate, think about
nachdenkend: አሳቢ/ አስቦ: cogitating, deliberating, meditating, thinking about
nachdenklich: አሳሳቢ/ አሳቢ: contemplative, meditative, meditatively, pensive, ruminative, thoughtfully, contemplatively, pensively, reflectively, ruminatingly, ruminatively
Nachdenklichkeit {f}: አሳሳቢነት: meditativeness, reflectiveness, thoughtfulness
nachdrängen: ገፈተረ: press after
nachdrängend: ገፍታሪ/ ገፍትሮ: pressing after
Nachdruck {m}: ቅልባጭ/ ቅጅ: emphasis
nachdrucken: ሕትመት: reprint
nachdrücklich: በግልጽ: emphatic
nacheifern: ተጣጣረ: emulate
nacheifernd: ተጣጣሪ/ ተጣጥሮ: emulating
Nacheiferung {f}: ጥረት: emulation
nacheinander: አንድ ባንድ: one after another, one after the other
nacheinanderfolgend: ተከተታትሎ: successively
nachempfinden: ቦደነ፣ ወገነ: sympathize with
Nachempfindung {f}: ውገና: vicariousness
Nachempfindungen {pl} :: vicariousnesses
nacherwärmen: አሞቀ/ ለሰስስ አደረገ: reheat
Nacherwärmer {m}: ማሞቂያ: afterheater, reheater
Nacherwärmung {f}: ማሞቅ: reheat
nacherzählen: ተረተ: re narrate
nacherzählend: ተረች/ ተርቶ: re narrating
nacherzählt: ተተራች/ ተተርቶ: re narrated
Nacherzählung {f}: ተረት/ አባባል: re narration
nachfolgen: ተከተለ/ ተተካ: consecutively
nachfolgend: ተተኪ/ ተተክቶ: sequencing
Nachfolger {m, pl}: ተከታይ/ ወራሽ: successor, follower, successors
Nachforschung {f}: ምርምር: investigation, inquiry, search, investigation
Nachfrage {f}, Bedarf: ተፈላጊነት/ ፍለጋ: demand, inquiry
nachfragen: ጠየቀ: requesting
Nachfrist {f}: ቀጠሮ: additional respite
Nachführen {n}, Verfolgen: መምራት፣ መተግበር: tracking
nachfüllen: አጣጣመ: refill
nachfüllend: አጣጣሚ/ አጣጥሞ: refilling

nachgeben: መልሶ ሰጠ፣ ወረወረ፣ ተወ: give way, indulge, to give in, to yield
nachgebend: መሳሽ/ መልሶ: caving, giving way, humoring, indulging, relenting
Nachgeburt {f}: የእንግዴህ ልጅ፣ ዞፍ: afterbirth, placenta
Nachgeschmack {m}: ጣምና: aftertaste, after taste
nachgiebig: ትጉስ፣ ታጋሽ/ ርኅሩኅ: placable
Nachgiebigkeit {f}, Schwäche: ታጋሽነት: yieldingness, softness, indulgence
nachhallen: መሳልሶ ደወለ: resonate
nachhallend: ደዋይ/ አቃጭሎ: resonating, reverberative, resonantly
nachhängen: ሱሰኛ/ ጥገኛ ሆነ: indulge in
nachher, hernach: ከዚያ፣ ቀጥሎ: afterwards, hereafter
Nachhilfeunterricht {m}: ተጨማሪ ትምህርት: private lessons
Nachholbedarf {m}, Rückstand: ተደጋሚ/ መደገም ያለበት: backlog
Nachklang {m}: ቀበሌ/ የገደል ማሚቶ: lingering sound
Nachkomme {m}: ትውልድ/ ዘር: offspring, descendant
Nachkommen {pl} :: descendants
Nachkrieg {m}: ድኅረ ጦርነት: postwar
nachladen: ጫነ: download, recharge, reload
nachladend: ጫኝ/ ጭኖ: recharging
Nachlaß {m}: ቅናሴ (ለዋጋ): bequest, bequest
nachlassen, sinken: አቃለለ፣ አለዘበ: fade, slacken, to ease up, sink
nachlassend: አለዛቢ/ አለዝቦ: recessive, remittent, slackening, slacking, remittently, slackly
Nachlaßgericht {n}: ሽምግልና: probate court
nachlässig, unaufmerksam: ሰነፍ፣ ዋልጌ: neglectful, neglectfully, negligent, negligently, inattentive, carelessly, inattentively
Nachlässigkeit {f}: ስንፍነት: inattentiveness, negligence, perfunctoriness, neglect
Nachlässigkeiten {pl} :: neglectfulness, negligences
Nachlaßverwaltung {f}: የእርቅ ውል/ ውርስ አከፋፈይ: administration of estates
Nachleuchten {n}: ወገጋን/ ብርሃን: phosphorescence
nachleuchten: አበራ: afterglow
nachleuchten: ቦገግ አደረገ: luminesce
nachliefern: አቀረበ፣ አመረተ: deliver in addition
Nachlieferung {f}: አቅርቦት: additional delivery, subsequent delivery
Nachlieferungen {pl} :: subsequent deliveries
nachlösen: አሟሟ፣ አቀለጠ: buy en route
Nachmacherei {f}: ድርጊት/ ተግባር: imitativeness
Nachmittag {m}: እኩለ ቀን: afternoon, pm
nachmittags: በእኩለ ቀን: pm

Nachname {m}, Familienname: ያባት ስም: surname, family name
Nachnamen {pl} :: surnames
nachprüfbar: ተረጋጋጭ፣ ተፈታኝ: checkable, reviewable, verifiable
nachprüfen: ሞከረ፣ ፈተነ፣ አረጋገጠ: re examine, reconsider, reexamine, to verify, to check
nachprüfend: ሞካሪ/ ሞክሮ: re examining, rechecking, reviewing
Nachprüfung {f}: ሙከራ: re examination, review
nachrechnen, neu kalkulieren: እንደገና አሰላ/ ቆጠረ: recalculate
Nachrechner {m}: ማሰቢያ/ ማስያ ማሽን: back-end computer
Nachregelung {f}: ዝግጅት: readjustment
Nachricht {f}, Botschaft: ዜና፣ መልክት: news, tidings, message, newscast
Nachrichten {pl} :: news, tidings, messages
Nachrichtenagentur {f}: የዜና ወኪል: news agency
Nachrichtenagenturen {pl} :: news agencies
Nachrichtenbüro {n}: የዜና ወኪል ቢሮ: press agency
Nachrichtendienst {m}: የዜና ወኪል: news service
Nachrichtensendung {f}: ዜና ማስተላለፍ: newscast
Nachrichtensendungen {pl} :: newscasts
Nachrichtensprecher {m}: ዜና አቅራቢ/ አንባቢ: newscaster
Nachrichtenwesen {n}, Meldung: የዜና ዘገባ: communication
Nachruf {m}: ጥሪ: obituary
nachrüsten: አስታጠቀ፣ አስተካከለ: retrofit
nachschicken: ላከ፣ አስተላለፈ: send on
Nachschlag {m}: ቁርሻ፣ ቅምሻ: look-up
nachschlagen, suchen, betrachten: ፈለገ፣ ፈተሸ: lookup
nachschleppen: ወሰደ፣ ነጠቀ: drag
nachschleppend: ወሳጅ/ ወስዶ: dragging
Nachschrift {f}: የእጅ ጽሑፍ: postscript
nachsehen: አተኮረ፣ ተጠባበቀ: look for, to look after, to look up, peek
Nachselektion {f}: ተጨማሪ ስብስብ: additional selection
Nachsendeadresse {f}: የላኪ አድራሻ: accommodation adress
nachsenden, fördern: ላከ፣ አስተላለፈ: to forward
Nachsicht {f}: አይታ፣ ግምጋሜ፣ ትግሥት፣ እርጋታ: clemency, indulgence, indulgences, leniency, charities
Nachsichten {pl} :: clemencies
nachsichtig: በትግሥት/ እርጋታ፣ ግልጽ: clement, forbearing, forbearingly, indulgent, indulgently, lenient, leniently, clemently, ndulgently

Nachsichtwechsel {m}, Zeitsichtwechsel: ያመለካከት ለውጥ/ ቅያሬ: after sight bill
Nachsilbe {f}: ተውሳክ: suffix
Nachsilben {pl} :: suffixes
Nachspiel {n}: የጭማሬ ጭዋታ: sequel
Nachspiele {pl} :: sequels
nächste, nächster, nächstes, zunächst: ቀጥሎ፣ ከዚያ: nearest, closest, next
nachstehen: ተሸነፈ፣ ወደኋላ ቀረ: be inferior
nachsuchen: ፈለገ: search for
Nacht {f}: ሌሊት: night, night-time, overnight
Nachtarbeit {f}: የሌሊት ሥራ: night work
Nachtdienst {m}: ማታ አገልግሎት: night service
Nachteil {m}, Schaden: መጥፎ እድል፣ ጉዳት: disadvantage, penalty, drawback
Nachteile {pl} :: detriments, disadvantages, drawbacks
nachteilig: ጎጅ፣ መጥፎ: derogatory, disadvantageous, mischievous, prejudicial, disadvantageously, mischievously, prejudicially
Nachteinbruch {m}: ምሽት: nightfall
Nachthemd {n}: የሌሊት ልብስ: nighties, nighty, nightgown
Nachthemden {pl} :: nightclothes
Nachtigall {f}: የወፍ ዓይነት፣ ጉጉት: nightingale
Nachtigallen {pl} :: nightingales
Nachtisch {m}: ተጨማሪ ምግብ/ የምግብ ጭማሪ: dessert
Nachtlager {n}: በረት: bivouacs
nächtlich: በጨለማ: nightly, nocturnal, nocturnally
Nachtlokal {n}: የማታ መጠጥ ቤት: nightclub, nightspot
Nachtmütze {f}: የማታ ራስ መሸፈኛ/መጠቅለያ: nightcap
Nachtmützen {pl} :: nightcaps
Nachtrag {m}, Anhang: ምርታዊ ይዘት: addendum, addendum
Nachträge {pl}: ምርት: addenda, supplements
nachtragend: ተጨማሪ: resentful, resentfully
nachträglich, zusätzlich: በተጨማሪ: additional, subsequently
Nachträglichkeit {f}: ምርታማነት: resentfulness
Nachtragsbilanz {f}: የምርት ይዞታ: additional balance
nachts: ማታ ማታ፣ በጨለማ: at night, by night
Nachts: ማታ ማታ: by night
Nachtschwärmer {m}: የማታ ትንኝ: fly by night, reveller
Nachtwache {f}: ዘብ/ ዘበኝነት: vigil
Nachtwachen {pl} :: vigils
Nachtzeit {f}: የሌሊት ጊዜ: nighttime
Nachuntersuchung {f}: ግምገማ: check up
Nachuntersuchungen {pl} :: check ups
nachversichern: አረጋገጠ: reinsure
nachversichernd: አረጋጋጭ/ አረጋግጦ: reinsuring
nachwachsen: አደገ: grow again
nachwachsend: አዳጊ/ አድጎ: growing again
Nachweis {m}, Beweis, Probe: ማረጋገጫ፣ ምሳሌ: proof, verification
nachweisbar: ተረጋጋጭ: traceable, veritably, verifiably
nachweisen, bestätigen: አረጋገጠ፥አሳመነ: verify
Nachwelt {f}: ድኅረ ዓለም: posterity
Nachwirkung {f}: ተጽእኖ/ መንስኤ: aftermath
Nachwirkungen {pl} :: aftermath, aftermathes
Nachwort {n}: መደምደሚያ: epilogue
nachzählen: ቆጠረ: recount
nachzählend: ቆጣሪ/ ቆጥሮ: recounting
Nachzahlung {f}: ተጨማሪ ክፍያ: additional payment
Nacken {m, pl}: ላንቃ: nape, neck, cervix, cervixes
nackt, bloß, knapp: ራቁት፣ ባዶ: nudely, bare, callow, callowly, naked, nakedly, nude, nakedly
Nacktheit {f}: ራቁትነት: callowness, nakedness, nudeness, nudity, sheerness
Nadel {f}: መድፌ: spicule, needle, spicules, needles
Nadelbaum {m}: ጥድ መሰል ዛፍ: conifer
Nadelbäume {pl} :: conifers
Nadeldrucker {m}: የድሩከር ዓይነት: wire matrix printer
nadelförmig: ሹላማ/ ም: spicular
Nadelkopf {m}: ሹል ራስ: pinhead
Nadelloch {n}: መድፌ ቀዳዳ: pinhole
Nadelspitze {f}: የመድፌ ጫፍ: needlepoint
Nadelstich {m}: የመድፌ ጥቃት/ ውጊ: pinprick
Nagel {m}: ምስማር: nail
Nägel {pl}: መድፌ: nails
nageln: ምስማር መታ: to nail
nagelnd: ምስማር መቺ/ መትቶ: nailing
Nagelschmied {m}: ምስማር ሠሪ: nailer
nagen: አደቀቀ፣ አላመጠ: gnaw
Nagetier {n}: አመንዣኪ እንስሳ: gnawer, rodent
Nagetiere {pl} :: rodents, gnawers
nah: ቅርብ: nearby
nah verwandt: ቅርብ ዘመድ: germane
Nahaufnahme {f}: የቅርብ ኮፒ: close up view
Nähe {f}: አቅራቢያ፣ አካባቢ: closeness, contiguousness, nearness, propinquity, proximity, vicinage
Nähen {pl} :: proximities, propinquities, adjacencies
nahe: ቅርብ: near, nigh
nahe bei: ቅርብ ከ..: nearby
nahegelegen: ባቅራቢያ የሚገኝ: nearby
nähen: ሰፋ፣ ጠገነ፣ ደረተ: stitch, to sew (sewed, sewed/ sewn)
nähend: ሰፊ/ ሰፍቶ: needling, stitching, sewing
nahend: በቅርብ: oncoming

Näherin {f}: ሰፊ: seamstress, sempstress, needlewoman
Näherinnen {pl}:: sempstresses, seamstresses
nähern: ቀረበ፡ ተጠጋ: approach, approache, approximate
nähernd: ቀራቢ/ ቀርቦ: approaching, approximating, nearing
Näherungsfehler {m}: ያቀራረብ ስተት: approximation error
Näherungswert {m}: የሚጠጋጋ ዋጋ/ ቁጥር: approximate value
Näherungswerte {pl} :: approximate values
Nahkampf {m}: ትግል: infighting, dogfight
Nähmaschine {f}: ልብስ መስፊያ ማሽን: sewing-machine
nähren: ቀለበ፡ መገበ: nourish, nurture
nährend: ቀላቢ/ ቀልቦ: nourishing, nurturing
nahrhaft, reichlich, wesentlich: ተቀላቢ፡ ምግባዊ፡ ቀለባዊ: alimentary, nourishing, nutrimental, nutritious, nutritiously, nutritive, nutritively, substantial, nourishingly
Nahrhaftigkeit {f}: ተቀላቢነት: nutritiousness
Nährkraft {f}: የመመገብ ችሎታ: nutritive value
Nährmittel {n, pl}: የምግብ ነገር: nutriments, nutritions, processed foodstuff
Nährstoff {m}: ቀለብ: nutrient
Nahrung {f}: ምግብ: nourishment, nourishments, nutriment
Nahrungsaufnahme {f}: አመጋገብ: ingestion
Nahrungsmittel {n, pl}: ምግብ: aliment, foodstuff, nourishments
naiv: ልጃዊ፡ ደካማ፡ ጉዳትአልባ: greenly, naive, naively, unsophisticatedly
Naivität {f}: ደካማነት: greenness, naivity
Name {m}, Titel, Überschrift: ስም: name, title
Namen {pl} :: names, reputations
namenlos: ስምአልባ: anonymous, nameless, namelessly
namentlich: በስም፡ ማለት: by name, namely, nominal, nominally
namhaft: ታዋቂ: well-known
nämlich: ማለት/ ም፡ እነሆ: that is to say, videlicet, viz
Nanosekunde {f}: የመለኪያ ዓይነት: nanosecond
Napalm {n}: የጋዝ ቅልቅል: napalm
Naphthalin {n}: የንጥረ ነገሮች ውሁድ: naphthalene
Narbe {f}: ለምጥ: scar
Narben {pl} :: scars
narbenlos: ለምጥ-/ ምልክትአለባ: unscarred
narbig, schrammig: ቅማጫም/ማ: foveal, scarred, scarredly, foveate, scarring
Narkose {f}: ማፍዘዣ መድኃኒት: narcosis, anesthesia
Narkosen {pl} :: narcoses
Narkosearzt {m}: ያነስታዚስ ኀኪም: anesthetist
Narkoseärzte {pl} :: anesthetists
Narkosefacharzt {m}: ያነስታዚስ ባለሙያ: anesthesiologist
Narkosefachlehre {f}: ያነስታዚስ ትምህርት: anesthesiology
narkotisch: አፍዛዥ: narcotically
narkotisieren: አፈዘዘ: narcotize
narkotisierend: አፍዛዥ/ አፍዝዞ: narcotic, narcotically, narcotizing
narkotisiert: ፈዛዥ/ ፈዝዞ: narcotized
Narkotismus {m}: ናርኮቲዝም: narcotism
Narr {m}: ስድ፡ ዋልጌ፡ ቲፎዞ: goop, fool
Narren {pl}, Spaßvögel :: jesters
närrisch: ፉዞ፡ ደንቆሮ፡ ደንታቢስ: clownish, foolish, harebrained, clownishly
Narziß {m}: ራሱን አወዳሽ/ አመስጋኝ: narcissist, narziss
Narzissmus {m}: ራስ ወዳድነት: narcissism
narzisstisch: ራስ ወዳድ: narcissistic, narcissistically
nasal: ባፍንጫ ተነጋሪ: nasal, nasally, nasaly
Nase {f}: አፍንጫ: nose
Nasen {pl} :: noses
Nasenbluten {n}: ነፍጥ: nosebleed
Nasenloch {n}: ያፍንጫ ቀዳዳ: nostril
Nasenlöcher {pl} :: nostrils
naseweis, keck, unverschämt: አሳቂ፡ ሃፍረትአልባ: saucy
Nashorn {m}: ሪናስረስ: rhinoceros, rhino
Nashörne {pl} :: rhinos
naß, feucht: ቀዝቃዛ፡ ርጥብ: wet, wetly
Nation {f}: ብሔር: nation
Nationen {pl} :: nations
national: ብሔራዊ: nationally, national
Nationalgefühl {n}: ብሔራዊ ስሜት: nationalism
Nationalgefühle {pl}: ብሔራዊ ስሜት: nationalisms
Nationalismus {m}: ብሔርተኝነት: nationalism
Nationalist/en {m, pl}: ብሔርተኛ: nationalists
nationalistisch: ብሔራዊ: nationalistic
Nationalität {f}: ብሔራዊነት: nationality
Nationalitäten {pl} :: nationalities
Natrium {n}: የንጥረ ነገር ስም: sodium
Natter {f}: መርዛማ የእባብ ዓይነት: asp, viper, vipers, asps
Natur {f}, Beschaffenheit: ተፍጥሮ: nature
Naturalien {f}: ተፍጥሯዊ ምርት/ ኃብት: natural produce
naturalisieren: ተፈጥሯዊ አደረገ፡ አለማመደ: naturalize
naturalisierend: ተፍጥሯዊ አድራጊ/ አድርጎ: naturalizing
naturalisiert: ተፍጥሯዊ ተደራጊ/ ተደርጎ: naturalized
Naturalisierung {f}: ተፈጥሯዊ ማድረግ: naturalization
Naturalismus {m}: ተፍጥሯዊነት: naturalism
Naturalist {m}: በተፈጥሮ አማኝ: naturalist
Naturalisten {pl} :: naturalists

Naturereignis {n}, Phänomen: ክስተት: phenomena
Naturereignisse {pl}, Phänomene:: phenomena
naturgemäß, natürlich: በተፈጥሮ፤ በእውነት: natural
Naturgesetz {n}: የተፈጥሮ ሕግ: law of nature
natürlich, gewiß: በእርግጥ/ በእውነት: artless, natural, naturally, unstudied, unstudiedly, of course, artlessly
Natürlichkeit {f}: ተፈጥሯዊነት: instinctiveness, naturalness
Natürlichkeiten {pl} :: naturalnesses
Naturwissenschaft {f}: የተፈጥሮ ሳይንስ: science
Naturwissenschaften {pl}:: sciences
Navigation {f}: የመርከብ አነዳድ: navigational, navigation
Navigationsrechner {m}: የመርከብ አቅጣጫ መቆጣጠሪያ: navigation computer
Nebel {m, pl}: ጭጋግ: fog, mist, fog, mists, mists
nebelartig: ጭጋጋማ/ ም: nebular
Nebelfleck {m}: ጭጋግ፤ ደመና: nebula
Nebelflecken {pl} :: nebulae
nebelhaft: ደብዛዛ: misty
nebelig: ጭጋጋም/ ማ: nebulous, nebulously
neben, bei: በ...አጠገብ/ ዘንድ፤ በ...አቅራቢያ: beside, besides, by, para, next to
nebenan: አቅራቢያ: next door, next door to
Nebenanspruch {m}: ተጭማሪ ጥያቄ : accessory claim, additional claim
Nebenbedeutung {f}: ስምና ወርቅ: connotation
nebenbei, übrigens: በተጨማሪ፤ እንዲሁም: by the way
nebenberuflich: ተጨማሪያዊ: avocational
Nebenbeschäftigung {f}: ተጨማሪ ተግባር: additional occupation, avocation, side lining
Nebenbeschäftigungen {pl} :: avocations
nebeneinander: ባቅራቢያ: abreast, side by side
nebeneinanderstellen: አጠጋግቶ አኖረ: juxtapose
Nebeneinanderstellung {f}: ማወዳደር: juxtaposition
Nebeneingang {m}: የጓሮ በር: side entrance
Nebeneingänge {pl} :: side entrances
Nebenerscheinung {f}: የሁኔታ ተጽእኖ: side effect
Nebenerscheinungen {pl} :: outgrowths, side effects
Nebenfach {n}: ተጨማሪ ትምህርት: subsidiary subject
Nebenfächer {pl} :: subsidiary subjects
Nebenfluß {m}: ገባሪ ወንዝ: tributary
Nebengebäude {n}: ያቅራቢያ ግንብ: outbuilding, outhouse, adjoining building
Nebengedanke {m}: ተጨማሪ ሐሳብ: secondary object
Nebengedanken {pl} :: secondary objects
Nebengeräusch {n}: ድምጽ: sidetone, ambient noise
Nebenhandlung {f}: ደባ: subplot, underplot
Nebenhandlungen {pl} :: subplots, underplots
Nebenkosten {pl}: ተጨማሪ ወጭ: attendant, expenses, extra charges, extra expenses, additional expenses
Nebenlinie {f}: አቅራቢያ መስመር: byline, side lines
Nebenproblem {n}: ተከታይ ችግር: side-issue
Nebenprodukt {n}: ቆሻሻ: byproduct, by product
Nebenprodukte {pl} :: byproducts
Nebenrechner {m}: የኮምፒዩተር ዓይነት: slave computer
Nebenrechnung {f}: ተከታይ ሒሳብ: auxiliary calculation
Nebensache {f}: ትርፍ ነገር: minor matter
nebensächlich: ትርፍ/ ትርፍ ነገር: negligible, negligibly, negligibly
Nebensächlichkeit {f}: ትርፍ ነገር: negligibility
Nebensatz {m}: ጥገኛ ዓረፍት ነገር: subordinate clause
Nebensätze {pl} :: subordinate clauses
Nebenschlüssel {m}: ተከታይ ቁልፍ: slave key
Nebenstation {f}: አቅራቢያ ጣቢያ: slave station
Nebenstelle {f}: አቅራቢያ ቦታ: substation
Nebenstellen {pl} :: substations
Nebenstraße {f}: አቅራቢያ መንገድ: side street, side road
Nebenstraßen {pl} :: side roads
Nebentätigkeit {f}: ተጨማሪ ሥራ: part-time work
Nebenvertrag {m}: ተጨማሪ ውል/ መዋዋል: subcontract
Nebenverträge {pl} :: subcontracts
Nebenwirkung {f}: የድርጊት/ በሽታ ውጤት: side effect
Nebenzeit {f}: አቅራቢያ ጊዜ: auxiliary process time
Nebenziel {n}: ሁለተኛ ዓላማ: secondary objective
Nebenzimmer {n}: ተከታይ ቁጥር: adjoining room
neblig: ጭጋጋማ: foggy, mistily, misty, nebulous, nebulously
Nebligkeit {f}: ጭጋጋማነት: mistiness, nebulosity
necken: አለበሰ/ አላበሰ: banter, tease
Neffe {m}: ያጎት ልጅ: nephew
Neffen {pl} :: nephews
Negation {f}: አሉታ: negation
Negationen {pl} :: negations
negativ: አሉታዊ: negative, negatively
Negativität {f}: አሉታዊነት: negativism, negativity
Neger {m, pl}: ጥቁር ዘጋ: negro, nigger, negroes, niggers, blackamoors

negieren: እምቢ አለ: negate
negierend: እምቢ ባይ/ ብሎ: negativing
nehmen: ያዘ፤ ጠበቀ: keep, take
nehmend: ያዥ/ ይዞ: catching, taking
Neid {m}: ቅናት: enviousness, envy
Neider {m, pl}: ቀናተኛ: envier, enviers
neidisch: ቀናተኛ: envious, enviously, grudging, grudgingly
neidlos, neidlose: ቅናትአልባ: ungrudging
neigen, tendieren: አዘነለ፤ አጋደለ: incline
neigend: አዘንባይ/ አዘንብሎ: inclining, slanting, sloping, tending, warping
neighborship, neighbourship, vicinity
Neigung {f}, Verwandtschaft: ዝንባሌ: aptitude, aptness, declination, inclination, predisposition, proclivity, proneness, propensity, slant, slope, tendance, vein, warp, gradient, affinity
Neigungen {pl} :: aptitudes, aptnesses, biases, declinations, inclinations, likings, proclivities, propensities, tendencies, veins
Neigungswinkel {m}, Neigung: መታጠፊያ ጠርዝ: tilt angle, inclination
nein, kein, keine, keiner, keines, nicht: አል/ አይ...፤ ፈጽሞ፤ ማንም/ ምንም (አሉታ): nay, no, nope
Neinstimme {f}: አሉታ ድምጽ: nays
Neinstimmen {pl}:: nays
nennbar: የሚባል: nameable
nennen: ሰየመ፤ ጠራ: to name
nennenswert: ዋጋ ያለው፤ መባል ያለበት: appreciable, namable
Nenner (math.) {m, pl}: የጋራ: denominator, denominators
Nennmaß {n}: ዋና ይዘት: basic size
Neologie {f}: እድሳት: neology
Neoplasma {n}: እበጥ: neoplasm
nepotistisch: ዘመዳዊ/ የዘመድ: nepotistic
Nerv {m}: ነርቭ: nerve, neural, neuritic
Nerven {pl} :: nerves
nerven: አበሳጨ፤ አስቆጣ: nerve
nervend: አበሳጭ/ አናዳጅ / አናድዶ: bugging, nerving
Nervenentzündung {f}: የነርቭ ቁስል: neuritis
nervenschwach: ብስጩ/ ቁጡ: neurasthenic
Nervensystem {n}: የነርቭ ሲስተም: nervous system
nervig: ነርቫማ/ ም: nerved
nervös: ብስጩ/ ቁጡ: jittery, jumpily, jumpy, nervous, nervously
Nervosität {f}: ብስጩነት: nervousness, panickiness, tremulousness, uptightness, flurry, jumpiness, nerviness, nervousness
Nerz {m}: የእንስሳ ዓይነት: mink
Nerze {pl} :: minks
Nest {n}: የወፍ ጎጆ: nest
Nestlinge {pl}: አዕዋፍ: nestlings
nett: ደግ/ ርኅሩኅ: cutely, natty, neat, nice, nicely, prettily, nattily
Nettigkeit {f}: ርኅሩኅነት: neatness, niceness
netto: ኔት/ የጠራ ገቢ: net
Nettodurchsatz {m}: የጠራ ገቢ: net throughput
Nettogehalt {n}: የጠራ ደመወዝ: take-home pay
Nettogewicht {n}: የጠራ ክብደት: net weight
Nettolohn {m}: የጠራ ደመወዝ: take home pay
Nettopreis {m}: የጠራ ዋጋ: net price
Netz {n}: መረብ: net, network, mains, network
Netze {pl} :: nets
Netzanschluß {m}: የኤሌክትሪክ ማሳለፊያ መስመር/ ሽቦ: power supply line
netzartig: መረባዊ: reticulated
netzförmig: መረብ መሰል: netted, reticular, retiform
Netzfrequenz {f}: የኃይል ስርጭት: power, frequency, supply frequency, commercial frequency
Netzkabel {n}: ማሰራጫ መስመር: flex
Netzplan {m}: ማሰራጫ ዕቅድ: network plan
Netzplantechnik {f}: የስርጭት ዕቅዳዊ ቴ ክኒክ: network planning technique
Netzspannung {f}: የመስመር ኃይል: line voltage, mains voltage
Netzspinne {f}: የሸረሪት ድር: retilarian
Netzsteckdose {f}: የኤሌክትሪክ መሰኪያ: power socket, power plug
Netzsteuerung {f}: ማዕከላዊ መቆጣጠሪያ: network control
Netzstromversorgung {f}: ዋና ኃይል ማሰራጫ: commercial power supply, mains supply
Netzwerk {n}: ማሰራጫ ጣቢያ: network, meshwork, reticulation
Netzwerke {pl} :: networks, Networks
Netzwerkarchitektur {f}: የማሰራጫ ጣቢያ ዕቅድ: network topology
neu: አዲስ፤ ሞደርን፤ እንደገና: afresh, coltish, new, nouveau, re, recent
Neuanfang {m}, Wiederanfang: አዲስ ጅመራ: recommencement
Neuanpassung {f}: ማስማማት: readjustment
Neuanpassungen {pl} :: readjustments
Neuanschaffung {f}: አዲስ ግኝት: new acquisition
neuartig: አዲስ/ እድሳታዊ: innovative, novelly, innovative
Neuauflage {f}, Neugestaltung: አዲስ እትም: new edition, remake
Neubau {m}: አዲስ ግንብ: new building
Neubelebung {f}: መልሶ ማምጣት: reinvigoration
Neuberechnen {n}: እንደገና ማስላት: recalculate
Neublockung {f}: እንደገና ማገድ: reblocking
Neudefinition {f}: አዲስ ስያሜ: redefining, redefinition
Neudruck {m}: እንደገና ማሳተም: reprinting
Neudrucke {pl} :: reprints
Neueintritt {m}: እንደገና መግባት: reenter
neuentdeckt: ተፈልሳፊ/ ተፈልስፎ: newfound

neuerdings: በተለይም: latterly, newly
Neuerer {m}: አዳሽ: innovator
Neuerscheinung {f}: አዲስ ሕትመት: new publication
Neuerstellung {f}, Wiederherstellung, **Regenerierung** {f}: እድሳት: regeneration
Neuerung {f}: እድሳት: denouement, innovation
Neuerungen {pl} :: alterations, innovations
Neugeborene {m, f}: አንደገና ተፈጣሪ/ ተፈጥሮ: neonate, newborn
Neugerät {n}: አዲስ ማሽን: newdrive
Neugier {f}: ጉጉታ/ ፍላጎት: curiosity
Neugierde {f}: ጉጉታ/ከፍተኛ ፍላጎት: curiousness, nosiness, curiosity
neugierig sein: ጓጓ: pry
neugierig: ጉጉተኛ: curious, inquisitive, inquisitively, inquisitorial, nosily, nosy, prying, pryingly, curiously, inquisitorially, snoopy
Neuheit {f}: አዲስነት/ አዲስ ነገር: newness, novelty, recency
Neuheiten {pl} :: novelties
Neuigkeit {f}: አዲስነት: recentness
Neuigkeiten {pl} :: news, tidings
Neuinitialisierung {f}: እንደገና መመሥረት/ መሥራት: reinitialization
Neuinstallation {f}: አዲስ ተግባር: reinstalling
neuinstallieren: ሠራ/ አቋቋመ reinstall
neulich: በቅርብ: newly, recently, the other day
Neuling {m}: ጀማሪ/ ወጣኒ፤ አዲስ ገቢ: greenhorn, neophyte, novice, novitiate, catechumen
Neulinge {pl} :: fledgelings, novices
neumodisch: አዲስ: newfangled
Neumond {m}: አዲስ ጨረቃ: new moon
neun: ዘጠኝ: nine
Neunspurband {n}: ባለዘጠኝ ደረጃ: nine-track tape
neunte, neuntes: ዘጠንኛ: ninth
neuntel: አንድ ዘጠንኛ: ninth part
Neuntens: ዘጠንኛ: ninths, ninthly
neunzehn: አሥራ-ዘጠኝ: nineteen
neunzehnte: አሥራዘጠንኛ: nineteenth
neunzig: ዘጠና: ninety
Neunziger {m}: ዘጠናኛው: nineties
neunzigjährig: ባለዘጠና ዓመት: nonagenarian
neunzigste: ዘጠናኛ: ninetieth
Neuordnung {f}: እንደገና ማስናዳት: rearrangement
Neuorientierung {f}: አዲስ መስመር: re orientation
Neuralgie {f}: የሚጥል በሽታ: neuralgia
Neurasthenie {f}: መቀወስ፤ ቀልብ ማጣት: neurasthenia
Neureiche {m, f}: አዲስ ሰልፍ: upstart
Neureichen {pl} :: upstarts
Neurologe {m}: የነርቭ ተመራማሪ: neurologist
Neurologie {f}: የነርቭ ጥናት/ ምርምር: neurology
neurologisch: የነርቫዊ ጥናታዊ: neurologic, neurological, neurologically
Neuron {n}: ነርቭ: neuron
Neurons {pl}:: neurons
Neurose {f}: የነርቭ አጥፕ: neurosis
Neurosen {pl} :: neuroses
Neurotiker {m}: ነርቭ አጥፕ: neurotics
neurotisch: የነርቭ ጥናታዊ: neurotic, neurotically
Neustart {m}: አዲስ ጅማሬ: new start, power fail restart, reboot
neustarten: አንደገና ጀመረ: restart
neutral: ኒውትራል/ ከሁሉም ያልሆነ: neutral, neutrally
neutralisieren: አስናከለ፤ ኒውትራል አደረገ: neutralize
neutralisierend: ኒውትራል አድራጊ/ እድርጎ: neutralizing
neutralisiert: ኒውትራል ተደራጊ/ ተደርጎ: neutralized
Neutralisierung {f}: ኩልሽት: neutralization
Neutralismus {m}: ከሁሉም አለመሆን: neutralism
Neutralist {m}: ከሁሉም ያልሆነ: neutralist
Neutralisten {pl} :: neutralists
neutralistisch: ኒውትራላዊ: neutralistic
Neutralität {f}: ኒውትራሊቲ: neutrality
Neutralitäten {pl} :: neutralities, neutrons
Neutrum {n}: ኒውትሮን/ ኢምንት-ረቂቅ ነገር: neuter
neuwertig: አዲስ: as good as new
Neuzeit {f}: አድስ ዘመን/ ወቅት: modern times
nicht, ohne, un: አል/ አይ... (አሉታ): unbefriedigend, dissatisfying, doesn`t, don`t, noddies, non, not, un-
Nichtachtung {f}: ንቀት: disrespect
Nichtanerkennung {f}: እውቅና ማጣት: disallowance, disavowal
nichtausführbar: የማይደረግ/ የማይሆን: nonexecutable
Nichtbeachtung {f} :: oblivion
Nichtbeachtung {f}: ኢተፈላጊ: non observance
Nichtbenutzer {m}: ኢተጠቃሚ: nonuser
Nichte {f}: ያክስት ልጅ: niece
Nichten {pl} :: nieces
Nichterscheinen {n}: አለመገኘት: nonattendance
Nichterscheinung {f}: አለመገኘት: non apperance
Nichtfachmann {m}: ኢምሁር: amateur
nichtflüchtig: የማይሸሽ፤ ቋሚ: non-
Nichtgebrauch {m}: ኢጠቃሚ: disuse
nichtig, leer: ምንም: inane, void
Nichtigkeit {f}: ምንምነት: inanity, nullity, voidness
Nichtigkeiten {pl} :: nullities, vanities
Nichtleser {m}: የማያነብብ: nonreader
nichtlinear: ኢመስመራዊ: non-linear
nichtlöschbar: ኢጠፊ: non-erasable

nichtmaskierbar: ኢሽፍን: non-maskable
nichtmechanischer: ኢመካኒካዊ: non-impact
Nichtmetall {n}: ኢብረት: nonmetal
Nichtmetalle {pl} :: nonmetals
nichtmetallisch: ኢበረታዊ: nonmetallic
Nichtmitglied {n}: ኢአባል: nonmember
nichtnumerisch: ኢቁጥራዊ: non-numeric, non-numerical
Nichtraucher {m}: ኢአጫሽ/ ያማያጨስ: nonsmoker
Nichtraucherabteil {n}: የማይጨስበት ክፍል: non-smoking compartment
Nichtraucherabteil {n}: የማይጨስበት ቦታ: non-smoking compartement
nichtresident: ኢኗሪ: non-resident
nichts, null: ምንም፣ አልቦ/ ዜሮ: nil, nothing
nichts: ምንም: naught, none, nothing
Nichts {n}: ምንም: nothingness, nonentity
Nichtsein {n}: ኢኗሪ: unexistence, nonentities
nichtsnutzig: ኢጠቃሚ: good for nothing
Nichtssein {n}: ምንምነት: nonentity
Nichtübereinstimmung {f}, Fehler: ስተት: nonconformance
Nichtübereinstimmungen {pl} :: incongruities, incongruity
Nichtwähler {m}: ኢመራጭ/ የማይመርጥ: nonvoter
nichtwiederkehrend: ኢተመላሽ: non-recurrent
Nichtzahlung {f}: ኢቆጠራ: nonpayment
nichtzulässig: የማይሰድ/ የማያሳልፍ: non-permissible
Nickel {n, pl}: ኒከል/ የኢለመንት ስም: nickel, nickels
Nicken {n}: ማዘንበል፣ ዝንባሌ: nod
nicken: አዘነበለ: to nod
Nickerchen {n}: ማሸለብ/ ሽልብ ማለት: beauty sleep, catnap
nie, niemals, durchaus nicht: በፍጹም/ ምንም: never
nie wieder: ፈጽሞ ከእንግዲህ: never again, nevermore, never, low
nieder, herunter, hinunter, hinab, abwärts: ወደታች፣ ይውደም: down
niederbrüllen: ጮኸ፣ አጉረመረመ: to shout down
niederdrücken: ተጫነ፣ ጨቆነ: oppress
Niederfallen {n}: ድቀት: fall down
Niedergang {m}: ድቀት: comedown
Niedergangsphase {f}: የድቀት ወቅት: abandonment stage
niedergeschlagen: ተጠቂ/ ተጠቅቶ: downfallen, downheartedly, downhearted
Niedergeschlagenheit {f}: ድቀት፣ ሽንፈት: dejection, depressiveness, low spirits
Niedergeschlagenheiten {pl} :: dejectedness
Niederlage {f}: ሽንፈት: defeat, discomfiture
Niederlagen {pl} :: discomfitures
niederreißen: ቆራረጠ፣ በጣጠሰ፣ አወደመ፣ ዘነጠፈ: raze, to pull down, break down
niederreißend: በጣጣሽ/ በጣጥሶ: razing
niederschießen: በጥይት ገደለ: shoot down
Niederschlag {m}: ዝናብ፣ መብረቅ: rainfall
niederschlagen: ጣለ፣ መታ: condense, knock down, knockdown
niederschreiben: መዘገበ፣ ጻፈ: to write down
niederstellen: አስቀመጠ፣ አኖረ: to put down
niederwerfen, verprügeln: ነደፈ፣ ዕቅድ አወጣ፣ ቀጠቀጠ/ መታ: prostrate, thrash
niedlich, nett, sauber: ቆንጆ፣ ሸጋ፣ ትንሽ፣ ማራኪ፣ ንጹሕ: cute, dinky, neat
Niedlichkeit {f}: ማራኪነት: dinkiness
niedrig, tief, leise (Stimme): ዝቅተኛ፣ ጥልቅ: low, lowly, menial, menially, neap
Niedrigkeit {f}: ዝቀተኝነት: ignobleness, lowliness
niemals: ፈጽሞ፣ በምንም ዓይነት (አሉታ): never
niemand: ማንም (አሉታ): nobody
Niere {f}: ኪላሊት: kidney, renal
Nieren {pl} :: nephritic
nieseln: አካፋ/ ዘነበ: drizzle
nieselnde: ካፊያማ: drizzly
niesen: አቃሰተ፣ ባፍ ባፍጫው ተነፈሰ: sneeze
Nikotin {n}: የሲጋራ መርዝ: nicotine
nikotinfrei: ኒኮቲን/ መርዝ አልባ: non nicotine
nimmermehr: ከእንግዲህ ፈጽሞ: nevermore
Nippel {m}: ፉትት ማለት/ መቅመስ: nipple
nippen: ጠጣ/ ቀመሰ: sip
nippend: ቀማሽ/ ቀምሶ: sipping
Nippsache {f}: ቅምሻ: knickknack
Nippsachen {pl} :: bric a brac
nirgends: ሄትም (አሉታ): nowhere
nirgendwo: ሄትም ቦታ (አሉታ): nowhere
nirgendwohin: ወደሄትም ቢሆን: nowhither
Nische {f}: የእጥር ቀዳዳ: niche, alcove
Nischen {pl} :: alcoves, niches
nisten: ጎጆ/ ጠደብ ሠራ (ለወፍ): nestle
nistend: ጠዳቢ/ ጠድቦ: nestling
nitrieren: ጋዝ ቀላቀለ: nitrate, nitrify
nitrierend: ቀላቃይ/ ቀላቅሎ: nitrating, nitrifying
nitriert: ተቀላቃይ/ ተቀላቅሎ: nitrated
Nitrit {n}: የጋዝ ንጥረ ነገር: nitrite
Niveau {n}: ደረጃ: level
Nivellierer {m}: ማስተካከያ: leveller
noch, (weder ...noch): ገና፥ ያም (አሉታ): nor, (neither...nor), still, yet
noch, einer, ein zweiter: ተጨማሪ፣ ሌላ: another
noch dazu: በተጨማሪ: into the bargain
noch einer: ሌላ: another
noch einmal: አሁንም አንዴ: once again, once more
noch heute: አሁንም ዛሬ: this very day
noch nicht fällig: ገና ያልተለቀቀ/ ያልተፈቀደ: undue
noch nicht vollkommen: ገና ያልተስተካከለ: unperfected
noch nicht: ገና አል/ አይ...ም: not yet, not...yet
nochmal, wiederholen: እንደገና: retry
nochmals lesen: መልሶ/ ደግሞ አነበበ: reread
nochmals tun: ደግሞ/ መልሶ ሠራ: redo

nochmals: እሁንም እንዴ: once more, over again
Nocke {f}: ስልጡን/ አዋቂ: cam
Nocken {pl} :: cams
Nockenwelle {f}: የውሐ ዌ ቨ: camshaft
Nomade {m}: ዘላን: nomad
Nomaden {pl}:: nomads
nomadisch: ዘላናዊ: nomadic, nomadically
nominal: ወጥ/ ስማዊ: nominal
Nominalwert {m}: ወጥ ዋጋ: nominal value
Nominativ {m}: ባለቤት/ስም: nominative
nominell: ስማዊ: nominally
nominieren: ጠቆመ፣ ለምርጫ አቀረበ: nominate
nominierend: ጠቋሚ/ጠቁሞ: nominating
nominiert: ተጠቋሚ/ ተጠቁሞ: nominated
Nonius {m}: ሚዛን ጠቋሚ/ ማመልከቻ: vernier
Nonnenkloster {n}: የሴቶች ገዳም: nunneries, nunnery
Noppe {f}: የልብስ ቁልፍ ዓይለት: nap
Nord, nördlich: ሰሜን: North, north
nördlich: ሰሜናዊ: northerly, northern, northwards, northwardly
Nordost: ሰሜናዊ ምስራቅ: northeasters, northeast
nordöstlich: ወደሰሜን/. ሰሜናዊ: northeastern, northeasterly
Nordostwind {m}: ሰሜን ምስራቃዊ ነፋስ: northeaster
nordwärts: ወደሰሜን አቅጣጫ: northward
Nordwesten {m}: ሰሜናዊ ምዕራብ: northwest
nordwestlich: ሰሜን ምዕራባዊ: northwesterly, northwestwards
nordwestwärts: ሰሜን ምዕራባዊ አቅጣጫ: northwestward
Nordwestwind {m}: ሰሜን ምዕራባዊ ነፋስ: northwester
Nordwestwinde {pl} :: northwesters
Nordwind {m}: ሰሜናዊ ነፋስ: borealis
nörgeln: ተንኮሻኮሸ፣ ቀስ ብሎ ተናገረ: cavil, grizzle, grouch, nag, grouse
Nörgler {m, pl}: አቶፍቷፊ፣ ወሽካታ: caviler, nagger, squealers
Nörglerei {f}: ውሽካቴ : grouchiness
nörglerisch: ወሽካታ: grumbly, grumpily
Norm {f}, Regel, Typ: ሕግ፣ መመሪያ: norm, standard
Normen {pl}:: standards, norms
normal, gewöhnlich: የተለመደ፣ ትክክል/ ኖርማል: normal, standard, usual
normalerweise: በመሠረቱ: naturally, normally
Normalfall {m}: መሠረታዊ ሁኔታ: normal case
normalisieren: አስተካከለ: nomalize, normalize
normalisierend: አስተካካይ/ አስተካክሎ: normalizing
normalisiert: ተስተካካይ/ ተስተካክሎ: normalized, normalized
Normalisierung {f}: መስተካከል: normalization
Normalität {f}: መለመድ፣ ልሙድ: normalcy
Normalitäten {pl} :: normalities
Normalzeit {f}: የተለመደ ሰዓት: standard time
Normalzeiten {pl} :: standard times
Normalzustand {m}, Normalität: ተቀባይነት ያለው/ልሙድ: normality
Normenausschuß {m}: ሸማግሌ: standard committee
Normenausschüsse {pl}: ሸማግሌ: standard committees
normieren, standardisieren: አስተካከለ፣ አስለመደ: standardize
Normung {m}: ማስተካከል: standardization
norwärts: ወደሰሜን አቅጣጫ: northwards
Norweger {m}: የኖርዌ ይ ዜጋ: norwegian
norwegisch: ኖርዌ ያዊ: Norwegian
Nostalgie {f}, Sehnsucht nach Vergangenheit: ናፍቆት/ትዝታ: nostalgia
nostalgisch: ትዝታዊ: nostalgic, nostalgically
Not {f}, Bedarf, Bedürfnis: መከራ፣ አጻጋ፣ ፍላጎት: hardship, necessity, emergency, need
Notabschaltung {f}: ያጻጋ ማጥፊያ: emergency cutout
Notar {m}: ጠበቃ: notary
Notare {pl} :: notaries
notariell: ጥብቅናዊ/ጠበቃዊ: notarial
Notausgang {m}: ያጻጋ በር/ማምለጫ: emergency exit
Notenschlüssel {m}: የኖት/ ሙዚቃ ምልክት መማሪያ: clef
Notfall {m}, Notlage, Notsituation: አጻጋ: emergency
Notfälle {pl} :: emergencies
notfalls: መሆን ካለበት፣ የግድ ከሆነ: in case of need
notierbar: ተዘጋቢ: noticable
notieren: ዘገበ፣ ምልክት ሰጠ: to note
notierend: አመልካች/አመልክቶ: noting, quoting
notiert: ተመዝጋቢ/ተመዝግቦ: noted, noticed, cuffed, quoted
nötig haben, brauchen (idiomatisch): ፈለገ: to be in need of
nötig: አስፈላጊ/ ተፈላጊ: necessary, needfully, wherewithal, needful
nötigen: ፈለገ፣ አስፈለገ: coerce
nötigend: አስፈላጊ/አስፈልጎ: coercing
Nötigung {f}: ማስፈለግ፣ ተፈላጊነት: constraint, duress, necessitation, needfulness
Notiz {f}: ማስታወሻ: note, notice, notification, memo, memorandum
Notizblatt {n}: ማስታወሻ: notepad, Notepad
Notizblätter {pl} :: Notepads, notepads
Notizbuch {n}: የማስታወሻ መጽሐፍ፣ በእጅ መያዝ የሚችል ኮምፕዩተር: note-book, notebook, tickler
Notizbücher {pl} :: notebooks, ticklers, notices, memos
Notizpapier {n}: ማስተወሻ ወረቀት: notepaper, notice paper
Notizzettel {m}: ማስታወሻ: notepads

Notlage/n {f/ pl}: ድንጋጤ: distresses, shakedown, shakedowns
Notmaßnahme {f}: አዳጋ መከላከያ: emergency measure
Notruf {m}: አዳጋ ጥሪ: emergency call
Notschalter {m}: አዳጋ ማጥፊያ: emergency switch
Notstromgenerator {m}: የችግር ጊዜ መብራት ማመንጫ: emergency generator
Notstromversorgung {f}: መጠባበቂያ የኃይል መስጫ: emergency power supply
Notwehr {f}, Selbstverteidigung: ራስን መከላከያ: self defence
notwendig, nötig: አስፈላጊ: necessary, necessitative, needfully
notwendigerweise: የግድ: necessarily
Notwendigkeit {f}: ግዴታ: necessity
Notwendigkeiten {pl} :: necessities
November {m}: ሕዳር: november
Nr.: ቁጥር: no.
nüchtern: ፈራ፤ ዓይን አፋር ሆነ: jejune, jejunely, levelheaded, sober, soberly, unemotional, unemotionally
Nüchternheit {f}: ዓይናፋርነት: soberness, sobriety
Nudel {f}: መኮረኒ: sammy, noodle
Nudeln {pl} :: sammies, noodles
nuklear: አቶሚዊ: nuclear
Nukleon {n}: ማዕከል/ ብሌት: nucleon
Nukleonen {pl} :: nucleons
Null {f}: ዜሮ: nil, nought, nought, zero, null
Nullen {pl}: ማንም ምን: nobodies, nulls, zeros, naughts
null und nichtig: ምንም: null and void
null: አልቦ፤ ዜሮ: zero
Nulladresse {f}: አድራሻአልባ: zero address
Nulleiter {m}: ከሁሉም ያልሆነ: neutral
Nulloperation {f}: ቆሻሻ፤ ውዳቂ: waste instruction
Nullpunkt {m}: የዜሮ ነጥብ: zero point
Nullstellung {f}: የዜሮ መገኛ: zero position
Nullzeit {f}: ልክ አሥራሁለት ሰዓት: zerohour
numerieren: ቁጥር ሰጠ፤ ቆጠረ: to number
numeriert: ተቆጣሪ/ ተቆጥሮ: numbered
numerisch: ቁጥራዊ: numeral, numeric, numerical, numerally, numerically
Numerologie {f}: የቁጥር ሲስተም: numerology
numerologisch: ዝርዝራዊ: numerological, numerologically
Numismatik {f}: የሳንቲም ምርት: numismatics
Numismatiker {m}: ሳንቲም አምራች: numismatist
numismatisch: ሳንቲማዊ: numismatic, numismatically
Nummer {f}, Zahl: ቁጥር: number
Nummern {pl}, Zahlen :: numbers
nummerieren: ቁጥር ሰጠ፤ ቆጠረ: serially
nummerierend: ቆጣሪ/ ቆጥሮ: numbering
nummeriert: ተቆጣሪ/ ተቆጥሮ: numbered
Nummerierung {f}: ቆጠራ: numbering, numeration
Nummerierungen {pl} :: numerations
nun, jetzt, eben: አሁን/ አሁኑ: now
nun also: አሁንም እነሆ: now then
nur weil: ብቻ ምክንያቱ: solely
nur zu gut: ብቻ ጥሩ: only too well
nur, einzig, bloß: ብቻ: only, mere, only
Nuß {f}, Schraubenmutter: የደረቀ ፍሬ፤ የምስማር ዓይነት: nut
nußig: ምስማራዊ: nuttily, nutty
Nußknacker {m, pl}: የምስማር መሳቢያ/ ማውጫ: nutcracker, nutcrackers
Nußschale {f}: የደረቀ ፍሬ ገለባ: nutshell
Nußschalen {pl} :: nutshells
Nut {f}: ስንባጭ/ ብልሽት: groove, furrow, notch
Nutte {f}: የመንገድ ላይ ሸርሙጣ: slut, moll
Nutten {pl} :: sluts, jezebels, molls
Nutzanwendung {f}: ያጠቃቀም መመሪያ: practical application
Nutzanwendungen {pl} :: utilizations
Nutzbarkeit {f}: ጠቃሚነት: usability
Nutzbarmachung {f}: ጥቅም ላይ ማዋል: utilization
nutzbringend, vorteilhaft, witschaftlich:
Nutzen {m}, Vorteil: ትርፍ: profit, benefit
nutzen: ጠቃሚ: utilize
nützen: ተጠቀመ: be of use, utilize
nützend: ተጠቃሚ/ ተጠቅሞ: availing, profitting, benefiting
Nutzenergie {f}: ጠቃሚ ኃይል: useful energy
Nutzfläche {f}: ማሳ፤ የእርሻ መሬት: useful area
Nutzflächen {pl} :: useful areas
nützlich, segensreich: ጠቃሚ: beneficial, profitably, serviceably, useful, usefullness, expedient, beneficially
Nützlichkeit {f}: ጠቃሚነት: helpfulness, usefulness
Nützlichkeiten {pl}, Vorteile :: advantages
nutzlos, zwecklos: ጥቅም አልባ: bootless, fustily, futile, needless, useless
Nutzlosigkeit {f}, Zwecklosigkeit: ጥቅምአልባነት: uselessness
nützulich: ጠቃሚ: beneficial
Nutzungsrecht {n}: የመጠቀም መብት: right of use
Nutzungsrechte {pl} :: rights of use
Nutzungsvertrag {m}: ያጠቃቀም ውል: license agreement
Nutzwärmeleistung {f}: ጠቃሚ ሙቀት: available heat
Nylon {n} : ናይለን/ የጨርቅ ዓይነት: nylon

O

Oase {f}: ቻክ፥ ለምልም ቦታ: oasis
Oasen {pl} :: oases
ob: ከ...ሆነ፤ ..ቢሆን: if, whether
Obdach {n}: ጣሪያ፤ ባጥ: shelter, shelter
obdachlos: በሜዳ ኗሪ/ ቤትአልባ: unsheltered
Obelisk {m}: ሐውልት: obelisk
Obelisken {pl}:: obelisks
oben, über, obig, obere, oberer, oberes: ከላዩ፤ ከጫፉ: upstairs, above
oben: ከላይ፤ በላይ፤ ከጫፍ/ ራስጌ: above, ahead, aloft, at the head, at the top of, supra, top, up, upstairs
obenab: ከላይ: at the top
obenauf: ከጫፍ: atop, on top
obenerwähnt: ከላይ ተጠቃሽ/ ተጠቅሶ: above mentioned, aforementioned, aforementioned
Ober {m}: አሳላፊ፤ አጋፋሪ፤ የበላይ: garcon, waiter, upper
Oberarm {m}: ክንድ: upper arm
Oberarme {pl} :: upper arms
Oberarzt {m}: የበላይ ሐኪም: assistant medical director
Oberärzte {pl}:: assistant medical directors
Oberaufsicht {f}: የበላይ ቁጥጥር: superintendence
Oberaufsichten {pl} :: superintendences
Oberbefehl {m}: የበላይ ትእዛዝ: supreme command
Oberbegriff {m}: ፆታ: genus
Oberdeck {n}: ከጻን፤ መደረቢያ፤ ግጣም: upper deck
obere, oberer, oberes, höhere, höherer, höheres: የበላይ: upper
obere Grenze: የላይኛው መጨረሻ ነጥብ: upper bound
obere Umschaltung: የላይኛው መቆጣጠሪያ: upper case
oberer: በጣም የበላይ: superior, upper
Obererde {f}: የላኛው አፈር: topsoil
Oberfläche {f}: ገጸ ምድር: surface
Oberflächenleitung {f}: የመሬት ላይ ዐ ንዐ : surface conduction
oberflächlich reden: ከላይ ከላይ ተናገረ: smatter
oberflächlich: በላይ በላይ/ ላይላዩን፤ ሥር ያልሰደደ: cursorily, perfunctorily, superficial, superficially, cursory, perfunctory
oberflächlicher Glanz: ውጫዊ ደስታ/ መልክ፤ ነጸብራቅ: flashiness
Oberflächlichkeit {f}: ግልብነት: superficiality, superficialness
Oberflächlichkeiten {pl} :: superficialities
Obergrenze {f}: ከፍተኛው ነጥብ: ceiling
oberhalb: ከ...በላይ/ አልፎ: above, upside
Oberhand {f}: የበላይ እጅ: upper hand
Oberhaut {f}: የላይኛው ቆዳ: cuticle
Oberherr {m}: አዛዥ፤ አለቃ: suzerain, overlord
Oberherren {pl} :: suzerains, overlords
Oberherrschaft {f}: ተቆጣጣሪ: dominion
Oberhoheit {f}: የበላይነት: suzerainty
Oberkante {f}: የላይኛ ጠረዝ: top edge, upper edge
Oberkellner {m, pl}: የመካዝና ኃላፊ: head waiter, headwaiter, head waiters, headwaiters
Oberlauf {m}: ፈሳሽ ዐ ንዐ : headwater
Oberläufe {pl} :: headwaters
Oberlicht {n}: የባጥ መብራት: skylight
Oberlichter {pl} :: skylights
Oberlippe {f}: የላይኛ ከንፈር: upper lip
Oberlippen {pl} :: upper lips
Oberschenkel {m}: የላይ ጭን፤ ታፋ: femoral
Oberschenkelbein {n}: ታፋ: femora
Oberschenkelknochen {m, pl}: የታፋ አጥንት: femur, femurs
Oberseite {f}: የላይ ገጽ: topside, upside, top side
Oberseiten {pl} :: upsides
Oberst {m}: ኮሎኔል: colonel
oberst: የበላይ/ የመጨረሻ: headmost, topmost
Oberstaatsanwalt {m}: የበላይ ጠበቃ: senior prosecutor
Oberteil {n/m}: የላይኛ ክፍል/ ገጽ: entablature, top
Oberteile {pl} :: tops
obgleich: ...እንደሆን፤ እንደ...: albeit, although, as, howbeit, though
obig: የላዩ: above
objekt: ተደራጊ/ ተሳቢ: objekt
Objekt {n}: ቀጥተኛ ተደራጊ/ ተሳቢ: objekt
Objekte {pl} :: objects
Objekteditor {m}: የኮምፒዩተር መጻፊያው ክፍል: objedit
Objektiv (phot.) {n}: ብሌን: lens
objektiv, vorurteilsfrei, sachlich, wirklich: ተጫባጭ/ ተግባራዊ: objective, impartial, objectively
objektivieren: ተጨባጭ አደረገ: objectify
objektivierend: ተጨባጭ አድራጊ/ አድርጎ: objectifying
objektiviert: ተጨባጭ ተደራጊ/ ተደርጎ: objectified
Objektivität {f}, Wirklichkeit: ተጨባጭነት/ ታማኝነት: evenhandedness, impartiality, objectivity
Objektivitäten {pl} :: objectiveness
Objektträger {m}: የካሜራ ብሌን ተሸካሚ: object slide
obliegen: አስገደደ: behoove
obliegend: አስገዳጅ/ አስገድዶ: behooving, incumbent
Obligation {f}: ግዴታ: bond
obligatorisch, zwingend: ገዴታዊ/ ግዳጃዊ: compulsorily, compulsory, obligatory, mandatory
obschon, obwohl: ያው፤ እነሆ: though

Obst {n}, Frucht: ፍራፍሬ: fruit
Obstgarten {m}: የፍራፍሬ አትክልት ቦታ: orchard
Obsthändler {m, pl}: የፍራፍሬ ነጋዴ: fruiterer, fruiterers
Obstkuchen {m}: የፍራፍሬ ኬክ: fruitcakes
Obstruktion/en {f/ pl}: ምዝበራ: filibusters
obstruktiv: አሳፋሪ፤ ምዝበራዊ: obstructively
Obstzucht {f}: የፍራፍሬ ሱስ: fruit farm
obszön: ባለጌ፤ አፍረትአልባ: obscene, obscenely
Obszönität {f}: አፍረትአልባነት፤ ባለጌነት: salacity
obwohl, obgleich: ...ምንምእንኳ፤ ቢ...እንኳ: although, even though, though
Ochse {m}: በሬ: ox, steer, bullock
Ochsen {pl} :: oxen, oxes, bullocks
Ochsenfrosch {m}: ማንጉርጥ: bullfrog
Ochsenfrösche {pl} :: bullfrogs
Ochsenschwanz {m}: የበሬ ጅራት: oxtail
öde: በርሃማ/ ም፤ ጫካም/ ማ: bleak, bleakly
Ödem {n}: መግል፤ እኸ: edema
oder: ወይም: or
ODER-Verknüpfung {f}: መስተጻምር: disjunction
Ofen {m}: ምድጃ: stove, oven
Öfen {pl} :: stoves, ovens
Ofenheizung {f}: የምድጃ እሳት: heating by stove
Ofenschirm {m}: ሙግድ/ ግጣም: firescreen
Ofenschirme {pl} :: firescreens
offen: ክፍት፤ ግልጽ፤ በግልጽ: apertured, candid, candidly, forthright, frank, frankly, free spoken, ingenuous, open, open-ended, opened, openly, overt, overtly, unclenched, unconcealed, unharbored, unhidden, open and above board
offen: ግልጽ፤ ግልጸማ፤ የተንጣለለ: forthrightly, ingenuously, outspokenly
offen zeigen: በግልጥ አሳየ: to flaunt
offenbar, scheinbar, offensichtlich: በግልጽ: confessedly, manifest, manifestly, apparent
offenbaren: ግልጽ አደገ፤ ገለጸ: reveal, unbosom
offenbarend: ገላጭ/ ገልጦ: manifesting, unbosoming
offenbart: ተገላጭ/ ተገልጦ: disclosed, manifested, revealed, unbosomed
Offenbarung {f}: ገለጻ፤ መገለጽ: apparentness, avatar, disclosure, manifestation, revelation, revelation
Offenbarungen {pl} :: apparentnesses, avatars, revelations
offengelegt: ተገላጭ/ ተከፍቶ፤ ተግልጦ: unfolded
Offenheit {f}: ግልጽነት: candidness, candor, frankness, ingenuousness, openness, outspokenness
offenkundig: መገለጽ ያለበት፤ የማያሻማ: overt, overtly, patently
Offenkundigkeit {f}: ግልጽነት: notoriousness, patency
offenlegen: ግልጽ አደረገ: unfold
offenlegend: ግልጽ አድራጊ/ አድርጎ: unfolding
offensichtlich: በግልጽ: apparently, evident, evidently, obvious, obviously, transparently
Offensichtlichkeit {f}: ተተንታኝነት፤ ግልጥነት: obviousness
offenstehen: ተከፈተ: stand open
offenstehend: ተከፋች/ ተከፍቶ: standing open
öffentlich: በግልጽ፤ በሕዝብ ፊት: public, publicly
öffentliche Meinung: ሕዝባዊ/ የሕዝብ አስተያየት/ ሐሳብ: public opinion
Öffentlichkeit {f}: ግልጽነት፤ የተለመደነት: publicness
offiziell: በግልጥ፤ ባደባባይ: offical, officially
Offline {n}: የግል ኤሌክትሮ መልክት: off-line
öffnen: ከፈተ፤ በረገደ: to open, unbolt, unclench, unclose
öffnend: ከፋች/ ከፍቶ: opening, unbolting, unclosing
Öffner {m, pl}: መክፈቻ: opener, openers
Öffnung {f}: መክፈት/ መክፈቻ: aperture, port, orifice, vent, opening
Öffnungen {pl} :: apertures, openings, vents
Offsetdruck {m}: የድኅከር ዓይነት: offset printing
oft, häufig: ሁሌ: frequently, often
oftmals, oft: በድግግም: oftentimes, often
Oh, : ኦ፤ አኸ: ohm
ohne: ያለ: devoid, voidly, wihtout
ohne Anhaltspunkt: ያለምክንያት: clueless
ohne Antwort: ያለመልስ: unreplying
ohne Begleitung: የለሸኝ: unchaperoned
ohne Beispiel: ያለምሳሌ፤ ምሳሌአልባ: without precedent
ohne Hilfe: ያለርዳታ: unaided, unassistedly
Ohnmacht {f}: አእምሮን መሳት: palsy, swoon, faint, blackout
Ohnmachten {pl} :: palsies
ohnmächtig werden: አእምሮውን ሳተ: to faint
Ohr {n}, Gehör: ጆሮ፤ መስሚያ: ear
Ohren {pl} :: ears, auricular
Ohrenarzt {m}: የጆሮ ሐኪም: ear specialist
Ohrenärzte {pl} :: ear specialists
Ohrenschmalz {n}: የጆሮ ምስጢራዊ ማጸመጫ: earwax
Ohrenschmerz {m}: ጆሮ ውጋት: earache
Ohrenschmerzen {pl}:: earaches
Ohrenschützer {m}: ጆሮ ሽፋን: earmuffs
Ohrensignal {n}: የጆሮ ማስጠንቀቂያ: auraly
Ohrenzeuge {m}: ታማኝ ምልክት: earwitness
Ohrenzeugen {pl} :: earwitnesses
Ohrfeige {f}: ጥፊ: slap in the face
Ohrfeigen {pl} :: slaps in the face
ohrfeigen: በጥፊ መታ: to box the ears
Ohrgehänge {n, pl}: የጆሮ ቀለበት: eardrops
Ohrmuschel {f}: የጆሮ ኩክን: auricle
Ohrmuscheln {pl} :: auricles

Ohrring {m}: የጆሮ ቀለበት: earring, ear ring
Ohrringe {pl} :: ear rings
Ohrschmerzen {pl}: የጆሮ ውጋት: earaches
Ohrsignal {n}: የጆሯ ማስጠንቀቂያ: aural
Ohrwurm {m}: የጆሮ ቁንጫ: earwig
OK, in Ordnung: እሺ፤ ይሁን፤ በጄ: okay
Okkultismus {m}: አምልኮት: occultism
Okkultist {m}: አምልኮተኛ: occultist
Ökologe {m}: አካባቢ ጥበቃ ምሁር: ecologist
Ökologen {pl} :: ecologists
Ökologie {f}: አካባቢ ጥበቃ: ecology
ökologisch: አካባቢን የመጠበቅ: ecological, ecologically
Ökosystem {n}: ያካባቢ ጥበቃ ሂደት፤ ጫካ-ደን: ecosystem
Ökosysteme {pl} :: ecosystems
oktal (auf der Zahl 8 basierend): በስምንት ተካፋይ: octal
Oktane {f}: ባለስምንት ጎን: octane
Oktant {m}: ስምንተኛ: octant
Oktanzahl {f}: ስምንትኛ ቁጥር: octane number
Oktober {m}: ጥቅምት: October, october, OCT, oct
Okt: ጥቅምት: oct
Okular {n}: ያይን ብሌን: eyepiece
ökumenisch: ቁጠባዊ: ecumenical, ecumenically
Ökumenismus {m}: የሃይማኖት ውይይት: ecumenism
Öl {n}: ዘይት: oil
Ölbad {n}: በቅባት መታሸት: oil bath
ölen: ቀባ፤ አለሰለሰ: to oil
ölend: ወልዋይ/ ወልውሎ: lubricating, oiling
Öler {m}: ወልዋይ/ አጽዷታ: licker, oiler
Ölfarbe {f}: የዘይት ቀለም: oil paint
Ölheizung {f}: የነዳጅ ማሞቂያ: oil heating
ölig: ቅባታም/ ማ: oilily, oily, oilily
Oligarch/en {m/ pl}: የፊውዳል ቤተ ሰብእ: oligarchs
Olive {f}: የወይን ዛፍ: olive
Oliven {pl} :: olives
Ölkanal {m}: የነዳጅ ዘይት ባ ንባ : oilway
Ölkanne {f}: የነዳጅ መቅጃ: oilcan
Ölkühler {m}: ዘይት ማቀዝቀዣ: oil cooler
Ölnebel {m}: ጥቅርሻ: oil mist
Ölquelle {f}: የነዳጅ ጉድጓድ: spouter, oil spring
Ölquellen {pl} :: spouters
Öltanker {m, pl}: የነዳጅ መጫኛ መርከብ: supertanker, supertankers
Ölverteilung {f}: ነዳጅ ማከፋፍያ: oil gallery
Oma {f}: አያት: granny
Omas {pl} :: grannies
Omen {n}: ምልክት: portent
on, an, auf: በ...ላይ: on
Ondulation {f}: ያርቴ ፍሻል ጠጉር ጉንጉን: marcel
Onkel {m, pl}: አጎት: uncle
onkelhaft: ዘመዳዊ: avuncular
ontologisch: ራስ ወዳዳዊ: ontological, ontologically
Oper {f}: የሙዚቃ ዓይነት: opera
Operand {m}: የሙዚቃ ቡድን: operand
Operanden {pl} :: operands
Operation {f}, Arbeitsgang, Verfahren: ቀዶ ጥገና፤ ድርጊት/ ክንውን: operation
Operationsraum {m}: የቀዶ ጥገና ክፍል: operating room
Operationsteil {m}: የቀዶ ጥገና አካል: operation part, operations code
Operette {f}: ትሪት: operetta
Opfer {n, pl}, Schlachtopfer: መስዋዕት: immolation, oblation, sacrifice, victim, victims
opferbereit: ለመሥዋዕትነት ዝግጁ: willing to make sacrifices
Opferer {m, pl}: መሥዋዕት አቅራቢ: sacrificer, sacrificers
opfern: ሠዋ: immolate, sacrifice, victimize
opfernd: ሠዊ/ ሠውቶ: immolating, sacrificial, sacrificing, victiming, victimizing, sacrificially
Opossum {n}: የእንስሳት ዓይነት: possum
Opponent/en {m/ pl}: ተከራካሪ: opponents, opportunisms
Opportunismus {m}: በተስፋ መኖር/ ኗሪ: opportunism
Opportunist {m}: ተስፈኛ: timeserver, temporizer
Opportunisten {pl} :: temporizers, timeservers, opportunists
opportunistisch: በተስፋ የሚኖር: opportunistic, timeserving
Opposition {f}: ተቃዋሚ: outs
Opposition {pl}:: outs
optativ: ቅጽበታዊ/ አንዱ ብቻ: optative
optieren: አስተካከለ: opt
Optik {f}: መነጽር፤ ማነፃፀሪያ: optics
Optiker {m, pl}: የመነጽር ባለሙያ: optician, opticians
optimal: ትክክል: optimal, optimum
Optimalbereich {m}: ማዕከል: rated range
optimieren: አስተካከለ: optimalize, optimize
optimierend: አስተካካይ/ አስተካክሎ: optimizing
Optimierer {m}: አስተካካይ: optimizer, optimizer
optimiert: ተስተካካይ/ ተስተካክሎ: optimized, optimized
Optimierung {f}: ማስተካከል: optimation, optimization
Optimierungen {pl} :: optimizations
Optimismus {m}: ተስፈኛነት: optimism, optimisme
Optimist {m}: ተስፈኛ: optimist
Optimisten {pl} :: optimists
optimistisch: ተስፈኛ: optimistic, optimistically
Optimum {n}: ትክክል: optimum
optimum: ትክክል: optimal

Option {f}: አቅጣጫ: ምርጫ: option
Optionen {pl} :: options
optisch: አቅጣጫዊ: optical, visually
Optometer {n}: የመለኪያ ዓይነት: optometrist
Optometrie {f}: የመለኪያ ዓይነት: optometry
Opus {n}: ተግባር፣ ኩንስት ሥራ: opuses
Orakel {n}: ንግርት: oracle
orakelhaft: ንግርታዊ: oracular, oracularly
Orange {f}: ብርቱካን: orange
Oratorium {n}: የጸሎት/ ተመስጦ ቤት: oratorio
Orchester {n}: ሙዚቃ ባንድ: orchestra
orchestral: ባንዳዊ: orchestral, orchestrally
Orchidee {f}: የዛፍ/ ተክል ዓይነት: orchid
Orden {m, pl}: የመነኮሳት አባል: medal, medals, fraternities
ordentlich, gepflegt, hübsch: ትክክል: fair, fairly, neat, orderly, seemily, seemy, tidily, tidy, uncluttered, neat
Ordinalzahl {f}, Ordnungszahl: መቁጠሪያ ቁጥር: ordinal number
Ordinate {f}, y-Achse: የ y ምሰሶ: axis of ordinates
Ordinaten {pl} :: ordinates
Ordinatenachse {f}: የ y ምሰሶ: y axis
Ordinatenwert {m}: የዋይ ምሰሶ ዋጋ: y-coordinate
Ordination {f}: ሲመተ ምንኩስና: ordination
ordinieren: ምንኩስና/ ዲቁና ሰጠ/ ተቀበለ: ordain
ordinierend: ካኝ/ ክኖ: ordaining
ordiniert: ተካኝ/ ተክኖ: ordained
ordnen, einrichten, vereinbaren: አዘጋጀ: tabulate, arrange
ordnend: አዘጋጅ/ አዘጋጅቶ: arraying, putting in order, tabulating, tidying
Ordner {m}: ማቀፊያ: formatters
Ordnung {f}, Befehl, Regelmässigkeit: ዝግጅት፣ ትእዛዝ፣ ትክክል: orderliness, order
Ordnungsdatei {f}: ዋና/ መቆጣጠሪያ ፋይል: key data, control data
Ordnungsdaten {pl}:: key data, control data
ordnungsgemäß: በደንቡ በወጉ፣ በተገቢው: according to the rules
ordnungsmässig: በተገቢው: duly
ordnungswidrig, unregelmässig: በስተት: irregular
Organ {n}: አባል፣ ብልት: organ
Organe {pl} :: organs
Organdy {m}: የጥጥ ዓይነት: organdy
Organisation {f}: ድርጅት: organization
Organisationen {pl} :: organisations
Organisationskontrolle {f}: ድርጅታዊ ቁጥጥር: organizational control
Organisator {m}, Veranstalter: አዘጋጅ: organizer
organisatorisch: ዝግጅታዊ: organizational, organizationally
organisch: ብልታዊ: organic, organicly, organically
organisieren, einrichten, ordnen: አደራጀ፣ አዘጋጀ: organize
organisierend: አደራጅ/ አደራጅቶ: networking, organizing
organisiert: ተደራጅ/ ተደራጅቶ: organized
Organismus {m}: ረቂቅ ሕዋስ: organism
Organismen {pl}:: organisms
orgasmisch: ስሜታዊ: orgasmic
Orgasmus {m}: ተፃብአ፣ ዘር፣ ኃጢአት: orgasm
Orgasmen {pl} :: orgasms
Orgel {f}: የሙዚቃ መሣሪያ: organ
Orgeln {pl}:: organs
orgiastisch: ስድ፣ ልቅ: orgiastic, orgiastically
Orgie {f}: መማሻ፣ የምግብ ዓይነት: orgy, revelery, revellery
Orgien {pl} :: reveleries, revelleries, sprees, orgies, bacchanals
Orientalist {m}: ምሥራቃውያን ምሁር: oriental
Orientalen {pl}:: orientals
orientalisch: ምሥራቃዊ: oriental
orientieren: አመለከተ: orientate
orientierend: አመልካች/ አመልክቶ: orientating, orienting
orientiert: ተመልካች/ ተመልክቶ: oriented, orientated
Orientierung {f}: አቅጣጫ አመራረጥ: orientation
Original {n}: ዋና፣ ትክክለኛ፣ መሠረታዊ: originally, raw
original: ትክክል: orginal
Originalbeleg {m}: ዋና መዝገብ: source document
Originalität {f}: ዋነኛነት: originality
Originalsendung {f}: ዋና መልክት: live programme
originell: ዋና: originally
Orkan {m}: አውሎ ነፋስ: hurricane
Ornithologe {m}: ያዕዋፍ አጥኝ: ornithologist
ornithologisch: የዋፍ ጥናታዊ: ornithologic, ornithological, ornithologically
Ort {m}: መንደር፣ ቀበሌ: place
Orte {pl} :: places
orten, anpeilen: ሠፈረ: locate
orthodox: አክራሪ: orthodox, orthodoxly
orthogonal: ማዕዘናዊ: orthogonal, orthogonally
orthographisch: የእጅ ጽሑፋዊ: orthographic, orthographics, orthographically
Orthopädie {f}: የሕክምና ዓይነት: orthopedics, orthopedy
orthopädisch: ሕክምናዊ: orthopedic, orthopedically
Orthopädist {m}: የሕክምና መሣሪያ አምራች: orthopedist
örtlich: መንደርተኛ፣ አካባቢያዊ: local, locally, regional, regionally
Örtlichkeit {f}: መንደር፣ ጎጥ: locality
Örtlichkeiten {pl} :: localities
Ortsangabe {f}, Stelle: የቦታ ስም፣ የቦታ አቅጣጫ: statement of place, location

Ortsangaben {pl} :: statements of place
Ortsansässiger {m}: ሠፈርተኛ: local man
Ortsbehörde {f}: ቀበሌ ጽ/ ቤት: local authorities
Ortsgespräch {n}: ያካባቢ ቴ ሌፎን ንግግር: local call
ortsüblich: የተለመደ: customary in a place
Öse {f}: የቅንድብ ጠጉር መንቀያ: eyelet
Osten: ምሥራቅ: east, orient
Osterblume {f}: የፀደይ አበባ: daffodil
Osterblumen {pl} :: daffodils
Ostern {n}: ፋሲካ: paschal
Österreich: አውስትርያ: austria
Österreich: አውስትርያዊ: austrians
Ostländer {pl}: የምሥራቅ ሀገሮች: easterner
östlich: ምስራቃዊ: easterly, eastern, eastwardly, oriental, orientally
ostwärts: ወደምሥራቅ: eastward, eastwards
Oszilator {m}: የኤሌክትሪክ ማመንጫ ሞተር/ ማሽን: oscillator
Otter {f}: የዱር/ ጫካ አውሬ: otter, otters
Ottomotor {m}: የበንዚን ሞተር: petrol engine, spark ignition engine
oval: ዕንቁላላዊ ቅርጽ: oval, ovally
Oval {n}: የዕንቁላል ቅርጽ: oval
Ovale {pl}:: ovals
ovipar: ዕንቁላል ጣይ: oviparous, oviparously
Oxid {n}: ኬሚካላዊ ቅልቅል: oxide
oxidieren: ቀላቀለ፣ አዋኃደ: oxidate
Oxydation {f}: ቅልቅል፣ ውኃደት: oxidation
Oxydationsmittel {n}: ማውኃጃ ነገር: oxidant, oxidizer
oxydieren: አዋኃደ፣ ቀላቀለ: oxidize, oxygenate
oxydierend: ቀላቃይ/ ቀላቅሉ: oxidizing, oxygenating
oxydiert: ውኁድ/ ታዋኃዶ: oxidized, oxygenated
Ozean {m}, Meer: ውቅያኖስ: ocean
ozeanisch: ውቅያኖሳዊ: oceanic
Ozeanograph {m}: የውቅያኖስ አጥኚ: oceanographer
Ozeanographie {f}: የውቅያኖስ ጥናት: oceanography
ozeanographisch: የውቅያኖስ ጥናታዊ: oceanographic, oceanographical, oceanographically
Ozelot {m}: የነብር ዓይነት: ocelot
Ozon {n}: ከባቢ ዓየር: ozone
ozonhaltig: ከባቢ ዓየር ያዥ: ozoniferous
Ozonisator {m}: ከባቢ ዓየር አጥኚ: ozonizer
ozonisch: ከባቢ ዓየራዊ: ozonic
ozonisieren: ከባቢ ዓየርን ተንከባከበ: ozonize

P

Paar {n}: ባልና ሚስት: ጥንድ:ቀንጃ: couple, pair, twosome, couple
Paare {pl} :: couples, pairs, twosomes
paarig: ቀንጃዊ: matched, geminate
Paarung {f}: መጋባት: mating
Paarungen {pl} :: pairings
paarweise: በቀንጃ: by pairs, in pairs
Pacht {f}: ጠቀሜታ፣ ኪራይ: leasehold, lease
Pachtdauer {f}: ያጠቃቀም ቆይታ: term of lease, terms of lease
pachten: አከየ፣ በነፃ ተቀበለ: rent
pachtend: አከራይ/ አከራይቶ: renting
Pächter {m, pl}: ተጠቃሚ/ ተከራይታ: leaseholder, tenant, tenantry, tenantries, tenants
Pachtzins {m}: ያገልግሎት ዋጋ: rent
Päckchen {n, pl}, Paket: ጥቅል፣ ቋጠሮ: parcel, parcels, small parcel, packet, packets
packen, fassen, einpacken: ጠረዘ፣ ከሸፈ፣ አሸገ፣ ጠቀለለ: grapple, pack, grip
packend: አሻጊ/ አሸጎ: clutching, grappling, grasping, gripping
Packer {m}: አሻጊ: packer
Packmaterial {n}: ማሸጊያ ነገር: packing materials
Packpapier {n}: መጠቅለያ ወረቀት: packing paper, wrapping paper
Packung {f}: ጥቅል: packing
Packungen {pl} :: packages
Pädagoge {m}: ግብረገብ አስተማሪ: pedagogue, educationist
Pädagogen {pl} :: pedagogics
pädagogisch: ግብረገባዊ: pedagogic, pedagogical
Paddel {n}: ፔ ዳል: paddle
Paddelboot {n}: ባለፔ ዳል ጀልባ: canoe
Paddelboote {pl}:: canoes
paffen: ሲጋራ አጨሰ፣ አቦነነ: whiff
paffend: አቡናኝ/ አቡኖ: puffing away, whiffing
Paffer {m, pl}: አጫሽ: puffer, puffers
paginieren: በቁጥር አመለከተ: paginate
paginierend: በቁጥር አመልካች/ አመልክቶ: paginating
paginiert: በቁጥር ተልካች/ ተመልክቶ: paginated
Pagode {f}: ቤተ አምልኮት: pagoda
pah!: ፓ!: pshaw
Paket {n}, Päckchen: ቋጠሮ፣ ጥቅል: parcel, packet
Pakete {pl} :: parcels, packets
Paketannahme {f}: ዕቃ መቀበያ (የፖስታ ቤት): parcel counter
paketieren, zusammenfügen: ጠቀለለ÷ ደቦነ፣ ባንድነት አስቀመጠ: packet, packetize

Paketpost {f}: የፖስት ጥቅል: parcel post
Pakt {m}: ቃልኪዳን፣ ቡድን: pact
Palast {m}: ቤተ መንግሥት: palace
palastartig: ቤተ መንግሥት መሰል: palatial, palatially
Palette {f}: የዕቃ ማስቀመጫና መጫኛ እንጨት: Pallete
Paletten {pl} :: palettes
Palindrom {n}: በተለያየ አቅጣጫ ሲነበብ ትርጉም ሰጭ ቃላት: palindrome
Palisade {f}: መሰናክል: palisade
Palisadenabsperrung {f}: አጥር: palisaded
Palme {f}: ዘምባባ፣ ጭፋር: palm tree
Pampa {f}: የሳር ዓይነት: pampa
Pampas {pl}:: pampas
Pampelmuse {f}: የምግብ ዓይነት: grapefruit, shaddock, Grapefruit
Panda {m}: የጅብ ዓይነት: panda
Pandas {pl}:: pandas
Panik {f}: ድንጋጤ: alarmism, panic
Panikmacher {f}: አስደንጋጭ: alarmist
panisch: ድንጋጤያዊ፣ የፍርሃት: panic, panicly
Panne {f}: መቋረጥ: break-down
panoramisch: ሰማይ ጠቀሳዊ: panoramic, panoramically
Pansen {m}: ሆድ: paunch
Panther {m}: የነብር ዓይነት: Panther, panther
panthomimisch: አስመሳይ: pantomimic
Pantoffel {m}: የቤት ጫማ: slipper, clog
Pantoffeln {pl} :: slippers, clogs, pantomimes
Panzer {m}: ታንክ: armors
Panzerabwehrkanone {f}: ፀረ ታንክ: antitank
Panzerbüchse {f}, Panzerfaust: ባዙቃ: bazooka
panzern: ጦር ጫነ፣ ታንክ አዘጋጀ: armour plate
Panzerung {f}: ታንክ ማዘጋጀት: plating
Papagei {m}: ንግግረ መከረጅ የሚችል ወፍ: parrot
Papageien {pl} :: parrots
Papa {m}: አባት: dad
Papi {m}: አባት: daddy
Papier {n}, Zeitung: ወረቀት፣ ቁራጭ ወረቀት: paper
papierähnlich: ወረቀት መሰል: papery
Papierbogen {m}: ወረቀት ፎርም: sheet of paper
Papierbögen {pl}: ወረቀት ፎርም: sheets of paper,
Papierfabrik {f}: ወረቀት ፋብሪካ: papermill
papierfrei: ወረቀትአልባ: paper-free
Papiergeld {n}: ወረቀት ብር: rag money
Papierhalter {m}: ባለወረቀት፣ ባለካርኒ: bail bar
Papierkorb {m}: ወረቀት መጣያ: wastebasket
Papierkörbe {pl} :: wastebaskets
Papierkrieg {m}: የወረቀት ጦረነት: paper-warfare
papierlos: ወረቀትአልባ: paperless
Papiermesser {n}: የወረቀት ቢላዋ/ መቁረጫ: paper knife

Papierrolle {f}: ጥቅል ወረቀት: paper roll

Papierserviette {f}: ማድረቂያ ወረቀት: paper napkin

Papierstau {m}: የወረቀት መደራረብ: lint, jam, jamming

Papierstauung {f}: የወረቀት መደራረብ: jamming

Papiertaschentuch {n}: የወረቀት መሃረም/ ብ: tissue handkerchief

Papiertaschentücher {pl} :: tissue handkerchiefs

Papiertüte {f}: ፌስታል/ የወረቀት ዕቃ መሸከሚያ: paper bag

Papierware {f}: የወረቀት ቁሳቁስ: stationery

Papierwaren {pl}:: stationeries

Papierzuführung {f}: ወረቀት ማስቀመጫ: feed

Papille {f}: እበጥ፤ ቡግር: papilla

Papillen {pl} :: papillae, daddies

Pappa {m}: አባባ: daddy, dad

Pappband {m}: የካርቶን መጽሐፍ: paperback

Pappe {f}: ካርቶን: pasteboard

Pappel {f}: የዛፍ ዓይነት: poplar, cottonwood

Pappkarton {m}: ካርቶን ወረቀት: cardbox

Paprika {m}: ቃሪያ፤ በርበሬ: paprika

Papst {m}: የካቶሊኮች ጳጳስ: pope

Papyrus {m}: የግብጻውያን ጽሑፍ ያለብት የጥንት ወረቀት: papyrus

Papyri {pl}: : papyrusi

Parabel {f}: ተረት፤ እንቆቅልሽ: parabola

parabelförmig: ተረታዊ: parabolic

Parade/n {f/ pl}: ሰልፍ: parades

paradieren: ተሰለፈ፤ ሰልፍ አሳየ: flaunt, prance

paradierend: ተሰላፊ/ ተሰልፎ: flaunting, prancing, prancingly

paradiert: ሰልፍ ተሳታፊ/ ተሳትፎ: flaunted, pranced

Paradies {n}: ገነት፤ መንግሥተ ሰማያት: paradise

Paradiese {pl} :: paradises

paradox: የማይታመን: paradoxical

paradoxerweise, seltsamerweise: አስገራሚነቱ: paradoxically

Paraffin/e {n, pl}: ቀለምአልባ የፈሳሽ ቅልቅል: paraffins

Paragraph {m}: ምዕራፍ: paragraphs

Paragraphen {pl}: ምዕራፎች: paragraphs

Parallaxe {f}: የማዕዘን አቅጣጫ: parallax

parallel: ትይዩ: parallel

Parallelbezeichnung {f}: ትይዩ መስመር: alias

Parallele {f}: ትይዩ: parallel

Parallelflächner {m}: ትይዩ መስክ: parallel-epiped

Parallelismus {m}: ትይዩነት: parallelism

Parallelismen {pl} :: parallelisms

Parallelogramm {n}: ሁለት ትይዩ መስመሮች ያሉት ባላራት ጎን: rhomboid, parallelogram

Parallelrechner {m}: የኮምፒዩተር ዓይነት: simultaneous computer

Parallelschaltung {f}: ትይዩ መገኛኛ/ ማጥፊና ማብሪያ: parallel connection, shunt circuit

Parallelschaltungen {pl} :: multiples

Parallelschnittstelle {f}: የትይዩ ቁርጥ ቦታ: auxiliary interface

paralytisch: ሰልብ/ ሰንኩል: paralytic

Parameter {m}: ያልተወሰኑ የ x እና y ዋጋ (በሒሳብ): parameter, parameters

parameterisieren: ቁጥር በመጨመር ወይም በመቀነስ አስተካከለ: parameterize

parameterisierend: አስተካካይ/ አስተካክሎ: parameterizing

parameterisiert: ተስተካክሎ: parameterized

parametrisch: ትክክላዊ/ ተመሳሳይ: parametric, parametrical, parametrically

Paramilitarität {f}: ጦረኝ/ ኛነት: paramilitary

Paranoia {f}: ቅዠት ያለበት ተረት/ ድርጊት: paranoia

paranoid: ቅዠታም/ማ: paranoid, paranoidal

paranoisch: አስፈሪ/ የሚያቃዥ: paranoiac

Parapsychologie {f}: ቅዠትና ህልም የመሳሰሉትን ከስተቶች የሚያጠና የሳይኮሎጅ ጥናት ክፍል: parapsychology, psychical

parapsychologisch: የቅዠት ጥናታዊ: psychically

Parasit {m}: ጥገኛ ሕዋስ: parasite

parasitär: ጥገኛ: parasetical, parasitic

parasitische: ጥገኛዊ: parasitically

Parasitismus {m}: ጥገኝነት/ ተጠቢነት: parasitism

Parese {f}: የነርቭ መሰንከል: paresis

Parfüm {n}: ሽቶ: perfume

Parfüms {pl} :: perfumes

Parfümerie {f}: ሽቶ ማምረቻ: perfumery

Parfümerien {pl} :: perfumeries

Parfümfläschchen {n}: የሽቶ ብልቂያጥ: scent bottle

Parfümhändler {m}: ሽቶ ነጋዴ: perfumer

parfümieren: ሽቶ ረጨ: perfuming

parfümierend: ሽቶ ረጭ/ ረጭቶ: perfuming

parfümiert: ሽቶ ተረብራቢ/ ተረብርቦ: perfumed, perfumed

parieren: በሳንጃ ተወጋጋ/ ተመታታ: parry

Pariser {m}: የፓሪስ ኗሪ: parisian

Parität {f}: እኩልነት: parity

Paritäten {pl} :: parities

Paritätsfehler {m}: ያለልክ ጋብቻ/ ጓደኛ: bad parity

Paritätsprüfung {f}: የኩልንት ግምገማ: parity check

Park {m}: ፓርክ/ መኪና ማቆሚያ፤ ቻካ: park

Parkanlage {f}: የፓርክ ቦታ/ አካበቢ: parkway

Parkaufseher {m}: የፓርክ ዘበኛ: parker

parken verboten: መኪና ማቆም ክልክል ነው: no parking

parken: መኪና አቆመ: to park

parkend: መኪና አቋሚ/ አቁሞ: parking

Parkgebühr {f}: የመኪና ማቆሚያ ግብር: parking taxe

Parkgebühren {pl}:: parking taxes

Parkhaus {n}: የመኪና ቤት: parking garage
Parklicht {n}: የመኪና ማቆሚያ ፍሬቻ: parking light
Parkplatz {m}: የፓርክ ቦታ: parking place
Parkplätze {pl} :: parkings
Parkstreifen {m}: የፓርክ መለያ መስመር: lay by
Parkuhr {f}: የማቆሚያ ሰዓት: parking meter
Parkverbot {n}: መቆም የተከለከለበት ቦታ: parking prohibition
Parlament {n}: ፓርላሜንት: parliament
Parlamentarier {m}: የፓርላሜንት አባል: parliamentarian
parlamentarisch: ፓርላሜንታዊ: parliamentary
Parmesan {m}: ያይብ ምግብ ዓይነት: parmesan
Parodie {f}: ድብልቅ/ የተዘባረቀ የጽሑፍ ዓይነት: parody
Parodien {pl} :: parodies
parodierend: ቅጥ መጠን አሳጪ/ አሳጥቶ: parodying
parodierte: ቅጥ መጥን አጥቶ: parodied
Parole/n {f/ pl}: መፈክር፣ አባባል: paroles
Partei {f}, Gesellschaft, Partie: ፓርቲ፣ ማኅበር፣ ቡድን: party
Parteien {pl} :: parties
Partei ergreifen: አዳላ፣ አገዘ/ ረዳ: to take sides
Parteibuch {n}: የፓርቲ መታወቂያ: membership book
Parteigeist {m}: የፓርቲ መንፈስ: factiousness, factionalism
parteigeistig: ቡድናዊ/ ጎጠኛ: factional
Parteigenosse {m}: የፓርቲ አባል/ ጓድ: party member
parteiisch, teilweise: ደጋ ዊ/ የሚያዳላ: partial
Parteilichkeit {f}, Vorliebe: አድልዎት: partiality
parteilos: ለሁሉም ያልሆነ፣ ገለልተኛ: impartially
Parteiorgan {n}: የፓርቲ ተመራጭ: party organ
Parteipolitik {f}: የፓርቲ ፖለቲካ: party politics
parteipolitisch: የፓርቲ አሠራራዊ: party political
Parteiprogramm {n}: የፓርቲ መርሆ: party platform
partcisüchtige: አድመኛ: factiously
Parteitag {m}: የፓርቲ ስብሰባ: party congress
Parteiversammlung {f}: የፓርቲ ስብሰባ: party meeting
Parteiversammlungen {pl}:: party meeting
Parteivorsitzende {m, f}: የፓርቲ ሊቀ መንበር: chairman of a party
Parteivorsitzenden {pl} :: chairmen of a party
Parteizugehörigkeit {f}: የፓርቲ አባልነት: party affiliation
Parterre {n}: ምድር ቤት: ground floor
Partie {f}, Spiel: ፌስት፣ ጨዋታ: party, game
Partien {pl}, Spiele :: games
Partikel {n}, Teilchen: ገላጭ ቃል (..ው/ ዋ): particle
Partition/en {f/ pl}: ክፋይ/ ክፍልፋይ: partitions
partitiv: ክፋይ/ ከላይ (ለሰዋስው): partitive
Partizip {n}: ፓርቲሲፕ/ ውስጠዘ፣ የቦዝ አንቀጽና ቅጥል ትርጉምን አጣምሮ የሚይዝ: participle
Partner {m, pl}: ጓደኛ፣ ባለቤት: mate, pard, pards, mates
Partnerschaft {f}: ጓደኝነት: partnership
Party {f}: ፓርቲ፣ ፌስት: party
Pascal {m}: የኮምፒዩተር ሲስተም: pascal
Paß {m}: ፓስፖርት: passport
Paß auf!: ተጠንቀቅ!: Look out!
Paß {m}, Reisepaß, Ausweis: ፓስፖርት፣ መታወቂያ: passport, pass
Pässe {pl}: ፓስፖርት: passports
Passage {f}: ማለፊያ መንገድ: passage
Passagen {pl} :: passages
Passagier {m}, Reisender: መንገደኛ: passenger
Passagiere {pl} :: passengers
Passagierflugzeug {n}: የመንገደኞች አውሮፕላን: passenger plane
Passagierliste {f}: የመንገደኞች ስም ዝርዝር: waybill
Passagierlisten {pl} :: waybills
passagierlos: መሄጃ/ ማለፊያአልባ: riderless
Paßbild {n}: ጉርድ ፎቶ: passport photograph
passen (zu), anprobieren, sich eignen für: ተስማማ፣ ተላመደ: suit, be suitable
Passen Sie gut auf!: ይጠንቀቁ!: Pay close attention!
passend, richtig, geeignet: ልክኛ/ ተስማሚ: aptly, befittingly, fitting, proper, suitable, suitably, compatibility, apt, convienient, appositely
Passfeder {f}: ቁልፍ: key
passierbar: ታልፋፊ/ አላፊ: passable, passably
passieren: ተከናወነ፣ ተፈጸመ፣ ተደረገ፣ ሆነ: pass
passierend: ተከናዋኝ/ ተከናውኖ: transpiring
passiert: ኗኝ/ ሁኖ: transpired
passiv, untätig: ተጎታች፣ ደካማ: passive, passively
Passivität {f}: ደካማነት፣ አሉኝታ: passivity
Passivitäten {pl} :: passiveness
Paßkontrolle {f}: ፓስፖርት መቆጣጠሪያ: passport inspection
Paßstück {n}: ማጋጠሚያ/ መሰኪያ: adaptor
Passung {f}: ልክነት: fit
Paßwort {n}: ምሥጢራዊ ኮድ: password, keyword
Paßwörter {pl} :: passwords
Pastellfarbe {f}: ጭቃ ቀለም: pastel
Pastellfarben {pl}:: pastels
Pastellmaler {m}: ሰአሊ: pastelist
Pastetchen {n/ pl}: ቅምም ባዶ: patty, patties
Pastete {f}: በሥጋና ቅጠላቅጠል የተቀመመ ዳቦ: pie, pasty

Pasteten {pl} :: pastries
pasteurisieren: ቀቅሎ አጣራ/ አሸገ: pasteurize
pasteurisierend: ቀቅሎ አሻጊ/ አሽጎ: pasteurizing
pasteurisiert: ተቀቅሎ ታሻጊ/ ታሽጎ: pasteurized
Pasteurisierung {f}: እሽግ ምግብ: pasteurization
Pastille {f}: እቡልቡል፤ ጥቡል: pastille
Pastor {m}: ቄ ስ: parson
Pate {m}, Taufpate: የክርስትና አባት: godfather
Paten {pl}, Taufpaten:: godfathers
Patenkind {n}: የክርስትና ልጅ፤ የጡት ልጅ: godchild, godson
Patenkinder {pl} :: godchildren, godsons
Patenstelle {f}: አሳጻጊ: sponsorship
Patenstellen {pl} :: sponsorships
Patent {n}: የፍልስፍና/ ጥበብ ወኪል: patent
Patentamt {n}: የፈጠራ ውጤት የሚመዘገብበት: patent office
Patentanmeldung {f}: የፈጠራ ውጤት ማስመዝገብ: patent application
patentfähig: ውክልና የሚያስፈልገው: patentable
patentieren: ወከለ: patent
patentierend: ወካይ/ ወክሎ: patenting
patentiert: ተወካይ/ ተወክሎ: patented
Patentinhaber {m}: የፈጠራ አበል ተቀባይ: patentee
Patentschrift {f}: የውክልና ፎርሙላ: patent specification
Patentschriften {pl} :: specifications
Patentschutz {m}: ውክልና መብት ተከላካይ: protection by patent
Patentübertragung {f}: የፈጠራ መብት ማውረስ: assignment of patent
Pater {m}: አባ (ለመነኩሴ): padre
Pathologe {m}: የሕክምና ባለሙያ: pathologist
Pathologie {f}: የሕክምና ዓይነት: pathology
Pathologien {pl} :: pathologies
pathologisch: ሕክምናዊ: pathologically
Patient {m}: ሽተኛ: patient
Patienten {pl}:: patients
Patin {f}: የክርስትና እናት: godmother
Patinnen {pl} :: godmothers
Patriarch {m}: ፓትርያርክ: patriach
patriarchalisch: አባታዊ: patriarchal
Patriarchat {n}: የወንድ መብት: patriarchat
Patriarchate {pl}:: patriarchates
Patriarchie {f}: ወንድነት: patriarchy
Patriarchien {pl} :: patriarchies
Patriot {m}: አርበኛ: patriots
Patrioten {pl}:: patriots
patriotisch: አርበኛዊ: patriotic, patriotically
Patriotismus {m}: አርበኝነት: patriotism
Patron {m}: ተማጽኖተ ቅዱስ: cartridge
Patrone {pl}:: cartridges
Patrouille {f}: ኬላ፤ መጠበቂያ: patrol
Pauke {f}: የሙዚቃ መሳሪያ: kettledrum, timbal, bass drum
Paukenschlag {m}: የታምቡር መምቻ: beat of the drum
Paukenschläge {pl} :: beats of the drum
Paukist {m}: ታምቡርተኛ: timpanist
Paukisten {pl} :: timpanists
Pauschalbetrag {m}: ወቅታዊ ክፍያ: lumped sum
Pauschalgebühr {f}: ጊዜያዊ ግብር ክፍያ: flat rate
Pauschalgebühren {pl} :: flat rates
Pauschalpreis {m}: ጠቅላላ ዋጋ: all inclusive price, inclusive terms, all expense tour
Pauschalzahlung {f}: ጠቅላላ ክፍያ: composition payment
Pause {f}: ዕረፍት: blueprint, recess, pause
Pausen {pl} :: interregnums, pauses
pausen: ዐረፈ/ ዕረፍት አደረገ: calk
pausend: ዐራፊ/ ዐርፎ: calking
pausieren: ዓረፈ: pause
pausierend: ዓራፊ/ ዐርፎ: pausing
pausiert: ተባራሪ/ ተባርሮ: paused
Pavian {m}: ጉሬላ ዝንጀሮ: baboon
Paviane {pl} :: baboons
Pavillon {m}: የድንኳን ዓይነት: pavilion
Pazifismus {m}: ባለ በሌለው ኃይል ሰላምን መጠቀም: pacifism
Pazifist {m}: ባለሙሉ ተስፈኛ: pacifist
Pazifisten {pl} :: pacifists
pazifistisch: በተስፋ፤ ተስፈኛዊ: pacifistic
Pech {n}: መጥፎ ዕድል/ አጋጣሚ: bad luck, hard lines
Pech haben, Unglück haben: ዕድልአልባ ሆነ: to be unlucky
pechartig: ባጋጣሚ: pitchy
pechhaltig: አስቃቂ: bituminous
pechschwarz: ዕድልአልባ: pitch dark, pitch-black
Pedant {m}: አክራሪ፤ ቀጠሮ አክባሪ: pedant
Pedanterie {f}: አክራሪነት: pedantry
Pedanterien {pl} :: pedantries
pedantisch: ኮንሰርባቲቭ: pedantic, pedanticly, pedantically
Pediküre {f}: የእግር እንክብካቤ: pedicure
Pegelstand {m}: የውሐ ልክ: water level
Peilantenne {f}: አንቴና: loop antenna
Peilfunk {m}: ራዲዮ : radio direction finding
Peilgerät {n}: የራዲዮ አቅጣጫ መፈለጎያ:: radio direction finder
Pein {f}, Schmerz: ሕመም፤ የጭንቀት ስሜት፤ ጭንቀት: anguish, pain
peinigen, schikanieren: ገረፈ፤ ቀጣ፤ አሰቃየ: torment, tantalize
peinigend, schikanierend: አሰቃይ/ አሰቃይቶ: martyring, tantalizing, tormenting
peinlich: ጭንቀታዊ፤ መጥፎ: awkward, distressing, embarassing, embarrassing, painful, disconcerting, disconcertingly, distressingly, embarrassingly
Peinlichkeit {f}: ስቃይ: painfulness

Peitsche {f}: የሙዚቃ መሣሪያ ዓይነት: horsewhip, lash, whip, bullwhip
peitschen: ከበሮ መታ፤ ደበደበ: flog, scourge, to whip, whip
peitschend: ደብዳቢ/ ደብድቦ: flogging, lashing, scourging, whipping
Pelerine {f}: ቃባ፤ ኩፍያ: tippet
Pelerinen {pl} :: tippets
Pelikan {m}: የእንስሳ ዓይነት: pelican
Pelikane {pl} :: pelicans
Pelz {m}: በርኖስ፤ ማቅ: fur
Pelze {pl} :: furs
pelzartig: ጸጉራማ/ም: furry
Pelzhändler {m, pl}: የጸጉር ነጋዴ: skinner, skinners
Pelzjäger {m, pl}: ጉሬዛ አዳኝ: trapper, trappers
Pelzmantel {m}: የጸጉር/ ሱፍ ካቦርት: fur coat
Pelzmütze {f}: የሱፍ ባርኔጣ: fur cap
Pendel {n}: ማጠፊያ/ መተጣጠፊያ: pendulum, pendular
Pendelbewegung {f}: መወዛወዝ: pendulousness
pendeln: ተወዛወዘ፤ ተመላለሰ: commute, shuttle
pendelnd: ተወዛዋዥ/ ተወዛውዞ: commuting, shuttling
Pendeluhr {f}: የሰዓት ዓይነት: pendulum clock
Pendelverkehr {m}: ተመላላሽ: commuter traffic
Pendelzug {m}: ተመላላሽ ባቡር: commuter train
Pendler {m}: ተመላላሽ: commuter
penibel: ጥንቁቅ: squeamish, squeamishly
Penne {f}: ዱርዬ፤ እብድ: flophouse
Pennen {pl} :: flophouses
Penny {m}: የገንዘብ ዋጋ: penny
Pension {f}: ጡረታ፤ መጢሪያ: boarding-house, pension
Pensionär {m}, Rentner: ጡረተኛ: pensionary, pensioner, retiree
Pensionäre {pl} :: pensioners, pensionaries
pensionieren, zurückziehen: ጡረታ አወጣ: retire, superannuate
pensionierend: ጡረታ አውጭ/ አውጥቶ: pensioning, superannuating
pensioniert: ጡረታ ወጭ/ ወጥቶ: pensioned, superannuated, retired
Pensionierung {f}, Zurückgezogenheit: ጡረታ ማውጣት: retirement
Pensionsalter {n}: የጡረታ እድሜ: pension age
pensionsberechtigt: ለጡረታ ዝግጁ: pensionable
pensionsreif: ጡረታ መውጣት ያለበት: due for retirement
pensum: ተግባራዊ: set task
Pentagram {n}: ባላራት ጎን: pentacle
Penthouse {n}: መኗሪያ: pent
Pepsin {n}: ፈሳሽ ሐሞት: pepsin
per, pro, für: በ/ ከ/ ለ....፤ በ/ ለ/ ከእየ ...: per
per Einladung: በግብዣው መሠረት: invitational
perfekt, vollkommen: ሙሉ፤ ልክ፤ ትክክል: perfect, perfectly
Perfektion {f}: ትክክልነት: perfectness
Perfektionismus {m}: ትክክልለኛነት: perfectionism
Perfektionist {m}: ትክክለኛ፤ በራስ ተማማኝ: perfectionist
Perfektionisten {pl} :: perfectionists
Perforation {f}: ቀዳዳ፤ ማሳለፊያ: perforation
Perforationen {pl} :: perforations
perforieren: ቀደደ፤ ቦረቦረ: perforate
Perforiermaschine {f}: መብሻ/ መቅደጃ መሣሪያ: perforator
Pergament {n}: ብራና፤ ሌጦ: parchment
Pergamentrolle {f}: የብራና ጥቅል፤ ክታብ: pell
Periode {f}: ዘመን: period
Perioden {pl} :: cycles, periods
Periodendauer {f}: የዘመን ለውጥ/ ቅያሬ: cycle duration
periodengerecht: ወቅታዊ: approbiate to the period
Periodengewinn {m}: ወቅታዊ ምርት: accounting income
periodisch, zyklisch: ወቅት አይቶ ተደጋጋሚ: periodic, periodical, periodically, oscillatory, cyclic, cyclically, intermittently
periodischer Dezimalbruch: የሚደጋገም ፍራክሽን ቁጥር: recurring decimal, repeating decimal
Periodizität {f}: ወቅት እያየ መደጋገም: intermittency, periodicity
peripatetisch: ፍልስፍናዊ: peripatetic
periphere: ሕዳጋዊ/ ሕላፋዊ: peripherally
Peripherie {f}: ሕላፍ: periphery
Peripherien {pl} :: peripheries
Periskop {n}: የባሕር መቆጣጠሪያ: periscope
Perlarbeit {f}: ወርቅ አንጣሪ: bead work
Perle {f}: ዕንቁ: pearl, bead
Perlen {pl} :: beads, pearlies
perlenartig, himmlich: ዕንቋዊ: pearly
perlend: አነጸባራቂ: beady
Perlenfischerei {f}: የባሕር ጌጥ አውጭ: pearl fishery
Perlenkette {f}: የጌጣጌጥ ዓይነት: pearl necklet
Perlentaucher {m}: ጌጣጌጥ አወጭ: pearl diver
Perlhuhn {n}: የወፍ ዓይነት: guinea fowl
Perlmutter {f}: የጌጥ ዓይነት: nacre
perlmuttartig: ጌጣጌጣዊ: nacreous
Perlmuttknopf {m}: የልብስ ቁልፍ ዓይነት: pearl button
Permanentspeicher {m}: ቋሚ ዘጋቢ: non-volatile storage
Permeabilität {f}: ብርሃን የሚያሳልፍ: permeability
peroxidieren: አዋሃደ: peroxide
peroxidierend: አዋሃጅ/ አዋህዶ: peroxiding
peroxidiert: ቅልቅል/ ተቀላቅሎ: peroxided
perplex: ድንጉጥ፤ እርብትብት: perplexed
persisch: ኢራናዊ፤ ኢራንኛ: persian

Person {f}: ግለሰብእ: person
Personal {n}, Angestellter: ሠራተኛ: staff, staffing
Personalabbau {m}: ሠራተኛ ቅናሴ: staff reduction
Personalabteilung {f}: የቢሮ ሥራ/ ተግባር: staff department
Personalabteilungen {pl} :: staff departments
Personalbüro {n}: ቢሮ፣ ጽሕፈት ቤት: personnel office
Personalchef {m}: ኃላፊ: personnel manager
Personalleiter {m}: አስተዳዳሪ: staff exicutive
personen: ሰባዊ: person, personal
Personenauto {n}: የግል መኪና: carryall
Personenverkehr {m}: የሰው ማጓጓዣ: passenger traffic
Personenzug {m}: የሰው ባቡር: local train
Personifikation {f}: ሰው ማስመሰል፣ ተመሳሌት: impersonation
Personifikationen {pl} :: impersonations
personifizieren: ሰው አስመሰለ፣ እንደ ሰው አናገረ: personalize
personifizierend: እንደ ሰው አናጋሪ/ አናግሮ: personalizing, personifying
personifiziert: እንደ ሰው ተነጋሪ/ ተነግሮ: personalized, personified
persönlich: ግላዊ፣ እንደእኔ እንደእኔ: in person, personal, personally, private
persönliche Geheimzahl: የምሥጢር ቁጥር: personal identification number (PIN)
Persönlichkeit {f}: ግለኝነት: bigwig, personage, personality
Persönlichkeiten {pl} :: personalities, personalties
Perspektive {f} :እይታ፣ አመለካከት: perspective, aspect
Perspektiven {pl} :: perspectives, aspects
perspektivisch: ፊት ለፊት፣ በቀጥታ: perspectively
Perücke {f}: አርቴ ፍሻል ጠጉር: peruke, wig, periwig
Perücken {pl} :: periwigs, wigs
pervers: የዞረበት፣ እብድ: perverse, perversely, kinky
Perversion {f}: ቅጥመጠን ማጣት: perversion
Perversität {f}: ቅጥመጠን አጥነት: perversity
pervertieren: ቅጥመጠን አጣ፣ ተደናገጠ: pervert
pervertierend: ተደናጋጭ/ ተደናግጦ: perverting
pervertiert: እብድ/ አብዶ: perverted, pervertedly
Pervertiertheit {f}: መደነጋገር: perversity
Pervertierung {f}: ድንጋጤ: perverseness
Pessimist {m}: ተስፋአልባ: pessimist
pessimistisch: ተስፋአልባ: pessimistic, pessimistically
Pessismismus {m}: ተስፋቆራጥንት: pessimism
pestartig: በሽታዊ: pestilent, pestilently, pestilential
Pestizid {n}: ተባይ ማጥፊያ: pesticide
Petersilie {f}: የቅመም ዓይነት: parsley
Petrologe {m}: የመሬት ጥናት ክፍል: petrologist
petzen: አዋሸከ፣ አፀ ለተ: squeal
Petzer {m}: ቧልተኛ: squealer
Pfad {m} Weg: ስርጥ መንገድ: path, trail
Pfade {pl} :: paths, trails
Pfadfinder {m, pl}: የወጣቶች ቡድን/ ግሩፕ: pathfinder, scout, pathname, scouts, pathnames
Pfahl {m}: መሪ፣ አቋም: stake, pole, picket, pale
Pfahlwurzel {f}: ዋና/ መሪ ሥር: taproot
Pfahlwurzeln {pl} :: taproots
Pfand {n}: መያዣ፣ ጋራንቲ: mortgage, pledge
Pfände {pl}:: pledges
pfändbar: ተወራሽ: distrainable
Pfändbarkeit {f}: ተወራሽነት: attachability
pfänden: ወረሰ: distrain
pfändend: ወራሽ/ ወርሶ: distraining
Pfänder {m, pl}: ወራሽ: distrainor, distrainors
Pfandgeber {m}: መያዣ/ ጋራንት ሰጭ: pledger
Pfandhaus {n}: መያዣ ማስቀመጫ: pawnshop
Pfandinhaber {m}: የመያዣ ባለቤት: pawnee
Pfandleihe {f}: መያዣ አበዳሪ: hockshop, pawnbroker
Pfandnehmer {m}: በመያዣ ተበዳሪ: pledgee
Pfandrecht {n}: የመያዣ መብት: lien
Pfandrechte {pl} :: liens
Pfandschuldner {m}: የመያዣ ብድር ያለበት: mortgagor
Pfändung {f}: መውረስ፣ ውርስ: distraint
Pfändungen {pl} :: distraints
Pfanne {f}: በረት ምጣድ፣ ማንከስከሻ: pan
Pfannen {pl} :: pans
Pfannkuchen {m}: ካሴና/ የምግብ ዓይነት: flapjack, griddlecake, griddlecakes, pancake, pancakes, potpie, flapjacks
Pfarrer {m}: ቄ ስ: parson, parsons, rector
Pfarrhaus {n}: የካህናት ቤት: parsonage, rectory, vicarage, manse
Pfarrhäuser {pl} :: rectories, vicarages, parsonages
Pfarrkind {n}: የቄ ስ ልጅ: parishioner
Pfau {m}: የወፍ ዓይነት: peacock
Pfauen {pl} :: peafowls
Pfeffer {m}: በርበሬ፣ አቃጣይ ቅመም: pepper
pfefferig: በርበሬያማ/ ም: peppery
Pfefferkorn {n}: የበርበሬ ፍሬ: peppercorn
Pfefferminze {f}: ሳማ/ የሚያቃጥል ተክል ዓይነት: peppermint
Pfefferminzen {pl} :: peppermint, peppermints
Pfeife {f}: ዋሽንት፣ የሙዚቃ መሳሪያ ዓይነት: fife, whistle, pipe, whistle
Pfeifen {pl} :: fifes
pfeifen: አፏጨ/ አፏጨ: to blow a whistle, to pipe, to whistle
pfeifend: አፏጭ/ አፏጭቶ: whistling

Pfeifer {m, pl}: **አፏጭ**: piper, whistler, pipers, whistlers
Pfeil {m}: **ቀስት**: arrow, Arrow
Pfeile {pl} :: arrows
Pfeilspitze {f}: **የቀስት ጫፍ**: arrowhead
Pfeilspitzen {pl} :: arrowheads
Pfeiltaste {f}: **ሹል ቁልፍ**: arrow key
Pfeiltasten {pl} :: arrow keys, arrow keys
Pfennig {m}: **ሳንቲም**: penny
Pfennige {pl} :: pence
Pferd {n}: **ፈረስ**: horse, Horse
Pferde {pl} :: horses, equine
Pferdehaar {n}: **የፈረስ ጭራ**: horsehair
Pferdekraft {f}: **የፈረስ ጉልበት**: horse power hour
Pferdeschwanzfrisur {f}: **የፈረስ ጅና ጠጉር ማሳመሪያ**: ponytail
Pferdestärke {f}: **የፈረስ ኃይል**: horsepower
Pferdezucht {f}: **ፈረስ ርቢ**: horse breeding
Pfiffigkeit {f}: **ብልህነት፣ ብልጥነት**: smartness
Pfingsten {n}: **ዕለተ ጰራቅሊጦስ**: whitsuntide, pentecost
Pfingstrose {f}: **ያበባ ዓይነት**: peony
Pfingstrosen {pl} :: peonies
Pfingstsonntag {m}: **በዓለ ሃምሳ**: whitsunday
Pfirsich {m}: **የፍራፍሬ ዓይነት**: peach
Pfirsiche {pl} :: peaches
Pflanze {f}: **ተክል**: plant
Pflanzen {pl} :: herbals, plants
pflanzen, errichten: **ተክል ተከለ/ አጸደቀ**: plant
pflanzend: **ተክሎ / አጽድቆ**: implanting, planting
Pflanzenfaser {f}: **የተክል ውሐ ማጠጫ**: vegetable fibre
Pflanzenfasern {pl} :: vegetable fibres
Pflanzenfresser {m, pl}: **ተክል መቁረጫ የሞተር መጋዝ**: herbivore
Pflanzenkost {f}: **የተክል ምግብ**: vegetable diet
Pflanzenkunde/n {f/ pl}: **አትክልተኝነት**: botanies
Pflanzenschutzmittel {n}: **ማዳበሪያ፣ ተክል መንከባከቢያ**: plant protective agent
Pflanzung {f}: **መትከል**: bowery, plantation
Pflanzungen {pl} :: plantations
Pflaster {n, pl}: **ማሰሪያ፣ ፕላስተር**: plaster, plasters
pflastern: **በፕላስተር አጣበቀ/ አሰረ**: pave
Pflaume {f}: **ቀላል ወለምታ፣ የዛፍ ዓይነት**: plum
Pflaumen {pl} :: plums, prunes
Pflaumenbaum {m}: **የዛፍ ዓይነት**: plum tree
Pflege {f}, Verwaltung: **እንክብካቤ፣ ጡራቴ** : nurture, maintenance
Pflegeheim {n}: **የመጧሪያ ቤት**: nursing home
Pflegekind {n}: **የሚያሳድጉት ልጅ**: foster child
Pflegekinder {pl} :: foster children
pflegeleicht: **በቀላሉ ማጽዳት የሚቻል**: easy to clean
Pflegemutter {f}: **ሕፃን አሳዳጊ**: foster mother
Pflegemütter {pl} :: foster mothers
pflegen: **ተንከባከበ፣ ጦረ**: cherish, foster, soigne, nurse
pflegend: **ጧሪ/ ጡሮ**: cherishing, fostering, grooming, nursing, nurturing, trimming
Pfleger {m}: **ተንከባካቢ**: male-nurse
pflegerisch: **እንክብካቤያዊ**: custodial
Pflicht {f} (gegen): **ግዴታ**: duty (to), duty
Pflichten {pl} :: duties
Pflichtbesuch {m}: **የግዳጅ ጥሪ**: duty call, dutycall
pflichtbewußt: **ግዳታውን አዋቂ**: duteous, dutiful, duteously
Pflichtbewußtsein {n}: **ግዴታን ማወቅ**: sense of duty
Pflichtfach {n}: **ቋሚ ትምህርት**: compulsory subject
pflichtgemäß: **በደምቡ/ በወጉ**: as in duty bound, obligatorily, obligingly, dutifully
pflichtschuldig: **መሆን/ መደረግ ያለበት**: in duty bound
Pflichtteil {m}: **የግዴታ ክፍል**: legitimate portion
Pflichtübung {f}: **ግዴታ ልምምድ**: obligatory act
Pflichtverteidiger {m}: **የሕዝብ ጠበቃ**: assigned counsel
pflichtwidrig: **ሕገወጣዊ፣ በንቀት**: contrary to duty
pflücken: **ዘነጠፈ፣ ዘነጠለ (ለተክል)**: cull, pluck
pflückend: **ዘንጣፊ/ ዘንጥፎ**: culling
Pflücker {m}: **ዘንጣፊ**: picker
Pflug {m}: **የእርሻ መሳሪያ**: plough
pflügen: **ባደ ማ ቆፈረ/ ሠራ**: plow, to plough, to plow
pflügend: **ባደ ማ ቆፋሪ/ ቆፍሮ**: furrowing, ploughing, plowing
Pflüger {m, pl}: **ቆፋሪ**: plower, plowman, tiller, tillers
Pflugmesser {m}: **ቁፋር**: plowshare
Pförtchen {n, pl}: **ትንሽ በር/ መግቢያ**: wicket, wickets
Pförtner {m, pl}: **በር ጠባቂ**: gate keeper, janitor, pylorus, ushers, gate keepers
Pfosten {m, pl}: **መደገፊያ፣ መቋሚያ**: jamb, stake, stanchion, jambs, stanchions
Pfote {f}: **የእንስሳ እግር**: paw, footer
Pfoten {pl} :: paws
Pfrund {n}: **ያቃቢ/ መምህር ግብር ማስገቢያ**: benefice
Pfründe {pl} :: benefices
Pfund {n}: **የመለኪያ ዓይነት**: pound, quid, lb
pfundweise: **በፉንድ**: by the pound
pfuschen: **በሥራ ቀለደ/ አላገጠ**: fudge, scamp
pfuschend: **በሥራ ቀላጅ/ አፌዞ**: blundering, fudging, scamping
Pfuscher {m, pl}: **ልግመኛ፣ ፌዘኛ**: blunderer, bungler, botcher, botchers, bunglers
Pfuscherei {f}: **ልግመኝነት**: botching
Pfuschereien {pl}:: flubs, botchings
pfuschig: **ፌዘኛ**: botchy

Pfütze {f}: ጤዛ፣ ትንንሽ የፈሳሽ ጥርቅም: slop, puddle
Pfützen {pl} :: puddles
phänomenal: ክስተታዊ: phenomenal, phenomenally
Phänotypus {m}: የክስተት ዓይነት: phenotype
Phantasie {f}: ቅዠት፣ ፋንታዚ: fancy, imaginativeness, phantasy, fantasy, fancies
phantasielos: ስሜት አልባ: fanciless
Phantasien {pl} :: imaginativenesses
phantasiereich: ስሜታማ/ ም: fanciful, fancifully
Phantasiereichtum {m}: ስሜታዊነት: fancifulness
phantasieren: ዐለመ፣ ቃዠ/ ተመኘ፣ ቀለደ፣ አሞካሸ: dream, fantasise, fantasize
phantasierend, träumend: ዐላሚ/ ዐልሞ፣ ቃዥቶ/ ተመኝቶ: fantasising, dreaming, fantasizing
Phantast {m}, Träumer: ቅዠት፣ ምኞት/ ሕልም: romancer, dreamer
Phantasten {pl} :: visionaries
Phantasterei {f}: ቅዠታዊ ሐሳብ/ ምኞት: fantastic ideas
phantastisch: ቆንጆ፣ መልካም፣ አስደሳች: chimeric, fanciful, quixotic, visionarily, visionary, chimerical, quixotically, fantastically
Phantom {n}: ማታልያ፣ ማጭበርበሪያ: phantom
Pharmakologe {m}: መድኃኒት ቅመማ አዋቂ: pharmacologist
Pharmakologie {f}: መድኃኒት ቅመማ: pharmacology
pharmakologisch: ቅመማዊ: pharmacologic, pharmacologically
Pharmazeut {m}: አስማተኛ፣ መድኃኒተኛ: pharmacist
Pharmazeutik {f}, Pharmazie: መድኃኒት ቤት: pharmaceutics
pharmazeutisch: መድኃኒታዊ: pharmaceutic, pharmaceutical, pharmaceutically
Phase {f}: ደረጃ: phase
Phasen {pl} :: phases
phasenfrei: ፍዝ/ ምውት: nonreactive
Phasenkonzept {n}: ያሳብ ደረጃ: concept of phases
Phasenlage {f}: ሁናታ: phasing
Philatelie {f}: የቴ ምበር ትምህርት: philately
Philatelien {pl} :: philatelies
Philharmonie {f}: የሙዚቃ ባንድ ስም: philharmonic orchestra, philharmonics
philharmonisch: ሙዚቃዊ: philharmonic
Philologe {m}: የቋንቋ ምሁር: philologist
Philologie {f}, Sprachwissenschaft: የቋንቋ ትምህርት/ ጥናት: philology
philologisch, sprachwissenschaftlich: ሥነ ቋንቋዊ: philologic, philological
Philosoph {m}: ፈላስፋ: philosopher
Philosophie {f}: ስፍልስፍና: Philosophy, philosophy
Philosophien {pl} :: philosophies
philosophieren: ተፈላሰፈ፣ ተመራመረ: philosophize
philosophierend: ተፈላሳፊ/ ተፈላስፎ: philosophizing
philosophiert: ተመስጣሪ/ ተመስጥሮ፣ ምሥጢራዊ: philosophized, philosophic, philosophical, philosophically
Phon {n}: የድምጽ መከሊያ: phon
Phonem {n}: የፊደል ቃና: phoneme
Phonetik {f}: የቃል/ ድምጽ አፈጣጠር ጥናት: phonetics
Phonetiker {m}: የሥነ ቃል ምሁር: phonetician
phonetisch: ሥነ ቃላዊ: phonetic, phonetical, phoneticlly
Phonolgie {f}: የቃና/ ድምጽ ውኅደት ጥናት: phonology
Phonologe {m}: የፎኖሎጂ ምሁር: phonologist
Phosphat/e {n/ pl}: ጨው ያለበት ኬሚካል: phosphates
Phosphor {m}: ኬሚካላዊ ንጥረ ነገር: phospher, phosphorus
Photo {n}: ፎቶ: photography, photo
Photograf {m}: ፎቶ አንሺ: photograph
Photografien {pl} :: photos
photografisch: ፎቶ ግራፋዊ: photographic
photographieren: ፎቶ አነሳ: photographing
photographierend: ፎቶ አንሺ/ አንስቶ: photographing
photographiert: ፎቶ ተነሺ/ ተነስቶ: photographing
photographisch: ፎቶ ግራፋዊ: photo-optical, photographically
Photokopie {f}: ፎቶ ኮፒ: photocopy
Photokopien {pl} :: photocopies
photokopieren: ኮፒ አደረገ: photostat
photokopierend: ኮፒ አድራጊ/ አድርጎ: photocopying
photokopiert: ፎቶ ተደራጊ/ ተደርጎ: photocopied
Photomaske {f}: የፎቶ ቄ ንጥ: photomask
Photometer {m}: የፎቶ መለኪያ: photometer
Photomontage {f}: ፎቶ ማጠቢያ: photomontage
Photomontagen {pl} :: montages
Photon {n}: የኃይል ቅንጣት/ አናሳ ክፍል: photon
Photone {pl} :: photons
Photosynthese {f}: የአትክልት ፀሐይ ብርሃንን አጠቃቀም: photosynthesis
Phrase/n {f/ pl}: ሐረግ/ ያረፍተ ነገር ክፍል፣ አባባል: phrases
phrasenhaft: ዘዬአዊ/ ቀበሌኛ: rhetorical
Phrenologie {f}: ግንዛቤ፣ ኀሊና: phrenology
Physik {f}: ፊዚክስ: physics
physikalisch: ፊዚክሳዊ: physic
physikalisch: ተንቀሳቃሽ/ እንቅስቃሴያዊ: physically

Physiker {m, pl}: የፊዚክስ ምሁር: physicist, physicists
Physiologe {m}: የውርስ ጥናት ምሁር: physiologist
Physiologie {f}: ያመጣጥ/ ውርስ ጥናት: physiology
physiologisch: ፊሲኦሎጂካዊ: physiological
Physiotheraphie {f}: የእስፖርት ማሳገሥ: physiotherapy
physisch: የጉልበት/ ጉልበታዊ: physical, physically
Pianoforte {n}: ፒያኖ: pianoforte
Pickel {m}: እበጥ፤ ሹል: doohickey, pickax, pimple, pickaxes
Pickel {pl}:: pickaxes
pickelig: መግላግ/ ም: pimply, spotty, spottily
picken: ባፉ ለቀመ (ዶሮ፤ አሞራ): peck, pick
piepen: ድምጽ ሰጠ፤ ክላክስ አደረገ: to beep
piepsen, piepen: ጮኸ ተናገረ: cheep, peep, pule, chirps
piepsend: ጫጪ/ ጮኸ: cheeping, peeping
Piepser {m}: ባ ራቂ: cheeper
Piepton {m}: የጩኸት ድምጽ: beep
pietätlos: ክብርአልባ፤ እሉኝታ የሌሽ: impious, impiously
Pietätlosigkeit {f}: እሉኝታአልባነት: impiety
pikant: ተለባላቢ፤ በርበሬያማ/ ም: nutty, piquant, nuttily, piquantly
Pilger {m}: ላሊበለኛ፤ ኢየሩሳሌም ሳሚ: palmer, pilgrim, pilgrims
Pilgerfahrt {f}: የምእመናን ጉዞ: pilgrimage
Pille {f}: ወሊድ መከላከያ፤ መድኃኒት: pill, bolus
Pillen {pl} :: pills, boluses
Pillenschachtel {f}: መድኃኒት ሳንዱቅ/ ማስቀመጫ: pillbox
Pilot {m}: አውሮፕላን አብራሪ: pilot
Piloten {pl} :: pilots
Pilz {m}: የእግር በሽታ፤ ጭጎት፤ ሥርአልባ ተቀጥላ: mushroom, fungi
Pilze {pl} :: mushrooms
pilzartig: ጭጎታዊ: fungoid
Pinguin {m}: መብረር የማይችል አሞራ መሰል እንስሳ: penguin
Pinguine {pl} :: penguins
pinkeln: ሸና፤ ተጸዳዳ: pees, piddle
Pinsel {m}: ቡርሽ፤ መጥረጊያ/ ማጽጃ: paint brush, brush, paintbrush
Pinte {f}: ትንሽ መጠጥ ቤት: cupful
Pinten {pl} :: cupfuls
Pinzette {f}: መቀስ መሰል መሳሪያ: pincer
Pinzetten {pl} :: tweezes
Pionier {m}: የጦር እንቅስቃሴ ሰላይ: pioneer, sapper
Pioniere {pl} :: sappers, pipettes
Pionierarbeit {f}: የስለላ ተግባር: pioneer work
Pirat {m}: የባሕር አውሬ/ አዳኝ: buccaneer, pirate
Pirouette {f}: የበረዶ ላይ ሩጫ ጥበብ: pirouette
Pirouetten {pl} :: pirouettes
Pirschjäger {m, pl}: አውሬአዳኝ: stalker, stalkers
Pistole {f}: ሽጉጥ፤ ኮልት: pistol, handgun
Pistolen {pl} :: pistols
Pistolentasche {f}: የሽጉጥ ማኅደር: holster
Pistolentaschen {pl} :: holsters
Plackerei {f}: ታላቅ/ ከባድ ሥራ፤ ተግባር: fag, fagging
Plackereien {pl} :: fags
plädieren: ድጋፍ ሰጠ፤ ደገፈ: plead
plädierend: ድጋፍ ሰጭ/ ሰጥቶ: pleading
Plage {f}: ከባድ ሥራ፤ ጭንት: worriment
plagen, kränklich sein: አማረረ፤ አስመረረ፤ ብዙ አሠራ: plague, ail, afflict
plagend: አማራሪ/ አማርሮ: bothering, plaguing
Plagiat {n}: የጽሑፍ ስርቆት: plagiarism, piracies
Plagiator {m}: የጽሑፍ/ ጥበብ ሌባ/ ዘራፊ: plagiarist
plagiatorisch: ስርቆታዊ: plagiaristic
plagiieren: ሰረቀ፤ ዘረፈ: plagiarize
plagiierend: የጽሑፍ ሰራቂ/ ሰርቆ: plagiarizing
plagiiert: ተሰራቂ/ ተሰርቆ: plagiarizes, plagiarized
Plaidtuch {n}: ምቹ ትራስ: plaid
Plakat {n}: ማስታወቂያ: poster
Plakette {f}: የልበስ ጌጥ: plaquette
Plan {m}, Schema: ፕላን፤ ዕቅድ: plan, blueprint, blueprint, diagram
planen: ዐቀደ፤ ዐለመ: schedule, to plan
planend: ዐቃጅ/ ዐቅዶ: budgeting, planning, targeting
Planer {m}: ዕቅድ አውጭ: Planner, planner
Planet {m}: ፕላኔት: planet
Planetarien {pl}: የከዋክብት ጥርቅም: planetariums
Planetoid {m}: የኮከብ ዓይነት: planetoid
planieren: አስተካከለ፤ አለሰለሰ: flatten
Planiermaschine {f}: መላጊያ: grader
Planierraupe {f}: መደልደያ መኪና: bulldozer
Planierraupen {pl} :: bulldozers
plänkeln: ተታኮሰ፤ ተኩስ ተለዋወጠ: skirmish
planmäßig, systematisch: በዕቅዱ፤ በውሉ፤ ዕቅዳዊ: according to plan, scheduled, methodic, methodical, systematic, systematical
planschen: በውሐ ተራጨ/ ተጫወተ: swash
Plantagenbesitzer {m}: ባለንር: planter
Planung {f}: ማቀድ: planning
Planungen {pl} :: plannings
Planungswiderstand {m}: አንፃሪ ፕላን: antiplanning bias
Plappermaul {n}: ለፍላፊ፤ ወሽካታ: blabbermouth, chatterbox
plappern: ወሸከተ፤ ለፈለፈ: burble, chatter, jabber, pratt, sputter
plappernd: ወሽካታ/ ወሽክቶ: burbling, chattering, gabbing, jabbering, quacking, sputtering

Plasma {n}: በደም ውስጥ የሚገኝ ነገር: plasma
Plasmabildschirm {m}: ደም መመርመሪያ: gas panel, plasma display
plasmatisch: የደም ንጥረነገራዊ: plasmatic
Plastik {f}: ፕላስቲክ: plastics, sculptures
Plastiken {pl}:: plastics, sculptures
plastisch: አርቴ ፍሻላዊ: plastic, plastically
Plastizität {f}: ተሳቢነት: plasticity
Platane {f}: የዛፍ ዓይነት: sycamore
Platanen {pl} :: sycamores
Platin {n}: የብረት ንጥረ ነገር: platinum
platonisch: ትክለኛ ፍቅራዊ: platonic, platonically
platschen: አቃሰተ/ አቃስቶ ወደቀ: plash, splash
platt: ለስላሳ፤ ድልድል: platitudinous, unglossed, platitudinously
Platte {f}, Tafel: ዲስክ፤ የሙዚቃ ጣውላ: disc, panel, plaque, plate, platter, slab, board, plate, volume
Platten {pl} :: plates, platters
plätten: ልብስ ተኮሰ: to iron
Plattendatei {f}: የዲስክ ፋይል: disk file
Platteneinheit {f}: የዲስክ ዩኒት: disk unit
Plattenspieler {m}: ባለዲስክ ሙዚቀኛ: record player
Plattformwagen {m, pl}: የመኪና ዓይነት: flatcar, flatcars
plattfüßig: ጠፍጣፋ እግር: flat footed
Plattheit {f}: ጠፍጣፋነት: platitudinousness
Platz {m}, Raum, Stelle: ቦታ፤ ስፍራ: pew, place, plaza, spot, seat, amount of space
Platz machen: ቦታ ለቀቀ: to make way
Platz nehmen: ተቀመጠ፤ ቁጭ አለ: to take a seat
Platzangst {f}: የቦታ ፍርሃት/ ፍራቻ: agoraphobia
Plätze {pl}: ቦታ: sites, spots, placed, Sites
platzen, brechen: ቦታ ሰጠ፤ ፈነዳ: to burst (burst, burst)
Platzhalter {m}: ቦያ ያዥ: ambiguous letter
Platzierung {f}: ቦታ መያዝ/ ማበጀት: placement
Platzreservierung {f}: ቦታ ማስጠበቅ: seat reservation
Plauderei {f}: ጭዋታ፤ ውይይት: confabulation
plauderen: አወራ፤ ተጫወተ: have a chat
plaudern, sich unterhalten: አወራ፤ ተጫወተ: chat, natter, prate
plaudernd: ተጫዋች/ ተጫውቶ: having a chat, nattering, prattling
Plenarsaal {m}: የሙዚቃ/ ትያትር አዳራሽ/ ቦታ: plenar hall
plötzlich: በድንገት፤ በቅጽበት፤ ባጋጣሚ: abrupt, sudden, suddenly
Plötzlichkeit {f}: አጋጣሚነት: unexpectedness, abruptness
Plüderung {f}: ዘረፋ: pillage
plump: ምንችክ፤ አስቅያሚ: bearish, clownish, clownishly, clumsily, dumpy, stumpily, stumpy, ungraceful, bearishly, dumpily, ungracefully
Plumpheit {f}: ግደቢስነት:earishness, dumpiness, plumpness, stumpiness, ungainliness
plumpsen: ተዋረደ፤ ራሱን ጣለ: bump, plop
plumpsend: ተዋራጅ/ ተዋርዶ: plumping, slumping
Plünderer {m, pl}: ዘራፊ፤ ወራሪ: depredator, depredators, despoiler, looter, marauder, pillager, lunderer, despoilers
plündern: ዘረፈ፤ ወረረ: despoil, harry, loot, maraud, pillage, plunder, sack
plündernd: ዘራፊ/ ዘርፎ: despoiling, foraying, harrying, looting, marauding, pillaging, plundering, sacking
Plünderung {f}: ዘረፋ፤ ዝርፊያ: depredation, despoilment, spoliation
Plünderungen {pl} :: depredations, despoilments, lootings, pillages, plunderings, spoliations
plus: መደመር፤ ሲደመር: plus
Plüsch {m}: የጥጥ ሥጋጃ: plush
plüschartig: ሥጋጃ መሰል: plushy
Plusquamperfekt {n}: የኃላፊ ኃላፊ ግሣዊ ፎርም: pluperfect
Plusquamperfekte {pl} :: pluperfects
Pluszeichen {n}: መደመር ምልክት: pluses, positive sign
pneumatisch: መንፈሳዊ: pneumatic, pneumatically
Pöbel {m}: ሕዝብ፤ ተራ ሕዝብ: populace, rabble, riffraff, mob
Pöbelhaftigkeit {f}: የእብዶች ክምችት: rowdiness
pochieren: ለረጅም ጊዜ ቀቀለ: poach
Pocke {f}: ያጥንት ስብራት: pock
Pocken {pl}: ፈንጣጣ: pox, smallpox
Pockennarbe {f}: የፈንጣጣ ሰበብ: pockmark
Pockennarben {pl} :: pockmarks
Podium {n}: አዳማጭ፤ ሰሚ/ አድማጭ: dais
Podien {pl} :: podiums, daises
Poesie {f}: ግጥም: poesy
Poet {m}: ገጣሚ: poet
poetisch: ግጥማዊ: poetical
Pogrom {n}: ጭፍጨፋ: pogroms
Pogrome {pl}:: pogroms
Pokal {m}: ዋንጫ: cup, goblet
Pokale {pl} :: goblets
Polarisation {f}: ማጋነን፤ ማጎላመስ/ ማቀጣጠል: polarization
Polarisator {m}: አቀጣጣይ/ አያያዥ: polarizer
polarisieren: አያያዘ፤ አሰራጨ: polarize
polarisierend : አያያዥ/ አቀጣጥሎ: polarizing
Polarisierung {f}: ማቀጣጠል: polarization
Polarität {f}: ማቅጠልጠል/ ማሰራጨት: polarity
Polaritäten {pl} :: polarities
Polemik {f}: ምጸት፤ ተሳልቆ: polemic, polemics

polemisch: ምጸታዊ: polemic, polemical, polemically, polemicly
polemisieren: ተሳለቀ፣ አፌዘ: polemize
polemisierend: አፌያኘ/ አፌዞ: polemizing
polieren: ቦረሸ፣ ወለወለ: burnish, slick, polish
polierend: ወልዋይ/ ወልውሎ: burnishing, slicking
Polierer {m, pl}: አጽጅ፣ ወልዋይ: burnisher, burnishers
poliert: ተወልዋይ/ ተወልውሎ: burnished, glossed, slicked, slickly
Poliklinik {f}: ክሊኒክ: outpatient department, polyclinic
Politbüro {n}: የሚኒስትሮች ምክር ቤት: politoffice, politbureau
Politesse {f}: የትራፊክ ፖሊስ: traffic warden
Politessen {pl} :: traffic wardens
Politik {f}: ፖለቲካ: politics
Politiker {m}: ፖለቲከኛ: politician
politisch: ፖለቲካዊ: political, politically, talk politics
politisieren: የፖለቲካ ተግባር ፈጸመ: politicize
Polizei {f}: ፖሊስ: police
Polizeiaufgebot {n}: የፖሊስ ብዛት: posse of constables, platoon
Polizeibeamte {m}: የፖሊስ አለቃ: police officer
Polizeigewalt {f}: የፖሊስ ጠበቃ: police power
Polizeikommissar {m}: የፖሊስ አዛዥ: police inspector
polizeilich: ፖሊሳዊ: by the police
Polizeirevier {n}: ፖሊስ ጣቢያ: police station
Polizeispitzel {m}: የፖሊስ ሰላይ/ ቃልአቀባይ: narc
Polizeistaat {m}: ቁጥጥር የበዛበት ከተማ: police state
Polizeistreife {f}: የፖሊስ መኪና: police patrol
Polizeitruppe {f}: የፖሊስ ወታደር: constabulary
Polizeitruppen {pl} :: constabularies
Polizist {m}: ፖሊስ: constable, policeman, bobby
Polizisten {pl} :: policemen, bobbies, constables
Polizistin {f}: የሴት ፖሊስ: policewoman
Polizistinnen {pl} :: policewomen
Polster {n, pl}: አጉራ፣ ወጋግራ፣ አግዳም: cushion, pad, pads
polstern: ሳጣራ ሠራ/ መከተ: to cushion, upholster
poltern: ጮኸ፣ አጎራ: jangle, rumble
Polyeder {m}: ካራት በላይ የተከፋፈለ አካል: polyhedron
polygam: ፊናፊነት/ ሁለት ያታ ባንድ ላይ ያለው: polygamous, polygamously
Polygamist {m}: ከሁለት በላይ ምሽት ያገባ/ ያለው: polygamist
Polygraph {m}: የልብ ትርታ መለኪያ መሳሪያ: polygraph
polymer: ቅልቅል: polymeric
polymerisieren: አዋኀደ፣ ቀላቀለ: polymerize
polymerisierend: ቅልቅል/ ተቀላቅሎ: polymerizing
polymerisiert: ውኁድ/ ተዋኀዶ: polymerizes, polymerized
Polynom (math.) {n}: ከሁለት በላይ መደመር/ መቀነስ ስሌት የያዘ ሒሳብ: polynomal
Polyp {m}: የነፍሳት/ እንስሳ ዓይነት: polyp
Polypen {pl} :: polyps
Polyphonie {f}: የሙዚቃ ዓይነት: polyphony
polytechnisch: ማሰልጠኛዊ: polytechnic
Polytheismus {m}: በብዙ አማልክት ማምለክ: polytheism
Polytheist {m}: ባለብዙ እምነት: polytheist
Pomade {f}: የፀጉር ቅባት: pomade
Pomaden {pl} :: pomades
pomadisieren: ፀጉሩን ቀነባ: pomade
pomadisierend: ፀጉሩን ቀቢ/ ቀብቶ: pomading
pomadisiert: ፀጉሩን ተቀቢ/ ተቀብቶ: pomaded
Pomp {m}: የልብስ/ ጌጥ ቴ ንጥ: pageant
Pomphaftigkeit {f}: ቴ ንጣማነት: pompousness
Poncho {m}: የጌጣጌጥ ዓይነት: poncho
Pop {m}: ሞደርን/ የእብዶች ሙዚቃ: pop
populär, popular: የተለመደ፣ ታዋቂ: popular, populaer
popularisieren: አስተዋወቀ: popularize
popularisierend: አስተዋዋቂ/ አስተዋውቆ: popularizing
Popularisierung {f}: ማስተወወቅ: popularization
Popularität {f}: እውቅና: popularity
Popularitäten {pl}:: popularities
Populist {m}: መጽሐፍ ጸሐፊ፣ ጽሑፍ አቅራቢ: populist
Populisten {pl} :: populists
Pore {f}: ትንሽ ቀዳዳ: pore
Poren {pl} :: porosities
Pornograph {m}: የዝሙት ባለሙያ/ ዘጋቢ: pornographer
Pornographie {f}: የዝሙት ጥናት: pornography
pornographisch: ዝሙታዊ/ ሽርሙጥናዊ: pornographic, pornographically
porös: አስተላላፊ፣ አፍሳሽ/ ቀዳዳማ/ ም: porous, porously, porously
Porosität {f}: ቀዳዳማነት: porousness
Port {m}: ወደብ: port
Portal {n}: መግቢያ: portals
Portale {pl}:: portals
Portier {m}: በር ጠባቂ: doorman, janitor, porter, doormen, janitors
Portion {f}: መጸለት/ የተወሰነ ምግብ: serving
Portionen {pl} :: portions, servings
Porto {n}: የቀረጥ ዓይነት: postage
portofrei: ከቀረጥ ነፃ: postage free
portopflichtig: መቀረጥ ያለበት: liable to postage
Portrait {f}: ምስል/ ስእል: portrait
Portraits {pl} :: portraits

Porträt {n}: የተጋነነ ምስል/ ስእል: portrait, portrayal
porträtieren: ሳለ/ ምስል ሠራ: portray
porträtierend: ሰአሊ/ ስእሎ: portraying
porträtierten: ተሳይ/ ተስእሎ: portrayed
Porträtphotographie {f}: የተጋነነ ፎቶ: portraiture
portugiesisch: ፖርቱጋልኛ: portuguese
Portwein {m}: የጠረፍ ወይን: port wine
Porzellan {n}: የሳህን ዓይነት (በቻይኖች የሚሠራ): porcelain, china, chinaware
Posaune {f}: ከበሮ፣ ቃጭል: trombone
Posaunen {pl} :: trombones
Posaunist {m}: አቃጫይ/ ከበሮ መች: trombonist
Posaunisten {pl} :: trombonists
posieren: ኩንስት/ ትያትር ሠራ፣ በሌላ ተመሰለ: attitudinize
posierend: ሌላ መሳይ/ መስሎ: attitudinizing, posturing
posiert: ሌላ ተመሳይ/ ተመስሎ: attitudinized, postured, posed
Position {f}, Lage, Standpunkt, Stellung: አቋም፣ አቅጣጫ: position
Positionen {pl} :: positions
positionieren: አቅጣጫ ፈለገ/ አስተካከለ: seek
positionierend: አስተካካይ/ አስተካክሎ: positioning
Positioniersteuerung {f}: አቅጣጫ መቆጣጠሪያ: positioning control
positioniert: ተስተካካይ/ ተነጣጥሮ: positioned
Positionierzeit {f}: የእጅ እንቅስቃሴ: arm movement
Positionsmarke {f}: መጠቆሚያ: cursor
positiv: ቀና፣ ደህና፣ ፖዘቲቭ: affirmatory, positive, positively
Positivismus {m}: ፖዘቲቭነት: positivism
Posse {f}: ስሜት የማይሰጥ/ አስልች ተረት: farce, burlesque
Possen {pl} :: buffooneries, burlesques, farces
Possen {m, pl}: ማሳቂያ፣ ማጫወቻ: prank, antic, antics
possenhaft: አሻፈጅ፣ አሳቂ/ አስቂኝ: farcical, farcically
Possenreisser {m, pl}: ቀልደኛ፣ ተረተኛ፣ አፍ የማያዘጋ: buffoon, mome, momes, buffoons
Post {f}: ደብዳቤ፣ ፖስታ: Mailing, mailing, mail
post: መልከት: mail
postalisch: በፖስታ: postal, postally
Postamt {n}: ፖስታ ቤት: post office
Postanweisung {f}: በፖስታ ገንዘብ መላክ: money order
Postauftrag {m}: የፖስታ ትእዛዝ: postal order
Postcheck {m}: የፖስታ ቼ ክ: postal cheque, post
Poster {n, pl}, Plakat: ፖስት አመላላሽ፣ማስታወቂያ: poster, posters
Postfach {n}: ፖስታ ሣጥን ቁጥር: pigeon hole
Postgebühr {f}: የፖስታ ግብር: mail charge
Postgebühren {pl}:: mail charges
Postgeheimnis {n}: የፖስታ ምሥጢር: secrecy of the post
Postkarte {f}: ፖስትካርድ: postcard
Postkarten {pl} :: postcards
Postkasten {m}: ፖስታ ማስገቢያ/ መጣያ: mailbox
Postleitzahl {f}: ያካባቢ መለዮ ቁጥር: zip code, postcode
Postmeister {m}: የፖስታ ተቆጣጣሪ: postmaster
Poststempel {m}: የፖስታ ማኅተም: postmark
Postulat {n}: የሙከራ ወቅት: postulate
postulieren: የሙከራ ወቅት/ ጊዜ ሰጠ: posit
postulierend: ሞካሪ/ ፈትኖ: positing
postuliert: ተሞካሪ/ ተፈትኖ: posited
postum: ጻፊው/ ደራሲው ከሞተ በኋላ የሚወጣ: posthumous, posthumously
Postwesen {n}: የፖስታ ሲስተም: postal system
potent: ባለችሎታ፣ ችሎታማ: potently
Potentat {m}: ኀበ ዝአውራ/ አለቃ፣ አባውራ: potentate
Potential {n}: ችሎታ: potential
Potentiale {pl}:: potentials
Potentialausgleich {m}: የኃይል ሚዛን መጠበቅ/ ማስተካከል: potential equalization
potentiell: የሚሆን/ መሆን የሚችል: potential
potenzieren: አሳደገ፣ ከፍ አደረገ: exponentiate
potenziert: ተጨማሪ/ ተጨምሮ: raised to higher power
Potpourri {n}: የተደባለቀ ሙዚቃ: medly
Potpourries {pl} :: medlies
Pottasche {f}: የንጥረ ነገር ዓይነት: potash
Pracht {f}: ቁንጅና፣ ውበት: magnificence, splendor, splendour, gorgeousness
Prachtausgabe {f}: ቆንጆ እትም መጽሐፍ: edition de luxe
Prachtausgaben {pl} :: editions de luxe
Prachtexemplar {n}: የቁንጅና/ ውበት ምሳሌ: splendid specimen, beauties
prächtig: ውብ፣ አንጸባራቂ: glorious, gorgeous, gorgeously, magnificent, splendid, magnificently, showy, splendid, splendorous
prachtvoll: እጅግ ውብ: gorgeously
Prädestination {f}: የዕለተ ልደት ዕድል/ ተሰጦ: predestination
Prädestinationen {pl} :: predestinations
prädestinieren: ቀድሞ ወሰነ: predestine
prädestinierend: ቀድሞ ወሳኝ/ ወስኖ: predestining
prädestiniert: ቀድሞ ተወሳኝ/ ተወስኖ: predestinated
prädisponieren: ለጥቃት/ በሽታ ተጋለጠ/ ተዘጋጀ: predispose
Präfix {n}: የኋላ ቅጥያ፣ ፕሪፊክስ: prefix
prägen: ወሳኝነት ሚና ተጫወተ: emboss
prägend: ወሳኝ ሆኖ: coining, minting
Pragmatik {f}: ቲኦሪን ከተግባር ማስማማት የሚችል: pragmatics, pragmatism
Pragmatiker {m}: አመዛዛኝ፣ ብልህ: pragmatist

pragmatisch: ብልህና የተመላበት: pragmatic, pragmatical, pragmatically
prägnant: አጭር፣ ልክ፣ ልክኛ: concise, incisive, succinct, concisely, incisively, succinctly, tersely
Prägnanz {f}: እርጉዝ፣ ነፍሰጡር: pithiness, sententiousness, conciseness
Prägung {f}: ተፅእኖ: coinage
Prägungen {pl} :: coinages, mintages
prähistorisch, urgeschichtlich: ቅድመ ታሪክ: prehistoric, prehistorical, prehistorically
prahlen (mit): አበራ፣ አንጸባረቀ፣ ረካ/ ተደሰተ: to boast (of, about), boast, brag
prahlend: ተደሳች/ ተደስቶ: boasting, bragging
Prahler {m, pl}: ተጫዋች/ ውይይት ወዳጅ: bouncer, bragger, swaggerer, swaggerers
Prahlerei {f}: ውይይት/ ጭዋታ: fanfaronade, grandiloquence, ostentatiousness, vainglory, boast
Prahlereien {pl} :: braggadocio, pomposities, vainglories
prahlerisch: ውይይታዊ: ostentatious, swaggeringly, vainglorious, vaingloriously, ostentatiously, vaingloriously
Praktiker {m}: ተለማማጅ: general practitioner, practitioner
praktisch, brauchbar: ተግባራዊ: applicatory, hands-on, practical, practically, virtually, practical, practically
praktische Anwendung: ተግባራዊ አጠቃቀም: implementation, implementation
praktische Erfahrung: ትግባራዊ ልምድ: rule of thumb
praktizieren, üben: ተለማመደ: to practise
praktizierend: ተለማማጅ/ ተለማምዶ: practising
Prälat {m}: የካቶሊክ ቄ ስ ገበዝ: prelate
prall: ሙሉ፣ ድፍን: plump, plumply
Prämie {f}: ዋጋ፣ ካሳ፣ እጅ መንሻ: bonus, premium, award
Prämien {pl} :: awards, premiums
Prämienvorauszahlung {f}: ቅድመ ሁኔታ: advance premium
Prämienzuschlag {m}: ተጨማሪ ክፍያ: additional premium
Prämisse {f}, Voraussetzung: ቅድመ ሁኔታ: premise
prangen: አበራ፣ አንጸባረቀ: show off
Pranger {m, pl}: ወንጀለኛ፣ መጥፎ ሥራ: pillory, pillories
Präparat {n}: የመድኃኒት ቅመማቅመም: prepatation
Präparate {pl}:: compounds
präpositional: አግባባዊ: prepositional, prepositionally
präsent: ያሁን ጊዜ/ ወቅት: present
Präsentation {f}: ስጦት፣ ሽልማት: presentation
präsentiert: ተሸላሚ/ ተሸለሞ: presented
Präsident {m}: መሪ፣ አስተዳዳሪ: president, governor, pres.
Präsidentschaft {f}: አስተዳዳሪነት: president ship
Präsidentschaften {pl} :: presidencies
präsidieren, präsidiere: አስተዳደረ፣ መራ: ፣ preside
präsidierend: መሪ/ መርቶ: presiding
präsidiert: መሪ ሆኖ/ ተመርጦ: presided
Präsidium {n}: አመራር: chairmanship
Praxis {f}, Übung, Gewohnheit: ልምምድ፣ ተግባር: practice
Präzedenzfall {m}: አምሳያ፣ ተምሳሌት: precedent
Präzession {f}: አዙሪት፣ ሽክርክሮሽ: precession, precision
predigen: ሰበከ፣ አስተማረ: preach, sermonize
predigend: ሰባኪ/ ሰብኮ: sermonizing, preaching
Prediger {m}: ሰባኪ፣ አስተማሪ: preacher, sermonizer, sermonizers
Predigt {f}: ስብከት፣ ትምህርት: sermon, homily
Predigten {pl} :: homilies, sermons
Preis {m}: ዋጋ: fee, price, prize, purchase
Preise {pl} :: prices, prives, prizes, fees
Preisabbau {m}: ዋጋ ቅናሴ: price cuts
Preisänderung {f}: ዋጋ ቅያሬ: change in prices
Preisänderungen {pl} :: changes in prices
Preisangabe {f}: ዋጋ ግምት: quotation of prices
Preisangebot {n}: ዋጋ ቅናሴ: quoted price, price quote
Preisanstieg {m}: ዋጋ ጭማሬ: rise in prices
Preise reduzieren: ዋጋ ቀነሰ: to cut prices
preisen: አመሰገነ፣ አወደሰ፣ አሞገሰ: eulogize, praise
preisend: አወዳሽ/ አወድሶ: eulogizing
Preisentwicklung {f}: የዋጋ ዕድገት: trend of prices
Preisentwicklungen {pl} :: trends of prices
Preiserhöhung {f}: ዋጋ ጭማሬ: markup
Preisfestsetzung {f}: የዋጋ ውሳኔ: ascertainment of price, price fixing
Preisfrage {f}: የዋጋ ጥያቄ : prize question
Preisgestaltung {f}: የዋጋ ግምጋሜ: pricing
preisgünstig: ርካሽ: low priced
Preisliste {f}: የዋጋ ዝርዝር: price-list
preislos: ዋጋ ቢስ: priceless
Preispolitik {f}: የዋጋ ፖሊሲ: price policy
Preisrichter {m}: ዋጋ ገማች: adjudicator, jury
Preisschild {n}: ዋጋ ማሳያ: price tag
Preissenkung {f}: ዋጋ ቅናሴ: price cutting, price reduction
Preissteigerung {f}: ዋጋ ጭማሬ: price increase
Preissturz {m}: ዋጋ ድቀት: slump
Preisstürze {pl}:: slumps
Preisträger {m}: ተሸላሚ: laureate
preiswert: ርካሽ/ ተመጣጣኝ ዋጋ: good value, inexpensive, inexpensively

preiswürdig: መወደድ/ ውድ መሆን ያለበት: worth the money
prellen: አንን፣ ወደላይ አነሳ፣ በፍጥነት ሮጠ: bounce, bouncing
Prellstein {m}: የማዕዘን ደንጋይ: kerbstone
Prellung {f}: ውስጣዊ ጉዳት/ ቁስል: contusion
Presse {f}: ዜና ማሰራጫ: squeezer, press
Presseamt {n}: የዜና ወኪል: public relation office
Pressebericht {m}: ሪፖርት: press report
Pressechef {m}: የዜና አላፊ: chief press officer
Pressefreiheit {f}: የመናገርና መጽሐፍ መብት: freedom of the press
Pressekonferenz {f}: ዜና መግለጫ: press conference
Pressemeldung {f}: ዘገባ: news item
Pressemitteilung {f}: አዲስ ዘገባ: press release
pressen: ጨመቀ፣ ጨቆነ: huddle, squeeze, press
pressend: ጨማቂ/ ጨምቆ: huddling, pressingly
Presskopf {m}: ከሥጋ የተሠራ ምግብ ዓይነት: headcheese
Preßköpfe {pl} :: headcheeses
Preßluft {f}: የጎና ነፋስ: pressluft
Prestigeverlust {m}: ተቀባይነት ማጣት: loss of face
prestigevoll: ማራኪ: prestigious, prestigiously
prickeln: ፈነጠቀ፣ ረጨ: tingle
prickelnd: ፈንጣቂ/ ፈንጥቆ: tingling, tingly
Priester {m}: ቄ ስ: priest, priestliness, shaman, shamans
priesterlich: ቅስናዊ: pontifical, priestly, pontifically
Priesterschaft {f}: ቅስና: priesthood
prima: ቆንጆ፣ ሸጋ፣ እስኬ፣ በጄ: topflight, topnotch, yummy
Primärbibliothek {f}: ምንጭ ቤተ መዘክር: source library
Primärdatei {f}: ዋና ፋይል: primary file
Primärdaten {pl} :: primary data
Primärprogramm {n}: ዋና ፕሮግራም: source program
primitiv: ኋላቀር፣ አሮጌ: primitive, primitively
Primitivismus {m}: ኃላቀርነት: primitivism
Primzahl {f}: የማይከፈል ቁጥር፣ ዜሮ: indivisible number, prime number
Prinz {m}: ልዑል: prince
Prinzessin {f}: ልዕልት: princess
Prinzip {n}: መመሪያ: principle
prinzipiell: በመሠረቱ: as a matter of principle
prinzlich: ልዑላዊ: princely
Priorität {f}: ቅድሚያ: priority
prioritisieren: ቅድሚያ ሰጠ/ አደረገ፣ አዳላ: prioritize
prioritisierend: አስቀዳሚ/ አስቀድሞ: prioritizing
Pritsche {f}: ጠርብ/ ጥርብ: slapstick, pallet
Pritschen {pl} :: slapsticks
privat, persönlich, nicht öffentlich: የግል/ ግላዊ: private, privately
Privatadresse {f}: የግል አድራሻ: home address
Privatadressen {pl} :: home addresses
Privatleben {n}: የግል ኑሮ: private life
Privatlehrer {m, pl}: የግል አስተማሪ: coacher, coachers, tutors
Privatwirtschaft {f}: የግል እንዱስትሪ: private industry
Privileg {n}, Sonderrecht: ልዩ መብት: privilege
pro: ለ/ በ...: per
pro Kopf: በራስ: capita
Probe {f}, Muster: ሙከራ: probational, probe, rehearsal, rehearse, specimen, test, tryout, sample
Probeauftrag {m}: የሙከራ ውል: trial order
Probeaufträge {pl} :: trial orders
Probebelastung {f}: የሙከራ ጫና: proof load
Probedruck {m}: የሙከራ ኮፒ: proof copy
Probefahrt {f}: የመኪና ሙከራ: test drive
Probefahrten {pl} :: test drives
Probeflug {m}: የሙከራ በረራ: test flight
Probeflüge {pl} :: test flights
Probekandidat {m}: የሙከራ ተመራጭ: probationer
Probelauf {m}: የሙከራ ሩጫ: trial run, dry run
proben: ሞከረ: rehearse
Probenummer {f}: የሙከራ ቁጥር: specimen number
Probezeit {f}: የሙከራ ወቀት: probationary period, qualifying period, time of probation
Probezeiten {pl} :: time of
probieren: ሞከረ፣ ቀመሰ: to try
Probierer {m, pl}: ሞካሪ: sampler, samplers
Probierstein {m}: የሙከራ ደንጋይ: touchstone
Probiersteine {pl} :: touchstones
Problem {n}, Aufgabe: ችግር፣ ሐሳብ: problem
problematisch: አስቸጋሪ: problematical, problematic, problematically
Probleme {pl} :: problems
Produkt {n}: ምርት: product
Produkte {pl} :: products
Produkthandel {m}: የምርት ንግድ: trade in agricultural produce
Produktion {f}, Erzeugung, Herstellung: ምርት፣ ውጤት: production
Produktionsanlage {f}: ማምረቻ: manufacturing-plant
produktiv: አምራች: productive, productively, proliferous
Produktivität {f}: ምርታማነት: productivity
Produzieren {n}: ማምረት: produce
profan: የተለመደ፣ ዓለማዊ: profanatory
professionell, beruflich: ሙያዊ (ለታወቀ): professional, professionally
Professorenschaft {f}: ምሁርነት: professorate
professorial: ምሁራዊ: professorial
Profil {n}: ገጽ/ ዓምድ፣ ከብር፣ ማዕረግ: profile
profitieren: አተረፈ/ ትርፍ አገኘ: to profit
profitierend: አትራፊ/ አትርፎ: profiting
profitiert: ትርፍ/ ተተርፎ: profited
profitlos: ትርፍአልባ፣ ከሳራ: profitless

Profitmacher {m}: አትራፊ: profiteer
Prognose {f}: ግምት: forecast
Prognosen {pl}:: forecasts
Prognostiker {m}: ዕውቀት ወዳጻ፣ ተንቢ: prognosticator
prognostisch: ትንቢታዊ: prognostic
Programierung {f}: መጫን፣ ማስተካከል (ለኮምፒዩተር): programming
Programm {n}: መጫን፣ ማስተካከል: programme
Programme {pl}:: programmes
Programmabbruch {m}: የፕሮግራም ድቀት: abortion
programmabhängig: የፕሮግራም ጥገኛ: program dependent, program-sensitive
Programmausführung {f}: ፕሮግራም መተግበር: program execution
Programmbaustein {m}: የፕሮግራም መሠረት: program module
Programmbeschreibung {f}: ፕሮግራም ማውጫ: program description
Programmbibliothek {f}: የፕሮግራም መዘክር: program library
Programmbinder {m}: መዘወር: linker
Programmentwicklungssystem {n}: ፕሮግራም መጻፊያ ሲስተም: program development system, software tool
programmgemäß: በፕሮግራሙ መሠረት: as planned
Programmgestaltung {f}: የፕሮግራም ተገብሮ: programming
programmierbar: ፕሮግራም መደረጊያ: programmable
Programmierbarkeit {f}: ፕሮግራም ተደራጊነት: programmability
programmieren: ፕሮግራም አደረገ: program, programm
programmierend: ፕሮግራም አድራጊ/ አድርጎ: programing, programming
Programmierer {m, pl}: ፕሮግራም አድራጊ: Programmer, programmers
Programmiersprache {f}: የፕሮግራም ቋንቋ: program language, programming language
programmiert: ፕሮግራም ተደራጊ/ ተደርጎ: programmed, programed, reprogrammed
Programmkennzeichnung {f}: የፕሮግራም መታወቂያ: program identification
Programmlauf {m}: ተገብሮ/ ተግባር: object run, program run
Programmlaufdauer {f}, Programmlaufzeit: የፕሮግራሙ ሂደት: object time
Programmmodifikation {f}: የፕሮግራም ኩረጃ: program modification
Programmpaket {n}, Softwarepaket: የፕሮግራም ጥቅል: software package
Programmpflege {f}: ፕሮግራም መርጃ: program maintenance
Programmschalter {m}: መንስኤ ፕሮግራም: switchpoint, alterable switch
Programmschritt {m}: የፕሮግራም ደረጃ: program step
Programmschrittzähler {m}, Befehlszähler: የፕሮግራም ስተት መቆጠሪያ: program counter
Programmsteuerung {f}: የፕሮግራም መዘወሪያ: program control
Programmstruktur {f}: የፕሮግራም አሠራር: programm architecture
Programmübersetzung {f}: የፕሮግራም መተርጎም: program translation
programmunabhängig: ከዕቅድ ውጭ: program independent
Programmunterbrechung {f}: የፕሮግራም መቋረጥ: program interrupt
Programmverknüpfung {f}: ፕሮግራም ማስተካከያ: program linkage
Programmverschiebung {f}: ፕሮግራም መሳቢያ: program relocation
Programmverzweigung {f}: ፕሮግራም ማራቢያ/ ማዳቅያ: program jump
Programmzustand {m}: የፕሮግራም ይዞታ: program mode, program state
Programmzweig {m}: የፕሮግራም ቅርንጫፍ: leg, program branch
Projekt {n}: ዓውደ ጥናት: project
Projektion {f}, Vorausschau, Vorsprung: እርምጃ/ እይታ፣ ግምጋሜ: projection
Projektor {m}: ፊልም ማሳያ: projectionist, projector
Projektortisch {m}: የፊልም ማሳያ ጠረጴዛ: projector table
Projektplanung {f}, Systemanalyse: ያውደ ጥናት ማውጫ/ ዕቅድ: project planning, system engineering
Projektrealisierung {f}: ያውደ ጥናት ተገብሮ: realization of the project
proklamieren: ማስታወቂያ አወጣ: proclaim
proklamierend: ማስታወቂያ አውጭ/ አውጥቶ: proclaiming
Proktologe {m}: የሰውነት አሠራር ዕውቀት ያለው: proctologist
Proktologie {f}: የሰውነትን አሠራር የሚያጠና ሕክምና ዘርፍ: proctology
prolabieren: ተፈነጠረ፣ ከቦታው ወጣ: prolapse
prolabierend: ተስፈንጣሪ/ ተስፈንጥሮ: prolapsing
Prolet {m}: ጨዋ፣ ማይም: cad
Proletarier {m}: ወዛደር: proletarian
Proleten {pl} :: cads
Prolog {m}: መግቢያ፣ መቅድም፣ ሽፍደት: prologue, prolog
Promenade {f}: ሽርሽር: boardwalk, alameda, boardwalks
promenierend: ሽርሽር ሄጅ/ ሄዶ: promenading
Promille {f}: ያልኮል መለኪያ: per mille
prominent: ዕውቅ: prominently
Prominente {m, f}: ታዋቂ: socialite, well-known people, prominent
Prominenten {pl} :: socialites

Prominenz {f}: ዕውቅ ሽማግሌ/ ምሁር: notables
promovieren, promoviere: ሠለጠነ፣ ተመረቀ: graduate
promovierend: በሆነ ሙያ ሠልጣኝ/ ሠልጥኖ: graduating
promoviert: ምሩቅ/ ተመርቆ: graduated
Pronomen {n}: ተውላጠ ስም: pronoun
Pronomina {pl} :: pronouns
Propagandaministerium {n}: የፕሳፓጋንዳ ሚኒስተር: ministry of information
Propagandaministerien {pl} :: ministries of informations
Propagandist {m}: ፕሮፓዳንዲስት: propagandist
propagandistisch: ፕሮፓጋንዳዊ: propagandistic, propagandistically
propagieren: የፕሮፓጋንዳ ሥራ አከናወነ፣ ወሸከተ፣ ለፈለፈ: make-propaganda-for, propagandize, publicize
propagierend: ለፍላፊ/ ለፍልፎ: propagandizing, publicizing
Prophet {m}, Weissager: ነቢይ፣ ተንቢ: seer, predictor, prophet
Propheten {pl} :: seers, prophetesses
Prophetin/ nen {f/ pl}: ነቢዪት፣ ነቢይ: prophetesses
prophetisch: ትንቢታዊ: predictive, prophetic, predictively, prophetical, prophetically
prophezeien, voraussagen: ተነበየ፣ ትንቢት ተናገረ: bode, prophesy, predict
prophezeiend: ተንቢ/ ተንብዮ: auguring, boding, presaging, prophesying, predicting, prefiguring
prophezeit: ተተንቢ/ ተተንቢቶ: prophesied, augured, boded, prefigured, presaged
Prophezeiung {f}, Weissagung, Voraussage: ትንቢት፣ ንግርት: augury, presage, prediction, prophecy
Prophezeiungen {pl} :: auguries
proportional: ተመጣጣኝ: proportional, proportionally
proportionierend: አመጣጣኝ/ አመጣጥኖ: proportioning
proportioniert: ተመጣጣኝ/ ተመጣጥኖ: proportioned
Prosa {f}: ያልተስተካከለ ቋንቋ/ አባባል፣ ስድ ግጥም: prose
prosaisch: ግልጥ፣ ወዝአልባ፣ ጸያፍ አነጋገር: prosaic, prosaically
Prospekt {n}: ማስታወቂያ፣ ትንሽ መግለጫ: prospectus
Prosperität {f}, Wohlstand: ክብረት/ ኃብት: prosperity
prost: ለጤናህ/ ሽ/ ዎ...: cheers, skoal
prostituierend: ሸርሙጣ/ ሸርሙጦ: prostituting
protegieren: አጻላ፣ ድጋፍ ሰጠ: sponsor
protegierend: ድጋፍ ሰጭ/ ሰጥቶ: sponsoring
Protestant {m}: ሉተራዊ: protestant
Protestanten {pl}:: protestants
Protestieren {n}: መቃወም: remonstration
protestieren: ተቃወመ፣ ተቃውሞ አደረገ: remonstrate, to protest
protestierend: ተቃዋሚ/ ተቃውሞ: remonstrating, remonstrative
Prothese {f}: መላምት: prosthesis
Prothesen {pl} :: prostheses
prothetisch: አርቴ ፍሻላዊ: prosthetic, prosthetically
Protokoll {n}: ቃለ ጉባኤ: protocol, journal
Protokolldatei {f}: ቃለ ፋይል: log file
Protokolle {pl} :: protocols
protokollieren: ቃለ ጉባኤ ያዘ/ ጻፈ: log, record
Proton {n}: ፖዘቲቭ ያለው ኢለመንት: proton
Protonen {pl}:: protons
Protoplasma {n}: የደም ክፍል: protoplasm
Prototyp {m}, Urbild: መነሾ፣ ምንጭ: prefiguration
prototypisch: መንስኤያዊ: prototypal, prototypic
protzen: አሳደገ፣ ከፍ አደረገ: splurge
protzig: አንጸባራቂ፣ ትልቅ፣ ሳቢ: swank, snobbish, swankily
Proviant {m}: መጦር/ እንክብካቤ: provisions
Provinz {f}: አውራጃ: province
Provision {f}: ባለእኩል፣ ተካፋይ: kickback
Provisionen {pl} :: kickbacks
provisorisch: ወቅታዊ፣ ጊዜያዊ: tentative, provisional
Provokation/en {f/ pl}: ትንኮሳ፣ ጠብ ጫሪነት: provocativeness
provokatorisch: ጠብ ጭረታዊ: provocatively
provozieren, provoziere: ጠብ ጫረ፣ ተተናኮለ: provoke
provozierend: ተተናኳይ/ ተተናኩሎ: provoking, provokingly
Prozedur {f}, Verfahren: ቅደም ተከተል: procedure, procedure
Prozeduren {pl} :: procedures
prozedurgemäß: በቅደም ተከተሉ መሠረት: approbiate to the procedure
Prozent {n}: መቶኛ: percent, percentage, per cent
Prozente {pl} :: cents
Prozentrechnen {n}: መቶኛ ማስያ: percentages
Prozentsatz {m}: መቶኛው ክፍል/ ድርሻ: percentage
prozentual: መቶኛዊ: percental
Prozeß {m}: ሂደት፣ ክንውን: litigation, process, lawsuit, process
Prozesse {pl}:: processes, litigations, processes
Prozeßführer {m}: ሂደት መሪ: litigant
Prozeßführung {f}: ሂደት አመራር: conduct of a case
prozeßieren: አከናወነ፣ አካሄደ: litigate
prozeßierend: አካሃጅ/ አካሂዶ: litigating
prozeßiert: ተከናዋኝ/ ተከናውኖ: litigated
Prozeßliste {f}: የሂደት ዝርዝር: docket
Prozessor {m}: የኮምፕዩተር ክፍል: processor

Prozessoren {pl} :: processors
Prozeßrechner {m}: የኮምፒዩተር ክፍል: process computer
prüd, zimperlich: አክራሪ፣ ወግ አጥባቂ: straitlaced, prudish
prüfbar: ተሞካሪ፣ ተፈታኝ: perusable, testable
Prüfbericht {m}: የሙከራ ዘገባ: test report
Prüfbit {n}: የሙከራ ጽሑፍ/ ቅንጣት: parity bit, check bit
Prüfen {n}, Prüfung, Untersuchung, Test: መፈተን: verifying, test
prüfen, untersuchen, verhören: ሞከረ፣ ፈተነ: canvass, check, examine, peruse, prove, scrutinize, to test, verify
prüfend: ሞካሪ/ ሞክሮ: canvassing, checking, perusing, scrutinizing
Prüfer {m/ pl}, Untersucher: ፈታኝ፣ ተቆጣጣሪ: assayer, assayers, checker, checkers, tester, triers, testers, trier, examiner
Prüfschild {n}: የሙከራ ምልክት: test plate
Prüfstand {m}: መቆጣጣሪያ: test stand, test-bench
Prüfstände {pl} :: test stands
Prüfstein {m}: መሠረት ደንጋይ: touchstone
Prüfsteine {pl} :: touchstones
Prüfstelle {f}: ኬላ፣ መቆጣጣሪያ: checkpoint
Prüfsumme {f}: ወቅታዊ ድምር: gibberish total, hash total, proof total, checksum
Prüfsystem {n}: መለማመጃ: exerciser
Prüfung {f}, Probe, Verhandlung, Untersuchung: ፈተና፣ ፍተሻ፣ ሙከራ፣ ሂደት: exam, examination, inspection, test, ordeal, scrutiny, testing, tryout, trial
Prüfungen {pl} :: examinations, exams, scrutinies, tryouts
Prüfungsarbeit {f}: የፈተና ሥራ/ ጽሑፍ: examination paper
Prüfungsauftrag {m}: የፈተና ይዞታ: audit assignment
Prüfungsausschuß {m}: ፈተና አውጭ ክፍል: audit commitee, examining board, auditing standard
Prüfungshonorar {n}: የፈተና ክፍያ: audit fee
Prüfungsprogramm {n}: የፈተና ፕሮግራም: audit program
Prüfungsstelle {f}: ፈተና ቦታ: auditing agency
Prüfungsverband {m}: የፈተና ቡድን: auditing association
Prüfverfahren {n}: የፈተና ሂደት: test method
Prüfzustand {m}: የፈተና ይዘት: test state, lickings
Prügel {m, pl}: ቡጢ፣ ዱላ፣ መቧከስ: floggings
prügeln: ተቧከሰ፣ ተመታታ: fustigate, thrash, cudgel
prügelnd: ተቧካሽ/ ተቧክሶ: cudgeling, thrashing
Prügelstrafe {f}: ርግጫ/ ዱላ ቅጣት: fustigation
Prunk {m}: ምቾት፣ ድሎት: grandiosity, pageantries, pageantry, gaudiness, pomposity
prunkhaft: ድሎታዊ: showily
Prunkhaftigkeit {f}: ምቾታማነት: showiness
prunkvoll: ባለምቾት/ ድሎት: pompous, pompously, pompously
Psalm {m}: መዝሙር: psalm
Psalmen {pl}: መዝሙራት: psalms
Psalmist {m}: መዝሙረ ዳዊት: psalmist
pseudo: ድብቅ: schein-
Pseudoadresse {f}: ወቅታዊ/ የውሸት አድራሻ: pseudo address
Pseudobefehl {m}: ወቅታዊ ትእዛዝ: pseudo instruction
pseudonym: አርቴ ፍሻል: pseudonymous, pseudonymously
Pseudonyme {f}: አርቴ ፍሻል: pseudonyms
Pseudonymität {f}: አርቴ ፍሻልነት: pseudonymity
Pseudonymitäten {pl} :: pseudonymities
pst: እጭ: hist, shush
Psyche {f}: ሥነ ኀሊና: psyche
Psychiater {m}: ሳይኮሎጅስት: psychiatrist psychiatrically, psychiatrical
Psychiatrie {f}: የሥነ ኀሊና እንክብካቤ: psychiatry
Psychiatrien {pl} :: psychiatries
psychiatrisch: ሳይኮሎጂካዊ: psychiatric,
psychisch: ሥነ ኀሊናዊ: psychic
psychoanalisieren: የሥነ ኀሊና እንክብካቤ አደረገ: psychoanalyze
psychoanalisierend: የሥነ ኀሊና እንክብካቤ አድራጊ/ አድርጎ: psychoanalyzing
Psychoanalyse {f}: የሥነ ኀሊና ግምጋሜ: psychoanalysis
Psychoanalysen {pl} :: psychoanalyses
Psychoanalytiker {m}: ሥነ ኀሊና ተመራማሪ: psychoanalyst
psychoanalytisch: የሥነ ኀሊና ምርምራዊ: psychoanalytic, psychoanalytically, psychoanalytical
Psychologe {m}: የሥነ ኀሊና ምሁር: psychologist
Psychologie {f}, Seelenkunde: የሥነ ኀሊና ጥናት: psychology
Psychologien {pl} :: psychologies
psychologisch: ሥነ ኀሊናዊ: psychologic, psychological, psychologically
Psychoneurose {f}: የሥርወ ሕሊና ምሁር: psychoneurosis
Psychoneurosen {pl} :: psychoneuroses, psychopaths
Psychopathie {f}: ሥርወ ኀሊና: psychopathy
psychopatisch: ሥርወ ኀሊናዊ: psychopathic, psychopathically
Psychose {f}: የኀሊና ተመራማሪ: psychosis
Psychosen {pl} :: psychoses
Psychotherapeut {m}: የኀሊና በሽታ ተንከባካቢ: psychotherapist
Psychotherapie {f}: የሥነ ኀሊና እንክብካቤ: psychotherapy
Psychotherapien {pl} :: psychotherapies
Publikation {f}: እትም: publication

Publikationen {pl} :: publications
Publikum {n}: ሕዝብ: audience, public
publizieren, veröffentlichen: አሳተመ: publish
publizierend: አሳታሚ/ አሳትሞ: headlining
publiziert: ታታሚ/ ታትሞ: headlined, published
Publizist {m}: ጸሐፊ: publicist
Pudel {m}. Pulver: የሰውነት ማሳመሪያ ዱቄ ት: poodles, poodle, powder
pudern: ፈጨ፣ በዱቄ ት አጊያጠ/ አስጌጠ: to powder
püfen: በቦክስ/ ጥፊ መታ: diagnostic
Puff {m}: ቦክስ፣ እርግጫ: toke, buffet
Puffe {pl} :: tokes
puffen: እርግጫ/ ጥፊ ሰጠ: chug
Puffer {m}: ደንቆሮ፣ ዱላ: buffer
Puffer {pl}:: buffers
Pullover {m, pl}: ሹራብ: sweater, sweaters
pulsieren: አንኳኳ፣ አጨበጨበ: pulsate
Pulsschlag {m}: የልብ ትርታ: pulsation, pulse beat
Pult {n}, Schreibtisch: ዓውድ፣ ወንበር: console, desk
Pulver {n}: ዱቄ ት: powder
pulverig: ዱቄ ታማ: powdery
pulverisieren: ዱቄ ት አቦነነ: pulverize, triturate
Pulverisierung {f}: መፍጨት፣ ዱቄ ት ማድረግ: pulverization
Pumpe {f}: ቧ ንቧ : pump
pumpen: ቧንቧ ቀዳ/ አፈሰሰ: pump
Punkt {m}: ነጥብ: point, punctilio, dot
Punkt 10 Uhr: ልክ ባሥር ሰዓት: at ten o'clock sharp
Punkte {pl}:: punctilios, points, dots
Pünktchen {n}: ትንሽ ነጥብ: jot, tittle, jots, tittles
pünktlich: ልክ በሰዓት: on time, punctual, punctuality, punctually
Pünktlichkeit {f}: ሰዓትአክባሪነት: exactingness, punctuality, timeliness
Pünktlichkeiten {pl} :: punctualities
Pupille {f}: ያይን ብሌን: pupil
Püppchen {n}: ሕፃን፣ ጨቅላ: moppet, moppets
Puppe {f}: የሕፃናት መጫዎቻ: doll, dolly, pupa
Puppen {pl} :: dolls, pupae, dollies
Püree {n}: ባህል፣ ወግ ደምብ: puree, mash
Purismus {m}: ቋንቋን ከባዕድ ቃላት ማጽዳት: purism
Purist {m}: ቋንቋ አጽጂ: purist
Puritaner {m, pl}: ቆሻሻ ለባሽነት/ መልበስ፣ አካልን በቆሻሻ በከለል፣ የቀደም አውሮጳውያን ባሕል: puritan, puritans
puritanisch: ኅስቋላዊ: puritanically, puritanical
Puritanismus {m}: የቆሻሻ መልበስ ባሕል: puritanism
Purpur {m}: ጋቢ: purple
purpurfarbig: ዝንጉርጉር: purplish
Pustel {f}: ለምጥ፣ ጠባሳ ምልክት: pustule, blaine
pustelig: ለምጣማ/ም: pimpled
Puter {m, pl}: ኮረዳ: gobbler, gobblers
putten: በሳ/ ቀደደ: putt
Putz {m}: ጽዳት: trappings
putzbar: ተጸጂ: cleanable
putzen Sie Ihre Schuhe: ጫማዎን ያጽዱ: give your shoes a shine
putzen, reinmachen, säubern: አጸዳ፣ አጠበ፣ አለቀለቀ: brush, furbish, preen, clean
Putzfrau {f}, Raumpflegerin: ጽዳት ሠራተኛ: charwoman, charwoman
Putzfrauen {pl} :: charwomen
Pygmäe {m}: የሕዝብ ስም: pygmy
Pygmäen {pl}:: pygmies
pyramidal: ፒራሚዳዊ: pyramidal
Pyramide {f}: የፈርአውያን ግንብ: pyramid
Pyramiden {pl} :: pyramids
Pyrometer {m}: የሙቀት መለኪያ: pyrometer
Pyrotechnik {f}: የእሳት ጥበብ፣ ርችት: pyrotechnics
pyrotechnisch: ርችታዊ: pyrotechnic, pyrotechnical, pyrotechnically
Pythonschlange {f}: ዘንዶ፣ የእባብ ዓይነት: python

Q

Quacksalberei {f}: **የድንቆርና ተግባር**: quackery
Quacksalbereien {pl} :: quackeries
Quadrant {m}: **አንድአራትኛ ንፍቀ ክበብ**: **ባላራት ማዕዘን**: quadrant
Quadrat {n}: **ማዕዘን፣ አራት ጎኑ እኩል** :: square
Quadrate {pl}:: squares
quadratisch, rechteckig: **አራትማዕዘናዊ**: quadratic, quadrate, quadratics
Quadratmeter {m, pl}: **የቦታ ልክ/ መለኪያ**: square meter, square meters
quäken: **አነዘነዘ/ አለቀሰ**: mewl, squawk
quäkend: **አልቃሻ/ አልቅሶ**: mewling, squawking
Quäker {m}: **አልቃሻ**: quaker
Quäkertum {n}: **ንዝናዜ/ እንጉርጉሮ**: quakerism
quälen, sich sorgen: **አሰቃየ፣ ደበደበ**: agonize, smite, tantalize, toil, to worry
quälend: **አሰቃይ/ አሰቃይቶ**: afflicting, agonizing, anguishing, grilling, harassingly, haunting, obsessing, tantalizing, toiling, hauntingly, obsessingly
Quäler {m, pl}: **ገራፊ፣ ግፍ ፈጻሚ**: tormentor, tormentors
quaken: **ጮኸ፣ ጠራ**: croak, quack
quakend: **ጠሪ/ ጠርቶ**: croaking, quacking
Qual {f}: **ስቃይ፣ መከራ**: agony, anguish, distress, dolor, excruciation, pain, torment, torture
Qualen {pl} :: agonies, torments, dolors, pains
qualifizierbar: **ፎርሙላ/ ውድድር አሟይ**: qualifiable
qualifizierend: **ፎርሙላ/ ውድድር አሟይ/ አሟልቶ**: qualifying
Qualifizierung {f}: **ውድድር ማለፍ**: qualification
Qualität {f}: **ጥራት**: quality
Qualitäten {pl} :: qualities
qualitativ: **የጠራ፣ ጥርት ያለ**: qualitatively, qualitive
Qualitätsarbeit {f}: **ጥራት ያለው ሥራ/ ተግባር**: high quality work
Qualitätssicherung {f}: **ጥራት አጠባበቅ**: quality assurance
Qualitätsware {f}: **ጥራት ያለው ዕቃ**: quality goods
Qualitätswaren {pl} :: quality good
Qualitätswein {m}: **የተጣራ ወይን**: vintage wine
Qualm {m}: **ጭስ**: fume
qualmig: **ጭሳማ/ም**: smoky
qualvoll: **አሰቃይ**: agonizing, distressful, harrowingly, very painful, distressfully
Quantenmechanik {f}: **ያቶም ጥበብ**: quantum mechanics
Quantifizierung {f}: **ያቶም ይዘትን በሒሳብ መግለጽ**: quantization
quantisieren: **የሒሳብ ፎርም አወጣ**: quantize
Quantität {f}, Menge: **ብዛት**: quantity
Quantitätsbestimmung {f}: **የመጠን መለካት**: quantification
Quarantäne {f}: **ግዞት መያዝ፣ ማጋዝ**: quarantine
Quarantänen {pl} :: quarantines
Quark {m}: **የወተት ምግብ ዓይነት**: curd
Quartett {n}: **ሩብ ዓመት**: quartette, quartet
Quartette {pl} :: quartettes, quartets
Quartier {n}: **ካምፕ፣ መጧሪያ**: accommodation
Quartiere {pl} :: accomodations
Quartiermeister {m}: **የካምፕ አለቃ**: quartermaster, quartermasters
Quarz {m}: **የሚኒራል ዓይነት**: quartz
quasseln: **ለፈለፈ፣ ቀባጠረ**: yap
quasselnd: **ወሸካታ/ ወሸከቶ**: yapping
Quatsch {m}: **ጫጫታ፣ ግዛ ምዛ**: jabberwocky, balderdash, baloney, blah, flubdub, hogwash, malarkey, nonsense, poppycock
Quatsch!: **ወዮ!**: My feet!
quatschen: **አወራ፣ ተጫወተ**: piffle
quatschend: **ተጫዋች/ ተጫውቶ**: blathering, piffling
Quecksilber {n}: **የብረት ንጥረ ነገር**: mercuric, mercury, quicksilver
Quelle {f}, Ursprung: **ምንጭ**: source, wellspring, fount, sourse, sourse, source
Quellen {pl} :: sources, wellsprings, founts
Quellenangabe {f}: **ምንጭ ማሳወቅ**: list of references
Quellenmaterial {n}: **ዓውደ ምንጭ**: source material
Quellenstudium {n}: **የምንጭ ጥናት**: basic research
Quellenstudien {pl} :: basic researchs
quengelig: **ለማኝ፣ አስቸጋሪ**: grouchy, querulous, querulously
quengeln: **ለመነ፣ አደናገረ**: grouch
quengelnd: **ለማኝ/ ለምኖ፣ አስቸግሮ**: grouching
quer durch, hinüber, herüber: **በመካከል**: across
quer: **ማዕዘናዊ**: across, athwart, cross, transverse
Querachse {f}: **የእግድም ምሰሶ**: lateral axis
Querachsen {pl} :: lateral axes
Querbalken {m}: **አግዳም ቡና ቤት**: crossbar, cross beam, crossbars
querfeldein: **አገር አቋራጭ**: cross country
Querschiff {n}: **ድምድም፣ የቤት ተዋራጅ**: transept
Querschiffe {pl} :: transepts
Querschläger {m, pl}: **ተኩስ**: ricochet, ricochets
Querschnitt {m}: **ሹፌር ቁርጥ**: cross section, profile, transverse section

Querstraße {f}:ማዕዘናዊ መንገድ: cross-road, crossroad
Querstraßen {pl} :: crossroads, cross roads
Quersumme {f}: የድርድር ቁጥሮች ድምር: crossfoot
Querverbindung {f}: ማዕዘናዊ መጋጠሚያ: cross connection, tie trunk
Querverbindungen {pl} :: cross connections
quetschen: ተጫነ፣ እጅ/ ጣት ዳጠ/ ቀነጠፈ: contuse, squish
quetschend: ተጫኝ/ ተጭኖ: bruising, squeezing, swatting
quicklebendig: ቋሚ፣ ኗሪ: as fresh as a daisy
quieken: ጠራ፣ ድምጽ አሰማ: squeak
quiekend: ድምጽ አሰሚ/ አሰምቶ: squeaking
quietschen: ተንጫጫ፣ ተብላላ: squeak
Quinte {f}: የሙዚቃ አምስትኛ ድምጽ: quint
Quinten {pl} :: quints
quitt: ነፃ: even with, squared
Quitte {f}: የፍራፍሬ ዓይነት: quince
Quitten {pl} :: quinces
quittieren: ካርኒ ቆረጠ፣ ሰጠ: to receipt, acknowledge
quittierend: ካርኒ ቆራጭ/ ቆርጦ: receipting
quittiert: ካርኒ ተቀባይ/ ተቀብሎ: receipted
Quittung {f}: ካርኒ: quittance, receipt
Quittungen {pl} :: quittances
Quiz {n}: ጥያቄ : quiz, quickie
Quorum {n}: ድምዳሜ ያለው ቁጥር: quorum
Quote {f}: ክፍል/ ክፍያ: quote
Quoten {pl} :: quotas

R

Rabatt {m}: ዋጋ ቅናሴ/ ምረቃ: rebate
Rabatte {pl} :: rebates, deductibles
Rabattmarke {f}: የዋጋ ቅነሳ ምልክት: discount ticket
Rabbiner {m, pl}: መምህር: rabbi, rabbis
rabbinisch: መምህራዊ: rabbinic, rabbinical, rabbinically
Rabe {m}: ጠጻል፤ ያሞራ ዓይነት: raven
Raben {pl} :: ravens
Rabenelter {n}: አሳዳጊ: unnatural parents
Rabeneltern {pl}: አሳዳጊ: unnatural parents
Rabenfeder {f}: የጠጻል ላባ: crow quill
Rabenhaar {n}: ያሞራ/ ጠጻል ላባ: raven black hair
Rabenmutter {f}: የእንጀራ እናት: unnatural mother
Rabenvater {m}: የእንጀራ አባት: unnatural father
rabiat : ቁጣ/ ብስጭት: raving
Rache {f}: በቀል: vengeance, revenge
Racheakt {m}: የበቀል እርምጃ: act of revenge
Racheakte {pl} :: acts of revenge
Rachen {m}: ላንቃ: pharyngeal
rächen: ተበቀለ፤ በቀል ተወጣ: avenge, revenge
Rachenhöhle {f}: የላንቃ ቀዳዳ: pharynx, pharyngitis
Rächer {m}: በቀለኛ፤ ደም መላሽ: avenger
racheschnaubend: በቀለኛ/ ቂመኛ: vengeful
Rachgier {f}: በቀል የጠማው: thirst for revenge
rachgierig: በቀለኛ: revengeful
Rachitis {f}: የበሽታ/ ሕመም ዓይነት: rickets
Rachsucht {f}: በቀል/ ቂም መፈለግ: vindictiveness, revengefulness
Rachsüchte {pl} :: vindictivenesses
rachsüchtig: በቀለኛ/ ቂመኛ: revengeful, revengefully, vindictive, vindictively, vengefully
Rachsüchtigkeit {f}: በቀለኛ-/ ቂመኛነት: vengefulness
Racker {m}: ረባሽ ሕፃን: varmint, varmints
Rad {n}: ማሽከርከሪያ: wheel
Radachse {f}: እንዝርት: axle
Radachsen {pl}:: axles
Radantrieb {m}: ማሽከርከሪያ: wheel drive
Radantriebe {pl} :: wheel drives
Radar {m}: ያየር መቆጣጠሪያ: radar
Radaranlage {f}: ያየር መቆጣጠሪያ መሳሪያ: radar unit
Radarbildschirm {m}: ያየር መቃወሚያ ማሳያ: radarscreen, radarscope
Radargerät {n}: ያየር መቃወሚያ መሳሪያ: radar equipment
radargesteuert: ባየር መቃወሚያ ተዘዋሪ: radar guided
Radargürtel {m}: የራዳር ትጥቅ: radar curtain
Radarkontrolle {f}: ራዳር መቆጣጠሪያ: radar speed check
Radarlandegerät {n}: የራዳር መጫኛ መሳሪያ: approach control radar
Radarschirm {m}: ራዳር ማንፀባረቂያ: radar screen
Radarschirmbild {n}: የራዳር መስተዋት ስእል: radar display
Radarstation {f}: የራዳር ጣቢያ: radar station
Radarsteuerung {f}: የራዳር መዘወሪያ: radar control
Radarstörsender {m}: ፀረ ራዳር: radar jammer
Radarwarnnetz {n}: የራዳር ማስጠንቀቂያ: radar warning network
Radarzeichnung {f}: የራዳር ምልክት: radar plotting
Radaubruder {m}: ዱላኛ: rowdy
Radaufhängung {f}: ማስከርከሪያ: wheel suspension
Radaufhängungen {pl} :: wheel suspensions
Radbremse {f}: ፍሬን: wheel brake
Radbremsen {pl} :: wheel brakes
Rädchen {n}: ትንሽ ጎማ: small wheel
Rädelschraube {f}: የጎማ ምስማር: knuried screw, ringleader
Räder {pl}: ጎማ: wheels
Räderwerk {n}: የጎማ ሥራ: wheelwork
radfahren: ሳይክል ነዳ: bicycle
radfahrend: ሳይክል ነጅ/ ነድቶ: bicycling, pedaling
Radfahrer {m}: ሳይክል ነጅ: biker, cyclist, bicyclist
Radfahrerweg {m}: የባይስክል መንገድ: bikeway
Radfelge {f}: ካንቴ ና: wheel rim
Radfelgen {pl} :: wheel rims
radförmig: ክብ/ አሽከርካሪ: wheel shaped
Radgabel {f}: ጎማ ማስገቢያ/ ካንቴና: wheel fork
Radgabeln {pl} :: wheel forks
Radgestell {n}: ጎማ ማቀፊያ: wheel frame
Radgestelle {pl} :: wheel frames
radial, sternförmig: ኮከብ መሰል: radial
Radialfräser {m}: መብሻradial milling cutter
Radialnerv {m}: የካንቴና ብረት: radial nerve
Radialschlag {m}: ማሽከርከሪያ: eccentrcity
Radiation {f}: ጨረር: streng rigorous
Radien {pl}, (Radius): ራዲዬስ: radii
radieren, löschen: አጠፋ፤ ደመሰሰ: erase
Radierer {m}: መደምሰሻ: etcher
Radiergummi {m}: ላጲስ: india rubber, rubber, eraser
Radierkunst {f}: የማጥፋት ጥበብ: etching
Radiernadel {f}: የመደምሰሻ/ ማጥፊያ መድፌ: etching needle
Radierungen {pl} :: etchings
Radieschen {n}: ማጥፊያ/ ላጲስ: radish
radikal: አክራሪ: ultra, radically
radikalisieren: አከረረ፤ ወግ አጠበቀ: radicalize
radikalisierend: አክራሪ/ አክርሮ: radicalizing

radikalisiert: ተነጅ/ ተነድቶ: radicalized

Radikalisierung {f}: መቀስቀስ/ ማነሳሳት: radicalization

Radikalismus {m}: አክራሪነት: radicalism, radicalness

Radikalist/en {m/pl}: አክራሪ: rads

Radio {n}: ራዲኦ/ ዮ: radio

Radio hören: ራዲዮ አዳመጠ: to listen in

Radioaktiv {n}: ጨረራ: radioactive, radioactively

radioaktiv: ጨረራዊ: radio-active

radioaktiver Grundstoff: መርዛማ ንጥረ ነገር: radioelement

Radioaktivität {f}: መርዛማነት: radioactivity

Radioaktivitäten {pl} :: radioactivities

Radioansager {m}: ጣቢያ ማስተካከያ: radio announcer

Radioastronomie {f}: የሕዋ ጥናት ዓይነት: radio astronomy

Radiobastler {m}: ራዲዮ ጠላፊ: radio amateur

Radiobiologe {m}: ያቶም ጥናት ምሁር: radiobiologist

Radiobiologie {f}: ያቶም ጥናት/ ምርምር: radiobiology

Radiochemie {f}: የኬሚስትሪ ጥናት ዓይነት: radiochemistry

Radiochemiker {m}: የኬሚስትሪ ባለሙያ: radiochemist

Radiodurchsage {f}: የራሽዮ ማስታወቂያ: radio announcement

Radiofrequenz {f}: የራዲዮ ሞገድ: radio frequency

Radiofrequenzen {pl} :: radio frequencies

Radiogehäuse {n}: ራዲዮ ማስቀመጫ: receiver cabinet

Radiogeschäft {n}: የራዲዮ ሱቅ: radio shop

Radiogramm {n}: የመለኪያ ዓይነት: radiograph, radio graph

Radiogramme {pl} :: radiographs

radiographisch: የራዲዮ ልክ: radiographic

Radiohändler {m}: ራዲዮ ነጋዴ: radio dealer

Radiokanal {m}: የራዲዮ ጣቢያ: radio channel

Radiokompaß {m}: የራዲዮ መጠቆሚያ: radiokompass

Radiokompasse {pl} :: radio compass

Radiologe {m}: የጨረር ምሁር: radiologist

radiologisch: ጨረራዊ: radiologic, radiological, radiologically

Radiomechaniker {m}: ራዲዮ ጠጋኝ: radio mechanic

Radiometrie {f}: የመለኪያ ዓይነት: radiometry

Radionachrichten {pl}: የራዲዮ ዜና: radio news

Radionavigation {f}: የራዲዮ ሞገድ: radio navigation

Radiophon {n}: የራዲዮ ጥሪ: radiophone

Radioröhre {f}: የራዲዮ አንቴ ና: radio valve

Radiosendung {f}: የራዲዮ መልክት: radio transmission

Radiotechniker {m}: ራዲዮ ሠሪ/ ጠጋኝ: radio engineer

Radiotelegramm {n}: ቴ ሌግራም: radio gram

Radiotelegramme {pl}:: radio grams

Radiotelegraphie {f}: ቴ ሌግራም: radio telegraphy, radiotelegraphy

Radiotelephon {n}: የራዲዮ ቴ ሌፎን: radio telephone

Radioübertragung {f}: የራዲዮ ማስተላለፍ: radio programme

Radiowecker {m}: ከእንቅልፍ መቀስቀሻ: clock radio

Radiowelle {f}: የራዲዮ ዌ ቭ: radio wave

Radiozeitung {f}: የራዲዮ መጽሔት: radio magazine

Radiumbehälter {m}: ጨረር ተሸካሚ: radiode

Radiumheilverfahren {n}: የጨረር ሕክምና: radium therapy

Radiumstrahl {m}: የጨረር ብከላ: radium ray

Radiumtherapie {f} :የጨረር ሕክምና: radium therapy

Radiumtherapien {pl} :: radium therapies

Radius {m}: ራዲዩስ/ የክብ ቀጥተኛ መስመር: radius

radizieren: ሩት/ ዘር አወጣ: root extraction

Radkappe {f}: የጎማ ከፈን፤የሳይክለኛ ቆብ: hubcap, hub cap

Radkasten {m}: የሳይክል ማቆሚያ: wheelhouse, wheel house

Radkörper {m, pl}: የሳይክል አካል: wheel body, wheel bodies

Radkranz {m}: የጎማ ጠርዝ: rim

Radkränze {pl}:: rims

Radlaufkurve {f}: የሳይክል ውድድር መታጠፊያ: cycloid

Radler {m}: ሳይክለኛ: bikrider

Radmutter {f}: የጎማ እናት: wheel nut

Radmütter {pl} :: wheel nuts

Radrennbahn {f}: ሳይክል መወዳደሪያ: cycling track

Radrennbahnen {pl} :: cycling tracks

Radrennen {n}: ሳይክል ውድድር: cycle race

Radspur {f}: የጎማ ዱካ: wheel track

Radspuren {pl} :: wheel tracks

Radstand {m}: የጎማ መሠረት: wheel base, wheelbase

Radstände {pl} :: wheel bases

Radsturz {m}: የሳይክል አዳጋ: camber

Radstürze {pl} :: cambers

Raffinerie {f}: ነዳጅ ማጣሪያ: refinery

Raffinerien {pl} :: refineries

raffinieren: ነዳጅ አጣራ: refine

raffiniert: ተማራኪ/ ተሳቢ: cagey

raffiniert: ተማራኪ/ ተስቦ፤ ለስልሶ: refined

Ragout {n}: የሥጋ ቅምም ምግብ: ragout

Rahm {m}, Sahne, Creme: ክሬም: cream

Rahmen {m, pl}: ጠርዝ፤ ዳርቻ፤ ዓለም: frame, skid, frames, welt, welts, husk, frame

Rahmenabkommen {n}: ጠቅላላ/ አጠቃላይ ስምምነት: skeleton agreement

Rahmung {f}: ማቀፊያ: framing
Rakete {f}: ሮኬት: skyrocket, rocket
Raketen {pl} :: skyrockets, rockets
Raketengeschoß {n}: የሮኬት መወንጨፍ: guided missile
Raketenstart {m}: የሮኬት መነሳት: rocket assisted take off
Raketentechnik {f}: የሮኬት አሠራር: rocketry
Raketenwerfer {m}: ሮኬት መተኮሻ: launcher
Ramm {m}: ጠርዝ: ram
Ramme {f}: የኮምፒዩተር አካል/ ክፍል: ram
Rampe {f}: የመኪና ዕቃ መጫኛ ወለል: ramp
Rampen {pl} :: ramps
Rampenlicht {n}: የመኪና ወለል መብራት: footlights, limelight
Ranch {f}: የከብት እርባታ: ranch
Rand {m}: ጠርዝ፣ ጠረፍ: boarder, border, brim, brink, margin, rim, verge, margin, border
Ränder {pl}:: boarders, borders, brinks, margins, verges
randalierend: ረባሽ/ ረብሾ: rioting
Randalierer {m, pl}: ረባሽ፣ረብሸኛ: rioter, rioters
Randbegrenzer {m}: የወሰን ክልል: margin release, margin stop
Randbemerkung {f}: የግርጌ/ ኅዳግ ማስታዎሻ/ መግለጫ: marginalia
Randbemerkungen {pl} :: marginalia
Randlochkarte {f}: ዳሩ የተበሳ ካርድ: border-punched card, edge-punched card
Randproblem {n}: ጊዜያዊ ችግር: marginal-problem
Randstecker {m}: የጠርዝ ማቀፊያ: edge connector
Randwerbung {f}: ማስታወቂያ: accessory advertising
Randwert {m}: ኅዳፍ/ ሕዳግ: marginal
Rang {m}: ደረጃ፣ተራ፣ሰልፍ: rank
Range {f}: ዘላን/ ያልተቀጣ ልጅ: minx, romp, tomboy, brat
Rangen {pl} :: tomboys, romps
Rangfolge {f}: የሰልፍ/ ደረጃ ሕግ: rule of precedence
rangieren: የደረጃ ዕድገት አደረገ/ አገኘ: shunt
Rangiermeister {m, pl}: የደረጃ/ ሰልፍ አስተካካይ: yardmaster, yardmasters
Rangliste {f}: ሰልፍ፣ድርድር፣ሊስት: position table
Rangstufe {f}: የሰልፍ/ ማዕረግ ደረጃ: grade
Rangstufen {pl}:: grades
Ranke {f}: የእንጨት/ ስር ቁራጭ: tendril, cirrus
Ranken {pl} :: tendrils
ranzig: አሮጌ/ የበሰበሰ: rancid, rancidly
Ranzigkeit {f}: ብስብስነት/ አሮጌነት: rancidity
Ranzigkeiten {pl} :: rancidness
Rapier {n}: የቀስት ደጋን/ ማስፈንጠሪያ: rapier
Rapiere {pl} :: rapiers
rar: አልፎ አልፎ፣ አንዳንዴ: rare
Rarität/en {f/pl}: አልፎ አልፎ መሆን: curiosities
rasch: ወዲያው፣ቶሎ: quick
rascheln: ድምጽ ፈጠረ/ አሰማ: rustle, fissle
raschelnd: ድምጽ አሰሚ/ አሰምቶ: fissling, rustling, rustling
Rasen {m, pl}: ለምለም ሳር፣ጨሌ: lawns, turf, turfs, sod, lawn
Rasen betreten verboten!: ጨሌውን መርገጥ አይፈቀድም/ ክልክል ነው::: Keep off the grass!
rasen: ተቆጣ፣ ተበሳጨ: dash, rave, to rush
rasend: ተባሳጭ/ ተቆጥቶ: raving, raging
Rasenstück {n}: ሳር: sod
Raserei {f}: ልምላሜ: furiousnis
Rasereien {pl} :: furies
Rasierapparat {m}: መላጫ/ ምላጭ: razor, safety razor, shive
Rasierapparate {pl} :: razors
Rasieren {n}: መላጨት: shave
rasieren, sich rasieren: ላጨ: shave
rasierend: ተላጭ/ ተላጭቶ: shaving
Rasiermesser {n, pl}: መላጫ ቢላዋ: razor, razors
Rasse {f}: ዘር፣ትውልድ: race
rasseln: ተጋጨ፣ ድምጽ አሰማ: rattle, clash
rasselnd: ተጋጪ/ ተጋጭቶ: rattling, clashing
Rassenhaß {m}: የዘር ጥላቻ: racial hatred
Rassenkampf {m}: የዘር ጦርነት: racial conflict
Rassenmischung {f}: የዘር ቅልቅል: miscegenation, racial mixture
Rassentrennung {f}: የዘር ልዩነት/ መለያት: apartheid, racial segregation
rassig: የኃብታም/ ልዑል ልጅ/ ተወላጅ: racy
rassisch: ዘረኛዊ: racial, racially
Rassismus {m}: ዘረኝነት: racialism, racism
Rassist {m}: ዘረኛ: racist
rassistisch: ዘረኝነታዊ: racialist
rasten: አረፈ፣ ዕረፍት አገኘ/ አደረገ: to rest
rastern: በመንቆ ለቀመ፣ አነሳ: raster
Rasterpunkt {m}: ማጣበቂያ/ ማረፊያ ነጥብ: screen dot, matrix dot
rastlos: ዕረፍትአልባ: unresting, restless, restlessly
Rastlosigkeit {f}: ዕረፍትአልባነት: restlessness
Rastplatz {m}: መቋሚያ ቦታ: resting place
Rat {m}: ምክር: advice
raten, erraten: መከረ፣ ምክር ሰጠ: advise, guess, to advise
ratend: መካሪ/ መክሮ: advising, counselling
Ratenzahlung {f}: የወለድ ክፍያ: payment by instalments
Ratgeber {m}: መካሪ/ መከር: adviser, counsellor
Ratgeberin {f}: መካር: counselor
Rathaus {n}: ማዘጋጃ ቤት: cityhall, guildhall, town hall, city-hall
Rathäuser {pl}: ማዘጋጃ ቤት: guildhalls, town halls

Ratifikation {f}: ማጽደቅ/ ተግባራዊ ማድረግ: ratifications
Ratifikationen {pl}:: ratifications
rationalisieren: በቁጥጥር ስር አደረገ: rationalize, streamline
rationalisierend: ታቆጣጣሪ/ ተቆጣጥሮ: rationalizing
Rationalisierung {f}: በቁጥጥር ማዳረስ/ መስጠት: rationalization
Rationalismus {m}: የሞራል/ ሎጂክ እምነት: rationalism
Rationalist {m}: የሎጅክ ተከታይ/ አማኝ: rationalist, rationalistic, rationalistically
Ration {f}: ክፍልፋይ: ration
Rationen {pl}:: rations
rationieren: ከፋፈለ: ration
rationiert: ተከፋፋይ/ ተከፋፍሎ: rationed
ratlos: ረዳትአልባ፣ተስፋቢስ: helpless, perplex
Ratlosigkeit {f}, Verwirrung: ቀቢፀ ተስፋ: perplexity
ratsam: ጠቃሚ: advisable, advisably
Ratsamkeit {f}: ጠቃሚነት: advisability
Ratschlag {m}: ምክራዊ ጥቆማ: advice, counsel
Rätsel {n, pl}: ምሥጢራዊ ተረት/ ንግርት: enigmas, puzzle, riddle, riddles, enigma, enigmas
rätselhaft: ምስጢራዊ/ ትርጉምአልባ: enicmatical, enigmatic, enigmatically, enigmaticly, puzzling
Rätselhaftigkeit {f}: ምሥጢራዊነት: mysteriousness
Ratsherr {m}: ተወካይ/ ሽማግሌ: councilman
Ratsherren {pl} :: councilmen
Ratsmitglied {n}: የሸንጎአባል: councillor, councilor
Ratte {f}: አይጥ: rat
Ratten {pl} :: rats
Rattenfänger {m}: ያይጥ ወጥመድ: ratter
Raub {m}, Verlust: ዝርፊያ/ ስርቆ: rape, robbery, predation, deprivation
rauben, berauben: ዘረፈ፣ ሰረቀ: rob
raubend: ዘራፊ/ ዘርፎ: raping, robbing
Räuber {m, pl}: ሌባ ፣ዘራፊ: predator, robber, robbers
Räuberei {f}: ስርቆ፣ ዘረፋ: robbery
Räubereien {pl} :: robberies
räuberisch: ዘረፋዊ: piratically, predacious, predatorily, predatory
Raubgier {f}: ቅጥፈት: rapacity, ravenousness
raubgierig: ቀጣፊ: rapacious
Raubgierige {m, f}: ቀጣፊ: rapaciously
Raubgierigkeit {f}: ቀጣፊነት: rapaciousness
Raubmord {m}: ግድያ/ ነፍስ ማጥፋት: holdup murder
Raubtier {n}: አውሬ: carnivore
Raubüberfall {m}, Überfall: ስርቆት/ ዝርፊያ: holdup
Raubvogel {m}: ጠዳል/ ጭልፊት፣ጫሬ: bird of prey
Raubvögel {pl}: ጠዳል/ ጭልፊት፣ጫሬ: birds of prey
Raubwirtschaft {f}: የማጭበርበር ተግባር/ ሥራ: rapine
Rauch {m}: ማጨስ: reek, smoke
Rauchen verboten: ማጨስ አይፈቀድም/ ክልክል ነው። no smoking, smoking is forbidden
rauchen: አጨሰ: to smoke
Rauchen {n}: ማጨስ: smoke
rauchend: አጫሺ/ አጭሶ: fuming, reeking, smoking
Raucher {m, pl}: አጫሽ: smoker, smokers
Räucherapparat {m}: የዕጣን ማጨሻ: fumigator
Räucherapparate {pl} :: fumigators
Räucherkammer {f}: ቋንጣ ማድረቂያ ክፍል: smokehouse
Räucherkammern {pl}::smokehouses
rauchig: ጭሳም/ ማ: smokily, smoky
Rauchigkeit {f}: ጭሳማነት: smokiness
rauchlos: ጭስአልባ: smokeless
Rauchsäule {f}: የጭስ ዘለላ: column of smoke
Rauchsäulen {pl} :: columns of smoke
Rauchvergiftung {f}: የጭስ መርዝ: smoke poisoning
Rauchvergiftungen {pl} :: smoke poisonings
Rauchware {f}: ታባኮ: tobacco
Rauchwaren {pl}:: tobaccos
Rauchwolke {f}: የጭስ ደመና: cloud of smoke
Rauchwolken {pl} :: clouds of smoke
raufen: ዘነጠለ፣መነጨቀ: scuffle, tussle
rauh, grob, roh: ሸካራ፣ግርድፍ፣ወጣገባም/ማ: gnarled, inclement, inclemently, raucous, rough, scraggly, throaty, harsh, harshly, inclemently
Rauhbein {n}: ወልጋዳ፣ጠማማ: roughneck
Rauhbeine {pl} :: roughnecks
Rauheit {f}: ሸካራነት፣ጥጥርነት: inclemency, roughness, rawness
Rauhe {m, f}: ጠጣር: rawer
Rauhheit {f}: ከርቻፋነት፣ኩርንቻነት: acerbity, bristliness, scragginess
Rauhheiten {pl} :: scraggliness
Raum {m}, Zeitraum, Platz: ቦታ፣ክፍል: cubically, room, range, space
Räume {pl}:: rooms
Raumangst {f}: የቦታ ፍራቻ: claustrophobia
räumen: አጸዳ፣አዘጋጀ: evacuate
räumend: አጽጅ/ አጽድቶ: evacuating, vacating
Raumfahrer {m, pl}: ጠፈርተኛ: spaceman, spacemen
Raumfahrerin {f}: ጠፈርተኛ: spacewoman
Raumfahrerinnen {pl} :: spacewomen
Raumfahrt {f}: የጠፈር ጉዞ: astronautics
Raumfahrzeug {n}: ሰረገላ: spacecraft
Raumflug {m}: የሕዋ በረራ: spaceflight
räumlich: ባለቦታ/ ቦታዊ: spacial, spatial, spatially

räumliche Struktur: የቦታ አሠራር/ አቀማመጥ: topology
Raumschiff {n}: ሰረገላ: spaceship, space ship
Raumtemperatur {f}: የቦታ ሙቀት: room temperature
Räumung {f}: ማስለቀቅ: removal
Räumungen {pl}:: removals
Räumungsbefehl {m}: ማጋዝ/ በኃይል ማስወገድ: eviction notice
Raupe {f}: የዛፍ ዓይነት: grub, inchworm, caterpillar
Raupen {pl} :: grubs, larval, caterpillars
Rausch {m}: ቁጣ: intoxication, inebriation
Rauschen {n}: መቆጣት: hissing
rauschen: ተቆጣ: sough
Rauschgift {n}: መርዛማ እንጨት: narcotic drug, drug
Rauschgiftsucht {f}: የመርዝ ሱስ: drug addiction
Ravioli {pl}: የምግብ ዓይነት: ravioli
reagieren: ቁጣውን ገለጠ፣ መለሰ: react
Reaktion {f}: ዓፃፋ፣የተቃውሞ መልስ/ ሪአክሽን: reaction
Reaktionär {m}: ተቃውሞ: reactionary, reactionist
Reaktionäre {pl} :: reactionists, reactionaries, reactions
Reaktionsfähigkeit {f}: የቅዋሜ/ ተቃውሞ ችሎታ: reactivity
Reaktionsfähigkeiten {pl} :: reactivities
reaktivieren: እንደገና አስነሳ/ ቀሰቀሰ: reactivate
reaktivierend: አስነሽ/ አስነሽ: reactivating
reaktiviert: ተቀሰቃሽ/ ተቀሰቅሶ: reactivated
Reaktivität {f}: ዓፃፋ: reactivation
Reaktivitäten {pl} :: reactiveness
realisieren: ተገበረ፣ በተግባር አዋለ: implement
Realisierung {f}: መተግበር: implementation
Realismus {m}: በመሰል እውነት አማኝ: realism
Realist {m}: መሰል እውነተኛ: realist
Realisten {pl} :: realists
realistisch: መሰል እውነታዊ: realistic, realisticly, realistic, realistically
Reallohn {m}: የጠራ ገቢ ደመወዝ: real wage
Reallohnsumme {f}: የጠራ ገቢ ድምር: aggregate real wage
Rebe {f}, Wein, Weinstock: ወይን/ ወይን ዘለላ: vine
Rebell {m}: ዓመፅ: rebel, insurgent
Rebellen {pl} :: rebels
rebellierend: ዓማፂ/ ዓምፆ: rebelling
Rebellion {f}, Aufstand: ዐመፅ: rebellion
rebellisch: ዓመፃዊ: mutinous, rebellious, rebelliously
Rechen {m}: ጠደብ/ ከለላ: rake
Rechenart {f}: የስሌት ዓይነት: arithmetic, calculus
Rechenaufgabe {f}: የስሌት ተግባር: arithmetical problem
Rechenbefehl {m}: የስሌት ትእዛዝ: arithmetic instruction
rechenbetont: ተወዳዳሪ/ ውድድራዊ: computational, computationally
Rechendezimalpunkt {m}: የክፍልፋይ ነጥብ: assumed decimal point
Rechenfehler {m}: የስሌት ስተት: arithmetical error
Rechenmaschine {f}: የስሌት ማሽን: calculating machine, calculator
Rechenvorgang {m}: የስሌት ደረጃ: arithmetic procedure
Rechenvorschrift {f}: የስሌት ደረጃ: calculation specification
Rechenwerk {n}: የስሌት ሥራ: arithmetic-logic-unit, arithmetic logical function, arithmetic unit, arithmetic logic unit
Rechenzentrum {n}: የኮምፒዩተር ማዕከል: computer center, data processing center
recherchieren: አቀናበረ፣አዘጋጀ: recherche
Rechnen {n}: ማስላት: calculating
rechnen, zählen, planen: አሰላ፣ ሒሳብ ሠራ/ ተማረ: arithmetic, calkulate, comput, compute, reckon, calculate, reckon, to count
rechnend: አስሊ/ አስልቶ: ciphering, computing, reckoning
Rechner {m, pl}: ሒሳብ መሥሪያ: calculator, calculators, computer, computers, reckoner, reckoners
Rechnerfamilie {f}: ቤተ ዘመድ/ ሰብእ: family
rechnerunabhängig: ስሌታዊ: independent
Rechnung {f}: ስሌት፣ዕዳ/ ዋጋ: account, bill, calculus, invoice
Rechnungen {pl} :: bills, calculuses, computations
Rechnungsanschrift {f}: የክፍያ አድራሻ: address for account
Rechnungsbetrag {m}: የዋጋ/ ዕዳ ልክ: amount invoiced
Rechnungsprüfung {f}: የስሌት መቆጣጠሪያ: accounting control, auditing of accounts, auditing
Rechnungswesen {n}: የቁጥር ሥራ/ ቦታ: accountancy
recht haben: ልክ ሆነ: to be justified, to be right
recht viel: እጅግ በጣም: ever so much
recht, richtig, sehr: በግልጥ: quite, right
Rechte: ወደቀኝ: rights, Rights
Rechteck {n}: ቀኝ ማዕዘን: rectangle
Rechtecke {pl} :: rectangles, oblongs
rechteckig: የቀኝ ማዕዘን: oblong, rectangular, oblong, rectangularly
Rechteckigkeit {f}: ትክክለኝነት: squareness
rechterhand: ቀኝእጃዊ: righthand
rechtfertigen: አረጋገጠ፣ልክ አደረገ/ አስመሰለ: to justify, vindicate
rechtfertigend: አረጋጋጭ/ አረጋግጦ: justifying, vindicatory
Rechtfertigung {f}: ትክክልነት: apology, vindication
Rechtfertigungen {pl} :: justifications, vindications

Rechtgläubigkeit {f}, Orthodoxie: በእውነት አማኝነት: orthodoxy
Rechthaberei {f}: ራስወዳድነት: bossiness, cantankerousness
Rechthabereien {pl} :: cantankerousnesses
rechthaberisch: ራስወዳዳዊ: bossily, bossy
rechtlich: ሕጋዊ: legal
rechtmässig: ትክክለኛ፤በትክክል: lawful, legal, rightful, legitimate, lawfully, rightfully
Rechtmässigkeit {f}: ሕጋዊነት: lawfulness, legitimacy, rightfulness, warrantableness
rechts unten: በቀኝ ወደታች: downright
rechts: ወደግራ: on the right, on the right, right, unten downright
Rechtsangelegenheit {f}: ሕጋዊ ሁኔታ: legal matter
Rechtsanspruch {m}: ሕጋዊ ጥያቄ : legal claim
Rechtsanwalt {m}, Anwalt: ጠበቃ: barrister, attorney at law
Rechtsanwälte {pl} :: barristers, attorneys
Rechtsanwendung {f}: ተግባረ ሕግ: application of law
Rechtsauffassung {f}: የሕግ ጭብጥ/ ይዞታ: legal conception, foreclosure
Rechtsbeistand {m}: የሕግ ከለላ: barrister at law
Rechtsbelehrung {f}: የሕግ ግንዛቤ: legal instructions
Rechtsberater {m}: ሕግ አማካሪ: legal adviser
Rechtsbeugung {f}: ሕግ አክባሪነት: perversion of justice
Rechtsbrecher {m}: ሕግ ተላላፊ: lawbreaker
Rechtsbruch {m}: ሕግ መተላለፍ: breach of law
Rechtsbrüche {pl} :: breaches of law
rechtsbündig: ሕጋዊ: justified
rechtschaffen: ታማኝ: righteously, righteous
Rechtschaffenheit {f}: ታማኝነት: righteousness
Rechtschreibhilfe {f}: የጽሑፍ ትምህርት ረዳት: spell aid
Rechtschreibprüfung {f}: የጽሑፍ ፈተና: spell verification
Rechtschreibung {f}, Orthographie: አስተካክሎ መጻፍ: orthography
Rechtsdrehung {f}: ወደቀኝ መዞር: clockwise rotation
Rechtsempfinden {n}: የሕግ ስሜት: sense of justice
Rechtsfall {m}: የሕግ ሁኔታ: law case
Rechtsfindung {f}: የሕግ ግኝት: finding of justice
Rechtsfrage {f}: የሕግ ጥያቄ : question of law
Rechtsfragen {pl} :: questions of law
Rechtsgelehrte {m, f}: የሕግ ምሁር: jurist
rechtsgerichtet: በሕግ: rightist
Rechtsgesamtheit {f}: ጠቅላላ ሕግ: aggregate of rights
Rechtsgeschäft {n}: ሕጋዊ አሠራር: act in the law
Rechtsgrundlage {f}: የሕግ መሠረት: legal basis
Rechtsgrundlagen {pl} :: legal bases
Rechtsgrundsatz {m}: የሕግ ጽንሰ ሐሳብ: principle of law
Rechtsgültigkeit {f}: ታማኝነት: authenticity
Rechtsgutachten {n}: የሕግ ገምጋሚ: legal opinion
Rechtshänder {m}: በለቀኝ እጅ: right hander
rechtshändig: ቀኙን ተጠቃሚ: right handed
Rechtshandlung {f}: ሕጋዊ ተግባር: legal act
rechtsherum: በቀኝ በኩል: to the right
Rechtshilfe {f}: የሕግ ርዳታ: legal assistance
Rechtsirrtum {m}: የሕግ ስተት: mistake in law
Rechtskraft {f}: ሕጋዊ ውጤት: legal effect
rechtskundig: ሕጋዊ/ ሌጋላዊ: legally trained
Rechtskurve {f}: ቀኝ መታጠፊያ: right hand bend
Rechtslage {f}: ሕጋዊ አቋም: legal position
Rechtsmangel {m}: የሕግ እጥረት: defect of title, defect of title
Rechtsmängel {pl}:: defects of title, defects of title
Rechtsmissbrauch {m}: መብትን መጠቀም: abuse of right
Rechtsnorm {f}: ሌጋል ይዞታ: legal norm
Rechtsordnung {f}: ሌጋል ትእዛዝ: legal order
Rechtspartei {f}: አክራሪ ፓርቲ: right wing party
Rechtsparteien {pl} :: right wing parties
Rechtspflege {f}, Rechtssprechung: ሕግ አስከባሪ: judicature
Rechtsprechung {f}: ፍርድ: jurisdiction
rechtsradikal: ቀኝ አክራሪ: right wing extremist
Rechtsradikalismus {m}: ቀኝ አክራሪነት: right wing radicalism
Rechtsschutz {m}: ሕግ ማስጠበቅ/ መጠበቅ: legal protection
rechtsseitig: በሰዓቱ/ በቀጠሮው: dexter
Rechtssprache {f}: ሕጋዊ አባባል: legal terminology
Rechtsspruch {m}: ውሳኔ/ ፍርድ: legal decision
Rechtsstaat {m}: በሕግ የሚመራ ሀገር: constitutional state
Rechtsstellung {f}: ሕጋዊ ይዞታ: legal status
Rechtsstreit {m}: ሕጋዊ ጥል/ ክስ: law suit, litigation
rechtsverbindlich: ሕግ አበላሸታ/ ወንጀለኛ: legally binding
Rechtsverfahren {n}: ሙግት/ ክስ: legal procedure
Rechtsverletzung {f}: ሕግ መተላለፍ: infringement
Rechtsweg {m}: ሕጋዊ ተግባር: legal process
rechtswidrig: ኢሕጋዊ: unlawfully
Rechtswidrigkeiten {pl}: ኢሕጋዊነት: illegalities

rechtwinklig: የቀኝ ማዕዘን: right-angled, right angled
rechtzeitig, zeitgemäß: በሰዓት: in due time, in time, timely, opportune, timely
Rechtzeitigkeit {f}: ትክክለኝነት: seasonableness
Recyclingpapier {n}: ዳግም የተመረተ ወረቀት: rag-paper
Redaktion {f}: አዘጋጅ: editorial office
Redaktionen {pl} :: editorial offices
redaktionell: ዝግጅታዊ: editorially
Redaktionsschluß {m}: የዝግጅት ኮሚቴ : press date
Rede {f}: ውይይት፣ ንግግር: oration, speech, monologue
Redefreiheit {f}: ሐሳብን የመግለጽ ነጻነት: freedom of speech
Redekunst {f}, Rhetorik: የመናገር ችሎታ: oratory, rhetoric
Redekünste {pl}: የመናገር ጥበብ/ ችሎታ: rhetorics, elocutions
reden (zu), sprechen (mit): አወራ፣ተናገረ: to talk (to), discourse, talk, to speak
Reden {n, pl}, Gespräch: ንግግር: talk, orations, sayings, speeches, monologues
Redensart {f}: ዘዬ፣አባባል: idiom, phrase
Redeschluß {m}: ንግግር መደምደሚያ: peroration
Redewendung {f}: አባባል: figure of speech, locution
redlich: ንግግራዊ: honest
Redlichkeit {f}: ተናጋሪነት: loyalness, probity
Redner {m, pl}, Sprecher: ተናጋሪ፣መራቂ: orator, orators, discourser, speaker
Rednerbühne {f}: መድረክ: rostrum
Rednerei {f}: ንግግር: rhetoricalness
Rednereien {pl} :: rhetoricalnesses
rednerisch: ንግግራዊ: oratorical, oratorically
redselig: ወሸካታ: talkatively
Redundanz {f}: ማንኳሰስ: redundancy
reduzierbar: ኮሳሳ: reducible, reducibly
reduzieren, vermindern: ቀነሰ: reduce
Reduzierstück {m}: ቅናሴ: restricted fitting
Reeder {m, pl}: ባለመርከብ: shipowner, shipowners
Referat {n}, Vortrag: ትምህርት: lecture
Referate {pl}, Vorträge:: lectures
Referenz {f}: ገለፃ፣ንግግር: references
Referenzen {pl}:: references
reflektieren: አንፀባረቀ: reflect
reflektierend: አንፀባራቂ/ አንፀባርቆ: reflecting, reflective, reflectively
reflektiert: ተንፀባራቂ/ ተንፀባርቆ: reflected, rejected
Reflektion {f}: ነፀብራቅ/ አንፀብራቂ : reflection, reflectance
Reflektor {m}: ማንፀባረቂያ: reflector
Reflex {m}: ነፀብራቅ: reflex
Reflexe {pl}:: reflexes
Reflexbewegung {f}: ቅፅበታዊ እንቅስቃሴ: reflex movement
Reflexion {f}: እንቅስቃሴ፣ቅፅበት: reflection
Reflexionen {pl} :: reflections
reflexiv: ቅጽበታዊ: reflexive, reflexively
Reform {f}: ሽግሽግ፣ ለውጥ: reformation, reform
Reformer {m, pl}: ለውጥ ሰባኪ: reformer, reformations
reformieren: ለወጠ: reform
reformierend: ለዋጭ/ ለውጦ: reforming
reformiert: ተለዋጭ/ ተለውጦ: reformed
Regal {n}: መደርደሪያ: shelf
Regale {pl}:: shelfs
Regel {f}: ሕግ፣ ድምዳሜ፣ መመሪያ: rule norma
Regeln {pl}:: rules, precepts
Regelabweichung {f}: ሽውድ: control deviation
regelmäßig, normal: በድግግም: regular
Regelmäßigkeit {f}: ድግግምነት: regularity
Regelmäßigkeiten {pl} :: regularities
regeln: ደነገገ: regularize, regulate
regelnd: ደንጋጊ/ ደንግጎ: managing, regulating, regulative, ruling, regularizing
Regelsystem {n}: መቆጣጠሪያ ደንብ: control system
Regelung {f}: ቁጥጥር: automatic control, regulation
regelwidrig: ኢሕጋዊ: anomalously
Regelwidrigkeit {f}, Unregelmässigkeit: ኢሕጋዊነት: irregularity
Regelwidrigkeiten {pl} :: irregularities
Regen {m}: ዝናም/ ብ: rain
Regenbogen {m, pl}: ቀስተዳመና: rainbow, rainbows
regendicht: ውሀ ተከላካይ: rain proof
Regenerator {m}: ሞተር አሽከርካሪ: regenerator
regenerieren: አሽከረከረ: recycle, reshape
regeneriernd: አሽከርካሪ/ አሽከርክሮ: regenerating
Regenerierung {f}: ማሽከርከር: recycling
Regenguß {m}: ማእበል: downpour, drench, heavy shower
Regengüsse {pl}: ማእበል፣መዝነብ/ ም: drenches, heavy showers, downpours
Regenkleidung {f}: የዝናም ልብስ: rainwear
regenlos: ዝናምአልባ: rainless
Regenmacher {m}: ዝናም ፈጣሪ: rainmaker
Regenmantel {m}: ገሳ÷ የዝናም ካፖርት: mackintosh, raincoat
Regenmäntel {pl}: ገሳ÷ የዝናም ካፖርት: raincoats, mackintoshs
Regenmesser {m, pl}: ዝናም መለኪያ: pluviometer, pluviometers
Regenneigung {f}: ዝናባማነት: raininess
Regenschauer {m}:ሻዎር፣ መታጠቢያ:: rainstorm, shower
Regenschirm {m}: ጥላ: umbrella
Regenschirme {pl} :: umbrellas

regenschirmförmig: ጥላ ቅርጽ ያለው: umbraculiform
Regentag {m}: ዝናባማ ቀን: rainy day
Regentropfen {m, pl}: ነጠብጣብ: raindrop
Regentschaft {f}: ዝናም: regency
Regenwasser {n}: የዝናም ውሐ: rainwater
Regenwolke {f}: የዝናብ ደመና: rain cloud
Regenwurm {m}: የዝናም ትል: earthworm
Regenzeit {f}: የዝናም ወቅት: rainy season
regierbar: ተገዥ: governable
regieren, regiere: ገዛ፤አስተዳደረ: reign, govern, reign
regierend: አስተዳዳሪ/ አስተዳድሮ: governing, regnant, reigning
regiert: ተገዥ/ ተገዝቶ: governed, reigned
Regierung {f}: አስተዳደር: Government, government
Regierungsapparat {m}: ያስተዳደር መዋቅር: governmental machinery
Regierungsbeamte {m}, Regierungsbeamter: የመንግሥት ሠራተኛ: government official
Regierungsform {f}: የመንግሥት ዓይነት: regime
Regierungsformen {pl} :: regimes
Regierungsgewalt {f}: የመንግሥት ሥልጣን: governmental power
Regierungsstelle {f}: የመንግሥት አባላት: governmental authority
Regierungsstellen {pl}: የመንግሥት አባላት: governmental authorities
regional: አካባቢያዊ: regionally
Region {f}: አካባቢ: region
Regionen {pl}:: regions
Regisseur {m}: ዋና አዘጋጅ: stage director
Register {n, pl}: ምዝገባ: register, registry, registers, registries
Registration {f}: መዛግብት: registration
Registrationen {pl}:: registrations
registrieren: ዘገበ: register
registrierend: ዘጋቢ/ ዘግቦ: registering
registriert: ተዘጋቢ/ ተዘግቦ: registered
Registrierung {f}: ዘገባ: registering, registration
Regler {m}, Regulator: ወሳኝ: govener, governor, regulator, ruler, stabilizer, regulator, automatic controller
regnen: ዘነበ: to rain
regnend: ዘናቢ/ ዘንቦ: raining, showering
regnerisch: ዝናባማ: pluvial, pluvious, rainily, rainy, showery
Regreß {m}: ድኅረት: recourse
regulär: ወሳኝ: across the counter, regular, regularly
regulierbar: ውስን: controlable, controllable
regulieren: ተቆጣጠረ፤ ወሰነ: regulate
regulierend: ተቆጣጣሪ/ ተቆጣጥሮ: modulating, modulatory
reguliert: ውስን/ ተወስኖ: regimented, modulated

Regulierung {f}: ቁጥጥር: adjustment of average, regulation
Regulierungen {pl} :: regulations
regungslos: ስሜትአልባ: motionless, unmoving
Reh {n}: ጥሬ፤ አጋዘን: roe, deer
reh: ጥሬ: roe deer
rehabilitieren, sanieren: መለሰ፤መብቱን ሰጠ: rehabilitate
rehabilitierend: መብት ሲጭ/ ሰጥቶ: rehabilitating
rehabilitiert: መብቱን ያገኘ/ አግኝቶ: rehabilitated
Rehabilitierung {f}: መመለስ: rehabilitation
reiben (an): ፈገፈገ፤ ፈቀፈቀ: to rub (against), chafe, grind, rub
reibend: ፈግፋጊ/ ፈግፍጎ: chafing, grinding, rubbing
Reiblaut {m}: ንዝረታዊ ድምጽ/ ቃና: fricative
Reibung {f}: ፍትጋ: friction, inharmoniousness
Reibungen {pl} :: frictions
Reibungskraft {f}: የፍትጋ ኃይል: friction force
reibungslos: ልቅ/ ስድ፤ ክፍት: frictionless
reich [an], fett [Boden]: ኃብታም/ማ: affluent, affluently, prolific, rich, wealthily, wealthy, rich [in], wealthy, proliferative
Reich {n}: ግዛት: empire, realm
reichen: ሰጠ፤አቀበለ፤ አስጨበጠ: to hand
reichlich, übbig, groß: በቂ፤ብዙ: abound, abundant, ample, copious, fatly, flush, opulent, overabundant, plenteous, plentifully, profusely, unsparing, amply, ample, abundantly, copiously, plenteously, plentiful, unsparingly
Reichlichkeit {f}: በቂነት፤ብዛት: plentifulness
Reichtum {m}, Wohlstand: ኃብት፤ንብረት: affluence, luxuriancy, opulence, riches, richness, wealth, wealthiness, affluence
Reichtümer {pl}:: opulences, prosperities, riches, richnesses, wealthinesses, wealths
reif: ጎረምሳ፤ ጊደር: mature, maturely, mellowly, ripe, seasoned, ripely
Reife {f}: ጉርምስና: ripeness, maturity
Reifen {m} :ጎማ: hoops
reifen: አፈራ/ ደረሰ፤ጎረመሰ: ripen
Reifenpanne {f}: የጎማ ፍንዳታ: blowout
reiflich: ጥንቁቅ: careful
Reifung {f}: ጉርምስና: maturation
Reihe {f}: ሰልፍ፤ድርድር: line-up, rank, tier, bank, row
Reihen {pl} :: queue, rows, tiers, arrays, rows
reihend: ተሰላፊ/ ተሰልፎ: ranking
Reihenhaus {n}: ተርታ/ መደዳ ቤት: terrace house
Reihenhäuser {pl} :: terrace houses
reihenweise: በተራ/ ወረፋ: in series, serials
Reiher {m, pl}: ሰልፈኛ: heron, herons
Reim {m}: ግጥም: rime, rhyme
Reime {pl} :: rimes
reimen: ገጠመ/ ደረደረ: rhyming

reimend: ገጣሚ/ ድርጻሪ / ደርድሮ/ ገጥሞ: rhyming
reimlos: ስድ/ ግጥም ያልሆነ: unrhymed
rein, echt: ንጹሕ: chaste, chastely, pure, purely, sheer, sheerly, unadulterated, uncorrupt, undefiled, pure, uncorrupted
Reinertrag {m}: ገቢ ምርት: net yield
Reinfall {m}: ክሳራ/ ክስረት: pratfall, flop
Reinfälle {pl} :: let downs
Reingewinn {m}: ነፃ ትርፍ: net profit
Reinheit {f}: ጽዳት፣ንጹሕነት: chasteness, immaculateness, pureness, purity
Reinheiten {pl} :: purities
reinigen: አጸዳ፣አነፃ: clean, purge, cleaning, cleanse, defecate, purge, scavenge, scour
reinigend: አጽጂ/ አጽድቶ: cathartic, cleaning, cleansing, defecating, detergent, detergently, purging, purificatory, purifying, scavenging, scouring
Reiniger {m, pl}: አጽዲታ: chastener, chasteners, purifier
Reinigung {f}: ማጽዳት/ ጽዳት: chores, purgation
Reinigungsmittel {n, pl}: ማጽጃ ነገር: cleaning agent, cleanser, detergent, detergents, cathartics
Reinkarnation {f}: ተቀብኦ: reincarnation
reinkarnieren: መልሶ ተወለደ: reincarnate
reinkarnierend: መልሶ ተወላጅ/ ተወልዶ: reincarnating
reinkarniert: መልሶ ተወላጅ/ ተወልዶ: reincarnated
Reinkultur {f}: ንጹሕ ባሕል: pure culture
reinlegen: ነፃ/ ባዶ አደረገ: spoof
reinlich: ጽዳታዊ: cleanly, neatly
Reinlichkeit {f}: ጽዱነት/ ንፃት: cleanliness, neatness
reinrassig: ልዑላዊ: pedigreed, purebred
Reinschrift {f}: ንጹሕቅጅ: fair copy
Reinschriften {pl} :: fair copies
Reis {m}: ሩዝ: rice
Reise {f} , Fahrt: መንገደኛ፣ ጉዞ፣ ቱሪስት: traveler, travelller, journey, travel, trip, voyage
Reisebekanntschaft {f}: የጉዞ ዕውቂያ: traveling acquaintance
Reisebekanntschaften {pl} :: traveling acquaintances
Reisebericht {m}: የጉዞ ዘገባ: travelogue
Reiseberichte {pl} :: travelogues
Reisebüro {n}: የጉዞ ወኪል: travel agency, travel agencies
Reisebüros {pl} :: travel agencies
Reisebus {m}: የጉዞ አውቶቡስ: coach
Reiseführer {m, pl}: ቱሪስት መሪ: guide, guidebook
Reisegepäck {n}: የጉዞ ሻንጣ: baggage, luggage
Reisegesellschaft {f}: የጉዞ ፓርቲ: tourist party
Reisegesellschaften {pl} :: tourist parties
Reisekosten {pl}: የጉዞ ወጭ: travel expenses, travelling expenses
Reiseleiter {m, pl}: የቱሪስት መሪ: tourist guide, tourist guides
Reiselust {f}: የጉዞ ሱስ: wanderlust
reiselustig: ጉዞ ወዳድ: fond of traveling
Reisen {pl}: ጉዞ: voyages, travels
reisen: ተጓዘ፣ ሽርሽር/ ዕረፍት ሄደ: to travel
reisend: ተጓዥ/ ተጉዞ: journeying, touring, traveling, travelling, voyaging, wayfaring
Reisende {m}: መንገደኛ፣ ቱርስት: traveller, traveller, voyager, wayfarer
Reisenden {pl} :: travelers, wayfarers, voyagers
Reisender {m}: መንገደኛ: traveler
Reisetagebuch {n}: የጉዞ ዕለታዊ ዘገባ: itinerary
Reisetagebücher {pl} :: itineraries
Reisetasche {f}: የጉዞ ቦርሳ: travelling bag, carpetbag, valise
Reisetaschen {pl} :: carpetbags, travelling bags, valises
Reiseverkehr {m}: የጉዞ ትርምስ: tourist traffic
Reisezeit {f}: የጉዞ ወቅት: tourist season
Reisezeiten {pl} :: tourist seasons
Reiseziel {n}, Bestimmungsort: የጉዞ ዒላማ: destination
reissen: ዘነጠለ፣ በጠሰ፣ቆረጠ: rend, wrench, rip
reißend, schnell: በፍጥነት/ ችኮላ: rapid
Reißer {m, pl}: ሳቢ፣ ተወዳጅ/ ተሻጭ ዕቃ: thriller, thrillers
Reitbahn {f}: መንሸራተቻ: hippodrome
reiten, fahren: ጋለበ: bestride, to ride (rode, ridden)
reitend: ጋላቢ/ ጋልቦ: bestriding, astraddle
Reiter {m, pl}: ጋላቢ፣ፈረሰኛ: cavalier, equestrian, horseman, horsemen, rider, trooper, troopers
Reiterei {f}: ግልቢያ: cavalry
Reitereien {pl} :: cavalries
Reiterin {f}: ጋላቢ፣ፈረሰኛ: horsewoman
Reiterinnen {pl} :: horsewomen
Reithose {f}, Stiefelhose: የመጋለቢያ ሱሪ: jodhpurs, breeches
Reithosen {pl}, Stiefelhosen :: jodhpurs, breeches
Reitkunst {f}: የግልቢያ ጥበብ: horsemanship
Reitpferd {n}: ስንጋ/ የግልቢያ ፈረስ: riding horse
Reiz {m}: ውበት፣ ለዛ: attractiveness, charm, charmingness, alluringness
Reize {pl} :: charmingnesses, charms, attractions
reizbar: ቀልጣፋ፣ ችሎታም/ ግ ፣ተፈታኝ: excitable, excitably, irascibly, irritable, irritably, testily, testy, waspish, waspishly
Reizbarkeit {f}: ተማራኪነት፣ ተሳቢነት፣ ድክመት/ መታለል: fractiousness, waspishness
Reizbarkeiten {pl} :: irritabilities, irritableness

reizen: ተጫነ፣ ሳበ/ ማረከ፣ ተጽእኖ አደረገ: pique, tease, to irritate
reizend, entzückend: ማራኪ/ ማርኮ/ ስቦ: lovely, piquing, provoking, teasing, charming
reizend: ሳቢ/ ተጽእኖ አድራጊ/ አድርጎ: charming, charmingly, delightful, delightfully
reizlos: ስሜት የማይሰጥ፣ ምስጋናአልባ፣ አሰልቺ: charmless, graceless, unattractive, unattractively, uncomelily, uncomely, unlovely, unmagical, unprepossessing, gracelessly
Reizlosigkeit {f}: አሰልችነት: gracelessness
Reizmittel {n}: መቀስቀሻ፣ማነቃቂያ ነገር: irritants
Reizung {f}: ድንጋጤ: irritation
Reizungen {pl} :: irritations
reizvoll: ማራኪ፣ሳቢ: attractive, zestfully
Rekapitulation {f}: መልሶ መማረክ: recapitulation
rekapitulieren: መልሶ ማረከ: recapitulate
rekapitulierend: መልሶ ማራኪ/ ማርኮ: recapitulating
rekapituliert: መልሶ ተማራኪ/ ተማርኮ: recapitulated
rekeln: ተንጠራራ: loll
rekelnd: ተንጠራሪ/ ተንጠራርቶ: lolling
Reklame {f}: ማስታወቂያ: billing, advertisement, promotional, advertising
Reklamefläche {f}: የማስታወቂያ መስቀያ ቦታ: advertising space
Reklameschönheit {f}: ቆንጆና: glamour-girl
reklamieren: አስተዋወቀ: to reclaim, to protest, to complain
rekognoszieren: አረጋገጠ፣ መሰከረ፣ ትክክል ነው አለ: reconnoitre
rekognoszierend: አረጋጋጭ/ አረጋግጦ: reconnoitring
rekognosziert: ተረጋጋጭ/ ተረጋግጦ: reconnoitred
Rekombination {f}: ውኅደት/ ቅልቅል: recombination
Rekombinationsgeschwindigkeit {f}: የመቀላቀል ፍጥነት: recombination velocity
rekomplementieren: ተቸ፣ ገንቢ ሂስ ሰጠ: recomplement
Rekomplementierung {f}: ተችት፣ ሂስ: recomplementing
rekonfigurieren: መልሶ አስተካከለ፣ አስማማ: reconfigure
rekonfiguriert: ተስተካካይ/ ተስተካክሎ: reconfigured
rekonstruieren, rekonstruiere: መልሶ ሠራ፣ ገጣጠመ: reconstruct
rekonstruiert: ተገጣጣሚ/ ተገጣጥሞ: reconstructed
Rekord {m}, Aufzeichnung: ቅጅ: record
Rekordhalter {m}: ባለክብረ ወሰን: record holder
Rekordzeit {f}: የክብረ ወሰን ሰዓት: record time
Rekrut {m}: ምልምል፣ምሊሻ: inductee
Rekruten {pl} :: inductees, recruits
rekrutieren: መለመለ: recruiting
rekrutierend: መልማይ/ መልምሎ: recruiting
rektal: በቂጥ/ መቀመጫ (መመገብ): rectal, rectally
Rektorat {n}: የትምህርት ወንበር/ መደብ: rectorate
Rekursion {f}: ይግባኝ: recursion
rekursiv: ይግባኛዊ: recursive
relativ: ተጠጋጊታ/ ተዛማጅ፣ሬላቲቭ: relative, relatively, based
Relativierung {f}: ዝቅዝቅ ማድረግ: relativization
Relativität {f}: ተጠጋጊነት፣ተዛማጅነት: relativeness
Relativitäten {pl} :: relativities
relegieren: ከትምህርት ቤት አባረረ: rusticate
relegierend: አባራሪ/ አባርሮ: rusticating
relegiert: ከትምህርት ቤት ተባራሪ/ ተባርሮ: rusticated
Relevanz {f}: አስፈላጊ-/ ተፈላጊነት: pertinence
Relief {n}: መስል፣አምሳያ: relief
Reliefarbeit {f}: የስእል/ ምስል ተግባር: embossment
Reliefarbeiten {pl} :: embossments
Religion {f}: ሃይማኖት: religion
Religionen {pl} :: faiths
Religionsfreiheit {f}: የእምነት ነፃነት: religious liberty
Religionsfreiheiten {pl} :: religious liberties
religiös, fromm: አማኝ፣ እምነታም/ ማ: religious
religiös: እምነታዊ: religious, religiously
Religiosität {f}: ተአማኝ/ ኒነት፣ እምነት: religiousness
Remanenz {f}: የማግኔት/ ስበት ኃይል: remanence
Rendezvous {n}: ግንኙነት፣ ስብሰባ: rendezvous
Renn--: ውድድር: racing
Rennbahn {f}: መሯጫ፣መወዳደሪያ: race course, racecourse, racetrack
Rennen {n}: ውድድር፣ ሩጫ: race
rennen, laufen, fließen: ሮጠ፣ ተወዳደረ: race, run (ran, run)
Renner {m}: ሯጭ: courser, racer
Rennpferd {n}: የግልቢያ ፈረስ: race horse
Rennsport {m}: ውድድር: racing
renovieren: አደሰ፣ ጠገነ፣አሰጌጠ፣ አሳመረ: renovate, redecorate, upholster
renovierend: አዳሽ/ አድሶ: redecorating, upholstering, renovating
Renovierung {f}: እድሳት: redecoration, renovation
rentabel: ባለዋጋ፣ ዋጋ የሚያስገኝ፣ አትራፊ: profitably
Rentabilität {f}: አትራፊነት: profitability
Rentabilitäten {pl} :: profitabilities
Rentenempfänger {m}: ጡረታ ተቀባይ: annuitant
Rentenfond {m}: ተቀማጭ ገንዘብ/ ኃብት: annuity fund

Rentengeschäft {n}: የቅናሽ ሱቅ: annuity business
Rentenrate {f}: የጡረታ ክፍያ: annuity payment, annual rent of annuity
Rentenversicherung {f}: የጡረታ ኢንሹራንስ: annuity insurance, pension insurance fund
Rentenvertrag {m}: የጡረታ ውል: annuity agreement
Rentner {m}: ጡረተኛ: old age pensioner
Reorganisation {f}: ድርጅት፤አዲስ ተገብሮ/ ተግባር: reorganization
reorganisieren, reorganisiere: መልሶ አደራጀ: reorganize, rearrange
reorganisierend: መልሶ አደራጅ/ አደራጅቶ: reorganizing
reorganisiert: መልሶ ተደራጅ/ ተደራጅቶ: reorganized
Reparatur {f}: ጥገና፤ እድሳት: reperation, repair
reparaturbedürftig: መጠገን ያለበት: in need of repair
Reparaturwerkstatt {f}: ጋራዥ: repair-shop
Reparaturwerkstätten {pl}: ጋራዥ: repair-shops
reparierbar: ተጠጋኝ/ መጠገን የሚችል: fixable, reperable, retrievable
reparieren, ausbessern: ጠገነ፤ አደሰ: patch, repair
Reportage {f}: ዘገባ: reportage
Reportagen {pl}:: reportages
Repräsentation {f}: አቅራቦት/ ትሪት: representation
repräsentativ: ተወካይ/ ተጠሪ: representative
repräsentieren: ወከለ፤ ምሳሌ ሰጠ፤ ኃላፊነት ወሰደ: represents
repräsentierend: ወካይ/ ወክሎ: representing
repräsentiert: ተወካይ/ ተወክሎ: represented, represented
Repressalie {f}: መጥፎ ተግባር/ ድርጊት፤ የበቀል እርምጃ/ አፃፋ: reprisal
Repressalien {pl} :: reprisals
repressiv: ጭቆናዊ: repressive, repressively
Reproduktion {f}: አዲስ ምርት: reproduction
Reproduktionen {pl} :: reproductions
reproduzierbar: መልሶ ተመራች: reproducible
Reproduzierbarkeit {f}, Wiederholbarkeit: መልሶ ተመራችነት: reproducibility, repeatability
reproduzieren: መልሶ አመረተ: reproduces
reproduzierend: መልሶ አምራች/ አምርቶ: reproducing
Reptil {n}: የባሕር እንስሳ: reptile, reptil
Reptile {pl} :: reptils, reptiles
Republik {f}: ሪፐብሊክ: republic
republikanisch: ሪፐብሊካዊ: republican
requirieren: ወረሰ፤ ቀማ፤ ወታድር ቀለበ: commandeer
requirierend: ወራሽ/ ቀምቶ: commandeering
Requisit {n}: ቅድመ ሁኔታ: requisite
Requisiten {pl}, Voraussetzungen:: requisites

Resektion {f}: ርቀት፤ጋፕ: resection
Reservat {n}: ቀድሞ ቦታ መያዝ/ ማስያዝ፤ ማስጠበቅ: reservation
Reservate {pl}:: reservations
Reserve {f}: ቁጠባ፤ ጥብቅ: reserve, standby
Reserven {pl} :: reserves
Reservetank {m}: መጠባበቂያ ነዳጅ ማስቀመጫ: reserve tank
reservieren, belegen: ቦታ አስጠበቀ/ አስያዘ: dedicate, reserve, allocate, dedicate
reserviert: ቁጥብ: offish
reserviert: ተጠባቂ/ ተጠብቆ: reserved, reservedly, standoffish, standoffishly, offishly
Reservierung {f}: የተያዘ ቦታ: booking, reservation
Reservierungen {pl} :: reservations
Reservist {m}: ጠባቂ፤ቦታ ያዥ: reservist
resident: ኗሪ: resident
Residenz {f}, Wohnsitz: መኗሪያ: residency, residence
Resignation {f}: ሥልጣን ማስረከብ/ መልቀቅ: resignation
resignieren, verzichten: በፈቃድ ተወ፤ ለቀቀ፤ አስረከበ: resign
Resonanz {f}: ቃና፤ ውዝዋዜ: syntony, resonance
Resonanzen {pl} :: resonances
resorbieren: መጠጠ/ ሳበ: resorb
respektierend: አክባሪ/ አክብሮ: respecting
respektlos, respektwidrig: ደንታቢስ/ አልባ: irreverent, irreverently, unfilial, unfilially, unrespectful, disrespectful, disrespectfully, unrespectfully
Respektlosigkeit {f}: ደንታቢስነት: disrespect, irreverence
Ressource {f}: ምንጭ: resource
Ressourcen {pl} :: resources
Rest {m}: ቀሪ፤ቅሬት: relic, remainder, reminder, remnant, residue, rest, carryover, emain
Reste {pl}: ቅሬት፤ውርስ: leavings, oddments, pickings, remnants, residuals, residues, splits, carryovers, eavings
rest: ቀሪ: remainder, rest
Restaurant {n}: ቡና ቤት: restaurant
Restaurierung {f}: ማሻሻል: restoration
Restbestand {m}: ቀሪ: remainder
Restbetrag {m}: ዕዳ/ መከፈል ያለበት: residue
Restbeträge {pl} :: residues
restlich: ቀሬታዊ/ ተወራሽ: remaining, residuary, residual
Resultat {n}: ውጤት: result
Resultattaste {f}: የይሆናል ምልክት: equals key
resultieren: መልስ/ ውጤት ሰጠ: result
retour, zurück: ተመላሽ: back
retten, bewahren: አዳነ፤ ማገ: save, deserves, receive, salvage
rettend: አዳኝ/ አድኖ: bailing, rescuing, salvaging, salvaging

Retter {m, pl}: አዳኝ/ መሃሪ: retriever, savers, savior, saviors, saviour, saviours
Rettung {f}: ድኅነት: rescue, retrieval
Rettungen {pl} :: salvations
Rettungsboot {n}: ያዳጋ ጀልባ: lifeboat
Rettungsboote {pl} :: lifeboats
Rettungsgurt {m}: ያዳጋ ትጥቅ: lifebelt
Rettungsmannschaft {f}: ያዳጋ ቡድን: rescue party
Rettungsmannschaften {pl} :: rescue parties
Rettungsring {m}: ያዳጋ ቀለበት: life belt
Rettungsversuch {m}: የማዳን ሙከራ: attempted rescue
retuschieren, retuschiere: አስተካከለ፣ አሳመረ: retouch
retuschierend: አስተካካይ/ አስተካክሎ: retouching
Reue {f}: ጸጠት፣ መጠጠት፣ ጥፋትን ማወቅ: repentance, contrition
reuelos: ጸጠትአልባ: unrepentant, impenitent
reuevoll: ተጠጣች: contrite
reuig: ጸጠተኛ: penitent, penitently, rueful, ruefully
revidieren, revidiere: ከለሰ፣ መለሰ: revise
revidierend: ከላሽ/ ከልሶ: revising
Revision {f}, Überprüfung: ክልስ: revision, revisal
Revisionsabteilung {f}: መከለሻ አዳራሽ: auditing department
Revolution {f}: አብዮት: revolution
Revolutionär {m}: አብዮተኛ: revolutionist
revolutionär: አብዮታዊ: revolutionary
revolutionieren: አባባሰ፣ አቀጣጠለ: revolutionary
Revolver {m, pl}: ሽጉጥ: gat, gats, revolvers
Rezept {n}: ካርኒ: recipe, prescription
Rezepte {pl} :: recipes
Rezeption {f}: መቀቢያ: reception
reziprok: አጸፋዊ: reciprocal, reciprocal
Rhapsode {f}: አዝማሪ: rhapsodist
Rhapsoden {pl} :: rhapsodists
Rhapsodie {f}: አዝማሪነት: rhapsody
Rhapsodien {pl} :: rhapsodies
rhapsodisch: አዝማሪያዊ: rhapsodic, rhapsodically
Rhetorik {f}: የንግግር ጥበብ፣ የቅኔ ሙያ: elocution
Rhythmen {pl}: የእንቅስቃሴ/ ዜማ ደረጃ: rhythms, cadences
rhythmisch: ደረጃ በደረጃ: cadenced, rhythmic, rhythmical, rhythmically
Rhythmus {m}: እንቅስቃሴ/ ዜማ: rhythm, cadence
Riboflavin {n}: የቪታሚን ዓይነት: riboflavin
richten [nach, auf], urteilen [nach], regeln: ዳኘ፣ ሸመገለ: to direct [to, at], to judge [by]
Richter {m, pl}: ዳኛ: judge, judges
Richteramt {n}: ዳኝነት: magistracy, judgeship
Richterämter {pl} :: judgeships, magistracies
richtig schreiben: ትክክል ጻፈ: spell richtig, zurecht :: rightly
richtig, passend, echt, geeignet: ልክ፣ ትክክል: aright, correct, correctly, duly, justly, right, rightfully, true, unmitigated, unmitigatedly, properly
Richtigkeit {f}: ትክክልነት: rightness, trueness
Richtlinie {f}: መሪ መስመር: guide line
Richtmaß {n}: ሕግ፣ መመሪያ: standard gauge
Richtmasse {pl} :: standard gauges
Richtung {f}: አቅጣጫ፣ጥቆማ: direction
Richtungen {pl} :: directions, trends
Richtungsänderung {f}: አቅጣጫ ቅያሬ: turnaround
Richtungspfeil {m}: ጠቋሚ ቀስት: arrow
Richtungsschild {n}: ጠቋሚ ምልክት: destination board
riechen (nach): አሸተተ፣ አፋራ: to smell (of), smell, take a smell at
riechend: አሽታች/ አሽትቶ: odorous, smelling, odorously
Riefe {f}: አምድ፣ ክፋይ: stria
Riefen {pl} :: striae
Riegel {m, pl}: እጥር፣ ውድብ: bolt, latch, bolts
Riemen {m, pl}: ስንባጭ፣ክፋይ፣አምድ: straps, thong, thongs, strap
Riese {m}: ተረት፣ ጭራቅ/ ትልቅ ፍጡር: giant, colossus
Riesen {pl} :: colossuses
Riesengrösse {f}: ትልቅ ነገር: enormousness
riesenhaft: አስፈሪ/ ትልቅ: gigantic, giganticly
Riesenhaftigkeit {f}: ትልቅነት/ አስፈሪነት: hugeness, mountainousness
riesig, ungeheuer, enorm, gewaltig: እጅግ ትልቅ: gargantuan, giant, giantly, gigantic, mammoth, mammothly, huge, colossally
Riff {n}: አለት: reef
Riffe {pl} :: reefs
riffig: አለታም/ ማ: reefy
Rind {f}, Vieh: ከብት: cattle, beef
Rinder {pl} :: cattle, beefs
Rindfleisch {n}, Speck: የከብት ሥጋ: beef
Ring {m}: ቀለበት፣ ክብ: circlet, ring, torus, annulus, ring
Ringbuch {n}: ክታብ፣ክብ ጽሑፍ: loose-leaf
ringen, strampeln: ደወለ፣አቃጨለ: wrestle, struggle
ringend: ደዋይ/ ደውሎ: struggling
Ringfinger {m}: የቀለበት ጣት: ring finger
ringförmig: ክብ ቅርጽ: annular, circular, zonular, annularly
Ringkampf {m}: ነፃ ትግል: wrestling match, wrestling
Ringkämpfe {pl}: ነፃ ትግል: wrestlings, wrestling matches
Ringkämpfer {m, pl}: ነፃ ታጋይ: wrestler, wrestlers
Ringschaltung {f}: ክብ ማያያዣ: ring connection
Ringsendung {f}: የደወል መልክት: hookup

Ringsendungen {pl} :: hookups

ringsherum, rund, ungefähr: በዙሪያ: around

Rinne {f}: ፈሰስ/ ውሐ ማከፋፍያ: gully, gutter, groove

Rinnen {pl} :: gullies

rinnen, fließen: ፈሰሰ፤ ተንጠበጠበ: to flow

Rinnsal {n}: የውሐ ጠብታ/ ነጠብጣብ: rill, runlet, runnel

Rinnsale {pl} :: runnels, runlets

Rippe {f}: ጎን አጥንት: rib, costa

Rippen {pl} :: ribs

Risiko {n}: አዳጋኛ ተግባር/ ውሳኔ: risk

Risiko übernehmen: ኃላፊነቱን ወሰደ/ ተቀበለ: assume a risk

risikoreich: አዳጋኛ፤ ችግር አስከታይ: chancy

riskant, kühn: አስጊ/ አስፈሪ: dicey, hazardous, venturous, hazardously

riskieren: አዳጋኛ ውሳኔ አስተላለፈ: to risk, peril

riskierend: አማራጭ ወሳጅ/ ወስዶ: chancing, hazarding, risking, venturing

Riß {m}: ስብራት/ ስንባጭ፤ ጡንቻ: fissure, jag, rift, rip, crack, split, crack

Risse {pl} :: crannies, fissures, rifts

Ritt {m}: ግልቢያ: ride, rode

Ritter {m}: የሮማውያን ጦረኛ/ ወታደር: chevalier, knight

ritterlich: ጦረኛዊ: chivalric, knightly

Ritterlichkeit {f}: ጦረኝነት: chivalrousness

Rittertum {n}: ጦር አገልግሎት: chivalry

Ritual {n}: ባሕል: ritual

Rituale {pl}:: rituals

ritualisieren: ባሕል አደረገ፤ ተለማመደ: ritualize

ritualisierend: ታለማማጅ/ ተለማምዶ: ritualizing

Ritualismus {m}: ባሕላዊነት፤አምልኮት: ritualism

Ritualist {m}: አምልኮተኛ: ritualist

Ritualisten {pl} :: ritualists

rituell: ባሕላዊ: ritual

Ritus {m}: አምልኮት: rite

Ritzel {n}: የማሽከርከሪያ ጥርስ: pinion

ritzen: ጥርስ/ መቆንጠጫ አወጣ: scarify

Rivale {m}: ተቀናቃኝ: rival

Rivalen {pl} :: rivals

rivalisieren: ተቀናቀነ: rival

rivalisierend: ተቀናቃኝ/ ተቀናቅኖ: rivalling

Robbe {f}: የባሕር እንስሳ: seal

Robben {pl} :: seals

Roboter {m, pl}: ሰው ሠራሽ ሰው/ የሰው ማሽን: robot, robots

Roboteringenieur {m}: ሮቦርት ሠሪ: roboticist

Robotertechnik {f}: ሮቦርት ጠጋኝ: robotics

robust: ጠንካራ፤ ኃይለኛ፡ robustly, tough

Robustheit {f}: ጥንካሬ: robustness

Rock {m}: ሽርጥ፤ ቀሚስ: skirt

Röcke {pl}:: skirts

Röckchen {n}: ሽርጥ: tutus

rodeln: ተንጠላጠለ: toboggan

rodelnd: ተንጠላጣይ/ ተንጠላጥሎ: tobogganing, stubbing

Rodeo {n}: የውድድር/ ጭዋታ ዓይነት: rodeo

roh: ጥሬ፤ ያልተቀቀለ/ ያልተጠሰ: raw, rawly, ruffianly, uncooked, unwrought

Roheit {f}: ጥሬነት: brutalness, crudeness

Rohertrag {m}: ፍሬ: gross yield

Roherzeugnis {n}: ያልተጣራ ውጤት/ ምርት: raw product

Rohkost {f}: ያልተቀቀለ ምግብ: uncooked vegetarian food

Rohleder {n}: ካሬ/ ጥሬ ሌጦ: rawhide

Rohöl {n}, Erdöl: ያልተጣራ የነዳጅ ዘይት: crude oil

Rohr {n}: ቧንቧ: tube, tubing, liner, pipe, conduit

Rohre {pl}:: tubes

Röhre {f}: ቧንቧ: tube, duct

Röhren {pl} :: tubes, ducts

röhrenförmig: ቱቦ ዓይነት: tubular, tubularly

Rohrleitung {f}: የቧንቧ ቱቦ: piping

Rohrzucker {m}: ያልተጣራ ስኳር: sucrose

Rohstoff {m}: ጥሬ ዕቃ: raw material

Rohstoffe {pl}:: raw materials

Rollbahn {f}: መንሸራተቻ: runway

Rolle {f}: ክብ፤ መጠቅለያ፤ ክብ ዳቦ: role, roll, roller

rollen, drehen: ጠቀለለ፤ ጠመዘዘ: to roll, trundle, welter

Rollenantrieb {m}: ማጠንጠኛ: capstan

rollend: ጠንጣኝ/ ጠንጥኖ: rolling, trundling, weltering

Rollenkette {f}: ጥቅል ሰንሰለት: roller chain

Roller {m, pl}: ማጠንጠኛ፤ አጠንጣኝ: scooter, scooters

Rollkugel {m}: ክብ አሎሎ: track ball, control ball

Rollschuh {m}: የመንሸራተቻ ጫማ: roll skate, roller-skate

Rollstuhl {m}: ተሽከርካሪ ወንበር: wheelchair, roll chair, wheel chair

Rollstühle {pl} :: wheelchairs, wheel chairs

Rolltreppe {f}: ክብ ደረጃ: moving staircase, stairmoving, escalator

Rolltreppen {pl} :: escalators

Rolltür {f}: ተሽከርካሪ በር/ መዝጊያ: tambour door

ROM: ሮም: rom

Roman {m}: ልብ ወለድ: novel

Romane {pl} :: novels

Romanschriftsteller {m, pl}: ልብ ወለድ ጸሐፊ: novelist, novelists

Romantik {f}: የሥነ ጽሑፍ እንቅስቃሴ ወቅት: romanticism

Romantiker {m}: የሮማንቲክ ጸሐፊ: romanticist

romantisch: ልብወለዳዊ: romantic, romanesque

Römer: ሮማውያን: latins, roman, romans

Röntgen {n}: ራጅ: roentgen

Röntgenaufnahme {f}: የራጅ ፎቶ: radiography
Röntgenbild {n}: የራጅ ስእል: radiograph
Röntgenbilder {pl} :: radiographs
Röntgenstrahl {m}: የራጅ ጨረር: x-ray
Rosa {n}: ደማቅ ቀይ: pinko
Rose {f}: ጽጌ ረዳ: rose
Rosen {pl} :: roses
Rosenholz {n}: የጽጌ ረዳ ግንድ: rosewood
rosenrot: ደማቅ ቀይ: roseate, roseately
rosig: ጽጌረዳዊ: auroral, rosy
Rosine {f}: የወይን ፍሬ: raisin
Rosinen {pl} :: raisins
Rosmarin {m}: የማርያም አበባ: rosemary
Rosmarine {pl} :: rosemaries
Roß {n}: የፈረስ ዓይነት: steed
Rosse {pl} :: steeds
Rost {m}: የእንጨት ድርድር/ እጥር፤ የብረት ዝገት: gridiron
Roste {pl}: መጥበሻ: grills
rosten: ጠበሰ፤ አሳረረ: oxidize, to rust
rösten: ጠበሰ፤ አሳረረ: parch, ret, roast, toast
röstend: ጠባሽ/ ጠብሶ: parching, roasting
rostend: ጠባሽ/ ጠብሶ: rusting
Röster {m}: መጥበሻ: roaster
rostfrei: የማይዝግ/ ዝገትአልባ: rustless, stainless, stainlessly, rustless
rostig: ዝገታም/ ማ: rustily, rusty
Rostigkeit {f}: ዝገታማነት: rustiness
rot: ቀይ: red, ruddy
Rotation {f}: መሽከርከር/ ሪያ: rotation
Röte {f}: ቀይ ቀለም: rubicundity, ruddiness, redness
röten: አቀላ፤ ቀይ ቀለም ቀባ: redden
rötend: ቀይ ቀለም ቀቢ/ ቀብቶ: reddening
Rotgelb {n}: የቀይ ብጫ: russet
rothaarig: ባለቀይ ጠጉር: redheaded
Rothaarige {m, f}: ባለቀይ ጠጉር: redhead
Rothaarigen {pl} :: redheads
Rotholz {n}: ቀይ ግንድ/ እንጨት: redwood
Rothölzer {pl} :: redwoods
rotieren: አሽከረከረ፤ ጠመዘዘ: rotate, rotate
rotierend: አሽከርካሪ/ አሽከርክሮ: rotating, rotary, rotating, rotative, revolving
Rotkehlchen {n, pl}: የወፍ ዓይነት: redbreast, redbreasts, robin, robins
Rotkopf {m}: ቀይ ራስ: redhead
rötlich: ደማማም/ ማ፤ ቀይ: reddish, reddishly, rubicund, ruddily
rötlichgrau: ቀይ ዳማ: roan
Rötlichkeit {f}: ቀይነት: pinkishness, reddishness
Rotte {f}: ጥንድ ወታደር/ መርከብ/ ጦር አውሮፕላን: rout
Rotten {pl} :: routs
Rotwein {m}: ቀይ ወይን: claret
Rotz {m}: የበሽታ ዓይነት: snot
rotzig: አንኅላም/ ንፍጣም/ ማ: snottily, snotty
Rouge/s {n/pl}: ኩል/ ቀይ መቀባት: rouges
Roulett {n}: የጭዋታ ዓይነት: roulette
Roulette {pl} :: roulettes
Route/n {f/pl}: የሰልፍ መንገድ: routes
Routine {f}: ልምድ፤ ተለምዶ: routine
routinemässig: በልምድ: routinely
Routinen {pl} :: routines
Rowdy {m}: ዱርዬ: hooligan
Rowdys {pl} :: hooligans
Royalist {m}: ዘሪ/ ቤተ ነገሥት: royalist
Rübe {f}: የተክል ስር ዓይነት: beet, turnip
Rubel {m}: የራሽያ ብር/ ገንዘብ: rouble
Rüben {pl}:: turnips, beets, turnips
Rubin {m}: ቀይ ዕንቍ: ruby
Rubine {pl} :: rubies
rubinrot: የደም/ ደማቅ ቀይ: ruby
Rubrik {f}: ርእስ: rubric
ruchlos: ሰላም/ ጸጥታአልባ: heinous, nefarious, heinously, nefariously
Ruchlosigkeit {f}: ሰላምአልባነት: nefariousness
Ruck {m}: ግጭት፤ ፍጥጫ: hitch, jerk, flip
Rück..: የኋላ: revertive
Rückansicht {f}: የኋላ እይታ: rear view
ruckartig: ቅጽበታዊ/ በቅጽበት: fitful, fitfully, jerkily, jerky
Ruckartigkeit {f}: የድንገት ግጭት: jerkiness
rückberechnen: ወደኋላ አሰላ: recalculate
Rückblende {f}: የኋላ መብራት: flashback, cutback
Rückblenden {pl} :: flashbacks
Rückblick {m}: ትዝታ: retrospect
Rückblicke {pl} :: retrospects
rückblicken: አዙሮ አየ: retrospective
rückblickend: አዙሮ አይታ/ አይቶ: retrospective
Rücken {m}: ጀርባ: back
Rückendeckung {f}: የኋላ ደጀን/ ድጋፍ: rear cover
Rückenmark {n}: ያከርካሪ መቅኖ: medulla
Rückenwirbel {m, pl}: የጀርባ አጥንት/ አከርካሪ: vertebra, vertebras
Rückfahrkarte {f}: መመለሻ ትኬት: return ticket, return ticket, round-trip ticket
Rückfahrt {f}: መልስ/ የመልስ ጉዞ: return journey
Rückfall {m}: በጀርባ መውደቅ: recidivism, relapse
rückfällig werden: ተበላሸ: backslide
rückfällig: ወዳቂ: recidivistic, recidivous
Rückfälliger {m}: ብልሹ: backslider, recidivist
Rückflug {m}: የመልስ በረራ: return flight
Rückfrage {f}: ጥያቄ : query
Rückfragen {pl}:: queries
Rückführung {f}: ቅናሴ: reduction, repatriation
Rückgang {m}: መልስ፤ ጉድለት/ ክሳራ: downturn, recessiveness, regression, retrogression
rückgängig: ምልስ/ ተመላሽ: retrogressive, retrogressively
Rückgewinnung {f}: ተጨማሪ ትርፍ: retrieval

Rückgrat {n}: የጀርባ አጥንት: backbone, spinal, spine
Rückgrate {pl} :: backbones
rückhaltbar: መቀመጥ ቻይ: reservable
rückhaltlos: ስንቅአልባ/ መጨበጫአልባ: without reserve
Rückhand {f}: አይበሉባ/ የእጅ ጀርባ: backhand
Rückhandtriebsschlag {m}: የአይበሉባ ጥፊ: backhand drive
Rückhandschläge {pl} :: backhands
Rückkauf {m}: የመልስ ግዥ/ ግብይት: redemption
Rückkäufe {pl} :: redemptions
Rückkehr {f}: መመለስ/ መልስ: returning, comeback, return
Rückkoppelung {f}: የኋላ ማርሽ: feedback, feedback
Rücklauf {m}: የመልስ ሩጫ: return
rückläufig: ኃላፊ/ ተመላሽ፤ጠፊ: regressive, retrograde
Rückläufigkeit {f}: ኃላፊ/ ጠፊነት: regressiveness
Rückmeldung {f}: ምዝገባ: checkback signal, feedback
Rückruf {m}: መልሶ መደወል/ ጥሪ: ringback
rückrufen: መልሶ ደወለ/ በስልክ ጠራ: Recall recall
Rucksack {m}: የሚንጠለጠል ሻንጣ: backpack
Rucksäcke {pl} :: rucksacks, backpacks
Rückschein {m}: የመልስ ደረሰኝ: answer registered, advice of receipt
Rückschlag {m}: ክሳራ/ ጉዳት፤ ሽንፈት: backstroke, set back
Rückschläge {pl} :: set backs, throwbacks, backstrokes, backstroking
rückschmelzen: መልሶ ማቅለጥ: meltback
Rückschritt {m}: የኋላ ቅድ: regress, regression
Rückschritte {pl} :: regresses
Rückseite {f}: ጀርባ፤የኋላ ገጽ: flipside, backside
Rückseiten {pl} :: backsides, versos, backs, backsides
Rücksicht {f}: ጥንቃቄ : regard
Rücksichtnahme {f}: ጥንቃቄ መውሰድ: considerateness
rücksichtslos: ባለጌ/ ዋልጌ፤እረኛ: inconsiderate, irrespective, irrespectively, regardlessly, unthoughtful, inconsiderate, unthoughtfully
Rücksichtslosigkeit {f}: ባለጌነት: inconsiderateness
rücksichtsvolle: ጥንቁቅ፤ትጉት: considerately
Rücksitz {m}: መቀመጫ: back seat
Rücksitze {pl} :: back seats
Rückstand {m}: ኋላቀር፤ ዕዳ: arrearage, backlog, arrears
Rückstände {pl} :: arrears, residuums, arrearages
rückständig: ኋላ ቀር: backwardly, outstanding, under developed
Rückständigkeit {f}: ኋላቀርነት: backwardness
Rückstau {m}: ቅሬት: backlock
Rückstellung {f}: ምላሴ/ መመለስ: reset
Rückstellungen {pl} :: accrued liabilities
Rückstoß {m}: የኋላ ግጭት: blow back
Rücktritt {m}: ሥልጣን መልቀቅ: recession, rescission, retirement
Rücktritte {pl} :: retirements, recessions
Rückversicherung {f}: የመልስ ኢንሹራንስ: reassurance, reinsurance
Rückwand {f}: የኋላ ግድግዳ: backplane
rückwärtig: ወደኋላ/ ጀርባ: rearward
rückwärts: ወደኋላ/ ጀርባ: aback, afterwards, backlink, backward, backwards, down, rearwards
Rückweg {m}: መመለሻ መንገድ: way back
Rückwege {pl} :: ways back
rückweisen: ዐፃፋ መለሰ፤ አባረረ: repel
Rückweisung {f}: እቢታ: rejection
rückwirkend: ተፍገምጋሚ: retroactive, retrospective, reactive, retroactively
Rückwirkung {f}: የግጭት/ ኃዘን ስሜት: backlash, retroaction, retroactivity
Rückwirkungen {pl} :: backlashes
rückzahlbar: ተመላሽ: refundable, reimbursable, repayable
Rückzahlung {f}: መልሶ ክፍያ: repayment, refund
Rückzahlungen {pl} :: repayments
Rückzahlungsbetrag {m}: ተመላሽ ገንዘብ: amount repayable
Rückzieher {m, pl}: ጉተታ: backdown, backdowns
Rückzug {m}: ማፈግፈግ: withdrawal, retreat
Ruder {n, pl}: መቅዘፊያ፤ ቀረጥ፤ገደብ: oar, oars, rudder
Ruderboot {n}: የቀዘፋ ጀልባ: rowboat
Ruderboote {pl} :: rowboats
Ruderer {m, pl}: ቀዛፊ: oarsman, oarsmen, sculler, scullers
rudern: ቀዘፈ፤ ጀልባ ነዳ: boating, scull, to row
rudernd: ቀዛፊ/ ቀዝፎ: oaring, sculling, rowing
Rudiment {n}: ቅሬት: rudiment
rudimentär: ወደኋላ መጠር ያለበት/ የሚችል: rudimentary
Ruf {m}, Anruf, Schrei: ጥሪ፤ጩኸት: rep, whoop, fame, cry, call
Rufabweisungssignal {n}: የጥሪ ምልክት: call-not-accepted signal
Rufannahmesignal {n}: ጥሪ መቀበያ ምልክት: call-accepted signal
rufen (nach), schreien (nach): ጠራ፤ ጮኸ: to cry (for), call, to shout
rüffeln: አዋረደ፤ መልሶ ሰደበ: snub
Rufnummer {f}: ቴ ሌፎን ቁጥር: call number
Rufzeichen {n}: የጥሪ ምልክት: callsign
rügen: ሰደበ፤ አዋረደ: reprove

rügend: ዐየፋ መላሽ/ መልሶ: reprimanding, reproving, reprovingly
Ruhe {f}: ሰላም፤ፀጥታ: quietness, quietude, reposefulness, rest, restfulness, sereneness, tranquility, tranquillity, tranquilness, quiescence, silence, break contact
ruhelos: ሰላም-/ ፀጥታ አልባ: restless, unrest, wakefully, wakening
ruhen: አረፈ፤ ፀጥ አለ: repose
Ruhetag {m}: የዕረፍት ቀን: day off
Ruhetage {pl} :: days off
Ruhezustand {m}: ጡረታ: dormancy, resting state
ruhig/still: ርጉ፤ትጉስ: quiet, calm, easefully, quiescently, reposefully, restfully, runhasty
ruhig: ርጉ፤ትጉስ: calm, calmly, easeful, halcyon, quiescent, quiescently, quiet, quietly, reposeful, restful, restfully, sedately, smoothly, staid, stilly, tranquil, tranquilly, unexcited, unflustered, unharried, unruffled
Ruhm {m}, Pracht, Herrlichkeit: ዝና: glory, renown, stardom, fame, glory
rühmen: አሞገሰ፤ አወደሰ: to praise, vaunt
Rührei {n}: ማማሰል: scrambled, scrambled eggs
rühren: አማሰለ/ መታ: budge, stir
rührend: አማሳይ/ አማስሉ: pathetic, stiring, stirring, touchingly, toughing, movingly, pathetically, maudlin
rührselig: ስሜታም/ ማ፤ ሆደባሻ: maudlinly, mawkish, mawkishly, schmaltzy
Ruin {m}, Verderben: ፍራሽ፤ ፍርስራሽ: bane, ruin
ruinieren: አወደመ፤ አጠፋ: dilapidate, scuttle, ruin
ruinierend: አውዳሚ/ አውድሞ: dilapidating, downing, marring, scuttling
rülpsen: በረገደ፤ ገጨ: belch, burp
Rumba {m}: የዳንስ/ ጨዋታ ዓይነት: rumba
rumpeln: በጩኸት ነዳ፤ በሻወር ታጠበ: rumble
rund um, ringsherum, um...herum: በዙሪያ: around, round
rund: ክብ፤ዙሪያ: rotund, round, roundly
Rundbau {m}: ክብ ሕንፃ: rotunda
Rundblick {m}: ታላቅ ፎቅ: panorama
Runde {f}: ዙሪያ: round, bout
Runden {pl}: ዙሪያ: rounds, bouts
runden: ዞረ፤ ከበከበ: round
rundend: ዟሪ/ ዙሮ: rounding
Rundfahrt {f}: የዙሪያ ጉዞ: round trip
Rundfunk {m}: ራዲዮ: broadcast
Rundfunkstation {f}: ራዲዮ ጣቢያ: broadcast station
Rundheit {f}: ክብነት: chubbiness, rotundity, roundness
rundherum: በዙሪያ: round about
rundlich: ክባዊ: chubbily, chubby, roundish
Rundlichkeit {f}: ክባዊነት: rotundness
Russe {m}: ራሻዊ: russian
Russen {pl}: ራሻውያን: russians
russisch: ራሽያኛ: russian
Russland: ራሽያ: Russia, russia
rüstig: ተኩስ/ ጠንካራ: hale, lusty
Rüstung {f}: መሳሪያ ውድድር: armor
Rüstungen {pl} :: armaments
Rüstungsindustrie {f}: ጦር መሳሪያ ማምረቻ: arm industry
Rüstungsunternehmen {n}: ጦር መሳሪያ አምራች: armaments manufacturer
Rüstungswettlauf {m}: የጦር መሳሪያ ውድድር: armament race
Rute {f}: ቅርንጫፍ: rood, rod
Ruten {pl} :: rods
rutschen: ወደቀ፤ አንዳለጠ: to slide, to slip
rutschend: አንዳላጭ/ አንዳልጠ: skidding
rütteln: ወዘወዘ፤ ነቀነቀ: jiggle, jog, jolt, jounce, shake
rüttelnd: ወዝዋዥ/ ወዝውዞ: jiggling, jogging, jolting, jouncing

S

Saal {m}: አዳራሽ: hall
Saat {f}: ዘር: seed
Saatgut {n}: ዘር: seeds
sabbeln: በከንቱ አወደሰ፣ አሞካሸ: dote
sabbern: አሞካሸ፣ በከንቱ አወደሰ: slaver, drivel
sabbernd: በከንቱ ለፍላፊ/ ለፍልፎ: driveling, slavering
Säbel {m, pl}: የመቆንጠጫ መሳሪያ ዓይነት: sabre, sabres
Säbelhieb {m}: መንቆ፣ መቆንጠጫ: sabre cut
Säbelhiebe {pl} :: sabre cuts
Säbelrassler {m, pl}: ኮማንዶ፣ የዱላ ስልት አዋቂ: swashbuckler, swashbucklers
Sabotage {f}, Brandstiftung: ድብቅ ቃጠሎ፣ ተደብቆ ማውደም: incendiary
Sabotagen {pl} :: sabotages
Saboteur {m}: በድብቅ ደባ/ ቃጠሎ አድራጊ: saboteurs
Saboteure {pl}:: saboteurs
sabotieren: አድማ መታ፣ ከለከለ/ አደናቀፈ: ratten, sabotage
sabotierend: አዳሚ/ አድሞ: rattening, sabotaging
Sacharin {n}: የሚላመጥ ጣፋጭ ነገር: saccharine
Sachbearbeiter {m}: የቢሮ ሠራተኛ: official in charge
Sachbeschädigung {f}: የዕቃ/ ነገር ጉዳት: damage to property
Sachbuch {n}: ልዩ መጽሐፍ: specialized book
Sachbücher {pl} :: nonfiction
sachdienlich: ተላላኪ/ መልክተኛ: pertinent, pertinently, relevantly
Sache {f}, Angelegenheit: ነገር፣ ሁኔታ፣ አማራጭ፣ ትኩረት፣ ተግባር: matter, concern
Sachen {pl} :: things
Sachfrage {f}: የሙያ ጥያቄ : factual issue
Sachgesamtheit {f}: ጥቅል፣ አጠቃላይ: aggregate of things
Sachkatalog {m}: ማውጫ: subject catalogue
Sachkataloge {pl} :: subject catalogues
Sachkenntnis {f}: ልዩ ሙያ: expertise
sachkundig: ምሁር፣ ሥልጡን: competently
Sachleistung {f}: ልዩ አስተዋጽኦ: allowance in kind, payment in kind
sächlich: ኮማንዲዊ: neuter
sachlich: ተግባራዊ/ በተግባር: factual, matter of fact, objective, objectively, soberingly, factually
Sachlichkeit {f}: ተጨባጭነት፣ ተግባራዊነት: dispassion, practicality, relevance
Sachlichkeiten {pl} :: practicableness
Sachnummer {f}: የንብረቱ መለያ ቁጥር: article code
Sachregister {n}: ምዝገባ: subindex, subject index
Sachschaden {m}: የዕቃ ጉዳት: material-damage
Sachse {m}: የነገድ ስም: saxon
Sachsen {pl} :: saxons
Sachvermögen {n}: ንብረት/ ኃብት: tangible assets
Sachverstand {m}: የንብረቱ መጠን/ ይዞታ: analytic expertise
Sachvertändigengutachten {n}: ያዋቂ ግምገማ: expert opinion
Sachwert {m}: የዕቃው ዋጋ: real value
Sack {m}: ኬሻ፣ አቁማዳ: sack, sackful, bursa
Säcke {pl}:: bursas, sackfuls, sacks, bags
sackartig: ኬሻ መሰል: baggily, pouchy
sacken: በኬሻ አሸገ: sag
sackend: በኬሻ አሻጊ/ አሽጎ: sagging
Sackgasse {f}: ሰርጥ/ ቀጭን መንገድ: dead-end street, impasse, blind alley
Sackgassen {pl} :: impasses, blind alleys
Sackleinwand {f}: አቁማዳ: burlap
Sackleinwände {pl} :: burlaps
Sacktuch {n}: ድርብ ፎጣ: sackcloth
sackvoll: ኬሻሙሉ: bagful, bagfuls
Sadismus {m}: የተግባረ ሥጋ አሰቃቂ ተግባር/ ድርጊት፣ ግብረ ሰዶም: sadism
Sadist {m}: ግብረ ሰዶማዊ፣ ሰው በማሰቃየት የሚደሰት: sadomasochist
Sadisten {pl} :: sadists
sadistisch: አረመኔ/ ጨካኝ፣ ኢሰባዊ: sadistic, sadistically
Sadomasochismus {m}: ግብረ ሰዶም: sadomasochism
Sadomasochisten {pl}: ግብረ ሰዶማውያን: sadomasochists
sadomasochistisch: ግብረ ሰዶማዊ: sadomasochistic
säen: ዘራ፣ አመረተ: seed, to sow (sowed, sown)
säend: ዘሪ/ ዘርቶ: seedling, sowing
Safari {f}: የካራቫን ጉዞ: safari
Saflor {m}: የሳሙና ማርከፍከፊያ: safflower
Saflore {pl} :: safflowers
Safran {m}: ብጫማ የትክል ክፍል: saffron
Saft {m}: ጭማቂ: juice, sap
Säfte {pl}: ጭማቂ: saps, juices
saftig: ጣፋጭ: juicily, juicy, lushly, sappily, sappy, succulent, succulently, juicily, succulently
Saftigkeit {f}: ጣፋጭነት: juiciness, sappiness, succulence
Saftigkeiten {pl} :: succulency
saftlos: ጭማቂአልባ: sapless, saplessly
Säge {f}: መጋዝ: saw
Sage {f}: ብሂል፣ ንግርት: myth, saga
Sagen {pl}:: sagas
Sägeblatt {n}: የመጋዝ ምላስ: saw blade
Sägeblätter {pl} :: saw blades
Sägebock {m}: ተመጋዥ ግንድ: sawbuck, sawhorse

Sägeböcke {pl} :: sawhorses
Sägemehl {n}: የመጋዝ ብናኝ: sawdust
sägen: መገዘ፤ ቆረጠ: to saw
sägend: መጋዥ/ መግዞ: sawing, serrating, sawing
sagen, erzählen, berichten: አለ፤ ተናገረ፤ ተረተ: to say (said, said), tell
sagend: ተራች/ ተርቶ፤ ብሎ: saying, telling
sagenhaft: መነገር ያለበት: fabulous, fabulously, legendary
Säger {m, pl}: መጋዥ: sawyer
Sägespan {m}: የመጋዝ ደጋን: sawdust
Sägespäne {pl} :: sawdusts
Sägewerk {n}: የመጋዝ ተግባር/ ሥራ: sawmill
Sägewerke {pl} :: sawmills
Sägezahndiagramm {n}: የመጋዝ ጥርስ: sawtooth diagram
Sahne {f}: ክሬም: cream
Sahnebonbon {n}: መስቲካ: toffy, toffee
Sahnebonbons {pl}:: toffies, toffees
sahnig: ክሬማማ/ ጣፋጭ: creamy
Saisonarbeit {f}: ወቅታዊ ተግባር: seasonal work
Saisonarbeiter {m, pl}: ወቅታዊ ሠራተኛ/ ኞች: seasonal workers
Saisonausverkauf {m}: የወቅት ገብያ/ ሽያጭ: seasonal sale
Saitenhalter {m}: የሙዚቃ ክር ማሰሪያ: tailpiece
Saiteninstrument {n}: የክር መሳሪያ: stringed instrument
Saiteninstrumente {pl} :: stringed instruments
saitenlos: ክርአልባ: unstrung
Sakrament {n}: ምሥጢር: sacrament
Sakramente {pl} :: sacraments
sakramentlich: ምሥጢራዊ: sacramental
Sakrifizierung {f}: ማመሥጠር: scarification
Sakristei {f}: ቤተ ልሔም: sacristy
Sakristeien {pl} :: sacristies
säkularisieren: ዓለማዊ አደረገ: secularize
säkularisierend: ዓለማዊ አድራጊ/ አድርጎ: secularizing
säkularisiert: ተለማጅ/ ተለምዶ: secularized
Salat {m}: የተክልና ቅጠላቅጠል ምግብ: salad
Salate {pl} :: salads
Salbe {f}: የቆዳ በሽታ መድኃኒት: unguent, ointment
Salbei {m}: የቅጥል/ ተክል ዓይነት: sage
Salben {pl} :: salves, unguents, oinments
salben: ቀባ: rub with ointment
salbend: ቀቢ/ ቀብቶ: rubbing with ointment
Salbung {f}: መቀባት: unction, unctuousness, anointing
Salbungen {pl} :: unctions, unctuousnesses
salbungsvoll: ቅባዊ: unctuous, unctuously, unctious, unctuously
Saldo {m}: የሒሳብ ይዞታ: balance
Saldovortrag {m}: የሚከፈል ገንዘብ: balance carried forward
Saldovorträge {pl} :: balances carried forward

Säle {pl}: አዳራሾ: halls
Saline {f}: የጨው ማውጫ/ ማምረቻ: saline
Salm {m}: ስሎሞን: salmon
Salmiakgeist {m}: ማጽጃ ነገር: ammonia solution
Salon {m}: ሳሎን: parlors
salopp: ስንፍ፤ ደንታቢስ፤ ግድአልባ: rakish, rakishly
Salpeter {m}: የሚኒራል ዓይነት: nitre, saltpeter
Salpetererde {f}: ጨዋማ መሬት: nitrous earth
salpeterhaltig: ጨዋማ/ ም: nitrous
Salpetersäure {f}: ያሲድ ዓይነት: nitric acid
Salto {m}: የጨዋታ ዓይነት: somersault
Saltos {pl} :: somersaults
Salut {m}, salutieren: ሰላምታ: salute
salutieren: ሰላምታ ሰጠ: salute
salutierend: ሰላምታ ሰጭ/ ሰጥቶ: saluting
Salutsalve {f}: የሰላምታ ተኩስ: gun salute
Salve {f}: አከታትሎ ተኩስ: salvo, fusillade
Salven {pl} :: salvos, volleys, fusillades
Salz {n}: ጨው: salt
Salze {pl}:: salts
Salzbergwerk {n}: የጨው ማምረቻ: salt mine
salzen: ጨው ጨመረ: to salt
Salzfaß {n}: የጨው ቅል/ ጋን: salt shaker
Salzfäßchen {n}: የጨው ጆንያ: salt cellar
salzig: ጨዋማ/ ም: briny, saltily, salty, salty
Salzigkeit {f}: ጨዋማነት: salinity, saltiness
salzlos: ጨውአልባ: saltless
salzsauer: ጨዋማ/ ም: hydrochloric
Salzsäule {f}: አሞሌ: pillar of salt
Salzsäure {f}: የጨው ንጥረ ነገር: hydrochlorid acid
Salzsieder {m}: ጨው አውጪታ/ ሠራተኛ: salter
Salzstreuer {m}: ጨዋማ አፈር በበረዶ ላይ በታኝ: saltshaker
Salzwasser {n}: ጨዋማ ውሐ: salt water, saltwater
Salzwerk {n}: የጨው ሥራ: salt works
Samariter {m, pl}: ሳምራውያን: samaritan, samaritans
Sämaschine {f}: የስፌት መኪና: sower
Sämaschinen {pl} :: sowers
Same {m}, Saat: ዘር/ አባለዘር: seed
Samen {pl} :: semens, sperm
samenartig : አባለዘራማ/ ም: spermatic
Samenbehälter {m, pl}: ቀፎ፤ ጎተራ: seed case, seed cases
Samenfaden {m}: የዘር ቀረጢት: seminal filament
Samengang {m}: ዘር ማውጫ: seminal duct
Samenkapsel {f}: የዘር መቋጠሪያ: seed vessel
Samenkapseln {pl} :: seed vessels
Samenstrang {m}: ጽንስ አባለዘር: spermatic cord
Sammelband {m}: መከማቻ: omnibus volume
Sammelbehälter {m, pl}: ቀፎ: sump, sumps
Sammelbehälter {m}: ማከማቻ አውድ: accumulation bin

Sammelbestellung {f}: ስብስብ/ ጥቅል ማዘዣ: omnibus order
Sammelbezeichnung {f}: ጥቅል መጠሪያ: collective name
Sammelbüchse {f}: ማከማቻ ሳጥን: collecting box
Sammelbüchsen {pl} :: collecting boxes
Sammelgut {n}: ጥቅል ነገር: collective consignment
Sammelgüter {pl}:: collective consignment
Sammelkapsel {f}: መጠራቀሚያ: boll
Sammelkonto {n}: ጥቅል ኮንቶ: assembly account, absorption account
Sammelladung {f}: ጥቅል ጭነት: aggregated shipment
Sammellager {n}: በረት: collective point
Sammelleitung {f}: ጥቅል መምሪያ: bus, distributing main
Sammelleitungssystem {n}: ጥቅል መምሪያ ሲስተም: group signal line
Sammelmeldung {f}: ጠቅላላ ምዝገባ: annunciation collective
Sammeln {n}: ማጠራቀም: gathering
sammeln, erfassen, versammeln: ሰበሰበ፤ አጠራቀመ: collect, glean, rally, gather, stack
sammelnd: ሰብሳቢ/ አጠራቅሞ: collecting, garnering, gleaning, rallying, treasuring
Sammelnummer {f}: ጥቅል ቁጥር: collective number
Sammelplatz {m}: አደባባይ: meeting place
Sammelrohr {n}: ጥቅል ቧንቧ: manifold
Sammelschiene {f}: የመሪ መገናኛ: bus bar
Sammelwerk {n}: ጥቅል ሥራ: collected edition
Sammler {m, pl}: ሰብሳቢ: accumulator, collector, collectors
Sammlung {f}: ጥርቅም፤ ክምችት: assemblage, collection, library
Sammlungen {pl} :: assemblages, collections, libraries
Sampan {m}: የጀልባ ዓይነት: sampan
Sampans {pl} :: sampans
Samstag {m}: ቅዳሜ: Saturday, saturday
Samstage {pl}: ቅዳሜ ቅዳሜ: saturdays
Samt {m}: ልጥ/ ቅርፊት: velvet, together with
samtartig: ቅርፍት መሰል: velvety
Samthandschuh {m}: የልጥ ጫማ: velvet glove
Samthandschuhe {pl} :: velvet gloves
samtig: ጥቅላላ: velvety
sämtlich: በጠቅላላ: altogether
Sanatorium {n}: ማገገሚያ ቦታ: sanitarium
Sanatorien {pl} :: sanitariums, sanatoria
Sand {m}: አፈር÷ ጭንጫ: sand
Sandale {f}: ነጠላ ጫማ: sandal
Sandalen {pl} :: sandals
Sandbahn {f}: ያሸዋ መጫኛ: dirt track
Sandbank {f}: ጭንጫማ ቦታ: sandbank, sand bank
Sandbänke {pl} :: sand banks
Sandboden {m}: ጭንጫማ መሬት: sandy soil, sandy
Sandböden {pl} :: sandy soils
Sanddorn {m}: ችፍርግ፣ የእሾኽ ዓይነት: sallow thorn
Sanddüne {f}: ማዳበሪያ: dene
Sanddünen {pl} :: denes
Sandelholz {n}: ሰንደል: sandalwood
Sandgrube {f}: ያሸዋ ጉድጓድ: sand pit
Sandgruben {pl} :: sand pits
Sandhase {m}: እግረኛ ጦር: boot neck
sandig: አፈራማ/ ም: sandily, sandy
Sandigkeit {f}: አፈራማ/ ጭንጫማነት: grittiness
Sandkasten {m}: የጭንጫ ኪሻ: sandbox, sand box
Sandkästen {pl}:: sandboxes, sand boxes
Sandkorn {n}: የጭንጫ ጥሬ/ ያፈር ጥራጥሬ: grain of sand
Sandkörner {pl}:: grains of sand
Sandmann {m}: በርሃኛ: sandman
Sandmänner {pl} :: sandmen
Sandpapier {n}: የወረቀት ዓይነት: sandpaper
Sandpapiere {pl}:: sandpapers
Sandsack {m}: የጭንጫ ኪሻ: sandbag
Sandsäcke {pl}:: sandbags
Sandstein {m}: ጭንጫ/ አሸዋ: freestone, sandstone
Sandsteine {pl} :: freestones, sandstones
Sandsturm {m}: አውሎ ነፋስ: sandstorm
Sandstürme {pl}:: sandstorms
Sanduhr {f}: ያሸዋ ሰዓት: Hourglass, hourglass, sand glass, hourglas
Sanduhren {pl} :: sand glasses
Sandwüste {f}: በርሃ: sandy desert
Sandwüsten {pl} :: sandy deserts
sanft, leise, mild: ለስላሳ/ ልስልስ: bland, blandly, gentle, gently, mild, mildly, placid, placidly, soft, suave, suavely
Sanftheit {f}: ለስላሳነት: silkiness
Sanftmut {f}: ትግስት: sweet temper, meekness
sanftmütig: ትጉስ/ ትግስተኛ: gentle, meek, meekly
Sänger {m, pl}: ተዋናይ፤ አቀንቃኝ/ ድምጻኛ: singer, singers, songster, songsters, vocalist
Sängerfest {n}: ፌስታ: singing festival
Sängerfeste {pl} :: singing festivals
Sängerin {f}: ዘፋኝ/ ባለድምጽ: vocalists, songstress
Sängerinnen {pl}:: singers
Sanierung {f}: ተሐድሶ: redevelopment, sanitation
Sanierungen {pl} :: sanitations
sanitär: አዳኝ: sanitarian
Sanitäter {m}: ያዳጋ ሠራተኛ: ambulance man
Sanitätsartikel {m}: ያዳጋ መከላከያ ቁሳቁስ: medical supplies
Sanitätsdienst {m}: የሕክምና አገልግሎት: medical service

Sanitätsflugzeug {n}: ያጻጋ መከላከያ አውሮፕላን: air ambulance
Sanitätskasten {m}: የመጀመሪያ እርዳታ ቁሳቁስ: first aid kit
Sanitätskästen {pl} :: first aid kits
Sanitätstruppe {f}: ያጻጋ መከላከያ ሠራዊት: army medical corps
Sanitätswache {f}: ያጻጋ መከላከያ ጣቢያ: first aid post
Sanitätswachen {pl} :: first aid posts
Sanktion {f}: ግድደባ፣ ገደብ: sanction
Sanktionen {pl} :: sanctions
Saphir {m}: የሚኒራል ዓይነት: sapphire
Saphire {pl} :: sapphires
Sardelle {f}: ያሣ ዓይነት: anchovy
Sardellen {pl} :: anchovies
Sardine {f}: ያሣ ዓይነት: sardine
Sardinen {pl} :: sardines
sardonisch: ቧራቂ/ ጫጊ: sardonic, sardonically
Sarg {m}: የሬሳ ሳጥን: coffin
Särge {pl}: እሬሳ: coffins
Sargdeckel {m}: የሬሳ ሳጥን ግጣም: coffin lid
Sargträger {m}: ሬሳ ተሸካሚ: pallbearer
Sari {m}: ጥልፍ ቀሚስ: sari
Sarkasmus {m}: ምጸት፣ ዘበት: sarcasm
sarkastisch: ምጸታዊ፣ ዘበታዊ: sarcastic, sarcastical, sarcastically
Satellit {m}: ሳተላይት: sattelite, satellite
Satelliten {pl} :: sattelites, satellites
satinieren: አለሰለሰ፣ ላገ: satin
satinierend: ላጊ/ ልጎ: satining
Satire {f}: ውስጠ ወይራ ግጥም/ ጽሑፍ: skit, satire
Satiren {pl} :: skits, satires
Satiriker {m, pl}: የምጸት ጸሐፊ: satirist, satirists
satirisch: ምጸታዊ: satiric, satirically
Sattel {m, pl}: ኮርቻ: saddle, saddles
Satteldecke {f}: የኮርቻ ልብስ: saddle cloth
Sattelgurt {m}: የኮርቻ መቀነት: surcingle, saddle girth
Sattelgurte {pl} :: surcingles
satteln: ኮርቻ ጫነ/ አለበሰ: saddle, to saddle
sattelnd: ኮርቻ ጫኝ/ ጭኖ: saddling
Sattelpferd {n}: የኮርቻ ፈረስ: saddle horse
Satteltasche {f}: የኮርቻ ሻንጣ: saddlebag, saddle bag
Sattelzeug {n}: የኮርቻ ትጥቅ: saddlery
Sattheit {f}: ጥጋብ: satiety
sättigen: ጠገበ፣ ረካ: sate, saturate
sättigend: ጠግቦ/ ረክቶ: satiable, satiably, sating, saturating, satiating
Sättigung {f}: ጥጋብ/ እርካታ: satiation, saturation
Sättigungen {pl} :: satiations, saturations
Sättigungspunkt {m}: የጥጋብ ልክ/ መጠን: absortion point
Sattler {m}: ኮርቻ ሠፊ/ ሠሪ: saddler
Satz {m}: ዓረፍተ ነገር፣ ድርድር፣ ፍርድ: sentence, set, phrase, dart
Satzball {m}: ዋና ነጥብ: set point
Satzbälle {pl} :: set points
Satzbau {m}, Satzlehre: ያረፍተ ነገር መዋቅር: syntax
Satzbauten {pl}, Satzlehren :: syntaxes
Satzgefüge {n}: ሐረግ: compound sentence
Satzgruppe {f}: ሐረግ: record set
Satzrhythmus {m}: ያረፍተ ነገር ድርድር: prosody
Satzteil {m}: ያረፍተ ነገር ክፍል: part of a sentence
Satzung {f}: ሕግ: by-law, standing rule, statute
Satzungen {pl} :: statutes
satzungsgemäß, satzungsmässig: በሕጉ/ ወጉ መሠረት: statutory
satzweise: በእየዓረፍተ ነገሩ: record-by-record
Satzzeichen {n}: ነቁጥ: punctuation mark
sauber, rein: ንጹሕ: clean, cleanly, housebroken, sprucely, unsoiled
Sauberkeit {f}: ንጹሕነት: cleanliness, cleanness, spruceness
säubern: አጸዳ፣ አስወገደ: bowdlerize, cleanup, clears, to clean
Säuberung {f}: ማስወገድ/ ማጽዳት: mopping up
Säuberungsaktion {f}: የማስወገድ ዘመቻ: cleanup, purge
Säuberungsaktionen {pl}:: purges
Saubohne {f}: ባቄ ላ፣ አተር: broad bean
Saubohnen {pl} :: broad beans
sauer sein: መረረ: mope
sauer: ቁጡ፣ ብስጩ፣ መራራ: acid, acidly, acis, moped, moping, sour, sourly, sulkily, sulky, tartly
Sauerbrunnen {m}: አምቦ ውሐ: acidulous mineral water
Sauerei {f}, Schmutz: ቆሻሻ፣ ብልሽት፣ ብክላ: dirtiness
Sauerkirsche {f}: የፍሬ ተክል ዓይነት: sour cherry
Sauerkirschen {pl} :: sour cherries
Sauerkraut {n}: ቅመም: sauerkraut
säuerlich: ምሬታም/ማ: acidulous, sourish, sourishly, sourly
Sauermilch {f}: ጥሩ/ ንጹሕ ወተት: curdled milk
säuern: አመረረ፣ መረዘ: acidify
säuernd: መራዥ/ መርዞ: acidifying, souring
Sauerstoff {m}: አክስጅን/ ያልተቃጠለ ዓየር: oxygen
Sauerstoffapparat {m}: ያየር ማቀዝቀዣ: oxygen apparatus
Sauerstoffmaske {f}: ዓየር መቀበያ: oxygen mask
Sauerteig {m}: እርሾ: sourdough
saufen: ሰከረ፣ በሰበሰ: swig
saufend: ሰክሮ/ በስብሶ: boozing

Säufer {m, pl}: ሰካራም: boozer, soaker, sot, tippler, soakers, tipplers
Sauferei {f}: ስካር: bender
Saufereien {pl} :: benders
Saugapparat {m}: መምጠጫ መሳሪያ: aspirator
Saugapparate {pl} :: aspirators
säugen: ጡት አጠባች: suckle
saugen: መጠጠ: suck, to suck
saugend: መጣጭ/ መጥጦ: sucking
säugend: አጥቢ/ አጥብታ: lactating
Säugetier {n}: አጥቢ እንስሳ: mammal
Säugetiere {pl} :: mammals
saugfähig: መምጠጥ የሚችል: absorbent, absorbent
Saugfähigkeit {f}: የመምጠጥ ችሎታ: absorbency, suction
Säugling {m}, Kleinkind, Baby: ሕፃን/ ጨቅላ: nursling, nurseling, baby, suckling, nursling
Säuglinge {pl} :: sucklings
Säuglingsalter {n}: የጨቅላነት እድሜ: babyhood
Säuglingsausstattung {f}: የጨቅሎች ልብስና ምግብ: layette
Säuglingsfürsorge {f}: የሕፃናት እንክብካቤ: infant welfare
Säuglingsheim {n}: የሕፃናት መዋያ: baby nursery
Säuglingsheime {pl} :: baby nurseries
Säuglingspflege {f}: ሕፃናት አሳዳጊ: baby care
Säuglingspflegen {pl} :: baby cares
Säuglingsschwester {f}: የሕፃን ነርስ: baby nurse
Säuglingsschwestern {pl} :: baby nurses
Saugpapier {n}: ማድረቂያ ወረቀት: absorbent paper
Saugpapiere {pl} :: absorbent papers
Saugpumpe {f}: መሳቢያ/ መምጠጫ ቧንቧ: suction pump
Saugpumpen {pl} :: suction pumps
Saugrohr {n}: መምጠጫ ቧንቧ: suction tube
Saugrohre {pl} :: suction tubes
Saugwirkung {f}: የስበት/ ምጥጫ ውጤት/ ስሜት: suction effect
Saugwirkungen {pl} :: suction effects
Saugwurm {m}: አለቅት: distoma
Saukerl {m}: እሳቶ፤ ጮሌው: yahoo
Saukerle {pl} :: yahoos
Säule {f}: ምሰሶ: pillar
Säulen {pl}:: pillars
säulenartig: መሰሶ መሰል: columnar
Säulenschaft {f}: አምድ: column shaft
Saum {m}: እጥር: hem
Säume {pl}: እጥር: hems
säumen: አጠረ፤ ጠደበ: hem, purl, edge
säumend: አጣሪ/ አጥሮ: hemming, purling
Saumpfad {m}: መሿለኪያ: mule track
Saumtier {n}: የጭነት እንስሳ: sumpter
Saumtiere {pl}:: sumpters
Sauna/s {f/pl}: እርቴ ፍሻል ፀሐይ: saune
Säure {f}: እርሾ: sourness, tartness, acid
Säuren {pl}:: acids, sournesses
säurebeständig: እርሿማ/ ም: acid proof, acid resistant
Säurebildner {m}: እርሾ ሠሪ: acidifier
Säuregehalt {m}: እርሾ: acidities
Säuregehalte {pl} :: acidity
säurehaltig: እርሿማ/ ም: acidic
sausen: ተፈተለከ፤ ተሳጠ፤ ተቻኮለ: swish
Saustall {m}: ያሳማ በረት: pigsty
Ställe {pl}:: pigsties
Savanne {f}: መስክ: savannah
Saxophon {n}: የሙዚቃ መሳሪያ: saxophone, sax
Saxophone {pl}:: saxophones
Saxophonist {m}: የሙዚቃው ተጫዋች: saxophonist
Saxophonisten {pl} :: saxophonists
Schabe {f}: የእንስሳ ዓይነት: scraper
Schabemesser {m, pl}: መቀስ፤ መቁረጫት: scraping knife, scraping knives
schaben: ፋቀ፤ ፈገፈገ: scrape
schabend: ፈግፋጊ/ ፈግፍጎ: scraping
schäbig: ድውይ፤ ድኃ፤ ለማኝ: dingily, dowdy, measly, pokily, poky, raggedly, scabby, seedily, seedy, shabbily, shabby, sordid, tackily, dingy, dowdily, sordidly, tackily
Schäbigkeit {f}: ድኩምነት፤ ድከመት: dinginess, dowdiness, manginess, measliness, seediness, shabbiness, threadbareness
Schablone {f}, Struktur: ጠርብ፤ ድግር: template, stencil, pattern
Schablonen {pl} :: templates, stencils
schablonieren: ጠረበ፤ ቀረጸ: work in a jig
schablonierend: ጠራቢ/ ጠርቦ: stenciling, working in a jig
Schach {n}: ቼ ዝ/ የጨዋታ ዓይነት: chess, check
Schachbrett {n}: የቼ ዝ መጫዋቻ ጣውላ: chess board
schachern: ገደለ፤ አጠፋ/ መታ: palter
schachernd: አውዳሚ/ አውድሞ: paltering
Schachfeld {n}: የቼ ዝ ሜዳ: chessboard square, chessboard
Schachfigur {f}: የቼ ዝ መጫዋቻ: chessman
Schachfiguren {pl} :: chessmen
Schachmatt {n}: ሽንፈት/ በዘረራ/ : checkmate
schachmatt: ዘረራ፤ በዘረራ: checkmate
Schachpartie {f}: የቼ ዝ ጭዋታ: game of chess
Schachpartien {pl} :: games of chess
Schachspieler {m}: ቼ ዝ ተጫዋች: chess player
Schacht {m}: ትልቅ ክፍል: shaft, duct
Schachtel {f}, Kasten, Briefkasten: የሲጋራ ፓኬት: box
Schachtelhalm {m}: የፈረስ ጭራ: horse tail
Schachtelsatz {m}: ረጅም ዓረፍተ ነገር: involved period
Schädel {m, pl}: መንጋጭላ፤ ካንገት በላይ አካል: skull, cranium, pates, skulls, craniums
Schädelbasis {f}: አከርካሪ: base of the skull

Schädelbasen {pl} :: bases of the skull
Schädeldecke {f}: የላይኛ አገጭ: skullcap
Schädeldecken {pl}:: skullcaps
Schaden {m}, Unglück: ጉዳት: detriment mischief, damage, damages, harm, disservice
Schäden {pl}, Unheile: ጉዳት፣ አዳጋ: detriments, damages, harms
Schaden anrichten: ጥፋት አደረሰ: to do Harm, to do harm
schaden, schmerzen, verletzen: ጎዳ፣ አቆሰለ፣ አሳመመ: hurt, derogate
schadend: ጎጅ/ ጎድቶ: derogating, doing damage, harming, wronging
Schadenermittlung {f}: ጥፋት መመርመር: ascertainment of damage
Schadenersatz {m}: ካሳ: amends, indemnity
Schadenersätze {pl} :: indemnities
Schadenersatz zahlen: ካሳ ከፈለ: to pay damages
Schadenersatzklage {f}: ካሳ መጠየቅ: action for damages, claim for damages
Schadenersatzklagen {pl} :: claims for damages
Schadenersatzlimit {n}: የካሳ መጠን/ ልክ: aggregate limit
schadenersatzpflichtig: መካስ ያለበት: answerable for damage, liable for damages
Schadenfeststelleung {f}: ጉዳት መለካት: assessment of damage, ascertainment of loss
Schadenfreude {f}: አዳጋ/ መከራ ወዳድ: malicious-joy
Schadensachverständige {m, f}, Schadensachbearbeiter: ጥፋት መርማሪ: adjuster
Schadensachverständigen {pl}, Schadensachbearbeiter: ጥፋት መርማሪ: adjusters
Schadensaufmachung {f}: ጥፋትን ማሳወቅ: average statement
Schadensersatzrecht {n}: የካሳ መብት: tort
Schadensersatzrechte {pl} :: torts
schädigen: ጎዳ: mar
schädigend: ጎጅ/ ጎድቶ: injuring, maring, baneful
schädlich: አዳጋኛ፣ ጎጅ: deleterious, detrimental, harmfull, hurtful, inimical, injurious, injuriously, malign, malignly, mischievous, mischievously, nocuous, noisome, nonconstructive, noxal, noxious, noxiously, pernicious, banefully, deleteriously, detrimentally, harmfully, hurtfully, inimically, nocuously, noisomely, nonconstructively, perniciously
Schädlichkeit {f}: ጎጅነት: contagiousness, deleteriousness, disadvantageousness, harmfulness, hurtfulness, mischievousness, noxiousness, perniciousness
Schädlichkeiten {pl} :: noxiousnesses
Schädling {m}: ጉዳተኛ: varmint
Schädlinge {pl} :: varmints
Schädlingsbekämpfung {f}: ያዳጋ/ በሽታ መከላከያ: pest control
Schädlingsbekämpfungsmittel {n}: ያዳጋ መከላከያ ነገር: exterminator
Schadstoff {m}: አዳጋኛ ንጥረ ነገር: pollutant
Schaf {n}: በግ: sheep
Schäfer {m, pl}: በግ ረኛ/ ጠባቂ: sheepherder, shepherd, shepherds, sheepherders
Schäferhund {m}: ተናካሽ ውሻ: sheep dog
Schäferhunde {pl} :: sheep dogs
Schäferin {f}: በግ ጠባቂ: shepherdess
Schäferinnen {pl} :: shepherdesses
schaffen: ፈጠረ፣ ሠራ፣ አደረገ: create
schaffend: ፈጣሪ/ ፈጥሮ: constituting, originating
Schaffenskraft {f}: የመፍጠር ኃይል: creative power, creativeness
Schaffner {m}: ፈጣሪ/ ሠሪ፣ ጠባቂ: guard
Schafgarbe {f}: ደበሎ: yarrow
Schafgarben {pl} :: yarrows
Schafherde {f}: መንጋ: flock of sheep
Schafherden {pl} :: flocks of sheep
Schafhirt {m}: ረኛ/ ጠባቂ: shepherd
Schafhirten {pl}:: shepherds
Schafleder {n, pl}: ለምድ/ ቆዳ: sheepskin, sheepskins
Schafscherer {m, pl}: ጸጉር ቆራጭ: shearer, shearers
Schafschur {f}: የጸጉር መቀስ: sheep shearing
Schafschuren {pl} :: sheep shearings
schaftem: ስለት: sharp
Schaftstiefel {m}: ከፍተኛ ቦት: high boot
Schafzucht {f}: የበግ ርቢ: sheep farming
Schafzuchten {pl} :: sheep farmings
Schah {m}: ሻኽ: shah
Schakal {m}: ቀበሮ/ የእንስሳ ዓይነት: jackal
Schakale {pl} :: jackals
schäkern: ቀለደ፣ አፈዘ: philander
schäkernd: ቀላጅ/ ቀልዶ: philandering
Schal {m}: ሻሽ፣ ፎጣ: scarf, shawl
Schale {pl} :: scarves
Schale {f}: ቆዳ፣ ልብስ፣ ልጣጭ: hull, peel, bowl
Schalen {pl} :: bowls, parings
Schälen {n}: መፋቅ: paring
schälen: ላጠ፣ ፋቀ: pare, peel, to peel
schälend: ፋቂ/ ፍቆ: hulling, husking, paring, peeling
Schalentier {n}: የጸጉር እንስሳ: shellfish
Schalentiere {pl} :: shellfishes
Schäler {m}: መላጫ: peeler
Schalheit {f}: መጠቅለያ: staleness, vapidity
schalig: ጠጉራማ/ ም: shelled
Schall {m}: ግጭት፣ ነጎድጓድ፣ ታላቅ ድምጽ: clangor
Schallabsorption {f}: ድምጽ ማገጃ: acoustical absorption
schalldämmend: ድምጽ አጋጅ/ አግዶ: quietized, sound-absorbing
Schalldämmung {f}: ድምጽ ማገጃ: quieting, sound-damping

Schalldämpfer {m, pl}: ድምጽ መቀነሻ: silencer, sound absorber, silencers
Schalldruck {m}: የድምጽ ጫና: acoustic pressure
schallend: አደንቋሪ: clangorous, clangorously
Schallgeschwindigkeit {f}: የድምጽ ፍጥነት: speed of sound
Schallgrenze {f}: የድምጽ እገዳ: sound barrier
Schallmeßgerät {n}: ድምጽ መለኪያ መሳሪያ: sonar
Schallmessung {f}: ድምጽ መለኪያ: sound ranging
Schallplatte {f}: የሙዚቃ ዲስክ: record
Schallplattenaufnahme {f}: የሙዚቃ ድስክ ቅጅ: disc recording
Schallplattenkunde {f}: የዲስክ ትምህርት: discography
Schallplattenmusik {f}: የዲስክ ሙዚቃ: recorded music
Schallplattensendung {f}: የሙዚቃ ማስተላለፍ: record round up
Schallschatten {m}: የድምጥ ቃና/ ጥላ: acoustical shadow
Schallwelle {f}: የድምጽ ዌ ቭ: sound wave
Schälmaschine {f}: መላጫ/ መፈልፈያ ማሽን: husker
Schälmaschinen {pl} :: huskers
Schals {pl}: ፎጣ፤ ሻሽ: scarves, shawls, scarfs
Schaltanlage {f}: የማብሪያና ማጥፊያ ማዕከል: switchgear
Schaltbild {n}: የማብሪና ማጥፊያ ስእል: circuit diagramm, schematic
Schaltbilder {pl}:: wiring diagrams, switchboards
Schaltelement {n}: የማብሪያና ማጥፊያ መሳሪያ/ ማዋቅር: constituent
schalten: አጠፋ/ አበራ: change gears
schaltend: አጥፍቶ፤ አብርቶ: switching, toggling, turning
Schalter {m, pl}: ማጥፊያና ማብሪያ: switch, switcher, switchers, switches
Schalteranweisung {f}, Schalterbefehl: ማብሪያና ማጥፊያ መመሪያ: alter statement
Schalterdienst {m}: ተረኛ ዘብ: counter service
Schaltjahr {n}: ዘመነ ሉቃስ/ ባለስድስት ቋግሜ: leap year, leapyear
Schaltung {f}: ማጥፊያና ማብሪያ: circuit, set-up, wiring
Schaltungstechnik {f}: የኤሌክትሪክ ሥራ: current sourcing logic, current sinking logic
Schaltwerk {n}: ማጥፋትና ማብራት ተግባር: sequential logic system
Schaltzeit {f}, Verbindungsdauer: ማብሪያ/ ማጥፊያ ሰዓት: circuit time
Schaluppe {f}: ካዳጋ ማምለጫ ጀልባ: sloop, shallop
Schaluppen {pl} :: shallops, sloops
Scham {f}: ሃፍረት: shame, pubic
schäm dich!: ማፈሪያ ነህ/ ነሽ! ሳፍራለህ/ ሪያለሽ!: shame on you!
Schäme dich!: ማፈሪያ ነህ/ ነሽ!: Be ashamed of yourself!
schämen: አፈረ: feel ashamed
schämen: አፈራ: blush
schämend: አፋሪ/ አፍሮ: feeling ashamed
Schamgefühl {n}, Schande: ያፍረት ስሜት: shame
Schamgefühle {pl} :: shames
schamhaft: አሳፋሪ፤ ማፈሪያ: shamefaced, shamefacedly
Schamhaftigkeit {f}: ማፈሪያነት: shamefacedness
schamlos: ሃፍረትአልባ፤ ዓይንአውጣ: flagrant, shameless, shamelessly, unashamed, unashamedly, unblushing, unblushingly, unembarrassed, shameless, flagrantly, unembarrassedly
Schamlosigkeit {f}: ዓይንአውጣነት: flagrance, shamelessness, unblushingness
Schamlosigkeiten {pl} :: flagrancy
Schande {f}: ጉዳት፤ መጥፎ ተግባር/ ድርጅት፤ ሃፍረት: disgracefulness, disrepute, ignominy, opprobrium, shame, disgrace, shame
Schanden {pl} :: ignominies
schänden: አጠፋ፤ ጥፋት አደረሰ: rape
Schandfleck {m}: አስጠያፊ/ አስቀያሚ ነገር/ ጠባታ: eyesore, blemish
Schandflecken {pl}:: blemishes
schändlich: ጊጅ: disgraceful, disgracefully, flagitious, flagitiously, harmful, harmfully, ignominious, ignominiously, infamous, infamously, nefarious, nefariously, shameful, shamefully, villainously, ignominiously
Schändlichkeit {f}: ጊጅነት: ignominiousness opprobriousness, shamefulness, turpitude, vileness
Schändlichkeiten {pl} :: turpitudes
Schandmaul {n}: ክፍት አፍ: malicious-tongue
Schandtat {f}: መጥፎ ተግባር/ ድርጊት: infamous action
Schändung (f}: ጉዳት: rapes, desecration
Schanker {m}: ቂጥኝ/ የብልት ቁስል: chancre
Schankstube {f}: ትንሽ መጠጥ/ ሻሂ ቤት: taproom, barroom
Schankstuben {pl} :: taprooms, barrooms
Schankwirt {m}: ሻሂ ቤት: publican
Schankwirtin {f}: ሻሂ ሻጭ: alewife
Schankwirtschaft {f}: መጠጥ ቤት: public house
Schanze {f}: ጉርድ/ ጠደብ፤ የዕድል ካርታ: redoubt
Schanzen {pl} :: redoubts
scharf, schrill, pünktlich, scharfsinnig: ሹል፤ ስለት፤ የሚቆጣቆጥ: acrid, acridly, acute, keen, poignant, poignantly, pungent, pungently, sharp, sharply, strident, tangy, trenchant, twangy, edged, subtle, sharp, keenly, poignantly, stridently, trenchantly
Scharfblick {m}; አተኳሪ: sharp eye
Scharfblicke {pl} :: sharp eyes

Schärfe {f}: ሹል/ ስለት: incisiveness, keenness, poignancy, pungence, pungency, severeness, sharpness, stridence, trenchancy, acridity, sharpness
Schärfen {pl} :: pungencies, sharpnesses, acrimonies, poignancies
scharfe Paprikas: ቃሪያ/ ቄ ጦ: chilies
Scharfeinstellung {f}: ማጉያ: focusing
schärfen: አሾለ፤ ሳለ: sharpen
schärfend: አሿይ/ አሹሉ: sharpening
Schärfer {m, pl}: ሞረድ፤ ማሾያ: sharpener, sharpeners
scharfer Paprika: ቃሪያ: chili
scharfkantig: ሹል/ ስለት ጠርዝ: edgy, sharp-edged
Scharfmacher {m}: ከሳሽ፤ ቀስቃሽ: agitator
Scharfrichter {m, pl}: ፈራጅ/ ፍርድ ሰጭ: executioner, executioners, headsman, headsmen
Scharfschiessen {n}: መተኮስ: live shooting
Scharfschütze {m}: ተኩስ: sharp shooter, sharpshooter, marksman
Scharfschützen {pl} :: sharp shooters, sharpshooters, marksmen
scharfsichtig: አጉሊ.ታ: sharp sighted
Scharfsinn {m}: ንቁ፤ አተኳሪ: astuteness, perspicacity, sagacity, acumen, farsightedness
scharfsinnig: አተኳሪ፤ ንቁ: astute, astutely, sagacious, sagaciously, shrewd, shrewdly, sharp witted, astutely
Scharfsinnigkeit {f}, Scharfsinn: አተኳሪነት: astuteness
scharfstellen: አጎላ፤ ግልጽ አደረገ: focus
Scharlach {m}: የበሽታ ዓይነት: scarlet
Scharlachs {pl} :: scarlets
Scharlachfieber {n}: ሕመም: scarlet fever
Scharlatan {m}: ጠንቋይ፤ ሟርተኛ: charlatan
Scharlatane {pl} :: charlatans
Scharlatanerei {f}: ጥንቆላ፤ ሟርት: charlatanry
Scharlatanereien {pl} :: charlatanism
Scharnier {n}: መትከያ/ መሰኪያ፤ መጠምዘዣ: hinge
Scharniere {pl} :: hinges
Schärpe {f}: መሳቢያ፤ መጎተቻ: sash
Schärpen {pl} :: sashes
Schatten {m, pl}, Schattierung: ጥላ/ ጥላሎት: shade, shadow, shadows, umbrage, umbrages, shades
Schattenbild {n}: የጥላ ስእል: silhouette
Schattenbilder {pl}:: silhouettes
Schattenboxen {n}: የጥላሎት ብትር: shadowboxing, shadow boxing
Schattendasein {n}: የቅዠት ኑሮ: shadowy existence
schattenhaft: ቅጽበታዊ: shadowy
Schattenseite {f}: ጥላማ ገጽ: shady side, shady
Schattenseiten {pl} :: shady sides
Schattenspiel {n}: የጭዋታ ዓይነት: shadow play, galanty show
schattieren: ጋረደ: shadow
schattierend: ጋራጅ/ ጋርዶ: shading, shadowing
schattig: ጥላማ/ ም: shadily, shady, umbrageous, umbrageously
Schatz {m}: ንብረት: treasure
Schatzamt {n}: ንብረት ቤት: treasury, bursary
Schatzanweisung {f}: ንብረት ማስተላለፍ: treasury warrant
Schatzanweisungen {pl} :: treasury warrants
schätzbar: ተገማች: cherishable, ratable
schätzen, bewerten, würdigen, dankbar sein: ገመተ፤ ገመገመ: appraise, appreciate, to estimate, to prize, appreciate, to value
schätzend: ገምጋሚ/ ገምግሞ: appraising, appreciating, cherishing, estimating, prizing, rating, valuing
schätzenswert: መገመት ያለበት: estimable, estimably, estimably
Schätzer {m, pl}, Sachverständiger: ገማች: appraising officer, cherisher, appraiser, valuer, valuers
Schatzfund {m}: የንብረት ግኝት: treasure trove
Schatzfunde {pl} :: treasure troves
Schatzgräber {m, pl}: የተቀበረ ንብረት ቆፋሪ/ ፈላጊ: treasure seeker, treasure seekers
Schatzkammer {f}, Vorratskammer, Schatzämter: ዕቃ ቤት: treasury, repertory
Schatzkammern {pl} :: treasuries, treaties, treasuries
Schatzmeister {m, pl}: ዕቃ ቤት ጠባቂ/ ዘበኛ: bursar, bursars
Schätzung {f}, Auswertung, Bewertung: ግምት: appraisal, guess, appraisal, appraisement
Schätzungen {pl} :: appraisals, estimations, ratings, guesses
Schatzwechsel {m, pl}: ንብረት ቅያሬ: treasury note, treasury notes
Schätzwert {m}: ግምታዊ ዋጋ: appraised value
Schätzwerte {pl} :: valuations
Schau {f}, Ausstellung, Vorstellung: ትሪት: show
Schaubild {n}, Tabelle: ሰንጠረዥ: flip chart, chart
Schaubilder {pl}:: graphs, charts
Schaubude {f}: ወቅታዊ/ ዓመታዊ ገብያ: show booth
Schaubuden {pl} :: show booths
Schauder {m}: ማስፈራሪያ: shudder
schauderhaft, schrecklich: አስደንጋጭ: dreadful
schaudern: አስፈራራ፤ አስደነገጠ: shudder
schaudernd: አስደንጋጭ/ አስፈራርቶ: shivering, shuddering, shuddering
schauen: አየ፤ ተመለከተ: look
Schauer {m, pl}: ተመልካች: shower, showers
schauerartig: ውሽንፍራማ፤ ነፋሳማ: showery
Schaufel {f}: አካፋ: scoopful, shovel, blade, bucket, vane
Schaufeln {pl}:: coopfuls, shovels

schaufeln: በካፋ ሠራ: scoop
schaufelnd: በካፋ ሠሪ/ ሠርቶ: scooping, shoveling, shovelling
Schaufelrad {n}: ተሽከርካሪ መጋፊያ: paddle wheel
Schaufenster {n, pl}: ተምሳሌት ማሳያ: shop window, shop windows
Schaufensterauslage {f}: የተምሳሌት ማሳያ ቦታ: window display
Schaufensterauslagen {pl} :: window displays
Schaufensterdekoration {f}: የትሪት ጌጣጌጥ: window dressing
Schaufensterdekorationen {pl} :: window dressings
Schaufensterreklame {f}: ትሪት ማስታወቂያ: window display advertising
schaufliegen: ለትሪት በረረ: air display
Schaukasten {m}: የትሪት ሳጥን: show case
Schaukästen {pl} :: show cases
Schaukel {f}, Schwingen: መወዛወዣ፤ መንጫዋልያ: swing
Schaukelbrett {n}: የመወዛወዣ እንጨት: seesaw
Schaukelbretter {pl} :: seesaws
Schaukeln, schaukeln: ተወዛወዘ: swing
schaukelnd: ተወዛዋዥ/ ተወዛውዞ: rocking, swinging
Schaukelpferd {n}: ባለፈረስ መንጫዋልያ: rockinghorse, rocking horse
Schaukelstuhl {m}: የመወዛወዣ ወንበር: rockingchair, rocking chair
Schaukelstühle {pl} :: rockers
Schaum {m}: አረፋ፤ , ጉም፥ ትንፋሽ ፤ ብናኝ: froth, scum, spume, suds, yeast, foam, lather, foam
Schaumbad {n}: ባላረፋ መታጠቢያ: foam bath
Schaumbäder {pl} :: foam baths
schäumen: ተቆጣ: cream
schäumend: ብስጩ፤ ቁጡ: creaming, foamily, foaming, frothing, lathering
schaumig: አረፋማ፤ ስልባቦታማ: foamily, foamy, frothy, lathery, scummy, sudsily, sudsy, foaming, foamingly
Schaumünze {f}: የትሪት ሳንቲም: medallion
Schaumwein {m}: ባላረፋማ ወይን: sparkling wine
Schauöffnung {f}: ትሪት መክፈቻ: display opening
Schauplatz {m}: ትሪት ቦታ: stage, locale, showplace
Schauplätze {pl} :: showplaces, scenes
Schauprozeß {m}: ትሪት ሙከራ: show trial
Schauprozesse {pl} :: show trials
Schauspiel {n}: ትያትር፤ ትሪት: spectacle, spectacle
Schauspiele {pl} :: spectacles
Schauspieler {m, pl}: አክተር፤ ተጫዋች/ ትያትርኛ: actor, actors, comedian, comedians
Schauspielerei {f}: ትያትር ጭዋታ: play acting
Schauspielerin {f}: ተጫዋች: actress
Schauspielhaus {n}: ትያትር ቤት: theatre, playhouse
Schauspielhäuser {pl}: ትያትር ቤት: playhouses, theatres
Schausteller {m, pl}: ትሪት አቅራቢ: showman, showmen
Schaustück {n}: የትሪት ክፍል/ ቁራጭ: topper, show piece
Schaustücke {pl} :: toppers, show pieces
Scheck {m}: ቼ ክ፤ የገንዘብ መቀበያ: pinto, cheque
Schecks {pl} :: cheques
Scheckbuch {n}: የቼ ክ መጽሐፍ: cheque book, checkbook
scheckig: ተቆጣጣሪ: brindle, brindly, motley, piebald
Scheckkarte {f}: መቆጣጠሪያ ካርድ: check card
Scheffel {m, pl}: ጋሻ፤ የማሳ ልክ: bushel, bushels
scheibchenweise: ትንሽ በትንሽ: sliced
Scheibe {f}, Stück: ቁራጭ: slice
Scheibe {f}: ዲስክ፤ ስኒ: disc, plate, shim, washer, pulley, pane, puck, wafer, bit-slice
Scheiben {pl} :: discs, pucks, sheaves, slabs, slices, disco, panes
Scheibenbremse {f}: የፍሬን ጣት: disk brake, disc brake
Scheich {m}: ሼኽ: sheik
Scheiche {pl}:: sheiks
Scheichtum {n}: የሼኽ አስተዳደር: sheikdom
Scheichtümer {pl}: በሼኽ ተስተዳዳሪ: sheikdoms
Scheide {f}: የሴት ብልት/ ቂንጥር: vagina, scabbard
Scheidelinie {f}: መለያ መስመር: separating line
Scheiden {pl} :: vaginas, vaginae, scabbards
scheiden: ለያየ፤ ከፈለ: divide, divorce, dissolve, separate
scheidend: ለይ/ ከፋይ/ ከፍሎ: parting, closing
Scheidewand {f}: መከታ: partition wall
Scheidewände {pl} :: diaphragms
Scheidung {f} /einer Ehe, eines Ehepaares/: ፍች፤ መፋታት: dissolution, divorce, separation
Scheidungen {pl} :: divorces
Schein {m}: ደረሰኝ: shine, dummy
Scheinangriff {m}: ጥቃት መሰል: feint attack
scheinbar: መሰል/ መሳይ፤ በይምሰል/ ለይስሙላ: apparently, ostensive, apparently
Scheinblüte {f}: እድገት መሰል: specious prosperity
Scheinblüten {pl} :: specious prosperities
Scheinehe {f}: ጋብቻ መሰል/ ጓደኝነት: fictitious marriage

scheinen, glänzen, erscheinen: መሰለ፣ መስሎ ታየ፣ አበራ፣ አንጸባረቀ: seem, to appear, to shine (shone, shone)
scheinend: መሳይ/ መስሎ: seeming
Scheinfriede {m}: ጊዜያዊ ሰላም/ ሰላም መሰል: hollow peace
Scheingefecht {n}: የይስሙላ ተኩስ: sham fight
Scheingefechte {pl} :: sham fights
Scheingeschäft {n}: የይስሙላ ንግድ: fictitious transaction
scheinheilig: ቅዱስ መሰል/ መሳይ: sanctimonious, sanctimoniously
Scheinheiligkeit {f}: ቅዱስ መሳይነት: sanctimoniousness
Scheinleistung {f}: የይስሙላ ተግባር: apparent power
Scheintod {m}: ሞት መሰል: apparent death
scheintot: የሞተ መሳይ: seemingly dead
Scheinwefer {m, pl}: ብርሃን ማንጸባረቂያ: floodlights, searchlights, headlight, reverberator, searchlight, headlights
Scheinwerferlicht {n}: ፍሬቻ: headlight, spot light
Scheinwerferlichte {pl} :: spot lights
Scheinwiderstand {m}: የይስሙላ ተቃውሞ: impedance
Scheit {n}: የማንድ ቁራጭ: piece of wood
Scheitel {m, pl}: አናት፣ ናላ፣ መሀል ራስ: vertex, vertice, vertexes, vertices
Scheitelkreis {m}: ቋሚ ክብ: vertical circle
Scheitelkreise {pl} :: vertical circles
Scheitelpunkt {m}, Kegelspitze, Spitze: ከፍተኛ ነጥብ፣ ልክ እኩለ ቀን: zenith, apex, cusp
Scheitelpunkte {pl} :: zeniths
Scheitelwinkel {m, pl}: ትይዩ ኮርነር: vertically opposed angle, vertically opposed angles
scheitelwinklig: አንፃራዊ/ ትይዩአዊ: azimuthal, azimuthally
scheitern: ተደናቀፈ፣ ተጉላላ፣ ወደቀ: fail, miscarry
scheiternd: ተደናቃፊ/ ተደናቅፎ: miscarrying, failingly
schell: ቅርፊት: schell
Schellfisch {m}: ያሣ ዓይነት: shellfish, haddock
Schelmerei {f}: መጥፎ ተግባር/ ድርጊት: devilment
schelmisch: አስገራሚ፣ አስቂኝ: impish, waggish, waggishly, impishly
schelten: ሰደበ፣ አመካኘ: chide
scheltend: አዋራጅ/ አዋርዶ: chidingly
Schema {n}: እይታ፣ ገጽታ: scheme
Schemata {pl}, Schemen :: schemes
schematisch: እንደ ሁናቴ ው: diagrammatic, schematic, schematically
schematisieren, schematisiere: ምክንያት ሰጠ፣ አመካኘ: schematize
schematisierend: ምክንያት ሰጭ/ ሰጥቶ: diagraming, schematizing
schematisiert: ተከፋፋይ/ ተከፋፍሎ: diagramed, schemed, schematized
Schemel {m, pl}: ድንክ ወንበር: stool, footstool, stools, footstools
Schemen {n}: ቅዠት: schemes
schemenhaft, unwirklich: ቅዠታዊ: unreal
Schenkel {m, pl}: ባት፣ የእግር ክፍል: shank, thigh, shank, shanks, thighs
Schenkelknochen {n, pl}: የእግር ቅልጥም: thighbone, thighbones
schenken: ሰጠ: donate
schenkend: ስጦታ አበርካች/ አበርክቶ: donating
Schenkung {f}: ስጦታ: bestowal
Schenkungen {pl} :: bestowals
Schenkungsurkunde {f}: የኑዛዜ መረጃ/ ማስረጃ: deed of donatio
Scherbe {f}: የሸክላ ዓይነት: shard, broken fragment
Scherben {pl} :: shards, broken fragments
Schere {f}: መቀስ: scissors [Pl.]
scherenartig: መቀስ መሰል: forficate
Scherz {m}, Witz: ቀልድ፣ ፌዝ: fun, joke, pleasantry, yoke, frolic, joke
Scherze {pl} :: pleasantries, frolics, jokes
scherzen: ቀለደ፣ አፌዘ: frolic, jest, to joke
scherzend: ቀላጅ/ ቀልዶ: frolicing, jesting, joking, kidding, kiddingly
Scherzfrage {f}: የቀልድ ጥያቄ : conundrum
Scherzfragen {pl} :: conundrums
scherzhaft: ቀልዳዊ: jocose, jocosely, jocular, joking
Scherzhaftigkeit {f}: ቀልደኛነት: facetiousness, jocoseness
Scherzwort {n}: የፌዝ ቃል: jesting word
scheu: አፋራም: shy
scheuen: አፈረ: eschew, to shy
scheuend: አፋራም/ አፍሮ: eschewing, taking fright
Scheune {f}: መካዝን: barn
Scheunen {pl} :: barns
Scheunenhof {m}: የመካዝን ጓሮ: barnyard
Scheunenhöfe {pl} :: barnyards
scheusslich: አስጠሊታ፣ መጥፎ፣ አስቀያሚ: atrocious, atrociously, hideous, hideously, ungodly, undelightful, atrociously, undelightfully
Scheußlichkeit {f}: አስጠሊታነት: atrociousness, dreadfulness, horridness
Schicht {f}: ደረጃ፣ እርከን፣ ተራ/ ወረፋ: stratum, layer, strata, shift
Schichten {pl} :: strata, stratums, layers
Schichtarbeit {f}: የወረፋ ሥራ: shift work
Schichtarbeiten {pl} :: shift works
Schichtarbeiter {m, pl}: የወረፋ ሠራተኛ: shift worker, shiftman, shift workers
Schichtaufnahme {f}: የደረጃ ቅርጽ: tomography
schichten: ከመረ፣ ደራረበ: stratify
schichtend: ደራራቢ/ ደራርቦ: laminating, layering, stratifying

Schichtstoff {m}: ጣፊያ/ ተደራራቢ ልጣጭ: laminated plastic
Schichtung {f}: ደረጃ/ ድርድር: lamination, stratification
Schichtungen {pl} :: stratifications, superpositions
Schichtwechsel {m, pl}: የሥራ ወረፋ ቅያሬ: change of shift, changes of shift
schichtweise: በደረጃ: in layers
Schick {m}: ሞድ/ ጌጥ: peachiness
schick: ቆንጆ፣ ማራኪ: chic, chick, dressy, peachy, posh, spiffy, tony, trendy
schicken, abschicken, senden: ላከ: send
schicklich: ቁንጅናዊ: decorous, becomingly, decorously
Schicklichkeit {f}: ቆንጆነት፣ ጌጣማነት: decorousness, propriety, trendiness, becomingness
Schicklichkeiten {pl} :: decencies
Schicksal {n}: እድል/ እጣ: destiny, fate, fatefulness, karma, kismet, fate
Schicksale {pl} :: fates, destinies
schicksalhaft: እድላዊ: fateful, fatefully
Schicksalsfrage {f}: የመኖራና ያለመኖር ጥያቄ : vital question
Schicksalsfragen {pl} :: vital questions
Schicksalsschlag {m}: መከራ፣ መጥፎ አጋጣሚ: stroke
Schiebedach {n}: ተንቀሳቃሽ ባጥ: sliding roof
Schiebedächer {pl} :: sliding roofs
Schiebefenster {n, pl}: ተሳቢ/ ተጠቅላይ መስኮት: sash window, sliding window, sliding windows
schieben, abstossen: ገፋ፣ ገፈተረ: shove, shuffle, push
schiebend: ገፍታሪ/ ገፍትሮ: muscling, shoving, shuffling
Schieber {m, pl}: ደላላ፣ አስተላላፊ/ ሌባ: wanglers, grafter, pusher, slider, wangler, sliders
Schiebesitz {m}: ያሽከርካሪ መቀመጫ: sliding seat, push fit
Schiebesitze {pl} :: sliding seats
Schiedsabkommen {n}: የሽምግልና እርቅ: arbitration agreement
Schiedsgericht {n}: የፍርድ ቤት እርቅ/ ውል: court of arbitration
Schiedsgerichte {pl} :: courts of arbitration
Schiedsgerichtsbarkeit {f}: የፍርድ አስታራቂነት: arbitral jurisdiction, arbitration
Schiedsgerichtshof {m}: ፍርድ ቤት: arbitral court
Schiedsgerichtsordnung {f}: የመታረቂያ ውል/ ሕግ: arbitration code
Schiedsgerichtsvereinbarung {f}: የርቅ ውል: agreement to arbitrate
Schiedsinstanz {f}: ሽማግሌ: arbitral authority
Schiedsklausel {f}: የርቅ ምክንያት: arbitration clause, arbitral clause
Schiedskommission {f}: ያስታራቂ ሸንጎ: arbitration commitee
Schiedsmann {m}: ዳኛ: arbiter
Schiedsrichter {m, pl}: ዳኛ: adjudicator, arbitrator, referee, referees
schiedsrichterlich: ዳኝነታዊ: arbitral, arbitrable, arbitrarily
Schiedsspruch {m}: ፍርድ: arbitral award, arbitration award
Schiedssprüche {pl} :: arbitral awards
Schiedsstelle {f}: ፍርድ ቤት/ ቦታ: arbitrative board
Schiedsverfahren {n, pl}: የክርክር ሂደት: arbitration proceedings, arbitral procedure
schief, schräg: ጥልቅ፣ ዝቅተኛ: askance, aslant, cockeyed, skew, wry, inclinated, lopsidedly
Schiefer {m, pl}: ማዕዘን ደንጋይ: schist, schists
Schieferdach {n}: ረባዳ ባጥ: slated roof
Schieferdächer {pl} :: slated roofs
schiefgegangen: ብልሹ/ ተበላሸቶ: gone wrong
schiefgehen: ተበላሸ: go wrong
schiefgehend: ተበላሸቶ: going wrong
Schiefheit {f}: ብልሹነት: wryness, obliquity
schielen: ጠነበረ፣ ሸውራራ ሆነ/ ጎድን አየ: squint
schielend: ሸውራራ/ ሸውርሮ: leeringly, squinting
Schienbein {n}: የሐዲድ እግር፣ የመሳቢያ እግር: shin bone, tibia
Schienbeine {pl} :: tibias, shin bones, shinbone
Schiene {f}: ሐዲድ: rail
Schienen {pl} :: trackage, rails
Schienenbahn {f}: የባቡር ዓይነት: track railway
Schienenbahnen {pl} :: track railways
Schienenbus {m}: በሐዲድ ላይ የሚሄድ አውቶቡስ: rail bus
Schienennetz {n}: የባቡር መንገድ: railway system
Schieß los!: ተኩስ!: Fire away! Get cracking!
Schießbefehl {m}: የተኩስ ትእዛዝ: firing order
Schießbefehle {pl} :: firing orders
Schießbude {f}: ምሽግ: shooting gallery
Schießbuden {pl} :: shooting galleries
schießen: ተኮሰ፣ ተኩሶ ገደለ: to shoot [at] (shot, shot), to fire
schießend: ተኩሶ ገዳይ/ ገድሎ: shooting
Schießerei {f}: ተኩስ ልውውጥ: gunfight
Schießereien {pl} :: gunfights, shootings
Schießkunst {f}: የተኩስ ጥበብ: marksmanship
Schießpulver {n}: ባሩድ: gunpowder
Schießstand {m}: ጠደብ/ ምሽግ: shooting stand
Schießstände {pl} :: shooting stands
Schießwesen {n}: ጦር መሣሪያ: gunnery
Schiff {n}: መርከብ: ship
Schiffahrt {f}: የመርከብ ጉዞ: navigation, navy
schiffbar: በመርከብ የሚሄድበት: navigable, navigably, navigably
Schiffbarkeit {f}: በመርከብ መሄድ: navigability

Schiffbau {m}: የመርከብ ሥራ: shipbuilding
Schiffbruch {m}: የመርከብ ጉዳት: shipwreck, wreck
Schiffbrüche {pl} :: shipwrecks
Schiffbrücke {f}: የመርከብ ማለፊያ: pontoon bridge
Schiffchen {n}: ትንሽ መርከብ: shuttle, shuttles, small ship
Schiffe {pl}: መርከብ: ships
Schiffer {m, pl}: መርከበኛ: mariner, skipper, skippers
Schiffsbauer {m, pl}: መርከብ ሠሪ: shipbuilder, shipbuilders
Schiffschaukel {f}: የመርከብ ሚዛን መቆጣጠሪያ: swing boat
Schiffschaukeln {pl} :: swing boats
Schiffsjunge {m}: የመርከብ ተላላኪ: shipboy
Schiffsjungen {pl} :: shipboys
Schiffskollege {m}: የመርከብ ጓደኛ: shipmate
Schiffskollegen {pl} :: shipmates
Schiffsladung {f}: የመርከብ ጭነት: shipload
Schiffsladungen {pl} :: shiploads, shipping spaces
Schiffsraum {m}: የመርከብ ክፍል: shipping space
Schiffsverkehr {m}: የመርከብ መንገድ: shipping traffic
Schikane {f}: እንቅፋት፣ መሰናክል: chicanery, harassment, chicane
Schikanen {pl} :: chicanes, chicaneries
schikanieren: አደናቀፈ፣ አሰናከለ: harass, persecute, pick on
schikanierend: አሰናካይ/ አሰናካሉ: deviling, hazing
Schild {m}: ምልክት: shield
Schilde {pl} :: shields
Schild {n}: ምልክት: signboard, signpost
Schilder {pl} :: signboards, signposts
schildern: ምልክት አደረገ/ ድንበር አበጀ: depict
Schilderung {f}: ማመልከት፣ ድንበር፣ ምልክት: depiction, description
Schilderungen {pl} :: depictions
Schildknappe {m}: አጥር/ መሰናክል: shield bearer
Schildknappen {pl} :: shield bearers
Schildkröte {f}: እንጉርጥ/ ጊንጥ መሰል የባሕር እንስሳ: tortoise, turtle, testudo
Schildkröten {pl} :: turtles, tortoises
Schilf {n}: የሳር ዓይነት/ ሳር: reeds, reed
Schilfe {pl} :: reeds
Schilift {m}: የበረዶ ስፖርት ማዘጋጃ/ ተራራ መውሰጃ: ski lift
Schilifte {pl} :: ski lifts
schillern: አዝጎረጎረ፣ በቀለም አሳመረ: opalescence, iridescence
schillernd: አዝጎርጓሪ/ አዝጎርጉሮ: iridescent, iridescently, opalescent, iridescently
Schilling {m}: ሽሊንግ/ ሃምሳ ሳንቲም: shilling
Schillinge {pl} :: shillings
Schimäre {f}: ቅዠት: chimera
schimmelig: አሻል/ የነጭ ዝንጉርጉር: mildewed, moldy
Schimmelpilz {m}: ሻገት/ ሽበት: mildew
Schimmelpilze {pl} :: mildews
Schimmer {m, pl}: ወገጋን፣ ትንሽ ብርሃን: glances, gleam, ray, rays, glimmer
schimmern: ወገግ አለ፣ በራ: glimmer, shimmer
schimmernd: ወገግ ባይ/ ብሉ: gleaming, glimmering, shimmering, glinting, shimmery
Schimpanse {m}, Schimpansin: ዝንጀሮ: chimpanzee
Schimpansen {pl} :: chimpanzees
schimpfen: ቀለደ፣ አሾፈ: badmouth, inveigh, upbraid
schimpfend: ቀላጅ/ ቀልዶ: badmouthing, blusterous, invective, inveighing, sassing, upbraiding, blusterously, invectively
Schimpfer {m, pl}: ፌዘኛ: blusterer, blusterers
schimpflich: ፌዛዊ: abusive
Schimpfwort {n}: የዘበት/ ፌዝ ቃል: cuss
Schimpfworte {pl} :: cusses
Schimpfwörter {pl} :: invectives
Schindel {f}: የጣራ ጠርብ: shingle
Schindeldach {n}: የጣራ ጠርብ: shingle roof
Schindeldächer {pl} :: shingle roofs
schinden: አሰቃየ፣ ዘረፈ፣ ጎዳ: flay
schindend: ጎጅ/ ጎድቶ: flaying, oppressing
Schinder {m}: ጨቃኝ፣ ቀማኛ: oppressor
Schinderei {f}, Unterdrückung: ቅሚያ፣ ዝርፊያ: drudgery, rough going, oppression
Schindereien {pl} :: drudgeries
Schinken {m}: ታፋ: ham
Schinkenwurst {f}: የታፋ ቋንጣ: ham sausage
Schirm {m}: ጥላ፣ ጠደብ/ ጥግ: visor
Schirme {pl}, Schirmen :: visors, umbrellas
Schirmgitter {n, pl}: የጥላ መወጠሪያ: screen grid, screen grids
Schirmherrschaft {f}: በበላይ ተቆጣጣሪ የሚተዳደር ሀገር: auspices, protectorate
Schirmständer {m, pl}: የበላይ አስተዳዳሪ: umbrella stand, umbrella stands
Schirokko {m}: ሞቃታማ ዓየር: sirocco
Schirokkos {pl} :: siroccos
Schisma {n}: የሃይማኖት መከፋፈል: schisma
Schismen {pl} :: schisms
schismatisch: ተነጣይ/ ተገንጣይ: schismatic, schismatical, schismatically
Schispringen {n}: የበረዶ ላይ ዝላያ እስፖርት: ski jumping
Schlacht {f}: ውጊያ፣ ጦርነት: Fight, fight, battle
Schlachten {pl} :: battles
schlachten: ተዋጋ፣ ተላለቀ፣ ተፋጀ: slaughter
schlachtend: ተላልቆ፣ ተፋጅቶ: butchering, slaughtering
Schlächter {m, pl}: ቁ ረኛ፣ ሥጋ አራጅ: butcherer, slaughterer, slaughterers, dozer
Schlachtfeld {n}: ጦር ሜዳ: battle field, battlefield
Schlachtfelder {pl} :: battle fields

Schlachthaus {n}, Schlachthof: የማረጃ ቤት፣ ቄ ራ: slaughter house, slaughterhouse, abattoir
Schlachthäuser {pl} :: slaughter houses, slaughterhouses
Schlachtkreuzer {m}: የጦር ታንክ: battle cruiser
Schlachtplan {m}: የጦር ዕቅድ: plan of action
Schlachtroß {n}: የጦርነት ፈረስ: war horse
Schlachtrosse {pl} :: war horses
Schlachtschiff {n}: የጦር መርከብ: dreadnought, battleship
Schlachtschiffe {pl} :: dreadnoughts
Schlachtvieh {n}: የእርድ ከብት: slaughter cattle
Schlacke {f}: ከሰል/ ቅሬት: dross, slag, cinder, slag
Schlacken {pl} :: slags, clinkers
schlackig: ከሰላማ/ ም: drossy, lanky
Schlaf {m}: እንቅልፍ: sleep, shuteye, sleep
Schlafabteil {n}: ምኝታ ቦታ: sleeping berth
Schlafabteile {pl} :: sleeping berths
Schlafanzug {m}: የመኝታ ልብስ: pyjamas, nightgown
schlafen: ተኛ፣ አንቀላፋ: nod, roost, to sleep (slept, slept)
schlafend: ተኝቶ፣ አንቀላፍቶ: asleep, dormant, napping, nodding, roosting, sleeping
Schlafenszeit {f}: የመኝታ ጊዜ: bed time, bedtime
Schlafenszeiten {pl} :: bed times, bedtimes
Schläfer {m, pl}: እንቅልፋም: sleeper
Schläferin/nen {f/pl}:: sleepers
schlaff: ተዝናኝ፣ ልቅ: drooping, flabbily, flabby, flaccid, flaccidly, floppily, slack, slacky
Schlaffheit {f}: ተዝናንቶ መጋደም: flabbiness, inertness, looseness
Schlaffheiten {pl} :: flaccidness
Schlafgelegenheit {f}: የመኝታ አማራጭ: sleeping accommodation
Schlafgelegenheiten {pl} :: sleeping accommodations
Schlafkamerad {m}: የእንቅልፍ ጓደኛ: bedfellow
Schlafkameraden {pl} :: bedfellows
Schlafkrankheit {f}: የእንቅልፍ በሽታ: sleeping sickness
Schlaflied {n}: የመኝታ ዘፈን: lullaby
Schlaflieder {pl}:: lullabies
schlaflos: እንቅልፍአልባ: sleepless, sleeplessly, wakeful, wakened
Schlaflosigkeit {f}: እንቅልፍ ማጣት: insomnia, sleeplessness, wakefulness
Schlafmittel {n, pl}: የሚያስተኛ መድኃኒት: sleeping pill, soporific, soporifics, sleeping pills
Schlafplatz {m}: መኝታ ቦታ: roost
Schlafplätze {pl} :: roosts
Schlafraum {m}: መኝታ ቤት: bedder
Schlafräume {pl} :: bedders
schläfrig: እንቅልፋማ/ ም: dozy, sleepily, sleepy, slumberous, somnolent, dozily, drowsily, slumberously, somnolently, sleepy
Schläfrigkeit {f}: እንቅልፋማነት: doziness, drowsiness, sleepiness, slumberousness
Schlafrock {m}: የመኝታ ልብስ: dressing gown
Schlafsaal {m}: ምኝታ አዳራሽ: dorm, dormitory
Schlafsack {m}: የመኝታ ሻንጣ: sleeping bag
Schlafsäcke {pl} :: sleeping bags
Schlafsucht {f}: የእንቅልፍ ሱስ: somnolence
Schlaftrunk {m}: የሚያስተኛ መጠጥ: sleeping draught
Schlafwagen {m}: ባለምኝታ መኪና: sleeping car
Schlafwandelung {f}: የእንቅልፍ ቅያሬ: sleepwalk
Schlafwandler {m, pl}: ከእንቅልፍ ቀስቃሽ: sleep, walker, sleepwalker, somnambulist, sleepwalkers, sleep walkers
Schlafzimmer {n, pl}: መኝታ ክፍል: bedroom, bedrooms
Schlag {m}, Hieb, Stoß: ዱላ፣ ብትር፣ ግጭት፣ ምት: bash, beat, coup, knock, percussion, shock, stinger, wham
Schläge {pl}:: stingers, whams, percussions
Schlaganfall {m}: የልብ መክዳት: apoplexy
Schlaganfälle {pl}, Schicksalsschläge :: strokes
schlagen, treffen, ausklopfen, klopfen, besiegen: መታ፣ ደበደበ፣ ደወለ: hit, pommel, pummel, rap, slap, slat, to beat, (beat, beaten)
schlagend: ደብዳቢ/ ደብድቦ: bashing, battering, batting, beating, clubbing, dollying, flapping, knocking, percussive, pommeling, pummeling, slapping, slugging, socking, tolling, whacking, percussively, pommelling
Schläger {m, pl}: ዱላ፣ ገና፣ ጨንገር: basher, puncher, racket, rackets, rowdies, scrapper, slugger, bashers, scrappers, sluggers
Schlager {m, pl}: ሞደረን ሙዚቃ/ የእብዶች ሙዚቃ: pop song
Schlägerei {f}: ደቡላ/ ቦክስ መመታታት: fray
Schlägereien {pl} :: batteries, frays
Schlagersänger {m, pl}: አቀንቃኝ: crooner, pop singer, crooners
schlagfertig: አውዳሚ/ መች: ready witted, glib, glibly
Schlagfertigkeit {f}: ለመምታት ዝግጁነት/ የማጥቃት ኃይል: ready wit, repartee, repercussiveness
Schlagloch {n}: የመንገድ ላይ ጉድጓድ: road hole, pothole
Schlagring {m}: የመሳሪያ ዓይነት: brass knuckles
Schlagsahne {f}: የክሬም ምግብ: light whipping cream
Schlaguhr {f}: ባለደወል ሰዓት: striking clock
Schlaguhren {pl} :: striking clocks

Schlagwechsel {m}: የተኩስ ልውውጥ: exchange of blows
Schlagwerk {n}: የሰዓት መደወያ ክፍል: striking mechanism
Schlagwerke {pl} :: striking mechanisms
Schlagwort {n}, Stichwort: መታወቅ ያለበት ቃል: catchword, byword, catchword
Schlagwörter {pl} :: bywords, catchwords, slogans
Schlagwortverzeichnis {n}: መገለጥ/ መታወቅ ያለባቸዉ ቃላት መዘርዝር: subjekt catalog
Schlagzeile {f}, Titelzeile: ርእስ: catch-line, headline
Schlagzeilen {pl} :: headlines, head lines
Schlamm {m}, Schmutz: ጭቃ፤ አረንቋ: ooze, silt, silts, slime, sludge, mud
Schlammbad {n}: በጭቃ መታጠብያ: mud bath
schlammig: ጭቃማ/ም: muddily, muddy, oozy, slimily, slimy, oozily
Schlampe {f}: ማታለል፤ ውሸት: rag bag, slattern, sloven, slut, trollop, frump
Schlampen {pl} :: slovens, sluts, trollops, slatterns
schlampig: ውሸታም/ ማ: blowzy, draggled, frumpish, grumblingly, sleazily, slipshod, sloppy, slovenly, sluttish, slatternly, sluttishly, slovenly, slutty
Schlampigkeit {f}: ውሸታማነት: frowziness, grubbiness, slatternliness, slouchiness, slovenliness, sluttishness
Schlange {f}: እባብ፤ ወረፋ፤ ተራ: snake, serpent
Schlangen {pl} :: serpents, snakes
Schlangebiß {n}: በእባብ መነደፍ: snakebite
Schlangebisse {pl} :: snakebites
schlängeln: ተሳበ፤ ተንኳተተ፤ እንደ እባብ በሆዱ ተጓዘ: meander, sidle, worming, wriggle
schlängelnd: ተሳቢ/ ተስቦ: meandering, sidling, wriggling, wriggly, winding
Schlangenbeschwörer {m, pl}: አስማተኛ:
Schlangenbiß {m}: የእባብ ንድፊት: snake bite
Schlangenbisse {pl} :: snake bites
Schlangengift {n}: የእባብ መርዝ: snake venom
Schlangengifte {pl} :: snake venoms
Schlangenhalsvogel {m}: ባለረጅም አንገት አዕዋፍ: darter
Schlangenhalsvögel {pl}:: darters
Schlangenhaut {f}: የእባብ ቆዳ: snakeskin
Schlangenhäute {pl}: የእባብ ቆዳ: snaking
schlank: ቀጭን፤ ለግላጋ: scrawny, slenderly, slim, slimly, svelte, slenderly, slimy
Schlankheit {f}: ለግላጋነት: lankiness, skinniness, slenderness, slimness
Schlankheitskur {f}: የሰውነት ቅናሴ ኮርስ: slimming cure
Schlankheitskuren {pl} :: slimming cures
schlapp: ዝፍ፤ ድኩም፤ ምውት: flabby, limply, nerveless, nervelessly
Schlappheit {f}: ምውትነት፤ መፍዘዝ: floppiness, limpness
schlau, klug, nett: ብልጥ፤ ጮሌ: cleverly, cunning, cunningly, cute, cutely, foxy, leery, shifty, shrewd, shrewdly, slily, sly, smartly, vulpinely, wily, cute, slyly, cunningly
Schlauberger {m, pl}: ተበልጪ፤ ግትር: aleck, alecks, smart aleck, smart alecks
Schlauch {m}: ቱቦ: flexible tube, hose, sleeving
Schlauchanschluß {m}: ቱቦ መሰኪያ: gland
Schlauchboot {n}: የቱቦ ጀልባ: rubber dinghy, dinghy
Schlauchboote {pl} :: rubber dinghies, dinghies
Schlauchleitung {f}: የቱቦ መሪ: hose line
schlauchlos: ቱቦአልባ: tubeless
Schlaufe {f}: ሰንሰለት፤ ጥምዝ: tab
Schlauheit {f}: ብልጥነት፤ ጮሌነት: leeriness, shrewdness, slynesses
schlecht: መጥፎ: bad, badly
schlechterzogen, unerzogen: ባለጌ ያሳደገው፤ ያልተቀጣ፤ ስድ: illbred, ill bred
Schlechtigkeit {f}, Verderbtheit: መጥፎነት፤ ብልሽት: badness
schlechtmachen: አበላሸ: malign
schlechtmachend: አበላሽ/ አበላሽቶ: maligning
Schlechtwetterperiode {f}: ቀዝቃዛ ወቅት: spell of bad weather
Schlechtwetterperioden {pl} :: spells of bad weather
Schlegel {m, pl}, Trommelstock: ከበሮ መምቻ: drumstick, drumsticks
Schlehe {f}: የፍራፍሬ ዓይነት: sloe
Schlehen {pl} :: sloes
schleichen, heranschleichen: ቀስስ ብሎ ሄደ፤ ተሳበ: skulk, slink, sneak, tiptoe, sneak
schleichend: ተሳቢ/ ተስቦ: skulking, slinking, sneaking, tiptoeing, weaseling, sneaky
Schleicher {m, pl}: አታላይ/ አሳሳች: skulker, sneaker
Schleichweg {m}: የድብቅ መንገድ: hidden path
Schleier {m}: ልባስ፤ ከፋን: veil
Schleiereule {f}: ሻሽ: barn owl
Schleiereulen {pl} :: barn owls
schleierhaft: አደናጋሪ፤ ግልጽ ያልሆነ: incomprehensible
schleiern, verhüllen: ሸፈነ፤ ጋረደ: veil
Schleife {f}: ቅጥያ: loop, lanyard
schleifen: አለሰለሰ፤ ሳገ፤ ጠረበ: grind
Schleifer {m, pl}: መላጊያ: polisher, polishers
Schleifmaschine {f}: መላጊያ ማሽን: grinder, grinding machine
Schleifpapier {n}: ማለስለሻ ወረቀት: sand paper
Schleifpapiere {pl} :: sand papers
Schleifstein {m}: መሳያ/ መሞረጃ ደንጋይ: whetstone, grindstone, whetstone
Schleifsteine {pl} :: whetstones, hones, whetstones
Schleim {m}: ቡግር፤ ንፍጥ፤ አንጎል: mucus, rheum, slime, mucilage

Schleime {pl} :: slimes
schleimig: ቡግራም/ማ: mucilaginous, slimily, mucous, slimly
Schleimigkeit {f}: ቡግራማነት: sliminess
schlemmen :ለገሠ፤ አበላ-አጠጣ: feast
Schlemmer {m, pl}: ለጋስ፤ መብላትና መጠጣት ወዳጅ: sybarite, sybarites
Schlemmerei {f}: የተትረፈረፈ ግብዣ/ ድግስ: gormandizing
schlendern: አዘገመ፤ ቀስስ ብሎ ሄደ: amble, roam, saunter
schlendernd: አዝጋሚ/ አዝግሞ: ambling, roaming, sauntering, strolling
Schlendrian {m}: ልግመት፤ ስንፈት: jog trot
Schleppdampfer {m, pl}: የመርከብ ጎታች: tugboat, tugboats
Schleppen {n}: መውሰድ/ መስረቅ: schlep, haulage
schleppen, ziehen: አስወገደ፤ ጎተተ፤ ሳበ፤ ወሰደ: haul, drag, , tow
schleppend: ሳቢ/ ስቦ: hauling, toting, towing
Schlepper {m, pl}: ጎታች፤ መሳቢያ: hauler, haulers
Schleppnetz {n}: ማጎንኘ መረብ: trawl
Schleppnetze {pl} :: trawls
Schleppzug {m}: ባቡር መጎተቻ: train of barges
Schleuder {f}: ምድር ነጎድ፤ ማስፈንጠሪያ/ መወርወሪያ: catapult, slingshot
Schleudern {pl}:: catapults, slingshots
Schleudermaschine {f}, Zentrifuge: ማስፈንጠሪያ ማሽን: centrifuge
Schleudermaschinen {pl} :: centrifuges
schleudern, werfen: አስፈነጠረ፤ ወረወረ: fling, hurl, sling, smote, to dash, catapult, skid
schleudernd: አስፈንጣሪ/ አስፈንጥሮ፤ አስወጋጅ/ አስወግዶ: centrifuging, darting, flinging, hurling, slinging
Schleuderpreis {m}: ርካሽ/ ዝቅተኛ ዋጋ: crash price, price cut to the bone, underprice
Schleuderpreise {pl} :: underprices
Schleudersitz {m}: ያውሮፕላን ማስፈንጠሪያ መቀመጫ: ejector seat
Schleuse {f}: በመርከብ ውስጥ ውሐ ማፍሰሻ: watergate, sluice
Schleusen {pl}:: sluices
Schleusentor {n}: በመርከብ ሞተር ውስጥ ውሐ ማስገቢያና ማስወጫ: floodgate
Schleusentore {pl} :: floodgates
schlich: ጥላቢስ፤ ቀስስ ብሎ/ ሳይታይ የሚመጣ: slinked, tiptoed, weaseled
schlichten: ሸመገለ፤ አስታረቀ: arbitrate
schlichtend: አስታራቂ/ አስታርቆ: arbitrating
Schlichterin {f}, Vermittler: አገናኝ/ አቃጣሪ: mediator
Schlichtheit {f}: ለስላሳነት፤ ቀልጣፋነት: plainness
Schlichtungsamt {n}: የእርቅ ቦታ/ አደባባይ: arbitration board
Schlichtungsausschuß {m}: ሽማግሌ/ አስታራቂ: mediation committee
Schließen {n}: መዝጋት፤ መቆለፍ: closing
schließen, verschließen, zumachen: ተቆላፈ፤ ዘጋ: to shut (shut, shut), lockable, close
schließend: ቆላፊ/ ቆልፎ: closing, closuring, concluding, locking, shutting
Schließer {m, pl}: መቆለፊያ/ ዕቃ ማስቀመጫ: turnkey, turnkeys
Schließfach {n}, Postfach: ፖስታ ሳጥን: post office box
Schließfächer {pl} :: lockers
Schließkraft {f}: ስበት/ የስበት ኃይል: forward force
schließlich, endlich: በመጨረሻ: finally, in the end, finally, eventual
Schließung {f}: መዘጋት፤ መጥፋት/ መክሰር: shutdown
Schließungen {pl} :: closings
Schließzeit {f}: መዝጊያ ሰዓት: forward time
schlimm: መጥፎ፤ ግም፤ አስቀያሚ: fatal, fatally, sore, sorely, wicked, wickedly
Schlinge {f}: መቆንጠጫ/ ማጥመጃ: snare, noose
schlingen: ዋጠ፤ ጠለቀጠ: noose
schlingend: ጠልቃጭ/ ጠልቅጦ: noosing, twining
Schlitten {m, pl}: መንሸራተቻ: sledge, toboggan, toboggans, skid, sledges
schlitten: በበረዶ ላይ ተንሸራተተ: sleigh
Schlittenbahn {f}: መንሸራተቻ መስመር: coasting slide
schlittern: በበረዶ ላይ ተንሸራተተ/ ሮጠ: sled, slither
Schlittschuh {m}: መንሸራተቻ ጫማ: skate
Schlittschuhe {pl} :: skates
Schlitz {m}: ትንሽ ቀዳዳ: slit, slot, port, placket
Schlitze {pl} :: slots, slits
Schlitzauge {n}: ቅንጣት ዓይን/ ቀዳዳ: slitted eye
Schlitzaugen {pl} :: slitted eyes
schlitzäugig: ቅንጣት ዓይን: slit eyed
Schloß {n}, Burg: ግንብ/ ቤተ መንግሥት: castle, lock
Schlosser {m}: የቁልፍ ሥራ ባለሙያ: locksmith
Schlösser {pl} :: castles, locks
Schlotte {f}: አረንቋ፤ ጉርንጉር: shallot
Schlotten {pl} :: shallots
schlotterig: ረግረጋማ: shaky
schlottern: አረገረገ፤ ተንቀጠቀጠ/ ተንዘረዘረ: dodder
Schlucht {f}: ገደል/ መጣያ: gores, gorge, gulch, ravine, canyon
Schluchten {pl} :: gorges, gulches, ravines, canyons
schluchzen: ዋጠ፤ ጠለቀጠ: snivel, sob
schluchzend: ዋጭ/ ውጦ: sniveling, sobbing
Schluck {m}: አንድ ጉንጭ/ እፉታ: gulps, quencher, gulp
Schluckauf {m}: ተደጋጋሚ ትንፋሽ: hiccough, hiccup

schlucken: ፉት አለ፣ ጠጣ: gulp, to swallow
Schlummer {m}: ትንሽ እንቅልፍ/ እረፍት: slumber
schlummern: ተዝናንቶ ተኛ: drowse, nap, schlummern :: slumber
Schlupf {m}: ያየር ማውጫ ቀዳዳ: slippage
schlüpfen, gleiten: አመለጠ፣ አልጨበጥ አለ: slip, to slip over
schlüpfend: አንዳላጭ/ አንዳልጦ: slipping
Schlüpfer {m, pl}: ጉርድ የሴት ልብስ: knickers, panties
schlüpfrig, rutschig, , gerissen: ለስላሳ፣ የማይጨበጥ: risque, slipperily, slippery, slithery
Schlüpfrigkeit {f}: ለስላሳነት: lubricity, scabrousness, slipperiness
schlürfen, nippen: እያንኳረፈ/ ድምጽ በማሰማት ጠጣ/ በላ: sup, to sip
schlurfen: ድምጽ በማሰማት ጠጣ: scuff, shuffle
Schluß {m}, Ende: ድምዳሜ: closing, conclusion, end
Schlußakt {m}: መጨረሻ ተግባር/ ድርጊት: last act
Schlußbemerkung {f}: መደምደሚያ ቃል/ አባባል: final remark
Schlußbemerkungen {pl} :: final remarks
Schlüsse {pl}: ድምዳሜ: conclusions
Schlüssel {m, pl}, Taste: ቁልፍ: clef, key, tool, tools, clefs
Schlüsselanschrift {f}: የምሥጢር መለያ/ ኮድ: codress
Schlüsselbund {m}: ጥቅል ቁልፍ: bunch of keys
Schlüsselbunde {pl} :: bunches of keys
schlüsselfertig: ዋና: turn-key
Schlüsselgruppe {f}: ቁልፍ ቡድን: code group
Schlüsselindustrie {f}: ቁልፍ ማምረቻ: key industry, pivit-industry
Schlüsselloch {n}: የቁልፍ ቀዳዳ: keyhole
Schlüssellöcher {pl} :: keyholes
Schlüsselring {m}: የቁልፍ ቀለበት: key ring
Schlüsselroman {m}: ዋና ልብ ወለድ: roman a clef
Schlüsselromane {pl} :: romans a clef
Schlüsselwort {n}: ዋሳኝ ቃል: key word
Schlüsselwörter {pl}, Stichwörter :: keywords, keywords
Schlußfeier {f}: መጨረሻ ፌስት: closing ceremony
Schlußfeiern {pl} :: closing ceremonies
Schlußfolgerung {f}: ውጤት፣ ስበብ: inference
Schlußfolgerungen {pl} :: inferences
schlüssig: ዋሳኝ: conclusive
Schlußlicht {n}: መጨረሻ ብርሃን: rear light, taillight
Schlußlichter {pl} :: taillights
Schlußnotierung {f}: መጨረሻ ማስታወሻ: closing quotation
Schlußrechnung {f}: መጨረሻ ሒሳብ: final account
Schlußrechnungen {pl} :: final accounts
Schlußstrich {m}: መጨረሻ መስመር: final stroke
Schlußstriche {pl} :: final strokes
Schlußwort {n}: መደምደሚያ/ መጨረሻ ቃል: closing word
Schlußworte {pl}:: closing words
Schlußwörter {pl}:: closing words
Schlußzeichen {n}: መጨረሻ ምልክት: clearing signal
schmächtig: ደካማ፣ ስልብ፣ ቀጭን፣ ምስኪን: lank, lankly, slender, slighted, sligth, slender
schmachvoll: ምስጋናቢስ/ አልባ: disgraceful, disgracefully
schmackhaft: ማራኪ፣ ጣፋጭ፣ ሳቢ: palatable, palatably, savory, savoury, tasty, toothsome, toothsomely, toothsomely
Schmackhaftigkeit {f}: ጣፋጭነት፣ ቆንጆ ሽታ/ ቃና: fine taste, nuttiness, palatability, tastiness
schmähen: አሞካሸ፣ በከንቱ አወደሰ: vilify
schmähend: አሞካሽ/ አሞካሽቶ: opprobrious, vilifying, vituperative, opprobriously, vituperatively
Schmähung {f}: ኃፍረት: vilification
Schmähungen {pl} :: vilifications
schmal: ቀጭን: narrow, strait
Schmalfilm {m}: አጭር ፊልም: substandard film
Schmalfilme {pl} :: substandard films
Schmalfilmkamera {f}: ትንሽ ካሜራ: narrow film camera
Schmalspur {f}: ቀጭን መንገድ/ ሰርጥ: narrow gauge
Schmalz {n}: ፌስት/ ደስታ: lard, corniness
Schmarotzer {m, pl}: ምጥባት፣ ጥገኛ: freeloader, freeloaders, parasite, cadger
Schmarotzerpflanze {f}: ተቀጽላ: parasitic plant
Schmarotzerpilz {m}: ተቀጽላ: fungus
Schmatz {m}: መሳም/ ለልጅና ለዘመድ: hearty kiss
schmecken: ቀመሰ፣ ላሰ: to taste, to flavour of
schmeckend: ቀማሽ/ ቀምሶ: smacking, tasting
Schmeichelei {f}: ከንቱ ውዳሴ: ማሞካሸት: adulation, blandishment, cajolement, flattery, taffy
Schmeicheleien {pl} :: blandishments, flatteries, taffies
schmeichelhaft: አወዳሽ/ አሞካሽ: flattering
schmeicheln: አሞካሸ፣ አወደሰ: adulate, bootlick, cajole, coax
schmeichelnd: አሞካሽ/ አሞካሽቶ: adulating, bootlicking, cajoling, coaxing, palavering, coaxingly
Schmeichler {m, pl}: በከንቱ ውዳሴ ጠላፊ: coaxers, adulator, blandisher, blandishers, cajoler, coaxer, flatterer, blandishers
schmeichlerisch: ከንቱ ውዳሴያዊ: adulatory, flatteringly, wheedlingly

Schmelz-, Hochofen {m}: ማቅለጫ: furnace
Schmelzarbeiter {m, pl}: አንጠረኛ፣ አንግራ: enameler, enamelers
schmelzbar: መቅለጥ የሚችል: fusible, fusibly
Schmelzbarkeit {f}: ቀላጭ-/ ሟሚነት: fusibility
Schmelzbarkeiten {pl} :: fusibleness
schmelzen, erweichen: አነጠረ፣ አቀለጠ: liquefy, melt, smelt
schmelzend: አንግራ/ አንጥሮ: liquefying, melting, smelting
Schmelzer {m, pl}: አቅላጭ/ ማቅለጫ: smelter, smelters
Schmelzhütte {f}: የብረቱ ጎጆ: smeltery
Schmelzhütten {pl} :: smelteries, furnaces
Schmelzofen {m}: ማቅለጫ ምጣድ: melting furnace
Schmelzpunkt {m}: መሟሚያ/ መቅለጫ ነጥብ: melting point
Schmelzwärme {f}: ማሟሚያ ሙቀት: heat of fusion
Schmerz {m}: ስቃይ፣ ጭንቀት: pain, pang, soreness, achiness
Schmerzen {pl} :: pangs, sorenesses, achinesses
schmerzen: አሳመመ፣ አስጨነቀ: ache
schmerzend: አስጨናቂ/ አስጨንቆ: aching, hurting, paining
Schmerzensschrei {m}: የስቃይ ማቃሰት: cry of pain, shout of pain
Schmerzensschreie {pl} :: cries of pain
schmerzhaft, schmerzlich: ስቃያማ: aching, achy, dolorous, dolorously, painful
schmerzlich: ስቃያዊ: dolorous, grievous, painfully, dolorously, grievously, painfully
Schmerzlichkeit {f}: ስቃይ/ መከራ፣ ጭንቀት: grievousness
schmerzlos: የማያም፣ ሕመምአልባ: painless, painlessly
Schmerzlosigkeit {f}: ጤንኛነት: analgesia, painlessness
schmerzstillend: ስቃይ አስታጋሽ/ አስታግሶ: pain killing, paregoric
Schmetterling {m}: ቢራቢሮ: butterfly
schmettern: አቧረቀ፣ ጮኸ: blare
schmetternd: አቧራቂ/ አቧርቆ: blaring
Schmied {m}: አንጠረኛ: blacksmith, smith
schmiedbar: ነግሪ/ ቀላጭ: forgeable
Schmiede {f}: ያንጠረኛ ቦታ: smithy, blacksmith
Schmiede {pl} :: smiths
Schmiedeeisen {n}: ማቅለጫ ብረት: wroughtiron low carbon steel
Schmieden {pl} :: smithies, blacksmiths
Schmiedestück {n}: የብረት አር: forging
schmiegen: ሞረደ፣ አስተካከለ: nestle to
schmieren: ኳለ፣ ቀባ: daub, lubricate, smear, tallow
schmierend: ኳይ/ ኩሉ: daubing, greasing, lubricating, smearing
Schmierer {m, pl}: ኳይ: dauber, daubers
Schmierfett {n}: የኩል ቅብ: grease
Schmiergeld {n}: ጉቦ: payola, bribemoney
schmierig: ጉቦኛ: greasily, greasy, lubricious, sleazy, smeary, smudgy
Schmierigkeit {f}: ጉቦኝነት: greasiness
Schmiermittel {n, pl}: ማለስለሻ/ መቀነሻ: lubricant, lubricants, lubricative
Schmieröl {n}: ማለስለሻ ዘዮት/ ቅባት: lubricating oil
Schmierpapier {n}: ማለስለሻ ወረቀት: scribbling paper
Schmierseife {f}: ለስላሳ ሳሙና: soft soap
Schmierseifen {pl} :: soft soaps
Schmierung {f}: የውሸት ፈጠራ: lubrication
Schminke {f}: ኩል: makeup
schmirgeln: ላገ/ አለሰለሰ: emery
Schmirgelpapier {n}: ማለስለሻ ወረቀት: emery paper
Schmirgelpapiere {pl}:: emery papers
Schmiß {m}: ቀልድ፣ ፌዝ: peppiness
schmissig: ፌዘኛ: snappy
Schmissigkeit {f}: ፌዘኛነት: snappiness
schmöckern, äsen: በብዛት አነበበ፣ : browse
schmollen: ጠባዩን/ ባሕርዩን አከፋ/ አበሳሸ: sulk, pout, sulk
schmoren: በቅባት ጠበሰ/ ቀቀለ፣ አበሰለ: braise, to stew
Schmuck {m}: ጌጣጌጥ: emblazonments, jewelry, panoply, trappings, trinket, trinkets, emblazonment
Schmucke {pl} :: trinkets, jewelries
schmücken: አስጌጠ፣ አሳመረ፣ አስዋበ: bedeck, blazon, decorate, emblazon, spangle, adorn
schmückend: አሳማሪ/ አስጊጦ: bedecking, blazoning, decorating, emblazoning, gracing, ornamental, ornamentally, spangling
Schmuckkästchen {n}: የጌጥ ማኖሪያ፣ ማስቀመጫ: jewel case
schmucklos: ጌጥአልባ: unadorned, undecorated, unembellished, ungarnished, unornamental
schmuddelig: ግርድፍ፣ (ያልተጣራ ሥራ): grubby
Schmuggel {m}: ማጭበርበር: smuggling
schmuggeln: አጭበረበረ፣ አታለለ፣ ቀጠፈ: bootleg, smuggle
schmuggelnd: አታላይ/ አታልሉ: bootlegging, smuggling
Schmuggler {m, pl}: አጭበርባሪ/ ሌባ: bootlegger, smuggler, smugglers
Schmus {m}: ፌዝ፣ ቀልድ: sawder
schmusen: ቀለደ፣ አፌዘ: smooch
schmusend: ቀላጅ/ ቀልዶ: smooching
Schmutz {m}: ቆሻሻ: foulness, grime, grimes, ordure, smudginess, smut, sordidness, squalor, filth
schmutzen: አቆሸሸ፣ አበላሸ: get dirty
schmutzend: አቆሻሽ/ አቆሽሾ: getting dirty
Schmutzfleck {m}: የቆሻሻ ጠብታ: smudge

Schmutzflecken {pl}:: smudges
schmutzig, unrein: ቆሻሻ፤ ቆሻሻማ/ ም: dingily dingy, dirty, filthily, foul, foully, frowzy, grimy, nastily, smuttily, smutty, sordid, sordidly, splotchy, squalid, impure, filthy, impurely, smuttily, squalidly
Schmutzigkeit {f}: ቆሻሻነት፤ መቆሸሽ: filthiness, griminess, mussiness
Schmutzwasser {n}: ቆሻሻ ውሐ: slop
Schnabel {m}: የወፍ/ አሞራ አፍ: beak
Schnäbel {pl} :: beaks
Schnabel {m}: ደረሰኝ: bill
schnabelförmig: ያሞራ አፍ መሳይ: beak shaped
Schnake {f}: ቀንድና ቀንድዮሽ/ የእንስሳ ዓይነት: cranefly, gnat
Schnalle {f}: መጫኛ፤ ጠፍር: buckle
Schnallen {pl} :: buckles
schnalzen: ድምጽ ፈጠረ: chirrup
schnappen: አፈገፈገ፤ ወደኋላ ሄደ: nab, snap, swoop
Schnapsflasche {f}: መለኪያ፤ ያልኮል መጠጫ: bottle of brandy
Schnapsflaschen {pl} :: bottles of brandy
Schnapsidee {f}: አረቂ ሐሳብ: crazy idea
Schnapsideen {pl} :: crazy ideas
schnarchen: አኮረፈ፤ አንኳረፈ: snore
schnarchend: አንኳራፊ/ አንኳርፎ: snoring
Schnarcher {m}: አንኳራፊ: snorer
schnattern: አንቧረቀ፤ ጮኸ/ ተቆጣ: cackle, gabble, gaggle
schnatternd: አንቧራቂ/ አንቧርቆ: cackling, chattering, gabbling, quackish
schnauben: አንኳረፈ/ ጮኸ (ለፈረስ): sniff, snort
schnaufen: በኃይል ተነፈሰ: wheeze
Schnauze {f}: አፍ: snout, muzzle
Schnauzen {pl} :: snouts, muzzles
Schnecke {f}: ቀንድና ቀንድዮሽ/ የእንስሳ ዓይነት: snail, escargot
Schnecken {pl} :: snails, escargots
Schneckenhaus {n}: የቀንድና ቀንድዮሽ ቤት/ ልባስ: snail shell
Schneckenhäuser {pl} :: snail shells
Schnee {m}: በረዶ: snow
Schneeanzug {m}: የበረዶ ልብስ: snowsuit
Schneeanzüge {pl} :: snowsuits
Schneeball {m}: የበረዶ ኳስ: snowball
Schneebälle {pl} :: snowballs
Schneebrille {f}: የበረዶ መነጽር: snow goggles
Schneefall {m}: በረዶ መጣል: snowfall
Schneefälle {pl} :: snowfalls
Schneegrenze {f}: የበረዶ መስመር/ መለዮ: snow line
Schneegrenzen {pl} :: snow lines
schneeig: በረዷማ/ም: snowily
Schneekette {f}: የበረዶ ሰንሰለት: snow chain
Schneeketten {pl} :: snow chains
Schneemann {m}: የበረዶ ላይ ኗሪ: snowman
Schneemänner {pl} :: snowmen
Schneematsch {m}: የበረዶ ጨዋታ: slush
Schneepflug {m}: የበረዶ ላይ በረራ: snowplow, snow plough
Schneepflüge {pl} :: snow ploughs
Schneeschuh {m}: የበረዶ ጫማ: snowshoe, snow shoe
Schneeschuhe {pl} :: snow shoes, snow storms, blizzards
Schneesturm {m}: የበረዶ ማዕበል: snow storm, snowstorm, blizzard
Schneewetter {n}: በረዷማ ያየር ጠባይ: snowy weather
Schneid {m}: ድፍረት፤ ወኔ: vim
Schneide {f}: ስለት/ የቢላዋ/ : cutting edge
Schneidemaschine {f}: መምተሪያ ማሽን: guillotine
schneiden, kürzen: ቆረጠ፤ መተረ: to cut (cut, cut), cutting edges
schneidend: ስለት፤ ሹል: incisive
schneidend: ቆራጭ/ ቆርጦ: incisively, scissoring, slicing, piercingly
Schneider {m, pl}: አናፂ: sartorial, tailor, tailors, taylors
Schneiderei {f}: አናፂነት፤ ብረቴ : tailoring
Schneidereien {pl} :: tailorings
Schneiderin {f}: ልብስ ሰፊ: dress maker
schneidern: ልብስ ቀደደ/ ሰፋ፤ መኪና ሰፊ: to tailor
Schneidewerkzeug {n}: መቆራረጫ መሳሪያ: cutting tool
Schneidewerkzeuge {pl} :: cutting tools
Schneidezahn {m}: የፊት ጥርስ: incisor
Schneidezähne {pl} :: incisors
schneidig: ስለት/ ሱል፤ ቆራጭ/ ሰንባጭ: dashing, spirited, dasher
Schneidigkeit {f}: ስለታማነት/ ሹልነት: edginess
schneien: በረዶ ጣለ: to snow
schneiend: በረዶ ጥሉ/ ዘንቦ: snowing
schnell: ቶሎ፤ በፍጥነት: apace, fast, hurry, quick, quickly, rapid, rapidly, rapids, speedily, speedy, swift, swiftly
Schnellboot {n}: ፈጣን ጀልባ: speedboat
Schnellfahrer {m}: ፈጣን ሹፌር: speeder, rapid fire
Schnellfeuergeschütz {n}: አውቶማቲክ ጠብመንጃ: rapid fire gun
Schnellgericht {n}: የችኮላ ምግብ: quick lunch
Schnelligkeit {f}: ፈጣንነት: nippiness, promptness, quickness, rapidity, rapidness, speediness, swiftness
Schnelligkeiten {pl} :: quicknesses, speedinesses
Schnelligkeitsrekord {m}: የፍጥነት ክበረ ወሰን: speed record
Schnelligkeitsrekorde {pl} :: speed records
Schnellpresse {f}: ፈጣን ዜና/ ወሬ: rapid press
Schnellreinigung {f}: ፈጣን ማጽጃ: express dry cleaning
Schnellschritt {m}: ፈጣን ጉዞ: quickstep

Schnellstart {m}: ፈጣን ጅመራ: quickstart
Schnellstraße {f}: የፍጥነት መንገድ: motor highway, highway
Schnellstraßen {pl} :: highways
Schnellverfahren {n}: ፈጣን ፍርድ: summary proceedings
Schnellwaage {f}: ፈጣን ሚዛን: dial balance
Schnellwaagen {pl} :: dial balances
Schnellzugriff {m}: ፈጥኖ መግባት/ መድረስ/ መጨበጥ: zero access, quick access, rapid access, fast access
Schnepfe {f}: መጥረግ/ ማጽዳት: snipe
Schnepfen {pl}:: snipes
schniegeln: አነፃ፣ አጸዳ: titivate
schniegelnd: አጽጅ/ አጽድቶ: titivating
schnippeln: ከካ፣ ገረደፈ፣ መተረ: snip
schnippelnd: መታሪ/ መትሮ: snipping, snipping
schnippisch: ምትር: snappish, snappishly
Schnipsel {m, pl}: ብጣሽ፣ ቁራጭ: snippet, snippets
schnipsen: በጣት አስፈነጠረ/ መታ: flip
Schnitt {m}: ቁርጥ: serration, snip
Schnitte {pl} :: serrations, cuts, cuttings
Schnittgeschwindigkeit {f}: የቆረጣ ፍጥነት: cutting speed
Schnittholz {n}: መከተፊያ/ መቆራረጫ እንጨት: trimmed timber
Schnitthölzer {pl} :: trimmed timbers
Schnittstelle {f}: ማቋረጫ/ መቋረጫ ቦታ: cut surface, interface
Schnittwinkel {m}: መቋረጫ ማዕዘን: cutting angle
Schnitzel {n, pl}: ጥብስ ሥጋ/ ምግብ/ : cutlet, chipping, cutlets
schnitzen, zerschneiden: ቆራረጠ: whittle, carve
Schnitzer {m, pl}: ዛፍ ቆራጭ: boner, carver, solecism, solecisms
Schnitzerei {f}: ቆረጣ (ለዛፍ): carving
Schnitzkunst {f}: አናጺ: wood craft
schnorren: ለመነ፣ ምጽዋት ፈለገ: cadge, scrounge
schnorrend: ለማኝ/ ለምኖ: cadging, scrounging
schnüffeln: በኃይል ነፋስ ሳበ፣ አነፈነፈ: sleuthing, sniff, sniffle, snoop
Schnüffler {m, pl}: አነፍናፊ፣ ቅስቻም: snufflers, dicks, snooper, snuffler, snoopers
Schnulze {f}: ትያትር: sobstuff, tearjerker, sob stuff
Schnulzen {pl} :: tearjerkers
Schnur {f}: ልጥ፣ ጣፊያ፣ ሳባ: cord, string
Schnurrbart {m}: ያገጭ ጢም: moustache, mustache
schnurrbärtig: ጢማም/ ማ: moustached, mustached
schnurren: አንኳረፈ፣ አገሳ: funny tales, purr
schnurrend: አንኳራፊ/ አንኳርፎ: purring
schockierend: አሳዛኝ፣ አስደንጋጭ/ አስደንግጦ: shocking, shockingly
Schocktherapie {f}: ማስደንገጥ: shock treatment
Schocktherapien {pl} :: shock treatments
Schokolade {f}: ቸኮሌታ: chocolate
Schokoladentafel {f}: የቼ ኮሌታ ጥቅል: chocolate bar
Scholastik {f}: አበው/ ሊቃውንት: scholasticism
Scholle {f}: የግርጌ መግለጫ: plaice, clod
schon gut, in Ordnung: በጀ፣ እሺ: all right
schon gut, macht nichts: ምንም አይደለም: never mind
schon lange, schon lange her: ከጊዜ በፊት፣ ቀደም: long ago, a long time ago
schon, jetzt: አሁንኑ: yet, already
schon, sogar, jedoch, bereits: እነሆ፣ እንዲያውም: already
schon: እነሆ፣ በቃ: already
schön, fein: ቆንጆ፣ ሸጋ፣ ለስላሳ: beautiful, beautifully, goodly, fine, pulchritudinous, beauteously, shapelier
Schönheit {f}: ቁንጅና፣ ውበት: beauteousness, beauty, belle, bonniness, elegancy, goodliness, handsomeness, pulchritude
Schönheiten {pl} :: beauteousnesses, beauties, belles
Schönheitskonkurrenz {f}: የቁንጅና ውድድር: beauty contest
Schönheitskonkurrenzen {pl} :: beauty contests
Schönheitsoperation {f}: የቁንጅና ቀዶ ጥገና: plastic operation
Schönheitspflege {f}: የቁንጅና ባሕል: beauty culture
Schönheitssalon {m}: የቁንጅና ሳሎን: beauty salon
Schönheitssalone {pl} :: beauty salons
Schönredner {m}: ገጣሚ/ ቅኔኛ: rhetorician
Schönschreiber {m, pl}: ግጥም ጸሐፊ: penman, penmen
Schönschrift {f}: የእጅ ጽሑፍ: Calligraphy, calligraphy
schonungslos: ምኅረትአልባ: unsparing, unsparingly
school report
Schopf {m}: ዓየር: tuft
Schöpfergeist {m}: የፈጠራ ችሎታ: creative genius
Schöpfergeister {pl} :: creative geniuses
Schöpfer {m}: ባለስጦታ: creative
Schöpferin {f}: ባለስጦታ: creatress
Schöpferinnen {pl} :: creatresses
schöpferisch: ስጦታዊ: creative, imaginatively, inventively
Schöpfung {f}, Ernennung, Herstellung: ፍጥረት: creation
Schorf {m}: ለምጥ: scurf, scab
schorfig, gekrätzt: ለምጣማ/ ም: scabbed, scurfy
Schornstein {m}: ባለባልጩት አለት/ ደንጋይ: smokestack
Schornsteine {pl} :: smokestacks
Schoß {m}: ማኅፀን፣ጭን: lap

schräg: ማዕዘናዊ/ ማዕዘናማ/ ም: : ዝግዛግ፣ ውልግድ: angular, bevel, sloping, askew, oblique, sloping, obliquely, slanting, slantwise, slantwisely, slopingly, transversal, slantingly, transversely
Schrägstrich {m}: እዝባር: solidus, virgule, backslash
Schrank {m}: ቁም ሳጥን: cupboard, locker, cabinet, cubicle
Schränke {pl} :: lockers, cupboards
Schraubdeckel {m}: የምስማር እናት/ ራስ: screw cup, screw cap
Schraube {f}: ምስማር: bolt, screw
Schrauben {pl} :: screws
schrauben: ምስማር መታ: to screw
schraubend: ምስማር መች/ መትቶ: screwing, spiraling
Schraubenlinie {f}: የምስማር መስመር: helix
Schraubenmutter {f}: የምስማር እናት: female screw, screw-nut
Schraubenzieher {m}, Schraubendreher: ጉጠት፣ ምስማር መንቀያ: screw driver, screwdriver, turnscrew
Schreck {m}: ድንጋጤ፣ ፍርሃት: frights, scariness, fright
Schrecken {n, pl}: ድንጋጤ፣ ባባት፣ ፍርሃት: fright, horror, horrors, terror, terrors, amazement
schrecken: ደነገጠ፣ ፈራ፣ ባባ: frighten
schreckend: ባባታም/ባብቶ: frightening
Schreckensbotschaft {f}: መርዶ: terrible news
Schreckensschrei {m}: የድንጋጤ ጩኸት: cry of dismay
Schreckenschreie {pl} :: cries of dismay
Schreckensherrschaft {f}: መጥፎ ገዥ/ አስተዳደር: reign of terror
schrecklich, furchtbar: አስደንጋጭ/ አሳሳዛኝ፣ አስቀያሚ: awesome, awful, awfully, direly, dreadful, dreadfully, formidable, formidably, frightful, frightfully, lurid, luridly, terrible, terribly, terrific, terrificly, tremenduous, tremenduously, terrible, dreadfully, frightfully, horribly, terribly
Schrecklichkeit {f}: አስደንጋጭነት: awfulness, devilishness, frightfulness, horribleness, terribleness
Schreckschuß {m}: ማስደንገጫ ተኩስ: shot fired in the air
Schreckschußpistole {f}: ማስፈራሪያ ሽጉጥ: bobby pistol
Schrecksekunde {f}: የድንጋጤ ጊዜ/ ሰዓት: reaction time
Schrei {m}, Ruf: ጩኸት፣ ጥሪ: cry, shout, shriek, cry
Schreibautomat {m}: አውቶማቲክ መጽሓፊያ: automatic typewriter
Schreibdatum {n}: የተጻፈበት ዕለት: date written
schreiben: ጻፈ፣ መዘገበ፣ ዘገበ: to write
schreibend: ጻፊ/ ጽፎ: typeing, writing
Schreiber {m, pl}: ጸሐፊ: clerk, clerks, columnist, plotter, typist, writer, writers
Schreiberin/nen {f/pl}, Schreiber :: writers
Schreibfehler {m, pl}: የጽሑፍ ስተት: mistake in writing, scribal error, write error
Schreibgerät {n}: መጻፊያ መሳሪያ: writing utensil
Schreibgeräte {pl} :: writing utensils
Schreibheft {n}: የኖት ቡክ፥ ደብተር: copybook
Schreibkopf {m}: የመጽሐፊያ ራስ/ ጫፍ: write head
Schreibkraft {f}: ረዳት ጸሐፊ: typist
Schreibkunst {f}: የጽሑፍ ቴ ንጥ: art of writing, penmanship
Schreibkünste {pl} :: arts of writing
Schreibmaschine {f}: ታይፕ መጽሐፊያ: type writer, typewriter
Schreibmaschinen {f} :: type writers, typewriters
Schreibmaterial {n}: የመጽሐፊያ ቁሳቁስ: writing materials
Schreibpapier {n}: የታይፕ ወረቀት: writing paper
Schreibpapiere {pl} :: writing papers
Schreibschutz {m}: ጽሑፍ መጠበቂያ: write-protect, write protection
Schreibtisch {m}: የመጽሐፊያ ዴስክ/ ወንበር: writing table, desktop
Schreibtische {pl} :: writing tables
Schreibung {f}: የጽሑፍ ልምምድ: spelling
Schreibungen {pl}: የጽሑፍ ልምምድ: spellings
Schreibware {f}: የጽሑፍ ቁሳቁስ: stationery
Schreibwaren {pl}:: stationeries
Schreibwarenhändler {m, pl}: የጽሑፍ ቁሳቁስ ነጋዴ: stationer, stationers
Schreibweise {f}: ዘገባ፣ አጻጻፍ: notation, spelling
schreien: ጮኸ፣ አለቀሰ፣ ጠራ: scream, screech, shout, squall, to cry, vociferate, whoop, yell, clamour
schreiend: ጯኺ/ ጮኾ: crying, screaming, shouting, squalling, vociferating, whooping, yelling, clamouring, shouting, screamingly
Schreier {m, pl}: ቡረኛ፣ ጯኺ: shouters, yellers, bawler, crier, shouter, yeller, criers
Schreierei {f}: ጩኸት: screechiness
Schreihals {m}: ላንቃ፣ ጉሮሮ: squaller
Schrein {m}: ሳንዱቅ: shrine
Schreine {pl} :: shrines
Schreiner {m, pl}: አናጺ: carpenter, carpenters, joiner
schreiten, überschreiten, durchschreiten: ተራመደ፣ ተላለፈ: tread, stride
schreitend: ተላልፎ፣ ተራምዶ/ ጥሶ: striding, treading
Schrift {f}: የጽሑፍ ምልክት: font, script, scripture

Schriftart {f}: **የጽሑፍ ዓይነት**: font, fount, typeface
Schriftarten {pl} :: typefaces
Schriftbild {n}: **የጽሑፍ ስእል/ ምስል**: type face
Schriftbreite {f}: **የፊደል መጠን**: width
Schriftgelehrte/r {m}: **ያንድምታ ምሑራን**: scribes
Schriftgelehrten {pl}: **ያንድምታ ምሑራን**: scribes
schriftlich: **በጽሑፍ፣ ጽሑፋዊ**: in writen, in written
Schriftsatz {m}: **ጸሐፊ**: typeset
Schriftsätze {pl} :: typesets
Schriftsprache {f}: **የጽሑፍ ቋንቋ**: literary language
Schriftsteller {m, pl}, Verfasser: **ጸሐፊ፣ ደራሲ**: writer, author, authors
Schriftstück {n}: **ድርሰት**: writ
Schriftstücke {pl} :: writs
Schriftzeichen {n, pl}, Symbol: **የፊደል ምልክት**: character
Schritt {m}, Ablaufschritt: **እርምጃ፣ ደረጃ**: footfall, footstep, pace, pas, steps, step, stepping
Schritte {pl} :: gaits, footfalls
Schrittmacher {m, pl}: **አስታራቂ፣ ሽማግሌ**: pace maker
Schrittmacherdienst {m}: **የሽምግልና አገልግሎት**: pacemaking
Schrittmesser {m, pl}: **የመለኪያ ዓይነት**: pedometer
schrittweise: **በደረጃ፣ ቀስ በቀስ**: one-step, stepwise, step-by-step
schroff: **ኢምቹ፣ ጨካኝ፣ ደንታአልባ**: brusque, craggily, gruff, brusquely, gruffly
Schroffheit {f}, Schärfe: **ጨካኝነት/ ደንታቢስነት**: abruptness, brusqueness, gruffness, asperity
Schrot {m}: **ግርድፍ**: bruised grain
Schrotbrot {n}: **የግርድፍ ዳቦ**: whole meal bread
Schrotmehl {n}: **ግርድፍ ዱቄ ት**: coarse meal
Schrott {m}: **ቆሻሻ፣ አሮጌ**: scrap
Schrotthändler {m, pl}: **አሮጌ ዕቃ ነጋዴ**: scrap dealer, scrap dealers, scrap yards
Schrottplatz {m}: **ቆሻሻ መጣያ**: scrap yard
Schrottsammler {m, pl}: **ቆሻሻ ሰብሳቢ**: salvager
schrubben: **ፈገፈገ፣ በመፈግፈግ አጸዳ**: swab
schrumpfen: **አነሰ፣ ቀነሰ**: shrank, shrink, shrivel
schrumpfend: **አንሶ፣ ቀንሶ**: shrivelling, shrinking
Schrumpfung {f}: **መቀነስ/ ማነስ**: shrinkage
Schrumpfungen {pl} :: shrinkages, shrinkings
Schub {m}: **ማስተላለፊያ**: thrust
Schuber {m, pl}: **አስተላላፊ**: slipcase, slipcases
Schubkarre {f}: **ጋሪ**: wheelbarrow
Schubkarren {pl} :: wheelbarrow, wheelbarrows, wheel barrow
schüchtern: **ፈሪ፣ ዓይናፋር ሆነ**: bashful, bashfully, coy, diffident, diffidently, sheepish, shy, shyly, coyly, diffidently, sheepishly
Schüchternheit {f}: **ዓይናፋርነት፣ ፍርሃት**: coyness, diffidence, sheepishness, shyness
Schüchternheiten {pl} :: shynesses
Schuft {m}: **አታላይ፣ ወስላታ**: scamp, villain, rascal
Schufte {pl} :: scamps, scoundrels, villains, rascals
schuften: **ተገዛ፣ በኃይል ሠራ**: plod, toil
Schuh {m}: **ጫማ**: shoe
Schuhcreme {f}: **የጫማ ቅባት**: shoe cream
Schuhcremes {pl} :: shoe creams
Schuhe {pl} :: shoes
Schuhgeschäft {n}: **ጫማ ሱቅ**: shoe shop
Schuhgeschäfte {pl} :: shoe shops
Schuhgröße {f}: **የጫማ መጠን**: size of shoe
Schuhgrößen {pl} :: size of shoes
Schuhmacher {m, pl}: **ጫማ ሠፊ/ ሠሪ**: shoemaker, shoemakers
Schuhputzer {m, pl}: **ሊስትሮ**: shoeblack, shoeblacks
Schuhwerk {n}: **ጫማ ሥራ**: footgear
Schulamt {n}: **የትምህርት መሥሪያ ቤት**: supervisory school authority
Schularbeit {f}: **የቤት ሥራ**: homework
Schularbeiten {pl}, Schulaufgaben:: homeworks
Schulaufgabe {f}: **የቤት ሥራ**: schoolwork
Schulaufgaben {pl}:: schoolworks
Schulausflug {m}: **የተማሪዎች ጉዞ**: school outing
Schulausgabe {f}: **የትምህርት ቤት ሥራ/እትም**: school edition
Schulbehörde {f}: **ትምህርት ሚኒስትር**: supervisory school authority
Schulbehörden {pl}:: supervisory school authorities
Schulbesuch {m}: **መማሪያ መጽሐፍ**: school attendance, class book
Schuld {f}, Verpflichtung: **ዕዳ፣ ብድር**: guilt, guiltiness, debt
Schuldanerkenntnis {n}: **በደልን/ ጥፋትን ማመን**: acknowledgement of debt
schuldbewußt, schuldig: **ጥፋተኛ**: guilty
Schuldbuch {n}: **የብድር መዝገብ**: register of debts
Schulden {pl} :: debts
schulden, verdanken: **አበደረ፣ ብድር/ ውሌታ ጣለ/ አስገባ**: owe
schuldenfrei: **ጥፋትአልባ**: free from debt, afloat
Schuldfrage {f}: **የጥፋት ጥያቄ** : question of guilt
Schuldfragen {pl} :: questions of guilt
schuldhaft: **ባለዕዳ፣ ባለውሌታ**: culpable, culpably
schuldig: **ወንጌለኛ፣ ጥፋተኛ**: blamable, guilty, blamably, guiltily

Schuldige {m, f}: ወንጀለኛ: culprit
Schuldigen {pl} :: culprits
Schuldigkeit {f}: ወንጀለኛነት: blameworthiness
Schuldirektor {m}: የትምህርት ቤት ዲሬክተር: schoolmasters
schuldlos: ጥፋት/ ወንጀልአለባ: guiltless, blameless, blamelessly, guiltlessly
Schuldlosigkeit {f}: ጥፋትአልባነት: blamelessness, guiltlessness, sinlessness
Schuldner {m, pl}: ባለዕዳ፣ ጥፋተኛ: debtor, defaulter, defaulters
Schuldnerin/nen {f/pl}:: debtors
Schuldrecht {n}: የብድር ውል/ ሕግ: law of obligation
Schuldschein {m}: የብድር ፊርማ፣ ልፋፌ ጽድቅ: iou, debenture
Schuldscheine {pl} :: debentures
Schule {f}, Unterricht: ትምህርት ቤት: schoolhouse, school
Schulen {pl} :: schools
schulen, einweisen: አስተማረ፣ መራ፣ አሳየ: indoctrinate
schulend: አስተማሪ/ አስተማሮ: indoctrinating
Schüler {m, pl}: ተማሪ፣ ደቀ መዝሙር: sophomores, disciple, disciples, pupil, pupils, schoolboy, schoolboys, sophomore
Schülerin {f}: ተማሪ: schoolgirl
Schülerinnen {pl} :: schoolgirls
Schulfreund {m}: የትምህርት ቤት ጓድ: schoolmate
Schulfreunde {pl}:: schoolmates
Schulgelände {n}: የትምህርት ቤት ካምፓስ: school grounds
Schulgeld {n}: የትምህርት ቤት ግብር: school fee, tuition
Schulgelder {pl} :: tuitions
Schulhof {m}: የትምህርት ቤት ጓሮ: schoolyard
Schuljahr {n}: የትምህርት ዓመት: school year
Schulkamerad {m}: የትምህርት ቤት ጓደኛ: schoolfellow
Schulkameraden {pl}: የትምህርት ቤት ጓደኛ: schoolfellow
Schulkind {n}: ሕፃን: schoolboy
Schulkinder {pl} :: school children
Schullehrer {m, pl}: አስተማሪ: schoolteacher, schoolteachers
Schullehrerin {f}: አስተማሪ፣ መምህርት: schoolmistress, schoolmarm
Schulmädchen {n}: ልጃገረድ: schoolgirl
Schulmappe {f}: የትምህርት ቤት ካርታ: satchel
Schulmappen {pl} :: satchels
schulmässig: በተገቢው፣ በሚገባ: scholastic, scholastically
Schulmeister {m}: የክፍል አለቃ: dominie, schoolmaster
Schulordnung {f}: የትምህርት ቤት ሕግ: school regulations
Schulpferd {n}: መለማመጃ ፈረስ: trained horse
Schulpferde {pl} :: trained horses
Schulpflicht {f}: የትምህርት ቤት ግዴታ: compulsory education
Schulraum {m}: መማሪያ ክፍል: class room
Schulreiten {n}: ትምህርት: schooling
Schulschiff {n}: መለማመጃ መርከብ: training ship
Schulschiffe {pl} :: training ships
Schultasche {f}: ትምህርት ቤት ቦርሳ: schoolbag
Schulter {f}: ትከሻ፣ ጫንቃ: humeral, scapular, shoulder
Schultern {pl} :: shoulders
schultern: አዘለ፣ አሸከከ ተሸከመ፣ በጫንቃ ተሸከመ/ አዘለ: to shoulder
Schulversäumnis {n}: የትምህርት ቤት መቅረት: non attendance
Schulverwaltung {f}: የትምህርት ቤት አስተዳደር: school administration
Schulweg {m}: የትምህርት ቤት መንገድ: way to school
Schulwege {pl} :: ways to school
Schulzeit {f}: የትምህርት ሰዓት: school days
Schulzeugnis {n}: የትምህርት መረጃ:
Schund {m}: ውዳቂ፣ ቆሻሻ: shoddy
Schuppe/n {f/pl}: ጋሬ፣ መማፊያ: hovel, scurf, scurfs, shanty, shelter, shelters, dandruff
schuppen, vergießen: ገፋ፣ አፈሰሰ: shed
schuppig: ጋሬያማ/ ም: scaly
Schur {f}: ብጠሳ፣ ቀጠፋ፣ ቅንጥሻ: shearing
schüren: አቀጣጠለ፣ አናደደ፣ ነፋ: stoke
Schürfer {m, pl}: ዘጋቢ፣ ተመራማሪ: prospector
Schurke {m}: አቧሽኪ፣ ቧልተኛ: desperado, knave, miscreant, rogue, scoundrell, villain, bounder
Schurken {pl} :: desperadoes, knaves, miscreants, rogues, scoundrells, bounders
Schurkerei {f}: ቧልታ: rascality, villainousness
Schurkereien {pl} :: rascalities, villainies
schurkisch: ቧልታዊ: knavish, roguish, knavishly
Schürze {f}: የቆሻሻ መከላከያ/ ልብስ: apron
Schürzen {pl} :: aprons
Schuß {m}: ተኩስ: shoot, shot
schußbereit: ለተኩስ ዝግጁ: ready to fire
Schüsse {pl}: ተኩስ: shots
Schüssel {f}: እርሳስ፣ ግጥም: bowl, tureen, dish
Schußwaffe {f}: ጠብመንጃ: fire arm
Schußwunde {f}: የጥይት ቁስል: bullet wound
Schußwunden {pl} :: bullet wounds
Schuster {m, pl}: ጫማ ሰፊ: cobbler, cobblers, shoemaker, shoemakers, barges
Schutt {m}: አመድ፣ ገለባ፣ አበቅ/ እብቅ: rubbish, detrital
schütteln, erschüttern, zittern: ነቃነቀ፣ አማሰለ: shake, to shake (shook, shaken)
Schutz {m}: ጥበቃ፣ ዘብ: guard, lee, protect, protection, shelter, cover
Schutzbereich {m}: የጦር ዞን/ ቀጣና: save area

schützen [vor], bewachen, sichern, beschützen: ጠበቀ፣ ተንከባከበ: guard, scorers, to protect [from], to defend from, guard, protect
schützend: ጠባቂ/ ጠብቆ: patronizing, protecting, safeguarding, shielding, tutelar, tutelary
Schutzengel {m}: አቃቢ መላክ: guardian angel
Schützenlinie {f}: የተኩስ መስመር: firing line
Schützenlinien {pl} :: firing lines
Schützenloch {n}: ምሽግ ዋሻ: foxhole
Schützenlöcher {pl} :: foxholes
Schutzentfernung {f}: የተኩስ ርቀት: unprotection
Schützer {m}: ዘበኛ: guarder
Schutzgebiet {n}: የጦር ቀጣና: dependency
Schutzgebiete {pl} :: dependencies
Schutzgeländer {n}: የጥበቃ ቦታ/ አካባቢ: guardrail
Schutzheilige {m, f}: እማኝ ጻድቅ: patron saint
Schutzherrschaft {f}: የበላይ ተጠባባቂ: auspice
Schutzherrschaften {pl} :: auspices
Schutzhütte {f}: ማማ፣ ጎጆ: refuge
Schützling {m}: ተጧሪ፣ እንክብካቤ ፈላጊ: protege, protegee, fosterling
Schützlinge {pl} :: fosterlings
schutzlos, wehrlos, unbeschützt: ጥግአልባ፣ ደመከልብ: unprotected, defenceless
Schutzmann {m}: ዘብ፣ ጠባቂ: constable
Schutzmänner {pl} :: constables
Schutzmaske {f}: ጥይት መከላከያ: protective mask
Schutzmittel {n}: መከላከያ: preservative
Schutzrecht {n}: የባለቤትነት መብት: trade mark right
Schutzrechte {pl} :: trade mark rights
schwach, klein, unbedeutend: ደካማ፣ ሀሞተቢስ: faintly, feckless, feeble, feebly, flimsily, flimsy, infirm, infirmly, languid, sinewed, weak, weaklily, weakly, slight, faint, fecklessly, feebly, languidly
Schwäche {f}: ድክመት: feebleness, foible, frailty, infirmity, languor, weakness, enervation
Schwächen {pl} :: flaccidities, foibles, frailties, infirmities, weaknesses, enervations
schwächen: አደከመ፣ አንቋሸሸ: bate, debilitate, enfeeble, weaken
Schwachheit {f}, Schwäche: ደካማነት: weakness
Schwachkopf {m}: ደንቆሮ፣ ፉዞ: nitwit, half wit, imbecile
Schwachköpfe {pl} :: imbeciles
Schwachsinn {m}: ድክመት: dementia, feeblemindedness
schwachsinnig: ደካማ: moronic, moronically
Schwächung {f}: ድክመት፣ መድከም: debilitation, weakening
Schwächungen {pl} :: debilitations

Schwager {m, pl}: አምቻ፣ የልጅ ባል: brother in law, brothers in law
Schwägerin {f}: የልጅ ምሽት፣ ባለንጀራ: sister in law
Schwägerinnen {pl} :: sisters in law
Schwalbe {f}: የወፍ ዓይነት: swallow
Schwalben {pl} :: swallows
Schwamm {m}: ዕቃ ማጽጃ ላስላሳ ጎማ/ ቡርስ: swam, sponge
schwammig: ውሓ ሳቢ/ መጣጭ: fungous, spongily, spongy
Schwammigkeit {f}: ውሐ መጣጭነት: sponginess
Schwan {m}: ዳክየ/ ያሞራ ዓይነት: swan
Schwanengesang {m}: የኑዛዜ/ መጨረሻ ድርሰት/ ጽሑፍ: swan song
Schwanengesänge {pl} :: swan songs
schwanger sein: አረገዘች፣ ጸነሰች: gestate
schwanger: እርጉዝ፣ ነፍሰ ጡር: gestating, pregnantly
Schwangerschaft {f}: እርግዝና: gestation, pregnancy
Schwangerschaften {pl} :: gestations, pregnancies
Schwank {m}: ያልተጣራ ወሬ: droll story
schwanken, schaukeln, wanken, schweben, vibrieren: ቀላበደ፣ ዘላበደ: falter, fluctuate, sway, to falter, toddle, vacillate, wobble, vibrate, waver, to rock
schwankend: ቀላባጅ/ ቀላብዶ: faltering, fickle, firmless, fluctuating, seesawing, shakily, swaying, toddling, vacillating, wavering, wobbling, staggering, staggeringly
Schwankung {f}: መዘላበድ፣ መቀላበድ: fluctuation
Schwanz {m}: ጅራት፣ ብልት/ ቁላ: dong, tail, caudal
schwänzeln: ጭራውን/ ጅናውን/ ጅራቱን አማታ/ አነቃነቀ: fawn, wag
schwappen: ፈሰሰ፣ ተደፋ: swash
Schwarm {m}: ቡድን: swarm, bevy, swarm
schwärmen (von, für): ተደበላለቀ፣ ድብልቅልቁ ወጣ: enthuse (about, over), lionize, rave, rhapsodize, romanticize
Schwärmer {m, pl}: ግንፍልተኛ፣ ጊዜያዊኛ: enthusiast, gusher, gushers, utopians
schwarz, schmutzig, unsauber: ጥቁር: blackly, noir, black
Schwarzarbeit {f}: ኢሕጋዊ ሥራ/ ተግባር: moonlighting, illicit work
Schwarzbrot {n}: ጥቁር ዳቦ: brown bread
schwärzen: አጠቆረ፣ ጥቁር ቀለም ቀባ: blacken, blacken
schwärzend: አጥቋሪ/ አጥቁሮ: blackening
Schwarzfahrer {m}: ያለፈቃድ መኪና ነጅ: fare dodger
Schwarzfahrt {f}: ኢሕጋዊ ጉዞ: joy ride
Schwarzhandel {m}: ኢሕጋዊ ገበያ: black market

Schwarzhändler {m}: ኢ.ሕጋዊ ነጋዴ: black marketeer, marketeer
Schwarzholz {n}: ጥቁር ግንድ: blackwood
schwärzlich: ጫለማማ/ም: blackish, darkish
Schwarzmarkt {m}: ኢ.ሕጋዊ ገብያ: black market
Schwarzmärkte {pl}:: black markets
Schwarzpulver {n}: ጥቁር ሹ-ራ-ብ: gun powder
Schwarzsender {m}: ኢ.ሕጋዊ ራ-ዲዮ-ጣቢ.ያ: pirate radio station
schwarzweiß: ቀልም አልባ: black and white
schwatzen, plappern: ተዝናንቶ ተጫወተ፤ ቀለደ፤ ተረበ፤ አወራ: blab, gabbings, patter, twaddle, gossip, to chatter
schwätzen: ተዝናንቶ አወራ/ ተጫወተ: prate, twaddle
schwatzend: ቀላጅ/ ቀልዶ፤ ተርቦ: blabbing, gabbling, pattering, twaddling, chatty, garrulous, jawy, prating, loquaciously
Schwätzer {m, pl}: ተረበኛ፤ ቀልደኛ: babbler, blabber, chatterer, chatterers, gabber, gabblers, gossiper, jawsmith, prater, rattler, rattlers, talker, tattler, windbag, windbags, gabblers, talkers, tattlers, gabbers, babblers
Schwätzerin {f}: ሴት ተረበኛ፤ ወሬኛ: blabbers
Schwatzhaftigkeit {f}: ተረበኝነት: loquacity
schweben: ተንሳፈፈ: hover, impend
schwebend: ተንሳፋፊ/ ተንሳፍፎ: hovering, pending
schwedisch: እስዊድኛ: Swedish
Schwefel {m}: ብረትአልባ ንጥረ ነገር: sulfur, sulphur, brimstone, sulfuric
schwefeln: በመድኃኒት አጣራ፤ አነፃ: sulphurate
schweifen: ባቆልቋይ ቀደደ፤ ተንከራተተ: ramble
Schweifung {f}: መንከራተት: upsweep
Schweigemarsch {m}: ተቃውሞ: silent protest
Schweigemärsche {pl} :: silent protests
schweigen: ጸጥ/ ዝምም አለ: to be silent, to keep still
schweigend: ዝምም/ ጸጥ ባይ/ ብሎ: closemouthed, in silence, keeping silent, muted, silencing, silently
schweigsam: ዝምተኛ: taciturn, taciturnly, taciturn, taciturnly
Schwein {n}: አሳማ: pig, pork, razorback, hog
Schweinchen {n}: ያሳማ ደቦል/ ግልገል: piggies, piggy, piglet, shoat
Schweine {pl} :: hogs, pigs
Schweinebraten {m}: ያሳማ ጥብስ: roast pork
Schweinefleisch {n}: ያሳማ ሥጋ: pork
Schweineherde {f}: ያሳማ መንጋ: swineherd
Schweineherden {pl} :: swineherds
Schweinehund {m}: አሳማ፤ ሆዳም: swine
Schweinehunde {pl}:: swines
Schweinerei {f}: አሳማነት፤ ሆዳምነት: rascality, swinishness
Schweinereien {pl} :: rascalities
Schweinezucht {f}: ያሳማ እርባታ/ ርቢ: pig breeding
schweinisch: አሳማዊ: hoggish, hoggishly, pigging, swinish, piggish, swinishly
Schweinsleder {n}: ያሳማ ቆዳ: pigskin
Schweiß {m}: ላብ፤ ወዝ: sweat, perspiration, welding, sweat
schweißen: በየደ: weld
schweißend: በያጅ/ በይዶ: welding
Schweißer {m}: ብረቴ ፤ አንጠረኛ: welder, welders
Schweißfuß {m}: የእግር ላብ: perspiring foot
schweißig: ላባማ/ ም: sweatily, sweaty
Schweißleder {n, pl}: ከነቲራ: sweatband, sweatbands
Schweiz {f}: እስዊዘርላንድ: switzerland, swiss
schweizerisch: ሱዊዘርላንዳዊ: swiss
schwelen: በላቦት ጠበሰ፤ አሳረረ: smoulder
schwelgen in: ከበረ፤ ኃብት አገኘ: luxuriate
schwelgend: ከብሮ፤ ኃብት አግኝቶ: luxuriating
Schwelle {f}: አዷማ: sill, threshold, treshold, barrier
Schwellen {pl} :: sills, thresholds
Schwellen {n}: መወፈር፤ መግዘፍ: swell
schwellen: ወፈረ፤ ገዘፈ፤ አበጠ፤ ተነፋ: swell
Schwellung {f}: አብጠት፤ ውፍረት: bulge, tumescence, tumidity, swelling
Schwellungen {pl} :: tumescences
schwemmen: አጠበ፤ አጸዳ: watering places
schwemmend: አጣቢ/ አጽድቶ: watering
Schwenken {n}: መንጨዋልያ: panning
schwenken: ተወዛወዘ፤ ተንጨዋለለ: pivot
schwer arbeiten: በኃይል ሠራ: to work hard
schwer, schwierig, [Regen] stark: አስቸጋሪ፤ ከባድ፤ መጥፎ: difficult, heavy, weighty
Schwerarbeit {f}: ከባድ ሥራ: heavy labour
Schwerarbeiten {pl} :: heavy labours
Schwerarbeiter {m, pl}: ገበሬ: heavy worker, heavy workers
schwerbeschädigt: ተጎጅ/ ተጎድቶ: heavily damaged
Schwere {f}: ክብደት፤ ስበት: heaviness, massiness, gravity
schwerelos: ስበትአልባ: weightless, weightlessly
Schwerelosigkeit {f}: ስበትአልባነት: eightlessness
schwerfallen: ከበደ፤ አስቸገረ: be difficult
schwerfällig, stumpf: ሰነፍ፤ ዳተኛ፤ አዝጋሚ፤ ታካች: bovine, clumsy, cumbersome, cumbersomely, klutzy, lumberingly, stodgy, unwieldy, ponderous, dull, ponderously
Schwerfälligkeit {f}: ታካችነት: heaviness
Schwergewicht {n}: ከፍተኛ ክብደት: heavyweight, heavy weight
Schwergewichte {pl} :: heavyweights, heavy weights
schwerhörig, taub: የሚያከራ-ክረው/ ደንቆሮ: hard of hearing, deaf
Schwerindustrie {f}: ከባድ እንዱስትሪ: heavy industry
Schwerindustrien {pl} :: heavy industries, gravities

Schwerkraft {f}: **የስበት ኃይል**: force of gravity, gravitation
schwerlich: **በኃይል፣ በጉልበት**: gravely, heavily
Schwermut {f}: **ተስፋቆራጥነት/ ቢስነት**: melancholy, melancholia
Schwerpunkt {m}: **የስበት ማዕከል**: centre of gravity
Schwerpunkte {pl} :: centres of gravity
Schwert {n}: **ጎራዴ**: sword
Schwerter {pl} :: swords
Schwerverbrecher {m, pl}: **ነፍሰ ገዳይ፣ ወንበዴ**: dangerous criminals, dangerous criminal, felon, felons
schwerverständlich: **አስቸጋሪ/ የማይረዳ**: abstruse, difficult to understand
schwerwiegend: **አዳጋኛ**: fatal
Schwester {f}: **እኅት፣ ነርስ**: sis, sister, sisters
Schwesterfirma {f}: **ተመሳሳይ ካምፓኒ**: sister company
Schwesterfirmen {pl} :: sister companies
schwesterlich: **እኅተማማቻዊ**: sisterly
Schwesterliebe {f}: **የእኅት ፍቅር**: sisterly love
Schwesternschaft {f}: **እኅትማማችነት**: sisterhood, sorority
Schwesternschaften {pl} :: sororities
Schwiegereltern {pl}: **አማቶች**: parents in law
Schwiegermutter {f}: **አማት**: mother in law
Schwiegersohn {m}: **አምቻ**: son inlaw
Schwiegersöhne {pl}: **አምቾች**: sons in law
Schwiegervater {m}: **አማት**: father inlaw
Schwiegerväter {pl}: **አማቶች**: fathers inlaw
Schwiele {f}: **እከክ**: weal, callus
Schwielen {pl} :: weals, calluses
schwielig: **አጎብጓቢ/ እበጣማ**: callous, callously
Schwieligkeit {f}: **እብጠት**: callousness
schwierig: **አዳገኛ፣ አስቸጋሪ፣ ከባድ**: catchy, difficult, difficultly
Schwierigkeit {f}: **አስቸጋሪነት**: arduousness, difficulty, problem, severity
Schwierigkeiten {pl} :: arduousnesses, difficulties, embarrassments, intricatenesses
Schwimmbad {n}: **መዋኛ ቦታ**: swimming pool
Schwimmen {n}: **መዋኘት**: flotage, swimming, floatage
schwimmen lernen: **ዋና ተማረ**: to learn how to swim
schwimmen: **ዋኘ**: swim, to float, to take a swim
schwimmend: **ዋናተኛ/ ዋኚቶ**: buoyant, buoyantly, floating, swimming, swimming
Schwimmer {m}: **ዋናተኛ**: float gauge, swimmer
Schwimmerin/nen {f/pl}:: swimmers
schwimmfähig: **መዋኘት የሚችል**: floatable
Schwimmfuß {m}: **የመዋኛ እግር**: web foot, webfoot
Schwimmfüsse {pl} :: web feet
Schwimmgürtel {m, pl}: **የመዋኛ ትጥቅ**: swimming belt, swimming belts, arts of swimming
Schwimmkunst {f}: **የዋና ጥበብ**: art of swimming
Schwimmlehrer {m, pl}: **የዋና አስተማሪ**: swimming instructor, swimming instructors
Schwimmvogel {m}: **ዳክዬ**: swimming bird
Schwimmvögel {pl} :: swimming birds
Schwimmweste {f}: **የዋና ልብስ**: life jacket
Schwindel {m, pl}: **አእምሮ ማጣት/ መሳት፣ መደናገር**: confidence game, dizziness, fake, giddiness, goldbrick, imposture, quackery, shenanigan, vertigo, fakes, bogus, impostures
Schwindelanfall {m}: **የሚጥል በሽታ**: dizziness, fit of dizziness
Schwindelanfälle {pl} :: dizzinesses, fits of dizzinesses
Schwindelfirma {f}: **የድለላ ካምፓኒ**: bogus company
Schwindelfirmen {pl} :: bogus companies
schwindeln: **ዋሸ፣ አታለለ፣ አጭበረበረ፣ አስመሰለ**: fib, gyp, swindle
schwindelnd: **አጭበርባሪ/ አጭበርብሮ**: swindling, vertiginous, vertiginously, giddy, gypping
Schwinden {n}: **መቀነስ**: evanescence, dwindle
schwinden: **ቀነሰ፣ ቀጠነ፣ አነሰ**: dwindle, swoon
schwindend: **ቀናሽ/ ቀንሶ**: dwindling, swooning, vanescent
Schwindler {m, pl}: **አታላይ፣ ዋሾ**: bilkers, bilker, carpetbagger, dodger, finagler, finaglers, frauds, goldbricker, slicker, fibber
schwindlig: **ውሽታማ/ም**: dizzily, giddy
Schwindsucht {f}: **ውሽታማነት**: consumptiveness
schwingen, schaukeln, pendeln, vibrieren: **ተንጨዋለለ፣ ተወዛዘ**: brandish, oscillate, pulsate, oscillate, to swing (swung, swung)
schwingend: **ተወዛዋዥ/ ተወዛውዞ**: brandishing, oscillating, vibrant
Schwingkreis {m}: **የመንጨዋለያ ግንድ**: resonant circuit
Schwingung {f}, Vibration: **መንጨዋለያ**: oscillation, vibrancy
Schwingungen {pl} :: oscillations, vibrations
schwirren: **በሐሳብ ሄደ/ በረረ፣ ከነፈ**: ping, to whir, twang, whirr, zip
schwitzen: **አላበ፣ ላበት አወጣ**: perspire, to sweat, transpire
schwören: **ማለ፣ ቃል ገባ**: to swear, to vow, to swear [at]
schwörend: **ማይ/ ምሎ**: swearing, vowing
schwul: **ግብረሰዶማዊ**: homosexuell
schwül: **ሞቃታማ/ም፣ ቃጠሏማ/ም**: muggily, muggy
Schwulst {m}: **ቡራ፣ ጉራ**: magniloquence, bombast
Schwund {m}: **ጥፋት/ ጉድለት**: ullage, fading
Schwunde {pl} :: dwindlings
Schwung {m}, Schub, Stoß: **ምዝግዝግ/ መምዘግዘግ**: verve, batch

schwungvoll: ተስፈንጣሪ: full of verve, peppy, snappily
Schwur {m}: ምሃላ፣ ግዝት: vow
Schwurgericht {n}: የምሃላ ፍርድ ቤት: jury court
sea sickness, seasickness
Seance {f}: ስብሰባ: seance
Seancen {pl} :: seances
sechs: ስድስት: six
Sechseck {n}: ባለስደስት ጎን: hexagon
Sechsecke {pl} :: hexagons
sechseckig: ስድስት ጎናዊ: hexagonally
sechsfach: ስድስት እጥፍ: sextuple, sixfold
sechsjährig: ባለስድስት ዓመት: six year old
Sechskantmutter {f}: ባለስድስት ጎን ቡለን: hexagon nut
Sechsling {m}: ስድስት መንታ: sextuplet
Sechslinge {pl} :: sextuplets
sechsmonatlich: መንፈቃዊ: six monthly
sechsseitig: ባለስድስት ገጽ: hexagonal
sechste, sechster, der Sechste: ስድስትኛ: sixth
Sechstel {n, pl}: ስድስትዮሽ: sixth part
Sechsteln {pl} :: sixth parts
sechstens: ስድስትኛ: sixthly
sechszehn: አሥራስድስት: sixteen
sechszig: ስልሳ/ ስድሳ: sexagenary
sechzehn: አሥራስድስት: sixteen
sechzehnte, sechzehnter, der Sechzehnte: አሥራስድስትኛ: sixteenth
Sechzehntel {n}: አሥራስድስትዮሽ: sixteenth part
sechzehnten: አሥራስድስትኛ: sixteenths
sechzig: ስልሳ/ ስድሳ: sixty, threescore
Sechziger {m}: ስልሳዎች: sexagenarian
Sechzigstel {n}: ስልሳኛ: sixtieth part
sedimentär: ጭቃማ/ አሸዋማ: sedimentary
Sedimentbildung {f}: አለትአሠራር: edimentation
See {m}: ባሕር: lake, naval, sea, ake
Seen {pl} :: lochs, lakes
Seebad {n}: የባሕር ዋና: seaside resort
Seebäder {pl} :: seaside resorts
Seebär {m}: የባሕር ጅብ: sea bear
Seebären {pl} :: sea bears
Seedienst {m}: የባሕር ኃይል አገልግሎት: naval service
Seefahrer {m, pl}: መርከበኛ: navigator, seafarer, seafarers
Seeflugzeug {n}: በውሐ ላይ የሚያርፍ አውሮፕላን: seaplane
Seeflugzeuge {pl} :: seaplanes
Seefracht {f}: ባሕር ኃይል: sea freight
Seegefecht {n} : የባሕር ጦርነት: naval action
Seegefechte {pl} :: naval actions, seaweeds
Seegras {n}: የባሕር ሳር: seaweed
Seehandel {m}: የመርከብ ንግድ: maritime-trade
Seeheld {m}: የባሕር ኃይል ጀግና: naval hero
Seeherrschaft {f}: የባሕር ኃይል ባለቤት: naval supremacy
Seekadett {m}: የባሕር ኃይል ማዕረግ: naval cadet
Seekadetten {pl} :: naval cadets
Seekarte {f}: የባሕር ካርታ: sea chart
seekrank: የባሕር በሽተኛ: sea sick, seasick, seasickly
Seekrankheit {f}: የባሕር በሽታ/ ሱስኛነት:
Seekrieg {m}: የባሕር ኃይል ጦርነት: naval war
Seeküste {f}: ጠረፍ: seaboard, sea shore
Seeküsten {pl} :: seaboards
Seele {f}: ነፍስ: soul
Seelen {pl} :: souls
Seelenamt {n}: ደጀሰላም: office for the dead
Seelenfreund {m}: አረጋጊ,ታ፣ አጽናኝ: soul mate, soulmate
Seelenfreunde {pl} :: soulmates, soul mates
Seelenfrieden {m}: ያእምሮ ሰላም/ ጸጥታ: peace of mind
seelenfroh: ደስተኛ: very happy
Seelengut {n}: ብጽዓት: good soul
Seelengüter {pl} :: good souls
Seelenheil {n}: ድኅነተ ነፍስ: salvation
Seelenheile {pl} :: salvations
Seelenkunde {f}: ሳይኮሎጅ: psychics
Seelenleiden {n} :: mental suffering
seelenlos: ምውት/ ሕይወትአልባ: soulless, soullessly
Seelenpein {f}: ያእምሮ በሽተኛ: anguish of mind
Seelenstärke {f}: ብርቱ፣ ጠንካራ: strength of mind
seelenvoll: ብልህ፣ አዋቂ: soulful, soulfully
Seeleute {pl}: ባሕርተኛ: sailors, seamen, navigators
Seelöwe {m}: የባሕር አንበሳ: sea lion
Seelöwen {pl}:: sea lions
Seelsorge {f}: ማጽናናት: cure of souls
Seemacht {f}: የባሕር ኃይል: naval power
Seemann {m}: ባሕር ኃይለኛ: navigator, sailor, seaman
seemännisch: የባሕር እንስሳ ዓይነት/መሳይ: seamanlike, seamanly
Seemeile {f}: የርቀት መለኪያ: nautical mile
Seemine {f}: የባሕር ፈንጅ: sea mine
Seenot {f}: የባሕር አደጋ: distress at sea
Seeoffizier {m}: የባሕር ኃይል አለቃ: naval officer
Seepferdchen {n}: ጉማሬ: sea horse
Seeräuber {m, pl}: ያሳ ዓይነት: buccaneer, buccaneers
Seereise {f}: የባሕር ላይ ጉዞ: voyage, cruise
Seereisen {pl}:: cruises
Seerose {f}: ያበባ ዓይነት: water lily
Seerosen {pl} :: water lilies
Seeschaden {n}: የባሕር ጉዳት: sea damage
Seeschiff {n}: የመርከብ ዓይነት: sea going vessel
Seeschlacht {f}: የባሕር ጦርነት: naval battle
Seeschwalbe {f}: የባሕር ማዕበል: sea swallow
Seeseite {f}: የባሕር ገጽታ: sea side

Seestadt {f}: የወደብ ከተማ: seaside town
Seestädte {pl} :: seaside towns
Seestern {m}: የባሕር ኮከብ: starfish
Seesterne {pl} :: starfishes
Seestreitkräfte {pl}: የባሕር ኃይል: naval forces
Seetier {n}: የባሕር እንስሳ: marine-animal
seetüchtig: ባሕር ደፋር: seagoing, seaworthy
Seetüchtigkeit {f}: የባሕር ደፋርነት: seaworthiness
Seeverkehr {m}: የባሕር መገናኛ: maritime-traffic
Seevolk {n}: ከባሕር ኃብት ተገኝ የሆነ ሕዝብ: maritime-nation
Seewarte {f}: የባሕር ኃይል ጉብኝት: naval observatory
Seewarten {pl} :: naval observatories
seewärtig: ወደባሕሩ: seawards
Seeweg {m}: የባሕር ላይ መንገድ: sea route, seaway
Segel {n, pl}, Zelttuch: ቀዘፋ: sail, canvas, sails, canvas
Segelboot {n}: የቀዘፋ ጀልባ: sailing boat, sailboat
Segelflieger {m}, Segelflugzeug: በባሕር ላይ ተንሳፋፊ አውሮፕላን: glider
Segelflug {m}: ተንሳፋፊ አውሮፕላን: gliding
Segelflugzeug {n}: በባሕር ላይ ተንሳፋፊ አውሮፕላን: glider
Segelflugzeuge {pl} :: gliders
Segeljolle {f}: መቅዘፊያ ዱላ: yawl
Segeljollen {pl} :: yawls
Segelklub {m}: የቀዛፊ ክበብ: yachting club, yachting
segeln, abfahren [nach]: ቀዘፈ: to sail [for]
segelnd: ቀዛፊ/ ቀዝፎ: sailing
Segelschiff {n}: የቀዘፋ መርከብ: sailing ship
Segen {m, pl}: ባርኮት፤ ምራቂ : boon, boons
segensreich: ቡሩክ፤ ምሩቅ: benedictive
Segenswunsch {m}: የባርኮት ምኞት: blessing
Segenswünsche {pl} :: blessings
Segler {m, pl}: ቀዛፊ: sailer, yachtsman
Seglerin {f}, Seglerinnen:: yachtswoman
Segment {n}: ቁራጭ/ ብጣሽ: segment
Segmente {pl} :: segments
segnen, preisen: ባረከ፤ መረቀ: consecrate, to bless
segnend: ባራኪ/ ባርኮ: consecrating
Segnung {f}: ባርኮት: benediction
Segnungen {pl} :: benedictions
sehe, siehst: እይ!: watch
sehen, betrachten, erblicken, zusehen, blicken [auf, nach]: አየ፤ ተመለከተ፤ አተኮረ፤ ጠመተ: to see (saw, seen), view, to look [at, on]
sehen, siehe: ይዩ/ እዩ!: see!
sehend: ተመልካች/ አይቶ: looking, seeing, viewing, worth seeing
Seher {m}: አይታ: seer
Seherblick {m}: ትኩረት: visionary power
Seherin {f}, Seherinnen {pl}: አይታ: seers
Sehfehler {m, pl}: የማየት ስተት: visual defect, visual defects, thalamus, thalamic
Sehkraft {f}: የማይት/ ያትኩሮት ኃይል: vision
Sehkräfte {pl}:: visions
Sehne {f}: ያጥንት መጋጠሚያ: tendon, sinew
Sehnen {pl} :: tendons, sinews
Sehnerv {m}: የማየት ነርቭ: optic nerve
Sehnsucht (nach) {f}: ናፍቆት: craving (for), yearning
Sehnsüchte {pl} :: wishfulnesses, aspirations, longings
sehnsüchtig: ናፍቆተኛ: wishful, wishfully, wistful, wistfully, longing, longingly
sehr geehrte/r: ውድ/ ክቡር: dear
sehr lang: ለረጅም ጊዜ: lengthy
sehr viele: በጣም ብዙ: a great many, a great many, a great deal
sehr, wirklich: በጣም: very
Sehrohr {n}: አቅራቢ መነጽር: periscope
Sehschärfe {f}: የማየት ችሎታ: acuity, visual acuity
Sehschärfen {pl} :: visual acuities, acuities
Sehschlitz {m}: እይታ: observation slit
Sehstörung {f}: ያይን ድክመት: impaired vision
Sehvermögen {n}: የማየት መጠን: visual faculty
Sehweite {f}: የእይታ ርቀት: visual range
Sehweiten {pl} :: visual ranges
Sei ruhig!: ረጋ! ጸጥ በል!: keep quit!
Sei still!: ዝጋ!/ ዝም በል!: keep quiet!
Seide {f}: ድር፤ ሐር/ የሐር ክር: silk, pongee
Seiden {pl} :: silks
seiden: ክር/ ድር ፈተለ/ አከረረ: silken
seidenartig: ድር/ ሐር መሰል: silky
Seidenbau {m}: የፈትል ባሕል: silk culture
Seidenfaden {m}: ፈትል/ ልቃ: silk thread
Seidenfäden {pl}: ፈትል/ ልቃ: silk threads
Seidenglanz {m}: የሐር/ ድር ነጸብራቅ: silky lustre
Seidenpapier {n}: ልዩ ወረቀት: tissue paper
Seidenpapiere {pl} :: tissue papers
Seidenraupe {f}: የሸረሪት እጭ: silkworm
Seidenraupen {pl} :: silkworms
Seidenspinnerei {f}: ድር አሠራር: silk mill
Seidenspinnereien {pl} :: silk mills
Seidenstrumpf {m}: የክር ካልስ/ ሲ: silk stocking
Seidenstrümpfe {pl} :: silk stockings
seidenweich: ለስላሳ: silken
seidig: ለስላሳ/ አንጸባራቂ: flossy, satiny, silkily
Seife {f}: ሳሙና: soap, placer
Seifen {pl} :: soaps
Seifenbehälter {m, pl}: የሳሙና ማስቀመጫ: soap dish, soap dishes
Seifenblase {f}: የሳሙና አረፋ: soap bubble
Seifenkiste {f}: የሳሙና ማሸጊያ: soapbox
Seifenkisten {pl} :: soapboxes
Seifenpulver {n}: የዱቄ ት ሳሙና: soap powder

seifig: ሳሙናማ: soapily, soapy
Seil {n}: ማገር፤ ድርድር፤ እጥር: tightrope, rope
Seile {pl} :: tightropes, ropes
sein-(e/er/es/em/en): የእሱ: his, its
sein: ሆነ፤ አለ፤ ኖረ፤ ነበረ: be, being
seinerseits: በእሱ በኩል: on his part
seinesgleichen: መሰሉ: ilk
seinetwegen: በእሱ ምክንያት፤ ለሱ ሲባል: because, of him, for his sake, sake
seismisch: ነውጣማ/ ነውጥ: seismic
Seismogramm {n}: የመሬት መንቀጥቀጥ መለኪያ: seismogram
Seismogramme {pl} :: seismograms
Seismograph {m}: የመሬት መንቀጥቀጥ ለኪ: seismograph
Seismographen {pl}:: seismographs
Seismographie {f}: የመሬት መንቀስቀስ: seismography
Seismologe {m}: የመሬት ነውጥ አጥኝ: seismologist
Seismologen {pl} :: seismologists
seit: ከ---አንስቶ/ ጀምሮ: ever since, since
Seit wann?: ከመቼ ጀምሮ: how long since?
seitdem, seit, weil: ከ---ጀምሮ/ አንስቶ፤ ---ድረስ: ever since, since then, since
Seite {f}, Blatt, Rand: ገጽ፤ ጠርዝ፤ ፊት፤ ጎን: side, page
Seiten {pl} :: pages, paging, sides, page-at-a-time, edges
Seitenansicht {f}: ገጹን መመልከት: side-face, side view
Seitenansichten {pl} :: side views
Seitenblick {m}: ፊት ማስመታት: side glance
Seitenblicke {pl} :: side glances
Seitendrucker {m, pl}: ገጽ ማተሚያ: page-at-a-time printer
seitenlang: ከብዙ ጊዜ ጀምሮ: filling pages
Seitenlicht {n}: የጎን መብራት: sidelight
Seitenlichter {pl} :: sidelights
Seitenlinie {f}: የጎን መስመር: branch line, side line
Seitenlinien {pl} :: branch lines
Seitennummer {f}, Seitenzahl: የገጽ ቁጥር: page number
Seiten-Nummerierung {f}: ገጹን መቆጠር: pagination
Seitenstraße {f}: ትይዩ መንገድ: by road
Seitenumbruch {m}: ገጽ መወሰኛ: pagebreak
Seitenumbrüche {pl} :: pagebreaks
Seitenwechsel {m, pl}: ገጽ መገልበጥ: change of ends, changes of ends
Seitenweg {m}: ማለፊያ፤ መንገድ: by path, bypath, byway, sideway
Seitenwege {pl} :: bypaths
Seitenzahl {f}: የገጽ ቁጥር: number of the page, folio
seitlich, seitwärts: ገጻማ/ ም: sided, edgeways, lateral, laterally, marginally, sideways, edgewise, askance, askew, laterally, sidelong, sideward, sidewards, sideways

Sekante {f}: ቁጣ: secant
Sekanten {pl} :: secants
Sekretär {m}, Sekretärin {f}: ጸሐፊ: secretary
Sekretäre {pl} :: secretaries
Sekretärin {f}: ጸሐፊ: secretary
Sekretärinnen {pl} :: secretaries
Sekretariat {n}: ጽ/ ቤት: secretariate, secretariat
Sekretariate {pl} :: secretariats
Sekte {f}: የሃይማኖት ጀብድ: sect
Sekten {pl} :: sects
Sektion {f}: ክፍል: section
Sektor {m}: ቁራጭ/ ብጣሽ: sector
Sektoren {pl} :: sectors
sekundär: ሁለተኛ: secondary
sekundenlang: ለሰከንድ/ ያህል/ : for seconds
selbe: ራሱ/ ራሷ: same, selfsame
selber, selbst: ራስህ/ ራሳቸዉ: yourselves, self, itself, self, thyself, yourself
selbst dann: ከሆነ: even so
selbst jetzt: አሁንኑ: even now
selbst wenn, wenn auch: ---ከሆነ: even if, even though
selbständig: ኢጥገኛ: independent, standalone
Selbständigkeit {f}: ራስን መቻል: autonomy, independence
Selbstanschluß {m}: አውቶማቲክ ቴ ሌፎን: automatic telephone
Selbstanschlüsse {pl} :: automatic telephones
Selbstausschaltung {f}: አውቶማቲክ ማጥፊያ: automatic cut out
Selbstbedienung {f}: ራስን በራስ መርዳት: self service
Selbstbeherrschung {f}: ራሱን መቆጣጠር: self control
Selbstbetrug {m}: ራስን በራስ ማታለል: self deception
selbstbewegend: አስገራሚ/ አስደናቂ: automotive
selbstbeweglich: ተንቀሳቃሽ: automobile
selbstbewußt: በእራስ ተማማኝ: self confident
Selbstbewußtsein {n}, Selbstvertrauen: ንቃተ ኀሊና፤ በራስ መተማመን: aplomb, self confidence
Selbstdisziplin {f}: ዲሲፕሊን፤ ትግሥታዊ ሞራል: self dicipline
Selbsteinschätzung {f}: ራስን መገመት: self assessment
Selbsterniederigung {f}: ራስን መጣል/ ማዋረድ: self abasement
Selbsterregung {f}: መጨነቅ፤ መስጋት: self-excitation
Selbstfahrer {m, pl}: ተሽከርካሪ ወንበር: self propelling chair
selbstgefällig: ራስ ወዳጻዊ: self complacent
Selbstgefälligkeit {f}: ራስ ወዳድነት: egocentricity, egotism
Selbstgefühl {n}, Selbstsicherheit: የራስ ስሜት: self assurance
Selbstgespräch {n}: ለብቻ ማውራት: soliloquy

Selbstgespräche {pl} :: soliloquies
Selbsthilfe {f}: ራስን መርዳት: self help
Selbstkorrektur {f}: አውቶማቲካዊ ማረሚያ: autocorrection
Selbstkritik {f}: ራስን በራስ መቆጣጠር: self criticism
Selbstlaut {m}, Vokal: አናባቢ: vowel
Selbstlaute {pl}, Vokale :: vowels
selbstlos: ማኅበራዊ: disinterested, selfless, selflessly, unselfish, unselfishly, disinterestedly, selflessly, unselfishly
Selbstlosigkeit {f}: ማኅበራዊነት: disinterest, selflessness, unselfishness
Selbstmord {m}: ራስን ማጥፋት: suicide
Selbstmorde {pl}:: suicides
selbstmörderisch: ራሱን በእራሱ አጥፊ: suicidal
Selbstporträt {n}: ራስን በራስ መኮረጅ: qself portrait
Selbstprüfung {f}: አውቶማቲካዊ ቁጥጥር: automatic checkintrospection,. introspectiveness
Selbstprüfungen {pl} :: introspectivenesses
Selbstschutz {m}: የራስ መከላከያ: self protection
selbstsüchtig: ራስ ወዳዳዊ: egomaniacal, selfish, selfishly, selfishly
Selbstüberwindung {f}: ራስን መግዛት: self conquest
Selbstunterricht {m}: ራስ በራስ ማጥናት: self instruction
Selbstverachtung {f}: ራስን መጥላት: self contempt
Selbstverleugnung {f}: ራስን መካድ: self denial
Selbstvernichtung {f}: ራስን ማጥፋት: self destruction
Selbstversorger {m}: ራሱን በራሱ መጋቢ: self supporter
Selbstversorgung {f}: ራስን መቻል: self supply
selbstverständlich: በእርግጥ፣ በእውነት: as a matter of course, self-evident
Selbstverständlichkeit {f}: እርግጠኝነት: implicitness, matter of course
Selbstverwaltung {f}: ራስን በራስ መምራት: congregationalism
Selbstverwirklichung {f}: ዓላማን መድረስ: self rcalization
Selbstzahler {m}: ቀጥታ ከፋይ: direct payer
Selbstzündung {f}: ፍንዳታ: self ignition
selektiv, trennscharf: መራጭ/ አማራጭ: selective, selectively, selector
Selektor {m}, Wähler (Tel.): መራጭ: selektor
selig: ብጹዕ: blessedly
Seligkeit {f}: ቅድስና፣ ቅዱስነት: beatitude, blessedness
seligsprechen: ብጽዓትን አወቀ: beatify
Seligsprechung {f}: ብጹዕ ማድረግ: beatification
Seligsprechungen {pl} :: beatifications

selten, knapp: አልፎ አልፎ፣ አንዳንዴ: infrequent, infrequently, once in a blue moon, rare, rarely, seldom, seldomly, uncommonly, unfrequent, unusually, scarce, infrequently, unfrequently
Seltenheit {f}: ኢድግግምነት፣ ኢተለማጅነት: curiosity, infrequence, rareness, rarity, sparsity, uncommonness
Seltenheiten {pl} :: infrequency, rarities, sparseness
seltsam: አስገራሚ፣ ኢልሙድ: outlandishness, queer, queerly, strange, unordinary, queerly
Seltsamkeit {f}: አስገራሚነት: oddity, quaintness, quizzicalness, singularness, unusualness
Seltsamkeiten {pl} :: oddities, quaintnesses
Semantik {f}: የቃላት ቅምር: semantics
Semantiker {m, pl}: የቃላት ቅማሬ ጥናት: semanticist, semanticists
semantisch: ሥነ ቃላዊ: semantic, semantical, semantically
Semester {n, pl}: ወቅት: term, terms
Semesterende {n}: የወቅት መጨረሻ: end of term
Semesterenden {pl} :: ends of term
Semikolon {n}: ሴሚ ኮሎን: semicolon
Seminar {n}: ትምህርት፣ ወንበር/ መደብ: seminary
Seminare {pl} :: seminars, seminaries
Seminarist {m}: የወንበር ተካፋይ: seminarist
Semit {m}: የሴም ቋንቋ አጥኚ: semite
Senat {m}: ብሔራዊ ሸንጎ: senate
Senate {pl} :: senates
Senator {m}: የሸንጎ አባል: senator
Senatoren {pl}:: senators
senatorisch: የሸንጎ አባላዊ: senatorial, senatorially
Sendebereich {m}: የስርጭት ርቀት: transmission range
Sendebereiche {pl} :: transmission ranges
Sendefeld {n}: የስርጭት አካባቢ: sending field
senden, schicken, übertragen, emittieren: ላከ፣ አስተላለፈ: broadcast, despatch, emit, mailed, mailing, send, emit, to broadcast, to send (sent, sent)
sendend: አስተላላፊ/ አስተላልፎ: despatching, sending
Sendeprogramm {n}: የማሰራጫ ፕሮግራም: broadcasting program
Sendeprogramme {pl} :: broadcasting programs
Sender {m}, Emitter: ራዲዮ ማሰራጫ: radio transmitter, emitter, transmitter, emitter, transmitter, talker
Senderaum {m}: ማሰራጫ ክፍል: studio
Senderäume {pl} :: studios
Sendestation {f}: ማሰራጫ ጣቢያ: transmitting station
Sendung {f}: መላክ፣ መልከት: broadcasting, consignment, mailings, mission, remittance

Sendungen {pl} :: mailings, missions, remittances, sendings
sengen: አንገበገበ፤ አቃጠለ፤ ለበለበ: singe
sengend: አንገብጋቢ/ አቃጥሎ: singeing, torrid
senil: ደካማ፤ ድውይ: senile
Senilität {f}: እርጅና፤ ሽምግልና: dotage, senility
Senior {m}: ጡረተኛ: senior
Senioren {pl}:: seniors
senkrecht, rechtwinklig: ቀጥተኛ፤ ቋሚ: perpendicular, plumb, plumbly, upright, vertical, vertically, righted, orthographical, perpendicularly, uprightly, verticle
Senkrechte {f}: ቀጥተኛነት: verticalness
Senkrechten {pl} :: perpendiculars
Senkung {f}: ስጥመት፤ ዝቅጠት: counterbore, subsidence
Senkungen {pl} :: lowerings, subsidences
Sensation {f}: እጹብ ድንቅ፤ ታምር: scorcher, sensation
sensationell: ታምራዊ: sensational, sensationally
Sensationen {pl} :: scorchers, sensations
Sensationslust {f}: አዲስ ነገር ወዳድ: sensation mongering
Sensationsmeldung {f}: አዲስ ነገር መዘገብ: sensational report
Sensationspresse {f}: ያዳዲስ ነገሮች መዘገቢያ: sensational press
Sensationssüchtige {m, f}: አዲስ ነገር ወዳድ: sensationalist
Sensationssüchtigen {pl} :: sensationalists
Sense {f}: የቢላዋ ዓይነት: scythe
Sensen {pl} :: scythes
sensibel: ስፍሳፋ: sensible
sensibilisieren: አነሳሳ፤ አስፈራራ: sensitize
Sensibilismus {m}: ስፍሳፋነት: sensitization
Sensibilität {f}: ትኩረት: sensibility
Sensualismus {m}: በሚታየውና በሚዳሰሰው ብቻ ማመን: sensationalism
Sensualist {m}: በሚዳሰስ እምነት ተከታይ: sensualist, fleshling
Sensualisten {pl} :: fleshlings
sentimental: ስሜታዊ: sentimental, sentimentally
sentimentalisieren: ስሜት ቀሰቀሰ: sentimentalize
sentimentalisierend: ስሜት ቀስቃሽ/ ቀስቅሶ: sentimentalizing
Sentimentalität {f}: ስሜታዊነት: sentimentality
Sep {m}, September: መስከረም: sep
Separatist {m}: ተስፈንጣሪ፤ ተገንጣይ: seceder, separatist
Separatisten {pl} :: seceders
September {m}: መስከረም: Sept, sept, September, september
Sequenz {f}: ድርድር፤ ሰበብ: sequence
Sequenzen {pl}:: sequences
Seraph {m}: ሱራፌል: seraphim
Seraphe {pl} :: seraphs
Serbe {m}: ሰርባዊ: serb
seriell: ተከታታይ: serial
Serienfertigung {f}: ተከታታይ ምርት: batch fabrication, batch production
serienmässig: በተከታታይ: serially, standard
Serienproduktion {f}: አውቶማቲክ ምርት: serial production, series production
seriös: ትኩረት የሚያስፈልገው፤ ተተኳሪ: staid, seriously, staidly
Serologie {f}: የጠባይ/ ባህርይ ምርምር: serology
Serviceunternehmen {n}: ያገልግሎት ቢሮ: service bureau
Serviette {f}: መሐረብ፤ መጥረጊያ ወረቀት: napkin
Servietten {pl} :: serviettes, napkins
servil: ተጎታች፤ ሲጥጥ ባይ: servile, serviley
Sessel {m}: ወንበር: arm chair, arm chairs
Sessellift {m}: የወንበር ዓይነት: chair lift
sesshaft: ቋሚ ሰፋሪ: sedentarily, sedentary
Seßhaftigkeit {f}: ሰፈራ፤ መኗሪያ: sedentariness, settledness
setzbar: ተተኪ: settable
setzen, stellen, legen: አኖረ፤ አስቀመጠ: picked, to place, to put (put, put), to set (set, set)
setzend: አስቀማጭ/ አኑሮ: putting, seating, Setting, setting
Setzer {m, pl}: አኗሪ: compositor, typesetter, typesetters
Setzerei {f}: ማኖሪያ: case room
Seuche {f}: ብክላ፤ በሽታ/ ወረርሽኝ: pestilence, epidemic plague
Seuchen {pl} :: epidemic plagues
seuchenartig: በሽታዊ: epidemical, epidemically
Seuchenbekämpfung {f}: ወረርሽኝ መቆጣጠሪያ: control of epidemics
Seuchenbekämpfungen {pl} :: controls of epidemics
Seufzen {n}: መበስበስ: sigh
seufzen: በሰበሰ፤ ሰከረ፤ በሰበሰ: to sigh
Sexappeal {m}: የግብረ ሥጋ ሱስ: sex appeal
Sexbombe {f}: ባለትልቅ ጡት ሴት፤ ሱሰኛ: sexpot
Sexbomben {pl} :: sexpots
Sexismus {m}: ግብረ ሱሰኝነት: sexism
Sexist {m}: ሱሰኛ: sexist
Sexisten {pl} :: sexists
sexlos: ስልብ: nonsexual
sexual: ግብረ ሥጋዊ: sexually
Sexualität {f}: ግብረ ሥጋ: sexiness, sexuality
Sezession {f}: መገንጠል: secession
Sezessionen {pl} :: secessions
Sezessionist {m}: ተገንጣይ: secessionist
Sezessionisten {pl} :: secessionists
sezieren, aufgliedern: ደረደረ: dissect
Sezierer {m}: ደርዳሪ: dissector
Shalom! : ሰላም: shalom
Siberien: ሰርብያ: siberia

sich: ራስ: herself, himself
sicher, gewiß, zuverlässig: እርግጥ፣ በእርግጥ: assuredly, certain, certainly, for sure, safe, safely, secure, securely, sure, surely, unendangered, unharmful, unmistaken, unharmfully
Sicherer {m}: እርግጠኛ: saver
Sicherheit {f}: ሰላም ማስጠበቅ፣ ሕዝብ ደኅንነት: certainty, certitude, certitudes, immunity, safety, secureness, Security, security, safeness
Sicherheiten {pl} :: certainties, safeties, securities
Sicherheitsbeamte {m}: የደኅንነት ጠባቂ: security agent
Sicherheitsbeauftragter {m}: የዘብ ኃላፊ: safety representative, security administrator
Sicherheitsfaktor {m}: የደኅንነት ይዞታ: safety, safety factor
Sicherheitsgeber {m, pl}: ጠበቃ፣ ተያዥ: warrantor, warrantors
Sicherheitsglas {n}: መጠባበቂያ ነጻጅ: safety glass
Sicherheitsgurt {m}: የደኅንነት ትጥቅ: safety belt
Sicherheitspolizei {f}: የደኅንነት ፖሊስ: security police
Sicherheitsrat {m}: የፀጥታ ምክር ቤት: security Council
Sicherheitsschlüssel {m}: መጠባበቂያ ቁልፍ: patent key
Sicherlichkeit {f}: ደኅንነት: doubtlessness
sichern, sicherstellen: ሰነደ፣ ዘገበ፣ አስቀመጠ፣ ጠበቀ: backup, protect, back up
sichernd: ዘጋቢ/ ዘግቦ: ensuring, saving, securing
Sicherung {f}: ዘገባ፣ ጥበቃ: backlup, bak, fuse, security
Sicherungen {pl} :: backups, cutouts
Sicherungsaktion {f}: የዘገባ ተግባር: backup operation
Sicherungsdienst {m}: ዘጋቢ ፋይል: data link
Sicherungsdiskette {f}: መጠባበቂያ ዲስክ: backup diskette
Sicherungskopie {f}: መጠባበቂያ ኮፒ: archival backup copy, backup copy
Sicherungsprogramm {n}: ዘጋቢ ፕሮግራም: backup service
Sicherungssystem {n}: ዘጋቢ ሲስተም: fallback system
Sicherungsverfahren {n}: የዘገባ ሂደት: backup procedure
Sicherungswerk {n}: የዘገባ ሥራ: backup value
Sicht {f}: ምኞት/ ቅዠት፣ እይታ: vision, visibility
Sichten {pl}:: visibilities, views
Sichtanzeige {f}: ማንጸባረቂያ: visual display, readout
sichtbar machen: ግልጽ አደረገ፣ ከፈተ: uncover, visible
sichtbar: ግልጽ፣ ታይታ: apparitional, unblanked, visible, visibly, visual, visually
Sichtbarkeit {f}: ክፍትነት፣ ግልጽነት: visibility, visibleness
Sichtbarmachung {f}: ግልጽ ማድረግ: visualize
sichten: ከርቀት አየ፣ ተመለከተ: sift
Sichtgerät {n}: ከርቀት ማሳያ መነጽር: display, device, terminal
Sichtkontrolle {f}: እይታ ማስተካከያ: visual control
Sichtprüfung {f}: እይታ ማረጋገጫ: sight check, visual inspection
Sichtvermerk {m}: መታወቂያ፣ ምልክት: visa
Sichtvermerke {pl} :: visas
Sichtwechsel {m, pl}: የገጽታ ቅያሬ: sight bill, sight bills
sickern: ፈሰሰ፣ ቀስስ ብሎ: ወረደ: ooze, seep
sickernd: ፈሳሽ/ ፈስሶ: dripping, oozing, seeping
sie , Sie: እሷ፣ እሷን፣ እነሱ፣ እነሱን፣ እስዎ፣ እስዎን: she, they, them, she, they, you
Sieb {n}: ወንፊት፣ ማበጠሪያ: sieve, sifter, strainer, screen, colander
Siebe {pl} :: sifters
Sieben {n}: ባሕል፣ እምነት: sifting
sieben: ሰባት: seven
sieben: ነፋ፣ አበጠረ: sift
Siebeneck {n}: ሰባት ጎን: heptagon
siebenfach: ሰባት እጥፍ: sevenfold
siebenjährig: ሰባት ዓመት: seven year old
siebenmal: ሰባት ጊዜ: seven times
siebenmalig: ሰባት ጊዜ: seven times repeated
siebent, siebenten: ሰባትኛ: seventh
siebentägig: ሰባት ቀን: seven days
siebtens: ሰባትዮሽ: seventhly
siebzehn: አሥራ ሰባት: seventeen
siebzehnt: አሥራሰባትኛ: seventeenth, seventeenth
siebzehntel: አሥራ ሰባትዮሽ: seventeenth part
siebzig: ሰባ: seventy
Siebziger {m}: ባለሰባ ዓመት: septuagenarian
Siebzigerjahre {pl}: በሰባዎቹ: seventies
Siebzigjärigen {pl}: ባለሰባዎቹ: septuagenarians
siebzigste: ሰባኛ: seventieth
Siedegrad {m}: መትነኛ ነጥብ: boiling point
Siedegrade {pl} :: boiling points
Siedegrenze {f}: መትነኛ ነጥብ: boiling limit
Siedehitze {f}: ማትነኛ ሙቀት: boiling heat
sieden: አፈላ፣ አተነነ: seethe, simmer
siedend: አትናኝ/ አትንኖ: seething, simmering
Siedetemperatur {f}: መትነኛ ሙቀት: boiling temperature
Siedler {m, pl}: ሠፋሪ: settler, settlers
Siedlung {f}, Niederlassung: መሥፈሪያ፣ ሠፈር: colony, settlement, settlement
Siedlungen {pl} :: colonies, settlements
Siedlungsgesellschaft {f}: የሠፈራ ተግባር/ ማኅበር: land settlement society

Siedlungsgesellschaften {pl} :: land settlement societies
Sieg {m}: **ድል**: victory
Siege {pl} :: victoriousnesses, victories
Siegel {n, pl}: **ማተሚያ፣ መፈረሚያ**: signet, signets, seal
siegelbar: **ተመልካች/ ባለምልክት**: sealable
siegelnd: **ቀዛፊ/ ቀዝፎ**: sealing
Siegelring {m}: **የመቅዘፊያ ቀለበት**: signet ring
Siegelringe {pl} :: signet rings
Sieger {m, pl}: **ድለኛ፣ ባለድል**: vanquisher, vanquishers, victor, victors, winner, winners
Siegesdenkmal {n}: **መታሰቢያ**: victory monument
Siegesdenkmäler {pl}: **መታሰቢያ**: victory monuments
Siegespreis {m}, Gewinn, Preis: **ሽልማት/ ዋጋ**: prize
Siegeszeichen {n}: **መዳልያ**: trophy
Siegeszug {m}: **የድል ጉዞ**: triumphal procession
Siegeszüge {pl} :: triumphal processions
siegreich: **አሸናፊ፣ ድለኛው**: conqueringly, victorious, victoriously, victoriously
siehe: **እይ**: lo, vide, see
Sieselbst: **እርስዎ ራስዎ**: yourself
Signal {n}: **ምልክት/ ድምጽ**: signal
Signale {pl} :: signals
Signalfahne {f}: **መለዮ ባንዲራ/ ምልክት**: burgee
Signalfahnen {pl} :: burgees
Signalflagge {f}: **መለዮ ባንዲራ**: signal flag
Signalflaggen {pl} :: signal flags
Signalgeber {m, pl}: **ምልክት ሰጭ**: signaler, signaller, transducer, signalers
signalisieren: **ምልክት ሰጠ፣ አስጠነቀቀ**: to signal, signalize
Signalisierungssystem {n}: **ማስጠንቀቂያ ሲስተም**: signalling system
Signatur {f}: **ማውጫ/ መለያ**: signature
Signaturen {pl}:: signatures
signieren: **አመለከተ**: signing
signierend: **አመልካች/ አምልክቶ**: signing
Silbe {f}: **ፊደል**: syllable
Silben {pl} :: syllables
Silbentrennung {f}: **ፊደል ማገናኛ፣ ሰረዝ** "–": hyphenation, syllabication
Silbentrennungen {pl} :: syllable divisions
Silber {n}: **መዳብ**: argent, Silver, silver
Silbergeld {n}: **የመዳብ/ ነሐስ ሳንቲም**: silver coins
Silbergeschirr {n}: **የመዳብ/ ነሐስ ስኒ**: silver plate
Silbermedaille {f}: **መዳብ/ ነሐስ መዳልያ**: silver medal
Silbermedaillen {pl} :: silver medals
Silberpapier {n}: **ድብዝ ወረቀት**: silver paper
Silberschmied {m}: **ነሐስ አንጣሪ**: silversmith
Silberschmiede {pl} :: silversmiths
Silberstreifen {m}: **ነሐስ ቅብ**: silver lining
Silberware {f}: **የነሐስ ዕቃ**: silverware
Silberwaren {pl} :: silver goods
Simulant {m}: **አነሳሽ፣ ጠብ ጫሪ**: malingerer
Simulation {f}: **ቅስቀሳ**: simulation
Simulator {m}: **ማነሳሻ፣ መቀስቀሻ**: simulator
Simulatoren {pl} :: simulators
simulieren, vortäuschen: **አቅጠለጠለ፣ አነሳሳ፣ አቃጠረ**: malinger, simulate
simulierend: **አቃጣሪ/ አቃጥሮ**: malingering, simulative
Sind Sie satt?: **ጠገቡን/ ረኩን**?: Are you full?
sind: **ነን፣ ናችሁ፣ ናቸዉ**: are
Sinfonie {f}: **የሙዚቃ ዓይነት**: symphony
Sinfonien {pl} :: symphonies
singbar: **ተዘማሪ**: singable
singen: **ዘፈነ፣ ዘመረ፣ አቀነቀነ**: to sing (sang, sung)
Singfest {n}: **የመዝሙር ፌስታ**: songfest
Singleton {m}: **የመዝሙር ቃና**: singleton
Singsang {m}: **መዝሙር**: singsong
Singspiel {n}: **የዘፈን ጭዋታ**: musical comedy
Singspiele {pl} :: musical comedies
singularisch: **ነጠላዊ**: singularly
Singvogel {m}: **ዘማሪ ወፍ**: bobolink, singing bird, songbird, bluebird
Singvögel {pl} :: singing birds, bobolinks
sinken, nachlassen: **ዘቀጠ፣ ሰመጠ**: subside, to sink (sank, sunk)
sinkend: **ሰማጭ/ ሰጥሞ**: foundering, subsiding, downwardly, sinking
Sinn {m}, Verstand, Gefühl, Bedeutung: **ስሜት፣ ሐሳብ፣ ግንዛቤ፣ አስተያየት**: acceptation, mind, meaning, sense
Sinne {pl} :: significations, senses
sinnenfreudig, sinnlich: **ስሜታዊ**: sensuous
Sinneslust {f}: **ስሜታዊ ደስታ**: sensual enjoyment
Sinnesänderung {f}: **ያሳብ ቅያሬ**: change of mind
Sinnesorgan {n}: **የስሜት ሕዋስ**: sense organ
sinngetreu, treu: **ታማኝ**: faithful
sinnig: **ስሜታማ/ ም**: witted
sinnlich: **ስሜታዊ**:: sensual, sensually, sensuous, sensuously
Sinnlichkeit {f}: **ስሜታዊነት**: animalism, carnality, fleshliness, sensualism, sensuality, sensuousness
sinnlos, bewußtlos: **ስሜትአልባ**: senseless, senselessly
Sinnlosigkeit {f}: **ስሜትአልባነት**: pointlessness, senselessness
Sinnlosigkeiten {pl} :: absurdnesses
sinnreich: **ንቁ፣ ስሜታዊ**: clever, ingenious
Sinnspruch {m}: **መፈክር**: motto
sinnvoll, nützlich: **ባለስሜት፣ ጠቃሚ**: meaningful, sensible, suggestive, useful
sinnwidrig: **ስሜትአልባ**: absurdly
Sinnwidrigkeit {f}: **ስሜትአልባነት**: absurdness
sintern: **አቀለጠ፣ በየደ**: frit, sinter
Sintflut {f}: **መቅሠፍት፣ እርግማን**: diluvian
sintflutlich: **እርግማናዊ**: diluvial

Sinus {m}: የማዕዘን ትይዩ/ አንጻር: sine
Sinusse {pl} :: sines
Sippe {f}: ነገድ: kin, clan
Sippen {pl} :: clans
Sirup {m}: የሸንኮር/ ራ ጭማቂ: treacle, molasses
Sitte {f}, Gewohnheit, Brauch: ባህል፣ ልምድ: tribe, custom
Sitten {pl} :: tribes, customs
Sittengesetz {n}: የሞራል ሕግ፣ እሉኝታ: moral law
sittenlos, unsittlich: እሉኝታአልባ: immoral
Sittenlosigkeit {f}: እሉኝታአልባነት: immorality
Sittenprediger {m}: ግብረ ገብ አስተማሪ: moralizer
Sittenrichter {m, pl}: ተቆጣጣሪ: censor, censors
Sittenverderbnis {n}: ባሕል መበከል/ ብከላ: corruption of morals
Sittlichkeit {f}, Moral: ባሕላዊነት: morality
Situation {f}: ሁኔታ: situation
Situationen {pl} :: situations
Situationskomik {f}: ሁኔታ ኮራጅ: slapstick
Situationskomiken {pl} :: slapsticks
Sitz {m}, Platz: መቀመጫ: seat, fit
Sitzarbeit {f}: የሥራ ቦታ: sedentary work
Sitzbank {f}: የድርድር መቀመጫ: settee, bench
Sitze {pl} :: seats
sitzen: ተቀመጠ፣ አረፈ: to sit (sat, sat)
sitzenbleiben: ቁጭ ብሎ: ቀረ: stay down
sitzend: ተቀማጭ/ ተቀምጦ: sedentarily, sitting
Sitzgurt {m}: መቀመጫ ትጥቅ: lap belt
Sitzordnung {f}: ያቀማመጥ ሕግ: seating arrangements
Sitzplatz {m}: መቀመጫ: seat
Sitzung {f}, Sitzungsperiode: ስብሰባ: session
Sitzungen {pl}:: sessions, sittings
Sitzungsbericht {m}: የስብሰባ ሪፖርት: minutes of proceedings
Sitzungsgeld {n}: የስብሰባ ተካፋይ ግብር: attendance fee
Sitzungssaal {m}: የስብሰባ አዳራሽ: assembly hall, boardroom, conference hall
Skala {f}: የቁጥር/ ልክ ማሳያ: gamut, dial
Skandal {m}: ደባ፣ አድማ: scandal
Skandale {pl} :: scandals
Skandalblatt {n}: ደባ ዘጋቢ: scandal sheet
Skandalblätter {pl} :: scandal sheets
skandalös: ንጹሕ/ ወንጀልአልባ: scandalous
Skat {m}: የካርታ ጭዋታ: skat
Skats {pl} :: skats
Skelett {n}: አጥንት: skeleton
skelettartig: አጥንት መሰል: skeletal
Skelette {pl} :: skeletons
Skepsis {f}: እምነትአልባነት፣ ጥርጥር: scepticism, skepticalness
Skeptiker {m, pl}: ተጠራጣሪ: sceptic, sceptics, skeptics, sceptic, sceptics
skeptisch: ጥርጣሬያማ/ ም: sceptical, sceptically, skeptic, sceptical, skeptically
Ski {m}: በረዶ: ski
Skiläufer {m, pl}: የበረዶ እስፖርተኛ: skier, skiers
Skizze {f}: ንድፍ: delineation
Skizzen {pl} :: delineations
Skizzenbuch {n}: የንድፍ/ ስእል መጽሐፍ: sketchbook
Skizzenbücher {pl} :: sketchbooks
skizzieren: ንድፍ አወጣ፣ ነደፈ: adumbrate, sketch
skizzierend: ነዳፊ/ ነድፎ: , drafting, adumbrating, delineating, outlining
Sklave {m}: ባሪያ፣ ተገዥ፣ ጭቁን: drudge, slave, bondsman
Sklaven {pl} :: slaves, drudges
Sklavenhändler {m, pl}: ባሪያ ነጋዴ: slave trader, slave traders
Sklaverei {f}: ባርነት: bondage, servitude, slavery
Sklavereien {pl} :: servitudes
Sklavereigegner {m}: ፀረ ባርነት: abolitionists
sklavisch: ጥገኛዊ: slavish, slavish, slavishly
Skorbut {m}: የምግብ እጥረት በሽታ: scurvy
Skorpion {m}: ጊንጥ መሰል እንስሳ: scorpion
Skorpione {pl} :: scorpios, scorpions
Skrupel {m, pl}: ግምት/ ሐሳብ: scruple, scruples
skrupellos: ደንታቢስ፣ ሐሳበአልባ: machiavellians, ruthless, ruthlessly, unconscionable, unethical, unconscionably, unethically, unscrupulously
Skulptur {f}: ስእል: sculpture
Skulpturen {pl} :: sculptures
Slang {m}: ዘዬ: argot
slangartig: ዘዬአዊ: slangy
Slipper {m, pl}: ነጠላ ጫማ: casuals
Slum {n}: የድኃ መንደር/ የድሆች ሠፈር: shantytowns
Slums {pl} :: shantytowns
smart: ቆንጆ: smart
Smoking {m}: ማጨስ: tuxedo, dinner-jacket
Smokings {pl} :: tuxedos
snake charmer, snake charmers
Snobismus {m}: ባለፀጋ/ ኃብታም መሰምል: snobbishness
so, also, daher, auf diese Weise: እነሆ፣ እንዲህ፣ እደዚያ: as, so, that way, thus
So ist das Leben!: ሕይወት እንዲህ ነው:: Such is life!
sobald: ቶሎ፣ ወዲያው: as soon as
Socke {f}: አጭር ካልሲ: sox, sock
Socken {pl} :: socks
Sockel {m, pl}: ምሰሶ፣ ወጋግራ፣ መከታ: pedestal, socket, pedestal, base, pedestals, sockets
Sodomie {f}: ከእንስሳት ጋራ ግብረ ሥጋ ግንኙነት ማድረግ: sodomy
soeben: አሁንኑ: just now, just now

Sofa {n}: ወንደር፣ መቀመጫ: settee, sofa, davenport
Sofas {pl} :: settees, davenports
Sofakissen {n, pl}: የሶፋ ጉዝጓዝ/ ወተፍ: sofa cushion
sofort, sogleich, unverzüglich: ባንዴ፣ አሁን: at once, immediate, immediately, instant, instantaneous, instanter, instantly, pronto, right away, instantaneously
Soforthilfe {f}: አስቸኳይ እርዳታ: immediate aid
Sofortmaßnahme {f}: አስቸኳይ እርምጃ: urgent measure
Sofortmaßnahmen {pl} :: urgent measures
Software {f}: የኮምፒዩተር ጥሬ ዕቃ: software
sogar: ገና፣ አሁንም: yet
sogenannt: የሚባል/ ሉ: so called
sogleich, auf der Stelle: ወዲያው: on the spot, instantly, then and there
Sohle {f}: ሶል፣ የጫማ ጉዝጓዝ: sole
Sohlen {pl}:: soles, bottoms
Sohlenleder {n}: የቆዳ ሶል: sole leather
Sohn {m}: ወንድ ልጅ: son
Söhne {pl}:: sons
Söhnchen {n}: ጮራ: sonnies
solange: እስከዚያ፣ እስከዚያ: so long as
Solarzelle {f}: የፀሐይ ብርሃን መሰብሰቢያ: solar cell
solche, solcher, solches: እንደዚህ፣ እንዲህ: such
Soldat {m}: ወታደር: serviceman, soldier
Soldaten {pl} :: soldiers, servicemen
soldatisch: ወታደራዊ: soldierly
Soldbuch {n}: መክፈያ መጽሐፍ: pay book
Söldling {m}: ቅጥረኛ: mercenaries
Söldner {m, pl}: ቅጥረኛ ነፍሰ ገዳይ: mercenary
solenn: በደስታ፣ በጥንቃቄ : feierlich, ernst
solidarisch: በኅብረት፣ ባንድነት: solidly united, solidly
Solidarität {f}: ተባብሮ: solidarity
Solidaritäten {pl} :: solidarity soll ought to
solid: ጥጥር: solid, solidly
Solidität {f}: ጥጥርነት: solidity
Solist {m}: የሙዚቃ መሣሪያ: soloist
Solisten {pl} :: soloists
Solitär {m}: ዕንቍ፣ የካርታ ጭዋታ ዓይነት: solitaire
Solitären {pl} :: solitaries
soll, sollte, sollten, sollen: ይገባል (ትንቢት ጠቋሚ ረዳት ግሥ): desired, shall, ought, should
sollen: ይገባል (ትንቢት ጠቋሚ ረዳት ግሥ): desired, shall, ought, should
Sollwert {n}: የቀረጥ/ ውስን ዋጋ: scheduled value, set point, desired value
Solo {n}: ሴት/ ወንደ ላጤ: standalone
Solotänzer {m}: ብቸኛ ደናሽ: principal dancer
Solquelle {f}: የጨው ምንጭ: salt spring
Sommer {m, pl}: በጋ: summer, summers
Sommeraufenthalt {m}: የበጋ ቆይታ: summer stay
Sommeraufenthalte {pl} :: summer stays
Sommerfrischler {m, pl}: የበጋ ጎብኚ: summer visitor, summer visitors
Sommergast {m}: የበጋ እንግዳ/ ዶች: summer visitor
Sommergäste {pl}:: summer visitors
Sommerkleidung {f}: የበጋ ልብስ: summer dress
Sommerkleidungen {pl} :: summer dresses
sommerlich: በጋዊ: summerly, summery
Sommerzeit {f}: የበጋ ጊዜ: summertime
Sommerzeiten {pl} :: summertimes
Sonderabdruck {m}: ልዩ እትም: offprint, separate print
Sonderabschreibung {f}: ተጨማሪ ጽሑፍ: additional capital allowance
Sonderanfertigung {f}: ልዩ ሥራ: special design
Sonderangebot {n}: ርካሽ (ዋጋ): special offer
Sonderauftrag {m}: ልዩ መልክት: special mission
Sonderausführung {f}: ልዩ ሞድ: special model
Sonderausgabe {f}: ልዩ እትም: special edition
Sonderausschuß {m}: ልዩ ኮሚቴ : select committees
Sonderausschüsse {pl}: ልዩ ኮሚቴ : select committees
sonderbar: የተለየ: oddly, weird, weirdly
Sonderbeauftragte {m, f}: ልዩ መልክተኛ: special representative
Sonderberichterstatter {m, pl}: ልዩ ዘጋቢ: special correspondent
Sonderbevollmächtigte {m, f}: ልዩ ተወካይ: special agent
Sonderfall {m}: ልዩ ሁኔታ: special case
Sonderfrieden {m}: ልዩ ጸጥታ/ ሰላም: separate peace
Sonderinteresse {n}: ልዩ ፍላጎት: private interest
Sonderklasse {f}: ልዩ ክፍል: special class
Sonderling {m}: ልዩ: crank
Sonderlinge {pl} :: eccentrics, cranks
Sondermeldung {f}: ልዩ ዘገባ: special announcement
sondern: ግን፣ ይሁን እንጂ: but
Sonderpreis {m}: ልዩ ዋጋ: special price
Sonderreglung {f}: ልዩ ድንጋጌ: separate treatment
Sondersitzung {f}: ልዩ ስብሰባ: special session
Sonderstellung {f}: ልዩ ሚና/ ማዕረግ: exceptional position
Sonderzeichen {n}: ልዩ ምልክት: special character, additional character
Sonderzug {m}: ልዩ ባቡር: special train
Sonderzulage {f}: ልዩ ጭማሬ: special bonus
sondieren: ልዩ አደረገ: take a sounding
Sonne {f}: ፀሐይ: sun
Sonnen {pl} :: suns

Sonnenaufgang {m}: **ፀሐይ መውጣት**: sunrise, sunup
Sonnenaufgänge {pl} :: sunups, sunrises
Sonnenbad {n}: **በፀሐይ መለብለብ**: sunbath, sun bath
Sonnenbadnehmer {m, pl}: **የፀሐይ ሳሎን ባለቤት**: sunbather
Sonnenbestrahlung {f}: **የጨረር መመታት**: insolation
Sonnenblende {f}: **የፀሐይ ነጸብራቅ**: lens hood
Sonnenblume {f}: **ያበባ ዓይነት**: sunflower, sun flower
Sonnenblumen {pl} :: sunflowers, sun flowers, sunburns
Sonnenbrand {m}: **በፀሐይ መቃጠል**: sunburn
Sonnenbrille {f}: **የፀሐይ መነጽር**: sunglasses, sun glasses
Sonnenbrillen {pl}: **የፀሐይ መነጽር**: sunglasses, sun glasses
Sonnendach {n}: **ፀሐይ መጋረጃ**: sun blind
Sonnendächer {pl} :: sun blinds
Sonnenenergie {f}: **የፀሐይ ኃይል**: solar energy
Sonnenfinsternis {f}: **የፀሐይ ግርዶሽ**: solar eclipse
Sonnenfinsternisse {pl} :: solar eclipses
Sonnenjahr {n}: **የፀሐይ ዓመት**: solar, solar year
Sonnenjahre {pl} :: solar years
sonnenklar: **ግልጽ፤ ብሩህ**: as plain as the nose in your face, clear as daylight
Sonnenlicht {n}: **የፀሐይ ብርሃን**: sunlight
sonnenlos: **ፀሐይአልባ**: sunless
Sonnenschein {m}: **የፀሐይ ወገጋን**: sunshine
Sonnenschirm {m}: **የፀሐይ ጥላ**: parasol, sunshade, sunshade
Sonnenschirme {pl}:: sunshades, parasols, sunshades
Sonnenseite {f}: **ቀንጆ/ ጥሩ ገጽታ**: sunny side
Sonnenseiten {pl} :: sunny sides
Sonnenstand {m}: **የፀሐይ መውጣት**: sunset
Sonnenstich {m}: **የፀሐይ ወንበር**: sunstroke
Sonnenstiche {pl} :: sunstrokes
Sonnenstrahl {m}: **የፀሐይ ጨረር**: sunbeam
Sonnenstrahlen {pl} :: sunbeams
Sonnensystem {n}: **የፀሐይ ሲስተም**: solar system
Sonnensysteme {pl} :: solar systems
Sonnenuhr {f}: **የፀሐይ ሰዓት**: sundial
Sonnenuhren {pl} :: sundials
Sonnenuntergang {m}: **የፀሐይ መጥለቅ**: sundown
Sonnenuntergänge {pl} :: sunsets, sundowns
sonnig: **ፀሐያማ/ ም**: sunny, sunshiny
Sonntag {m}: **እሑድ**: Sunday, sunday
Sonntage {pl}: **እሑድ እሑድ**: sundays
Sonntagsanzug {m}: **የረፍት ቀን ልብስ**: sunday suit
Sonntagsanzüge {pl} :: sunday suits
Sonntagsfahrkarte {f}: **የእሑድ ቀን ትኬት**: weekend ticket
Sonntagsfahrkarten {pl} :: weekend tickets
Sonntagskind {n}: **የእሑድ ልጅ**: sunday child
Sonntagskinder {pl} :: sunday children
Sonntagsruhe {f}: **ፀጥታ**: sunday rest
Sonntagsschule {f}: **የሰንበት ትምህርት ቤት**: sunday school
Sonntagsschulen {pl} :: sunday schools
Sonst noch etwas ?: **ይጨምራሉ**?: Anything else?
sonst, sonst noch: **አለዚያ፤ አለባለዚያ**: else, or else, oterwise, otherwise
sonstwo: **ወደሆነ ቦታ**: elsewhere, somewhere else
sooft, so oft, wenn auch immer: **ሁሌ**: whenever
Sophismus {m}: **ጠቢብነት**: sophism
Sophisterei {f}: **ጥበብ/ ሐሳብ**: sophistry
Sophistereien {pl} :: sophistries
Sophist {m}: **ጠቢብ**: sophist
Sophisten {pl} :: sophists
Sophistin {f}: **ጠቢብ**: sophist
Sophistinnen {pl} :: sophists
sophistisch: **ሐሳባዊ**: sophistic, sophistical
Sorge {f}: **ሐሳብ/ ትኩረት**: sorrow, trouble, care, alarm, sorrow
Sorgen {pl}, Kopfschmerzen :: pains, solicitudes, sorrows, worries, headaches
sorgen für, sehen nach, achtgeben auf: **ጠረ፤ ተንከባከበ**: to care for, to look after, to take care of, to see to
sorgend: **ተንከባካቢ/ ተንከባከቦ**: caring, minding
sorgenfrei, sorgenlos: **ሐሳበአልባ**: carefree
Sorgenkind {n}: **ቀበጤ**: problem child
sorgenvoll: **ትኩረታዊ**: full of cares
Sorgfalt {f}, Behandlung: **ጥንቃቄ** : carefulness, accurateness, care
sorgfältig, vollständig: **በጥንቃቄ** : careful, carefull, carefully, elaboratively, meticulous, meticulously, painstaking, thorough, painstakingly
Sorgfältigkeit {f}: **ጥንቁቅነት**: care, painstakingness
sorglos: **ደንታ ቢስ**: airily, careless, carelessly, unheeding, unheedingly, unmindful, unworried
Sorglosigkeit {f}: **ገዴለሽነት/ ደንታቢስነት**: carelessness, insouciance
Sorglosigkeiten {pl}:: unconcern
Sorte {f} Art, Gattung: **ዓይነት፤ ክፍልፋይ**: species, sort
Sorten {pl}:: sorts
sortieren, gruppieren, zusammenstellen: **ለየ፤ አበጠረ**: assort, to sort
sortierend: **አበጣሪ/ ለያይቶ**: assorting, sorting
Sortierer {m, pl}: **አበጣሪ ፕሮግራም**: sorter, selector, selectors
Sortierung {f}: **መለየየት/ መመደብ**: sorting
Soße {f}: **መረቅ**: sauce
Sossen {pl} :: sauces
Souveränität {f}: **ነፃነት**: sovereignty

soviel ich weiß, meines Wissens: እኔ እስከማውቀው: for all I know. for aught I know. to my knowledge. As far as I know. To my knowledge
soviel wie: ልክ እንደ: as much as
soviel: እንዲህ ብዙ: as much
sowieso: ሆነም አልሆነም: in any case
Sowjet {m}: ሶቤት፤ ራሽያውያን: soviet
Sowjets {pl} :: soviets
sowohl ... als auch, sowohl als auch: ይሆም ይሁን ያ: both ... and, as well as
sozial, gesellschaftlich: ሕብረ ሰባዊ: social
Sozialamt {n}: እርዳታ ማቀናበሪያ: social welfare office
Sozialbeitrag {m}: እርዳ አቅራቦት: social insurance contribution
Sozialdemokratie {f}: ሶሻል ዲሞክራቲ: social democracy
Sozialdemokratien {pl} :: social democracies
sozialdemokratisch: ሶሻል ዲሞክራቲያዊ: social democratic
Sozialeinrichtung {f}: በጎአድራጎት: social services
Sozialhilfe {f}: እርዳታ: welfare
Sozialhilfeempfänger {m}: ተመጽዋች: pauper, paupers
sozialisieren, sozialisiere: አግባባ፤ የኅብረት አደረገ: socialize
Sozialisierung {f}: ኅብረ ሰባዊነት: socialization
Sozialisierungen {pl} :: socializations
Sozialismus {m}: ሶሻሊዝም: socialism
Sozialist {m}: ሶሻሊስት: socialist
Sozialisten {pl} :: socialists, social charges
sozialistisch: ኅብረ ሰባዊ: socialistic
Sozialleistung {f}: ኅብረ ሰባዊ አስተዋጽኦ: social contribution
Sozialpolitik {f}: ኅብረ ሰባዊ ፖሊቲካ: social policy
Sozialprodukt {n}: የኅብረት ምርት: gross national product, aggregate output
Sozialstatus {m}: የኅብረተ ሰብ ሚና: social state
Sozialversicherung {f}: ኢንሹራንስ: social insurance
Sozialwissenschaft {f}: ሶሻል ሳይንስ: social science
Sozialwissenschaften {pl} :: social sciences
Sozialwissenschaftler {m}: የኅብረት ጥናት ምሁር: social scientist
Soziologe {m}: የኅብረት ኑሮ ጥናት ምሁር: sociologist
Soziologen {pl} :: sociologists
Soziologie {f}: አብሮ የመኖር ጥናት: sociology
soziologisch: ሶሽኦሎጂካዊ: sociological, sociologically
sozusagen: እንደሚባለው/ እንዲሉ: as it were, so to speak
spähen: አተኮረ፤ ጠመተ: peer
spähend: አተኳሪ/ አተኩሮ: peering
Spalier {n}: ተቀጽላ፤ ሐረግ: espalier
Spaliere {pl} :: espaliers
Spalierbaum {m}: የሐረግ ዛፍ፤ እንጆሪ: espalier tree
Spalierbäume {pl} :: espalier trees
Spalt {m}, Riß: ፍንክት፤ ስብር፤ ቅንብብ: fissure
spaltbar: ተናጅ/ መናድ የሚችል: fissile, fissionable
Spaltbarkeit {f}: ናጻማነት: fissility
Spaltbarkeiten {pl} :: fissionability
Spalte {f}: ገጽ፤ ዓምድ / የጽሑፍ/ : chink, col, column, crevice, rift, chasm
Spalten {pl} :: chinks, clefts, colons, columns, crevices, fissures, Columns
spalten, aufteilen, zersplittern: ከፈለ፤ ለያየ: to split (split, split), rive, cleave
spaltend: ለይ/ ለይቶ: fissioning, forking, riving, slotting, splitting, fissuring
spaltenweise: ገጽ በገጽ: column by column
Spaltfilter {m}: አጿራ መለያ/ ማበጠሪያ: disk filter
Spaltung {f}: ልዩነት፤ መልለየት: cleavage, fission, schism, scission
Spaltungen {pl} :: fissions, schisms, scissions, splittings
spanen, zerspanen: ገዘገዘ፤ ቆረጠ: cut
Spanien: እስፓኒያ: spain
Spanier {m, pl}: እስፓኒያዊ: spaniard, spaniards
spanisch: እስፓኒኛ: spanish
spanlos: ግዝግዝአልባ: non cutting
spannbar: ተወጣሪ: stretchable
Spanndraht {m}: የሽቦ እጥር: tension wire, guy wire
spannen: አጠረ፤ ዘረጋ: tauten
spannend: አጣሪ/ አጥሮ: engrossing, thrilling
Spannfeder {f}: መወጠሪያ አቋም: tension, spring, tenterhook
Spannfedern {pl} :: tension springs, tenterhooks
Spannkraft {f}: የመወጠር ኃይል/ ችሎታ: resilience, tonicity
spannkräftig: ኃይላማ/ ጠንካራ: full of energy, resilient, resiliently
Spannmuskel {m}: የጡንቻ ክምር: tensor
Spannung (el.) {f}, Belastung: ውጥረት: voltage, suspense, tension, voltage, fixture, stress
Spannungen {pl} :: tensions
Spannungsanstieg {m}: የኤሌክትሪክ ኃይል ጭማሪ: voltage rise
spannungsempfindlich: ፀረ ኤሌክትሪክ: voltage-sensitive
Spannungsmesser {m, pl}: የኤሌክትሪክ ኃይል መለኪያ: voltmeter
Spannungsmessung {f}: የኤሌክትሪክ ኃይል ልክ: voltage metering
Spannungsquelle {f}: የኤሌክትሪክ ምንጭ: voltage source

Spannungsregler {m, pl}: የኤሌክትሪክ መቆጣጠሪያ: voltage regulator, voltage regulators
Spannungsschwankung {f}: የኤሌክትሪክ ኃይል መለዋወጥ / መቀነስና መጨመር/ : voltage swing
Spannwirbel {m, pl}: የጀርባ አጥንት: turnbuckle, turnbuckles
Sparanlage {f}: የቁጠባ ኃብት/ ገንዘብ: economizer
Sparanlagen {pl} :: economizers
Sparbuch {n}: የቁጠባ ደብተር: bankbook, passbook, savings bank book
Sparbücher {pl} :: bankbooks, passbooks
Spareinlage {f}: ቅምጥ ኃብት: saving, deposit
Spareinlagen {pl}:: savings, deposits
sparen: ቆጠበ፣ አጠራቀመ፣ ማረ: to spare
Sparer {m, pl}: ቆጣቢ/ አጠራቃሚ: saver, savers
Sparguthaben {n}: የቁጠባ ገንዘብ: savings balance
Sparkasse {f}: የቁጠባ ባንክ: savings bank
Sparkonto {n}: የባንክ ቁጥር: savings account
spärlich: ጥቂት፣ ትንሽ፣ ምንጢ: scantily, spare, sparely, sparse, scantly
sparsam, wirtschaftlich: በቁጠባ፣ ቆጣቢ፣ ቆጥቋጣ: economical, fugal, parsimonious, spare, sparingly, thriftily, thrifty, economically, parsimoniously, thriftily
Sparsamkeit {f}: ቁጠባ፣ ቆጣቢነት: canniness, parsimony, thrift
Sparsamkeiten {pl} :: parsimoniousness, thriftiness, thrifts
Spaß {m}, Scherz: ቀልድ፣ ደስታ: fun, joke, spree
spassen: ተደሰተ፣ ቀለደ፣ ተዝናና: jest
spassend: ቀላጅ/ ቀልዶ: jesting, joshing, making-fun
Spaßhaftigkeit {f}: ቀልደኝነት: humorousness
spaßig, komisch: አስቂኝ፣ አዝናኝ: funnily, joky, funny
Spaßigkeit {f}: አሳቂነት: comicalness
spaßmachen, scherzen: ቀለደ፣ ተዝናና: to joke
Spaßmacher {m}, Spaßvogel: ቀላጅ፣ ተጫዋች: jester
Spaßverderber {m}: ደባሪ፣ ረባሽ: kill joy
Spaßvogel {m}: ቀልደኛ: funster, joker, banterer
Spaßvögel {pl} :: banterers
Spat {m}: የሚኒራል ዓይነት፣ የፈረስ እግር ቁስል: spavin
Spate {pl} :: spavins
spät: ኋላ፣ ዘግይቶ: late
Spatel {m}: ጣውላ: spatula
Spaten {m, pl}: አዲማ/ መቆፈሪያ: spade, spades
später, hernach, nachher, hinterher: በኋላ፣ ኋላ: afterward, later, posterior, subsequent, thereinafter, later on
spätestens: ቢቆይ ቢቆይ: at the latest
Spätsommer {m}: በጋ ማለቂያ/ መጨረሻ: late summer
Spatz {m}: ቀጭንና ድውይ ልጅ: sparrow
Spatzen {pl} :: sparrows
spazierengehen: ሽርሽር ሄደ: to take a walk
Spaziergang {m}: ሽርሽር: walk
Spaziergänger {m, pl}: ሽርሽር ሃጅ/ መንገደኛ: stroller, strollers
Spazierstock {m}: ምርኳዝ: cane
Spazierstöcke {pl} :: canes
Specht {m}: ግንደቆርቁር/ የወፍ ዓይነት: woodpecker
Spechte {pl} :: woodpeckers
Speck {m}: ጮማ: bacon
Speckschnitte {f}: ጮማ ቁርጥ: rasher
Speckschnitten {pl} :: rashers
Spediteur {m}, Betreiber: አከፋፋይ፣ አገናኝ: forwarding agent, remover, carrier
Spediteure {pl} :: removers, forwarding agents
Spedition {f}: ላኪና አስመጭ ወኪል: forwarding agency
Speditionen {pl} :: forwarding agencies
Speer {m}, Wurfspeer: ቀስት፣ ጦር: javelin, spear, javelin, lances
Speere {pl} :: javelins, spears
Speiche {f}: የባይስክል ዕቃ: saliva
Speichel {m}: ምራቅ: saliva, spittle
Speichelfluß {m}: በምራቅ ማራስ: salivation
Speichellecker {m, pl}: ለሁሉ አጎብዳጅ፣ አለሁ አለሁ ባይ: boot lick, bootlicker, toadies, toady
Speichelleckerei {f}: አስመሳይነት፣ ለመጥማማነት: toadyism
speicheln: ምራቁን አፈሰሰ: salivate
Speicher {m}, Speicherung, Gedächtnis: ማኖሪያ፣ ማስቀመጫ: loft, lofts, memory, storage
Speichererweiterung {f}: ተጨማሪ መዘገቢያ: additional memory
Speicherkapazität {f}: የመዘገቢያ መጠን: amount of memory, storage capacity
Speichern {n}: መዘገብ፣ ማስቀመጥ: save
speichern: አኖረ፣ ዘገበ፣ አስቀመጠ: memoriz, save, store, stores, storing
Speicherraum {m}: ማስቀመጫ ክፍል: storage space
Speicherschutz {m}: መዝገብ መጠበቂያ: storage protection, memory protection
Speichertechnik {f}: የካዘና አሠራር: storage technology
Speichertypus {m}: የካዘና ዓይነት: storage type
Speicherung {f}: መዝገብ: storage
Speicherungen {pl} :: storages
speien, spucken: ተፋ: spit
Speise {f}: ምግብ: food
Speiseeis {n}: ጣፋጭ ምግብ: ice cream, ice-cream
Speisefett {n}: መቀቀያ ስብ: cooking fat
Speisehaus {n}: ምግብ አዳራሽ: eating house, porterhouse
Speisekammer {f}: ምግብ አዳራሽ: larder

Speisen und Getränke: ምግብና መጠጥ: Meals and drinks
speisen: በላ፣ ተመገበ: dine
speisend: ተመጋቢ/ ተመግቦ: dining
Speiseöl {n}: የምግብ ዘይት: edible oil
Speiseraum {m}: የምግብ ክፍል: dining area, refectory
Speiserest {m}: ፍርፋሪ: leftover
Speisereste {pl} :: leftovers, esophagus
Speiserohr {n}: ጉሮሮ: feed pipe
Spektakel {n, pl}, Krawall, Schlägerei: ትሪት፣ አዲስ ዝግጅት/ ድርጊት: fracases, ruction, rumpuses
Spektralanalyse {f}: አዲስ ድርጊት ግምገማ: spectrum analysis
Spektralanalysen {pl} :: spectrum analyses
Spektrogramm {n}: የማዕበል ክብደት መለኪያ: spectrograph, spectrogram
Spektromesser {m}: የማዕበል መለኪያ: spectrometer
Spektroskop {n}: የጨረር ተመራማሪ: spectroscope
Spektroskopie {f}: የጨረር ጥናት: spectroscopy
Spektrum {n}: ብርሃንን በቀለም መለየት: spectra
Spekulant {m}: አጭበርባሪ: speculator
Spekulation {f}: ማጭበርበር: spec
Spekulationsgeschäft {n}: የማጭበርበር/ የከሳራ ንግድ: speculative organisation
spekulativ: አስገራሚ፣ አስደናቂ: speculative, speculatory, speculatively
spekulieren: አጭበረበረ: speculate
spekulierend: አጭበርባሪ/ አጭበርብሮ: speculating
Spende {f}, Beitrag: መዋጮ፣ አስተዋጽኦ: dole contribution
Spenden {pl} :: doles, bounties
spenden: መጸወተ፣ አዋጣ፣ ምጽዋት ሰጠ: bestow
spendend: መጽዋች/ መጽውቶ: bestowing
Spender {m, pl}: ምጽዋት ሰጭ: giver, givers
Sperma {n}, Spermas: የወንድ አባለ ዘር: sperm
Spermen {pl} :: spermatozoon, sperms
Sperre {f}, Falle: ገደብ፣ እጥር: detent, latch, lock, barrier, boom
sperren, absperren: ቀለፈ፣ ከለለ፣ ዘጋ፣ አገደ: bar, lock, barre, barricade, inhibit
Sperrgebiet {n}: የጦር ቀጣና: prohibited area
Sperrholz {n}: አጉራ: plywood
Sperrkonto {n}: እግድ የባንክ አካውንት: blocked account
Sperrung {f}: ምሽግ: inhibition
Sperrzeit {f}: የገደብ ሰዓት: off-time
spezial: ልዩ፣ አዲስ: Special, special
Spezialausbildung {f}: ልዩ ልምምድ/ ሥልጣኔ: specialized training
Spezialfach {n}: ልዩ ሙያ: speciality
Spezialfächer {pl}:: specialities
Spezialgebiet {n}: ልዩ ሙያ: special subject
spezialisieren: ልዩ ልምምድ አደረገ: specialize
Spezialisierung {f}: ልዩ ልምድ: specialization
speziell: በተለይ: respectively, specifically
Spezifikation {f}: መነጠል፣ ንጠላ: specification
Spezifikationen {pl} :: specifications
Spezifikationssymbol {n}: ልዩ ምልክት: specifier, specificator
spezifisch: ልዩ፣ በልዩ: nongeneric, specifiable, specific
spezifizieren: ለየ፣ መረጠ: itemise, itemize, specify
spezifizierend: መራጭ/ መርጦ: itemizing, specifying
spezifizierte: ተለዩ/ ተለይቶ፣ ተመርጠ: itemized, specified, specified
spicken: ቀመመ (ለሚጠበስ ሥጋ): interlard
Spiegel {m, pl}: መነጽር፣ መስተዋት: mirror, mirrors, looking-glass, mirror, glass, reflector
spiegelblank: የመነጽር ምስል/ ስእል: mirror like
Spiegelei {n}: ነጸብራቅ: fried egg
Spiegelglas {n}: መስተዋት: plate glass
Spiel {n}, Schauspiel: ጨዋታ፣ ትሪት: play, game, clearance
Spielanzug {m}: የጭዋታ ልብስ: romper
Spiele {pl} :: games, theatrics
Spielen {n}: መጫወት: playing
spielen: ተጫወተ (ለሕፃናትና እስፖርት): gamble, to play
spielend: ተጫዋች/ ተጫውቶ: gambling, hamming, kittenish, playing, toying, trifling, twiddling, kittenishly
Spieler {m, pl}: ተጫዋጭ፣ እስፖርተኛ: player, gambler, gamblers, gamester, players, gamesters, gamblers
Spielerei {f}: ጭዋታ፣ ሁካታ: bauble
Spielereien {pl} :: baubles
Spielergebnis {n}: የጭዋታ ውጤት: scoring
Spielergebnisse {pl}:: scores
spielerisch, verspielter: ጭዋታዊ: playful, playfully, playfully
Spielfeld {n}: የጭዋታ ቦታ: field
Spielführer {m, pl}: የቡድን አለቃ: team captain, team captains
Spielgefährte {m}: የእስፖርት ጓደኛ: playfellow, playmate
Spielgefährten {pl} :: playfellows
Spielkamerad {m}: የጭዋታ ጓድ: playfellow
Spielkameraden {pl} :: playmates
Spielkarte {f}: መጫዋቻ ካርድ: playing card
Spielplan {m}: የጭዋታ መርሀ ግብር: repertoire
Spielpläne {pl} :: repertories, playgrounds
Spielplatz {m}: የጭዋታ ቦታ: playground
Spielraum {m}: የጭዋታ ክፍል: elbowroom
Spielregel {f}: የጨዋታ ሕግ: laws of the game
Spielregeln {pl} :: laws of the game
Spielschule {f}: የመጫዋቻ ትምህርት ቤት: infant school
Spieluhr {f}: መጫዋቻ ሰዓት: musical clock
Spielverderber {m, pl}: ጨዋታ በካይ: killjoy, spoil sport

Spielverderberin {f}: ጨዋታ በካይ: spoil sports
Spielverlängerung {f}: የጨዋታ ርዝማኔ: extra time
Spielwarenhändler {m, pl}: የጨዋዎች ቁሳቁስ ነጋዴ: toy dealer
Spielwarenhandlung {f}: የጨዋታ ቁሳቁስ ንግድ: toy shop
Spielwarenhandlungen {pl} :: toy shops
Spielzeit {f}: የጨዋታ ጊዜ: play time, playtime
Spielzeiten {pl} :: playtimes
Spielzeug {n}: መጫዎቻ ነገር: plaything, toy
Spielzeuge {pl} :: playthings
Spielzimmer {n, pl}: የጨዋታ ክፍል: playroom
Spinat {m}: የጎመን ዓይነት: spinach
Spindel {f}: መዘወር/ ማጠንጠኛ: newel, spindle, arbor
Spindeln {pl} :: newels, spindles, arbors
Spinne {f}: ሸረሪት: spider
Spinnen {pl} :: spiders
Spinnennetz {n}: የሸረሪት ድር: cobweb
Spinner {m, pl}: ፈታይ፤ አጠንጣኝ: screwball, spinner, madcaps
Spinnerei {f}: ጥጥ መፍተል/ ፈተላ: spinning
Spinnereien {pl} :: spinnings
Spinnmaschine {f}: እንዝርት፤ ማጠንጠኛ: spinning frame
Spinnmaschinen {pl} :: spinning frames
Spinnrad {n}: መዘወር: spinning wheel
Spinnräder {pl} :: spinning wheels
Spinnwebe {f}: እንዝርት: spider web
Spinnweben {pl} :: spider webs
Spion/e {m, pl}: ሰላይ: spies
Spionage {f}: ሰላይ: espionage, spying
Spionageabwehr {f}: የስለላ መከላከያ: counterespionage, counter intelligence corps
spionieren: ሰለለ: spy
Spirale {f}: ጥምዝምዝ: helix
Spiralen {pl} :: helixes
Spiritismus {m}: መንፈሳዊነት: spiritualism
Spiritist {m}: መንፈሳዊ: spiritist
Spiritisten {pl} :: spiritists
spiritistisch: መንፈሳዊ: spiritualistic, spiritistic
Spiritualist {m}: ቅድስና: spiritualist
Spiritualisten {pl} :: spiritualists
Spital {n}: ሆስፒታል: infirmary
Spitäler {pl} :: infirmaries
spitz: ሹል፤ ስለት: cuspid, peaked, pointedly, spiky
Spitzbart {m}: ባላገጭ ጽም: goatee, pointed beard
Spitzbärte {pl} :: goatees
Spitzbogen {m}: ቀስት: pointed arch
Spitzbohrer {m}: መሰርሰሪያ መሳሪያ: flat drill
Spitze {f}: ጠርዝ፤ ሹል: pike, pinnacle, spire, tip, peak, peak, nib, point
Spitzel {m, pl}: የፖሊስ ሰላይ: police spy, police spies, pinnacles, spires, cuspids, peaks
Spitzengruppe {f}: መሪ ቡድን: top flight
Spitzengruppen {pl} :: top flights
Spitzenkandidat {m}: ዋና ተመራጭ: top candidate
Spitzenkanditaten {pl} :: top candidates
Spitzenklasse {f}: ዋና/ መሪ ክፍል: top class
Spitzenleistung {f}: ጉብዝና: top performance
Spitzenleistungen {pl} :: top performances
Spitzenlohn {m}: ከፍተኛ ደመወዝ: peak wages
Spitzentechnologie {f}: ታላቅ/ አዲስ ቴክኒኦሎጅ: advanced technology
spitzfindig: ዋና፤ ከፍተኛ: captious, captiously, subtle, wiredrawn
spitzig: ሹል: unblunted
Spitzigkeit {f}: ሹልነት: pointedness
Spitzmaus {f}: መፈለጊያ/ መመርመሪያ: shrew, shrew mouse
Spitzmäuse {pl} :: shrews, shrew mice
Spitzname {m}: የቅጥል ስም: moniker, nickname, sobriquet, cognomen
Spitznamen {pl} :: sobriquets, nicknames
Splitt {m}: የደንጋይ ስባሪ፤ ባልጩት: crushed stone
Splitter {m, pl}: ስንባጭ፤ ፍልጥ፤ ብጣሽ: shiver, sliver, slivers, splint, splinter
Splittergruppe {f}: ተስፈንጣሪ ቡድን: splinter group
Splittergruppen {pl} :: splinter groups
splitterig: ስንባጭ/ ተበጣሽ: splintery
splittern: ፈነከተ፤ ሰነበጠ/ ሰነከተ: sliver
Splitterpartei {f}: ተስፈንጣሪ ፓርቲ: faction, splinter party
Splitterparteien {pl} :: splinter parties, factions, splinters
spontan: በቅጽበት፤ ወዲያው: offhanded, spontaneous, offhandedly, spontaneously, sporadically
spornend: ጠማጅ/ ጠምዳ፤ ቀንጆቶ: spuring, spurring
Sport {m}: እስፖርት: sport
Sportanlage {f}: የስፖርት መሥሪያ ቦታ: sports facilities
Sportanzug {m}: የስፖርት ትጥቅ: sports suit
Sportanzüge {pl} :: sports suits
Sportart {f}: የእስፖርት ዓይነት: sport
Sportarten {pl} :: sports
Sportartikel {m}: የስፖርት ዕቃ: sports goods
Sportbericht {m}: የስፖርት ዘገባ: sporting report
Sportberichte {pl} :: sporting reports
Sportfest {n}: የስፖርት ውድድር: sports meeting
Sportfeste {pl} :: sports meetings
Sportflugzeug {n}: የስፖርት አውሮፕላን: two seater
Sportflugzeuge {pl} :: two seaters
Sportfreund {m}: የስፖርት ጓድ: sports fan
Sportgeschäft {n}: የስፖርት ቁሳቁስ ሱቅ: sports outfitters
Sporthalle {f}: የስፖርት አዳራሽ: coliseum
Sporthemd {n}: የስፖርት ሸሚዝ: sports shirt
Sporthemden {pl} :: sports shirts

Sportjacke {f}: የስፖርት ጃኬት: sports jacket
Sportjacken {pl} :: sports jackets
Sportjounalist {m}: የስፖርት ጋዜጠኛ: sportswriter
Sportjounalisten {pl} :: sportswriters
Sportkegel {m}: ያሎስ: ስፖርት: skittle
Sportkleidung {f}: የስፖርት ልብስ: sportswear
Sportklub {m}: የስፖርት ክበብ: sports club
Sportlehrer {m, pl}: የስፖርት አስተማሪ: gymnast, gymnasts
Sportlehrerin {f}: የስፖርት አስተማሪ: sports coach
Sportlehrerinnen {pl} :: sports coaches
Sportler {m, pl}, Sportsmänner: እስፖርተኛ: sportsman, sportsmen
Sportlerin {f}: እስፖርተኛ: sportswoman
Sportlerinnen {pl} :: sportswomen
sportlich: እስፖርታዊ: sporting, sportsmanlike
Sportlichkeit {f}: እስፖርተኛነት: sportsmanship
Sportnachrichten {pl}: የስፖርት ዜና: sporting news
Sportplatz {m}: የስፖርት ቦታ: sports field
Sportplätze {pl} :: sports fields
Sportreporter {m, pl}: የስፖርት ጋዜጠኛ: racereader
Sportschuh {m}: የስፖርት ጫማ: sports shoe
Sportschuhe {pl} :: sports shoes
Sportwagen {m, pl}: የስፖርት መኪና: roadster, roadsters, runabout, sports car
Sportzeitung {f}: የስፖርት ጋዜጣ: sports magazine
Spott {m}: ፌዝ፣ ቀልድ፣ ቡራ: fleer, jeer, mockery, ridicule, sarcasm, sneer, derisiveness
Spöttelei {f}, Spötteleien {pl}: ፌዝ፣ ቀልድ: raillery
spotten, verspotten: ቀለደ፣ አፌዘ: mock, flout, jape, jeer, scoff, taunt, to mock
spottend, verspottend: ቀላጅ/ ቀልዶ: flouting, japing, mocking, scoffing, sneering, taunting, mocking, tauntingly
Spötter {m, pl}: ፌዘኛ፣ ቀልደኛ: derider, mocker, scoffer, sneerer, deriders, sneerers, scoffers
Spötterei {f}: ቡራ፣ ፌዝ: mockery, raillery
Spöttereien {pl} :: mockeries, railleries
Spottgedicht {n}: የፌዝ ግጥም: satirical poem, satirical
Spottgedichte {pl} :: satirical poems
Spottgeld {n}: የፌዝ/ ቀልድ/ የውሸት ገንዘብ: trifling sum
Spottgelder {pl} :: trifling sums
spöttisch: ፌዛዊ: deridingly, derisive, derisively, jeering, quizzical, quizzically, sneeringly, jeeringly
Spottlied {n}: የፌዝ ዘፈን: satirical song
Spottlieder {pl} :: satirical songs
Spottschrift {f}: የፌዝ ጽሑፍ: satire
Sprachanalyse {f}: የቋንቋ ምርምር: voice analysis, speech analysis
Sprachausgabe {f}: የቋንቋ አፈጣጠር: voice output, voice response, audio response
Sprache {f}, Rede: ቋንቋ፣ ንግግር፣ ውይይት: speech, tongue, language
Sprachen {pl} :: languages
Spracheingabe {f}: ቃላት አሰጣጥ: voice entry
Spracherkennung {f}: የቋንቋ ስተት ማረሚያ: recognition of speech, speech pattern recognition, speech recognition, voice recognition
Sprachfehler {m, pl}: ያነጋገር ስተት: speech, impediment, speech impediments, phrase book
Sprachgebiet {n}: የመነገሪያ ቦታ: speech area
Sprachgebiete {pl} :: speech areas
Sprachgebrauch {m}: ቋንቋዊ አጠቃቀም: linguistic usage
Sprachlabor {n}: ቋንቋ መማሪያ: language laboratory
Sprachlabore {pl} :: language laboratories
Sprachlehrer {m, pl}: ቋንቋ አስተማሪ: teacher of languages
Sprachlehrerin/nen {f/pl} :: teachers of languages
sprachlich: ንግግራዊ፣ ሥነ ቃላዊ: linguistic, linguistical
sprachlos: ቋንቋአልባ፣ መገለጥ የማይችል: dumbly, speechless, speechlessly, voiceless, voicelessly
Sprachlosigkeit {f}: ቋንቋአልባነት: speechlessness, voicelessness
Sprachregel {f}: ሕገ ሰዋስው: rules of grammar, rule of grammar
Sprachrohr {n}: የቋንቋ ቱቦ: speaking tube
Sprachschatz {m}: መዝገበ ቃላት: vocabulary
Sprachstörung {f}: የመናገር ችሎታ ማጣት: speech disorder
Sprachstudien {pl} :: studies of languages
Sprachstudium {n}: የቋንቋ ጥናት: study of languages
Sprachübersetzung {f}: የቋንቋ ትርጉም: language translation
Sprachunterricht {m}: የቋንቋ ተምህርት: instruction in a language
Sprachverarbeitung {f}: ቋንቋ ዝግጅት: voice processing
Sprachwerkzeug {n}: ያነጋገር ስልት: organ of speech
Sprachwissenschaft {f}: የቋንቋ ሳይንስ: glottology, linguistics
Sprachwissenschaftler {m, pl}: የሥነ ቃል ምሁር: linguist
Sprechanlage {f}: ድምጽ መፈጠሪያ: inter phone
Sprechart {f}: አነጋገር: manner-of-speaking
sprechbar: ተገላጭ፣ ተነጋሪ: speakable
sprechen, unterreden: ተናገረ፣ ተወያየ፣ ተጫወተ: to speak (spoke, spoken), converse

sprechend: ተወያይ/ ተወያይቶ፣ ተነጋግሮ: dialoguing, speaking, talking, conversing
Sprecher {m, pl}: ተናጋሪ: spokesman, spokesmen, speaker
Sprecherin {f}: ተናጋሪ: spokeswoman
Sprecherinnen {pl} :: spokeswomen
Sprechfrequenz {f}: የድምጽ ፍጥነት: voice frequency, vocal frequenzy
Sprechfrequenzen {pl} :: voice frequencies
Sprechfunk {m}: የራዲዮ ድምጽ: voice radio, radiotelephony
Sprechfunkgerät {n}: ራዲዮ መልክት ማስተላለፊያ: radiotelephone
Sprechplatte {f}: ድምጽ መዘገቢያ: speech record
Sprechplatten {pl} :: speech records
Sprechstunde {f}: መገናኛ/ መነጋገሪያ ሰዓት: consultation-hour
Sprechübung {f}: የውይይት ልምምድ: speech practice
Sprechübungen {pl} :: speech practices
Sprechzimmer {n}: መወያያ ክፍል: parlour, parlour office
spreizen: ከፈተ፣ በረገደ፣ ለያየ: straddle
Spreizfuß {m}: ወልጋዳ እግር: splayfoot
Spreizfüsse {pl} :: splayfeet
Sprengbombe {f}: አዳጋኛ ቦምብ: high explosive bomb
sprengend: አፈነዳ: burst open, dynamit
sprengend: አፈንጅ/ አፈንድቶ: bursting open, dynamiting
Sprenger {m}: ማፈንጃ: blaster
Sprenggefäß {n}: ቀለሀ: petard
sprenkeln: ኳለ፣ አዝጎረጎረ: dapple, flecker, speckle, sprinkle
Sprichwort {n}: አነጋገር፣ አባባል፣ ብሂል: by word, proverb, adage
Sprichworte {pl} :: proverbs
sprießen: ደገፈ፣ አጸደቀ/ ተከለ: sprout
springen: አፈነዳ፣ ዘለለ፣ አጓነ: to jump, bounce, to spring [from] (sprang, sprung), bounce, gambol, leap, lope
springend: አፈንጅ/ አፈንድቶ: jumping, loping, skipping, bouncing, gamboling, hopping
Springquelle {f}: መነሻ ድምጽ: gusher
Springquellen {pl} :: gushers
Springseil {n}: መንጨዋልያ፣ ማንጠልጠያ: skipping rode
Springseile {pl} :: skipping ropes
Sprinter {m, pl}: የቅርብ ርቀት ሩጫ ተወዳዳሪ: sprinter, sprinters
Spritzarbeit {f}: ቀለም ቅብ ሥራ: spatterwork
Spritze {f}: ክትባት፣ የክትባት/ መርጫ መድፊ/ ቱቦ: syringe
Spritzen {pl} :: syringes
spritzen: ከተበ፣ ረጨ: bespatter, dabble, slosh, spatter, squirt
spritzend: ከታቢ/ ረጭቶ: bestattering, sloshing, spattering, splashy, spouting, squirting, spraying, sloshy
Spritzenhaus {n}: የሳት መከላከያ ቤት: fire engine house
Spritzenhäuser {pl} :: fire engine houses
Spritzgerät {n}: መርጫ ቁሳቁስ: spreader
Spritzgeräte {pl} :: spreaders
Spritzpistole {f}: ውሐ መርጫ ሽጉጥ: airbrush, spray gun
Spritzpistolen {pl} :: spray guns
Sproß {m}: ሽል: scion
Sprosse {pl} :: scions
Sprößling {m}: ሕፃን፣ ጨቅላ: offshoot
Sprößlinge {pl} :: offshoots
Sprotte {f}: ያሣ ዓይነት: sprat
Sprotten {pl} :: sprats
Spruch {m}, Urteilsspruch: ፍርድ፣ ቁጣ፣ አነጋገር: verdict, saying
Sprüche {pl}:: verdicts, sayings, verdicts
spruchreif: መባል/ መነገር ያለበት: ripe for decision
sprudeln: አገነፈለ፣ አፈላ፣ ቀቀለ: bubble, effervesce, sputter
Sprung {m}, Frühling, Quelle: ዝላያ፣ መዝለል፣ ምንጭ: branch, jump, skip, transfer, spring
Sprungadresse {f}: ወቅታዊ አድራሻ: branch address, jump address
Sprungbefehl {m}: የዝላይ ምልክት: jump signal, alternative instruction, branch instruction
Sprungbein {n}: መዝለያ እግር: anklebone, ankle bone
Sprungbrett {n}: መዝለያ አጉራ/ ሽመል: springboard, steppingstone, spring board
Sprungbretter {pl} :: spring boards, springboards, steppingstones, elastic spring
Sprungschanze {f}: የበረዶ ዝላይ ውድድር: ski jump
Sprungschanzen {pl} :: ski jumps
Sprungstelle {f}: የመዝለያ ቦታ: saltus
Sprungtabelle {f}: ተከታይ ሰንጠረዥ: branch table
Sprungtest {n}: የተላለፈ ፈተና: leap-frog test
spucken: ተፋ፣ እንትፍ አለ: spew, to spit
Spucknapf {m}: ዛቓ: spittoon
Spucknäpfe {pl} :: spittoons
Spuk {m}: ምራቅ: spook
Spukgeschichte {f}: ውሸት ታሪክ: ghost story
Spukgeschichten {pl} :: ghost strories
spukhaft: የተጠላ፣ የተተፋ: spooky, spookily
spülen, leeren: አለቀለቀ፣ አጠበ፣ አጸዳ: scavenge, swill, flush
spülend, waschend: አጽጅ/ አጽድቶ: swilling, washing
Spüllappen {m}: የጠረጴዛ መወልወያ: dish cloth
Spülung {f}: መወልወል: rinsing
Spülwasser {n}: መወልወያ ውሐ: water for rinsing, dishwater
Spur {f}: ዱካ፣ ፈር: soupcon, spoor, trace, track, vestige
Spuradresse {f}: መገኛ አድራሻ: track address

Spuren {pl}:: spoors, traces, tracks, vestiges, ruts
Spurenabstand {m}: የዱካ ልዩነት: track pitch
spürend: ዳስሶ፣ አሻትቶ: sensing
Spurendichte {f}: የዱካ ቅርበት/ መቀራረብ: track density
Spürhund {m}: አዳኝ/ አፋሪ ውሻ: sleuth, track hound, beagle
Spürhunde {pl} :: track hounds, sleuths
spurlos: ዱካአልባ፣ መገኛየለሽ: trackless
Spürnase {f}: ስሜታም/ማ አፍንጫ: good nose
Spürnasen {pl} :: good noses
Spürsinn {m}: የስሜት ሕዋስ: flair
Staat {m}: ሀገር: country
Staaten {pl} :: countries
Staatenbund {m}: ያገሮች ኅብረት: confederation
Staatenbündnis {n}: ያገሮች ኅብረት/ አንድነት: confederation of states
staatenlos: ፈላሲ/ ሀገርአልባ: stateless
Staatsakt {m}: ብሔራዊ መታሰቢያ ቀን: act of state
Staatsakte {pl} :: acts of state
Staatsaktion {f}: ታላቅ ቅስቀሳ: great fuss
Staatsangehörige {m, f}: ዜግነት: national subject
Staatsangehörigen {pl} :: nationals
Staatsangehöriger {m}: ዜጋ: national
Staatsangehörigkeit {f}: ዜግነት: citizenship, nationality, state affair
Staatsangelegenheiten {pl} :: state affairs
Staatsanleihe {f}: የመንግሥት ባጀት: government loan
Staatsanleihen {pl} :: government loans
Staatsanwalt {m}: ዋና ጠበቃ: public prosecutor, prosecutor
Staatsanzeiger {m}: ብሔራዊ ጥቆማ: government gazette
Staatsarchiv {n}: ብሔራዊ መዘክር: public record office
Staatsbeamte {m}: የመንግሥት ሠራተኛ: civil servant
Staatsbegräbnis {n}: ብሔራዊ የቀብር ሥራት: state funeral
Staatsbegräbnisse {pl} :: state funerals
Staatsbesuch {m}: የመንግሥት ጉብኝት: state visit
Staatsbesuche {pl} :: state visits
staatsbürgerlich: ዜግነታዊ: civic
Staatschef {m}: ርእሰ ብሔር: head of state
Staatsdienst {m}: ብሔራዊ ግዴታ: civil service
staatseigen: የመንግሥት ንብረት: state owned
Staatseinkünfte {f}: የመንግሥት ገቢ: government revenue
Staatsfeind {m}: ፀረ ሕዝብ: public enemy
Staatsfeinde {pl} :: subversives, public enemies
Staatsform {f}: ያስተዳደር ዓይነት: form of government
Staatsformen {pl} :: forms of government
Staatsfrau {f}: ልዕልት: stateswoman
Staatsfrauen {pl} :: stateswomen
Staatsgebäude {n}: የመንግሥት ቤት: public building
Staatsgefangene {m, f}: የሕግ እስረኛ: state prisoner
Staatsgefangenen {pl} :: state prisoners
Staatsgeheimnis {n}: ሕዝብ ደኅንነት: state secret
Staatsgeheimnisse {pl} :: state secrets
Staatsgeld {n}: የመንግሥት ገንዘብ: public fund
Staatsgelder {pl}:: public funds
Staatshaushalt {m}: የመንግሥት ባጀት: national finances
Staatskirche {f}: የመንግስት ሃይማኖት: state church
Staatskörper {m, pl}: መንግሥታዊ መዋቅር: body politic
Staatskosten {pl}: የመንግሥት ወጭ: public expense
Staatskunst {f}: ብሔራዊ ቅርስ: statecraft, statesmanship
Staatsmann {m}: የበላይ ባለሥልጣናት: statesman
Staatsmänner {pl} :: statesmen
staatsmännisch: መንግሥታዊ: statesmanlike
Staatsminister {m, pl}: ሚኒስትር: minister of state
Staatsoberhaupt {n}: ርእሰ ብሔር: heads of state
Staatsoberhäupter {pl}:: heads of state
Staatspapier {n}: ነጋሪት ጋዜጣ: government stocks
Staatsprozeß {m}: መንግሥታዊ ሂደት: state trial
Staatsprozesse {pl} :: state trials
Staatsräson {f}: መንግሥታዊ ጉዳይ: reason of state
Staatsrat {m}: መንግሥታዊ ምክር ቤት: privy council
Staatsrecht {n}: ብሔራዊ ሕግ: constitutional law
staatsrechtlich: ሕጋዊ: under co stitutional law, under constitutional law
Staatsschuld {f}: ብሔራዊ ዕዳ/ ብድር: national debt
Staatssicherheitsdienst {m}: ብሔራዊ አገልግሎት ግዴታ: state security service
Staatsverbrechen {n}: ብሔራዊ ምዝበራ: political offender
Staatsverfassung {f}: ብሔራዊ ሕግ/ ሕገ መንግሥት: constitution
Staatsverfassungen {f}:: constitutions
Staatsvertrag {m}: ብሔራዊ ውል: treaty
Staatsverträge {pl} :: treaties
Staatsverwaltung {f}: የሕዝብ መሥሪያ ቤት: public administration
Staatswesen {n}: የመንግሥት ሲስተም: political system

Staatswissenschaft {f}: ፖሊቲካል ሳይንስ: political science
Staatswohl {n}: ብሔራዊ እድገት/ ሰላም/ ብልጽግና: public weal
Staatszuschuß {m}: ብሔራዊ ኮሚቴ : government subsidy
Staatszuschüsse {pl} :: government subsidies
Stab {m}: አባል፣ መለኪያ: staff, wand, baton, rod
Stäbe {pl}: መለኪያ፣ ሹማምንት: staffs, wands, batons
stabil: ርጉ፣ የማይናወጥ፣ ምቹ/ የተመቻቸ: robust, robust, rugged, solid, stably
stabilisieren, stabilisiere: አስተካከለ፣ አስማማ: stabilize
stabilisierend: አስተካካይ/ አስተካክሎ: stabilizing
stabilisiert: ተስማሚ/ ተስማምቶ፣ ተስተካክሎ: stabilized
Stabilisierung {f}: ማስተካከል/ መስተካከል: stabilization
Stabilisierungen {pl} :: stabilizations
Stabsarzt {m}: ቀዶ ጠጋኝ ኃኪም: surgeon major
Stabschef {m}: የመድረክ አለቃ፣ ኃላፊ: chief of staff
Stabsoffizier {m}: የሜዳ አዛዥ፣ ጦር መሪ: field officer
Stabsquartier {n}: የጦር ሠፈር: headquarters
Stachel {m}: ጋሬጣ፣ ወጥመድ: prick
Stacheldraht {m}: የሽቦ አጥር: barbwire, barbed wire
Stacheldrähte {pl} :: barbwires, barbed wires
stachelig: እሾሃማ/ ም: thistly, prickly
stachelnd: ሰንባጭ/ ሰንብጦ: spurring on
Stachelrad {n}: ትራክቶር: tractor
Stachelschwein {n}: ያሳማ በረት: porcupine
Stachelschweine {pl} :: porcupines
Stadbezirk {m}: ማዘጋጃ ቤት: municipalities
Stadbezirke {pl}:: municipalities
Stadion {n}: ኳስ ሜዳ/ እስታዲዮን: stadium
Stadien {pl} :: stadiums
Stadt {f}, Stadtzentrum: ከተማ፣ ማሃል ከተማ: town, urban, city
Stadtbahn {f}: የከተማ ባቡር: city railway
Stadtbewohner {m, pl}: ከተሜ፣ የከተማ ኗሪ: city dweller, townsman, urbanite, townsmen, urbanites, townspeople
Stadtbezirk {m}: ቀበሌ: municipality
Stadtbild {n}: የከተማ ካርታ: townscape
Stadtbilder {pl} :: townscapes
Städte {pl}: ከተማ፣ ማሃል ከተማ: towns, urbans, cities
Städte {pl}: ከተሞች: cities, towns, burgs
Städter {m, pl}: ከተሜ/ ከተመኛ: townsfolk, townspeople
Städtezug {m}: የከተማ ባቡር: interurban express train
Stadtgebiet {n}: የከተማ ክልል: urban area
Stadtgebiete {pl} :: urban areas
Stadtgespräch {n}: የሠፈር ስልክ ንግግር: local call, common talk
Stadtgraben {m}: የክብር ሥርዓተ ቀብር: moat
Stadtgräben {pl} :: moats
städtisch: ከተማዊ: municipal, municipally, urban
Stadtkasse {f}: የሕዝብ ንብረት/ ገንዘብ: city treasury
Stadtkassen {pl} :: city treasuries
Stadtkommandant {m}: የፖሊስ አለቃ: townmajor
Stadtkommandanten {pl} :: townmajors
Stadtleben {n}: የከተማ ኑሮ: city life
Stadtleute {pl}: ከተሜ: townsfolk
Stadtmauer {f}: የከተማ ቅጽር: city wall
Stadtparlament {n}: የቀበሌ ሸንጎ: city parliament
Stadtplan {m}: የከተማ ካርታ: city map
Stadtplanung {f}: የከተማ ዕቅድ: town planning
Stadtplanungen {pl} :: town plannings
Stadtrand {m}, Randgebiet: የከተማ ክልል: outskirts
Stadtrandsiedlung {f}: አዲስ ሠፈር: suburban settlement
Stadtrandsiedlungen {pl} :: suburban settlements
Stadtrat {m}: የቀበሌ ተመራጭ: alderman, selectman, town council
Stadträte {pl} :: selectmen, town councils
Stadträtin {f}: የቀበሌ ተመራጭ: councilwoman
Stadträtinnen {pl} :: councilwomen
Stadtrecht {n}: የቀበሌ ሕግ: municipal law
Stadtrundfahrt {f}: የከተማ ሽርሽር: city tours
Stadtstaat {m}: ታላቅ ከተማ/ ርእሰ ከተማ: city state
Stadttor {n}: የከተማ መግቢያ/ በር: city gate
Stadtvater {m}: የከተማ አባት: city father
Stadtväter {pl}: የከተማ አበው: city fathers
Stadtverwaltung {f}: የከተማ አስተዳደር: municipality
Stadtzentrum {n}: መሃል ከተማ: city
Stafettenlauf {m}: ውድድር: relay race
Staffel {f}, Staffellauf: የሩጫ ውድድር: relay
Staffelei {f}: ዱላ ቅብብሎሽ: easel
Staffeleien {pl} :: easels
Staffelung {f}: መደርደር: echelon, stagger
Staffelungen {pl} :: echelons, staggerings
Stagnation {f}, Stillstand: ዝቅጠት፣ ማቆም/ ማቋረጥ: stagflation, stagnancy
Stagnationen {pl} :: stagnations
stagnieren, stagniere: አቋረጠ፣ አሽቆለቆለ፣ ቀነሰ፣ አነሰ: stagnate
stagnierend: አሽቆልቋይ/ አሽቆልቁሎ: stagnating
stagniert: ዘቃጭ/ ዘቅጦ: stagnated
Stahl {m}: ብረት: steel

Stahlarbeiter {m, pl}: በረት ማቅለጫ እንዱስትሪ ውስጥ ሠራተኛ: steelworker, steelworks
Stahlbad {n}: የቀለጠ ብረት ማጠራቀሚያ: chalybeate bath
Stahlbau {m}: የብረት ሚኒራል ቆፋሪ: steel construction
Stahlbauten {pl} :: steel constructions
Stahlbeton {m}: የብረት ጠደብ/ ግድግዳ: reinforced concrete, ferroconcrete
Stahlblech {n}: የብረት ቁራጭ: sheet steel
Stahlguß {m}: የቀለጠ ብርት ማፍሰስ/ መቅዳት: cast steel
Stahlkammer {f}: የብረት መካዘን: strong room, strong rooms
Stahlwerk {n}: የብረት ሥራ/ አሠራር: steel mill, steelwork
Stahlwerke {pl} :: steel works
Stall {m}: ጠደብ፣ በረት (ለእንስሳት): barnstable, stable
Stallarbeiter {m, pl}: በረት ሠሪ: yardman, yardmen
Stallgeld {n}: የረኛ ደመወዝ: stallage
Stallknecht {m}: ረኛ፣ በረት ጠባቂ: hostler, ostler, groom
Stallknechte {pl} :: hostlers, grooms
Stallmeister {m, pl}: በረት ጠባቂ: equerries, equerry
Stallung {f}: በረት: mews, stabling
Stallungen {pl} :: stables
Stamm {m}: ነገድ፣ ዘር፣ ዘርያ: tribally, tribe, phylum, tribal, root, trunk
Stammbaum {m}: የዘር ግንድ: pedigree, family tree
Stammbäume {pl} :: pedigrees
Stammburg {f}: ባላባት ቦታ: family seat
Stammburgen {pl} :: family seats
Stammdatei {f}, Bestandsdatei: ዋና/ መሪ ፋይል: master file
Stammdaten {pl}: ታሪካዊ መረጃ: historical data
Stämme {pl}: ነገድ፣ ዘር: tribes, phyla
stammeln: ተንተባተበ፣ በድንጋጤ ተናገረ: babble, stammer
stammen: ወጣ፣ ተዛመደ፣ ተወለደ: spring
stammend: ተወላጅ/ ተዛምዶ: springing from
Stammesangehörige {m, f}: ዘርያ፣ ዘመድ: tribesman
Stammesangehörigen {pl} :: tribesmen
stammesbewußt: ዘመድ ወዳድ፣ ጎሰኛ: clannish, clannishly
Stammesgefühl {n}: የዘር ግንድ ስሜት/ መንፈስ: clannishness
Stammesgeschichte {f}: ታሪክ ነገድ: phylogeny
Stammessystem {n}: የጎሳ ሲስተም: tribalism
Stammessysteme {pl} :: tribalisms
Stammeszugehöriger {m}: ወገን: clansman
Stammform {f}: ዋና ቅጽ/ አቋም: principal form
Stammgast {m}: ደምበኛ፣ ወዳጅ: frequenter, regular guest
Stammgäste {pl} :: regulars, frequenters
Stammhalter {m}: ወራሽ: son and heir
Stammhaus {n}: የዘመድ ቤት: parent house
stämmig: ጠንካራ፣ ደልዳላ: burly, chunky, stockily, stocky
Stämmigkeit {f}: ጠንካራነት: burliness, chunkiness, stockiness
Stammkunde {f}: ደምበኛ፣ ባለሚል: regular customer
Stammlokal {n}: ተወዳጅ መጠጥ ቤት: favourite pub
Stammpersonal {n}: ቋሚ አባል: permanent staff
Stammrolle {f}: የዘር ሚና፣ ተምሳሌት: personnel, roster, musterroll
Stammsilbe {f}: መሠረታዊ ፊደል: root syllable
Stammsitz {m}: ቋሚ መቀመጫ/ ወንበር: ancestral seat
Stammtafel {f}: የዘር/ ትውልድ ዝርዝር: flowsheet
Stammtisch {m}: የደንበኛ መቀመጫ: crackerbarrel
Stammvater {m}, Vorläufer: ቅድመ አባት: progenitor
Stammvolk {n}: መጀመሪያ ኗሪ: aborigines
Stammwort {n}: ዋና ቃል: stem
Stammwörter {pl}:: stems
stampfen: ዱብ ዱብ አለ፣ ረገጠ፣ በሰልፍ ሄደ: stomp
Stand {m}: አቋም፣ ይዞታ: leased, stall, standing, stand
Standard {m}: ልሙድ፣ እውቅ: standard
standardisieren: አሳወቀ፣ አስለመደ: standardize
Standardlösung {f}: ልሙድ/ ዕውቅ መፍትሔ: standard solution
Standardlösungen {pl} :: standard solutions
Standardprogramm {n}: የተለመደ ፕሮግራም: standard program
Standardwerk {n}: የተለመደ ሥራ/ ተግባር: standard work
Standardwerke {pl} :: standard works
Standbild {n}: የተለመደ ፎቶ/ ስእል: fixed-image, statue, freeze image
Standbilder {pl} :: statues
Standesamt {n}: ማዘጋጃ ቤት: registry office
Standesbeamte {m}: ማዘጋጃ ቤት ሠራተኛ: registrar
Standesperson {f}: ባለማዕረግ: person of rank
Standesunterschied {m}: የማዕረግ ልዩነት: class distinction
Standfestigkeit {f}: ቋሚ-/ ጥብቅነት: stableness
Standgeld {n}: የጋብቻ ግብር: stall money
Standgericht {n}: የቤተ ሰብ ፍርድ ቤት: drum head court martial
Standhaftigkeit {f}: ቋሚነት: constancy, steadfastness

ständig: ቋሚ፣ ጠንካራ፣ ተደጋጋሚ: permanent, permanently
Standort {m}: ሠፈር፣ መኖሪያ: locations
Standortwechsel {m}: ቦታ ቅያሬ: relocation
Standpunkt {m}: መነሻ/ ተጨባጭ ነጥብ: standpoind, standpoint, point of view
Standpunkte {pl} :: standpoints
Standrecht {n}: የጋብቻ መብት: martial-law
standrechtlich: በጋብቻ ሕግ መሠረት: according to martial law
Standrohr {n}: መሪ ቧንቧ: standpipe
Standrohre {pl} :: standpipes
Standuhr {f}: ያጻራሽ ሰዓት: hall clock
Standverbindung {f}: ማገናኘት/ ግንኙነት: point-to-point connection
Stange {f}: ዱላ፣ ምርኳዝ፣ መጠጥ ቤት: bar, rod
Stanze {f}: ጉጠት፣ መቆንጠጫ: stanza
Stanzen {pl} :: pressings
Stapel {m, pl}: ምድጃ: pack, stack, batch, packs, stacks, batchs
Stapelplatz {m}: አውድማ፣ ዕቃ መከመሪያ ቦታ: stockyard
Stapelplätze {pl} :: stockyards
stapfen: ዱብ ዱብ አለ፣ በኃይል ረገጠ: trudge
Star {m}: ዕውቅ፣ ታዋቂ: starling
Stare {pl}:: starlings, starlings
stark, kräftig: ጠንካራ፣ ብርቱ፣ ኃይለኛ: potent, potently, powerful, racily, racy, strong, unweakened, intensely
Stärke {f}: ጥንካሬ፣ ኃይል: powerfulness, strength, strongness, vigorousness, forte
Stärken {pl} :: grossnesses, vigorousnesses, fortes
stärken: አበረታታ፣ አጠናከረ: invigorate, starch
stärkend: አበረታች/ አበረታቶ: buttressing, invigorating, recuperative, restorative, restoratively, starching, strengthening, tonic, tonicly
Starkstrom {m}: ከፍተኛ የኃይል ምንጭ: high voltage current, power current, heavy current
Starkstromkabel {n}: ኃይለኛ ካብል: power cable
Starkstromleitung {f}: ታላቅ የኃይል መሳቢያ: power line
Starkstromleitungen {pl}:: power lines
Stärkungsmittel {n, pl}: ማበረታቻ መድኃኒት/ ዘዴ: fortifier, restorative, tonics, tonic, fortifiers, restoratives
starr: ግትር፣ የማይናወጽ፣ ቋሚ: numb, numbly, rigid, rigidly, torpid, torpidly
starren (auf): ቀጥ ብለ: አየ/ ተመለከተ: gaze, scowl, stare, to stare at
starrend: አተኳሪ/ አተኩሮ: gazing, scowling, staring
Starrheit {f}, Steifheit: ግትርነት: inelasticity, rigidity
Starrheiten {pl}, Steifheiten :: rigidness
Starrkrampf {m}: የስፖርት ዓይነት: catalepsy
Starrkrämpfe {pl} :: catalepsies
Starrsinn {m}: ሰፍሳፋ: headiness
starrsinnig: ግትር፣ የማይረታ: headily, heady, pigheaded
Start {m}, Anfang: ማስነሻ፣ መቀስቀሻ: blastoff, boot, departure, kickoff, liftoff, start, starting
Startadresse {f}: መነሻ አድራሻ: startaddress
starten, aktivieren, einschalten: ጀመረ፣ ወጠነ፣ አስነሳ፣ ዐቀደ፣ ዐለመ: commence, initate, run, start, activate, to launch
startend: አስነሽ/ አስነስቶ: actuating, starting
Starter {m, pl}: መሪ፣ ጀማሪ: flagman, flagmen
Starterlaubnis {f}: መነሻ ፈቃድ: clearance for, take off
Starterlaubnisse {pl} :: clearances for take off
Startknopf {m}: ማስነሻ ነጥብ/ ቁልፍ: activate button
Startprogamm {n}: መጀመሪያ/ ማስነሻ ፕሮግራም: starter
Startprogramm für Computer: የኮምፒዩተር መጀመሪያ ፋይል: bios
Startschritt {m}: መነሻ እርምጃ: start element, start pulse
Startschuß {m}: መነሻ/ መጀመሪያ ተኩስ: starting shot
Startschüsse {pl} :: starting shots
Startweg {m}: መነሻ መንገድ: start distance
Startzeile {f}: መነሻ መስመር: startline
Statik {f}: የጭንቀት/ ፍትጊያ ጥናት: statics
Statiker {m, pl}: የጭንቀት ተመራማሪ: stress analysts, stress analyst
Station {f}: የሐኪም ቤት ክፍል፣ መድረሻ/ መነሻ፣ መቋሚያ: station
Stationen {pl} :: stages
stationieren: አቆመ፣ አኖረ: to station
stationierend: አቋሚ/ አቁሞ: stationing
stationiert: ኗሪ/ ተኑሮ: stationed
Stationierungskosten {pl}: የመካዘን ዋጋ/ ክፍያ: stationing costs
Stationsarzt {m}: የሴክሽን ሐኪም: ward physician
Stationsärzte {pl} :: ward physicians
Stationskennung {f}: የፋይል ኮድ: answerback code
Stationsrechner {m}: የፋይል መቆጣጠሪያ: cluster controller
Stationsumfrage {f}: የሠፈር ቃለ መጠይቅ: station cycle polling
Stationsvorsteher {m}: የበላይ ነርስ: station master
Statistik {f}: እስታቲስቲክስ፣ የቁጠራ ተግባርና ሰንጠረዥ: stat, statistic, statistics
Statistiken {pl} :: stats
Statistiker {m, pl}: የእስታቲስቲክስ ባለሙያ: statistician, statisticians
statistisch: ሰንጠረዣዊ: statistical, statistically
statt, anstatt: በ---ፈንታ: instead of
statt dessen, dafür: በዚያ/ በዚህ ፈንታ: instead
stattfinden: ተከናወነ፣ ተገበረ፣ ተደረገ: take place, to take place
Statthalter {m}: አለቃ፣ አስተዳዳሪ: gubernatorial, proconsul, vicegerent

Statthalterschaft {f}: አስተዳዳሪነት: governorship
stattlich, großartig: አስተዳደራዊ፣ ታላቅ: portly, sightly, stately, grand
Stattlichkeit {f}: ታላቅነት: personability, stateliness
Stattlichkeiten {pl} :: personableness
Statur {f}: ምስል/ ቅርጽ: figure staturen figures
Status {m}: ደረጃ፣ ሚና: status
Statuten {pl} :: bylaws, statuses
Statussymbol {n}: የደረጃ/ ማዕረግ ምልክት: status symbol
Statussymbole {pl} :: status symbols
Stau {m}, Teich: ጭንንቅ፣ የመንገድ ጥበት: pond
Staub {m}, Pulver: አቧራ፣ አፈር፣ ብናኝ፣ ዱቄ ት: dust, powder
staub: አቧራማ/ ም: dust
staubdicht: ጭጋጋማ/ም: dust proof, dust-proof
stauben: በነነ፣ አቧራ አስነሳ: raise dust
Staubfänger {m, pl}: አቧራ ሳቢ: dust catcher, dust catchers
staubfrei: አቧራአልባ: dust free
staubhaltig: አቧራማ/ ም: dusty
staubig: አቧራማ: dusty
Staubigkeit {f}: አባራማነት: dustiness
Staubkorn {n}: አቧራማ ነገር: dust particle
Staubkörner {pl} :: dust particles
staublos: አቧራአልባ: dustless
Staubmantel {m}: ያቧራ ልብስ: dustcoat
Staubmäntel {pl} :: dustcoats
staubsaugen: ቤት ጠረገ/ አጸዳ: hoover
Staubsauger {m, pl}: ቤት መጥረጊያ: hoover, vacuum cleaner, hoovers
Staubtuch {n}: ያቧራ ፎጣ: duster
Staubtücher {pl} :: dusters
Staubwolke {f}: ያቧራ ደመና: dustcloud
Staubwolken {pl} :: dustclouds
staunen: ተገረመ፣ ተደነቀ: be astonished
staunend: ተገራሚ/ ተገርሞ: marveling, wondering, marvelling
Staupe {f}: ልክፍት፣ በሽታ: distemper
Staupen {pl} :: distempers
Steak {n}: የሥጋ ቁራጭ: steak
stechen, stecken, befestigen: በመድፎ/ ምስማር ወጋ፣ ጠቅ አደረገ: jab, prickle, stab, sting, twinge, to stick (stuck, stuck)
stechend: ወጊ/ ወግቶ: jabbing, pungent, stabbing, stinging, twinging, pricking
Stechfliege {f}: ውጊት/ ተናዳፊ ነፍሳት: biting housefly
Stechfliegen {pl} :: biting houseflies
Stechmücke {f}: የወባ ትንኝ: mosquito
Stechmücken {pl} :: mosquitoes, gnats
Stechschritt {m}: የሠልፍ ጉዞ/ ርግጫ: goose step
Stechschritte {pl} :: goose steps
Stechuhr {f}: መቆጣጠሪያ ሰዓት: check clock, attendance recorder
Steckbrief {m}: ታዋቂ/ በግልጽ የተጻፈ ደብዳቤ: warrant of apprehension
Steckbriefe {pl} :: warrants of apprehension
Steckdose {f}: የሶኬት መሰኪያ: socket
Steckdosen {pl} :: sockets, jacks
steckenbleiben: ተሰክቶ ቀረ: be stuck, stodged
steckenbleibend: ተተክሎ፣ ቆሞ ቀርቶ: bogging, deadlocking, stucking
Stecker {m, pl}: ሶኬት መሰኪያ: connectors, male
Stecknadel {f}: እስፒን: pin
stehen, stehen bleiben, anhalten: ቆመ: to stop, stand (stood, stood)
stehenbleiben: ቆሞ ቀረ: stand still
stehend: ቋሚ: vertical
Steher {m}: ቋሚ: stayer
Stehlampe {f}: የወለል መብራት: floor lamp
Stehlampen {pl} :: floor lamps
stehlen: ሰረቀ፣ ቀጠፈ: burgle, heist, purloin, thieve, to steal (stole, stolen)
stehlend: ቀጣፊ/ ቀጥፎ: purloining, stealing, thieving
Stehplatz {m}: መቋሚያ ቦታ: standing room
steif: ቋሚ፣ ጥጥር፣ ጠንካራ: prim, primly, stiff, stiffly, taut, tautly, stiffly
steifen: አጠነከረ፣ ደገፈ: stiffen
steifend: አጠንካሪ/ አጠንክሮ: stiffening
Steifheit {f}: ጥጥርነት: primness, starchiness
Steigbügel {m, pl}: ካውያ: stirrup, stirrups
steigen: ወደላይ ሄደ/ ወጣ፣ ተንጠላጠለ: go up, rise
steigend: ተንጠልጣይ/ ተንጠልጥሎ: going up, rising
Steiger {m}: የበላይ ተቆጣጣሪ: overman
steigern: አሳደገ፣ ጨመረ፣ ከፍ አደረገ: enhance, raise
steigernd: ከፍ ከፍ አድራጊ/ አድርጎ: enhancing
Steigerung {f}: ጭማሪ: cumulation, enhancement, escalation
Steigerungen {pl}:: cumulativeness, escalations
steigerungsfähig: መጨመር የሚችል: increasable
Steigerungsgrad {m}: ተጨማሪ ድግሪ: degree of increase
Steigerungsgrade {pl} :: degrees of increase
Steigfähigkeit {f}: የጭማሪ/ የመጨመር ችሎታ: climbing power
Steigung {f}, Steigeleitung (El.): አቀበት፣ ጭማሪ: acclivity, gradient, riser
Steigungen {pl} :: acclivities, gradients
steil: ገደል፣ መጣያ: precipitately, steep, steeply
Steilheit {f}: ገደላማነት: steepness
Stein {m}: ድንጋይ: shale, stone
Steine {pl} :: shales, stones
steinern: አጠነከረ፣ ድንጋይ አደረገ: stony
steinhart: ጠንካራ: adamant, adamantly
Steinhaufen {n, pl}: ካብ: cairn, cairns
steinig: ድንጋያማ/ ም: stonily, stony, stonily
Steinkohle {f}: ነዳጅ ድንጋይ: pit coal

Steinkohlen {pl}:: coals
Steinkohlenbergwerk {n}: **የከሰል ድንጋይ ቁፋሮ**: coal mine
Steinmetz {m}: **ድንጋይ ጠራቢ/ ግበኛ**: stonecutter
Steinmetze {f}: **ድንጋይ ጠረባ**: stonemason
Steinmetzen {pl} :: stonecutters, stonemasons
Steinpilz {m}: **ጨጎጎት**: yellow boletus, boletus
Steinpilze {pl} :: yellow boletuses, boletuses
steinreich: **የጨቀየ ኃብታም**: immensely rich
Steinsalz {n}: **አሞሌ ጨው**: rock salt
Steinzeit {f}: **የድንጋይ ዘመን፣ የሰው ልጅ ድንጋይ መሣሪያ የተጠቀመበት**: stone age
Steinzeiten {pl} :: stone ages
Steißbein {n}: **ድንኩይ፣ ባላጭር ባት/ እግር**: coccyx
Steißbeine {pl} :: coccyxes
Stelle {f}, Punkt: **ቦታ፣ ነጥብ**: location, place, stead, digit, spot
Stellen {pl} :: steads, locations
stellen: **አስቀመጠ፣ አኖረ፣ አዘጋጀ**: adjust, pose, set, to put
Stellenangebot {n}: **ክፍት የሥራ ቦታ**: vacancy
Stellenangebote {pl} :: vacancies
Stellengesuch {n}: **የሥራ ቦታ ፍለጋ**: application fora post
Stellengesuche {pl} :: applications for a post
Stellenjäger {m}: **ማዕረግ ወዳድ**: place hunter
Stellenleiter {m}: **ኃላፊ**: activity head
Stellennachweis {m}: **የሠራተኛ አገናኝ ደላላ**: employment agency
Stellennachweise {pl} :: employment agencies
stellenweise: **ከቦታ ቦታ**: here and there
Stellung {f}: **ሚና፣ የማዕረግ ደረጃ**: ambassadorship, emplacement, positional, posture, stance
Stellungen {pl} :: ambassadorships, postures, stances
Stellungsaufgabe {f}: **የኃላፊነት ግዳጅ/ ተግባር**: abandonment of position
Stellungsspiel {n}: **የሚና ጨዋታ**: positional play
Stellungswechsel {m}: **የኃላፊነት/ የሥራ/ ማዕረግ ለውጥ**: change of position
stellvertretend: **ተቀዳሚ፣ ምክትል፣ አማራጭ**: acting, vicarious, substitutionally, vicariously
Stellvertreter {m}: **ተጠካይ**: attorney in fact
Stellvertreterin/nen {f/pl}: **ተወካይ**: substitutes
Stellwerk {n}: **ማስጠንቀቂያ ሳጥን/ አላርም**: signal box
Stellwerke {pl} :: signal boxes
Stelze {f}: **ድጋፍ፣ ማስረዘሚያ፣ ከፍ ማድረጊያ**: stilt
Stelzen {pl} :: stilts
stelzen: **ከፍ አደረገ፣ አስረዘመ፣ አሳደገ**: stalk
Stempel {m, pl}: **ማሕተም፣ ቴ ምብር**: pistil, stamp, pistils, stamps
Stempelfarbe {f}: **የማሕተም ቀለም**: stamping ink
Stempelgebühr {f}: **የማሕተም ግብር**: stamp duty
Stempelgebühren {pl} :: stamp duties
Stempelkissen {n}: **የማሕተም መርገጫ/ ቀለም መጨመሪያ**: ink-pad, rubber-stamp pad, stamp-pad, ink pad
stempeln, frankieren: **አተመ፣ ማሕተም አደረገ**: to stamp
Stenogramm {n}: **የምኅጻረ ቃል ጽሑፍ/ ዘገባ**: shorthand report, shorthand note, shorthand
Stenogramme {pl} :: shorthand reports
Stenograph {m}: **የምኅጻረ ቃል ጽሑፍ ምሁር**: stenographer, shorthand writer
Stenographen {pl} :: shorthand writers, stenographers
Stenographie {f}: **የምኅጻረ ቃል አጻጻፍ**: stenography
stenographieren: **አሳጥሮ/ በምኅጻረ ቃል ጻፈ**: write in shorthand, write shorthand, stenograph
stenographierend: **በምኅጻር ጻፈ/ ጽፎ**: writing in shorthand
stenographiert: **በምኅጻር ተጻፈ/ ተጽፎ**: wrote in shorthand, written in shorthand
stenographisch: **ምኅጻረ ቃላዊ**: stenographic, stenographical, stenographically
Stenotypist {m}: **የምኅጻረ ቃል ታይፒስት**: shorthand typist, shorthand typist, stenotypist
Stenotypisten {pl} :: shorthand typists
Stenotypistin/nen {f/pl} :: typists
Steppe/n {f/pl}: **ተረተር፣ ሸንተረር**: steppes
Stepptanz {m}: **የዳንስ ዓይነት**: tapdance, tap dancing
Stepptänze {pl} :: tap dances
Sterbeanzeige {f}: **የቀብር ማስታወቂያ**: obituary
Sterbeanzeigen {pl} :: obituaries
Sterbebett {n}: **ቃሬዛ**: deathbed
Sterbebetten {pl} :: deathbeds
Sterbefall {m}: **የሞት አዳጋ**: decease
Sterbefälle {pl} :: deceases
Sterbefallversicherung {f}: **የሞት አዳጋ ኢንሹራንስ**: insurance of decease
Sterbefallversicherungen {pl} :: insurances of decease
Sterbegeld {n}: **የፍትሀት ምጽዋት**: death benefit
Sterbehilfe {f}: **የሞት እርዳታ**: euthanasia
Sterbekasse {f}: **የቅብር ቁጠባ/ ዕቁብ**: burial fund
Sterbekassen {pl} :: burial funds
Sterbeliste {f}: **የምውታን ስም ዝርዝር**: necrology
Sterbelisten {pl} :: necrologies
sterben (an): **ሞተ፣ አረፈ፣ ተሰናበተ**: to die (died, died) (of), to die (from), to pass away
sterbend: **መዋቲ/ ሞቶ**: deceasing, dying, moribund, moribundly
sterbenskrank: **ጥኑ በሽተኛ**: sick to death

Sterbestunde {f}: የመሞቻ/ ኑዛዜ ሰዓት: hour of death
Sterbestunden {pl} :: hourr of death
Sterbeurkunde {f}: የሟች መረጃ: death certificate
sterblich: ኃላፊ፣ ጠፊ: mortal, noneternal, mortally
Sterblichkeit {f}: ኃላፊነት፣ ሟችነት: moribundity, mortality
Stereoaufnahme {f}: የድምጽ/ ሙዚቃ መቅዳት/ መቅረጽ: stereoscopic picture
Stereoaufnahmen {pl} :: stereoscopic pictures
Stereometrie {f}, Stereometrien {pl}: የአካል አለካክ/ መለኪያ ትምህርት: stereometry
Stereoskop {n}: ዓው.ደ ነገሥት፣ ኮከብ ቆጠራ: stereoscope
Stereoskope {pl}:: stereoscopes
stereoskopisch: ጥንቆላዊ: stereoscopic, stereoscopically
stereotyp: የማይቀየር: stereotype
Stereotypie {f}, Stereotypien: ክለሳ፣ ድግግም: stereotypy
steril: ንጹሕ፣ መሃን፣ ደረቅ: sterilely, clean
Sterilisation {f}: መንጸን መዝጋት፣ ማምከን: sterilization
Sterilisationen {pl} :: sterilizations
Sterilisator {m}: ማጎጸን ዘጊ/ ቆላፊ: sterilizer
Sterilisatoren {pl} :: sterilizers
sterilisieren: ማጎጸን ዘጋ፣ ቆለፈ፣ መሃን አደረገ: sterilize
sterilisierend: አምካኝ/ አምካኖ: sterilizing
sterilisiert: መሃን/ መካና: sterilized
Stern {m}: ኮከብ: astronomical, diamond, star, asterisk
Sterne {pl} :: stars, asterisks
sternartig: የኮከብ ስባሪ: asteroidal
Sterndeuter {m, pl}: ጥንቋይ፣ ኮከብ ቆጣሪ: astrologist
Sterndeuterei/en {f/pl}: ጥንቆላ፣ ጥንቁልና: astrologies
Sternenhimmel {m}: ደማቅ ሰማይ: starry sky
Sternenlicht {n}: የኮከብ ብርሃን: starlight
Sternenlichter {pl} :: starlights
sternförmig: ኮከብ ቅርጽ/ መሰል: astral, radially, starlike, star-shaped
Sterngruppe {f}: የኮከብ ጥርቅም: asterism
Sterngucker {m, pl}: የከዋክብት ተመራማሪ/ አጥኚ: stargazer, stargazers
Sternhöhenmesser {m, pl}: የከዋክብት ርቀት መለኪያ: astrolabe, astrolabes
Sternjahr {n}: የከዋክብት ዓመት: sidereal year
sternklar: ወገጋን: starlit
Sternkunde/n {f/pl}: የኮከብ ጥናት: astronomies
sternlos: ኮከብአልባ: starless
Sternwarte {f}: ከዋክብትን ማተኮር: observatory
Sternwarten {pl} :: observatories
stet, stetige: ሁሌ፣ በተደጋጋሚ: steadily
Stethoskop {n}: ማዳመጫ ቧንቧ: stethoscope
Stethoskope {pl} :: stethoscopes
stets: ሁሌ: always
Steuer {f}: ቀረጥ፣ ግብር: tax, duty, tax [on]
Steuer {n}: መዘወር፣ መሪ: rudder, helm, steering wheel [mot.]
Steuerabzug {m}: የቀረጥ ቅናሴ: deduction of tax
Steueraufschlag {m}, Zusatzsteuer: ተጨማሪ ግብር: additional tax
Steuerbaustein {m}: የኮምፒዩተር ጽሑፍ መቆጣጠሪያ: controller
Steuerbeamte {m}: ግብር ሰብሳቢ/ አስገቢ: revenue officer
Steuerbefreiung/en {f/pl}: ከታክስ ነፃ መሆን: tax exemptions
Steuerbehörde {f}: ገንዘብ ሚኒስትር: revenue authorities
Steuerberater {m, pl}: የታክስ/ ግብር ቁጠባ አማካሪ: tax consultant, tax consultants
Steuerbescheid {m}: የግብር ክፍያ ማስረጃ/ መረጃ: notice of assessment
Steuereinheit {f}, Steuerwerk: መቆጣጠሪያ: controller
Steuereinnahme/n {f/pl}: ግብር ተቀባይ/ ሰብሳቢ: inland revenue
Steuereinschätzer {m}: ግብር ገማች: assessor
Steuererklärung {f}: የግብር ክፍያ ደረሰኝ: tax return
Steuererleichterung {f}: የግብር ቀናሴ: tax abatement
Steuererleichterungen {pl} :: tax abatements
Steuererstattung {f}: የቀረጥ መልስ: taxrefund
Steuerfestsetzung {f}: ቋሚ ግብር: taxing
steuerfrei: ከግብር/ ታክስ ነፃ: tax exempt, tax free, tax-exempt, tax-free
Steuerfreibetrag {m}, Steuerfreiheit: ከቀረጥ ነፃ ገቢ: tax exemption
Steuerfreiheit {f}: ከቀረጥ ነፃ መሆን: exemption from taxation
Steuergesetz {n}: የቀረጥ/ ግብር ሕግ: tax law
Steuergesetze {pl}:: tax laws
Steuerhinterzieher {m, pl}: ግብር የማይከፍል፣ ግብር/ ታክስ የሚያታልል: defrauder, tax dodger, defrauders, tax dodgers, tax evasion
Steuerhinterziehung {f} :አታላይ: tax evasion
Steuerhinterziehungen {pl} :: tax evasions
Steuerklasse {f}: የግብር ክፍያ ደረጃ: tax bracket
Steuerlast {f}: የግብር ዕዳ: tax load
Steuerlasten {pl} :: tax loads
steuerlos: መጨበጫ-/ መያዣ አልባ: rudderless
Steuermann {m}: ሹፌር፣ ዘዋሪ፣ አሽከርካሪ: cox, helmsman
Steuermänner {pl} :: coxes, helmsmen
Steuermittel {n, pl}: የግብር ገንዘብ: tax money
steuern, schiffen: መርከብ ነዳ፣ ሾፈረ፣ ተቆጣጠረ: navigate, to control, to steer
steuernd: ዘዋሪ/ ዘውሮ: conning, steering
Steuerpflicht {f}: የግብር ግዴታ: tax liability

steuerpflichtig: መቀረጥ ያለበት: declarable, declarably, assessable
Steuerpolitik {f}: የቀረጥ/ ግብር ፖሊሲ: fiscal policy
Steuerrad {n}: መዘወሪያ (የመርከብ): steering-wheel, steering wheel
Steuerräder {pl} :: steering wheels
steuerrechtlich: በቀረጥ ሕግ መሠረት: according to tax law, fiscal
Steuerschuld {f}: የታክስ ዕዳ: accrued taxes
Steuerung {f}: መቆጣጠሪያ (የኮምፒዩተር): control, steerage, supervision, steerage
Steuerungen {pl} :: steerages, steerings
Steuerungsfunktion {f}: የመቆጣጠሪያ ትዛዝ: allocative function
Steuerzahler {m, pl}: ግብር/ ቀረጥ ከፋይ: tax-payer, taxpayer, taxpayers
Steuerzuschlag {m}: ተጨማሪ ግብር: surtax
Steuerzuschläge {pl} :: surtaxes
Stich {m}: ቁንጥጫ፣ ጠቅታ: twinge
Stiche {pl} :: twinges, stitches
Stichelei {f}: መወጋት፣ መቆንጠጥ: quip, teasing
Sticheleien {pl} :: quips, teasings
sticheln: ወጋ፣ ጠቅ አደረገ: taunt
Stichprobe {f}: ውስን ሙከራ/ ቁጥጥር: random, sample, spot check, spot test
Stichproben {pl} :: spot tests
Stichprobenanweisung {f}: የመቆጣጠሪያ ትእዛዝ: sampling instruction
Stichprobenplan {m}: የመቆጣጠሪያ መርሀ ግብር: sampling plan
Stichprobenprüfung {f}: የቁጥጥር ማጣሪያ: sampling, sampling inspection
Stichtag {m}: የገደብ ዕለት/ ቀን: deadline
Stichtage {f} :: deadlines
Stichwaffe {f}: መውጊያ መሳሪያ: thrusting
Stichwaffen {pl} :: thrustings
Stichwahl {f}: የሙከራ ምርጫ: second ballot
Stichworte {pl}: ውስን ቃላት: catchwords
Stichwunde {f}: የቢላዋ/ ስለት ቁስል: stab wound
Stichwunden {pl} :: stab wounds
sticken: ሰካ፣ ታፈነ: embroider
Stickerei {f}: አፈና፣ መታፈን: embroidery
Stickereien {pl}:: embroideries
stickig: አፋኝ፣ አቃፊ: stuffily, stuffy
Stickstoff {m}: ብረት አልባ ንጥረ ነገር: azote, nitrogen
Stiefbruder {m}: የእንጀራ እናት ወይም አባት ልጅ: stepbrother
Stiefbrüder {pl}:: stepbrothers
Stiefgeschwister {pl}: የእንጀራ አባት ወይም እናት ልጆች: stepbrothers and stepsisters
Stiefkind {n}: የእንጀራ ልጅ: stepchild
Stiefkinder {pl} :: stepchildren
Stiefmutter {f}: የእንጀራ እናት: stepmother
Stiefmütter {pl}:: stepmothers
stiefmütterlich: የእንጀራ እናታዊ: stepmotherly
Stiefschwester {f}: የእንጀራ እናት/ አባት ልጅ: stepsister
Stiefschwestern {pl} :: stepsisters
Stiefsohn {m}: የእንጀራ አባት/ እናት ልጅ: stepson
Stiefsöhne {pl}:: stepsons
Stieftochter {f}: የምሽት/ ባል ልጅ: stepdaughter
Stieftöchter {pl}:: stepdaughters
Stiefvater {m}: የእንጀራ አባት: stepfather
Stiefväter {pl}: የእንጀራ አባት: stepfathers
Stiel {m}: ጨበጣ: helve, shaft, handle
Stiele {pl} :: shafts, helves
stiellos: መጨበጫአልባ: sessile
Stier {m}: የበሬ ሰንጋ/ የሐረር ሰንጋ: bull
Stiere {pl} :: tauruses, bulls
stieren: አደለበ፣ አተኩሮ አየ: goggle
Stierkampf {m}: ከተዋጊ በሬ ጋራ መታገል (በእስፓኒያ ሀገር የተለመደ እስፖርት ነው): bullfight, bullfighting, bull fight
Stierkämpfe {pl} :: bullfights, bull fights, bull fighter, bullfighter, torero, bull fighters
stiernackig: ጳልጋማ፣ ሙሉ አንገት: bull necked, bullnecked
Stift {m}: ብእር፣ እስክብሪቶ: pin, spike, tack, pen
Stifte {pl} :: pens, spikes, tacks, pencils
stiften: ሰጠ፣ አዋጣ፣ መጸወተ: give, donate, make agift
Stiftsdame {f}: በኃብታም መጢሪያ ተቀማጭ: canoness
Stiftsdamen {pl} :: canonesses
Stiftsherr {m}: ቄ ስ፣ ካህን: canon
Stiftsherren {pl} :: canons
Stiftshütte {f}: የድንኳን ቤተ መቅደስ: tabernacle
Stiftshütten {pl} :: tabernacles
Stil {m}: ድርድር፣ የግጥም ዓይነት: style
stil: ድርድር: style
Stilblüte {f}: ፊዛዊ አነጋገር: bloomer
Stilgefühl {n}: የተረጋጋ ስሜት/ መንፈስ: stylistic sense
Stilgefühle {pl} :: stylistic senses
stilisieren: ደረደረ፣ ድርድሩን አሳመረ: stylize, conventionalize
Stilist {m}: ደርጻሪ፣ ገጣሚ/ ግጥም ጸሐፊ: stylist
Stilisten {pl} :: stylists
Stilistik {f}: ድርድር: stylistics
stilistisch: ድርድራዊ፣ ግጥማዊ: stylistic, stylistically
still, ruhig, dennoch: ጸጥታማ/ ም፣ ርጉ፣ ሰላም፣ ገና፣ አሁንም፣ እነሆ: calm, hush, mum, mumly, quietly, silent, silently, tacit, still
Stille {f}, Ruhe, Schweigen: ጸጥታ፣ ሰላም፣ ርጋታ: silentness, stillness, calmness, silence
Stilleben {n}: የሰላም ኑሮ: still life
stillegen: ዘጋ፣ አቆመ: cripple, quiesce
stillegend: አቋሚ/ አቋርጦ: shutting down
Stillegung {f}: ማቋረጥ፣ መዝጋት: quiescence
stillen, befriedigen: አጠባ/ ች፣ ጸጥጥ አሰኘ፣ አረካ: slake, stanch, assuage
stillend: አጥቢ/ አጥብታ: slaking, stanching

stillgelegt: ተዘጊ/ ተዘግቶ: inoperative
stillhalten: ጸጥጥ አደረገ/ አድርጎ ያዘ: keep still
stilliegen: ጸጥጥ ብሎ: ተኛ: lie quiet
stillos: ጸጥታ-/ ስላምአልባ: in bad style
stillschweigend: ጸጥጥ ባይ/ በሎ: being silent, tacit, tacitly
Stillstand {m}: ተኩስ ማቆም ስምምነት፣ ዝቅጠት: cessation, stagnation, standstill
stillstehen: ፈዘዘ፣ ተገተረ: to stand idle
stillstehend: ዘቃጭ: stagnant, stagnantly
Stilübung {f}: የግጥም/ ድርድር ልምምድ: exercise in tyle
Stilübungen {pl} :: exercises in style
stilvoll: መልካም/ ቆንጆ ድርድር: classy, stylishly, stylish
Stimmabgabe/n {f/pl}: ድምጽ አሰጣጥ: votings
Stimmband {n}: ድምጽ መፍጠሪያ: vocal chord
Stimmbänder {pl} :: vocal chords
stimmberechtigt: መምረጥ የሚችል: entitled to vote
Stimme {f}, Wahlstimme, Abstimmung: ድምጽ: vote, voice
Stimmen {pl} :: voices
stimmen für, wählen, abstimmen: መረጠ፣ ድምጽ ሰጠ: to vote
stimmen: ተረጋገጠ፣ እውነት ሆነ: attune
stimmend: መራጭ/ መርጦ: attuning
Stimmenfang {m}: ድምጽ ሳቢ: vote catching
Stimmengleichheit {f}: የምርጫ እኩልነት: equality of votes
Stimmenmehrheit {f}: ምርጫ አሸናፊ: majority-of-votes
Stimmenthaltung {f}: አለመምረጥ/ ድምጽ አለምስጠት: abstention
Stimmenzählung {f}: ድምጽ ቆጠራ: counting of votes
Stimmenzählungen {pl} :: countings of votes
stimmhaft: ድምጸማ: voicing
stimmlos: ድምጽ አልባ: unvoiced
Stimmrecht {n}: የመምረጥ መብት: suffrage, right to vote
Stimmrechte {pl} :: suffrages, rights to vote
Stimmschein {m}: ድምጽ መስጫ/ መምረጫ ካርድ: absentee ballot
Stimmung {f}: ሁኔታ: mood, temper
Stimmungen {pl} :: morales
Stimmungsmusik {f}: ተወዳጅ ሙዚቃ: mood music
Stimmungsumschwung {m}: ያስተያየት ዝንባሌ: change of mood
Stimmwechsel {m, pl}: የመራጭ ማሽግሽግ/ መቀየር: change of voice
Stimmzettel {m, pl}: መምረጫ ካርድ: ballots
stimnmend: መራጭ/ መርጦ: voting
Stinkbombe {f}: መርዛማ ቦንብ: stink bomb
Stinkbomben {pl} :: stink bombs
stinken: ከረፋ፣ ሸተተ: to stink
stinkend: ክርፋታም/ ማ: fetid, fetidly, reeking, fetidly, stinky
Stinker {m, pl}: ክርፋታም: stinker, stinkers
stinkfaul: ብስብስ ሰነፍ: bonelazy
stinkig: ክርፋታም: olio, olios
stinksauer: ቁጡ፣ ብስጩ: hopping mad
Stipendiat {m}: ተቀባቢ፣ ጥገኛ፣ እስኮላር ሽፐኛ: foundationer, scholarship holder, servitor
Stipendiaten {pl} :: servitors, foundationers
stippen: ከቸች/ ከተፍ አለ/ ገባ: dip in
Stippvisite {f}: አጭር ጉብኝት: flying visit
Stippvisiten {pl} :: flying visits
Stirn {f}: ግንባር፣ ፊት: forehead
Stirnband {n}: ሻሽ/ ፎጣ፣ ራስ ማሰሪያ: bandeau, frontlet, headband
Stirnbänder {pl}: bandeaux, headbands
Stirnhaar {n}: የፊት ጠጉር: forelock
Stirnrad {n}: የፊት ጎማ: spur gear
Stirnräder {pl} :: spur gears
stöbern: ተነቃነቀ፣ ተወዛወዘ (በነፋስ): quarry, rummage
stöbernd: ተወዛዋዥ/ ተወዛውዞ: rummaging, rummaging in
Stock {m}: ዱላ፣ ምርኳዝ: stick, storey, cane
stockdumm: ፉዞ፣ ደንቆሮ: utterly stupid
stockend: ግትር/ ተገትሮ: balking, stagnant, stagnantly
Stoff {m}: ንጥረ ነገር፣ ጥሬ ዕቃ፣ ጣቃ: stuff, tuch, tischtuch, cloth
Stoffe {pl}:: substances
Stoffhändler {m, pl}: ጣቃ ነጋዴ: mercer, mercers
stöhnen: አማረረ፣ ተበሳጨ: groan, moan
stöhnend: አማራሪ/ አማርሮ: groaning, moaning
stolpern: ተፍገመገመ፣ ተኮላተፈ: to stumble, to trip
stolpernd: ተፍገምጋሚ/ ተፍገምግሞ: stumbling, trippling
stolz [auf], hochmütig: ኩሩ: haughtily, haughty, proud, proudly, pridefully, proud [of]
Stolz {m}, Hochmut: ኩራት፣ ትቢት: haughtiness, pride, proudness, elation, pride
stolz sein auf: ተመካ፣ ኮራ: to take pride in
stolzieren: ተግመነ፣ ተመካ፣ ኮራ: strut
stolzierend: ትምክህተኛ/ ተመክቶ: strutting
stopfen: ወተፈ፣ ሞላ: darn, to stuff
stopfend: ወታፊ/ ወትፎ: astringent, darning, plugging, stuffing, astringently
Stopfer {m, pl}: መወተፊያ/ መሙያ መሳሪያ: darner, darners
Stopfgarn {n}: ለስላሳ መጠቅጠቂያ/ መሙያ: darning cotton
Stopp {m}: ማቆሚያ/ መቆሚያ ነጥብ: breakpoint
Stoppel {m}: የጸጉር ቅሬት: stubble, stubble
Stoppelbart {m}: የጢም ጠጉር ቅሬት/ ቅምቅም: stubbly beard
Stoppelbärte {pl} :: stubbly beards
stoppelig: ብናኛማ/ ም፣ ፎከታም: stubbly, stubby
Stopplicht {n}: ማቆሚያ መብራት: stoplight
Stopplichter {pl} :: stoplights

Stoppuhr {f}: ማቆሚያ ሰዓት: stopwatch, stop watch
Stoppuhren {pl} :: stop watches, stopwatches
Stoppschritt {m}: የመቆሚያ እርምጃ: stop element
Stöpsel {m, pl}: የጠርሙስ ግጣም (ፓላስቲክ): peg, stopper, pegs, stoppers
Stoptaste {f}: ማቆሚያ ቁልፍ: stop button
Stopweg {m}: መቆሚያ መንገድ: stop distance
Stopzeit {f}, Verlangsamung, Verzögerung: መቆሚያ ጊዜ: deceleration
Storch {m}: የወፍ ዓይነት: stork
storchbeinig: ወፍ እግር: spindle legged
stören: ረበሸ፣ አወከ፣ በጠበጠ: derange, disturb, incommode, perturb, to disturb, mutilate
störend: ረባሽ/ ረብሾ፣ በጥብጦ: deranging, distempering, incommoding, objectionable, perturbing, spurious, troubling, interferingly
störfrei, geräuschlos: ድምጽአልባ፣ ለስላሳ: noisefree, noiseless
Störgeräusch {n}: ረባሽ ድምጽ: static noise, babble
störrisch, unfügsam: አስቸጋሪ፣ የማይታጠፍ: balky, intractably, mulish, intractable, mulishly
Störsignal {n}: የረብሻ ድምጽ: drop in
Störung {f}: ጉዳት፣ ስብራት፣ ጥቃት፣ ርብሻ: derangement, disturbance, interference, malfunction, trouble, interference
Störungen {pl} :: disturbances, troubles, disorders
Störungsbeseitigung {f}: ብልሽት/ ርብሻ ማስወገጃ: emergency maintenance
Störungsdienst {m}: አዳጋ መከላከያ አገልግሎት: faultclearing, faultclearing service
störungsfrei, ungestört: ብልሽትአልባ: undisturbed
Stoß {m}: እርግጫ፣ ግጭት: kick, brunt
stoßbar: ተጋጭ: shakable
Stoßdämpfer {m, pl}: ፀረ ንዝረት፣ ግጭት መከላከያ: antishock, antishock pad, hurter, shock absorber
Stöße {pl}: ግጭት፣ ፍንዳታ፣ አዳጋ: impacts, hitches, blows
stoßen, streiken, schieben, drängen, hinweisen auf: ተጋጨ፣ ድንገት ገባ/ ደረሰ፣ ገፈተረ፣ በረገደ: butt, hustle, impinge, punt, to push, to prod to, poke, to push, to strike (struck, struck)
stoßend: ተጋጭ/ ተጋጭቶ: buffeting, bumping, bunting, hustling, impinging, kicking, punting, impinging
Stoßer {m, pl}: አሎሎ፣ መጋጫ: thruster, thrusters
Stoßfestigkeit {f}: ጥንካሬ፣ ግጭት ቻይ: impact-strenght
stoßfrei: ግጭትአልባ: hitchless
Stoßtrupp {m}: አጥቂ ጦር: raiding patrol
Stoßverkehr {m}: ፈጣን መገናኛ: rush hour traffic
stottern: ወዳቂና ተነሽውን ለይቶ አነበበ፣ አነበነበ፣ ጮኸ ተናገረ: splutter, stammer, stutter
stotternd: ቦራቂ/ ቦርቆ: spluttering, stammering, stuttering, stutteringly
Straf-: ቅጣት: penal
strafbar: ቅጣት አስከታይ፣ የሚያስቀጣ: culpable, culpably, indictable, penally, punishable, unishable
Strafbarkeit {f}: አስቀጭነት: punishability
Strafe {f}, Bestrafung: ቅጣት: penalty, punishment, retribution, chastisement, Strahl
Strafen {pl} :: punishments, penalties
strafen, bestrafen [für]: ቀጣ፣ ቅጣት ሰጠ: punish, to punish, chastise, to punish [for]
strafend: ቀጭ/ ቀጥቶ: inflictive, punishing, punitive, chastising, punitively
Strafentlassene {m, f}: ቅጣቱን የጨረሰ: exconvict
Straferlaß {m}: የቅጣት ውሳኔ: remission of punishment, straferlass
straffällig: ወንጀለኛ: delinquent, delinquently
Straffheit {f}: ተቀጭነት: tautness, tenseness, tightness
straffrei: ከቅጣት ነፃ: exempt from punishment
Strafgericht {n}: ፍርድ ቤት: tribunal
Strafgerichte {pl} :: tribunals
Strafgesetz {n}: የቅጣት ሕግ: penal law
Strafgesetzbuch {n}: የሕግ መጽሐፍ: penal code
Strafkammer {f}: የወንጀለኛ መመርመሪያ ክፍል: criminal division
Strafkammern {pl} :: criminal divisions
Strafkasse {f}: የመቀጮ ገንዘብ: penalty box
Sträflichkeit {f}: አስቀጭነት: culpability
Sträflichkeiten {pl} :: culpableness
Straflosigkeit {f}: ቅጣት/ መቀጮ አልባነት: impunity
Strafmündigkeit {f}: ቅጣት የማይፈራ: criminal discretion
Strafprozessordnung {f}: የመቀጮ ሂደት ቅደም ተከተል: code of criminal procedure
Strafraum {m}: ማረሚያ ክፍል: penalty area
Strafrecht {n}: የመቀጮ ሕግ: criminal law
Strafrechte {pl} :: criminal laws
Strafrechtler {m, pl}: የመቀጮ ሕግ አዋቂ: penologist
strafrechtlich: መቀጪዊ: penal
Strafrechtswissenschaft {f}: የወንጀለኛ ሕግ ትምህርት: penology
Strafregister {m, pl}: የመቀጮ ዝርዝር: criminal records, penal record
Strafsache {f}: አስቀጭ ነገር: criminal case
Strafsachen {pl} :: criminal cases
Straftat {f}: ወንጀል: punishable act
Strafverfahren {n}: የመቀጫ ክስ: criminal procedure

Strafverteidiger {m, pl}: ጠበቃ: trial lawyer, trial lawyers
Strafvollstreckung {f}: ቅጣት አስፈጻሚ: execution of sentence
Strahl {m}: ጨረር: radiancy, beam
Strahlen {pl} :: radiancies, spouts
strahlen: አንጸባረቀ፤ ጨረር መታ: irradiate, radiate, to beam
Strahlenablenkung {f}: ጨረር ማንጸባረቂያ: beam deflection
Strahlenbehandlung {f}: የጨረር ሕክምና: radiotherapy
Strahlenbehandlungen {pl} :: radiotherapies
strahlend, strahlenförmig, großartig: ጨረራዊ: beamy, brightly, irradiant, irradiantly, lustrously, refulgent, refulgently, brillant, radiant, radiantly, radiative
strahlend: አንጸባራቂ/ አንጸባርቆ: beaming, , radiating
Strahlenforschung {f}, Radiologie: የጨረር ምርምር: radiology
Strahlenforschungen {pl} :: radiologies
Strahlenheilkunde {f}: በጨረራ መታከም: radiotherapeutics
Strahlenmessgerät {n}: የጨረር መለኪያ: radiation gauge
Strahlenschutz {m}: ጨረር መከላከያ: radiation protection
Strahltriebwerk {n}: ጨረር ማጠራቀሚያ ሥራ: jet, beam, jet engine
Strahlturbine {f}: የጨረራ መድረክ: turbo jet, turbojet
Strahlturbinen {pl} :: turbo jets, turbojets
Strahlung {f}: ጨረራ/ ጨረር: radiation
Strahlungsdichte {f}: ፀረ ጨረራ: emittance
Strahlungsenergie {f}: የጨረር ኃይል: radiant energy
Strahlungsmesser {m}: ጨረር መለኪያ: radiometer
Strahlungsschaden {m}: የጨረራ ጉዳት: radiation damage
Strahlungsschäden {pl} :: radiation damages
Strahlungsverlust/e {m/pl}: የጨረራ ጉድለት/ መባከን: radiation losses
Strähne {f}: ጉንጉን (ለጸጉር): skein, hank
Strähnen {pl} :: wisps, hanks, skeins
Strand {m}: የወንዝ/ ባሕር ዳርቻ: beach, seaside, strand
Strandbad {n}: የመዋኛ ቦታ: lido
Strände {pl}: የውሐ/ ወንዝ ዳር/ ቻ: strands, seasides
stranden: በውሐ ተተፋ፤ ከውሐ ወጥቶ ወደቀ: strand
Strandgut {n}: ከውሐ/ ባሕር ዳር የወደቀ ዕቃ: stranded goods, waif, waifs, flotsam
Strandguträuber {m}: ከውሐ ዳር የወደቀ ዕቃ ሌባ/ ዘራፊ: beachcomber
Strandhotel {n}: ከውሐ ዳር ያለ ሆቴ ል: seaside hotel
Strandschuh {m}: ያሸዋ ጫማ: sandshoe
Strandschuhe {pl}:: sandshoes
Strandwächter {m}: ጠረፍ ጠባቂ: lifeguard
Strang {m}: የፈረስ ልጓም: skein
Straße {f}: መንገድ፤ ጎዳና: avenue, road, street
Straße gesperrt!: መንገዱ ታግዷል!: road closed!
Straßen {pl} :: streets
Straßenarbeiter {m, pl}: መንገድ ጠጋኝ/ ጠራጊ፤ ሚዳ ለሚዳ የሚሠራ: roadman, roadmen
Straßenbahn {f}: የከተማ ባቡር: tram, tramway
Straßenbahnen {pl} :: tramways, trams
Straßenbahnlinie {f}: የከተማ ባቡር መስመር: tramway
Straßenbahnlinien {pl} :: tramways
Straßenbau {m}: የመንገድ ሥራ: road building
Straßenbeleuchtung {f}: የመንገድ መብራት: street lighting
Straßendirne {f}, Strichmädchen: የመንገድ ላይ ሸርሙጣ: alley cat, streetwalker
Straßenfront {f}: የመንገድ አቅጣጫ: frontage
Straßenfronten {pl} :: frontages
Straßenhändler {m, pl}: ሱቅ በደረቴ : costermonger, costermongers, street hawker
Straßenjunge {m}: መንገድ ላይ የሚኖር ሕፃን: guttersnipe, gutter snipe
Straßenkampf {m}: የመንገድ ላይ ጦርነት፤ ግፊያ/ ትርምስ: street fighting
Straßenkehrer {m, pl}: መንገድ ጠራጊ: scavenger, scavengers, street sweeper
Straßenkreuzung {f}: መስቀለኛ መንገድ: level crossing
Straßenrand {m}: መንገድ ዳርቻ: roadside
Straßenraub {m}: ኪስ ማውለቅ: highway robbery
Straßenräuber {m, pl}: የመንገድ ላይ ሌባ፤ ኪስአውላቂ: footpad, highwayman, mugger, footpads
Straßenreinigung {f}: የመንገድ ጽዳት: street cleaning
Straßenrennen {n}: የመንገድ ላይ ውድድር: road race
Straßensammlung {f}: በመንገድ ላይ ስብሰባ: street collection
Straßenschild {n}: መንገድ ጠቋሚ: road sign
Straßensperre {f}: የመንገድ እገዳ: roadblock, road block
Straßenüberführung {f}: የመንገድ መሳሳት: overpass
Strassenverkehr {m}: የመንገድ ትራፊክ: road traffic
Strassenverkehrsordnung {f}: የትራፊክ ሕግ: road traffic regulations
Strassenverzeichnis {n}: መንገድ መፈለጊያ: streetdirectory
Strassenwerk {n}: መንገድ ሥራ: roadwork
Strassenzustand {m}: የመንገድ ይዞታ: road condition
Stratege {m}: ዕቅድ አውጭ/ ዓላሚ: strategist
Strategen {pl} :: strategists

Strategie {f}: ዕቅድ/ ዒላማ: strategy
Strategien {pl} :: strategies
strategisch: ዒላማዊ: strategic, strategically
Stratosphäre {f}: የከባቢ ዓየር ዓይነት: stratosphere
Stratosphären {pl} :: stratospheres
sträuben: አዘጋጀ፤ ተዘጋጀ፤ ጥቃት ተከላከለ: bristle, ruffle
sträubend: ተዘጋጅ/ ተዘጋጅቶ: bristling, ruffling, ruffling up
Strauch {m}: የዛፍ ስር: shrub
Strauchwerk {n}: ጥምዝምዝ: shrubbery
Strauchwerke {pl} :: shrubberies
Strauß {m}: ያበባ ጥቅል፤ ዕቅፍ አበባ: ሰጎን/ ያሞራ ዓይነት: ostrich, bouquet
Sträusse {pl}: ያበባ ጥቅል/ ጉንጉን: bouquets, ostriches
Straußenfeder {f}: የሰጎን ላባ: ostrich feather
streben: ሞከረ፤ ተጣጣረ: aspire, struggle, trend
strebend: ተጣጣሪ/ ተጣጥሮ: aspiring, striving, exerting
Strebsamkeit {f}: ጥረት፤ ሙከራ: ambitiousness
Streckbarkeit {f}: ተዘርጊነት: ductility
Strecke {f}: ርቀት፤ ርዝማኔ: stretch
strecken, ausstrecken: ዘረጋ: to stretch
streckend: ዘርጊ/ ዘርግቶ: racking
streckenweise: ደረጃ በደረጃ: in parts
Streckmuskel {m}: ማጠፊያና መዘርጊያ ጡንቻ: extensor
Streich {m}: ዳሰሳ፤ በእጅ ማታ መታ ማድረግ: escapade, coup, stroke
streicheln: ዳሰሰ፤ ዳበሰ: stroke
streichen, anstreichen, bemalen: ቀባ፤ በቀለም አጠፋ: discard, to cancel, to paint
Streichholz {n}: ክብሪት፤ የክብሪት እንጨት: vesta
Streichhölzer {pl}:: matches, vestas
Streichholzschachtel {f}: የክብሪት ቀፎ/ ቤት: matchbox
Streichholzschachteln {pl} :: matchboxes
Streifen {m}: ዞን፤ አካባቢ: stripe, streak
streifen: አሰመረ፤ በመንገድ ላይ መስመር አበጀ: streak, to stripe
Streifenbeamter {m}: መቆጣጠሪያ: patroller, patrollers
Streifenbreite {f}: የዞን ስፋት: band size
Streifenpolizist {m}: መስመር ተቆጣጣሪ ፖሊስ: patrolman
Streifenpolizisten {pl} :: patrolmen
Streifenwagen {m}: የፖሊስ መኪና: patrol car
streifig: ዞናማ: streaky
Streifzug {m}: መጠነኛ ታሪክ፤ የመስመር ባቡር: foray
Streifzüge {pl} :: forays
Streik {m}: ተቃውሞ፤ አመጽ፤ አድማ: strike, walkout
Streikbrecher {m, pl}: አመጽ ሰባሪ: strike breaker, strikebreaker, strike breakers, strikebreakers
streiken, schlagen: ተቃወመ፤ አመጽ አካሄደ/ መታ: to go on strike, to strike
Streikende {m, f}: አመጽ ፍጻሚ: striker
Streiklohn {m}: ያመጽ ቀን ደመወዝ: strike pay
Streiklöhne {pl} :: strike pays
Streikrecht {n}: የመቃወም መብት: freedom of strike
Streit {m}: ጥል፤ ግጭት፤ ጭቅጭቅ: moot, wrangle, confliction, quarrel, dispute
Streitbarkeit {f}: ጥልፈጣሪነት: disputability
streiten: ተጣላ፤ ተጋጨ፤ ተጨቃጨቀ: to quarrel, wrangle, argue, altercate, combat, contend, dispute
streitend: ጥል ፈጣሪ/ ፈጥሮ: quarreling, wrangling, altercating, contending, disputing
Streitfrage {f}: መጣያ ነጥብ: issue
Streitfragen {pl}:: disputes
Streitgegenstand {m}: የግጭት ሁኔታ: matter in dispute
streitig: አጨቃጫቂ: debatable
Streitkräfte {pl}: ጦር ኃይሎች/ ኃይል: armed forces
streitlustig, aggressiv: ጠብ ጫሪ: belligerent, aggressiv, belligerently
Streitlust {f}, Streitlust: ጠብጫሪነት: argumentativeness
Streitpunkt {m}: መጣያ ነጥብ: controversial subject
Streitschrift {f}: አጨቃጫቂ ጽሑፍ: polemic pamphlet
Streitsucht {f}: የጭቅጭቅ ሱስ: disputatiousness, litigiousness, quarrelsomeness, contentiousness
streitsüchtig: ጨቅጫቃ: disputatious, litigious, quarrelsome, contentiously, disputatiously, quarrelsomely
Streitwert {m}: የጥል ዋጋ/ መነሻ: matter in controversy, amount in controversy
streng geheim: ፍጹም ምሥጢራዊ: top secret, topsecret
streng rigorous: ብሕትው: radiation
streng, hart: ኃይለኛ፤ ተቆጣጣሪ፤ ጠንካራ: draconic, severe, severely, sternly, austere, strict, rigorous, stringently
Strenge {f}: ጭካኔ: astringences, rigor, severity, strictness, stringency, astringence, topmast
strenggenommen: ቀጥታ ሲታይ/ ሲወሰድ: strictly speaking
Strengheit {f}: ኃይለኛነት: sternness
streßvoll: አስቸጋሪ: stressful, stressfully
streuen: በተነ፤ ዘራ: scatter
Streukapazität {f}: የመዝራት/ መበተን ኃይል/ ችሎታ: tray capacitance
streunen: በተነ: straying
streunend: በታኝ/ በትኖ: straying
Streuung {f}: መዘራት፤ ዝርዎት: scattering
Strich {m}: ትንሽ መጠጥ ቤት: bar
Strichskala {f}: የልዩነት መጠን: division scale, bar-graph

Strichvogel {m}: ያካባቢ ወፍ: visitant
Strichvögel {pl} :: visitants
Strick {m}: ትንሽ ጭጋግ/ ደመና: halter, cord
Stricke {pl} :: halters
stricken: ሹራብ ሠራ/ ሰፋ: knit, to knit
strickend: ሰፊ/ ሰፍቶ: knitting
Stricker {m}: ሹራብ/ ካልስ ሠሪ: knitter
Strickjacke {f}: የእጅ ሥራ ጃኬት: cardigan
Strickmaschine {f}: ሹራብ መሥሪያ መሣሪያ: knitting machine
Stricknadel {f}: የሹራብ መሥሪያ: knitting needle
Strickwolle {f}: የሹራብ ክር: knitting wool
Strickzeug {n}: ሹራብ መሥሪያ: knitting
Striegel {m}: ማጠቢያ/ መወልወያ ቡርሽ: curry comb
striegeln: ቦረሸ፤ ወለወለ: curry combs, curry
strittig, umstritten: አጨቃጫቂ፤ አከራካሪ: debatably, disputable, controversial, controversially
Stroh {n}: ገለባ፤ አገዳ: straw
Strohdach {n}: የሳር/ ገለባ ክዳን: thatched roof
Strohdächer {pl} :: thatched roofs
Strohfeuer {n, pl}: የገለባ እሳት: straw fire
Strohhut {m}: የሳር ኅጅ: straw hat
Strohhüte {pl} :: straw hats
Strohmann {m}: ደጀን፤ ተጠባባቂ: stooge, scarecrow
Strohmänner {pl} :: scarecrows, stooges
Strohmatte {f}: ያገዳ ዳውጃ: strawmat
Strohsack {m}: ያገዳ ኬሻ: paliasse
Strohwitwer {m}: ምሽቱ ጥላው የከበለለችበት: grass widower
Strolch {m}: አካባቢ፤ ሠፈር: thug, vagabond, hoodlum
Strolche {pl} :: thugs, vagabonds, hoodlums
Strom {m}: የኤሌክትሪክ ኃይል፤ ጎርፍ: gush, stream, current
Stromabnehmer {m, pl}: የኤሌክቲሪክ ኃይል ተቀባይ/ ገኙ/ ደምበኛ: bow collector, current collector, current collectors
stromabwärts: በወንዙ አቅጣጫ: downstream
Stromaggregat {n}: ኃይል ማመንጫ: power set
stromaufwärts: በወንዙ አቅጣጫ: upriver, upstream
Stromausfall {m}: የኤሌክትሪክ ማቋረጥ: power blackout, power failure
strömen: ወረረ፤ ጎረፈ/ በኃይል ፈሰሰ: flowed, to stream, flow
strömend: ጎራፊ/ ጎርፎ: gutting, trooping, streaming
Stromer {m}: ሠፈር ቃኝታ/ ጎብኝ: rounder
Stromerzeuger {m}: ኃይል ማመንጫ: generator
Stromkreis {m}: የኃይል ዙረት: electric circuit
Stromlaufplan {m}: የኃይል ማስተላለፊያ: wiring diagram
Stromleiter {m}: ኃይል መምሪያ: conductor
Stromlinie/n {f/pl}: የኤሌክትሪክ መስመር: streamlines
Stromlinienzug {m}: ተያያዥ መስመር: streamliner
Stromlinienzüge {pl} :: streamliners
Strommesser {m, pl}: የኤሌክትሪክ ኃይል መለኪያ: ammeter
Stromnetz {n}: የኃይል ማከፋፍያ: power supply system
Stromstärke {f}: የኃይል ጥንካሬ: amperage
Stromstoß {m}: የኤሌክትሪክ ኃይል ንዝረት: surge
Strömung {f}: ማዕበል: current
Strömungen {pl} :: currents
Strömungsdiagramm {n}: የፈሳሽ እንቅስቃሴ መለኪያ: flow diagramm
Strömungslehre {f}: የፈሳሽ እንስቃሴ ትምህርት: fluidics
Strömungsmesser {m, pl}: የፈሳሽ እንቅስቃሴ መለኪያ: flow meter
Stromunterbrecher {m, pl}: ኃይል ማቋረጫ: interrupter
Stromverbrauch {m}: የኃይል አጠቃቀም: wattage
Stromversorgung {f}: የኃይል አቅራቦት: battery, power supply
Stromversorgungen {pl} :: power supplies
Stromwandler {m, pl}: ኃይል ማስተላለፊያ: current transformer, current transformers
Stromzähler {m}: የኤሌክትሪክ መቆጣጠሪያ: electric meter, electricity meter
Strophe {f}: ግጥም: verse
Strophen {pl} :: strophes
Strudel {m, pl}: መሽከርከር፤ በኃይል መዞር: maelstrom, whirlpool, eddy, maelstroms, whirlpools
strudeln: ክብ ሠራ፤ ተሽከረከረ: swirls
strudelnd: ተሽከርካሪ/ ተሽከርክሮ: whirling
struktuiert: ተዋቃሪ/ ተዋቅሮ: textured
Struktur {f}: መዋቅር: structure, texture
Strukturen {pl} :: configurations, structures
strukturell: መዋቅራዊ: textural, structurally, texturally
strukturierend: አዋቃሪ/ አዋቅሮ: texturing
strukturmäßig: ቀጥተኛ፤ ሕጋዊ: configurational
Strukturmodell {n}: መዋቅራዊ ምሳሌ: structural model
Strukturpolitik {f}: የማሻሻል ፖሊሲ: adjustment policy
Strumpf {m}: ካልስ: stocking
Strümpfe {pl}:: stockings, nylons
Strumpfband {n}: የካልስ ማሰሪያ ጎማ: garter
Strumpfbänder {pl} :: garters
Strumpfhalter {m, pl}: የካልስ ጎማ: suspender, suspenders
Strumpfhose {f}: የተጠገነ ሱሪ: tights
Strumpfhosen {pl} :: pantihose
struppig: ድንግር፤ ግራ የተጋባ፤ ወዥባራ: bristly, scrubbily, scrubby
Struppigkeit {f}: ደንጋራነት: hirsuteness

Stubenfliege {f}: ትንኝ፣ ዝምብ፣ ያካባቢ ዝንብ: housefly, house fly
Stubenfliegen {pl} :: houseflies, house flies
Stubenhocker {m, pl}: ምድጅታም፣ ቤተ ሰብ/ ከቤት የማይወጣ: stay at home
Stubenkamerad {m}: የካምፕ ጓደኛ: roommate, room mate
Stubenmädchen {n}: የቤት ሠራተኛ: parlour maid
Stück {n}: ቁራጭ፣ ብጣሽ: piece, shtick, slips, peace
Stücke {pl} :: pieces, shticks, bites
Stückakkord {m}: የሥራ ቁራጭ: piece-work
Stückchen {n}: ብጣሽ፣ ቅንጣት: shred, small piece
Stückgut {n}: ትንሽ ዕቃ: piece goods
Stückkosten {pl}: ማዕከላዊ ዋጋ: average cost
Stückliste {f}: የዝርዝር ሊስት: parts list, bill of material
Stücklohn {m}: መጠነኛ ደመወዝ: piece wage
Stückpreis {m}: የእያንዳንዱ ዋጋ: price per unit
stückweise: አንድ ባንድ: piece by piece, piecemeal, piecewise
Stückzahl {f}: ጠቅላላ ቁጥር: number of pieces
Student {m}: ተማሪ: student, undergraduate, collegian
Studenten {pl} :: undergraduates, students
Studentin {f}: ተማሪ: co ed
Studentinnen {pl} :: co eds
Studiengang {m}: የትምህርት ዓይነት: course of studies
Studiengänge {pl} :: courses of studies
Studienjahr {n}: የትምህርት ዓመት: academic year
Studienplan {m}: የትምህርት መርሀ ግብር: degree course scheme
Studienpläne {pl} :: degree course schemes, curricula
Studienreise {f}: የጥናት/ ምርምር ጎዞ: study trip
Studienreisen {pl} :: study trips
Studienurlaub {m}: የምርምር ወቅት: sabbatical
Studienzeit {f}: የትምህርት ጊዜ: years of study
Studieren {n}: ትምህርት፣ ጥረት: study
studieren: ተማረ፣ ተጣጣረ፣ ሞከረ: to study
Studium {n}, Studie, Studierstube: ትምህርት: study, scholastics
Stufe {f}: ደረጃ: pitch, stage, step, degree, rung
Stufen {pl} :: ranges, rungs, levels
stufenartig: ደረጃ መሰል: steplike
stufenförmig: ደረጃ ቅርጽ: cascade
Stufenleiter {m, pl}: መሰላል: step ladder, stepladder, step ladders, stepladders
stufenlos: ደረጃአልባ: infinitely variable
Stufennummer {f}: የደረጃ ቁጥር: lever number
stufenweise: ደረጃ በደረጃ: gradual
Stuhl {m}: ወንበር: chair
Stühle {pl}: ወንበር: chairs
Stuhllehne {f}: የወንበር ድጋፍ: back of a chair
Stuhllehnen {pl} :: backs of a chair
Stukkateur {m}: መጠነኛ ሥራ: plasterer
stumm: ዲዳ፣ ተብታባ: dumb, mutely, dumbly
Stummel {m, pl}: ያካል ክፍል: snag, snags
Stummfilm {m}: የእንቅስቃሴ ፊልም: silent movie
Stummfilme {pl} :: silent movies
Stummheit {f}: ዲዳነት: dumbness, muteness, wordlessness
Stümper {m, pl}: ደንቆሮ፣ ሳያውቅ አዋቂ መሳይ: cobblestone, fumbler, fumblers
Stümperhaftigkeit {f}: አጭበርባሪነት: amateurism
Stumpf {m}: ዱልዱም: stump, stub
stumpf, dumpf, schwerfällig: ደንቆሮ፣ ዱዱም: blunt, dull, bluntly
Stumpfheit {f}: ዱልዱምነት: bluntness, obtuseness, stupor
stumpfsinnig: ደነዝ: obtuse, obtusely, dully, obtusely
Stunde {f}: ሰዓት: hour
Stunden {pl} :: hours
Stundengeschwindigkeit {f}: የሰዓት ፍጥነት: average speed per hour
Stundenglas {n}: ያሸዋ ሰዓት: hourglass, hour glass
Stundenkilometer {m}: ኪሎ: ሜትር በሰዓት: kilometres per hour
stundenlang: ለረጅም ጊዜ: for hours, for hours together, lasting for hours
Stundenlohn {m}: የሰዓት ደመወዝ: wages per hour
Stundenplan {m}: የሰዓት መርሀ ግብር: time-table, timetable
Stundenpläne {pl} :: timetables
stundenweise: በሰዓት: part time
Stundenzähler {m}: ሰዓት ቆጣሪ: hour meter
Stundenzeiger {m}: ሰዓት ጠቋሚ: hour hand
stündlich: በሰዓት: hourly
stupsen: ገፋ አደረገ፣ ገፋ: prod
Stupsnase {f}: ግትር አፍንጫ: snub nose
Stupsnasen {pl} :: snub noses
stur: ግትር፣ መንቻካ: obstinate, obstinately, stolid, wilful, wilily, willful, willfully, stolidity, stolidly
Sturheit {f}: ግትርነት: bullishness, dourness, obstinacy, stolidness
Sturheiten {pl} :: bullheadedness
Sturm {m}: ወረራ፣ አውሎ: ነፋስ: gustiness, storm, tempest, turbulency, gale
Stürme {pl}:: gales, tempests
Sturmboot {n}: ቀላል የጦር መርከብ: assault boat
Sturmboote {pl} :: assault boats
stürmen: በኃይል ነፈሰ: squall, to storm
Sturmglocke {f}: ማስጠንቀቂያ ደወል: tocsin
Sturmglocken {pl} :: alarms bells, tocsins

stürmisch: ነፋሳማ/ ም፣ ውሽንፍራማ/ ም: gustily, gusty, squally, stormily, stormy, tempestuous, tempestuously, tumultuous, tumultuously, turbulent, turbulently, vehement, vehemently, tempestuously
Sturmschritt {m}: የሰልፍ ርግጫ: double quick step
Sturmsegel {n}: ትንሽ የቀዘፋ ቦት: lug sail
Sturmsignal {n}: የማጥቃት ምልክት: storm signal
Sturmsignale {pl} :: storm signals
Sturmvogel {m}: ጭሌ/ ዓሞራ ዓይነት: petrel
Sturmwarnung {f}: የማዕበል አደጋ ማስጠንቀቂያ: gale warning
Sturmwarnungen {pl} :: gale warnings
Sturmwind {m}: አውሎ: ነፋስ: heavy gale
Sturmwinde {pl} :: heavy gales
Sturz {m}: ድቀት፣ መውደቅ: precipitation, subversiveness, cropper, downfall
stürzen: ወደቀ፣ ጓጉቶ ጨበጠ/ ያዘ: overthrow, overturn, precipitate, to fall, topple
stürzend: ወዳቂ/ ወድቆ: barging, overturning, plummeting, precipitating, toppling
Sturzflug {m}: ወደታች/ ቁልቁል በረራ: nose dive
sturzflutartig: ድቀት መሰል: torrential, orrentially
Stute {f}: ባዝራ/ ሴት ፈረስ: mare
Stuten {pl} :: mares
Stütze {f}, Rest, Ruhe: ድጋፍ: prop, support, pad, sustainer, rest
stützen: ደገፈ፣ አገዘ: sustain, base on
stutzen: ተገረመ፣ ተደነቀ: lop
stützend: ደጋፊ/ ደግፎ: basing, pillowing, propping
stutzend: ተገራሚ/ ተገርሞ: lopping, truncating
Stutzer {m, pl}: ሞድ/ አዲስ ነገር ወዳድ: beau, dandies, dandy
Stützpfeiler {m, pl}: አቋም፣ ድጋፍ: abutment
subarktisch: ፖላራዊ: subarctic
Subdirectory {m}: የውስጥ ዋና መዝገብ: subdirectory
Subjekt {n}: ተደራጊ፣ ተሳቢ: subject
subjektiv: ተደራጊ: subjective, subjectively
Subjektivität {f}: ተደራጊነት: subjectivity
Subjektivitäten {pl} :: subjectivities, subjectiveness
Subkontinent {m}: ግማሽ አኅጉር: subcontinent
Subkontinente {pl} :: subcontinents
Subkultur {f}: ግማሽ ባሕል: subculture
Subkulturen {pl} :: subcultures
sublim: ጥሩ፣ ንጹሕ: sublimely
sublimieren: አጣራ፣ ለየ፣ ነጣጠለ፣ አከበረ: sublimate
sublimierend: አጣሪ/ አጣርቶ: sublimating, subliming
Sublimierung {f}: መነጣጠል: sublimation
Sublimierungen {pl} :: sublimations
subnormal: ሊያብድ የቃጣው: subnormal, subnormally
Substantiv {n}: ባለቤት/ ስም: noun, substantival
substantiv: ባለቤታዊ፣ አድራጊ: substantively
Substanzverlust {m}: ንጥረ ነገር/ ዋጋ ማጣት: asset erosion
Subsysteme {f}: ግማሽ ሲስተም: subsystems
subtil: ስስ፣ አስቸጋሪ: subtly
subtrahieren: ቀነሰ: substract, to subtract
subtrahierend: ቀናሽ/ ቀንሶ: substracting
subtrahiert: ተቀናሽ/ ተቀንሶ: substracted
Subtrahierwerk {n}: የቅነሳ ተግባር: subtracter
Subtraktion {f}: መቀነስ/ ቅናሴ: substraction
Subtraktionen {pl} :: substractions
subtropisch: ግማሽ በርሃማ: semitropical
Subvention {f}: ድጋፍ፣ እርዳታ: subsidy, subvention
Subventionen {pl} :: subsidies
subventionieren: አካካሰ፣ ረዳ: subsidize
subventionierend: አካካሽ/ ረድቶ: subsidizing
subventioniert: ተረጅ/ ተረድቶ: subsidized
Suche {f}: ፍለጋ: seek
Suchanzeige {f}: መፈለጊያ መጠቆሚያ: want ad
Suchanzeigen {pl} :: want ads
Suchcode {m}: መፈለጊያ ኮድ: deteting, error-detecting
Suchdienst {m}: የፍለጋ አገልግሎት: tracing service
Suchdienste {pl} :: tracing services
suchen, durchsuchen, forschen nach: ፈለገ፣ አደነ: hunt, search, to look for, to seek (sought, sought) after, ...for, to search for, to search after
suchend: ፈላጊ/ ፈልጎ: prospecting, questing, searching, seeking
Sucher {m, pl}: ፈላጊ: searcher, Seeker, seekers
Sucherin/nen {f/pl}, Sucher :: searchers
Suchfehler {m}: የፍለጋ ስተት: seek error
Suchkartei {f}: የመፈለጊያ ካርድ: tracing file
Suchkarteien {pl} :: tracing files
Sucht {f}: ሱስ: addiction
suchterzeugend: ሱሰኛ አድራጊ: addictive
süchtig machend: ሱሰኛ አድራጊ: addictively
süchtig: ሱሰኛ: addicted
Süchtige {m, f}: ሱሰኛ: addict
Süchtigen {pl}: ሱሰኛ: addicts
Süchtiger {m}: ሱሰኛ: addict
süddeutsch: ደቡብ ጀርመን: south german
Süden: ደቡብ: south
Südfrucht {f}: የደቡብ ፍሬ: southern fruit
Südfrüchte {pl}:: southern fruits
Südländer {m}: የደቡባዊ ሀገራት ኗሪ: southerner
südlich: ደቡባዊ: austral, southerly, southern, southerly, southernly
Südosten: ደቡባዊ ምሥራቅ: south east, southeast

südöstlich: ደቡብ ምሥራቃዊ: south eastern, southeasterly, southeastern, southeastward, southeastwardly
Südostwind {m}: ደቡብ ምሥራቃዊ ነፋስ: southeaster
Südpol {m}: ደቡባዊ ዋልታ: south pole
südwärtig: ወደደቡብ: southwardly
südwärts: ወደደቡብ: southward
Südwein {m}: የደቡብ ወይን: sweet wine
Südweine {pl} :: sweet wines
Südwest: ደቡባዊ ምዕራብ: southwest
Südwesten: ደቡባዊ ምዕራብ: south west
südwestlich: ደቡባዊ ምዕራብ: south western, southwesterly, southwestern
südwestwärts: ወደደቡባዊ ምዕራብ: southwestward
Südwestwind {m}: የደቡብ ምዕራባዊ ነፋስ: southwester
Südwind {m}: ደቡባዊ ነፋስ: souther
Südwinde {pl} :: southers
Suffix {n}: ትራስ፣ በፊት ተቀጣይ/ ተጨማሪ: suffix
Suggestivfrage {f}: ዋና/ መሪ ጥያቄ : leading question
Sühne {f}: ንስሓ፣ ካሳ: atonement
Sühnen {pl} :: atonements
sühnen: ንስሓ ገባ፣ ጠጠተ: atone
sühnend: ንስሓዊ: expiatory
Sühneopfer {n}: የንስሓ ምጽዋት: sin offering, sin offerings
Sühnetermin {n}: የንስሓ ቀጠሮ/ ዕለታት: conciliation hearing
Sulfat {n}: ጨዋማ ንጥረ ነገር: sulfate
Sulfate {pl} :: sulfates
Sulfid {n}: ጨዋማ ውሑ: sulfide
Sulfide {pl} :: sulfides
Sulfit {n}: ጨዋማ ንጥረ ነገር: sulfite
Sulfite {pl} :: sulfites
Sultan/e {m/pl}: ሡልጣን: sultans
Sultanat {n}: ሡልጣናት: sultanate
Sultanate {pl} :: sultanates
Sultanin {f}: ሡልጣን: sultana
Summe {f}, Betrag: ድምር፣ ውጤት: sum
Summen {pl}: ጥቅላሌ: totals, Totals, sums, fizzling
summen, surren, brummen: ደመረ፣ ጨመረ፣ ቀስስ ብለ: ዘመረ/ አንጎራጎረ: buzz, croon, hum
summend: ደማሪ/ ደምሮ: crooning, humming
Summenkarte {f}: የመደመሪያ ካርድ: asset control account
Summenzeichen {n}: የመደመር ምልክት: sigma sign
Summenzeile {f}: የድምር መለያ መስመር: total line
Summer {m}: ደማሪ: buzzer
summierend: ደማሪ/ ደምሮ: summing, totaling, totalizing
summiert: ተጠቃላይ/ ተጠቃልሎ፣ ተደምሮ: totalized
Summierung {f}: መደመር፣ ድማሬ: summation
Summierungen {pl} :: summations
Summton (Tel.) {m}: የቴ ሌፎን ድምጽ: dialling tone
Sumo {m}: በጃፓን የስፖርት ዓይነት: sumo
Sumpf {m}: ጨቀጨቅ፣ ረግረግ፣ ጭቃማ መሬት: marsh, mire, quagmire, sump, swamp, swampland, bog
Sumpfboden {m}: ቻክ/ ጭቃማ መሬት: marshy-ground
Sümpfe {pl}: ረግረግ፣ ጨቀጨቅ፣ ጭቃማ መሬት: marshes, mires, morasses, quagmires, swamps, bogs
Sumpffieber {n, pl}: የንዳድ በሽታ: malaria, malarias
Sumpfgas {n}: አንዘርዛሪ ጋዝ: swamp gas
sumpfig: ረግረጋማ፣ ቻካማ: boggy, fenny, marshily, marshy, miry, swampy
Sumpfland {n}: ቻክ: fen, swamplands
Sünde {f}: አበሳ፣ ኃጢአት: sin
Sünden {pl} :: sins, evils
Sündenbock {m}: ያበሳ ዋሻ: scapegoat
Sündenböcke {pl} :: scapegoats
sündenfrei: አበሳአልባ: sinless
Sündengeld {n}: ምጽዋት: illgotten money
Sündenpfuhl {m}: ንስሓ: gomorrah
Sünder {m, pl}: አበሰኛ፣ ኃጢአተኛ: sinner, sinners
Sünderin/nen {f/pl}:: sinners
sündhaft: አበሰኛ: flagitious, peccable, sinful, sinfully, flagitiously
Sündhaftigkeit {f}: አበሰኝነት: peccability, sinfulness
sündig: ወንጀልኛ: peccant
sündigen: አበሰ፣ ወነጀለ: sin
sündigend: አባሲ/ አብሶ፣ አበሳ ሠርቶ: sinning
sündlos: አበሳአልባ: sinless, sinlessly
superklug: ብልኅ: overwise
Superlativ {m}: እጅግ የበላይ: superlative
Supermacht {f}: ልዕለ ኃያል: superpower
Supermächte {pl} :: superpowers, supermarkets
Supermarkt {m}: ታላቅ የገብያ አዳራሽ: supermarket
supermodern: እጅግ አዲስ: ultramodern, ultramodernly
Superstar/s {m, pl}: እጅግ ታዋቂ አትሌት/ አክተር/ ሙዚቀኛ...: superstars
Suppe {f}: ወጥ፣ መረቅ: soup, potage
Suppen {pl} :: soups
Suppenfleisch {n}: የወጥ ሥጋ: boiling meat
Suppenkraut {n}: የወጥ ቅመም: pot herb
Suppenschüssel {f}: የወጥ ጥልፋ/ መጨለፊያ: soup tureen
Suppenteller {m}: የወጥ ስኒ: soup plate
Suppenwürfel {m}: መጣጣአይብ: soup cube
Surrealismus {m}: ከሃያኛው ክፍለ ዘመን ጀምሮ የተከናወነ ሥነ ጥበብ ጊዜ (ቅዠትን፣ ምኞትን በስእልና በጽሑፍ መግለጽ): surrealism
surrealistisch: ምእናባዊ: surreal, surrealistic, surrealistically

süß, zuckerig: **ጣፋጭ**: sweet, sweetly, sugary
Süße {f}: **ጣፋጭ**: chickadee
süßen, versüßen: **አጣፈጠ፤ ጣፋጭ አደረገ**: dulcify, to sweeten
süßend: **አጣፋጭ/ አጣፍጦ**: dulcifying
Süßigkeit {f}: **ጣፋጭ**: sweetness
Süßigkeiten {pl} :: sweets
Süßkartoffel {f}: **ጣፋጭ ድንች**: yam
Süßkartoffeln {pl} :: yams
süßlich: **ጣፋጭ**: mawkish, sweetish, treacly, mawkishly
Süßlichkeit {f}: **ጣፋጭነት**: mawkishness
Süßstoff {m}: **ጣፋጭ ነገር**: saccharin, sweetener
Süßstoffe {pl}:: saccharins, sweeteners
Süßungsmittel {n, pl}: **ማጣፈጫ**: sweetening
Süßwarengeschäft {n}: **የጣፋጭ ነገሮች ሱቅ**: sweet shop
Süßwarengeschäfte {pl} :: sweet shops
Süßwasser {n}: **የምንጭ ውሐ**: fresh water, freshwater
Swahili: **እስዋሂሊ/ ያፍሪቃውያን ታላቅ ቋንቋ**: swahili
Swingmusik {f}: **የጃዝ ሙዚቃ**: jive
sybaritisch: **ሱሰኛ/ ስስታም**: sybaritic
Symbol {n}: **ምልክት፤ ምሳሌ**: symbol
Symbole {pl} :: symbols
Symbolik {f}: **ምልክት**: imageries, symbolism
symbolisch: **ምስላዊ**: emblematic, symbolic, symbolical, symbolically, emblematically
symbolisieren: **ወከለ**: symbol, symbolize
symbolisierend: **ወካይ/ ወክሎ**: symboling, symbolizing
symbolisiert: **ተመልካች/ ምልክት ተደርጎ**: symboled
Symmetrie {f}: **ግጥም፤ ድርድር**: symmetry
Symmetrien {pl} :: symmetries
symmetrisch: **ግጥማዊ**: symmetrical, symmetric, symmetrically
Sympathisant {m}: **ደጋፊ/ ቲፎዞ**: sympathizer
Sympathisanten {pl} :: sympathizers
sympathisch: **አስቂኝ፤ ተግባቢ፤ ቀልደኛ**: simpatico, sympathetically
sympathisieren: **ወገነ፤ ደገፈ፤ እንዲቀጥልበት ገፋፋ**: sympathize
sympathisierend: **ወግኖ፤ ደግፎ**: sympathizing
Sympatie {f}, Mitleid: **ድጋፍ፤ ውገና**: sympathy
sympatisch: **ወገናዊ**: congenially
symphonisch: **ተጨባጭ፤ ምክንያታዊ**: symphonic, symphonically, symptomatic, symptomatically
Symptom/e {n/pl}: **መለዮ፤ ምልክት**: symptoms
Synagoge {f}: **ቤተ መቅደስ**: synagogue
Synagogen {pl} :: synagogues
synchron laufen: **ባንዱ ከፈተ፤ አካሄደ**: synchronize
synchron: **ባንዱ/ አንድ ላይ**: synchron, synchronous
synchronisieren: **ባንድ አደረገ፤ አስማማ**: synchronize, sync
synchronisierend: **አስማሚ/ አስማምቶ**: synchronizing
Synchronisierung {f}: **ማስማማት/ አንድ ማድረግ**: sychronous idle, synchonization
Syndikat {n}: **የኃብታሞች ማኅበር**: syndicate
Syndikate {pl} :: syndicates
Syndikatsbildung {f}: **የኃብታሞች ጥምረት**: syndication
Syndikatsbildungen {pl} :: syndications
Syndrom {n}: **የመለዮ/ መረጃ ጥርቅም**: syndrome
Syndrome {pl} :: syndromes
Synkope {f}: **ያባባቢ ፊደል ውጠት/ መዋጥ**: syncope
synkopieren: **አናባቢውን ዋጠ/ አጠፋ**: syncopate
Synkopierung {f}: **ያናባቢ ውጠት**: syncopation
Synkopierungen {pl} :: syncopations
Synode {f}: **ሲኖዶስ**: synod
Synoden {pl} :: synods
synodisch: **ሲኖዶሳዊ**: synodal, synodic, synodical
synonym, gleichbedeutend: **ተመሳሳይ**: synonymic, synonymical, synonymous, synonyms
synoptisch: **ተመሳሳይ/ አንድ ዓይነት ምሥጢር የያዘ**: synoptical, synoptic
syntaktisch: **ቅንብራዊ**: syntactic, syntactical, syntactically
Syntax {f}, Satzbau: **ያረፍተ ነገር አመሠራረት ጥናት**: syntax
Syntaxanalyse {f}: **ያረፍተ ነገር ትንታኔ**: parsing, syntactic analysis
Syntaxanalysierer {m}: **ያረፍተ ነገር ተንታኝ**: parser
Syntaxfehler {m}: **ያረፍተ ነገር ቅንብር ስተት**: bad syntax, syntax error
Synthese {f}: **ብሂል/ አባባል፤ የሁለት ብሂሎች መርሆ ሐሳብ**: synthesis
Synthesen {pl} :: syntheses
Syphilitiker {m, pl}: **ቂጥኛም፤ የቂጥኝ በሽተኛ**: syphilitic, syphilitics
System {n}, Methode: **ሲስተም፤ ሂደት፤ ዘዴ**: systems, system
Systemabsturz {m}, Systemzusammenbruch: **የሲስተም ድቀት**: abnormal system end
Systemanalyse {f}: **የሲስተም ትንታኔ**: system analysis
Systemanalytiker {m}, Systemberater: **ሲስተም ተንታኝ**: system analyst
Systemarchitektur {f}: **ሲስተም ነዳፊ**: system architecture
Systematik {f}: **የዶግማ ትምህርት**: systematics
systematisch, wissenschaftlich: **ትንታኔያዊ፤ ሳይንሳዊ**: scientifical, systematically
systematisieren: **ተነተነ፤ ምክንያት ሰጠ**: systematize, systemize
systematisierend: **ተንታኝ/ ተንትኖ**: systematizing

systematisiert: ተተንታኝ/ ተተንትኖ: systematized
Systematisierung {f}: መተንተን/ መተርጎም: systematization
Systematisierungen {pl} :: systematizations
Systembeschreibung {f}: ሲስተም መጻፍ: system description
Systeme {pl} :: systems, Systems
Systemebene {f}: የሲስተም ደረጃ: system level, absolute shutdown
Systementwurf {m}, Systemplanung: የሲስተም ንድፍ: system design
Systemintegrität {f}: የሲስተም ውኅደት: system integrity
Systemkombination {f}: የሲስተም ውኅደት: mixed ware
systemlos: ዘዴአልባ: unmethodical
Systemprogramm {n}: መሪ/ ዋና ፕሮግራም: system program
Systemprogrammierer {m}: የሲስተም ጸሐፊ: system programmer
Systemsoftware {f}, Betriebssystem: የሲስተም ፋይል: system software
Systemsteuerung {f}: ሲስተም መቆጣጠሪያ: system control
Systemzustand {m}: የሲስተም ይዞታ: system status
Systole {f}: የልብ ጡንቻ: systole
Systolen {pl} :: systoles
Szene {f}, Schauplatz: መድረክ፣ የትያትር ቁራጭ: scene
Szenerie {f}: የመድረክ ቅርጽ: scenery
Szenerien {pl} :: sceneries

T

Tabak {m}: **ትምባሆ**: tobacco
Tabakanbau {m}: **ትምባሆ ማምረት**: cultivation of tobacco
Tabakhändler {m, pl}: **ትምባሆ ነጋዴ**: tobacconist, tobacconists
Tabakqualm {m}: **የትባሆ ጭስ**: tobacco smoke
Tabaksbeutel {m}: **የትምባሆ ቀረጢት**: tobacco pouch
Tabaksdose {f}: **የትምባሆ መያዣ**: tobacco box
Tabaksdosen {pl} :: tobacco boxes
Tabakware {f}: **ትምባሆ ነገር**: tobacco produc
Tabakwaren {pl}:: tobacco products
tabellarisch anordnen, tabellieren: **በሰንጠረዥ/ መስመር ደረደረ**: tabulate, tabularly
tabellarisch: **ሰንጠረዣዊ**: tabular
Tabelle {f}, Tisch, Tafel, Verzeichnis: **ሰንጠረዥ፣ ጠረጴዛ**: spreadsheet, table, chart, index
Tabellen {pl}:: tabulations, spreadsheets, tables
Tabellenbearbeitung {f}: **ሰንጠረዥ አሠራር**: table handling
Tabellenfeld {n}: **ሰንጠረዣዊ ነገር**: table element
Tabellensuchen {n}: **ሰንጠረዥ መፈለግ**: table look-up
tabellieren: **ሰንጠረዥ ሠራ**: tabulate
Tabelliermaschine {f}: **ሰንጠረዥ ማሽን**: tabulator
Tablett {n}: **ሰኒ**: tray, salver
Tabletts {pl} :: trays, salvers
Tablette {f}: **መድኃኒት**: tabloid, tablet
Tabletten {pl} :: tabloids, tablets
Tabu {n}: **ጸያፍ፣ መደረግና መጠራት የሌለበት**: taboo
Tabus {pl} :: taboos
Tabulatortaste {f}: **የታብ ቁልፍ**: tab key, skip key
Tachometer {m/n, pl}: **ለፍጥነት መቆጣጠሪያ በመንገድ ላይ የተደረገ ምልክት**: tachometers
Tadel {m}, Schuld: **ዘለፋ፣ ማዋረድ፣ ጥፋት**: animadversion, censure, objurgation, rebuke, reproach, blame
tadellos: **እንከንአልባ**: blameless, blamelessly, reproachless
Tadellosigkeit {f}: **እንከንአልባነት**: faultlessness
tadeln, vorwerfen: **አዋረደ፣ ዘለፈ፣ ሰደበ**: animadvert, censure, chide, dispraise, objurgate, rebuke, reprehend, reprehension, reprove, to blame, vituperate
tadelnd: **አዋራጅ/ አዋርዶ**: animadverting, blaming, censuring, chiding, dispraising, objurgating, rebuking, reprehending, reproving, vituperating
tadelnswert: **ውርደታም/ማ**: censurable, reprehensible, reprehensibly
tadelnswürdig: **ክብርአልባ፣ ውርደታም**: blameful, blamefully
Tadelsucht {f}: **የስድብ/ ውርደት ሱስ**: criticalness
tadelsüchtig: **የውርድት ሱስ ያለበት**: censorial, censoriously, censorious
Tadelsüchtigkeit {f}: **የውርደት ሱሰኝነት**: censoriousness
Tadler {m, pl}: **ተቺ፣ ተሳዳቢ**: criticizer, criticizers
Tafel {f}: **ብላክ ቦርድ**: board, blackboard
Tafelbutter {f}: **ትኩስ ቅቤ**: best fresh butter
Tafelland {n}: **ተራራ፣ ሸንተረር**: mesa, tableland
täfeln: **ጣውላ አለበሰ**: panel
täfelnd: **በጣውላ ለባጅ/ ለብዶ**: panelling
Tafelobst {n}: **የተራራ ፍሬ**: dessert fruit
Tafelrunde {f}: **የሞሰብ እንግዳ**: company at table
Tafelsilber {n}: **የነሐስ ዕቃ**: silverware
Täfelung {f}: **በጣውላ መለበድ፣ጣውላ ማልበስ**: inlaying, wainscot
Täfelungen {pl} :: wainscots
Tafelwasser {n}: **ያንቦ ውሐ**: table water
Tafelwein {m}: **ለምግብ ጊዜ የቀረበ ወይን**: table wine
Tafelweine {pl} :: table wines
Taft {m}: **የሐር ነዶ/ ጣቃ**: taffeta
Tafte {pl} :: taffetas
Tag {m}: **ቀን፣ እለት**: Day, day
Tag der Abrechnung: **እለተ በቀል**: day of reckoning
Tage {pl} :: days
tagaus: **መሸ! በቃ!**: day out
Tagblatt {n}: **እለታዊ ጋዜጣ**: daily paper
Tagblätter {pl}: **እለታዊ ጋዜጦች**: daily papers
Tagebau {m}: **በመሬት ላይ የሚኒራል ቁፋሮ**: surface mining
tages: **ቀን ቀን**: days
Tageblatt {n}, Zeitschrift: **ጋዜጣ**: journal
Tagebuch {n}: **መዝገበ እለት**: diary
Tagebücher {pl} :: diaries
Tagebuchschreiber {m}: **መዝገበ እለት ጻፊ**: diarist
Tagedieb {m}: **የቀን ሌባ**: dawdler
Tagediebe {pl} :: dawdlers
tagelang: **ቀኑን ሙሉ**: for days
Tagelohn {m}: **የቀን ደመወዝ**: daily wages
Tagelöhner {m, pl}: **የቀን ደመወዝተኛ፣ የቀን ሠራተኛ**: day labourer, daytaller, peon
Tagelöhnerin/nen {f/pl} :: day labourers
tagen: **ተሰበሰበ**: hold a meeting
tagend: **ተሰብሳቢ/ ተሰብስቦ**: holding a meeting
Tagesabschluß {m}: **የስብሰባው ሪፖርት**: daily closing
Tagesanbruch {m}: **ጧት፣ ንጋት**: daybreak
Tagesanbrüche {pl} :: daybreaks
Tagesausflug {m}: **ያንድ ቀን የሽርሽር ጉዞ**: day trip
Tagesausflüge {pl} :: day trips

Tagesauswertung {f}: የቀን ግምጋሜ: daily report
Tagesbefehl {m}, Tagesordnung: የእለት ትእዛዝ: order of the day
Tagesbericht {m}: እለታዊ ዘገባ: bulletin
Tagesereignis {n}: እለታዊ ክንውን: current-event
Tagesereignisse {pl}:: current-events
Tagesgeld {n}: ውሎ አበል፣ የቀን ገንዘብ: call money
Tagesgespräch {n}: የመነጋገሪያ ነጥብ: topic talk of the day, nine days' wonder
Tagesgespräche {pl}:: topic talks of the day
Tageskurs {m}: የእለቱ ምንዛሬ: current rate
Tageskurse {pl} :: current rates
Tagesleistung {f}: የቀን አስተዋጽኦ: daily output
Tagesleistungen {pl} :: daily outputs
Tageslicht {n}: የቀን ብርሃን: daylight, daylights
Tagesordnung {f}: የእለት መርሀ ግብር: agenda, order of the day
Tagespresse {f}: እለታዊ ጋዜጣ: daily press
Tageszeit {f}: የቀን ሰዓት: daytime
Tageszeiten {pl} :: daytimes
Tageszeitung {f}: እለታዊ ጋዜጣ: daily
Tageszeitungen {pl}:: dailies
tageweise: ቀን በቀን፣ በእየቀኑ: by the day
Tagewerk {n}: የእለት ተግባር: daily task
Tagewerke {pl} :: daily tasks
Taggeld {n}: ውሎአበል: daily allowance
Taggelder {pl} :: daily allowances
täglich: እለት በእለት፣ በእየቀኑ: daily, diurnal, everyday, quotidian, diurnally
tags zuvor: ከቀኑ/ እለቱ በፊት: the day before
tagsüber: ቀኑን ሙሉ: during the day
Tagundnachtgleiche {f}: ቀንና ሌሊት ዕኩል የሚሆንበት: equinox
Tagundnachtgleichen {pl} :: equinoxes
Taifun {m}: ማዕበል: typhoon
Taifune {pl} :: typhoons
Taille {f}: ደረት: waist, bodice
Taillen {pl} :: waists
Takel {n}: መሰቀዣ/ ባላንስ መጠበቂያ ገመድ: tackle
Takelage {f}: የቀዘፋ መርከብ ዝግጅት/ ትጥቅ: rigging
takeln: ባላንስ አስጠበቀ፣ አሳሰረ: rig
Takt {m}: ድርሻ፣ ክፍል: gating, tact, clock, savoir faire, clock pulse, stroke
Takte {pl} :: tacts
Takterzeugung {f}: የሰዓት ሞተር: clocking, generation
Taktfrequenz {f}: የሰዓት አዟሪ ፍጥነት: frequency, clock frequency
Taktgeben {n}: ደወለ: clocking
Taktgeber {m}, Uhr: ሰዓት: clock
taktieren: ሰዓት ደወለ፣ በዘዴ ገባ/ ዘየደ: beat time
taktierend: ደዋይ/ ደውሎ: beating time
Taktik {f}: ዘዴ፣ ጥበብ: tactic, tactics
Taktiken {pl} :: tactics
Taktiker {m, pl}: ዘዴኛ፣ ጥበበኛ: maneuverer, tactician, tacticians
Taktikerin/nen {f/pl} :: tactitians
taktisch: ዘዴኛ፣ ዘዴያዊ: tactical, tactically
taktlos: ዘዴአልባ: indelicate, indelicately, maladroit, tactless, tactlessly, maladroitly, tactlessly
Taktlosigkeit {f}: ዘዴአልባነት: gaucherie, maladroitness, tactlessness
Taktlosigkeiten {pl} :: gaucheness
Taktmarke {f}: የሰዓት ምልክት: timing mark
Taktmesser {m}: የሰዓት መለኪያ: metronome
Taktraster {n}: ሰዓት ጠቋሚ ማዞሪያ: timing pattern
Taktsignal {n}: የሰዓት ድምጽ: clock signal
Taktstock {m}: የሰዓት/ ሴኮንድ መጠቆሚያ: baton
Taktstöcke {pl} :: batons
taktvoll: ዘዴኛ፣ ብልህ: tactfully, tactful, tactfully
Taktzentrale {f}: የሰዓት ሞተር ማዕከል: central clock
Taktzyklus {m}: የሰዓት ሞተር አዙሪት: clock cycle
Tal {n}: ጋራ፣ተራራ: dale, vale, valley
Talent {n}: ችሎታ፣ ብቃት: talent
talentlos, unbegabt: ደንቆሮ፣ ከብት: untalented
Talg {m}: የቀለጠ ስብ: sebaceous, suet
Talge {pl} :: suets
talgig: ስባማ/ ም: tallowy, suety
Talglicht {n}: ጧፍ መብራት: tallow candle
Talglichter {pl} :: tallow candles
Talk {m}: የንጥረ ነገር ስም፣ እርሾ: talc
Tamarakholz {n}: የዛፍ ዓይነት: tamarack
Tamarinde {f}: የፍሬ ዓይነት: tamarind
Tamarinden {pl} :: tamarinds
Tamburin {n}: ያታሞ ዓይነት: timbrel, tambourine
Tamburine {pl} :: tambourines, timbrels, tabors
Tamtam {n}: የሙዚቃ መጫሪያ ዓይነት: tomtom
Tand {m}: ውዳቂ/ አሮጌ ዕቃ: trumpery
Tändler {m, pl}: ፌዘኛ፣ ቀልደኛ፣ ተጫዋች: trifler, triflers
Tangente {f}: የማዕዘን መገናኛ: tangent
tangential: ማእዘናዊ: tangential
tangieren: ማዕዘን ገጠመ/ አገናኘ: be tangent to
Tango/s {m/pl}: የድለቃ/ ዳንስ ዓይነት: tangoes
Tank {m}: በርሚል: tank
tanken: ነዳጅ ሞላ/ ቀዳ: refuel, to fuel
tankend: ነዳጅ ቀጅ/ ሞልቶ: fueling, refueling, tanking
Tanker {m, pl}: የነዳጅ መጫኛ መርከብ: tanker, tankers
Tankfahrzeug {n}: ቦቴ መኪና: tank lorry
Tankfahrzeuge {pl}:: tank lorries
Tankstelle {f}: ነዳጅ መሙያ: filling station, gas pump, petrol station
Tanne/n {f/pl}: ዘንባባ: firs
Tannenbaum {m}: የዘንባባ ዛፍ: fir tree
Tannenbäume {pl} :: fir trees
Tannenholz {n}: የዘንባባ ግንድ: fir wood

Tannenhölzer {pl} :: fir woods
Tannennadel {f}: የዘንባባ እሾኽ: fir needle
Tannennadeln {pl} :: fir needles
Tantchen {n}: አክስት: auntie
Tante {f}: አክስት: aunt
Tanten {pl} :: aunts
Tanz {m}: ዳንስ: dance
Tänze {m}: ዳንስ: dance
Tanzabend {m}: የዳንስ ምሽት: dancing party
Tanzabende {pl} :: dancing parties
Tanzbär {m}: እስፖርት የሚሰራ ድብ: dancing bear
Tanzbären {pl} :: dancing bears
Tanzboden {m}: ዳንስ አዳራሽ: dance hall
Tanzböden {pl}:: dance halls
Tanzen {n}: መደነስ: dancing
tanzen: ደነሰ፣ ጨፈረ: dance
tanzend: ደናሽ/ ደንሶ: dancing
Tänzer {m, pl}: ደናሽ፣ ዳንሰኛ: dancer, dancers
Tänzeri/nnen {f/pl}, Tänzer :: dancers
Tanzfläche {f}: የመደነሻ መድረክ: dance floor
Tanzflächen {pl} :: dance floors
Tanzkapelle {f}: የሙዚቃ ባንድ: dance band
Tanzkapellen {pl} :: dance bands
Tanzlehrer {m, pl}: ዳንስ አስተማሪ: dancing master
Tanzlehrerin/nen {f/pl} :: dancing masters
Tanzmusik {f}: የዳንስ ሙዚቃ: dance music
Tanzschritt {m}: የዳንስ እርምጃ: dancing step
Tanzschritte {pl} :: dancing steps
Tanzschule {f}: ዳንስ ትምህርት ቤት: dancing school
Tanzschulen {pl} :: dancing schools
Tanzstunde {f}: የዳንስ ሰዓት: dancing lesson, dancing lessons
Tanzturnier {n}: የዳንስ ውድድር: dancing contest
Tanzturniere {pl} :: dancing contests
Tapete {f}: የግድግዳ ልጣፍ: wallpaper
Tapeten {pl} :: wallpapers
Tapetenwechsel {m}: የልጣፍ ቅያሬ: change of scene
tapezieren: ግድግዳ ለጠፈ: to wallpaper
tapezierend: ግድግዳ ለጣፊ/ ለጥፎ: wallpapering
Tapezierer {m, pl}: ግድግዳ ለጣፊ: paperhanger, upholsterer, upholsterers
tapfer, tüchtig: ጀግና፣ ደፋር: brave, bravely, valiant, valiantly, valorous, brave, valiantly, valorously
Tapferkeit {f}: ጀግንነት: bravado, bravery, courageousness, fortitude, gallantry, prowess
Tapferkeiten {pl} :: braveness, valors, valours
tapsen: ተወላገደ፣ ተፍገመገመ: plod
Tara {f}: ማሸጊያ: tare
tarieren: አሸገ፣ ሸፈነ: tare
Tarif {m}: ውስን ዕዳ/ ግብር: tariff
Tarife {pl} :: tariffs, tariffs
Tarifgruppe {f}: የደመወዝ ጣሪያ: wage group
Tarifgruppen {pl}:: wage groups
Tarifkündigung {f}: የደመወዝ ጥያቄ : wage opening
Tarifkündigungen {pl} :: wage openings
Tariflohn {m}: መደበኛ ደመወዝ: standard wages
Tarifverhandlung {f}: የደመወዝ ክርክር፣ ያሠሪና የሠራተኛ ውይይት: collective bargaining
Tarifvertrag {m}: የደመወዝ ስምምነት: wage agreement
Tarifverträge {pl} :: wage agreements
Tarifvertragsklausel {f}: ዓመታዊ ደመወዝ ጭማሪ: annual improvement factor
Tarock {n}: ለሦስት የካርታ ጭዋታ: tarot
Tartan {m}: ጣቃ፣ የጨርቅ ነዶ: tartan
Tartanen {pl} :: tartans
Tasche {f}, Sack: ቦርሳ፣ ሻንጣ: catchall, pocket, bag
Taschen {pl} :: catchalls
Taschenausgabe {f}: ልዩና ርካሽ እትመት/ መጽሐፍ: pocket book edition
Taschenbuch {n}: ልዩ እትም መጽሐፍ: paperback, pocket book
Taschenbücher {pl} :: paperbacks
Taschendieb {m}: ኪስ አውላቂ: pickpocket
Taschendiebe {pl} :: pickpockets
Taschenfeuerzeug {n}: ላይተር: lighter, pocket lighter
Taschengeld {n}: የኪስ ገንዘብ: pocket money
Taschenlampe {f}: ባትሪ: pocket lamp
Taschenmesser {n, pl}: ሹካ: penknife, pocket calculator, penknifes, penknives, pocket knife, pocket knives, ocketknife, pocketknives
Taschenrechner {m}: የሒሳብ ማስያ ማሺን: calculator
Taschenspieler {m}: ቀላል መጫዋቻ: prestidigitator
Taschentuch {n}: መሐረብ: bandanna, handkerchief
Taschentüchlein {n}: መሐረብ: hanky
Taschenuhr {f}: የኪስ ሰዓት: watch, pocket watch
Tasse {f}, Becher: ስኒ: cup, cup
Tassen {pl} :: cups
Tassenunterlage {f}: ስኒ ማስቀመጫ: doily
Tassenunterlagen {pl} :: doilies
Tastatur {f}: ኪቦርድ፣ የኮምፒዩተር መጽሐፊያ: keyboard, keypad
Tastaturen {pl} :: keyboards
Taste {f}: የመጽሐፊያ ቁልፍ: key, pushbutton, bar
Tasten {pl} :: keys, buttons
tasten: ዳሰሰ: fumble, grope
tastend: ዳሳሽ/ ዳስሶ: fumbling, groping, gropingly
Tastenanschlag {m}: የቁልፍ ምት/ የጽሑፍ ፍጥነት: keyboard stroke, key-stroke, keystroke
Tastendruck {m}: የቁልፍ መምታት: keypress
Tastendrücke {pl} :: keystrokes
Tastenfeld {n}: የቁልፍ መታያ: key panel

Tastengruppe {f}: የቁልፍ ምድብ: button block
Tastenhinweis {m}: የቁልፍ አመልካች: softkey
Tastenknopf {m}: የቁልፍ ራስ: key button
Tastenname {m}: የቁልፍ ስም: keyname
Tastenposition {f}: የቁልፍ መገኛ: button position
Tastenreihe {f}: የቁልፍ ድርድር: bank of button
Tastenreihen {pl} :: bank of buttons
Tat {f}, Wirkung: ሥራ፣ ተግባር: act, action, deed, feats
Tateinheit {f}: የሥራ/ ተግባርአንድነት: in coincidence with
tatenlos: በነፃ/ ያለሙከራ: inactive
Täter {m}: አድራጊ፣ ሠሪ: committer, offender, perpetrator
tätig: ሠራተኛ፣ ቀልጣፋ: active
Tätigkeit {f}: ቀልጣፋነት: actions, agitation, operation, activity
Tätigkeiten {pl} :: agitations, operations
Tätigkeitsablaufplan {m}: የተግባር ፍጻሜ: activity schedule
Tätigkeitsbeschreibung {f}: የሥራ ዕቅድ: job description
Tätigkeitsknoten {m}: ማስነሻ ነጥብ: activity point
Tatkraft {f}: ኃይል/ ጥንካሬ: energy
Tatort {m}: የድርጊት ቦታ: site of crime
Tatorte {pl} :: sites of crime
tätowieren, tätowiere: ተጠቆረ: tattoo
tätowierend: ተጠቋሪ/ ተጠቁሮ: tattooing
Tatsache {f}: ጨብጥ/ ዋና ነጥብ: virtuality, fact
Tatsachen {pl} :: facts, virtualities, actualities
Tatsachenbericht {m}: ጨብጣዊ ዘገባ: factual report
tatsächlich, eigentlich, wirklich: በተጨባጭ፣በእውነት/ በእርግጥ: as a matter of fact, defacto, in fact, indeed, actual
tätscheln: በእጅ ነካ ነካ አደረገ፣ ተመተመ: pat
Tau {m}: ጭጋግ: dew
taub: ደንቆሮ፣መስማት የማይችል: deaf, deafly
Taube {f}: ርግብ: pigeon, dove
Tauben {pl} :: pigeons, doves
Taubheit {f}: ደንቆሮነት: deafness
tauchen: ጠለቀ፣ ሰመጠ: dive, immerse, plunge
tauchend: ጠላቂ/ ጠልቆ: dipping, diving, immersing, plunging
Taucher {m}: ባሕር ውስጥ ጠላቂ/ ዋናተኛ: diver, plunger
Taucheranzug {m}: የጠለቃ እስፖርት ትጥቅ: diving suit
Tauchergerät {n}: የማጥለቃያ ማሽን: aqualung
Taucherin/nen {f/pl}: ጠላቂ: divers
tauen: ቀለጠ፣ በነነ: dew, thaw
tauend: ቀላጭ/ ቀልጦ: dewing, thawing
Taufbuch {n}: መጽሐፈ ክርስትና: parish register
Taufe {f}: ጥምቀት: baptism, baptize
Taufen {n, pl}: ማጥመቅ: baptisms, baptismal
taufen: አጠመቀ: baptize, christen, to christen, to baptize
taufend: አጥማቂ/ አጥምቆ: baptizing
Täufer {m}: መጥምቅ፣ አጥማቂ: baptist
Taufkapelle {f}: ክርስትና ቤት: baptistery
Täufling {m}: ተጠማቂ፣ ክርስትና የሚነሳ: child to be baptized
Taufschein {m}: የጥምቀት መረጃ: certificate of baptism
Taufscheine {pl} :: certificates of baptism
taugen: ተመቻቸ፣ ተስማማ: be good for, to be good for
taugend: ምችቹ/ ተመቻችቶ: being good for
Taugenichts {m}: ጥቅምየለሽ፣ ምውት/ ውዳቂ: scapegrace
Taugenichtse {pl} :: scapegraces
Tauglichkeit {f}: ተፈላጊነት: capableness, fitness
Tauglichkeiten {pl} :: capablenesses
Taumel {m}: ማወላወል: reeling, re eling
taumelig: ወላዋይ: groggily, groggy
taumeln: ወላወለ፣ ቃገ፣ ወዲያ ወዲህ አለ: lurch, tumble
taumelnd: ወላዋይ/ ወላውሎ: lurching
Tausch {m}: ለውጥ: tradeoff
Tausche {pl} :: tradeoffs
täuschen, betrügen: ሸወደ፣ አሳዘነ፣ አሰቀቀ: beguile, bluffs, deceive, delude, hoodwink, mystify
täuschend: ሸዋጅ/ ሸውዶ: beguiling, deceiving, deceptive, deluding, delusive, delusively, feinting, fooling, foxing, hoodwinking, mystifying, deceptively, mystifyingly
tauschen: ለወጠ፣ ቀየረ: barter, exchange, interchange
tauschend: ቀያሪ/ ቀይሮ: bartering, swapping
Tauschgeschäft {n}: የቅያሬ ሱቅ: barter
Tauschgeschäfte {pl}:: barters
Tauschhändler {m, pl}: የለዋጭ ነጋዴ: barterer, barterers
Tauschmittel {n}: መቀየሪያ ነገር: medium of exchange
Täuschung {f}: መሰቀቅ/ ማሰቀቅ: beguilement, deception, deceptiveness, delusion, fallacy, illusiveness, mystification
Täuschungen {pl} :: beguilements, deceits, delusions, fallacies, illusivenesses
Täuschungsversuch {m}: የሸውድ ሙከራ: attempt to deceive
Täuschungsversuche {pl} :: attempts to deceive
Tauschwert {m}: የቅያሬ ዋጋ: exchangeable value
tausend Jahre : ሽኽ ዓመት: millennium
tausend: ሽኽ: thousand
Tausende {pl}: ሽኽ: thousands, milles
tausenderlei: አንድ ሽኽኛ: a thousand things
tausendfach: ሽኽ እጥፍ: thousandfold
Tausendfuß {m}: ሽኽ እግር: centipede
Tausendfüßler {m, pl}: ባለሽኽ እግር: millepede, millepedes
tausendjährig: ሽኽ ዓመት: thousand years old
tausendmal: ሽኽ ጊዜ: a thousand times
tausendste: ሽኽኛ: thousandth

tausendstel: ሽሽዮሽ: thousandth part
Tautropfen {m}: ጤዛ: dewdrop, dew drop
Tauwetter {n}: ጭጋግ: thaw
Tauziehen {n}: የጦርነት ደመና: tug of war
Taxameter {m, pl}: የታክሲ ኪሎ ሜትር ቆጣሪ: taxi meter, taximeter, taxi meters, taximeters
Taxe/n {f/pl}: ግብር: cabs
Taxenstand {m}: የታክሲ ይዞታ: taxi rank
Taxi {n}: ታክሲ: taxi, taxicab, cab
Taxis {pl} :: taxicabs
Taxifahrer {m, pl}: ታክሲ ሹፌር: taxi driver, cabby, taxi drivers
Taxistand {m}: የታክሲ ደረጃ: taxi rank
Taxistände {pl} :: taxi ranks
Taxonomie {f}: የዘር ሽግሽግ: taxonomy
Teak {n}: የዛፍ ዓይነት: teak
Teaks {pl} :: teaks
Teakholz {n}: የዛፍ ዓይነት: teakwood
Technik {f}: ቴ ክኒክ: engineering, technique, technology, technique
Technik {f}: ቴ ክኒካዊ: technology
Technika {pl} :: technical schools
Techniken {pl} :: technologies, techniques
Techniker {m, pl}: ቴ ክኒሻን፣ ኢንጅነር: in technician, technicians
Technikerin/nen {f/pl} :: technicians
Technikum {n}: ቴ ክኒክ ትምህርት ቤት: technical school
technisch, fachlich: ቴ ክኒካዊ: engineering, technic, technical, technicality, technique, techniques, physical
Technokrat {m}: የቴ ክኒክ ሰው: technocrat
Technokraten {pl} :: technocrats
Technokratie {f}: የቴ ክኒክ አማኞች: technocracy
Technologe {m}: የቴ ክኒክ ምሁር: technologist
Technologen {pl} :: technologists
Technologie {f}: የቴ ክኒክ ትምህርት: technology
Technologieen {pl} :: technologies
Technologietransfer {m}: የቴ ኒክ ማስተላለፍ: technology transfer
technologisch: ቴ ክኒአሎጅካዊ: technologic, technological, technologically
Techtelmechtel {n}: ሽርሙጥና/ ቤት ማፍረስ: love affair
Teddybär {m}: የጅብ ቅርጽ አሻንጉሊት: teddy, teddy bear
Teddybären {pl} :: teddy bears, teddies
Tee {m}: ሻሂ: teas, tea
Teebeutel {m}: ጥቅል ሻሂ: tea bag
Teedose {f}: የሻሂ ኩባያ: caddy
Teedosen {pl} :: caddies
Teegebäck {n}: የሻሂ ቁርስ/ ዳቦ: scone, scones, short cake, tea cakes, muffins
Teegebäcke {pl} :: scones, short cakes
Teegeschirr {n}: የሻሂ ስኒ: tea set, tea service
Teegesellschaft {f}: የሻሂ ግብዣ: tea party
Teekanne {f}: የሻሂ በራድ: teapot
Teekannen {pl} :: teapots
Teekuchen {m, pl}: የቁርስ ባዶ: short bread, crumpet, shortcakes, crumpets
Teelöffel {m, pl}: የሻሂ ማንኪያ: teaspoonful, teaspoonfuls
Teemaschine {f}: የሻሂ ማሽን: tea urn
Teemaschinen {f} :: tea urns
Teer {m}: ጥቅርሻ፣ ጥላት: tar
teeren: ጥላት ቀባ፣ አጠቆረ: tar
teerend: አጥቋሪ/ አጥቁሮ: tarring, tarring
Teerose {f}: ያበባ ዓይነት: tea rose
Teerosen {pl} :: tea roses
Teerpappe {f}: የተቀባ ካርቶን: tarboard
Teerpappen {pl} :: tarboards
Teestrauch {m}: የሻሂ ቅጠል ዓይነት: tea shrub
Teesträucher {pl} :: tea shrubs
Teestube {f}: ሻሂ ቤት: tearoom
Teestuben {pl} :: tearooms
Teetasse {f}: የሻሂ ስኒ: teacup
Teetassen {pl} :: teacups
Teewagen {m, pl}: ሻሂ መጫኛ መኪና: tea wagon, tea trolley, tea wagons
Teflon {n}: ቴሌፎን: teflon
Teich {m}: ግድብ: hamlet, pond, pool
Teiche {pl} :: ponds, pools, hamlets
Teig {m}: እርሾ: dough
teigig: እርሿማ: doughy
Teigware {f}: ማቡኪያ: pasta
Teil {m}, Teilung: ቁራጭ፣ ክፍል: chapter, detail, part, partial, particle, scrap, tract, appanage, partition, part
Teile {pl} :: particles, parties, partitions, parts, portions, tracts, members
teil: ክፍል: part, parts
Teilabschnitt {m}: ቁራጭ ክፍል: segment
Teilansicht {f}: መጠነኛ እይታ: partial view
teilbar: ተከፋይ:divisible, separable, divisibly
Teilbarkeit {f}: ተካፋይነት: divisibility
Teilbarkeiten {pl} :: divisiblities
Teilbereich {m}: ውስን አካባቢ: partition, subarea
teilen, gemeinsam benutzen: ከፈለ፣ አካፈለ፣ አደለ፣ ሰጠ: apportion, divide, intersect, split, share
teilend: አካፋይ/ ከፍሎ: apportioning, divisive, severing, sharing, divisively
Teiler {m, pl}, Verteiler, Trennwand: አካፋይ፣ መከፈያ፣ ግርዶሽ: divider
Teilerfolg {m}: መጠነኛ ድል: partial success
Teilfeld {n}: ውስን ቦታ/ አካባቢ: subfield
Teilfolge {f}: ቅደም ተከተል፣ ተዋረድ: subsequence
Teilfolgen {pl} :: subsequences
teilgenommen: ተካፋይ/ ተካፍሎ: participated
teilhaben an, teilen: ባለእኩል/ ድርሻማ ሆነ፣ ተካፈለ: participate, to share in
teilhabend: ተካፋይ/ ተካፍሎ: participating
Teilhaber {m}: ባለኃብት፣ ባለእኩል፣ ባለይዞታ: copartner, participator, partner
Teilhaberschaft {f}: ወራሽነት: cahoot
Teilhaberschaften {pl} :: cahoots

Teilhabersystem {n}: ተካፋይ/ ረዳት ሲስተም: transaction-driven system
Teilinhaltsverzeichnis {n}, Unterverzeichniss: ውስጣዊ ክፍፍል: subdirectory
Teilkreis {m}: መጠነኛ/ ውስን ክብ/ ዙሪያ: pitch circle
Teillast {f}: መጠነኛ ጭኖ/ ዕዳ: part load
Teillieferung {f}: ውንስ አቅርቦት/ ክፍያ: short delivery
Teilnahme {f}: ተካፋይነት: participation
Teilnahmen {pl} :: participations
teilnahmslos: ደንታቢስ፣ ግዴለሽ: impassive, impassively
Teilnahmslosigkeit {f}: ደንታቢስነት: apathy
teilnehmen, teilnehmen an, sich beteiligen an: ተሳተፈ፣ ተካፋይ ሆነ፣ ተካፈለ (ለ:ኃዘን)፣ አገኘ፣ አገለገለ: partake, participance, to take part, to take part in, attend, to take part in
teilnehmend: ተካፋይ/ ተካፋይ ሁኖ: partaking, participatory
Teilnehmer {m, pl}, Teilhaber, Partner: ተሳታፊ፣ ተካፋይ: entrant, participant, participants, partner
Teilnehmerverzeichnis {n}: የተሳታፊ ስም ዝርዝር: telephone directory
Teilnehmerverzeichnisse {pl} :: telephone, directories
Teilnetz {n}: ግማሽ ክፍል (ለኮምፒዩተር): subnetwork
teils: በከፊል: partly
Teilstrich {m}: መክፈያ መስመር: scale line, graduation mark
Teilsystem {n}, Untersystem: ውስጣዊ ሲስተም: subsystem
Teilung {f}: ክፍልፋይ: devide
Teilungen {pl} :: fissions
teilweise, insbesondere: በመጠኑ፣ በከፊል: halfway, partial, partially, particularly, particulary, partly, particulate
Teilzahlung {f}: ውስን ክፍያ: instalment, part payment, payment by instalment, detail drawing, detail drawings
Tektonik {f}: የግምበኛ ትምህርት: tectonics
tektonisch: ግምበኝነታዊ: tectonic, tectonically
Telearbeit {f}: የቴ ሌፎን ሥራ: telecommuting
Telebild {n}: የኮፒ ፎቶ: telephoto, telephotograph
Telebrief {m}: ፋክስ: mailgram
Telefon {n}: ቴ ሌፎን: phone, telephone
Telefone {pl} :: telephones
Telefonanruf {m}, Telefonat: የቴ ሌፎን ጥሪ: telephone call
Telefonanrufe {pl} :: telephone calls
Telefonanschlußdose {f}: የቴ ሌፎን መሰኪያ: telephone wall jack
Telefonapparat {m}: የቴ ሌፎን መነጋገሪያ/ መሳሪያ: telephone set
Telefonapparate {pl} :: telephone sets
Telefongespräch {n}: የቴ ሌፎን ውይይት: telephone conversation
Telefongespräche {pl} :: telephone conversations
telefonieren: ስልክ ደወለ: to telephone, to phone
telefonierend: ስልክ ደዋይ/ ደውሎ: telephoning
telefonisch: በቴ ሌፎን፣ ቴ ሌፎናዊ: telephonic
Telefonnummer {f}: የቴ ሌፎን ቁጥር: telephone number
Telefonnummern {pl}:: telephone numbers
Telefonwahl {f}: የቴ ሌፎን ቁጥር መምረጥ/ መደወል: telephone dialling
Telefonzelle {f}: ስልክ መደወያ: phone box, telephone box, callbox
Telefonzellen {pl} :: telephone boxes
Telegraf {m}: ፋክስ: telegraph
Telegrafen {pl} :: telegraphs
Telegrafie {f}: የፋክስ መልክት: telegraphy
telegrafisch: በፋክስ/ ባስቸኳይ ጥሪ: by telegram, telegrafic, telegraphicly
Telegramm {n}: ፋክስ፣ አስቸኳይ መልክት: telegram
Telegrammanschrift {f}: የፋክስ አድራሻ: telegraphic address
Telegrammanschriften {pl} :: telegraphic addresses
Telegramme {pl}:: telegrams, telegrams, telegraphs
Telegraphenamt {n}: ፖስታ ቤት: telegraph office
Telegraphenämter {pl} :: telegraph offices
Telegraphie {f}: የፋክስ ማሽን: telegraphy
Telegraphien {pl} :: telegraphies
telegraphieren: ፋክስ አደረገ፣ ባስቸኳይ ጠራ: telegraph
telegraphisch: ባስቸኳይ፣ ባፋጣኝ: by wire, telegraphic, telegraphical, telegraphically
Telegraphist {m}: የፋክስ ሠራተኛ: telegraphist, telegrapher
Telegraphisten {pl} :: telegraphists, telegraphers
Telekommunikation {f}: ቴ ሌኮሙኒኬሽን: remote communication
Telemetrie {f}: የቴ ሌፎን ጥሪ ርቀት መለኪያ: telemetry
Teleobjektiv {n}: የርቀት መልክት ዘጋቢ: telephoto lens, telephoto
Teleobjektive {pl} :: telephoto lenses
Teleologie {f}: የርቀት ትምህርት: teleology
telepathisch: በኢስሜታዊ ዘዴ: telepathic, telepathically
Telephon {n}: ቴሌፎን: telephone
Telephonhörer {m}, Handapparat: ቴ ሌፎን ማዳመጫ: telephone receiver
telephonieren: ስልክ ደወሉ: to telephone
telephonisch: ቴ ሌፎናዊ: by telephone
Television {f}: ቴ ሌቪዥን: television
Telexdienst {m}: የቴ ሌፎን/ ፋክስ ሥራ/ አገልግሎት: telex service
Telexdienste {pl} :: telex services
Telexnetz {n}: የቴ ሌፎን ኔት: telex network
Teller {m}: ሰኒ: plate, plateful, plate
Tempel {m, pl}: ቤተ መቅደስ: temple, temples

Temperament {n}, Stimmung: **አቀራረብ፣ መልካም ገጽታ**: temperament, temper
Temperamente {pl} :: temperaments
temperamentvoll: **በፈገግታ፣ በደስታ**: full of spirits, temperamental, temperamentally
Temperatur {f}: **ያየር ጠባይ**: temperature
Temperaturen {pl} :: temperatures
Temperaturregler {m}: **የሙቀት መቆጣጠሪያ**: thermostat
Temperaturschwankung {f}: **የሙቀት መቀነስና መጨመር**: variation in temperature
Temperaturschwankungen {pl} :: variations in temperature
Tendenz {f}, Absicht, Neigung: **ዝንባሌ፣ ፍላጎት**: trend, tendency, tendence
Tendenzen {pl} :: tendencies, leanings, tendances
tendenziös: **ጭንባሌዋዊ**: tendentious, endentiously
Tennis {n}: **የመረብ ኳስ**: tennis
Tennisball {m}: **የመረብ ኳስ**: tennis ball
Tennisbälle {pl} :: tennis balls
Tennisplatz {m}: **የቴ ኒስ ቦታ**: tennis court
Tennisplätze {pl} :: tennis courts
Tennisschläger {m}: **የቴ ኒስ መለጊያ**: tennis racket, tennis rackets
Tennisspieler {m}: **የቴ ኒስ እስፖርተኛ**: tennis player
Tennisspielerin/nen {f/pl} :: tennis players
Tennisturnier {n}: **የቴኒስ ውድድር**: tennis tournament
Tennisturniere {pl} :: tennis tournaments
Tenor {m}: **ስሜት፣ ፍላጎት**: tenor
Tenöre {pl} :: tenors
Teppich {m}: **የወለል ምንጣፍ**: carpet
Teppiche {pl}:: carpets, rugs
Teppichboden {m}: **ባለምንጣፍ ወለል**: carpeted floor, wall-to-wall carpet
Teppichkehrmaschine {f}: **መጥረጊያ ማሽን**: carpet sweeper
Tequila {m}: **አረቂ/ የመጠጥ ዓይነት**: tequila
Termin {m}: **ቀጠሮ**: appointed time, date, tike limit, appointed day, term
Terminal {n}: **ያውሮፕላን ማቢያ/ መብረሪያ ቦታ**: terminal
Terminals {pl} :: terminals
Terminbuch {n}: **የቀጠሮ መጽሐፍ**: appointment book
termingerecht: **በተገቢ ሰዓት/ ጊዜ/ ቀጠሮ**: in due time
Termingeschäft {n}: **የቀጠሮ ሱቅ**: time bargain
Termingeschäfte {pl} :: time bargains
Terminkalender {m}: **የቀጠሮ ማውጫ**: appointment calendar, diary
Terminologie {f}: **ትምህርታዊ መጠሪያ**: terminology
Terminologien {pl} :: terminologies
terminologisch: **ቅደም ተከተላዊ**: terminological, terminologically
Terminplan {m}: **የቀጠሮ ዕቅድ**: follow up chart
Terminpläne {pl} :: follow up charts
terorisieren: **ረበሸ**: bulldoze
terorisierend: **ረባሽ/ ረብሾ**: bulldozing
Terrasse {f}: **ሜዳ፣ ጩሌ**: terrace
Terrassen {pl} :: terraces
terrassenförmig: **እርከናዊ**: terraced
Terrier {m, pl}: **የውሻ ዝርያ**: terriers
Terrine {f}: **መጨለፊያ**: tureen
Terrinen {pl} :: tureens
territoriale: **አካባቢያዊ፣ ሠፈራዊ**: territorial
Territorium {n} : **ሠፈር፣ አካባቢ**: territory
Territorien {pl} :: territories
terrorisieren, terrorisiere: **አሰቃየ፣ ረበሸ**: terrorize, bulldoze
terrorisierend: **ረባሽ/ ረብሾ**: terrorizing
terrorisiert: **ተረባሽ/ ተረብሾ**: terrorized, bulldozed
Terrorismus {m}: **ሽብር ፈጠራ**: terrorism
Terrorist/en {m/pl}: **ሽብር ፈጣሪ**: terrorists
tesselieren: **ቀመመ**: tessellate
tesselierend: **ቀማሚ/ ቀምሞ**: tessellating
Test {m}: **ሙከራ፣ ፈተና**: test
Testen {n}: **መሞከር**: checking
Testament {n}, Wille: **ኑዛዜ፣ ምኞት**: last will
testamentarisch :**በኑዛዜ፣ ኑዛዜያዊ**: testamentary
Testamente {pl} :: last wills
Testamentsvollstrecker {m}: **ኑዛዜ አስፈጻሚ፣ የንስሐ አባት**: executor
testen: **ሞከረ**: check, checking
testend: **ሞካሪ/ ሞክሮ፣ ፈትኖ**: testing
Tester {m}: **ፈታኝ**: tester
testieren: **ተመኘ፣ ተናዘዘ**: make-a-will
testierend: **ተናዛዥ/ ተናዝዞ**: making-a-will
Testlauf {m}: **የሙከራ/ ፈተና ሂደት**: test run
Testosteron {n}: **የሙከራ ተካፋይ**: testosterone
Testpilot {m}: **የሙከራ ፓይሌት**: test pilot
Testpiloten {pl} :: test pilots
Testprotokoll {n}: **የፈተና ዘገባ**: test log
Testumfeld {n}: **የሙከራ አካባቢ**: test environment, test bed
Tetraeder {m, pl}: **ባላራት ጎን/ ማዕዘን**: tetrahedron, tetrahedrons
Tetrameter {m, pl}: **ባላራት ሽንኝ ግጥም/ ቅኔ፣ ከብርኢት**: tetrameter, tetrameters
teuer, lieb: **ውድ፣ ተወዳጅ**: dearly, expensive, expensively, pricey, dear
Teuerung {f}: **የዋጋ ጨማሪ**: high prices
Teufel {m, pl}: **አጋንንት፣ ሰይጣን**: demon, deuce, deuces, devil, devils, fiend, demons
teufel: **ሰይጣናዊ**: devil
Teufelchen {n, pl}: **ረባሽ**: imp, imps
Teufelei {f}: **አጋንንትነት**: devilry, deviltry, ghoulishness
Teufeleien {pl} :: devilries, deviltries
Teufelskreis {m}: **መውጫአልባ፣ አስቸጋሪ ይዞታ**: vicious circle
Teufelskreise {pl} :: vicious circles
teuflisch: **ሰይጣናዊ፣ አጋንንታዊ**: devilish, devilishly, fiendish, fiendishly
Text {m}, Schriftart: **ቴ ክስት፣ ዘር**: paragon, text

Texte {pl} :: texts
textabhängig: ዘረ የሚይለቅ: contextual
Textbearbeitung {f}: የጽሑፍ ተግባር: text editing
Textende {n}: የቴ ስት መጨረሻ: end of text
Texter {m, pl}: ታይፕ ማሽን: copywriter, songwriter
Textfarbe {f}: የቴ ክስት ቀለም: textcolor
Textfile {n}: የቴ ክስት ፋይል: textfile
Textfolge {f}: የቴ ክስት ቀደም ተከተል: text string
Textilstoff {m}: ጥጥ፤ ማግ፤ ድር: textile
Textilien {pl} :: textiles
Textilienhändler {m, pl}: የድር/ ጥጥ ነጋዴ: mercer, mercers
Textinformation {f}: የቴ ክስት ዘገባ: textual information
Textkommunikation {f}: የጽሑፍ ግንኙነት: written communication
textlich: ቴክስታዊ: textually
Textverarbeitung {f}: የጽሑፍ ተግባር፤ የመጽሐፊያ ፕሮግራም: text processing, wordprocessing, wordprocessor
Textverarbeitungen {pl} :: wordprocessors
Textverarbeitungssystem {n}: የቴ ክስት መጽሐፊያ ሲስተም: word processor
Theater {n, pl}, Schauplatz: ትያትር፤ ድራማ፤ ድርጊት: theater, theaters, theatre, theatres, theatre
Theaterbesucher {m}: ትያትር አይታ: playgoer, theatregoer
Theaterbesucherin/nen {f/pl}: ትያትር ጎብኝታ: theatregoers
Theaterschiff {n}: የትሪት ጀልባ: showboat
Theaterschiffe {pl} :: showboats
Theaterzettel {m}: የትያትር ሚና ማጥኛ: play bill
theatralisch: ትያትራዊ፤ መድረካዊ: histrionic, stagy, theatric, histrionically, stagily, theatrically, theatrical
theistisch: ኃያላዊ (ባንድ ኃያል የሚያምን): theistical, theistically
Thema {n}, Subjekt: ርእስ፤ ነጥብ: topic, theme, subject
thematisch, zeitgemäß: በዝርዝር፤ በሥራት: thematic, topical, thematically, topically
Themen {pl} :: topics, themes
Theokratie {f}: ቤተ መንግሥትና ቤተ ክህነትን ያጠቃለለ ሥርዓት/ መንግሥት: theocracy
Theokratien {pl} :: theocrasy, theocrasies
theokratisch: ቤተ መንግሥትና ቤተ ክህነትን ያጠቃለለ : theocratic, theocratically
Theologe {m}, Theolog: የቤተ ክህነት ምሁር: theologian, theologian
Theologen {pl} :: theologians
Theologie {f}: ትምህርተ መለኮት: theology
Theologien {pl} :: theologies
theologisch: ትምህርተ መለኮታዊ: theologic, theologically, theological
Theoretiker {m, pl}: ተላሚ፤ መላምት/ ዕቅድ አውጭ: theoretician, theoretist, theorist, theoreticians
theoretisch, rein gedanklich, spekulativ: በዕቅዱ፤ዕቅዳዊ፤ መላምታዊ: theoretic, theoretical, theoretically, theoreticly
Theorie {f}: መላምት: Theory, theory
Theorien {pl} :: theories
theorisieren, theorisiere: መላ መታ፤ ዕቅድ አወጣ: theorize
theorisierend: መላ መች/ መትቶ: theorizing
theorisiert: ታላሚ/ ታልሞ: theorized
Theosoph {m}: የእምነት ፈላስፋ: theosophist
Theosophen {pl} :: theosophists
Theosophie {f}: እምነትን አስቀዳሚ ፍልስፍና: theosophy
Theosophien {pl} :: theosophies
theosopisch: ሐሳባዊ: theosophic, theosophical, theosophically
Therapeut {m}: አጽናኝ፤ ነፍስ አባት፤ ጧሪ: therapist
Therapeuten {pl} :: therapists
Therapeutik {f}: ትምህርተ መንፈስ: therapeutics
therapeutisch: ጽናታዊ/ እንክብካቤያዊ: therapeutic, therapeutically, therapeutical
Therapie/n {f/pl}: እንክብካቤ ነፍስ: therapies
Thermalbad {n}: ሙቀት መታጠቢያ: hot springs
Thermalquelle/n {f/pl}: ሞቃት ምንጭ: thermal springs
thermisch, warm: ሞቃት: thermic, thermal
Thermodrucker {m, pl}: በሙቀት የሚያትም መሳሪያ: thermal printer
Thermodynamik {f}, Wärmelehre: የሙቀት ትምህርት: thermodynamics
thermodynamisch: ሞቃታዊ: thermoelectric, thermodynamically
Thermoelement {n}: ሞቃት ንጥረ ነገር: thermocouple, thermal element
Thermoelemente {pl}:: thermocouples
Thermometer {n, pl}: ሙቀት መለኪያ: thermometer, thermometers
Thermometersäule {f}: የሙቀት መለኪያ ምሰሶ: thermometer column
Thermometersäulen {pl} :: thermometer columns
Thermometerstand {m}: የሙቀት መለኪያ አናባቢ: thermometer reading
Thermometerstände {pl} :: thermometer readings
thermometrisch: የሙቀት መለኪያ/ ሙቀት መሊኪያዊ: thermometric, thermometrical, thermometrically
Thermoplast {n}: በሙቀት የሚሰራ ፕላስቲክ: thermoplastic
Thermoplasten {pl} :: thermoplastics
Thermosflasche {f}: የሙቀት መለኪያ ብርጭቆ: thermosbottle, thermosflask, thermos
Thermosflaschen {pl} :: thermoses, thermosbottles

These {f}: መላምት፤ መርህ ዓረፍተ ነገር: thesis

Thesen {pl} :: theses

Thrombose {f}: የደም ክፍል: thrombose

Thrombosen {pl} :: thromboses

Thron {m}: ዘውድ: throne

Throne {pl} :: thrones

Thronbewerber {m}: አልጋ ወራሽ: pretender

thronen: ዘውድ ደፋ: be enthroned

thronend: ዘውድ ደፊ/ ደፍቶ: being enthroned

Thronfolge {f}: ዘውድ ወራሽ: succession to the throne

Thronräuber {m, pl}: ዘውድ ነጣቂ: usurper, usurpers

Thronrede {f}: የዘውድ መልክት: speech from the throne

Thronreden {pl} :: speeches from the throne

Thunfisch {m}: (ትልቅ) ያሣ ዓይነት: tunny, tuna

Thunfische {pl} :: tunas

Tiara {f}: ዘውድ ምልክት ያለው ገንዘብ/ ሳንቲም መጠሪያ: tiara

Tick {m}: ጠቅ ጠቅ፤ ጠቅታ: tic

Ticks {pl} :: tics

ticken: ተንጠቀጠቀ፤ ቀጭ ቀጭ አለ: tick

tief, dunkel, zutiefst: ጥልቅ፤ ጥቅጥቅ፡ ጨለማ: abyssal, cavernously, deep, profoundly, deeply

Tiefangriff {m}: ቀላል ጥቃት: low level attack

Tiefatmung {f}: ዓየር በረግታ ወደውስጥ ማስገባት: deep breathing

Tiefatmungen {pl} :: deep breathings

Tiefbau {m}: በምድር ውስጥ ግምብ አሠራር ትምህርት: civil engineering

tiefbetruebt: አዛኝ/ አዝኖ: heartsick

tiefbewegt: ተደናቂ/ ተድንቆ፤ ተግርሞ: deeply moved

Tiefblick {m}: ትኩረት: keen insight

Tiefdruck {m}: ዝቅተኛ ግፊት: low pressure

Tiefdruck {m}: የድሩከር አሠራር: intaglio

Tiefdruckgebiet {n}: ዝቅተኛ ያየር ግፊት ያለበት ቦታ: low pressure area

Tiefe {f}, Tiefsinn: ጥልቀት፤ ምጥቀት: depth, lowness, profundity, deepness, profoundness

Tiefen {pl} :: downs, profundities, depths

tief: ጥልቃዊ: profoundly

Tiefebene {f}: ዝቅተኛ ቦታ: lowlands

Tiefenwirkung {f}: ከፍተኛ ተጽእኖ: depth effect

Tiefflieger {m, pl}: ዝቅተኛ/ ዝቅ አድርጎ አብራሪ: strafer, strafers

Tiefflug {m}: ዝቅተኛ በረራ: low level flight

Tiefgarage {f}: የመሬት ውስጥ መኪና ማቋሚያ: subterranean garage

tiefgreifend: ከፍተኛ: profound

tiefkühlen: በጣም አቀዘቀዘ፤ አከረረ: deep-freeze

Tiefland {n}: ዝቅተኛ መሬት፤ አካባቢ: lowland

Tieflandbewohner {m, pl}: የበርሃ ኗሪ: lowlanders

Tiefschlag {m}: ጥልቅ ዱላ: deep hit

Tiefschläge {pl} :: deep hits

tiefschwarz: በጣም ጥቁር: deep black, inky

Tiefsee {f}: ጥልቅ ባሕር: deep sea

Tiefseen {pl} :: deep seas

Tiefseeforschung {f}: የጥልቅ ባሕር ምርምር: deep sea research

Tiefsinn {m}: ተመስጦ፤ ምስጠት: pensiveness

Tiefstand {m}: ዝቅተኛ ደረጃ: low level

Tieftemperatur {f}: ዝቅተኛ ሙቀት: cryogenic

Tieftemperaturtechnik {f}: የዝቅተኛ ሙቀት ጥበብ: cryogenics

Tieftonlautsprecher {m, pl}: ጎርናና አነጋገር: woofer, woofers

Tiegel {m, pl}: ማንከስከሻ፤ብረት ምጣድ፤ መቁያ: skillet, skillets, crucibles

Tier {n}, Biest, Vieh, brutaler Kerl: እንስሳ: animal, beast, brute, beast, brute

Tiere {pl} :: beasts, animals

Tierarzt {m}: የእንስሳት ሐኪም: vet, veterinary

Tierärzte {pl}:: vets, veterinaries

Tierdienst {m}: የእንስሳት እንክብካቤ አገልድሎት: zoolatry

Tiergarten {m}: የአሮጌ/ ልዩ ልዩ እንስሳት መጧሪያ: zoological gardens

Tierhandlung {f}: የእንስሳት ሕክምና: pet shop

Tierheilkunde {f}: የእንስሳት ሕክምና ሳይንስ: veterinary science

tierisch: እንስሳዊ: animally, beastly, bestially

Tierkreis {m}: አሥራ ሁለቱ የከዋክብት ስም (የኮከብ ቆጣሪዎች): zodiac

Tierkreise {pl}:: zodiacs

Tierkunde {f}, Zoologie: የእንስሳት ትምህርት/ እንክብካቤ ጥናት: zoology

Tierleben {n}: የእንስሳት ኑሮ: animal life

Tiernatur {f}: የእንስሳት ተፈጥሮ: animality

Tierparks {pl}: የእንስሳት ማራቢያ: zoos

Tierquälerei {f}: የእንስሳት ስቃይ: cruelty to animals

Tierreich {n}: የእንስሳት አስተዳደር: animal kingdom

Tierversuch {m}: በእንስሳት ሙከራ: animal experiment

Tierwelt {f}: የእንስሳት ዓለም: animal world

Tierzucht {f}: የእንስሳት እርባታ: live stock breeding

Tiger {m, pl}: የነብር ዓይነት፤ ነብር: tiger, tigers

Tigerin {f}: ነብር: tiger, tigress

Tigerinnen {pl} :: tigresses, tigers

Tilde {f}: ድግግም: tilde

Tilden {pl} :: tildes

tilgen: አጠፋ፤ ቀጨ፤ ሰረዘ፤ ደመሰሰ: amortize, obliterate, pay off

tilgend: አጥፊ/ ድምስሶ: deleting, liquidating, obliterating

Tilgung {f}: መደምሰስ፤ ማጥፋት: acquittance, acquittances, amortization, amortizement, deletion, extinction

Tilgungen {pl} :: deletions, erasures, extinctions

Tilgungsplan {m}: የጥፋት ተልእኮ/ ዕቅድ: amortization schedule

Timer {m}: ጊዜ/ ሰዓት ቆጣሪ/ ተቆጣጣሪ: timer

Tinktur {f}: መለያያ ቱቦ: tincture

Tinkturen {pl} :: tinctures

Tinte {f}: ብጥብጥ ቀለም፣ብእር፣ ማግሰያና መምጠጫ አገዳ/ ብእር: ink

Tintenfaß {n}: የቀለም ቀንድ/ ብልቂያጥ: inkstand

Tintenfleck {m}: የቀለም ጠብታ: spot of ink, ink, stain, inkblot

Tintenradiergummi {m}: ቀለም ማጥፊያ: ink-eraser

Tintenstift {m}: ቀለም የሚጠጣ እስክብሪቶ: ink-pencil, indelible pencil

Tintenstrahl {m}: ቀለም መንፊያ/ መቀቢያ: ink-jet

Tip {m}, Hinweis: ምልክት: tip

Tippen {n}, Schreiben: ታይፕ ማድረግ/ መጻፍ: typing

tippen, schreiben: ታይፕ አደረገ/ጻፈ: typ

Tippfehler {m, pl}: የታይፕ ጽሑፍ ስተት: typing error, typo, typos, typing errors

Tirade {f}: የዜማ/ ድምጽ ቃና: tirade

Tiraden {pl} :: tirades

Tisch {m}, Tabelle, Tafel: ጠረጴዛ: desk, table

Tische {pl}:: desks, tables

Tischbohrmaschine {f}: መቅደጃ ማሽን: bench drill

Tischdecke {f}: የጠረጴዛ ልብስ: table cloth

Tischdecken {pl} :: tablecloths, table cloths

Tischdrucker {m}: የድሩከር ዓይነት: tabletop printer

Tischgast {m}: እንግዳ፣ ተጋባዥ: dinner guest

Tischgäste {pl} :: dinner guests

Tischgebet/e {n/pl}: የምግብ ጸሎት: graces

Tischgeschirr {n}: የምግብ ስኒ/ ሳህን: tableware

Tischgespräch {n}: በጠረጴዛ ዙሪያ ውይይት: table talk

Tischgespräche {pl} :: table talks

Tischklopfen {n}: ጠረጴዛ ማንኳኳት: table rapping

Tischlampe {f}: የጠረጴዛ መብራት: table lamp

Tischlampen {pl} :: table lamps

Tischler {m}: አናጺ: joiner

Tischlerei {f}: የጠረጴዛ ሥራ: joinery

Tischplan {m}: የመቀመጫ ዕቅድ: seating plan

Tischrechner {m}: የጠረጳዛ ላይ ሒሳብ ማስያ: desk calculator, tabletop computer

Tischrede {f}: ምርቃት፣ ማስተዋወቅ: toasts

Tischtelephon {n}: የጠረጴዛ ላይ ቴ ሌፎን: desk telephone

Tischtennis {n}: የጠረጴዛ ቴ ኒስ: table tennis

Tischtuch {n}: ጠረጴዛ መጥረጊያ: table-cloth, tablecloth

Titan {m}: የጥንት ግሪካውያን አምላክ: titanium

Titanen {pl} :: titans

titanisch: ኃይለኛ: titanic

Titel {m, pl}: ርእስ፣ ማዕረግ፣ ስም፣ ልባስ: cover, title, titles, titular, captions, cover

Titelbild {n}: የልባስ ስእል: cover picture

Titelblatt {n}: መጀመሪያ ገጽ: title page

Titelblätter {pl} :: title pages

Titelhalter {m, pl}: ባለማዕረግ: title holder, titleholder, title holders, titleholders

Titelkampf {m}: የማዕረግ/ አንደኛነት ውድድር: title bout

Titelkämpfe {pl} :: title bouts

Titelrolle {f}: የማዕረግ ሚና: name part

Titelseite {f}: የርእሱ ገጽ: front page

Titelzeile {f}: የርእሱ መስመር: head line

titrieren: ጣቃውን/ ነዶውን ለየ: titrate

titulieren: ማዕረግ/ ርእስ ሰጠ: dub

titulierend: ማዕረግ ሰጭ/ ሰጥቶ: dubbing

tituliert: ርእስ ተሰጭ/ ተሰጥቶ: titled, dubbed

Toast {m}: ነጭ ዳቦ፣ ለጤናህ! (የመጠጥ አባባል): toast

toben: ተበሳጨ፣ ተናደደ፣ ተቆጣ: bluster, clamor, rampage

tobend: ተናዳጅ/ ተናድዶ: blustering, clamoring, rampaging, riotous, riotously, uproarious, uproariously

tobsüchtig: ብስጩ፣ ቁጡ: raving mad

Tochter {f}: ልጅ፣ ልጃገረድ: daughter

Tochtergesellschaft {f}: ቅርንጫፍ: subsidiary

Tochtergesellschaften {pl} :: subsidiaries

töchterlich: ልጃ ገረዳዊ: daughterly

Tod {m}: ሞት: death

Todesahnung {f}: የሞት ሐሳብ: presentiment of death

Todesangst {f}: የሞት ፍርሃት: mortal fear

Todesanzeige {f}: የቀብር ማስታወቂያ: obituary notice

Todesanzeigen {pl} :: obituaries

Todesart {f}, Todesfall: ያሟሟት ሁኔታ: death

Todesarten {pl}, Todesfälle: ያሟሟት ሁኔታ: deaths

Todesengel {m}: መልአከ ሞት: angel of death

Todeserklärung {f}: የሞት ገለጻ: declaration of death

Todeserklärungen {pl}: ጥኑ ሕመም/ በሽታ: declarations of death

Todesfall {m}: የሞት ምክንያት: case of death

Todesfälle {pl} :: cases of death

Todesfallversicherung {f}: የሞት አደጋ ኢንሹራንስ: assurancepayable at death

Todesgefahr {f}: የሞት አደጋ: danger of death

Todeskampf {m}: ጣረሞት: death struggle, agony

Todeskandidat {m}: ጥኑ በሽተኛ: doomed man

Todeskandidaten {pl} :: doomed men

Todesstoß {m}: የሞት አደጋ: deathblow, death blow

Todesstösse {pl} :: deathblows

Todesstrafe {f}: የሞት ቅጣት: capital punishment

Todestag {m}: ዕለተ ሞት: obit

Todesursache {f}: የሞት ምክንያት: cause of death

Todesursachen {pl} :: causes of death

Todesurteil {n}: የሞት ፍርድ: sentence of death

Todesverachtung {f}: ሞት መከላከያ: defiance of death

Todeswunsch {m}: የሞት ምኞት: death wish

Todeswünsche {pl} :: death wishes

Todfeind {m}: ዋና ጠላት: deadly enemy
Todfeinde {pl} :: deadly enemies
todkrank: ጥኑ በሽተኛ: fatally ill
tödlich, totenähnlich: በሞት፣ ባደጋ: deadly, deathlily, deathly, fatal, lethal, lethally, mortal, lethally
Tödlichkeit {f}: መዋቲነት: deadliness
todmüde: በኃይል መድከም: dead tired, deadbeat, tired to death
todsicher: አዳጋኛ: dead sure
Todsünde {f}: መጥፎ ወንጀል: mortal sin
Toilette {f}: ሽንት ቤት: toilet, lavatory
Toiletten {pl} :: toilets
Toilettenartikel {m, pl}: የሽንት ቤት ዕቃ: toilet article, toilet articles
Toilettenpapier {n}: የሽንት ቤት ወረቀት: toilet paper
Toilettenpapiere {pl}:: toilet papers
Toilettensache {f}: የሽንት ቤት ነገር: toiletry
Toilettensachen {pl} :: toiletries
Toilettenseife {f}: የሽንት ቤት ሳሙና: toilet soap
Toilettenseifen {pl} :: toilet soaps
Toilettentisch {m}: የሽንት ቤት ጠረጴዛ: toilet table
Toilettentische {pl} :: toilet tables
tolerant: ልዝብ፣ ገለልተኛ: permissive, tolerantl, permissively, tolerantly
Toleranz {f}: ልዝብነት፣ መሐሪነት: tolerance, permissiveness
Toll!: በጄ! አበጀህ!: wow
toll: ሽጋ፣ ቆንጆ፣ ጥሩ: jazzy, madcap, pippin
tollen: ተጫወተ፣ ፈነጠዘ: romp
tollend: ተጫዋች/ ተጫውቶ: romping
Tollhaus {n}: የቀልድ/ ፌዝ ቤት: bedlam
Tollhäuser {pl} :: bedlams
Tollheit {f}, Wahnsinn: ቀልደኛነት፣ ጨዋታ: rabidity, madness
Tollkirsche {f}: የማታ ጥላ፣ ቤተ ክርስቲያን መሰል የማታ ጥላሎት/ ግርዶሽ: deadly nightshade, nightshade, belladonna
Tollkirschen {pl} :: nightshades, deadly nightshades
tollkühn: ደፋር፣ ጨካኝ፣ አረመኔ: foolhardily, foolhardy
Tollkühnheit {f}: ድፍረት፣ ጨካኝነት: foolhardiness
Tollkühnheiten {pl} :: foolhardinesses
Tollwut {f}: የተላላፊ በሽታ ዓይነት: rabies
tollwütig: በሽተኛ: rabid, rabidly
Tolpatsch {m}: ደንጋራ፣ ስጦታአልባ: cub, clumsy fellow
Tölpel {m, pl}: አዳገኛ/ ጨካኝ ሰው፣ ደንቆሮ፣ ያሣ ዓይነት: booby, dolt, gannet, gawk, hick, jay, yokel, hicks, gannets, yokels
Tölpelei {f}: ድንቁርና: clumsiness
tölpelhaft: ድንቁርናዊ: lubberly
Tomahawk {n}: ጎራዴ መሰል መሳሪያ: tomahawk
Tomahawks {pl} :: tomahawks
Tomate {f}: ቀይ የፍሬፍሬ ዓይነት: tomato
Tomaten {pl} :: tomatoes
Tombak {m}: የጌጣ ጌጥ ዓይነት: tombac
Tombola {f}: የእጣ ጨዋታ፣ ሎተሪ: raffle
Ton {m}: ድምጽ፣ ቃና፣ ቀለም፣ የስሚንቶ ደንጋይ/ ልጣፍ: chime, sound, tone, audio, clay
Töne {pl}: የድምጽ ቃና: tones, chimes
Tonaufnahme {f}: ድምጽ ቅጅ/ መቅዳት: sound recording
Tonaufzeichnungsgerät {n}: ድምጽ መቅጃ መሣሪያ: phonograph
Tonbad {n}: ድምጽ መቅጃ: toning bath
Tonbäder {pl} :: toning baths
Tonband {n}: ድምጽ መዘገቢያ: audio tape, tape
Tonbänder {pl} :: audio tapes, tapes
Tonbandgerät {n}: ድምጽ መዘገቢያ ማሽን: tape recorder
Tonbandgeräte {pl} :: tape recorders
Tondichtung {f}: ድምጽ መከላከያ/ ማገጃ: tone poem
Tondichtungen {pl} :: tone poems
tönen: ድምጽ ሰጠ/ አሰማ: to sound
Tonerde {f}: ያሉሚኒየም ውኅድ ንጥረ ነገር: alumina
Tonfilm {m}: በሙዚቃ የታጀበ ፊልም: talkie
Tonfilme {pl} :: talkies
Tonfrequenz {f}: የድምጽ ዌ ቭ ፍጥነት: subaudio frequency, audio frequency
Tonfrequenzen {pl} :: audio frequencies
Tonfrequenzbereich {m}: የድምጽ ዌ ቭ አካባቢ: audio range
Toningenieur {m}: የድምጽ ባለሙያ: sound engineer
Tonkunst {f}: የድምጽ ጥበብ: musical art
Tonleiter {f}: ድምጽ ማስተላለፊያ: gamut
Tonleitern {pl} :: gamuts
tonlich: ድምጸዊ: tonal, tonally
tonlos: ድምጽአልባ: soundlessly
Tonne {f}: 1000 ኪ/ ግራም፣ በርሚል፣ ታላቅ ጋን: tun, ton
Tonnen {pl} :: tuns, tons
Tonregler {m, pl}: ድምጽ ቃና መቆጣጠሪያ: tone control, tone controls
Tonrundfunk {m}: ራዲዮ ማቢያ: sound radio, radio-broadcasting
Tonsilbe {f}: አናባቢ ፊደል: tone syllable
Tonsilben {pl} :: tone syllables
Tonspur {f}: የድምጽ ቃና: sound track
Tonsur {f}: የመነኩሴ ቅናት/ መቀነት/ መታጠቂያ: tonsure
Tonsuren {pl} :: tonsures
Tontechnik {f}: የድምጽ ቴ ክኒክ: audio engineering
Tontechniken {pl} :: audio engineerings
Tönung {f}: አነባብ: tinge
Tönungen {pl}:: tinges
Tonverstärker {m}: ድምጽ ማጉያ: sound amplifier
Tonware {f}: ገል፣ የገል ዕቃ: pottery
Tonwaren {pl} :: potteries
Topas {m}: አንጸባራቂ ንጥረ ነገር: topaz
Topase {pl} :: topazes

Topf {m}: ድስት፣ብረት ድስት፣ ምንቸት: pot
Töpfe {pl}:: pots
Töpfer {m}: ባድጋ/ ሸክላ ሠሪ: crocker, potter
Töpferware {f}: የሸክላ ቁሳቁስ: earthenware
Topfhut {m}: ወስከምባይ፣ የድስት ግጣም: clochehat
topfvoll: ድስት ሙሉ: potful
Topograph {m}: የተራራ/ መሬት አቀማመጥ መለካት ምሁር: topographer
Topographen {pl} :: topographers
Topographie/n {f/pl}, Ortsbeschreibungen: የካርታ አሠራር: topographies
topographisch: የመሬት አቀማመጣዊ: topographic, topographical, topographically
Topologe {m}: የጂኦሜትሪ ባለሙያ: topologist
Topologen {pl} :: topologists
Topologie {f}: የጂኦሜትሪ ትምህርት: analysis situs
topologisch: ጂኦሜትሪካዊ: topological, topologically
Tor {n}, Sperre, Schranke, Bahnschranke, Pforte: በር፣ ምዝጊያ፣ ጎል፣ አጉራ: gate
Tore {pl} :: gates
tor: ግብ፣ ጎል: goal
Torf {m}: ቀልዝ: peat
Torfboden {m}: ቀልዛማ መሬት: peat soil
Torheit {f}: ደንቆሮነት፣ ፋዞነት: folly, foolishness
Torheiten {pl} :: follies, foolishnesses
töricht: ባላገር፣ ጥሬ፣ ግርድፍ፣ ወልጋዳ፣ ቅጥየለሽ: foolish, silly
Törin {f}: ደንገጠር: foolish woman
Törinnen {pl} :: foolish women
torkeln: ተወላገደ፣ ተፍገመገመ: lurch, totter
torkelnd: ተወላጋጅ/ ተወላግዶ: lurching, tottering
Torlauf {m}: የበረዶ ላይ ሩጫ ውድድር: slalom
Torläufe {pl} :: slaloms, cross bars
Torlinie {f}: የጎል መስመር: goal line
Torlinien {pl} :: goal lines
torlos: በር/ ግብአልባ፣ ነጥብአልባ: goalless, scoreless
Tornado {m}: አውሎ ነፋስ: tornado
Tornados {pl} :: tornados, tornadoes
torpedieren: በራሱ ኃይል ተወረወረ/ ተንቀሳቀሰ: torpedo
torpedierend: ተምዘግዛጊ/ ተምዘግዝጎ: torpedoing
Torpedoboot {n}: ፈጣን የጦር ጀልባ: torpedo boat
Torpedoboote {pl} :: torpedo boats
Torpfosten {m, pl}: የጎል ቋሚ እንጨት: goalpost, door post, goalposts
Torraum {m}: የጎል በር: goalmouth
Torräume {pl} :: goalmouths
Torte {f}: የፍራፍሬ ኬክ: pie, tart, fancy cake
Torten {pl} :: pies, tarts, fancy cakes
Torwart {m}: ጎል ጠባቂ: goal keeper, goalie, goalkeeper
Torwarte {pl} :: goal keepers
Tory {m}: የነገሥታት ፓርቲ አባል (በእንግሊዝ): tory
tot: ምውት: dead
total blau: ሰካራም: drunk as a lord
Totalisator {m}: ጠቅላይ፣ አጠቃላይ: totalizer
Totalisatoren {pl} :: totalizers
totalitär: ፈላጭ ቆራጭ: totalitarian
töten, vernichten: ገደለ፣ አጠፋ፣ ደመሰሰ: slay, to kill
totenähnlich: ምውት: deathlike
tötend: ገዳይ/ ገድሎ: killing, slaying, lethal, mortal
Totenfeier {f}: ልቅሶ፣ ኃዘን: obsequies
Totenglocke {f}: የልቅሶ ደወል/ ጥሩምባ: knell
Totenglocken {pl} :: knells
Totengräber {m}: ቀብርተኛ: gravedigger
Totenliste {f}: የምውታን ስም ዝርዝር: death roll
Totenmaske {f}: የኃዘን ልብስ: death mask
Totenreich {n}: የምውታን ዓለም: realm of the dead
totenstill: ጸጥታ፣ ዝምታዊ: deadly silent
Totenurne {f}: ቃሬዛ: funeral urn
Totenwache {f}: መልአከ ምውታን፣ ሬሳ ጠባቂ: deathwatch, death watch
Totgeburt {f}: ጭንጋፍ: stillborn child, stillbirth
Totgeburten {pl} :: stillborn children, stillbirths
totlaufen: ከሰረ፣ ወደቀ: fizzle out
totschießen: ገደለ: shoot to death
totschießend: ገዳይ/ ገድሎ: shooting to death
Totschlag {m}: ግድያ: homicide, manslaughter
Totschläger {m, pl}: ገዳይ: killer, killers, manslayer
totstellen: ምውት/ ሬሳ መሰለ: feign death
totstellend: ሬሳ መሳይ/ መስሎ: feigning death
Totzeit {f}: ዕለተ ሞት: dead time
Tour {f}: ጉዞ፣ ሽርሽር፣ ውድድር: tour
Touren {pl} :: tours
Tourenrad {n}: የእስፖርት ሳይክል: roadster
Tourenwagen {m}: የእስፖርት መኪና: touring car
Tourenzahl {f}: የለውጥ ቁጥር: number of revolutions
Tourenzähler {m}: ያዙሪት ቆጣሪ: revcounter, revolution counter
Tourist {m}: ጎብኝ፣ ቱሪስት: tourist, sightseer
Touristen {pl} :: tourists, sightseers
Touristin {f}: ጎብኝ: tourist
Toxikologe {m}: የመርዝ ባለሙያ: toxicologist
Toxikologen {pl} :: toxicologists
Toxikologie {f}: የመርዝ ጥናት: toxicology
Toxikologien {pl} :: toxicologies
toxikologisch: መርዛዊ: toxicological, toxicologically
Trab {m}: ብርጋጌ፣ የእንስሳት ድንጋጤ: trot
Traber {m, pl}: የውድድር ፈረስ: trotter, trotters
Trabrennen {n, pl}: የፈረስ ዝልያ ውድድር: trotting race, trotting
Tracht {f}: የወቅት/ ዘመን ልብስ: livery, traditional costume, garb
Trachten {pl} :: liveries, garbs

Tradition {f}: ባህል፣ ሕግ-ወግ-ልምድ: tradition
traditionell: ባህላዊ: traditional, traditionally
Traditionen {pl} :: traditions
Tragbahre {f}: ቃሬዛ፣ ሬሳ መሸከሚያ: stretcher
Tragbahren {pl} :: stretchers
Tragbalken {m, pl}: የሬሳ ሳጥን: girder, girders
tragbar: ተላላፊ (ለበሽታ)፤ተሸካሚ/ ሊሸከሙት የሚቻል፣ ተንጠልጣይ/ ታንጋች: portable, portably, sustainable
Tragbarkeit {f}: ተላላፊነት: portability, wearability
träge: ሰነፍ፣ ወዝፍ: idle, idly, indolent, indolently, inert, inertly, lazy, remiss, sluggish, supinely, indolently, sluggishly
tragen, befördern, anhaben, ertragen: ተሸከመ፣ አስተላለፈ፣ አነገተ: bear, to wear (wore, worn), to carry
tragend: አስተላላፊ/ አስተላልፎ: bearing, wearing, carrying, shouldering, sustaining
Träger {m, pl}: ተሸካሚ፣ አስተላላፊ (ለበሽታ)፣ ኩሊ፣ የቀን ሠራተኛ: bearer, bearers, carrier, carriers, porter, porters, wearer, wearers
Tragfähigkeit {f}: የመሸከም ችሎታ: load carrying capacity
Trägheit {f}: ደደብነት፣ ደንቆሮነት፣ ሰነፍነት: idleness, inaction, indolence, inertia, inertial, inertness, languishment, sluggishness, supineness, torpidness
Tragik {f}, Tragödie: አሰቃቂ/ አስቀያሚ ተግባር: tragedy
Tragiken {pl}:: tragedies
Tragiker {m, pl}: አሳዛኝ ታሪክ ጸሐፊ: tragedian, tragic poet, tragedians, tragic poets
tragikomisch: አሳዛኝና አስቂኝ ባንድ ጊዜ: tragicomic, tragicomically, tragicomical
Tragikomödie {f}: እያሳቀ የሚያሳዝን ታሪክ: tragicomedy
Tragikomödien {pl} :: tragicomedies
tragisch: አሳዛኝ: tragic, tragical, tragically
Tragkraft {f}: የመሸከም ችሎታ/ ኃይል: buoyancy, lifting capacity
Tragödie {f}: አሳዛኝ ታሪክ: tragedy
Tragödien {pl} :: tragedies
Tragödin {f}: አሳዛኝ ታሪክ ጸሐፊ: tragic actress
Tragödinnen {pl} :: tragic actresses
Tragtüte {f}: ዕቃ መሸከሚያ/ ማንጠልጠያ: carrier bag
Tragwerk {n}: ያውሮፕላን ክንፍ: wing unit
Tragwerke {pl} :: wing units
Trainer {m, pl}: አሰልጣኝ (ለእስፖርት): trainer, trainers
trainieren, dressieren: አሰለጠነ፣ አለማመደ: to practise, to train
trainiert: ተለማማጅ/ ተለማምዶ: trained
Training {n}: ልምምድ: workout
Trainings {pl} :: workouts
Trainingsanzug {m}: የልምምድ ልብስ: track suit
Trainingsanzüge {pl} :: track suits
Traktor {m}:ትራተር: tractor
Traktoren {pl}:: tractors
trällern: አንጎራጎረ፣ አዜመ፣ ዘመረ: lilt, troll
trällernd: አንጎራጓሪ/ አንጎራጉሮ: lilting, trolling
trampeln: ተንዘላዘለ፣ ተወላገደ: trample
trampelnd: ወልጋዳ/ ተወላግዶ: trampling
trampen: ለምኖ ተሳፈረ፤ሳይከፍል በመኪና ሄደ: hitchhike
Trampolin {n}: መወዛወዣ፣ መፈንጠሪያ: trampoline
Trampoline {pl}: መወዛወዣ፣ መንጫዋልያ: trampolines
Trance {f}: ጸጥታ፣ ዝምታ: trance
Trancen {pl} :: trances
Träne {f}: እንባ: teardrop, tear
Tränen {pl} :: teardrops, tears
Tränengas {n}: አስለቃሽ ጋዝ/ ጭስ: tear gas, teargas
tränenreich: አልቃሻ፣ አንቢ: lachrymose, tearful, tearfully
tränenvoll, weinerlich: እንባማ/ ም: tearful
Trank {m}, Getränk: መጠጥ: drink
tränken: አጠባ/ አጠጣ (ለእንስሳት): imbue
tränkend: አጥቢ/ አጥብቶ: tincturing
Trankopfer {n}: ሥጋ ወደሙ፣ የቁርባን ወይን: libation
Transaktion {f}: ገንዘብ ማስተላለፍ/ ማቀያየር: transaction
Transaktionen {pl}:: operations
transatlantisch: አትላንቲክ ውቅያኖስን አቋራጭ: transatlantic
transferieren: አስተላለፈ፣ አሸጋገረ: transfer
Transformator {m}: ለዋጭ፣ ቀያሪ: transformer
Transformatoren {pl}:: transformers
transformieren, umformen: ለወጠ፣ አደሰ፣ ቀየረ: transform
transformierend: ለዋጭ/ ለውጦ: transforming
transformiert: ተለዋጭ/ ተለውጦ: transformed
Transistor {m}: የኤሌክትሪክ ማጠናከሪያ: transistor
Transistoren {pl} :: transistors
transistorisieren: የኤሌክሪክ ማጠናከሪያ አስገባ: transistorize
transistorisierend: የኤሌክትሪክ ማጠናከሪያ አስገቢ/ አስገብቶ: transistorizing
Transithandel {m}: ዓየር ባየር ንግድ: transit trade
transitiv: ተሻጋሪ: transitive, transitively
transkribieren: ፊደል እየቆጠረ አስጻፈ: transliterate
transkribierend: ፊደል በመቆጠር አስጻፊ/ አስጽፎ: transliterating
Transparent {n}: ብርሃን አሳላፊ/ አስተላላፊ: transparentness, reproducible copy
Transparente {pl} :: transparents
Transpiration {f}: ላቦት፣ ማላብ፣ እንፋሎት: perspiration
Transplantation {f}: በቀዶ ጥገና ማስተካከል/ መጨመር: transplantation
Transplantationen {pl}:: transplantations

transplantieren, verpflanzen: ተከለ፤ ጨመረ/ አከለ: transplant
transplantierend: ተካይ/ ተካሎ: transplanting
transplantiert, verpflanzt: ተተካይ/ ተተክሎ: transplanted
Transport {m}, Spedition: ማጓጓዣ፤ ማጓጓዝ: portage, transport, transportation, freightage, conveyance, porterage, carriage
Transporte {pl} :: transports
transportabel: ተጓጓዥ: transportable
Transportarbeiter {m, pl}: የትራንስፖርት ሠራተኛ: transport worker, transport workers
Transportflugzeug {n}: ዕቃ መጫኛ አውሮፕላን: transport plane
Transportflugzeuge {pl} :: transport planes
transportieren, übermitteln: አጓጓዘ፤ ጫነ: to transport, transport, convey
transportierend: አጓጓዥ/ አጓጉዞ: transporting, transporting
transportiert: ተጋጓዥ/ ተጓጉዞ: transported
Transportkarre {f}: ትንሽ ጋሪ : trolley
Transportmittel {n, pl}: የማጓጓዣ ዘዴ: means of transportation
Transportrolle {f}: የማጓጓዣ ሚና: feed roll
Transportschiff {n}: ማጓጓዣ መርከብ: transport ship
Transportschiffe {pl} :: transport ships
Transsexualismus {m}: ፆታውን የማይመለከት ግብር ሥጋ: transsexualism
Transsexuelle {m, f}: ሬናሬንት: transsexual
Transsexuellen {pl} :: transsexuals
Transvestit {m}: የሴት ጠባይ ያለው/ ሴት የመሰለ ወንድ ወይም የወንድ ጠባይ ያላት/ ወንድ የመሰለች ሴት: transvestite
Transvestiten {pl} :: transvestites
Transvestitismus {m}: የፆታውን ውልድና ደንብ የማይጠብቅ: transvestism
Transzendentalist {m}: የሆነ ፍልስፍና ተከታይ: transcendentalist
Transzendentalisten {pl} :: transcendentalists
Transzendentalphilosophie {f}: የፍልስፍና ዓይነት: transcendentalism
Trapez {n}: ባለሁለት ትይዩ አራት ጎን: trapezoid, trapeze
Trapeze {pl} :: trapezes
Trapezoid/e {n/pl}: ኢትይዩ ባላራት ጎን: trapezoids
trassieren: የተጎዳ መንገድ/ ሐዲድ መስመር አመለከተ: trace out
tratschen: አጨበጨበ፤ ሆሆ አለ: tattle
Traube {f}: ዛላ፤ ፍሬ ተሽካሚ አካል: bunch of grapes
Trauben {pl} :: bunches of grapes
Traubenlese {f}: ዘለላ፤ ወይን ዘለላ: vintage
Traubenlesen {pl}:: vintages
Traubensaft {m}: የፍራ ፍሬ ጭማቂ: grape juice
Traubenzucker {m}: ቅምም ስኳር: glucose, grape sugar
trauen: አመነ፤ ተማመነ፤ ተመካ: to trust
trauend: ታማኝ/ ታምኖ: trusting
Trauender {m}: ታማኚ/ ኝ: mourner
Trauer {f}: ኃዘን፤ መከራ: teariness
Trauerfeier {f}: ልቅሶ: funeral service, obsequies, obsequy
Trauermarsch {m}: የቀብር ጉዞ: funeral march
Trauermärsche {pl} :: funeral marches
trauern: አዘነ፤አስተዛዘነ፤አለቀሰ: mourn
trauernd: አዛኝ/ አዝኖ: mourning
Trauerschleier {m, pl}: የኃዘን ልብስ: black veil, black veils
Trauerzug {m}: የቀብር ጉዞ: funeral procession
trauig: አሳዛኝ፤ አስለቃሽ፤ አስቃቂ: pathetical, tearily, woeful
Trauigkeit {f}: ሆደባሻነት: tearfulness
Traum {m}: ሕልም፤ ቅዠት: dream
traumatisch: ሕለማዊ፤ ቅዠታዊ: traumatic, traumatically
Traumbild {n}: ቅዠት: vision
Traumdeuter {m}: ሕልም ፈች: dream reader
Träume {pl} :: dreams
träumen: አለመ፤ ቃዠ: dream
träumend: አላሚ/ አልሞ፤ ሕልም አይቶ: daydreaming
Träumer {m, pl}: ምኞት፤ ቅዠት: daydreamer, daydreamers, dreamer, muser
Träumerei {f}: ቅዠት: reverie
Träumereien {pl} :: musings, reveries
träumerisch: ቀዠታዊ: dreamful, dreamy, dreamfully
traumhaft schön: እጅግ ቆንጆ/ ሽጋ: a perfect dream
traumhaft: ሽጋ፤ አስደሳች: phantasmagoric
Traumland {n}: ለመኖር የሚመኙት ሀገር: dreamland
Traumländer {pl} :: dreamlands
Traumwelt {f}: የምኞት ዓለም: dream world
Traurede {f}: የኃዘን ማጽናኛ ንግግር: marriage-sermon
traurig: ሆደባሻ፤ አያልፍልሽ፤ አልቃሻ: doleful, funereal, lugubrious, lugubriously, mournful, mournfully, plaintive, plaintively, sad, sadly, sorrowful, dolefully, funereally, lugubriously, plaintively, sorrowfully, woefully
Traurigkeit {f}: ሆደባሻነት፤ አልቃሻነት: dolorousness, lugubriousness, mournfulness, sadness, sorrowfulness
Trauung {f}, Ehe: ቃል ኪዳን፤ ጋብቻ: marriage-ceremony, marriage
Trauungen {pl}:: marriage-ceremonies
Trauzeuge {m}: ሠርገኛ፤ ሚዜ: witness to a marriage
Trauzeugen {pl} :: witnesses to a marriage
Travestie {f}: የጽሑፍ ንቀታዊ ትችት: travesty
Travestien {pl} :: travesties
travestierend: ጽሑፉን አናንቆ/ አጣጥሎ: travestying
Treck {m}: ጉዞ: trek
trecken: ተጓዘ፤ ሽርሽር ሄደ: trek
treckend: ተጓኝ/ ተጉዞ፤ ሽርሽር ሄዶ: trekking
Trecks {pl} :: treks

Treffen {n, pl}: ስብሰባ፣ ግንኙነት፣ ቅልቅል: meetings, reunion, . reunions, meeting
treffen, schlagen: መታ፣ አገኘ፣ ተገናኘ፣ገደለ: meet, shooting, to hit (hit, hit), to strike
treffend, passend: ልክኛ፣ ተመሳሳይ፣ መሰል: felicitous, to the point, apposite, felicitously
Treffer {m, pl}, Stoß: ያላማ ምት/ ግድያ፣ ግኝት፣ ግጭት: strike, hit, hits
Trefflichkeit {f}: ተሞጋሽነት፣ ባለሟልነት: admirableness, excellence
treffsicher, zielsicher: እርግጠኛ: unerring
treibbar: ተሰጋሪ፣ ተነጅ: forceable
treiben, lenken, fahren: ገፋፋ፣ ነዳ፣ አሰገረ፣ አነሳሳ፣ አሟሟቀ: impel, propel, wreak, to drive (drove, driven)
treibend: ገፋፊ/ ገፋፍቶ: drifting, impelling, propelling, wreaking
treibende Kraft: አነሳሽ ኃይል: mainspring
Treiber {m, pl}: ሹፌር፣ አስጋሪ: driver, drivers
Treibgas {n}: ነዳጅ: fuel gas
Treibhauspflanze {f}: የቤት ጌጥ ተክል: hothouse plant
Treibholz {n}: የውሐ ግንድ: driftwood
Treibhölzer {pl} :: driftwoods
Treibkraft {f}: የመሽከርከር ኃይል: driving power
Treibmine {f}: በውሐ የሚፈነዳ ፈንጅ: floating mine
Treibminen {pl} :: floating mines
Treibmittel {n}: እርሾ፣ ማነሳሻ: propellent
Treibsand {m}: አሿራ: quick sand, quicksand
Treibstoff {m}: ነዳጅ: propellant, fuel
trennbar: ተነጣይ/ ተለዪ: dividable, separable, separably
Trennbarkeit {f}: ተነጣይነት: separableness, severability
Trenneinrichtung {f}: መነጠያ፣ መነጣጠያ: seperator
trennen (von), absondern: ለየ፣ ለያየ፣ ነጠለ: to separate from, disconnect, decollate, disassociate, disjoin, disunite, secede, separate, unlink, disrupt
trennend: ለዪ/ ለይቶ: disassociating, disconnecting, disjoining, disjunctive, dissociating, dissociative, disuniting, seceding, segregating, separative, severing, sundering, separating
Trennfilter {m}: ወንፊት፣ ማጣሪያ፣ ማጥለያ: seperating filter
Trennfläche {f}: መገናኛ፣ መጋጠሚያ: joint face, parting line, stripline
Trennmaschine {f}: መነጠያ ማሽን: ripper
Trennschalter {m}: የኤሌክትሪክ አዳጋ ማቋረጫ/ መከላከያ: circuit breaker, isolating circuit
Trennsteckerklinke {f}: መለያያ፣ መገንጠያ: break jack
Trennsteckverteiler {m}: መናሃሪያ: break jack block
Trennsymbol {n}: የመገንጠያ ምልክት: delimiter
Trennung {f}: መለያየት፣ መገንጠል፣ የጋብቻ ፍቺ: detachment, disconnectedness, disestablishment, parting, secession, separation, severance, disunion
Trennungen {pl} :: detachments, divisions, partings, secessions, separations, severances
Trennungslinie {f}: መለያ መስመር: dividing line
Trense {f}: ግርዶሽ፣ እጥር: snaffle
Trensen {pl} :: snaffles
Treppe {f}: ደረጃ: stair, staircase, stairs
Treppen {pl} :: stairs
Treppenflucht {f}: በደረጃ ላይ ሩጫ: flight of steps
Treppenfluchten {pl} :: flights of steps
Treppenhaus {n}: ባለደረጃ ግምብ: staircase, stairway
Treppenhäuser {pl}: ባለደረጃ ግንቦች: staircases, stairways
Tresorfach {n}: ጠንካራ/ በሌባ የማይደፈር ሳጥን: strongbox
Tresorfächer {pl} :: strongboxes
treten, [Pferd] ausschlagen, zertreten: ረገጠ፣ መታ: tread, to step [into], to kick
tretend: ረጋጭ/ ረግጦ: kicking, treading
Tretkurbel {f}: በእግር ማሽን ማስነሻ፣ የእግር ፔ ዳል: treadle, foot pedal
Tretmühle {f}: ተደጋጋሚ/ የማይቀየር ሥራ፣ አንድ ዓይነት ተግባር: treadmill
Tretmühlen {pl} :: treadmills
treu, gewissenhaft: ታማኝ፣ ባለሟል: abidingly, faithful, loyal, faithful, loyally
treubrüchig, untreu: ከሃዲ፣ እምነተቢስ: disloyal
Treue {f}: ታማኝነት፣ ቃልኪዳን: fidelity, loyalty, faithfulness, troth
Treuebruch {m}: ቃልኪዳን ማፍረስ: betrayals, breach of trust
Treuebrüche {pl} :: breaches of trust
treues, treulich: አመኔታዊ፣ እማኛዊ: faithfully, trusty
Treuhänder {m, pl}: ታማኝ፣ ተወካይ: fiduciaries, trustees
treuhänderisch: ውክልናዊ፣ በውክልና: fiduciary
Treuhänderschaft {f}: ታማኝነት: trusteeship
Treuhänderschaften {pl} :: trusteeships
Treuhandgesellschaft {f}: የኅብረት ማኅበር: trust company
Treuhandgesellschaften {pl} :: trust companies
Treuhandkonto {n}: የውክልና ባንክ ሒሳብ: agency account, account in trust
Treuherzigkeit {f}: ሞኝነት: naiveness
treuliebend: ጓደኛዊ: uxorious, uxoriously
treulos: እምነትአልባ፣ እምነት የማይጣልበት፣ ሌባ: disloyal, disloyally, perfidious, perfidiously, faithless, unfaithfully
Treulosigkeit {f}: ኢታማኚነት: infidelity, perfidiousness
Treulosigkeiten {pl} :: infidelities
Triade {f}: ሦስትነት: triad
Triaden {pl} :: triads

Tribun {m}: መድረክ: tribune
Tribune {pl} :: tribunes
Tribüne {f}: መድረክ: tribune
Tribünen {pl} :: tribunes
Tribut {m}: ግብር፤ አስተዋጽኦ: tribute
Tribute {pl}, Tributen:: tributes
Trick {m}: ስልት፤ ኩመካ፤ ዘዴ: gimmick, quirk, ruse, stunt, trick, dodge
Tricks {pl} :: dodges, gimmicks, knacks, quirks, ruses, stunts, tricks, artifices
Trickfilm {m}: የኮሚክ ፊልም: trick film
Trickfilme {pl} :: trick films
Trickfilmzeichner {m}: የኩመካ ፊልም አዘጋጅ: animator
Triebverbrecher {m, pl}: የሱስ ወንጀለኛ: sex criminal
Triebwagen {m}: ባለሞተር መኪና: railcar
Triebwerk {n}: የነፈስ ሞተር: mover, driving mechanism
Triebwerke {pl} :: driving mechanisms
triefäugig: መዘወር ዓይን: blear eyed, bleareyed, blearily
Trigonometrie {f}: የባለሦስት ማዕዘን ስሌት: trigonometry
trigonometrisch: ሦስት ማዕዘናዊ: trigonometric, trigonometrical, trigonometrically
Trikolore {f}: ባለሦስት ቀለም ባንዲራ: tricolour
Trikot {n}: የውስጥ ኮት ገበር፤ የውስጥ ኮት: tricot, tights
Trikots {pl} :: tricots
Triller {m, pl}: የድምጽ ቃና: warbler, trill
trillern: ዘመረ፤ ዘፈነ፤ አቀነቀነ: quaver, trill, warble
trillernd: ዘማሪ/ ዘምሮ: quavering, trilling, warbling
Trillion {f}: ምልፍዒተ አዕላፍ ወትልፍዒተ አዕላፍ፤ የቁጥር ስም፤ ሚሊዮን ጊዜ ቢሊዮን: Trillion, trillion
Trillionen {pl} :: trillions
Trilogie {f}: ባለሦስት አክተር ጽሑፍ: trilogy
Trilogien {pl} :: trilogies
Trimester {n}: ባለሦስት ሴሚስተር ዓመት: trimesters
Trinitarier {m, pl}: ባሥራ ሁለተኛው ክፍለ ዘመን የነበረ የካቶሊክ መነኮሳት ቡድን: trinitarian, trinitarians
trinkbar: መጠጣት የሚችል: drinkable, potable
Trinkbarkeit {f}: ተጠጭነት: drinkability, potability
Trinkbecher {m, pl}: ኩባያ፤ ዋንጫ፤ መጠጫ: drinking cup, drinking cups
Trinkbranntwein {m}: ባላልኮል ወይን: potable spirits
trinken: ጠጣ፤ መስገ: bib, to drink (drank, drunk)
trinkend: ጠጭ/ ጠጥቶ: drinking
Trinker {m, pl}: ጠጭ፤ ሰካራም: carouser, drinker, drunkard, drunkards
Trinkgelage {n, pl}: መለኪያ: carousal, carousals
Trinkgeld {n}: መጠጫ ገንዘብ: gratuity, tip
Trinkgelder {pl} :: tips
Trinkglas {n}: ብርጭቆ: drinking glass
Trinkhalle {f}: የመጠጥ አዳራሽ: pump room
Trinklied {n}: የመጠጥ መዝሙር: drinking song
Trinkwasser {n}: የመጠጥ ውሐ: drinking water
Trinkwasserbrunnen {m}: የመጠጥ ውሐ ምንጭ: bubbler
Trinom {n}: ባለሦስት ገጽታ: trinomial
Trinome {pl} :: trinomials
Triode {f}: የኤሌክትሮን ጥምረት: triode
Trioden {pl} :: triodes
Tripper {m}: ቂጥጭ፤ ያባለዘር በሽታ: gonorrhea
Tritt {m}: እርግጫ፤ ጉሽምታ: footstep, kick, stair
Tritte {pl} :: footsteps
Trittbrett {n}: መወጣጫ ወንበር: footboard
Trittbretter {pl} :: footboards
Triumph-: ድላዊ: triumphal
Triumph {m}: ድል: triumph
Triumphe {pl}:: triumphs
Triumphbogen {m}: ያሸናፊ መሰለፊያ ቦታ: triumphal arch
Triumphbögen {pl} :: triumphal arches
triumphierend: ድልአድራጊ/ አድርጎ: glorying, triumphant, triumphantly, triumphing
triumphiert: ተሸላሚ/ ተሸልሞ: gloried, triumphed
Triumphwagen {m, pl}: የድል መኪና: chariot, chariots
Triumvir {m}: ከሦስት ዳኞች/ ነገሥታት አንዱ: triumvir
Triumvirn {pl} :: triumvirs
trivialisieren: አለማመደ፤ አስተዋወቀ: trivialize
Trizeps {m}: ባለሦስት ጥቅል/ እባጭ ጡንቻ: triceps
Trizepse {pl} :: tricepses
Trocken {n}: በርሃ: dry-cell
trocken: ደረቅ፤ በረሃ: drily, dry, dryly
Trockenapparat {m}: ማድረቂያ መሣሪያ: desiccator
Trockenboden {m}: ማድረቂያ ቦታ: drying loft
Trockenei {n}: የደረቀ ዕንቁላል: dried eggs
Trockeneis {n}: ደረቅ አይስ/ ጣፋጭ ምግብ: dry ice
Trockenelement {n}: ደረቅ ሴል: dry cell
Trockenelemente {pl} :: dry cells
Trockengemüse {n}: ደረቅ ፍራፍሬ: dried vegetables
Trockenheit {f}: በርሃነት፤ ድርቅ/ነት: aridness, drought, dryness
Trockenkartoffel {f}: የድንች ቋንጣ: dehydrated potatoes
Trockenrasierer {m}: ባለሞተር መላጫ/ ምላጭ: electric razor
Trockenreinigung {f}: ደረቅ ማጠቢያ: dry cleaning
Trockenreinigungen {pl} :: cry cleanings
trocknen, abtrocknen: አደረቀ፤ ወለወለ: dehumidify, to dry

trocknend: አድራቂ/ አድርቆ: dehumidifying, drying, toweling
Trockner {m, pl}: ማድረቂያ: dehumidifier, driers, dehumidifiers
Trocknung {f}: ማጠጠሪያ: baking
Troddel {f}: ጠርዝ: tassel
Trödelei {f}: ማናወዝ፣ ቀስስ ብሎ መሥራት: dalliance, dawdling
Trödeleien {pl} :: dalliances, dawdlings
trödeln: አለገመ፣ አዘገመ፣ ቀስስ ብሎ ሠራ: dally, dawdle, loiter, niggle
trödelnd: አዝጋሚ/ አዝግሞ: dallying, loitering, niggling
Trog {m}: የደንጋይ/ እንጨት ማድጋ/ በርሜል: trough, hod
trollen: ታገሰ፣ ተወ: toddle off, toddle
trollend: ታጋሽ/ ታግሶ: toddling, toddling off
Trommel {f}: ከበሮ፣ ነጋሪት: drum, drums
Trommelfell {n}: የጆሮ ከበሮ/ ድምጽ ማንጸሪያ: eardrum
Trommelfelle {pl} :: eardrums
Trommeln {pl} :: drums
trommelnd: ከበሮ መቺ/ መትቶ: drumming
Trommelschlag {m}: ነጋሪት መምቻ: drum beat, drumbeat
Trommler {m, pl}: ነጋሪት/ ከበሮ መቺ: drummer, drummers
Trompete {f}: ዋሽንት/ የሙዚቃ መሳሪያ: trumpet
Trompeten {pl} :: trumpets
Trompeter {m, pl}: የሙዚቃው ተጫዋች: trumpeter, trumpeters
Trope {f}: ግጥም: trope
Tropen {pl} :: tropes
Tropf {m}: ነጠብጣብ: ninny
Tröpfchen {n, pl}: ጠብታ: droplet, droplets
tröpfeln: ጠብ ጠብ አለ፣ አንጠበጠበ: dribble, drip, trickle, drip
tröpfelnd: አንጠብጣቢ/ አንጠብጥቦ: dribbling, dripping, trickling, consolable
Tropfen {n}, Fall: ፍሳሽ: drop
tropfen, fallen [lassen]: አንጠባጠበ፣ አፈሰሰ: seep, to drop
tropfend: አፍሳሽ/ አፍስሶ: seeping
tropfenförmig: ነጠብጣብ መሰል: drop shaped
tropfenweise: ትንሽ በትንሽ፣ ጠብታ በጠብታ: drop by drop
Tropfstein {m}: አለት: stalagmite, stalactite
Tropfsteine {pl} :: stalactites, stalagmites
Trophäe {f}: ድል ማብሰሪያ፣ የድል ምልክት: trophy
Trophäen {pl} :: trophies
tropisch: ትሮፒካዊ: tropical, tropical, tropically
Troposphäre {f}: የከባቢ ዓየር ዓይነት: troposphere
Trosse {f}: ጭጋግ: hawser
Trossen {pl} :: hawsers
Trost {m}: እርካታ፣ማጽናናት: consolation
tröstbar: ተጽናኝ: relievable
trösten: አጽናና፣ አባበለ፣ አረጋጋ: solace, to comfort
tröstend: አጽናኝ/ አጽናንቶ: consoling, solacing
Tröster {m, pl}: አጽናኝ: comforter, comforters
trostlos, untröstlich: እርካታአልባ፣ ሆደባሻ፣የማይጽናና: comfortless, comfortlessly, dismal, disconsolate, dismally, dreary, inconsolable, disconsolately, drearily, inconsolably
Trostlosigkeit {f}: እርካታ አልባነትነ፣ ሆደባሻነት: disconsolateness, disconsolation, drear, dreariness, inconsolability, desolation
Trostlosigkeiten {pl} :: inconsolableness
Trott {m}: ማዝገም፣ ቀስስ ብሎ መሄድ: trot
Trottel {m, pl}: ዘላን፣ አሳዳጊ የበደለው፣ ደንቆሮ፣ ደካማ: dolts, dumbbell, fool, fools, gawks, halfwit, lubber, lubbers, oaf, oafs, rube, softies, dolt, dumbbells
trotten: ተንጎራደደ፣ ቀስስ ብሎ ሄደ: jog
trottend: ተንጎራዳጅ/ ተንጎራድዶ: jogging, trotting
trotz alledem: ቢ...እንኳ ቅሉ: but for all that
trotz: በ...ፈንታ: in spite of
trotzdem, irgendwie, dennoch: ቢሆንም/ ቢሆንም እንኳ: all the same, even so, nevertheless, nonetheless, anyhow
trotzen: ተጋፈጠ፣ ተጋጠመ: defy
trotzend: ተጋፋጭ/ ተጋፍጦ: braving, defying
trotzig: ጠረኛ፣ ተስፋየማይቆርጥ፣ ታጋይ: defiant, defiantly
Troygewicht {n}: የወርቅ/ ዕንቍ ክብደት: troy
trüb: ድፍርስ፣ ያልተጣራ፣ ብጥብጥ: fishy, muddily, turbidly
trübe: ድፍርስ፣ ያልተጣራ፣ ብጥብጥ: blear, blearly, dimly, muddy, turbid
Trubel {m, pl}: ጫጫታ፣ ሁካታ: turbulence, turbulences
trüben: አደፈረሰ፣ ቀላቀለ፣ አጠፋፋ: tarnish
trübend: አደፍራሽ/ አደፍርሶ: dulling, misting, tarnishing
Trübheit {f}: ደለል፣ አተላ: cheerlessness, cloudiness, muddiness, turbidity
Trübheiten {pl} :: turbidness
trübsinnig: ደካማ፣ ወኔአልባ: doleful, dolefully
trudeln: ተጫነ፣ ወደታች ጨቀጠ: trundle
Trüffel {m, pl}: የጅብ ጥላ/ እንጉዳይ ዓይነት: truffle, truffles
Trugbild {n}: ቅዠት: phantasm
Trugbilder {pl} :: phantasms, phantasmagoria
trügerisch: ትልያዊ፣ቅዠታዊ፣ቅዠታም/ ማ፣ አታላይ፣ አጭበርባሪ: delusory, elusive, elusorily, elusory, fallacious, fallaciously, illusionary, phantasmic, specious, treacherous, elusively, fallaciously, speciously
Trüglichkeit {f}: ቅዠታማነት: illusoriness
Trüglichkeiten {pl} :: illusorinesses
Trugschluß {m}: የስተት ውሳኔ: fallacy, false conclusion
Trugschlüsse {pl} :: fallacies

Trümmer {m/n, pl}: ፍራሽ፣ ፍርስራሽ: debris, fragmental, wreckage
Trümmerfeld {n}: ፍራሽ ቦታ: expanse of ruins
Trümmerhaufen {m, pl}: ፍራስራሽ፣ ብታኝ: heap of ruins
Trumpf {m}: ቀለም: trump, clincher
Trümpfe {pl}: ድል፣ ሽልማት: trumps
Trunkenbold {m}: ሰካራም: sot
Trunkenbolde {pl} :: sots
Trunksucht {f}: የመጠጥ ሱስ: alcoholism
trunksüchtig: የመጠጥ ሱሰኛ: bibulous, bibulously
Trunksüchtigkeit {f}: የመጠጥ ሱሰኝነት: bibulousness
Truppe {f}: ወታደር፣ ጦር: troop, troupe, squad
Truppen {pl} :: squads, troops, troupes, militaries
Truppenschau {f}: የጦር ሰልፍ: military review
Truppentransporter {m, pl}, Truppentransporters: ወታደር ማጓጓዣ: troopship, troopships
Truppenübung {f}: የጦር ልምምድ: field exercise
Truppenübungsplatz {m}: የወታደር መለማመጃ ቦታ: training area
Truppenübungsplätze {pl} :: training areas
Truppführer {m, pl}: ጦር መሪ: squad leader, squad leaders
truppweise: በወታደር: in troops
Truthahn {m}: አውራ ዶሮ: turkey
Truthähne {pl} :: turkeys
Truthenne {f}: ቱ ብ ዶሮ: turkey hen
Truthennen {pl} :: turkey hens
Tsetsefliege {f}: ውጊት/ ተናዳፊ ዝንብ: tsetse fly
Tu es selbst: ራስህ ሥራው/ አድርገው!: do it yourself
Tuba {f}: የጆሮ ቧንቧ: tuba
Tubas {pl} :: tubas
Tube {f}, Rohr, Tunnel: ቱቦ: tube
Tuberkulose {f}: ሳንባ ነቀርሳ: tuberculosis
Tuberkulosen {pl} :: tuberculoses
Tuch {n}: ፎጣ/ ልብስ: cloth, kerchief
Tücher {pl}:: cloths, kerchieves
Tuchfabrik {f}: የፎጣ/ ልብስ ፋብሪካ: cloth factory
Tuchfabriken {pl} :: cloth factories
Tuchhandel {m}: የልብስ ንግድ: cloth trade
Tuchhändler {m, pl}, Tuchmacher: የልብስ ነጋዴ: drapers, draper, clothier
tüchtig: ደፋር፣ ቀልጣፋ፣ ጎበዝ: proficient, strenuous, strenuously, proficiently
Tüchtigkeit {f}: ደፋርነት፣ ድፍረት: efficiency
Tugend {f}: ትግሥት: virtuousness, virtue
Tugenden {pl} :: virtuousnesses, virtues
tugendhaft: ትግሥታዊ፣ ታጋሽ: virtuously, virtuous
Tugendrichter {m}: ሽማግሌ፣ አስታራቂ: moralist
Tüll {m}: ገበር: tulle, net lace
Tülle {pl} :: spouts, tulles
Tumor {m}: እጢ፣ መቀርሳ: tumor, tumour
Tumore {pl}:: tumours, tumors
tumorhaft: መቀርሳዊ: tumorous
Tumult {m}: ሐሜት፣ ጉምጉምታ: hubbub, riot, affray
Tumulte {pl} :: tumults, riots
tun: አደረገ፣ ሠራ: to do (did, done)
Tunnel {m, pl}: ፊስስ፣ ካናል: tunnel, tunnels
Tür {f}: በር፣ ጉበን: door
Türen {pl} :: doors
Türangel {f}: የበር ማዕዝን: door hinge
Turbine {f}: የማያቋርጥ ማሽን/ ሞተር: turbine
Turbinen {pl} :: turbines
Türeingang {m}: የበር መግቢያ: doorway
Türflügel {m, pl}: የመዝጊያ በር: wing of a door, wings of the door
Türgriff {m}: የበር መዝጊያና መክፈቻ: doorknob, door handle
Türke {m}: ቱርካዊ: turk
Türken {pl} :: turks
türkisch: ቱርክኛ: turkish
Türklingel {f}: የበር ደወል: doorbell
Türklopfer {m}: የበር ኳኳታ: knocker
Turm {m}: ታላቅ ግንብ/ ፎቅ:tower
Türme {pl}:: towers, towers
Turmarbeiter {m, pl}: ግንበኛ: steeplejack, steeplejacks
Türmchen {n, pl}: ትንሽ ግንብ: turret, turrets
türmen nach: ተመመ፣ ተጓዘ: to make a bolt for
turmhoch: ትልቅ: high as a tower
Turmspitze {f}: የግንብ ጫፍ: spire
Turmspitzen {pl} :: spires
Turmuhr {f}: የግንብ ላይ ሰዓት: church clock
turnen: ሽርሽር ሄደ፣ ውድድር አደረገ: do gymnastics, to practise gymnastics
Turngerät {n}: የእስፖርት መሳሪያ: gymnastic apparatus
Turngeräte {pl} :: gymnastic apparatuses
Turnhalle {f}: የእስፖርት ቦታ: gymnasium
Turnhallen {pl} :: gymnasia
Turnhose {f}: የእስፖርት ሱሪ: gym trouser
Turnhosen {pl}:: gym trousers
Turnier {n}, Wettkampf: ውድድር፣ አሮጌ የእስፖርት ዓይነት: joust, tournament, tourney, tournament
Turniere {pl} :: tournaments, tourneys, jousts
Turnlehrer {m, pl}: የእስፖርት አስተማሪ: gym instructor
Turnriege {f}: የእስፖርት ቡድን: gym team
Turnschuh {m}: የእስፖርት ጫማ: gym shoe
Turnschuhe {pl} :: sneakers
Turnstunde {f}: የእስፖርት ክፍለ ጊዜ: gym lesson
Turnunterricht {m}: የእስፖርት ትምህርት: instruction in gymnastics
Turnunterrichte {pl} :: instructions in gymnastics
Turnverein {m}: የእስፖርት ክለብ: gymnastic club
Türpuffer {m}: በር ጠባቂ: doorstop

Türschild {n}: የበር ጠቋሚ: door plate
Türschließer {m, pl}: በር መዝጊያ: door closer
Türstufe {f}: የበር ደረጃ: doorstep
Türstufen {pl} :: doorsteps
Tüte {f}: ከወረቀት/ ፕላስቲክ የተሠራ ዕቃ ማንጠልጠያ: paperbag, paper-bag
Tüten {pl} :: paperbags
Tweed {m}: ፊትል: tweed
Tweeds {pl} :: tweeds
Typ {m}: ጎረምሳ፣ ዓይነት: type
Typen {pl} :: guys
Typendruck {m}: የድሩክር ዓይነት: type printing
Typendrucke {pl} :: type printings
Typennummer {f}: ያይነት መለያ ቁጥር: model number
Typenschild {n}: ያይነት መለዮ: type plate
Typenschilder {pl} :: type plates
typisch: ልዩ፣ ያልተለመደ፣ እንግዳ: typical, typically
Typograph {m}: የማተሚያ ጽሑፍ አዘጋጅ: typographer
Typographen {pl} :: typographers
Tyrann {m}: ፈላጭ ቆራጭ፣ ጨቋኝ: tyrant, bully
Tyrannen {pl} :: tyrants
tyrannisch: ጭቆናዊ: domineering, tyrannic, tyrannical, tyrannicly, tyrannous, domineeringly, tyrannously, tyrannically
tyrannisieren: ጨቆነ፣ በዘበዘ: browbeat, domineer, tyrannize
tyrannisierend: ጨቋኝ/ ጨቁኖ: browbeating, bullying, tyrannizing
tyrannisierte: ጭቁን/ ተጨቁኖ: domineered, tyrannized

U

Übel {n}: ጋኔን፤ ሰይጣን: evil
übel, schlimm, böse: ዕኩይ፤ መጥፎ: evil, evilly
übel dran sein: ከፋ፤ ጠመመ: to be in a bad way, evil
Übelkeit {f}: መጥፎነት፤ ዕኩይነት: qualmishness, nausea, qualm, queasiness
Übelkeiten {pl} :: queasinesses
übelnehmen: ጠላ፤ ተጠየፈ፤ ተቀየመ: miff
übelnehmend: ጠልቶ፤ ተጠይፎ: easily offended, miffing, resenting
übelnehmerisch: በጥላቻ፤ ጥላቻዊ: huffily, huffish, huffishly, huffy
übelriechen: ከረፋ፤ ገማ፤ ሸተተ: ill smelling
übelriechend: ክርፋታም/ ከርፍቶ: malodoruos, malodoruosly, foul smelling
Übeltat {f}: መጥፎ ተግባር/ ሥራ: misdeed, malpractice
Übeltaten {pl} :: misdeeds
Übeltäter {m, pl}: ጥፋተኛ፤ ወንጀለኛ: evildoer, malefactor, malefactors, wrongdoer, wrongdoers, evildoers
übelwollen: ረገመ፤ መጥፎ ተመኘ: wish a person ill
übelwollend: ርግማናም/ ተራግሞ: malevolent, malevolently
üben, ausüben: ተለማመደ፤ አጠና፤ ሞከረ: practice, practise
übend: ተለማማጅ/ ተለማምዶ: exercising
über: ስለ...፤ በ/ ከ...ላይ፤ በ...: about, above, at, on, over, sur, via
über Null: ከዜሮ ባላይ: above zero
über und über: እየቀጠለ፤ እየአደገ: all over
über verschiedene: በተለያየ: across
über Wasser: በ/ ከውሐ ላይ: afloat
über, hinüber, oberhalb, oben: ከላይ: above, over
über, jenseits: በወዲያ/ ኛው: across
überaktiv: ጉጉ/ ተኛ: overactive
überall erhältlich: በሄትም ተገኝ/ የሚገኝ: obtainable everywhere
überall, über und über: በሁሉም ቦታ/ አቅጣጫ፤ በሄትም ቦታ: all over, all over the world, everywhere
überallhin: ወደሁሉም አቅጣጫ: abroad
überaltert, überholt: አሮጌ፤ ውዳቂ: outdated
Überangebot {n}: ትርፍ ምርት/ ዕቃ አቅራቦት: surplus supply, oversupply
Überangebote {pl}:: oversupplies
überängstlich: ባባታም/ ማ: overanxious
überanstrengen: ከሚችለው/ ከሚገባው በላይ ሠራ/ ሞከረ፤ ተጣጣረ: overexert, overstrain
überanstrengend: ተጣጣሪ/ ተጣጥሮ: overexerting, overstraining
Überanstrengung {f}: ጥረት፤ ድካም: excessive strain, overexertion
überantworten: አስተላለፈ: give over
überaus: በብዛት፤ በኃይል: excessively, extremely, exceedingly
Überbau {m}: ታላቅ/ ከፍተኛ ግንብ/ ሥራ: superstructure
Überbauten {pl} :: superstructures
überbeanspruchen: ከሚገባው በላይ ጠየቀ/ ፈለገ: overuse
überbeanspruchend: አጋፋፊ/ አጋፍፎ: overusing
überbeansprucht: ተበዝባዥ/ ተበዝብዞ: overused
überbeladen, überladen: ከሚገባው በላይ ጫነ፤ አስቸገረ፤ታላቅ ዕዳ ጣለ: overload
überbeladen: ከሚገባው በላይ የተጫነ/ ተጭኖ: overloaded
Überbelastung {f}: ዕዳ፤ ጭነት: overload
Überbelastungen {pl} :: overloads
überbelichten: በኃይል አበራ/ ብርሃን ሰጠ: overexpose
überbelichtend: አንጸባራቂ/ አንጸባርቆ: overexposing
Überbelichtung {f}: ታላቅ ብርሃን: overexposure
Überbelichtungen {pl} :: overexposures
überbesteuern: ብዙ ግብር አስከፈለ: overtax
überbesteuernd: ብዙ ግብር አስከፋይ/ አስከፍሎ: overtaxing
überbetonen: አረጋገጠ፤ አተኮረ: overemphasize
überbetonend: አረጋጋጭ/ አረጋግጦ: overemphasizing
Überbetonung {f}: ማረጋገጫ: overemphasis
überbewerten: ከፍ አድርጎ ገመተ: overvalue
überbewertend: ከፍ አድርጎ ገማች/ ገምቶ: overvaluing
überbezahlen: ከሚገባው በላይ ከፈለ፤ ብዙ ገንዘብ ከፈለ: overpay
überbezahlend: ብዙ ከፋይ/ ከፍሎ: overpaying
überbieten: ታላቅ ዋጋ ሰጠ: outbid, overcall
überbietend: ከፍተኛ ዋጋ ሰጭ/ ሰጥቶ: outbidding, overbidding
Überblendung {f}: ከፍተኛ ነጸብራቅ: cross fade
Überblendungen {pl} :: fadings
Überblick {m}: እይታ፤ ገጽታ: Overview, overview, overlook
überblicken: አየ: survey
überblickend: አይታ/ አይቶ: surveying
überbrennen: አሳረረ: overburn
überbrückbar: ታልላፊ: bridgeable
überbrücken: አለፈ፤ ተሻገረ: to bridge
überbrückend: ተሻጋሪ/ ተሻግሮ: bridging
Überbrückungsbeihilfe {f}: አስተላላፊ: bridging grant
Überbrückungsgeld {n}: ማስተላለፊያ ገንዘብ: tide over
Überdach {n}: ባጥ፤ ጣራ: roof over
überdachen: ቤት/ ጎጆ ሠራ፤ ጣራ አበጀ: to roof
überdachend: ቤት ሠሪ/ ሠርቶ: roofing, roofing over

Überdachung {f}: ጎጆ መሥሪት: canopy

Überdachungen {pl} :: canopies

überdauernd: ዘግይታ/ ዘግይቶ: outlasting, overlaid

überdaueren: ቆየ፣ ዘገየ: outlast

überdenken: አሰላሰለ፣ አምሰለሰለ: think over

überdenkend: አሰላላይ/ አሰላስሉ: mulling, thinking over

überdies: ስለዚህ፣ በበለጠ: moreover, too

Überdosis {f}: ከሚገባው/ ከተገቢው በላይ (መጠጥ/ መድኃኒት) መውሰድ: overdose

überdrehen: ዞረ፣ ተሽከረከረ: overwind

überdrehend: ተሽከርካሪ/ ተሽከርክሮ: overwinding

Überdruck {m}: ከፍተኛ ጫና/ ግፊት: exess pressure, overpressure

überdrucken: ከሚያስፈልገው በላይ/ ብዙ ዐተመ: overprint

überdrüssig: አሰልቺ፣ አስጠይ: bored with, disgusted with, sick of, tired of, weary of

überdurchschnittlich: ባማካይ: surpassing

überdurchschnittliches Wachstum: አማካው ዕድገት: above average growth

übereifrig: ውትፍትፍ፣ ቅልብልብ፣ ተውጠርጣሪ: officious, officiously, overeager, overzealous

übereignen: ተከናወነ፣ ተፈጸመ: assign transfer

übereignend: ተከናዋኝ/ ተከናውኖ: assigning transfer

übereilig: ጥድፊያዊ: precipitative

Übereilung {f}: ጥድፊያ፣ ችኮላ: precipitateness

übereinander: ድብልቅልቅ፣ አንዱ ባንዱ ላይ: one upon the other

übereingekommen: ተስማሚ/ ተስማምቶ: reached an agreement

übereingestimmt: ተወሳኝ/ ተወስኖ: accorded, tallied

Übereinkommen {n}: ስምምነት፣ ውል: arrangements, bond

übereinkommen: ከስምምነት ላይ ደረሰ: reach an agreement

übereinkommend: ከስምምነት ላይ ደራሽ/ ደርሶ: reaching an agreement

Übereinkunft {f}: ስምምነት: agreement

übereinstimmen (mit): ተመሳሰለ፣ ገጠመ፣ ልክ ሆነ: to agree (with), coincide, concur, conform, accord with

übereinstimmend: ተስማሚ/ ተስማምቶ: accordant, according, accordingly, coincided, coincidental, coinciding, concordant, conformable, conformably, consistently, consonantly, unisonous, accordantly, concordantly, congruently

Übereinstimmung {f}, Abkommen: ልከኛ/ ተስማሚ ግጣም/ መቀያየሪያ፣ ውል፣ ስምምነት: accord, accordance, analogy, concord, concordance, conformability, conformity, congruence, consensus, consonance, agreement

Übereinstimmungen {pl} :: accordances, congruities, consensuses, consonances

überempfindlich: በኃይል አስቆጭ/ አስቆጢታ፣ አበሳጭ: hypersensitive, oversensitive

Überempfindlichkeit {f}: መበሳጨት፣ በኃይል መቆጣት/ መናደድ: hypersensitivity, squeamishness

überentwickeln: በኃይል አደገ፣ ተመዘለገ: overdevelop

überentwickelnd: ተመዝላጊ/ ተመዝልጎ: overdeveloping

Überentwicklung {f}: ከፍተኛ ዕድገት: overdevelopment

überessen: በኃይል በላ፣ ጠገበ: overeat

überfahren, niederschlagen: ጻጠ፣ ጨፈለቀ፣ ገጨ: to run over, to knock down, to run down

überfahrend: ገጭ/ ገጭቶ: running over

Überfahrt {f}: አቋራጭ: crossing

Überfall {m}: አጻጋ: inroad, raid

Überfälle {pl}: አጻጋ: inroads, irruptions

überfallen: አጻጋ ጣለ፣ ዘረፈ፣ ቀማ: hold up, raided

überfallend: ዘራፊ/ ዘርፎ: holding up, raiding

überfällig: ተበላሸ፣ ቀሪ/ ትራፊ: overdue

überfälliger Betrag: ቀሪ ዕጻ: amount overdue

Überfallkommando {n}: ዓየር ወለድ: riotsquad, flying squad

überfein: ሽጋ: overnice

überfliegen: ባዚያ/ በላዩ ላይ በረረ: fly over, overfly

überfliegend: በላዩ ላይ በራሪ/ በርሮ: browsing, flying over, overflying

Überfluß {m}: ትርፍ፣ ትራፊ: abundance, affluence, exuberance, profusion, superabundance, superfluity, superfluousness

Überflüsse {pl}: ትርፍ፣ ትርፍርፍ: plenteousness, profusions, exuberances

überflüssig: ትርፍ/ ትራፊ፣ ከልክ በላይ፣ ብዙ: superfluous, superfluously, waste, superfluous

Überflüssigkeit {f}: ትራፊነት፣ ኢተፈላጊነት: needlessness

überfluten: ጎረፈ፣ አጥለቀለቀ: flood

überfordern: ከሚገባው/ ከሚቻለው በላይ ጠየቀ: overcharge, overextend

überfordernd: አስቸጋሪ/ አስቸግሮ: overextending, overcharging

überfordert: ከሚችለው በላይ ተጠያቂ/ ተጠይቆ: swamped, overextended, overcharged

Überfracht {f}: ተጨማሪ መርከብ: excess freight

Überfremdung {f}: ማግለል፣ መገለል: foreign infiltration

Überfremdungen {pl} :: foreign infiltrations

Überfuhr {f}: ማለፊያ: ran over

Überführung {f}: ማስተላለፍ: crossover, viaduct

Überführungen {pl} :: crossovers, viaducts

Überfülle {f}: ጭማሬ: repleteness

überfüllen: ሞላ፣ አከለ፣ ጨመረ: overfill, congest, glut, overcrowd, overstuff
überfüllend: ጨማሪ/ ጨምሮ: glutting, overcrowding, overstuffing, overfilling
überfüllt, vollgestopft: ተሞይ/ ተሞልቶ: crowded, overcrowded, glutted, overcrowded, overstuffed, overfilled
Überfüllung {f}: መሙላት/ ማስሞላት: congestion
Überfunktion {f}: ታላቅ ተግባር/ ሥራ: hyperfunction
Überfunktionen {pl} :: hyperfunctions
überfütteren: በኃይል ቀለበ፣ አበላ: overfeed
überfütternd: ቀላቢ/ ቀልቦ: overfeeding
überfüttert: ተቀላቢ ተቀልቦ (ለእንስሳ): overfeeds, overfed
Übergabe {f}: ስጦታ፣ ርክክብ: livery
Übergaben {pl} :: committals
Übergabeprotokoll {n}: የርክክብ ሥነ ሥርዓት: completion certificate
Übergang {m}: ማለፊያ፣ መግቢያ: transient, transit, transition
Übergänge {pl} :: transitions
Übergangspassung {f}: መተላለፊያ ቦታ: snug fit, transition fit
Übergangsstadium {n}: የመስተላለፊያ/ መተላለፊያ ደረጃ: transitional stage
Übergangsstadien {pl} :: transitional stages
Übergangszeit {f}: መረካከቢያ ጊዜ: transitional period
übergeben, weiterleiten: ሰጠ፣ አስረከበ: committed, consign, consigned, hand over, to turn over, transfer
übergebend: አስረካቢ/ አስረክቦ: consigning
übergegriffen: ተወራሪ/ ተወርሮ: overlapped
übergehen: አለፈ፣ ሄደ: migrate
übergehend: ትቶ፣ ለጊዜው: ignoring
übergekocht: አራሪ/ አርሮ: boiled over
übergelaufen: እጁን ሰጠ: overflowed
übergenau, peinlich genau: ልክ፣ በቀጥታ: meticulous, meticulously
übergenug: ከሚገባው በላይ: more than enough
Übergewicht {n}: ከፍተኛ ክብደት: preponderance, overweight
übergeworfen: ተወርዋሪ/ ተወርውሮ: thrown over
überglücklich machen: በኃይል አስደሰተ: overjoy
überglücklich: በጣም ደስተኛ: overhappy, overjoied
übergreifen: ወረረ: overlap
übergroß: በኃይል ታላቅ: ultralarge, outsized
Übergröße {f}: ትልቀነት፣ ቁመት፣ ከፍታ: outsize, oversize, kingsize
Übergrößen {pl} :: outsizes, oversizes
Überhang {m}: መስቀያ: overhang
überhängen: ሰቀለ፣ አንጠለጠለ: overhang
überhängend: አንጠልጣይ/ አንጠልጥሎ: hanging, over, overhung, pendently
überhaupt nicht: ፈጽሞ አይደለም: not at all
überhaupt: ባጠቃላይ: at all
überheblich: ግትር፣ ትቢተኛ: arrogant
Überheblichkeit {f}: ትቢተኝነት: arrogance, boastfulness, opinionatedness
Überheblichkeiten {pl} :: arrogances
überheizend: አጋይ/ አግሎ ፣አግሞ: superheating
überhin: ከዚያ ወዲያ፣ ወደዚያ: in all directions
überhitzen: አጋለ፣ አቃጠረ፣ አጣላ: overheat, superheat
überholen, wiederherstellen: ቀደመ፣ አጠፈ: outdistance, outstrip, overhaul, to overtake, overhaul, recondition, refit
überholend: አጣፊ/ አጥፎ፣ ቀድሞ: outdistancing, outstripping, overhauling, overtaking
Überholspur {f}: በቅደሚያ መስመር: passing lane
überholte: ታጣፊ/ ታጥፎ፣ ተቀድሞ: outdistanced, outstripped, overhauled
Überholung {f}: ቅድሚያ፣ መታጠፍ፣ መድገም: reconditioning
überirdisch, übernatürlich: በ/ ከመሬት ላይ፣ ከመሬት ውጭ የሆነ/ ታላቅ ኃይል: extraterrestrial, supernal, supernatural, supernally
Überkapazität {f}: ብዛት: over-capacity
überkleben: ጠቀለለ: paste over
Überkleidung {f}: ጋቢ፣ ካፖርት: outer wear
überkochen: በኃይል/ በጣም ቀቀለ: boil over, overboil
überkochend: በኃይል ቀቃይ/ ቀቅሎ: boiling over
überkritisch: ትችተኛ: overcritical
überladen: በኃይል/ ከመጠን በላይ ጫነ: flamboyant, overcharge, overcharged, supercharge
überladend: በኃይል ተጫኝ/ ተጭኖ: overcharging, overloading, supercharging
überladene: ጭነታም/ ማ: ornately, overloaded
Überladenheit {f}: ጫና: floridness
Überladung {f}: ጭነት: ornateness
überlagern: ከልክ በላይ አከተ/ ከምሮ አኖረ: superimpose, superpose, heterodyn
Überlagerung {f}: እከታ፣ ክመራ: heterodyn, superimposition, superposition
Überlagerungen {pl} :: superimpositions
überlappen: አመሳቀለ፣ አስተላለፈ: interleave, lap
Überlappung {f}: ምስቅል: lapping, overlap
Überlassen Sie es mir!: እሱን ለእኔ ተወው!: leave it to me!
überlassen: ተወ፣ ናቀ: cede, overburden
Überlast {f}: ጫና፣ ዕዳ: overload
überlasten: ዕዳ/ ጫና ሆነ፣ አስቸገረ: overload, overstress, surcharged
Überlastung {f}: ጫና፣ ችግር: congestion, overloading
Überlauf {m}: መቅጃ፣ ማፍሰሻ፣ ማንጠብጠቢያ: overflow, overrun, spillway, overflow

überlaufen: ፈሰሰ፤ ተንጠባጠበ፤ ተደፋ: overflow
Überläufer {m, pl}: እጁን ሰጭ/ ጥገኝነት ጠያቂ: renegade, renegades
Überleben {n}: መወጣት፤ መኖርና አለመኖር: survival, viability
überleben, durchstehen: ተወጣ፤ አለፈ፤ አመለጠ: outlive, survive
überlebend: ተወጭ/ ተወጥቶ: outliving, surviving
Überlebende {m, f, n}: ያመለጠ: survivor
Überlebenden {pl} :: survivors
überlebensfähig: የኑሮ ታክቲከኛ/ ጥበበኛ: survivable
Überlebensfähigkeit {f}: የኑሮ ጠቢብነት: survivability
überlebte: ቀማሽ/ ቀምሶ፤ በውስጡ ኃላፊ/ አልፎ: outlived, survived
überlegen: አሰበ፤ አመዛዘነ: deliberate, to reason, ponder
überlegend: አሸናፊ፤ ኃያል፤ ትልቅ፤ ብዙ: predominant
überlegend: አገናዛቢ/ አገናዝቦ: cogitating, deliberating, reasoning
Überlegenheit {f}: አሸናፊነት: mastery, predominance, preeminence, supremacy, transcendence, superiority
Überlegenheiten {pl} :: transcendences
Überlegheit {f}: ዘዴኝነት: methodicalness
Überlegung {f}: አሳብ/ ምክር፤ አክብሮት: advisement, deliberation, consideration
Überlegungen {pl} :: deliberations, ventilations
überleiten: አስተላለፈ: lead over
überleitend: አስተላላፊ/ አስተላልፎ: leading over, reading over
Überlieferung {f}: ባሕል፤ ሕግ-ወግ-ደንብ: tradition
Überlieferungen {pl} :: deliverances
überlisten: ቃኘ/ ኘ ፤ ላይ ላዩን አየ: outwit, outfox, outsmart
Übermacht {f}: ልዕለ ኃያላን: superiority
Übermächte {pl} :: superiorities
übermalen: ቀባ/ ሳለ: paint over, repaint
übermalend: ቀቢ/ ቀብቶ: painting over, repainting
Übermaß {n}: ታላቅ መለኪያ: immoderation
übermässig: ብዙ፤ ትልቅ፤ የተጋነነ: effusive, effusively, excessively, exuberant, exuberantly, inordinate, profuse, unduly, immoderately
Übermensch {m}: ባሕታዊ፤ ብጹዕ: superman
Übermenschen {pl} :: supermen
übermenschlich: መልአካዊ: superhuman, superhumanly
übermitteln: አካፈለ/ አስተማረ፤ አበሰረ: convey
übermittelnd: አብሳሪ/ አብስሮ: transceiving
übermittelt: ተበሳሪ/ ተነግሮ: transmitted
Übermittler {m, pl}: ደላላ፤ አስተላላፊ: transmitters
Übermittlung {f}: ማስተላለፍ: transmission
übermorgen: ከነገ በሰትያ: the day after tomorrow
übermüdet: ታካች/ ታክቶ፤ ደክሞ: overtired
Übermüdung {f}: ድካም: overfatigü
übermütig: ደፋር: rollicking
übernachten: አደረ፤ ሌሊቱን አሳለፈ: to spend the night
übernachtend: አዳሪ/ አድሮ: staying overnight
Übernachtung {f}: ትዳር፤ማደር: overnight stay
Übernahme {f}: መረከብ፤ ርክክቤ: take over
Übernahmen {pl}:: take overs
Übernahmebedingung {f}: የርክክብ ቅድመ ሁኔታ: condition of acceptance
Übernahmebedingungen {pl}: የርክክብ ቅድመ ሁኔታ: conditions of acceptance
Übernahmekriterum {n}: የመቀባበያ ስምምነት: acquisition criteria
Übernahmekriterien {pl}: የመቀባበያ ስምምነት: acquisition criterias
Übernahmestrategie {f}: የአያያዝ ዕቅድ: acquisition strategy
Übernahmevertrag {m}: ያወሳሰድ ውል: acquisition agreement
übernational: አኅጉራዊ: supranational
übernatürlich: ከተፈጥሮ ውጭ: preternatural, supernatural, supernaturally, preternaturally
übernehmen, auf sich nehmen: ወሰደ፤ ተረከበ፤ ተቀበለ: to take on, to take over, undertake
übernehmend: ወሳጅ/ ወስዶ: taking over, ndertaking
übernommen: ተወሳጅ/ ተወስዶ: taken over, undertaken, wrapped
überoptimistisch: ተስፈኛ: overoptimistic
überordnen: ከመረ፤ ካበ፤ አዘጋጀ: place over
überordnend: ከማሪ/ ከምሮ: placing over
überparteilich: ገለልተኛዊ: all party
Überproduktion {f}: ትርፍርፍ ምርት: overproduction, surplus production
Überproduktionen {pl} :: overproductions
überproduzieren: ትርፍ አመረተ: overproduce
überproduzierend: ብዙ አምራች/ አምርቶ: overproducing
überprüfen: ተቆጣጠረ፤ ፈተሸ: revise, verifying
Überprüfer {m}: ተቆጣጣሪ፤ ፈታኝ: collator
Überprüfung {f}: ፈተና፤ ቁጥጥር: inspection, review, verification
überqualifiziert: ምሁር/ ተምሮ: overqualified
überquerbar: ታላፊ/ ታልፎ: traversable, traversal, outreaching
überraschen: አስገረመ፤ አስደሰተ፤ ሳይታሰብ/ ሳይገመት ሰጠ/ አመጣ: overtake, to surprise, to surprise, to take by surprise
überraschend: አስገራሚ/ አስገርሞ: surprising, astonishingly, surprisingly
überrascht: ተደናቂ/ ተደንቆ፤ ተገርሞ: surprised, surprised
Überraschung {f}: አዲስ/ ብርቅዬ ነገር: astonishment, emergency, surprise
Überraschungen {pl} :: emergencies, surprises

Überraschungsangriff {m}: ያልታሰበ ጥቃት: surprise attack
Überraschungsangriffe {pl} :: surprise attacks
überreden, überzeugen: አሳመነ፤ አግባባ/ ገፋፋ: persuade
überredend: አግባቢ/ አግባብቶ: persuading, suasively
Überredungsmittel {n}: የማግባቢያ ዘዴ: persuader
überreichlich: ትርፍርፍ፤ በብዛት: superabundant, redundantly, superabundantly
überrumpeln: ሆሆ አለ፤ በደስታ ተቀበለ: take by surprise
überrunden, überflügeln: አጠፈ/ ቀደመ፤ ጠቀለለ: outstrip
überrundend: አጣፊ/ አጥፎ: outstripping
überrundet: ታጣፊ/ ታጥፎ: outstripped
übersättigen: ጠገበ፤ ከልክ በላይ በላ: surfeit, sate, supersaturate
Übersättigung {f}: ጥጋብ: cloyingness, satiableness, supersaturation, surfeit
Übersättigungen {pl} :: satiablenesses, satieties, surfeits
Überschall {m}: ታላቅ ጩረራ: supersonic, transsonic, ultrasonic
überschatten: ከለለ፤ ጥላ ጣለ፤ጋረደ: overshadow
überschattend: ከላይ/ ከልሎ ፤ ጋርዶ: overshadowing
überschattet: ተጋራጅ/ ተጋርዶ: overshadowed
überschätzen: ከልክ ባላይ ገመተ፤ አተለቀ: overrate, overestimate
überschätzend: አተላቂ/ አተልቆ: overestimating, overrating
überschätzt: ከፍ ተደርጎ ተገማች/ ተግምቶ: overestimated, overrated
Überschätzung {f}: ግምጋሜ: overassessment, overestimation
überschauen: ገመገመ፤ አሰልፎ አየ: overlook
überschauend: ገምጋሚ/ ግምግሞ: overlooking
Überschäumen {n}: ኩረፋ፤ አረፋ: ebullition
überschäumend, üppig: ተኩረፍራፊ/ ተኩረፍርፎ: ebullient, exuberant, ebulliently
überschicht: ውጫዊ ልባስ/ ሽፋን: extra shift
überschlafen: ተኛ፤ አንቀላፋ: sleep on
überschlafend: አንቀላፊ/ አንቀላፍቶ: sleeping on
Überschlag {m}: የዝናብ መጣል: flashover
Überschläge {pl}:: flashovers
überschnappen: አበደ: go mad
Überschreiben {n}: ድርብ ጽሑፍ: overwrite, Overwrite, overwriting
überschreiben: በላው ላይ ደርቦ ጻፈ፤ ርእስ አወጣ: overwrite, sign over, transcribe
Überschreibung {f}: ድርብ ጽሑፍ: overwritten
überschreitbar: ተደራቢ: exceedable
überschreiten [Termin] , übersteigen, versäumen: ተራመደ፤ ተላለፈ: overstay, exceed, outrun, overshoot, overstep, transcend, transgress
überschreitend: ተላላፊ/ ተላልፎ: exceeding, outrunning, overstepping, transcending, transgressing, exceeding
Überschreitung {f}: ብጥብጥ: transgression
Überschreitungen {pl} :: transgressions
überschrieben: ተሰራኸ/ ተሰርዞ፤ ተደምስሶ: captioned, overridden, overwritten, transcribed
Überschrift {f}: ርእስ: caption, heading, superscription, caption
Überschriften {pl} :: superscriptions, headings, captions
Überschuh {m}: ውጫዊ ጫማ: overshoe
Überschuhe {pl} :: overshoes
überschuldet: ችጋራም/ ማ: heavily indebted
Überschuß {m}: ትርፍ/ ተጨማሪ: excess, overplus, surplus
Überschüsse {pl}: ትርፍ: surplusses, overplusses
überschüssig: ተጨማሪ: excessive
überschütten: ነቃነቀ፤ ወዘወዘ: to shower, whelm
überschüttend: ነቅናቂ/ ነቅንቆ: whelming
überschwemmen: አጥለቀለቀ: deluge, inundate, to flood
überschwemmend: አጥለቅላቂ/ አጥለቅልቆ: deluging, inundating, swamping
überschwemmt: ተጥለቅላቂ: inundated, swamped
Überschwemmung {f}: የጎርፍ ማጥለቅለቅ: flood, inundation, flooding
Überschwemmungen {pl} :: floodings
überschwenglich: ተገራሚ፤ተደናቂ፤ አስገራሚ: effusive, gushy, gushing, effusively, gushily
Überschwenglichkeit {f}: ተደናቂነት፤አስገራሚነት: ebullience, ebulliency, effusiveness
Übersee :ባሕር ማዶ: oversea
überseeisch: ባሕር ማዷዊ: transoceanic, overseas
Überseeleitung {f}: በውሐ ውስጥ የተዘረጋ ካብል: transoceanic cable
Überseetelegramm {n}: የባሕር ማዶ ቴ ሌግራም: cablegram
Überseeverkehr {m}: የባሕር ላይ መጓጓዣ: oversea traffic
übersehen: ታላፊ/ ታልፎ፤ ተትቶ: overlooked
übersehen: አሳልፎ አየ፤ ቃኘ: overlook
übersehend: አሳላፊ/ አሳልፎ፤ ትቶ: overlooking
übersendbar: በብዛት ተላኪ/ ሊላክ የሚችል: transmissible
Übersendbarkeit {f}: ተላኪነት: transmissibility
Übersendung {f}: ተርፍ ስጳጅ/ መልክት: consignment
Übersendungen {pl} :: consignments
übersetzbar: ተተርጓሚ: translatable
Übersetzen {n}: መተርጎም: compatability
übersetzen, deuten: ተረጎመ: translate, compile, compiling, to translate into, interprete

übersetzend: ተርጓሚ/ ተርጉሞ: ferrying, translating, transmitting
Übersetzer {m, pl}: ተርጓሚ/ አስተርጓሚ: interpreter, translator, translators
Übersetzerin/nen {f/pl}: ተርጓሚ/ አስተርጓሚ: translators
Übersetzerprogramm {n}, Übersetzungsprogramm: የትርጉም ፕሮግራም: translating program
übersetzt: ተተርጓሚ/ ተተርጉሞ: translated
Übersetzung {f}: ትርጉም: transformation, translating, transmission, gear transmission ratio
Übersetzungen {pl} :: translations, transmissions
Übersetzungsfehler {m, pl}: የትርጉም ስተት: mistranslation, mistranslations
Übersetzungsprogramm {n}: የመተርጉም ፕሮግራም: language processor
Übersetzungsprotokoll {n}: የትርጉም ዘገባ: object listing
Übersetzungsrechner {m}: ተርጓሚ ኮምፕዩተር: source computer
Übersetzungsverhältnis {n}: የትርጉም ግንኙነት: gear ratio
Übersicht {f}: እይታ: oversight, synopsis, digest
Übersichten {pl} :: synopses
Übersichtigkeit {f}: ታይታነት፣ ግልጽነት: hyperopia
Übersichtskarte {f}: የመርሀ ግብር ካርድ: outline map
Übersichtstabelle {f}: የመርሀ ግብር ሠንጠረዥ: synoptical table
Übersichtstabellen {pl} :: synoptical tables
überspannen: ተዝናና፣ ተረጋጋ፣ ተዘረጋጋ: overstretch
überspannend: ተዝናኝ/ ተዝናንቶ: overstretching
überspannt: ተጫዋች፣ ተዝናኝ: extravagant, extravagantly, hypertensive, overstretched
Überspanntheit {f}: ቀልባጣነት፣ቅልብጥና: extravagance, jitteriness
Überspanntheiten {pl} :: excentricities, extravagances
Überspannung {f}: መረጋጋት: overvoltage
überspielen: አጋነነ: outplay, overact
überspielend: አጋናኝ/ አጋንኖ: outplaying, overacting
überspielte: ተጋናኝ/ ተጋንኖ: outplayed, overacted
überspringen, springen: ዘለለ፣ ዘልለ: ተራመደ: jump over, overleap, skip
überspringend: ዘላይ/ ዘልሎ: jumping over, overjumping, overleaping
überspritzen: አሾለ: overspray
übersprudeln: ረጨ: brim, bubble over
übersprudelnd: ረጭ/ ረጭቶ: brimming, bubbling over
überstehen: አሸነፈ፣ ተወጣ: overcome
überstehend: አሸናፊ/ አሸንፎ: overcoming
übersteigen: ተንጠላጠለ፣ ተራራ ወጣ፣ ከፍ አለ፣ ወጣ: surmount, to top, transcend
übersteigend: ትንጠላጣይ/ ተንጠላጥሎ: surmounting, transcending
übersteuern: ዘወረ: overdrive
Übersteuerung {f}: ዘዋሪ: overdriving, blasting
überstiegen: ተጨማሪ/ ተጨምሮ: surmounted, transcended
überstimmen: ድምጽ ሰጠ: outvote, overrule, to vote down
überstimmend: ድምጽ ሰጭ/ ሰጥቶ: overruling
überstrahlen: አበራ፣ አንጸባረቀ: outshine
überstrahlend: አንጸባራቂ/ አንጸባርቆ: outshining
überstreifen: ለከከ፣ ቀባባ፣ ለቃለቀ: slip over
Überstrom {m}: ታላቅ የኤሌክትሪክ ኃይል: overcurrent, over-current
Überstunde {f}: ትርፍ/ ተጨማሪ ሰዓት: overtime
übertölpeln: አታለለ፣ አጭበረበረ: euchre
übertölpelnd: አታላይ/ አታልሎ: euchring, gulling
übertölpelt: ተታላይ/ ተታልሎ: gulled, euchred
Übertrag {m}: የወጭ መጠን: amount carried, forward, carry
übertragbar: ተላላፊ: assignable, conferrable, transferably, transmittable, transferable, transmissive
Übertragbarkeit {f}: ተላላፊነት: alienability, communicableness, infectiousness, transferability
übertragen, senden: ተላለፈ፣ አስተላለፈ፣ ሰጠ: assign, transfer, transmit, carry, confer, convey, devolve, overtop, transfer, transfered, transferred, transfuse, transfused
übertragend: አስተላላፊ/ አስተላልፎ: conferring, devolving, overtopping, radioing, transfering, transferring, transfusing
Übertragung {f}: ትልልፍ፣ ማስተላለፍ: conferment, devolvement, transfer, transference, transmission, propagation
Übertragungen {pl} :: transferences
Übertragungsfunction {f}: የማስተላለፊያ አሠራር: admittance function
Übertragungsgeschwindigkeit {f}: የማስተላለፍ ፍጥነት: rate of transmission
Übertragungslänge {f}: የማስተላለፊያ ርዝመት: transfersize
Übertragungssignal {n}: የማስተላለፊያ መጀመሪያ: transfer signal
übertrainieren: አለማመደ፣ አስተማረ: overtrain
übertrainierend: አለማማጅ/ አለማምዶ: overtraining
übertrainiert: ሥልጡን/ ሠልጥኖ: overtrained
übertreffen: በለጠ፣ ቀደመ: excel, outclass, outdo, utrange, surpass, outnumber
übertreffend: በላጭ/ በልጦ: excelling, outclassed, outdoing, surpassing

übertreiben: አጋነነ: exaggerate, overact, overdo, overstate
übertreibend: አጋናኝ/ አጋንኖ: exaggerating, hyperbolic, overacting, overdoing, overplaying, overstating, hyperbolically
Übertreibung {f}: ውርጃ፣ ማስወረድ: exaggeration, extremeness, hyperbole, inordinacy, inordinateness, overstatement
Übertreibungen {pl} :: exaggerations, overstatements
übertreten: ሥልጣኑን ለቀቀ፣ ከሥልጣን ወረደ: pass over, transgress, transgressed
übertretend: ሥልጣኑን አስረካቢ/ አስረክቦ: passing over, transgressing, trespassing, violating
Übertretung {f}: ርደት: transgression, trespass, violation
Übertretungen {pl} :: transgressions
übertrieben: ተጋናኝ/ ተጋንኖ: exaggerated, exaggeratedly, hyperbolical, inordinately, overdone, overacted, overstated
Übertriebenheit {f}: ተጋናኝነት: exaggeratedness
Übertritt {m}: ማስተላለፍ: passes over
übertroffen: ተበላላጭ/ ተበልጦ: excelled, outdone, surpassed
übertrumpfen: አሸነፈ፣ ድል ተቀዳጀ: overtrump
übervölkern: በዛ፣ ተባዛ: overpopulate
übervölkernd: ተባዥ/ ተባዝቶ: overpopulating
Übervölkerung {f}: የሕዝብ ብዛት: overpopulation
Übervölkerungen {pl} :: overpopulations
übervoll: በጣም ሙሉ: brimful
übervorteilen: እድል ሰጠ: overreach, outsmart
überwachen, wahrnehmen, beobachten: ጠበቀ፣ ተገነዘበ፣ አተኮረ: oversee, watch, observe
überwachend: ጠባቂ/ ጠብቆ: overseeing, supervisory, administrative
Überwacher {m}: አስተዳዳሪ፣ አለቃ: administrator
überwachsen: አደገ፣ ከፍ አለ: overgrown
Überwachung {f}: ጥበቃ: monitoring, supervision, surveillance, survey, monitoring
Überwachungen {pl} :: surveillances
Überwachungseinrichtung {f}: የመጠባበቂያ ኬላ: invigilator
Überwachungsstellen {pl}: የመጠባበቂያ ቦታ: checkpoints
Überwachungssystem {n}: ተጠባባቂ/ ተቆጣጣሪ ሲስተም: monitoring system
Überwachungszeit {f}: መጠባበቂያ ሰዓት: check time
überwältigen: ጨበጠ፣ ማረከ፣ ያዘ/ ተቆጣጠረ፣ ፈነገለ: overbear, overmaster, overpower, overwhelm, to overcome (overcame, overcome)
überwältigend: ተቆጣጣሪ/ ተቆጣጥሮ: overmastering, overpowering, overwhelming, overpoweringly, overwhelmingly
überwältigt: ተማራኪ/ ተማርኮ: overmastered, overpowered, overwhelmed
Überweisung {f}: ማስተላለፍ: transferal
Überweisungen {pl} :: transferals
Überweisungsabsender {m}: የከፋይ/ ላኪ ስም አድራሻ: remitter
Überweisungsempfänger {m}: የገንዘቡ ተቀባይ ስም አድራሻ: remittee
Überweisungsscheck {m}: ገንዘብ መክፈያ ቼ ክ: transfer cheque
überweltlich: ልዕለ ዓለማዊ: transcendent
überwerfen: አሳልፎ/ በላይ ወረወረ: throw over
überwerfend: ወርዋሪ/ ወርውሮ: throwing over
überwiegen: አብልጦ መዘነ: prevail, outweigh, overbalance, preponderate
überwiegend: አብልጦ መዛኝ/ መዝኖ: outweighing, overbalancing, preponderant, prevailing, preponderantly, preponderating
überwindbar: ተሸናፊ፣ ታልላፊ: conquerable
überwinden, überwältigen: አሸነፈ፣ ተወጣ: to overcome (overcame, overcome)
überwindend: አሸናፊ/ አሸንፎ: bettering, hurdling
überwintern: ክረምቱን አሳለፈ: hibernate
überwinternd: ክረምት አሳላፊ/ አሳልፎ: hibernating
Überwinterung {f}: ክረምት ማሳለፍ: hibernation
überwuchern: ተመዘለገ፣ ተምዘገዘገ: overgrow, overgrow
überwuchernd: ተምዘግዛጊ/ ተምዘግዝጎ: overgrowing
überwunden: ተሸናፊ/ ተሸንፎ: bettered
Überzahl {f}: ከፍተኛ ቁጥር: superior number
überzahlen: አብልጦ/ ጨምሮ ከፈለ: overpay
überzählen: ደርቦ/ አልፎ ቆጠረ: count over
überzahlend: ትርፍ ከፋይ/ ከፍሎ: overpaying
überzeichnen: አትረፍርፎ ሰጠ፣ ብዙ ገንዘብ አቀረበ: oversubscribe
überzeichnend: ለጋሽ/ ለግሶ: oversubscribing
Überzeichnung {f}: ሽልማት: oversubscription
überzeugbar: ታማኝ: persuadable
überzeugen, überzeugen von: አሳመነ፣ አግባባ: to convince, persuade, to convince of, to persuade of, to perduade to
überzeugend: አሳማኝ/ አሳምኖ: convincing, persuasive, persuasively, suasive, convincingly, persuasively
Überzeugung {f}: ማመን፣ መቀበል: conviction, persuasion
Überzeugungskraft {f}: የማሳመኛ ኃይል: power of persuasion
Überzeugungskräfte {f} :: persuasions
überziehen [Konto]: ደረበ፣ ሳበ፣ ገንዘብ አወጣ፣ ያልጋ ምንጣፍ/ ልብስ ቀየረ፣ ጦር ሜዳ/ አውድማ አደረገ: overdraw, sheathe
überziehend: አልጋ አንጣፊ/ አንጥፎ: sheathing, overdrawing
Überzieher {m, pl}: የወንድ ካፖርት: topcoat, overcoat, topcoats

überzogen: ተደራቢ/ ተደርቦ: coated, overdrawn
Überzug {m}: ልባስ፣ ተቀያሪ: coating, suffusion, casing
Überzüge {pl} :: coatings, suffusions, casings
üblich: የተለመደ፣ ቋዋቂ: convenient, conventional, convienent, customary, ordinary, traditional, usual
üblicherweise: እንደተለመደው: usually
U-Boot {n}: በውሐ ውስጥ የሚሄድም/ ተሰርጓጅ ጦር መርከብ : submarine
übrig: ትርፍ፣ ትራፊ: left over
übrigbleiben: ተረፈ፣ ቀረ: to remain,
übrigbleibend: ተራፊ/ ተርፎ: residual, residually
übrige: ሌሎች: residually
übrigens: በተለይ: by the way
übriggelassen: ተወ፣ አተረፈ: to leave
Übung {f}: መልመጃ: exercise
Übungen {pl} :: exercises
Übungsheft {n}: ደብተር: exercise book
Übungsplatz {m}: መለማመጃ ቦታ: drill ground
Ufer {n, pl}, Küste: ሸጥ ዳር፣ ገሪም: waterside, watersides, bank, shore
Uferland {n}: የውሐ ጠረፍ ያለው ሀገር: foreshore
Uferstraße {f}: የውሐ ዳር መንገድ: quay
Uferstraße {pl}:: quays
Ufo {n}: የማይታይ/ ረቂቅ ፍጡር: ufo
Uhr {f}: ሰዓት: ticker, timepiece, clock, watch
Uhren {pl} :: timepieces, watches, tickers
Uhrarmband {n}: ሰዓት ማሰሪያ: watch band
Uhrarmbänder {pl} :: watch bands
Uhrkette {f}: የሰዓት ኃብል: watch chain
Uhrketten {pl} :: watch chains
Uhrmacher {m, pl}: ሰዓት ሠሪ: watchmaker, watchmakers
Uhrwerk {n}: የሰዓት ሥራ: clockwork
Uhrzeiger {m, pl}: ሰዓት ጠቋሚ: watch hand, watch hands
Ukas {m}: ትእዛዝ: ukase
Ukulele {f}: የፖርቹጋል ሙዚቃ መሣሪያ: ukulele
Ukulelen {pl} :: ukuleles
ulkig: አስቂኝ፣ አስደናቂ/ አስገራሚ: laughable, laughably
Ulme {f}: የዛፍ ዓይነት: elm tree, elm
Ulmen {pl} :: elms, elm trees
Ulster {m}: ድርብ የወንድ ካቦርት: ulster
Ulsters {pl} :: ulsters
Ultimatum {n}: ከፍተኛና የመጨረሻ ማስጠንቀቂያ/ አማራጭ: ultimatum
Ultimaten {pl} :: ultimatums, ultimata
Ultra {m}: አክራሪ: ultra
Ultrakurzwelle {f}: አጭር የራዲዮ ሞገድ: ultra-short wave, ultra short wave
Ultrakurzwellen {pl} :: ultra short waves
Ultrakurzwellenbereich {m}: ያጭር ሞገድ ስርጭት አካባቢ: ultrahigh frequency
Ultrakurzwellensender {m, pl}: ያጭር ሞገር ራዲዮ ማሰራጫ/ መልከት: ultra short wave transmitter, ultra short wave transmitters
Ultraschallfrequenz {f}: የዌ ቭ ሞገድ ፍጥነት: superaudio frequency
Ultraschallwelle {f}: የዌ ቭ ሞገድ: ultrasonic wave
Ultraschallwellen {pl} :: ultrasonic waves, supersonics
ultraviolett: ቀስተ ዳመናዊ: ultraviolet
Ultrawelle {f}: ከፍተኛ ዌ ቭ: ultrasound
Ultrawellen {pl} :: ultrasounds
um: በ../ ለ../ ከ..: at
um ... zu: ለ..: so as to
um...willen: ለ...ሲባል/ ተብሎ: sake
um...zu: ለ..: in order to
um Geld spielen: በገንዘብ ተጫወተ: gamble
um Geld spielend: ለ/ በገንዘብ ተጫዋች/ ተጫውቶ: gambling, gaming
um jeden Preis: ምንም ይከፍል፣ ምንም ይሁን ምን: at all costs, at any price, not at any price, not for anything
um so besser, um so mehr: እጅግ የበለጠ: so much the better, all the more
um so schlimmer: እጅግ የከፋ: so much the worse
Um was handelt es sich ?: ችግሩ/ነገሩ ምንድን ነው?: What's it all about ?
umadressieren: ወደአዲሱ አድራሻ ላከ: redirect
umadressiert: ተላከ/ ተልኮ: redirected
umarbeiten: ደግሞ ሠራ/ አደረገ: revamp, rework, to make over
umarbeitend: እንደገና ሠሪ/ ሠርቶ: reworking
umarmen: አቀፈ: embrace, embrace, hug
umarmend: አቃፊ/ አቅፎ: embracing, hugging, embracingly
umarmte: ታቃፊ/ ታቅፎ: embraced, hugged, embraced
Umarmung {f}: እቅፋት: embracement, hug
Umarmungen {pl}:: hugs, embracings
Umbau {m}, Wiederaufbau: ውስጣዊ ግንባታ/ ክፍል: reconstruction
umbauen: በውስጥ አሰፋ/ ሠራ: reconstruct
umbauend: አስፋፊ/ አስፋፍቶ: reconstructing
umbenannt: ተሰያሚ/ ተሰይሞ: renamed
umbenennen: ስሙን ቀየረ/ ለወጠ: redefine, rename
umbenennend: ስሙን ቀያሪ/ ቀይሮ: renaming
Umbenennung {f}: የስም ቅያሬ: renaming
umbetten: አልጋውን ቀየረ/ ለወጠ: put into another bed
umbilden: ለወጠ፣ ቀየረ: remodel
Umbildung {f}: አዲስ ምደባ: transformation
Umbildungen {pl}:: transformations
umbinden: አሰረ፣ ጠቀለለ: tie round
umbindend: ጠቅላይ/ ጠቅልሎ: tying round
umblättern: ገለባበጠ፣ ገነጠለ: turn over
umblätternd: ገንጣይ/ ገንጥሎ: turning over
umbrechen [Druckt.]: አቋረጠ: make up

Umbruch {m}[Druckt.]: መቋረጥ: make-up, upheaval, wrap
Umbruchkorrektur {f}: የስተት ማቋረጥ: page-proof
Umbuchungsbetrag {m}: የክፍያ መጠን/ ብዛት: amount transferred
umdefinieren: መልሶ ኮድ ሰጠ: redefine
umdenken: እንደገና አሰበ: rethinking
umdenkend: አሳቢ/ አስቦ: changing their views, rearranging
umdrehen: አዞረ: turnabout
Umdrehung {f}: ማዞር: revolution
Umdrehungen {pl} :: rotations
Umerziehung {f}: ማረሚያ/ ማስተካከያ: reeducation
Umerziehungen {pl} :: reeducations
umfahren: ዙሮ ሄደ: drive round
umfallend: ወዳቂ/ ወድቆ: falling down
Umfang {m}: መጠን፣ ይዞታ፣ ፍጆታ: circumference, periphery, complexity, extent, girt, comprehensiveness, perimeter
umfangreich: ብዙ፣ በጣም ብዙ: bulkily, extensive, voluminous, voluminously
umfassen, einbeziehen: ጨበጠ፣ ያዘ፣ ጨመረ: comprise, enfold, include, span
umfassend, reichhaltig: ባጠቃላይ፣ አጠቃላይ: capacious, comprising, encyclopedic, enfolding, explicitly, global, comprehensive, capaciously, comprehensive, comprehensively, encyclopedical
Umfeld {n}: አካባቢ: peripherie
umfliegen: ዙሪያውን በረረ: fly round
umfluten: አጥለቀለቀ: flow round
umformend: አጥለቅላቂ/ አጥለቅልቆ: flowing round, transformative
umfüllen: ሞላ፣ ቀለም አጠጣ: decant
umgangen: ተዘዋዋሪ/ ተዘዋውሮ: circumvented, gone round, bypassed
Umgangssprachausdruck {m}: የዘዴ አነጋገር: colloquialism
Umgangssprachausdrücke {pl} :: colloquialisms
Umgangssprache {f}: ዘየኛ/ ቀበሌኛ አነጋገር: common speach, colloquial language
umgangssprachlich: ቀበሌኛዊ: colloquially
umgarnen: ራሱን አወደሰ፣ ካበ/ አሞካሸ: ensnare
umgarnend: ራሱን አሞጋሽ/ አሞግሶ: ensnaring
umgeben, einfassen: ከበበ፣ አጠረ/ አፈነ: environ, surround, surrounded
umgebend: ከባቢ/ ከብቦ: ambient, encompassing, girdling, hedging, surrounding
Umgebung {f}: አካባቢ/ ሠፈር: adjacence, environment, environs, purlieus, surroundings
Umgebungen {pl} :: entourages, environments, surroundings
umgebungsbedingt: አካባቢያዊ/ ሠፈራዊ: environmental, environmentally
umgebungsmässig: እንደእየአካባቢው፣እንደእየሠፈሩ: environmental

umgegraben: ተቆፍሪ/ ተቆብሮ: dug up
umgehen: ዞረ፣ ዞሮ ሄደ: go round, bypass, circumvent, elude, circumvent
umgehend: ዟሪ/ ዞሮ: bypassing, circumventing, going round
Umgehung {f}: ማለፊያ፣ ማዞሪያ: by passing, bypass, circumvention, evasion
Umgehungen {pl} :: by passings, bypassings, evasions
Umgehungsstraße {f}: መዟሪያ መንገድ: by pass, bypass
Umgehungsstraßen {pl} :: by passes
umgekehrt: በተቃራኒው/ በዚያ አንፃር: contrariwise, converse, conversely, inverse, inversely, inverted, reverse, reversely, vice versa, inversely, reciprocally, turned down
umgekommen: ሟች/ ኃላፊ ሙ/ ሞቶ: perished
umgeleitet: ተቀያሪ/ ተቀይሮ: redirected
umgelenkt: ታጣፊ/ ታጥፎ: turned round
umgeschaut: ታዪ/ ታይቶ: looked round
umgesehen: ታላፊ/ ታልፎ: looked back
umgestalten: ለወጠ፣ አደሰ፣ አሳመረ: metamorphose, refashion, remodel, revamps, transfigure
umgestaltend: አዳሽ/ አድሶ: metamorphosing, recompiling, refashioning, remodeling, transfiguring recasting
umgestaltet: ታዳሽ/ ታድሶ: metamorphosed, transfigured, transfigured
Umgestaltung {f}: አዲስ ለውጥ፣ ተሐድሶ: reconfiguration, transfiguration, recast
Umgestaltungen {pl} :: transfigurations, recasts
umgestürzt: ተጠርማሽ/ ተጠርምሶ: overthrown
umgewertet: ተለዋጭ/ ተለውጦ: converted, transformed, transmuted, reassessed
umgießen: ዙሪያ ረጨ: transfuse
umgraben: ቀበረ፣ ደፈነ: dig up
umgruppieren: እንደገና መደበ/ ቡድን አበጀ: redeploy, regroup
umgruppierend: እንደገና መዳቢ/ መድቦ: redeploying, regrouping
Umgruppierung {f}: አዳዲስ ምድብ/ ቡድን: redeployment
umgürten: አስታጠቀ፣ ቀነተ: cincture
umgürtend: ቀናች/ ቀንቶ: cincturing, girding
Umhang {m}: መስቀያ: cape, shawl
umhängen: በላይ ደረበ/ ደርቦ ሰቀለ: put on
umhängend:: putting on
Umhängetasche {f}: ቀላል ሻንጣ: shoulder bag
Umhängetaschen {pl} :: shoulder bags
umherstreifen: ተንቀዋለለ፣ ተሰላቸ: scour, straggle
umherwerfen: በተነ፣ መነጨረ: knockabout
umhüllen: ሸፈነ፣ ጋረደ: encase, infold, muffle
umhüllend: ሸፋኝ/ ሸፍኖ: encasing, infolding, muffling
Umhüllung {f}: ሽፈና፣ ግርዶሽ: encasement, envelopment

Umhüllungen {pl} :: encasements, envelopments, wrappings
umkehr: አፃፋ/ መልስ: reversal
umkehrbar: የማይቆም/ የማያቋርጥ: invertible, reversible
umkehren: ታጠፈ፣ ተመለሰ: invert, to turn back, turn around, turndown
umkehrend: ታጣፊ/ ታጥፎ: inversive, reversing
Umkehrer {m}: መልስ፣ ተመስጦ: inverter, inversion, reversal, reversion
Umkehrung {f}: መልስ: inversion, reversal
Umkehrungen {pl} :: inversions, reversals
umklammeren: ተለጠፈ፣ ተጣበቀ: clasp
umklammernd: ተለጣፊ/ ተለጥፎ: clasping
Umkleidehäuschen {n, pl}: ልብስ መቀየሪያ ክፍል: cabana, cabanas
umkleiden: ልብስ ቀየረ: coat
Umkleideraum {m}: ልብስ መቀየሪያ ክፍል: changing room, dressing room
Umkleideräume {pl}:: changing rooms, dressing rooms
umklemmen: አጣበቀ: reconnect
umkommen: ሞተ፣ በሰበሰ፣ አለፈ: perish, to go to waste
umkommend: ኃላፊ/ አልፎ: perishing
umkreisen: ዞረ፣ ክብ ሠራ: revolve
umkreisend: ክብ ሠሪ/ ሠርቶ: circling, orbiting, perimetric, perimetrically
umkreist: ተከባቢ/ ተከብቦ: circled, orbited, revolved
umladen: እንደገና ጫነ/ ሞላ: reload, transship
umladend: እንደገና ሞይ/ ሞልቶ: transshipping, reloading
Umladung {f}: የጭነት ቅያሬ: transshipment
Umlage {f}: የውስጥ ልብስ/ ገበር: share in the costs
Umlagen {pl} :: shares in the costs
Umlauf {m}: መዟሪያ: circulation, currency, whitlow
Umlaufbahn {f}: መሽከርከሪያ መስመር: orbit
Umlaufbahnen {pl} :: orbits
umlaufen: ዞረ፣ ተሽከረከረ: circulate
umlaufend: ተሽከርካሪ/ ተሽከርክሮ: rotary
Umlaufzeit {f}: የመጣያ/ መውደቂያ ጊዜ: period of revolution
Umlaut {m}: የድምጽ ስበት/ ቅያሬ: umlaut
Umlaute {pl} :: umlauts
umleiten, ableiten: አስተላለፈ፣ መራ: deflect, divert
Umleitung {f}, Umweg: መሪ/ መምሪያ: diversion, redirecting, detour
Umleitungen {pl} :: bypasses, redirections
umlenken: አጠፈ፣: turn round
umlernen: አለዘበ፣ አጠና: relearn
Umluft {f}: ዓየር ማስገቢያ: circulating air, air circulation
umnebeln: ጨገገ፣ ጭጋግ ጣለ: befog, fog
umnummerieren: ደርሞ ቁጥር ሰጠ: renumber
Umordnung {f}: መልሶ ማዘጋጀት: recodering
Umordnungen {pl} :: rearrangements
umorganisieren: መልሶ አደራጀ: rearrange
umpacken: መልሶ አሸገ: repack
umpflanzen: መልሶ ተከለ: replant
umpflanzend: መልሶ ተካይ/ ተክሎ: replanting
Umpositionierung {f}: አቅጣጫ ቅያሬ: repositioning
umprogrammierbar: ተመልሶ ተጫኝ: reprogrammable
umprogrammieren: መልሶ/ ደግሞ ጫነ: reprogram
umranken: ዋጠ፣ ጠለቀጠ: entwine
umrechnen: ደግሞ አሰላ: randomize
umrennen: ተወዳደረ፣ ለውድድር ሮጠ: race round
Umriß {m}: ስብራት፣ ስንጣቂ: outline, contour
Umrisse {pl} :: contours, outlines
umrühren: አማሰለ፣ ነካካ: stir up
ums Leben kommen: ሞተ: to lose one's life
Umsatz {m}: ተቀያሪ/ ቅያሬ: turnover
Umsatzkapital {n}: የንግድ ባጀት: working capital
Umsatzkapitale {pl} :: working capitals
Umsatzsteuer {f}: የባጀት ቀረጥ: sales tax, salestax, value added tax, value added taxes
Umschalteinrichtung {f}: ማጥፊያና ማብሪያ አካባቢ/ ቁስ: changeover facility
umschalten: አጠፋ፣ ቀየረ: shift
Umschalter {m}: ማጥፊያና ማብሪያ: change over switch
Umschalthebel {m, pl}: የመቀያየሪያ: switch lever, switch levers
Umschaltung {f}: ማብሪያና ማጥፊያ: changeover
Umschaltungen {pl} :: switchings
Umschau {f}: እይታ: survey
umschauen: ቃኘ፣ አየ: look round
umschauend: ቃኚ/ ቃኝቶ: looking round
umschlagen: ጨፈጨፈ፣ ወቃ: knock over
umschlagend: ወቂ/ ወቅቶ: knocking over
umschließbar: ተቆላፊ፣ ተቾንካሪ: embraceable
umschließen: ቆለፈ፣ ቾነከረ: enclose
umschließend: ቾንካሪ/ ቾንክሮ: paling
umschlingen: ጠለቀጠ፣ ዋጠ: entangle
umschlingend: ዋጭ/ ጠልቅጦ: entangling
umschmelzen: አነጠረ፣ አቀለጠ: refound
umschmelzend: አንጣሪ/ አንጥሮ: refounding
umschmolzen: ቀላጭ/ ቀልጦ: refounded
umschreiben: ከዳ፣ መልሶ ጻፈ: circumscribe, paraphrase, retype
umschreibend: ቀጅ/ ቀድቶ: circumscribing, paraphrasing, rewriting
Umschreibung {f}: ቅጅ: circumlocution, circumscription, periphrasis, transliteration
Umschreibungen {pl} :: periphrases
umschrieben: ተቀጅ/ ተቀድቶ: circumscribed
umschulen: አሠለጠነ፣ አስተማረ: reeducate, retrain
umschulend: አሠልጣኝ/ አሠልጥኖ: re educating

Umschulung {f}, Umerziehung: መሠልጠን: re education, retraining
umschütteln: ወዘወዘ: reshuffle
umschüttelnd: ወዝዋዥ/ ወዝውዞ: reshuffling
umschütten: ገለበጠ: spill
umschwärmen: ጣኦት ሠራ/ አደረገ: idolize
umschwenken: ተለዋወጠ: change sides
umschwenkend: ተለዋዋጭ/ ተለዋውጦ: changing sides
Umschwung {m}: እድገት: reversal, revulsion
Umschwünge {pl} :: revulsions
umsegeln: ቀዘፈ: circumnavigate
umsehen: አዙሮ አየ፣ ቃኘ: look back
umsehend: አዙሮ አይቶ፣ ቃኝቶ: looking back
umseitig: በጀርባ፣ በኋላ: overleaf, overleaf
umsetzbar: ተቀያሪ: convertible
umsetzen: ተገበረ፣ በተግባር አዋለ: transcribe, transform
Umsetzer {m, pl}: ለዋጭ፣ ቀያሪ: converter, coverter, ransducer
Umsetzung {f}: ቅያሬ: conversion
Umsicht {f}: እይታ፣ ሁኔታ: circumspection
Umsichten {pl}:: cautions
umsichtig: ግልጽ፣ ሊሆን ቻይ: cannily, canny, farseeing
umsiedeln: ሠፈረ፣ ሠፈራ ሠራ: resettle
umsiedelnd: ሠፋሪ/ ሠፍሮ: resettling
Umsiedler {m}: ሠፋሪ: resettler
Umsiedlung {f}: ሠፈራ: resettlement
umsonst: በነፃ: for free, for nothing, to no purpose
umsortieren: አጣራ፣ አበጠረ: resort
umspinnen: ቃኘ: spin round
umspinnend: ቅኘ ታም፣ ቃኝቶ: spinning round
umspringen: ዘለለ: veer
umspringend: ዘላይ/ ዘልሎ: jumping round
Umstand {m}: ሁኔታ: instance, circumstance
Umstand {m}: ይዞታ: circumstance, conjuncture
Umstände {pl}, Verhältnisse:: instances, circumstances
umständlich: ምቹ፣ ባለብዙ አማራጭ: circumstantial, long winded, circumstantially, intricately
Umständlichkeit {f}: ምቹ/ ምችቹነት: fussiness, intricateness
Umstandskleid {n}: የሙሽራ ልብስ: maternity dress
Umstandskleider {pl} :: maternity dresses
Umstandswort {n}: ተውሳከ ግሥ: adverb
Umsteigebillett {n}: መቀየሪያ ትኬት: transfer ticket
Umsteigebillette {pl} :: transfer tickets
Umsteigekarte {f}: መሳፈሪያ ትኬት: correspondence ticket
umsteigen nach: ባቡር ቀየረ/ ለወጠ: to change for
umstellen: ለወጠ: reconvert
umstellend: ለዋጭ/ ለውጦ: reconverting, transposing
Umstellung {f}: ቅያሬ: changeover, transposition
Umstellungen {pl} :: transpositions
umsteuern: ዘወረ: reroute, rerouting
Umsteuerung {f}: መቀየሪያ፣ መዘወር: reversing
umstimmen: አስተካከለ/ አስማማ፣ በድምጽ ብልጫ ወሰነ: retune
umstossend: አጋጭ/ አጋጭቶ: overturning
umstritten, fraglich: አጨቃጫቂ፣ አከራካሪ: argumentative, debatable, debatably, argumentatively
umstrukturiert: ተሰነዳጅ/ ተሰናድቶ: restructured
umstürzen: ወረረ፣ በላዩ ላይ ወደቀ: overturn
umtauschen: ቀየረ፣ ለወጠ: to exchange
umwälzen: መልሶ አመረተ/ ሠራ: recycle, revolutionize
umwälzend: መልሶ አመራች/ ሠርቶ: revolutionizing
umwandelbar: ታዳሽ፣ ተቀያሪ: convertibly, transmutable, transformable, transmutably
Umwandelbarkeit {f}: ተቀያሪነት: convertibility
Umwandelbarkeiten {pl} :: convertibleness
umwandeln, umformen: ለወጠ፣ ቀየረ: convert, metabolize, transform, transmute, transubstantiate
umwandelnd: ለዋጭ/ ለውጦ: metabolizing, transforming, transmuting, transubstantiating
Umwandelung {f}: እድሳት፣ ለውጥ፣ ተሐድሶ: reconversion, commutation, converting
Umwandlungen {pl} :: commutations, conversions, transmutations
Umweg {m}: ዙሪያ መንገድ: detour, indirection
Umwege {pl} :: detours
Umwelt {f}: አካባቢ: environment
Umweltenergie {f}: ጤናማ ኃይል ማመንጫ: environmental energy
Umweltforschung {f}: ያካባቢ ጥበቃ/ እንክብካቤ: ecology
Umweltforschungen {pl}:: ecologies
umweltfreundlich: አካባቢ የማይጎዳ/ ተስማሚ: nonpolluting
Umweltschutz {m}: ያካባቢ ጥበቃ: environmentalism, pollution control, environmental protection
Umweltschützer {m}: አካባቢ ጥበቃ ኃላፊ: environmentalist
Umweltverschmutzer {m}: አካባቢ በካይ: polluter
Umweltverschmutzung {f}: አካባቢ ብክላ: environmental pollution, pollution of the environment
umwerfen: ወረወረ: upset
umwerfend: ወርዋሪ/ ወርውሮ: upsetting
umwerten: ገመገመ/ መልሶ ተጠቀመ: reassess
umzäunen: አጠረ: fence in
umzäunend: አጣሪ/ አጥሮ: fencing in

umziehen: ቤት ቀየረ/ ለወጠ: move house, to remove
unabhängig (von), selbständig: ኢጥገኛ፣ ራሱን ቻይ: independent (of), freelance, independant, independantly, nonpartisan, selfcontained, unattached,
Unabhängigkeit {f}: ጥገኝነት: independence
unablässig: ያለማቋረጥ፣ በድግግም: incessant, unremittingly
unabsehbar: ኢተገማች፣ የማይገመት: incalculable
unabsetzbar: ኢተንቀሳቃሽ: irremovable
unabsichtlich: ሳይታሰብ፣ ያልታሰበ፣በስተት: undeliberate, unintended, unintentional, unwitting, unwittingly, unintentional, unintentionally
unabweichbar: የማይመለጥ: unescapable
unabwendbar, unvermeidlich: የግድ፣ የማይቀር: inevitable
unachtsam: ጥንቃቄ አልባ፣ ደንታቢስ፣ ግዴለሽ: heedless, inadvertent, unheedful, unobservant, unobservantly, unwarily, unwary, inadvertently, unheeding
Unachtsamkeit {f}, Unaufmerksamkeit: ጥንቃቄ አልባነት: inadvertence, inadvertency, inattention
unaggressiv: ልዝብ: unaggressive
unähnlich: ኢተመሳሳይ፣ የተለያየ: dissimilar, dissimilarly, unalike, unanalogous, dissimilarly
Unähnlichkeit {f}: ኢተመሳሳይነት: dissimilarity
Unähnlichkeiten {pl} :: dissimilarities
unangebracht: የማይፈለግ/ ያልተፈለገ፣ የማይስማማ: inappropriate, inopportune, inopportunely, inappropriate
unangefochten, unbestritten: ያልተቸገረ፣ ችግር ያማያውቅ፣ የማያጣላ: unchallenged, undisputed
unangemeldet: ያልታሰበ: unannounced, unced
unangemessen: የማይጣጣምያልተወሰነ፣ ያልተገመተ: inadequately, incommensurate, incommensurately
unangenehm, widerlich: ኢምቹ፣ የማይስማማ፣አስቀያሚ: disagreeable, disagreeably, objectionable, objectionably, unpleasant, unpleasantly, unpleasing, displeasingly
unangepasst: ብልሹ፣ የተበላሸ: maladjusted
unangetastet: ያልተነካ: unsolicited, untouched
unangreifbar: የማይጨበጥ: unassailable, untouchably, impregnable, unassailably
unannehmbar: የማይገመት: unacceptable, unacceptably
Unannehmlichkeit {f}: ኢተጨባጭነት: disagreeability, unpleasantness
Unannehmlichkeiten {pl} :: disagreeableness
unansehlich: የማይታይ/ የማይገመት: unsightly
unanständig: ግርጥ፣ ግፍጥ: indecent, indecently, indelicately, rude, rudely, undecent, indecently
Unanständigkeit {f}: አስቀያሚነት፣ አስጸያፊነት: indecency, indelicacy, obsceneness
Unanständigkeiten {pl} :: indecencies
unantastbar: መደፈር/ መነካት የሌለበት/ የማይገባው: inviolable, unimpeachable, inviolably, unimpeachably
Unantastbarkeit {f}: ኢተደፋሪነት: inviolability
unanwendbar: የማይገባው/ የማይጣጣም: inapplicable
unappetitlich: አስጸያፊ፣ ኃሞት ዘጊ: unappetizing, unsavoury, unappetizingly
Unart {f}: መጥፎ ልምድ: bad habit
Unarten {pl} :: bad habits
unartig: ባለጌ፣ ያልተቀጣ: naughty, naughty, naughtily
unartikuliert, undeutlich: ድብቅ፣ ስውር: inarticulate
unästhetisch: ቅጥየለሽ/ ቅጥአልባ: unesthetic
unattraktiv: ኢማራኪ/ የማይስብ: unalluring
unauffällig: ኢግልጽ፣ የማይማርክ: inconspicuous, without attracting attention, inconspicuously
Unauffälligkeit {f}: ኢግልጽነት: inconspicuousness
unaufgefordert: ያልተጠራ፣ ያልተፈለገ: unbid, uncalled, unasked, unsolicited
unaufgehoben: ያልተነሳ/ ያልተወገደ: unrevoked
unaufgeklärt: ያልተለመደ፣ ያልተዘወተረ: unsolved
unaufgeregt: ኢድንጉጥ: unagitated
unaufhaltsam: የማይታገድ/ ኃያል: irresistible
unaufhörlich: ያማያቋርጥ: ceaseless, ceaselessly, continuously, incessantly, unceasing, unceasingly, unremitting, unceasingly, unremittingly
unauflösbar: የማይጠፋ፣ የማይቋረጥ: indissoluble, indissolubly, inextricably
Unauflösbarkeit {f}: ኢጠፊነት: indissolubility
Unauflösbarkeiten {pl} :: indissolubleness
unauflöslich: የማይበርድ/ የማይጠፋ: insoluble, irresolvable
unaufmerksam: ኢጥንቁቅ፣ ግዴለሽ: inattentive, inattentively, unalert, unobservant, unobservantly
Unaufmerksamkeit {f}: ግዴለሽነት: nonattention
unaufrichtig: ድፍን፣ ስውር: disingenuous, insincere, insincerely, uncandid, disingenuously, uncandidly
Unaufrichtigkeit {f}: ስውርነት: insincerity, disingenuousness, uncandidness, untruthfulness
Unaufrichtigkeiten {pl} :: insincerities
unaufschiebbar: የማይዘገይ: not to be delayed

unaufteilbar: የማይከፈል/ የማይነጠል: nondivisible
unausführbar: በተግባር የማይውል: unworkable
unausgebildet: ማይም፣ ያልተማረ: untrained
unausgeglichen: የማይስተካከል: unbalanced, unbalancedly
Unausgeglichenheit {f}: ኢእኩልነት: disequilibrium
unausgerichtet: የማይጣጣም: unjustified
unausgerüstet: ትጥቅአልባ: unequipped
unausgesprochen: ያልተባለ/ ያልተነገረ: unuttered
unausgetestet: ያልተሞከረ: undebugged
unausgewogen, unsymetrisch: ያልተስተካከለ፣ ኢሚዛናዊ: unbalanced
unausgleichend: አበላላጭ/ አበላለጠ: unbalancing
unauslöschbar: የማይበርድ: inerasable, inextinguishably, indelible, ineffaceable, inextinguishable, indelibly
unausrottbar: የማይደመሰስ: ineradicable
unaussprechlich: ለመናገር አስቸጋሪ: ineffably, inexpressible, inexpressibly, unmentionable, unpronounceable, unutterable, unutterably, unmentionably, ineffable
unausstehlich, unerträglich: የማይታለል: insupportably intolerably, insufferable
Unausstehlichkeit {f}: ኢተታላይነት: intolerableness
unbändig, wiederspenstig: የማይገዛ፣ የማይታዘዝ: ungovernable, ungovernably, unruly
unbarmherzig: አረመኔ፣ ጨካኝ: merciless, mercilessly, pitiless, pitilessly, relentless, relentlessly, remorseless, ruthless, unremorseful, relentlessly, remorselessly, ruthlessly, unmercifully, unremorsefully
Unbarmherzigkeit {f}: አረመኔነት: pitiableness, pitilessness, ruthlessness, unmercifulness
Unbarmherzigkeiten {pl} :: unmercifulnesses
unbeabsichtigt: ያልታሰበ: undesignedly
unbeachtet: ያልታሰበ: uncared, uncaredly, unheeded, unnoted, unregarded, unnoticed, unregardedly
unbeachtlich: የማይታሰብ፣ ያልታሰበ: unremarkable
unbeängstlich: የማያስፈራ: unfearing
unbeansprucht: ያልተፈተነ፣ ያልተሞከረ: unclaimed, unclaimedly
unbeantwortet: ያልተመለሰ: unanswered
unbearbeitet: ያልተሠራ፣ ያልተስተካከለ: unworked
unbeaufsichtigt: በስተት፣ ስተታዊ: unattended
unbebaut: ያልተገነባ: untilled
unbedacht: ያልታሰበ: unmindful, unmindfully, unthought, unthoughtly
Unbedachtheit {f}: አጋጣሚነት: improvidence
unbedenklich: ያማያሳስብ: unhesitating
unbedeutend, unbeträchtlich, bedeutungslos: ትርጉምአልባ: inconsiderable, inconsiderably, negligible, nonsignificant, petit, pettily, petty, trivial, trivially, insignificant, inconsiderable, inconsiderably
unbedingt: የግድ፣ በግድ: absolute, imperative, implicitly, unconditional
unbeeinflußt: የማይበገር: uninfluenced, unpersuaded
unbeendet: ያልተፈጸመ: undetermined, unfinished, unfinishedly
unbefahrbar, unpassierbar: የማያሳልፍ: unnavigable, impassable
unbefangen: ገለልተኛ: ingenuous, ingenuously, unbiased, unbiasedly, unbiassed, unbiassedly, unwarped
Unbefangenheit {f}: ገለልተኛነት: unbiasedness
unbefestigt: ልል፣ ያልተጣበቀ: unfortified
unbefleckt: ያልተበከለ: unpolluted, unpollutedly, unsullied
unbefriedigend: የማያረካ፣ የማይበቃ: dissatisfactory, dissatisfying, unsatisfactorily, unsatisfactory, unsatisfying, unsatisfyingly, unsatisfying
unbefriedigt: የማይረካ: unsatisfied, unsatisfiedly, unsatisfied
unbefruchtet: ያልተጠቃች/ ያልተሰረረች: unfertilized
unbefugt, unzuständig: መብትአልባ፣ ሥልጣንአልባ: unauthorized, unauthorizedly, unwarranted, incompetent
unbegabt: ደንቆሮ: ungifted
unbegeistert: ያልተደሰተ: unimpressed, uninspired, unaccompanied
unbegraben: ያልተቀበረ: unburied
unbegreiflich: የማይታሰብ/ የማይገመት፣ ያልተጠበቀ: incomprehensive, incomprehensively
Unbegreiflichkeit {f}: አጋጣሚነት: incomprehension, inexplicableness, inconceivability
Unbegreiflichkeiten {pl} :: incomprehensiveness
unbegrenzt: ያልተገደበ፣ ያልታጠረ: unbounded, unboundedly, unlimited, unlimitcdly, unboundcdly
unbegründet: ምክንያትአልባ: unsubstantiated
unbehaart: ፀጉርአልባ: hairless
unbehaglich, unbequem: ኢምቹ፣የማይስማማ: discomforting, uneasily, uncomfortable, uneasy
Unbehaglichkeit {f}: ኢምቹነት: uncomfortableness
unbehebbar: የማይሻሻል: non-recoverable
unbehelligt: ያልታማ፣ያልተጠረጠረ: unmolested
unbeherrscht, zügellos: የማይገዛ፣ ቅይድ-/ ልጓምአልባ: ungoverned, unmastered, unrestrained

Unbeherrschtheit {f}: **ቅይድአልባነት**: lack of self control, uncontrollability
unbehindert: **የማይከለከል**: unimpeded
unbeholfen, schwerfällig: **እርዳታአልባ፣ አስቸጋሪ**: putter, ungainly, clumsy, putters
Unbeholfenheit {f}: **እርዳታአልባነት**: unwieldiness
unbehütet: **ያልተጠበቀ**: untended
unbeirrbar, unerschütterlich: **የማይታለል**: undeviating, imperturbable, undeviatingly, unperturbed
unbekannt: **ያማይታወቅ፣ እንግዳ**: fameless, innominate, unacquainted, unacquaintedly, unavowed, unbeknown, unbeknownly, unidentified, unknown, unavowedly, unbeknownst
Unbekanntheit {f}: **እንግዳነት**: anonymousness, familiarity
unbekümmert: **ደንታቢስ**: easygoing, gaily, insouciant, mindless, reckless, recklessly, unconcerned, unconcernedly, insouciantly, mindlessly, recklessly
Unbekümmertheit {f}: **ደንታቢስነት**: mindlessness
Unbekümmertheiten {pl} :: unconcerns
unbelastet: **ያልተነካካ፣ ያልተወነጀለ**: unstressed, unladen
unbelästigt: **ያልተደፈረ፣ ንጹሕ**: unmolested, unmolestedly
unbelehrbar: **የማይማር፣ ማወቅ የማይችል**: unteachable, unteachably
unbeleuchtet: **ጨለማማ**: unlighted
unbeliebt: **የተጠላ/ የማይወደድ**: unpopular, unpopularly
Unbeliebtheit {f}, Unbeliebtheiten {pl}: **ተጠሊታነት**: unpopularity
unbelohnt: **በነፃ፣ ያለደመወዝ**: unrequited, unrewarded
unbemerkbar: **ያልታሰበ**: imperceptible, unnoticeable, unnoticed, unnoticedly, unperceived, unperceivedly, unnoticeably
unbenannt: **ያልታወቀ፣ የማይታወቅ**: unlabeled, unnamed
unbenutzbar: **የማይጠቅም**: unusually
unbenutzt: **የተጣለ**: unneeded, unused
unbeobachtet: **ያልታየ**: unobserved, unobservedly, unwatched
unbequem: **የመይመች**: uncomfortably, inconvenient, inconveniently
Unbequemlichheit {f}: **ኢምቹነት**: incommodiousness, inconvenience
unberaten: **ያልተመከረ**: unadvised, unadvisedly
unberechenbar: **የማይገመት**: incalculable, incalculably, incomputable, unpredictable, unreckonable
Unberechenbarkeit {f}: **ኢተገማችነት**: incalculability, incomputability, unpredictability
Unberechenbarkeiten {pl} :: incalculableness
unberechtigt: **መብትአልባ**: unauthorized, unwarranted, unwarrantedly
unbereist: **ያተጓዘ፣ ዝፍዝፍ**: untraveled, unreadily
unbereut: **ጸጸትአልባ**: unrepenting, unrepentingly
unberücksichtigt: **ጥንቃቄ አልባ**: unconsidered
unberührt: **ያልተነካ/ ያልተነካካ**: inviolate, unaffected, unaffectedly, undazzled, untouched, untouchedly, inviolately
unbeschadet: **ያልተጎዳ**: irrespective of
unbeschädigt: **ያልተወነጀለ፣ ያልተበላሸ**: intact, undamaged, undamagedly, uninjured, unspoiled, unspoiledly, unspoilt, unspoiltly, unscathed, undamaged
unbeschäftigt: **ሥራአልባ**: leisured, unemployed, unemployedly, unengaged
unbescheiden: **ውድ፣ በጣም ከፍተኛ፣ ከግምት ውጭ**: immodest, immodestly, unhumble, immodestly
unbeschränkt: **ገደብ-/ እጥርአልባ**: illimitable, unrestrained, unrestrainedly
unbeschreiblich: **የማይጻፍ/ በጽሑፍ የማይገለጽ**: indescribable, indescribably, ineffable, ineffably, indescribably
Unbeschreiblichkeit {f}: **ኢተገላጭነት፣ አስቸጋሪነት**: indescribability, ineffability
Unbeschreiblichkeiten {pl} :: indescribableness
unbeschrieben: **ያልተገለጸ**: undescribed
unbeschriftet, ungekennzeichnet: **ፊርማ-/ ምልክትአልባ**: unlabelled
unbeschwert: **ኢቁጡ**: light hearted
Unbeschwertheit {f}: **ልዝብነት፣ ለዘብተኝነት**: light heartedness
unbesehen: **ያልታየ**: unseen
unbesetzt: **ያልተጨበጠ፣ ያልተያዘ**: unallocated, unoccupied, vacant
unbesiegbar: **የማይሸነፍ**: invincible, unconquerable, unconquerably
Unbesiegbarkeit {f}: **አይበገሬነት**: invincibility
Unbesiegbarkeiten {pl} :: invincibleness
unbesiegt: **ያልተሸነፈ፣ ያልተጠቃ**: unconquered, unconqueredly, unvanquished, undefeated
unbesonnen: **ጥንቁቅ**: indiscreet, imprudent
Unbesonnenheit {f}: **ጥንቁቅነት**: temerity
Unbesonnenheiten {pl} :: temerities
unbeständig: **ጊዜያዊ**: fitful, impermanent, inconstant, inconstantly, labile, unsettled, unsteady, fitfully, impermanently, inconstantly
Unbeständigkeit {f}: **ጊዜያዊነት፣ ወቅታዊነት**: discreteness, discursiveness, impermanence, inconstancy
unbestätigt: **ያልተረጋገጠ**: unauthenticated, unconfirmed, unconfirmedly, uncorroborated, unsanctioned, unverified
unbestechlich: **ያማይታለል፣ ኢጉቦኛ**: incorrupt, ncorruptible

Unbestechlichkeit {f}: ኢ.ብኩንነት፣ ኢ.ጉቦኝነት: incorruptibility
Unbestechlichkeiten {pl} :: incorruptness
unbestimmbar: የማይወሰን/ የማይጨበጥ: indeterminable, nondescriptly, nondescript, indeterminably
unbestimmt: ኢ.ውሱን: indecisive, indecisively, indefinite, indeterminate, unassigned, undefined, undefinedly, undesignated, undetermined, indeterminately
Unbestimmtheit {f}: ኢ.ውሱንነት: indefiniteness, indeterminableness, indeterminateness
Unbestimmtheiten {pl} :: indeterminacy, indetermination
unbestraft: ያልታረመ፣ ያልተቀጣ: unpunished
unbestreitbar: የማያጣላ፣ የማያጨቃጭቅ: indisputable, indisputably, undeniable, undeniably, indisputably
Unbestreitbarkeit {f}: አስታራቂነት: indisputability
Unbestreitbarkeiten {pl} :: indisputableness
unbestritten, unzweifelhaft: ያማያማታ፣ ግልጽ: unchallenged, unchallengedly, undisputed, undisputedly, undoubted
Unbestrittenheit {f}: ግልጽነት: starkness
unbeteiligt: ያልተጨመረ፣ ያልነበረ: noninvolved
unbetitelt: ርእስአልባ: untitled
unbetont: ኢ.ሰያፍ፣ የማይነሳ፣ የምየረጋገጥ: unaccented, unhighlighted, unstressed, unstressedly
unbetreten: የማያስገባ፣ ያልተገባ: untrod, untrodden
unbetroffen: ያልተደናገጠ፣ ያልተገኘ: uninvolved, unfaltering, unrelenting, unfalteringly, unrelentingly
Unbeugsamkeit {f}: አይበገሬነት: inflexibility
unbevölkert: ሰውአልባ: unpopulated
unbewacht: ወና፣ ባዶ: unguarded, unguardedly, unguardedly
unbewaffnet, waffenlos: ትጥቅአልባ: weaponless, unarmed
unbewäßert: ውሐ ያልጠጣ: unwatered
unbeweglich: ኢ.ተንቀሳቃሽ: immobile, immovably, inflexible, steadfastly, unbudging, unmovable, immovably, unbudgingly, unmovably
Unbeweglichkeit {f}: ኢ.ተንቀሳቃሽነት: immobility, immutability, irremovability
unbewegt: የማይነቃነቅ: unmoved, unmovedly
unbewertet: የልተገመተ፣ ያልተጠበቀ: unvalued, unweighted
unbewglich: ኢ.ተናዋጭ: immobile
unbewiesen, unerprobt: ያልተረጋገጠ: nonproven, unproven, unproved
unbewohnbar: ኗሪአልባ፣ ውድማ: uninhabitable, uninhabitably, unlivable, uninhabitable
unbewohnt: ሰው ያልኖረበት: uninhabitated, unoccupied, unoccupiedly, untenanted, untenantedly
unbewußt: ያለማወቅ: unconscious, unconsciously, unknowingly
unbezahlbar, unschätzbar: መክፈል ያማይችል: priceless, invaluable, pricelessly
unbezahlt: ያልተከፈለ፣ በነፃ/ ያለክፍያ: uncompensated, undischarged, unliquidated, unpaid, unpaidly, unsalaried
unbezeichnet: ምልክትአልባ: unmarked
unbezwinglich: የማይገደድ: inexpugnable, impregnably
unbiblisch: ኢ.መጽሐፍ ቅዱሳዊ: unscriptural
unbiegsam: የማይመዘን: inflexibly, unyielding, unyieldingly
Unbiegsamkeit {f}: ኢ.ተመዛኒነት: inflexibleness
Unbildung {f}: ማይምነት: illiterateness, lack of education
Unbildungen {pl} :: illiteratenesses
unbillig: ኢ.ሕጋዊ: inequitable, inequitably
Unbilligkeit {f}: ኢ.ሕጋዊነት: unfairness, insubordination, unruliness
unbrauchbar: ጥቅምአልባ: unemployable, unusable
Unbrauchbarkeit {f} : ጥቅምአልባነት: uselessness
unbrüderlich: ኢ.ወንድማዊ: unfraternal
unchristlich: ኢ.ክርስቲያናዊ: unchristian
uncodiert: ኮድአልባ: uncoded
und so weiter: ወዘተ.: and so on, etc
und, sowohl :: : እና፣ እንዲሁም: and
Undank {m}: ምስጋናቢስነት: ingratitude, ungratefulness
undankbar: ምስጋናአልባ: ingrate, thankless, thanklessly, unappreciative, ungraceful, ungracefully, ungrateful, ungratefully, unthankful, unthankfully, thanklessly, unappreciatively
Undankbarkeit {f}: ምስጋናአልባነት: ingratitude, thanklessness, unthankfulness
undatiert: ያልተመዘገበ: undated
undefinierbar: የማይገለጽ: indefinable, undefinable
Undefinierbarkeit {f}: ኢ.ተገለካጭነት: elusiveness, indefinability
Undefinierbarkeiten {pl} :: indefinableness
undemokratisch: ኢ.ዲሞክራሲያዊ: undemocratic
undenkbar: የማይታሰብ: unthinkable, unthinkably
undenklich: የማይታሰብ: from times immemorial
undeutlich: ኢ.ግልጽ: inarticulate, unclear, inarticulately, indistinct, unarticulate, unexplicit, undistinguishable, unemphatic, fuzzier, fuzzily, inarticulately, indistinctly, undistinguishably, unexplicitly, vaguely, vaguer

Undeutlichkeit {f}: ኢግልጽነት: inarticulateness
Undeutlichkeiten {pl} :: indistinctness
undifferenziert: የማይለያይ: undifferentiated
undiplomatisch: ኢዲፕሎማሲያዊ: impolitically, undiplomatic, undiplomatically
undiszipliniert: ሥነ ሥርዓትአልባ: undisciplined
undogmatisch: ኢቀኖናዊ: undogmatic
undokumentiert: ያልተመዘገበ: undocumented
undramatisch: ውኽንብርአልባ: undramatic, undramatically
undurchdringlich: ያማያስገባ: impenetrably, impenetrable, impermeable, impermeably, impervious, impermeable, impenetrably, impermeably, imperviously
undurchführbar: የማይገባ፣ ያማያስገባ፣ የማይደረግ/ ተግባር ላይ የማይውል: impractibable, impracticably, unfeasible
Undurchführbarkeit {f}: ኢተግባራዊነት: impracticability, unfeasibility, impermeability
undurchsichtig: የማይገመት፣ የማይታወቅ፣ የማይታይ፣ ግልጽ ያልሆነ: opaque, opaquely
Undurchsichtigkeit {f}: ኢተገማችነት: opacity, opaqueness
uneben, ungrade: ወጣገባ: uneven, unevenly
Unebenheit {f}: ወጣገባነት: bumpiness, unevenness
unecht: አርቴ ፍሻል፣ ኢትክክል: apocryphal, dummy, gimmicky, phonily, phony, unlifelike, apocryphally
Unechtheit {f}: ኢትክክልነት: fictitiousness, spuriousness
unedel: ተራ፣ ዝቅተኛ: ignoble, ignobly
unehelich: ዘለዓለማዊ: misbegotten
Unehelichkeit {f}: ዘለዓለማዊነት: illegitimacy
Unehre {f}: ውርደት: dishonour
unehrenhaft: ክብርአልባዊ: dishonorable, dishonorably
Unehrerbietigkeit {f}: ክብርአልባነት: disrespectfulness
unehrlich: ውሸታም: dishonest, dishonestly, unfrank, dishonestly
Unehrlichkeit {f}: ውሸታማነት: dishonesty, thievishness
uneingelöst: ውጥንቅጥ፣ ውስብስብ: unredeemed, unredeemedly
uneingeschränkt: አጠቃላይ: unconfined, unreserved, unreservedly, unrestrainedly, unrestricted, unrestrictedly
uneingeweiht: ያልተባረከ፣ ክህነትአልባ: uninitiated
uneinig: አለመግባባት: discordant, discordantly
Uneinigkeit {f}: ኢአንድነት: discordancy, disunity
unelastisch: የማይሳብ፣ የማይለጠጥ: inelastic, inelastical
unelegant: ግርድፍ፣ አስጠሊታ: inelegant, inelegantly

unempfänglich: መካን፣ የማትወልድ: insensible, insusceptible, unresponsive, unreceivable, insusceptibly, unresponsively, unreceptively
Unempfänglichkeit {f}: መካንነት: insusceptibility, unresponsiveness
unempfindlich: የማይሰማው፣ ደንታቢስ: impassible, impassibly, insensible, insensibly, insensitive, insensitively, non-sensitive, insensitively
Unempfindlichkeit {f}: ደንታቢስነት: impassivity, insensitivity, ruggedness
Unempfindlichkeiten {pl} :: impassiveness
unemployed: ሥራአጥ፣ ሥራአልባ: arbeitslos
unendlich: የማያልቅ፣ የማይፈጸም: indefinitely, infinite, infinitely, nonfinite, nonterminating, unendingly
Unendlichkeit {f}: ዘለዓለማዊነት: endlessness, everlastingness, incessancy, infiniteness, infinitude, limitlessness, unboundedness
Unendlichkeiten {pl} :: infinities
unenglisch: ኢእንግሊዝኛ: un english
unentbehrlich: እጅግ አስፈላጊ/ መኖር ያለበት: indispensable, indispensably, indispensably
Unentbehrlichkeit {f}: መወገድ የሌለበት ነገር: indispensability
Unentbehrlichkeiten {pl} :: indispensableness
unentdeckt: ያልታወቀ፣ ገና ያልተፈለሰፈ: undetected, undiscovered
unentgeltlich: ዋጋአልባ፣ በጣም ውድ: gratuitous, gratuitously, gratuitously
Unenthaltsamkeit {f}: ምትክአልባነት: incontinence
unentrinnbar: የማይመለጥ/ ሊያመልጡት የማይቻል: inescapable, inescapably, inescapably
unentschieden: አንድ በአንድ/ እኩል: undecided, undecidedly
Unentschiedenheit {f}: እኩል መሆን፣ አለመሸናነፍ: abeyance, indecision
unentschlossen: ያልወሰነ፣ ያልቆረጠ: iffy, indecisive, irresolute, irresolutely, seesawed, undecisive, waveringly, indecisively, undecisively, waverers
Unentschlossenheit {f}: ኢቆራጥነት: iffiness, inconclusiveness, irresolutions, undecidedness, undecisiveness, irresolution
Unentschlossenheiten {pl} :: irresoluteness
unentwegt: ግትር: undeviatingly, unswerving, unswervingly
unentwickelt: ጓላቀር: embryologic, ndeveloped, embryological, embryologically
unerbittlich: ጨካኝ፣ ርህራሄአልባ: adamant, adamantly, implacable, implacably, inexorable, inexorably, inflexibly, unrelenting, unrelentingly, implacably, inexorably
Unerbittlichkeit {f}: ርህራሄአልባነት: implacability, inexorability
Unerbittlichkeiten {pl} :: implacableness, inexorableness

unerfahren: ጀማሪ፣ ለማጅ: inexpertly, inexperienced, inexpert, unversed, unversedly, unexperienced
Unerfahrene {m, f, n}: ተለማማጅ: tenderfoot, tenderfoots
Unerfahrenheit {f}: ተለማማጅነት: inexperience
Unerfahrenheiten {pl} :: inexperiences
unerforscht: ያልታወቀ፣ ገና ያልተፈለሰፈ: unexplored
unerfreulich, lästig: ደስታአልባ: joyless, annoying
unerfüllbar: የማይሳካ፣ የማይሟላ: unaccomplishable, unrealizable
unerfüllt: ጎደሎ፣ ያልተሟላ: unaccomplished, unrealized, unfulfilled
unergiebig: ግትር፣ ባለው የሚጸና: unproductive, unproductively
Unergiebigkeit {f}: ግትርነት: unproductiveness
unergründet: ምክንያትአልባ: unfathomed
unergründlich: ኢምክንያታዊ: fathomless, inscrutable, unfathomable, unfathomably, unsearchable, unsearchably, unfathomably
Unergründlichkeit {f}: ምክንያትአልባነት: inscrutability, inconsiderableness
unerhört: ተሰምቶ የማይታወቅ: egregious, outrageously, undreamt, egregiously
unerkannt: እንግዳ/ የማይታወቅ: unrecognized
unerkennbar: እንግዳዊ: irrecognizable, unrecognizable, unrecognizably
unerklärlich: የማይገለጽ፣ ኢተገላጭ: inexplicable, inexplicably, unaccountable, unaccountably, undefinably, unexplainable, nexplainably
Unerklärlichkeit {f}: ኢተገላጭነት: inexplicability
unerklärt: ኢግልጽ፣ ግልጽያልሆነ: unaccounted, undeclared, unexplained, unexplainedly
unerlaubt: የማይፈቀድ: illicit, unlicensed, illicitly
unerleuchtet: ብርሃንአልባ: unenlightened, unilluminated
unermeßlich: የማይለካ: immeasurable, immeasurably, immense, immensely, measureless, unmeasured, unmeasuredly, illimitable, immeasurable, illimitably, immeasurably, unmeasurably
unermüdlich: የማይደክም፣ የማይታክተው: indefatigable, indefatigably, tireless, tirelessly, unfailing, unfailingly, unfatiguing, unflagging, unremitting, unrestless, untirable, untiring, unweary, indefatigably, unflaggingly, untiring, unwearying, untiringly
Unermüdlichkeit {f}: ድካምአልባነት: indefatigability, indefatigableness, tirelessness
unerotisch: ኢሽርሙጥናዊ: unerotic
unerquicklich: የማይረካ: unedifying
unerreichbar: ያማይደረስ: out of reach, unaccessible, unappoachable, unmatched, unascertainable, unobtainable, unobtainably, unreachable, unattainable, unachievable, unattainably
unerreicht: ያልተደረሰ፣ ገና ያልታየ: unrivaled, unrivaledly, unrivalled, unrivalledly, unrivalled
unersättlich: ሆዳም/ ም፣ የማይጠግብ: insatiable, insatiably, insatiably, insatiately
Unersättlichkeit {f}: ሆዳምነት: insatiability, insatiableness, insatiateness
unersätzlich: ምትክአልባ: irreplaceable
unerschöpflich: የማይደክም: inexhaustible, inexhaustibly, unexhaustible, inexhaustibly
Unerschöpflichkeit {f}: ኢታካችነት: inexhaustibility
Unerschöpflichkeiten {pl} :: inexhaustibleness
unerschöpft: ታታሪ: unexhausted
unerschreckend: አስደንጋጭ/ አስደንግጦ: unalarming
unerschreckt: የማይፈራ፣ ደፋር: unalarmed
unerschrocken, furchtlos: ፍርሃትአልባ: dauntless, intrepid, intrepidly, undaunted, undauntedly, fearless, dauntlessly, undauntedly
Unerschrockenheit {f}: ደፋርነት: dauntlessness, intrepidness
unerschütterlich: የማይደናገጥ: imperturbable, imperturbably, steadfast, unflappable, unshaken, unshakenly, unshakable, imperturbably, unflappably, unshakably
Unerschütterlichkeit {f}: ብርቱነት፣ በራስ ተማማኝነት: immovability
unerschüttert: ብርቱ: unshaken
unersetzlich: ምትክአልባ: irrecoverably, irredeemable, irredeemably, irreparable, irreplaceably, irreplaceable, irreparably
Unersetzlichkeit {f}: ምትክአልባነት: irreparability, irreplaceability, irretrievability, irretrievableness
Unersetzlichkeiten {pl} :: irreparableness, irreplaceableness
unerträglich, untragbar: መታገስ/ መሸከም የማይቻል፣ ትግሥት አስጨራሽ: insufferable, insufferably, insupportable, insupportably, intolerable, intolerably, unbearable, unbearably, unendurable, unendurably, unbearable, insufferably, unbearably, unendurably, unbearablier
Unerträglichkeit {f}: ትግሥት አስጨራሽነት: insufferableness, insupportableness, intolerability
unerwähnbar: መባል/ መጥራት የሌለበት/ የማይቻል: unmentionable, unmentionably
unerwähnt: ያልተባለ: unspoken, unmentioned
unerwarted: ያልተጠበቀ: unexpectedly
unerwartet: የማይጠበቅ፣ የማይታሰብ: unexpected, unforeseeable, unsuspected, unsuspectedly, unattended, unexpectedly

unerwidert: መቃወም የማይቻል: unrequited, unrequitedly
unerwiesen: የልተወገደ/ ያልተባረረ: unproved, unprovedly
unerwünscht: የማይፈለግ: undesirable, undesirably, unwanted, unwantedly, undesirably
Unerwünschtheit {f}: ኢተፈላጊነት: undesirability
unerzogen: ያልተቀጣ: unclad, uneducated, uneducatedly
unfachmännisch: ያልተማረ ሰው: inexpert, unworkmanlike
unfähig machen: አሰናከለ፣ አደናቀፈ፣ አበላሸ: incapacitate
unfähig: ችሎታአልባ: impotent, impotently, inable, incapable, incapably, inaptly, incapably, incompetently
Unfähigkeit {f}: ችሎታአልባነት: disability, impotence, inability, inaptitude, incapability, incapacity, incompetence
Unfähigkeiten {pl} :: disabilities, impotences, inabilities, inaptness, incapacities
unfair: ኢትክክል፣ ኢሕጋዊ: unequable, unfair, unfairly, unright, unequably, unrightful
Unfall {m}: አደጋ: accident, casualty, mischance, misfortune, misfortunes, mishap, accident
Unfälle {pl}: አደጋ: accidents, casualties, mishaps
Unfallhäufigkeitsziffer {f}: ተደጋጋሚ አደጋ: accident rate
Unfalliste {f}: ያደጋ ዝርዝር: list of casualties
Unfallkommando {n}: ያደጋ ኮማንዶ: traffic patrol and ambulance
Unfallneigung {f}: ያደጋ ዝንባሌ: accident proneness
Unfallrente {f}: ያደጋ ካሣ: accident benefit
Unfallrisiko {n}: ያደጋ ስበብ: accident hazard
Unfallstation {f}: ያደጋ መርጃ ጣቢያ: first aid station
Unfallstationen {pl} :: first aid stations
Unfallstelle {f}: ያደጋ ቦታ: scene of an accident
Unfallstellen {pl} :: scenes of accidents
Unfalltod {m}: ያደጋ ሞት: accidental death
Unfallursachenforschung {f}: ያደጋ መነሾ ምርምር: accident analysis
Unfallverhütung {f}: አደጋ መከላከያ: prevention of accidents
Unfallverlust {m}: ያደጋው መጠን: casualty
Unfallverluste {pl} :: casualties
Unfallversicherung {f}: ያደጋ ኢንሹራንስ: accident insurance
unfaßbar: ኢተጨባጭ፣ የማይታሰብ: inconceivable, inconceivably, intangible, intangibly
unfehlbar: ፍጹም፣ የማይሳሳት: impeccable, infallible, infallibly, unerring, unerringly, impeccably, infallibly
Unfehlbarkeit {f}: ፍጹምነት: impeccability, infallibility
Unfehlbarkeiten {pl} :: infallibleness
Unfeinheit {f}: ደንቆሮነት: indelicateness, inelegance, vulgarism
unfertig: ጅምር: unfinished, unreadily, unready
Unfertigkeit {f}: ጅምርነት: crudity
unflexibel: ግትር፣ የማይቀያየር: nonelastic
unfolgsam: ከጃዲ፣ ኢታማኝ: disobedient
Unfolgsamkeit {f}: አማጺነት፣ አመጸኛነት: disobedience
unförmig: ቅርጽአልባ: unshapely, misshapen
Unförmigkeit {f}: ቅርጽአልባነት: shapelessness
unfrankiert: ምልክትአልባ: unstamped
unfreiwillig: በግድ፣ ያለነጻነት: involuntarily, involuntary, involuntarily
unfreundlich: ኢጓደኛዊ: unaffable, uncordial, uncourteous, unfriendly, ungracious, ungraciously, unkind, unkindly, unneighborly, unfriendly, uncordially, unkindlier
Unfreundlichkeit {f}: ኢጓደኛዊነት: unkindliness
Unfreundlichkeiten {pl} :: unfriendliness
Unfriede {m}: ግርግር፣አፍርሳታ: strife
Unfrieden {pl} :: strifes
unfruchtbar: ፍሬአልባ፣ መካን: barren, barrenly, infertile, unfruitful, fruitlessly, unfruitfully
Unfruchtbarkeit {f}: መካንነት: barrenness, infertility, unfruitfulness
Unfug {m}: ቁጡ፣ ጠባያቢስ፣ ቀልበቢስ: mischief, rag, horseplay, mischief
unfühlbar: ኢስሜታዊ፣ ኢተጨባጭ: impalpable
ungangbar: መግቢያአልባ: impassably
ungastlich: ኢእንግዳዊ: inhospitable, inhospitably
Ungastlichkeit {f}: ኢእንግዳዊነት: inhospitableness
ungeachtet: ወራዳ: degardless of, irrespectively, notwithstanding, regardless, despised
ungeädert: የማይለወጥ: veinless, unaltered
ungeahnt: ያልታሰበ: undreamt, undreamtly, unimagined, unforeseen
ungebärdig: ታላቅ፣ ከፍተኛ/ ሰፉኝ: obstreperous, skittish, unrulily, unruly, obstreperously, skittishly
Ungebärdigkeit {f}: ታላቅነት: skittishness
ungebeten: ያልተጠየቀ፣ ያልተለመነ: unasked, unbidden, unbiddenly, unbiden, unbidenly, uninvited, unsolicited
ungebildet: ማይም፣ ገበሬ: illiterate, illiterately, unlettered, unschooled, untutored
ungeboren: ያልተወለደ: unborn, unbornly
ungebräuchlich: ያልተለመደ፣ ኢባህላዊ: unusual
ungebraucht: እንግዳ፣ ሐዲስ፣ ያልተለመደ: unused

ungebrochen: ታልተቋረጠ፤ ያላቆመ: unbroken, unfractured
ungebührlich: ኢግዴታዊ: undue, unduely
ungebunden: እንጥልጥል፤ ቤዝአልባ፤ ያልተጠቃለለ: footloose, unattached, unattachedly, unbound, unlinked
Ungeduld {f}: ትግሥትአልባነት: impatience
ungeduldig: ትግሥትአልባ: impatient, impatiently, impatiently
ungeehrt: ክብርአልባ: unhonored, unhonoredly, unhonoured, unhonouredly
ungeeignet, unpassend, ungenau, falsch: ብቁ ያልሆነ፤ የማይገባው፤ ኢዝግጁ: improperly, inapplicable, inapt, inaptly, ineligible, ineligibly, unapt, unaptly, uneligible, unfit, unfitly, unfitted, unmeet, unmeetly, unsuitable, improper, improperly, unfit, inapplicably, unaptly, unsuitably, unsuited
Ungeeignetheit {f}: ኢብቁነት: ineptness
ungefähr, grob geschätzt, ähnlich: ምንአልባት፤ በግምት: about, peradventure, similarly, roughly
ungefährdet: ያልተጠቃ፤ ያልተገኘ: invulnerably
ungefällig: ኢግዴታዊ: unobliging
ungefärbt: ቀለምአልባ: uncolored, untinged
ungefleckt: ንጹሕ፤ የጠራ: unstained
ungeformt: ያልተስተካከለ: unformed
ungefragt: ያልተጠየቀ: unaskedly, unquestioned, unsolicitedly, without being asked
ungefühlt: ያልተነካ: unfelt, unfilled
ungefüttert: ታልተቀለበ: unfed
ungegessen: ያልተበላ: uneaten
ungegliedert: ያልተስተካከለ: structureless
ungeheilt: በሽተኛ: unhealed, uncured
ungeheizt: ያልተነካ/ ያልታየ: unheated
Ungeheuer {n, pl}: ታላቅ እንስሳ: monster, monsters, monstrosities, ogre
ungeheuer, unermesslich, gewaltig, furchtbar, fuerchterlich: ከፍተኛ፤ ከባድ፤ ታለቅ: egregious, egregiously, enormous, enormously, huge, hugely, immense, immensely, infinitely, monstrous, monstrously, immense, monstrously, tremendously
Ungeheuerlichkeit {f}: ትልቅነት: awesomeness, enormity, formidability, monstrosity, monstrousness, portentousness
Ungeheuerlichkeiten {pl} :: formidabilities, formidablenesses, monstrosities
ungehindert: የማይታገድ/ የማይከለከል: unchecked, uncheckedly, unhampered, unhamperedly, unopposed, unopposedly, untrammeled
ungehörig: ልግመኛ: unseemlily, unseemly
Ungehörigkeit {f}: ልግመኛነት: impropriety
Ungehörigkeiten {pl} :: improprieties
ungehorsam: ከዳተኛ: contumacious, disobedient, disobediently, disobeying, undutiful, undutifully, contumaciously, disobediently, undutifully
ungehört: ያልተሰማ: unheard
ungekauft: ያልተገዛ: unbought
ungekennzeichnet: ምልክትአልባ: unsigned
ungekocht: ጥሬ፤ ያልተቀቀለ: unboiled, uncooked
ungekratzt: ያልተፋቀ: unscratched
ungekürzt: ያላጠረ: unabridged, unexpurgated, unabridged
ungeladen (el.): ያልተሞላ: uncharged, unloaded
ungelehrt: ኢምሁር: unscholarly, untaught
ungeleitet: ያልተመራ፤ ያልተላለፈ: undirected
ungelenk: ወልጋዳ፤ ሥርዓትአልባ: stodgily, awkward
ungelernt: ኢሥልጡን: unskilled, unskilledly
ungelesen: ያልተነበበ: unread
ungeliebt: የተጠላ፤ የተናቀ: unloved
ungelöscht: ያልጠፋ፤ ያልተደመሰሰ: unerased, unextinguished, unslaked
ungelöst: ያልተቃለለ: unresolved, unsolved, unsolvedly
ungemacht: ያልተሠራ: unmade, unmown
ungemessen: ያልተለካ: unmeasured
ungemischt: ያልተዋሃደ: unblended
ungemütlich: ኢምቹ፤ የሚቆረቆር: uncomfortable, uncomfortably, unintimate
ungenannt: ያልተባለ: undisclosed, undubbed, unnamed, unnamedly
ungenau: ኢትክክል: imprecise, improper, inaccurate, inaccurately, inexact, inexactly, unexact, unprecise, imprecisely, inaccurately, inexactly
Ungenauigkeit {f}: ኢትክክልነት: inexactness, inaccurateness, impreciseness, inaccuracy, wrongness
Ungenauigkeiten {pl} :: inaccuracies
ungeniessbar: የማይበላ/ የማይጠጣ፤ ጥቅምአልባ: inedible, unenjoyable, uneatable
Ungenießbarkeit {f}: ጥቅምአልባነት: inedibility
ungenügend: ኢብቁ፤ በቂ ያልሆነ: insufficient, insuffient, unsatisfactory, insufficiently
ungeöffnet: ያልተከፈተ: unopen, unopened
ungeordnet: ያልተዘጋጀ፤ ያልተሰናዳ: orderless, unorganized
ungepackt: ያልታሸገ: unpacked
ungepanzert: ታንክአልባ: unarmored
ungepflegt: እንክብካቤአልባ: unkempt, unkemptly
ungeprüft: ያልተሞከረ፤ ያልተፈተሸ: unevaluated, unexamined
ungerade: ኢተጋማሽ: odd, unlevel
ungerechnet: ያልተቆጠረ፤ ያልተከፈለ: uncounted
ungerecht: ኢፍትሓዊ፤ ሕግአልባ: inequitable, iniquitous, unjust, unjustly, wrongful, inequitably, iniquitously, unjustly, wrongfully

ungerechtfertigt: ምክንያተአልባ፤ ኢምክንያታዊ: unjustifiably
Ungerechtigkeit {f}: ኢፍትሐዊነት፤ ሥርዓት/ ሕግአልባነት: inequity, iniquitousness, iniquity, injustice, unrighteousness, wrongfulness
Ungerechtigkeiten {pl} :: iniquities, injustices
ungeregelt: ያልተደነገገ፤ ሥርዓተአልባ: unregulated, disorderly
ungern, ungerne: ያለፈቃድ፤ ሳይወደድ፤ የግድ: reluctantly, unwillingly
ungerufen: ያልተጠራ: uncalled, uncalledly
ungesagt: ያልተባለ: unsaid, unspoken, unstated, unsaid
ungeschädigt: ያልተጎዳ: unoffended
ungeschichtlich: ኢታሪካዊ: unhistorical
Ungeschicklichkeit {f}: ጥንቃቄ አልባነት: unaptness
ungeschickt: ንዝህላል፤ ኢጥንቃቄ ያዊ: awkward, awkwardly, schlemiel, unadept, unhandily, unskilful, unskillfully, inexpertly, awkwardly
ungeschlagen: ያልተቀጣ፤ ያልተመታ: unbeaten, unbeatenly
ungeschliffen: ያልተላገ፤ ሸካራ: unpolished
Ungeschliffenheit {f}: ሸካራነት: boorishness, coarseness
ungeschminkt: ኢኩላዊ፤ ያልተኳለች: unflattering, unvarnished, unvarnishedly, unflatteringly
ungeschnitten: ያልተቆረጠ: uncut
ungeschrieben: ያልተጻፈ: unscripted, unwritten
ungeschult: ያልተማረ: unschooled, unschooledly
ungeschützt: ያልተደገፈ፤ የማይጠበቅ: unguarded, unprotect, unprotected, unshielded
ungesehen: ያልታየ: unsighted
ungesellig: ኢግብረገብ: asocial, unsociable, unsociably, unsociably
ungesetzlich: ኢሕጋዊ: illegally, unlawful, wrongous
ungesichert: ኢንሹራንስአልባ: unsecured
ungestört: ሳይረበሽ፤ በሰላም: undisturbed, untroubled, untroubledly
ungesucht: ያማይፈለግ: unsought
ungesund: ጤናአልባ፤ በሽተኛ: insalubrious, insanitary, unhealthy, unhealthful, unhealthily, unsanitary, unsanitary, unhealthy, unsound, unsoundly, unwholesome, insanitary, unhealthfully, unwholesomely
Ungesundheit {f}: በሽተኛነት: unhealthiness
ungetauft: ያልተጠመቀ: unchristened
ungeteilt: ያልተከፈለ: undivided
ungetestet: ያልተሞከረ: untested
ungetragen: ያልተለበሰ: unworn
ungeübt: ያልተለማመደ: unexercised, unpracticed, unpractised, unpractisedly, untrained
Ungeübtheit {f}: ለማጅነት: inexpertness
ungewaschen: ያልታጠበ፤ ቆሻሻ: unwashed
ungewiß: ያልተረጋገጠ: in the air, uncertainly
Ungewißheit {f}: ኢርግጠኛነት: incertitude, uncertainty
Ungewißheiten {pl} :: uncertainties
ungewöhnlich: ያልተለመደ፤ እንግዳ: uncommon, inconvenient, uncommonly, unusual, unusually, unwontedly
ungewohnt: ያልተዋረበት፤ ጫካ/ ወድማ: unaccustomed, unaccustomedly, unwonted, unfamiliar, unfamiliarly
ungewollt: ያልተፈለገ: unmeant
ungewünscht: ኢምኞታዊ፤ ያልተመኙት: unwished
ungezählt: ቁጥር ስፍር አልባ: countless, uncounted
Ungezogenheit {f}: ብልግና፤ ባለጌነት: misbehavior, naughtiness
ungezwungen: ያልተገደደ፤ በፈቃድ: at ease, cavalierly, unceremonious, uncoerced, unforced, unforcedly, unceremoniously
Ungezwungenheit {f}: ፈቃደኛነት: spontaneity, unceremoniousness
Ungezwungenheiten {pl} :: spontaneities
ungiftig: መርዝአልባ: nontoxic
Unglaube {m}, Unglauben: ኢእምነት: faithlessness, unbelief, disbelief
unglaubhaft, unglaublich: የማይታመን: incredible
ungläubig: አላዊ፤ እምነትአልባ: faithless, incredulous, incredulously, infidel, irreligious, unbelieving, unbelievingly, irreligiously, unbelievingly
Ungläubige {m, f}: ከሃዲ: disbeliever
Ungläubigen {pl} :: infidels, unbelievers, disbelievers
Ungläubiger {m}: አላዊ: nonbeliever, unbeliever
Ungläubigkeit {f}: እምነትአልባነት፤ አላዊነት: incredulity
Ungläubigkeiten {pl} :: incredulousness
unglaublich: የማይታመን: elusive, elusively, incredible, incredibly, unbelievable, unbelievably
Unglaubliche {m, f, n}: የማይታመን: marvelousness
unglaubwürdig: ዋሾ፤ ውሸታም/ ማ: unbelievable, unreliable
Unglaubwürdigkeit {f}: ውሸታታምነት: incredibility
Unglaubwürdigkeiten {pl} :: incredibleness
ungleich: ኢእኩል፤ የማይመሳሰል: unequal, unhomogeneous, unlike, unlikely, unequal
ungleichartig: የማይመሳሰል: disparate, uncongenial, unlike, disparately
ungleiche: ኢተመሳሳይ: unequally
ungleichförmig: ባለልዩ ቅርጽ: non uniform
Ungleichgewicht {n}: ኢተመሳሳይ ክብደት ያለው: imbalance

Ungleichheit {f}: ኢእኩልነት: disparity, inequality, odds
Ungleichheiten {pl} :: disparities, inequalities
ungleichmässig: ወጣገብ፣ ቀጭንና ወፍራም: uneven, unevenly, unintegrated
Ungleichmässigkeit {f}: ወጣገብነት: fitfulness, inequality, asymmetry
Ungleichmässigkeiten {pl} :: asymmetries, inequalities
ungleichseitig: በተለያየ ሰዓት: scalene
Ungleichung {f}: ያንሳል ወይም ይበልጣል: unequation
Unglück {n}: መጥፎ እድል/ አጋጣሚ: disaster, infelicity, mishap, calamity
Unglücke {pl} :: disasters, infelicities, misadventures, unfortunates, calamities
unglücklich: መጥፎ እድላዊ: hapless, miserable, unhappily, unhappy, unjoyous, unluckily, unlucky, accidental, haplessly, unfortunate
unglücklicher Zufall: መጥፎ አጋጣሚ: contretemps
unglücklicherweise: ባጋጣሚ: accidentally, unfortunately, unhappily, unluckily, unsuccessful
Unglücksbringer {m, pl}: መጥፎ እድል ሳቢ/ አምጭ: hoodoo, hoodoos
unglückselig: ኃጥዕ፣ ዕኩይ: unfortunate
Unglückseligkeit {f}: ኃጥዕነት፣ አበሰኛነት: disastrousness
Unglücksfall {m}, Unglück: መጥፎ እድል: misadventure
Unglückstag {m}: መጥፎ ቀን: fatal day
Ungnade {f}: መዓት: ungraciousness
Ungnaden {pl} :: ungraciousnesses
ungnädig: አረመኔ: ungracious, ungraciously
ungradzahlig: ኢተጋማሽ ቁጥር: odd-numbered, uneven-numbered
Ungradzahligkeit {f}: በኢተጋማሽ መቁጥር: imparity
ungrammatisch: ኢሰዋስዋዊ: ungrammatical, ungrammatically
ungültig: ምንም፣ ብልሹ: invalid, nonstandard, void, null
Ungültigkeit {f}: ምንምነት፣ መበላሸት: inoperativeness
Ungültigkeiten {pl} :: invalidness
Ungunst {f}: መጥፎ አጋጣሚ: disfavour
Ungunsten {pl}:: disfavours
ungünstig: ኢምቹ: inauspicious, unfavorable, unfavorably, unfavourable, unfavourably, unpropitious, inauspiciously, unfavorably
ungünstigster Fall: ኢምቹ ሁኔታ: worst-case
unhaltbar: ኢተጨባጭ፣ ምክንያትአልባ: indefensible, indefensibly, untenable
Unhaltbarkeit {f}: ኢተጨባጭነት: indefensibleness
unhandlich: ኢተመሳሳይ: bulky, unhandily, unhandy, unmanageable, unwieldily, unwieldy, unmanageably
unharmonisch: ጭቅጭቃዊ: disharmonious, inharmonic, unharmonious, disharmoniously, inharmoniously
Unheil {n}: መዓት፣ ቁጣ: mischief
unheilbar: የማይድን: incurable, incurably, irremediable, irremediably, uncurable, incurably
Unheilbarkeit {f}: መድኃኒትአልባነት: incurability, irremediableness
Unheilbarkeiten {pl} :: incurableness
unheilig: ኢቅዱስ: unhallowed, unholy, unsaintly
Unheilstifter {m, pl}: ሰይጣን: mischief maker
unheilvoll: ሰይጣናዊ: baleful, calamitous, disasterous, disasterously, ominous, ominuosly, portentous, balefully, calamitously, portentously
unheimlich: በግልጽ፣ በኃይል፣ ልዩ፣ አስፈሪ: sinister, uncannily, uncanny, unearthly, uncanny, sinisterly, uncannily
unhistorisch: ኢታሪካዊ: unhistoric
unhöflich: ኢግበረገባዊ: discourteous, discourteously, disrespectful, impolite, impolitely, rude, uncivil, uncivily, uncomplimentary, uncourtly, discourteously, impolitely
Unhöflichkeit {f}: ኢግብረገባዊነት፣ ኢትሕትናዊ: discourtesy, impoliteness
Unhöflichkeiten {pl} :: discourteousness
unhörbar: የማይሰማ: inaudible, inaudibly, inaudibly
Unhörbarkeit {f}: ኢተሰሚነት: inaudibility
unidentifiziert: ያልተለየ: unidentified
uninformativ: የማያውቅ: uninformative
uninteressant: የማያስደስት: uninteresting, uninterestingly, uninterested
Unionist {m}: ኅብረታዊ፣ ያንድነት አማኝ: unionist
Unionisten {pl} :: unionists
Universal {n}: ሁለንተናዊ: all purpose
universal: ዓለምአቀፋዊ: cyclopedic, universal
Universalbank {f}: ሁለገብ ባንክ: all purpose bank
Universalismus {m}: ኢንተርናሽናሊዝም: universalism
Universalmittel {n, pl}: ዓለማቀፋዊ ዘዴ: universal remedy, universal remedies
Universalschraubenschlüssel {m}: ሁለንተናዊ ቁልፍ: monkey wrench
Universalwerkzeug {n}: ሁለንተናዊ መሣሪያ: all purpose tool
Universität {f}: ዩኒቨርሲቲ: university, varsity
Universitäten {pl} :: universalities, universities, varsities
Universitätsdozent {m}: የዩኒቨርሲቲ አስተማሪ: university lecturer
Universitätsdozenten {pl} :: university lecturers
Universitätsprofessor {m}: የዩኒቨርሲቲ አስተማሪ: university professor

Universitätsprofessoren {pl} :: university professors
Universitätsrektor {m}: በዩኒቨርሲቲ ቋንቋ አስተማሪ: principal
Universitätsrektoren {pl}:: principals, studies at universities
Universitätsstudium {n}: የዩኒቨርሲቲ ትምህርት: study at a university
Universitätszeit {f}: የዩኒቨርሲቲ ሰዓት: college years
Universum {n}, Weltall: ሕዋ: universe
unkenntlich: ያለማወቅ: irrecognizable
Unkenntlichkeit {f}: ደንቆሮነት: unrecognizable condition
unkeusch: መነኩሴ: unchaste
Unkeuschheit {f}: ምንኩስና: unchastity
unklar: ድብቅ፣ ኢግልጽ: indistinct, indistinctly, inexplicit, inoperable, nondistinctive, sketchy, unclear, vague, vaguely
Unklarheit {f}: ኢግልጽነት: blur, obscurities, sketchiness
Unklarheiten {pl} :: obscurenesses, obscurity
unklug: ደንቆሮ፣ ደደብ: imprudent, imprudently, unwise, unwisely, unwise, unwisely
Unklugheit {f}: ደንቆሮነት: imprudence
unkommerziell: ኢንግዳዊ: noncommercial
unkompliziert: ኢውጥንቅጥ: uncomplicated
unkonsequent: ግዴለሽ: nonsequential
unkontrollierbar: ኢቁጥጥራዊ: uncontrollable, uncontrollably, uncontrollably
unkontrolliert: ቁጥጥርአልባ: unchecked, uncontrolled, uncontrolledly
unkonventionell: ኢባሕላዊ፣ ያልተለመደ: unconventional, unconventionally, outre
unkoordiniert: ያልተሰናዳ: uncoordinated
unkopierbar: የማይቀዳ: uncopyable
unkörperlich: ኢሰውነታዊ: incorporeal, immaterial, immaterially, incorporeally
unkorrigierbar: የማይታረም: incorrectable, Uncorrectable, uncorrectable
Unkraut {n}: የተክል ዓይነት: weeds, weed
unkritisch: ኢሂሳዊ: noncritical, uncritical, uncritically
unkultiviert: ያልተቀጣ፣ ያልታረመ: uncultivated, uncultivatedly, uncultured, unculturedly, unimproved, unimprovedly, unrefined
unlesbar: የማይነበብ: illegible, unreadable
unleserlich: ኢተነባቢ: illegible, illegibly, unreadable, unreadably
Unleserlichkeit {f}: ኢተነባቢነት: illegibility
unlieb: ኢተወዳጅ: unwelcome
unliebenswürdig: ኢወገናዊ: unamiable
Unlogik {f}: ምክንታተቢስ/ አልባ: illogicalness
unlogisch: ምክንያተቢስ: illogical, illogically
unlösbar: የማይቃለል: unanswerable, unresolvable, unsolvable, unsolvably, unanswerably, unquenchable, unquenchably
unlöschlich: መልስአልባ: quenchless, insoluble, insolubly, insolvable
Unlöslichkeit {f}: መልስአልባነት: insolubility
Unlöslichkeiten {pl} :: insolubleness
unmännlich: ሴት/ ሴታዊ: unmanly
Unmännlichkeit {f}: ሴታዊ ጠባይ: feminity, unmanliness
unmarkierbar: ምልክትአልባ: unremarkably
unmarkiert: ኢምልክታዊ: untagged
Unmarkierung {f}: ምልክትአልባ: unmark
unmässig: ልክ/ መለኪያአልባ: incontinent, incontinently, inordinate, inordinately, intemperate, intemperately, incontinently, intemperately
Unmässigkeit {f}: ልክአልባነት: immoderateness, insobriety, intemperance
Unmässigkeiten {pl} :: intemperances
unmathematisch: ኢሒሳባዊ: unmathematical
Unmenge {f}: ብዙ ቁጥር: vast number
Unmengen {pl} :: oodles
unmenschlich: ኢሰባዊ: inhuman, inhumane, inhumanly, inhumanely, inhumanly
Unmenschlichkeit {f}: ኢሰባዊነት: barbarity, inhumanness
unmerklich : የሜይታሰብ፣ ትዝዝ የማይል: impalpably, imperceptible, imperceptibly, inappreciable, indistinguishable, imperceptibly, inappreciably, indiscernibly, indistinguishably, imperceptive
unmilitärisch: ኢወታደራዊ: unmilitary
unmissverständlich: በማያዳግም/ በግልጽ: unmistakable, unmistakably, unmistakable, in round terms
unmittelbar: በቀጥታ፣ ወዲያው: direct, immediate, immediately, ocular
Unmittelbarkeit {f}: ቀጥተኛነት: directness, immediacy
Unmittelbarkeiten {pl} :: immediateness
unmöbliert: ባዶ፣ ዕቃአልባ: unfurnished, unfurnishedly
unmodern: አሮጌ: out of fashion, unfashionable, unfashionably
unmöglich: የማይቻል/ የማይሆን: impossible, impossibly
Unmöglichkeit {f}: ኢተቻይነት፣ ምርጫአልባነት: impossibility, impracticality
Unmöglichkeiten {pl} :: impossibilities, impossibleness, impracticalness
unmoralisch: ኢሞራላዊ: immoral, immorally
unmotiviert: ስሜትአልባ: unmotivated
unmusikalisch: ኢሙዚቃዊ: nonmusical, unmusical
Unmut {m}, Verdruß: ወኔቢስነት: displeasure
unnachgiebig: ጨቅጫቃ፣ መንቻካ: unaccommodating, unaccomodating, unflinching, unflinchingly, unyielding, unyieldingly
unnahbar: ኢኅረቤታዊ: inapproachable, inapproachably, inaccessibly

unnatürlich: ኢተፈጥሯዊ: nonnatural, unnatural, unnaturally, unnaturally
Unnatürlichkeit {f}, Unnatürlichkeiten {pl}: ኢተፈጥሯዊነት: unnaturalness
unnennbar, namenlos: ስምአልባ: nameless
unnormal: እብድ: abnormal, unlisted
unnötig: ኢተፈላጊ: needlessly, unnecessarily, unnecessary, unnecessary, unneeded
unnötigerweise: እንዳጋጣሚ: unnecessarily
unnumeriert: ዝርዝር/ ሊስትአልባ: unnumbered
unnütz: ውዳቂ፣ አክሳሪ: unprofitable, unprofitably, useless
unordentlich: ቅጥመጠንያጣ: messily, messy, mussy, unorderly, untidily, untidy
Unordentlichkeit {f}: ቅጥአልባነት: untidiness
Unordnung {f}: ሥነ ሥርዓት: disorder, disorderliness, huggermugger, mess, messiness, confusion
Unordnungen {pl} :: messinesses
unorganisch: ኢማዳበሪያዊ፣ ብረታዊ: inorganic
unoriginal: አሮጌ፣ በሥራ ላይ የዋለ: unoriginal
unorthodox: ኢኮንሰርባቲቭ: nonorthodox, unorthodoxly, unorthodoxy
unpädagogisch: ኢግብረ ገባዊ: unpedagogical
unparlamentalisch: ኢፓርላመንታዊ: unparliamentary
unparteiisch: ኢወገናዊ፣ ገለልተኛ: evenhanded, fairminded, impartial, impartially, evenhandedly
Unparteilichkeit {f}: ኢወገናዊነት: impartialness
unpassend: የማይስማማ፣ የማይጣጣም: incongruous, incongruously, indecorous, indecorously, inept, ineptly, inexpedient, inexpediently, unbefitting, unfitting, unpassable, unsuitable, unsuitably, inappropriately
unpassierbar: የማያሳልፍ: impassable
unpatriotisch: ወኔአልባ: unpatriotic, unpatriotically
unpersönlich: ኢሰብአዊ: impersonal, impersonally, impersonally
unpolitisch: ኢፖለቲካዊ: apolitical, nonpolitical, unpolitical, nonpolitically
unpopulär: የማይወደድ: unpopuarly, unpopular
unpötisch: ኢግጥማዊ: unpoetic, unpoetical
unpraktisch: ኢተግባራዊ: impractical, impractically, nonpractical, unexpedient, unfunctional, unpractical, unpractically
unproduktiv: ኢምርታዊ: non-productive, nonproductive
unprüfbar: የማይረጋገጥ: unexaminable
unpünktlich: ኢቀጠሯዊ፣ ቀጠሮ የማይጠብቅ: unpunctual
unqualifiziert: ያልሠለጠነ: unpolished, unpolishedly, unqualified, unqualifiedly, unrefined, unrefinedly, unqualified
unrasiert: ያልተላጨ: unshaven, unshavenly, unshaved, unshaven
unrationell: ኢተጨባጭ: inefficient
unratsam: መካሪአልባ: unadvisable
Unratsamkeit {f}: መካርአልባነት: unadvisedness
unrealistisch: ኢተግባራዊ: unrealistic
Unrecht {n}: ጭቆና: wrong
unrecht haben: ተሳሳተ: to be wrong
Unrechte {pl} :: unjustness
unrechtmässig: ኢሕጋዊ: unlawfully, wrongful, wrongfully, wrongously
Unrechtmässigkeit {f}: ኢሕጋዊነት: illegitimateness
unredlich: የማይነገር: unrighteous, unrighteously
Unredlichkeit {f}: ጸያፍ: dishonesty
unregelmässig, ungeregelt: አልፎ አልፎ: abnormal, irregular, sporadic, irregularly
Unregelmässigkeit {f}: ኢተከታታይነት: irregularity
Unregelmässigkeiten {pl} :: irregularities
unregistriert: ያልተመዘገበ: unregistered
unreif: ያልጎረመሰ፣ ያላፈራ፣ ጮርቃ: immature, unfledged, unfledgedly, unripe, unripely, verdant, verdantly
Unreife {f}: ጮርቃ: verdancy, unripeness
unrein: ቆሻሻ፣ ኢንጹሕ: impure, impurely, unclean, uncleanly
Unreinheit {f}: ቆሻሻ፣ ቆሻሻነት: uncleanness
Unreinlichkeit {f}, Unreinlichkeiten {pl}: ቆሻሻነት: uncleanliness
unrichtig, unwahr: ውሸት: untrue, incorrectly
Unrichtigkeit {f}: ውሸትነት: incorrectness
Unrichtigkeiten {pl} :: incorrectnesses
unromantisch: ኋላ ቀራዊ: unromantic, unromantically
Unruhe {f}: አፍርሳታ፣ርብሻ: fidget, fidgetiness, inquietude, restiveness, unease, uneasiness, unrest, disquietude, trouble
Unruhen {pl} :: ruckuses, turmolls, uneasinesses, unrests
Unruhestifter {m, pl}: ጸጥታ አፍራሽ: agitator, disturber, trouble maker
Unruhestifterin/nen {f, pl} :: trouble makers
unruhig: ቀልበቢስ፣ ቀልባጣ: anxiously, restive, uneasily, uneasy, fidgety, restively
unrühmlich: ኢባለሟል: inglorious, ingloriously
uns selbst: እኛ ራሳችን/ ን: ourselves, ourselves
uns: ለ/ በ/ ከ/ ስለእኛ፣ እኛን: ourselves, us
unsagbar: የማይባል: unspeakable, unspeakably, untold, untoldly, unspeakable, unutterable, unspeakably, unutterably
unsanft: ሸካራ: ungentle, ungently
unsauber: ቆሻሻ: scruff, unpurified, unclean
unschädlich: ያልተጎዳ፣ የማይጎዳ: innoxious, innoxiously
unscharf, verschwommen: ዱዱም፣ ጉልድፍ: blurred
unschätzbar: የማይገመት: inestimable, inestimably, invaluable, invaluably,

pricelessly, unestimable, inestimably, invaluably
Unschätzbarkeit {f}: ኢተገማችነት: inestimability, pricelessness
Unschätzbarkeiten {pl} :: inestimableness
unschicklich: ኢጌጣዊ: indecorous, indecorously
unschlagbar: የማይጠቃ፣ የማይደፈር: unbeatable
Unschlüssigkeit {f}: ኢተቆላፊነት: hesitancy, vacillation
Unschlüssigkeiten {pl} :: indecisiveness
unschmelzbar: የማይቀልጥ፣ የማይሟሟ: infusible
unschön: መልከጥፉ: unästhetic, unattractive, unbeautiful, uneloquent, unhandsome, unhandsomely, unlovely, unpicturesque, unhandsomely
Unschuld {f}: ንጹሕ፣ እንከንአልባ: innocence, ingenue
unschuldig: እንከን ምንከንአልባ፣ ንጹሕ: inculpable, innocent, innocently, unawakened, innocently
Unschuldige {m, f}: ንጹሕ: innocent
Unschuldigen {pl} :: innocents
unschuldige Kinder: ንጹሓን ሕፃናት: cherubs
unselektiv: ግብስብስ: nonselective
unsensibel: ስሜትአልባ: nonsensitive
unsentimental: ኢቀስቃሽነት: unsentimental, unsentimentally
unser, unsere: የእኛ: our, ours
unsereins, wir: እኛ: we
unsers: የእኛ: ours
unsicher: እርግጠኛ: insecure, insecurely, instable, precarious, precariously, uncertain, unsafe, unsafely, unstably, unsure, insecurely, unsurely
Unsicherheit {f}: ፍርሃት፣ በራስ አለመተማመን: insecurity, precariousness, shakiness, tentativeness, uncertainness, uncertainty, unstableness, unsureness, wobbliness, unsteadiness
Unsicherheiten {pl} :: insecureness, uncertainties
unsichtbar: የማይታይ፣ ድብቅ: invisible, invisibly, unseeable, unseen, unseenly, indiscernible, hidden, invisibly
Unsichtbarkeit {f}: ድብቅነት: invisibility
Unsichtbarkeiten {pl} :: invisibleness
Unsinn {m}: ክሳምብስ፣ ኩሳንኩስ: flapdoodle, footle, hooey, nonsense, nonsenses, absurdism
unsinnig: ምንም፣ ዋጋቢስ: insanely, nonsensical, nonsensically, nonsensically, immorally
unsozial: ኢኅብረታዊ: antisocial, unsocial, unsocially, antisocially
unspielbar: የማይሆን: unplayable
unsportlich: ኢእስፖርታዊ: unsportsmanlike, unathletic
unstabil: ያልተረጋጋ: unstable
unstarr: ፍትቱ: non rigid
unsterblich: ኢመዋቲ: deathless, deathlessly, immortal, immortally, undying, immortal, deathlessly, undyingly
Unsterblichkeit {f}: ኢመዋቲነት: deathlessness, immortality
unstetig: ኢተደጋጋሚ: discontinuous, unsteadily, unsteady
Unstetigkeit {f}: መቆራረጥ: discontinuity
Unstimmigkeit {f}: አለመግባባት፣ አለመስማማት: disagreement, discrepancy
Unstimmigkeiten {pl} :: disagreements, discrepancies
unstrukturiert: ያልተገበረ፣ ያልተከናወነ: unstructured
unsymmetrisch: ኢቀጥተኛ: unsymmetrical, nsymmetrically
unsympathisch: ድብርታም: unsympathetic, unappealing
unsystematisch: ዘዴአልባ: unsystematical, non-systematic, unsystematic, unsystematically
untadelig: እንከን ምንከንአልባ፣ ነውር የማይገኝለት: unexceptionably, unreproachful
Untadeligkeit {f}: እንከንአልባነት: irreproachability
Untadeligkeiten {pl} :: irreproachableness
Untat {f}: መጥፎ ሥራ/ ተግባር፣ ስንፍና: malpractice, crime
Untaten {pl}:: malpractices, crimes
untätig, müssig: ስነፍ፣ ውዝፍ: idly, inactively, quiescent, idle
Untätigkeit {f}: ስነፍነት: inactiveness, inactivity, inertially
Untätigkeiten {pl} :: inactivities
untauglich: ኢጠቃሚ፣ ጠቅምአልባ: ineffectual, ineligible, unapt, ineligibly
Untauglichkeit {f}: ጥቅምአልባነት: improperness, incabability, ineligibility, unfitness
Untauglichkeiten {pl} :: ineligibleness
unteilbar: ኢተከፋይ፣ አንድወጥ: indivisible, indivisibly
Unteilbarkeit {f}: ኢተከፋይነት: indivisibility
unten: ከውስጥ፣ ከታች፣ ከግርጌ:: below, down, downrightrechts, downstairs, underfoot
unten, unter, unterhalb, darunter: በዚያ ውስጥ: under, below, beneath
unter Null: ከዜሮ በታች: below zero
unter, unten, darunter: በ/ ከ...ስር/ ግርጌ/ በታች፣ በዚያ መካከል፣ በ...መካከል: among, under, hypo, nether, under, underneath
unter vier Augen: ግምባር ለግንባር: between you and me and the gatepost, in private
Unterabteilung {f}: የውስጥ ቅርንጫፍ: subbranch, subdivision, subsection
Unterabteilungen {pl} :: subdivisions, subsections
Unterarm {m}, Vorderarm: ጉርድ: underarm, forearm

Unterarme {pl} :: forearms
unterbesetzt: ኢ.ብቁ የሰው ኃይል/ ሠራተኛ: understaffed, understaffedly
unterbewerten: ዝቅ አድርጎ ገመተ፤ አንዘቃዘቀ: undervalue
unterbewertend: አንዘቃዛቂ/ አንዘቃዝቆ: understating, undervaluing
Unterbewertung {f}: ዝቅተኛ ግምት: understatement
Unterbewußtsein {n}: ዝቅተኛ አስተሳሰብ: the subconscious, subconsciousness
unterbezahlen: ከሚገባው በታች ቀጠረ: underpay
unterbezahlend: ዝቅተኛ ደመወዝ ከፋይ/ ከፍሎ: underpaying
unterbezahlt: በዝቅተኛ ደመወዝ ተቀጣሪ/ ተቀጥሮ: underpaid, underpays
unterbieten: ዝቅተኛ ዋጋ ሰጠ: underbid, undercut, undersell
unterbleiben: ከታች ቀረ፤ ተበከለ: remain undone
unterbrechen, stören: አቋረጠ፤ አቆመ: break, disconnect, discontinue, disturb, halt, intercept, intermit, to interrupt, interrupt
unterbrechend: አቋራጭ/ አቋርጦ: breaking, discontinuing, interceptive, intermitting, interrupting, interruptive
Unterbrecher {m}: ማቋረጫ: breaker, break, discontinuity, interception, intermission, intermittence, interrupt, interruption, outage, stopover, time-out
Unterbrechung {f} : አቋራጭ: discontinuance, discontinuity, intermission, interruption
Unterbrechungen {pl} :: discontinuances, discontinuities, intermissions, interruptions
unterbrechungsfrei: የማያቋርጥ: interruption-free, uninterruptible
Unterbrechungstaste {f}: ማቋረጫ ቁልፍ: break key, attention key
Unterbreitung {f}: ክፍፍል: submission
unterbringen: አስተናገደ፤ ወደታች አወረደ: accommodate, to house
unterbrochen: ተቋራጭ/ ተቋርጦ: discontinued, discontinuous, halted, intermitted
Unterdatei {f}: ውስጠኛ ፋይል: subfile
Unterdeck {n}: ጉዝጓዝ: lower deck
unterdrücken: ጨቆነ፤ ተጫነ: eliminate, oppress, quash, repress, suppress
unterdrückend: ጨቋኝ/ ጨቁኖ: oppressing, quashing, repressing, suppressive, suppressively
unterdrückt: ተጨቋኝ/ ተጨቁኖ: disabled, downtrodden, suppressed, oppressed, quashed, repressed, repressed
Unterdrückung {f}: ጭቆና: depression, elemination, oppression, rejection, repression, suppression
Unterdrückungen {pl} :: oppressions, repressions, suppressions
Unterdrückungsmaßnahme {f}: የጭቆና ዘዴ: repressive measure
untere: ውስጣዊ: inferior
untereinander: አንዱ ባንዱላይ: among each other, among one another, among themselves
Untereinheit {f}: ውስጣዊ አንድነት: subunit
Untereinheiten {pl} :: subunits
unterentwickeln: ኋላ ቀረ፤ ኃላ ቀር ሆነ: under develop
unterentwickelt: ኃላቀር: underdeveloped
Unterentwicklung {f}: ኃላቀርነት: under developement
Unterentwicklungen {pl} :: under developements
unterernähren: ተራበ፤ ተቸገረ: underfeed
unterernährt: ችጋራም/ ተቸግሮ: underfed, underfedly, undernourished, underfed
Unterernährung {f}: ችግር፤ የምግብ ዕጥረት: malnutrition
Unterfamilie {f}: ቤተ ዘመድ: subfamily
Unterfamilien {pl} :: subfamilies
unterfangen: ባለኃብት/ ባለንብረት ሆነ: undertake
Unterführung {f}: ውስጣዊ ማለፊያ፤ የምድር ውስጥ ባቡር መንገድ: subway, underpass, subway
Unterführungen {pl} :: subways, underpasses
Unterfunktion {f}: ውስጣዊ ተግባር: subfunction
Unterfunktionen {pl} :: subfunctions
untergeordnet: በሰር/ ግርጌ ኗኝ/ ተደልዳይ/ ተመጻቢ: ancillary, secondarily, subaltern, subordinate, subordinated, inferior
Untergeordnete {m, f}: ታዛዥ፤ ተወካይ: underling, underlings
Untergeschoß {n}, Keller: ምድር ቤት: basement, basement
Untergewicht {n}: ዝቅተኛ ክብደት: underweight
Untergewichte {pl} :: underweights
Untergliederung {f}: ውስጣዊ ክፍፍል: partition
untergraben: ቀበረ፤ ደፈነ: undermine, undermine
untergrabend: ደፋኝ/ ደፍኖ: undermining, undermining, undermined
Untergrund {m}: ምክንያት፤ ሰበብ: subfont, subsoil, underground
Untergründe {pl}: ምክንያት: undergrounds
Untergrundbahn {f}: በመሬት ውስጥ የሚሄድ ባቡር: underground railway
Untergrundbahnen {pl} :: underground railways
Untergruppe {f}: ውስጣዊ ምድብ: subgroup
Untergruppen {pl} :: subgroups
unterhalb: በውስጥ/ መካከል: neath, Underneath, underneath
Unterhalt {m}: ደመወዝ/ ገቢ: alimony, livelihood, sustenance
Unterhalte {pl} :: sustenances

Unterhalten {n}: መወያየት፤ውይይት: talken
unterhalten, belustigen: ተወያየ፤ ተጨዋወተ፤ አስተዋወቀ: entertain, maintain, amuse
unterhaltend: ተጫዋች/ ተጫውቶ: entertaining, subsistent, subsisting
Unterhalter {m, pl}: አስተዋዋቂ: entertainer, amuser, converser, conversers, entertainers
unterhaltsam: አወያይ፤ አነጋጋሪ: sportful, sportfully
Unterhaltung {f}, Plauderei, Schwatz, Gespräch: ውይይት: amusement, conversation, conversations, entertainment, chat
Unterhaltungen {pl}, Gespräche :: amusements, entertainments, conversations
Unterhaltungsfilm {m}: አጫዋች/ አነጋጋሪ ፊልም: entertainment film
Unterhaltungsindustrie {f}: የትሪት/ ማስሚዲያ ኢንዱስትሪ: show business
Unterhaltungsindustrien {pl} :: show businesses
Unterhaltungslektüre {f}: የውይይት መግቢያ: light reading
Unterhaltungsliteratur {f}: የውይይት ልብወለድ: light fiction
Unterhaltungsmusik {f}: የውይይት ሙዚቃ: light music
Unterhändler {m, pl}: አስታራቂ: negotiator, negotiators
Unterhaus {n}: ሸንጎ: house of Commons
Unterhemd {n}: ከነቲራ: undershirt, singlet, vest
Unterhemden {pl}:: vests, undershirts
Unterhose {f}: የውስጥ ሱሪ: pants
unterirdisch: በመሬት ውስጥ: subterranean, subterrestrial
unterirdische Wasserleitung: የመሬት ውስጥ ውሐ ቧንቧ: culvert
unterjochen, versklaven: ገዛ፤ ፈለጠ ቆረጠ፤ በዘበዘ: enslave
unterjocht: ተጨቋኝ/ ተጨቆኖ: enslaved
Unterjochung {f}: ጭቆና፤ ብዝበዛ: subjugation
Unterjochungen {pl}:: subjugations
Unterkiefer {m}: የታች መንጋጋ: lower jaw
Unterklasse {f}: ዝቅተኛ መደብ: lower class
Unterkleid {n}: የውስጥ ልብስ: undergarment
Unterkleider {pl} :: undergarments
Unterkleidung {f}: የውስጥ ልብስ: underclothing
Unterkleidungen {pl} :: underclothes, underwears
unterkriegen: አገኘ፤ አደረገ፤ ቻለ: get down
Unterkunft {f}: መኖሪያ: housing, lodging, accommodation
Unterkünfte {pl} :: billets
Unterlage {f}, Dokument: መረጃ፤ ማስረጃ: document, pad, substratum
Unterlagen {pl} :: brochures, components, substratums
unterlassen: አለፈ፤ገደፈ፤አጠፋ: omit, forbore
unterlassend: ገዳፊ/ ገድፎ፤ ትቶ: forbearant, omitting, defaulting
unterlegen: በታች አደረገ፤ አሸነፈ፤ በለጠ: put under, highlite
unterlegend: አሸናፊ/ አሸንፎ: putting under
Unterlegene {m, f}: ተሸናፊ፤ ተጠቂታ: underdogs
Unterlegener {m}: ተሸናፊ: underdog
Unterleib {m}: የውስጥ ሰውነት: abdomen
Unterlieferant {m}: አቀባይ ነጋዴ: subcontractor, second source
Unterlieferanten {pl} :: subcontractors
unterliegen: ተጠቃ: am subject to, be subject to, underlie
unterliegend: ተጠቂ/ ተጠቅቶ: being subject to
Unterlippe {f}: ተታች ከንፈር: lower lip
Untermiete {f}: የውስጥ ኪራይ: subletting
Untermieter {m, pl}: የውስጥ አከራይታ: lodger, roomer, subtenant, subtenants
Unternehmen {n}: ፋብሪካ፤ ድርጅት: company, management, undertaking
Unternehmensberater {m}: የድርጅት አማካሪ: management-consultant
Unternehmer {m}: ባለድርጅት፤ የፋብሪካ ባለቤት፤ ሥራ ቀጣሪ: entrepreneur, mercantilist
Unternehmung {f}: ንግድ: enterprise
Unternehmungen {pl} :: transactions, undertakings
Unternehmungsgeist {m}: አዲስ ሐሳብ: initiative
unternehmungslustig: ተፈላሳፊ፤ ተጣጣሪ: adventuresome, enterprising
Unteroffizier {m}: ዝቅተኛ ባለሥልጣን: corporal, non commissioned officer
unterordnen: የበታች ሆነ: subordinative
Unterordnung {f}: የበታች/ ውስጥ ክፍፍል: subordination
Unterordnungen {pl} :: subordinations
Unterprogramm {n}: የውስጥ ፕሮግራም: subroutine, subprogram
Unterprogramme {pl} :: subprograms
Unterredung {f}: ማግባባት፤ ቃለ መጠይቅ: interlocution, interview, parley
Unterredungen {pl} :: interlocutions
Unterricht {m}: ትምህርት: education, tuitional
Unterricht geben, Unterricht erteilen: አስተማረ: to give lessons
Unterrichtsminister {m}: ትምህርት ሚኒስትር: minister of education
Unterrichtsministerien {pl} :: ministries of educations
Unterrichtsministerium {n}: የትምህርት ሚኒስትር: ministry of education
Unterrichtsprogramm {n}: የትምህርት ፕሮግራም: syllabus of instruction
Unterrichtsprogramme {pl} :: syllabuses of instruction
Unterrichtsstoff {m}: የትምህርት ዓይነት: subject matter

Unterrichtsstoffe {pl} :: subject matters
Unterrock {m}: **የውስጥ ቀሚስ**: underskirt, petticoat
Unterröcke {pl} :: underskirts
untersagen: **ከለከለ፤ አገደ፤ ፈቃድ ነሳ**: prohibit, forbid
untersagt: **ክልክል፤ እግድ**: interdictive, interdictively
unterschätzen: **ናቀ፤ አቃለለ**: underestimate, underrate, undervalue
unterschätzend: **አቃላይ/ አቃልሎ**: underrating, understimating, undervaluing
unterschätzt: **ተናቂ/ ተንቆ**: underestimated, underrated, undervalued
Unterschätzung {f}: **ንቀት፤ ዝቅተኛ ግምት**: underestimation, undervaluation
Unterschätzungen {pl} :: underestimations, undervaluations
unterscheiden (von): **ለየየ፤ ለየ**: to distinguish (from), discern, discriminate
unterscheidend: **ወሳኝ፤ ለይ/ ለይቶ**: diacritic, differencing, differing, discerning, discriminating, discriminatingly, distinguishing
Unterscheidung {f}: **ልዩነት**: discrimination, distinction
Unterscheidungsmerkmal {n}: **የመለያያ ዓይነት**: distinctive feature
Unterschied {m}, Verschiedenheit: **ልዩነት**: difference, distinguished
Unterschiede {pl} :: distinctions, varieties, differences
unterschieden: **ተለዪ/ ተለይቶ**: differenced
unterschiedlich: **ልዩ ልዩ፤ የተለያየ**: differentially, differently, discriminative, variably, defferent, discriminatively
unterschiedslos: **ልዩነትአልባ**: undiscriminating, undiscriminatingly
unterschlagen, veruntreuen: **ቃል ኪዳን አፈረሰ፤ ሸረሞጠ**: embezzle, embezzle, embezzled, misappropriate, peculate, peculated
unterschlagend: **ሸርሙጣ/ ሸርሙጦ**: embezzling, misappropriating, peculating
Unterschlagung {f}: **እምነት ማጉደል**: defalcation, embezzlement, misappropriation, peculation
Unterschlagungen {pl} :: defalcations, embezzlements
unterschreiben, garantieren: **ፈረመ፤ አሰመረ**: undersign, underwrite
unterschreibend: **ፈራሚ/ ፈርሞ**: undersigning, underwriting, falling short of
Unterschrift {f}, Signatur: **ፊርማ**: signature
Unterschriften {pl} :: signatures
untersetzen: **አንዘቃዘቀ**: place underneath
Untersetzung {f}: **መንዘቃዘቅ፤ መንኮታኮት**: gear reduction, reduction
Untersetzungen {pl} :: gear reductions
unterspielen: **ዝቅ ዝቅ አደረገ**: underact, underplay
unterspielend: **አንኳሳሽ/ አንኳሶ**: underacting, underplaying
unterst: **እጅግ ዝቅተኛው**: lowest, undermost
unterstreichen: **አሰመረ፤ ሰረዘ፤ ምልክት አደረገ**: punctuate, to underline, underline, underscore
unterstreichend: **አመልካች/ አመልክቶ**: punctuating, underlining, underlying, underscoring, underlining
Unterstrich {m}: **መስምር**: underline
Unterstufe {f}: **ዝቅተኛ ምድብ**: lower grade
unterstützen, stützen: **ደገፈ፤ አቋቋመ፤ አጽናና፤ ረዳ**: espouse, provide, to back, to support, to second
unterstützend: **ደጋፊ/ ደግፎ**: espousing, providing, supporting, supportingly, supportive
unterstützt: **ተረጅ/ ተረድቶ**: aided, assisted, provided, espoused
Unterstützung {f}: **ድጋፍ**: backing, support
Unterstützungen {pl} :: backings
untersuchen: **መረመረ**: determine, inspect, examine, explore, to look into
untersuchend: **መርማሪ/ መርምሮ**: assaying, researching, scanning, vetting
Untersucher {m}: **መርማሪ**: investigator, prober
untersucht: **ተመርማሪ/ ተመርምሮ**: probed, assayed, scanned, vetted
Untersuchte {m, f}: **ተመርማሪ**: researched
Untersuchung {f}, Prüfung: **ምርምራ**: assay, exploration, inquest, inquisition, scrutiny, test, examination
Untersuchungen {pl}:: analysis, inquests, inquisitions, physicals, scrutinies
Untersuchungsart {f}: **የምርመራ ዓይነት**: inquisitional
Untersuchungsbeamte/r {m}: **መርማሪ ባለሥልጣን**: inquisitor
Untersuchungsbeamten {pl} :: inquisitors
Untersuchungsgebiet {n}: **የምርምሩ አካባቢ**: area under investigation
Untersuchungshaft {f}: **የምርምራ ጊዜ እስራት**: imprisonment on remand
Untersuchungsrichter {m}: **የምርመራ ዳኛ**: coroner, examining magistrate
Untersystem {n}: **ውስጣዊ ሲስተም**: slave system
Untertasse {f}: **ፊንጃል/ ስኒ ማስቀመጫ**: saucer
Untertassen {pl} :: saucers
Untertauchen {n}: **መጥለቅ**: submergence
untertauchen: **ጠለቀ፤ ሰጠመ**: submerge
untertauchend: **ጠላቂ/ ጠልቆ**: ducking, submerging, submersing, submerse
Unterteil {m, n}: **ውስጣዊ ክፍል**: lower part, subpart
Unterteilung {f}: **ውስጣዊ ክፍፍል**: subdivision
Unterteilungen {pl} :: subdivisons
Untertitel {m, pl}: **ውስጣዊ ርእስ**: subheading, subtitle, subhead, subtitles
untertreiben: **አጋነነ፤ አቄ ለ**: understate

Untertreibung {f}: ማቄ ቂያል፣ ማናናቅ: understatement
Untertreibungen {pl} :: understatements
Untervermieten {n}: በውስጥ ማከራየት: sublet
untervermieten: በውስጥ አከራየ: sublease
Untervermieter {m, pl}: የውስጥ አከራይ: subletter, subletters
Unterverzeichnis {n}: ውስጣዊ ክፍፍል: subdirectories
Unterverzeichnisse {pl} :: subdirectories
Unterwäsche {f}: ውስጥ ቡታንቲ ፣ ውስጥ ልብስ: underclothes, underclothing, underwear, undies, lingerie
unterwegs: በመንገድ ላይ: on the way
Unterwelt {f}: ድብቅ ዓለም፣ የሌቦች ዓለም: underworld
Unterwelten {pl}:: underworlds
unterwerfen: ተማረከ፣ ተገዛ: to subject
unterwerfend: ተገዥ/ ተገዝቶ: knuckling, subjecting
Unterwerfung {f}: ጭቆና: submission, subservientness
Unterwerfungen {pl} :: subjections, submissions
unterzeichnen: ተዋዋለ፣ ተፈራረመ: execute, sign, subscribe, to sign
unterzeichnend: ተፈራራሚ/ ተፈራርሞ: initialing, subscribing
Unterzeichner {m, pl}: ፈራሚ: signatory, signatories, signer, signers, signers
unterzeichnet: ተፈራሚ/ ተፈርሞ: undersigned, initialed, subscribed
untragbar: ከባድ፣ አስቸጋሪ: unabearable, unwearable
untrennbar: የማይነጠል፣ የማይለይ: inseparable, inseparably
Untrennbarkeit {f}: ኢተነጣይነት: inseparability
untreu: ቃላባይ፣ ከሃዲ: unfaithful, unfaithfully
Untreue {f}: ክህደት፣ ቃላባይነት: unfaithfulness, perfidy
untröstlich: ሆደባሻ፣ የማይጽናና: brokenhearted, inconsolable, inconsolably, nonefficient
Untüchtigkeit {f}: ሐሞተቢስነት: incapableness, incompetency
untypisch: የተለመደ: nontypical, untypical, untypically
unübersetzt: ያልተተረጎመ: untranslated
unübertragbar: የማይተላለፍ: not transferable
unübertroffen: ያልተጠቃ፣ ያልተገኘ: unexcelled, unsurpassed, unsurpassedly
unüberwindlich: ያማይወገድ: impregnable, impregnably, inexpugnably, insuperable, insuperably, invincibly, unconquerable, unconquerably, insurmountably
unüblich: ያልተለመደ: unusable, unusual
unumstritten: የማያጣላ: undisputable
ununterbrochen: ያለማቋረጥ: incessant, uninterrupted
ununterstützbar: የማይናቅ: unsupportable
ununterstützt: የማይደገፍ: unaided, unaidedly, unbacked, unbackedly
unveränderbar: የማይቀየር፣ የማይለወጥ: immovable, immutable, unchangable
unveränderlich: ኢተቀያሪ: changeless, changelessly, immutably, inalterable, invariable, invariant, unalterable, unalterably, unchangeable, unchangeably, unchanging, unmodifiable, unvarying, invariable, unalterably, changeless, immutable, immutably
Unveränderlichkeit {f}: ኢተቀያሪነት: changelessness, immutableness, invariability, unalterability, unchangeability
Unveränderlichkeiten {pl} :: invariableness, unalterableness, unchangeableness
unverändert: የማይቀየር፣ ቋሚ: unaltered, unalteredly, unchanged, unchangedly, Unmodified, unmodified, unvaried
unverantwortlich, verantwortungslos: ግደቢስ፣ ኃላፊነት የማይሰማው፣ ኢተጠያቂ: irresponsible, irresponsibly, unaccountable, unjustifiable, unwarrantable, unwarrantably, irresponsible
Unverantwortlichkeit {f}: ደንታቢስነት: irresponsibility
unverarbeitet: ያልተከናወነ: unprocessed
unverbesserlich: ብልሹ፣ የማይሻሻል: incorrigible, incorrigibly, inveterate, irreclaimable, irreclaimably, unreformable, incorrigible, incorrigibly, inveterately, irreclaimably
Unverbesserlichkeit {f}: ብልሹነት: incorrigibility
Unverbesserlichkeiten {pl} :: incorrigibleness
unverbessert: የማይሻሻል: unamended, uncorrected, unimproved, unreformed
unverbindlich: የማይገናኝ: not binding
unverbrannt: ያላረረ: unburnt
unverbraucht: ያልተበላ: unconsumed, unspent, unspently
unverbunden: ያልተያያዘ: nonchained, unconnected, unconnectedly
unverdächtig: የማይጠረጠር: unsuspicious, unsuspiciously
unverdächtigt: ያልተጠረጠረ: unsuspected
unverdaulich: የማይደቅ፣ የማይታመን፣ የማይዋጥ: indigestible, indigestibly, stodgier, indigestibly
unverdient: ኢተገቢ፣ የማይገባ: undeserved, unearned, unmerited, unmeritedly, unowned, unownedly, undeservedly
unverdientermassen: ላያስፈልግ: undeservedly
unverdorben: ያልበሰበሰ: undecayed, unspoiled, unspoilt
unverdunkelt: ያልዛገ: unshaded
unvereinbar: የማይጣጣም: incongruous, inconsistent, inconsistently, irreconcilable, incompatibly, incongruously

Unvereinbarkeit {f}: ኢ.ተጣጣሚነት: incoherency, incongruousness, inconsistency, irreconcilableness
Unvereinbarkeiten {pl}:: incommensurateness
unverfälscht: ያልተነካካ፣ አዲስ: unsophisticated
unvergänglich: ዘለዓለማዊ: imperishable, imperishably, nonvolatile, unfading, unfadingly, immortally
Unvergänglichkeit {f}: ዘለዓለማዊነት: imperishability
Unvergänglichkeiten {pl} :: imperishableness
unvergessen: የማይረሳ: unforgotten
unvergesslich: የማይረሳ: unforgettable, unforgettably, unforgettable, unforgettably
Unvergleichbarkeit {f}: ኢ.ተመሳሳይነት: incomparableness, peerlessness
unvergleichlich: ኢ.ተመሳሳይ፣ ምሳሌአልባ: incomparably, matchless, matchlessly, nonesuch, nonpar, peerless, unequaled, unequaledly, unequalled, unequalledly, unequally, unmatchable, without comparison, past comparison, incomparable, incomparably, nonpareil, peerlessly, unmatched
unverheiratet: ያላገባ፣ ትዳርአልባ: unmarried
Unverheiratete {m, f}: ወንደ-/ ሴተላጤ: celibate
Unverheirateten {pl}:: singles
unverhofft: ያልፈለጉት፣ ያልተመኙት: unexpected
unverkäuflich: ዋጋአልባ፣ ያማይሸጥ/ የማይለወጥ: inalienable, inalienably, nonmarketable, not for sale, unmarketable, unmerchantable, unsalable, unsalably
unverkennbar: የማያምታታ፣ ዕውቅ: unmistakably
unverkleidet: ራቁት: undisguised, undisguisedly
unverkündet: ያልተነገረ/ ያልተባለ: undeclared, unabbreviated
unverletzlich: የማይታመን: inviolable, inviolably, invulnerable
Unverletzlichkeit {f}: ኢ.ታማኒነት: inviolableness
Unverletzlichkeiten {pl} :: inviolacy, inviolateness
unverletzt: ያልቆሰለ፣ ያልተነካ: unharmed, unhurt, unhurtly, unwounded
Unvermeidbarkeit {f}: ኢ.ተደባቂነት: inevitableness, unavoidableness
unvermeidlich: መሆንያለበት: ineluctable, inescapable, inevitable, inevitably, unavoidable, unavoidably, ineluctably
Unvermeidlichkeit {f}: የግድ መሆን ያለበት: inevitability
unvermindert: የማይቀነስ፣ የማይጎድል: unabated, unabatedly, unimpaired, unrelieved, unrelievedly
unvermischbar: የማይቀላቀል: unmixable
unvermischt: ኢ.ውኁድ: unalloyed, undiffused
unvernünftig: እሉኻታቢስ/ አልባ: irrational, irrationally, unreasonable, unreasonably, unreasonable, unreasonably
Unvernünftigkeit {f}: እሉኻታቢስነት: unreasonableness
unverschämt: ዓይንአውጣ: barefaced, contumelious, impertinent, impertinently, impudently, insolent, insolently, tacky, unconscionable, unconscionably, impertinently
Unverschämtheit {f}: ዓይንአውጣነት: brazenness, impertinence, impudence, infamy, sauciness, impertinence
Unverschämtheiten {pl} :: impertinences, infamies
unverschieblich: የማይወገድ: non-relocatable
unverschlossen: ክፍት: unlocked
unverschlüsselt: ያልተቆለፈ: unencrypted
unversehen: በትክክል: unprovided, unawares
unversehrt: ንጹሕ: intactly, unbrokenly, unharmed, unharmedly
unversichert: ኢ.ንሹራንስአልባ: uninsured
unversöhnlich: የማይታረቅ: inexpiably, irreconcilably, unforgiving, unforgivingly
Unversöhnlichkeit {f}: ተቃራኒ: irreconcilability
unversperrt: ኢ.ግድ: unobstructed, unobstructedly
unverständlich: የማይረዳ፣ የማይገባ: unintelligible, unintelligibly, unintelligible, incomprehensibly, unintelligibly
Unverständlichkeit {f}: ኢ.ግልጽነት: incomprehensibility, unintelligibility
Unverständlichkeiten {pl} :: incomprehensibleness
unversucht: ያልተሞከረ: unattempted, untried, untriedly
unverteidigt: ጥግአልባ: undefended
unverträglich: መሸከም የማይቻል: incompatible
Unverträglichkeit {f}: ብልሹነት: alternative denial, incompatibility
Unverträglichkeiten {pl} :: incompatibleness
unverwandt: ኢ.ወገናዊ: unrelated
unverzeihbar: ይቅር የማይባል: unexcusable, nonexcusable, unforgivably, unforgivable, unpardonably
Unverzeilichkeit {f}: ኢ.ይቅርባይነት: inexcusableness
unverzüglich: ባስቸኳይ፣ ቶሎ ፣ ወዲያው: forthwith, unhesitating, without delay, unhesitatingly
unvollkommen: ጎደሎ ፣ ስሁት: abortive, imperfectly
unvollständig: ጎደሎ: imperfect, inchoate, incomplete, incompletely, uncompleted, imperfectly, inchoately, incompletely
Unvollständigkeit {f}: ጎደሎነት: inchoateness, fragmentariness, incompleteness

Unvollständigkeiten {pl} :: incompletion
unvorausgesehen: ያልታሰበ፣ ያልታቀደ: unanticipated
unvorbereitet: ያልተዘጋጀ: unpremeditated, unprepared, unpreparedly, unpreventable, unpreparedly
unvorhergesehen: ያልተጠበቀ፣ ያልተገመተ: unexpected, unforeseen, unforeseenly
unvorhersagbar: የማይገመት: unpredictable, unpredictably
unvorsichtig: ግዴለሽ፣ ጥንቃቄ አልባ: improvident, incautious, incautiously, uncareful, unwarily, unwary, improvidently
Unvorsichtigkeit {f}: ግዴለሽነት: incautiousness, unwariness
unvorstellbar: የማይታሰብ፣ የማይገመት: unimaginable, unimaginably, unimaginable, unimaginably
unwahr, wahrheitswidrig: ውሸት: untrue, untrüly, untruthful, untruthfully
Unwahrheit {f}: ውሸት/ ውሸት፣ ቅጥፈት: falsehood, untruth
Unwahrheiten {pl} :: untruths
unwahrscheinlich: ሊሆን የማይችል: implausible, improbable, improbably, unlikely, implausibly, improbably
Unwahrscheinlichkeit {f}: ኢተፈጻሚነት: implausibility, improbability, unlikelihood
Unwahrscheinlichkeiten {pl} :: implausibleness, improbabilities, improbableness, unlikeliness
Unwegsamkeit {f}: ጉራንጉር: impassibility
unweiblich: የሴት ወንድ: mannishly, unwomanly
unweigerlich: አሌ የማይሉት: without fail
unweit: ቅርብ: not far from
unweltlich: መንፈሳዊ: unworldly
unwesentlich: የማያስፈልግ፣ ኢተፈላጊ: inessential, inessentially, nonessential, unessential, unessentially, unessential
Unwetter {n}: ማዕበል: thunder-storm
unwichtig: ኢተፈላጊ: nonrelevant, unimportant, unimportantly, unimportantly
Unwichtigkeit {f}: ኢተፈላጊነት: unimportance
unwiderlegbar: የማይካድ: irrefragable, irrefutable, irrefutably, unchallengeable, irrefragably, irrefutable, irrefutably
unwiderleglich: የማይመለስ: unanswerable, unanswerably
unwiderruflich: የመጨረሻ: irrevocable, irrevocably
Unwiderruflichkeit {f}: መጨረሻነት፣ መጨረሻ ውሳኔ: irrevocability
unwillig: ፈቃድአልባ: loathly
unwillkommen: የማይፈለግ: unwelcome
unwirklich: ቅዠታዊ: insubstantial
Unwirklichkeit {f}: ቅዠታዊነት: insubstantiality, unreality
unwirksam, wirkungslos: ውጤትአልባ፣ መርዝአልባ: ineffective, ineffectively, ineffectual, ineffectually, inefficient, inoperatively, non-effective, effectless
Unwirksamkeit {f}: ውጤትአልባነት: ineffectualness, inefficacy, nullity
unwirtschaftlich: ኢባጀታዊ፣ ኢኢኮኖሚካዊ: uneconomic, uneconomical, uneconomically
unwissend, dumm: የማያውቅ፣ ደንቆሮ: ignorant, ignorantly, unillumined, unknowable, unknowing, ignorant, unknowably, unknowing
Unwissenheit {f}, Dummheit: ድንቁርና፣ ጽማዌ: ignorance
unwissenschaftlich: ኢሳይንሳዊ: unscientific, unscientifically
unwissentlich: ያለማወቅ: unknowledgeable, unwitting, unwittingly
unwohl: መጥፎ: qualmish, qualmishly, unwell
unwürdig: ክብርአልባ: undeserving, undeservingly, unworthily, unworthy, unworthily
Unwürdigkeit {f}: ክብርአልባነት: unworthiness
unzählig: ብዙ፣ ቁጥርአልባ: innumerable, innumerably, numberless, innumerable, innumerably
unzeitig: ያለጊዜ/ ሰዓት: unseasonable, unseasonably
unzerbrechlich: ኢተሰባሪ: nonbreakable, unbreakable
unzerstörbar: የማይደፈር: indestructible, indestructibly, indestructibly
unzertrennlich: የማይነጣጠል: inseparably
Unzertrennlichkeit {f}: ኢተነጣጣይነት: inseparableness
unzivilisiert: ያልሠለጠነ: uncivilized, uncivilizedly
Unzucht {f}: ሴሰ፣ ዝሙት: bawdiness, fornication
unzüchtig: ሴሰኛ: bawdily, bawdy, lecherous, lewd, licentious, licentiously, obscene, lecherously, lewdly, obscenely
Unzüchtigkeit {f}: ሴሰኝነት: lecherousness, lechery, lewdness, obscenity
Unzüchtigkeiten {pl} :: obscenities
unzufrieden: የማይረካ፣ እርካታአልባ: discontented, disaffected, discontented, dissatisfied, malcontent, malcontently, uncontent, unhappy, discontentedly, discontenting
Unzufriedenheit {f}: እርካታአልባነት: disaffection, discontent, discontentment, dissatisfaction
Unzufriedenheiten {pl} :: discontentedness
unzugänglich: የማያሳልፍ: impenetrable, inaccessible, inaccessibly, unamendable, unapproachable, unapproachably, unapproachably
Unzugänglichkeit {f}: ማለፊያአልባነት: inaccessibility, unapproachability
Unzugänglichkeiten {pl} :: inaccessibleness, unapproachableness

unzulänglich: ኢ.ብቁ: inadequate
Unzulänglichkeit {f}: ኢ.ብቁነት: deficiency, inadequacy, insufficiency
Unzulänglichkeiten {pl} :: inadequateness
unzulässig: የማይፈቀድ፣ ኢ.ሕጋዊ: illegal, inadmissible, inadmissibly, objectionable, unallowable
Unzulässigkeit {f}: ኢ.ሕጋዊነት: inadmissibility
unzusammenhängend: በተለያየ: desultorily, discontinuously, disjointed, incoherent, incoherently, desultory, disjointedly
unzuständig: ኃላፊነት የሌለው: incompetent, incompetently
unzuverlässig: የማይታመን፣ እምነተቢስ: disaffectedly, faithless, undependable, unreliable, unreliably, unsound, untrustworthy, unsoundly, untrusty
Unzuverlässigkeit {f}: ኢ.ታማኚነት/ 0እምነትአልናነት: unreliability, unsoundness, untrustworthiness
Unzuverlässigkeiten {pl} :: unreliableness
unzweckmässig: ያለምክንያት: inexpedient, inexpediently
Unzweckmässigkeit {f}: ኢ.ምክንያታዊነት: inappropriateness, inexpedience
unzweifelhafte: የማያጠራጥር: undoubtedly
üppig: በቂ፣ ብዙ፣ ከሚፈለው በላይ: luscious, lusciously, luxuriant, luxuriantly, wanton, wantonly, opulently
Üppigkeit {f}: ብዛት፣ ትርፍርፍነት: lushness, luxuriance, rankness
Üppigkeiten {pl} :: most exuberance
uralt: እጅግ አሮጌ: immemorial, very old
Uran {n}: የንጥረ ነገር ዓይነት: uranium
Uranus {m}: የኮከብ ስም: uranus
Urbeleg {m}: ዋና ማስረጃ: original document
Urbewohner {m}: የመጀመሪያ ኗሪ: native, aborigines
Ureinwohner {m}: የጥንት ኗሪ: native, aborigine
Urgeschichte {f}, Vorgeschichte: ጥንታዊ ታሪክ: prehistory
Urgroßmutter {f}: ምንጅላት: great grandmother
Urgroßvater {m}: ያያት አባት: great grandfather
Urheber {m}: አመንጭ: initiator, initiators
Urheberschaft {f}: ጸሐፊ: authorship
Urheberschaften {pl} :: authorships
Urin {n}: ሽንት: uric
Urinflasche {f}: የሽንት ጠርሙስ: urinal
Urinflaschen {pl} :: urinals
urinieren: አጠፋ፣ ደሰሰ: urinate
urinierend: ደምሳሽ/ ደምስሶ: urinating
urinierte: ተደምሳሽ/ ተደምስሶ: urinated
urkomisch: አስቂኝ: damned funny
Urkraft {f}: የመጀመሪያ ኃይል: elementary power
Urkunde {f}: ዶክሜንት፣ ማስረጃ: document, charter
Urkunden {pl} :: documentation
Urkundenbeweis {m}: የዶክሜንት መረጃ/ ማስረጃ: documentary evidence
Urlaub {m}: ዕረፍት/ ዕረፍት ጊዜ: vacation, exeat, leave
Urlauber {m, pl}: ቱሪስት: vacationer, vacationist, vacationists, vacationers
Urmensch {m}: ቅድመ አባት: prehistoric man
Urmenschen {pl} :: prehistoric men
Urne {f}: የሬሳ አመድ ማኖሪያ: urn, ballot box
Urnen {pl} :: urns, ballot boxes
Urologe {m}: የሽንት ምርመራ ባለሙያ: urologist
Urologen {pl} :: urologists
Urologie {f}: ያባለዘር ጥናት: urology
Urquelle {f}: ዋና ምንጭ: fountainhead
Urquellen {pl} :: fountainheads
Ursache {f}, Grund, Anlaß: ምክንያት፣ ሰበብ: causale, cause
Ursachen {pl} :: causales
Ursprueglichkeit {f}: መጀመሪያነት: nativeness, primitiveness
Ursprung {m}, Anfang: ዘፍጥረት: genesis, origin, source
ursprünglich: በመጀመሪያ: orginal, originally, primordial, pristine, primary, primordially, pristinely
Urstoff {m}: መጀመሪያ ነገር: primary matter
Urteil {n}: ፍርድ: judgement, judgement, judgment, judgment
Urteile {pl} :: judgements, judgments
urteilen: ፈረደ፣ ዳኘ: to judge
urteilsfähig: ጨዋ፣ እሉኝታማ: judicious
Urteilsspruch {m}, Satz: ፍርድ: sentence
Urwald {m}: ጫካ: virgin forest, boondocks
Urzeit {f}: ቀድሞ፣ ድሮ: primitive times
urzeitlich: በመጀመሪያ: primeval, primevally
Urzustand {m}: መጀመሪያ ወቅት: primitive state
usw: ወዘተ.: etc
Utilitie {f}: አጠቃቀም፣ ያጠቃቀም መመሪያ: utility
Utilities {pl}:: utilities
utopisch: ቅዠታዊ: utopian, utopistic

V

vagabundieren: ዞረኛ ሆነ፣ ጆበረ: stray
vaginal: ብልታዊ: vaginal
Vakuum {n}: ባዶ ቦታ: vacuum
Vakuen {pl}:: vacuums
Vamp {m}: ሳጤ ሴት፣ ሸርሙጣ: vamp
Vamps {pl}:: vamps
Vampir {m}: የእንስሳ ዓይነት: vampire
Vampire {pl} :: vampires
variabel: ተለዋዋጭ፣ ተቀያሪ: variable
Variable {f}: በሒሳብ የሥንጠረዥ ዋጋ ተወካይ: variable
Variablen {pl} :: variables
Variablenanzahl {f}: የተወካይ ዋጋው ድምር: amount of variables
Variablenname {m}: የተወካዩ ስም: variablename
Variation {f}, Veränderung: ለውጥ፣ ቅያሬ: variation
Variationen {pl} :: variations
variieren: ተቀያየረ፣ ተለዋወጠ: vary
variierend: ተለዋዋጭ/ ተለዋውጦ: varying
variiert: ልዩ ልዩ: varied
Vasall {m}: ገባር፣ ተከታይ: vassal
Vasallen {pl} :: vassals
Vasallenstaat {m}: የጢሰኞች ሀገር: vassal state
Vasallenstaaten {pl} :: vassal states
Vasallentum {n}: ጢሰኝነት፣ ገባርነት: vassalage
Vase {f}: ቶፋ፣ የገል ሥራ: vase
Vasen {pl} :: vases
Vasektomie {f}: የማምከን ሕክምና ጥበብ: vasectomy
Vasektomien {pl} :: vasectomies
Vater {m}: አባት: father, begetter
Väter {pl}: አባት: fathers, begetters
Vaterhaus {n}: ያባት ወገን/ ቤት: parental home
Vaterland {n}: የትውልድ ሀገር: fatherland, native country
väterlich: አባታዊ: fatherly, paternal, paternally
Väterlichkeit {f}: አባትነት: fatherliness
Vaterliebe {f}: አባታዊ ፍቅር: paternal love
vaterlos: ዲቃላ: fatherless
Vaterschaft {f}: አባትነት፣ ያባት ውርስ: fatherhood, paternity
Vaterschaften {pl} :: fatherhoods, paternities
Vati {m}: አብዬ: daddy
Vegetarier {m, pl}: ተክል ብቻ ተመጋቢ: vegetarian, vegetarians
Vegetarismus {m}: ተክል ተመጋቢነት: vegetarianism
Vegetation {f}: ተክል: vegetations
Vegetationen {pl}: ዕፀዋት: vegetations
vegetativ: ቅጠላቅጠላዊ: vegetal, vegetative, vegetatively
vegetieren: ተክል አደረገ፣ ተከለ: vegetate
vegetierend: ተክል አፍይ/ አፍልቶ፣ ተክሎ: vegetating
vegetiert: ተተካይ/ ተተክሎ: vegetated
Vektor {m}: በሒሳብ የመስመር/ ሠንጠረዥ ክፍልፋይ: vector
Vektoren {pl} :: vectors
velar: ጉሮሯዊ: velar
Velin {n}: ለስላሳ ነጭ: vellum
Velins {pl} :: vellums
Velinpapier {n}: ለስላሳ ወረቀት: vellum paper
Velinpapiere {pl} :: vellum papers
Ventil {n}: የፈሳሽ/ ያየር ማስገቢያ: valve
Ventile {pl}:: valves
Ventilabdeckkung {f}: ያየር ማስገቢያ ግጣም: valve cover
Ventilation {f}: ዓየር/ ነፋስ ማስተካከያ፣ ማቀዝቀዣ: ventilation
Ventilationen {pl} :: ventilations
Ventilator {m}: ዓየር ማራገቢያ: fan, ventilator
Ventilatoren {pl} :: ventilators
ventilieren: አናፈሰ፣ ዓየር አስገባ: ventilate
ventilierend: ነፋስ አስገቢ/ አስገብቶ: ventilating
ventiliert: ተናፋሽ/ ተናፍሶ: ventilated
verabreden: ቀጠረ፣ ቀጠሮ ሰጠ: agree, assign, schedul
verabredet: ቀጠሮ ሰጭ/ ሰጥቶ: scheduled
Verabredung {f}: ቀጠሮ፣ የቀጠሮ ስምምነት: agreement, assignation, scheduling, tryst, appointment
Verabredungen {pl} :: appointments, assignations, trysts
verabscheuen: አስፈራራ፣ አሳፈረ: abhor, abominate, detest, loathe, nauseate
verabscheuend: አሳፋሪ/ አሳፍሮ: abhoring, abhorring, abominating, detesting, loathing, nauseating
verabscheut: አፋራም/ አፍሮ: abhored, abhorred, abominated, detested, loathed, nauseated
Verabscheuung {f}: ማሳፈር: detestation
verabscheuungswürdig: ማፈር ያለበት: abhorrent, abhorrently
verabschieden: አሰናበተ፣ ሸኘ: say good bye
verabschiedend: አሰናባች/ አሰናብቶ: saying good bye
verabschiedet: ተሸኝ/ ተሸኝቶ: says good bye, said good bye
verachten: ናቀ፣ አቄ ለ: despise, disdain, dispise, scorn
verachtend: አቂያይ/ አቂሎ: despising, disdaining, scorning
Verächter {m, pl}: መናኒ፣ ናቂ፣ አቂያይ: despiser
verachtet: መናቅ ያለበት: contemptible, contemptibly
verachtet: ምኑን/ ተንቆ: despised, disdained, scorned

verächtlich: በንቀት፣ ንቀታዊ: abjectly, abjekt, contemptible, contemptuously, despicable, despicably, scornful, scornfully, contemptibly
Verächtlichkeit {f}: ንቀት፣ ምናኔ: contemptibility, sniffiness
Verächtlichkeiten {pl} :: contemptibleness
Verachtung {f}: ንቀት፣ መጠየፍ: contempt, despite, scornfulness
Verachtungen {pl} :: contempts, despites
verallgemeinern: አጠቃለለ፣ ደመደመ: generalize, to make generalizations, universalize
verallgemeinernd: አጠቃላይ/ አጠቃልሎ: generalizing
verallgemeinert: ተጠቃላይ/ ተጠቃልሎ: generalized
Verallgemeinerung {f}: ማጠቃለል: generalization
Verallgemeinerungen {pl} :: generalizations
veralten: አስረጀ፣ አሮጌ አደረገ: become obsolete, antiquate
veraltend: አስረጅ/ አስረጅቶ: antiquating, obsolescent
Veralterung {f}: ማስረጀት፣ እርጅና: obsolescence
veraltet: ቡትት፣ አሮጌ: archaic, obsolete, obsoletely, outmoded, out-of-date, timeworn, dated, became obsolete, obsoletely
veraltet: አሮጌ/ ቦትቶ: antiquated, antiqued
veränderbar, modifizierbar: ተቀያሪ: alterable, modifiable
veränderlich: ተለዋጭ: changeably, fluctuating, mutable, mutably, variably, changeable, changeably, mutably, mutational
Veränderlichkeit {f}: ተቀያያሪነት፣ ተለዋዋጭነት: alterability, changeability, mutability, variability, variableness, changeableness
Veränderlichkeiten {pl} :: alterableness, changefulness, mutableness, variablenesses
verändern: ለወጠ፣ ቀየረ፣ አደሰ: diversify
verändernd: ለዋጭ/ ለውጦ: diversifying, varying
verändert: ተለዋጭ/ ተለውጦ: modified, mutated
Veränderung {f}, Abweichung: ቅያሬ፣ ለውጥ: diversification, mutation, variance
Veränderungen {pl} :: mutations, variances
verankern: ቁሞ/ አርፎ (ለመርከብ): anchored
verankern: አቆመ፣ አሳረፈ (ለመርከብ): anchored
veranlagen: ገመተ: assess
veranlagend: ገማች/ ገምቶ: assessing
veranlagt: ተገማች/ ተገምቶ: assessed
Veranlagung {f}: ግምት፣ ተፈጥሯዊ ችሎታ: habitude, idiosyncrasy, assessment
Veranlagungen {pl} :: assessments, idiosyncrasies
veranlassen, anordnen, verursachen: አነሳሳ፣ ምክንያት ሆነ፣ አንቀሳቀሰ: induce, to bring to, dispose, to cause
veranlassend: አነሳሽ/ አነሳስቶ: inducing, motiving
veranlaßt: ተደላይ/ ተደልሎ: induced, occasioned
Veranlassung {f}: ምክንያት፣ መነሽ: inducement, origination
Veranlassungen {pl} :: inducements
veranschaulichen, demonstrieren, darlegen: አረጋገጠ፣ አስመሰከረ: demonstrate
veranschaulichen: አስተዋወቀ፣ አሳየ፣ ምሳሌ ሰጠ: illustrate
veranschlagen: ገመተ: to estimate
Veranstaltung {f}, Ereignis: ክንዋኔ፣ ድርጊት: event from, event
Veranstaltungen {pl}, Ereignisse:: events from, events
verantwortlich, verpflichtet: ተጠያቂ: accountable, accountably, answerable, liable, liably, responsible, responsible for, liable, accountably, responsibly
Verantwortlichkeit {f}: ተጠያቂነት: accountability, accountableness, liability, responsibility
Verantwortlichkeiten {pl} :: responsibilities
Verantwortung {f}: ውክልና፣ ተጠያቂነት/ ኃላፊነት: response, responsibleness
Verantwortungsbereich {m}: ያላፊነት አካባቢ: area of accountability
verantwortungslos: ደንታቢስ፣ ግዴለሽ: irresponsibly
Verantwortungslosigkeit/en {f/pl}: ደንታቢስነት: irresponsibleness
verarbeitbar: ተሠሪ፣ ሊጠገን ቻይ: processible
verarbeite: ያለቀ፣ የተፈጸመ፣ የተበላ: work up
verarbeiten: አከናወነ፣ ተገበረ፣ አገለገለ: handle, to process
verarbeitend: አከናዋኝ/ አከናውኖ: processing, working up
verarbeitet: ተከናዋኝ/ ተከናውኖ: handled, worked up, processed
Verarbeitung {f}: ትግብር፣ ሥራ፣ አሠራር: manipulation, processing
Verarbeitungen {pl} :: agribusinesses
Verarbeitungsteil {m}: የማከናወኛ አካል: processing section
verärgern: አስቀየመ፣ አናደደ: disgruntle
verärgernd: አስቀያሚ/ አስቀይሞ: disgruntling
verärgert: በጥላቻ: angrily
verärgert: ተናዳጅ/ ተናድዶ: annoyed, disgruntled, peeved
verarmen: አደኸየ፣ አራቆተ: become impoverished, impoverish
verarmend: አራቋች/ አራቁቶ: becoming impoverished
verarmt: ድኃ/ ደኺቶ: became impoverished

Verarmung {f}, Verelendung: መደኅየት፣ ድኅነት: impoverishment, pauperism, pauperization
verausgaben: አወጣ፣ ወጭ አደረገ: expend
verausgabend: አውጭ/ አውጥቶ፣ ወጭ አድርጎ: expending
veräußern: ተናገረ፣ ጠቆመ፣አወሳ: alienate
veräußert: ተጠቋሚ/ ተጠቁሞ: alienated
Verb {n}: ግሥ: verb
verbal: ግሣዊ: verbally
Verband {m}: ማሰሪያ፣ መጠቅለያ፣ ቡድን: bandage, assoc, bandaged
Verbandstoff {m}: መጠቅለያ/ ማሰሪያ ጨርቅ: bandaging material
Verbandszeichen {n}: የቡድን ምልክት: association mark
Verbandszeug {n}: መለዮ: dressing material
Verbandszeuge {pl} :: dressing materials
verbannen, vertreiben: አገለለ፣ አባረረ: banish, dispel
verbannend: አግላይ/ አግልሎ: banning, banishing
verbannt: ተባራሪ/ ተባርሮ: banished, banned
Verbannung {f}: ስደት፣ ተገልሎ: banishment, banishments, ostracism
Verbannungen {pl} :: banishments, expatriations
verbarrikadieren, sperren: አገደ፣ አጠረ፣ ማገጃ ሠራ: barricade
verbarrikadierend: አጋጅ/ አግዶ: barricading
verbarrikadiert: ታፋሽ/ ታፍኖ፣ በእጥር ተጋርዶ: barricaded
Verben {pl}: ግሥ: verbs
verbergen (vor), verstecken: ደበቀ፣ አጠፋ፣ ሰወረ: to conceal (from), dissemble, burrow
verbergend: ደባቂ/ ደብቆ: burrowing, concealing
verbessern, berichtigen, sich bessern, umgestalten: አሻሻለ፣ ተሻሻለ፣ አደሰ፣ ጠገነ: ameliorate, meliorate, mend, rectify, to improve, update, to correct, to reform
verbessernd: አሻሻይ/ አሻሽሎ: ameliorating, emending, improving, meliorating, mending, rectifying, reforming, amending, correctively
verbessert: ተሻሻይ/ ተሻሽሎ: enhanced, improved, meliorated, mended, upgrade, ameliorated, emended, rectified, reformed, topped
Verbesserung {f}, Korrektur, Reform, Neuerung, Berichtigung: መሻሻል፣ ማሻሻል፣ እድሳት፣ ጥገና: amelioration, approvement, betterment, emendation, improvement, melioration, reform, upgrade, correction, amendment
Verbesserungen {pl} :: ameliorations, betterments, corrections, emendations, enhancements, improvements, updates, upgrades
verbesserungsfähig: ማሻሻል/ መሻሻል የሚችል: improvable, reclaimable, reformable
verbeugen: ተገዛ፣ እጅ ሰጠ: bowe
verbeugend: ተገዥ/ ተገዝቶ: bowing, bowed
verbeugt: ተገዥ/ ተገዝቶ: bowed
Verbeugung (vor) {f}: ሽንፈት፣ ድክመት: bow (to) [gesprochen: bau]
verbeulen: ዘራ፣ በተነ፣ አበላሸ: batter
verbiegen: አጠፈ፣ ጠመዘዘ: bend
verbiegend: አጣፊ/ አጥፎ: bend
Verbiegung {f}: መታጠፍ፣ እጥፋት: deflection
Verbiegungen {pl}:: deflections
verbieten: ከለከለ: interdict, prohibit, proscribe, to forbid (forbad[e], forbidden)
verbietend: ከልካይ/ ከልክሎ: forbidding, interdicting, prohibiting, prohibitory, proscribing, tabooing, vetoing
verbilligen: አረከሰ፣ ርካሽ አደረገ: cheapen, reduce in price
verbilligend: አርካሽ/ አርክሶ: cheapening, reducing in price
verbilligt: ርካሽ/ ረክሶ: cheapened, reduced in price
verbindbar: ታሳሪ፣ ተጠቅሳይ: compoundable
verbinden (mit), zusammensetzen, verketten: አጣበቀ፣ አስጠጋ፣ አጣመረ፣ አጠጋጋ፣ አቀናጀ: put through, to connect (to), affiliate, agglutinate, concatenate, conjoin, interconnect, tie, contact, couple, ally, chaine, compound, link, to combine
Verbinden {n}: ግንኙነት፣ ማገናኘት: connecting, splicing
verbindend: አገናኝ/ አገናኝቶ: agglutinating, aligning, associational, conglomerating, conjoining, conjunctive, conjunctively, connectional, joining, linking, connective, connectively, connector
Verbinder {m, pl}: አገናኝ: connector, connectors, merger
verbindlich: በፍቅር፣ ብትኅትና፣ ኅደኛዊ: allying, combinable, obligatory, obliging, bindingly, engagingly, obligingly
Verbindlichkeit {f}, Verpflichtung: ኅድነት: bindingness, commitment
Verbindlichkeiten {pl} :: accounts payable account
Verbindung {f}: ጥምረት፣ ቅንጅት: chaining, compound, conjunction, connection, connexion, fusion, incorporation, interconnection, joint, junction, linked
Verbindungen {pl} :: associations, bonds, conjunctions, connections, connexions, joints, incorporations, interconnections, junctions
Verbindungs-: የመገናኛ፣ የመጋጠሚደ: connecting, interconnecting
Verbindungsbahn {f}: አገናኝ ባቡር: junction line
Verbindungsdauer {f}: የመገናኛ ጊዜ/ ሰዓት: connect time
Verbindungsgang {m}: መተላለፊያ፣ ማስተላለፊያ: connecting passage, vestibule

Verbindungskabel {n}: ማገናኛ መስመር: drop, cable, trunk cable, connecting cable
Verbindungsmann {m}: አገናኝታ: go between
Verbindungspunkt {m}: የመገናኛ ነጥብ: juncture
Verbindungspunkte {pl} :: junctures
Verbindungsstraße {f}: አገናኝ መንገድ: communication road
verbissen: በንዴት፣ በቁጭት: dogged, doggedly
Verbissenheit {f}: ብስጭት: doggedness
verbitten: እምቢ አለ፣ ታበየ: refuse to tolerate
verbittern: አስቆጨ፣ አናደደ፣ አስቆጣ: acerbate, embitter
verbitternd: አናዳጅ/ አናድዶ: acerbating, embittering, filling with bitterness
verbittert: ተናዳጅ/ ተናድዶ: embittered, acerbated, filled with bitterness
Verbitterung {f}: ብስጭት/ ቁጣ: embitterment
Verbitterungen {pl} :: embitterments
verblenden: አንጸባረቀ፣ ዕይታ ነሳ፣ ጋረደ: blindfold
verblendend: አንፀባራቂ/ አንፀባርቆ: blending
verblöden: አሞኘ፣ አሳገጠ: go gaga
verblüffen: ጸጥጥ/ ዝምም አሰኘ፣ አሳፈረ፣ አፍ አስያዘ: amaze, astound, baffle, dumbfound, flabbergast, flummox, nonplus, stupefy, to puzzle, baffle
verblüffend: አሳፋሪ/ አሳፍሮ: astounding, flabbergast, flabbergasting, graveling, nonplussing, stumping, stupefying, amazingly
verblüfft: ተገራሚ/ ተገርሞ: flabbergasted, perplexedly, stupefies, astounded, dumbfounded, graveled, nonplussed, perplexingly, stumped
Verblüffung {f}: መገረም፣ ግርማት: amazement
verblühen: አበበ፣ ፈነደቀ: wither
verblühend: አባቢ/ አብቦ: withering
verbluten: ደም አፈሰሰ፣ ደሙ ፈስሶ ሞተ: bleed to death
verborgen: ስውር፣ ድብቅ፣ ስውር: concealed, crypt, cryptic, cryptly, latent, occult
Verborgenheit {f}: ምሥጢራዊነት: clandestineness, concealment
Verbot {n}, Bann: መከልከል፣ እገዳ፣ ክልከላ: forbiddance, forbiddingness, interdiction, prohibition, proscription, ban
Verbote {pl} :: forbiddances, interdictions, prohibitions, bans
verboten: ክልክል/ ተከልክሎ: forbidden, interdicted, prohibited, tabooed
Verbotsschild {n}: የመከልከል ምልክት: prohibition sign
Verbotsschilder {pl}:: prohibition signs
verbrannt: አራራ/ አርሮ: burnt, incinerated, scorched, deflagrated
Verbrauch {m}: አጠቃቀም: consumption
verbrauchen: ተጠቀመ: consume, dissipate, to waste
verbrauchend: ተጠቃሚ/ ተጠቅሞ: consuming, consummative, consumptively
Verbraucher {m}: ተጠቃሚ: consumer
Verbrauchermarkt {m}: የችርቻሮ ገበያ: consumer market
Verbrauchssteuer {f}: የተጠቃሚ ቀረጥ: excise duty
Verbrauchssteuern {pl}:: excise duties
verbraucht: አላቂ/ አልቆ: consumed, consumes
Verbrechen {n}: ወንጀል: crime, felonies, felony, wrongdoing, wrongdoings
Verbrecher {m, pl}: ወንጀለኛ: felon, felons, criminal, criminals
Verbrecherin/nen {f/pl}: ወንጀለኛ: criminals
verbrecherisch: ወንጀላዊ: felonious, criminally, feloniously
Verbrechertum {n}: ወንጀለኛነት: criminality
verbreiten: አስፋፋ፣ ተስፋፋ: bandy, bruit, diffuse, disseminate, propagate, vulgarize
verbreitend: ተስፋፊ/ ተስፋፍቶ: bandying, bruiting, diffusing, disseminating, propagating, vulgarizing
Verbreiter {m, pl}: ማሰራጫ፣ ማስፋፊያ: circulator, circulators, propagator, utterer, utterers
verbreitern: አስፋፋ: broaden
verbreiternd: አስፋፊ/ አስፋፍቶ: broadening
verbreitert: ተስፋፊ/ ተስፋፍቶ: broadened, propagated, bandied, bruited, diffused, disseminated, propagated, vulgarized
Verbreitung {f}: ስርጭት: diffusion, diffusiveness, dispersiveness, dissemination, divulgation, divulgence, Propagation
verbrennen: አቃጠለ፣ አነደደ: incinerate, scorch, deflagrate
verbrennend: አቃጣይ/ አቃጥሎ: incinerating, scorching, deflagrating
Verbrennung {f}: ቃጠሎ ፣ መቃጠል: combustion, torridness
Verbrennungen {pl} :: burnings, combustions
Verbrennungsmaschine {f}: ማቃጠያ ማሽን: internal combustion engine
Verbrennungsmaschinen {pl} :: internal combustion engines
Verbrennungsmotor {m}: ማቃጠያ ሞተር: combustion engine
Verbrennungsofen {m}: ምድጃ: combustion, furnace, incinerator
Verbrennungsöfen {pl} :: incinerators
verbriefen: ማረጋገጫ ሰጠ፣ አረጋገጠ: confirm by documents
verbriefend: አረጋጋጭ/ አረጋግጦ: confirming by documents
verbringen: አሳለፈ፣ አጠፋ: spend
Verbrüderung {f}: ማወዳጀት: fraternization
Verbrüderungen {pl} :: fraternizations
verbrühen: በእንፋሎት/ ግለት ተቃጠለ፣ ተለኮሰ: scald, scald
verbrühend: አቃጣይ/ አቃጥሎ: scalding
verbrüht: ተለኳሽ/ ተለኩሶ: scalded
verbummeln: በከንቱ አሳለፈ/ አጠፋ: idle away
verbummelnd: ዘንጊ/ ዘንግቶ: idling away

verbummelt: ሰነፍ/ ሰንፎ: idled away
Verbund {m}: ድብልቅ፣ውኁድ: compound structure, compound
verbunden: አጠጋጋ፣ አገናኘ፣ አያያዘ: adjunctive, adjuratory, aligned, associated, chained, conjoined, conjoint, connected, incorporated, joined, merged
verbünden: አቀዳጀ፣ አጣመረ፣ አዋኀደ: confederate, federalize
verbündend: አዋኃጅ/ አዋኀዶ: federalizing, leaguing
verbündet: በድን ፈጣሪ/ አድሞ፣ ቦድኖ: allied, confederated, confederative, federalized, leagued, allied, leagued, federated
Verbündete {m, f}: ወዳጅ፣ አዳሚ: ally
verbürgen: ዋስትና ሰጠ፣ ተዋሰ: vouch
verbüßen: ተገዛ፣ አገለገለ: serve a sentence
verbüßend: አገልጋይ/ አገልግሎ: serving a sentence
verchromen: ነቅለ: አወጣ: chrome-plate
Verdacht {m}: ጥርጣሬ: suspicion
Verdachte {pl} :: suspicions
verdächtigen: ጠረጠረ፣ አማ: suspiciously
verdächtigend: ጠርጣሪ፣ አሚታ/ አምቶ: suspecting
verdächtigt: ተጠርጣሪ፣ ታሚታ/ ታምቶ: suspecting
Verdächtigung/en {f/pl}: ጥርጣሬ: suspicions
Verdachtsmoment {n}: የጥርጣሬ ወቅት: suspicious fact
Verdachtsmomente {pl} :: suspicious facts
verdammen: ኰነነ፣ አወገዘ፣ ረገመ: damn
verdammend: ኩናኒ/ኩንኖ: damning, condemnatory
verdammenswert: መወገዝ ያለበት: condemnable, damnable
verdammt ähnlich: ፍጹም ተመሳሳይ: bloody similar
verdammt: ርጉም፣ ፍጹም: cursedly
Verdammung {f}: ርግማን፣ ውግዘት: condemnation, damnation
Verdammungen {pl} :: damnations
verdampfen: እንፋሎት አወጣ፣ አተነነ: vaporize
verdampfend: አትናኝ/ አትንኖ: evaporating, vaporizing
Verdampfer {m}: ማትነኛ: evaporator
verdampft: ተናኝ/ ተንኖ: evaporated, vaporized
Verdampfung {f}: ትነት፣ እንፋሎት: vaporization
verdanken: አመሰገነ፣ ባለውለታነቱን አሳወቀ: to owe
verdankend: አመስጋኝ/ አመስግኖ: owing
verdauen: አመነዠከ፣ አወጣ አወረደ፣ አምኖ ተቀበለ: to digest
verdauend: አመንዣኪ/ አመንዥኮ: digesting
verdaulich: ተመንዣኪ፣ ተዋጭ: easy to digest
Verdaulichkeit {f}: ተመንዣኪነት: digestibility
Verdauung {f}: ማመንዠክ: digestion
verdauungsfördernd: መላመጥ/ መታሰብ ያለበት: digestive
Verdauungsstörung {f}: የማድቀቅ/ ማመንዠክ ችግር/ ብልሽት: dyspepsia, indigestion
Verdauungsstörungen {pl} :: indigestions
Verdeck {n}: ከለላ፣ ግርዶሽ: folding top, deck
verdeckbar: ተጋራጅ፣ ተከላይ: concealable
verdecken: ጋረደ፣ አለባበሰ: to screen
verdeckend: አለባባሽ/ አለባብሶ: blanketing
Verdecker {m}: ጋራጅ/ መጋረጃ: concealer
verdeckt: ሰውር/ ተሰውሮ፣ ተጋርዶ: hooded, blanketed
Verderben {n}: ብልሽት: banes, perdition, perditions, vitiation, bane
verderben: አበላሰ፣ አበሰበሰ: addle, barbarize, debauch, deprave, taint, to spoil, vitiate
verderbend: አበላሽ/ አበላሽቶ: addling, barbarizing, corrupting, debauching, depraving, spoiling, tainting, vitiating, wracking
Verderber {m, pl}: አበላሽ፣ ስሜት ዘጊ: spoiler, spoilers
verderblich: ብልሹ፣ ብልሽታዊ፣ ጎጅ፣ አስጸያፊ: baleful, balefully, baneful, banefully, pernicious, perniciously, perversive, ruinous, noxious, perishable, pervertible, ruinously
Verderblichkeit {f}: ጎጅነት፣ ብክለት/ ብልሽት: balefulness, putridness, ruinousness, perishableness
Verderbtheit {f}: ብኩንነት፣ መዝበራ: corruptness, depravity, putridity
Verdichten {n}: መዝጋት፣ መጠቅጠቅ: packing
verdichten: ወተፈ፣ ጠቀጠቀ: concondense, solidify
verdichtend: ወታፊ/ ወትፎ: solidifying
verdichtet: ውትፍ/ ተወትፎ: condensed, solidified
Verdichtung {f}: ወተፍ፣ መወተፊያ: compaction, condensation
Verdichtungen {pl} :: condensations
verdicken: አወፈረ፣ አደለበ፣ ቀለበ: thicken, thicken
verdickend: አወፋሪ/ አወፍሮ: thickening
verdickt: ወፍራም/ ወፍሮ: thickened
verdienen: አተረፈ፣ ደመወዝ ተቀበለ: earn, deserve, to deserve
verdienend: አትራፊ/ አትርፎ: deserving, earning, meriting
Verdienst {m}: ክብር፣ ጥሩ አስተዋጽኦ: merit, meritoriousness, earnings
Verdienste {pl} :: merits
Verdienstausfall {m}: ገቢ መቀነስ/ መተው: loss of earnings
verdienstlich: ክብራዊ: meritorious, meritoriously
verdienstvoll: ባለክብር: deserving, meritorious, meritoriously
verdient: ገቢ/ ተገኝ/ ተገኝቶ: deserved, earned, merited

verdientermassen: በገቢው መጠን፣ እንደእየሥራው: deservedly

verdingen: ሥራ ሰጠ፣ የሥራ ውል ተዋዋለ: hire out

verdingend: ቀጣሪ/ ቀጥሮ: hiring out

verdingt: ተቀጣሪ/ ተቀጥሮ: hired out

verdoppeln: በሁለት አበዛ፣ ጥንድ/ እጥፍ ጨመረ: redouble, reduplicate, to double

verdoppelnd: በእጥፍ ጨማሪ/ ጨምሮ: doubling, redoubling

verdoppelt: በሁለት ተባዥ/ ተባዝቶ: doubled, redoubled, reduplicated

Verdoppelung {f}: በእጥፍ ጭማሬ: reduplication

Verdoppelungen {pl} :: doublings

verdorben: ጉቦኛ፣ ብኩን፣ አባካኝ/ አባክኖ: corrupt, corruptly, debauched, depraved, putrid, putridly, spoiled, tainted

verdrahten: ጠመዘዘ: wire

verdrahtend: ጠምዛዥ/ ጠምዝዞ፣ ጠምዞ አገናኝቶ: wiring

verdrahtet: ተጠምዛዥ/ ተጠምዝዞ: wired

Verdrahtung {f}: ጥምዝዝ: wiring

verdrängen: አስወገደ፣ ገፈተረ፣ ለመርሳት ሞከረ: oust, supplant

verdrängend: አስወጋጅ/ አስወግዶ: displacing, ousting, supplanting

verdrängt: ተወጋጅ/ ተወግዶ: ousted, supplanted, displaced

Verdrängung {f}: ለመርሳት መሞከር: extrusion

verdrehen: አዛወረ/ አዞረ፣ ጠመዘዘ: contort, distort, misrepresent, pervert, sophisticate, twist

verdrehend: ጠምዛዥ/ ጠምዝዞ: contorting, contortive, distorting, misrepresenting, perverting, skewing, sophisticating, twisting

verdreht: ዘዋራ፣ ወልጋዳ: contorted, distorted, misrepresented, perverted, skewed

Verdrehtheit {f}: ጠዋራነት፣ አደናጋሪነት: craziness

Verdrehung {f}: ማዞር፣ አዙሪት፣ዙሪያ: contortion, peversion, torsion

Verdrehungen {pl}:: contortions, perversions, torsions

verdreifachen: በሦስት አበዛ፣ በሦስት እጥፍ አሳደገ: treble

verdreifachend: በሦስት አብዥ/ አባዝቶ: tripling, triplicating

verdreifacht: በሦስት ተባዥ/ ተባዝቶ: trebled, triplicated, tripled

Verdreifachung {f}: በሦስት ማባዛት: triplication

verdreschen: አጋጨ፣ አፋጨ፣ተፋናጠረ: thrash, soundly, lam, larrup, thresh

verdreschend: አፋጪ/ አፋጭቶ: larruping, thrashing soundly

verdreschte: ተጋጭ/ ተጋጭቶ: thrashed soundly

verdrießlich: አይጠዳሽ፣ አንዝናኝ፣ ቁጡ: glum, peevish, peevishly, splenetic, surlily, peevish, glumly, morosely, peevishly, surlier

Verdrießlichkeit {f}: አነዝናኝነት: crabbedness, crossness, fretfulness, glumness, grumpiness, irksomeness, moroseness, peevishness, surliness

verdroschen: ብስጩ/ ተበሳጭቶ፣ ተናድዶ: threshed, querulous, querulously

Verdrossenheit {f}: ብስጭታማነት፣ ብስጭት: querulousness, sullenness

verdrucken: አበላሽቶ አተመ: misprint

verdrücken: ጨፈለቀ፣ በላ: stow away, stow

verdruckend: አበላሽቶ አታሚ/ አትሞ: misprinting

verdrückend: ጨፍላቂ/ ጨፍልቆ: stowing, stowing away

verdrückt: ተጨፍላቂ/ ተጨፍልቆ: stowed, stowed away

verdruckt: ተበላሽቶ ታታሚ/ ታትሞ: misprinted, misprinted

Verdruß {m}: ድንጋጤ: annoyance

verduften: ሽቶ ረጨ፣ ጥሩ ሽቶ አረበረበ: beat it, vamoose

verduftend: ሽቶ ረጭ/ ረጭቶ: beating it

verdummen: አደነቆረ፣ አደነዘዘ: make-stupid

verdummt: ደንቆሮ/ ደንቁሮ፣ ደንዞ: made-stupid

verdunkeln: ጋረደ፣ አጨለመ: becloud, darken

verdunkelnd: አጨላሚ/ አጨልሞ: beclouding, darkening, dimming, obscuring, obscuringly

verdunkelt: ጨለማማ/ ጨልሞ: darkened, beclouded, dimmed, obscured

Verdunkelung {f}: ማጨለም: obfuscation, obscuration

verdünnen: አቀጠነ፣ አለሰለሰ: dilute

verdünnend: አቅጣኝ/ አቅጥኖ: diluting, rarefying, thinning

Verdünner {m}: አቅጣኝ/ ማቅጠኛ: diluter

verdünnt: ቅጥን/ ቀጥኖ: rarefield, diluted, rarefied, thinned

Verdünnung {f}: ማቅጥን/ ማቅጠኛ: dilution, rarefaction

Verdünnungsmittel {n}: እርሾ/ ማቅጠኛ ነገር: diluent

Verdunstbarkeit {f}: ትነታማነት: volatileness

verdunsten: አተነነ: evaporate

verdunstend: አትናኝ/ አትንኖ: evaporating

verdunstet: ተናኝ/ ተንኖ: evaporated

verdursten: በውሐ ጥም/ በድርቅ ሞተ/ አለቀ: die with thirst

verdurstend: በድርቅ አላቂ/ አልቆ: dying with thirst

verdurstet: በድርቅ አላቂ/ አልቆ: died with thirst

verdutzen: አደናገረ፣ አስደነገጠ: disconcert

verebben: በቀስታ ደወለ: ebb away

veredeln: አሞካሸ፣ አጋነነ፣ ወለወለ: graft, purify

veredelnd: አሞካሽ/ አሞካሽቶ: grafting

veredelnt: ተሞካሽ/ ተሞካሽቶ: grafted

Veredelung {f}: ማሞገስ/ ማሞካሸት: refinement
Veredelungsindustrie {f}: መገጣጠሚያ ፋብሪካ: finishing industry
Veredelungsindustrien {pl} :: finishing industries
verehren: አከበረ፣ ክብር ሰጠ: enshrine, revere, venerate
verehrend: አክባሪ/ አክብሮ፣ ባክብሮት: adoring, enshrining, revering, venerating, worshiping, worshipful, worshipfully
Verehrer {m, pl}: አወዳሽ/ አሞጋሽ: admirer, votary, worshiper, worshipper, worshippers, votaries, worshipers
verehrte: ክቡር/ ተከብሮ: enshrined, revered, venerated, worshiped
Verehrung {f}: መከበር፣ ሙገስና: enshrinement, veneration, worship
Verehrungen {pl} :: enshrinements, venerations, worships
verehrungswürdig: ክብር የሚገባው/ መከበር ያለበት: adorably
Verein {m}: ክበብ፣ ማኅበር: club
Vereine {pl} :: clubs
vereinbaren: ተዋዋለ: compatibly, agree upon, stipulate, declare
vereinbarend: ተዋዋይ/ ተዋውሎ: arranging, stipulating, stipulatory
Vereinbarkeit {f}: ተዋዋይነት፣ ተስማሚነት: reconcilableness
vereinbart: ተዋዋይ/ ተዋውሎ: agreed, concerted, stipulated
Vereinbarung {f}: መዋዋል፣ ውል: acknowledge, agreement, convention, declaration, stipulation
Vereinbarungen {pl} :: agreements, stipulations
Vereinbarungszeichen {n}: የውል ምልክት: declarator
vereinen: አዋኀደ፣ አንድ አደረገ: join
vereinend: አዋኀጅ/ አዋኅዶ: unifying
vereinfachen: ቀላል አደረገ/ አቀለለ፣ አቃለለ: deskill, simplify
vereinfachend: አቃላይ/ አቃልሎ: simplifying
vereinfacht: ተቃላይ/ ተቃልለ:: simplified
Vereinfachung {f}: ማቃለል፣ መቃለል: simplification
Vereinfachungen {pl} :: simplifications
vereinheitlichen: አስተካከለ፣እኩል አደረገ: unify
vereinheitlicht: ተስተካካይ/ ተስተካክሎ: unified
Vereinheitlichung {f}: ማስተካከል፣ እኩል ማድረግ: unification
Vereinheitlichungen {pl} :: unifications
vereinigen: ተቧደነ፣ ቡድን ፈጠረ/ ሠራ: ally, amalgamate, associate, incorporate, rejoin, unite
vereinigend: ተዋዳጅ/ ተወዳጅቶ: allying, amalgamating, associating, banding, brigading, confederating, incorporating, pooling, rejoining, unifying, uniting
vereinigt, verbunden: ተባባሪ/ ተባብሮ: associated, corporately, united, associated, amalgamated, banded, brigaded, coalesced, confederated, incorporated, rejoined, unified
Vereinigte {m, f, n}: ውኁድ፣ አንድነት: federal, Federal
Vereinigung {f}, Gesellschaft, Verband: ማኅበር: association, coalescence, coalition, consortium, federation, union, amalgamation
Vereinigungen {pl} :: associations, coalescences, coalitions, consortia, federations, unions
vereinsamen: አደለለ፣ ብቸኛ/ ባይትዋር አደረገ/ ሆነ: grow lonely
vereinsamend: አግላይ/ አግልለ: : growing lonely
vereinsamt: ብቸኛ፣ ብቸኛ ሁኖ፣ በትውሮ: grew lonely, grown lonely
Vereinswesen {n}: ማኅበር: clubs and societies
vereint: ውኁድ፣ አንድ: conjunct
vereisen: ገገረ: ice
vereisend: ገጋሪ/ ገግሮ: icing
vereiteln: አሰናከለ፣ አከሸፈ: blight, thwarted
vereitelnd: አክሻፊ/ አክሽፎ: blighting, foiling
vereitelt: ከሻፊ/ ከሽፎ: blighted, foiled
Vereitelung {f}: ማክሸፍ: circumvention
Vereitelungen {pl} :: circumventions
vereitern: አመገለ፣ አደማ፣ አቆሰለ: ulcerate
Vereiterung {f}: መቁሰል/ ማቁሰል፣ ማድማት/ መድማት: suppuration
Vereiterungen {pl} :: suppurations
verelenden: አደኸየ፣ አጎሳቀለ: sink into poverty
verelendend: አደኽይ/ አደኽይቶ: sinking into poverty
verelendet: ድኃ/ ደኸቶ: sunk into poverty
Verengung {f}: ማጣበብ፣ ማጥበብ: stricture
Verengungen {pl} :: isthmuses
vererbbar: ተወራሽ፣ ተላላፊ: inheritable
Vererbung {f}: መውረስ፣ ውርስ: heredity
Vererbungsgesetz {n}: የውርስ ሕግ: mendelian law
vererzen: ብረት አቀለጠ: mineralize
vererzend: አንጣሪ/ አንጥሮ: mineralizing
vererzt: ነጣሪ/ ነጥሮ: mineralized
verewigen: ዘለዓለማዊ አደረገ: perpetuate, eternalize, immortalize
verewigend: ዘለዓለማዊ አድራጊ/ አድርጎ: eternalizing, immortalizing, perpetuate, perpetuating
verewigt: ዘለዓለማዊ ኋኝ/ ኹኖ: eternalized, immortalized, perpetuated
Verewigung {f}: ዘለዓለማዊ ማድረግ: perpetuation
verfahren: አካሄደ: proceed, proceeding
Verfahrenseinstellung {f}: ሂደቱን ማቋረጥ: abatement of action
verfahrensorientiert: ሂደታዊ፣ ተካሂዶ: procedural, procedure-oriented
Verfahrenstechnik {f}: ሲቪል እንጅነሪንግ: process engineering

Verfall {m}: **ድቀት፣ ብልሽት**: decadence, decadences, dilapidation, disrepair, expiration
Verfalldatum {n}: **መጣያ/ መውደቂያ ቀን**: expiration date
verfallen: **ተበላሸ፣ በሰበሰ**: decay, expire
verfallend: **ተበላሸ/ ተበላሽቶ**: decaying
Verfallstag {m}: **መውደቂያ ዕለት**: expiry date
Verfallszeit {f}: **መውደቂያ ጊዜ**: due date
Verfallszeiten {pl} :: due dates, maturities
verfälschen: **አሳሳተ፣ አጭበረበረ፣ በውሸት አስመሰለ**: adulterate, bastardize, sophisticate
verfälschend: **አሳሳች/ አሳስቶ**: adulterating, bastardizing, falsifying, shamming, sophisticating
Verfälscher {m, pl}: **አጭበርባሪ፣ አታላይ**: adulterator, adulterators
verfälscht: **ተበላሸ፣ በውሸት ተቀጅ/ ተቀድቶ**: adulterated, bastardized, falsified
Verfälschung {f}: **የውሸት ቅጅ**: bastardization, adulteration
Verfälschungsmittel {n}: **ማሳሳቻ ዘዴ**: adulterant
verfangen: **ተያዘ፣ ተገኘ**: be caught
verfangend: **ተጠማጅ/ ተጠምዶ፣ ተይዞ**: being caught
verfänglich: **አሰቀያሚ፣ አጠራጣሪ**: captiously
Verfänglichkeit {f}: **አስቀያሚነት**: captiousness, catchiness
verfärben: **ቀለም ቀባ/ ቀየረ**: change colour
verfärbt: **ቀለም ተቀቢ/ ተቀብቶ**: changed colour
verfärbt: **ቅብ**: discolored
Verfärbung {f}: **ቀለም ቅብ**: discoloration
Verfärbungen {pl} :: discolorations
verfassen: **ደረሰ፣ ጻፈ**: pen, write
verfassend: **ደራሲ/ ደርሶ፣ ጽፎ**: penning
Verfasser {m, pl}, Schriftsteller: **ጸሐፊ፣ ደራሲ**: author, drafter, essayist, writer
Verfasserin {f}, Schriftstellerin: **ጸሐፊ**: authoress
Verfasserinnen {pl}, Schriftstellerinnen:: authoresses
Verfasserschaft {f}: **ደራሲነት**: authorship
verfaßt: **ተደራሲ/ ተደርሶ**: penned
Verfassung {f}: **ሕግ፣ ሥርዓት**: fettle
Verfassungen {pl} :: polities
Verfassungsänderung {f}: **የሕግ ለውጥ**: constitutional amendment
Verfassungsmässigkeit {f}: **ሕጋዊነት**: constitutionality
verfassungswidrig: **ኢሕጋዊ**: unconstitional
verfaulen: **አሰነፈ፣ አለተተ፣ ለተተ**: fester, rot
verfaulend: **አልታች/ አልትቶ**: festering, rotting
verfault: **ሰነፍ/ ሰንፎ**: putrid
verfault: **ሰነፍ፣ ታካች**: putridly, rotten, festered, rotted
verfechten: **ተዋጋ፣ ታገለ፣ ተከራከረ**: stickle, advocate
verfechtend: **ተከራካሪ/ ተከራክሮ**: advocating, championing, stickling
Verfechter {m, pl}: **ተከራካሪ፣ ረዳት፣ ወኪል**: asserter, asserters, assertor, assertors, maintainer, stickler, sticklers
Verfehlung {f}: **ድቀት፣ ብልሽት**: lapse, misconduct
verfeinden: **ጠላት ፈጠረ**: make-enemies-of
verfeindend: **ጠላት ፈጣሪ/ ፈጥሮ**: making-enemies-of
verfeindet: **ጠበኛ/ ተጣልቶ**: made-enemies-of
verfeinern, verbessern: **አለዘበ፣ አለሰለሰ፣ አሻሻለ**: rarefy, refine, to hone
verfeinernd: **አሠልጣኝ/ አሠልጥኖ፣ አለስልሶ**: culturing, rarefying, refining
verfeinert: **ተሻሻይ/ ተሻሽሎ**: refined, rarefied
Verfeinerung {f}: **መለሳለስ፣ ማሻሻል**: refinement
Verfeinerungen {pl} :: refinements
verfemen: **አባረረ፣ አገለለ**: ostracize
Verfemung {f}: **ግልያ፣ ግዞት**: outlawry
Verfemungen {pl} :: outlawries
Verfertiger {m}: **አከናዋኝ፣ ሠራተኛ፣ ሠሪ**: maker
verfeueren: **አጋየ፣ ለበለበ፣ ጨርሶ አጠፋ**: use up
verfeuernd: **ጨራሽ/ ጨርሶ**: using up
verfeuert: **አላቂ/ አልቆ፣ ጠፍቶ**: used up
verfinstern: **ዘጋጋ፣ አጨላለመ፣ ጭልምልምም አደረገ**: eclipse, obfuscate
verfinsternd: **አጨላሚ/ አጨልሞ**: eclipsing, obfuscating
verfinstert: **ዝግ/ ተዘግቶ**: eclipsed, obfuscated
verfliegen: **በነነ**: fly away
verfließen: **ተመመ፣ ተጓዘ፣ ጓነ፣ ነጎደ**: lapse
verfließend: **ተጓዥ/ ተጉዞ**: elapsing, lapsing
verflixt: **አስቸጋሪ፣ አጸገኛ፣ መጥፎ**: confoundedly, darned
verflogen: **በንኖ፣ ጠፍቶ**: flown away
verflossen: **አላፊ/ አልፎ**: elapsed, lapsed
verfluchen: **ረገመ፣ መጥፎውን ተመኘ**: hex, to curse
verfluchend: **ረጋሚ/ ረግሞ**: cussing
verflucht: **ውጉዝ፣ ርጉም/ ተረግሞ**: accursed, cursed, cussed, accursedly, hexed
verflüchtigen: **አተነነ፣ ወደጋዝ ቀየረ/ አመጣ/ መለሰ**: volatilize
verflüchtigend: **አትናኝ/ አትንኖ**: volatilizing
verflüchtigt: **ተናኝ/ ተንኖ**: volatilized
verflüssigen: **አቀለጠ፣ ወደፈሳሽነት ቀየረ/ ለወጠ**: liquefy, fluidify
verflüssigend: **አቅላጭ/ አቅልጦ**: liquefying
verflüssigt: **ቀላጭ/ ቀልጦ**: liquefied
Verflüssigung {f}: **ማቅጠን**: liquefaction
verfolgbar: **ተባራሪ**: pursuable
verfolgen, heimsuchen: **አባረረ፣ አራወጠ**: follow up, haunt, persecute, to pursue, to track, trace, obsess
verfolgen: **ዓላማውን ሳተ፣ ተሳሳተ**: pursue

verfolgend: አባራሪ/ አባርሮ: dogging, haunting, persecuting, trailing, pursuing, trailing, persecutive
Verfolger {m, pl}: አባራሪ፣አዳኝ: chaser, follower, haunter, persecutor, pursuer, haunters
verfolgt: ተባራሪ/ ተባርሮ: chased, haunted, persecuted, pursued
Verfolgung {f}: ክትትል: besetment, chase, persecution, pursuance, pursuit, tracing
Verfolgungen {pl}:: besetments, pursuances, huntings
Verformung {f}: ልዩ ቅርጽ: deformation
Verfremdung {f}: ብትውርና፣ ተገልሎ ፣ ባዳነት: disassociation, alienation
verfrieren: ቀዘቀዘ፣ገገረ፣ ከረረ: am chilled through, be chilled through
verfrierend: ገጋሪ/ ገግሮ: being chilled through
verfroren: ግግር፣ ገጋሪ/ ገግሮ: chilled through
verfügbar: ቅርብ፣ መቅረብ የሚችል: available, disposable, on-hand, available, availably
Verfügbarkeit {f}: ተቀራቢነት: disposability
Verfügbarkeiten {pl}:: availableness
Verfügbarkeitsdatum {n}: መቅረቢያ ዕለት: availability date
verfügen (über): አዘጋጀ፣ አሰናዳ፣ አስማሚ፣ አቀረበ: enact, to dispose of
verfügend: አቅራቢ/ አቅርቦ: disposing, enacting
verfügt: ተቀራቢ/ ቀርቦ: disposed
Verfügung {f}: አቅርቦት: disposal, domain, decree
Verfügungsfreiheit {f}: ነፃ አቅራቦት/ ይዞታ: free disposition
Verfügungsrecht {n}: የይዞታ መብት: right of disposal
Verfügungsrechte {pl} :: rights of disposal
verführbar: ተሳቢ፣ ተጎታች፣ ተማራኪ: seducible
verführen: አሳሳተ፣ አጭበረበረ: seduce, debauch, ensnare, inveigle, seduce
verführend: አሳሳች/ አሳስቶ: debauching, ensnaring, inveigling, seducing
Verführer {m, pl}: አታላይ፣ አጭበርባሪ፣ ማራኪ/ ሳቢ: debaucher, ravisher, seducer, seducers, debauchers, seductress
Verführerin/nen {f/pl}: ሸርሙጣ: seductresses
verführerisch: ማራኪ፣ ሳቢ፣ ቆንጆ: beguiling, seductive, seductively, seductive, seductively
verführt: ተሳቢ፣ ተታላይ/ ተታልሎ: ensnared, debauched, inveigled, seduced
Verführung {f}: ማሳሳት/ መሳሳት፣ ማታለል/ መታለል: seducement, seduction
Verführungen {pl} :: seducements, seductions
vergaffen: ተዋደደ፣ ተፋቀረ: be smitten with, smitten
vergaffend: ተዋዳጅ/ ተዋድዶ፣ ተፋቅሮ: being smitten with
vergällen: አበላሸ፣ በከለ: denature
vergällend: በካይ/ በክሎ: denaturing
vergällt: ተባላሸ/ ተበላሽቶ: denatured
vergammeln: አረጀ፣ ረሳ፣ በሰበሰ: go to seed
vergammelnd: አሮጌ/ አርጅቶ: going to seed
vergangen: አላፊ/ አልፎ: bygone, past
vergangenes Jahr: ባለፈው ዓመት: last year
Vergangenheit {f}: ቀደም፣ ድሮ: foretime, yesterdays, past
vergänglich: ኃላፊ: perishably
Vergänglichkeit {f}: ኃላፊነት፣ ቀሪነት: perishability, transience, transitoriness
Vergänglichkeiten {pl} :: transiency
vergasen: በመርዝ ፈጀ/ ጨፈጨፈ፣ መረዘ: carbured, gasify
Vergaser {m}: በጋዝ ገዳይ: carbureter, carburettor
Vergasung {f}: በመርዝ መፍጀት: carburation, gasification
vergeben: ማረ፣ ይቅር አለ: place with
vergebend: መሀሪ/ ምሮ: forgiving
vergebens: በነፃ፣ ያለምንም: for nothing, in vain
vergeblich: በከንቱ፣ በድንገት፣ ባጋጣሚ፣ አጋጣሚያዊ: in vain, unavailing, unavailingly, vain, vainly, futilely, unavailingly
Vergeblichkeit {f}: ምንምነት፣ ባዶነት: futility, vainness
Vergebung {f}: ይቅርታ፣ ምኅረት: forgiveness, remission
Vergebungen {pl} :: forgivenesses, pardons, remissions
vergegenwärtigen: አስታወሰ፣ በምሳሌ አሳየ: bring to mind, envision
vergegenwärtigend: አስታዋሽ/ አስታውሶ: bringing to mind, envisioning
vergegenwärtigt: ትዝዝ ባይ/ ብሎ ፣ ታስቦ: brought to mind, envisioned
Vergegenwärtigung {f}: ማስታወስ፣ ትውስታ፣ ትዝታ: realization
Vergegenwärtigungen {pl} :: visualizations
Vergehen {n}: ወንጀል፣ በደል: delinquency, malfeasance, misdemeanor, misdoing, offence, offense, delinquencies
vergehen: አለፈ፣ ሄደ፣ ነጎደ: to pass off
vergeistigen: መንፈሳዊ አደረገ፣ ካነ: spiritualize
vergeistigend: መንፈሳዊ አድራጊ/ አድርጎ: spiritualizing
vergeistigt: መንፈሳዊ ኂኝ/ ሁኖ: spritualized
Vergeistigung {f}: መንፈሳዊነት: etherealness, spiritualization
vergelten: ተበቀለ፣ በቀል ተወጣ: repay, reciprocate, requite, retaliate
vergeltend: ተበቃይ/ ተበቅሎ: reciprocating, requiting, retaliating, retaliative, retributive, rewarding, repaying, retributory, retributively
Vergeltung {f}: በቀል: quittance, repayment, requital, retribution
Vergeltungen {pl} :: retaliations, retributions, vengeances, requitals
Vergeltungsmaßnahme {f}: የበቀል እርምጃ: retaliatory measure

Vergeltungsmaßnahmen {pl} :: retaliation
vergessen: ረሳ፤ ዘነጋ: to forget (forgot, forgotten)
vergessen: ተዘንጊ/ ተዘንግቶ: forgotten
vergessend: ዘንጊ/ ረስቶ: forgetting
Vergessenheit {f}: ዝንጋታ፤ መርሳት: oblivion
Vergessenheiten {pl} :: oblivions
vergeßlich: ረሲታ፤ ዘንጋተኛ: forgetful, forgetfully, oblivious, obliviously, forgetfully, obliviously
Vergeßlichkeit {f}: ዘንጊታነት: forgetfulness, obliviousness
Vergeßlichkeiten {pl} :: forgetfulnesses
vergeuden: ሰነጠቀ፤ ለያየ: dissipate
vergewaltigen: ድንግልና ጠሰ፤ ያለፈቃድ ግብረ ሥራ ግንኙነት አስገደደ: rap
vergewissern: አረጋገጠ: make-sure
vergewissernd: አረጋጋጭ/ አረጋግጦ: making-sure
vergießen: ረጨ፤ አፈሰሰ: shed
vergießend: ረጭ/ ረጭቶ: shedding
vergiften: መረዘ፤ በከለ: to poison
vergiftet: ተመራዥ/ ተመርዞ: poisoned
Vergiftung {f}: መመረዝ፤ ምረዛ: poisoning
vergittern: አጠረ፤ በሽቦ አጠረ: lattice
vergitternd: አጣሪ/ አጥሮ: latticing
vergittert: ታጣሪ/ ታጥሮ: grilled, trellised
verglasen: መስትዋት አስገባ/ አደረገ: vitrify
Verglasung {f}: መስትዋት ማድረግ: vitrification
Vergleich {m}: ንፅፅር፤ ማመዛዘን: comparing, comparison, compare
Vergleiche {pl} :: comparisons
vergleichbar: ተነፃፃሪ፤ ተመዛዛኝ: assimilable, commensurable, comparable, comparably, contrastable
Vergleichbarkeit {f}: ተመዛዛኝነት: comparability
Vergleichbarkeiten {pl} :: comparableness
vergleichen mit: አነፃፀረ፤ አወዳደረ: collate, compare, liken, to compare with
vergleichend: አወዳዳሪ/ አወዳድሮ: comparative, comparing, likening, comparing
Vergleicher {m}: አወዳዳሪ፤ አመዛዛኝ: comparator
vergleichsweise: ሲያመዛዝኑት፤ ሲያስተያዩት: comparatively
Vergleichung {f}: ንፅፅር፤ ማወዳደር: collation
verglichen mit: ተነፃፃሪ/ ተወዳድሮ: compared, likened, compared to
Vergnügen {n, pl}: መርካት፤ መደሰት፤ ደስታ፤ እርካታ: delight, pleasure, pleasures, treat, delectableness, delight
vergnüglich: አስደሳች: pleasurable, amusingly, pleasurably
vergnügt: በቂ: gay, hilariously
vergnügte sich: ራሱን አስደሳች/ አስደስቶ: disported, pleasured
Vergnügungsfahrt {f}: ሽርሽር: joyride
Vergnügungsreise {f}: የሽርሽር ጉዞ: junket, pleasure trip
Vergnügungssteuer {f}: ያገልግሎት ቀረጥ: amusement tax, entertainment tax
vergnügungssüchtig: ራስ ወዳድ: pleasure seeking
vergolden: ወርቅ ቀባ: gild
vergoldend: ወርቅ ቀቢ/ ቀብቶ: gilding
Vergolder {m, pl}: ወርቅ አንጣሪ: gilder, gilders
Vergoldung {f}: ወርቅ ቅብ: gilding
Vergoldungen {pl} :: gildings, gilts
vergossen: ፈሳሽ/ ፈስሶ: shedded
vergöttern: ጣኦት አመለከ: deify
vergötternd: ጣኦት አምላኪ/ አምልኮ: deifying
vergöttert: ተመላኪ/ ተመልኮ: deified
Vergötterung {f}: አምልኮት: deification, idolatry
Vergötterungen {pl} :: deifications
vergraben, begraben: ቀበረ፤ ደፈነ: to bury
vergrabend: ቀባሪ/ ቀብሮ: burying
vergreisen: ሸመገለ፤ ሸበተ: become senile
Vergreisung {f}: ሽምግልና: senescence
vergriffen: ጉንጥል፤ ብጥጣሽ: out of print, out of print
vergrößern, ausbauen, erhöhen: አሳደገ፤ አተለቀ፤ አወደለ: scale up, enlarge, heighten, magnify, entlarge, accrete, to increase
vergrößernd: አተላቂ/ አተልቆ: amplifying, augmenting, heightening, magnifying
vergrößert: ትልቅ/ ተልቆ: augmented, enlarged, magnified, enhanced, amplified, augmented, heightened
Vergrößerung {f}: ማተለቅ፤ መተለቅ: augment, augmentation, blowup, enlargement, magnification
Vergrößerungen {pl} :: augmentations, augments, blowups
Vergrößerungsapparat {m}: ማተለቂያ: enlarger
Vergrößerungsapparate {pl} :: enlargers
Vergütung {f}: ውሌታ: emolument, payment, perquisite, salary
Vergütungen {pl} :: emoluments, salaries
verhaften: አሰረ፤ አቆመ: to arrest
verhaftend: አሳሪ/ አስሮ: arresting
verhaftet: ታሳሪ/ ታስሮ: arrested
Verhaftung {f}, Haft: እስራት: imprisonment
Verhalten {n, pl}: ጠባይ/ ግብር: behavior, demeanors, bearings
Verhaltensforscher {m, pl}: ጠባይ ተመራማሪ: behaviourist, behaviourists
Verhaltensforschung {f}: የጠባይ ምርምር: behaviorism, ethology
Verhaltensforschungen {pl} :: behaviourisms
Verhältnis {n}, Verwandtschaft: ግንኙነት: ratio, relationship, rate
Verhältnisse {pl} :: circumstance, ratios
verhältnismäßig: በመጠኑ፤ በትንሹ: pro rata, proportionally, propositional

Verhältnismässigkeit {f}: ተወዳዳሪነት፣ መጠነኛነት: comparativeness, proportionality
Verhältnismässigkeiten {pl} :: proportionalities
Verhältniswort {n}: የመገናኛ ቃል: preposition
verhandeln: ተደራደረ፣ ተከራከረ: negotiate
verhandelnd: ተደራዳሪ/ ተደራድሮ: negotiating
verhandelt: ስምምነት ላይ ዋይ/ ውሎ: negotiated
Verhandlung {f}: ድርድር፣ ምክክር: negotiation
Verhandlungen {pl} :: negotiations
Verhandlungsort/e {m/pl}: የድርድር ቦታ: venues
Verhandlungspartner {m, pl}: የድርድር ጓደኛ: parties to a deal
Verhandlungspartnerin/nen {f/pl}: የድርድር ጓደኛ: parties to a deal
Verhandlungsvollmacht {f}: የተደራዳሪነት ውክልና: authority to negotiate
Verhängnis {n}: ዱብ ዕዳ፣ መከራ: doom, fatality, fate
Verhängnisse {pl} :: fatalities
verhängnisvoll: ዱብዕዳዊ: fatally
Verhängung {f}: ጥገኝነት፣ መከራ አምጭነት: promulgation
verharmlosend: አንኳሳሽ/ አንኳስሶ: belittling
Verharmlosung {f}: ማቄ ል፣ ማንኳሰስ: belittlement
Verharmlosungen {pl} :: belittlements
verhaßt: አስጠይ/ አስጠሊታ፣ አስቀያሚ: hateful, hatefully, invidious, invidiously, odious, odiously
Verhaßtheit {f}: አስጠሊታነት: odiousness
verhätscheln: ጡት ነጠለ: coddle, cocker, cosher
verhätschelnd: ጡት ነጣይ/ ነጥሎ: coddling, coshering, cuddling
verhätschelt: ተነጣይ/ ተነጥሎ: petted, coddled, coshered, cuddled
verhauen: መታ፣ ደበደበ፣ ተሳሳተ፣ ስተት ሠራ፣ ዓላማውን ሳተ: spank, trounce, whack
verhauend: ተሳሳች/ ተሳስቶ: banging, spanking, trouncing, whacking, trashing
verhaut: ተደብዳቢ/ ተደብድቦ: banged, spanked, trounced, whacked, trashed
verheeren: አጠፋ፣ ዳዋ አደረገ፣ አወደመ: devastate
verheerend: አጥፊ/ አጥፍቶ: devastating, wasteful, devastatingly
Verheerung {f}: ማውደም፣ ጥፋት: devastation
verheimlichen: ምሥጢር አደረገ፣ በምሥጢር ያዘ፣ ደበቀ: hide, dissimulate
verheimlichend: ደባቂ/ ደብቆ: dissimulating, hiding
Verheimlichung {f}: መደበቅ: dissimulation
Verheimlichungen {pl} :: dissimulations
verheiratet: ትዳር መሥራች/ መሥርቶ: married, undivorced
verheissen: ምስጉን፣ ቃል ኪዳን የተሰጠው: promised
verheissen: ቅዱስ አደረገ፣ ቀደሰ: augur
verherrlichen: አሞገሰ፣ አሞካሸ: exalt glamorize, glorifying, glorify
verherrlichend: አሞጋሽ/ አሞግሶ: exalting, glamorizing, glorifying
verherrlicht: ተሞጋሽ/ ተሞግሶ: glorified, exalted, glamorized
Verherrlichung {f}: ማሞገስ፣ ሙገሳ፣ ምስጋና: glorification
Verherrlichungen {pl} :: glorifications
verhexen: አሰየጠነ፣ ሰይጣን አደረገ፣ አሟረተ: bedevil, bewitch
verhexend: አሰይጣኝ/ አሰይጥኖ: bedeviling, jinxing
verhindern: አገደ፣ ከለከለ፣ አስተወ: forestall, impede, prevent
verhindernd: አጋጅ/ አግዶ: circumventing, forestalling, impeding, inhibiting, preventing, prohibitively
verhindert: ታጋጅ/ ታግዶ: disabled, impeded, circumvented, forestalled, impeded, inhibited, prevented
Verhinderung {f}: ማደግ፣ መከልከል: preventative, hindrance
Verhinderungen {pl} :: preventions
verhöhnen: ተሳለቀ፣ አፌዘ፣ አቄ ለ: gibe, gibing
verhöhnend: አፌያኝ/ አፌዞ: ridiculing
verhüllen: ጋረደ፣ አለበሰ፣ ሸፈነ: mantle
verhüllend: ጋራጅ/ ጋርዶ: cloaking, mantling
verhüllt: ተጋራጅ/ ተጋርዶ: cloaked, mantled
verhungern: በርሀብ አለቀ፣ ሞተ: to die of hunger, to starve, clem, famish,
verhungernd: በርሃብ አላቂ/ አልቆ: famishing
verhungert: በርሀብ ሟች/ ሙቶ: famished
verhunzen: አበላሸ፣ አጣጣለ፣ አንኳሰሰ: foozle
verhunzend: አበላሽ/ አበላሽቶ: foozling
verhunzt: ብልሹ፣ብስባሽ/ በስብሶ: foozled, weazen, weazenly
verhütbar: ተከልካይ: preventable
Verhütbarkeit {f}: ተከልካይነት: preventability
verhüten: መድኃኒት/ ፀረ ወሊድ ወሰደ፣: forfend
verhütend: የወሊድ ተከላካይ/ ተከላክሎ: forfending
Verhütung {f}: ፀረ ወሊድ መድኃኒት መውሰድ: obviation, prevention
verifizieren: አረጋገጠ፣ አሳየ፣ ጠቆመ: verify
verifiziert: ተረጋጋጭ/ ተረጋግጦ: verified
Verifizierung {f}: ማረጋገጫ: verification
verirren: ተንቀዋለለ፣ ተነባረረ: astray
verirrend: ቀውላላ/ ቀውልሎ: getting astray
verirrten: ቅውል/ ተንቀዋልሎ: lost their way
Verirrung {f}: መደናገር፣ መሻሻት: aberrances
Verirrungen {pl} :: aberrations
verjagen: አባረረ፣ አጣደፈ: chase away
verjagend: አባራሪ/ አባርሮ: chasing away
verjagt: ተባራሪ/ ተባርሮ: chased away
verjubelnd: አጃቢ/ አጅቦ፣ እልል ባይ/ ብሎ: bluing

verjubelt: ታጃቢ/ ታጅቦ: blued
verjüngen: አደሰ፤ ወጣት አደረገ: make-young-again, rejuvenate
verjüngend: አዳሽ/ አድሶ: making-young-again, rejuvenating
verjüngt: ታዳሽ/ ታድሶ: made-young-again, rejuvenated
Verjüngung {f}: ወጣት ማድረግ፤ ማደስ፤ መታደስ: juvennescence, rejuvenation
Verjüngungskur {f}: የተኃድሶ ትምህርት: rejuvenating cure
Verkabelung {f}: ካብል ቴ ሌቪዥን ማስገባት: cabling
verkalken: ሸመገለ፤ አረጀ፤ በእርጅና ተያዘ: calcify
verkalkulieren: አሳስቶ አሰላ: miscalculate
verkalkulierend: በስተት አስሊታ/ አስልቶ: miscalculating
verkalkuliert: በስተት ታሳቢ/ ታስቦ፤ተሰልቶ: miscalculated
Verkalkung {f}: ማርጀት፤ የእርጅና በሽታ መሰማት: calcification
Verkalkungen {pl} :: calcifications
verkapselen: ተወገደ፤ ተገለለ፤ ራሱን አገለለ: encapsulate
verkapselnd: ራሱን አግላይ/ አግልሎ: encapsulating
verkapselt: ተገልላይ/ ተገልሎ: encapsulated
Verkapselung {f}: ማግለል፤ መገለል: encapsulation
Verkapselungen {pl} :: encapsulations
verkaueflich: ተሻጭ ተለዋጭ: salable
Verkauf {m}: ሽያጭ: sale
Verkäufe {pl}: ሽያጭ፤ ግዥ: sales
verkaufen: ሸጠ: to sell (sold, sold), vend
verkaufend: ሻጭ/ ሸጦ: selling
Verkäufer {m, pl}: ቸርቻሪ፤ ነጋዴ: salesman, seller, sellers, shopman, shopmen, vender, venders, vendor, vendors
Verkäuferin {f}: ቸርቻሪ: saleswoman, salesgirl
Verkäuferinnen {pl} :: saleswomen, salesladies
verkäuflich: ተሻጭ ተለዋጭ: alienable, alienably, for sale, negotiable, salable, salably, saleable, saleably, vendible, salably
Verkäuflichkeit {f}: ተሻጭ ተለዋጭነት: negotiability, salableness
Verkaufsabrechnung {f}: የሽያጭ ስሌት: account of sales
Verkaufsangestellte {m, f}: አሻሻጭ: salesperson
Verkaufsauftrag {m}: የሽያጭ ትእዛዝ: sales order
Verkaufsautomat {m}: ያውቶማቲክ መሻጫ: automatic order, automatic vendor
Verkaufsautomaten {pl} :: automatic orders
Verkaufsförderung {f}: የሽያጭ ቅድመ ሁኔታ: above the line promotion
Verkaufsgespräch {n}: የሽያጭ ንግግር: sales talk
Verkaufslokal {n}: የሽያጭ ክፍል: salesroom
Verkaufsorganisation {f}: የሻጭ ድርጅት: sales organisation
Verkaufspersonal {n}: አሻሻጭ: sales staff, salespeople
Verkaufspreis {m}: የሽያጭ ዋጋ: sales price
Verkaufstüchtigkeit {f}: የንግድ ቅልጥፍና: salesmanship
verkauft: ተሻጭ/ ተሸጦ: sold, marketed, selled, sold, vended
Verkehr {m}: መጓጓዣ: intercourse, traffic, communication
verkehren: ተገናኘ፤ አገናኘ: consort
verkehrend: አገናኝ/ አገናኝቶ: consorting
Verkehrsandrang {m}: የመጓጓዣ ጥበት: rush of traffic
Verkehrsdichte {f}: የመጓጓዣ ብዛት: traffic density
Verkehrsdichten {pl} :: traffic densities
Verkehrsdisziplin {f}: የትራፊክ ሕግ/ ደምብ: traffic discipline
Verkehrsflugzeug {n}: ማጓጓዣ አውሮፕላን: commercial aircraft, airliner
Verkehrshindernis {n}: የትራፊክ እገዳ: traffic block
Verkehrshindernisse {pl} :: traffic blocks
Verkehrsinsel {f}: የትራፊክ ክብ/ ስርክል: street refuge
Verkehrsminister {m}: የመገናኛ ሚኒስቴ ር: minister of transport
Verkehrsministerium {n}: የመገናኛ ሚኒስትር: ministry of communication
Verkehrsministerien {pl} :: ministries of communications
Verkehrsordnung {f}: የትራፊክ ቁጥጥር: traffic regulations
Verkehrspolizei {f}: የትራፊክ ፖሊስ: traffic police
Verkehrspolizist {m}: የትራፊክ ፖሊስ: traffic policeman
Verkehrspolizisten {pl} :: traffic policemen
Verkehrsregelung {f}: የትራፊክ ቅደም ተከተል: flow regulation
Verkehrsregelungen {pl} :: traffic controls
verkehrsreich: ባለብዙ መጓጓዣ: congested
Verkehrsschild {n}: የትራፊክ ምልክት: traffic sign
Verkehrsschilder {pl} :: traffic signs
Verkehrsschutzmann {m}: የትራፊክተቆጣጣሪ: traffic constable
Verkehrsschutzmänner {pl} :: traffic constables
verkehrsschwach: መገናኛአልባ: with little traffic
Verkehrssteuerung {f}: የትራፊክ ቁጥጥር: traffic control, traffic congestion
Verkehrsstraße {f}: ባለትራፊክ መንገድ: thoroughfare

Verkehrsstraßen {pl} :: thoroughfares

Verkehrssünder {m}: ትራፊክ ጣሽ: traffic offender

Verkehrssünderin/nen {f/pl}: ትራፊክ ጣሽ: traffic offenders

Verkehrsteilnehmer {m}: ባለመኪና፣ መጓጓዣ ተጠቃሚ: road user

Verkehrsunfall {m}: የመኪና አደጋ: road accident, traffic accident

Verkehrsunfälle {pl} :: traffic accidents

Verkehrsunternehmen {n}: የመጓጓዣ ባለንብረት: transportation company

Verkehrsverein/e {m/pl}: የቱሪስት ቢሮ: tourist offices

Verkehrsverhältnis {n}: የመገናኛ ሁኔታ: traffic condition

Verkehrsverhältnisse {pl} :: traffic conditions

Verkehrsvorschrift {f}: የትራፊክ ደንብ: traffic regulation

Verkehrswesen {n}: የመጓጓዣ ሲስተም: traffic system

Verkehrszählung {f}: የትራፊክ ቁጥር/ ቆጠራ: traffic census

Verkehrszählungen {pl} :: traffic censuses

verkehrt: ዘዋሪ፣ የዞረበት: amiss, amissly, perverse, perversely, consorted

Verkehrtheit {f}: ድንግር፣ ደንጋራነት: perversities

verkennbar: አሳሳች/ ተሳሳች: mistakably

verkennen: ረሳ፣ ዘነጋ: misjudge

verkennend: ዘንጊ/ ዘንግቶ: misjudging

verketten: በሰንሰለት አሰረ/ ቸነከረ: catenate, conctenate, concatenate

verkettend: ቸንካሪ/ ቸንክሮ: chaining up

verkettet: ተቀፋጅ/ ተቀፍዶ: concatenated, chained up

Verkettung {f}, Verbindung: ጥርስ በጥርስ አገናኝ: chains, concatenation, daisy chain, catenation

Verkettungen {pl} :: concatenations

verketzern: የሃይማኖት ሴክቶችን በእሳት አቃጠለ/ በሞት ቀጣ፣ አወገዘ/ ለየ: brand as a heretic

verketzernd: በቃጠለ: ገዳይ/ ገድሎ: branding as a heretic

verketzert: በቃጠለ: ተገዳይ/ ተገድሎ: branded as a heretic

verklagbar: ተከሳሽ፣ ተወንጃይ: actionable

verklagen: ከሰሰ፣ ወነጀለ: sue

verklagend: ወንጃይ/ ወንጅሎ: suing

verklagt: ተከሳሽ/ ተከስሶ: sued

verklammern, klammern: በውርጭ/ ቅዝቃዜ ደነዘዘ፣ ፈዘዘ: cotter

verkleben: ለጠፈ: stick together

verklebend: ለጣፊ/ ለጥፎ: agglutinating, sticking together

verklebt: ተለጣፊ፣ ልጥፍ: clotty, sticks together, agglutinated, stuck together

verkleiden: በልብስ ተሸፈነ/ ተደበቀ፣ በልብስ/ ኩል ራሱን ሌላ አስመሰል፣ ሌላ ሰው መሰለ: wainscot, disguise

verkleidend: ሌላ መሳይ/ መስሎ: disguising, wainscoting

verkleidet: ተኳይ/ ተኩሎ: disguised, cased, disguised, masqueraded, wainscoted

Verkleidung {f}: ማሳሳቻ ልብስ/ ጌጥ/ ኩል/ ቅብ: facing, revetment, paneling

Verkleigungen {pl} :: facings

verkleineren: አሳነሰ፣ ቀናነሰ: make-smaller, scale down, lessen

verkleinernd: አሳናሽ/ አሳንሶ: belittling, diminutive, making-smaller

verkleinerte: አናሳ/ አንሶ: belittled, made-smaller

Verkleinerung {f}: ማሳነስ፣ መቀናነስ: diminishment

Verkleinerungen {pl} :: reductions

verklingen: ቀስ ቀስስ አድርጎ መታ/ አቃጨለ: to die away

verknappen: ቀናነሰ፣ አሳነሸ፣ ትንሽ አደረገ: run short

verkneifen: ተቆጠበ፣ ራሱን ከለከለ: deny myself a thing, deny oneself a thing

verkneifend: ራሱን አጋጅ/ አግዶ: denying oneself a thing

verkneift: ቁጥብ/ ተቆጥቦ: denied a thing

verknöchern: ቀጠነ/ አጥንቱ ቀረ: ossify, ossify

verknöchernd: ቀጣኝ/ ቀጥኖ: ossifying

verknöchert: ስልስል/ ሰልስሎ: ossified

Verknöcherung {f}: ማሰልሰል፣ ማቅጠን: ossification

Verknöcherungen {pl} :: ossifications

verknoten: ብዙ ቋልፍ ተከለ: fasten with knots

verknüpfbar: ተገናኝ፣ ተለጣፊ: connectable

verknüpfen: ጨመረ፣ አያያዘ: combine

verknüpfend: አያያዥ/ አያያዞ: affiliating, concatenating, knotting

Verknüpfer {m}: አያያዥ: linker

verknüpft: ተያያዥ/ ተያይዞ: linked, concatenated, knotted

Verknüpfung {f}: ጭማሪ/ ተጨማሪ፣ ተያያዥ: combination, done, linkage, linkup, nexus

Verknüpfungen {pl} :: nexuses

Verknüpfungsglied {n}: ተጨማሪ አካል: combination element

verkohlen: አከሰለ፣ አሳረረ: carbonize

verkohlend: አክሳይ/ አክስሎ: carbonizing, charing

verkohlt: ከሳይ/ ከስሎ: carbonized, chared

Verkohlung {f}: ማክሰል: carbonization

verkokend: ቀቃይ/ ቀቅሎ: coking

verkokt: ቅቅል/ ተቀቅሎ ፣ በስሎ: coked

verkommen: ራሱን ሳተ፣ ሞራል አጣ: reprobate

verkommen: ወራዳ/ ተዋርዶ: reprobated, reprobately

verkommend: ራሱን አዋራጅ/ አዋርዶ: reprobating

Verkommenheit {f}: ወኔ-/ ይሉኝታአልባነት: squalidness
verkörperlichen: ዓለማዊ አደረገ: materialize
verkörperlichend: ዓለማዊ አድራጊ/ አድርጎ: materializing
verkörperlicht: ዓለማዊ ተደራጊ/ ተደርጎ: materialized
verkörpern: ሰው ሆነ/ አደረገ፣ ተቀበለ፣ አባል/ አካል አደረገ: embody, impersonate, incarnate, personify, typify
verkörpern: አካል ሰጠ፣ አባል አደረገ: embody
verkörpernd: ሰው አድራጊ/ አድርጎ: embodying, impersonating, incarnating, personifying, typifying
verkörpert: ሰው ኺኝ/ ሁኖ: embodied, impersonated, incarnated, personified, typified
Verkörperung {f}: ሰው መሆን: materialization, personification
verkrachen: ከሰረ፣ ወደቀ፣ ተንኮታኮተ: fall out with
verkrachend: ከሳሪ/ ከስሮ: falling out with
verkracht: ተንኮታኳች/ ተንኮታኩቶ: fell out with, fallen out with
verkratzen: ጫረ፣ ሞጨረ: to scratch
Verkrümmung {f}: መሸማቀቅ፣ መኮስተር: distortion
verkrüppeln: አጎበጠ፣ ጠመመ፣ ጠማማ ሆነ: stunt
verkrüppelt: ጎባጣ፣ ጎብጦ: stunted
verkrusten: ተደቦነ፣ ተጊያጊያጠ፣ ተኳኳለ: become incrusted
verkrustend: ተድሞንሟኝ/ ተድሞንሙኖ: becoming incrusted
verkrustet: ተጊጦ፣ አምሮ ሠምሮ: incrusted
Verkrustung {f}: ጌጣጌጥ: incrustation
Verkrustungen {pl} :: incrustations
verkümmeren: ተጨፈቀ፣ ተጨማደደ: become stunted
verkümmernd: ተጨማዳጅ/ ተጨማድዶ: atrophying, becoming stunted
verkümmert: ስብርብር/ ተሰባብሮ: atrophied, vestigial, vestigially
Verkümmerung {f}: መተጠጣጠፍ: atrophy, stunted growth
Verkümmerungen {pl} :: atrophies
verkünden, ankündigen: አሳወቀ፣ ነገረ: annunciate, enunciate, promulgate, to announce
verkündend: አሳዋቂ/ አሳውቆ፣ ነግሮ: annunciating, enunciating, heralding, promulgating
Verkünder {m, pl}: አስተዋዋቂ፣ ነጋሪ: enunciator, annunciator, enunciators
verkündet: ተነጋሪ/ ተነግሮ: annunciated, heralded, promulgated
verkündigen: አበሠረ፣ የደስታ መልክት አደረሰ: promulgate
verkündigend: አብሣሪ/ አብሥሮ: promulgating
verkündigt: ተበሣሪ/ ተበሥሮ: promulgated
Verkündigung {f}: ብሥራት: annunciation, proclamation
Verkündigungen {pl} :: annunciations
verkürzen: አሳጠረ፣ ቀጨ: abridge
verkürzend: አሳጣሪ/ አሳጥሮ: abridging
verkürzt: አጭር/ አጥሮ: abridged
Verkürzung {f}: ማሳጠር: abridgement
Verladeflughafen {m}: ዕቃ መጫኛ አውሮፕላን ማቢያ: airport of dispatch
Verladeplatz {m}: የመካዝን ቦታ: embark point
Verladeraum {m}: መካዝን: embark area
Verlag {m}: ማተሚያ ድርጅት: publishing house, publishing
verlagern: አስወገደ፣ ወደጎን ተወ: displace
Verlagsbuchhandel {m}: የማተሚያ ንግድ: publishing trade
Verlagsbuchhändler {m}: መጽሐፊ አሳታሚና ሻጭ: publisher
Verlagsrecht {n}: ያሳታሚ/ ያታሚ መብት: right of publishing, copyright
Verlagsrechte {pl} :: rights of publishing
Verlangen {n, pl}: መጠየቅ: hankering, appetites
verlangen, verlangen nach, fordern: ፈለገ፣ ጠየቀ: require, requisition, to long for, to demand
verlangend: ፈላጊ/ ጠይቆ: demanding, requiring, demandingly, requisitioning
verlängern: አስረዘመ፣ ዘረጋጋ: lengthen, prolong, elongate, lengthen, prolong
verlängernd: አስረዛሚ/ አስረዝሞ: elongating, lengthening, prolongable, prolonging
verlängert: ረጅም/ ረዝሞ: prolonged, elongated, lengthened
Verlängerung {f}: ቅጥያ፣ ጭማሪ፣ ርዝማኔ: prolongation
Verlängerungen {pl} :: lengthenings
Verlängerungskabel {n}: ማስረዘሚያ ሽቦ: extension cable
verlangsamen: አደኸየ፣ አዘገየ፣ ሳበ: decelerate, slow down
verlangsamend: አስናካይ/ አስናክሎ ፣ አዘግይቶ: decelerating
verlangsamt: ዘግይታ፣ ዘግይቶ: slowed, decelerated
Verlangsamung {f}: መዘግየት: slowdown
Verlangsamungen {pl} :: decelerations
verlangt: ተፈላጊ/ ተፈልጎ: requested, requiring, demanded, requisitioned
Verlassen {n}: መሄድ፣ መወገድ: quitting, desertion
verlassen, hinterlassen, überlassen, aufgeben: ተወ፣ ትቶ/ ጎልቶ ሄደ/ ወጣ፣ ወገደ: abandon, derelict, desert, evacuate, forlorn, forsake, loose, quit, abandon, to leave (left, left)
verlassend: ትቶ ሃጅ/ ሂዶ: derelicting, deserting, escaping, leaving, outgoing, quiting
Verlassenheit {f}: ድቀት፣ ተቀባይነትን ማጣት: abandonment

verläßlich, zuverlässig: ታማኒ/ ታማኝ፤ ተጨባጭ: calculably dependable, reliable, reliably, dependably
Verläßlichkeit/en {f/pl}: ታማኒነት: tenacities
verlaufen: ተንቀጓለለ፤ መንገድ ተሳሳተ: zigzag
verlaufend: ተንቀዋላይ/ ተንቀዋልሎ: zigzagging
verlauten: ተባለ፤ ተነገረ: be reported
verlautend: ተባይ/ ተብሎ ፤ ተነግሮ: being reported
verlegen: አስተላለፈ፤ በመጥፎ ቦታ አስቀመጠ/ ጣለ: mislay, mislay, misplace
Verlegenheit {f}: የበታችነት፤ ዝቅተኝነት: disconcertedness, embarrassment, nonplus, quandary
verlegt: ተላላፊ/ ተጥሎ: mislaid, misplaced
Verleih {m}: አበዳሪ ድርጅት: renting agency
verleihen, leihen: አበደረ፤ አዋሰ: award, impart, to lend (lent, lent)
verleihend: አዋሽ/ አውሶ: imparting
Verleiher {m, pl}: አበዳሪ: bestower, lender, bestowers
Verleihung {f}: ማዋስ፤ ሽልማት፤ውሰት: enfranchisement, lending out
verleitbar: ሊዋሱት የሚቻል: temptable
verleiten: አሳሳተ፤ አሳስቶ ለከ፤ መንገድ አስቀየረ: inveigle, misguide, tempt
verleitend: አሳሳች/ አሳስቶ: inveigling, misguiding, temptingly
verleitet: ተወናባጅ/ ተወናብዶ: misled, inveigled, misguided, tempted
verlernbar: ተረሲታ: forgettable
verlernen: ረሳ፤ ዘነጋ፤ ገደፈ: unlearn
verlernend: ዘንጊ/ ዘንግቶ: unlearning
verlernt: ተረሽ/ ተረስቶ: unlearned, unlearnt
verlesen: አሳስቶ አነበበ: read out
verlesend: አሳስቶ አንባቢ/ አንብቦ: reading out
verletzbar, verwundbar: ቆሳይ፤ ተቀያሚ: violable, vulnerable, vulnerably, violably
Verletzbarkeit {f}: ተቀያሚነት: vulnerableness
verletzen: ጎዳ፤ አቆሰለ፤ ሰደበ፤ አዋረደ: bless, infringe, injure, violate, to hurt (hurt, hurt)
verletzend: አዋራጅ/ አዋርዶ: blasphemous, blessing, hurting, infringing, injuring, violating, blasphemously
Verletzer {m}: አዋራጅ፤ ተሳዳቢ: violator
verletzlich: ውርደታዊ: violative, vulnerably
verletzt: ተሰዳቢ/ ተሰድቦ፤ ተዋርዶ: hurted, violated, harmed, infringed, injured
Verletzung {f}: መተላለፍ፤ መዋረድ፤ ማዋረድ: breach, infraction, injury, violation, breach
Verletzungen {pl}:: infringements, injuries, violations
verleumden: ዋሸ፤ ዘላበደ: slander, asperse, backbite, calumniate, defame, slander, traduce, slur
verleumdend: ዘላባጅ/ ዘላብዶ: aspersing, backbiting, calumniating, defaming, libelling, maligning, slandering, traducing, vilifyingly, slandering
Verleumder {m, pl}: ዋሾ፤ ውሸታም: backbiter, calumniator, defamer, detractor, libellist, mudslinger, mudslingers, vilifier, vilifiers, backbiters, defamers, detractors
verleumderisch: ውሸታማ/ ም: calumnious, defamatory, libellous, slanderous, libellously, slanderously
verleumdet: ተታላይ/ ተታልሎ ፤ ታወሽቶ: backbeted, calumniated, maligned, aspersed, backbitten, defamed, libelled, slandered, traduced, slandered, slurred
Verleumdung {f}: መዋሸት፤ መዘላበድ: calumniation, defamation, obloquy, slanderousness, traducement
Verleumdungen {pl} :: aspersions, calumniations, calumnies, defamations, detractions, obloquies, traducements
verlieben: አፈቀደ: fall in love
verliebend: አፍቃሪ/ አፍቅሮ: falling in love
verliebt: ተፈቃሪ/ ተፈቅሮ: enamored, fond, enamoured, fondly, amorously, fallen in love
Verliebtheit {f}: ፍቅረኝነት፤ እጮኝነት: amorousness
verliehen: ተበዳሪ/ ተበድሮ፤ ተውሶ: lent
verlieren: ጣለ፤ ከሰረ፤ተሸነፈ፤ አጣ: to lose (lost, lost)
Verlierer {m, pl}: ተሸናፊ: losers
verloben: አጨ፤ ቀለበት አሰረ: become engaged, betroth
verlobend: አጭታ/ አጭቶ: affiancing, becoming engaged, betrothing
verlobt: ቀለበት አሰራ፤ ታጭታ: betrothed
Verlobte {m, f}: እጮኛ: fiance, affianced
Verlobten {pl} :: fiancees
Verlobung {f}: የቀለበት እስራት: affiance, betrothal, betrothment, engagement
Verlobungen {pl} :: affiances, betrothals, betrothments
Verlobungsring {m} : የእጮኛ ቀለበት: engagement ring
Verlobungsringe {pl} :: engagement rings
verlocken: አባበለ፤ አታለለ፤ አሰገረ፤ ወደስተት መራ: allure
verlockend: አታላይ/ አታልሎ: alluring, alluringly, invitingly, luring, tempting, luringly
verlockt: ተታላይ/ ተታልሎ: allured
Verlockung {f}: ማታለል: enticement
Verlockungen {pl} :: temptations
verlogen: ዋሾ፤ ውሸታም/ ማ: mendacious, mendaciously
Verlogenheit {f}: ውሸታማነት: mendacity
Verlogenheiten {pl} :: mendaciousness
verloren: ሳች/ ሰቶ፤ ተቸናፊ/ ተሸንፎ: doomed
verloren: ውድቅ፤ውዳቂ፤ጥቅምአልባ: forlorn, irrecoverable, lost
verlorengehen: ጠፋ፤ መንገድ ተሳሳተ፤ ተደናገረ: be lost, to get lost

verlosen: ዕጣ አጣጣለ/ አወጣ: raffle
verlosend: ዕጣ አጣጣይ/ አጣጥሎ: raffling
verlost: በዕጣ ተከፍፋይ/ ተከፋፍሎ: raffled
Verlosung/en {f/pl}: ዕጣ ሰበቃ: draws
verlöten: ቀረቀረ፣ ቆለፈ: solder up, solder
verlötend: ቆላፊ/ ቆልፎ: soldering, soldering up
verlötet: ተቸንካሪ/ ተቸንክሮ: soldered, soldered up
verlotteren: ሞራሉን/ ራሱን ሳተ/ ጣለ፣ ተንዘቃዘቀ: go to rack
verlotternd: ራሱን ጣይ/ ጥሎ: going to rack
Verlust {m}: እጥረት፣ እጦት፣ ክስረት: bereavement, forfeiture, losing, loss, wastage
Verluste {pl} :: forfeitures, losses, wastages, casualities
Verlustanzeige {f}: የወደቀ ዕቃ/ ነገር ማስታወቂያ: notice of loss
Verlustanzeigen {pl} :: notices of loss
Verlustliste {f}: የከሳራ/ የጠፋ ዕቃ ዝርዝር: list of casualities
vermachen: ተናዘዘ፣ ሶጦታ አደረገ: bequeath
vermachend: ተናዛዥ/ ተናዝዞ: bequeathing
Vermächtnis {n}: ኑዛዜ: bequests, legacy
Vermächtnisnehmer {m}: ኑዛዜ ምጽዋት ተቀባይ/ ወሳጅ: legatee
Vermächtnisse {pl} :: bequests, legacies
vermählen: አጋብባ፣ ተጋብባ: wed
vermählt: ጋብቻማ/ ተጋብቶ: wedded
vermaschen: አቆራኘ፣ አስተሳሰረ: intermesh
vermascht: ተቆራኝ/ ተሳስሮ: intermeshed, meshed
vermasseln: አበላሸ፣ ሆን ብሎ አሳሳተ: bungle, goof, muddle
vermasselnd: አበላሽ/ አበላሽቶ: goofing, bungling, muddling
vermasselt: ተበላሸ/ ተበላሽቶ: goofed, muddled, bungled
vermauern: አጠረ: wall
vermauernd: አጣሪ/ አጥሮ: walling
vermauert: ታጣሪ/ ታጥሮ: walled
vermehren: አባዛ፣ አራብባ: aggrandize, augment
vermehrend: አራቢ/ አራብቶ: aggrandizing
vermehrt : ተራቢ/ ተራብቶ: augmented, aggrandized
Vermehrung {f}: ማራባት: aggrandizement
vermeidbar: ታጋጅ፣ መቅረት ቻይ: preventible, avoidable, avoidably
vermeiden: አስቀረ፣ ተከላከለ፣ አጠፋ: avoid, beware, to avoid
vermeidend: ተከላካይ/ ተከላክሎ: avoiding
vermeidlich: ቀሪታ፣ መሆን የማይችል: avoidable, evadable
Vermeidung {f}: መከላከል፣ ማስቀረት: avoidance
Vermeidungen {pl} :: avoidances
Vermeil {n}: ወርቅ ቅብ ነኃስ: vermeil
vermeintlich: በስተት፣ ስተታዊ: putative, putatively
vermengen: ቀላቀለ፣ አዋኃደ: mix up
vermengend: ቀላቃይ/ ቀላቅሎ: mixing up
vermengt: ቅልቅል/ ተቀላቅሎ: mixed up
vermenschlichen: ሰባዊ አደረገ: humanize
vermenschlichend: ሰባዊ አድራጊ/ አድርጎ: humanizing
vermenschlichte: ሰባዊ ተደራጊ/ ተደርጎ: humanized
Vermerk {m}: ምልክት: qualifiers, memorandum, endorsement
Vermerke {pl} :: memoranda
vermessen: ለካ፣ ተማመነ: overconfident
vermessen: ቡረኛ፣ ኩራተኛ: presumptuously, presumptuous
Vermessenheit {f}: ኩራተኝነት: overconfidence, presumptuousness
vermietbar: ተከራይ/ ታ: for hire
Vermieter {m, pl}: አከራይ: hirer, landlord, renter
Vermieterin {f}: አከራይታ: landlady
vermindern: ቀነሰ፣ አሳነሰ: decrease, derogate, diminish, lessen
vermindernd: ተቀናሽ/ ተቀንሶ: abating, attenuating, decreasing, decrementing, derogating, diminishing, lessening
vermindert: ተቀናሽ/ ተቀንሶ: decreased, lessened, reduced, abated, attenuated, decreased, decremented, derogated, diminished
Verminderung {f}: መቀናነስ፣ ማሳነስ: decrement, decrementation, derogation, diminution, attenuation
Verminderungen {pl}:: decrements, diminutions, attenuations
vermischen: ቀላቀለ፣ ደበላለቀ: intermingle, intermix, mingle
vermischend: ደበላላቂ/ ደበላልቆ: intermingling, intermixing, mingling
Vermischer {m, pl}: ደባላቂ፣ አዋኃጅ: blender, blenders
vermischt: ቅልቅል/ ተቀላቅሎ: intermingled, mingled
Vermischtheit {f}: ቅልቅልነት፣ ውኅደት: promiscuity
Vermischung {f} :: blending, interconfusion
vermissen: አጣ፣ ናፈቀ: miss
vermißt: ጠፊ/ ጠፍቶ: missed
vermitteln: ደለለ፣ አገናኘ፣ አስታረቀ፣ሸመገለ: conciliate, intercede, interfere, mediate
vermittelnd: ሽምጋይ/ ሽምግሎ: conciliating, interceding, intercessory, interfering, mediating, mediative
vermittelt: ተሽምጋይ/ ተሽምግሎ: interceded, interfered, mediated
Vermittler {m, pl}: አገናኝ፣ ሽማግሌ: mediator, mediators, procurer
Vermittlung {f}: ሽምግልና፣ ማገናኘት: instrumentality, mediation, procuration
Vermittlungen {pl} :: mediations
Vermittlungsrechner {m}: የኮምፒዩተር ዓይነት: switching computer

Vermittlungstechnik {f}: ያውቶማቲክ ቴ ክኖሎጂ: switching technology
Vermittlungszentrale {f}: የማገናኛ ማዕከል: switching center
vermögen: ወደደ፤ ለማድረግ ፈቀደ: fortune
Vermögensabgabe {f}: የባጀት/ ገንዘብ አቅርቦት: capital levy
Vermögensabgaben {pl} :: capital levies
Vermögensanlage {f}: የንግድ ባጀት: productive investment
Vermögenseinbusse {f}: የንግድ ክሳራ: actual loss
Vermögenssteuer {f}: የገቢ ባጀት ቀረጥ/ ግብር: property tax
Vermögensübertragung {f}: የኃብት ማውረስ/ ውርስ: assignment of property
Vermögensverhältnis {n}: የኃብት ይዞታ: pecuniary circumstance
Vermögensverwaltung {f}: የኃብት ጠባቂ/ ወኪል: asset management
Vermögenswert {m}: የኃብት ዋጋ: property asset
vermuten, raten: ገመተ፤ ጠረጠረ: presume, surmise, suspect, to suppose, to guess
vermutend: ገማች/ ገምቶ፤ ጠርጥሮ: conjecturing, guessing, presuming, supposing, surmising, suspecting
vermutet: ተጠርጣሪ/ ተጠርጥሮ: conjectured, guessed, presumed, surmised, suspected
vermutlich: በግምት፤ ግምታዊ: assumedly, presumable, presumably, presumedly, probably, probagly, supposable, supposably, presumptively, presumptive
Vermutung {f}: ግምት፤ ጥርጣሬ: conjecture, guesswork, presumption, guess
Vermutungen {pl} :: conjectures, presumptions, suppositions
vernachlässigen: አዳላ፤ አጣጣለ፤ ተወ: neglect
vernachlässigend: አጣጣይ/ አጣጥሎ: neglecting
vernachlässigt: ተናቂ/ ተንቆ: neglected, unattended
Vernachlässigung {f}: ማዳላት፤ ማናናቅ: neglect
vernageln: በምሥማር መታ: nail up
vernagelnd: ምሥማር መቺ/ መትቶ: nailing up
vernagelt: በምሥማር ተመቺ/ ተመትቶ: nailed up
vernähen: ሰፋ፤ ደረተ: sew up
vernarben: ለምጥ አወጣ፤ ለምጥ ሆነ: scar over
vernarbend: ለምጥ አውጭ አውጥቶ: scaring, scaring over
vernarbt: ለምጥ ኋኚ/ ሁኖ: scared over
vernarren: ቲፎዞ/ ደጋፊ ሆነ፤ በጣም ወደደ: become infatuated with, besot
vernarrend: ደጋፊ ኋኚ/ ሁኖ: becoming infatuated with, besotting
vernaschen: ተዝናና፤ ተደሰተ: spend on sweets
vernebeln: አጨገገ፤ ጭጋግ አደረገ: cover by a smoke screen
verneinen: አምቢ አለ፤ ታበየ: negate
verneinend: እምቢ/ አሻፈረኝ ባይ/ ብሎ: negating, negativing, nixing
verneint: እምቢ ታባይ/ ተብሎ: negated, negatived
Verneinung {f}: እምቢታ: negation
Verneinungen {pl} :: denials
vernetzen: አጣመረ፤ አያያዘ፤ አገናኘ፤ አስተሳሰረ: network
vernetzt: ተያያዥ ተያይዞ: networked
vernichten, zerschlagen: ደመሰሰ፤ ጨርሶ አጠፋ: annihilate, defeat, destroy, annihilate
vernichtend: አውዳሚ/ አውድሞ: annihilating, destroying, destructively, internecine, scathing, scathingly
Vernichter {m}: ደምሳሽ፤ አውዳሚ: annihilator
vernichtet: ተደምሳሽ/ ተደምስሶ: annihilated, destroyed
Vernichtung {f}, Verwüstung, Zerstörung: ድምሰሳ: annihilation, demolishment, destruction
Vernichtungen {pl} :: demolishments
Vernichtungskrieg {m}: የማውደም ጦርነት: war of extermination
Vernichtungskriege {pl} :: wars of extermination
Vernichtungslager {n}: የመጨፍጨፊያ ካምፕ: extermination camp
Vernunft {f}: ትግሥት፤ ብልሃት: reason, sanity, rationality
vernünftig, angemessen, rational: ትጉሥ፤ አዋቂ፤ ብልህ፤ መክንያታዊ: rational, rationally, reasonable, reasonably, sensibly, judiciously, reasonably
Vernünftigkeit {f}: ትጉሥነት: rationality, reasonability, sensibleness
Vernünftigkeiten {pl} :: reasonableness
vernunftlos: ኢምክንያታዊ: unreasoning
vernunftwidrig: ምክንያትአልባ፤ ኢሞራላዊ: contrary to reason
veröden: ቦደደ፤ በርሀ/ ምድረ በዳ ሆነ: make-desolate
verödend: ምድረ በዳ አግራጊ/ አድርጎ: making-desolated
verödet: ምድረ ባዳ ኂኚ/ ሁኖ: made-desolate, made-desolated
veröffentlichbar: ታታሚ፤ ሊታተም የሚችል: publishable
veröffentlichen: አሳተመ: publish
Veröffentlicher {m, pl}: አሳታሚ: publishers
veröffentlicht: ታታሚ/ ታትሞ: published
Veröffentlichung {f}: ኅትመት፤ ማሳተም: publication, publications, publishing
verordnen: ሕግ/ ደንብ አወጣ: decree, enact
verordnend: ሕግ/ ደምብ አውጭ/ አውጥቶ: enacting, prescriptive, prescriptively
verordnet: ተዘጋጅ/ ተዘጋጅቶ: enacted
Verordnung {f}: ዘግጅት፤ ማዘጋጀት: ordinance
Verordnungen {pl} :: ordinances

verpackend: አሻጊ/ አሽጎ: crating, packaging, parceling
Verpacker {m, pl}: አሻጊ: baler, balers
verpackt: ታሻጊ/ ታሽጎ: packaged, parceled, boxed, crated
Verpackung {f}: ማሸጊያ፣ እሽግ፣ ማሸግ: packaging, packing
verpäppeln: አለሰለሰ: featherbed
verpäppelnd: አለስላሽ/ አለስልሶ: featherbedding
verpäppelt: ልስልስ/ ለስልሶ: featherbedded
verpatzen: አበላሸ፣ አበሰበሰ: muff, mull, snafu
verpatzend: አበላሽ/ አበላሽቶ: muffing, mulling, snafuing
verpatzt: ብስባሽ/ በስብሶ: muffed, mulled, snafued
verpetzen: አዋሽከ፣ አጋለጠ፣ ጠቆመ: peach on
verpetzend: አዋሻኪ/ አዋሽኮ: peaching on
verpetzt: ተጋላጭ/ ተጋልጦ: peached on
verpflanzen: ተከለ፣ መልሶ ጫካ አደረገ: transplant
verpflanzend: ተካይ/ ተክሎ: transplanting
verpflegen: ተንከባከበ፣ ጦረ: victual
verpflegend: ተንከባካቢ/ ተንከባክቦ: victualing
verpflegt: ተጧሪ/ ተጡሮ: victualed
Verpflegung {f}: እንክብካቤ፣ አገልግሎት: catering
verpflichten: አስገደደ፣ ግዴታ አስገባ: obligate, oblige
verpflichtend: አስገዳጅ/ አስገድዶ: engaging, obligating
verpflichtet: ተገዳጅ/ ተገድዶ: obligated, obliged, beholden, engaged
Verpflichtung {f}: ግዴታ፣ ኃላፊነት: commitment, committal, duty, obligation, onus, debt
Verpflichtungen {pl} :: commitments, liabilities, obligations
verpfuschen: አበላሸ፣ አበለሻሸ: bungle
verpfuschend: አበላሽ/ አበላሽቶ: bungling
verpfuscht: ብልሹ/ ተበላሽቶ: bungled, prattled away
verprassen: አጠፋ፣ በተነ/ ዘራ: dissipate in luxury, guzzle
verprassend: ገንዘብ አጥፊ/ አጥፍቶ: dissipating in luxury, guzzling
verpraßt: ተዛሪ/ ተዘርቶ፣ ወጭ ሁኖ: dissipated in luxury, guzzled
verprügeln: ቀጠቀጠ፣ ወቃ/ ደበደበ: baste, lambaste, slog, trounce, wallop
verprügelnd: ደብዳቢ/ ደብድቦ: basting, drubbing, lambasting, slogging, trouncing, walloping
verprügelt: ተደብዳቢ/ ተደብድቦ: basted, drubbed, lambasted, slogged, trounced, walloped, thrashed
verpumpen: ጨርሶ አወጣ/ አስወጣ: lend out
verpuppen: ከዕጭ ወደእንስሳነት ተቀየረ/ ተለወጠ: pupate
verpusten: ተነፈሰ፣ ትንፋሽ አስወጣ: get my wind back
verputzen: አጠበ፣ ጨረሰ፣ ጭርስ አድርጎ በላ/ ጠጣ: plaster
verputzend: አጣቢ/ አጥቦ: plastering
verputzt: ታጣቢ/ ታጥቦ: plastered
verqualmen: አበነነ፣ በጭስ ሞላ: fill with smoke
verqualmend: አጫሽ/ አጭሶ: filling with smoke
verrammeln: አጠረ፣ ባጉራ ዘጋ: block up
verrammelnd: አጣሪ/ አጥሮ: blocking up
verrammelt: እግድ/ ታግዶ: blocked up
verramschen: በቅናሽ ሸጠ፣ ዋጋ ቀንሶ ሸጠ: sell at·a loss
verramschend: በቅናሽ ሻጭ/ ሽጦ: selling at a loss
verramscht: በቅናሽ ተሻጭ/ ተሽጦ: sold at a loss
Verrat {m}: እምነት ማጉደል፣ ቧልት፣ ማቃጠር፣ ምሥጢርን ማውጣት: betrayal, treacheries, treachery, treason, treasons
verraten: እምነት አጎደለ፣ ምሥጢር አወጣ: betray, betray
verratend: እምነት አጉዳይ/ አጉድሎ: betraying, squealing
Verräter {m, pl}: ከሃዲ፣ ከዳተኛ: betrayer, traitor, traitors, turncoat
Verräterei {f}: ክዳት፣ ከሃዲነት: treacherousness
Verräterin {f}: ከዳተኛ: traitress, betrayers
Verräterinnen {pl} :: traitresses, traitors
verräterisch: ክህደታዊ፣ ቃላብያዊ: telltale, traitorous, treacherous, treacherously, treasonable, treasonably, traitorously, treacherously, treasonably, treasonous, treasonously
verrechnen: ሒሳብ አስተካከለ/ አሟላ፣ አሰላ: pass to account, reckon up
Verrechnung {f}: ሒሳብን ማስተካከል/ ማሟላት: charging
Verrechnungen {pl} :: chargings
Verrechnungskonto {n}: የብድር መክፈያ ባንክ ቁጥር: offset account, allocation account
Verrechnungsstelle {f}: ሒሳብ መቆጣጠሪያ ቦሮ: clearing house, clearinghouse
verrecken: ሞተ፣ ከረረ፣ ተክክ አለ: kick the bucket
verregnen: ጣለ/ ዘነበ: spoil by raining
verreisen: ሽርሽር ሄደ፣ ተጓዘ: to make a journey, pull to pieces
verreisend: ተጓዥ/ ተጉዞ: pulling, pulling to pieces
verrenken: ሰበረ፣ ስር በጠሰ/ ዞረ፣ ወለም አለ: crick, dislocate, luxate
verrenkend: ሰባሪ/ ሰብሮ: cricking, dislocating, luxating
verrenkt: ተሰባሪ/ ተሰብሮ: cricked, dislocated, luxated
verriegeln: በኃብል ቆለፈ፣ ዘጋ: interlock, locking

Verriegelungseingang {m}: **የታጠረ መግቢያ**: interlock input
Verriegelungssignal {n}: **የእጥር ማስጠንቀቂያ**: interlock signal
verringern, reduzieren: **ቀነሰ፤ ዝቅ ዝቅ አደረገ**: abate, bate, reduce, allay
verringernd: **ቀናሽ/ ቀንሶ**: abating, bating, lessening
verringert: **ተቀናሽ/ ተቀንሶ**: abated, bated, lessened
Verringerung {f}: **ቅናሴ፤ መቀነስ**: abatement
verrinnen: **አለፈ፤ ነጎደ፤ ተጓዘ**: trickle
verrinnend: **አላፊ/ አልፎ**: trickling, trickling off
Verrohung {f}: **ጭከና፤ ማጨከን**: brutalization
Verrohungen {pl} :: brutalizations
Verrrücktheit {f}: **እብደት፤ እብድነት**: dementedness, bugginess, kookiness, looniness
Verrückheiten {pl} :: daftnesses
verrückt, wahnsinnig: **እብድ፤ ዋልጌ**: daft, daisy, dementedly, kooky, loony, madly, psycho, screwy, wackily, wacky, crazy, mad, crazily, daftly
Verrückte {m, f, n}: **እብድ፤ ተጫዋች**: kook, madwoman, crackpot
Verrückten {pl} :: kooks, psychos, weirdos, crackpots
Verrücktheit {f}: **እብደት፤ እብድነት**: battiness, daftness, folly, freakiness, insaneness, screwiness, wackiness
Verrücktheiten {pl} :: follies, freakishness
verrufen: **ተጠርጣሪ፤ ታሚታ፤ ስመ ብክል**: disreputable, ill famed, disreputably, infamously
Vers {m}: **ስንኝ**: verse
versagen: **ተበላሸ፤ ተኮላሸ፤ ሳይሆን ቀረ፤ ከሸፈ/ ወደቀ**: fail, flop
versagend: **ብልሹ/ ተበላሽቶ**: flopping, malfunctioning
Versager {m, pl}: **ዋሾ፤ ቃልአባይ፤ ስተት፤ ከሳራ**: abnegator, abnegators
versagte: **ብልሹ/ ተበላሽቶ**: flopped, malfunctioned
versalzen: **ብዙ ጨው ጨመረ**: oversalt
versalzend: **ብዙ ጨው ጨማሪ/ ጨምሮ**: oversalting
versalzt: **ተቆጣቋጭ/ ተቆጣቁጦ**: oversalted
versammeln: **አሰባሰበ፤ አከመቻቸ**: congregate
versammelnd: **አሰባሳቢ/ አሰባስቦ**: congregating
versammelt: **ተሰባሳቢ/ ተሰባስቦ**: assembled, congregated
Versammlung {f}, Sitzung, Begegnung, Menge: **ማሰባሰብ/ መሰባሰብ፤ ስብሰባ፤ ግንኙነት**: congregation, convocation, assemblage, convention, meeting
Versammlungen {pl} :: assemblages, congregations, gatherings
Versammlungssaal {m}: **የስብሰባ አዳራሽ**: assembly room
Versammlungsteilnehmer {m, pl}: **የስብሰባ ተካፋይ**: conventioneer, conventioneers
Versand {m}: **የመርከብ ጭነት**: dispatch, shipment, forwarding
Versandabteilung {f}: **የዕቃ መላኪያ ክፍል**: forwarding department
Versandabteilungen {pl} :: forwarding departments
Versandadresse {f}: **የላኪ አድራሻ**: address for dispatch
Versandanweisung {f}: **የመላኪያ መመሪያ**: shipping instruction
Versandanweisungen {pl} :: shipping instructions
Versandanzeige {f}: **የዕቃው መልክት ማሳያ/ ማረጋገጫ**: dispatch note, advice of dispatch, advice note
versandbereit: **ሊላክ ዝግጁ**: ready for delivery
versanden: **አፈራ ለበሰ፤ ዋጋ አጣ፤ ተነባረረ**: silt up, silt
versandend: **አፈራ ለባሽ/ ለብሶ**: silting, silting up
versandet: **ዋጋቢስ/ ዋጋ አጥቶ**: silted, silted up
versandfertig: **ሊላክ ዝግጁ**: mailable, mailably
Versandgeschäft {n}: **የላኪ ንግድ**: mail-order business house, mail-order-business
Versandhaus {n}: **የመለላኪያ ቤት**: mail-order-house
Versandpapier {n}: **የዕቃ መሸኛ ደብዳቤ**: shipping document
Versandpapiere {pl} :: shipping documents
versandt: **በመርከብ ተጫኝ/ ተጭኖ**: shipped
versaufen: **ሰከረ፤ በሰበሰ**: waste on drink
versäumen: **አሳለፈ፤ረሳ/ ዘነጋ፤ተወ**: overstay
versäumend: **ዘንጊ/ ዘንግቶ**: lapsing, overstaying
Versäumnis {n}: **ዝንጋኄ**: dereliction
Versbau {m}: **ስንኝ ሥራ፤ ግጥም ገጠመ**: versification
verschachern: **በውድ/ ከፍተኛ ዋጋ ሸጠ**: barter away
verschachernd: **አስወዳጅ/ አስወድዶ**: bartering
verschachert: **ውድ/ ተወድዶ (ለዕቃ ዋጋ)**: bartered, bartered away
verschachteln: **አነባበረ፤ ቆለለ፤ ኔስት ሥራ**: interlace, interleave, nest
verschämen: **አፈረ፤ ባፍረት ተዋጠ**: spurn
verschämend: **አፋራም/ አፍሮ**: spurning
verschämt: **አሳፋሪ**: pudent, pudently, bashful, bashfully, spurned
Verschämtheit {f}: **አሳፋሪነት**: bashfulness
verschanzen: **ተደበቀ፤ መሸገ**: entrench
verschanzend: **መሻጊ/ መሽጎ**: entrenching
verschanzt: **ተደባቂ/ ተደብቆ**: entrenched
verschärfen: **አባባሰ፤ አጠናከረ፤ አያያዘ፤ አቅጠለጠለ**: get worse
verschärfend: **አባባሽ/ አባብሶ**: getting worse
Verschärfung {f}: **ማባባስ፤ ማጠንካከር**: intensification
verscheiden: **አለፈ፤ ሞተ**: pass away

verschenken: በነፃ ሰጠ፣ መጸወተ: to give away
verscherzen: ወረወረ፣ በተነ: throw away
verscherzend: ወርዋሪ/ ወርውሮ: throwing away
verschiebbar: ተሳቢ፣ ተገፊ፣ ሊሳብና ሊገፋ የሚችል: relocatable
Verschiebbarkeit {f}: ተንቀሳቃሽነት: relocatability
Verschiebebahnhof {m}: የመሳኪያ ባቡር ማቢያ: marshalling-yard, switchyard
Verschiebebahnhöfe {pl} :: switchyards
verschieben: አፈናቀለ፣ ካገር አባረረ፣ አጠፋ: displace, postpone, relocate, to switch
verschiebend: አፈናቃይ/ አፈናቅሎ: deferring, displacing, postponing, relocating
Verschiebung {f}: ካገር ማባረር/ ማስወጣት: deferral, postponement
Verschiebungen {pl} :: deferrals, displacements
verschieden (von), mannigfaltig, abweichend, , deutlich: ከ...የተለየ፣ ግልጽ፣ ልዩ፣ ልዩ ልዩ፣ የተለያየ: different (from), distinct (from), different, distinct, distinctly, diversely, uncommon, varied, variedly, varying, differently, various, deserve, miscellaneous, sundry, various, several
verschiedenartig: የተለያየ: heterogeneous, various, variously
Verschiedenartigkeit {f}: የተለያየነት: heterogeneity
Verschiedenheit {f}, Sorte, Art, Auswahl: ልዩነት፣ ልዩ ልዩ ዓይነት: differentness, disparity, diverseness, diversity, variousness, variety
Verschiedenheiten {pl} :: differentnesses, disparities, diversities, heterogeneousness, variousnesses
verschiffen: በመርከብ ጫነ፣ ላከ: to ship
Verschiffungen {pl} :: shipments
verschlafen: ተኛ፣ አንቀላፋ፣ አናወዘ: oversleep
verschlafend: አናዋዥ/ አናውዞ: oversleeping
verschlechtern: ተባባሰ፣ ጠና: deteriorate, debase, worsen
verschlechternd: ተባባሽ/ ተባብሶ: debasing, deteriorating, worsening
verschlechtert: ጽኑዕ/ ጸንቶ፣ በርትቶ: debased, deteriorated, worsened
Verschlechterung {f}: መባባስ: deterioration
verschleiern: ተከለለ፣ ተሸፈነ: veil
verschleiernd: ተጋራጅ/ ተጋርዶ: shrouding, veiling
verschleiert: ሽፍን/ ተሸፍኖ: shrouded, veiled
Verschleierung {f}: መሸፋፈን፣ መጋረድ: blur, deception, veiling
Verschleierungen {pl} :: veilings
Verschleiß {m}: መልሶ መላልሶ መልበስ፣ ለብሶ መጨረስ: wearout, wear and tear
verschleißen: ተጠቀመ፣ ለብሶ ጨረሰ: chafe
Verschleppung {f}: ነጥቆ/ ቀምቶ መውሰድ/ መጥፋት: procrastination
Verschleppungstaktik {f}: የቅሚያ/ ጠለፋ ዘዴ: delaying tactics
Verschleppungstaktiken {pl}:: obstructionism
verschleudern: አምዘገዘገ፣ ወረወረ: squander
verschleudernd: ወርዋሪ/ ወርውሮ: squandering
Verschleuderung {f}: ውርወራ፣ ምዝግዘግ: dissipation
verschließen: ቆለፈ፣ ቸነከረ: closure, to lock, trap
verschließend: ቆላፊ/ ቆልፎ: cloturing
verschlimmern: አባባሰ፣ አበለሻሸ፣ አያያዘ: make-worse, aggravate
verschlimmernd: አባባሽ/ አባብሶ: making-worse
verschlimmert: ተባባሽ/ ተባብሶ: made-worse
Verschlimmerung {f}: መባባስ፣ ማበለሻሸት: aggravation
verschlingen: ዋጠ፣ ጠለቀጠ: devour, engulf, gobble, to gulp
verschlingend: ዋጭ/ ውጦ: devouring, engulfing, gobbling, ravening, wolfing
verschlossen: ዝግ፣ መግቢያአልባ፣ ቆራጥ፣ ዝምተኛ: cagily, occlusive, secretive, secretively, uncommunicative, uncommunicatively
Verschlossenheit {f}: ቆራጥነት: caginess, taciturnity
verschlucken: በስተት ዋጠ፣ ጠለቀጠ: swallow up, to swallow
verschluckend: ዋጭ/ ውጦ: swallowing up
verschlungen: ተጠልቃጭ/ ተጠልቅጦ: devoured, engulfed, gobbled
Verschluß {m}: ማሸጊያ፣ ቁልፍ: breech, closure, cloture, fastener, shutter
Verschlüsse {pl}: መቆለፊያ፣ ቁልፍ: fasteners, closures
verschlüsseln: አሸገ፣ ቆለፈ: encode, cipher, encipher, encode, scramble
verschlüsselt: ታሻጊ/ ተሸጎ፣ ተቆልፎ: coded, keyed, enciphered, encoded
Verschlüsselung {f}: መቆለፍ፣ ቁልፍ: encryption, scrambling
Verschlüsselungen {pl} :: encodings
verschmachten: በኃይል ተጨነቀ፣ ተሰቃየ: swelter
verschmachtend: ተቸጋሪ/ ተሰቃይቶ: pining, sweltering, swelteringly
verschmachtet: ችጋራም/ ተቸግሮ: pined, sweltered
verschmelzend: አንጣሪ/ አንጥሮ: coalescing, merging
Verschmelzung {f}: ማቅለጥ፣ ማንጠር: confusion
verschmieren: አቆሸሸ፣ ቀባ፣ ለከከ፣ በከለ: daub
verschmierend: በካይ/ በክሎ: daubing
verschmierte: ብክል/ ተበክሎ: daubed
verschmolzen: ቀላጭ/ ቀልጦ: coalesced
Verschmutzung/en {f/pl}: ማቅለጥ፣ ማንጠር: soilings

verschnaufen: አረፈ፣ ዓየር ወሰደ: pause for breath
verschnaufend: አራፊ/ አርፎ: pausing for breath
Verschnaufpause {f}: አጭር ዕረፍት: breather
Verschnaufpausen {pl} :: breathers
verschneit: በረዷማ/ ም: snowily, snowy
verschnupfen: አናደደ: huff
verschnupft: ብስጩ: snuffy
verschoben: ተሳቢ/ ተስቦ፣ ተላልፎ: deferred, displaced, embellish
verschönern: አሳመረ፣ አቆነጀ: beautify, embellish, prettify
verschönernd: አሳማሪ/ አሳምሮ: embellishing, prettifying
verschönert: ጥሩ/ ቆንጆቶ: embellished, embellished, prettified, primped
Verschönerung {f}: ቁንጅና፣ ማቆንጀት: embellishment, titivation
Verschönerungen {pl} :: embellishments, titivations
verschrauben: ጠመረ፣ በምስማር አያያዘ: to bolt together
Verschraubung {f}: ማጣበቂያ፣ መገናኛ: screw joint
Verschrobenheit {f}: ታምራዊነት፣ ትንግርት: crankiness, crotchetiness
verschrotten: በተነ፣ በታትኖ ጣለ: scrap
verschrottend: በታታኝ/ በታትኖ: scrapping
verschrottet: ተበትኖ፣ ወድቆ: scrapped
Verschuldung {f}: ብድር፣ ዕዳ: indebtedness
verschütten: በስተት ደፋ: spill
verschüttend: ደፊ/ ደፍቶ: slopping, spilling
verschüttet: ተደፊ/ ተደፍቶ፣ ተበትኖ: slopped, spilt, spilled
verschweigen: ጸጥጥ/ ዝምም አለ: keep secret
verschwenden: በተነ፣ አጠፋ፣ ዘራ: lavish, squander, to waste
verschwendend: በታኝ/ በትኖ: dissipating, lavishing, squandering, wasting
Verschwender {m, pl}: አጥፊ፣ በታኝ: prodigals, profligates, spendthrift, squanderer, squanderers, wastrel
verschwenderisch: ብኩን፣ አባካኝ: extravagant, lavishly, luxuriantly, luxurious, prodigal, thriftless, thriftlessly, unthriftily, unthrifty, wastfully, prodigally, thriftlessly
verschwendet: ባካኝ/ ባክኖ: dissipated, lavished, squandered, wasted
Verschwendung {f}: ማባከን፣ ማጥፋት: dissipation, lavishness, prodigality, profuseness, thriftlessness, waste, wastefulness
Verschwendungen {pl} :: lavishnesses, prodigalities, wastefulnesses
Verschwiegenheit {f}: ጸጥታ፣ ዝምታ: discreetness, discretion, reticence, secretiveness
Verschwinde!: ጥፋ!: Get along with you!
Verschwinden {n}: መሰወር፣ መጥፋት: disappearance, disappear
verschwinden: ጠፋ፣ ተሰወረ፣ ተደበቀ: disappear, to disappear, vanish
verschwindend: ጠፊ/ ጠፍቶ: disappearing, vanishing, infinitesimal
verschwitzen: በላብ ተዋጠ፣ አላበ: soak with sweat, soaked with sweat
verschwommen: ድፍርስ፣ ኢግልጽ፣ ድፍን: bleary, blurry
Verschwommenheit {f}: ድፍርስነት: bleariness, blurriness, fuzziness, haziness, nebulousness
Verschwommenheiten {pl} :: vagueness
verschwören: ተማማለ፣ ደባ ሠራ: conspire
verschwörend: ደባ ሠሪ/ ሠርቶ: conspiring
Verschwörer {m, pl}: ደባ ሠሪ/ ፈጻሚ: conspirator, conspirators, conspirer
Verschwörerin {f}: ደባ ሠሪ: conspiratress
Verschwörung {f}: ደባ፣ አድማ: conspiracy
Verschwörungen {pl} :: conspiracies
verschwunden: ተሰዋሪ/ ተሰውሮ: disappeared verschwunden :: vanished
Verse {f}: ስንኝ፣ የግጥም አካል: Vers, Strophe
versehbar: ታይታ: dischargeable
Versehen {n}: መቃኘት: oversight
versehen: አዘጋጀ፣ አቀረበ፣ ቃኘ፣ ሰጠ፣ አደለ: provide
versehentlich: በስተት: inadvertent, inadvertently, unawares, undesigned
versendbar: ተላኪ: conveyable
versendend: ላኪ/ ልኮ: conveying
Versendung {f}: መላክ: shipping
versengen: ለበለበ: sear
versengend: ለብላቢ/ ለብልቦ: searing, searingly
versengt: ልብልብ/ ተለብልቦ: seared
versenken: አሰጠመ: engulf
Versenkung {f}: ማስጠም: sinking
Versenkungen {pl} :: sinkings
versessen: ጉጉተኛ፣ ወረተኛ: bent on, hipped
versetzen: ያለቦታው አስቀመጠ/ አኖረ: displace
versetzend: አስቀማጭ/ አስቀምጦ: transposing
Versetzung {f}: ማዛወር፣ ቦታ መቀየር: dislocation
Versetzungen {pl} :: shiftings
verseuchen: በከለ: contaminate
verseuchend: በካይ/ በክሎ: contaminating
Verseuchung {f}: ብክላ፣ መበከል: contamination
Verseuchungen {pl} :: contaminations
versicherbar: ተረጋጋጭ: insurable
Versicherer {m, pl}: አረጋጋጭ፣ ኢንሹራንስኛ: underwriter, underwriters, insurer, assurer
versichern: አረጋገጠ፣ ቃል ገባ: assure, ensure, insure, reassure, affirm
versichernd: አረጋጋጭ/ አረጋግጦ: assuring, insuring, reassuring
versichert: ተረጋጋጭ/ ተረጋግጦ፣ ታምኖ: assured, insured, reassured, safeguarded, reinsured

Versicherung {f}, Beteuerung, Vertrauen, Zusicherung: ማረጋገጫ፣ መተማመኛ: assurance, insurance, underwriting
Versicherungen {pl} :: assertions, assurances, insurances
Versicherungsfähigkeit {f}: ኢንሹራንስ መግባት: insurability
Versicherungsgesellschaft {f}: የኢንሹራንስ ድርጅት: insurance company
Versicherungsgesellschaften {pl} :: insurance companies
versickern: ተዋጠ፣ ተጠጣ: trickle away
versiegeln: በሽቦ አጠረ: seal
versilbert: መዳብ ተቀቢ/ ተቀብቶ: silvered, silver plated
Versilberung {f}: መዳብ መቀባት: silvering
Versilberungen {pl} :: silverings
versinkend: ሰጣሚ/ ሰጥሞ: engulfing
versinnbildlichen: ጠባይ ሰጠ፣ አጠበየ: typify
Versinnbildlichung {f}: ምልክት መስጠት: symbolization
versinnlichen: ስሜታዊ አደረገ: sensualize
Version {f}: ቅጅ: version version
Versionen {pl} :: versions
versklavend: ጨቋኝ/ ጨቁኖ: enslaving
Versklavung {f}: ጭቆና፣ ፈላጭ ቆራጭነት: enslavement
Versklavungen {pl} :: enslavements
Versmaß {n}: የግጥም ክፍል: metre
versoffen: ሰካራም፣ ብስብስ: boozily, sottish, boozy, sottishly
versöhnbar: ታራቂ፣ ሊታረቅ የሚችል: reconcilable, reconcilably
versöhnen: አስተራረቀ፣ አታረቀ: propitiate, reconcile
versöhnend: አስተራራቂ/ አስተራርቆ: conciliative, propitiating, reconciliatory, reconciling, conciliatorily, propitiatory
versöhnlich: እርቃዊ፣ታራቂ: conciliatorily, conciliatory, placable, placably, placative, placatory
Versöhnlichkeit {f}: ታራቂነት: forgivingness, placability
Versöhnlichkeiten {pl} :: placableness
versöhnte: ተራራቂ/ ተራርቆ፣ ተስማምቶ: propitiated, reconciled
Versöhnung {f}: እርቅ፣ ስምምነት: conciliation, propitiation, reconciliation
versorgen (mit): ሰጠ፣ አቀረበ: to provide with, to provide [for]
versorgend: አቅራቢ/ አቅርቦ: accommodative, accommodatively
Versorger {m}: አቅራቢ፣ አቀባይ: provisioner
Versorgung {f}: አቅራቦት: supply
Versorgungsbetrieb {m}: አቅራቢ ካምፓኒ: public utility company
Versorgungsgerät {n}: ኃይል አመንጭ ክፍል: power supply unit
Versorgungsgut {n}: ያቅርቦት ቁሳቁስ: supply good
Versorgungsgüter {pl} :: supply goods
Versorgungsschwierigkeit/en {f/pl}: ያቅርቦት ችግር: difficulties of supply
verspannen: አሳረፈ፣ አዝናና: guy
verspäten: ዘገየ: am late, be late
verspätet: ዘግይታ/ ዘግይቶ: belated, belatedly
Verspätung {f}: መዘግየት: belatedness, lateness
Verspätungen {pl} :: belatednesses, latenesses
versperren: አገደ፣ አሰናከለ: obstruct
versperrend: አሰናካይ/ አሰናክሎ: obstructing, obstruncting
versperrte: ተሰናካይ/ ተሰናክሎ: obstructed
verspotten: አፌዘ፣ ቀለደ: deride, flout, gibe, lampoon, satirize, to mock, ridicule
verspottend: ቀላጅ/ ቀልዶ: deriding, gibing, lampooning, satirizing, scoffing
verspottet: ተቀላጅ/ ተቀልዶ: derided, flouted, gibed, lampooned, satirized, scoffed, scoffed at
Verspottung {f}: ቀልድ፣ ፌዝ: derision
Versprechen {n}: ቃል መግባት: promise, promises
versprechen: ቃል ገባ: promise
versprechend: ቃል ገቢ/ ገብቶ: promising, promissory
verspritzen: ረጨ፣ ከተበ: squirt
verspritzend: ረጭ/ ረጭቶ: squirting
verspritzt: ተረጭ/ ተረጭቶ: squirted
versprochen: ቃል ተገቢ/ ተገብቶ: promised
verstaatlichen: ወረሰ፣ የመንግሥት አደረገ: nationalize
verstaatlichend: ወራሲ/ ወርሶ: nationalizing
verstaatlicht: ተወራሽ/ ተወርሶ: nationalized
Verstaatlichung {f}: የመንግሥትማድረግ: nationalization
verstädtern: ከተማ አደረገ/ ሠራ: urbanize
verstädternd: ከተማ ሠሪ/ ሠርቶ: urbanizing
Verstädterung {f}: ከተማ መሥራት: urbanization
Verstand {m}, Geist: ግንዛቤ፣ አእምሮ: brain, sanities, sanity, wit, mind
verstanden: ተገንዛቢ/ ተገንዝቦ: understood
Verstandesmensch {m}: ብልህ ሰው: matter of fact person
Verstandesmenschen {pl} :: matter of fact people
Verstandesschärfe {f}: የመገንዘብ ኃይል: sagacity
verständig: ትክክል፣ ልክ፣ ልክኛ: judicious, judiciously, knowledgeably, sensible, sensibly
verständlich: ትክክላዊ፣ ልካዊ: comprehensible, comprehensibly, conceptional, intelligible, intelligibly, understandable, understandably, understandingly
Verständlichkeit {f}: ትክክለኝነት፣ ታማኒነት: comprehensibility, understandability, tangibility
Verständlichkeiten {pl}:: understandableness

Verständnis {n}: ግንዛቤ: understanding
Verständnisse {pl} :: understandings
Verständnislosigkeit {f}: ግንዛቤአልባነት: lack of comprehension
verständnisvoll: ባለግንዛቤ፣ ተገንዛቢ: insightfully
verstärken: አጠናከረ፣ አበረታታ: reinforce, amplify, intensify, re enforce
verstärkend: አበረታች/ አበረታቶ: boosting, intensifying, re enforcing, reenforcing, reinforcing
Verstärker {m}: ማጠናከሪያ: repeater, amplifier, intensifier
verstärkt: ተጠናካሪ/ ተጠናክሮ: boosted, intensified, intensified, re enforced, reinforced
Verstärkung {f}: ማጠናከሪያ፣ ማበረታቻ: amplification, gain, re enforcement, recruitment, reinforcement
Verstärkungen {pl} :: reinforcements
verstärkungsfähig: መጠናከር ቻይ: augmentable
verstauben: ቆሸሸ፣ አቧራ ለበሰ: get dusty
verstaubt: አቧራማ/ ም: dusted, fusty, got dusty
Verstaubtheit {f}: አቧራማነት: mustiness
verstauchen: አሸሸ: sprain
verstauchend: አሺታ/ አሽቶ: spraining
verstaucht: ታሺ/ ታሽቶ: sprained
Versteck {n}: መደበቂያ፣ መሸሸጊያ: hideaway, hiding-place, cranny
Verstecke {pl}: መሰወር: encryption, occuring
verstecken: ደበቀ፣ ሸሸገ፣ ሰወረ: ensconce, hide, stash
versteckend: ሰዋሪ/ ሰውሮ: caching, ensconcing, stashing
Versteckspiel {n}: ድብብቆሽ: peekaboo, hide and seek
versteckt: ድብቅ፣ ተደባቂ/ ተደብቆ: encrypted, hidden, cached, ensconced, stashed
verstehen: ተረዳ፣ ተገነዘበ: to understand, to understand, to make out
verstehend: ተገንዛቢ፣ አውቆ፣ ተገንዝቦ: kenning, understanding
Versteifung {f}: መደገፍ፣ ማጠናከር: stiffener
Versteifungen {pl} :: stiffeners
versteigern: ከፍ ከፍ አደረገ፣ አሳደገ፣ አጫረተ፣ ጫራታ አወጣ: sell by auction, auction off
versteigernd: በጫራታ ሻጭ/ ሸጦ: auctioning
versteigert: በጫራታ ተሻጭ/ ተሸጦ: sold by auction
Versteigerung {f}: የጫራታ ሽያጭ: auction
versteinern: አጠጠረ፣ደንጋይ አደረገ: turn into stone, fossilize, petrify
versteinernd: አጠጣሪ/ አጠጥሮ: fossilizing, petrifying
versteinerte: ጥጥር/ ጠጥሮ: fossilized, petrified, turned into stone
Versteinerung {f}: ማጠጠር: fossil, fossilization, petrification
Versteinerungen {pl} :: fossilizations
verstellen: ቦታ አሳሳተ: misplace
verstellend: ቦታ አሳሳች/ አሳስቶ: misplacing
verstellt: ቦታ ለቃቂ/ ለቅቆ: disguised, misplaced
Verstellung {f}: ቦታ ማሳሳት: disguise, dissimulation, feint, misaligned
Verstellungen {pl} :: feints
versteuern: ታክስ ከፈለ፣ አስከፈለ: pay duty
versteuert: ገባሪ/ ገብሮ: paid duty, duty paid
Versteuerung {f}: ቀረጥ/ ግብር ክፍያ: payment of tax
verstimmt: ውስን: out of tune, biliously
Verstimmung {f}: አለመግባባት፣ ስምምነት ማጣት: disgruntlement, resentment
verstockt: ድብርታም/ ማ: obdurate, obdurately
Verstocktheit {f}: ድብርታማነት: obdurateness, obduracy
verstohlen: አጭልቆ አየ፣ አሰርቆ አየ/ ተመለከተ: furtive, furtively
verstopfen: ወተፈ፣ ተወተፈ፣ ዘጋ፣ ተዘጋ: constipate, engorge, occlude
verstopfend: ተዘጊ/ ተዘግቶ: congesting, constipating, engorging, occluding, congestive
verstopft: ዝግ/ ተዘግቶ: constipated, engorged, occluded
Verstopfung {f}: መወተፍ፣ መዘጋት: astringency, constipation, engorgement, obstruction, occlusion
Verstopfungen {pl} :: astringencies, constipations
verstorben: ሟች/ ሙቶ: deceased, defunct
Verstorbene {m, f, n}: ምውት: decedent
Verstorbenen {pl} :: defuncts, decedents
verstossen: አባረረ፣ አራቀ: contravene, outcast
verstossend: አባራሪ/ አባርሮ: contravening
Verstossene {m, f, n}: ተባራሪ: offended
Verstossener {m}: ተባራሪ: castofft
Verstossung {f}: ማባረር: repudiation
verstreuen: ደሳሰሰ፣ ዳበሰ: elapse, to scatter
verstümmeln: በጣጠሰ፣ ቆራረጠ: garble, maim, mangle, mutilate
verstümmelnd: ቆራራጭ/ ቆራርጦ: maiming, mutilating
verstümmelt: ቁርጥራጭ/ ተቆራርጦ: garbled, maimed, mutilated
Verstümmelung {f}: መቆራረጥ/ መበጣጠስ: mutilation
Versuch {m}: ሙከራ፣ ፈተና: attempt, running, trial, trying, essay, experiment
versuchen: ሞከረ፣ ፈተነ: try, attempt, tempt
versuchend: ሞካሪ/ ሞክሮ: attempting, tempting
Versucher {m}: ሞካሪ፣ ፈታኝ: tempter
Versucherin {f}: ሞካሪ: temptress
Versucherinnen {pl} :: temptresses
Versuchs-: ሙከራዊ: tentative
Versuchsanstalt {f}: የሙከራ ጣቢያ: experimental station
Versuchsaufbau {m}: የሙከራ ተግባር: breadboard construction

Versuchsingenieur {m}: የሙከራ ባለሙያ: research engineer
Versuchskaninchen {n, pl}: የሙከራ እንስሳ: guineapig, guineapigs
Versuchsreihe {f}: የሙከራ ሊስት/ ዝርዝር: test series
Versuchsstadium {n}: የሙከራ ደረጃ: experimental stage, laboratory stage
Versuchstier {n}: የሙከራ እንስሳ: laboratory animal
versuchsweis: በሙከራ፣ ሙከራዊ: by way of trial, tentatively
versucht: ተሞካሪ/ ተሞክሮ: attempted, tempted
Versuchung {f}: ሙከራ፣ ፈተና: temptation
Versuchungen {pl} :: temptations
versunken: ስምጥ፣ ሰማጭ/ ሰምጦ: rapt, sunken, raptly, reinforce
vertagen: ቻለ፣ ታገሠ፣ ተሸከመ: adjourn, adjourn, prorogue
vertagend: ታጋሽ/ ታግሦ: adjourning, proroguing, recessing
vertagt: ተቀጣሪ/ ተቀጥሮ፣ ቀጠሮው አልፎ: recessed, adjourned, prorogued
Vertagung {f}: ማቀጣጠር: adjournment
Vertagungen {pl} :: adjournments
vertan: ተሳሳች/ ተሳስቶ: mistaken
vertauschbar: ተቀያሪ: commutable
vertauschen: ቀየረ፣ ለወጠ: permute
vertauschend: ቀያሪ/ ቀይሮ: interchanging, permuting
vertauscht: ተለዋጭ/ ተለውጦ: interchanged, permuted
Vertauschung {f}: ቅያሬ: permutation
verteidigen: ተከላከለ፣ ጠበቃ ሆነ: advocate, defend, vindicate
verteidigend: ጠበቃ ቋሚ/ ቁሞ፣ ታድጎ: defending, vindicating
Verteidiger {m, pl}: ጠበቃ፣ ተከራካሪ፣ ተወካይ፣ መከላከያ: apologist, defence counsel, defender, pleader
verteidigt: ተወካይ/ ተወክሎ: advocated, defended, vindicated
Verteidigung {f}: ጠበቃ፣ ተወካይ፣ መከላከያ: apologia, backfield, defence, defense, defensiveness, vindication
Verteidigungen {pl}:: defences, defenses, vindications, pleas
Verteidigungsbündnis {n}: የመከላከያ ስምምነት/ ውል: defence alliance
Verteidigungskrieg {m}: የመከላከል ጦርነት: defensive warfare
Verteidigungsminister {m}: መከላከያ ሚኒስትር: minister of defence
verteilbar: ተሰራጭ፣ ተከፋፋይ: distributable, sharable
verteilen (unter), austeilen: አከፋፈለ፣ አሰራጨ: to distribute (among), allot
verteilend: አዳይ/ አድሎ፣ አከፋፍሎ: allotting, distributive, quartering, sectoring, distributively
Verteiler {m, pl}: አከፋፋይ፣ አሰራጭ: contributor, contributors, distributor, distributors, allocator
verteilt: ተከፋፋይ/ ተከፋፍሎ: distributed, shared, allotted, sectored
Verteilung {f}: ማከፋፈል፣ ማሰራጨት: apportionment, distributing, distribution
Verteilungsschlüssel {m}: የማከፋፈያ ቁልፍ: allocation formula
verteueren: ዋጋ ጨመረ: increase the price
verteuernd: ዋጋ ጨማሪ/ ጨምሮ: increasing the price
verteuerte: ተዋጻጅ/ ተወድዶ፣ ዋጋ ጨምሮ: increased the price
verteufeln: አሰየጠነ፣ ሰይጣን አደረገ፣ ስም አከፋ: demonise
verteufelnd: አሰይጣኝ/ አሰይጥኖ: demonising
verteufelt: ሰይጣናዊ: devilishly
verteufelt: ስሙ ከፍቶ: deuced, demonised
vertiefen: ደበቀ፣ ጥልቅ አደረገ: deepen, deepen
vertiefend: አጥላቂ/ አጥልቆ: deepening
vertieft: ጥልቅ/ ጠልቆ: absorbed, preoccupied, deepened
Vertiefung {f}: ማጥለቅ: immersion
vertiert: እንስሳዊ: brutish
Vertilgung {f}: ማጥፋት፣ መበጠስ፣ መቀንጠፍ: obliteration
vertippen: አሳስቶ ታይፕ ጻፈ: type wrong, mistype
vertippend: አሳስቶ ጻፊ/ ጽፎ: mistyping
vertippt: በስተት ተጻፊ/ ተጽፎ: mistyped, typed wrong
Vertrag {m}: ውል፣ ስምምነት: agreement, contract, indenture, pact, treaty
Verträge {pl}: ውል፣ ስምምነት: covenants, indentures, pacts, contracts
vertragen: ተወ፣ ተገሠ: tolerate
vertraglich: በውል: contractual, contractually
verträglich: ውላዊ፣ ስምምነታዊ: compatible
Vertragsänderung {f}: የውል/ ስምምነት ለውጥ: alteration of contract
Vertragsbruch {m}: የውል ማፍረስ: breach of contract
Vertragsbrüche {pl} :: breaches of contract
vertragschließend: ተስማሚ/ ተስማምቶ፣ ታዋውሎ: concluding a contract
Vertragsentwurf {m}: የውል ረቂቅ: draft agreement
Vertragsgegenstand {m}: የውል ጨብጥ: object of agreement
vertragsgemäß: በውል መሠረት: according to contract, as per agreement
Vertragshändler {m}: ውልአስፈጻሚ: authorized dealer
vertragsmässig: በውል መሠረት: conventionary
Vertragsparteien {pl}: የውል ፈርመኞች: parties to a contract
Vertragsstrafe {f}: የውል ቅጣት: contractual penalty
Vertragsstrafen {pl} :: contractual penalties

Vertragsverhältnis {n}: የውል ግንኙነት: contractual relationship
Vertrauen {n}: እምነት፣ አመኔታ: faith, trust, confidence, reliance, trust, trustfulness, confidence, trust
vertrauen, sich verlassen (auf): ተማመነ: to trust [in]
vertrauen: አመነ፣ ተማመነ: confide, rely, to trust
vertrauend: ተማማኝ/ ተማምኖ: confident, confidently, confiding, relying
Vertrauende {m, f}: አማኝ፣ እምነት ጣይ: confider
Vertrauenden {pl} :: confiders
Vertrauenssache {f}: የእምነት ጉዳይ: confidential matter
vertrauensselig: በእምነት፣ እምነታዊ: confidentiality
Vertrauensseligkeit {f}: እውር እምነት: blind confidence
Vertrauensstellung {f}: የእምነት ይዞታ: position of trust
vertrauensvoll: ባለሙሉ እምነት: faithful, trustful, trustfully, trusting, trustingly, truthfully, confidingly, trustfully, trustily
Vertrauensvoten {pl} :: votes of confidence
Vertrauensvotum {n}: የእምነት ድምጽ: vote of confidence
vertrauenswürdig: መታመን ያለበት: trustworthily
Vertrauenswürdigkeit {f}: ታማኝነት: trustworthiness, trustworthinesses
vertrauern: አዘነ: pass in mourning
vertraulich: እምነታዊ: confidential, tete a tete
verträumen: ቃዠ: dream away
verträumt: ቅዠታዊ: dreamily, dreamt away
Verträumtheit {f}: ቅዠት: dreaminess
vertraut (mit): ታማኒ: familiar (with), conversant, conversantly, familiar, familiarly, confided, trusted
Vertraute {m, f}: ታማኒ: confidante
Vertrauten {pl} :: intimates
Vertrauter {m}: ታማኝ: confidant, familiar
Vertrautheit {f}: ታማኒነት: familiarity, familiarness, intimateness
Vertrautheiten {pl} :: familiarities
vertreiben: አባረረ፣ አራወጠ: drive away, dislodge, dispel, dispelled
vertreibend: አራዋጭ/ አራውጦ: dislodging, dispelling, driving away, ejecting
Vertreibung {f}: ማራወጥ: turnout
Vertreibungen {pl} :: turnouts
vertreten: ወከለ: act for, act in place of, represent
Vertreter {m}, Agent: ተወካይ: agent
Vertretung {f}: ውክልና: agency, proxy, representation
Vertretungen {pl} :: agencies, proxies, representativenesses
Vertretungsmacht {f}: የውክልና መብት: actual authority
Vertretungsvertrag {m}: የውክልና ውል: agency agreement, agency contract
vertretungsweise: በውሉ መሠረት: representatively
vertrieben: ተባራሪ/ ተባርሮ: dislodged, dispelled, dispelling
Vertriebsrecht {n}: የመሸጥ መብት: right of sale
Vertriebsrechte {pl} :: rights of sale
vertrinken: ሰከረ፣ በሰበሰ: spend on drink
vertrödelen: ጊዜ/ ሰዓት አጠፋ/ አባከነ: dawdle away
vertrödelnd: ጊዜ አጥፊ/ አጥፍቶ: dawdling away
vertrödelt: ቀውላላ/ ተንቀዋለ: dawdled away
vertuschen: አታለለ፣ ደበቀ: hush, to hush up
vertuschend: አታላይ/ አታልሎ: hushing, hushing up
vertuscht: ተታላይ/ ተታልሎ: hushed, hushed up
verübeln, übelnehmen: አበሳጨ፣ መጥፎ ስም ሰጠ: resent
verübelnd: አናዳጅ/ አናድዶ: resenting
verübelt, übelgenommen: ተበሳጭ/ ተበሳጭቶ: resented
verüben: ተለማመደ፣ ሞካከረ፣ አደራረገ: perpetrate
verübend: ተለማማጅ/ ተለማምዶ: perpetrating
Verübung {f}: መለማመድ: perpetration
verückt gemacht: አብድ/ አብዶ: maddend
verückt machen: አበሳጨ፣ አናደደ፣አሳበደ: mad
verückt machend: አሳባጅ/ አሳብዶ: maddening
verunglimpfen: አዋረደ፣ ተሳደበ፣ አሳፈረ: revile, denigrate, disparage, libel, vilify
verunglimpfend: አዋራጅ/ አዋርዶ፣ አሳፍሮ: denigrating, vilifying, reviling
verunglimpft: ተሰዳቢ/ ተሰድቦ: denigrated, disparaged, vilified, reviled
Verunglimpfung {f}: መሳደብ፣ ማሳፈር: disparagement, revilement
Verunglimpfungen {pl} :: disparagements
verunglücken: ተጎዳ፣ ካዳጋ ላይ ወደቀ: meet with an accident
verunglückend: ተጎጅ/ ተጎድቶ: meeting with an accident
verunreinigen: በከለ፣ አቆሸሸ: pollute
verunreinigend: በካይ/ በክሎ: polluting
verunreinigt: ብክል/ ተበክሎ: polluted
Verunreinigung {f}: ብክላ፣ ማቆሸሽ: pollution, contamination, defilement, impureness, impurity
Verunreinigungen {pl} :: impurities
verunsicheren: አስፈራራ፣ አባባ: make-insecure
verunsichernd: አስፈራሪ/ አስፈራርቶ: making-insecure
Verunsicherung/en {f/pl}: ባባት፣ ፍርሃቻ: insecurities
verunstalten: አበላሸ፣ አቆሸሸ: deface

verunstaltend: አበላሽ/ አበላሽቶ: blemishing, blotching, defacing
Verunstalter {m, pl}: በካይ፣ አበላሽ: blotter, blotters
verunstaltet: አስጠይ/ አስጠልቶ፣ ተበላሽቶ: misshapen, blemished, defaced
veruntreuen: አታለለ፣ ሰረቀ: peculate
veruntreuend: አታላይ/ አታልሎ: peculating
Veruntreuer {m}: ከዳተኛ፣ ቃልአባይ: embezzler
veruntreut: አታላይ/ አታልሎ: peculated
Veruntreuung {f}: ክህደት፣ ቃልአባይነት: embezzlement, defalcation
Veruntreuungen {pl} :: defalcations, embezzlements
verursachen: ምክንያት/ ሰበብ ሆነ/ ፈጠረ: originate, to cause
Verursacher {m}: ሰበብ፣ ምክንያት: causer
verursacht durch:.ተፈጣሪ/ ተፈጥሮ: caused, reinduced
verurteilen: ረገመ፣ አወገዘ፣ ፍርድ ሰጠ/ ፈረደ: condemn, damn
verurteilend: አውጋዥ/ አውግዞ: condemning, convicting, damning, dooming, reprobating, sentencing
verurteilt: ተወጋዥ/ ተወግዞ: condemned, convicted, sentenced, foredoomed
Verurteilung {f}: ውግዘት፣ ፍርድ: condemnation, damnation, reprobation, reprobative
Verurteilungen {pl} :: damnations, condemnations
vervielfältigen: አባዛ፣ አራባ: duplicate, mimeograph, manifold
vervielfältigend: አራቢ/ አራብቶ: duplicating, mimeographing
Vervielfältiger {m}: አራቢ፣ ማራቢያ: hectograph, letter-press, manifold-writer, reproducer
vervielfältigt: ተባዥ/ ተባዝቶ: mimeographed
Vervielfältigung {f}: ማራባት፣ ማባዛት: duplication, reprography
Vervielfältigungsapparat {m}: ማራቢያ ማሽን: duplicating apparatus, duplicator
Vervielfältigungsapparate {pl} :: duplicators
vervierfachen: ባራት አባዛ: quadruplicate
vervierfachend: ባራት አባዥ/ አባዝቶ: quadruplicating
vervierfacht: ባራት ተባዥ/ ተባዝቶ: quadrupled, quadruplicated
Vervierfachung {f}: ባራት ማባዣ: quadruplication
vervollkommnen: ፍጹም ሆነ/ አደረገ: to perfect
vervollständigen: አሟላ: to round out
vervollständigend: አሟይ/ አሟልቶ: completing
vervollständigt: ተሟይ/ ተሟልቶ: completed
Vervollständigung {f}: ማሟላት: completion, integration
verwachsen: አብሮ አደገ: grow together
verwachsend: አብሮ አዳጊ/ አድጎ: growing together
Verwahrung {f}: ጉተራ፣ መቆጠቢያ፣ ማኖሪያ: caveat, safe keeping, safekeeping
Verwahrungen {pl} :: caveats, custodies
verwaist: ድኃ አደግ/ ጉድፈቻ ሁኖ/ ተጥሎ: orphaned, became an orphan
verwalten, administrieren: አስተዳደረ፣ መራ: administer
verwaltend: አስተዳዳሪ/ አስተዳድሮ: administering, administratively
Verwalter {m, pl}: አስተዳዳሪ: administrator, manciple, trustee, administrators
Verwalteramt {n}: አስተናጋጅ ቢሮ: stewardship, administratorship
verwaltet: ተመሪ/ ተመርቶ: administered, mismanaged
Verwaltung {f}: አስተዳደር፣ አመራር: accocation, administration, maintenance
Verwaltungsangestellter {m}: ያመራር ጸሐፊ: administration secretary
Verwaltungsapparat {m}: መሪ ማሽን: administrative machinery, administrative organization, ministrative organization
Verwaltungsapparate {pl} :: administrative machineries
Verwaltungsarbeit {f}: ያስተዳደር ሥራ: administrative work
Verwaltungsaufwand {m}: ታስተዳደር ጥረት: administration effort
Verwaltungsbeamte {m}: ያመራር ሠራተኛ: administrative officer
Verwaltungsbehörde {f}: የማዘጋጃ ቤት ሠራተኛ: administrative agency
Verwaltungsgebühr {f}: ያመራር ወጭ: administrative fee
Verwaltungsgemeinkosten {pl}: ያሠራር ወጭ: administrative overhead, administration cost
Verwaltungsgericht {n}: ያስተዳደር መድረክ: administrative tribunal
Verwaltungskosten {pl}: ያሠራር ወጭ: administrative expense
verwaltungsmässig: እንዳስተዳደሩ/ እንዳአመራሩ: administrative
Verwaltungsrat {m}: ያመራር አካል: governing board
Verwaltungsrecht {n}: ያሠራር ሕግ: administrative law
Verwaltungszweig {m}: ያስተዳደር ቅርንጫፍ: administrative body
Verwaltungszweige {pl} :: administrative bodies
verwandeln: ለወጠ፣ አደሰ፣ ቀየረ: transmute
verwandelnd: ለዋጭ/ ለውጦ: metamorphosing, transmuting
verwandelt: ተለዋጭ/ ተለውጦ: metamorphosed, transmuted
Verwandschaft {f}: ዝምድና፣ ወገን: affinity, kin, kinsfolk
Verwandschaften {pl} :: kins

verwandt: **ወገን፣ ዘመድ፣ ተመሳሳይ**: akin, cognate, cognitional, connatural, kindred, related, kindred
Verwandte {m, f}: **ዘመዳ ዘመድ፣ አሳዳጊ**: kinswoman, kinsman
Verwandten {pl} :: relatives
Verwandtschaft {f}: **ወገን፣ ዘመድ**: affinity, kinship, relatedness, relationship
Verwandtschaften {pl} :: relatednesses
Verwandtschaftsgrad {m}: **የዝምድና ቅርበት**: degree of relationship
Verwandtschaftsgrade {pl}:: degrees of relationship
verwarnend: **አስጠንቃቂ/ አስጠንቅቆ**: cautioning
verwarnt: **ተጠንቃቂ/ ተጠንቅቆ**: cautioned
Verwarnung {f}: **ማስጠንቀቂያ**: admonishment
verwechselbar: **ተለዋዋጭ፣ አምታች**: confusable, confusably
verwechseln: **ለወጠ፣ ቀያየረ፣ አምታታ**: confound, confuse
verwechselnd: **ለዋዋጭ/ ለዋውጦ**: confounding
verwechselt: **ተለዋዋጭ/ ተለዋውጦ**: confounded, mistook
verwegen: **ቁራጥ፣ ውስን፣ ቆራጥ**: venturesomely, venturous, venturously, venturesome
Verwegenheit {f}: **ቆራጥነት**: audacity
verweichlichen: **አለሳለሰ፣ አለዘበ**: render effeminate, mollycoddle
verweichlichend: **አለሳላሽ/ አለሳልሶ**: mollycoddling, rendering effeminate
verweichlicht: **ልዝብ/ ለዝቦ**: effeminate, effeminately, mollycoddled, rendered effeminate
Verweichlichung {f}: **ማለሳለስ፣ ማለዘብ**: effeminacy
Verweigerer {m, pl}: **ዐመፀኛ፣ እምቢተኛ**: denier, deniers
verweigern: **እምቢ አለ፣ ታበየ፣ አመፀ፣ ከዳ**: deny, disallow, refuse
verweigernd: **አማጊ/ አምዖ**: disallowing
verweigert: **ታማጊ/ ታምዖ**: denied, disallowed, refused
Verweigerung/en {f/pl}: **እምቢታ፣ አመፅ**: denials
verweilen: **ቆየ፣ ዘገየ**: abide, linger
verweilend: **ዘግዪ/ ዘግይቶ**: abiding, lingering, whiling
verweilt: **ቆይ/ ቆይቶ**: lingered, whiled
Verweilzeit {f}: **መቆያ ጊዜ/ ሰዓት፣ ቆይታ**: dwell
verweint: **አልቃሽ/ አልቅሶ**: tear stained, tearstained
Verweis {m}: **ጥቆማ፣ ማረጋገጫ**: animadversion, reference, reprimand, reproof
Verweise {pl} :: reprimands
verweisen auf, sich beziehen auf: **ጠቆመ፣ ማረጋገጫ ሰጠ**: to refer to, relegate
verweisend: **ጠቋሚ/ ጠቁሞ**: relegating
Verweisung (an) {f}: **አፃፉ፣ መልስ/ ጥቆማ**: relegation
Verweisungszeichen {n}: **የጥቆማ ምልክት**: mark-of-reference
Verweltlichung {f}: **ዓለማዊነት፣ ዓለማዊ ማድረግ**: secularization
Verwendbarkeit {f}: **አገልግሎት፣ አገልጋይነት**: availability
verwenden: **ተገበረ፣ በሥራ ላይ አዋለ**: apply, appropriate
verwendend: **በሥራ ላይ አዋይ/ አውሎ**: applying, appropriating
verwendet: **በሥራ ላይ ዋይ/ ውሎ፣ ተተግብሮ**: appropriated
Verwendung {f}: **ተገብሮ፣ ትግበርታ፣ መተግበር**: disposition, usableness, usage, utilization
Verwendungen {pl} :: usablenesses
verwerfen: **አመካኘ፣ አማ፣ ሰደበ**: overrule, quash, reprobate
verwerfend: **አመካኝ/ አመካኝቶ**: overruling, quashing
verwerflich: **ታሚታ**: abjectly
Verwerflichkeit {f}: **ታሚነት**: abjection
Verwerfung {f} : **እምቢታ፣ ተቃውሞ**: rejection
Verwerfungen {pl} :: rejections
verwerten, ausnutzen: **ተጠቀመ፣ መጠቀሚያ አደረገ፣ በዘበዘ**: turn to account, exploit
verwertend: **በዝባዥ/ በዝብዞ**: turning to account
verwertet wieder: **እንደገና በሥራ ላይ ዋይ/ ውሎ**: recycled, turned to account
verwestlichen: **የምዕራባውያንን ባህል ተከተለ/ ተቀበለ**: westernize
verwickeln: **ተደናገረ፣ ተምታታ፣ አደበላለቀ**: embroil, entangle
verwickelnd: **ተደናጋሪ/ ተደናግሮ**: embroiling, entangling, implicating, meshing
verwickelt: **ተምታች/ ተምታትቶ፣ ተደበላልቆ**: entangled, intricately, connected with, tangly, embroiled, implicated, involuted, involved
Verwicklung {f}: **መደነጋገር፣ መሳሳት**: embroilment, entanglement, imbroglio, involvement
Verwicklungen {pl} :: complexities, embroilments, entanglements, imbroglios, implications
verwilderen: **ባረም ተዋጠ፣ ጫካ ሆነ**: run to seed
verwildert: **ባረም ተዋጭ/ ተውጦ**: savaged
Verwilderung {f}: **ጫካ መሆን፣ ማረም መሞላት**: wildness
verwirkbar: **ተሳሳች፣ ወንጀሌኛ**: forfeitable
verwirkend: **በራሱ ላይ ዕዳ ፈጣሪ/ ፈጥሮ**: forfeiting
verwirklichen: **ተገበረ፣በተግባር ተረጎመ**: actualize, realize
verwirklichend: **ተግባሪ/ ተግብሮ**: actualizing, realizing

verwirklicht: በተግባር ዋይ/ ውሎ: actualized, realized
Verwirklichung {f}: መተግበር፣ ተግባራዊ ማድረግ: actualization, realization
Verwirklichungen {pl} :: realizations
verwirkte: ስሁት/ ተሳስቶ: forfeited
Verwirkung {f}: መሳሳት፣ በራስ ላይ ዕዳ ማምጣት: forfeit
verwirren: አምታታ፣ አደናገረ: bemuse, bewilder, confuse, derange, disarrange, discombobulate, dishevel, disorient, distract, embarrass, fluster, muddle, perplex, tangle, unsettle
verwirrend: አምታች/ አምታትቶ: baffling, bemusing, bewildering, cluttering, cockamamie, confusing, deranging, disarranging, discombobulating, disheveling, disorienting, distracting, disturbing, dizzying, flustering, messing, muddling, perplexing, tangling, unsettling
verwirrend: አምታች፣ አደናጋሪ: distractedly, snarly, bafflingly, bewilderingly, confusingly
verwirrt: ድንጉጥ፣ ስጉ፣ ድንግር፣ደንጋራ/ ተደናግሮ: dazedly, dazzlingly, disturbed, dizzied, mazed, puzzled, scatterbrained, baffled, bemused, deranged, disarranged, dizzyingly, flustered, muddled, perplexed, tangled
Verwirrtheit {f}: ደንጋራነት: confusedness
Verwirrung {f}: መደናገር፣ ድንጋጤ፣ መምታታት: bafflement, bafflingness, bedevilment, bewilderment, confusion, disarrangement, dishevelment, disorientation, perplexity, puzzlement, confusion
Verwirrungen {pl} :: bafflements, confusions, bafflingnesses, bedevilments, bewilderments, dishevelments, entanglements, perplexities
verwirtschaften: የንግድ ሥራ/ ተግባርን አከሳሰረ/ አበለሻሸ: squander away
verwirtschaftend: ንግዱን አክሳሪ/ አክስሮ: squandering away
verwirtschaftet: ከሳሪ/ ከስሮ: squandered away
verwischen, wischen: ሰረዘ፣ ደለዘ፣ አጠፋፋ: smear
Verwischung {f}: መሰረዝ፣ መደላለዝ: blurring
verwittert: ጭምትር/ ተጨማትሮ፣ ተጭፍኖ: weather beaten, weathered
Verwitterung {f}: መጨመታተር፣ መከፋተር: weathering
Verwitterungen {pl} :: weatherings
verwitwet: ባሏ/ ሚስቱ የሞተባት/ ችበት: widowed
verwöhnen: አንዘቃለጠ፣ አበለሻሸ፣ አባለገ: regale, to spoil
verwöhnend: አንዘቃላጭ/ አንዘቃልጦ: regaling
Verwöhner {m}: መጥፎ አሳዳጊ: coddler
verwöhnt: ቀበጤ፣ ዋልጌ፣ ተንዘቃልጦ፣ ባልጎ: regaled, daintily, fastidious, fastidiously
Verwöhntheit {f}: ዘንቃልጤነት፣ ቀበጤነት፣ ዋልጌነት: choosiness, fastidiousness
verworfen: ባለጌ/ ባልጎ: cockled, depraved, profligate, quashed, unrighteous, profligately, unrighteously
verworfen: ባለጌ፣ ውዳቂ፣ እሉኝታአልባ: castaway
Verworfenheit {f}: እሉኝታአልባነት፣ ባለጌነት: abjectness, crookedness, depravation, turpitude
verworren: ኢግልጽ፣ ድብቅ፣ አደናጋሪ: confusedly, discombobulated, promiscuous, promiscuously, abstrusely
Verworrenheit {f}: አደናጋሪነት: abstruseness, fogginess, promiscuousness
Verworrenheiten {pl} :: fogginesses
Verwundbarkeit {f}: ቅይምታ፣ ተቀያሚነት: vulnerability
verwunden: አቆሰለ፣ በጥይት ተመታ/ ቆሰለ: to wound
verwundend: አቁሳይ/ አቁስሎ: wounding
Verwunderung {f}: መቁሰል፣ ቁስል: wonderment, wonder
Verwunderungen {pl} :: wonderments
verwundet: ቁስለኛ/ ቆስሎ: wounded
verwunschen: ግራኪ፣ ውብ፣ ሳቢ: execrated
verwünschen: ረገመ፣ መጥፎ ተመኘ: execrate
verwünschend: ረጋሚ/ ረግሞ: cursing, execrating, imprecatory
verwünscht: ርጉም/ ተረግሞ: accursed
Verwünschung {f}: ርግማን፣ መጥፎ ምኞት: imprecation, malediction
Verwünschungen {pl} :: imprecations
verwurzelnd: ሥር አብቃይ/ አብቅሎ ፣ ሥር ሰድዶ: rooting
verwurzelt: ለማጅ/ ለምዶ፣ወልዶ ከብዶ: rooted
Verwurzelung/en {f/pl}: ሥር፣ ወገን፣ ዘመዳ ዘመድ: roots
verwüsten: አጠፋ፣ ጻዋ አደረገ: desolate, devastate, ravage
verwüstend: ደምሳሽ/ ደምስሶ: desolating, devastating, ravaging, wasting
Verwüster {m, pl}: አጥፊ: devastator, devastators
verwüstet: ተደምሳሽ/ ተድምስሶ፣ ጠፍቶ: desolated, devastated, ravaged
Verwüstung {f}: መደምሰስ፣ መጥፋት፣ ምድረ በዳ መሆን: desolateness, desolation, devastation, havoc
Verwüstungen {pl} :: desolations, devastations
verzagen: ተስፋ ቆረጠ: give up hope, despond
verzagend: ተስፋ ቆራጭ/ ቆርጦ: desponding
verzagt: ተስፋቢስ: despondent, despondently, despondingly, pusillanimous, pusillanimously
Verzagtheit {f}: ተስፋቢስነት፣ተስፋአልባነት: despondence, downheartedness, pusillanimity
verzahnen: አጠማመረ፣ ቆለላለፈ፣ አየየዘ: interlock
verzahnt: ቁልልፍ/ ተቆለላልፎ: geared, interlocked, toothed
Verzahnung {f}: ማጠመማመር: tooth system
Verzahnungen {pl} :: tooth systems

verzapfen: ተረተ፣ ጻፈ፣ ተናገረ፣ አያያዘ: mortise

verzärteln: አባለገ፣ አቀለጠ፣ አንዘቃለጠ: pamper

verzärtelnd: አባላጊ/ አባልጎ: pampering

verzärtelt: ዋልጊ/ ዋልጎ: pampered

verzaubernd: አስገራሚ፣ አስደናቂ/ አስደንቆ፣ አስደስቶ/ ማርኮ: bewitching

verzaubert: ተደሳች/ ተደስቶ፣ ተማርኮ: bewitched

Verzauberung/en {f/pl}: ማስደሰት፣ መማረክ: enchantments, witcheries

verzehnfachen: ባሥር እጥፍ ጨመረ/ አደገ: increase tenfold, decuple

verzehnfachend: ባሥር እጥፍ ጨማሪ/ ጨምሮ: decupling

verzehnfacht: ባሥር እጥፍ አዳጊ/ አድጎ: decupled, increased tenfold

verzehrbar: ሊመገቡት/ ሊበሉት የሚቻል: consumable

verzeichnen: መዘገበ፣ ነደፈ/ ንድፍ አወጣ: note down, to list

verzeichnend: ንድፍ አውጭ/ አውጥቶ: noting down, scheduling, listing

verzeichnet: ተመዝጋቢ/ ተመዝግቦ: scheduled, noted down

Verzeichnis {n}: መርሀ ግብር፣ ውስጣዊ ክፍፍል: directory, index, memorandum, schedule

Verzeichnisse {pl} :: directories, directorys, lists, schedules

verzeihen, vergeben: ማረ፣ ይቅርታ አደረገ: to forgive (forgave, forgiven), condone, to pardon

verzeihend: ማሪ/ ምሮ: condoning, forgiving, pardoning, pardonning, forgivingly

verzeihlich: ይቅርታ የሚባል/ ሊባል የሚችል: excusable, pardonable, pardonably, venial, venially, pardonably

Verzeihung {f}, Begnadigung: ይቅርታ: forgiveness, pardon

verzerrbar: ተጠቅላይ: deformable

verzerren: ጠቀለለ፣ አጎላ፣ አጎላመሰ: distort, warp

verzerrend: አጎላማሽ/ አጎላምሶ: warping

Verzerrung {f}: ማጎላመስ: contortion, distortion

Verzerrungen {pl} :: contortions

verzetteln: ጥቂት በጥቂት/ ትንሽ በትንሽ አወጣ: fritter

Verzicht {m}: መብቱን መልቀቅ/ በፈቃድ መተው: renouncement, renunciation, waiver, abandonment, relinquishment

Verzichte {pl} :: waivers

verzichten auf: አጠፋ፣ ተወ፣ ለቀቀ: waive, forgo, to resign, renounce

verzichtend auf: ለቃቂ/ ለቅቆ፣ ትቶ: forgoing, waiving, renouncing

verzichtet (auf): ተትቶ፣ቀርቶ: forgone, renounced

verziehen: ይቅርታ ተባይ/ ተብቅሎ፣ ተምሮ: forgiven, pardonned, vorgiven

Verzierung {f}: ጌጣጌጥ: garnishment, ornament

Verzierungen {pl} :: frets, garnishments, ornaments

verzinken: ጠቆመ/ ወነጀለ፣ ብረት አለበሰ/ ቀባ: dovetail, zinced

verzinkend: ወንጃይ/ ወንጅሎ: dovetailing, galvanizing, zincing

verzinkt: ተጠርጣሪ/ ተጠርጥሮ፣ ተወንጅሎ: dovetailed, galvanized

verzinsen: ወለድ ተቀበለ፣ በወለድ አበደረ: pay interest on

verzinslich: ወለድ/ ትርፍ አምጭ: bearing interest

verzinst: ወለድ ከፋይ/ ከፍሎ: paid interest on

Verzögerer {m, pl}: ዳተኛ፣ ዝግተኛ: delayer, delayers

verzögern: ዘገየ፣ ዳዳ፣ ወደኋላ ሳበ: defer, delay, lag, retard

verzögernd: ዳተኛ/ ዳድቶ፣ ዘግይቶ: delaying, retarding, lagged

verzögert: ዝግተኛ/ ዘግይቶ: delayed, prolongate, retarded

Verzögerung {f}: መዘግየት፣ መዳዳት: deceleration, hesitation, time delay, time lag

Verzögerungseinheit {f}: ማዘግያ ክፍል/ አካል: delay unit

verzollen: ቀረጥ አስከፈለ: pay duty on

verzollend: ቀረጥ አስከፋይ/ አስከፍሎ: tariffing

verzollt: ቀሩጥ ከፋይ/ ከፍሎ: paid duty on, tariffed

Verzollung {f}: ቀረጥ ማስከፈል: payment of duty

verzücken: አስደነቀ፣ አሳበደ: ecstasize

verzückend: አስገራሚ/ አስገርሞ: ecstasizing

verzückt: አባጅ/ አብዶ፣ ሆሆ ብሎ: ecstasized, ecstatically

verzweifeln (an): ተጠራጠረ፣ ጠረጠረ: to despair (of)

verzweifelnd: ጠርጣሪ/ ተጠራጥሮ: despairing

verzweifelt: ተጠርጣሪ/ ተጠርጥሮ: desponded, despaired,

verzweifelt: እምነትአልባ፣ በጥርጣሬ: desperate, despairingly, desperately, hopelessly, in desperation

Verzweifelung {f}: ጥርጣሬ: desperation, forlornness

Verzweifelungen {pl} :: forlornnesses

Verzweiflung (an) {f}: ጥርጣሬ: despair (of), desperation

verzweigen: ቅርንጫፍ አወጣ/ አበቀለ: ramify

verzweigend: ቅርንጫፍ አውጭ/ አውጥቶ: branching, ramifying

verzweigt: ቅርንጫፍ አብቃይ/ አብቅሎ: ramified

Verzweigung {f}: ቅርንጫፍ፣ ዘለላ: branching, fork, ramification

Verzweigungen {pl} :: ramifications

Verzweigungspunkt {m}: ተዘንጣፊ ነጥብ: branching point
Verzweigungsstelle {f}: መዘንጠያ ቦታ: branch point, junction
Veteran {m}: ጡረታ ወታደር: ex servicemen
Veteranen {pl} :: veterans
Veterinär {m}: የእንስሳት ሐኪም: veterinarian
Veterinäre {pl}:: veterinarians
Vetorecht {n}: ድምጽን በድምጽ የመሻር መብት: power of veto
Vetter {m}: ያጎት/ ያክስት ልጅ: cousin
Vetternwirtschaft {f}: የቤተ ዘመድ ይዞታ/ ኃብት: nepotism, partisanship
Vexierschloß {m}: በቁጥር የሚሠራ ቁልፍ: vexierschloss, puzzle lock
Viadukt {m, n}: የእግረኛ ድልድይ: viaduct
Viadukte {pl}:: viaducts
Vibraphon {m}: የሙዚቃ መሣሪያ: vibraphone
Vibraphone {pl} :: vibraphones
vibrationsfrei: እርግብግብታአልባ: vibration-free
Vibrato {n}: የድምጽ ቃና/ ርግብግብታ: vibrato
Vibratos {pl} :: vibratos
vibrieren: ተርገበገበ፤ ቃና ሰጠ: vibrate
vibrierend: ቃና ፈጣሪ/ ሰጥቶ: vibrating
vibriert: ተርገብጋቢ/ ተርገበገበ: vibrated
Vicomte {m}: የማዕረግ ስም/ መጠሪያ: viscount
Vicomten {pl} :: viscounts
Video {n}: ቪዲዮ: video
Viedos {pl} :: videos
Videoanlage {f}: ቪዲዮ ማሳያ: video equipment
Videosichtgerät {n}: ቪዲዮ ማጫወቻ: video display unit
Videotext {m}: የቪዲዮ ጽሑፍ: videotex
Videotextsystem {n}: የቪዲዮ ሲስተም: broadcast videotex
Vieh {n}, Rindvieh: የቤት እንስሳ: cattle, livestock, cattles
Viehausstellung {f}: የእንስሳት ትሪት: cattle show
Viehbestand {m}: የእንስሳት ይዞታ: live stock
Viehdieb {m}: የከብት ሌባ: rustler
Viehdiebe {pl} :: rustlers
Viehhändler {m}: ከብት ነጋዴ: cattle dealer
Viehmarkt {m}: የከብት ገበያ: cattle market
Viehseuche {f}: ዳንዴ፤ የከብት በሽታ: cattle plague
Viehtreiber {m}, Viehändler: ከብት ጠባቂ: drover
Viehwagen {m}: የከብት ማጓጓዣ መኪና: live stock waggon
Viehweide {f}: የከብት መዋያ: pasture
Viehzucht {f}: ከብት ርባታ: stock farming
Viehzüchter {m, pl}: ከብት አርቢ: stock farmer
Viehzüchter {m, pl}: እረኛ፤ ከብት ጠባቂ: cowman
Viehzüchterin/nen {f/pl}: ከብት አርቢ: stock farmers
viel: ብዙ: much
viele: ብዙ: many, various
Viel Erfolg!: መልካም ዕድል: Good speed!
Vieleck {n}: ባለብዙ ጎን: polygon
Vielecke {pl} :: polygons
vieleckig :: polygonally
vieleckig: ባለብዙ ገጽ: polygonal
vielerlei: ባብዛኛው: of many kinds
vielerorts: በብዙ ቦታ: in many places
vielfach: በብዛት፤ ቁጥርአልባ: multiple, multiplicate, multiplicative, multiplicatively
Vielfachmessgerät {n}: ባለብዙ መለኪያ መሳሪያ: multimeter
Vielfalt {f}: ልዩ ልዩ ዓይነት: variety, diversity
vielfältig: እልቆ መስፈርታዊ: manifold, manifoldly, multifaceted, multiplex, manifoldly
Vielfältigkeit {f}: ብዙነት፤ ቁጥርአልባነት: manifoldness, multifariousness, multitudinousness
vielfarbig: ባለብዙ ቀለም: multi coloured
vielflächig: ባለብዙ ቦታ/ ስፍራ: polyhedral
vielförmig: ባለብዙ ቅርጽ: multiform, multiformly
Vielfraß {m}: ሆዳም፤ ዝተት ሆድ: glutton, gourmand, wolverine
Vielfrasse {pl} :: wolverines, gluttons
vielgeliebt: በጣም ተወዳጅ/ ተወድዶ: well beloved
vielgeprüft: በብዛት ተፈታኝ/ ተፈትኖ: much tried
vielgereist: እግረኛ: widely travelled
vielgestaltig: ባለብዙ ተግባር: polymorphic, variform
Vielheit {f}: ብዛት፤ ምላት ስፋት: multiplicity
vielleicht: ምናልባት: maybe
vielmalig: ብዙ ጊዜ: often repeated
vielrassig: ባለብዙ ዘር: multiracial
vielseitig: ባለብዙ ገጽ: many-sided, multilateral, versatile, multilaterally, versatilely
Vielseitigkeit {f}: ባለብዙ ገጽነት: many-sidedness, versatileness, versatility
Vielseitigkeiten {pl} :: versatility
vielsilbig: ባለብዙ ፊደል: poly syllabic
vielsilbiges Wort: ባለብዙ ፊደል ቃል: polysyllable
vielstimmig: ልዩ ልዩ ድምጽ/ የድምጽ ቃና: many-voiced
vielstockig: ባለብዙ ፎቅ: multistorey
vielverheißend: በጣም ተከባሪ/ ተከብሮ፤ ተመስግኖ: very promising
vielversprechende: ተስፋ ያለበት/ የሚጣልበት: promisingly
Vielweiberei {f}: ፊናፊንታማነት: polygamy
Vielweibereien {pl} :: polygamies
Vielzahl {f}: ብዙ ቁጥር: plurality
vier: አራት: four
Vierbeiner {m}: ባላራት እግር: quadruped
vierbeinig: ባላራት እግር: four legged
vierdimensional: ባላራት ጎናዊ: four dimensional

Viereck {n}: አራት ጎን: quadrangle, square
Vierecke {pl} :: quadrangles
viereckig: ባላራት ጎን: foursquare, quadrangular, square
Viererspiel {n}: ያራት ጨዋታ: foursome
Viererspiele {pl} :: foursomes
vierfach: አራት እጥፍ: four fold, fourfold, quad, quadruple
vierfachend: ባራት አብዥ/ አብዝቶ: quadrupling
vierfüssig: ባላራት እግር: four footed, quadrupedal
Vierfüßler {m, pl}: አራት እግራም: quadruped, quadrupeds
vierhändig: ባላራት እጅ: four handed
vierhundert: አራት መቶ: four hundred
vierjährig: ባላራት ዓመት: four years old, quadrennial, quadrennially
Vierling {m}: ባላራት መንታ: quadruplet
Vierlinge {pl} :: quadruplets
Viermächtebesprechung {f}: ያራቱ ኃያላን ውይይት: four power talk
Viermächtebesprechungen {pl} :: four power talks
viermal: አራቴ / አራት ጊዜ: four times, quadruple of
viermotorig: ባላራት ሞተር: four engined
Vierrad {n}: ባላራት ጎማ: four wheel
Vierradbremse {f}: ባላራት ጎማ ፍሬን: four wheel brake
Vierradbremsen {pl} :: four wheel brakes
vierrädig: ባላራት ጎማ/ እግር: four wheeled
vierseitig: ባላራት ገጽ: quadrilateral, four sided
Viersitzer {m, pl}: አራት መቀመጫ: four seater, four seaters
vierstellig: ባላራት ቁጥር: four digit
vierstöckig: ባላራት ፎቅ: four storied
vierte, vierter, viertes: አራትኛ: fourth
vierteilen: ላራት ከፈለ: divide into four parts
vierteilt: ላራት ተከፋይ/ ተከፍሎ: quartered
Viertel {n}: ሲሶ፣ አራትኛ: quarter
Viertelfinale {n}: ግማሽ ማጣሪያ: quarterfinal, quarter final
Vierteljahr {n}: ሦስት ወር: three months
vierteljährlich: በእየሦስት ወሩ: trimester, quarterly
Viertelpfund {n}: ሰሙኔ/ ሃያ አምስት: quarter of a pound
Viertelstunde {f}: እሩብ/ አሥራምስት ደቂቃ: quarter-hour, quarter of an hour
viertens: አራትኛ: fourthly
vierzehn: አሥራራት: Fourteen, fourteen
vierzehntägig: ባላሥራራት ቀን: fortnightly
vierzehnt: አሥራራትኛ: fourteenth
Vierzehntel {n}: አሥራራትኛ: fourteenths
vierzehntens: አሥራራትኛ: fourteenthly
Vierzeiler {m, pl}: ባላራት መስመር/ ስንኝ: four lined stanza, quatrain, four lined stanzas
vierzig: አርባ: forty
Vierziger {pl}: አርባዎቹ: forties
Vierzigerin {f}: ባላርባ እመቤት: woman in her forties
Vierzigerinnen {pl} :: women in their forties
vierzigste, vierzigster, vierzigstes: አርባኛ: fortieth, fortleth
Vierzigstel {n}: አርባኛ: fortieths
Vikar {m}: ዲያቆን: vicar
Vikare {pl}:: vicars
Villa {f}: ግምብ: mansion
Villen {pl} :: villas, mansions
violett: የወይን አረንጓዴ: magenta, mauve, violet
Violettfarbe/n {f/pl}: የቀለም ዓይነት: petunias
Viren {pl} /**Virus**/: ረቂቅ ሕዋሳት: viruses
virtüll: ጠንካራ፣ ቆራጥ፣ አማራጭ: virtual
Virtuose {m}: አርቲስት፣ ባለሙያ: virtuoso
Virtuosen {pl}:: virtuosos
Virtuosität {f}: ባለሙያነት: virtuosity
Virtuositäten {pl} :: virtuosities
virulente: ባሽታ አዘል/ አስተላላፊ: virulent
Virulogie {f}: የጥቃቅንሕዋሳት ጥናት: virology
Virus {m, n}: ጥቃቅን ሕዋስ: virus
Viruskrankheit {f}: የሕዋስ በሽታ: virus disease
Viruskrankheiten {pl} :: virus diseases
Visa {pl}: የይለፍ/ መግቢያ ማኅተም: visas
Vision/en {f/pl}: ቅዠት፣ ምኞት: visions
Visionär {m}: ፈላስፋ፣ ዕቅድ አውጭ: visionary
Visionäre {pl} :: visionaries
Visitenkarte {f}: ያድራሻ ካርድ: visiting card
Visitenkarten {pl} :: visiting cards
Visualisierung {f}: በስእል አሳየ/ አስቀመጠ: visualization
visuell: ስእላዊ: visual
Visum {n}: የይለፍ/ መግቢያ/ መኖሪያ ማኅተም: visa
Vitalität {f}: የመኖር/ ኑሮ ኃይል/ ጥበብ: vigor, vigour, vitality
Vitalitäten {pl} :: vitalities
Vitamin {n}: አልሚ ምግብ: vitamine, vitamin
vitaminarm: አልሚ ምግብአልባ፣ ደረቅ: poor in vitamins
Vitamine {pl} :: vitamins, vitamines
vitaminhaltig: አልሚ ምግብ ያለው፣ ባላልሚ ምግብ: vitamin containing
vitaminisieren: ባልሚ ምግብ አባዛ/ አዘጋጀ: vitaminize
Vitaminmangel {m}: ያልሚ ምግብ እጥረት: vitamin deficiency
vitaminreich: ባለአልሚ መግብ: rich in vitamins
Vitriol {n}: የጨው ዓይነት/ ንጥረ ነገረ: vitriol
vitriolisch: ጨዋማ/ ም: vitriolic
Vitriolöl {n}: ጨዋማ ንጥረ ነገር: vitriol acid
Vivisektion {f}: የእንስሳት ቀዶ ጥገና: vivisection
Vivisektionen {pl} :: vivisections
vivisezieren: ከእንስሳት አካል ወሰደ: vivisect
vivisezierend: በእንስሳት ሞካሪ/ ሞከሮ: vivisecting

Vizeadmiral {m}: ምክትል ጀኔራል: vice admiral
Vizeadmirale {pl} :: vice admirals
Vizekanzler {m, pl}: ምክትል ጠቅላይ ሚኒትር: vice chancellor, vice chancellors
Vizekönig {m}: አልጋ ወራሽ: viceroy
Vizekönige {pl}:: viceroys
vizeköniglich: አልጋወራሻዊ: viceregal
Vizekonsul {m}: ምክትል ቆንሲል: vice consul
Vizekonsule {pl}:: vice consuls
Vizepräsident {m}: ምክትል ፕሬዝደንት: vice president, veep
Vizepräsidenten {pl} :: veeps, vice presidents
Vogel {m}: ወፍ: bird
Vögel {pl}: አዕዋፍ: birds
Vogelbauer {n}: የወፍ ጎጆ: bird cage
Vögelchen {n, pl}: የወፍ ጫጩት: birdie, birdies
Vogelfang {m}: ወፍ ማጥመድ: fowling
Vogelfänger {m}: ወፍ አጥማጅ: bird catcher, fowler
Vogelfutter {n}: የወፍ ቀለብ: bird seed, birdseed
Vogelgehirn {n}: የወፍ ጭንቅላት: birdbrain
Vogelhaus {n}: የወፍ ጎጆ: aviary
Vogelhäuser {pl} :: aviaries
Vogelkunde {f}: ያዕዋፍ ጥናት: ornithology
Vogelmiere {f}: ያዕዋፍ ቀለብ: chickweed
Vogelmieren {pl} :: chickweeds
Vogelmist {m}: የወፍ ቆጣጥ: bird dung
Vogelruf {m}: የወፍ ጥሪ: birdcall
Vogelrufe {pl} :: birdcalls
Vogelwarte {f}: ያዕዋፍ አኗኗር ጥናት: ornithological station
Vogelzüchter {m, pl}: ወፍ አርቢ: aviarist
Vogt {m}: አለቃ፤ መሪ: reeve
Vokabel {f}: የቃላት ትምህርት: vocabulary, word
Vokabeln {pl}:: words vokabular
Vokal {m}: አናባቢ: vowel
Vokale {pl} :: vowels
Vokalaussprache {f}: ያናባቢ አነጋገር: vocalization
Vokalaussprachen {pl}:: vocalizations
Vokalmusik {f}: ትርጉም አልባ ሙዚቃ: vocal music
Vokativ {m}: ቀልምጫ: vocative
Vokative {pl} :: vocatives
Volk {n}, Leute, Nation: ሕዝብ፤ ኅብረተ ሰብእ: people, nation
Völkerkunde {f}: ከኮሎኒያሊዝም ድቀት በኋላ ባፍሪካና እስያ የሚኖሩ ሕዝቦችን በዘር፤ ፖለቲካና ሃይማኖት በመከፋፈል ለማዋጋትና ለጦር መሣሪያ ሽያጭ ገብያ ለማድረግ አውሮፓውያን የፈጠሩት ትምህርታዊ ጥናት:: ከኮሎኒያሊዝም በፊት ያውሮፓ ሚሽነሪዎች በመጽሐፍ ቅዱስ ስም የቅኝ ግዛት ሀገሮች ባህልን ጨርሶ ለማጥፋትና ባውሮፓ ባህል ለመተካት ያደረጉት ሙከራ ሳይሳካ በመቅረቱ በዚህ ጥናት እየተጠቀሙ ሕዝቡን ስለከፋፈሉትና ጠላትነት ስለፈጠሩበት አሁንም በመተላለቅ ላይ ይገኛል:: Ethnology, Anthropology, social Anthropology
Völkermord {m}: የሕዝቦች እርስ በርስ እልቂት: genocide
Völkermorde {pl} :: genocides
Völkerrecht {n}: የሕዝብ መብት: law of nations
Völkerschlacht {f}: የሕዝብ ጦርነት: battle of the nations
Völkerwanderung {f}: የሕዝብ ፍልሰት/ ስደት: emigration of nations
Völkerwanderungen {pl} :: migrations
volkreich: ባለሕዝብ: populous, populously
Volksabstimmung {f}: የሕዝብ ምርጫ: plebiscite
Volksaufstand {m}: የሕዝብ ዓመፅ: national uprising
Volksbegehren {n}: የሕዝብ ምርጫ: referendum
Volksbibliothek {f}: የሕዝብ ቤተ መጻሕፍት ቤት: public library
Volksbibliotheken {pl} :: public libraries
Volksbildung {f}: መሠረተ ትምህርት: national education
Volkscharakter {m}: ብሔራዊ ባህል/ ወግ-ልምድ: national character
Volksdichter {m}: የሕዝብ በዛት: popular poet
Volkseinkommen {n}: የሕዝብ ማዕከላዊ ገቢ: social income, aggregate income
Volksentscheid {m}: የሕዝብ ውሳኔ: referenda
Volksfest {n}: ክብረ በዓል፤ ዓመትባል: public festival
Volksherrschaft {f}: ሕዝባዊ መንግሥት: popular government
Volkshochschule {f}: የሕዝብ ትምሕርት ቤት: adult evening classes
Volksjustiz {f}: የሕዝብ ፍርድ: lynch law
Volksküche {f}: የጋራ ማዕድ ቤት: public soup kitchen
Volkskunde {f}: የሕዝብ ዘፎ፤ ዘፈን፤ ቅራርቶና ፉከራ: folklore
Volksmusikfest {n}: ዓመትባል: hootenanny
Volksmusikfeste {pl} :: hootenannies
Volksredner {m}: ዕውቅ ተናጋሪ: popular speaker
Volkssage {f}: የሕዝብ አባባል: folk tale
Volkssagen {pl} :: folk tales
Volksschicht {f}: የመደብ ክፍፍል: social class
Volksschule {f}: አደኛ ደረጃ ትምህርት ቤት: elementary school
Volksschullehrer {m, pl}: ያንደኛ ደረጃ ትምህርት ቤት አስተማሪ: elementary teacher
Volkssprache {f}: የሕዝብ ቋንቋ: popular speech
Volksstämme {pl}: ዘር፤ ጎሣ: tribes
Volksstimme {f}: የሕዝብ ድምጽ: voice of the people
Volksstimmung {f}: የሕዝቡ ስሜት: public feeling

Volksstück {n}: **የተለመደ ሙዚቃ/ ጨዋታ**: folk play
Volksstücke {pl} :: folk plays, folk dances
Volkstanz {m}: **የተለመደ ዳንስ**: folk dance
Volkstracht {f}: **ብሔራዊ ልብስ**: national costume
volkstümlich: **ሕዝባዊ፤ ታዋቂ፤ ዕውቅ፤ ተወዳጅ**: folksy, popular, popularly
Volksversammlung {f}: **ሕዝባዊ ስብሰባ**: moot, public meeting
Volksvertreter {m}: **የሕዝብ ተወካዮች**: representative of the people
Volksvertretung {f}: **የሕዝብ ውክልና**: representation of the people
Volkswirt {m}: **ኢኮኖሚስት፤ የኢኮኖሚ ምሁር**: political economist
Volkswirtschaft {f}: **ኢኮኖሚክስ**: political economics, political economy
Volkswirtschaftler {m, pl}, Ökonom: **ኢኮኖሚስት**: economist, economists
volkswirtschaftlich, wirtschaftlich: **ኢኮኖሚካዊ**: economic, aggregate wealth formation
Volkszählung {f}: **የሕዝብ ቆጠራ**: census
Volkszählungen {pl} :: censuses
voll: **ሙሉ**: brimful, crowded, fraught, full, plenteous, plenteously, replete, repletely
vollauf, völlig: **ሙሉ በሙሉ**: fully
vollautomatisch: **አውቶማቲካዊ**: fully automatic
Vollbart {m}: **ሙሉ ጢም**: full beard
vollberechtigt: **ባለሙሉ መብት**: fully entitled, fully employed
Vollbeschäftigung {f}: **ሥራአጥነት አልባ፤ ሥራጥ የሌለበት**: full employment
vollbesetzt: **በሙሉ ተያዥ/ ተይዞ**: fully occupied
Vollbesitz {m}: **ሙሉ ይዞታ**: full possession
Vollblut {n}: **ያልተዳቀለ እንስሳ/ ፈረስ**: bloodied blooded, thoroughbred
Vollblüter {m, pl}: **ንጹሕ/ ያልተዳቀለ እንስሳ/ ፈረስ**: thoroughbred, thoroughbreds
vollblütig, kräftig: **ንጹሕ፤ ያልተዳቀለ**: fullblooded
Vollblutpferd {n}: **ያልተዳቀለ ፈረስ**: thoroughbred horse
Vollblutpferde {pl} :: thoroughbred horses
vollbracht: **ፍጹም/ ተፈጽሞ፤ አልቆ**: accomplished
vollbringen: **ፈጸመ፤ ጨረሰ**: accomplish
vollbringend: **ጨራሽ/ ጨርሶ**: accomplishing
Vollbringung {f}: **መጨረስ፤ ማከናወን**: accomplishment
volldigital: **ሙሉ ዲጂታል**: all digital
vollelektronisch: **ሙሉ ኤሌክትሪካዊ**: all electronic
vollenden, ergänzen: **ጨረሰ፤ ፈጸመ፤ አከናወነ**: accomplish, consummate, to finish, to complete
vollendend: **ጨራሽ/ ጨርሶ**: accomplishing, consummating, perfecting
vollendet: **አላቂ/ አልቆ፤ ተፍጽሞ**: consummated
Vollendung {f}: **ፍጻሜ፤ ክንውን**: consummation, perfection
vollfüllen: **ሞላ፤ ሙሉ አደረገ**: to fill up
vollfüllend: **ጠቅጣቂ/ ጠቅጥቆ**: brimming
Vollgas {n}: **በፍጥነት ማሽከርከር/ መንዳት**: full throttle
Vollgefühl {n}: **ባለሙሉ ስሜት**: full consciousness
Vollgenuß {m}: **ሙሉ ደስታ**: full enjoyment
vollgepackt: **እሽግ/ ታሽጎ፤ ተሞልቶ**: crammed
vollgültig: **የሚሠራ፤ ጊዜው ያላለፈ**: fully valid
Vollgummi {m}: **ሙሉ ጎማ**: solid rubber
völlig, lediglich, absolut, gänzlich, vollständig: **በኃይል፤ በሙሉ፤ በፍጹም፤ ጠቅላላ**: absolute, arrant, consummately, entirely, fully, stark, downright, entirely, total, entirely, absolute, arrantly
volljährig sein: **ጎረመሰ፤ አደገ**: to be of age
volljährig werden: **መመረጥና መምረጥ ቻለ**: attain full age
vollkommen: **ፍጹም፤ ሙሉ በሙሉ፤ በጠቅላላ**: plenarily, quintessential, totally, unflawed, perfect, plenary, quintessentially
Vollkommenheit {f}: **ፍጹምነት**: perfectibility
Vollkraft {f}: **ሙሉ ኃይል**: full vigour
Vollmacht {f}: **ሙሉ ሥልጣን**: full power, letter of attorney, warrant
Vollmond {m}: **ሙሉ ጨረቃ**: full moon
vollnumerisch: **ሙሉ ጨረቃዊ**: all numeric
vollpacken: **ሞላ፤ ጠቀጠቀ**: cram
Vollpension {f}: **ከቁርስ፤ ምሳና ራት ጋራ የሆቴል ኪራይ**: full board
vollschlank: **ሙሉ ቅርጽ**: full figured
vollständig, völlig: **ሙሉ በሙሉ፤ በጠቅላላ**: absolutely, complete, completed, completely, fully, outright, quitely, thorough, totally, completive, completively
Vollständigkeit {f}: **አጠቃላይነት**: completeness, completness
vollstopfen: **ተጠቀጠቀ፤ ተወተፈ፤ ተዘጋ**: clutter up
Vollstreckungsbeamte {m}: **ሕግ አስፈጻሚ ፖሊስ**: executory officer
Vollstreckungsbefehl {m}: **የፍርድ አስፈጻሚ ትእዛዝ**: writ of execution
Vollstreckungsbefehle {pl} :: writs of execution
Volltreffer {m, pl}: **ዓላማን መምታት/ መድረስ**: direct hit
Vollversammlung {f}: **አጠቃላይ ስብሰባ**: plenary meeting
Vollwort {n}: **ሙሉ ቃል**: fullword
Vollziehung {f}: **አፈጻጸም/ ክንውን**: fulfillment
Volontär {m}: **ፋቃደኛ**: improver
Volontäre {pl} :: improvers
Volt {n}: **የኤሌክትሪክ ምንጭ/ ማመንጫ**: voltage, volts, volt
Voltmeter {n, pl}: **የኤሌክትሪክ ኃይል መለኪያ መሣሪያ**: voltameters

Volumen {n}: ስፋት፣ ይዘት: volume
volumetrisch: ስፋታዊ: volumetric, volumetrically
von: በ.../ ዘንድ፣ከ...፣ የ...: by, from, of
von morgens bis abends: .ከጧት እስከማታ: from morning to night
von nun an: ካሁን ጀምሮ: henceforward, henceforward
von oben nach unten: ከላይ እስከታች: top down
von überall her: በ/ ከሁሉም አቅጣጫ: from all quarters
von unten nach oben: ከታች ወደላይ: bottom-up
von vornherein: ከመጀመሪያ: at the outset
von wo, woher: ከወደሂት: wherefrom
vor, bevor, vorher: በ..: pre, before, ago
vor: በ/ ከፊት ለፊት: in front of
vor: ወደፊት: ante, avant
vor allem, zunächst: በተለይ/ ም፣ ቀጥሎም: above all, first of all
vor kurzem, neulich: ከጥቂት በፊት፣ በቅርቡ: a short while ago, recently
Vorabend {m}: ዋዜማ: eve
Vorabende {pl} :: eves
vorahnen: ገመተ፣ አሰበ/ ተጠራጠረ: have a presentiment
vorahnend: ገማች/ ገምቶ: having a presentiment
Vorahnung {f}: ጥርጣሬ፣ ግምት: foreboding, foreshadowing, presentiment
Vorahnungen {pl} :: forebodings, foreshadowings
voran: በመጨረሻ: at the head
voranbringen: አሳደገ፣ ቀጠለ: promote
vorangegangen: አላፊ/ አልፎ፣ሂዶ: walked in front
vorangehen: መራ፣ ቀደመ: lead the way, precede, preceding
vorangehend: ቀዳሚ/ ቀድሞ: antecedent
vorangekommen: ቀራቢ/ ቀርቦ፣ ተጠግቶ: made-headway
vorangetrieben: ተገፋፊ/ ተገፋፍቶ፣ ተመርቶ: propelled
vorankommen: ቀረበ: make-headway
Voranmeldung {f}: መጀመሪያ ዘገባ/ ምዝገባ: advance notification, advance reservation
Voranschlag {m}: የግምት ዋጋ: estimate of cost
voranstellen: ቀጠለ፣ ለጠፈ/ አንተራሰ: prefix
voranstellend: አንተራሽ/ አንተርሶ: prefixing
vorantreiben: አስነሳ: set on
Vorarbeit {f}: የዝግጅት ሥራ: preparatory work
vorarbeitend: አዘጋጅ: preparatorily
Vorarbeiter {m, pl}: አሠሪ፣ ሥራ መሪ/ አለቃ: assistant foreman, foreman
Vorarbeiterin {f}: አሠሪ፣ አለቃ: forelady, forewoman
Vorarbeiterinnen {pl} :: forewomen, foreladies
voraus, vorwärts, voran: ወደፊት: ahead
vorausbestellen: ቀድሞ አዘዘ: order in advance
vorausbestellt: ቀድሞ ታዛዥ/ ታዝዞ: ordered in advance
Vorausbestellung {f}: አስቀድሞ ማዘዝ: advance order
vorausbestimmen: እድሉን/ ዕጣ ተራውን ወሰነ: predeterminate
vorausbestimmend: ለዚያ ብለ: ፈጣሪ/ ፈጥሮ: presetting
vorausbestimmt: በእድሉ ተወሳኝ/ ተወስኖ: predeterminated
Vorausbestimmung {f}: እድል፣ ዕጣ ተራ: prearrangement, predetermination
vorausbezahlen: አስቀድሞ ከፈለ: pay in advance
vorausbezahlt: አስቀድሞ ተከፋይ/ ተከፍሎ: paid in advance, prepaid
Vorausbezahlung {f}: ቅድሚያ ክፍያ: advance payment
vorausdenken: ገመተ፣ ቀድሞ አሰበ: think ahead
vorauseilen: ቀድሞ ተቻኮለ: hurry ahead
Vorausentwicklung {f}: ቅድሚያ ዕድገት: advance development
vorausgehen: አስቀደመ: precede
vorausgesagt: ተተንባይ/ ተተንብቶ፣ ቀድሞ ተብሎ: foretold
vorausgesehen: የተጠበቀ፣ ሊሆን ቻይ: foreknown, foreseen
vorausgesetzt: ተገማች/ ተገምቶ: assumed, preconditioned
Vorausleistung {f}: ቅድሚያ አሰተዋፅኦ: advance performance
Vorausnahme {f}: ግምት: anticipation
Vorausrechnung {f}: ቅድሚያ ስሌት: advance invoice
voraussagbar: ተተንባይ: predictable
Voraussage {f}: ትንቢት: prognostication
voraussagen, prophezeien: ተነበየ፣ ትንቢት ተናገረ: foretell, prognosticate, to predict
voraussagend: ተንባይ/ ተንብቶ: forecasting
vorausschauen: ቀድሞ አየ/ ገመተ: to look ahead
Voraussehbarkeit {f}: ቀድሞ ታይታነት: foreseeability
voraussehen: ቀድሞ አየ/ አወቀ: foreknow
voraussehend: ቀድሞ አዋቂ/ አውቆ: foreknowing, foresighted
Vorausseher {m, pl}: ጠንቋይ፣ ነቢይ: forecaster, forecasters
voraussetzen: ቀድሞ ገመተ: presuppose, to presume, to suppose
voraussetzend: ገማች/ ገምቶ: premising, presupposing
Voraussetzung {f}: ቅድመ ሁኔታ: prerequisite, presupposition, supposition
Voraussetzungen {pl} :: suppositions
Voraussicht {f}: ትንቢት፣እይታ፣ ስጋት/ ፍርሃት: foresight, foresightedness, foreknowledge, foresight

Voraussichten {pl} :: foresights
voraussichtlich: በግምት፣ ግምታዊ: probably, prospective, expected, expectancy
vorauswählen: ቀድሞ/ አስቀድሞ መረጠ: preselect
vorauszahlen: ቀድሞ ከፈለ: prepay
vorauszahlend: ቀድሞ ከፋይ/ ከፍሎ: prepaying
Vorbau {m}: የፊት ግንብ: front building
Vorbedacht {m}: ግንዛቤ፣ጥርጣሬ: premeditation, forethought, forethought
vorbedeuten: ቀድሞ ተረጎመ: foretoken
Vorbedeutung {f}: የመጀመሪያ ትርጉም: omen
Vorbedingung {f}: ቅድመ ሁኔታ: precondition
vorbehaltlich: ቁጥባዊ፣አፋራም/ ማ: subject to
vorbeifahren: አለፈ: drive pas
vorbeigefahren: አላፊ/ አልፎ: driven past
vorbeigehen: በዚያ ሄደ/ አለፈ፣ ነጎደ: to pass by
vorbeigehend: አላፊ/ አልፎ: passing, transitory
vorbeigeredet: ተነዛናኹ/ ተነዛንዞ: talked at cross purposes
vorbeigeschossen: ዓላማውን ሳቾ/ ስቶ: missed the mark
vorbeimarschieren: ተመመ፣ ነጎደ: march-past
vorbeireden: ተጨቃጨቀ፣ ተነዛነዘ: talk at cross purposes
vorbeischießen: ዓላማውን ሳተ: miss the mark
Vorbemerkung {f}: ማስገንዘቢያ: preliminary remark
vorbenannt: ተሰያሚ/ ተሰይሞ: aforesaid
vorbereiten: አዘጋጀ፣ አሰናጸ: prepair, priming, to prepare for, set up
vorbereitend: አዘጋጅ/ አዘጋጅቶ: preparatory, preparative
Vorbereiter {m}: አዘጋጅ: preparer
vorbereitet: ዝግጁ/ ተዘጋጅቶ: prepared
Vorbereitung {f}: ማዘጋጀት/ መዘጋጀት: preparation, scheduling, preparation
Vorbereitungen {pl} :: preparations
Vorberg {m}: የተራራ/ ጋራ ስር: foothill
vorberuflich: ባለሙያ፣ ሙያዊ: preprofessional
Vorbesprechung {f}: ቅድሚያ ንግግር/ ምክክር: preliminary discussion
Vorbestellung {f}: ቅድሚያ ትእዛዝ: advance boking
vorbestraft: ወንጀለኛ/ ተወንጅሎ ፣ ወንጀል ሠርቶ: previously convicted
Vorbestrafung {f}: ቅጣት፣ እስራት: criminal record
vorbeugen: ተገዛ፣ ተሸነፈ: obviate, to prevent
vorbeugend: በሸንፈት: preventively, prophylactic, prophylactical, precautionary, prophylactically
vorbeugend: ተሸናፊ/ ተሸንፎ: obviating
Vorbild {n}: ምሳሌ፣ አምሳያ: paragon
Vorbilder {pl} :: paragons
vorbildlich: ምሳሌያዊ: exemplary
vorbildlich: ምሳሌያዊ: ideal
Vorbildung {f}: ሥልጣኔ: typification
Vorbildung {f}: ቅድሚያ ልምምድ/ ሥልጠና: preparatory training
Vorbildungen {pl} :: typifications
Vorbote {m}: አብሳሪ: precursor, forerunner
Vorboten {pl} :: forerunners
vorbringen: አስጠጋ፣ አቀረበ: bring forward, to bring up
vorbuchstabieren: ፊደል በመቆጠር አስጻፈ: spell out
Vorbühne {f}: የመድረክ ገጽታ: proscenium
vordatieren: ቀድሞ ዘገበ/ ዘመን ሰጠ፣ እድሜውን ወሰነ: antedate, predate, to date ahead
vordatierend: ቀድሞ ወሳኝ/ ወስኖ: antedating, predating
vordatiert: ቀድሞ ተመዝጋቢ/ ተመዝግቦ: antedated, predefined
Vorderachse {f}: የፊት ለፊቱ ምሰሶ/ ወጋግራ: front axle
Vorderansicht {f}: የፊት ለፊት አይታ: front view, front elevation
Vorderbein {n}: የፊት እግር: foreleg
Vorderbeine {pl} :: forelegs
Vorderfuß {m}: የፊት እግር: forefoot
Vorderfüße {pl}:: forefeet
Vordergrund {m}: ዋና ምክንያት: foreground
Vordergründe {pl} :: foregrounds
Vorderhand {f}: የፊት እጅ፣ መጻፍ: forehand
Vorderhände {pl} :: forehands
Vorderrad {n}: የፊት ጎማ: front wheel
Vorderreihe {f}: የመጀመሪያ ሰልፍ/ ወረፋ/ ድርድር: front row
Vorderseite {f}: የፊት ለፊት ገጽታ: forefront, front
Vorderseiten {pl} :: forefronts
Vordersitz {m}: የመጀመሪያ መቀመጫ: front seat
Vorderteil {n}: የፊተኛው አካል: forepart
Vorderteile {pl} :: foreparts, fores
Vorderzahn {m}: የፊት ጥርስ: front tooth, nipper
Vorderzähne {f} :: front teeth
vordrängen: ገፈተረ፣ ተጫነ: press forward
vordringlich: አሳሳቢ፣ አስጊ: urgently
vorehelich: ቅድመ ጋብቻ: premarital, : prenuptial
voreilig: በችኮላ፣ በፍጥነት: headily, heady, rash, rashly
Voreiligkeit {f}: ፈጣንነት: overhaste, prematurity
voreinstellen: አቀረበ: preset
Voreinstellung {f}: ዝግጅት: default
vorenthalten: ታገሠ፣ ተቆጠበ: keep back, withhold
vorenthaltend: ቁጥብ/ ተቆጥቦ: withholding
Vorenthaltung {f}: መታገስ/ መቅቆጠብ: detention, withholding
Vorenthaltungen {pl} :: detentions, withholdings
Vorentscheidung {f}: ቅድሚያ ውሳኔ: preliminary decision

Vorexamen {n}: **ቅድመ ፈተና**: preliminary examination
vorfabrizieren: **ቀድሞ አመረተ/ ፈበረከ**: prefabricate
vorfabrizierend: **አምራች/ አምርቶ**: prefabricating
vorfabriziert: **ተመራች/ ተመርቶ**: prefabricated
Vorfahr {m}: **አያት፤ ቅማት**: forbear, forebear, forefather, ancestor
Vorfahren {pl} :: forbears, forebears, ancestors
Vorfahrt {f}: **ቅድሚያ**: right of way
Vorfall {m}: **አዳጋ፤ አጋጣሚ**: event
Vorfälle {pl}: **አዳጋ**: incidents
vorfallen: **ሆነ፤ ደረሰ፤ ተከናወነ**: occur
Vorfeier {f}: **ቅድመ ዝግጅት**: preliminary celebration
Vorfertigung {f}: **ቅድመ ዝግጅት/ ተግባር**: prefabrication
Vorfilm {m}: **የፊልም ትሪት መግቢያ**: programme picture
Vorfinanzierung {f}: **ቅድሚያ ክፍያ**: advance financing
vorformatieren: **ፎርማት አደረገ**: preformat
vorformatierend: **ፎርማት አድራጊ/ አድርጎ**: preformatting
vorformatiert: **ፎርማት ተደራጊ/ ተደርጎ**: preformatted
Vorfrage {f}: **ቅድመ ጥያቄ** : preliminary question
Vorfreude {f}: **የደስታ መጀመሪያ**: pleasant anticipation
Vorführdame {f}: **አስተዋዋቂ**: mannequin
vorführen: **መራ፤ አሳየ**: showing
Vorführer {m, pl}: **አስተዋዋቂ**: demonstrator, demonstrators
Vorführraum {m}: **ማስተዋወቂያ ክፍል**: projection room
Vorführung {f}: **ማስታወቂያ/ ማስተዋወቂያ**: demo, demonstration
Vorführungen {pl} :: screenings, viewings
Vorgabe {f}: **ስጥ፤ የተሰጠ**: defaults', select, default
Vorgaben {pl} :: defaults
Vorgabezeit {f}: **የተሰጠ ጊዜ**: all in time, allowed time
Vorgang {m}: **መግቢያ፤ ምሳሌ**: procedure, process, instance
Vorgänger {m, pl}: **ተቀዳሚ፤ በፊት የነበረ**: predecessor, predecessors
vorgeben: **አቀረበ፤ ሰጠ**: to pretend
vorgebend: **አቅራቢ/ አቅርቦ**: pretending
Vorgebirge {n}: **ተራራ ሰንሰለት**: promontory, forelands
vorgeburtlich: **ቅድመ ልደታዊ**: prenatal, prenatally
vorgehen: **ቀደመ፤ መራ**: to go ahead
Vorgehensweise {f}: **ዕቅድ**: Strategy, strategy
Vorgeschmack {m}: **ሽታ፤ ጣፋጭነት**: foretaste
Vorgesetzte {m, f}: **የበላይ/ አለቃ**: superior
Vorgesetzten {pl} :: superiors, disciplinarians
vorgestern: **ከትናንት በስቲያ**: the day before yesterday
Vorgriff {m}: **ጨበጣ፤ አያያዝ/ መያዝ**: lookahead
Vorhaben {n, pl}: **ዕቅድ፤ ፕላን**: intentions
vorhaben: **ዐቀደ፤ ተለመ**: to intend
Vorhalle {f}: **መተላለፊያ ክፍል**: porch, atrium
Vorhallen {pl} :: atria
vorhalten: **ቀድሞ ወሰደ/ አነሳ**: to charge with, to hold before somebody, to hold out, to reproach somebody with
vorhanden sein, existieren: **አልለ፤ ኖረ፤ ነበረ**: to exist
vorhanden: **ተጨባጭ፤ ያልለ፤ የነበረ**: availible, exist, present
Vorhang {m}: **መጋረጃ**: curtain
vorher: **ከ...በፊት**: ago, antecedent, before, previously
vorherbestimmen: **ቀድሞ ወሰነ**: foreordain, predefine, predestinate, predetermine, preordain
vorherbestimmend: **ቀድሞ ወሳኝ/ ወስኖ**: foreordaining, predestinating, preordaining, predeterminating, predetermining
vorherbestimmt: **ቀድሞ ለዚያ ተፈጣሪ/ ተፈጥሮ**: foregone, predetermined, predestinated
Vorherbestimmung {f}: **እድል፤ ዕጣ ተራ**: preordination
Vorherbestimmungen {pl} :: predeterminations
vorhergehen: **ቀድሞ ሄደ**: forego
vorhergehend: **ቀዳሚ/ ቀድሞ**: antecedent, foregoing, previous, antecedently, anteriorly
vorhergesagt: **ተተንባይ/ ተተንብቶ**: augured, foretelled, predicted
vorherig: **ያለፈው፤ የቀደመው**: previous
Vorherrschaft {f}: **ቁጥጥር፤ የበላይነት**: dominance, domination, predominance
vorherrschen: **ተቆጣጠረ፤ የበላይ ሆነ**: predominate
vorherrschend: **የበላይ፤ ተቆጣጣሪ/ ተቆጣጥሮ**: predominant, prepotent, prevalent, prevalently, predominantly, predominating
Vorhersage {f}: **ትንበያ፤ ትንቢት**: forecast, Prediction, prognosis
Vorhersagen {pl} :: predictions, prognoses
vorhersagen, schätzen: **ተነበየ፤ ትንቢት ተናገረ፤ ገመተ**: forebode, foretell, predict, forecast
vorhersagend: **ተንባይ/ ተንብዮ**: foretelling, predicting
Vorhersager {m, pl}: **ቀድሞ ተናጋሪ፤ ነቢይ**: foreboder, foreboders
vorhersehbar: **ሊሆን ቻይ**: predictable
vorhin: **ከዚያ በፊት**: a short while ago
Vorhof {m}: **የጓሮ ቦታ**: front court
vorige Jahre: **ያለፉት ዓመታት**: yesteryears
voriges Jahr: **ባለፈው ዓመት**: yesteryear

Vorjahr {n}: **ያመቱ መጀመሪያ ወራት**: preceding year
Vorkämpfer {m}: **ተከራካሪ፣ ተጨቃጫቂ**: protagonist
Vorkauf {m}: **ሽያጭ**: preemption
Vorkaufsrecht {n}: **የሽያጭ መብት**: right of preemption
Vorkaufsrechte {pl} :: rights of preemption
Vorkenntnis {f}: **ግንዛቤ**: precognition, previous knowledge
Vorkenntnisse {pl} :: well grounded in
vorkochen: **ቀድሞ ቀቀለ/ አበሰለ**: precook
vorkochend: **ቀድሞ ቀቃይ/ ቀቅሎ**: precooking
Vorkommen {n}: **ሁናቴ** : incidences, occurances, incidence
vorkommen: **ሆነ**: be found
Vorlage {f}: **አባሪ፣ ተጨማሪ**: artwork, pattern, submittal
Vorlagen {pl} :: submittals
Vorlauf {m}: **ሂደት**: forerun
Vorläufer {m, pl}: **ተከታይ፣ አሽከር**: harbinger, precursor, precursors
vorläufig: **አሁን፣ ባሁኑ ጊዜ**: for the present, for the time being, interim, preliminarily, preliminary, temporary, provisionally, tentatively
vorlaut: **ቅድሚያ ድምጽ**: pert, pertly
Vorlesungsverzeichnis {n}: **የዩኒቨርሲቲ ትምህርት መርሀ ግብር**: university calendar
Vorlesungsverzeichnisse {pl} :: university calendars
vorletzt: **ከመጨረሻው በፊት**: last but one, penultimate
Vorliebe {f}: **ማሻፈድ/ መሻፈድ**: fondness, predilection, affectation
Vorlieben {pl} :: partialities, preferences, affectations
vorlügen: **ዋሸ**: tell a person lies
vormedizinisch: **ቅድመ ሕክምናዊ**: premed, premedical
vormerken: **ምልክት ሰጠ/ አደረገ**: make-a-note-of, to note down
Vormittag {m}: **ከሰዓት በፊት፣ ከዕኩለ ቀን በፊት፣ ጧት**: forenoon, morning
Vormittage {pl} :: mornings, forenoons
vormittags: **ከሰዓት ከሰዓት በፊት**: mornings
Vormundschaft {f}: **አሳዳጊ**: guardianship, tutelage, wardship
Vormundschaften {pl} :: tutelages, wardships
vorn, vorne, voraus: **በ/ ከፊት**: fore, in front, ahead
Vorname {m}: **መጠሪያ ስም**: firstname, forename, first name
Vornamen {pl} :: firstnames, forenames, first names
vorne: **በ/ ከፊት**: in the front
vornehm: **ባለክብር**: courtly, genteel, highbred, plush, plushly, genteelly
Vornehmheit {f}: **ክበርቴ ነት**: noblesse
vornehmlich: **በተለይ**: especial, especially
vornherein: **በመጀመሪያ**: from the first
vorpacken: **ቀድሞ አሸገ**: prepackage
Vorpackung {f}: **ውስጣዊ መጠቅለያ**: prepackaging
Vorrang {m}: **ግርዶሽ፣ መጋረጃ**: precedence, precedency, primacy, prior, priorities, priority
Vorrat {m}: **ስንቅ፣ ቁጥብ**: hoard, repertoire, supply, store, stock
Vorräte {pl}: **ስንቅ**: hoards, availabilities
vorrätig: **ስንቃዊ**: in stock, in store, on hand
Vorratskammer {f}: **ጉተራ፣ ጎታ**: pantry, pantries
Vorraum {m}: **መተላለፊያ ክፍል**: vestibule
vorraussetzen: **ወደፊት አየ**: look ahead, imply
vorraussichtlich: **በማጠቃለል፣ ባጠቃላይ**: estimated
Vorrecht {n}: **ልዩ መብት**: privilege, prerogative
Vorrede {f}: **መግቢያ ንግግር**: opening speech
Vorreden {pl} :: prefaces
Vorredner {m}: **አስተዋዋቂ**: previous speaker
Vorreiter {m}: **መሪ፣ አንድኛ**: outrider
Vorrichtung {f}: **ዝግጅት፣ ማዘጋጀት**: appliance, artifice, contrivance, gadget, appliance
Vorrichtungen {pl} :: apparatuses, appliances, artifices
Vorrücken {n}: **መቅረብ፣ መጠጋት**: advancement
vorrücken: **ቀረበ፣ ተጠጋ**: move, forward, to advance
vorrückend: **ተጠጊ/ ተጠግቶ**: advancing
Vorrunde {f}: **የመጀመሪያ ዙር**: preliminary round
vorsagen: **ነገረ፣ ተናገረ**: to say to
Vorsänger {m}: **አቀንቃኝ**: precentor
Vorschau {f}: **ቅድመ እይታ**: preview
Vorschauen {pl} :: prewievs
Vorschlag {m}: **ጥቆማ፣ሐሳብ**: proposal, proposition, suggestion
Vorschläge {pl} :: propositions
vorschlagen (zu): **ጠቆመ፣ ሐሳብ ሰጠ**: to propose (for), to submit, to suggest
vorschlagend: **ጠቋሚ/ ጠቁሞ**: submitting, proposing
vorschreiben: **አዘዘ**: enjoin, prescribe
vorschreibend: **አዛዥ/ አዝዞ**: enjoining, prescribing
Vorschrift {f}: **ትእዛዝ**: commandment, precept, prescript, prescription
Vorschriften {pl} :: prescriptions
vorschriftsmässig: **በትእዛዙ መሠረት**: according to instructions, canonic, regulately, according to directions, canonical, according to regulations, canonically
Vorschub {m}: **ስንቅ/ ትጥቅ ማቀበል/ ማቀበያ**: feed rate
Vorschule {f}: **ፊደል ትምህርት ቤት**: pre school, preschool

Vorschüler {m, pl}: መዋዕለ ሕፃናት: preschooler, preschoolers

vorschweben: ተወዛወዘ፤ ተንሳፈፈ: have in mind

Vorsehung {f}: ማስረጃ: providence

vorsetzen: ቦታ ሰጠ: forward-space

vorsetzend: ቦታ ሰጭ/ ሰጥቶ: prefixal

Vorsicht {f}: ጥንቃቄ : caution, circumspectness, guardedness, wariness, warinesses, attention

vorsichtig: ጥንቁቅ፤ ጥንቃቄ ያዊ: careful, cautious, cautiously, charily, chary, circumspect, guardedly, warily, wary, careful, cautiously, circumspective

Vorsichtigkeit {f}: ጥንቁቅነት፤ ጠንቃቃነት: wariness

Vorsichtsmaßnahme {f}: ያጋዳ መከላከያ: caveat

Vorsichtsmaßnahmen {pl} :: caveats

Vorsichtsmaßregel {f}: የጥንቃቄ ርምጃ: precautionary measure

Vorsichtsmaßregeln {pl} :: cautions

Vorsilbe {f}: ምዕላድ፤ በፊት ቅጥያ: prefix

Vorsitz {m}: መቀመጫ: presidency

vorsitzen: ተወከለ: preside

vorsitzend: ተወካይ/ ተወክሎ: presiding

Vorsitzende {m, f} :: chairman

Vorsitzenden {pl} :: chairmen

Vorsitzender {m}, Präsident: መሪ፤ ኃላፊ: chairman, president

Vorsitzerin {f}: መሪ፤ ኃላፊ: chairwoman

Vorsitzerinnen {pl} :: chairwomen

Vorsorge {f}: እንክብካቤ: precaution, provision, forehandedness

Vorsorgen {pl} :: precautions

vorsorglich: በእንክብካቤ፤ በጥንቃቄ : forehanded, preventative, preventive, forehandedly, presort

Vorsortierung {f}: ምደባ፤ ድልድል: presorting

Vorspann {m}: መግቢያ፤ ማስተዋወቂያ፤ ምዕላድ/ የፊት ቅጥያ: leader, logo, prefix, front team

vorspannen: አንጠለጠለ፤ ከፊት አኖረ: prestress

vorspeichern: ቀድሞ ዘገበ/ አስቀመጠ: prestore

Vorspeise {f}: መማሻ፤ ቁርስ: starter

vorspiegeln: አነጸባረቀ: dupe

vorspiegelnd: አንጸባራቂ/ አንጸባርቆ: duping

Vorspiel {n}: ኩሸት፤ ሽኩቻ: prelude, foreplay

Vorspiele {pl} :: foreplays, preludes

vorsprechen: ቀድሞ ተነጋገረ፤ ተወያየ: audition

vorsprechend: ተነጋጋሪ/ ተወያይቶ: auditioning

vorspringen: ወደፊት ዘለለ: jump forward

vorspringend: ዘላይ/ ዘልሎ: beaked, jumping forward, projective, projectively

Vorsprung {m}: እርምጃ: protrusion

Vorstadt {f}: የከተማ ጠረፍ: suburbia suburb

Vorstädte {pl} :: suburbs, suburbias

vorstädtisch: የከተማ ጠረፋዊ: suburban

Vorstand {m}: የኮሚቴ / ሽማግሌ አባል: managing- committee

Vorstandsmitglied {n}: የበላይ አካል አባል: member of the board

Vorsteher {m, pl}: ዘበኛ፤ ጠባቂ: provost, provosts

Vorstehhund {m}: ጠባቂ ውሻ: setter

vorstellbare: ሊሆን/ ሊታሰብ የሚችል: conceivably, presentational

vorstellen: አሰበ፤ ገመተ፤ ጠረጠረ፤ አስተዋወቀ: envisage, imagine, suggest, to introduce, to present

vorstellend: ገማች/ ገምቶ: envisaging, visualizing, introducer

Vorstellung {f}: ትሪት፤ ትውወቅ፤ድርጅት: association, conceivability, imagination, performance

Vorstellungen {pl}:: beliefs, conceivabilities, showings, suggestions, beliefs

Vorstoß {m}: ግጭት፤ ጥቃት: thrust

vorstossen: ገፋ፤ ተጋፋ: push forward

Vorstrafe {f}: ወንጀል: previous conviction

vorstrecken: ተገበረ፤ በተግባር ተረጎመ፤ ወጠረ: thrust out

vorstürmen: ወረረ፤ አጠቃ: rush forward

vorstürmend: ወራሪ/ ወርሮ: rushing forward

vortäuschen: አታለለ: pretend

vortäuschend: አታላይ/ አታልሎ: pretending, shamming

Vortäuschung {f}: ማታለል፤ ትልያ: fakery, pretence, pretense

Vortäuschungen {pl} :: pretences, pretenses, simulations

Vorteil {n}, Gewinn: ጥሩ እድል/ አጋጣሚ፤ ትርፍ: advantage

Vorteile {pl} :: advantages, pros

vorteilhaft, nützlich: ጥሩ አማራጭ: advantageous, profitable, advantageously

vortesten: ቀድሞ ሞከረ/ ፈተነ: pretest

vortestend: ሞካሪ/ ሞክሮ: pretesting

Vortrag {m}: ትምህርት፤ ገለጻ: account carried forward, amount brought forward, recital, recitation

Vorträge {pl} :: recitals

vortragen: አስተማረ፤ ገለጻ አደረገ/ ሰጠ: declaim, recite

vortragend: ገለጣ ሰጪ/ ሰጥቶ: declaiming, reciting

Vortragssaal {m}: መማሪያ አዳራሽ/ ክፍል: lyceum

Vortragssäle {pl} :: lyceums

Vortrefflichkeit {f}: ትክክለኝነት፤ልከኝነት: excellence

vortreten: ወደውስጥ ገባ/ ቀረበ: antecede, to come forward

vortretend: ወደውስጥ ቀራቢ/ ቀርቦ: anteceding

Vortritt {m}: መግቢያ ማዕረግ: antecedence

Vortritte {pl} :: primacies

vorübergehend: ለጊዜው፤ ባጋጣሚ: temporary, transiently, transitional, transitorily, transitory, transitionally

vorüberziehen: አለፈ፤ በዚያ በኩል ሄደ: pass by

Vorübung {f}: ቅድመ ልምምድ: preliminary practice
Vorurteil {n}: መጥፎ ትችት/ ፍርድ: patiality, preconception, prejudice
Vorurteile {pl} :: jaundices, prejudices
vorurteilslos: መጥፎ ትችትአልባ: unbiased, unbiasedly
Vorverarbeitung {f}: መተግበር: preprocessing
Vorvergangenheit {f}: ያላፈ ኃላፊ: past perfect
Vorverkauf {m}: ቅድመ ግዥ: advance booking, advance sale
Vorverstärker {m, pl}: ማጠናከሪያ፣ መጠባበቂያ: preamplifier
Vorwahl {f}: ያካባቢ ኮድ: preliminary election, preselection, area code
Vorwahlen {pl} :: prefixes
Vorwahlnummer (Tel.) {f}: ያካባቢ ኮድ ቁጥር: prefix number
Vorwand {m}: ልመና፣ የይቅርታ ንግግር: plea
vorwärmen: አሟሟቀ፣ አጽናና: look for an excuse, preheat
vorwärmend: አሟሟቂ/ አሟሙቆ: preheating
Vorwarnung {f}: ማሟሟቂያ: forewarn
vorwärts, voran, weiter: ወደፊት: forward, forwards, onward
vorwärtsschreitend: ወደፊት በመቅረብ/ በመጠጋት: onwardly
Vorwärtszähler {m}: ወደፊት ቆጣሪ: incrementer
Vorwegnahme {f}: ነጠቃ: anticipation
vorwegnehmen : ነጠቀ፣ ወዲያ ወሰደ/ አራቀ: anticipate
vorwerfend: ተሳዳቢ፣ ሃሜተኛ/ አምቶ: reproaching, upbraidingly
Vorwiderstand {m}: ተቃውሞ: series resistance
vorwitzig: ቀልደኛ: meddlesome, meddlesomely
Vorwort {n}: መግቢያ፣ መቅድም: preface, foreword
Vorwurf {m}: ስድብ፣ ጥርጣሬ፣ ሐሜት: reproof, reproval, upbraiding, reproach
Vorwürfe {pl} :: reprovals
Vorzeichen {n}: የሒሳብ ምልክት: algebraic sign, sign
vorzeichenlos: ምልክትአልባ: unsigned
Vorzeichenprüfung {f}: የምልክት መቆጣጠሪያ: sign check
Vorzeichenregel {f}: የምልክት ትርጉም: rule of sign
vorzeitig: በቅድሚያ፣ በመጀመሪያ: abortive, abortively, premature, prematurely, untimely, abortively
vorziehen, bevorzugen: መረጠ፣ አጻላ: prefer
vorziehend: መራጭ/ መርጦ: prefering
Vorzimmer {n}: መግቢያ/ መተላለፊያ ክፍል: antechamber
Vorzug {m}: ቅድሚያ፣ አድልዎ: preference
vorzüglich: በጥሩ ሁኔታ፣ ክቡር: excellent
Vorzüglichkeit {f}: ክቡርነት: exquisiteness
vorzugsweise: በቅድሚያ: preferably, preferentially
vulgär: ፀያፍ: vulgarly
Vulgärität {f}: ፀያፍነት፣ ነውርነት: tackiness
Vulkan {m}: የእሳተ ገሞራ ፍንዳታ: vulcan, volcano
Vulkane {pl} :: volcanoes
vulkanisch: ትኩስ፣ ግለታማ/ ም: volcanic, volcanically
vulkanisieren: አጋየ፣ ጠበሰ/ ለበለበ: vulcanize
vulkanisierend: ለብላቢ/ ለብልቦ: vulcanizing
vulkanisiert: ተጠባሽ/ ተጠብሶ: vulcanized
Vulva {f}: ውጫዊ የሴት ብልት: pudendum
Vulven {pl} :: pudenda

W

Waage {f}: ሚዛን፣ መመዘኛ: libra, balance
Wabe {f}: እጭ: honeycomb
Waben {pl} :: honeycombs
wach: ንቁ: awake
Wachdienst {m}: የዘብ አገልግሎት: sentry
Wache {f}: ዘብ፤የዘብ ኬላ: sentry, sentinel, guard
Wachen {pl} :: sentinels
wachen: ነቃ፣ ጠበቀ፣ ዘብ ቆመ: wake, waken
wachend: ዘብ ቋሚ/ ቁሞ: waking
Wachhaus {n}: የዘበኛ ቤት: guardhouse, guard house
Wachhund {m}: የጥበቃ ውሻ: watchdog
Wachhunde {pl}:: watchdogs
Wachleute {pl}: ዘብ ጠባቆች: watchmen
Wachlokal {n}: የዘብ ሻሂ ቤት: guard room, guardroom
Wachmann {m}: ዘበኛ: watchman
Wachmannschaft {f}: የዘብ ቡድን: guard detail
Wacholder {m}: የዛፍ ዓይነት: juniper
Wacholderstrauch {m}: የእንጆሪ ጫፍ: juniper tree
Wacholderwein {m}: የእንጆሪ ወይን: juniper wine
Wachposten {m}: የዘብ ኬላ: sentry
wachrufen: አሳሰበ፣ አስታወሰ: rouse
wachrufend: አሳሳቢ: evocative
wachrütteln: ደንግጦ ተነሳ/ ተበራገገ: shake up
Wachs {n}: ሰም: wax
wachsam: ንቁ፣ ጥንቁቅ: alert, vigilant, vigilantly, wakeful, wakefully, watchful, alertly, watchfully
Wachsamkeit {f}: ንቁነት፣ ጥንቁቅነት: alertness, alertnesses, vigilance, watchfulness
Wachsamkeiten {pl} :: vigilances
Wachschiff {m}: የዘብ መጠበቂያ መርከብ: guard ship
wachsen: አደገ፣ ከፍፍ አለ፣ ጨመረ: to grow (grew, grown), to increase
wachsend: ጨማሪ/ ጨምሮ: growing, waxing, accumulatively
wachsend: ጨማሪ፣ አዳጊ: accumulative, adolescent
wächsern: ሰማማ/ ሰም ሠራ/ አቀለጠ: waxy
Wachsfigur {f}: የሰም ቅርጽ፣ ጧፍ ሥራ: wax figure, waxwork
Wachsfiguren {pl} :: wax figures
Wachskerze {f}: ሻማ፣ ጧፍ: wax candle
Wachskerzen {pl} :: wax candles
Wachspuppe {f}: የሰም አሻንጉሊት/ መጫዎቻ: wax doll
Wachspuppen {pl} :: wax dolls
Wachsstock {m}: የሰም ዘንግ: wax taper
Wachsstöcke {pl} :: wax tapers
Wachstuch {n}: የዘይት ጨርቅ: oilcloth
Wachstum {n}, Entwicklung: እድገት፣ ጉርምስና፣ ጭማሬ: adolescence, growth, groth
Wächter {m, pl}: ዘብ፣ ዘበኛ፣ ረኛ፣ ጠባቂ: guarders, warden, watcher, watchman, watchmen
Wächterin {f}: ዘበኛ: wardens
Wächterinnen {pl} :: wardens
Wachtraum {m}: ማናወዝ፣ ቁሞ ማለም: daydream
Wachträume {pl} :: daydreams
Wachturm {m}: የዘብ ፎቅ/ ማማ: watchtower
Wachtürme {pl}:: watchtowers
wackelig: ተንቀሳቃሽ፣ ቀጥቃጣ፣ አረግራጊ: tipsily, unfirm, unsteadily, waggly, wobbly
wackeln: ተንቀጠቀጠ፣ ተንቀሳቀሰ፣ ተናወጠ: totter, wag, waggle
wackelnd: ተናዋጭ/ ተናውጦ: tottering, wagging, waggling, waging
wacklig: ተናዋጭ፣ ተንቀሳቃሽ: ramshackle, ramshackly, shakily, shaky
Wackligkeit {f}: ተናዋጭነት፣ ተወዛዋዥነት: dottiness
Waffe {f}: መሣሪያ: weapon
Waffel {f, pl}: ለስላሳ ሻንጣ: waffle, wafer, waffles, wafers
Waffen {pl}: መሣሪያ: weaponries, weapons, arms
Waffenexport {m}: የጦር መሣሪያ ንግድ: arm export
Waffenexporte {pl}:: arms exports
Waffenfabrik {f}: የጦር መሣሪያ ፋብሪካ: factory of arms
Waffenfabrikant {m}: የመሣሪያ አምራች/ ሠራተኛ: arms manufacturer
Waffenfabriken {pl} :: factories of arms
Waffengewalt {f}: በመሣሪያ ማስገደድ: force of arms
Waffengewalten {pl} :: forces of arms
Waffenkammer {f}: የመሣሪያ መካዝን: armory
Waffenkammern {pl} :: armories
Waffenlieferung {f}: የመሣሪያ አቅራቦት: delivery of arms
Waffenlieferungen {pl} :: deliveries of arms
waffenlos: ያለመሣሪያ፣ መሣሪያአልባ: barehanded
Waffenmeister {m}: የግምጃ ቤት ኃላፊ: armorer
Waffenruhe {f}: ተኩስ ማቆም ስምምነት: truce
Waffenruhen {pl} :: truces
Waffenschein {m}: የመሣሪያ ፈቃድ: fire arm certificate
Waffenscheine {pl} :: fire arm certificates
Waffenschmuggel {m}: የመሣሪያ ኢሕጋዊ ንግድ: gun running
Waffenschmuggler {m, pl}: የመሣሪያ ኢሕጋዊ ነጋዴ: gun runner, gunrunner, gun runners, gunrunners

Waffenstillstand {m}: የጦርነት ማቆም ስምምነት: armistice
wagemutig: ደፋር፤ ጎበዝ: daring, daringly
Wagen {m, pl}: መኪና: car, trolley, cars
wagen, dürfen: ሞከረ፤ ኃላፊነቱን ወሰደ: dare, to risk, to take a chance
wagend: ሞካሪ/ ሞክሮ: daring, risking
Wagenführer {m, pl}: ሹፌር: motorman, motormen
Wagenheber {m}: መኪና ማንሻ: car-jack
Wagenladung {f}: የመኪና ጭነት: carload
Wagenpark {m}: መኪና ማቆሚያ: vehicle fleet
Wagenparks {pl} :: fleet of cars
Wagenspur {f}: የጎማ ዱካ: rut
Wagentransport {m}: የመኪና ትራንስፖርት: truckage
Wagenvorschub {m}: የመኪና ጭነት: carriage
Waggon {m}: የባቡር ቅጥልጣይ/ ቅጥያ፤ ተጎታች: wagon, waggon
Waggons {pl} :: wagons, waggons
Wahl {f}, Auswahl: ምርጫ፤ ውድድር: election, electoral, option, choice
Wahlen {pl} :: elections
wählbar: ተመራጭ: selectable
wahlberechtigt: መምረጥ የሚችል: elective
Wahlbericht {m}: የምርጫ ዘገባ: report of the election
Wahlberichte {pl} :: reports of the election
Wahlbezirk {m}: የምርጫ ክልል: constituency
Wahlbezirke {pl}:: constituencies
wählen, auswählen: መረጠ: choose (chose, chosen), dial, elect, pick, choice
wählend: መራጭ/ መርጦ: balloting, dialing, electing, opting, selecting, dialling
Wähler {m, pl}: መራጭ፤ ድምጽ ሰጭ: dialer, elector, electors, voter, voters
Wahlergebnis {n}: የምርጫ ውጤት: election result
Wahlergebnisse {pl} :: election results
Wählerin/nen {f/pl} :: voters
wählerisch: አማራጭ፤ የሚያማርጥ: choosy, finical, finically, finicking
Wählerliste {f}: የምርጫ ስም ዝርዝር: register of voters
Wählerschaft {f}: መራጭ: electorate
Wählerschaften {pl} :: electorates
Wahlfach {n}: የምርጫ ትምህርት: optional subject
Wahlfächer {pl} :: electives
wahlfähig: መምረጥ የሚችል: elegible
wahlfrei: ነፃ፤ ምርጫአልባ: random
Wahlheimat {f}: የምርጫ ሀገር: adopted country
Wählleitung {f}: መምረጫ መስመር: switched line
Wahllokal {n}: የምርጫ ጣቢያ: polling station
wahllos: ሁሉንም/ ያለምርጫ፤ ምርጫአልባ: haply indiscriminate, indiscriminately, randomly
Wahllosigkeit {f}: ምርጫአልባነት: indiscriminateness, randomization
Wahllosigkeiten {pl} :: indiscrimination, randomness
Wahlmacher {m, pl}: አስመራጭ: campaigner, electors
Wahlmann {m}: መራጭ፤ተመራጭ: elector
Wahlmöglichkeit {f}, Option: አማራጭነት: option
Wahlprüfer {m}: ምርጫ ተቆጣጣሪ: scrutineer
Wahlrede {f}: የምርጫ ንግግር: election speech
Wahlreden {pl} :: stump speeches, election speeches
Wahlspruch {m}: የተመራጭ ቃል ኪዳን: motto
Wahlsprüche {pl}: የተመራጭ ቃል ኪዳን: mottoes
Wahlurne {f}: የመምረጫ ሳጥን: voting box
Wahlurnen {pl} :: voting boxes
Wahlversammlung {f}: የምርጫ ስብሰባ: election meeting
Wahlversammlungen {pl} :: election meetings
wahlweise: በምርጫ፤ ምርጫዊ: electively, optional
Wahlwiederholung {f}: ድጋሚ ምርጫ: redialing
Wahlzelle {f}: የምርጫ ድንኳን: voting booth
Wahlzellen {pl} :: voting booths
Wahlzettel {m, pl}: የመምረጫ ካርድ: ballots
Wahn {m}: ቅዠት: delusion
Wahnsinn {m}: ያእምሮ በሽታ: frenzy, insanity, lunacy, madness, mania, deliriousness
wahnsinnig: ጭንቀታም/ ማ: delirious, deliriously, demented, frenzied, insane, insanely, maniac, maniacal, psychotically
Wahnsinnige {m, f}: እብድ: madmen, maniacs, lunatic
Wahnsinnigen {pl} :: maniacs
Wahnsinniger {m}: እብድ፤ ቀውስ: madman, maniac
wahr, echt, treu: እውነት፤ ልክ: true
während, solange als: በ...ጊዜ: as, while, during, whereas, whilst
während der Übersetzung: በትርጓሜው ጊዜ: at compile time
wahrhaft: እውነታዊ: truthful, veracious, veraciously, veritable
wahrhaftig, wahrheitsgemäß: አወንታዊ: egad, truthfully
Wahrhaftigkeit {f}: እውነታዊነት፤ እውነተኛነት: truthfulness, veracity
Wahrhaftigkeiten {pl} :: veracities
Wahrheit {f}: እውነት: trueness, truth, verity
Wahrheiten {pl} :: truthes, truths, verities
Wahrheitsbeweis {m}: የእውነት ማረጋገጫ: proof of the truth
wahrheitsgemäß, wahr: በእውነት: truthful
Wahrheitsliebe {f}: እውነት ፍቅር/ ወዳድነት: veraciousness

Wahrheitstabelle {f}: የእውነት ሰንጠረዥ: truth-table, truth table
wahrlich: እውነታዊ፤ በእውነት: forsooth, sooth, verily
wahrnehmbar: ሊረዱት የሚቻል: noticeably, perceivable, perceptible, perceptibly, perceptible, bservably, perceivably
Wahrnehmbarkeit {f}: ተአማኒነት: noticeability, perceptibility
Wahrnehmen {n}: መቀበል፤ ማመን: percipience
wahrnehmen: ተቀበለ፤ አመነ: descry, perceive
wahrnehmend: አወንታ አዋቂ/ አውቆ: apprehending, descrying, perceptive, perceptual, percipient, perceptively, perceptually
Wahrnehmung {f}: ግንዛቤ: perception, perceptions
Wahrnehmungsvermögen {n}: የመገንዘብ ችሎታ: perceptiveness, percipiency, perceptive faculty
Wahrsagen {n}: ጥንቆላ: fortunetelling
wahrsagen: ጠነቆለ/ ጥንቆላ አካሄደ: soothsaying
wahrsagend: ጠንቋይ/ ጠንቋሎ: prophesying
Wahrsager {m}: ጠንቋይ: fortuneteller, soothsayer, diviner
Wahrsagerei {f}: ጥንቆላ: fortune telling
Wahrsagerin/nen {f/pl}, Wahrsager: ጠንቋይ: soothsayers
wahrscheinlich: ምንአልባት: likely, prob, probability, probable, probably, probabilistic
Wahrscheinlichkeit {f}: የመሆን አማራጭ/ ቻይነት: likelihood, likeliness, probability, verisimilitude
Wahrscheinlichkeiten {pl} :: likelihoods, probabilities
Währung {f}: ገንዘብ: currency, valuta
Währungen {pl} :: currencies
Währungseinheit {f}: የገንዘብ አንድነት: monetary unit
währungsfrei: ያለገንዘብ: nonmonetary
Währungsreform {f}: የገንዘብን ዋጋ መጨመር/ መቀነስ : currency reform
Währungsreformen {pl} :: currency reforms
Währungssymbol {n}: የገንዘብ ምልክት: currency sign
Wahrzeichen {n, pl}: የእውነት ምልክት: emblem, emblems
Waise {m, f}: ድኃአደግ፤ ጉድፈቻ: orphan
Waisen {pl} :: orphans
Waisenhaus {n}: የጉድፈቻ ቤት: orphanage
Waisenhäuser {pl} :: orphanages
Waisenkind {n}: ድኃአደግ: orphan
Wal {m}: በውሐ ውስጥ ኗሪ አጥቢ እንስሳ፤ዓሣ አንባሬ: whale
Wald {m}, Forst: ጫካ፤ ዱር፤ ደን: wood, forest
Wälder {pl}:: forests, woods
Waldarbeiter {m}: የደን ሠራተኛ: lumberman
waldarm: ደንአልባ: sparsely wooded
Waldbrand {m}: የደን ቃጠሎ: forest fire
Walderdbeere {f}: እንጆሪ: woodstrawberry
Walderdbeeren {pl} :: woodstrawberries
Waldgebirge {n}: ጫካማ ተራራ: woody mountains
waldig: ጫካማ፤ ደናማ: sylvan, woodily, woody
Waldkaninchen {n}: የጫካ ጥንቸል: cottontail
Waldland {n}: ባለጫካ ሀገር: timberland, woodland
Waldländer {pl}: ባለጫካ አህጉር: woodlands
Waldmeister {m, pl}: ደንጠባቂ: woodruff, woodruffs
waldreich: ጫካማ: well wooded
Wale {pl}, Wal: የባህር አጥቢ እንስሳ፤ ዓሣአንባሬ: whales
Walfang {m}: ዓሣአንባሬ አደን/ ማጥመድ: whaling
Walfänger {m, pl}: ዓሣአንባሬ አጥማጅ: whaler, whalers
Walker {m}: የጨርቃጨርቅ ሠራተኛ: fulling
Wallfahrtsort {m}: ሳሊበሳ ጉዞ፤ የኢየሩሳሌም መሳም: place of pilgrimage
Walnuß {f}: የሚበላ ጣፋጭ ፍሬ: walnut
Walnüsse {pl} :: walnuts
Walnußbaum {m}: የፍሬ ዛፍ ዓይነት: walnut tree
Walnußbäume {pl} :: walnut trees
Wälzer {m, pl}: ባለብዙ ገጽ መጽሐፍ: huge tome, tomes
Walzer {m}: የዳንስ ዓይነት: waltz, waltzes
Wand {f}: ግድግዳ፤ እጥር: septum, wall
Wände {pl}: ግድግዳ: walls
wandelbar: ታዳሽ: alterably, convertible, convertibly
Wandelbarkeit/en {f/pl}: ታዳሽነት: inconstancies
Wandelobligation {f}: የመቀየር ግዴታ: convertible bond
Wandelobligationen {pl} :: convertible bonds, convertibles
Wanderausstellung {f}: የጉዞ ትሪት: touring exhibition
Wanderausstellungen {pl} :: touring exhibitions
Wanderbühne {f}: ተንቀሳቃሽ መድረክ: travelling theatre
Wanderbühnen {pl} :: travelling theatres
Wanderer {m, pl}: እግረኛ፤ ጆቢራ: hiker, rambler, ramblers, wayfarer, wayfarers
Wanderin {f}: እግረኛ: wanderer
Wanderjahr {n}: የሽርሽር ዓመት: year of travel
Wanderjahre {pl} :: years of travel
Wanderleben {n}: የዘላን ኑሮ: vagrant life
wandern: ተጓዘ፤ ጉዞውን ቀጠለ: flit, hike, migrate, peregrinate, roam, to wander
Wandertruppe {f}: የጉዞ ቡድን: touring company
Wandertruppen {pl} :: touring companies
Wanderung {f}: ሽርሽር፤ ጉዞ: hike, hiking, migration, peregrination

Wanderungen {pl} :: migrations, hikes
Wanderverein {m}: የጉዞ ቡድን: rambling club
Wandervereine {pl} :: rumbling clubs
Wandgemälde {n, pl}: የግድግዳ ስእል: mural painting, murals
Wandler {m, pl}: አዳሽ: modifier
Wandmaler {m}: የግድግዳ አስጊያጭ/ አሳማሪ: muralist
Wandteppich {m}: የግድግዳ ጌጥ: tapestry
Wanduhr {f}: የግድጊዳ ሰዓት: wall clock
Wanduhren {pl} :: wall clocks
Wange {f}: ምንግጭል: jowl, cheek
Wangen {pl} :: jowls
wanken: ተናወጠ፤ ተንቀጠቀጠ: stagger, waver
wann auch immer: ምንም ጊዜ ቢሆን: whenever
wann: መቼ : when
war, wurde, /sein/: ነበር: was, / to be/
wäre: በሆነ/ ይሆን ነበር: would be
Ware {f}: ዕቃ፤ ቁሳቁስ: merchandise, ware, commodity
Waren {pl} :: wares, commodities
Warenhaus {n}: ገምጃ ቤት: department store, warehousing
Warenhäuser {pl} :: department stores
Warenkredit {m}: የዕቃ ብድር: goods credit
Warenmarkt {m}: የዕቃ ልውውጥ ገበያ: produce
Warenzeichen {n}: የዕቃ ምልክት: trade-mark, trademark, tradename
warm: ሞቃት፤ ሙቀት: warm, warmly
Wärme {f}: ሙቀት: conduction, heat, thermal, thermally, warmness, warmth, caloric
Wärmeabgabe {f}: ሙቀት አሰጣጥ: heat emission, heat dissipation
Wärmeableitung {f}: ሙቀት ማስተላለፊያ: heat dissipation
Wärmeausstrahlung {f}: ሙቀት ማንጸባረቂያ: heat flash
Wärmebehandlung {f}: በሙቀት ማከም: heat treatment
Wärmeeinheit {f}: የሙቀት አካል/ ክፍልፋይ: thermal unit
Wärmeeinheiten {pl} :: thermal units
Wärmeisolierung {f}: ሙቀት መከላከያ: heat insulation
Wärmekapazität {f}: የማሞቅ ችሎታ: effective heat capacity
Wärmeleiter {m}: ሙቀት አስተላላፊ: heat conductor
Wärmeleitung {f}: ሙቀት ማስተላለፊያ: heat conductance
Wärmemesser {m, pl}: ሙቀት መለኪያ: calorimeter, calorimeters
Wärmequelle {f}: የሙቀት ምንጭ/ ማመንጫ: heat source
Wärmeschalter {m}: ሙቀት ማጥፊያ: thermoswitch
Wärmestrahlung {f}: የሙቀት ጨረራ: heat radiation
Wärmetechnik {f}: የሙቀት ቴ ክኒክ: heat engineering
Wärmeübertragung {f}: ሙቀት ማስተላለፍ: heat transfer
Wärmeverbrauch {m}: የሙቀት ፍጆታ: heat consumption
Wärmeverlust {m}: ሙቀት ማባከን: heat loss
Wärmewiderstand {m}: ሙቀት ቻይነት: thermal resistance
Wärmezufuhr {f}: ሙቀት ማስተላለፍ: heat supply
warmgehalten: አሞቀ: kept warm
warmherzig: ርኅሩኅ፤ ደግ፤ ቸር: warm hearted, warmhearted
warmlaufen: ዱብዱብ አለ፤ ተንቀሳቀሰ: warm up
Warmstart {m}: ሳያጠፉ መጀመር: warm start
Warmwasser {n}: ሙቅ ውሐ: hot water
Warmwasserbereitung {f}: በእንፋሎት መቀቀል: water heating
warnen (vor): አስጠነቀቀ: to warn (of)
warnend: አስጠንቃቂ/ አስጠንቅቆ: alerting, cautionary, premonitory, warningly, premonitorily
Warnlampe {f}: ማስጠንቀቂያ አምፑል: warning light
Warnlampen {pl} :: warning lights
Warnsignal {n}: ማስጠንቀቂያ ድምጽ: warning signal
Warnsignale {pl} :: warning signals
Warnstreik {m}: የማስጠንቀቂያ ዐመፅ: token strike
Warnstreiks {pl} :: token strikes
Warntafel {f}: የማስጠንቀቂያ ምልክት: warning sign
Warntafeln {pl} :: warning signs
Warnung {f}: ማስጠንቀቂያ: caution, premonition, warning
Warnungen {pl} :: premonitions, warnings
Warteliste {f}: የወረፋ ሊስት: waiting list
Wartelisten {pl} :: waiting lists
warten auf: ጠበቀ፤ ደጅ ጸና: wait, hold on, maintain, service, wait for
wartend: ጠባቂ/ ጠብቆ: auf waiting, waiting
Wärter {m, pl}: ጠባቂ፤ ተጠባባቂ: caretaker, caretakers, keeper, keepers, tenderer, warder, warders
Warteschlange {f}: ሰልፍ፤ ወረፋ: wait list, waiting line, pueue, queue
Wartezeit {f}: የጥበቃ ሰዓት: latency, waiting time
Wartezimmer {n, pl}: የመቆያ ክፍል: anteroom, anterooms, waiting room
Wartung {f}: ጥበቃ: attention, maintainance, service
Wartungen {pl} :: maintenances
warum, weshalb: ለምን፤ እንዴት: why
was, welche: ምን: what
was auch immer: ምንም ይሁን ምን: whatever

Waschautomat {m}: ማጠቢያ ማሽን: automatic washing machine
waschbar: ታጣቢ: washable, washably
Waschbecken {n}: ማጠቢያ: wash basin
Wäschegeschäft {n}: ያንሱላ/ ያልጋልብስ/ የልብስ ሱቅ: lingerie store
Wäscheklammer {f}: ልብስ ማንጠልጠያ: clothespin, clothespins
waschen, abwaschen: አጠበ፤ አጸዳ: launder, lave, wash, to give a wash
waschend: አጽጅ/ አጽድቶ: laundering, laving, washing
Wäscher {m, pl}: ማጠቢያ: launderer, washer, washers
Wäscherei {f}: ላውንደሪ/ ልብስ ማጠቢያ: laundry
Wäschereien {pl} :: laundries
Wäscherin {f}: ልብስ አጣቢ: laundress
Wäscherinnen {pl} :: laundresses
Wäscheschrank {m}: የልብስ ሳንዱቅ: linen cupboard
Waschhaus {n}: ማጠቢያ ክፍል: washhouse
Waschhäuser {pl}:: washhouses
Waschmaschine {f}: ማጠቢያ ማሽን: washing machine
Waschmaschinen {pl} :: washing machines
Waschpulver {n, pl}: ማጠቢያ ሳሙና: washing powder, washing powders
Waschraum {m}: ማጠቢያ ክፍል: lavatory, washing room, washroom
Waschräume {pl} :: washrooms, lavatories, washing rooms
Waschsalon {m}: መጸዳጃ ሳሎን: laundromat, laundrette
Waschsalons {pl} :: laundrettes
Waschseife {f}: ማጠቢያ ሳሙና: laundry soap
Waschwanne {f}: የማጠቢያ ልብስ: washtub
Waschwannen {pl} :: washtubs
wasimmer: ምንም ይሁን ምን: whatever, whichever
Wasser {n}: ውሐ: eau, water
wasserartig: ውሐ መሰል: aqueous
Wasseraufnahme {f}: ውሐ ሳቢነት/ መጣጭነት: absorption of water
Wasserbau {m}: ግድብ ሥራ: hydraulic engineering
Wasserbett {n}: የውሐ አልጋ: waterbed
Wasserbetten {pl} :: waterbeds
Wasserbombe {f}: የውሐ ፍንዳታ: depth charge
wasserdicht: ውሐ የማይፈራ: rainproof, watertight, watertightly
Wasserfahrzeug {n}: የውሐ ላይ ማጓጓዣ: water craft, watercraft
Wasserfahrzeuge {pl} :: watercrafts, water crafts
Wasserfall {m}: ፏፏቴ : cascade, cataract, waterfall
Wasserfälle {pl}: ፏፏቴ : cascades, cataracts, watertfalls
Wasserfarbe {f}, Aquarell: ውሐ ቀለም: watercolor
Wasserfarben {pl}:: watercolors
Wasserfläche {f}: የውሐ ወለል: surface of the water
Wasserflächen {pl} :: surfaces of the water
Wasserflasche {f}: የውሐ ጠርሙስ: water bottle
Wasserflaschen {pl} :: water bottles
Wasserflugzeug {n}: ውሐ ላይ አራፊ አውሮፕላን: hydroplane, waterplane
Wasserflugzeuge {pl}:: hydroplanes, waterplanes
wasserfrei: ውሐአልባ: anhydrous
Wasserglas {n}: የውሐ ብርጭቆ: water glass, soluble glass
Wassergläser {pl} :: water glasses
wasserhaltig: ውሐ አጠራቃሚ: containing water, hydrus
Wasserhaushalt {m}: የውሐ አቅራቦት: water supply
Wasserhaushalte {pl} :: water supplies
Wasserheilkunde {m}: የውሐ ሕክምና: hydropathy
Wasserheilkunden {pl} :: hydropathies
Wasserhose {f}: የውሐ ሱሪ: waterspout
Wasserhosen {pl} :: waterspouts
Wasserhuhn {n}: ዳክዬ: coot
Wasserhühner {pl} :: coots
wäßrig: ውሐማ፤ ርጥበታማ: aqueous, aqueously, washily, washy, waterily, watery
Wäßrigkeit {f}: ርጥበታማነት: washiness, wateriness
Wasserkraft {f}: የውሐ ኃይል ምንጭ: water power, waterpower
Wasserkräfte {pl} :: water powers
Wasserkraftwerk {n}: የውሐ ኃይል ማመንጫ ሥራ: hydroelectric power
Wasserkraftwerke {pl} :: hydroelectric power plant
Wasserkühlung {f}: ውሐ ማቀዝቀዣ: water cooling system, water-cooling
Wasserkühlungen {pl} :: water cooling systems
Wasserkur {f}: የውሐ ሕክምና: water cure
Wasserkuren {pl} :: water cures
Wasserleitung {f}: የውሐ ቧንቧ: aqueduct, water conduit, water pipe
Wasserleitungen {pl} :: aqueducts, water pipes
Wasserlinie {f}: የውሐ መስመር: water line, waterline
Wasserlinien {pl} :: waterlines, water lines
Wassermangel {m}: ውሐ እጥረት: water shortage
Wassermängel {pl} :: water shortages
Wassermelone {f}: ትርንጎ: watermelon, water melon
Wassermelonen {pl} :: watermelons
Wasserpflanze {f}: የውሐ ተክል: aquatic plant
Wasserpistole {f}: ውሐ መራጫ: water pistol

Wasserpolizei {f}: የውሐ ፖሊስ: water guard
Wasserpolizeien {pl} :: water guards
Wasserrad {n}: የውሐ ላይ ተሽከርካሪ: water wheel
Wasserräder {pl} :: water wheels
Wasserschaden {m}: የውሐ አደጋ: water damage
Wasserschäden {pl} :: water damages
Wasserscheu {f}: የውሐ ፍርሃት: hydrophobia
wasserscheu: ውሐ የሚፈራ: afraid of water
Wasserschlange {f}: የውሐ እባብ: water snake
Wasserschlangen {pl} :: water snakes
Wasserschlauch {m}: ውሐ መሳቢያ ጎማ: water hose
Wasserski {m}: የውሐ ላይ መንሸራተት: water ski
Wasserspiegel {m}: የውሓ መስትዋት: water surface
Wassersport {m}: የውሐ ላይ እስፖርት: water sports
Wasserstoff {m}: የውሐ ንጥረ ነገር: hydrogen
Wasserstoffbombe {f}: የሃይድሮጅን ቦምብ: hydrogen bomb
Wasserstrahl {m}: የውሐ ጨረር: jet of water
Wasserstraße {f}: የውሐ ላይ መጓጓዣ: waterway
Wasserstraßen {pl} :: waterways
Wassersucht {f}: የመታጠብ/ ጽዳት በሽታ: dropsy
Wassersüchte {pl} :: dropsies
wassersüchtig: የጽዳት በሽታ ያለበት: dropsical
Wasseruhr {f}: የውሃ ሰዓት: water meter
Wasservogel {m}: የውሐ ወፍ: waterfowl, water bird
Wasservögel {pl} :: waterfowls, water birds
Wasserwaage {f}: የውሐ ሚዛን: spirit level
Wasserwaagen {pl} :: spirit levels
Wasserwelle {f}: የውሐ ዌ ቭ: water wave
Wasserwerfer {m, pl}: ውሐ መርጫ: water gun, water guns
Wasserzeichen {n, pl}: የውሐ መልክ: water-mark, watermark, watermarks, watermarking
watscheln: አደለከሰ፣ እያነከሰ ሄደ: shamble, waddle
Watt {n} : የኤሌክትሪክ መለኪያ: tideland, watt, watts
Watten {pl} :: tidelands
Wattleistung {f}: የኃይል ምንጭ: real power
weben: አጠነጠነ፣ ጥጥ ሠራ/ ፈተለ: to weave (wove, woven)
webend: አጥንጣኝ/ አጠንጥኖ: weaving
Weber {m, pl}: ጥጥ/ ድር አጠንጣኝ: weaver, weavers
Weberin {f}: ፈታይ: weaver
Wechsel {m, pl}: ለውጥ፣ ቅያሬ: change, alternation, changes, alternations
Wechselagent {m}: የቅያሬ ደላላ: bill broker
Wechselagenten {pl} :: bill brokers
Wechselautomat {m}: ገንዘብ መለዎጫ ማሽን: money changer
Wechselbank {f}: ገንዘብ መቀየሪያ ባንክ: discount houses
Wechselfrist {f}: የቅያሬ ገደብ: usance
Wechselfristen {pl} :: usances
wechselhaft: ተለዋጭ፣ ተቀያሪ: vicissitudinous
Wechselmakler {m, pl}: የቅያሬ ደላላ: bill maker, discounter, bill makers
wechseln, umschalten, tauschen, ändern, sich ändern: ለወጠ፣ ቀየረ: alternate, bandy, change, swap, to change
wechselseitig: በመቀያየር፣ በመለዋወጥ: reciprocal, reciprocally, two-way
Wechselstube {f}: የቅያሬ ቢሮ: exchange office
wechselweise: በልውውጥ፣ በመለዋወጥ: alternately
Wechsler {m}: ቀያሪ፣ ለዋጭ: cambist, changer
wecken: አነቃ፣ ቀሰቀሰ: rouse, to awake
weckend: ቀስቃሽ/ ቀስቅሶ: rousing
Wecker {m}: ማንቂያ፣ መቀስቀሻ: alarm clock, alarmclock, alarmer
weder: ምንም (አሉታ): neither
weder...noch: ያም...ሆነ ይህ/ ሁለቱም (አሉታ)/: neither...nor
Weg {m}, Straße, Strecke, Art und Weise: መንገድ፣ መስመር: lane, road, way
Wege {pl} :: ways, lanes
weg, fort, entfernt: ወዲያ፣ ጥፋ: away
wegblasen: አበነነ፣ በተነ: blow off
wegblasend: አብናኝ/ አብንኖ: blowing off
wegbleiben: ቀረ፣ ተወገደ: to stay away
wegen, in bezug auf: በ...ምክንያት: because of, on account of, concerning
wegen des Regens: በዝናቡ ምክንያት: owing to the rain
wegfegen: ወዲያ ጠረገ: sweep away
weggelegt: ተወጋጅ/ ተወግዶ: put away
weggeschleppt: ተወሳጅ/ ተወስዶ: dragged off
weggestorben: ጠፊ/ ጠፍቶ: died off
weghelfen: ለማስወገድ ረዳ: help to get away
wegholen: ወዲያ ወሰደ: fetch away
wegjagen: አታከነ፣ አባረረ: to drive away
Wegkreuzung {f}: መስቀልኛ መንገድ: road junction, road junktion
weglassen, auslassen: ተወ: omit, to leave out
weglaufen: ሮጠ፣ ጠፋ: to run away
weglegen: አስወገደ: to lay aside, to put away
weglegend: አስወጋጅ/ አስወግዶ: putting away
Wegmesser {m}: መንገድ መለኪያ: odometer
wegnehmen, [Kleider] ausziehen: ጨምሮ ወሰደ: to take away, to take off, to take (took, taken)
wegpacken: አስወገደ: pack away
wegputzen: አጸዳ: wipe away
Wegrand {m}: የመንገድ ዳርቻ: wayside
wegräumen: አሰናዳ፣ አዘጋጀ: clear away, to clear away
wegräumend: አዘጋጅ/ አዘጋጅቶ: clearing away, carrying off
wegreißen: ሸነተረ፣ ቀደደ: tear away, to tear off

wegschaffen, beseitigen: አስወገደ፤ አጠፋ: to remove
wegschicken: ወዲያ ላከ: send away
wegschleppen: ሰረቀ፤ ዘርፎ ወሰደ: drag off
wegsein: ቀረ፤ አልገኝ አለ: be away
Wegweiser {m, pl}: መንገድ አመልካች: fingerpost, signpost, signposts, fingerposts
wegwerfen: ወዲያ ወረወረ፤ ጣለ: throwaway, to throw away
wegwischen: ጠረገ: to wipe off
Weh {n} : ኃዘን፤ ምሬት: sore, sorely, woe
weh tun: አሳመመ፤ አሳዘነ፤ አስቀየመ: to ache, to grieve
wehe: ወዬ/ ወዮ! አሌ!: woe
wehen: ነፈሰ: waft, to wave
Wehgeschrei {n}: ልቅሶ፤እንጉርጉሮ: wails
Wehklage {f}: ልቅሶ፤ ኃዘን: lamentation
Wehklager {m, pl}: አስለቃሽ: wailer, wailers
wehleidig: አማራሪ፤ ምሬታም፤ መከረኛ: snivelling
wehmütig: እድለቢስ፤ መከረኛ: wistful, wistfully
Wehr {f}: መከላከል: lasher, barrage, weir
Wehrbereich {m}: የተከለከለ አካባቢ: military district
Wehrdienstverweigerer {m, pl}: ብሔራዊ አገልግሎት የማይፈጽም: conscientious objector
wehrfähig: ራሱን መከላከል ቻይ: fit for military service
wehrlos: ጥግአልባ: defenceless, defenseless
Wehrlosigkeit {f}: ጥግ/ ዘመድአልባነት: defenselessness
Wehrpflicht {f}: የብሔራዊ አገልግሎት ግዴታ: compulsory military service
wehrpflichtig: የብሔራዊ ግዳጅ አገልጋይ: liable to military service
Wehrsold {m}: ያገልግሎት ክፍያ: service pay
Wehrwissenschaft {f}: የወታደር ትምህርት: military science
weiberfeindlich: ፀረ እንስት: misogynous
Weiberhaß {m}: የእንስት ጥላቻ: misogyny
Weiberheld {m}: ሽርሙጣ: masher
Weibervolk {n}: የሴት ሕዝብ: womenfolk, women folk
Weibervölker {pl}: የሴት ሕዝብ: women folks, womenfolks
weibisch: ሴታዊ/ የሴት ፆታዊ: womanish, womanishly, female, feminine, unmasculine, womanly
Weiblichkeit {f}: ሴትነት: femaleness, femininity, milkiness, womanhood, womanliness
weich werden: ለመለመ፤ ለሰለሰ: relent
weich, sanft: ለስላሳ፤ ልስልስ: pillowy, smoothly, soft, softly, squashy, crumby, smooth, quashily
weicherzige: ርኅሩኅ: softheartedly
weichgelötet: ጥሬ፤ በደምብ ያልበሰለ: soft solded
Weichheit {f}: ለስላሳነት፤ ተላማጭነት/ ተበይነት: creaminess, downiness, effeminateness, fleeciness, mellowness, mossiness, pulpiness, pussiness, squashiness
Weichheiten {pl} :: softnesses
weichherzig: ርኅሩኅ: soft hearted, softhearted, tenderhearted, tenderheartedly
Weichherzigkeit {f}: ርኅሩኅነት: soft heartedness, softheartedness, tenderheartedness
Weichherzigkeiten {pl} :: soft heartednesses
Weichholz {n}: ለስላሳ እንጨት/ ግንድ: softwood
weichlich: ልስልስ፤ ለስላሳ: mushy, softish
Weichlichkeit {f}: ለስላሳነት: mushiness
Weichling {m}: ወኔቢስ፤ ደካማ: sissy, milksop
Weichlinge {pl} :: milksops, sissies, mollycoddles
Weichteil {n}: ለስላሳ አካል/ ክፍል: soft part
Weichteile {pl} :: soft parts
Weide {f}: ሜካ፤ መስክ: willow, pasture
Weiden {pl} :: pastures, willows, pasturage
Weidenbaum {m}: የዛፍ ዓይነት: willow tree
Weidenbäume {pl} :: willow trees
Weideplatz {m}: የከብት መናሃሪያ: pasture ground
Weideplätze {pl} :: pasture lands
Weigerung {f}: እምቢታ፤ ዐመፅ: refusal
Weihbischof {m}: ኤጲስ ቆጶስ: suffragan, suffragan bishop
Weihbischöfe {pl} :: suffragan bishops, suffragans
Weihe {f}: ቡራኬ፤ ተክህኖ: votively, consecration
Weihnachten {n}: ልደት፤ ገና: Christmas, christmasses, xmas, yules
Weihnachtsfest {n}: የገና በዓል: yule
Weihnachtslied {n}: የገና ዘፈን/ መዝሙር: carol
Weihnachtslieder {pl} :: carols
Weihnachtsliedersänger {m, pl}: የገና መዝሙር ዘማሪ: caroler, carolers
Weihnachtszeit {f}: የገና ወቅት: yule tide
Weihnachtszeiten {pl} :: yule tides, yuletides
Weihrauch {m}: ዕጣን: frankincense, incense
Weihrauchwasser {n}: ጸበል: holy water
weil, wegen: ምክንያቱ/ም፤ በ...ምክንያት/ ስበብ: as, because, since
Weile {f}: ቆይታ: while
Weilen {pl} :: whiles
Wein {m}: ወይን: wine, vine
Weine {pl} :: wines, vines
Weinbau {m}: የወይን ጓሮ/ ተክል: wine growing, viticulture
Weinbauer {m}: የወይን አምራች: winegrower
Weinbauern {pl} :: winegrowers
Weinberg {m}: የወይን ተራራ: vineyard
Weinberge {pl}:: vineyards, vineyards
Weinblatt {n}: የወይን ቅጠል: vine leaf
Weinblätter {pl} :: vine leaves

Weinbrand {m}: አረቄ : brandies
weinen: አለቀሰ: to weep
weinend: አልቃሽ/ አልቅሶ: sobbingly, weeping
Weinende {m, f, n}: ሆደባሻ፣ አልቃሽ: weeper
Weinenden {pl} :: weepers
weinerisch: ናኩርታም፣ ነዝናዛ: whiningly, whiny
Weinessig {m}: የወይን አርሾ: wine vinegar
Weinessige {pl} :: wine vinegars, wine casks
Weinfaß {n}: የወይን ጋን: wine cask
Weinflasche {f}: የወይን ጠርሙስ: wine bottle
Weinflaschen {pl} :: wine bottles
Weingärtner {m, pl}: የወይን አትክልተኛ: vine dresser, vine dressers
Weinglas {n}: የወይን ብርጭቆ: wine glas
Weingläser {pl} :: wine glasses
Weinhändler {m, pl}: የወይን ነጋዴ: wine merchant, vintner, vintners
Weinhändlerin {f}: የወይን ነጋዴ: wine merchants
Weinhandlung {f}: የወይን ጋዜና: wine store
Weinhandlungen {pl} :: wine stores
Weinjahr {n}: የወይን ዓመት: wine year
Weinjahre {pl} :: wine years
Weinkarte {f}: የወይን ስም ዝርዝር: wine list
Weinkarten {pl} :: wine lists
Weinkeller {m}: የወይን ማደለቢያ: wine cellar
Weinlese {f}: የወይን አዝመራ: vintage, grape gathering
Weinlesen {pl} :: vintages, grape gatherings
weinrot: የወይን ቀይ: ruby coloured
Weinsäure {f}: የወይን አርሾ: acidity of wine
Weinsäuren {pl} :: acidities of wine
Weinstock {m}: የወይን ግንድ: grapevine
Weinstube {f}: የወይን ግሮሰሪ: wine tavern
Weinstuben {pl} :: wine taverns
weise, verständig: ብልህ፣ አዋቂ: refer, sapient, wisely, wise
Weise {f}: ሁኔታ፣ ሂደት: magi, manner, sages
Weisen {pl} :: manners
Weisheit {f}, Klugheit: ዕውቀት፣ ልምድ፣ ጥበብ፣ ብልሃት: sapience, wisdom
Weisheiten {pl} :: wisdoms
Weisheitszahn {m}: የውሻ ጥርስ: wisdom tooth
Weisheitszähne {pl} :: wisdom teeth
weiß: ነጭ: white, whitely
weissagen: ተነበየ፣ ጠንቆለ: augur
weissagend: ጠንቋይ/ ጠንቁሎ: foretelling, presagingly
Weissager {m, pl}: ጠንቋይ: prophet, prophets
Weissagerin {f}: ጠንቋይ: prophet
Weissagerinnen {pl}:: prophets
Weissagung {f}: ጥንቆላ፣ ንግርት፣ ትንቢት: augury, divination
Weissagungen {pl} :: auguries, prophecies
Weißbier {n}: ነጭ ቢራ: beer brewed from wheat
Weißbiere {pl} :: beers brewed from wheat
Weißbrot {n}: ነጭ ዳቦ: white bread
Weißbrote {pl} :: white breads
Weißdorn {m}: ነጭ እሾኽ: whitethorn
Weißdorne {pl}:: whitethorns
Weißfisch {m}: ነጭ ዓሣ: whiting, dace
Weißfische {pl} :: whitings
weißhaarig: ሽበቴ : white haired
weißlich: ነጫዊ፣ ሽበታዊ: whitely, whitish, whitishly
Weißmetall {n}: ነጭ ብረት: white alloy
Weißmetalle {pl} :: white alloys
weißwaschen: በነጭ አጠበ: white wash
Weißwein {m}: ነጭ ወይን: white wine
weisungsgemäß: በመመሪያው መሠረት: as directed
weit, von weitem: ሩቅ፣ ወዲያ፣ ሰፊ: ample, afar, wide, far, widely
weit überlegen: በሩቁ አሰበ: outclassing
weit und breit: በሁሉም አቅጣጫ: far and wide
weit weg: በጣም ሩቅ: a long way off, far away
Weite {f}: ርቀት፣ ስፋት: distantness, vastness, wideness, capaciousness
Weiten {pl} :: vastnesses, widenesses, amplitudes
weitentfernt: በጣም ሩቅ: faraway
weiter, mehr: ቀጥል፣ ይቀጥላል: continues, continuing, farther, proceed, resume, wider, further
weiter reichen: አስተላለፈ: outreach
weiter reichend: አስተላላፊ/ አስተላልፎ: outreaching
Weiterbestand {m}: ዘላቂ ኑሮ: continued existence
weiterbilden: አሠለጠነ: study further
weiterbildend: አሠልጣኝ/ አሠልጥኖ: studying further
weiterbringen: ረዳ፣ አገዘ: help on
weiterbringend: አጋዥ/ አግዞ: helping on
weiterführen: አስተላለፈ: to carry on
weitergehen: ቀጠለ፣ ተጓዘ: to go on, to move along, to move on
weiterhin: በተጨማሪ፣ እንዲሁም፣ እነሆ: beyond, further on, furthermore
weiterkommen: መጣ፣ ተቃረበ: forthcome, get on
weiterleiten: አስተላለፈ፣ አሸጋገረ: send up
Weiterleitung {f}: ማስተላለፊያ: pipe
weitermachen: ቀጠለ: continue, to keep up
weitersagen: አስተማረ/ አስተላለፈ: to pass on
weitersagend: አስተላላፊ/ አስተላልፎ: passing on
weitersprechen: ለፈለፈ፣ ወሸከተ: to keep on talking
weitgehend: ባጠቃላይ/ በጠቅላላው: widely
weitläufig: ከሞላ ጎደል: rambling, straggly
weitreichend: በብዛት: farreaching
weitschweifig: መዘርዝራዊ፣ ዘርዛሪ: circuitous, circuitously, circumlocutory, diffusely, prolix, circuitously, prolixly
Weitschweifigkeit {f}: መዘርዝራዊነት፣ ገላጭነት: diffuseness, prolixity

weitsichtig: አርቆ የማየት በሽታ ያለበት: farsighted, presbyopic, farsightedly
Weitsichtigkeit {f}: አርቆ የማየት በሽታ: long sightedness, presbyopia
Weitsprung {m}: ዝላያ፣ ዝላይ: long jump
weitverbreitet: የተሰራጨ፣ የተዘራ፣ የተስፋፋ: widespread
Weizen {m, pl}: ስንዴ: wheat
Weizenmehl {n}: የስንዴ ዱቄ ት: wheaten flour
welche, welcher, welches, der, die, das: ሄቱ/ ቷ፣ ሄትኛው/ ዋ፣ ሄቶች፣ ሄትኞቹ: which, whichever, who
welken: ጠወለገ: wilt, wither
welkend: ጥውልግ/ ጠውላጊ: wilting, withering
Welkheit {f}: መጠውለግ: flaccidity
Welle {f}: ዌ ቭ፣ ሞገድ: shaft, wave, billow
Wellen {pl}:: waves, billows
wellen: ማዕበል/ ሞገድ ሠራ/ ፈጠረ: corrugate, undulate
Wellenbewegung {f}: የሞገድ እንቅስቃሴ: undulation
Wellenbewegungen {pl} :: undulations
Wellenbrecher {m, pl}: የሞገድ ከፍልፋይ: breakwater, breakwaters
wellend: ሞገድ ፈጣሪ/ ፈጥሮ: corrugating, undulating, waving
Wellenform {f}: የማዕበል ቅጽ: undulation
Wellenformen {pl} :: undulations
wellenförmig: የማዕበል/ ሞገድ ቅርጽ: undulated, wavelike, undulatory
Wellenlänge {f}: የዌ ቭ ርቀት: wavelength, wave length
Wellenlängen {pl} :: wave lengths, wavelengths
Wellenlinie {f}: የዌ ቭ መስመር: waved line
Wellenlinien {pl} :: waved lines
wellenlos: ዌቭ/ ሞገድአልባ: waveless
Wellenschlag {m}: የሞገድ/ ማዕበል ግጭት: wash of the waves
Wellenschläge {pl} :: washes of the waves
wellig: ሞገዳዊ: billowy, wavily, wavy
Welpe {m}: የቀበሮ/ ውሻ/ ተኩላ ልጅ: whelp, puppy
Welpen {pl} :: whelps, puppies
Welt {f}, Erde: ዓለም፣ መሬት: world
Welten {pl} :: worlds
Weltall {n}: ሕዋ: universe
Weltanschauung {f}, Ideologie: ፍልስፍና፣ ተፈላስፎ፣ ያለም አመለካከት: philosophy (of life), world outlook, world view, ideology, world exposition
Weltanschauungen {pl} :: world outlook, world views, ideologies
Weltausstellung {f} : ያለም ትሪት/አመለካከት: world exposition
Weltausstellungen {pl} :: world expositions
Weltbank {f}: ያለም ባንክ: World bank
weltberühmt: በጣም እውቅ: world famous, worldfamous
Weltbeschreibung {f}: ያለም ትንታኔ: cosmography
Weltbild {n}: ያለም ቅርጽ/ ስእል: world picture, world view
Weltbilder {pl} :: world pictures
Weltbürger {m, pl}: ያለም ዜጋ: citizen of the world, cosmopolitan
Weltentstehung {f}: ፍጥረተ ዓለም: cosmogony
Weltereignis {n}, Weltlage: ባለም ላይ የሚከናወን ድርጊት: international sensation
welterfahren: አዋቂ፣ ልምድ ያለው: worldly wise
Welterfahrung {f}: ዕውቀት፣ ልምድ: worldly wisdom
Welterfolg {m}: ያለም ድል: worldwide success
weltfremd: እንግዳ፣ አዲስ: worldly innocent
Weltfriede {m}: ያለም ሰላም: world peace
Weltgerichtshof {m}: ያለም ፍርድ ቤት: world Court
Weltgerichtshöfe {pl} :: world Courts
Weltgeschichte {f}: ታሪከ ዓለም፣ ያለም አንድምታ: world history
Weltgeschichten {pl} :: world histories
Welthandel {m}: ዓለማቀፋዊ ንግድ: international trade
Weltherrschaft {f}: ዓለምን መቆጣጠር: world domination
Weltherrschaften {pl} :: world dominations
Weltkind {n}: ያለም ልጅ: worldling
Weltkinder {pl} :: worldlings
Weltkörper {m, pl}: የኮከብ ስባሪ: heavenly body, heavenly bodies
Weltkrieg {m}: ያለም ጦርነት: world war
Weltkriege {pl} :: world wars
weltlich, irdisch: ዓለማዊ፣ ምድራዊ: earthly, mundane, mundanely, profane, profanely, secular, secularly, worldlily, worldly, mundane, mundanely, secularly
Weltlichkeit {f}: ምድራዊነት: earthliness, mundaneness, profanity, secularness, temporalness, worldliness
Weltlichkeiten {pl} :: profaneness
Weltliteratur {f}: ያለም ሥነ ጽሑፍ: world literature
Weltmacht {f}: ያለም ኃያል: world power
Weltmächte {pl} :: world powers, world markets
Weltmachtpolitik {f}: ዓለምን መቆጣጠር: imperialistic politics
Weltmarkt {m}: ዓለማቀፋዊ ገብያ: world market
Weltmeister {m}: ባለም አንደኛ: world champion
Weltmeisterin {f}: ባለም አንደኛ: world champions
Weltmeisterschaft {f}: ዓለማቀፋዊ ውድድር: world championship
Weltordnung {f}: ያለም ሕግና ሥራት: world order

Weltpolitik {f}: ያለም ፖለቲካ: world policy
Weltpolitiken {pl} :: world policies
Weltraumfahrer {m}: ጠፈርተኛ: astronaut
Weltreich {n}: ልዕለ ኃያል: world empire
Weltreiche {pl} :: world empires
Weltrekord {m}: ያለም ክብረ ወሰን: world record
Weltrekorde {pl} :: world records
Weltrekordler {m}: ያለም ክበረ ወሰን ሰባሪ: world record holder
Weltsicherheitsrat {m}: በተባበሩት መንግሥታት የጸጥታው ቢሮ: world Security Council
Weltsprache {f}: ያለም ቋንቋ: world language
Weltsprachen {pl} :: world languages
Weltteil {m}: ያለም አካል: part of the world
weltumfassend: ባለም ላይ፣ በጠቅላላ: world wide
weltweit: በጠቅላላ፣ ባለም ዙሪያ: world-wide, worldwide
Weltwirtschaft {f}: ያለም ኢኮኖሚ: world economy
Weltwunder {n, pl}: ያለም ታምር/ ድንቅ ነገር: wonder of the world, wonders of the world
wem auch immer: ለማንም ይሁን ማን: whomsoever
wen: ማንን: whom
Wende {f}: ጫፍ፣ መጨረሻ: turning point
Wendepunkt {m}: መጨረሻ ነጥብ: reversal point
Wendepunkte {pl} :: turning points
wendig: ቀላል፣ተንቀሳቃሽ፣ ታጣፊ: versatilely, versatile
wenig, klein: ጥቂት፣ ትንሽ፣ ሚንጣ: few, less, little, poco, sparse, few, sparsely
wenigstens, mindestens: ቢያንስ ቢያንስ: at least, leastwise
wenn, falls, ob: በ/ ከ...፣ በ...ጊዜ: if, unless, wheather, when
wenn alles gut geht: ሁሉም ከተሳካ: if everything goes well
wenn es sein muß: ካስፈለገ: if need be
wenn ja, wenn/ob: ከሆነ: if so
wenn nicht: ካልሆነ: unless
wer, welcher: ማን: who
wer auch immer: ማንም ይሁን ማን: whoever
Werbeabteilung {f}: የማስታወቂያ ክፍል: advertising department
Werbeagentur {f}: የማስተዋወቂያ ወኪል: advertising agency
Werbeaktion {f}: የማስታወቂያ ተግባር: publicity campaign
Werbeanalyse {f}: የማስታወቂያ ትንታኔ: advertising analysis
Werbebotschaft {f}: የማስታወቂያ መልክት: advertising message
Werbebotschaften {pl}:: advertisements
Werbebrief {m}: የማስታወቂያ ደብዳቤ: advertising letter
Werbebudget {n}: የማስታወቂያ ወጭ: ad budget, advertising budget
Werbefachfrau {f}: የማስታወቂያ ባለሙያ: advertising expert
Werbefachmann {m}: የማስታወቂያ ባለሙያ: advertising man, advertising specialist, adman
Werbefernsehen {n}: የማስተዋወቂያ ቴ ሌቪዥን: commercial television
Werbefilm {m}: የማስታወቂያ ፊልም: advertising film
Werbeforschung {f}: የማስታወቂያ ምርምር: dvertising research
Werbegeschenk {n}: የማስታወቂያ ስጦታ: advertising, gift, advertising specialty, giveaway
Werbegeschenke {pl} :: giveaways
Werbegraphiker {m}: የማስታወቂያ ነጻፊ/ ባለሙያ: commercial artist
Werbeindustrie {f}: የማስታወቂያ እንዱስትሪ: ad industry
Werbekosten {pl}, Werbungskosten: የማስታወቂያ ወጭ: advertising costs
Werbematerial {n}: የማስታወቂያ ቁሳቁስ: advertising material
werben: ተመዘገበ፣ መዘገበ፣ ትርፍ ፈለገ: tout, woo
Werbeplanung {f}: የማስታወቂያ ዕቅድ: advertising planning
Werbeschrift {f}: የመተዋወቂያ ጽሑፍ: advertising brochure
Werbeslogan {m}: የማስታወቂያ መፈክር: advertising slogan
Werbespot {m}: የማስተዋወቂያ ቀልድ: advertising spot
Werbespruch {m}: የማስተዋወቂያ መፈክር: slogan
Werbewirtschaft {f}: የማስታወቂያ ኢንዱስትሪ: advertising industry
Werbung {f}: ማስታወቂያ: advertising, courtship
Werbungen {pl} :: ads, commercials, publicities
werden, stehen: አለ፣ ኖረ፣ ነበረ: become (became, become)
werdend: ኺኝ/ ሁኖ: becoming, getting, nascent
werfen: ወረወረ፣ ዐቀደ፣ ደረደረ: cast, to throw, toss, pitch, to cast (cast, cast)
werfend: ወርዋሪ/ ወርውሮ: chucking, cockling, flinging, foaling, pitching, tossing, whelping
Werfer {m}: ዕቅድ አውጭ: pitcher, thrower
Werkbank {f}: የመሥሪያ መቀመጫ: workbench
Werkbänke {pl} :: workbenches
Werkspionage {f}: የኢንዱስትሪ ስላይ: industrial espionage
Werkstatt {f}: መሥሪያ ቤት: workshop
Werkstätten {pl} :: workshops
Werkstelle {f}: መሥሪያ ቤት: workshops

Werkstellen {pl}:: workshops
Werkstück {n}: መጠነኛ ሥራ: work piece
Werkstücke {pl} :: work pieces
Werkstudent {m}: ሠራተኛ/ ታታሪ ተማሪ: working student
Werkstudenten {pl} :: working students
Werktag {m}: የሥራ ቀን: workday, workingday
Werktage {pl} :: workdays
Werktisch {m}: የሥራ ጠረጴዛ: work table
Werktische {pl} :: work tables
Werkvertrag {m}: የሥራ ኩንትራት: contract for work and labour
Werkverträge {pl} :: contracts for work labour
Werkzeug {n}, Gerät: የመሣሪያ ቁሳቁስ: artifact, instrument, tool, tool kit
Werkzeuge {pl}, Tools :: tools, artifacts, tools
Werkzeugmaschine {f}: የማምረቻ ቁሳቁስ: machine-tool
Werkzeugtasche {f}: የመሣሪያ መያዣ ኪስ: tool bag
Werkzeugtaschen {pl} :: tool bags
Wert {m}: ዋጋ: sign, ups, value, virtue, worth, worthiness, defaultvorgegebene
Werte {pl} :: worthes, values
werten: ገመገመ: value
wertend: ገምጋሚ/ ገምግሞ: valuing
wertlos: ዋጋቢስ፣ ዋጋአልባ: meritless, nugatory, trashily, trashy, valueless, valuelessly, vile, worthless, worthlessly, vilely, worthlessly
Wertlosigkeit {f}: ዋጋቢስነት: drossiness, trashiness, worthlessness
Wertlosigkeiten {pl} :: trinkets
Wertpapier {n}: የማረጋገጫ ወራት፣ የወረቀት ገንዘብ: security paper
Werturteil {n}: የዋጋ ግምጋሜ: value judgement
Werturteile {pl} :: value judgements
wertvoll: ባለዋጋ፣ ውድ፣ ጠቃሚ: valuable, valuably, worthwhile
Wertzuwachs {m}, Wachstum: ዋጋ ጭማሪ: accretion
Wesen {n}: ፍጥረት፣ ተፈጥሮ፣ መሆን: essence, entity, being
Wesensgleichheit {f}: እኩልነት: consubstantiality
wesentlich: በእርግጥ፣ እርግጠኛ፣ ዋነኛ: esentially, essential, substantially, vital, vitally, substantial, gist, primely
weshalb: ስለዚህ፣ በዚህ ምክንያት: wherefore
Wesir {m}: ሚኒስተር: vizier
Wesire {pl} :: viziers
wessen: የማን፣ የማንኛው: whose
Wessen Idee ist das?: የማን ሐሳብ ነው?: Who's the brain behind?
West: ምዕራብ: west
Weste {f}: ጉርድ ልብስ: waistcoat, vest
Westen {pl} :: waistcoats
Westen: ምዕራባውያን: occident, west
westlich: ምዕራባዊ: occidental, occidentally, westerly, western
westwärts: ወደምዕራብ: westward, westwards
Westwind {m}: የምዕራብ ነፋስ: westerly, westerly wind
Westwinde {pl} :: westerly winds
weswegen: ለምን፣ ስለምን: why wett even
Wettbewerb {m}, Konkurrenz: ውድድር: contest, competition
Wettbewerbe {pl} :: contests, contentions, , competitions
Wettbüro {n}: የውርርድ/ የቁማር ቢሮ: betting office
Wette {f}: ውድድር፣ ዕጣ: wager, bet
Wetten {pl} :: wagers, bets
Wetteifer {m}: ውድድር: rivalry
wetteifern: ተወዳደረ፣ ተጣጣረ: vie, emulates
wetteifernd: ተወዳዳሪ: competitively, rivaling, vieing, vying, vyingly
wetten: ተወራረደ: to bet
wettend: ተወራራጅ/ ተወራርዶ: betting, staking, wagering
Wetter {n}: ያየር ጠባይ: weather
Wetteransage {f}: ያየር ጠባይ ግምት: weather outlook
Wetteransager {m, pl}: ያየር ጠባይ ተንባይ: weather outlook announcer, weatherman
Wetteransagerin/nen {f/pl}: ያየር ጠባይ ተንባይ: weather outlook announcers
Wetterbeobachtung {f}: ያየር ጠባይ ግምገማ: weather observation
Wetterbeobachtungen {pl} :: weather observations
Wetterbericht {m}: ያየር ጠባይ ዘገባ: weather forecast
Wetterberichte {pl} :: weather forecasts
Wetterdienst {m}: ያየር ጠባር አገልግሎት: weather service
Wetterdienste {pl} :: weather services
Wetterfahne {f}: ያየር አቅጣጫ ማመልከቻ: weather vane, vane
Wetterfahnen {pl}:: weather vanes, vanes, vanes
Wetterkarte {f}: ያየር ጠባይ ካርድ: weather chart
Wetterkarten {pl} :: weather charts
Wetterkunde {f}: ያየር ጠባይ ጥናት: meteorology
Wetterleuchten {n} : ያየር ጠባይ እይታ: sheet lightning
Wettermeldung {f}: ያየር ጠባይ ዘገባ: weather report
Wettermeldungen {pl} :: weather reports
wettern: ተቆጣ፣ ጭፍግግ አለ: fulminate
Wetterprophet {m}: ያየር ጠባይ ተንቢ: weather prophet
Wetterpropheten {pl} :: weather prophets
Wetterwarte {f}: ያየር ጠባይ ምርምር ጣቢያ: weather station
Wetterwarten {pl} :: weather stations

Wetterwechsel {m, pl}: ያየር ጠባይ ቅያሬ: change in the weather, changes in the weather
Wettgesang {m}: የዘፈን ውድድር: singing match
Wettgesänge {pl} :: singing matches
Wettkampf {m}: የእስፖርት ውድድር: contest, match
Wettkämpfe {pl}:: contests
Wettkämpfer {m}: እስፖርተኛ: athlete, contestant
Wettlauf {m}: የሩጫ ውድድር: foot race, footrace
Wettläufe {pl} :: foot races
Wettrennen {n}: ውድድር: race
Wettschwimmen {n}: የዋና ውድድር: swimming contest
Wettsegeln {n}: የቀዘፋ ውድድር: regatta
Wettstreit {m}: ውድድር: contention
Wettstreite {pl} :: rivalries
Wettzettel {m, pl}: የውድድር ካርድ: betting slip, betting slips
wetzen: ሞረደ፣ ሳለ፣ አሾለ: whet
Wetzstahl {m}: ሞረድ: sharpening steel
Whisky {m}: ውስኪ: whiskey
Whist {m}: የካርታ ጨዋታ: whist
wichtig, bedeutend, passend: አስፈላጊ፣ ዋና፣ ምቹ: important, importantly, momentous, momentously, necessary, vitally, weightily, weighty, relevant , importantly
Wichtigkeit {f}: አስፈላጊነት: importance, meaningfulness, opportunity, momentousness, primeness
Wichtigtuer {m, pl}: ታታሪ፣ ባተሌ፣ ትጉ: bumble, busybodies, busybody, panjandrum, pompous ass, snob
Wichtigtuerei {f}: ታታሪነት: bumbledom
wickeln, einwickeln: ሸፈነ፣ ጋረደ: swaddle, wrap, wind
widerhallen: ቀበሌ/ ማሚቶ አወጣ/ መልሶ ጮኸ: re echo, resound, to echo
widerlegbar: ሊቃወሙት ቻይ: disprovable, refutable, refutably
widerlegen: ተቃወመ፣ ውሸትነቱን አረጋገጠ: confute, disprove, refute
widerlegend: ተቃዋሚ/ ተቃውሞ: confuting, disproving, refuting
widerlegt: ተካደ፣ ውሸት፣ ሐሰት: refuted, confuted, disproved
Widerlegung {f}: ውሸትነቱን ማሳየት: disproof, rebuttal, refutability
Widerlegungen {pl} :: disproofs, refutabilities, refutations
widerlich: ቧልታዊ፣ ውሸት፣ ሐሰት: abhorrently, distasteful, loathsome, lousy, noisome, noisomely, rancid, repellent, repugnant, sickening, stinkingly, distastefully, loathsomely, lousily, rancidly, repugnantly, sickeningly, unpleasantly
Widerlichkeit {f}: ሐሰትነት፣ ወሸትነት: distastefulness, fulsomeness, loathsomeness, nauseousness, noisomeness, repulsiveness, stinkingness
Widerruf {m}: ይግባኝ፣ አቤቱታ: revocation, retraction
widerrufen: አነሳ፣ ተወ: revoke, unsay
widerrufend: ክሱን አንሺ/ አንስቶ: revoking, unsaying
widerruflich: ሊመልሱት/ ሊሰርዙት የሚቻል: revocable, revocably
Widerrufung {f}: ይግባኝ: recantation
Widersacher {m}: ተቃዋሚ: antagonist
widersetzlich: አፍራሽ፣ እንቅፋት: obstructive
Widersetzlichkeit {f}: አፍራሽነት፣ እንቅፋትነት: obstructiveness
widerspenstig: አስቀያሚ: contumacious, contumaciously, recalcitrant, unmanageable, unmanageably, refractory
Widerspenstigkeit {f}: አስቀያሚነት: contumacy, intractability, obstreperousness, recalcitrance
Widerspenstigkeiten {pl} :: recalcitrancy
widersprechen: ካደ፣ ቃሉን አጠፈ: contradict, contradict, disagree, dissent, to object
widersprechend: ከሃዲ/ ክዶ: contradicting, dissenting, vetoing, inconsistently
widersprochen: ተካደ/ ተክዶ፣ ተዋሽቶ: contradicted, dissented, vetoed
Widerspruch {m}: ተቃውሞ፣ ይግባኝ: antithesis, contradiction, crosspurposes, disaccord, discrepancy, inconsistence, contrariety
Widersprüche {pl}: ተቃራኒ: contradictions, disaccords, inconsistencies, antitheses
widersprüchlich: አምታቲታ: contradictorily, contradictory
Widersprüchlichkeit {f}: አምታችነት: contrariness
Widerspruchsgeist {m}: የተቃውሞ መንፈስ: spirit of contradiction, contradictoriness
widerspruchslos: ተቃውሞአልባ: uncontradicted, without contradiction
widerspruchsvoll: ብዙ ጠያቂ: contradictory
Widerstand {m}: ተቃውሞ፣ ዓመጽ: resistance, resistor, opposition
Widerstände {pl}: ዓመፅ፣ ተቃውሞ: oppositions, resistors
Widerstandsbewegung {f}: ያመፅ እንቅስቃሴ: resistance movement
Widerstandsbewegungen {pl}:: resistance movements
widerstandsfähig: መቃወም የሚችል: imperishable, resistant, robust
Widerstandsfähigkeit {f}: መቃወም መቻል: hardiness, refractiveness
Widerstandsgröße {f}: ያመፅ መጠን: resistivity
Widerstandskämpfer {m}: ታጋይ: member of the resistance, resistance fighter
Widerstandskraft {f}: የመቃወም ችሎታ/ ኃይል: resistibility, resisting power

Widerstandskräfte {pl} :: power of resistance
widerstandslos: ተቃውሞአልባ: unopposed, unresistant, unresisting, unresistingly
widerstehen: ተቃወመ፤ ተጋጠመ፤ ተፋጠጠ: resist, withstand
widerstehend: ተቃዋሚ/ ተቃውሞ: resisting, withstanding, resistibly, resistively, resistingly
widerstehlich: ተቀዋሚ: resistible
Widerstreit {m}: ጭቅጭቅ፤ ጥል: antagonism
widerstreiten: ተጨቃጫቀ፤ተቃወመ: militate
widerwärtig: አስቃያሚ፤ አስጠይ፤ ብልሹ: distasteful, distastefully, unsavorily, unsavory, unsavourily, unsavoury
Widerwille {m}: ሐፍረት፤ ንቀት: reluctancy, repugnance, unwillingness, distaste
widerwillig: አሳፋሪ፤ አስጠይ: reluctant, unwilling, unwillingly
widmen: ሰጠ፤ አደረገ፤ ሰዋ: devote
widmend: ሰጭ/ ሰጥቶ: addicting, dedicating, devoting
Widmung {f}: መስጠት፤ መሥዋዕት መሆን: dedication
Widmungen {pl} :: dedications
widrig: አፋራም፤ ቁጥብ: adverse, adversely
Widrigkeit {f}: ደንጋራነት: adverseness
wie alt ist er?: እድሜው ስንት ነው/ ስንት ዓመቱ ነው?: How old is he?
wie: እንዴት፤ እንደ: as, eh, how, like
wie bitte?: ምን?እሰ?: I beg your pardon?
wie bitte?: አቤት?: pardon?
wieder: እንደገና፤ አሁንም እንደገና: afresh, again
Wiederanlauf {m}: እንደገና መጀመር: restart, warm restart
wiederanlaufen: እንደገና ጀመደ/ ሠራ: restart
Wiederannäherung {f}: መልሶ መቀራረብ: rapprochement
Wiederannäherungen {pl} :: rapprochements
wiederanpassend: አስተካካይ/ አስተካክሎ: readjusting
wiederanstellen: መልሶ ቀጠረ፤ በሥራ ላይ አሰማራ: reengage, recommission
wiederanwenden: መልሶ ተጠቀመ: reapply
Wiederaufbau {m}: መልሶ ግንባታ: reconstruction
wiederaufbauend: መልሶ ገንቢ/ ገንብቶ: reconstructing, reconstructive
wiederauferstehen: መልሶ/ ተለይቶ ተነሳ: rise from the dead
Wiederauflage {f}: መልሶ ግንባታ: reinvestment
Wiederaufleben {n}: መልሶ ሕይወት ማግኘት: resurgence, revivification
wiederaufleben: መልሶ ሕይወት ሰጠ: rekindle
Wiederaufnahme {f}: መልሶ አባል ማድረግ: resumption
Wiederaufnahmeverfahren {n}: ይግባኙን መመርመር: new hearing, retrial
wiederaufnehmen: መልሶ ተቀበለ: readopt, reshoot, resume
wiederaufnehmend: መልሶ ተቀባይ/ ተቀብሎ: readopting, resuming
Wiederaufruf {m}: መልሶ መጥራት/ ማንሳት: recall
wiederaufrufen: መልሶ አካሄደ: reaccess, recalling
Wiederaufrüstung {f}: መልሶ ማስታጠቅ: rearming
wiederauftauchen: መልሶ ብቅቅ አለ: resurface
wiederauftreten: መልሶ ታየ: reappear
wiederaufwärmen: መልሶ አሟሟቀ: rehash
Wiederausfuhr {f}: መልሶ መላክ: re export
Wiederausfuhranmeldung {f}: መልሶ የመላኪያ መዝገብ: re export document
Wiederausfuhrbescheinigung {f}: የመልሶ መላኪያ ትኬት: reexportation certificate
Wiederausführer {m, pl}: መልሶ ላኪ: re exporter
Wiederausfuhrhandel {m}: የመልሶ መላክ ንግድ: re export trade
wiederausgeben: መልሶ አሳተመ/ አዋጣ: reissue
wiederausgebend: መልሶ አሳታሚ/ አሳትሞ: reissuing
Wiederausrüstung {f}: መልሶ ጦር መሳሪያ ማከማቸት: rearmament
Wiederausrüstungen {pl} :: rearmaments
wiederbeginnen: መልሶ ጀመረ: reconvene
wiederbeginnend: መልሶ ጀማሪ/ ጀምሮ: recommencing, reconvening
wiederbelebbar: መልሶ ሕይወት የሚሰጥ: revivable
wiederbeleben: መልሶ ሕይውት ዘራ/ ጻነ: resusciate, revivify
wiederbelebend: ሕይወት ዘሪ/ ዘርቶ: resusciating, revitalizing, revivifying, resuscitative
wiederbelebt: ጻኝ/ ድኖ: revived, resusciated
Wiederbelebung {f}: መልሶ ማዳን፤ አፋጣኝ እርዳታ: resuscitation, revitalization, revival
Wiederbelebungsversuch {m}: መልሶ የማዳን ሙከራ: attempt at resuscitation
Wiederbelebungsversuche {pl} :: attempts at resuscitation
wiederbenutzen: መልሶ ተጠቀመ፤ በጥቅም ላይ አዋለ: reuse
wiederbesetzen: መልሶ ተቆጣጠረ/ ያዘ/ ወረረ: reoccupy
Wiederbesetzung {f}: መልሶ መያዝ/ መውረር፤ ወረራ: reoccupation, reconfirmation
wiederbesuchend: መልሶ ጎብኝ/ ጎብኝቶ: revisiting
Wiederbetonung {f}: ማረጋገጥ: re emphasis
wiederbringen: መለሰ፤ መልሶ አመጣ: bring back
wiederbringend: መላሽ/ መልሶ: bringing back
wiedereinführen: መልሶ ተገበረ/ በተግባር ላይ አዋለ: reintroduce

Wiedereinführung {f}: መልሶ መተግበር: reintroduction
wiedereingesetzt: መልሶ ተመራጭ/ ተመርጦ: reinstated
Wiedereingliederung {f}: መልሶ ማቋቋም/ ማስባጠር: reintegration
wiedereinnehmen: ማረከ: recapture
wiedereinordnen: እንደገና አደራጀ: realign
wiedereinordnend: እንደገና አደራጅ/ አደራጅቶ: realigning
Wiedereinordnung {f}: ማደረጃጀት: realignment
wiedereinsetzen: መልሶ ቀጠረ፣ ሥልጣን ሰጠ: re employ, reinstate
wiedereinsetzend: መልሶ ቀጣሪ/ ቀጥሮ: re employing, reinstating
Wiedereinsetzung {f}: መልሶ መቅጠር/ መቀጠር: re employment, reappointment, reinstatement
wiedereinstellen: እንደገና ቀጠረ: reemploy
Wiedereinstellung {f}: መልሶ ቀጠራ: reemployment
Wiedereinstieg {m}: መልሶ መሳፈር: rescue
wiedereintreten: እንደገና ገባ: reenter
Wiedereintritt {m}: መልሶ መግቢያ: reentry
wiederentdecken: መልሶ አገኘ፣ ፈለሰፈ: rediscovering
Wiederentdeckung {f}: እንደገና ማግኘት: rediscovery
wiedererbaut: መልሶ ተገምቢ/ ተገምብቶ: rebuilt
wiedererkannt: እንደገና ታዋቂ/ ታውቆ: recognized
wiedererkennbar: መልሶ ታዋቂ: recognizable
wiedererkennen, erkennen, anerkennen: መልሶ አወቀ፣ ተገነዘበ: to recognize
wiedererlangen: መልሶ አገኘ፣ አገገመ: get back, to recover
wiedereröffnen: መልሶ ከፈተ: reopen
wiedereröffnend: መልሶ ከፋች/ ከፍቶ: reopening
Wiedererscheinung {f}: እንደገና መታየት: reappearance, restorement
wiedererstellen: መልሶ ሠራ፣ አመረተ: recreation
Wiedererweckung {f}: መልሶ ማስነሳት/ መቀስቀስ: reawakening
wiedererzeugt: እንደገና ተመራች/ ተመርቶ: reproduced
wiederfinden: መልሶ አገኘ: find again
wiederfindend: እንደገና አግኚ/ አግኝቶ: finding again
Wiedergabe {f}: መልሶ መስጠት/ መድገም: reproduction, rendition, rendering
Wiedergaben {pl} :: renditions, fidelities
wiedergeben: እንደገና ሰጠ: regive, play back, render
wiedergebend: መልሶ ሰጭ/ ሰጥቶ: relaying, rendering
wiedergebracht: መልሶ ተሰጭ/ ተሰጥቶ: brought back
Wiedergeburt {f}: መልሶ ልደት/ እድሳት/ ፤ ተሐድሶ: renascence, rebirth
wiedergefunden: እንደገና ተገኝ/ ተገኝቶ: found again, recovered
wiedergerufen: መልሶ ተነሽ/ ተነስቶ: recalled
wiedergeschaffen: መልሶ ተፈጣሪ/ ተፈጥሮ: recreated
Wiedergeschehen {n}: እንደገና መሆን/ መከናወን: reoccurrence
wiedergeschehend: መልሶ ኺኝ/ ሁኖ: reoccurring
wiedergetan: መልሶ ተደራጊ/ ተደርጎ: done again
wiedergewählt: መልሶ ተመራጭ/ ተመርጦ: reelected
wiedergewinnen, zurückgewinnen: መልሶ አገኘ፣ ተጎናጸፈ: regain, retrieve
wiedergewinnend: መልሶ አግኚ/ አግኝቶ: reclaiming, reprising, regaining
wiedergewonnen: መልሶ ነፃ ወጭ/ ወጥቶ: reclaimed
wiedergutmachen: ካሰ: to make up for
wiedergutmachend: ካሳ ከፋይ: reparative
wiederhergestellt: መልሶ ተቋቋሚ/ ተቋቁሞ: recovered, restored
wiederherstellbar: መልሶ መተግበር የሚቻል: recoverable
wiederherstellen: መልሶ አቋቋመ: re establish, reconstitute, recontruct, recover, restore, undelete
wiederherstellend: መልሶ አቋቋሚ/ አቋቁሞ: re establishing, reconstituting, rehabilitative, retrieving
Wiederhersteller {m, pl}: መልሶ አምራች: restorer
Wiederherstellung {f}: መልሶ ማቋቋም: destroyed, re establishment, reconstitution, recovery, recreate, recreation, restitution, restorations, restoring, retrieval, recovery
wiederholbar: ተመላሽ፣ ተከላሽ: continuable, repeatable
wiederholen: ደገመ፣ ከለሰ፣ አለዘበ፣ መላለሰ: iterate, re enact, repeat, repeate, replicate, retry, replicate, rollback, rerun
wiederholend: መላላሽ/ መላልሶ: iterating, re enacting, reiterant, reiterating, repeatedly, repetitious, replaying, repetitively, repetitiously
Wiederholfunktion {f}: የድግግም ማዘዣ: repeating
wiederholt: በድጋሚ/ ተደጋጋሚ፣ ተደጋሚ/ ተደግሞ: iterated, repeated, repeatedly, repetitive, iterated, re enacted, reenacted, reiterated, replayed
Wiederholung {f}: ድጋሚ፣ መድገም/ መደጋገም: iteration, iterativeness, re enactment, recurrence, reiterativeness, repeating, repetition, retake, retry, systrophe

Wiederholungen {pl} :: iterations, reiterations, repetitions, repetitivenesses
Wiederholungsspiel {n}: ድጋሚ ጨዋታ: replay
Wiederholungsspiele {pl} :: replays
Wiederkäuen {n}: መልሶ ማመንዠክ/ ማላመጥ: rumination
wiederkäuen: መልሶ አላመጠ፤ አመነዠከ: ruminate
wiederkäuend: አመንዣኪ/ አመንዥኮ: ruminating, repurchasing
wiederkehren: ተመለሰ: recur
wiederkehrend: ተመላላሽ/ ተመላልሶ: recurrently, recurring
wiederkehrt: ተመላሽ/ ተመልሶ፤ታግሶ: recurred
wiederladbar: እንደገና ተጫኝ: reloadable
Wiederlegung {f}: ትርጓሜ: confutation
Wiederlegungen {pl} :: confutations
wiederlesen: መልሶ አነበበ: reread
Wiedernehmen {n}: መልሶ መያዝ: repossession
wiedernehmend: መልሶ ያዥ/ ይዞ: repossessing
wiederprüfend: መልሶ ገምጋሚ/ ገምግሞ: reinspecting
wiederrufen: መልሶ አነሳ፤ ፋይል ከፈተ: recant
Wiedersehen {n}: የመልሶ ማየት/ መገናኘት ምኞት: bye
wiedersehen: መልሶ ተገናኘ: meet again
wiedersehend: መልሶ ተገናኝ/ ተገናኝቶ: meeting again
Wiedersetzung {f}: መልሶ መተግበር/ ተግባር ላይ ማዋል: reinstallation
wiederspiegeln: መልሶ አንፀባረቀ: reflect
wiedersprechen : ተናገረ: respeak
Wiedertaufe {f}: መልሶ መጠመቅ: rebaptism
wiedertaufend: መልሶ አጥማቂ/ አጥምቆ: rebaptizing, doing again
Wiedertäufer {m}: መልሶ አጥማቂ/ማጥመቅ: anabaptist, rechristen
wiedertun: መልሶ አደረገ: do again
wiederverbinden: መልሶ አገናኘ: reconnect
Wiederverbindung {f}: መልሶ ማገናኘት/ ግንኙነት: reconnection
wiedervereinigen: መልሶ አዋሃደ፤ ቀላቀለ: reunify, reunite
wiedervereinigend: መልሶ አዋሃጅ/ አዋህዶ: reunifying, reuniting
Wiedervereinigung {f}: መልሶ ማቀላቀል/ ማዋሃድ: reunification
Wiedervereinigungen {pl} :: reunifications
Wiedervergiftung {f}: መልሶ መመረዝ/ መበከል: recontamination
wiederverheiraten: እንደገና ትዳር መሠረተ: remarry
wiederverheiratend: መልሶ ትዳር መሥራች/ መሥርቶ: remarrying
Wiederverheiratung {f}: መልሶ ጋብቻ: remarriage
Wiederverheiratungen {pl} :: remarriages
Wiederverkauf {m}: መልሶ መሸጥ: resale
wiederverkaufen: እንደገና ሸጠ: resell
wiederverkaufend: መልሶ ሻጭ/ ሸጦ: reselling
Wiederverkäufer {m}: መልሶ ሻጭ: reseller
Wiederverkaufpreis {m}: የገብያ ዋጋ: trade price
Wiederverkaufspreise {f} :: trade prices
wiederverpflichten: መልሶ አስገደደ/ ኃላፊነት ሰጠ: re enlist
wiederverpflichtend: መልሶ አስገዳጅ/ አስገድዶ: re enlisting
Wiederverwendung {f}: እንደገና ጥቅም ላይ ማዋል: re utilize, reuse
wiederverwertbar: መልሶ ጥቅም ላይ የሚውል: recyclable
Wiederwahl {f}: መደጋገሚያ: reelection, re election
wiederwählbar: መልሶ መምረጥ/ መደጋገም የሚቻል: reeligible
wiederwählen (Tel.): መልሶ መረጠ/ ቁጥር መረጠ: redial, reelect
wiederzulassen: መልሶ ፈቀደ: readmit
wiederzulassend: እንደገና ፈቃጅ/ ፈቅዶ: readmitting
Wiederzulassung {f}: መልሶ መመዝገብ: readmission
Wiege {f}: ሚዛን: cradle
Wiegen {pl} :: cradles
wiegen: መዘነ/ ለካ: dandle, to weigh [on]
wiegend: መዛኝ/ መዝኖ: cradling, dandling, weighting
Wien: ቬና: vienna
Wiese {f}: መስክ፤ ጨሌ: meadow, grassland
Wiesen {pl} :: meadows
wiesenartig: ሜዳማ: meadowy
Wiesenland {n}: መስካማ ሀገር: meadowland
wieviel: ስንት፤ ምንያህል: how much
wieviele: ስንቱ: how many
wievielmal: ስንቴ / ስንት ጊዜ: how many times
Wigwam {m}: ዳስ: tepee
wild: አውሬ፤ አረመኔ: feral, ferocious, ferociously, frantically, furious, furiously, rambunctious, rampant, savage, savagely, tigerish, tomboyish, truculent, truculently, undomesticated, wild, wildly, fiercely, haggardly, rampantly, tigerishly
Wildcard {f}: የአውሬ ምስል ያለበት ካርድ: wildcard
Wildcards {pl} :: wildcards
Wilddieb {m}: ጨካኝ ሌባ: poacher
Wilddiebe {pl} :: poachers
Wilde {m, f}: አውሬ: rambunctiousness
Wilden {pl} :: savages
Wildfang {m}: አደን: hoyden, tomboy, wild child
Wildfänge {pl} :: tomboys, wild children
wildfremd: ፈጽሞ እንግዳ: totally unknown
Wildheit {f}: አረመኔነት: ferocity, fierceness, haggardness, jazziness, rampancy, savageries, savagery, tigerishness, truculence
Wildheiten {pl} :: savageness

Wildhüter {m, pl}: ዝንጀሮ/ አሳማ ጠባቂ: gamekeeper, gamekeepers
Wildling {m}: ዘላን፣ እንስሳ: wildling, wilding
Wildlinge {pl} :: wildlings
Wildnis {f}: እንስሳነት: wilderness
Wildnisse {pl} :: wildernesses
Wildpark {m}: ያራዊት መናሃሪያ: wild park
Wildparks {pl} :: wild parks
Wildschwein {n}: የጫካ አሳማ: wild boar, boar
Wildschweine {pl} :: boars
will, /wollen/: (የትንቢት ረዳት ግሥ) ፈለገ፣ ወደደ፣ ተመኘ: will, want
Wille {m}: ፍላጎት፣ ምኞት: will, volition
willenlos: ፍልጎትአልባ: will less
Willenlosigkeit/en {f/pl}: ፍላጎትአልባነት: indecisions
Willensäußerung {f}: ፍላጎትን/ ምኞትን ማሳየት/ መግለጽ: volition
Willensäußerungen {pl} :: volitions
Willensfreiheit {f}: የፍላጎት ነፃነት፣ ነፃ ፍላጎት: free will
Willensfreiheiten {pl} :: free wills
Willenskraft {f}: የምኞት/ ፍላጎት ኃይል: will power
willensmässig: በፍላጎት: volitional, volitionally
Willensschwäche {f}: የምኞት ድካም፣ ደካማ ምኞት: weak will
Willensschwächen {pl} :: weak wills
willig: ፍላጎተኛ፣ ፈቃደኛ: willed
willkommen, begrüßen: እንኳ በሰላም ማጣ/ ገባ/ህ/ሽ/ቡ/ ችሁ፣ ሰላም/ታ አለ/ ሰጠ: welcome
willkommen, willkommen heißen: ሰላምታ ሰጠ/ ተቀበለ: welcome
Willkür {f}: አስታራቂ: arbitrariness, arbitrarinesses
willkürlich: እርቃዊ: arbitrarily, arbitrary, highhanded, highhandedly
Willkürlichkeit {f}: ድርድር፣ እርቅ: highhandedness
wimmeln von: በብዛት ሄደ/ ተጓዘ: teem, abound, to be alive with
Wimper {f}: ሽልፋፊት፣ ያይን ጠጉር: eyelash, lash
Wind {m}: ነፋስ: wind
wind: ነፋስ: wind
Windbeutel {m, pl}: ያየር ጠርሙስ፣ ተፃብአ: windbag, windbags
Windei {n}: የነፋስ ዕንቁላል: wind egg
Windeier {pl} :: wind eggs
Windel {f}: የሕፃናት ቆሻሻ መከላከያ: nappy, diaper
Windeln {pl} :: nappies
Winden {pl} :: windlasses, winches, windlass
winden: ነፈሰ: wreathe, wriggle
windend: ነፋሽ/ ነፍሶ: coiling, twining, winding, wreathing, wriggling
windig: ነፋሳማ/ ም: breezy, drafty, windily, windy
Windjacke {f}: የብርድ ጃኬት: windcheater
Windjacken {pl} :: windcheaters
Windkanal {m}: የነፋስ ቧንቧ: wind tunnel
Windkanäle {pl} :: wind tunnels
Windmesser {m, pl}: ነፋስ መለኪያ: wind gauge, wind gauges
Windmühle {f}: የነፋስ ቆሻሻ: windmill, wind mill
Windmühlen {pl} :: windmills, wind mills
Windrichtung {f}: የነፋስ አቅጣጫ: wind direction
Windrichtungen {pl} :: wind directions
Windröschen {n, pl}: ዕንጉዳይ፣ የጅብ ጥላ: anemone, anemones
Windschutzscheibe {f}: የነፋስ መከላከያ: windshield, windscreen
Windschutzscheiben {pl} :: windscreens
Windseite {f}: የነፋስ አቅጣጫ: luff
Windstärke {f}: የነፋስ ኃይል: wind force
Windstärken {pl} :: wind forces, gusts
Windstoß {m}: የነፋስ ግጭት: gust, flurry, blast
Windung {f}: ጉብጠት፣ ጥመት: convolution, whorl
Windungen {pl} :: whorls, windings
windwärts: በነፋሱ አቅጣጫ: upwind, windwards
Wink {m}: ቃልአልባ/ የጥቅሻ መልክት: beck
Winkel {m, pl}: ማዕዘን: angle, bracket, nook, brackets, nooks, angles
Winkeladvokat {m}: የማዕዘን ዳኛ: hack lawyer, hedge lawyer, shyster
Winkeladvokaten {pl} :: hedge lawyers
Winkelfunktion {f}: የማዕዘን ሥራ: trigonometric function
winkelig: ማዕዘናማ/ ም: angular
Winkelmesser {m, pl}: ማዕዘን ለሚ: protractor, goniometer
Winkelschnittverfahren {n, pl}: የማዕዘን ሥራ ተግባር: angular section analysis
Winkelverwandtschaft {f}: ማዕዘናዊ ግንኙነት: angular relationship
Winkelzug {m}: ድምድም፣ ማዕዘን ማገናኛ: dodge
Winkelzüge {pl} :: dodges
winken: እጁን አውለበለበ: beckon
winkend: እጁን አውለብላቢ/ አውለብልቦ: beckoning, motioning
Winker {m, pl}: አቅጣጫ አመልካች: direction indicator
winklig: ማዕዘናማ/ ም: angular
Winkligkeit {f}: ማዕዘናማነት: angularity
winseln: በለሰስታ ለመነ/ ጮኸ (ለውሻ): whine
Winter {m}: ክረምት: winter, wintertime
Winteraufenthalt {m}: የክረምት ቆይታ: winter abode
Winteraufenthalte {pl} :: winter abodes
Winterfrucht {f}: የክረምት ፍራፍሬ: wintercrop
Winterfrüchte {pl} :: wintercrops, winter gardens
Wintergarten {m}: የክረምት ጓሮ: winter garden

Winterhalbjahr {n}: ግማሽ ዓመት ክረምት: winter half year
Winterhalbjahre {pl} :: winter half years
winterlich: ክረምታዊ: winterly, wintry
Wintermantel {m}: የክረምት ካቦርት: winter coat
Wintermäntel {pl} :: winter coats
Winterolympiade {f}: የክረምት ኦሎምፓያ እስፖርት: winter Olympic Games
Wintersaat {f}: የክረምት ዘር: winter grain
Wintersaaten {pl} :: winter grains
Winterschlaf {m}: የክረምት እንቅልፍ: winter sleep
Winterschlussverkauf {m}: የክረምት መጨረሻ ቅናሽ ሽያጭ/ ገበያ: winter sale
Winterschlussverkäufe {pl} :: winter sales
Wintersport {m}: የክረምት እስፖርት: winter sports
Wintervorrat {m}: የክረምት ምግብ: winter stock
Wintervorräte {pl} :: winter stocks
Winterzeit {f}: የክረምት ወቅት: wintertide
winzig: ትንሽ፣ ቅንጣት: diminutively, dwarfishly, minikin, teenily, teeny, tinily, tiny, undersized, wee, weely, infinitesimally
Winzigkeit {f}: ቅንጣትነት: dwarfishness, tininess, diminutiveness
Wipfel {m, pl}: የዛፍ ገበና/ ውጫዊ አካል: treetop, tree top, treetops, tree tops
wippen: ሁለት ነገሮችን ገጠመ/ አገናኘ: teeter, seesaw
wir: እኛ: we
wir alle: እኛ ሁላችን: all of us
wir beide: እኛ ሁለታችን: both of us
Wirbel {m}: ማሽከርከሪያ፣ ማዞሪያ: vertebra, vertebrae, vortex, vortices, eddies
wirbellos: የማይንቀሳቀስ፣ ግትር: invertebrate, spineless, spinelessly
wirbeln: በፍጥነት ዞረ፣ ተሽከረከረ: swirl, twirl, whirl
wirbelnd: ተሽከርካሪ/ ተሽከርክሮ: swirling, twirling, vertiginous, whirling, vertiginously
Wirbelsäule {f}: የጀርባ አከርካሪ: spine
Wirbelsäulen {pl} :: spines
wird: ይሁናል፣ ይሄዳል: becomes
wirken, arbeiten: ሠራ፣ ውጤት አሳየ: to take effect, to act
wirkend: ሠሪ/ ሠርቶ: operatively
Wirkleistung {f}: የመሥራት ኃይል: active power, effective power
wirklich, tatsächlich, echt, ganz gewiss, wahrlich: በእውነት፣ በእርግጥ: truly, actually, intrinsically, real, really, genuine, sure enough, real
Wirklichkeit {f}: አወንታነት: actuality, reality, substantiality, substantiveness, veritableness
Wirklichkeiten {pl} :: truthes
wirklichkeitsfremd: የማይሆን: unrealistic
wirksam, kräftig: ሠሪ፣ ውጤት አምጭ/ ውጤታማ: effective, efficacious, effectual, effectually, efficaciously
Wirksamkeit {f}: ውጤታማነት: effectiveness, efficacy, virtue
Wirksamkeiten {pl} :: efficacies, efficaciousness
Wirkstoff {m}: መድኃኒት: active agent
Wirkung {f}: ውጤት፣ ሰበብ: effect
Wirkungen {pl}:: efficiencies
Wirkungsbereich {m}: የሰበቡ አካባቢ: sphere of action
Wirkungsbereiche {pl} :: spheres of action
Wirkungsgrad {m}: የውጤት ሰበብ: efficiency
Wirkungskraft {f}: የመሥራት ኃይል: effectualness, efficacy
Wirkungskräfte {pl} :: efficacies
wirkungslos: ዋጋቢስ፣ ውጤትአልባ: inefficiently, noneffective, without effect, inefficiently
wirkungsvoll: ውጤታማ፣ አዳኝ: effecient, effective, efficiently
wirr: ምስቅልቅል፣ ድብልቅልቅ፣ እብድ: mazily, mazym, woozily
Wirrkopf {m}: ቅል ራስ: scatterbrain
Wirrköpfe {pl} :: scatterbrains
Wirrwarr {n}: እብደት፣ ቅዠት: muss, tangle
Wirt {m}: ባለንብረት: host
Wirte {pl} :: hosts
Wirtin {f}: ባለንብረት: hostess
wirtschaften: ቤት መራ: keep house
wirtschaftend: ቤት መሪ/ አሳዳሪ/ መርቶ: keeping house
wirtschaftlich: ምጣኔያዊ፣ ኢኮኖሚያዊ: economic
Wirtschaftlichkeit {f}: ምጣኔ ኃብት፣ ኢኮኖሚ: economy
Wirtschaftsberater {m, pl}: የኢኮኖሚ አማካሪ: business consultant
Wirtschaftseinheit {f}: የኢኮኖሚ አንድነት: accounting entity
Wirtschaftsgebäude {n}: መካዘን፣ ካዜና: farm building
Wirtschaftsgeld {n}: የቤት ወጭ: housekeeping money
Wirtschaftsgemeinschaft {f}: የምጣኔ ኃብት አንድነት: economic community
Wirtschaftsgymnasium {n}: የኮሜርስ ትምህርት ቤት: commercial high school
Wirtschaftsingenieur {m}: የኢኮኖሚ ምሁር: industrial engineer
Wirtschaftsjahr {n}: ያመት ባጀት: financial year
Wirtschaftsjahre {pl} :: financial years
Wirtschaftskrise {f}: የኢኮኖሚ ድቀት: economic crisis
Wirtschaftsleute {pl}: የኢኮኖሚክ ሰዎች: economy people, economic people
Wirtschaftsministerien {pl} :: ministries of economics

Wirtschaftsministerium {n}: የፋናንስ ሚኒስተር: ministry of economics
Wirtschaftspolitik {f}: የኢኮኖሚክ ፖሊሲ: economic policy
Wirtschaftspolitiker {m}: የኢኮኖሚክ ፖሊቲከኛ: economic politician
Wirtschaftsprüfer {m}: ተቆጣጣሪ፣ አካውንታንት: chartered accountant (CA)
Wirtschaftsverband {m}: የንግድ ማኅበር: trade association
Wirtschaftsverbände {pl} :: trade associations
Wirtschaftswunder {n}: የኢኮኖሚ ታምር/ ቅጽበታዊ ዕድገት: economic miracle, economic miracles
Wirtshaus {n}: ትንሽ መጠጥ ቤት: hostelry, inn
Wirtshäuser {pl} :: hostelries
Wirtsrechner {m}: የኮምፒዩተር ዓይነት: host computer, host processor
Wisch {m}: ቅዳጅ ወረቀት፣ ቆሻሻ: wisp
wischen: አጠበ፣ አጸዳ፣ ጠረገ: whisk
wischend: አጣቢ/ አጥቦ: mopping, whisking, wiping
wischfest: ጥለታማ፣ ብልዝ፣ ቀሽሽ: non-smudge, smear-resistant, smudge-proof
Wischfestigkeit {f}: ጥለታማነት: smear resistance
Wischlappen {m}: መወልወያ ጨርቅ: wiping cloth
Wisent {m}: ሚዳቋ፣ ሰሳ: bison
Wißbegierde {f}: የማወቅ/ መማር ጉጉት: intellectual curiosity, inquisitiveness
wißbegierig: ጉጉተኛ: inquisitive, eager for knowledge
Wissen {n}, Kentnis: ዕውቀት: veda, knowledge
wissen, kennen, können: ዐወቀ፣ ተረዳ፣ ተገነዘበ፣ ተጠነቀቀ፣ ታቀበ፣ ቻለ: to know (knew, known), aware
wissend: ዓዋቂ/ አውቆ: intuitiv, knowing
Wissenschaft {f}: ሳይንስ: scholarship, science
Wissenschaften {pl} :: sciences
Wissenschaftler {m, pl}: ምሁር: scientist, scientists
Wissenschaftlerin/nen {f/pl}, Wissenschaftlern: ምሁር: scientists
wissenschaftlich: ሳይንሳዊ: scientific, scientifically
Wissensdrang {m}: የምሁራን እንቅስቃሴ: thirst for knowledge
Wissensgebiet {n}: የዕውቀት መስክ: field of knowledge
Wissensgebiete {pl} :: fields of knowledge
Wissensschatz {m}: የዕውቀት ኃብት: store of knowledge
Wissensschätze {pl} :: stores of knowledge
wissenswert: መታወቅ ያለበት: worth knowing
Wissenszweig {m}, Disziplin: የዕውቀት ቅርንጫፍ: discipline
wissentlich: ዕውቀታዊ: knowingly
witternd: ጠርጣሪ/ ጠርጥሮ+ ፈርቶ፣ በርግጎ: scenting
Witterung {f}: ማግሳት፣ መቆጣት (ለእንስሳ): weather
Witterungen {pl} :: weathers
Witwe {f}: ጋለሞታ፣ ባሏ የሞተባት: relict, widow, dowager
Witwen {pl} :: relicts, widows, dowagers
Witwenstand {m}: ግልሙትና: widowhood
Witwenstände {pl}:: widowhoods
Witwer {m, pl}: የወንድ ጋለሞታ: widower, widowers
Witz {m}: ቀልድ: wit, witticism, gag
Witze {pl} :: wits, witticisms, gags
Witzblatt {n}: የቀልድ ጋዜጣ: comic paper
Witzblätter {pl} :: conic papers
Witzbold {m}: የወሬ ቋት፣ ቀልደኛ: buffoon, joker, buffoons
witzeln: ቀለደ: quip
witzelnd: ቀላጅ/ ቀልዶ: quipping
witzig: ቀልደኛ: facetious, facetiously, jocular, jocularly, wittily, witty, facetiously
Witzigkeit {f}: ቀልደኝነት: wittiness
witzlos: ድፍን፣ ቀልድ የማያውቅ: pointless, unfunny, unhumorous, witless, pointlessly, unhumorously, witlessly
wo: ሄት: where
wo auch immer: ሄትም ይሁን ሄት: wheresoever, wherever
wo herum: ሄት አካባቢ: whereabout, whereabout
wo immer: ሄትም ቢሆን: wherever
wobei: በዚያውም: at what, whereat, whereas
woche: ሳምንት: week
Woche {f}: ሳምንት: week
Wochen {pl} :: weeks
Wochenblatt {n}: ሳምንታዊ ጋዜጣ: weekly paper
Wochenblätter {pl} :: weekly papers
Wochenendausflügler {m, pl}: የጉድ ቅዳሜ ሽርሽር: weekender, weekenders
Wochenende {n}: እጉድ ቅዳሜ: weekend, week-end
Wochenenden {pl} :: weekends
wochenlang: ሳምንት ሙሉ: lasting several weeks
Wochenlohn {m}: የሳምንት ክፍያ/ ደመወዝ: weekly pay
Wochenlöhne {pl} :: weekly pays
Wochenmarkt {m}: ሳምንታዊ ገብያ: weekly market
Wochenmitte {f}: በሳምንቱ መካከል: midweek
Wochenschau {f}: የሳምንት ወሬ/ ዜና: newsreel
Wochentag {m}: የሳምንቱ ቀን: weekday
Wochentage {pl} :: weekdays
wöchentlich: በሳምንት በሳምንት: be the week, weekly
Wochenzeitung/en {f/pl}: ሳምንታዊ ጋዜጣ: weeklies
Wöchnerin {f}: ፏሪ: woman in childbed

Wöchnerinnen {pl} :: women in childbed
Wodka {m}: ያረቄ ዓይነት: vodka
Wodkas {pl} :: vodkas
wodurch, wobei: በሄትም/ በዚያውም: by what, whereby
Woge {f}: ዶጋን: billow
wogegen: ባንፃሩ፣ በተቃራኒ: against what
Wogen {pl} :: welters, welter
wogen: ደገነ፣ አኅበጠ: surge, undulate
wogend: ዶጋኝ/ ደግና: billowing, billowy, surging, undulating
woher: ከወደሄት፣ከሄት: from where, whence
wohin: ወደሄት: whereto, whither
wohingegen: ወደሄት አንፃር: whereas
wohl, zwar, gesund, nun!: እኮ፣ እና፣ እርግጥ፣ ከሆነ፣ በጄ፣ አሰፉ: well, be sure
wohlbedacht: በሚገባ የታሰበ: well considered
Wohlbefinden {n}: ደኅንነት፣ ጤንነት: well being
Wohlbehagen {n}: መልካም ስሜት: comfortable feeling, complacency
wohlbehalten: በሰላም፣ በጤና: healthy
wohlerzogen: ተቀጥቶ ያደገ: well behaved
Wohlfahrtspflege {f}: ጥሩ/ ደግ ሥራ/ ተግባር: welfare work
Wohlfahrtsstaat {m}: ለጋሽ ሀገር: welfare state
Wohlfahrtsstaaten {pl} :: welfare states
wohlgeformt: በሚገባ የተሠራ: shapelily, shapely
Wohlgeformtheit {f}: ተገቢ ሥራ: shapeliness
Wohlgefühl {n}: ጥሩ ስሜት: sense of being
wohlgemerkt: በሚገባ ታሳቢ/ ታስቦ: mind you
wohlgenährt: በሚገባ ተቀላቢ/ ተቀልቦ: well fed
Wohlgeruch {m}: መልካም ሽታ: fragrancy, redolency
Wohlgerüche {pl}:: flavours
Wohlgeschmack {m}: ጣፋጭነት: savoriness, pleasant taste, flavour
wohlgesittet: በተገቢው ያደገ፣ የተቀጣ: well mannered
wohlgestaltet: በሚገባ የተከናወነ: well shaped
wohlgetan: በሚገባ የተሠራ: done good
wohlhabend: ኃብታም: affluent, richly, wealthy, affluently
Wohlklang {m}: ጥሩ ቃና/ ድምጽ: euphony, melodiousness
Wohlklänge {pl} :: euphonies
wohlklingend: ጠሩ ቃና አሰሚ: dulcet, euphonious, euphoniously, melodiously
Wohllaut {m}: መልካም ቃና: melodious sound
Wohlleben {n}: መልካም ኑሮ: good living, luxuriousness
Wohlstand {m}, Reichtum: ኃብት፣ ክብረት: wealth
Wohlstandsgesellschaft {f}: የበለፀገ ኅብረተ ሰብእ: affluent society
Wohlstandsgesellschaften {pl} :: affluent societies
Wohltat {f}: ችሮታ፣ ልገሳ: benefaction, benefit, boon, good deed
Wohltaten {pl} :: good deeds, benefactions
Wohltäter {m, pl}: ለጋስ፣ ቻሪ: benefactor, benefactions
wohltätig: ልገሳዊ፣ ችሮታዊ: beneficent, charitable, charitably, beneficently
Wohltätigkeit {f}: ችሮታ፣ ለጋስነት: beneficence
Wohltätigkeiten {pl} :: charities
Wohltätigkeitsbasar {m}: የችሮታ ትሪት: charity bazaar
Wohltätigkeitsveranstaltung {f}: የችሮታ ፌስት: charity performance
Wohltätigkeitsverein {m}: የችሮታ ቡድን: charitable society
Wohltätigkeitsvereine {pl} :: charitable societies
Wohltun {n}: ጥሩ መሥራት፣ መቸር: do good
wohltuend: ጥሩ ሠሪ/ አድርጎ: beneficially
wohlüberlegt: በማወቅ፣ አስቦ: deliberately
wohlverdient: ተገቢውን አግኚ/ አግኝቶ: well deserved
wohlverstanden: በሚገባ ተረጂ/ ተረድቶ: well understood
Wohlwollen {n}: ፈቃደኝነት: goodwill, benevolence
wohlwollend: በፈቃድ: benevolent, benevolently
Wohnbezirk {m}: መኖሪያ አካባቢ: residential district, residental
Wohnblock {m}: የመኖሪያ ግንብ: block of flats
Wohnblöcke {pl} :: blocks of flats
Wohneinheit {f}: የኗሪ ቁጥር: accommodation unit
wohnen, leben: ኖረ፣ ተቀመጠ: dwell, to stay with, to live
wohnend: ኗሪ/ ኑሮ: housing, rooming
Wohngebäude {n}: የመኖሪያ ሕንፃ: dwelling house
Wohngelegenheit {f}: የመኖሪያ አማራጭ: acommodation, tenements
Wohnhaus {n}: መኖሪያ ቤት: residential house, tenement
Wohnort {m}, Wohnsitz, Aufenthalt: ሰፈር፣ መኗሪያ: place of residence, residence
Wohnraum {m}: ተቤት ስፋት: housing space
Wohnsitz {m}: መኗሪያ፣ መቀመጫ: domicile
Wohnstube {f}: መኖሪያ ክፍል: sitting room
Wohnstuben {pl} :: sitting rooms
Wohnung {f}: ቤት፣ መኗሪያ: dwelling, flat, habitation, tenement
Wohnungen {pl} :: apartments, habitations, tenements
Wohnungsamt {n}: የከተማ/ ኪራይ ቤቶች አስተዳዳሪ: housing office
Wohnungsbau {m}: የቤት ሥራ: house building
Wohnungsmangel {m}: የመኗሪያ እጥረት: housing shortage

Wohnungsnot {f}: የመኖሪያ እጥረት: housing shortage
Wohnungssuche {f}: የቤት ፍለጋ: house hunting
Wohnungswechsel {m, pl}: የቤት ቅያሬ: change of residence, changes of the
Wohnviertel {n}: መኖሪያ አካባቢ: residential quarter, residential
wohnviertel: መኖሪያዊ: residential
Wohnwagen {m, pl}: በለመኖሪያ መኪና: caravan, caravans
Wohnzimmer {n, pl}: መኖሪያ ክፍል: living room, parlor, parlors, parlour, parlours, sitting-room
wo immer: ሂትም ቢሆን: whereever
wölbend: ደጋን ሠሪ/ ሠርቶ፣ ደገና: arching, arcing, cambering, vaulting, arching
Wölbung {f}: ደጋን: cove, oncavity, bulge
Wölbungen {pl} :: archings, concavities, coves
Wolf {m}: ተኩላ: wolf (pl. wolves)
Wölfe {pl}: ተኩላ: wolves
wölfisch: ተኩላዊ: wolfish, wolfishly
Wolfshund {m}: ተኩላ መሰል ውሻ: alsatian dog
Wolfsmilch {f}: የተኩላ ወተት: spurge
Wolke {f}, Schatten: ደመና: cloud
Wolken {pl} :: clouds
Wolkenbruch {m}: መደመን: cloudburst
wolkenbruchartig: ደመናማዊ: torrential, torrentially
Wolkendecke {f}: የደመና ልባስ: cloud cover
Wolkenhimmel {m}: ደመናማ ሰማይ: clouded sky
wolkenlos: ደመናአልባ: cloudless, clouldless
Wolkenschicht {f}: የደመና ድርብራብ: cloud layer
wolkig: ደመናማ: cloudily, cloudy
Wolle {f, pl}: ጥጥ፣ ማቅ: wool, wools
wollen: ፈለገ፣ ወደደ: will
wollend: ፈላጊ/ ፈልጎ: intending, willing, wishing
wollig: ጥጣማ: fleecily, fleecy, woolenly, woollen, woollenly, woolly, wooly
Wolligkeit {f}: ጥጣማነት: woolliness
Wolljacke {f}: የጥጥ ጃኬት: cardigan
Wolljacken {pl} :: cardigans
Wollspinnerei {f}: ጥጥ ፈተላ: wool spinning mill
Wollspinnereien {pl} :: wool spinning mills
Wollstoff {m}: የጥጥ ፈትል: woolen, woollen material
Wollstoffe {pl} :: woollen materials
Wollust {f}: ፍላጎት፣ ምኞት: lust, salaciousness, voluptuousness
wollüstig: ፍላጎተኛ፣ ፍላጎታም: lecherous, lecherously, salacious, lustfully, salaciously, voluptuously, voluptuous
Wollüstling {m}: ፍላጎተኝነት: voluptuary
Wollüstlinge {pl} :: voluptuaries
womit: በምን፣ በምኑ: wherewith, with what
womöglich: በተቻለው፣ በሚቻለው: if possible
wonach, worauf: በዚያ ላይ: whereupon
Wonne {f}: እርካታ፣ ደስታ: blissfulness
Wonnen {pl} :: blissfulnesses, delights
woran: በዚያው፣ በዚያ ላይ: whereof, whereon
woraus: ከምን: what from
worin: በምን: in what, wherein
Wort {n}: ቃል: vocable, word, mot
Wortakzent {m}: የቃላት ይዘት: word accent
Wortakzente {pl} :: word accents
wortarm: ቃላትአልባ: poor in words
Wortarmut {f}: የቃላት ድኅነት: poverty of words
Wortart {f}: የቃላት ዓይነት: part of speech
Wortarten {pl}:: verbosity
Wortbedeutungslehre {f}: የቃላት አተረጓጎም ትምህርት: semantics formation
Wortbildung {f}: ቃላት አፈጣጠር: word formation
Wortbildungen {pl} :: word formations
Worte {pl}, Wörter :ቃላት: words
Wörter {pl}: ቃላት: lexical, mots, words
Wörterbuch {n}: መዝገበ ቃላት: dictionary, wordbook, glossary
Wörterbücher {pl} :: glossaries, wordbooks, dictionaries
Wörtersammlung {f}, Wörterbuch: መድበለ ቃላት: thesauros, Dictionary
Wörtersammlungen {pl}, Wörterbücher: መድበለ ቃላት: thesauri
Wörterverzeichnis {n}: የቃላት ሊስት: list of words
Wörterverzeichnisse {pl} :: vocabularies
Wortfolge {f}: የቃላት ቅደም ተከተል: word order
Wortfolgen {pl} :: word orders
Wortfülle {f}: የቃላት ምንጭ: abundance of words
Wortklasse {f}: የቃላት ደረጃ: word class
Wortklassen {pl} :: word classes
Wortkundler {m}: የሰዋሰው ምሁር: verbalist, verbalists
Wortlänge {f}: የቃላት ርዝማኔ: word size word length
Wortlaut {m}: የቃላት ቃና: wording
Wortlaute {pl} :: wordings
wörtlich, mündlich: ቃል በቃል: verbal, verbally, verbatim, textual, literally
wortlos: ቃላትአልባ: wordless, wordlessly
wortreich: ባለብዙ ቃላት: verbose, verbosely, wordily, wordy, verbosely
Wortreichtum {m}: የቃላት ክብረት: wordiness
Wortreichtümer {pl} :: wordinesses
Wortschatz {m}: መድበለ ቃላት: thesaurus
Wortschätze {pl} :: vocabularies
Wortsinn {m}: የቃሉ ትርጉም: literal sense
Wortspiel {n}: የቃላት ጨዋታ: pun, wordplay, play of words
Wortspiele {pl} :: puns

Wortspielmacher {m, pl}: በቃላት ተጫዋች: punster
Wortstamm {m}: የቃሉ ምንጭ: radical
Wortstämme {pl} :: radicals
Wortumbruch {m}: የቃላት ማጠር: wordwrap
worüber denkst du nach?: ስለምኑ ታስበለህ?: what are you thinking about?
worüber: ስለምን፤ ስለዚያ: what about, whereat
wovor: ከምኑ: what of
wozu ist es gut?: ለምን ይጠቅማል?: what's the use of it?
wozu: ለምን፤ ስለምን: what for, wherefore
Wrack {n}: የተሰበረ መርከብ: wreck
Wracks {pl} :: wrecks
wringen: ደወለ፤ አቃጨለ: wring
wringend: ደዋይ/ ደውሎ: mangling, wringing
Wringmaschine {f}: መደወያ ማሽን: wringer
Wringmaschinen {pl} :: wringers
Wucher {m, pl}: ማጭበርበር፤ መወራረር: usury, usuries
wucherisch: አጭበርባሪ: hawkish, hawkishly, usuriously, usuriousnesses
wund, weh: እበጥ፤ እብጥ: sore
Wundbrand {m}: የቃጠከ ቁስል: gangrene
Wundbrände {pl} :: gangrenes, gangrenes wonder, wonderfully, marvelously, terrifically
Wunde {f}: ቁስል: wound, lesion
Wunden {pl}:: wounds
Wunder {n, pl}: ታምር፤ ዕፁብ ድንቅ: marvel, miracle, miracles, wonder, wonders, marvels
wunderbar: አስገራሚ፤ ቆንጆ፤ ሸጋ: marvellous, marvellously, marvelous, miraculous, miraculously, prodigious, wonderful, wonderfull, miraculous, marvellously, miraculously, prodigiously
Wunderbild {n}: ታምራዊ ስእል: miraculous image
Wunderding {n}: ታምረኛ: marvel
Wunderdoktor {m}: ታምራዊ ዶክተር: quack
Wunderdroge {f}: ታምራዊ መድኃኒት: miracle drug
Wunderglaube {m}: በታምር ማመን: belief in miracles
Wunderkind {n}: ታምራዊ ሕፃን: prodigy, infant prodigy
Wunderkinder {pl} :: prodigies, infant prodigies
Wunderknabe {m}: ታምረኛ ሕፃን: boy wonder
Wunderkur {f}: ታምራዊ ሙሐት: miraculous cure
Wunderland {n}: የታምር ሀገር: wonderland
Wunderländer {pl} :: wonderlands
wunderlich: ታምራዊ፤ ታሪካዊ: fantastical, whimsical, whimsically, quaint, quaintly, whimsicality, quainter
Wunderlichkeit {f}: ታምራዊነት: fantasticalness, queerness
Wundermittel {n, pl}: ጥሩ መድኃኒት: panaceas
Wundertat {f}, Wunder: ታምር፤ ትንግርት: miracle
Wundertäter {m, pl}: ታምር ሠሪ: wonder worker
Wundertäterin/nen {f/pl}: ታምር ሠሪ: wonder workers
wundervoll: በጣም ጥሩ፤ አበጀ፤ ይበል: Wonderful
wundervoll: በጥሩ ሁኔታ: wonderful, wonderfully
Wunderzeichen {n}: ታምራዊ ምልክት: miraculous sign
Wundfieber {n, pl}: የቁስል ስሜት/ ሕመም: traumatic fever, traumatic fevers
Wunsch (nach) {m}, Verlangen (nach): መልካም ምኞት/ ፍላጎት: desire (for), wish
Wunschbild {n}: የምኞት ስእል: ideal
Wünsche {pl}: ምኞት: wishes
Wunschbilder {pl}: የምኞት ስእል: ideals
Wunschdenken {n}: ምኞታዊ ሐሳብ: wishful thinking
wünschen, wollen: ተመኘ፤ ምኞቱን ገለጸ: desire, to wish, want
wünschend: ተመኝ/ ተመኝቶ: desiring, wanting, wishing
wünschenswert: መሆን ያለበት፤ ተፈላጊ: desirable, desirably
wunschgemäß: በተፈለገው መሠረት: as requested
Wunschkonzert {n}: የሙዚቃ ፌስት: musical request programme
wunschlos: ፍላጎት-/ ምኞትአልባ: perfectly happy, undesireable
Wunschtraum {m}: ዋና ምኞት: great dream
Wunschzettel {m}: የምኞት ዝርዝር: list of wishes
Würde {f}: ክብር: portliness, laureateship, dignity
wurde: ሆነ፤ ተፈጸመ፤ ተከናወነ: became
wurde: ሆነ፤ ኖረ፤ ነበረ: were, was
würdelos: ክብርአልባ: undignified, undignifiedly
Würdenträger {m, pl}: ባለማዕረግ: dignitaries, high official, dignitary
würdevoll: ባለማዕረግ: dignified, portly
würdig: ማዕረጋዊ: dignifiedly, worthily, worthy
würdigen: ሸለመ፤ ማዕረግ ሰጠ: appreciate
Würdigung {f}, Aufwertung, Wertsteigerung: ሽልማት: appreciation
Wurf {m}: ውርውሪያ፤ውርውራ: throw, cast
Würfel {m}: አሎሎ: cube, cubes, dice
würfelförmig: አሎለ: መሰል: cube formed, cubical, cubically
würfeln: የብይ ጭዋታ ተጫወተ: dice
Würfelspiel {n}: የብይ ጨዋታ: game of dice, craps
Würfelspiele {pl} :: games of dice
Würfelspieler {m}: ብይ ተጫዋች: dicer

Wurfkreis {m}: ማሽከርከር: throwing circle
Wurfkreise {pl} :: throwing circles
würgen: አነቀ፣ ቸነከረ: choke, retch
würgend: አናቂ/ አንቆ: choking, retching
Würger {m, pl}: አናቂ: strangler, shrike, shrikes, stranglers, worms
Wurm {m}: ትል፣ ወስፋት: worm
wurmartig: ትል መሰል: vermicular, vermicularly, vermiform
wurmig: ትላማ/ ም: wormy
wurmkrank: የትል በሽታ ያለበት: suffering from worms
Wurmloch {n}: የትል ቀዳዳ: wormhole
Wurmlöcher {pl} :: wormholes
Wurmmittel {n, pl}: የትል መድኃኒት: vermifuge, vermifuges
Wurst {f}: የቋንጣ ሥጋ: sausage
Würze {f}: ቅማሜ፣ ማጣፊጥ: seasoning, condiment
Wurzel {f}: ስር፣ ዘር፣ ምክንያት: root
Wurzelbehandlung {f}: የጥርስ ነርቭ ሕክምና: root treatment
wurzellos: ስርአልባ: rootless
Wurzellosigkeit {f}: ስርአልባነት: rootlessness
wurzeln: ስር ሰደደ/ አበቀለ: to root
Wurzelwort {n}: የቃል ዘር: radical word
würzen: አጣፈጠ፣ ቀመመ: to season
würzend: ቀማሚ/ ቀምሞ: macing, spicing
würzig: ቅመማም/ ማ: fruity, spicy, spicily
Würzigkeit {f}: ቅምምነት: spiciness
wüst, öde, unbrauchbar: ባዶ፣ ወና: desolately, waste
Wüste {f}, Öde: በረሀ: desert
Wüsten {pl}:: deserts
Wut {f}: ቁጣ፣ ንዴት: furiousness, irateness, rabidness, rage, wrath, angriness
Wutanfall {m}: በቁጣ/ ንዴት መሞላት: fit of range, franticness, paddy
Wutanfälle {pl} :: fits of rage, franticnesses, paddies
Wutausbruch {m}: አዳገኛ ንዴት/ ቁጣ: outburst of fury

X

Xanthippe {f}: የውሸት ሴት፣ ወንጃገረድ: shrew

Xanthippen {pl} :: shrews

x-beliebig: የፈለገው: the first that comes along

Xenon {n}: የጋዝ ንጥረ ነገር: xenon

Xerographie {f}, Vervielfältigungstechnik: የኤሌክትሮኒክ ማባዣ: xerography, xerographic

x-mal, zig-mal: መቶ/ ብዙ ጊዜ: hundred of times, umpteen times

Xylophon {n}, Xylophons: የሙዚቃ መሣሪያ: xylophone

Xylophone {pl} :: xylophones

Y

Yacht {f}: የቅብጠት ዕቃ: yacht

Yen {m}: የጃፓን ገንዘብ: yens

young: ወጣት: jung

Z

Zacke {f}: የሚሰካ ጌጥ: cusps, prong

Zacken {pl} :: jags, prongs

zackig: ጌጣማ: jagged, snappish, pronged, jaggedly, snappishly

Zackigkeit {f}: ጌጣማነት: snappishness

Zaghaftigkeit {f}: ቁንጅና: cravenness

zäh, hartnäckig, schwierig: የለምለም/ ልስልስ ጠንካራ፣ ከባድ፣አስቸጋሪ: stringily, stringy, tenacious, tenaciously, tough

zähflüssig: ደለል፣ ድፍድፍ: gooey, viscous, viscously

Zähflüssigkeit {f}: ደላልነት: viscosity

Zahl {f}: ቁጥር: digit, figure

Zahlen {pl} :: numbers

zahlbar: ተከፋይ/ መከፈል የሚቻል: defrayable, payable, payably

zählbar: ተቆጣሪ: countable, numerable

Zahlbarkeit {f}: ተከፋይነት: payability

zählen, rechnen (mit): ቆጠረ፣ አሰላ፣ ተቆጣጠረ: checkoff, to count (on)

zählend: ቆጣሪ/ ቆጥሮ: counting

zahlen: ከፈለ: to pay

Zahlenbeispiel {n}: የቁጥር ምሳሌ: numerical example

Zahlendarstellung {f}: ቁጥራዊ አገላለጽ: number representation

Zahlenfolge {f}: የቁጠር ቅደም ተከተል: numerical order

Zahlenkombinationsschloß {n}: በኮድ ተቆላፊ ቁልፍ: permutation lock

zahlenmässig: በቁጥሩ መሠረት: numerically

Zahlenreihe {f}: የቁጠር ድርድር: numerical series

Zahlenschlüssel {m}: የቁጥር ቁልፍ: coding scheme

Zahlensystem {n}: የቁጠር ሲስተም: numbering system, numerative, numerative system

Zahlenverhältnis {n}: የቁጥር መጠን: numerical proportion

Zahlenwert {m}: ቁጥራዊ ዋጋ: numerical value

Zähler {m, pl}: ቆጣሪ፣ መቁጠሪያ: counter, enumerator, tally, numerator, counters, enumerators

zahllos: ቁጥርአልባ: countless, countlessly, numberless

Zahlmeister {m, pl}: ቶለ: ከፋይ: paymaster, purser

zahlreich: ባለብዙ ቁጥር: multitudinous, numerous, multitudinously, numerously

Zahlstelle {f}: የቁጠር ቦታ: appointed paying agent

Zahltag {m}: ደመወዝ መቀበያ ቀን: payday

Zahlung {f}: መክፈል፣ ክፍያ: capitation, defrayal, donation, count

Zahlungen {pl} :: capitations, payments

Zahlungsabkommen {n}: የክፍያ ውል: payments agreement

Zahlungsanweisung {f}: የክፍያ ትእዛዝ: order to pay

Zahlungsaufforderung {f}: የክፍያ ጥያቄ : request for payment

Zahlungsauftrag {m}: የክፍያ ተግባር: payment order

Zahlungsbedingung/en {f/pl}: የክፍያ ቅድመ ሁኔታ: terms of payment

Zahlungsbefehl {m}: የክፍያ ትእዛዝ: default summons

Zahlungsbetrag {m}: የክፍያ መጠን: amount for payment

Zahlungsbilanz {f}: የክፍያ መጠን: balance of payment

Zahlungsbilanzen {pl} :: balances of payment

Zahlungseinstellung {f}: የክፍያ ማቆም: suspension of payment

Zahlungseinstellungen {pl} :: suspensions of payment

Zahlungsempfänger {m}: የክፍያ ተቀባይ: payee
Zahlungserleichterung {f}: ቀላል አከፋፈል: deferred terms available
zahlungsfähig: መክፈል የሚችል: solvent
Zahlungsfähigkeit {f}, Zahlungspotential: የመክፈል ችሎታ: ability to pay, solvency
Zahlungsfrist {f}: የክፍያ ገደብ: term of payment
zahlungskräftig: መክፈል የሚችል: financially strong
Zahlungsort {m}: የመክፈያ ቦታ: place of payment
Zahlungsplan {m}: የክፍያ መርሀ ግብር: instalment plan
Zahlungstermin {m}: የክፍያ ቀጠሮ: date of payment
Zahlungstermine {pl} :: dates of payment
zahlungsunfähig: መክፈል የተሳነው: insolvent, insolvently
Zahlungsunfähigkeit {f}: ዕዳ መግባት: insolvency
Zahlungsunfähigkeiten {pl} :: insolvencies
Zahlungsversprechen {n}: የክፍያ ቃል ኪዳን: promise to pay
Zahlungsverzug {m}: ቅድሚያ ክፍያ: default of payment
Zahlungsweise {f}: ያከፋፈል ሁኔታ: mode of payment
Zahlungsweisen {pl} :: modes of payment
Zahlzeichen {n}, Ziffer: የቁጥር ምልክት: numeral
zahm: ለማዳ፤ ሰው የለመደ: tame, tamely
zähmbar: ተቆጣሪ: tamable
zähmen: አለመደ፤ አለማመደ: domesticate, tame
zähmend: አለማማጅ/ አለማምዶ: domesticating, taming
Zähmung {f}: ማለማመድ: domestication
Zahn {m}: ጥርስ: tooth, periodontal
Zähne {pl}: ጥርስ: teeth, sprockets
Zahnarzt {m}: የጥርስ ሐኪም: dentist
Zahnarztbehandlung {f}: የጥርስ ሕክምና: dental treatment
Zahnarztbehandlungen {pl} :: dental treatments
zahnärztlich: የጥርስ ሕክምናዊ: dental
Zahnbürste {f}: የጥርስ ቡርሽ: toothbrush, tooth-brush
Zahnbürsten {pl} :: toothbrushes
zahnen: ጥርስ አወጣ/ አበቀለ: teethe
zahnend: ጥርስ አውጭ/ አውጥቶ: teething
Zahnheilkunde {f}: የጥርስ ሕክምና ትምህርት: dentistry
zahnlos: ጥርስአልባ: toothless, toothlessly
Zahnpaste {f}: የጥርስ ማጠቢያ ሳሙና: toothpaste, dentifrice
Zahnpasten {pl} :: dentifrices, toothpastes
Zahnpflege {f}: የጥርስ እንክብካቤ: dental care
Zahnrad {n}: ማዞሪያ ሰንሰለት: cogwheel, gear wheel, gearwheel, rack-wheel, toothed wheel, cog-wheel, gear
Zahnräder {pl} :: gear wheels
Zahnschmelz {m}: የጥርስ ቀዳዳ መድፈኛ: dental enamel
Zahnschmerz {m}: ጥርስ ቁርጥማት: toothache
Zahnschmerzen {pl} :: toothaches
Zahnstange {f}: የሰንሰለት/ ጥርስ ማሽከርከሪያ: rack, gear rack
Zahntechniker {m, pl}: የጥርስ ቴ ክኒሺያን: orthodontists, dental technician, dental technicians
Zahnweh {n}: የጥርስ ቁርጥማት: toothache
Zange {f}: ጉጠት: forceps
Zangen {pl} :: tongs, pliers
Zank {m}: የቃላት ልውውጥ፤ ጭቅጭቅ: altercation
zanken: ሰደበ፤ ዘለፈ: bicker, quarrel, scold, squabble
zankend: ተሳዳቢ/ ተሳድቦ: bickering, brawling, quarreling, scolding, squabbling
Zänker {m, pl}: ጠጉር ሰንጣሪ፤ ኃሜተኛ: brawler, haggler, quarreler, wranglers, brawlers
zänkisch: ፊዘኛዊ: cantankerous, cantankerously, quarrelsome, quarrelsomely, vixenish, vixenishly
zanksüchtig: የጭቅጭቅ ሱሰኛ፤ ጨቅጫቃ: termagant, termagantly
Zankteufel {m, pl}: የስድብ ሱሰኛ፤ ተሳዳቢ: virago, viragos, termagant
Zäpfchen {n, pl}: ትንሽ ግጣም/ ውታፍ: suppositories, uvula, uvulas, suppository
Zapfen {m, pl}: ግጣም፤ ውታፍ: pin, spigot, spigots, tenon, trunnion, trunnions, gudgeon, tenons
zappeln: ተቅበጠበጠ፤ ቀልብ አጣ፤ ወዲያ ወዲህ አለ፤ ሆን ብለ: አስጠበቀ: flounce, flounder
Zar {m}: የራሽያ ነገሥታት መጠሪያ: tzar, tsar
Zare {pl} :: tzars, tsars
zart, weich: ለስላሳ፤ ጮርቃ፤ ተሰባሪ: delicate, tender, tenderly
Zartheit {f}: ለስላሳነት: delicateness
zärtlich-: እርካታዊ፤ እርኪ፤ ተወዳጅ: endearing, fond, fondly, tenderly, endearingly
Zärtlichkeit {f}: እርኪነት: affectionateness, endearment, fondness, tenderness
Zärtlichkeiten {pl} :: fondnesses, tendernesses
Zauber {m}: የዛር እምነት: spell
Zauberei {f}: ጥንቆላ፤ ማጭበርበር፤ አምልኮ ባዕድ: bewitchment, necromancy, sorcery
Zaubereien {pl} :: bewitchments, necromancies
Zauberer {m, pl}: ጠንቋይ: captivator, conjurer, enchanter, magician, magicians, sorcerer, sorcerers, warlock, wizard, wizards, conjuror, enchanters, sorcerers, warlocks, wizards

zauberhaft: አስገራሚ፣ አስደናቂ: glamorous, glamorously

Zauberin {f}: ጠንቋይ: fairy, sorceress, enchantress

Zauberinnen {pl} :: fairies, sorceresses, enchantresses

zauberisch: ጥንቆላዊ: magical

Zaubertrank {m}: የሟርት/ አምልኮ መጠጥ: philter, potion, magic-potion

Zaubertrick {m}: የምታት ተግባር: legerdemain

Zauderer {m}: ዳተኛ፣ወላዋይ፣ ምክንያተቢስ: procrastinator

zaudern: ዳዳ፣ ወላወለ: dilatoriness

Zaum {m}: ልጓም: bridle

Zaun {m}, Hindernis: አጥር፣ መሰናክል: fence

Zaunkönig {m}: የወፍ ዓይነት/ ድንቢጥ: wren

Zaunkönige {pl} :: wrens

zausen: አነቃነቀ፣ አወዛወዘ: tousle

Zebra {n}: የሜዳ አህያ: zebra

Zebrastreifen {m}: የእግር ማቋረጫ መንገድ: zebra crossing

Zebu {n}: ፍየል: zebu

Zebus {pl} :: zebus

zechen: ብዙ ጠጣ፣ ሲጠጣ አደረ: carouse, quaff, tipple

zechend: ጠጭ/ ጠጥቶ: carousing, quaffing, tippling

Zecher {m, pl}: ሰካራም: reveler, toper, topers

Zeder {f}: የዛፍ ዓይነት: cedar

Zehe {f}: የሽንኩርት ስር፣ የግር ጫፍ ጥፍር: toe

Zehen {pl} :: toes

Zehennagel {m}: የግር ጥፍር: toenail

Zehennägel {pl} :: toenails

Zehenspitze {f}: የጥፍር ጫፍ: point of the toe

zehn: አሥር: ten, tens

Zehneck {n}: ባላሥር ጎን: decagon

zehnfach: አሥር ጊዜ: tenfold

Zehnfingersystem {n}: ባላሥር ጣት ሲስተም: touch system

Zehnkampf {m}: ባላሥር ዓይነት የእስፖርት ውድድር: decathlon

zehnte: አሥረኛ: tenth, tenths

zehntel: አሥርዮሽ: tenth part

zehntens: አሥረኛ: tenthly

zehnter: አሥረኛ: tenth

zeiadrig: ድግፍ፣ የተደገፈ: bifilar

Zeichen {n, pl}, Symbol: ምልክት፣ ምስል፣ ጠባይ፣ ቃና፣ ድምጽ: char, character, characters, chars, icon, sign, signal, symbol, figure

Zeichendichte {f}: የምስሉ ብዛት፣ ቅርበት: packing density, character density

Zeichenerkennung {f}: ምልክት መለየት: recognition, signs and symbols

Zeichenfolge {f}: የምልክት ቅደም ተከተል: character string

Zeichenform {f}: የምልክት ቅርጽ: character shape

Zeichengeber {m}: ምልክት ሰጭ: teleseme

Zeichenlehrer {m, pl}: ስእል አስተማሪ: art master, art masters

Zeichenmaschine {f}: የንድፍ ማሽን: drafting machine

Zeichenpapier {n}: የስእል ወረቀት: drawing paper

Zeichensätze {pl}: የጽሑፍ ምልክቶች: fonts

Zeichensetzung {f}: ማመልከት፣ ምልክት መስጠት: punctuation

Zeichensprache {f}: የምልክት ቋንቋ: sign language

Zeichensprachen {pl} :: sign languages

Zeichentaste {f}: የፋይል ቁልፍ: data key

zeichenweise: ፊደል በፊደል፣ መልክት በምልክት: character by character

Zeichenwinkel {m, pl}: የምልክት ማዕዘን: set square

Zeichenzeile {f}: መስመር: row

Zeichenzeilen {pl} :: lines

zeichnen: ሳለ፣ ነደፈ፣ ንድፍ አወጣ: chart, draw

zeichnend: ነዳፊ/ ነድፎ: penciling, plotting

Zeichner {m, pl}: ንድፈኛ፣ ሰአሊ: draftsmen, draughtsman, drawer, drawers

Zeichnerin {f}: ንድፈኛ፣ ሰአሊ: draughtswoman

Zeichnung {f}: ንድፍ፣ ስእል: drawing, painting

Zeichnungen {pl} :: drawings

Zeichnungsformular {n}: የንድፍ ቅጽ/ መመሪያ: application blank

Zeigefinger {m, pl}: ሌባጣት: forefinger, forefingers

zeigen, hinweisen: አሳየ፣ ጠቆመ: to show, to point at, to point to, indicate

zeigend: አሳይ/ አሳይቶ: displaying, evincing, showing

Zeiger {m, pl}: ጠቋሚ፣ መጠቆሚያ: locator, pointer, pointers

Zeile {f}, Linie: መስመር: line

Zeilen {pl} :: lines

Zeilenabstand {m}: በመስመር መካከል ያለው ርቀት: line pitch

Zeilenhöhe {f}: የመስመር ከፍታ: line height

Zeilenlänge {f}: የመስመር ርዝማኔ: line length

Zeilennummer {f}: የመስመር ቁጥር: lineno

Zeilensprung {m}: የመስመር ዝላያ: horizontal skip, line skip

Zeilenvorschub {m}: ኀዳግ፣ ኀላፍ: linefeed, line feed

Zeilenvorschübe {pl} :: linefeeds

Zeilenvorschubzeichen {n}: ያዲስ መስመር መጀመሪያ: new-line character

zeilenweise: መስመር በመስመር: line-by-line

Zeit {f}: ጊዜ፣ ወቅት፣ ሰዓት፣ ዘመን: time, hours

Zeiten {pl} :: times, tenses

zeitabhängig: ወቅታዊ: time-dependend, time-dependent

Zeitalter {n}: እድሜ: age

Zeitanteil {m}: የጊዜ ክፍል: time slice

Zeitaufnahme {f}: ጊዜ መቆጣጠሪያ: timing

Zeitbedarf {m}: ተፈላጊ ጊዜ: time need

Zeitbemessung {f}: የጊዜ ምርጫ: time selection
Zeitbombe {f}: አጣዳፊ ሰዓት፤ በሰዓት ፈንጅ ቦምብ: time bomb
Zeitbomben {pl} :: time bombs
Zeiteinteilung/en {f/pl}: የጊዜ ክፍፍል: timings
Zeitersparnis {f}: ጊዜ መቆጠብ: time saving
Zeitgeber {m, pl}: ጊዜ ሰጭ: time emitter, timer
zeitgemäß: እንደወቅቱ/ ጊዜው/ ሰዓቱ: seasonable, seasonably
Zeitglied {n}: የጊዜ አካል: timing element
Zeitkontrolle {f}: ሰዓት መቆጣጠሪያ: countdown
zeitlich: በሰዓት፤ ጊዜያዊ: seasonal, temporal, temporale, temporally, time, temporally
zeitlos: ጊዜአልባ: ageless, timeless, agelessly, timelessly
Zeitlosigkeit {f}: ጊዜአልባነት: timelessness
Zeitmesser {m, pl}: ሰዓት መለኪያ: chronometer, timekeeper, timer, timekeepers, timers
Zeitmeßgerät {n}: ሰዓት/ ጊዜ መቆጣጠሪያ መሣሪያ: horologe
Zeitmessung {f}: የጊዜ/ እድሜ መለኪያ: chronometry, horology
Zeitmessungen {pl} :: chronometries
Zeitraffer {m, pl}: ፈጣን እንቅስቃሴ: fast motion, quick-motion apparatus, time lapse, time lapse camera, time lapse cameras
zeitraubend: ሰዓት ወሳጅ/ በሊታ: time-consuming, time consuming
Zeitraum {m}: ወቅት፤ ዘመን: space of time, period
Zeitschrift {f}: መጽሔት: magazine
Zeitschriften {pl} :: periodicals
Zeitspanne {f}: የጊዜ ርዝማኔ: while
zeitsparend: ጊዜ ቆጣቢ: time-saving, timesaving
Zeitsteuerung {f}: ጊዜ መቆጣጠሪያ: timing
Zeittafel {f}: የሰዓት ሰንጠረዥ: timetable
Zeitung {f}: ጋዜጣ: newspaper, paper, newspaper
Zeitungen {pl} :: bulletins, gazettes, journals, magazines, newsletters, newspapers
Zeitungsanzeige {f}: የጋዜጣ ማስታወቂያ: advertisment, notification
Zeitungsartikel {m}: የጋዜጣ አርቲክል: newspaper article
Zeitungshändler {m}: የጋዜጣ ነጋዴ: newsagent
Zeitungsjunge {m}: ጋዜጣ አከፋፋይ: newsboy
Zeitungskiosk {m}: የጋዜጣ ሱቅ: newsstand
Zeitungsmann {m}: ጋዜጣ አዟሪ: pressman
Zeitungspapier {n}: የጋዜጣ ወረቀት: newsprint
Zeitungsredakteur {m}: ጋዜጣ አዘጋጅ: newspaper editor
Zeitungssprache {f}: የጋዜጠኛ ቋንቋ: newspaper language
Zeitungsverkäufer {m, pl}, Journalist, Journalisten: ጋዜጣ ሻጭ፤ ጋዜጠኛ: newspaperman, newsman, newspapermen, newsmen
Zeitungsverkäuferin {f}: ጋዜጠኛ: newswoman
Zeitungsverkäuferinnen {pl} :: newswomen
Zeitungsverleger {m}: ጋዜጣ አሳታሚ: newspaper proprietor
Zeitungswissenschaft {f}: የጋዜጣ ሳይንስ: science of journalism
Zeitungswissenschaften {pl} :: sciences of journalism
Zeitverschwender {m}: ጊዜ አባካኝ: time-waster
Zeitverschwendung {f}: ጊዜ ማጥፋት: waste of time
Zeitvertreib {m}: ጊዜ ማሳለፊያ: pastimes, pastime
zeitweilig: አልፎ አልፎ፤ አንዳንዴ: sporadic, temporarily
Zeitweiligkeit {f}: ጊዜያዊነት: temporariness
zeitweise, hin und wieder: ከሰዓት ሰዓት: from time to time, at times
Zeitwort {n}: ግሥ: verb
Zeitzeichen {n}: የጊዜ/ ሰዓት ምልክት: time signal
Zeitzuschlagfaktor {m}: ተጨማሪ ሰዓት: allowance factor
Zelebrant {m}: ዋና ቄ ስ: celebrant
Zelle {f}: ትንሽ ክፍል፤ ሕዋስ: cubicle
Zellen {pl} :: cubicles, wards, cells
zellenförmig: ሕዋስ መሰል: cellular, cellularly
Zellkern {m}: ጽንሰ ሕዋስ: nucleus, cell nucleus
Zellkerne {pl} :: nuclei, nucleuses, cell nuclei
Zellstoff {m}: የሕዋስ ዘር: cellulose
Zellstoffe {pl} :: celluloses
Zelot {m}: ከ6-70 ዓ/ ምህረት ሮማውያንን ይዋጋ የነበረ ያይሁዶች ፓርቲ: zealot
Zeloten {pl} :: zealots
Zelotismus {m}: ያመጹ ተከታዮች/ ደጋፊዎች: zealotry
Zelt {n}: ድንኳን: tent, marquee
Zeltbewohner {m}: በድንኳን ኗሪ: camper
Zeltdach {n}: የድንኳን ጣሪያ: tent roof
Zeltdächer {pl} :: tent roofs
Zelte {pl} :: tents, marquees
zelten, lagern: ሰፈረ፤ ድንኳን ሠራ: to camp
Zeltlager {n, pl}: የድንኳን ሠፈራ: tent camp
Zeltlagern {pl} :: tent camps
Zeltplatz {m}: የድንኳን ቦታ: camping site, campsite, campground
Zeltplätze {pl} :: campsites
Zeltstange {f}: የድንኳን ምሰሶ: tent pole
Zeltstangen {pl} :: tent poles
Zement {m}: ስሚንቶ: cement
Zementierung {f}: ስሚንቶ ማልበስ: cementation
zensieren: ሳንሱር አደረገ: censoring

zensierend: ሳንሱር አድራጊ/ አድርጎ: censoring
zensiert: ሳንሱር ተደራጊ/ ተደርጎ: censored
Zensur {f}: ሳንሱር: censorship
Zensuren {pl} :: censorships
Zentaur {m}: ገጸ ሰብእ እንስሳ (በግሪኮች ንግርት): centaur
Zentigramm {n}: የክብደት መለኪያ: centigram
Zentimeter {m}: የርቀት መለኪያ: centimeter, centimetre
zentnerschwer: ከባድ: very heavy
zentral: ማዕከላዊ: central, pivotal, center, central, centrally, pivotally
Zentrale {f}: ማዕከል: central office
Zentraleinheit {f}: ዋና ማዕከል: central processing unit
Zentralheizung {f}: ማዕከላዊ ማሞቂያ: central heating
zentralisieren: ማዕከላዊ አደረገ: centralize
zentralisierend: ማእከላዊ አድራጊ/ አድርጎ: centralizing
zentralisiert: ማዕከላዊ ተደራጊ/ ተደርጎ: centralized
Zentralisierung {f}: ማዕከላዊነት: centralization
Zentralnervensystem {n}: ዕዝነ ሕሊና: central nervous system
zentrieren: ማዕከል አወጣ: center
zentrierend: ማዕከል አውጭ/ አውጥቶ: centering
zentriert: ማዕከል ኙ ኘ/ ሁኖ: centered
Zentrierung {f}: ማዕከል: centering
zentrifugal: ማዕከላዊ ስበት: centrifugal, centrifugally
zentrifugieren: በስበት ለየ: centrifugate
zentrisch: ማዕከላዊ: centric, centricly
Zentrum {n}, Mittelpunkt: ማዕከል፤ መሃል: centre
Zentren {pl}: ማዕከል: centres
Zephir {m}: ሞቃት ነፋስ: zephyr
Zeppelin {m}: በነፋስ የተሞላ ፕላስቲክ መርከብ: blimp
Zeppeline {pl} :: blimps
Zepter {n, pl}: የነገሥታት ኅራዴ: scepter, sceptre, sceptres, scepters
zerbrechen: ሰባበረ፤ ቀለጣጠመ: to break to pieces, rupture, to crack
zerbrechlich: ተሰባሪ: breakable, brittle, brittly, fragile, frail, frangible, fragilely
Zerbrechlichkeit {f}: ተሰባሪነት: fragility, frangibility
Zerbrechlichkeiten {pl} :: fragileness
Zerebellum {n}: ጭንቅላት፤ አእምሮ: cerebellum
zerebral: ጭንቅላታዊ፤ አእምሮአዊ: cerebral, cerebrally
Zeremonie/n {f, pl}: ፌስታ: ceremonies
Zeremoniell {n}: ወግ-ሕግ-ደንብ: ceremonially
zeremoniös: ፌስታዊ: ceremonious
zerfahren: ንዝሕላል፤ ፍዝ፤ ደካማ: absentminded
Zerfahrenheit {f}: ፍዝነት፤ ንዝሕላልነት: absentmindedness
zerfallen, zersetzen: ተከፋፈለ፤ ተበተነ: molder, moldered, moulder, mouldered, disintegrate
zerfallend: ተበታታኝ/ ተበታትኖ: moldering, mouldering
zerfetzen: ቀዳደደ፤ በጣጠሰ: tear up, frazzle, tatter
zerfetzend: በጣጣሽ/ በጣጥሶ: frazzling, shredding, tattering, tearing up
zerfetzt: ብጥስጣሽ/ ተበጣጥሶ: frazzled, shredded, tattered
zerfleischen: አረደ፤ በለተ: rend, lacerate
zerfleischend: አራጅ/ አራርዶ: lacerating, lacerative, mangling, rending
zerfleischt: ታራጂ/ ታርዶ: lacerated, mangled
zerfressen, ausfressen: በላ፤ ጎደጎደ: erode
zergehen: በነነ፤ ቀለጠ፤ ሟሟ: deliquesce
zergliedern: በለተ፤ ለያየ: anatomize
zergliedernd: በላች/ በልቶ: anatomizing, dismembering
zergliederte: ተበላች/ ተበልቶ: anatomized, dismembered
Zergliederung {f}: መለያየት: dissection
zerhacken: ቆራረጠ፤ ፈላለጠ: chop up, mince
zerhackend: ቆራጭ/ ቆራርጦ: chopping up, mincing
Zerhacker {m}: ፈላጭ: chopper
zerhackt: ተፈላጭ/ ተፈልጦ: chopped up, minced, minced
zerkleinern: አሰናነሰ፤ መታተረ: hackle
zerkleinernd: አሰናናሽ/ አሰናንሶ: hackling
zerkleinert: አናሳ/ አንሶ: hackled, reduced to small pieces
zerklüftet: ብጥስጣሽ: cleft
zerknirscht: ድንጉጥ: contrite, contritely
Zerknirschung {f}: መደንገጥ: contriteness
zerknittern: ተጫነ፤ ጨቆነ: crumple, rumple
zerknitternd: ተጫኝ/ ተጭኖ: creasing, rumpling, crumpling
zerknüllen: ተደበላለቀ: rumple
zerkochen: በጣም ቀቀለ/ አበሰለ: cook to rags
zerkochend: ቀቃይ/ ቀቅሎ: cooking to rags
zerkocht: ተቀቃይ/ ተቀቅሎ: cooked to rags
zerkratzen: ቧጨረ፤ ፋጨረ: claw
zerkratzend: ፏጫሪ/ ፏጭሮ: clawing
zerlegbar: ተነጠአጣይ: decomposable, demountable, dispersible, folding, take-apart
zerlegen, spalten: ነጣጠለ፤ ለያየ: analyse, carve, decompose, depacketize, disassemble, dismember, disperse
zerlegend: ለያይ/ ለያይቶ: decomposing, disassembling, disjointing, dissecting, hashing
zerlegt: ተለያይ/ ተለያይቶ: hashed, carved, decomposed, disassembled, dissected
Zerlegung {f}: መለያየት፤ መነጣጠል: decomposition
zerlesen: ተጎነጠለ፤ ተቀዳደደ: well thumbed
zermahlbar: ተፈጭ: pulverizable

zermahlen: ፈጨ፤ አደቀቀ: squelch, squelched
zermahlend: አድቃቂ/ አድቅቆ: squelching
zermalmen: በጣጠሰ፤ ሰባበረ: squelch
zerquetschen: በኃይል ጨቆነ/ ጨመቀ፤ አጠፋ: squash, swat, to crush
zerreißen: መነጫጨቀ፤ በጠጣጠሰ፤ ቀደዳደደ: disrupt, to tear, to tear up
zerreißend: በጣሽ/ በጣጥሶ: disrupting, ripping, rupturing, disruptive, disruptively
zerren: ወጠረ፤ በኃይል ሳበ: tug
Zerrissenheit {f}: ድንጋጤ: brokenness, strifle
Zerrissenheiten {pl} :: inner strife
zerrütten: አምታታ፤ አደነጋገረ: subvert, shatter
zerrüttend: አደናጋሪ/ አደነጋግሮ: disordering, subverting, shattering
zerrüttet: ድንግር/ ተደናግሮ: disordered, shattered, subverted
Zerrüttung {f}: ድንጋሬ: disruption
zerschellen: ሳጠ: be smashed
zerschlagen: በኃይል አጠቃ/ ተጠቃ: break up, slab, to shatter
zerschmettern, kaputtschlagen: አስደነገጠ፤ ውሐ አደረገ: shatter, to dash to pieces, smash
zerschmetternd: አስደንጋጭ/ አስደንግጦ: shattering, smashing to pieces
zerschneiden: ቆራረጠ: cut up
zerschneidend: ቆራራጭ/ ቆራርጦ: cutting up
zerstörbar: ተሰባባሪ: corrodible, destructible
Zerstörbarkeit {f}: ተሰባባሪነት: corrodibility, destructibility
zerstören, vernichten: አጠፋ፤ ደመሰሰ: demolish, destroy, kill, vandalize, destruct
zerstörend: ደምሳሽ/ ደምስሶ: deleting, demolishing, destroying, destructing, destructive, killing, routing, vandalizing
Zerstörer {m}: ታንከ: destroyer
Zerstörung {f}, Verwüstung, Vernichtung: ድምሳሴ: deletion, destruction, ruination
Zerstörungen {pl} :: deletions, destructions, dilapidations
Zerstörungswut {f}: የጥፋት ሱስ: vandalism, destructiveness
zerstreuen: በተነ፤ ዘራ: scatter
zerstreuend: በታኝ/ በትኖ: dispersing, diverting, scattering, dispersive, dispersively
zerstreut: ብትን/ ተበትኖ: absentmindedly, abstracted, diffusedly, dispersed, scatterbrained, absentmindedly, diverted, scattered
Zerstreutheit {f}: ዝርውነት፤ ዝንጉነት: abstractedness, abstraction
Zerstreuung {f}: መበተን፤ዝርው: dispersal, distractibility
Zerstückelung {f}: መነጣጠል: dismemberment, fragmentation
Zerstückelungen {pl} :: fragmentations
zertrennen: ለያየ፤ ነጣጠለ: disjoint
zertreten: ረገጠ: tread down
zertrümmern: ደበላለቀ: smash
Zet {n}: ዜድ: zed
Zettel {m, pl}: ትንሽ ወረቀት: slip of paper, slips of paper
Zeug {n}: መሣሪያ፤ ልብስ: trinket, fixings, stuff
Zeuge {m}: ምስክር: wittness, witness
zeugen: አሳደገ፤ ወለደ: beget, sire, to testify to
zeugend: አሳዳጊ/ አሳድጎ: begetting, fathering, siring
Zeugnis {n}: መረጃ: testimonial, testimony
Zeugnisse {pl} :: testimonials, testimonies
Zicke {f}: ፍየል: she goat
Zicken {pl} :: she goats
Zickzack {n}: ጥምዝምዝ: zigzag
Zickzacke {pl} :: zigzags
ziebzigste: ሰባዓኛ: seventieth
Ziege {f}: ፍየል: goat
Ziegel {m, pl}: የተተኮሰ ደንጋይ: brick, bricks
Ziegen {pl} :: goats
Ziegelbrennerei {f}: ብሎኬት ማምረቻ: brickworks
Ziegeldach {n}: የብሎኬት ጣሪያ/ ጣራ: tiled roof
Ziegeldächer {pl} :: tiled roofs
Ziegelofen {m}: ብሎኬት መተኮሻ ምድጃ: brickkiln
Ziegelöfen {pl} :: brickkilns
Ziegelstein {m}: የተተኮሰ ደንጋይ: brick
Ziegenbart {m}: የፍየል ጥብስ: goatbeard
Ziegenbärte {pl} :: goatbeards
Ziegenbock {m}: የፍየል ዎጠጤ: he goat
Ziegenfell {n}: የፍየል ቆዳ: goatskin
Ziegenfelle {pl}:: goatskins
Ziegenhirt {m}: የፍየል ጠባቂ/ ረኛ: goatherd
Ziegenhirten {pl} :: goatherds
Ziegenkäse {m}: የፍየል አጓት: goat cheese
Ziegenleder {n, pl}: የፍየል ቆዳ: kid leather, kidskin, mumps
ziehen, anlocken: ሳበ: drag, tear, to pull, haul, to draw (drew, drawn)
ziehend: ሳቢ/ ስቦ: dragging, hauling, pulling
Ziehung {f}: መሳቢያ: drawing of lots
Ziehungen {pl} :: drawings of lots
Ziel {n}: ዓላማ፤ ግብ፤ ምክንያት: designation, destination, target, aim
Ziele {pl} :: goals, sightings, targets, aims
zielbewußt: በምክንያት፤ ምክንያታዊ: purposeful, purposefully
zielen auf: ዓለመ፤ አቀደ: to aim at
Zielerreichung {f}: ዓላማ መምታት/ ግብ ማድረስ: achievement of objectives
Zielinformation {f}: ዋና መረጃ: target information
Ziellinie {f}: ዋና መስመር: finishing line
Ziellinien {pl} :: finishing lines
ziellos: ዓላማቢስ: aimless, planlos, aimlessly
Ziellosigkeit {f}: አላማቢስነት: aimlessness, desultoriness
Zielpunkt {m}: ዓላማ ግብ: arrival point, goal, aiming point
Zielsetzung {f}: ዓላማን መድረስ: objective target

zielsichere: እርግጠኛ: unerringly
Zielsprache {f}: ያላማ ቋንቋ: object language
Zielsymbol {n}: ያላማ ምልክት: aiming symbol
ziemen: ተስማማ፣ ተገጣጠመ፣ ልክ ሆነ: befit
ziemend: ተገጣጣሚ/ ተገጣጥሞ: befitting
ziemlich viel, sehr viel: በጣም ብዙ: a good deal, a great deal, quite a few
ziemlich: አዎ: quite
Zier {f}: ጌጣጌጥ: adornment
Zierde {f}: ጌጥ: ornament
zierend: አስጊያጭ/ አስጊጦ: adorning
Ziererei {f}: ግፍተራ፣ ዓመፅ: affectation, foppery
Zierereien {pl} :: fopperies
zierlich: ትንሽ፣ ለስላሳ: dainty, graceful
Zierlichkeit {f}: ለስላሳነት: daintiness
Ziffer {f}: ምልክት፣ ቅርጽ: figure
Ziffern {pl} :: numerals, numerics, digits
Zifferteil {m}: ክፍልፋይ ቁጥር: numeric portion
Zigarette {f}: ሲጋራ: cigarette
Zigaretten {pl} :: cigarettes
Zigarettenautomat {m}: የሲጋራ አውቶማቲክ: cigarette automat, cigarette machine
Zigarettenschachtel {f}: የሲጋራ ፓኮ: cigarette packet
Zigarre {f}: ሲጋራ: cigar
Zigarren {pl} :: cigars
Zigarrenhändler {m, pl}: ሲጋራ ነጋዴ: tabacconist, tabacconists
Zigarrenkiste {f}: የሲጋራ ባኮ: cigar box
Zigeuner {m, pl}: ባውሮፓ የሚኖር ዘላን ሕዝብ: gipsies, gypsies, gypsy, gipsies
zigeunernd: የዘላን ኗሪ/ ኑሮ: gypsying
Zimmer {n}, Raum: ክፍል: room, roomful, chamber
Zimmerdecke {f}: የክፍል ልባስ: ceiling
Zimmereinrichtung {f}: የክፍል ዝግጅት: indoor furnishing
Zimmerhandwerk {n}: አናፂ: carpentry
Zimmerleute {pl}: አናፂ: carpenters
Zimmermädchen {n}: አልጋ አንጣፊ: parlormaid, parlourmaid
Zimmermann {m}: አናፂ: carpenter
zimmernd: አናፂ/ አንፆ: carpentering, timbering
Zimmervermittlung {f}: ክፍል አከራይ: tenement agency
Zimmervermittlungen {pl} :: tenement agencies
zimperlich: ቁጡ፣ ብስጩ: demure, prissy, puling, squeamish, demurely, prissily, prudishly, squeamishly, prissier
Zimperlichkeit {f}: ቁጡነት፣ ቁጥብነት: prissiness, prudery
Zimperlichkeiten {pl} :: prudishness
Zimt {m}: የቅመም ዓይነት: cinnamon
Zink {n}: የብረት ዓይነት: zinc
Zinkblech {n}: የመጻብ ስኒ: zinc plate
Zinkbleche {pl} :: zinc plates
Zinn {n}: የብረት ንጥረ ነገር ዓይነት: tin
Zinseszins {m}: የወለድ ወለድ: compound interest
zinsfrei: ከወለድ ነፃ/ ወለድአልባ: free of interest
zinslos: ወለድአልባ: free of interest
Zinsrechnung {f}: የወለድ ሒሳብ: calculation of interest, calculus of interest
Zinsrechnungen {pl} :: calculations of interest
zirkulieren: አሰራጨ፣ በተነ: circulate
zirkulierend: አሰራጭ/ አሰራጭቶ: circulating, circulatory
zirkuliert: ተሰራጭ/ ተሰራጭቶ: circulated
Zirkumflex {m}: ረጅም ንባብ፣ንባብ ማስረዘም: circumflex
Zirkumflexe {pl} :: circumflexes
Zirkus {m}: ሲርኩስ/ የእስፖርት ትሪት: circus
Zirkusdirektor {m}: የሲርኩስ ዳይሬትተር: ringmaster
zirpen: ቀስስ ብለ: አዜመ: chirp, chirr, chirp
zischen: ተናድዶ/ ተበሳጭቶ አወራ/ ተናገረ: fizz, fizzle, frizzle, hiss, sizzle, whiz, whizz
Zisterne {f}: ቃጭል: cistern
Zitadelle {f}: የምሽግ/ ከተማ ማዕከል: citadel
Zitadellen {pl} :: citadels
Zitat {n}: ጥቅስ: cit
Zitate {pl} :: citation
zitierbar: ተጠቃሽ: quotable
zitieren: ጠቀሰ፣ ጥቅስ ወሰደ: cite, quote
Zitrat {n}: ቅምም ጨው: citrate
Zitrone {f}: ሎሚ: lemon, citron
Zitronen {pl} :: lemons, citrons
Zitronenpresse {f}: ሎሚ መጨመቂያ: lemon squeezer
Zitronensaft {m}: የሎሚ ጭማቂ: lemon juice, ·lemon-juice
Zitronensäure {f}: የሎሚ አሲድ: citric acid, citric
zittern: ተንቀጠቀጠ፣ ተንዘረዘረ: jitter, quaver, quiver, tremble, to tremble with
zitternd: ተንቀጥቃጭ/ ተንቀጥቅጦ: quavering, quavery, quivering, trembling, tremulous, tremulously, quaveringly, tremblingly, trembly
Zitze {f}: አጥቢ እንስሳ: teat, tit
Zitzen {pl} :: tits, teats
zivil: ሲቪል: civil
Zivilbevölkerung {f}: ሲቮል ሕዝብ: civilian population
Zivilcourage {f}: ድፍረት: moral courage
Zivilehe {f}: ማኅበራዊ ጋብቻ: civil marriage
Zivilgericht {n}: የሲቪል ፍርድ ቤት: civil court
Zivilisation {f}: ስልጣኔ: civilisation
zivilisatorisch: ስልጣኔያዊ: civilizing
zivilisieren: አሰለጠነ: civilize
Zivilist {m}: ሲቪል: civilian
Zivilkleidung {f}: የተለመደ ልብስ: plain clothes, plainclothes
Zivilluftfahrt {f}: የሕዝብ ማመላለሻ አውሮፕላን: civilian aviation

zögern: ጻጻ፤ ዘገየ: hesitate, demur, lag, procrastinate, tarry
zögernd: ቆጥቦ፤ ጻተኛ/ ጻድቶ: demurring, falteringly, hesitant, hesitating, lagging, procrastinating, tarrying, hesitantly, lingeringly
Zoll {m}: ቀረጥ: custom, duty, customs duty, duane, inch, toll
Zollabfertigung {f}: የጉምሩክ መልቀቂያ/ ማውጫ: customs clearance
Zollabfertigungen {pl} :: customs clearances
Zollabgabe {f}: ቀረጥ ክፍያ: tollage
Zollamt {n}: የጉምሩክ ቢሮ: custom office
Zollämter {pl} :: custom offices
Zollbeamte {m}: የጉምሩክ ሠራተኛ: customs official
Zollbeamten {pl} :: customs officials
Zollerklärung {f}: የጉምሩክ መረጃ: customs declaration
Zollerklärungen {pl} :: customs declarations
zollfrei: ከቀረጥ ነፃ: duty free, free of duty
Zollgrenze {f}: የጉምሩክ ጣቢያ: customs frontier
Zollgrenzen {pl} :: customs frontiers
Zollhaus {n}: የጉምሩክ ቤት: custom house
Zollhäuser {pl} :: custom houses
Zollkontrolle {f}: የጉምሩክ መቆጣጠሪያ: customs inspection, customs examination
Zollkontrollen {pl} :: customs examinations
Zollkrieg {m}: የንግድ ቀረጥ ጦርነት: tariff war
Zollkriege {pl} :: tariff wars
Zöllner {m, pl}: የጉምሩክ ሠራተኛ: customs officer, customs officers
zollpflichtig: መቀረጥ ያለበት: dutiable, liable to duty, tollable
Zollpolitik {f}: የቀረጥ ፖሊሲ: customs policy
Zollschein {m}: የቀረጥ ካርኒ: bill of clearance
Zollscheine {pl} :: bills of clearance
Zollstock {m}: የጉምሩክ ዕቃ መስፈሪያ/ መለኪያ: folding rule
Zollstöcke {pl} :: folding rules
Zolltarif {m}: የጉምሩክ ደምብ/ ሕግ: tariff of duties
Zolltarife {pl} :: tariffs of duties
Zollunion {f}: የጉምሩክ ውኅደት: customs union
Zone {f}: ዞን፤ የቦታ ስፋት: zone, area
Zonen {pl} :: zones, areas
Zonengrenze {f}: የዞን ጠረፍ: zonal border
Zonengrenzen {pl} :: zonal borders
Zonenteil {m}: የዞን አቅጣጫ: zone position
Zoologe {m}: የእንስሳት መኗሪያ: zoologist
Zoologen {pl} :: zoologists
zoologisch: የእንስሳት ኀሯዊ: zoological, zoologically
Zopf {m}: ያርቴ ፍሻል ጠጉር: pigtail
Zorn {m}: ቁጭት፤ ግጭት: wrath, anger
zornig, böse, wütend: ብስጩ፤ ቁጡ: angry, irate, wrathful, irate, irately, wrathfully
Zornige {m, f}: ብስጩ: angrily
Zornigkeit {f}: ብስጭት፤ ቁጣ: wrathfulness
zotteln: ተንዘላዘለ፤ ሳያስብ ሄደ: shag
zottig: ብስጩ፤ ቁጡ: ragged, raggedly, shaggily, shaggy, villous, shaggy
Zottigheit {f}: ቁጡነት: shagginess
zu, nach: ለ...፤ ወደ...፤ በ...፤ በጣም: at, to, too, toward, towards, unto
zu Fuß : በእግር: on foot
zu Hause: ከቤት: at home
zu klein: በጣም ትንሽ: undersized
zu Lande: በመሬት: ashore
zu lange: ለረጂም ጊዜ: too long
zu Pferd: በፈረስ: horseback, on horseback
zuallererst: በመጀመሪያ: first of all, last of all
Zubehör {n}: ዓውድ፤ መዝገብ/ መካዝን: accessory, appurtenance, belonging, garniture, paraphernalia, pertinent, supply
Zubehöre {pl} :: pertinents, supplies
zubereiten: አዘጋጀ: to prepare
Zuchtbuch {n}: ማራቢያ መጽሐፍ: stud book
züchten: አራባ፤ አዳቀለ: bred
Züchter {m, pl}: አዳቃይ፤አራቢ: breeder, grower, growers
Zuchthaus {n}: ማጻቀያ ቤት: penitentiary
züchtigen: ቀጣ፤ ገረፈ: castigate, chasten, chastise
züchtigend: ገራፊ/ ገርፎ: castigating, chastising
Züchtigung {f}: ቅጣት: castigation
Zuchtlosigkeit {f}: ሱስአልባነት: want of discipline
Zuchtlosigkeiten {pl} :: wants of discipline
Zuchtmittel {n, pl}: ማረሚያ ዘዴ: means of correction
Zuchtschaf {n}: የርባታ ፍየል: breeding ewe
Zuchtschafe {pl} :: breeding ewes
Zuchtvieh {n}: የርባታ ከብት: breeding cattle
zucken: ያዘ፤ ወሰደ፤ ጨበጠ፤ አፈሰ: shrug
zuckend: ያዥ/ ይዞ: shrugging
Zucker {m}: ስኳር: sugar
Zuckerfabrik {f}: የስኳር ፋብሪካ: sugar refinery
Zuckerfabriken {pl} :: sugar refineries
zuckerhaltig: ስኳር ያለው: saccharated
Zuckerkrankheit {f}: የስኳር በሽታ: diabetes
zuckerlos: ስኳርአልባ: sugarless
Zuckermelone {f}: ጣፋጭ ትርንጎ: sugar melon
Zuckermelonen {pl} :: sugar melons
Zuckerrohr {n}: የስካር ማፍሰሻ: sugar cane
Zuckersaft {m}: የስኳር ጠጅ: syrup
Zuckersäfte {pl} :: syrups
Zuckerwasser {n}: የስኳር ውሐ: sugared water
zudecken: ጋረደ፤ ሸፈነ: cover up
zudeckend: ጋራጅ/ ገጥሞ: covering
Zudringlichkeit {f}: አስፈላጊነት: importunateness, invasiveness, meddlesomeness, officiousness
Zufahrtsstraße {f}: መቀየሪያ መንገድ: approach road
Zufahrtsweg {m}: አገናኝ መንገድ: accommodation way

Zufall {m}, Gelegenheit, Möglichkeit: አጋጣሚ፣ ድንገተኛ አጳጋ: coincidence, fortuity, hap, hazard, contingency, chance
Zufälle {pl}: አጋጣሚ፣ ድንገት: fortuities, hazards
zufallen: ወደቀ: fall to
zufallend: ወዳቂ/ ወድቆ: falling to
zufällig: በድንገት፣ ባጳጋ፣ ባጋጣሚ: accidental, accidently, by chance, coincidental, fortuitous, haphazard, incidental, incidentally, perchance, perchancely, stochastic, stochastical, random, accidentally, by accident, coincidentally, fortuitously, haphazardly
Zufälligkeit {f}: አጋጣሚነት: fortuitousness, haphazardness
zufliegen: በረረ፣ ሄደ: fly to
zufliegend: በራሪ/ በርሮ: flying to
zufließen: ፈሰሰ: flow to
zufließend: ፈሳሽ/ ፈስሶ: flowing to
Zuflucht {f}: ስደት፣ ኩብለላ: refuge
Zufluchten {pl} :: refuges
Zufluchtsort {m}: የስደት ቦታ: place of refuge
Zufluß {m}: ፈሳሽ ምግብ፣ ጭማሬ: conflux, inflow
zuflüstern: አሻወከ፣ ሹክክ አለ: whisper to
zufrieden sein: ደስተኛ ሆነ: to be satisfied
zufrieden: ደስተኛ: content, contented, contentedly
zufriedengeben: ረካ: be content with
zufriedengebend: ረኪ/ ረክቶ: being content with
Zufriedenheit {f}: ደስተኛነት: contentedness, contentment
zufriedenstellen: አጽናና፣ አስደሰተ: to content
zufriedenstellend: አርኪ/ አርክቶ: satisfactorily, satisfactory, satisfactory to, satisfying
zufrieren: ቀዘቀዘ፣ ከረረ: freeze up
zufügen: ጨመረ፣ አከለ: add, inflict
zufügend: ጨማሪ/ ጨምሮ: adding, inflicting
Zufügung {f}: ጭማሬ: infliction
Zuführung {f}: አቅራቦት፣ ማጓጓዝ: feeding, feed
Zug {m}: ባቡር፣ ጥቃት/ ማጥቃት: traction, tractive, train, trait, tug, lineament
Zugabe {f}: መልስ: encore
Zugaben {pl} :: extras, encores
Zugang {m}: መግቢያ: ingress
Zugänge {pl} :: avenues
zugänglich: አስገቢ: accessable, accessible, accessibly, approachable
Zugänglichkeit {f}: አስገቢነት/ ተገቢነት: accessibility, approachability
Zugangsdatum {n}: መገቢያ ቀን: acquisition date
Zugangsgebühr {f}: የመግቢያ ዋጋ: access charge
Zugangsinformation {f}: የመግቢያ መረጃ: access information
Zugangskennzeichen {n}: የመግቢያ ምልክት: acquisition marker
Zugangskontrolle {f}: የመግቢያ ቁጥጥር: physical access control, admission control
Zugangsprüfung {f}: የመግቢያ ቁጥጥር: access check
Züge {pl}: ባቡር: trains, lineaments, trains
zugeben, eingestehen: ፈቀደ፣ ሰጠ፣ አስተላለፈ: admit to, confess, admint
zugehören: ተዛመደ፣ ዘመድ ሆነ: belong
zugehörig, folgend, gelegentlich, zufällig, geeignet: ወገናዊ፣ ዘመናዊ: accordingly, allowing, appurtenant, belonging, incidental, dedicated
Zügel {m, pl}: ልጓም: reins
zugelassen: ተፈቃጅ/ ተፈቅዶ: admitted
zügellos: ልጓምአልባ: uncurbed, ungovernable, unhalted, ungovernably
Zügellosigkeit {f}: ስድነት፣ ልጓምአልባነት: intemperance, intemperateness, lack of restraint, outrageousness, uncontrollableness
Zügellosigkeiten {pl}:: lacks of restraint
zügeln: ለጎመ፣ ላጎጠ፣ ሸበበ: curb
zügelnd: ለጓሚ/ ለጉሞ: bridling, curbing, reining
zugestehen: አመነ፣ አወንታ ሰጠ: concede
zugießen: ጨመረ፣ ረጨ: pour on
zugig: ለጋስ: draughty
Zugigkeit {f}: ለጋስነት: draftiness
zugleich: ባንዴ: at the same time
Zugmaschine {f}: ትራክተር: motor tractor
zugreifen: ጨበጠ፣ ያዘ: take hold
Zugriff {m}, Zutritt, Einsicht: መጨበጥ: sharing, access
zugrunde liegen: ጠፋ፣ ተደመሰሰ: underlain
zugrunde richten, ruiniren: አጠፋ፣ ደመሰሰ: to wreck, to ruin, underlie
zugunsten (für): ለ...ሲባል/ ብሎ: in favour of, in favour
Zugverbindung {f}: የባቡር ግንኙነት: train connection
Zugverbindungen {pl} :: train connections
Zugverkehr {m}: የባቡር መጓጓዣ: railway service
zuhaben: ዘጋ፣ ቸነከረ: keep closed
zuhalten: አፉን ዘጋ፣ ዝምም አለ: keep shut
Zuhälter {m, pl}: መያገር: pander, souteneur, panders, souteneurs
zuhängen: ጥገኛ ሆነ: cover with curtains
zuhause, daheim: ከቤት፣ እቤት: at home
zuheften: ደጎሰ፣ ጠረዘ: stitch up
zuheftend: ጠራዥ/ ጠርዞ: stitching up
zuhören, anhören: አዳመጠ: listen to, listen
Zuhörer {m, pl}: አዳማጭ: hearer, auditor
Zuhörerin/nen {f/pl}: አዳማጭ: hearers
Zuhörerraum {m}: ማዳመጫ ክፍል: auditorium
Zuhörerschaft {f}: አዳማጭ ሕዝብ: audience, auditory
zueilen: ተቻኮለ፣ ተጣደፈ: hasten to

zueilend: ተጣዳፊ/ ተጣድፎ: hastening to
zuinnerst: በውስጥ: right inside
zujubeln: እልል አለ፤ ተደሰተ፤ አጨበጨበ: acclaim
zukaufen: በጭማሪ ገዛ: buy in addition
zukehren: ተመለሰ፤ ዞረ: turn to
zuklappen: ዝምም አለ: close with a snap
zukleben: ለጠፈ: paste up, to paste up
zuklebend: ለጣፊ/ ለጥፎ: pasting up
zuknallen: ተጋጨ፤ ተፋጨ: slam
Zukunft {f}: ትንቢት፤ የወደፊት ወቅት: future, futures, futurity
zukunft: ለወደፊት: future
zukünftig: ትንቢታዊ: future, prospectively
Zukunftsforscher {m}: የመጭው ተመራማሪ: futurologist
Zukunftsforschung {f}: የሚመጣው ዘመን ጥናት/ ምርምር: futurology
Zukunftsforschungen {pl} :: futurologies
Zukunftsmusik {f}: የወደፊት ሙዚቃ: dreams of the future
Zukunftsplan {m}: የወደፊት ዕቅድ: plan for the future
Zukunftspläne {pl}:: plans for the future
Zukunftsroman {m}: የቅዠት ልብወለድ: science fiction novel
Zulage {f}: ተጨማሪ ክፍያ: extra pay, extra-pay
zulangen: ራሱን ረዳ: help oneself
Zulänglichkeit {f}, Zulänglichkeiten {pl}: ብቃት፤ ብቁነት: sufficiency
zulassen, zugeben: ፈቀደ: admit, allows, permit
zulassend: ፈቃጅ/ ፈቅዶ: admitting
zulässig, gültig: የተፈቀደ: admissible, admissibly, allowable, permissible, valid, receivable, valid, allowable, admissive, allowable, permissibly
Zulässigkeit {f}: ተፈቃጅነት: admissibility, admissibillity, allowableness, permissibility
Zulässigkeiten {pl} :: admissibleness
Zulassung {f}: መግቢያ ፈቃድ: approval
Zulassungen {pl} :: admittances
Zulassungsantrag {m}: የመግቢያ ቅጽ መሙላት/ መመዝገብ: application for approval
Zulassungsnummer {f}: የፈቃድ ቁጥር: licence number
Zulassungspapier/e {n/pl}: የፈቃድ መረጃ/ መታወቂያ: registration papers
Zulassungsstelle {f}: የምዝገባ ቢሮ: admission office
Zulassungsverfahren {n}: የምዝገባ ወቅት: approval procedure
Zuleitung {f}: መሪ: supply pipe
zuletzt: በመጨረሻ: at last
zum (zu+dem): ለ...: to the
zum Abschluß: በመጨረሻ: finally, finally
zumachen, schliessen, abschliessen: ዘጋ፤ ቆለፈ: to close
zumal: እነሆ: the more so as
zumauern: አጠረ፤ አገደ: wall up
zumauernd: አጣሪ/ አጥሮ: bricking, walling up
zumessen: ለካ: measure out
zunächst: ቀጥሎም፤ ሆኖም: approximately, apriori, first
Zunahme {f}, Erhöhung, Wachstum: ጭማሪ፤ ብዛት: increase, increment
Zunahmen {pl} :: increments
zünden: አቃጠለ፤ ለኮሰ: ignite
zündend: ለኳሽ/ ለኩሶ: sparking
Zunder {m}: ብልጭታ: tinder
Zündholz {n}: ክብሪት: match
Zündkerze {f}: ማቀጣጠያ ሻማ: sparking plug
Zündmagnet {m}: የማቀጣጠያ እጥረት: magneto
Zündpunkt {m}: አንገብጋቢ ነጥብ: ignition point
Zündsatz {m}: ዋና ዓረፍተ ነገር: priming charge
Zündschlüssel {m, pl}: ማስነሻ ቁልፍ: ignition key
Zündung {f}: ፍንዳታ፤ ቃጠሎ: ignition
Zündungen {pl} :: ignitions
Zündvorrichtung {f}: ማቀጣጠያ: igniter
zunehmen, vergrößern, vermehren: ጨመረ፤ወፈረ፤ አበዛ: increase, to be on the increase
zunehmend: በጭማሪ: incrementally, increasingly
zuneigen: አዘነበለ፤ አጋደለ፤ አዳላ: lean towards, towards
Zuneigung {f}: ዝንባሌ: affection
Zunge {f}, Sprache: ምላስ፤ ቋንቋ: tongue, lingua
züngeln: ተቅለበለበ፤ ምላሱን አወጣ: lambency
Zungen {pl} :: tongues
Zungenbrecher {m}: ጉሮሮ ሰባሪ: jawbreaker, tongue twister
zungenförmig: ምላስ ቅርጽ: tongue shaped
Zungenspitze {f}: የምላስ ጫፍ: tip of the tongue
Zungenspitzen {pl} :: tips of the tongue
zunicken: ጠቀሰ፤ በግንባር ጠበሰ: nod to
zunutzen: ጥቅም ወሰደ: take advantage of
zuordnen : አቀነባበረ፤ አስማማ: assign to
Zuordnung {f}: በደረጃ ማዘጋጀት፤ዝግጅት: assignment, correlation
Zuordnungsanweisung {f}, Zuweisungskommando: መርሀ: assignment statement
Zuordnungsbegriff {m}: መርሀ ቁጠር: association number term
Zuordnungsdaten {pl}: መራሂ ፋይሎች: allocation data
Zuordnungsdefinition {f}: መራሄ ትርጉም: applicative definition
Zuordnungsfehler {m}: መራሄ ስተት: allocation error
Zuordnungsliste {f}: መራሄ መዘርዝር: allocation map

Zuordnungsmethode {f} :: allocation method
Zuordnungsnummer {f}: መራ.ሂ ቁጥር: association number
Zuordnungsnummerntabelle {f}: የመራ.ሂ ቁጥር ሰንጠረዥ: association number table
Zuordnungsproblem {n}: መራ.ሂ ችግር: assignment problem, allocation problem
Zuordnungstabelle {f}: መራ.ሂ ሰንጠረዥ: allocation table
zupfen: ቀስስ አድርጎ ፈታ/ አላቀቀ: twitch, twitching
zupfend: በዝግታ ለያይ/ ለያይቶ: twitching
zureden: አሳመነ፣ ተጽእኖ አደረገ: blandish
zürkennen: አስማማ: adjudicate
zürnen: ተበሳጨ፣ ተናደደ: be cross with
zurren: ወጠረ፣ አንጠለጠለ: frap
zürst: በመጀመሪያ: at first, primary
zurück: ኋላ፣ በኋላ፣ ወደኋላ: back, replaces, returned, returns
zurückbleiben: ቀረ: to fall behind, to fall short, to stay behind
zurückdatieren: ዕድሜውን ቆጠረ: backdate
zurückdatierend: ዕድሜ ዘጋቢ/ ዘግቦ: dating back
zurückdatiert: በዕድሜ ተገማች/ ተገምቶ: dated back
zurückdenken: አሰላሰለ: think back
zurückdenkend: አሰላሳይ/ አሰላስሎ: thinking back
zurückdrängen: ወደኋላ ገፈተረ: push back
zurückdrängend: ወደኋላ ገፍታሪ/ ገፍትሮ: pushing back
zurückdrehen: ወደኋላ አጠፈ/ መለሰ: back off, hasten back
zurückerbitten: መልሶ ለመነ/ ጠየቀ: ask back
zurückerobern: መልሶ ማረከ/ አስመለሰ/ ቀማ: reconquer
zurückerobernd: መልሶ ቀሚ/ ቀምቶ: reconquering
zurückfahren: የኋሊት ነዳ/ አሽከረከረ: drive back
zurückfahrend: ወደኋላ አሽከርካሪ/ አሽከርክሮ: driving back
zurückfallen: ወደኋላ ወደቀ: fall back, relapse
zurückfinden: መልሶ አገኘ: find back
zurückfordern: እንደገና ጠየቀ: claim back, reclaim
Zurückforderung {f}: እንደገና ጥያቄ : reclamation
Zurückforderungen {pl} :: reclamations
zurückführbar: ተመላሽ/ መመለስ የሚቻል: ascribable
zurückführen: ወደቤት መለሰ/ መራ: lead back, repatriate
zurückführend: ወደኋላ መሪ/ መርቶ: leading back, reducing, repatriating, retracting
zurückgeben: ወደኋላ አሳለፈ: pass back, to give back
zurückgedrängt: ተረሸ፣ ተዘንጊ/ ተዘንግቶ: pushed back
zurückgefahren: ወደኋላ ተነጅ/ ተነድቶ: driven back
zurückgefallen: ወደኋላ ወዳቂ/ ወድቆ: fallen back, relapsed
zurückgeführt: ወደኋላ ተመሪ/ ተመርቶ: led back, reduced
zurückgefunden: እንደገና ተገኘ/ ተገኝቶ: found back
zurückgegangen: ወደኋላ ተመላሽ/ ተመልሶ: backed
zurückgehen: ወደኋላ ሄደ፣ ነደለ: go back, retrograde, to go back, to trace back to
zurückgehend: ነዳይ/ ነድሎ: regressing, retrograding
zurückgeholt: ተወሳጅ/ ተወስዶ: fetched back
zurückgekehrt: እንደገና ተመላሽ/ ተመልሶ: returned, reverted
zurückgekommen: እንደገና መጭ/ መጥቶ: come back
zurückgeschickt: መልሶ ተላኪ/ ተልኮ: sent back
zurückgeschlagen: ተጠቂ/ ተጠቅቶ: struck back
zurückgeschrieben: ደግሞ ተጻፈ/ ተጽፎ: rewritten
zurückgreifen auf: አጠቃ፣ መልሶ አጠቃ: fall back on/upon, go back to
zurückgreifend: መልሶ አጥቂ/ አጥቅቶ: referring to
zurückhalten: አስቀረ: restrain, to hold back, withhold
zurückhaltend sein: ገለልተኛ ሆነ: to be reserved
zurückhaltend: ገለልተኛ: incommunicative, refraining, restrainedly, restraining
Zurückhaltung {f}: ገለልተኛ መሆን: aloofness, restraint, retentiveness
zurückholen: መልሶ ወሰደ: fetch back, return, retract
zurückkaufen: መልሶ ገዛ: buy back, redeem, repurchase
zurückkaufend: መልሶ ገዥ/ ገዝቶ: buying back, redeeming
zurückkehren: ወደኋላ ተመለሰ: return, revert
zurückkehrend: ወደኋላ ተመላሽ/ ተመልሶ: reverting, coming back
zurückladen: መልሶ ጫነ/ ቀዳ: recopy
zurücklassen, verlassen: ወደኋላ ተወ፣ አቆመ፣ ትቶ ሄደ: to leave behind, leave
zurückmelden: መልሶ ዘገባ አቀረበ/ አስታወቀ: report back
zurücknehmen: መልሶ ወሰደ: take back
zurücknehmend: መልሶ ወሳጅ/ ወስዶ: taking back
zurückrechnen : ተበቀለ: count back
zurückrechnend: በቀል ተወጭ/ ተወጥቶ: counting back
zurückrufen: መልሶ ጠራ/ ደወለ: callback, ring back
zurückrufend: መልሶ ጠሪ/ ደውሎ: recalling

zurückschicken: መልሶ ላከ: remand, remit, send back

zurückschickend: መልሶ ላኪ/ ልኮ: sending back

zurückschlagen: መልሶ መታ/ አጠቃ: beatback, repulse, strike back

zurückschlagend: መልሶ አጥቂ/ አጥቅቶ: striking back

zurückschrecken: አፈረ፤ ደነገጠ፤ ተጸጸተ: blench, boggle

zurückschreckend: ተጸጣች/ ምጸጥቶ: blenching, boggling

zurückschreiben, umschreiben: መልስ/ ሶ ሰጠ/ ጻፈ: rewrite, write back

zurückschreibend: መልሶ ጻፊ/ ጽፎ: writing back

zurücksehnen: እንደገና ተመኘ: wish back

zurücksein: ተመለሰ: be back

zurücksetzen: መለሰ፤ መልሶ አደረገ: backout, relocate, remove, reset

zurücksetzend: መልሶ አድራጊ/ አድርጎ: backing, backspacing, relocating, resetting

zurückspulen: መልሶ/ እንደገና አጠበ/ ወለወለ: rewind

zurückstellen: መልሶ አኖረ/ አስቀመጠ: place back

Zurückstellung {f}: መልሶ ማኖር: deferment

Zurückstellungen {pl} :: deferments

Zurückstrahlen {n}: ማንጸባረቅ: reverberation

zurückstrahlen: አንጸባረቀ: reverberate

zurückstreifen: ወደኋላ ፋቀ: tuck, tuck up

zurücktreten: በፈቃድ ሥልጣኑን ለቀቀ/ ተወ: recede, rescind, retire, retrogress, step back

zurücktretend: ከሥልጣን ወራጅ/ ወርዶ: receding, recessionary, rescinding, retiring, retreating, retrogressing, recessively

zurückübersetzen: እንደገና ተረጎመ: retranslate

zurückübersetzend: መልሶ ተርጓሚ/ ተርጉሞ: retranslating

zurückverfolgbar: ወደኋላ ሊያጣሩት የሚቻል: retraceable

zurückverfolgen: ዘሩን መረመረ/ አጠና/ ቆጠረ: backtrack, retrace, trace back

zurückverfolgend: ዘሩን ቆጣሪ/ ቆጥሮ: retracing

zurückverlangen: መልሶ ጠየቀ/ ፈለገ: demand back

zurückverlangend: መልሶ ጠያቂ/ ጠይቆ: demanding back

zurückverwandeln: መለሰ፤ መልሶ እንደነበረ አደረገ: retransform

zurückverweisen: መልሶ ተቸ፤ ምክንያት ሰጠ/ አመለከተ: recommit, refer back to

zurückverweisend: ምክንያት ሰጭ/ ሰጥቶ: referring back to

zurückwandern: መልሶ ዋለለ/ ተሰደደ: remigrate

zurückweisen: መለሰ፤ ለክሱ መልስ ሰጠ: rebuff, rebut

zurückweisend: ለክሱ መልስ ሰጭ/ ሰጥቶ: rebuffing, rebutting, rejectable, rejecting, repelling

zurückwerfen: ወነጀለ፤ ወደኋላ ወረወረ: throw back, throwback

zurückzahlen: መልሶ ከፈለ፤ ዕዳውን ተወጣ/ መለሰ: refund, repay, to pay back

zurückzahlend: ከፋይ/ ከፍሎ: rebating, refunding, repaying

zurückzeichnen: መልሶ ነደፈ፤ ሳለ: redraw

zurückziehen: ከገብያ አነሳ/ አስወገደ: offtake, backtrack, retract, retrieve, withdraw

zusammen: ባንድ ላይ፤ ባንድነት: contigued, contiguous, synced, together

Zusammenarbeit {f}, Mitwirkung: የኅብረት ተግባር: collaboration, corporation, cooperation

zusammenarbeiten: አብሮ ሠራ፤ ተባበረ: act in concert, act jointly, collaborate, cooperate

zusammenarbeitend: ተባባሪ/ ተባብሮ: collaborating, cooperating, cooperative

zusammenballen: ጠቀለለ፤ ቆለለ፤ አድቦለቦለ: agglomerate, mass-together, conglomerate

zusammenballend: አድቦልባ ይ/ አድቦልቡሎ: balling

zusammenbeißen: ንክስስ አደረገ፤ ተጫነ: clench

zusammenbekommen: ተሰበሰበ: get together

zusammenberufen: ባንዴ ተጠራ: call together

zusammenbinden: ጠቀለለ፤ አሰረ: bind together, interconnect, to tie up

zusammenbindend: ጠቅላይ/ ጠቅልሎ: binding together, bundling, interconnecting

zusammenbrechen: ተፈረካከሰ፤ ተሰባበረ: collapse, to break down

zusammenbrechend: ተፈረካካሽ/ ተፈረከካክሶ: collapsing

Zusammenbruch {m}: ድቀት፤ መውደቅ: crackup, crashes, breakdown

Zusammenbrüche {pl}:: crackups, breakdowns

zusammendrängen: አሰበረገገ: crowd together

zusammendrängend: አስበርጋጊ/ አስበርግጎ: crowding, crowding together

zusammenfallen: ባንድ ላይ/ ጊዜ ሆነ/ ዋለ/ ተደረገ: coincidently, fold together

zusammenfaltend: ባንዴ ተደራጊ/ ተደርጎ: folding together

zusammenfassen: አጠቀላለለ፤ አጠቃለለ: collect, recapitulate, sum up, summarize

zusammenfassend: አጠቃላይ/ አጠቃልሎ: recapitulating, summarizing

Zusammenfassung {f}: ማጠቃለያ: summarization, summary, summing-up, synopsis, subsumption

Zusammenfassungen {pl} :: summaries, synopses

zusammenfließen: ባንዴ ጎረፈ: flow together

zusammenfließend: ባንዴ ፈሳሽ/ ፈስሶ: flowing together

zusammenfügen: ጨመረ፣ አከለ፣ ቀላቀለ: coalesce, merge
zusammengeballt: ድቡልቡል: agglomerated, massed-together
zusammengebrochen: ፍርስራሽ/ ፈራርሶ: collapsed
zusammengefaßt: በጠቃላይ: compendious
zusammengehen: አብሮ/ ባንድነት ሄደ: go together
zusammengehend: ባንድ ላይ ሃጅ/ ሂዶ: going together
zusammengehören: ተጎዳኘ፣ ተዛመደ: belong together, mate
zusammengehörend: ተጓዳኝ/ ተጎዳኝቶ፣ ተዛማጅ/ ተዛምዶ: belonging together
zusammengelaufen: አብሮ ሮጠ: run together
zusammengeschrieben: ባንድ ላይ ተጻፈ/ ተጽፎ: written in one word
zusammenhalten: ባንድ ላይ ያዘ: hold together, to stick together
zusammenhaltend: ባንድ ላይ ያዥ/ ይዞ: cohesive, belting, cohesively
Zusammenhang {m}: አንድነት፣ ውኅደት: coherence, context, contiguity, connection
zusammenhängen: ተያያዘ፣ ተገጣጠመ፣ ተጠማመረ: cohere
zusammenhängend: ጥምር፣ በጥምር፣ ባንድነት: coherent, coherently, cohesively, contiguous, cohering, cohesive
zusammenhanglos: ግንኙነትአልባ፣ አንድነትአልባ: incoherent, incoherently
Zusammenhanglosigkeit {f}: አንድነትአልባነት: disjointedness, incoherence, incoherency
Zusammenhanglosigkeiten {pl} :: incoherences, incoherencies
zusammenheften: ጠረዘ፣ ኮተተ: stitch together
zusammenklappbar: ተለጣፊ/ ሊለጥፉት የሚቻል: collapsible, collapsibly
zusammenklappen: ለጠፈ፣ ለበደ: fold up, furl
zusammenklappend: ለባጅ/ ለብዶ: folding up, furling
zusammenkommen: ተሰበሰበ፣ ታከተ: foregather, forgather, to get together
zusammenkommend: ተሰብሳቢ/ ተሰብስቦ: foregathering, forgathering
zusammenleben: ባንድነት ኖረ: live together
zusammenmischen: ቀላቀለ፣ ደበላለቀ: commingle
zusammenmischend: ቀላቃይ/ ቀላቅሎ: commingling, pulling oneself together
zusammenpacken: ባንድ ላይ ጠቀለለ/ ሸከፈ: pack up, package
zusammenpackend: ባንድ ላይ ጠቅላይ/ ጠቅልሎ: packing up
zusammenprallen: ተጋጨ፣ ተፋጨ: hurtle
zusammenprallend: ተጋጭ/ ተጋጭቶ: hurtling, compacting, impacting, sandwiching, compressive
zusammenraffen: አጋበሰ፣ ሰበሰበ: snatch up
zusammenraffend: አጋባሽ/ አጋብሶ: snatching up
zusammenrechnen: አጠቃላለ: totalize
zusammenrollen: ጠቀለላለለ: convolve
zusammenrotten: ቡደነ፣ ቡድን ቡድን ሠራ: flock together
zusammenrücken: ተቀራረበ: move together
zusammenrückend: ተቀራራቢ/ ተቀራርቦ፣
zusammenschlagen: ሰባበረ: beat up, staved
Zusammenschluß {m}: ውኅደት፣ አንድነት: amalgamation
zusammenschmelzen: ቀለጠ፣ ሟሟ: melt down
zusammenschmelzend: ሟሚ/ ሟሙቶ: melting down
zusammenschreiben: አገናኝቶ ጻፈ፣ ሁለቱን ቃላት ባንድ ላይ ጻፈ: write in one word
zusammensein: ተባበረ: be together
zusammensetzen: አዋኀደ፣ ቀላቀለ: compound, unfragment, to compose
Zusammensetzung {f}: ውኅደት፣ አንድነት: composition, consistence, consistency
zusammensinken: ዘቀጠ፣ ሰጠመ: sink down
zusammenstehen: አብሮ ጸና: stand together
zusammenstellen, montieren, zusammenbauen: አቀነባበረ፣ በእየወገኑ አስቀመጠ: compilate, compose, to assemble, to make up
Zusammenstellung {f}: ወገናዊ ክፍፍል: buildup, compilation
Zusammenstellungen {pl} :: arrangements, buildups
Zusammenstoß {m}: ግጭት፣ አዳጋ: impingement, clash
Zusammenstöße {pl} :: impingements
zusammenstoßen: ተጋጨ: bang together, collide
zusammenstoßend: ተጋጭ/ ተጋጭቶ: banging together, colliding
zusammentragbar: ባንድ ላይ ሊሸከሙት የሚቻል: compilable
zusammentragen: ባንዴ ተሸከመ: carry together
zusammentragend: ባንዴ ተሸካሚ/ ተሸክሞ: carrying together
Zusammentreffen {n}: መገናኘት: concourse
zusammentreffen: ተገናኘ: coincide
zusammenwerfen: ባንድ ላይ አከተ/ አከማች: throw together
zusammenzählen, addieren: ደመረ፣ ባንድ ላይ አሰበ: add up
zusammenziehen: ባንዴ ኀተተ፣ ሳበ: constrict, tighten
Zusatz {m}: ጭማሪ፣ ስንኝ: addends, addition, add-on, application, auxiliary, backing
Zusatzadresse {f}: ተጨማሪ አድራሻ: additional adress
Zusatzbefehl {m}: ተጨማሪ ትእዛዝ: additional instruction
Zusatzbetrag {m}: ተጨማሪ ዕዳ: additional amount

Zusatzeinrichtung {f}: ተጨማሪ መዝገብ: additional device, auxiliary device, auxiliary facility
Zusatzeinrichtungen {pl}:: auxiliary equipment
Zusatzerfindung {f}: ተጨማሪ ግኝት: additional invention
Zusatzfrage {f}: ተጨማሪ ጥያቄ : additional question
Zusatzfunktion {f}: ተጨማሪ ተግባር/ ተገብሮ: additional option
Zusatzgerät {n}: መጠባበቂያ ማሽን: accessory unit
Zusatzgeräte {pl}:: ancillary equipment
Zusatzinformation {f}: የጨማሪ መረጃ: additional information, ancillary information
Zusatzkosten {pl}: ተጨማሪ ዋጋ: additional cost
Zusatzlautsprecher {m}: ተጨማሪ ድምጽ ማጉያ: auxiliary speaker
zusätzlich: በተጨማሪ/ ድጋሚ፣ ጭማሬያዊ: accessorily, accessory, added, additional, additionally, additive, side-bar, additively
Zusatzmittel {n, pl}: ተጨማሪ ነገር: additive
Zusatzname {m}: ተለዋጭ ስም: additional name
Zusatzprogramm {n}: ታካይ ፕሮግራም: add on program
Zusatzregister {n}: ተጨማሪ ሊስት: extension register
Zusatzspeicher {m, pl}, peripherer Speicher, Speicheradapter: መጠባበቂያ መዝገብ/ ዓውድ: auxiliary storage, backing storage, adapter memory
Zusatzsteuer {f}: ተጨማሪ ቀረጥ: add on tax
Zusatzsuche {f}: ተጨማሪ ምርምር: additional search
Zusatzsumme {f}: ጠቅላላ ድምር: additional total
Zusatztext {m}: ተጨማሪ ቴ ክስት: additional text
Zusatztexteingabe {f}: ተጨማሪ ቴ ክስት ዘገባ: additional text entry
Zusatztitel {m, pl}: ተጨማሪ መጠሪያ/ ስም: additional title
Zusatzvereinbarung {f}: ተጨማሪ ውል: additional agreement
Zusatzversicherung {f}: ተጨማሪ ኢንሹራንስ: additional insurance, complementary insurance
Zusatzvertrag {m}: ተጨማሪ ስምምነት: accessory contract
Zuschauer {m, pl}: ተመልካች፣ አዳማጭ: bystander, bystanders, onlooker, onlookers, spectator, spectators
zuschieben: ወደፊት ገፋ: push towards
zuschiebend: ወደፊት ገፊ/ ገፍቶ: pushing towards
Zuschlag {m}: ጭማሪ: award of contract, acceptance of bid
zuschlagen: መልሶ አጠቃ/ መታ: slam
zuschlagsfrei: ተጨማሪ ዕዳአልባ: free of extra charge
Zuschlagsgebühr {f}: ተጨማሪ ክፍያ/ ቀረጥ: extra fee
Zuschlagskarte {f}: ተጨማሪ ትኬት: extra ticket
zuschließen: ቆለፈ፣ ቸነከረ: to lock
zuschmieren: ተኳለ: smear up
zuschnappen: ነከሰ፣ ጠቅቅ አደረገ፣ ጠለቀጠ: click
zuschneiden auf: ቆራረጠ: tailor to
Zuschnitt {m}: መጣፊያ፣ ቅዳጅ (ጨርቅ...): tailor
zuschnüren: አነቀ፣ እንቅ አድርጎ ሳበ: cord up
zuschrauben: ምስማር አጠበቀ: screw down
zuschreiben: ጨመረ፣ጨምሮ ጻፈ: ascribe
Zuschuß {m}: ጭማሬ: allowance
zusichern, garantieren: አረጋገጠ፣ ማረጋገጫ ሰጠ: ensure
zuspitzen: አሾለ፣ ሳለ: taper
zusprechen: አመዛዘነ: adjudge
zuspringen: ወደፊት ዘለለ: spring towards
zuständig, verantwortlich: ተጠሪ፣ ተጠያቂ: responsible, competent
Zustand {m}: ሁኔታ፣አቋም: condition, state, status
zustimmen: ተስማማ፣ ተቀበለ፣ ድምጽ ሰጠ: agree, assent, concern, considered, jibe
zustimmend: ተስማሚ/ ተስማምቶ: affirmative, assenting, concerned, consentient, consenting, jibing, approvingly
Zustimmung {f}: ስምምነት: accordance, agreement, approbation, assentation, consent, allowance, compliance
Zustimmungen {pl} :: approbations, approvals, assentations
zustopfen: አቆመ: stop up, tamp
zustopfend: አቋሚ/ አቁሞ: stopping up, tamping
zustossen: ሆነ፣ ተከናወነ: happen to
zustürzen: ተዋደቀ፣ተቃማ: rush up to
Zutat {f}: ከንውን: condiment
zuteilen, aufteilen: ተናገረ፣ አካፈለ: deal, portion, apportion, assign
zuteilend: አካፋይ/ አካፍሎ: apportioning, prorating
Zuteilung {f}, Zuweisung: መርዶ፣ ክፍያ: handout, proration, ration, apportionment, assignment, allotment
Zuteilungen {pl} :: rations
zutreffen: አወንታ/ ልክ ሆነ: be true, concurrently, appropriate
Zutritt {m}, Zugang, Eintritt: እርግጫ: acess, admittance, admission, approach
Zutritte {pl} :: admittances
zuverlässig: ታማኝ፣ ኢጥገኛ: dependable, dependably, reliable, reliably, solid, staunch, steadily, steady, unfailing, reliable, staunchly, unfailingly

Zuverlässigkeit {f}: ታማኝነት: credibleness, creditableness, dependability, reliability, tenacity, trustiness, steadiness
Zuverlässigkeiten {pl} :: dependableness, eliableness
zuversichtlich: እምነታዊ: reliant, reliantly
zuviel: በጣም ብዙ: too much
zuvor: ከዚያ በፊት: beforehand
zuvor: ድሮ: afore
Zuwachs {m}: ጭማሪ፤ እድገት: accrual, accession
zuwachsen: አደገ፤ ጨመረ: accrue, become overgrown
Zuwachsrate {f}: የእድገት ሬት/ መቶኛ: rate of growth
Zuwachsraten {pl} :: rates of growth
zuwarten: ተጠባበቀ: wait patiently
zuweisen: ጠቆመ፤ አመለከተ: allocate, assign
Zuweisung {f}: ትእዛዝ፤ ጥቆማ: assignment
Zuweisungen {pl} :: assignments
zuwenig: እጅግ ትንሽ: too little
zuwider: ተቃራኒ፤ አንፃራዊ: contrary, dislikable
zuwinken: አውለበለበ፤ አርገበገበ: wave to
zuzahlen: ተጨማሪ ከፈለ: pay in addition
zuzahlend: ጨምሮ ከፋይ/ ከፍሎ: paying in addition
zuzeiten: በወቅቱ/ በጊዜው: at times
Zwang {m}: ግዴታ: coercion, compulsion, constraint, enforcement
Zwänge {pl}:: compulsions, constraints, enforcements, necessities, coercions
zwanglos: ግዴታአልባ: free and easy, informally
Zwanglosigkeit {f}: ግዴታአልባነት: unconventionality
Zwangsanleihe {f}: የግዴታ ብድር: forced loan
Zwangsanleihen {pl} :: forced loans
Zwangsarbeit {f}: የግዳጅ ሥራ: forced labour
Zwangsenteignung {f}: መውረስ፤ መዝረፍ: expropriation
zwangsernähren: በግድ መገበ፤ ቀለበ: force feed
Zwangsernährung {f}: የግዴታ ቀለብ: forcible tube feed
zwangsläufig: የግድ፤ በግድ፤ ግዴታዊ: inevitably, perforce
Zwangsläufigkeit {f}: ግዳጃዊነት: coerciveness
Zwangslosigkeit {f}: ግዴታአልባነት: unrestraint
Zwangsmässigkeit {f}: ግዴታዊነት: compulsiveness
Zwangsmässigkeiten {pl} :: compulsoriness
Zwangsmittel {n, pl}: የግዴታ ዘዴ: means of coercion
Zwangsverkauf {m}: ግዴታዊ ሽያጭ: compulsory sale
Zwangsversteigerung {f}: ጫራታ: forced sale
Zwangsversteigerungen {pl} :: forced sales
Zwangsverwaltung {f}: የግዳጅ መሥሪያ ቤት: forced administration
Zwangsverwaltungen {pl} :: forced administrations
zwangsweise: በግድ/ በኃይል: by force
Zwangswirtschaft {f}: የግዳጅ/ ጥላን ኢኮኖሚ: controlled economy
Zwangswirtschaften {pl} :: controlled economies
zwanzig: ሃያ/ ክያ: twenty
zwanzigfach: ሃያ እጥፍ: twentyfold
zwanzigste, zwanzigsten: ሃያኛ: twentieth
zwanzigstel: ሃያኛ ሽ: twentieth part
Zweck {m}, Absicht: ምክንያት፤ ሰበብ፤ ፍላጎት: purpose
Zweckforschung {f}: ምክንያታዊ ምርምር: applied research
zwecklos, sinnlos: ምክንያትአልባ: purposeless, futile, purposelessly, uselessly
Zwecklosigkeit {f}: ሰበብአልባነት: futileness, purposelessness
zweckmässig: በምክንያት፤ ምክንያታዊ: expedient, expediently
Zweckmässigkeit {f}: ምክንያታዊነት: expedience, expediency
zwei: ሁለት፤ ጥንድ/ ጥምድ/ ቀንጃ: twain, two
zweiarmig: ባለሁለት ክንድ/ እጅ: two armed
zweibahnig: ባለሁለት ቅጽ: dual web, two legged
zweibändig: በሁለት እጅ: in two volumes
Zweibettzimmer {n}: ባለሁለት አልጋ ክፍል: double bedroom
Zweidecker {m, pl}: ድርብ: biplane
zweideutig: ባለጣምራ ፍች፤ አምታች: equivocal, equivocally, suggestive
Zweideutigkeit {f}: አምታችነት: equivocalness, suggestiveness
Zweideutigkeiten {pl} :: ambiguities, ambiguousness
Zweidrittelmehrheit {f}: የሁለት ሦስተኛ ብልጫ: two third majority
Zweidrittelmehrheiten {pl} :: two third majorities
zweifach, doppelt: ጣምራ፤ ጥንድ: dual, twofold, twofoldly
zweifältig: ሁለቴ / ሁለት ጊዜ: twofold
zweifarbig: ባለሁለት ቀለም: bichrome, two coloured
Zweifel {m, pl}: ጥርጣሬ: doubt, qualms, doubts
zweifelhaft: አጠራጣሪ: doubtable, dubious, dubiously, iffy, doubtfully, dubois
Zweifelhaftigkeit {f}: አጠራጣሪነት: doubtfulness, dubiousness
zweifellos, außer Zweifel: ጥርጣሬአልባ: indubitable, undoubted, undoubtedly, undoubtful, doubtless, beyond doubt, doubtlessly, indubitably
Zweifellosigkeit {f}: ጥርጣሬአልባነት: incontrovertibleness

zweifeln: ተጠራጠረ፣ አጠራጠረ: to doubt
zweifelnd: አጠራጣሪ/ አጠራጥሮ: doubting, doubtingly
Zweifelsfall {m}: የጥርጣሬ ምክንያት: case of doubt
Zweifelsfälle {pl} :: cases of doubt
zweifelsohne, ohne Zweifel: ያለጥርጥር: without doubt
Zweifler {m, pl}: ተጠራጣሪ: doubter
zweifüssig: ባለሁለት እግር: bipedal
Zweig {m}: ቅርንጫፍ: brace, branch, twig, branch
Zweige {pl} :: twigs, branches
zweigeschlechtig: ፌናፌንታም: bisexual, bisexually
Zweigeschlechtigkeit {f}: ፌናፌንታማነት: bisexualism
Zweigeschlechtigkeiten {pl} :: bisexuality
Zweiggeschäft {n}: ቅርንጫፍ ሱቅ: branch establishment
zweihändig: ባለሁለት እጅ: two handed
zweihundertjährig: ባለሁለት መቶ ዓመት: bicentennial
zweijährig: ባለሁለት ዓመት: biennial, two years old
zweilagig, zweiteilig: ባለጣምራ ክፍል: two-part
zweimal, doppelt: ሁለቴ / ሁለት ጊዜ: twice
zweimalig: ሁለት ጊዜ: done twice
zweimonatlich: በእየሁለት ወሩ: bimonthly
zweimotorig: ባለሁለት ሞተር: twin engined
Zweiparteiensystem {n}: ባለጣምራ ሲስተም: two party, two party system
Zweiparteiensysteme {pl} :: two party systems
zweiphasig: ባለሁለት ደረጃ: two-phase
Zweipunkt {m}: ሁለት ነጥብ: on-off
zweireihig: ባለሁለት መደዳ: two rowed
zweischneidig: ባለሁለት ስለት: two edged
zweiseitig: ጣምራ ገጽ: bilateral, bilatterally, two-sided, dissyllabic
Zweisitzer {m, pl}: ሁለት ወንበር: twoseater
zweisitzig: ባለሁለት መቀመጫ: two seated
zweisprachig: ባለሁለት ቋንቋ: bilingual, bilingually
Zweisprachigkeit {f}: ባለሁለት ቋንቋነት: bilingualism
zweistellig: ባለሁለት ቦታ: two place
zweistimmig: ጣምራ ድምጽ: in two voices
zweistöckig: ባለሁለት ፎቅ: two storied
zweistufig: ባለሁለት ደረጃ: two stage
zweistündig: ባለሁለት ሰዓት: two hour
zweitägig: በሁለት ቀን: two day
zweite, zweiter, zweites, zweiten: ሁለተኛ: second
zweiteilig: ጣምራ፣ ጥንድ: bipartite, dyadic, two piece
zweitens: ሁለትዮች: secondly
zweitklassig: ሁለተኛ ክፍል: second-rate
zweitrangig: ሁለተኛ ደረጃ: secondarily, secondary
Zweitrangigkeit {f}: በደረጃ ሁለተኛነት: secondariness
zweiwege: ጣምራ መንገድ: two way
zweiwertig: ባለሁለት ዋጋ: bivalent, two-valued
zweiwöchentlich: በእየሁለት ሳምንቱ: biweekly
Zweizeiler {m, pl}: ባለሁለት መስመር: distich, distiches, distichs
zweizeilig: ባለሁለት መስመር: double spaced, doublespaced
Zwerg {m}: ስውር/ ድብቅ ሰው፣ እዋይ/ ቆሌ: midget, runt, dwarf
Zwerge {pl} :: midgets, runts, dwarfs
zwergenhaft: ቆሌያዊ: dwarfish, gnomish
Zwickel {m, pl}: ባለሦስት ጎን ልጣፍ/ ጣፊያ: gusset
zwicken: በጉጠት/ መቀስ ቆነጠጠ: nip, tweak
Zwiebel {f}: ሽንኩርት: onoin
Zwiebeln {pl} :: onions, bulbs
Zwiebelschale {f}: የሽንኩርት ልጣጭ: onionskin, onion skin
Zwielicht {n}: ጨልጫላ መብራት/ ብርሃን: twilight
zwiespaltig: አምታች፣ አደናጋሪ: dichotomous, dichotomously
Zwilling {m}: መንታ: twin
Zwillinge {pl} :: twins
Zwillingsbruder {m}: መንታ ወንድማማች: twin brother, twin brothers
Zwillingspaar {n}: መንታ ጥንድ: pair of twins
Zwillingsschwester {f}: መንታ እኅትማማች: twin sister
Zwillingsschwestern {pl} :: twin sisters
zwingen, nötigen: አስገደደ: bludgeon, coerce, compel, constrain, to force, compel
zwingend: በኃይል፣ በግድ፣አስገዳጅ/ አስገድዶ: bludgeoning, coercible, coercing, coercive, cogent, cogently, compellable, compelling, compulsive, constraining, forcing, mandatory, stringent, stringently, urgent, coercively, cogently, compelling, compulsively, imperatively
zwischen, unter: በ...መሃል/ መካከል/ ውስጥ: among, amongst, inter, between
Zwischenbemerkung {f}: መግለጫ፣ ማብራሪያ: incidental remark
Zwischenbilanz {f}: አማካይ ሚዛን/ ዘገባ: interim financial statement
Zwischenbilanzen {pl} :: interim results
Zwischenergebnis {n}: ወቅታዊ ውጤት: provisional result, provisional product
Zwischenfall {m}: አጋጣሚ: incident
Zwischenfrage {f}: ወቅታዊ ጥያቄ : interposed question
Zwischenhandel {m}: ውስጣዊ ንግድ: intermediate trade
Zwischenhändler {m, pl}: ደላላ፣ አገናኝ ነጋዴ: intermediaries, the middlemen
Zwischenlösung {f}: ጊዜያዊ መፍትሔ: interim solution

Zwischenprüfung {f}: አጋማሽ ፈተና: intermediate examination
Zwischenraum {m}: የመሀል ክፍል: interstice
Zwischenräume {pl} :: interstices
Zwischenstadium {n}: አማካይ ይዞታ: intermediate phase
Zwischenstation {f}: ማዕከላዊ ማረፊያ: intermediate station, interstation
Zwischensumme {f}: ጊዜያዊ ድምር: subtotal, batch total
Zwischenurteil {n}: ውስጣዊ ውሳኔ: interim judgement
Zwischenverkauf {m}: ውስጣዊ ግብይት/ ሽያጭ: prior sale
Zwischenzeit {f}: ውስጣዊ ዕረፍት/ ሰዓት: intervening period, meantime
Zwischenzeiten {pl} :: interims
zwischenzeitlich: በእየጊዜው: intermediate, intermittent
zwitschern: ድምጽ አሰማ/ ሰጠ: chipper, twitter, to chirp
zwölf: አሥራሁለት: twelve
zwölffach: አሥራሁለት እጥፍ: twelvefold
zwölfjährig: ባላሥራሁለት ዓመት: twelve years old
zwölfstündig: ባሥራሁለት ሰዓት: twelve hour
zwölftägig: ባላሥራሁለት ቀን: twelve day
zwölfte: አሥራሁለተኛ: twelfth
Zyanid {n}: የጨው ዓይነት: cyanide
Zyanide {pl} :: cyanides
Zyankali {n}: የንጥረ ነገር ዓይነት: potassium cyanide
Zyklon {m}: ማጣሪያ: cyclone
Zyklone {pl} :: cyclones
Zyklop {m}: ባላንድ ዓይና ፍጡር (ተረት): cyclops
Zyklopen {pl} :: cyclopes
zyklopisch: ኀቡእ ፍጡራዊ: cyclopean
Zyklus {m}: ተዘዋዋሪ ወቅት: cycle
Zykluszeit {f}: ተዘዋዋሪ/ ተመላላሽ ሰዓት/ ወቅት: cycle time
Zylinder {m, pl}: ሲሊንደር/ ዋንጫ ቅጽ: cylinder, cylinders, tophat, tophats
zylindrisch: ዋንጫ ቅርጽ: cylindric, cylindrically
Zyniker {m, pl}: ሃፍረትአልባ/ ቀላጅ ሰው: cynic, cynics
zynisch: ቀልደኛ፣ ቀልጻዊ: cynic, cynical, cynically
Zynismus {m}: ቀልደኝነት: cynicism, cynism
Zyste {f}: መግል፣ እዥ: cyst
Zysten {pl} :: cysts

Deutsche Grammatik

Die nachfolgenden Übersichten sind dazu bestimmt, amharischen Muttersprachlern den Zugang zur deutschen Grammatik zu eröffnen. Wann immer hilfreich, werden die amharischen und englischen Entsprechungen mit angeführt.

Schrittweise wird von den Personal- und Possessivpronomen über die Deklination der Adjektive und Substantive an die regelmäßigen und unregelmäßigen Konjugationen der Verben herangeführt. Darüber hinaus sind Beispiele aufgeführt für die Verbindungsmöglichkeiten der Verben mit Partikeln und Vorsilben sowie für Wortfamilien und sinnverwandte Wörter.

Das Personal- und Possessivpronomen : መደበኛ ስሞችና ተውላጠ ስሞች

Personalpronomen				**Possessiv-**
Nominativ	**Genitiv**	**Dativ**	**Akkusativ**	**pronomen**
ich: እኔ: I	mein-es/r: የኔ: (of) my	mir: ለ/በ/ከኔ: mine	mich: እኔን: me	mein: ..ኤ/ዬ: my
du[1]: አንተ: you	dein-es/r: ያንተ: (of) your	dir:ላ/ባ/ካንተ:yours	dich: አንተን: you	dein: ..ህ: your
du[2]: አንቺ: you	dein-es/r: ያንቺ: (of) your	dir: ላ/ባንቺ: yours	dich: አንቺን: you	dein: ..ሽ: your
er: እሱ: he	sein-es/r: የሱ: (of) his	ihm: ለ/ከሱ: his	ihn: እሱን: him	sein: ..ኡ/ው: his
sie: እሷ: she	ihr-es/r: የሷ: (of) her	ihr: ለ/በሷ: hers	sie: እሷን: her	ihr:..ኣ/ዋ/ኡኣ: her
es: እሱ: it	sein-es/r: የሱ: (of) ist	ihm: ከ/ለሱ : its	es: እሱን: it	sein: ..ኡ/ው: ist
wir: እኛ: we	unser-es/r: የኛ: (of) our	uns: በ/ለኛ: ours	uns: እኛን: us	unser: ..ኣችን: our
ihr:እናንተ: you	euer-es/r: የናንተ: (of) your	euch: ከ/ለናተ: yours	euch: እናተን: you	euer:..ኣችሁ: your
sie: እነሱ: they	ihr-es/r: የነሱ: (of) their	ihnen:በ/ከነሱ:theirs	sie: እነሱን: them	ihr: ..ኣቸዉ: their
Sie:እርስዎ:you	Ihr-es/r: የስዎ: (of) your	Ihnen:ለ/በስዎ:yours	Sie: እስዎን: you	Ihr: ..ዎት: your

Deklinationstypen der Adjektive : የቅፕሎች ርባታ

		Nach: der, die, das; dieser, diese, dieses; welcher, welche, welches			*Nach:* ein, eine, ein; kein, keine, kein; mein, meine, mein			*Ohne* Pronomen bzw. Artikel (alleinstehendes Adjektiv)		
Singular		M	F	N	M	F	N	M	F	N
	Nom.	-e	-e	-e	-er	-e	-es	-er	-e	-es
	Gen.	-en	-en	-en	-en	-en	-en	-en	-er	-en
	Dat.	-en	-en	-en	-en	-en	-en	-em	-er	-em
	Akk.	-en	-e	-e	-en	-e	-es	-en	-e	-es
		Nach: die; alle; welche; keine; meine						*Nach:* viele; einige; wenige		
Plural		M	F	N				M	F	N
	Nom.	-en	-en	-en				-e	-e	-e
	Gen.	-en	-en	-en				-er	-er	-er
	Dat.	-en	-en	-en				-en	-en	-en
	Akk.	-en	-en	-en				-e	-e	-e

Ein dekliniertes Adjektiv ist beispielhaft in der Übersicht auf der nächsten Seite enthalten.

[1] Diese Formen werden gebraucht, wenn im Amharischen die angesprochene Person *männlich* ist.
[2] Diese Formen werden gebraucht, wenn im Amharischen die angesprochene Person *weiblich* ist.

Die Kongruenz zwischen Pronomen, Adjektiv und Substantiv

	Maskulinum	**Femininum**	**Neutrum**	**Plural**
Nominativ	der jeder **gute Mann** welcher ein kein **guter Mann** mein viel genug **guter Wein** wenig	die jede **gute Frau** welche eine keine **gute Frau** meine viel genug **gute Suppe** wenig	das jedes **gute Kind** welches ein kein **gutes Kind** mein viel genug **gutes Bier** wenig	die alle **guten Männer** welche — keine **guten Männer** meine viele einige **gute Männer** wenige
Genitiv trotz, wegen	des jedes **guten Mannes** welches eines keines **guten Mannes** meines viel genug **guten Weines** wenig	der jeder **guten Frau** welcher einer keiner **guten Frau** meiner viel genug **guter Suppe** wenig	des jedes **guten Kindes** welches eines keines **guten Kindes** meines viel genug **guten Bieres** wenig	der aller **guten Männer** welcher — keiner **guten Kinder** meiner vieler weniger **guter Kin-** einiger **der**
Dativ aus, bei, mit, nach, von, zu, seit **Wo?** In, an, auf, über, unter, vor, neben, zwischen	dem jedem **guten Mann** welchem einem keinem **guten Mann** meinem viel genug **gutem Wein** wenig	der jeder **guten Frau** welcher einer keiner **guten Frau** meiner viel genug **guter Suppe** wenig	dem jedem **guten Kind** welchem einem keinem **guten Kind** meinem viel genug **gutem Bier** wenig	den allen **guten Kindern** welchen — keinen **guten Frauen** meinen vielen genug **guten Frauen** wenigen
Akkusativ durch, für, gegen, ohne, um **Wohin?** In, an, auf, über, unter, vor, neben, hinter	den jeden **guten Mann** welchen einen keinen **guten Mann** meinen viel genug **guten Wein** wenig	die jede **gute Frau** welche eine keine **gute Frau** meine viel genug **gute Suppe** wenig	das jedes **gute Kind** welches ein kein **gutes Kind** mein viel genug **gutes Bier** wenig	die jede **guten Kinder** welche — keine **guten Frauen** meine viele wenige **gute Kinder** einige

Regelmäßige (1.) und unregelmäßige (2.) Konjugationen : የሕገኛና ኢሕጋዊ ግሦች ርባታ

Infinitiv Präsens	**Personal-pronomen**	**Indikativ Präsens**	**Indikativ Präteritum**	**Konjunktiv I +II Futur I**	**Imperativ**
1. antworten	**ich**	1. antworte	antwortete	würde antworten /	
sagen		sage	sagte	sagen	
2. sein		2. bin	war	wäre	
heißen		heiße	hieß	hieße	
bringen		bringe	brachte	brächte	
kommen		komme	kam	käme	
essen		esse	aß	äße	
fahren		fahre	fuhr	führe	
helfen		helfe	half	hülfe	
	du	1. antwortest	antwortetest	würdest antworten /	antworte!
		sagst	sagtest	sagen	sag /-e!
		2. bist	warst	wärest	sei!
		heißt	hießest	hießest	heiße!
		bringst	brachtest	brächtest	bringe!
		kommst	kamst	kämest	komm!
		ißt	aßest	äßest	iß!
		fährst	fuhrst	führest	fahre!
		hilfst	halfst	hülfest	helfe!
	er, sie, es	1. antwortet	antwortete	würde antworten	
		sagt	sagte	sagen	
		2. ist	war	wäre	
		heißt	hieß	hieße	
		bringt	brachte	brächte	
		kommt	kam	käme	
		ißt	aß	äße	
		fährt	fuhr	führe	
		hilft	half	hülfe	
	wir	1. antworten	antworteten	würden antworten /	
		sagen	sagten	sagen	
		2. sind	waren	wären	
		heißen	hießen	hießen	
		bringen	brachten	brächten	
		kommen	kamen	kämen	
		essen	aßen	äßen	
		fahren	fuhren	führen	
		helfen	halfen	hülfen	
	Ihr	1. antwortet	antwortetet	würdet antworten /	antwortet!
		sagt	sagtet	sagen	sagt!
		2. seid	wart	wäret	seid!
		heißt	hießet	hießet	heißt!
		bringt	brachtet	brächtet	bringt!
		kommt	kamt	kämet	kommt!
		eßt	aßet	äßet	eßt!
		fahrt	fuhrt	führet	fahrt!
		helft	halft	hülfet	helft!
	Sie	1. antworten	antworteten	würden antworten /	
		sagen	sagten	sagen	
		2. sind	waren	wären	
		heißen	hießen	hießen	
		bringen	brachten	brächten	
		kommen	kamen	kämen	
		essen	aßen	äßen	
		fahren	fuhren	führen	
		helfen	halfen	hülfen	

Die regelmäßige Konjugation

Aktiv : አድራጊ

	Indikativ	**Kontinuativ**[3]	**Konjunktiv**	**Admirativ**[4]
Präsens er, sie es እሱ/እሷ he, she, it	 macht አድራጊ ነው/ናት does	 (ist am Machen) እያደረገ/ች ነው is doing	 mache ቢያደርግ/ብታደርግ! may do	 (möge geschehen) አደረጊ ነዋ/ናታ maybe / may be
Präteritum er, sie, es እሱ/እሷ he, she, it	 machte አደረገ/አደረገች did	 (war am Machen) — was doing	 machte ባደረገ/ች! were doing	 — አደረጋ/አደረገቻ —
Perfekt er, sie es እሱ/እሷ he, she, it	 hat gemacht አድራጊ ሆነ/ሆነች has done	 — አድራጊ እየሆነ/ች ነው has been doing	 habe gemacht እያደረገ/ች ቢሆን! would have done	 (möge gemacht haben) አድራጊ ሆና/ሆነቻ —
Plusquamperfekt er, sie, es እሱ/እሷ he, she, it	 hatte gemacht አድራጊ ነበር/ነበረች had done	 — እያደረገ/ች ነበር had been doing	 hätte gemacht እያደረገ/ች በነበር! —	 — እያደረገ/ች ነበራ —
Futur I er, sie, es እሱ/እሷ he,she,it	 wird machen ያደርጋል/ታደርጋለች will / shall do	 — — will be doing	werde / würde ma- chen ማድረግ ቢችል/ብትችል! may / will do	 — አድራጊ ይሆናል/ትሆናለቻ —
Imperativ du አንተ/አንቺ you	 mach /-e አድርግ/አድርጊ do		 möge machen ብታደርግ/ብታደርጊ! may do	
Infinitiv **Präsens**	 machen ማድረግ to do	 (am Machen sein) እያደረገ/ች መሆን be doing		
Partizip **Präsens** **(1. Partizip)**	 machend አድራጊ/አድርጎ doing			
vom Verb **abgeleitetes Sub-** **stantiv**	 Macht ድርጊት/አድራጎት action, deed			

[3] Gemeint ist die im Englischen gebräuchliche Continuous Form.
[4] Gemeint ist ein Modus des Erstaunens bzw. Wünschens.

Passiv : ተደራጊ

	Indikativ	Kontinuativ	Konjunktiv	Admirativ
Präsens er, sie es እሱ/እሷ he, she, it	wird gemacht ተደራጊ ነው/ናት is done	(ist am Machen) እየተደረገ/ች ነው is being done	werde gemacht ቢደረግ/ብትደረግ may be done	(möge gemacht werden) ተደራጊ ነዋ/ናታ —
Präteritum er, sie, es እሱ/እሷ he, she, it	wurde gemacht ተደረገ/ተደረገች was done	(war am Machen) — was being done	würde gemacht — were being done	— ተደርጓላ/ተገድጋለቻ —
Perfekt er, sie, es እሱ/እሷ he, she, it	ist gemacht worden ተደራጊ ሆነ/ሆነች has been done	— ተደራጊ እየሆነ/ች ነው is having been done	sei gemacht worden እየተደረገ/ች ቢሆን would have been done	(möge gemacht worden sein) ተደራጊ ሆና/ሆነቻ
Plusquamperfekt er, sie, es እሱ/እሷ he, she, it	war gemacht worden ተደራጊ ነበር/ነበረች had been done	— ተደራጊ እየሆነ/ች ነበር was having been done	wäre gemacht worden ተደራጊ በሆነ/ች ኖሮ ? —	— ተደራጊ ነበራ/ነበረቻ —
Futur er, sie, es እሱ/እሷ he, she, it	wird gemacht werden ይደረጋል/ትደረጋለች will / shall be done	— — will be being done	würde gemacht werden መደረግ ቢችል/ብትችል may / will be done	— ይደርጋላ/ትደርጋለቻ —
Imperativ du አንተ/አንቺ you	werde gemacht! ተደረግ/ተደረጊ has / have to be done	— — —	möge gemacht werden ብትደረግ/ብትደረጊ may be done	— ይገደላ/ትገደላ —
Infinitiv Präsens	gemacht werden መድደረግ be done	(am Machen sein) እየተደረገ/ች መሆን be being done		
Partizip Perfekt (2. Partizip)	gemacht ተደራጊ/ተደርጎ done			

Modalverben : ረዳት ግሦች

Infinitiv		**können**	**müssen**	**dürfen**	**wollen**	**sollen**	**mögen**
Indikativ Präsens	ich	kann	muß	darf	will	soll	mag
	du	kannst	mußt	darfst	willst	sollst	magst
	er, sie, es	kann	muß	darf	will	soll	mag
	wir	können	müssen	dürfen	wollen	sollen	mögen
	ihr	könnt	müßt	dürft	wollt	sollt	mögt
	sie	können	müssen	dürfen	wollen	sollen	mögen
Indikativ Präteritum	ich	konnte	mußte	durfte	wollte	sollte	mochte
	du	konntest	mußtest	durftest	wolltest	solltest	mochtest
	er, sie, es	konnte	mußte	durfte	wollte	sollte	mochte
	wir	konnten	mußten	durften	wollten	sollten	mochten
	ihr	konntet	mußtet	durftet	wolltet	solltet	mochtet
	sie	konnten	mußten	durften	wollten	sollten	mochten

Die Verben haben, sein, werden

Infinitiv		**haben**	**sein**	**werden**
Indikativ Präsens	ich	habe	bin	werde
	du	hast	bist	wirst
	er, sie, es	hat	ist	wird
	wir	haben	sind	werden
	ihr	habt	seid	werdet
	sie	haben	sind	werden
Indikativ Präteritum	ich	hatte	war	wurde
	du	hattest	warst	wurdest
	er, sie, es	hatte	war	wurde
	wir	hatten	waren	wurden
	ihr	hattet	wart	wurdet
	sie	hatten	waren	wurden

Das Partizip : ውስጠ-ዘ

– im (amharischen) Nebensatz

ውስጠ-ዘ ወደዐማርኛ ሲቀየር ሊ/ል..፤ሲ/ስ..፤ቢ/ብ..፤ እንድ/እንዲ..፤ ...ዘንድ በሚሉት መስተፃምሮች/ መስተዋድዶች በመታገዝ ይተረጎማል::

<u>Aktiv</u>: – **Essend/schlagend/(indem, wobei, während, ... er/sie/es ißt,)** geht er/sie/es nach Hause. **በልቶ/በልታ፤ ሊበላ/ልትበላ፤ እንዲበላ/እንድትበላ፤ ይበላ/ትበላ ዘንድ ወደቤት ሃጅ ነው/ናት:: Eating/biting/ or having eaten/bitten** he/she/it goes home.

– **Essend/schlagend/(indem, wobei, ... wir/sie essen,)** gehen wir/sie nach Hause. **በልተን/ በልተዉ፤ልንበላ/ሊበሉ፤...ወደቤት ሃጅ ነን/ናቸዉ:: Eating/biting/ or having eaten/bitten** we/they go home.

– **Essend/schlagend** geht ihr nach Hause. **በልታችሁ፤ ልትበሉ፤ ትበሉ ዘንድ ወደቤት ሃጅ ናችሁ:: Eating/biting/ or having eaten/bitten** you go home.

<u>Passiv</u>: – (Nachdem er/sie/es) **gegessen/geschlagen** (wurde,) ging er/sie/es nach Hause. **ተበልቶ/ ተበልታ፤ ሊብበላ/ልትትበላ፤ ይብበላ/ትብበላ ዘንድ ወደቤት ሄደ/ሄደች::** (being) **eaten/bitten** he/she/it went home.

(Nachdem wir/sie) **gegessen/geschlagen** (wurden,) gingen wir/sie **ተበልተን / ተበልተዉ፤ልንብበላ / ሊብበሉ፤...ወደቤት ሄድን/ሄዱ::** (being) **eaten/bitten** we/they went home.

(Nachdem ihr) **gegessen/geschlagen** (wurdet,) gingt ihr ... **ተበልታችሁ፤ ልትትበሉ፤ ትብበሉ ዘንድ ወደቤት ሄዳችሁ::** (being) **eaten/ bitten** you went home.

– als Apposition

– Die (sich) **entwickelnden** Länder (Aktiv) **ታዳጊ/በማደግ ላይ ያሉ/ያሚያድጉ ሀገሮች** ... The **developing** countries.

– Die **entwickelten** Länder (Passiv) **ያደጉ/የበለፀጉ/የሠለጠኑ ሀገሮች...** The **developed** countries

Die Steigerungsformen des Adjektivs (Komparation): የማበላለጥ ቅጽ

Positiv = P, Komparativ = K, Superlativ = S

Regelmäßig			**mit Konsonantenveränderung**			**Unregelmäßig**		
P.	K.	S.	P.	K.	S.	P.	K.	S.
breit	breiter	breiteste	fromm	fro/ömmer	frömmste	bald	eher	am ehesten
knapp	knapper	knappste	gesund	gesu/ünder	gesündeste	gern/e	lieber	am liebsten
tief	tiefer	tiefste	glatt	gla/ätter	gla/ätteste	gut	besser	beste
toll	toller	tollste	hart	härter	härteste	viel	mehr	meiste
dünn	dünner	dünnste	dumm	dümmer	dümmste	wenig	minder	mindeste

Die häufigsten mit Verben verbundenen Partikeln und Präfixe:
በጀርመንኛ የተለመዱ ምዕላዶችና አጠቃቀማቸው

ab-	abnehmen	**herum-**	herumärgern
an-	andrehen	**herunter-**	herunterfallen
auf-	aufdrehen	**hervor-**	hervorheben
aus-	ausmachen	**hin-**	hingehen
be-	bedecken	**hinab-**	hinabtauchen
bei-	beibringen	**hinauf-**	hinaufklettern
bereit-	bereithalten	**hinaus-**	hinausführen
da(r)-	dableiben	**hinein-**	hineinbitten
dabei-	dabeisitzen	**hinter-**	hintergehen
dagegen-	dagegenhalten	**hinzu-**	hinzulernen
daher-	daherkommen	**in-**	inhaftieren
dahin-	dahingehen	**los-**	losbinden
daran-	daranhalten	**mit-**	mitmachen
darein-	dareinfinden	**miß-**	mißachten
davon-	davonlaufen	**nach-**	nachziehen
dazu-	dazukommen	**re-**	reformieren
de-	dementieren	**über-**	übersetzen
durch-	durchlaufen	**um-**	umgehen
ein-	einbilden	**umher-**	umherfliegen
ent-	entzünden	**unter-**	unterbleiben
entgegen-	entgegengehen	**ver-**	verbessern
er-	ersteigen	**vor-**	vorkommen
fehl-	fehlschlagen	**voraus-**	vorausberechnen
ge-	geleiten	**vorbei-**	vorbeifließen
her-	herkommen	**vorher-**	vorherbestimmen
herab-	herabsehen	**wider-**	widerrufen
heran-	heranarbeiten	**wieder-**	wiederholen
herauf-	heraufbeschwören	**zer-**	zerbrechen
heraus-	herausbringen	**zu-**	zugeben
herbei-	herbeiführen	**zurecht-**	zurechtbiegen
herein-	hereinfahren	**zurück-**	zurückführen
herüber-	herüberbitten	**zusammen-**	zusammenfahren

Die Wortfamilien im Deutschen : ዘመዳዊ ቃላት

Im Gegensatz zu den sinnverwandten Wörtern የወገናዊ ቃላት (siehe unten) entscheidet bei der Wortfamilie ዘመዳዊ ቃላት die Form über die Zugehörigkeit. Danach bilden Wörter mit einem gleichen oder ähnlichen, auf dieselbe etymologische Wurzel zurückzuführenden Stamm eine Wortfamilie. Zum Beispiel:

binden – Band – Bund – Bündnis

binden: anbinden, aufbinden, einbinden, entbinden, verbinden, zubinden; Bindfaden, Bindestrich, Bindewort, Bindemittel, Armbinde, Kopfbinde, Mullbinde; Buchbinder, Blumenbinderei ...
Band: Bandeisen, Bandsäge, Lehrband, Leinenband, Popband, Gedichtband, Geschenkband, Armband, Halsband, Gummiband, Fließband, Förderband ...
Bund: Bundesland, Bundesstaat, Bundesrepublik, Schlüsselbund, Sängerbund, Völkerbund ...
Bündnis: Bündelholz, bündig, Bündel, Holzbündel ...

eins – Verein – einzeln – allein

eins: ein, Einer, Einser; einhundert, Einbahnstraße, Einbaum, Einfamilienhaus, Einhorn, Einsiedler, Einzahl, eindeutig, Eindeutigkeit, einförmig, Einförmigkeit, einheitlich, Einheitlichkeit, Einheit, einigen, Einigung, einmal, einmalig, Einmaligkeit ...
Verein: vereinen, Vereinigung, Vereinheitlichung, vereinheitlichen ...
einzeln: einzellig, Einzeiler, einzeln, einzelnstehend, Einzelteil, vereinzelt, einziger, Einigkeit, einzigartig;
allein: alleinig ...

sprechen – Sprache – Gespräch – Spruch

sprechen Sprechwerkzeug, Sprechsilbe, Sprechstunde, Sprechzimmer; Klassensprecher, Fernsprecher, Lautsprecher; Sprichwort; absprechen, ansprechen, aussprechen, besprechen, entsprechen, freisprechen, fürsprechen, lossprechen, mitsprechen, versprechen, vorsprechen, widersprechen, zusprechen ...
Sprache: Sprachlehrer, Sprachforscher, Muttersprache, Fremdsprache, Landessprache, Umgangssprache, Hochsprache, Dichtersprache; sprachlos, Sprachlosigkeit, sprachlich, sprachkundig ...
Gespräch: gesprächig, Gesprächigkeit, gesprächsweise, Stadtgespräch, Ferngespräch, ...
Spruch: Spruchsammlung, Spruchweisheit, Sinnspruch, Wahlspruch, Trinkspruch, Zauberspruch ...

zwei – zwiefach – Zwillinge – zweifeln

zwei: Zweier, zweit, zweitens, Zwölf, zwanzig, zweihundert, entzweien, Entzweiung, Zweifamilienhaus, Zweikampf, zweibeinig, zweideutig, zweierlei, zweifach, zweimal, zweireihig, zweisam, zweischneidig, zweiteilig, zweitletzte ...
zwiefach: Zwieback, Zwiegespräch, Zwielicht, Zwiespalt, zwiespältig, Zwiespältigkeit, zwiespältig;
Zwillinge
zweifeln: Zweifel, Zweifler, zweifelhaft, zweifellos, zweifelsohne, anzweifeln, bezweifeln, verzweifeln;

Sinnverwandte Wörter : የወገናዊ ቃላት

Im Gegensatz zur Wortfamilie ዘመዳዊ ቃላት (siehe oben) handelt es sich bei sinnverwandten Wörtern የወገናዊ ቃላት um eine Menge von teilweise synonymen Wörtern mit einem gleichen oder ähnlichen Inhalt bzw. Bedeutungskern. Zum Beispiel:

Angst, Bangigkeit, Unsicherheit, Furcht, Beklemmung, Todesangst, Schüchternheit, Lampenfieber, ...
bald, demnächst, beinahe, früh, so bald wie möglich, in Kürze, ...
bitten, ersuchen, fordern, verlangen, betteln, sich wenden an, ...
edel, kostbar, erlesen, schön, fein, makellos, gut, wertvoll, formschön, ...
Erlaubnis, Genehmigung, Bewilligung, Bekräftigung, Zustimmung, Einverständnis, Ermächtigung, ...
Freund, Kamerad, Gefährte, Herzensfreund, Vertrauter, Gespiele, ...
geben, darreichen, schenken, bereitstellen, spenden, stiften, bescheren, zuwenden, überreichen, ...
Gemeinschaft, Mannschaft, Gesellschaft, Gruppe, Team, Verband, Verein, Gemeinde, Volk, ...
leicht, tragbar, federleicht, gedankenlos, locker, gewichtslos, schwebend, ...
wahr, gewiß, unleugbar, beglaubigt, richtig, glaubhaft, wirklich, zutreffend, ungelogen, ...

Unregelmäßige Verben : ኢ.ሕጋዊ ግሦች

Deutsch

Infinitiv	Präteritum	Partizip Aktiv	Partizip Passiv
backen	backte	backend -e/er/em/es/en	gebacken -e/er/em/es/en
befehlen	befahl	befehlend	befohlen
beginnen	begann	beginnend	begonnen
beißen	biß	beißend	gebissen
bewegen	bewog	bewegend	bewogen
biegen	bog	biegend	gebogen
bieten	bot	bietend	geboten
binden	band	bindend	gebunden
bitten	bat	bittend	gebeten
blasen	blies	blasend	geblasen
bleiben	blieb	bleibend	geblieben
braten	briet	bratend	gebraten
brechen	brach	brechend	gebrochen
brennen	brannte	brennend	gebrannt
bringen	brachte	bringend	gebracht
denken	dachte	denkend	gedacht
dingen	dang	dingend	gedungen
dringen	drang	dringend	gedrungen
dürfen	durfte	dürfend	gedurft
empfehlen	empfahl	empfehlend	empfohlen
essen	aß	essend	gegessen
erwägen	erwog	erwägend	erwogen
fahren	fuhr	fahrend	gefahren
fallen	fiel	fallend	gefallen
fangen	fing	fangend	gefangen
fechten	focht	fechtend	gefochten
finden	fand	findend	gefunden
fliegen	flog	fliegend	geflogen
fliehen	floh	fliehend	geflohen
fließen	floß	fließend	geflossen
fressen	fraß	fressend	gefressen
frieren	fror	frierend	gefroren
gebären	gebar	gebärend	geboren
geben	gab	gebend	gegeben
gehen	ging	gehend	gegangen
gelingen	gelang	gelingend	gelungen
gelten	galt	geltend	gegolten
genesen	genas	genesend	genesen
genießen	genoß	genießend	genossen
gleichen	glich	gleichend	geglichen
gleiten	glitt	gleitend	geglitten
graben	grub	grabend	gegraben
greifen	griff	greifend	gegriffen
haben	hatte	habend	gehabt
halten	hielt	haltend	gehalten
hängen	hing	hängend	gehangen
heißen	hieß	heißend	geheißen
helfen	half	helfend	geholfen
kennen	kannte	kennend	gekannt
klingen	klang	klingend	geklungen
kommen	kam	kommend	gekommen
können	konnte	können	gekonnt
laden	lud	ladend	geladen
lassen	ließ	lassend	gelassen

laufen	lief	laufend -e/er/em/es/en	gelaufen -e/er/em/es/en
leiden	litt	leidend	gelitten
leihen	lieh	leihend	geliehen
lesen	las	lesend	gelesen
liegen	lag	liegend	gelegen
lügen	log	lügend	gelogen
meiden	mied	meidend	gemieden
melken	molk	melkend	gemolken
messen	maß	messend	gemessen
mögen	mochte	mögend	gemocht
müssen	mußte	müssend	gemußt
nehmen	nahm	nehmend	genommen
nennen	nannte	nennend	genannt
pfeifen	pfiff	pfeifend	gepfiffen
preisen	pries	preisend	gepriesen
raten	riet	ratend	geraten
reißen	riß	reißend	gerissen
reiten	ritt	reitend	geritten
rennen	rannte	rennend	gerannt
riechen	roch	riechend	gerochen
ringen	rang	ringend	gerungen
rinnen	rann	rinnend	geronnen
rufen	rief	rufend	gerufen
saugen	sog	saugend	gesogen
schaffen	schuf	schaffend	geschaffen
schallen	scholl	schallend	geschallt
scheiden	schied	scheidend	geschieden
scheinen	schien	scheinend	geschienen
schelten	schalt	scheltend	gescholten
schieben	schob	schiebend	geschoben
schlafen	schlief	schlafend	geschlafen
schlagen	schlug	schlagend	geschlagen
schließen	schloß	schließend	geschlossen
schmeißen	schmiß	schmeißend	geschmissen
schmelzen	schmolz	schmelzend	geschmolzen
schneiden	schnitt	schneidend	geschnitten
schreiben	schrieb	schreibend	geschrieben
schreien	schrie	schreiend	geschrien
schreiten	schritt	schreitend	geschritten
schweigen	schwieg	schweigend	geschwiegen
schwimmen	schwamm	schwimmend	geschwommen
schwören	schwor	schwörend	geschworen
sehen	sah	sehend	gesehen
sein	war	seiend	gewesen
senden	sandte	sendend	gesandt / gesendet
singen	sang	singend	gesungen
sinken	sank	sinkend	gesunken
sinnen	sann	sinnend	gesonnen
sitzen	saß	sitzend	gesessen
sollen	sollte	sollend	gesollt
spinnen	spann	spinnend	gesponnen
sprechen	sprach	sprechend	gesprochen
springen	sprang	springend	gesprungen
stehen	stand	stehend	gestanden
stehlen	stahl	stehlend	gestohlen
steigen	stieg	steigend	gestiegen
sterben	starb	sterbend	gestorben
streiten	stritt	streitend	gestritten
tragen	trug	tragend	getragen

treffen	traf	treffend -e/er/em/es/en	getroffen -e/er/em/es/en
treiben	trieb	treibend	getrieben
treten	trat	tretend	getreten
trinken	trank	trinkend	getrunken
tun	tat	tuend	getan
verderben	verdarb	verderbend	verdorben
vergessen	vergaß	vergessend	vergessen
verlieren	verlor	verlierend	verloren
wachsen	wuchs	wachsend	gewachsen
waschen	wusch	waschend	gewaschen
weisen	wies	weisend	gewiesen
wenden	wandte / wendete	wendend	gewandt / gewendet
werben	warb	werbend	geworben
werden	wurde	werdend	geworden
werfen	warf	werfend	geworfen
wiegen	wog	wiegend	gewogen
wissen	wußte	wissend	gewußt
wollen	wollte	wollend	gewollt
ziehen	zog	ziehend	gezogen
zwingen	zwang	zwingend	gezwungen

Englisch

Infinitive = Imperative	Past tense	Passive Participle	Active Participle
abide	abided, abode	abided, abode	abiding
arise	arose	arisen	arising
awake	awoke	awoken	awaking
be	was/were	been	being
bear	bore	borne	bearing
beat	beat	beaten	beating
begin	began	begun	beginning
bend	bent	bent	bending
bet	bet, betted	bet, betted	betting
bid	bid, bade	bidden, bid	bidding
bide	bode, bided	bided	biding
bind	bound	bound	binding
bite	bit	bitten	biting
bleed	bled	bled	bleeding
blow	blew	blown	blowing
break	broke	broken	breaking
breed	bred	bred	breeding
bring	brought	brought	bringing
broadcast	broadcast	broadcast	broadcasting
build	built	built	building
burn	burnt, burned	burnt, burned	burning
burst	burst	burst	bursting
buy	bought	bought	buying
cast	cast	cast	casting
catch	caught	caught	catching
choose	chose	chosen	choosing
cling	clung	clung	clinging
come	came	come	coming
cost	cost, costed	cost, costed	costing
creep	crept	crept	creeping
cut	cut	cut	cutting
deal	dealt	dealt	dealing
dig	dug	dug	digging
do	did	done	doing
draw	drew	drawn	drawing
dream	dreamt, dreamed	dreamt, dreamed	dreaming
drink	drank	drunk	drinking
drive	drove	driven	driving
dwell	dwelt	dwelt	dwelling
eat	ate	eaten	eating
fall	fell	fallen	falling
feed	fed	fed	feeding
feel	felt	felt	feeling
fight	fought	fought	fighting
find	found	found	finding
flee	fled	fled	fleeing
fling	flung	flung	flinging
fly	flew	flown	flying
forecast	forecast, -ed	forecast, -ed	forecasting
forget	forgot	forgotten	forgetting
freeze	froze	frozen	freezing
get	got	got	getting
give	gave	given	giving
go	went	gone	going

grind	ground	ground	grinding
grow	grew	grown	growing
hang	hung, hanged	hung, hanged	hanging
have	had	had	having
hear	heard	heard	hearing
hew	hewed	hewed, hewn	hewing
hide	hid	hidden	hiding
hit	hit	hit	hitting
hold	held	held	holding
hurt	hurt	hurt	hurting
keep	kept	kept	keeping
kneel	knelt, kneeled	knelt, kneeled	kneeling
knit	knitted, knit	knitted, knit	knitting
know	knew	known	knowing
lay	laid	laid	laying
lead	led	led	leading
leap	leapt, leaped	leapt, leaped	leaping
learn	learnt, learned	learnt, learned	learning
leave	left	left	leaving
lend	lent	lent	lending
let	let	let	letting
lie	lay	lain	lying
light	lit, lighted	lit, lighted	lighting
lose	lost	lost	losing
make	made	made	making
mean	meant	meant	meaning
meet	met	met	meeting
mow	mowed	mown, mowed	mowing
pay	paid	paid	paying
put	put	put	putting
read	read	read	reading
rend	rent	rent	rending
rid	rid	rid	ridding
ride	rode	ridden	riding
ring	rang	rung	ringing
rise	rose	risen	rising
run	ran	run	running
saw	sawed	sawn, sawed	sawing
say	said	said	saying
see	saw	seen	seeing
seek	sought	sought	seeking
sell	sold	sold	selling
send	sent	sent	sending
set	set	set	setting
sew	sewed	sewn, sewed	sewing
shake	shook	shaken	shaking
shear	sheared	shorn, sheared	shearing
shed	shed	shed	shedding
shine	shone	shone	shining
shoe	shod	shod	shoeing
shoot	shot	shot	shooting
show	showed	shown, showed	showing
shrink	shrank, shrunk	shrunk	shrinking
shut	shut	shut	shutting
sing	sang	sung	singing
sink	sank	sunk	sinking
sit	sat	sat	sitting
slay	slew	slain	slaying
sleep	slept	slept	sleeping

slide	slid	slid	sliding
sling	slung	slung	slinging
slink	slunk	slunk	slinking
slit	slit	slit	slitting
smell	smelt, smelled	smelt, smelled	smelling
smite	smote	smitten	smiting
sow	sowed	sown, sowed	sowing
speak	spoke	spoken	speaking
speed	sped, speeded	sped, speeded	speeding
spell	spelt, spelled	spelt, spelled	spelling
spend	spent	spent	spending
spill	spilt, spilled	spilt, spilled	spilling
spin	spun	spun	spinning
spit	spat	spat	spitting
split	split	split	splitting
spread	spread	spread	spreading
spring	sprang	sprung	springing
stand	stood	stood	standing
steal	stole	stolen	stealing
stick	stuck	stuck	sticking
sting	stung	stung	stinging
stink	stank, stunk	stunk	stinking
strew	strewed	strewed, strewn	strewing
stride	strode	stridden	striding
strike	struck	struck	striking
string	strung	strung	stringing
strive	strove, strived	striven	striving
swear	swore	sworn	swearing
sweep	swept	swept	sweeping
swell	swelled	swollen, swelled	swelling
swim	swam	swum	swimming
swing	swung	swung	swinging
take	took	taken	taking
teach	taught	taught	teaching
tear	tore	torn	tearing
tell	told	told	telling
think	thought	thought	thinking
throw	threw	thrown	throwing
thrust	thrust	thrust	thrusting
tread	trod	trodden, trod	treading
wake	woke	woken	waking
wear	wore	worn	wearing
weave	wove	woven	weaving
weep	wept	wept	weeping
wet	wet, wetted	wet, wetted	wetting
win	won	won	winning
wind	wound	wound	winding
wring	wrung	wrung	wringing
write	wrote	written	writing

የግዕዝ ፊደል

ቁጥር	ግዕዝ አንድ		ካዕብ ሰኞ		ሣልስ ማክሰኞ		ረቡዕ ራብእ		ሐምስ ሐሙስ		ሳድስ ዓርብ		ሳብዕ ቅዳሜ		ሳብዕ ÷7=	
1	ሀ	1	ሁ	2	ሂ	3	ሃ	4	ሄ	5	ህ	6	ሆ	7	1	H
2	ለ	2	ሉ	4	ሊ	6	ላ	8	ሌ	10	ል	12	ሎ	14	2	L
3	ሐ	3	ሑ	6	ሒ	9	ሓ	12	ሔ	15	ሕ	18	ሖ	21	3	H`
4	መ	4	ሙ	8	ሚ	12	ማ	16	ሜ	20	ም	24	ሞ	28	4	M
5	ሠ	5	ሡ	10	ሢ	15	ሣ	20	ሤ	25	ሥ	30	ሦ	35	5	Ŝ
6	ረ	6	ሩ	12	ሪ	18	ራ	24	ሬ	30	ር	36	ሮ	42	6	R
7	ሰ	7	ሱ	14	ሲ	21	ሳ	28	ሴ	35	ስ	42	ሶ	49	7	S
8	ቀ	8	ቁ	16	ቂ	24	ቃ	32	ቄ	40	ቅ	48	ቆ	56	8	Q
9	በ	9	ቡ	18	ቢ	26	ባ	36	ቤ	45	ብ	54	ቦ	63	9	B
10	ተ	10	ቱ	20	ቲ	30	ታ	40	ቴ	50	ት	60	ቶ	70	10	T
11	ኀ	11	ኁ	40	ኂ	60	ኃ	80	ኄ	55	ኅ	120	ኆ	140	20	Ḧ
12	ነ	12	ኑ	60	ኒ	90	ና	120	ኔ	100	ን	180	ኖ	210	30	N
13	አ	13	ኡ	80	ኢ	120	ኣ	160	ኤ	200	እ	240	ኦ	280	40	A
14	ከ	14	ኩ	100	ኪ	150	ካ	200	ኬ	250	ክ	300	ኮ	350	50	K
15	ወ	60	ዉ	120	ዊ	180	ዋ	240	ዌ	300	ው	360	ዎ	420	60	W
16	ዐ	70	ዑ	140	ዒ	210	ዓ	280	ዔ	350	ዕ	420	ዖ	490	70	`A
17	ዘ	80	ዙ	160	ዚ	240	ዛ	320	ዜ	400	ዝ	480	ዞ	560	80	Z
18	የ	90	ዩ	180	ዪ	270	ያ	360	ዬ	450	ይ	540	ዮ	630	90	Y
19	ደ	100	ዱ	200	ዲ	300	ዳ	400	ዴ	500	ድ	600	ዶ	700	100	D
20	ገ	200	ጉ	400	ጊ	600	ጋ	800	ጌ	1000	ግ	1200	ጎ	1400	200	G
21	ጠ	300	ጡ	600	ጢ	900	ጣ	1200	ጤ	1500	ጥ	1800	ጦ	2100	300	Ṭ
22	ጰ	400	ጱ	800	ጲ	1200	ጳ	1600	ጴ	2000	ጵ	2400	ጶ	2800	400	P`
23	ጸ	500	ጹ	1000	ጺ	1500	ጻ	2000	ጼ	2500	ጽ	3000	ጾ	3500	500	Ş
23	ፀ	600	ፁ	1200	ፂ	1800	ፃ	2400	ፄ	3000	ፅ	3600	ፆ	4200	600	Ŝ
25	ፈ	700	ፉ	1400	ፊ	2100	ፋ	2800	ፌ	3500	ፍ	4200	ፎ	4900	700	F
26	ፐ	800	ፑ	1600	ፒ	2400	ፓ	3200	ፔ	4000	ፕ	4800	ፖ	5600	800	P

ፊደሎችና ቀመሮቻቸዉ ከላይ እንደሚታየው በሰባት ወይም በሦስት፣ አምስት፣ ዘጠኝ፣ አሥራሁለት፣ አሥራሦስት ወዘተ. እስከ መቶሃምሳ ቤዝ በመካፈልና በመገደፍ የተለያየ ትርጉም እንዳላቸዉ በባህላዊው ትምህርት "የፊደል ትርጉም/ነገረ ፊደል፣ ባሕረ ሐሳብና ሐሳበ ከዋክብት" እየተባለ በሚጠናው ትምህርት ማየት ይቻላል::

የግዕዝ ዲቃላ ፊደሎች

ቈ ቊ ቍ ቋ ቌ

ኈ ኊ ኍ ኋ ኌ

ኰ ኲ ኵ ኳ ኴ

ጐ ጒ ጕ ጓ ጔ

ከእየ ወገናቸዉ ይቆጠራሉ::

ተጨማሪ ያማርኛ ፊደሎች

በሐሳበ ዐውድ ጥገኛ ፊደሎችም እንደዲቃሎቹ

በባለቤቶቻቸዉ ቁጥሮች ይወከላሉ::

ያማርኛ ዲቃላ ፊደሎች

ሏ ሟ ሷ ሯ ሿ ቋ ቧ ቯ ቷ ቿ ኗ ኟ ኳ ዃ ዟ ዧ ዷ ጇ

ጧ ጯ ጿ ፏ ናቸዉ::

የ -ሰ- ጥገኛ ሸ ሹ ሺ ሻ ሼ ሽ ሾ

የ-በ- ጥገኛ ቨ ቩ ቪ ቫ ቬ ቭ ቮ

የ-ተ- ጥገኛ ቸ ቹ ቺ ቻ ቼ ች ቾ

የ-ነ- ጥገኛ ኘ ኙ ኚ ኛ ኜ ኝ ኞ

የ-ከ-ጥገኛ ኸ ኹ ኺ ኻ ኼ ኽ ኾ

የ-ዘ- ጥገኛ ዠ ዡ ዢ ዣ ዤ ዥ ዦ

የ-ደ- ጥገኛ ጀ ጁ ጂ ጃ ጄ ጅ ጆ

የ-ጠ-ጥገኛ ጨ ጩ ጪ ጫ ጬ ጭ ጮ

1. ተውላጠ ስም

የተውላጠ ስማዊ ፕሪፊክሶችና ሱፊክሶች አጠቃቀም ከግሦች ጋራ ሲታይ:

ኖሚናቲቭ	ቀዳማይ	ካልኣይ	አኩሳቲቭ	ዳቲቭ	ጀኔቲቭና ቅጥል	ፖሰሲቭ
እኔ	--(እ) ሁ/ኩ	እ--ለሁ	--ኝ	--ል/ብኝ	የ--	--(ኤ)ዬ
አንተ	--(እ) ህ/ክ	ት--ለህ	--ህ	--ል/ብህ	የ--	--ህ
አንቺ	--(እ) ሽ	ት--ለሽ	--ሽ	--ል/ብሽ	የ--	--ሽ
እሱ	---	ይ--ል	--ው	--ለ/በት	የ--	--(ኡ)ው
እሷ	--ች	ት--ለች	--ት	--ላ/ባት	የ--	--(ኣ/ኡኣ) ዋ
እኛ	--(እ)ን	እን--ለን	--ን	--ል/ብን	የ--	--(ኣ)ችን
እናንት	--(ኣ) ችሁ	ት--ላችሁ	--(ኣ)ችሁ	--ላ/ባችሁ	የ--	--(ኣ)ችሁ
እነሱ	--(ኡ)	ይ--(ኣ) ሉ	--(ኣ)ቸዉ	--ላ/ባቸዉ	የ--	--(ኣ)ቸዉ
እርስዎ	--(ኡ)	ይ--(ኣ) ሉ	--ዎት	-ል/ብዎት	የ--	--ዎት
እርሳቸው	--(ኡ)	ይ--(ኣ) ሉ	--(ኣ)ቸው	--ላ/ባቸዉ	የ--	--(ኣ)ቸው

ቀዳማይ	ካልኣይ	አኩሳቲቭ	ዳቲቭ	ጀኔቲቭና ቅጥል	ፖሰሲቭ
ገደልኩ	እገድላለሁ	ገደለ -ኝ	ገደለ-ል/ብኝ	የ-መግደል	መግደል-(ኤ)ዬ
ገደልክ	ትገድላለኽ	-ህ	-ል/ብህ	(ጀኔቲቭ)	-ህ
ገደልሽ	ትገድያለሽ	-ሽ	-ል/ብሽ	የ-ገደለ (ቅጥል)	-ሽ
ገደለ	ይገድላል	-ው	-ለ/በት		-(ኡ)ው
ገደለች	ትገድላለች	-ት	-ላ/ባት		-(ኣ/ኡኣ)ዋ
ገደልን	እንገድላለን	-ን	-ል/ብን		-(ኣ)ችን
ገደላችሁ	ትገድላለችሁ	-(ኣ)ችሁ	-ላ/ባችሁ		-(ኣ)ችሁ
ገደሉ	ይገድላሉ	-(ኣ)ቸዉ	-ላ/ባቸዉ		-(ኣ)ቸዉ
ገደሉ	ይገድላሉ	-ዎት	-ል/ብዎት		-ዎት
ገደሉ	ይገድላሉ	-(ኣ)ቸው	-ላ/ባቸዉ		-(ኣ)ቸው

ሀ. አጸፋ

ራስ፣ ግል፣ ብቻ፣
"ግል" ኖሚናቲቭዊ ፎርም የለውም።
የግል፣ በግል፣ የግልን (አኩሳቲቭ) በማለት ይረባል።

ለ. ጠቋሚ ቃላት

ለታወቀ ይህ፣ ይች፣ እነዚህ፣ እነዚያ፣
ያ፣ ያች፣ እኒያ/ እነዚያ፣
ይህኛው፣ ይችኛዋ፣ እነዚህ፣ እነዚያ፣
ያኛው፣ ያችኛዋ፣ እነዚህኞች/እኒኞች፣ እነዚያኞቹ/ያኞቹ፣
ያውና፣ ያችውና፣ እነዚውና፣ እኒያውና፣
ይህውና፣ ይችውና፣ እነዚህውና፣ እኒሁና፣

የ"ያ" ዴክሊኔሽን	ያ	ያች	እነዚያ/ኒያ	ኖሚናቲቭ
	የዚያ	የዚያች	የነዚያ/ኒያ	ጀኔቲቭ
እንደ/ያለ/ከ/ለ/በዚያ		-ዚያች	-እነዚ/ኒያ	ዳቲቭ
	ያን	ያችን	እነዚያ/ኒያን	አኩሳቲቭ

ሐ. ላልታወቀ

እንተን/ኔ፣ እነእንተን/ኔ፣ እገሌ፣
ጠቅላላ/ው፣ መላ/ው፣ ሁል/ሁላው፣
ማን/ማንም፣ ምን/ምናምን/ምንም፣ አንድ/አንዳንድ፣

በሁሉም ተውላጠ ስሞች "-ማ/ም" በትራስነት እሱማ/ም፣ ራሱማ/ም፣ ያማ/ም፣ እገሌማ/ም፣ ወዘተ. በማለት ትጣመራቸዋለች።

2. ዴክሊኔሽን

ሀ. ስሞች

በተፈጥሮ ሴትነት ወይም ወንድነት ያላቸዉ ነገሮች ካልሆኑ በስተቀር፣ ያማርኛ ስሞች ሁሉ የፆታ ልዩነት አያሳዩም። ቤት ነው/ናት፣ ከተማ ነው/ናት፣ ነፍስ ነው/ናት። በማለት የፆታው ልዩነት በግሡ ላይ ብቻ ይታያል።

ስም ቤት	እሷ	እሱ	እኛ	እናንተ	እነሱ
ኖሚናቲቭ	ቤቷ	ቤቱ	ቤታችን	ቤታችሁ	ቤታቸዉ
ጀኔቲቭ	የቤቷ	የቤቱ	የቤታችን	የቤታችሁ	የቤታቸዉ
አኩሳቲቭ	ቤቷን	ቤቱን	ቤታችንን	ቤታችሁን	ቤታቸዉን
ዳቲቭ	ለ/በ/ከቤቷ	ቤቱ	ቤታችን	ቤታችሁ	ቤታቸዉ
ቮካቲቭ	ዋ/አይዋ ቤቷ!	ቤቱ !	ቤታችን!	ቤታችሁ!	ቤታቸዉ!

ቮካቲቭ ወይም ቤቷን ያህል! -ቱን ያህል! ወዘተ.

የጀኔቲቩ ምልክት "የ-" በአግባቦች ሲታቀፍ፣ ከቦታው የለምንም ምልክት ይዋጣል።
የልጁ አባት፣ በ/ለ/ከልጁ አባት
የቤቱ ባለቤት፣ በ/ለ/ከቤቱ ባለቤት ወዘተ.

ዐማርኛ ለበዙ ቁጥር

"-ዎች" የሚል ሱፊክስ/ትራስ አለው። የተጸውዖና የተውላጠ ስሞችን ለማብዛት ደግሞ "እነ--" የሚል ፕሪፊክስ/መነሻ ይጠቀማል። አልፎ አልፎ ግን የ"ግዕዝ" አብዢዎችን (ማለት ተ፣ ነ፣ አ፣ እና ወ) ወርሷል።

መኰንን -- መኳንንት፣ ቅዱስ -- ቅዱሳን፣ ሕዝብ-- አሕዛብ፣ አብ/ባት --አበው፣ ቤት --አብያት፣ በማለት። ግን መኰንኖች፣ ቅዱሶች፣ ሕዝቦች፣ አባቶች፣ ቤቶች፣ ተብሎ ቢበዛም አያፍነት የለውም።

"እነ--" ሲያበዛ እነሙሉቀን እነአበበች እናንተ እነሱ እነማን? ወዘተ. በማለት ያበዛል።

ለ. ዓቢይ/መሰተፃምራዊና ንዑስ/መስተዋድዳዊ አግባቦች

አግባቦች፥ ከግሥ ጋር ሲጣመሩ ወይም ግሥን ሲያቦዙ “ዓቢይ/መሰተፃምር”፤ ከስም ጋር ሲገቡ ደግሞ “ንዑስ/መሰተዋድድ” የሚል ስይያሜ ይሰጣቸዋል።

ዓቢይ/መሰተፃምር ስለ/እንደሆነ ወይም በ/ለ/ከመሆኑ፤ ወዘተ.
ንዑስ/መሰተዋድድ ስለ/እንደቤቱ ወይም በ/ለ/ከቤት ዙሪያ፤ ወዘተ.

የዘንድ አንቅጽ መስተፃምሮች “እንድ/እንዲ--፤ ል/ሊ--፤ ብ/ቢ--፤ ስ/ሲ--” ግን ከ“እንደ፤ ለ፤ በ፤፤ እና (ሰ)፤” የወጡ መሆናቸዉ ቢታወቅም ከዘንድ አንቅጽ ስለማይለዩ በዓቢይ አግባብነት ብቻ ይታወቃሉ። “እንደ፤ ለ፤ በ፤፤ እና ከ” ደግሞ መስሙን/አንቀጹንና ፐርፌክቱን (መብላት፤ መጠጣት እና በላ፤ ጠጣ የሚለውን) ይከተላሉ። “በ” እና ”ከ”ን ደግሞ ከትንቢት-አንቀጽ ጋር “በይሆናል ብቻ”፤ “ከይሆናል በመነሳት” ወዘተ፤ በማለት ይጠቀሙባቸዋል።

ለ --ጊዜ/ሁሉ
በ-- መሠረት/ ዳር / ጋ / ዘንድ / ገደማ / እንኳ / ም / ምክንያት / አንፃር/ መካከል /ላይ / ታች/ ፊት/ ፊንታ ወዘተ
ከ--ይልቅ/ ሌላ/ በቀር/ አካባቢ/ ውስጥ/ ገደማ/ ጥግ/ ራስ/ ዙሪያ/ ጋራ / ወዲያ/ ወዲህ/ ውጭ/ ውስጥ/ ዘንድ፤ ወዘተ
ስለ--ሁኔታ/ ሆነ ወዘተ.
እስከ--ድረስ/ ጊዜ ወዘተ.
እንደ--ሁሉ
ወደ--
ባለ/ያለ--
--ና/እና
--እንጅ
ለ /በ /ከእየ--
ለ /በ /ከእነ--

ሐ. መጠይቃዊ ቃላት

1. ማን? ምን? ሄት? መቼ? እንዴት? ስንት?
2. --ን? --ሳ? --ስ? ወይ?
“-ን” (በግሥላይ ሲገባ)፤ “-ስ” እና “-ሳ” በስም ላይ ሱፊክስ/ትራስ በመሆን ጥያቄ ምልክት ይሆናሉ።
ሄደን? አባቱስ/ሳ?
በመልሱ ላይ ደግሞ “-እማ”፤ “-እስ” የሚሉት ሱፊክሶች ይዘወተራሉ።

መ. ጠቃሽ/ አርቲክል

ለወንድ (ነጠላ) --ኡ፤ --ው፤--ዮ/ዮው፤ (ብዙ) --ዎቹ፤ ወዘተ.
ለሴት (ነጠላ) --ኣ፤ --ዋ፤ --ዪቱ፤ --ዮ/ዮዋ፤ (ብዙ) --ዎቹ፤ ወዘተ.
ጌታ፤ ሴት፤ ከተማ፤ ሰው፤ በሚሉትና በመሳሰሉት ቃላት ላይ ሁሉ ይገባሉ።

3. ተውሳከ ግሥ/ አድቨርብ

ባብዛኛው ቅጥሎችና የጊዜ መለኪያዎች (ዛሬ ትናንት ነገ ወዘተ.) በተውሳከ ግሥነት ያገለግላሉ።

1. የሰላምታ
ሰላም!፤ ሰላምታ!፤ ታዲያስ!፤ እንኳ/ን --! ወዘተ.
2. የአቤቱታ

እግዞ/እግዚአ፣ አቤት፣ ፈጽሞ፣ ምነው --፣ ለምን --፣ ምንኛ --፣ እንዴት--፣ እነሆ፣ እና (ከፖስሲቭ ሱፊክስ/ትራስ ጋር) --ዬ ሆይ፣ ወዘተ.

3. የውዳሴ

አዎ፣ ይበል፣ በጄ፣ እሰዬ/የው፣ ያ፣ በጣም፣ ወዘተ.

4. የዛቻ/ስላቅ

አሃ፣ እና፣ ኧረ፣ እርግጥ፣ ዋ፣ እንግዲያማ፣ ከእንግዲህ፣ ወዘተ.

5. የአበላላጭ

አበላላጭ ርባታዎች ከቅጽል ወይም ከተውሳከ ግሥ ይወጣሉ::

ጥሩ፣ ቀሎ፣ ረጂም፣ አጭር፣ ሸጋ፣ ቆንጆ፣ ትንሽ፣ ትልቅ፣ ጥቂት፣ ብዙ፣ ወዘተ. የሚሉት ተውሳጠ ግሦች በሚቀጥለው መልክ ይረባሉ::

በርባታ ሲታይ

ፖሰቲቭ	ኮምፓራቲቭ	ሱፐርላቲቭ
በጄ	በጣም	እጅግ
ጥሩ	በጣም ጥሩ	እጅግ/እጅግ በጣም ጥሩ
ቆንጆ	" ቆንጆ	" / " " ቆንጆ
ከ--ጋር	ከ--ይልቅ	ከ--ሁሉ
እንደ--	እንደ-- (አሉታ)	እንደ-- ያለ

6. የፀፀት

አዬ፣ ወየ፣ ወይኔ፣ ወይ-፣ እስከመቼ፣ ወዘተ.

7. የአማራጭ

ያ ወይም/ እንጂ ይህ	ከሁለቱ አንዱ
ያም ይህም	ሁለቱም
ያና ይህ	ሁሉም

4. የሰዓት ደረጃ

1. ፕሬሰንት

ዛሬ፣ ጧት፣ ማለዳ፣ እርፋድ፣ ከሰዓት በፊት፣ ቀትር/እኩለ ቀን፣ ከሰዓት፣ በኋላ/ከሰዓት፣ ምሽት፣ ሲጨልም፣ ማታ፣ ሌሊት፣ እኩለ ሌሊት፣ አጠባብ፣ ንጋት፣ ጧት፣ ቀን፣

2. ኃላፊ

ዛሬ፣ ትናንት፣ ከትናንት ወዲያ/በስትያ፣ ከትናንት/ሁለትቀን/ወር/ዓመት በፊት፣ አምና፣ ቀደም፣ ድሮ፣ ከዚያ በፊት፣ ወዘተ.

3. ትንቢት

ዛሬ፣ ኋላ፣ ከነገ ወዲያ/በስትያ፣ በሚቀጥለው/በሚመጣው፣ ከዚያ፣ ወደፊት፣ ወዘተ.

5. ቁጥሮች

ያማርኛ ቁጥር የሴት፣ የወንድ፣ የቅርብና ሩቅ ብዙ ያታን የሚለዩ ርባታዎችና ከሰባት ያላነሱ ደረጃዎች አሉት::

ሀ. የመቁጠሪያ

	እሷ	እሱ	እኛ	እናንተ	እነሱ
የመቁጠሪያ	አንድ	አንድ	አንድ	አንድ	አንድ
የደረጃ	ሁለትኛ	ሁለትኛ	ሁለትኛ	ሁለትኛ	ሁለትኛ
የመጠን	አንዴ/ድ ጊዜ	አንዴ/ድ ጊዜ	አንዴ/ድ ጊዜ	አንዴ/ድ ጊዜ	አንዴ/ድ ጊዜ
የውሳኔ	ሁለቷ/ቲት	ሁሸቱ	ሁለታችን	ሁለታችሁ	ሁለታቸዉ
የጥቆማ	አንደኛዋ/ኟት	አንደኛው	አንደኛችን/ኞቻችን	አንደኛችሁ/ኞቻችሁ	አንደኛቸዉ/ኞቻቸዉ
የክፍፋይ	ሁለትዮሽ	ሁለትዮሽ	ሁለትዮሽ	ሁለትዮሽ	ሁለትዮሽ
የትዛዝ	አንድሽ	አንድህ	አንዳችን	አንዳችሁ	አንዳቸዉ

ከላይ በተመለከተው ቅርጽ ሁሉም ያማርኛ ቁጥሮች መርረባት ይችላሉ::

ለ. የፊደልና ዕለታት/ቀናት ቁጥሮች ባለሰባት ቤዝ ናቸዉ::

ግእዝ ካዕብ ሣልስ ራብዕ ኃምስ ሳድስ ሳብዕ
እሁድ ሰኞ ማክሰኞ ረቡዕ ኃሙስ ዓርብ ቅዳሜ

ሐ. የጊዜ ቁጥሮች

የሰከንድ፣ ደቂቃ፣ ሰዓት፣ ቀን፣ ወር፣ ዓመትና ዘመን መለኪያዎችን ያጠቃልላል::

ሰዓት፣ ሰከንድና ደቂቃ ባለ 60 ቤዝ፣ ቀን ባለ 24 ቤዝ፣ ወር ባለ30፣ ዓመት ባለ12 እና ዘመን ባለ ዓራት ቤዝ ሕግ አላቸዉ::

ማቴዎስ ማርቆስ ሉቃስ እና ዮሐንስ የዘመን መለኪያ ይባላሉ::

መ. የጥቅል ቁጥሮች ባለሦስት ቤዝ ናቸዉ::

መጀመሪያ መካከል መጨረሻ
አንድላይ ጠቅላላው መላው/ሙሉው
አሩብ ግማሽ(እኩል) ሙሉ

ሠ. የዝምድና ቁጥሮች

እናት/አባት፣ አያት፣ ቅማት/ቅድመ አያት፣ ምንጅላት፣ ጅብይብላት፣
ወንድም/እኅት፣ --ልጅ፣ --የልጅ ልጅ፣ ዘመድ፣
እኅት/እከስት፣ --ልጅ፣ --የልጅ ልጅ፣ ዘመድ፣
አማት፣ አምቻ/ምራት፣ ዋርሳ፣ ጋብቻ፣

ረ. አኅዛት እና ትርጉማቸዉ

አልቦ	፩	፪	፫	፬	፭	፮	፯	፰	፱
0	1	2	3	4	5	6	7	8	9
፲	፲፩	፲፪	፲፫	፲፬	፲፭	፲፮	፲፯	፲፰	፲፱
10	11	12	13	14	15	16	17	18	19
		፳	፴	፵	፶	፷	፸	፹	፺
		20	30	40	50	60	70	80	90

፻ = ምእት/መቶ = 100 = ሁለት.../ዘጠኝ መቶ = 2/3.../900

፲፻ = ሺህ = 1,000 = ሠላሳ.../ዘጠና መቶ = 2/3.../9,000

፼ = እልፍ = 10,000 = ሁለት.../ዘጠኝ እልፍ = 2/3.../90,000

፲፼ = አእላፍ = 100,000 = ሃያ.../ዘጠና እልፍ = 2/3.../900,000

፻፼ = አእላፋት = 1,000,000 = ሁለት.../ዘጠኝ አእላፋት=2/3.../9,000,000

፲፻፼ = ትእልፊት = 10,000,000 = ሃያ../ዘጠና አእላፋት= 2/.../90,000,000

፼፼ = ምእላፍ = 100,000,000 = ሁለት../ዘጠኝ ምእላፍ = 2/.../900,000,000

፲፼፼ = ምእላፋት = 1,000,000,000 = ሃያ../ዘጠና ምእላፍ = 2/.../9,000,000,000

፻፼፼ = ምእልፊተ አእላፍ= 10,000,000,000 = ሁለት.../ዘጠኝ...=90,000,000,000

፼፼፼ = ምእልፊተ አእላፋት= 100,000,000,000

፲ ፼፼፼= ትእልፊተ አእላፍ = 1,000,000,000,000

፻፼፼፼= ትእልፊተ አእላፋት= 10,000,000,000,000

፼፼፼፼= ምእልፊተ አእላፋት = 100,000,000,000,000 ወትእልፊተ አእላፋት

= ቁጥርአልባ!! በማለት ባህላዊው ትምህርት ቤት መቁጠርን ከዚህ ላይ ቢያበቃም "ምእላፍ፣ ትእላፍ፣ እስትእላፍ፣ እና ምእልፊት፣ ትእልፊት፣ እስትልፊት፣" የሚሉት ቁጥሮች በመሆናቸዉ ከላይ የተሰጠውን መንገድ መሠረት አድርጎ አኅዙን ማሳደግ ይቻላል::

6. ግሥ ርባታ

1. ረዳት ግሥ "ኾነ/ሆነ"

	ፐሬሰንት	ኃላፊ	ፐርፌክት	ኃ.ፐርፌ.	አኦሪስት	ትንቢት 1	ትእዛዝ	አድሚራቲቭ		
እኔ	ነኝ	ኾ/ ሆንሁ/ ኩ	አለሁ	ኖርኩ	ነበርሁ/ኩ	እሆናለሁ	ልሁን	ነኛ	አለሁዋ/ ኚ	ኖርኳ ወዘተ
አንተ	ነኽ/ህ	ሆንህ/ክ	አለህ	ኖርህ/ክ	ነበርህ/ክ	ትሆናለህ	ሁን	ነሃ		
አንቺ	ነሽ	ኾ/ ሆንሽ	አለሽ	ኖርሽ	ነበርሽ	ትሆኛለሽ	ሁኚ	ነሻ		

እሱ	ነው	ኾ/ ሆነ	አለ	ኖረ	ነበረ	ይሆናል	ይሁን	ነዋ		
እሷ	ናት	ኾ/ ሆነች	አለች	ኖረች	ነበረች	ትሆናለች	ትሁን	ናታ		
እኛ	ነን	ኾ/ሆን	አለን	ኖርን	ነበርን	እንሆናለን	እንሁን	ነና		
እናንተ	ናችሁ	ኾ/ሆናችሁ	አላችሁ	ኖራችሁ	ነበራችሁ	ትሆናላችሁ	ሁኑ	ናችኋ		
እነሱ	ናቸዉ	ኾ/ሆኑ	አሉ	ኖሩ	ነበሩ	ይሆናሉ	ይሁኑ	ናቸዋ		
እርስዎ እሳቸው	ነዎት ናቸው	ኾ/ሆኑ ኾ/ሆኑ	አሉ አሉ	ኖሩ ኖሩ	ነበሩ ነበሩ	ይሆናሉ ይሆናሉ	ይሁኑ ይሁኑ	ነዎታ ናቸዋ		

የአድሚራቲቭ ዓይነቶች፤ ነኛ! ኾንኳ! አለኋ! ኖረኋ! ነበርኳ! እሆናለኋ! ልሁና! ወዘተ...
1. የኮንቲንዩስ ርባታ÷እየሆንኩ ነው -/ነበር/ኖሯል/ነዋ/ነበራ- ፤ እየሆነሽ ነው፤ እየሆነ ነው፤ እየሆኑ ነው፤ ወዘተ.

1.1. የኮንዩንክቲቭ/ዘንድ-አንቀጽ ቅጥዮች

ለ- ሊ/ል--

ሰ- ሲ/ስ--

በ- ቢ/ብ--

(ከ- ኪ/ክ--) ባግባብ ይኑር እንጅ፤ በተግባር ግን በ"ሲ/ስ-" ተወክሏል::

እንደ- እንዲ/እንድ--

--- ዘንድ

ምሳሌ

ሊ/ል(-ገድል/በላ)÷ ሲ/ስ-(-ገድል/በላ)÷ ቢ/ብ-(-ገድል/በላ)÷ እንዲ/እንድ-(-ገድል/በላ) ወዘተ. ሲል፤

ከአሉታ ጋር ደግሞ (-አል/አይ--/ም ስለሚገቡበት) ላል/ላይ--፤ ሳል/ሳይ--፤ ባል/ባይ--፤ ካል--፤ እንዳል/እንዳይ--፤ ወዘተ. ይሆናል::

1.2. የግሥ ጊዜያት መለኪያዎች

ፕሬሰንት ወቅታዊ / ያሁን ጊዜያት ክንውኖችን ያሳዩበታል::

ኃላፊ/ፓስት ያለፈ ደረጊትን ያወሱበታል::

ፕርፌክት ያለፈ ሆኖ ግን ውጤቱ ገና ያልጠፋ ተግባርን ይገልጡበታል::

ኃላፊ ፕርፌክት ከጊዜ በፊት የተሠራን ድርጊት/ የሩቅን ኃላፊ ያወሱበታል::

አኦሪስት አንዴ ብቻ/ በቅጽበት የተሠራ ኃላፊ ድርጊትን ይገልጣል::

ትእንቢት የወደፊት ጊዜን ያመለክታል::

አድሚራቲቭ የግሡን መጨረሻ ራብዕ በማድረግ፤ ድርጊቱን ያጋንኑበታል::

2. አድራጊ

	ኢንዲካቲቭ	ኮንዩንክቲቭ	ኮንቲኒየስ	አፐታቲቭ	አድሚራቲቭ
ፕሬሰንት.	ገዳይ ነኝ	እገድል ዘንድ	እየገደልኩ ነው	ብገድል!	ገዳይ ነኛ
	ገዳይ ነህ	ትደግል ዘንድ	እየገደልኽ ነው	ብትገድል!	ገዳይ ነኻ
	ገዳይ ነሽ	ትገድይ ዘንድ	እየገደልሽ ነው	ብትገድይ!	ገዳይ ነሻ
	ገዳይ ነው	ይገድል ዘንድ	እየገደለ ነው	ቢገድል!	ገዳይ ነዋ
	ገዳይ ናት	ትገድል ዘንድ	እየገደለች ነው	ብትገድል!	ገዳይ ናታ
	ገዳይ ነን	እንገድል ዘንድ	እየገደልን ነው	ብንገድል!	ገዳይ ነና
	ገደይ ናችሁ	ትገድሉ ዘንድ	እየገደላችሁነው	ብትገድሉ!	ገዳይ ናችኂ
	ገዳይ ናቸዉ	ይገድሉ ዘንድ	እየገደሉ ነው	ቢገድሉ!	ገዳይ ናቸዋ
	ገደይ ነዎት	ይገድሉ ዘንድ	እየገደሉ ነው	ቢገድሉ!	ገዳይ ናቸዋ
ኃላፊ.	ገደልኩ	ገደልኩ ይሆን	---	ገደልሁ!	ገደልኳ!
	ገደልክ	ገደለክ ይሆን		ገደልኽ!	ገደልካ!
	ገደልሽ	ገደልሽ የሆን		ገደልሽ!	ገደልሻ!
	ገደለ	ገደለ ይሆን		ገደለ !	ገደላ!
	ገደለች	ገደለች ይሆን		ገደለች!	ገደለቻ!
	ገደልን	ገደልን ይሆን		ገደልን!	ገደልና!
	ገደላችሁ	ገደላችሁ ይሆን		ገደላችሁ!	ገደላችኋ!
	ገደሉ	ገደሉ ይሆን		ገደሉ!	ገደሏ!
	ገደሉ	ገደሉ ይሆን		ገደሉ!	ገደሏ
ፐርፌክት	ገደይ ሆንኩ	ገዳይ ሆኛለሁ	ገዳይ እየሆንኩ ነው	ገዳይ ብሆን!	ገዳይ ሆንኳ!
	ገዳይ ሆንኽ	ገዳይ ሆነኻል	" እየሆንኽ ነው	ገዳይ ብትሆን!	ገዳይ ሆንካ!
	ገዳይ ሆንሽ	ገዳይ ሆነሻል	" እየሆንሽ ነው	ገዳይ ብትሆኚ!	ደጋይ ሆንሻ!
	ገዳይ ሆነ	ገዳይ ሆኗል	" እየሆነ ነው	ገዳይ ቢሆን!	ገዳይ ሆና
	ገዳይ ሆነች	ገዳይ ሆናለች	" እየሆነች ነው	ገዳይ ብትሆን!	ገዳይ ሆነቻ!
	ገዳይ ሆን	ገዳይ ሆነናል	" እየሆንን ነው	ገዳይ ብንሆን!	ገዳይ ሆንና
	ገዳይ ሆናችሁ	ገዳይ ሆናችኋል	" እየሆናችሁ ነው	ገዳይ ብትሆኑ!	ገዳይ ሆናችኋ
	ገዳይ ሆኑ	ገዳይ ሆነዋል	" እየሆኑ ነው	ገዳይ ቢሆኑ!	ገዳይ ሆኗ
	ገዳይ ነዎት	ገዳይ ሆነዋል	" እየሆኑ ነው	ገዳይ ቢሆኑ!	ገዳይ ሆኗ!

ኃላፊ ፐርፌ	ገድጄ ነበር	ገድጄ ኖሯል	እየገደልሁ ነበር	ብገድል ኖሮ	ገድጄ ኖሯላ!
	ገድለህ ነበር	ገድለህ ነሯል	እየገደልህ ነበር	ብትገድል ኖሮ	ገድልህ ኖሯላ
	ገድለሽ ነበር	ገድለሽ ኖሯል	እየገደልሽ ነበር	ብትገድይ ኖሮ	ገድለሽ ኖሯላ
	ገድሎ ነበር	ገድሎ ኖሯል	እየገደለ ነበር	ቢገድል ኖሮ	ገዳሎ ኖሯላ!
	ገድላ ነበር	ገደላ ኖሯል	እየገደለች ነበር	ብትገድል ኖሮ	ገድላ ኖሯላ!
	ገድለን ነበር	ገድለን ኖሯል	እየገደልን ነበር	ብንገድል ኖሮ	ገድለን ኖሯላ
	ገድላችሁ ነበር	ገድላችሁ ኖሯል	እየገደላችሁ ነበር	ብትገድሉ ኖሮ	ገድላችሁ ኖሯላ
	ገድለዉ ነበር	ገድለዉ ኖሯል	እየገደሉ ነበር	ቢገድሉ ኖሮ	ገድለዉ ኖሯላ!
	ገድለው ነበር	ገድለዉ ኖሯል	እየገደሉ ነበር	ቢገድሉ ኖሮ	ገድለው ኖሯላ
አኦሪ ስት	ገድያለሁ	ይገድሏል	---	ይገድሏል?!	ይገድሏላ!
	ገድለሃል	(አይራባም)		(በምኞታዊ አነጋገር)	
	ገድለሻል				
	ገድሏል				
	ገድላለች				
	ገድለናል				
	ገድላችኋል				
	ገድለዋል				
	ገድለዋል				
ትንቢ ት 1	እገድላለሁ	እገድል ይሆናል	እየገደልኩ ይሆናል	እገድል?!	እገድል ይሆናላ
	ትገድላለኽ	ትገድል ይሆናል	እየገደልኽ ይሆናል	ትገድል?!	ትገድል-
	ትገድያለሽ	ትገድይ ይሆናል	እየገደልሽይሆናል	ትገድይ?!	ትገድይ-
	ይገድላል	ይገድል ይሆናል	እየገደለ ይሆናል	ይገድል?!	ይገድል-
	ትገድላለች	ትገድል ይሆናል	እየገደለች ይሆናል	ትግደል?!	ትገድል-
	እንገድላለን	እንገድል ይሆናል	እየገደልን ይሆናል	እንገድል?!	እንገድል-
	ትገድላላችሁ	ትገድሉ ይሆናል	እየገደላችሁይሆናል	ትገድሉ?!	ትገድሉ-
	ይገድላሉ	ይገድሉ ይሆናል	እየገደሉ ይሆናል	ይገድሉ?!	ይገድሉ-
	ይገድላሉ	ይገድሉ ይሆናል	እየገደሉ ይሆናል	ይግደሉ?!	ይገድሉ ይሆናላ
ትንቢ ት 2	እገድል ነበር	እገድል ኖሯል	----	እገድልኖሯል?!	እገድል ኖሯላ!
	ትገድል ነበር	ትገድል ኖሯል		ትገድልኖሯል?!	ትገድል -
	ትገድይ ነበር	ትገድይ ኖሯል		ትገድይኖሯል?!	ትገድይ -
	ይገድል ነበር	ይገድል ኖሯል		ይገድልኖሯል?!	ይገድል -
	ትገድል ነበር	ትገድል ኖሯል		ትገድል ኖሯል!	ትገድል -
	እንገድል ነበር	እንገድል ኖሯል		እንገድል ኖሯል	እንገድል -
	ትገድሉ ነበር	ትገድሉ ኖሯል		ትገድሉ ኖሯል	ትገድሉ -
	ይገድሉ ነበር	ይገድሉ ኖሯል		ይገድሉ ኖሯል	ይገድሉ -
	ይገድሉ ነበር	ይገድሉ ኖሯል		ይገድሉኖሯል?!	ይገድሉ ኖሯላ

ትእዛዝ.	ልግደል	ገዳይ ልሆን	----	እማልገድል?!	ልግደላ!
	ግደል	ገዳይ ሁን		እማይገድል?!	ግደላ
	ግደይ	ገዳይ ሁኚ		እማትገድል?!	ግደያ
	ይግደል	ገዳይ ይሁን		እማይገድል?!	ይግደላ!
	ትግደል	ገዳይ ትሁን		እማትገድል?!	ትግደላ!
	እንግደል	ገዳይ እንሁን		እማንገድል?!	እንግደላ
	ግደሉ	ገዳይ ሁኑ		እማትገድሉ?!	ግደሏ
	ይግደሉ	ገዳይ ይሁኑ		እማይገድሉ?!	ይግደሏ
	ይግደሉ	ገዳይ ይሁኑ		እማይገድሉ?!	ይግደሏ!

3. ተደራጊ

	ኢንዲካቲቭ .	ኮንዩንክቲቭ	ኮንቲኒየስ	አፐታቲቭ	አድሚራቲቭ
ፕሬሰንት.	ተገዳይ ነኝ	እግገደል ዘንድ	እየተገደልኩ ነው	ብግገደል!	ተገዳይ ነኛ
	ተገዳይ ነህ	ትግገደል ዘንድ	እየተገደልኽ ነው	ብትግገደል!	ተገዳይ ነኻ
	ተገዳይ ነሽ	ትግገደይ ዘንድ	እየተገደልሽ ነው	ብትግገደይ!	ተገዳይ ናታ
	ተገዳይ ነው	ይግገደል ዘንድ	እየተገደለ ነው	ቢግገደል!	ተገዳይ ነዋ
	ተገዳይ ናት	ትግገደል ዘንድ	እየተገደለች ነው	ብትግገደል!	ተገዳይ ናታ
	ተገዳይ ነን	እንግገደልዘንድ	እየተገደልን ነው	ብንግገደል	ተገዳይ ነና
	ተገደይ ናችሁ	ትግገደሉ ዘንድ	እየተገደላችሁነው	ብትግገደሉ!	ተገዳይ ናችኋ
	ተገዳይ ናቸዉ	ይግገደሉ ዘንድ	እየተገደሉ ነው	ቢግገደሉ!	ተገዳይ ናቸዋ
	ተገደይ ነዎት	ይግገደሉ ዘንድ	እየተገደሉ ነው	ቢግገደሉ!	ተገዳይ ናቸዋ
ኃላፊ.	ተገደልኩ	ተገደልኩ ይሆን	---	ተገደልሁ!	ተገደልኋ!
	ተገደልክ	ተገደለክ ይሆን		ተገደልኸ!	ተገደልካ!
	ተገደልሽ	ተገደልሽ የሆን		ተገደልሽ!	ተገደልሻ!
	ተገደለ	ተገደለ ይሆን		ተገደለ !	ተገደላ!
	ተገደለች	ተገደለች ይሆን		ተገደለች!	ተገደለቻ!
	ተገደልን	ተገደልን ይሆን		ተገደልን!	ተገደልና!
	ተገደላችሁ	ተገደላችሁ ይሆን		ተገደላችሁ!	ተገደላችኋ!
	ተገደሉ	ተገደሉ ይሆን		ተገደሉ!	ተገደሏ!
	ተገደሉ	ተገደሉ ይሆን		ተገደሉ!	ተገደሏ!

ፕርፌ ክት	ተገዳይ ሆንኩ	ተገዳይ ሆኛለሁ	ተገዳይእየሆንኩነው	ተገዳይ ብሆን!	ተገዳይ ሆንኳ!
	ተገዳይ ሆንኽ	ተገዳይ ሆነኻል	" እየሆንኽ ነው	ተገዳይ ብትሆን!	ተገዳይ ሆንካ!
	ተገዳይ ሆንሽ	ተገዳይ ሆነሻል	" እየሆንሽ ነው	ተገዳይ ብትሆኚ!	ተዳጋይ ሆንሻ!
	ተገዳይ ሆነ	ተገዳይ ሆኗል	" እየሆነ ነው	ተገዳይ ቢሆን!	ተገዳይ ሆና
	ተገዳይ ሆነች	ተገዳይ ሆናለች	" እየሆነች ነው	ተገዳይ ብትሆን!	ተገዳይ ሆነቻ!
	ተገዳይ ሆን	ተገዳይ ሆነናል	" እየሆንን ነው	ተገዳይ ብንሆን!	ተገዳይ ሆንና
	ተገዳይሆናችሁ	ተገዳይ ሆናችኋል	" እየሆናችሁ ነው	ተገዳይ ብትሆኑ!	ተገዳይሆናችኋ
	ተገዳይ ሆኑ	ተገዳይ ሆነዋል	" እየሆኑ ነው	ተገዳይ ቢሆኑ!	ተገዳይ ሆኗ
	ተገዳይ ነዎት	ተገዳይ ሆነዋል	" እየሆኑ ነው	ተገዳይ ቢሆኑ!	ተገዳይ ሆኗ!
ኃላፊ ፕርፌ.	ተገድዬ ነበር	ተገድዬ ኖሯል	እየተገደልሁ ነበር	ብግገደል ኖሮ	ተገድዬ ኖሯላ!
	ተገድለህ ነበር	ተገድለህ ነሯል	እየተገደልህ ነበር	ብትግገደል ኖሮ	ተገድልህኖሯላ
	ተገድለሽ ነበር	ተገድለሽ ኖሯል	እየተገደልሽ ነበር	ብትግገደይ ኖሮ	ተገድለሽ ኖሯላ
	ተገድሎ ነበር	ተገድሎ ኖሯል	እየተገደለ ነበር	ቢግገደል ኖሮ	ተገድሎ ኖሯላ!
	ተገድላ ነበር	ተገድላ ኖሯል	እየተገደለች ነበር	ብትግገደል ኖሮ	ተገድላ ኖሯላ!
	ተገድለን ነበር	ተገድለን ኖሯል	እየተገደልን ነበር	ብንግገደይ ኖሮ	ተገድለን ኖሯላ
	ተገድላችሁነበር	ተገድላችሁ ኖሯል	እየተገደላችሁነበር	ብትግገደሉ ኖሮ	--ላችሁኖሯላ
	ተገድለዉ ነበር	ተገድለዉ ኖሯል	እየተገደሉ ነበር	ቢግገደሉ ኖሮ	ተገድለዉኖሯላ!
	ተገድለዉ ነበር	ተገድለዉ ኖሯል	እየተገደሉ ነበር	ቢግገደሉ ኖሮ	ተገድለውኖሯላ
አአሪስ ት.	ተገድያለሁ	ይግገዷል	---	ይግገዷል?!	ይግገዷላ!
	ተገድለሃል	(አይራባም)		(በምኞታዊ አነጋገር)	
	ተገድለሻል				
	ተገድሏል				
	ተገድላለች				
	ተገድለናል				
	ተገድላችኋል				
	ተገድለዋል				
	ተገድለዋል				
ትንቢ ት 1	እግገደላለሁ	እግገደል ይሆናል	እየተገደልኩይሆናል	እግገደል?!	እግገደልይሆናላ
	ትግገደላለኽ	ትግገደል ይሆናል	እየተገደልኽይሆናል	ትግገደል?!	ትግገደል-
	ትግገደያለሽ	ትግገደይ ይሆናል	እየተገደልሽይሆናል	ትግገደይ?!	ትግገደይ-
	ይግገደላል	ይግገደል ይሆናል	እየተገደለ ይሆናል	ይግገደል?!	ይግገደል-
	ትግገደላለች	ትግገደል ይሆናል	እየተገደለች ይሆናል	ትግገደል?!	ትግገደል-
	እንግገደላለን	እንግገደልይሆናል	እየተገደልን ይሆናል	እንግገደል?!	እንግገደል-
	ትግገደላላችሁ	ትግገደሉ ይሆናል	እየገተደላችሁ "	ትግገደሉ?!	ትግገደሉ-
	ይግገደላሉ	ይግገደሉ ይሆናል	እየተገደሉ ይሆናል	ይግገደሉ?!	ይግገደሉ-
	ይግገደላሉ	ይግገደሉ ይሆናል	እየተገደሉ ይሆናል	ይግገደሉ?!	--ደሉይሆናላ

ትንቢት 2	እግገደል ነበር	እግገደል ኖሯል	---	እግገደል ኖሯል?!	እግገደል ኖሯላ!
	ትግገደል ነበር	ትግገደል ኖሯል		ትግገደልኖሯል	ትግገደል -
	ትግገደይ ነበር	ትግገደይ ኖሯል		ትግገደይ ኖሯል	ትግገደይ -
	ይግገደል ነበር	ይግገደል ኖሯል		ይግገደልኖሯል	ይግገደል -
	ትግገደል ነበር	ትግገደል ኖሯል		ትግገደልኖሯል!	ትግገደል -
	እንግገደልነበር	እንግገደል ኖሯል		እንግገደልኖሯል	እንግገደል -
	ትግገደሉ ነበር	ትግገደሉ ኖሯል		ትግገደሉ ኖሯል	ትግገደሉ -
	ይግገደሉ ነበር	ይግገደሉ ኖሯል		ይግገደሉ ኖሯል	ይግገደሉ -
	ይግገደሉ ነበር	ይግገደሉ ኖሯል		ይግገደሉ ኖሯል	ይግገደሉ ኖሯላ
ትእዛዝ.	ልግገደል	ተገዳይ ልሆን	---	እማልግገደል?!	ልግገደላ!
	ተገደል	ተገዳይ ሁን		እማትግገደል?!	ተገደላ
	ተገደይ	ተገዳይ ሁኝ		እማትግገደይ?!	ተገደያ
	ይግገደል	ተገዳይ ይሁን		እማይግገደል?!	ይግገደላ!
	ትግገደል	ተገዳይ ትሁን		እማትግገደል?!	ትግገደላ!
	እንግገደል	ተገዳይ እንሁን		እማንግገደል?!	እንግገደላ
	ተገደሉ	ተገዳይ ሁኑ		እማትግገደሉ?!	ተገደሏ
	ይግገደሉ	ተገዳይ ይሁኑ		እማይግገደሉ?!	ይግገደሏ
	ይግገደሉ	ተገዳይ ይሁኑ		እማይግገደሉ?!	ይግገደሏ!

እናቅጽ

ቀዳማይ- ካልዓይ- ሣልሳይ- ትእዛዝ- ንዑስ- ቦዝ-አንቀጽ በሌላ ስማቸዉ፤
ፐርፌክት ትንቢት ኮንዩንክቲቨ ኢምፐራቲቨ ኢንፊኒቲቨ ጌሩንዲቩምይባላሉ፡፡
ይህም የሆነበት ምክንያት ዐማርኛ አንቀጽን በሦስታኛ መደብ-ነጠላ-ፐርፌክት ቁጥር ስለሚገልጥ ነው፡፡

አእማድ አንቀጾችን ከላይ በተሰጠው ምሳሌ መሠረት ማርባት ካንባቢዎችና ከተማሮች ይጠበቃል፡፡

4. አርእስተ ግሦች

ሁሉም ያማርኛ ግሦች ተሻጋሪዎች ናቸዉ፥ ወይም ካንድ ያላነሰ ተሳቢ አላቸዉ፡፡
ሰፋ ያለው መዘርዝር ጠቅለል ተብሎ ሲገለጥ ያማርኛ ግሥ የሚከተሉት አርእስት አሉት፡፡
ገደለ፤ ሄደ፤ ለየ፤ በላ፤ ባባ፤ ጻፈ፤ ቆመ፤ ባረከ፤ ቦረቀ፤ አማረ፤ መሰከረ፤ ተንጣጣ፤ አንጠለጠለ፤

ሀ. አእማድ

ተሻጋሪ	አድራጊ	አዳራጊ	አደራራጊ	አደረራራጊ	አደረረራራጊ	አስደራጊ
ኢተሻጋሪ	ተደራጊ	ተዳራጊ	ተደራራጊ	ተደረራራጊ	ተደረረራራጊ	-------

በሚባሉ አርእስት ይሰነዳሉ ወይም ይመደባሉ፡፡

ገደለ

አድራጊ፣	ገደለ ፣ አጋደለ፣ አገዳደለ፣ አገደዳደለ፣ አገደደዳደለ፣ አስገደለ::
ተደራጊ፣	ተገደለ፤፤ ተጋደለ፣ ተገዳደለ፣ ተገደዳደለ፣ ተገደደዳደለ፣ ---
አድራጊ አንቀጽ:	መግደል ማጋደል ማገዳደል ማገደዳደል ማገደደዳደል ማስገደል
ተደራጊ “ :	መገደል መጋደል መገዳደል መገደዳደል መገደደዳደል ------
ቦዝ አንቀጽ/ጌሩንዲቩም: አ.	ገድሎ አጋድሎ አገዳድሎ አገደዳድሎ አገደደዳድሎ አስገድሎ
ቦዝ አንቀጽ: ተ.	ተገድሎ ተጋድሎ ተገዳድሎ ተገደዳድሎ ተገደደዳድሎ -----
ቃለአጋኖ/ጌረንድ.አ.	ገደል ገደልደል (አደረገ) የታና ቁጥር-አልባ ነው:
ቃለአጋኖ/ጌረንድ ተ.	ግድል ግድልድል (ተደረገ/አለ) የታና ቁጥር-አልባ ነው:
ቅጥል[1] አ.	ገዳይ አጋዳይ አገዳዳይ አገደዳዳይ አገደደዳዳይ አስገዳይ
ቅጥል ተ.	ተገዳይ ተጋዳይ ተገዳዳይ ተገደዳዳይ ተገደደዳዳይ ------
አድራጊ ስም:	ገድል/ገዳይ አጋዳይ አገዳዳይ አገደዳዳይ ----- አስገዳይ
ተደራጊ “ :	ግድል/ግድድል/ግዳይ ተጋዳይ ተገዳዳይ ተገደዳዳይ ------ -----
ግዑዝ አ.	መግደያ ማጋደያ ማገዳደያ ማገደዳድያ .... ማስገደያ
ተ.	መግገደያ መጋድያ መገዳድያ መገደዳድያ ------
ባለሙሻ ዘር:	ግ(ድ)ዳሌ፣ ግድለት፣ ግድያ፣ ግድዮሽ፣ ግድያዊ ወዘተ፣

ስምን ወደቅጥል፣ ቅጥልን ደግሞ ወደስም መቀያየር ያማርኛ ጠባይ ነው:: ስም ወደቅጥልነት ሲቀየር የሚከተሉትን ሱፊክሶች/ትራሶች ይጠቀማል::

-(ኣ)ማ፣ --(ኣ)ም፣ --(ኧ)ኛ፣ --(ኣ)ዊ

ገድል	ገድላማ ገድላም ገድለኛ ገድላዊ ወዘተ.
ግድል	ግድላማ ግድላም ግድለኛ ግድላዊ ወዘተ.
ልብ	ልባማ ልባም ልበኛ ልባዊ ወዘተ. በማለት ስምን ወደቅጥልነት መቀየር ይቻላል::

የ“ገደለ” ርባታ ሕጋዊ ያማርኛ ግሥ አረባብን በምሳሌነት ያሳያል፣ ግን ሁሉንም የግሥ ጠባዮች አያጠቃልልም:: ምክንያቱም ዐማረኛ እነደሌሎች ቋንቋዎች ሁሉ በተለያዩ ቃናና ፊደላት ላይ የተመሠረቱ ልዩ ልዩ ግሦች አሉትና:: ለምሳሌ ከላይ ባርእስትነት የተዘረዘሩት ግሦች ሁሉ በርባታቸዉ የ“ገደለን”-አእማድ ርባታዎች አያሟሉም:: በመሆኑም እንደአመለኛ ተቆረዉና መሰሎቻቸዉንም በመወከል አርእስት ይሆኑ ዘንድ በናሙናነት ቀርበዋል::

ሄደ	አካ/ሃሄደ አስሄደ፣ ማ/መሄድ፣ ማ/መሄጃ፣ ማካሄጃ፣ ማስሄጃ፣ ሂደት፣ ሃጅ፣						
ተሄደ	ተካ/ሃሄደ ---		መሀሄድ	መሀሄጃ መክካሄጃ ---	---	(ተሃጅ?)	
በላ	አበላ	አብባላ[2]	አብበላላ	አብላላ	አብበለላላ	አስበላ	
ተበላ	---	---	----	ተብላላ	ተበለላላ	----	

---

1 የአማርኛ ቅጥል ስሙ ሆነ/ኾነን በመጨመር ስለሚሠራ ሁለቱ ተመሳሳይ ጠባይ ያሳያሉ::

2 ጠብቀዉ በሚነበቡት ላይ ሁሉ ሳድስ አልተጨመረም፣ አስፈላጊ ሲሆን ብቻ እንጅ::

ተ. መብበላት፣---፣ መብበላላት፣ መብበለላላት ------

አማረ እና ናፈቀ

“አማረ” እና “ናፈቀ” ልዩ ትርጉም አላቸዉ:: አማረው፣ ናፈቀው፣ ሲል ነገሩ በኅሊናው ገብቶ ዕረፍትን ነሳው/አሳጣው፣ ማለት ነው:: “ናፈቀኝ ሀገሬ ተራራው፣ ወንዙ ሸንተረሩ የሚያምረው::” ሲል ተርጉሙ ታስሰበኝ፣ ትዝ አለኝ:: ማለት እንጅ ተራራውን ዕረፍት ነሳሁት፣ “ናፈቅኩት” ወይም በተራራው ኅሊና ውስጥ ገባሁ፣ ማለት አይደለም::

ለ. ረዳት ግሦች

ሆነ፣ ቻለ፣ ጀመረ፣ ቀረ፣ መረጠ፣ ፈቀደ፣ አለ፣ አደርረገ/ተደርረገ፣ እና አልፎ ሮልፎ አስቸገረን የመሳሰሉ ቅርጾች ይገኙባቸዋል::

የ“ሆነ” ዘሮች ማለት “አልለ፣ ኖረ እና ነበረ” “-ብት” የሚለውን ሱፊክስ/ትራስ በመጨመር ከረዳትነት በተጨማሪ ግዴታን ይገልጻሉ::

ሆነ፣ ቻለ፣ ጀመረ፣ ቀረ እና መረጠ መስም-አንቀጹን ይይዛሉ:: መሄድ ወይም መብላት ሆነ/ቻለ/ጀመረ/ቀረ/መረጠ/ፈቀደ/አስቸገረ::

አለ እና አደርረገ/ተደርረገ ቃለ አጋኖ/ጌረንዱን ብቻ ይከተላሉ:: ጭርስ አለ/ተደርረገ፣ ጠጋ ወይም ነካ/ጠቆም አደርረገ::

ሐ. አሉታ “አል.../ም”፣ “አይ.../ም” እና “ኢ--”

በአሉታ ጊዜ “የሆነ” እርባታ ኢ-ሕጋዊነትን ያሳያል::

በፕሬሰነትና ፐርፌክት ፎርሙ “ነው” “አይደለም”፣ እና “አ(ል)ለ” “የ(ል)ለም” ስለሚል ፣ “አል.../ም”፣ “አይ.../ም” እና “ኢ--” የተባሉት መደበኛ አሉታዊ ሕጎችን ያፈርሳል::

ለ-ሊ/ል- ÷ ሰ-ሲ/ስ- ÷ በ-ቢ/ብ- ÷ ከ-ኪ/ክ- ÷ እንደ- እንዲ/እንድ-፣ ከግሥ ጋር ገብተዉ አሉታ ሲጨመርባቸዉ ደግሞ (አል/አይ--/ም) ላል/ላይ--፣ ሳል/ሳይ--፣ ባል/ባይ--፣ ካል--፣ እንዳል/እንዳይ--፣ ወዘተ. ይሆናሉ::

ለ-ሊ/ል-(-ገድል/ለበላ) ÷ (ሰ)[3]-ሲ/ስ-(-ገድል/በላ) ÷ በ-ቢ/ብ-(-ገድል/በበላ) ÷ ከ-ኪ/ክ-(-ገድል/ከበላ) ÷ እንደ- እንዲ/እንድ-(-ገድል/እንደበላ) ወዘተ. ያለው ላል/ላይበላ፣ ሳል/ሳይበላ፣ ባል/ባይበላ፣ ካልበላ፣ እንዳል/እንዳይበላ፣ ይላል::

[3] በመስተፃምርነት አይሰራም::